FUNDAMENTOS DE FINAN. CORPORATIVAS

FUNDAMENTOS DE FINANZAS CORPORATIVAS

Segunda edición

Stephen A. Ross
Universidad de Yale

Randolph W. Westerfield
Universidad de Southern California

Bradford D. Jordan
Universidad de Missouri-Columbia

Traducción

C. P. Julio Coro Pando
Universidad de La Habana

Revisión técnica
Gerardo Johanes Weihmann Illades
Stanford University (Administración y MS)
The Wharton School - Universidad de Pensilvania (MBA)
Instituto Tecnológico Autónomo de México (Profesor)

Rafael Eltimio García García
Universidad Autónoma Metropolitana (Administración)
The Wharton School - Universidad de Pensilvania (MBA)
Instituto Tecnológico Autónomo de México (Profesor)

McGraw-Hill

MADRID · BUENOS AIRES · CARACAS · GUATEMALA · LISBOA · MÉXICO
NUEVA YORK · PANAMÁ · SAN JUAN · SANTAFÉ DE BOGOTÁ · SANTIAGO · SÃO PAULO
AUCKLAND · HAMBURGO · LONDRES · MILÁN · MONTREAL · NUEVA DELHI · PARÍS
SAN FRANCISCO · SIDNEY · SINGAPUR · ST. LOUIS · TOKIO · TORONTO

FUNDAMENTOS DE FINANZAS CORPORATIVAS

DERECHOS RESERVADOS © 1997, respecto a la primera edición en español, por
McGRAW-HILL/INTERAMERICANA DE ESPAÑA, S. A. U. / IRWIN
Edificio Valrealty, 1.ª planta
Basauri, 17
28023 Aravaca (Madrid)

Traducido de la segunda edición en inglés de
FUNDAMENTALS OF CORPORATE FINANCE

Copyright © MCMXCVI
By Richard D. Irwin, Inc.
ISBN: 0-256-11898-1

ISBN: 84-481-0850-7
Depósito legal: M. 516/1999

Compuesto en Diorki, Servicios Integrales de Edición
Impreso en: FERNÁNDEZ CIUDAD, S. L.

IMPRESO EN ESPAÑA - PRINTED IN SPAIN

A nuestras familias y amigos con amor y gratitud.

S. A. R.
R. W. W.
B. D. J.

Stephen A. Ross, *Universidad de Yale*
Stephen Ross ha desempeñado desde 1985 el puesto de profesor Sterling de economía y finanzas en la Universidad de Yale. El profesor Ross es uno de los autores sobre finanzas y economía cuyas obras han sido más publicadas; se le reconoce por su contribución al desarrollo de la teoría de valuación por arbitraje. También ha hecho aportaciones importantes a esta materia a través de sus investigaciones relacionadas con modelos de envío de señales de incentivos financieros, la teoría de agencia, las opciones y la teoría de la estructura de plazos de tasas de interés. Anteriormente, fue presidente de la *American Finance Association* y actualmente se desempeña como editor asociado del *Journal of Finance* y del *Journal of Economic Theory.* Es copresidente de *Roll and Ross Asset Management Corporation.*

Randolph W. Westerfield, *Universidad de Southern California*
Randolph Westerfield es director del Departamento de finanzas y economía de negocios, así como profesor Charles B. Thornton de finanzas en la Universidad de Southern California.

El doctor Westerfield llegó a USC proveniente de *The Wharton School,* Universidad de Pennsylvania, donde era el director del Departamento de finanzas e investigador asociado «senior» en el *Rodney L. White Center* para investigación financiera. Durante tres años consecutivos, el Comité de estudiantes para evaluación de la enseñanza a nivel licenciatura de Wharton le confirió la calificación más alta en la enseñanza de las finanzas.

Sus intereses en la investigación están relacionados con la política financiera corporativa, la administración y el análisis de inversiones, fusiones y adquisiciones, así como con la administración de fondos de pensiones. El doctor Westerfield se ha desempeñado como miembro del Comité («trust committee») del *Continental Bank* (Filadelfia). También ha sido consultor en varias corporaciones, incluyendo *AT&T, Mobil Oil Corp.* y *Westinghouse,* así como en Naciones Unidas y en las Secretarías de Justicia y de Trabajo de Estados Unidos. El doctor Westerfield es autor de más de 30 monografías y artículos.

Bradford D. Jordan, *Universidad de Missouri-Columbia*
Bradford Jordan es profesor asociado de finanzas en la Universidad de Missouri. Durante largo tiempo, ha estado interesado en los aspectos aplicados y teóricos de las finanzas corporativas y su experiencia es amplia en la enseñanza a todos los niveles de finanzas corporativas y política de administración financiera. El profesor Jordan ha publicado numerosos artículos sobre temas como: costo de capital, estructura de capital y comportamiento de los precios de los valores. En la actualidad, es uno de los directores de la *Southern Finance Association* y coordinador del programa de doctorado en el Departamento de finanzas en la Universidad de Missouri.

«Las estadísticas no sustituyen al criterio.»
                    Henry Clay

Yo deseaba ser administrador, pero nunca un administrador financiero. Después de todo, pensaba ser editor. Dejaría que otros se preocuparan por los números.

Cuando tomé este curso, el libro que utilicé sólo sirvió para reforzar estas opiniones. Me llevó a través de un grupo interminable de ecuaciones y cálculos independientes, sin vincular nunca los distintos elementos. No tuve la oportunidad de descubrir lo que sé hoy: las finanzas son un tema fascinante que influye sobre casi todas las decisiones de negocios que toman los administradores (incluyendo los editores).

El hecho de que el profesor seleccione *Fundamentos de finanzas corporativas* demuestra que tiene un interés sincero por el futuro del estudiante como administrador. Los temas que se abarcan en este libro están relacionados entre sí y con las restantes materias que estudia el universitario. Profesores de todo el mundo han reconocido las ventajas de este libro. No sólo proporciona una visión de los principios fundamentales y su acoplamiento entre sí, sino que brinda también una lógica básica para la toma de decisiones financieras.

Aunque hay muchos factores que contribuyen al éxito de *Fundamentos de finanzas corporativas*, un factor que suele ser considerado como fundamental es el énfasis que se ha puesto en el criterio administrativo. Los autores insisten continuamente en el mensaje de que, como tomadores de decisiones, debemos hacer juicios fundamentados y no sólo calcular soluciones completando las variables que faltan en distintas fórmulas sin relación entre sí. Son pocos los aspectos financieros del mundo real que tienen ecuaciones a la medida y donde el único trabajo que se requiere es insertar y despejar.

Las fórmulas y ecuaciones que se facilitan en este libro son muy valiosas para ayudar al administrador a tomar decisiones correctas; sin embargo, es usted, el administrador, quien debe determinar cuál es la información que permite que estas técnicas tengan un valor incalculable. Después de estudiar *Fundamentos de finanzas corporativas*, estará preparado para enfrentarse a los dinámicos retos administrativos en los que usted se esforzará por tomar las mejores decisiones.

                                        Michael W. Junior

El reto de la administración financiera en la década de los noventa es mayor que nunca. La década anterior trajo cambios fundamentales en los mercados y en los instrumentos financieros, mientras que la práctica de las finanzas corporativas continúa evolucionando con rapidez. Lo que ayer era lo más avanzado suele ser hoy algo de uso habitual, lo que obliga a que nuestros cursos y libros de texto de finanzas no se queden rezagados. *Fundamentos de finanzas corporativas* proporciona lo que creemos es un tratamiento moderno y unificado sobre la administración financiera y resulta apropiado para estudiantes que inician el estudio de las finanzas corporativas.

La filosofía fundamental

Los acelerados y profundos cambios en las finanzas corporativas dificultan la enseñanza. Por una parte, es mucho más difícil mantener actualizados los materiales y, por otra, es necesario distinguir lo permanente de lo temporal para no limitarse a lo que simplemente es la última moda. Nuestra solución es insistir en los aspectos fundamentales de las finanzas actuales y hacer que el tema cobre vida mediante ejemplos contemporáneos. Como veremos a lo largo de este libro, consideramos el tema de las finanzas corporativas como el resultado de un pequeño número de intuiciones integradas y muy poderosas.

Por lo que sabemos de los libros de texto introductorios existentes, incluyendo los que hemos usado, este enfoque de sentido común parece ser la excepción más que la regla. Con demasiada frecuencia, el estudiante que comienza a estudiar las finanzas corporativas las considera como una colección de temas no relacionados entre sí y que se unifican porque están contenidos entre las cubiertas de un libro. En muchos casos, esta percepción es natural porque el tema se trata de tal forma que se orienta simultáneamente hacia el contenido y hacia los procedimientos. Es habitual que se insista en «soluciones» detalladas y específicas para ciertos problemas planteados de forma estrecha. ¿Con cuánta frecuencia hemos escuchado a los estudiantes exclamar que podrían solucionar un determinado problema si sólo supieran la fórmula que se va a utilizar?

Pensamos que este enfoque confunde el bosque con los árboles. Conforme transcurre el tiempo, se desvanecen los detalles, y lo que queda, si es que tenemos éxito, es un buen conocimiento de los principios fundamentales. Es por ello que nuestra preocupación dominante, desde la primera hasta la última página, se relaciona con la lógica básica de la toma de decisiones financieras.

Características distintivas

Nuestra filosofía general se manifiesta de las siguientes formas:

Insistencia en la intuición   Siempre hemos tenido cuidado de separar y explicar los principios que operan en un nivel intuitivo antes de tratar aspectos específicos. Las ideas fundamentales se estudian primero en términos muy generales y después mediante ejemplos que demuestran de forma más concreta cómo podría proceder un administrador financiero en una determinada situación.

Un enfoque de valuación unificado   Muchos textos sólo contemplan de forma muy ligera el valor presente neto (VPN) como el concepto básico de las finanzas corporativas, pero sin alcanzar a integrar consistentemente este importante principio. La noción fundamental es que el VPN representa el exceso del valor de mercado sobre el costo, que tiende a perderse en un enfoque demasiado mecánico del VPN, que a su vez insiste en el método de cálculo a expensas de la comprensión. De ahí que cada tema que se trata en *Fundamentos de finanzas corporativas* esté sólidamente cimentado en el concepto de valuación y se cuide en todo momento de explicar a lo largo del texto cómo ciertas decisiones específicas tienen efectos en la valuación.

Un enfoque administrativo   Los estudiantes no perderán de vista el hecho de que la administración financiera se relaciona con la *administración*. Se insiste en todo el libro en el papel del *gerente* financiero como tomador de decisiones y se resalta la necesidad de contar con la aportación y el criterio administrativos. Se evitan, conscientemente, los enfoques de «caja negra».

En *Fundamentos de finanzas corporativas*, estos tres enfoques operan conjuntamente para proporcionar un tratamiento consistente, una base sólida y una comprensión práctica y operativa de cómo evaluar decisiones financieras.

Auditorio al que está dirigido

Este libro se ha diseñado y desarrollado explícitamente para un primer curso de administración o de finanzas corporativas. El estudiante tipo no habrá tomado nunca un curso de finanzas y se supone que no tendrá conocimiento alguno de las mismas. Dado que este curso suele formar parte del núcleo de un programa de estudiantes en administración, el libro va dirigido a estudiantes de finanzas y de áreas afines. En términos de antecedentes o de prerrequisitos, el libro es casi autosuficiente. Se asume que existe cierta familiaridad con los principios contables básicos, pero incluso éstos se revisan al inicio del libro. La única herramienta que el estudiante necesita es el álgebra básica. Como consecuencia de ello, estudiantes con conocimientos diferentes encontrarán el libro muy accesible.

Cobertura

Desde su inicio, *Fundamentos de finanzas corporativas* contiene una cobertura innovadora de una amplia variedad de temas. Por ejemplo, el capítulo 4, que habla sobre planeación financiera a largo plazo, contiene un estudio profundo de la tasa de crecimiento sostenible como si ésta fuera una herramienta de planeación. El capítulo 9, que comenta sobre análisis y evaluación de proyectos, contiene un extenso estudio de cómo evaluar estimaciones del VPN. El capítulo 10, que trata sobre la historia del mercado de capital, trata con detalle el famoso estudio Ibbotson-Sinquefield y la naturaleza de los riesgos y rendimientos del mercado de capital. El capítulo 13, en el que se facilita material sobre la venta de valores al público inversionista, contiene un estudio moderno y actualizado de las EPI (Emisiones Públicas Iniciales) y del costo de colocación de valores entre el público inversionista.

Esto es sólo una muestra. Al no ser *Fundamentos de finanzas corporativas* un libro del tipo «yo también lo escribo», hemos identificado cuidadosamente lo que puede ser relevante en la década de los noventa y hemos desarrollado un tratamiento novedoso y moderno de muchos temas tradicionales. Al hacerlo, eliminamos aspectos de importancia dudosa, desenfatizamos conceptos puramente teóricos y minimizamos el uso de cálculos extensos y complejos para demostrar puntos que son intuitivamente obvios o de uso práctico limitado.

A diferencia de casi todos los restantes textos introductorios, *Fundamentos de finanzas corporativas* proporciona amplia orientación y asesoría práctica. Tratamos de ir más allá de la mera presentación de material árido, estándar, de libro de texto, para mostrar cómo usar en la práctica las herramientas que se estudian en el libro. Cuando es necesario, se presenta de forma explícita la naturaleza aproximada y pragmática de algunos tipos de análisis financiero, se describen sus posibles defectos y se señalan sus limitaciones.

Atención pedagógica

Además de demostrar los conceptos importantes y presentar una cobertura temática actualizada, *Fundamentos de finanzas corporativas* se esfuerza en ofrecer el material de forma coherente y fácil de comprender. Para satisfacer las diversas necesidades del público al que va dirigido, este libro contiene valiosas y abundantes herramientas de aprendizaje, como:

Numerosos ejemplos, preguntas y problemas

1. *Ejemplos.* Cada capítulo contiene diversos ejemplos detallados y desarrollados. Estos ejemplos se localizan en el cuerpo principal del texto y en las partes adjuntas y numeradas con referencia al texto principal. Basados en nuestra experiencia en las aulas, estos ejemplos se sitúan entre los medios auxiliares de aprendizaje más útiles porque proporcionan detalles y también explicaciones.
2. *Preguntas sobre conceptos.* Las secciones de los capítulos se mantienen relativamente breves y van seguidas por varias preguntas sobre conceptos; estas preguntas permiten una rápida verificación del material que se acaba de estudiar. Dado que resaltan los conceptos fundamentales, hemos observado que los estudiantes se apoyan bastante en ellas al repasar el material del capítulo.
3. *Preguntas para autoevaluación.* Al final de cada capítulo, se facilitan preguntas comprensivas para autoevaluación, seguidas por sus soluciones detalladas y algunos comentarios. Estos comentarios combinan con frecuencia temas tratados en el capítulo para mostrar cómo se integran.
4. *Problemas al final del capítulo.* Por último, hemos observado que los estudiantes aprenden mejor cuando tienen frecuentes oportunidades de practicar. Por consiguiente, se proporcionan numerosas preguntas y problemas al final de cada capítulo. Son al menos 20 y en ocasiones hasta 63 los problemas para cada capítulo. Ello excede, con mucho, lo que es usual en un texto introductorio.

    Las preguntas y los problemas varían en grado de dificultad, desde problemas para práctica —relativamente fáciles— hasta problemas que obligan a pensar y que constituyen un «reto» intelectual, ya que fueron diseñados para interesar a los estudiantes más entusiastas. Se han hecho anotaciones en todos los problemas con el fin de que los estudiantes y los profesores puedan identificar con facilidad los diferentes niveles de dificultad. Hemos hecho un esfuerzo en todo el libro por ofrecer problemas interesantes que muestren las aplicaciones prácticas del material contenido en cada capítulo.

Ensayos en recuadros

Distinguidos investigadores y profesionales han redactado una serie de ensayos breves titulados «En sus propias palabras» sobre temas fundamentales recogidos en el texto. Para citar sólo algunos, se incluyen ensayos de Merton Miller sobre la estructura de capital, de Richard Roll sobre los precios de los valores y de Fischer Black sobre los dividendos. Los ensayos siempre son ilustrativos, entretenidos e informativos.

Características adicionales de los capítulos   Entre otras características diseñadas para fomentar el aprendizaje, se incluyen:

1. *Términos fundamentales.* Dentro de cada capítulo, se resaltan en **negritas** los términos fundamentales que aparecen por primera vez en el libro. Se definen en el texto los términos fundamentales y existe un glosario continuo en los márgenes del libro para recordatorios rápidos. Al final de cada capítulo, se presenta un listado completo de los *términos fundamentales* como referencia.
2. *Llamadas de conceptos fundamentales.* A lo largo del libro, los conceptos fundamentales se presentan por separado del cuerpo principal del texto.
3. *Tablas con un resumen de los resultados relevantes.* La mayor parte de los capítulos contienen al menos una tabla, en la que se resumen los principios fundamentales, los resultados y las ecuaciones.
4. *Apéndice de fórmulas.* Para facilitar las consultas (y la preparación de formularios), se proporciona en un apéndice la relación detallada, capítulo por capítulo, de todas las fórmulas importantes en el texto.
5. *Revisiones de los capítulos.* Cada capítulo termina con un resumen en el que se enumeran los puntos fundamentales y se proporciona una perspectiva global sobre el material del capítulo.
6. *Lecturas sugeridas.* Después de cada capítulo, se presenta una breve relación de libros y artículos que el lector interesado en obtener información adicional puede consultar.
7. *Estilo de redacción.* Para acercar más al lector, *Fundamentos de finanzas corporativas* se ha redactado en un estilo informal. Intentamos en todo momento comunicar nuestro gran entusiasmo por el tema. Por su parte, los estudiantes encuentran que este estilo informal es accesible y agradable.

Aspectos nuevos de la segunda edición

Se han añadido dos capítulos completamente nuevos. En primer lugar, como respuesta a las solicitudes recibidas de los lectores de la primera edición, en el capítulo 23 se trata el arrendamiento de una forma accesible y directa, apropiada para una clase de principios. En segundo lugar, pensamos que la administración del riesgo corporativo y la ingeniería financiera serán cada vez más importantes, de modo que en el capítulo 24 se proporciona un panorama de esta área en rápido crecimiento. Hasta donde sabemos, ningún otro libro contiene un material similar. Hemos colocado estos dos nuevos capítulos al final del texto a efectos de minimizar los cambios en el material del curso para nuestros actuales usuarios, pero con base a la retroalimentación recibida, los desplazaremos en próximas ediciones a la sección de financiamiento a largo plazo.

Se han revisado en detalle los capítulos sobre el capital de trabajo. En el capítulo 18, que trata sobre la administración del efectivo, se ofrece una explicación completamente actualizada de la práctica actual. Hemos aumentado y mejorado el contenido del tema de administración del crédito en el capítulo 19 y, con base a las solicitudes que han sido hechas por los usuarios, hemos añadido una nueva presentación sobre la administración de inventarios.

Además de estos grandes cambios, hemos introducido un gran número de cambios menores con el fin de actualizar y afinar la cobertura temática. En distintas partes del texto hemos simplificado el tratamiento temático para mantener total coherencia en el nivel de presentación, mejorándose los ejemplos internacionales y haciendo que el estudio fuera lo más actual posible.

Organización del texto

Nos ha parecido que la frase «tanto por hacer en tan poco tiempo», describe con exactitud un curso introductorio de finanzas. De ahí que hayamos diseñado *Fundamentos de finanzas corporativas* de la forma más flexible y modular posible. Son en total nueve partes y, en términos generales, el profesor es libre de decidir el orden a seguir. Más aún, dentro de cada parte, el primer capítulo suele contener una visión y un examen temático global. Por tanto, cuando el tiempo es limitado, se pueden omitir capítulos posteriores. Por último, las secciones que se colocan al principio de cada capítulo son casi siempre las más importantes y es posible a veces omitir las secciones posteriores sin perder continuidad. Por todo ello, el profesor tiene un gran control sobre los temas tratados, el orden en el que se presentan y la profundidad de la cobertura.

La parte uno del texto contiene dos capítulos. En el capítulo 1 se estudia el objetivo de la empresa, la forma corporativa de organización, el problema de agencia y, de forma breve, los mercados financieros. En el capítulo 2 se compara y estudia de forma concisa el flujo de efectivo con la utilidad contable, el valor de mercado con el valor en libros y los impuestos. También se ofrece una revisión útil sobre los estados financieros.

Después de la parte uno, podemos estudiar de inmediato la parte dos, que versa sobre el análisis de estados financieros, la planeación a largo plazo y el crecimiento corporativo, o bien la parte tres, sobre el valor del tiempo y la valuación de acciones y bonos. La parte dos puede omitirse si así se desea. Después de la parte tres, lo probable es que la mayoría de los profesores quieran pasar directamente a la parte cuatro, que estudia el valor presente neto, la valuación del flujo de efectivo descontado y la elaboración de presupuestos de capital.

La parte cinco contiene dos capítulos sobre riesgo y rendimiento. El primero, que trata de la historia del mercado, se ha planeado para proporcionar a los estudiantes una idea sobre las tasas de rendimiento típicas de los activos arriesgados. En el segundo, se estudia la interacción entre el rendimiento esperado y el riesgo, y se desarrolla la línea de mercado de un activo financiero de forma muy intuitiva, que evita gran parte de la teoría de las carteras y la estadística habitual.

En el primer capítulo de la parte seis, se introduce el financiamiento a largo plazo al estudiar las características esenciales de los instrumentos de deuda y capital. También se cubren brevemente los elementos importantes de quiebra y reorganización. El segundo capítulo de la parte seis abarca la venta de valores al público inversionista, enfatizando el papel del banquero de inversión y el costo de abrir la empresa al público en general. Dado que ambos capítulos contienen una buena cantidad de material descriptivo, ambos pueden asignarse sin problema alguno como lectura fuera de clase, si hay limitación de tiempo.

El costo de capital, la estructura de capital y la política de dividendos se estudian en tres capítulos de la parte siete. Si así se desea, el capítulo sobre dividendos puede estudiarse de forma independiente y se puede omitir el capítulo sobre la estructura de capital sin perder continuidad.

En la parte ocho se abarcan temas sobre la administración financiera a corto plazo. El primero de los tres capítulos es un examen general de la administración a corto plazo, muy útil cuando el tiempo no permite un estudio más en profundidad. Los dos capítulos siguientes proporcionan mayor detalle sobre el efectivo, el crédito y la administración de los inventarios.

Por último, en la parte nueve se abarcan cinco temas importantes: opciones y otros instrumentos similares, fusiones, finanzas internacionales, arrendamiento e ingeniería financiera. En estos capítulos, se ofrece una cobertura temática más profunda que en los capítulos básicos del texto y se pueden estudiar, de forma parcial, en cursos con limitación de tiempo, o de forma completa, en cursos dirigidos especialmente a estos temas.

Reconocimientos

Como dijo alguien, es fácil escribir un libro de texto introductorio sobre finanzas; todo lo que se necesita es sentarse frente a un procesador de palabras e inspirarse. Nunca hubiéramos terminado este libro sin la ayuda y respaldo que recibimos de docenas de nuestros colegas, editores, familiares y amigos. Quisiéramos expresar nuestro agradecimiento a todos ellos.

Es evidente que nuestro mayor agradecimiento va dirigido a los muchos colegas que utilizaron la primera edición. ¡Es innecesario decir que sin su respaldo nunca hubiera existido una segunda edición!

Algunos colegas han leído los borradores originales de nuestra primera edición. El hecho de que este libro tenga tan poco en común con aquellos borradores es el reflejo de la importancia que otorgamos a los numerosos comentarios y sugerencias que recibimos. Los revisores de nuestra segunda edición continuaron con esta tradición y nos hicieron trabajar para mejorar el contenido, la organización y la presentación de nuestro texto. Agradecemos las numerosas aportaciones de los siguientes revisores:

Scott Besley: *University of South Florida*

Ray Brooks: *University of Missouri-Columbia*

Charles C. Bown: *Eastern Washington University*

Charles M. Cox: *Brigham Young University*

Michael Dunn: *California State University, Northridge*

Adrian C. Edwards: *Western Michigan University*

Thomas H. Eyssell: *University of Missouri, St. Louis*

Deborah Ann Ford: *University of Baltimore*

Darryl E. J. Gurley: *Northeastern University*

John M. Harris, Jr.: *Clemson University*

Delvin D. Hawley: *University of Mississippi*

Robert C. Higgins: *University of Washington, Seattle*

Steve Isberg: *University of Baltimore*

James M. Johnson: *Northern Illinois University*

Jarl G. Kallberg: *New York University*

David N. Ketcher: *Drake University*

Morris A. Lamberson: *University of Central Arkansas*

Dubos J. Masson: *University of Denver*

Richard R. Mendenhall: *University of Notre Dame*

Lalatendu Misra: *University of Texas, San Antonio*

Michael J. Murray: *Winona State University (Minnesota)*

Gladys E. Perry: *Roosevelt University (Illinois)*

Pamela P. Peterson: *Florida State University*

George A. Racette: *University of Oregon*

Ron Reiber: *Canisius College*

Jay R. Ritter: *University of Illinois en Urbana-Champaign*

Ricardo J. Rodriguez: *University of Miami*

Martha A. Schary: *Boston University*

Roger Severns: *Mankato State University*

Dilip K. Shome: *Virginia Polytechnic Institute and State University*

Neil W. Sicherman: *University of South Carolina*

George S. Swales, Jr.: *Southwest Missouri State University*

Rolf K. Tedefalk: *University of New Haven*

John G. Thatcher: *Marquette University*

Harry Thiewes: *Mankato State University*

Michael R. Vetsuypens: *Southern Methodist University*

David J. Wright: *University of Notre Dame*

Steve B. Wyatt: *University of Cincinnati*

J. Kenton Zumwalt: *Colorado State University*

Algunos de nuestros colegas más respetados aportaron ensayos originales que hemos titulado «En sus propias palabras» y que aparecen en capítulos seleccionados. Nuestro agradecimiento más especial para las siguientes personas:

Edward I. Altman: *New York University*

Fischer Black: *Goldman Sachs & Co.*

Robert C. Higgins: *University of Washington*

Roger Ibbotson: *Yale University, Ibbotson Associates*

Michael C. Jensen: *Harvard University*

Jarl Kallberg: *New York University*

Richard M. Levich: *New York University*

Robert C. Merton: *Harvard University*

Merton H. Miller: *University of Chicago*

Jay R. Ritter: *University of Illinois en Urbana-Champaign*

Richard Roll: *University of California en Los Ángeles*

Charles W. Smithson: *The Chase Manhattan Bank, N.A.*

Stender E. Sweeney: *Times Mirror Company*

Samuel C. Weaver: *Hershey Foods Corporation*

Tenemos una deuda en especial con los profesores que arriesgaron sus evaluaciones como maestros para probar en las aulas nuestro texto en sus diferentes versiones. De este grupo, deseamos agradecer en particular a Wayne Mikkelson, Megan Partch y Gordon Melms, de la Universidad de Oregón, quienes nos ofrecieron retroalimentación de forma incondicional, al tiempo que enseñaban utilizando el texto. También nuestro agradecimiento especial para los cientos de estudiantes que en las diversas universidades pasaron las evaluaciones de este texto.

Los estudiantes de doctorado en la Universidad de Missouri que mencionamos seguidamente realizaron un notable trabajo en la primera y segunda ediciones del libro: Susan Chiou, Cheri Etling, Randy Jorgensen, Tie Su, Paul Weise y Michael Young. Recayó en ellos la nada envidiable tarea de la corrección técnica y, en particular, de verificar detenidamente los cálculos que aparecen en todo el libro. David Ketcher, de la Universidad Drake, proporcionó una ayuda especialmente valiosa al verificar las respuestas a los problemas que aparecen al final de cada capítulo.

Por último, hemos tenido el privilegio de contar en cada fase de este proyecto con el respaldo total y constante de una gran organización: Richard D. Irwin, Inc. Estamos profundamente agradecidos al selecto grupo de profesionales que integraron nuestro equipo de trabajo. Ellos son: Ron Bloecher, Joanne Dorff, Lew Gossage, Bette Ittersagen, Mike Junior, Rita McMullen, Ann Sass, Gladys True y Michael Warrell.

De este grupo merecen especial mención dos personas. En primer lugar, Ann Sass, nuestra editora de desarrollo, que dedicó mucho tiempo y preocupación a coordinar, con encanto, afabilidad y tenacidad, a todos los participantes, se aseguró de que los autores cumplieran con sus promesas sobre las fechas de entrega y, en general, prestó su atención a miles de detalles. En segundo lugar, Mike Junior, el editor ejecutivo que trabajó con nosotros en este libro desde su concepción hasta su terminación. Como sólo él puede atestiguar, no fue una tarea fácil. Así, nuestro agradecimiento especial a él por su incansable entusiasmo y respaldo. Otras personas más en Irwin, demasiado numerosas para mencionarlas aquí, han mejorado este libro de todas las formas posibles.

Durante el desarrollo de esta edición, hemos tenido gran cuidado en detectar y eliminar errores. Nuestra meta es proporcionar el mejor libro de texto disponible sobre el tema, por lo que desearíamos tener noticias de profesores y estudiantes al respecto.

Stephen A. Ross
Randolph W. Westerfield
Bradford D. Jordan

Resumen del contenido

Contenido

Relación de los cuadros «*en sus propias palabras*»

Fundamentos de finanzas corporativas

Parte uno

Panorama general de las finanzas corporativas

CAPÍTULO 1
Introducción a las finanzas corporativas

El capítulo 1 describe el papel del gerente de finanzas y los objetivos de la administración financiera. También analiza algunos aspectos fundamentales del ambiente de la administración financiera.

CAPÍTULO 2
Estados financieros, impuestos y flujo de efectivo

El capítulo 2 describe los estados de contabilidad básicos utilizados por una empresą. El capítulo se centra en las diferencias críticas entre el flujo de efectivo y el ingreso contable; también estudia por qué el valor en libros por lo general es diferente al valor de mercado.

Capítulo 1

Introducción a las finanzas corporativas

Para iniciar el estudio de las finanzas corporativas y de la administración financiera moderna es necesario contestar dos preguntas básicas. Primero, ¿qué son las finanzas corporativas y cuál es el papel del administrador financiero en la corporación? Segundo, ¿cuál es el objetivo de la administración financiera? Para describir el ambiente de la administración financiera, se considera la forma corporativa de la organización y se estudian algunos conflictos que pueden presentarse en la misma. También se presenta una breve visión de los mercados financieros en Estados Unidos.

LAS FINANZAS CORPORATIVAS Y EL ADMINISTRADOR FINANCIERO | 1.1

En esta sección se estudia el lugar que ocupa el administrador financiero dentro de la corporación. Se inicia con la definición de las finanzas corporativas y el trabajo del administrador financiero.

¿Qué son las finanzas corporativas?

Imagine usted que está a punto de iniciar su propio negocio. Sin importar cuál es el tipo del mismo, tiene que contestar las siguientes tres preguntas de una forma u otra:

1. ¿Qué inversiones a largo plazo deben efectuarse? Es decir, ¿en qué línea de negocios operará y qué clase de edificios, maquinaria y equipos necesitará?
2. ¿Dónde obtendrá el financiamiento a largo plazo para pagar su inversión? ¿Traerá otros propietarios o tomará prestado el dinero?

3. ¿Cómo administrará sus actividades financieras cotidianas, como cobrar a los clientes y pagar a los proveedores?

Éstas no son, desde luego, las únicas preguntas, pero son algunas de las más importantes. Hablando en un sentido amplio, las finanzas corporativas representan el estudio de las formas para contestar a estas tres preguntas. Por consiguiente, en los próximos capítulos analizaremos cada una de ellas.

El administrador financiero

Una característica sorprendente de las grandes corporaciones es que los propietarios (los accionistas) no suelen participar directamente en la toma de las decisiones económicas, en especial en forma cotidiana. En lugar de ello, la corporación emplea a administradores para que representen los intereses de los propietarios y tomen decisiones por su cuenta. En una gran empresa, el administrador financiero estaría a cargo de contestar las tres preguntas anteriormente presentadas.

Por lo general, la función de la administración financiera se relaciona con un alto ejecutivo de la empresa, por ejemplo, el vicepresidente de finanzas o el ejecutivo financiero en jefe (EFJ). La figura 1.1 es un organigrama simplificado en el que se recoge la actividad de finanzas en una gran empresa. Como se muestra, el vicepresidente de finanzas coordina las actividades del tesorero y el controlador. La oficina del controlador maneja la contabilidad de costos y financiera, el pago de impuestos y los sistemas de información a la administración. La oficina del tesorero tiene la responsabilidad de administrar el efectivo y el crédito de la empresa, la planeación financiera y los gastos de capital. Todas estas actividades de tesorería están relacionadas con las tres preguntas generales anteriormente presentadas y los capítulos posteriores se relacionan sobre todo con estos temas. Por tanto, nuestro estudio se relaciona, en su mayor parte, con las actividades asociadas normalmente con la oficina del tesorero.

Decisiones de la administración financiera

Como indicamos en la exposición anterior, el administrador financiero debe preocuparse por tres tipos de problemas básicos, que veremos a continuación con más detalle.

Presupuesto de capital   El primer problema se relaciona con las inversiones de la empresa a largo plazo. El proceso de planear y administrar las inversiones a largo plazo de una empresa se conoce como **presupuesto de capital**. En la elaboración del presupuesto de capital, el administrador financiero intenta identificar las oportunidades de inversión que valgan más para la empresa de lo que cuesta su adquisición. Hablando en sentido general, ello significa que el valor del flujo de efectivo generado por un activo excede a su costo.

Los administradores financieros no sólo deben preocuparse por el monto de efectivo que esperan recibir, sino también por cuándo lo esperan y qué posibilidades hay de recibirlo. La evaluación de la *magnitud*, el *tiempo* y el *riesgo* de los futuros flujos de efectivo es la esencia de la elaboración del presupuesto de capital. En los próximos capítulos estudiaremos de forma detallada cómo hacerlo.

Estructura de capital   El segundo problema del administrador financiero se relaciona con el hecho de saber cómo obtener y administrar el financiamiento a largo plazo necesario para respaldar sus inversiones a ese plazo. La **estructura de capital** de una empresa

presupuesto de capital
Proceso de planear y administrar las inversiones a largo plazo de una empresa.

estructura de capital
Combinación de deuda y capital utilizada por una empresa.

Figura 1.1

Un organigrama simplificado. Los títulos y la estructura organizacional exacta difieren de una compañía a otra.

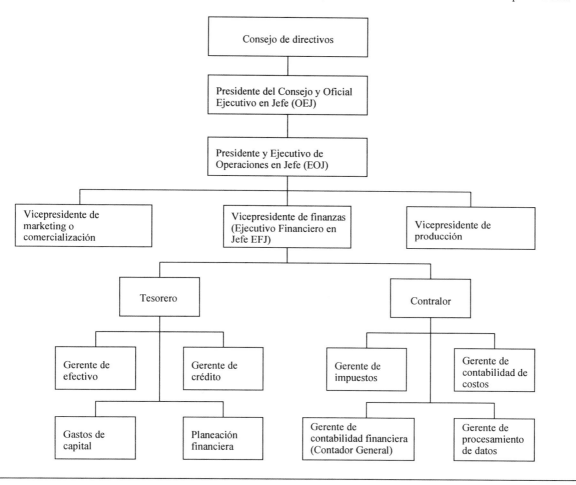

(o estructura financiera) se refiere a la mezcla específica de deuda a largo plazo y capital que utiliza ésta para financiar sus operaciones. En esta área, el administrador financiero tiene dos preocupaciones. Primero, cuánto debe tomar prestado la empresa; es decir, ¿qué combinación de deuda y capital es la mejor? La combinación que se seleccione afectará tanto al riesgo como al valor de la empresa. Segundo, ¿cuáles son las fuentes de fondos menos caras para la empresa?

Si nos imaginamos a la empresa como un pastel, la estructura de capital de la misma determina cómo se divide ese pastel. En otras palabras, ¿qué porcentaje del flujo de efectivo de la empresa va a los acreedores y qué porcentaje a los accionistas? Las empresas tienen mucha flexibilidad al elegir una estructura financiera. Determinar si una estructura es mejor que cualquier otra para una determinada empresa es el aspecto fundamental del tema de la estructura del capital.

Además de la decisión sobre la mezcla de financiamiento, el gerente financiero debe decidir exactamente cómo y dónde obtener el dinero. Los gastos relacionados con la obtención de financiamiento a largo plazo pueden ser importantes, por lo que tienen que evaluarse cuidadosamente las diferentes posibilidades. Las empresas también toman préstamos de los diversos acreedores de formas diferentes y en ocasiones exóticas. Elegir entre acreedores y entre los tipos de préstamos es otra de las actividades que realiza el administrador financiero.

capital de trabajo
Activos y pasivos a corto plazo de una empresa.

Administración del capital de trabajo   El tercer problema se relaciona con la administración del **capital de trabajo**. La frase *capital de trabajo* se refiere a los activos a corto plazo de una empresa, como los inventarios, y a sus pasivos a corto plazo, por ejemplo, el dinero que se debe a los proveedores. La administración del capital de trabajo es una actividad diaria que asegura que la empresa tenga recursos suficientes para continuar sus operaciones y evitar costosas interrupciones. Ello incluye varias actividades, todas ellas relacionadas con la recepción y desembolso de fondos de la empresa.

Algunas de las preguntas sobre el capital de trabajo que deben contestarse son: 1) ¿Cuánto efectivo e inventarios se deben mantener disponibles? 2) ¿Hay que vender a crédito? Si es así, ¿qué condiciones se ofrecerán y a quiénes se otorgarán? 3) ¿Cómo se obtendrá el financiamiento a corto plazo que se requiera? ¿Se comprará a crédito o se tomarán préstamos a corto plazo y se pagará en efectivo? Si se toman préstamos a corto plazo, ¿cuándo y dónde se deben hacer? Esto no es más que una pequeña muestra de los temas que se presentan al administrar el capital de trabajo de una empresa.

Las tres áreas de la administración financiera corporativa que hemos descrito —elaboración de presupuestos de capital, estructura de capital y administración del capital de trabajo— son categorías muy amplias. Cada una incluye una rica variedad de temas y sólo se han señalado unas pocas de las variaciones que se presentan en las diferentes áreas. Los próximos capítulos contienen un mayor detalle.

PREGUNTAS SOBRE CONCEPTOS

1.1a ¿Qué es la decisión de elaboración del presupuesto de capital?
1.1b ¿Cómo se denomina la combinación específica de deuda a largo plazo y capital que decide utilizar una empresa?
1.1c ¿En qué categoría de la administración financiera se incluye a la administración del efectivo?

1.2 | LA FORMA CORPORATIVA DE LA ORGANIZACIÓN DE NEGOCIOS

Casi todas las grandes empresas en Estados Unidos, como es el caso de IBM y Exxon, están organizadas como corporaciones. Examinemos las tres diferentes formas legales de organización de los negocios —propietario individual, sociedad y corporación— para ver por qué esto es así. Cada una de las tres formas tiene ventajas y desventajas definidas en términos de la vida del negocio, la capacidad del mismo para obtener fondos y el pago de impuestos.

Una observación fundamental es que, según crece la empresa, las ventajas de la forma corporativa podrían llegar a superar las desventajas.

Propietario único

Un **negocio de propietario único** es aquel que es propiedad de una sola persona. Ésta es la forma más sencilla de negocios para comenzar y es la forma de organización menos regulada. Dependiendo del lugar de residencia, se puede comenzar un negocio de propietario único con poco más que obtener una licencia para operar y abrir las puertas. Por este motivo, muchos negocios que más tarde se convierten en grandes corporaciones se inician como negocios de propietario único y existen más negocios de ese tipo que de cualquier otra clase.

El dueño de un negocio de propietario único conserva todas sus utilidades. Ésa es la parte buena, la mala es que el propietario tiene *responsabilidad ilimitada* por las deudas del negocio. Esto significa que los acreedores pueden cobrarse no sólo con los activos del negocio, sino también con los activos personales del propietario. De forma similar, no existe distinción alguna entre el ingreso personal y el del negocio, por lo que todos los ingresos del negocio son gravados como ingresos personales.

La vida de un negocio de propietario único está limitada a la vida del dueño y, muy importante, la cantidad de capital que se puede obtener está limitada a la riqueza personal del propietario. Esta restricción suele significar que el negocio no puede aprovechar nuevas oportunidades debido a un capital insuficiente. Puede ser difícil traspasar la propiedad de un negocio de propietario único, ya que para ello se requiere la venta de todo el negocio a un nuevo dueño.

negocio de propietario único
Negocio propiedad de una sola persona.

Sociedad

La **sociedad** es similar a un negocio de propietario único, excepto que hay dos o más dueños (socios). En una *sociedad regular colectiva*, todos los socios comparten las ganancias o las pérdidas y todos tienen responsabilidad ilimitada y solidaria por *todas* las deudas de la sociedad, no sólo por algunas. La forma en que se dividen las utilidades (y las pérdidas) se describe en el *contrato de asociación*. Este contrato puede ser un convenio oral informal, por ejemplo, «comencemos un negocio de podar céspedes», o un documento por escrito, largo y formal.

En una *sociedad en comandita*, uno o más *socios generales* administrarán el negocio y tendrán responsabilidad ilimitada, aunque existirán uno o más *socios comanditarios* que no participarán activamente en el negocio. La responsabilidad del socio comanditario por las deudas del negocio está limitada a la cantidad que aporte a la sociedad. Por ejemplo, esta forma de organización es muy frecuente en los negocios de bienes raíces.

Las ventajas y desventajas de una *sociedad* son básicamente las mismas que existen en un negocio de propietario único. Las sociedades que se basan en un convenio relativamente informal son fáciles y económicas de crear. Los socios generales tienen responsabilidad ilimitada por las deudas de la sociedad, que finaliza cuando uno de los socios generales desea vender o fallece. Todos los ingresos están gravados como ingresos personales de los socios y la cantidad de capital que se puede obtener está limitada a la riqueza combinada de los socios. No es fácil transferir la propiedad de un socio general porque para ello hay que crear una nueva sociedad. La parte del socio comanditario puede venderse sin tener que disolver la sociedad, pero puede ser difícil encontrar un comprador.

De acuerdo con lo previamente visto, las desventajas principales como formas de organización de los negocios de propietario único y las sociedades son: 1) responsabilidad ilimitada por las deudas del negocio por parte de los propietarios, 2) vida limitada del negocio y 3) dificultad para transferir la propiedad. Estas tres desventajas dan como resultado un único problema principal: la capacidad de estos negocios para crecer puede verse seriamente limitada por su incapacidad de obtener fondos para inversión.

sociedad
Negocio integrado por dos o más personas o entidades.

Corporación

corporación
Negocio creado como entidad con personalidad jurídica propia, integrado por una o más personas o entidades.

La **corporación** es la forma más importante (en términos de tamaño) de la organización de negocios en Estados Unidos. Una corporación es una «persona» legal separada y diferente de sus propietarios y tiene muchos de los derechos, deberes y privilegios de una persona real. Las corporaciones pueden tomar prestado dinero y poseer propiedades, pueden demandar y ser demandadas y pueden celebrar contratos. La corporación puede ser incluso un socio general o un socio comanditario en una sociedad y puede poseer acciones de otra corporación.

Por tanto, no es de sorprender que iniciar una corporación sea algo más complicado que iniciar las otras formas de organización de negocios, aunque no tanto para un negocio pequeño. Crear una corporación incluye preparar la *escritura de constitución* y un grupo de *estatutos*. La escritura de constitución debe contener varias cosas, incluyendo el nombre de la corporación, la duración estimada (que puede ser indefinida), su propósito de negocios y el número de acciones que se pueden emitir. Normalmente, esta información se tiene que proporcionar al estado en el que se creará la empresa. Para la mayor parte de los propósitos legales, la corporación es un «residente» de ese estado.

Los estatutos son las reglas que describen cómo regula la corporación su propia existencia. Por ejemplo, los estatutos describen cómo se eligen los directores. Estos estatutos pueden ser una declaración muy sencilla de unas pocas reglas y procedimientos o pueden ser bastante amplios en el caso de una gran corporación. Los accionistas pueden enmendar o ampliar los estatutos de cuando en cuando.

En una gran corporación los accionistas y los administradores suelen ser grupos separados. Los accionistas eligen al consejo de administración, que a su vez selecciona a los administradores. La administración tiene a su cargo manejar los asuntos de la corporación de acuerdo a los intereses de los accionistas. En principio, los accionistas controlan a la corporación porque son ellos quienes eligen a los miembros del consejo de administración.

Como resultado de la separación entre propiedad y administración, la forma corporativa tiene varias ventajas. La propiedad (representada por los certificados de propiedad o acciones) puede traspasarse fácilmente, con lo cual la vida de la empresa no está limitada. La corporación toma dinero prestado a su nombre. Como resultado de esto, los accionistas tienen responsabilidad limitada por las deudas de la empresa. Lo más que pueden perder es lo invertido.

La relativa facilidad para transferir la propiedad, la responsabilidad limitada por las deudas del negocio y la vida ilimitada del mismo son las razones por las que la forma corporativa es mejor cuando se necesita obtener fondos. Por ejemplo, si una corporación necesita nuevo capital, puede vender acciones y atraer nuevos inversionistas. El número de propietarios puede ser enorme; las corporaciones más grandes tienen muchos miles e incluso millones de accionistas. Por ejemplo, al finalizar 1988, AT&T tenía 2.7 millones de accionistas y General Motors aproximadamente 1.7 millones. En estos casos, la propiedad puede cambiar continuamente sin afectar la continuidad del negocio.

La forma corporativa tiene una desventaja importante. Puesto que es una «persona» legal, tiene que pagar impuestos. Más aún, el dinero que se pague a los accionistas bajo la forma de dividendos queda gravado nuevamente como ingreso de esos accionistas. Esto es: *doble gravamen*, lo que significa que las utilidades corporativas se gravan en dos ocasiones: a nivel corporativo cuando se devengan y de nuevo a nivel personal cuando se pagan.[1]

---

[1] Una corporación «S» es un tipo especial de pequeña corporación a la que en esencia se le grava fiscalmente como una sociedad, evitándose así el doble gravamen.

Tabla 1.1
Corporaciones internacionales

Compañía	País de origen	Tipo de compañía	Traducción
Porsche AG	Alemania	Aktiengesellschaft	Corporación
Bayerische Moteren Werke (BMW) AG	Alemania	Aktiengesellschaft	Corporación
Dornier GmBH	Alemania	Gesellshaft mit Beschraenkter Haftung	Sociedad de responsabilidad limitada
Rolls–Royce PCL	Reino Unido	Public limited company	Compañía pública limitada
Shell UK LTD	Reino Unido	Limited	Corporación
Unilever NV	Países Bajos	Naamloze Vennootschap	Compañía de responsabilidad limitada
Fiat SpA	Italia	Societa per Azioni	Compañía pública limitada
Volvo AB	Suecia	Aktiebolag	Compañía de acciones conjuntas
Peugeot SA	Francia	Sociedad Anónima	Compañía de acciones conjuntas

Como se muestra en esta sección, la necesidad de los grandes negocios de tener inversionistas y acreedores externos es tal que la forma corporativa es por lo general la mejor para estas empresas. En los próximos capítulos centraremos la atención en las corporaciones debido a la importancia que tiene esta forma de empresa en Estados Unidos y en las economías del mundo.

También son exclusivos de las corporaciones algunos temas financieros importantes, como es el caso de la política de dividendos. Sin embargo, negocios de todos los tipos y tamaños necesitan de la administración financiera, de forma que casi todos los temas que se estudian son aplicables a cualquier forma de negocios.

Una corporación con otro nombre...

La forma corporativa de organización tiene muchas variaciones en todo el mundo. Por supuesto que las leyes y reglamentaciones difieren de un país a otro, pero siguen presentes las características esenciales de la propiedad pública y la responsabilidad limitada. A estas empresas se les suele denominar *acciones conjuntas, compañías públicas limitadas, compañías de responsabilidad limitada* o incluso *compañías en comandita por acciones,* dependiendo de la naturaleza específica de la empresa y del país de origen.

En la tabla 1.1 se ofrecen los nombres de algunas corporaciones internacionales muy conocidas, su país de origen y una traducción de las siglas que siguen al nombre de la compañía.

1.3 | EL OBJETIVO DE LA ADMINISTRACIÓN FINANCIERA

Suponiendo que nos limitemos a negocios que buscan lucro, el objetivo de la administración financiera es hacer dinero o aumentar el valor para los propietarios. Por supuesto que este objetivo es un poco vago, por lo que se examinarán diferentes formas de expresarlo con el fin de obtener una definición más exacta. Esta definición es importante, ya que nos conduce a una base objetiva para tomar y evaluar decisiones financieras.

Objetivos posibles

Al tomar en cuenta posibles objetivos financieros, es necesario abordar algunas ideas, como:

Sobrevivir.
Evitar problemas financieros y la quiebra.
Derrotar a la competencia.
Maximizar las ventas o la participación en el mercado.
Minimizar los costos.
Maximizar las utilidades.
Mantener un crecimiento sostenido de las utilidades.

Éstos son tan sólo algunos de los objetivos posibles. Más aún, cada una de estas posibilidades supone un problema más para el administrador financiero.

Por ejemplo, es fácil aumentar la participación del mercado o las ventas en unidades; todo lo necesario es bajar los precios o ampliar las condiciones de crédito. De forma similar, siempre es posible reducir los costos, limitándose a eliminar partidas como la investigación y el desarrollo. La quiebra se puede evitar si no se toman nunca préstamos o nunca se corren riesgos, etc. No está claro que algunas de estas acciones redunden en el mejor interés de los accionistas.

Es probable que la maximización de las utilidades sea el objetivo más citado, pero incluso éste no es un objetivo muy preciso. ¿Se refiere a las utilidades de este año? Si es así, acciones como diferir el mantenimiento, permitir que bajen las existencias de inventarios y otras medidas para reducir costos a corto plazo tenderán a aumentar las utilidades actuales, pero estas actividades no son necesariamente deseables.

El objetivo de maximizar las utilidades quizá se refiera a alguna clase de utilidades «a largo plazo» o «promedio», pero aún sigue siendo poco claro su significado. En primer lugar, ¿se refiere esto a algo como la utilidad neta contable o las utilidades por acción? Como veremos con más detalle en el próximo capítulo, estos números contables pueden tener poco que ver con lo que es bueno o malo para la empresa. En segundo lugar, ¿qué se quiere decir con el largo plazo? Como comentó en una ocasión un famoso economista,

¡a largo plazo todos estamos muertos! Concretando, este objetivo no menciona cuál es el compromiso apropiado entre las utilidades actuales y futuras.

Los objetivos que acabamos de presentar son diferentes, pero tienden a agruparse en dos clases. La primera de éstas se relaciona con la rentabilidad contable. Todos los objetivos que incluyen ventas, participación de mercado y control de costos se relacionan, o al menos pueden hacerlo, con diferentes formas de obtener o aumentar las utilidades. El segundo grupo, que incluye evitar la quiebra, la estabilidad y la seguridad, se relaciona de alguna forma con el hecho de controlar el riesgo. Lamentablemente, estos dos tipos de objetivos son en cierta forma contradictorios. Normalmente, la búsqueda de utilidades incluye algunos elementos de riesgo, de modo que no resulta realmente posible maximizar al mismo tiempo la seguridad y las utilidades. Por tanto, lo que se necesita es un objetivo que incluya ambos factores.

El objetivo de la administración financiera

El administrador financiero de una empresa toma decisiones por cuenta de los accionistas de la misma. Sabiendo esto, en lugar de mencionar posibles objetivos para el administrador financiero, lo que se necesita en realidad es contestar una pregunta fundamental: desde el punto de vista de los accionistas, ¿cuál es una decisión acertada de la administración financiera?

Si se supone que los accionistas compran acciones porque buscan obtener ganancias financieras, la respuesta es obvia: las decisiones correctas aumentan el valor de las acciones y las decisiones incorrectas lo disminuyen.

De estas observaciones se desprende que el administrador financiero actúa de acuerdo a los intereses de los accionistas al tomar decisiones que incrementan el valor de las acciones. Por tanto, el objetivo adecuado para el administrador financiero puede exponerse con relativa facilidad:

El objetivo del administrador financiero es maximizar el valor actual por acción de las acciones existentes.

La meta de maximizar el valor de las acciones evita los problemas relacionados con los diferentes objetivos que acabamos de mencionar. No existe ambigüedad en el criterio y no hay un problema de corto plazo frente a largo plazo. Se expresa explícitamente que la meta es maximizar el valor *actual* de la acción.

Dado que el objetivo del administrador financiero es maximizar el valor de la acción, es necesario aprender a identificar las inversiones y convenios de financiamiento que repercutan favorablemente sobre el valor de la acción. Esto es precisamente lo que estudiaremos. De hecho, podríamos haber definido las finanzas corporativas como el estudio de la relación que existe entre las decisiones de negocios y el valor de la acción en el negocio.

Un objetivo más global

Conociendo el objetivo tal como lo hemos expuesto anteriormente (maximizar el valor de la acción), se plantea una pregunta obvia: ¿cuál es el objetivo apropiado cuando la empresa no tiene acciones en el mercado? Desde luego que las corporaciones no son el único tipo de negocios y en muchas de ellas las acciones rara vez cambian de dueños, por lo que resulta difícil decir cuál es el valor por acción en un momento determinado.

Mientras tratemos con negocios creados con fines de lucro, sólo se necesita una ligera modificación. El valor total de las acciones de una corporación es simplemente igual al valor del capital contable. Por consiguiente, una forma más general de exponer la meta es: maximizar el valor de mercado del capital contable.

Teniendo esto en mente, no importa si el negocio es de un propietario individual, una sociedad o una corporación. Las decisiones financieras correctas para cada una de ellas incrementan el valor de mercado del capital contable y las decisiones financieras incorrectas lo disminuyen. De hecho, aunque hayamos decidido centrar la atención en las corporaciones en los próximos capítulos, los principios que se desarrollan se aplican a todas las formas de negocios. Muchos de ellos se aplican incluso al sector no lucrativo.

Por último, nuestro objetivo no implica que el administrador financiero deba tomar acciones ilegales o no éticas esperando aumentar el valor del capital contable de la empresa. Lo que queremos decir es que el administrador financiero sirve mejor a los dueños del negocio al identificar bienes y servicios que agreguen valor a la empresa, debido a que son deseados y valorados en los mercados libres.

PREGUNTAS SOBRE CONCEPTOS

1.3a ¿Cuál es el objetivo de la administración financiera?
1.3b ¿Cuáles son algunas desventajas del objetivo de maximizar las utilidades?
1.3c ¿Puede usted proporcionar una definición de finanzas corporativas?

1.4   EL PROBLEMA DE AGENCIA Y EL CONTROL DE LA CORPORACIÓN

Hemos visto que el administrador financiero actúa de acuerdo a los intereses de los accionistas al realizar actividades que aumenten el valor de la acción. Sin embargo, también hemos observado que la propiedad en las grandes corporaciones puede estar diseminada entre un gran número de accionistas. Presumiblemente, esta dispersión de la propiedad significa que la administración controla realmente a la empresa. En este caso, ¿actuará la administración necesariamente de acuerdo a los intereses de los accionistas? Expresado en otra forma, ¿no podría ser que la administración buscara alcanzar sus propios objetivos a expensas de los accionistas? A continuación, consideramos brevemente algunos de estos argumentos.

Relaciones de agencia

A la relación entre los accionistas y la administración se le denomina *relación de agencia*. Este tipo de relación existe siempre que alguien (el principal) contrata a otro (el agente) para que represente sus intereses. Por ejemplo, usted podría contratar a alguien (un agente) para vender un automóvil de su propiedad mientras usted realiza otras actividades. En todas estas relaciones existe la posibilidad de conflictos de intereses entre el principal y el agente. A este tipo de conflicto se le denomina **problema de agencia**.

problema de agencia
Posibilidad de conflicto de intereses entre los accionistas y la administración de una empresa.

Suponga que contrata a alguien para vender su automóvil y que acepta pagarle un honorario fijo cuando lo venda. En este caso, el incentivo del agente es realizar la venta, no necesariamente conseguir el mejor precio. Si usted le pagara una comisión, por ejemplo, del 10% del precio de la venta, en lugar de un honorario fijo, quizá no existiría este problema. Este ejemplo demuestra que la forma en que se remunera al agente es un factor que afecta los problemas de agencia.

En sus propias palabras...

Sobre la riqueza del accionista: principal responsabilidad de la administración, por Stender E. Sweeney

El papel del administrador financiero y la responsabilidad del equipo administrativo es servir los intereses de los accionistas. Parece bastante sencillo y directo, ¡pero en el mundo real hay muchas razones por las que rara vez resulta tan fácil!

La riqueza del accionista es el foco central de atención de la corporación, por tanto la principal responsabilidad de la administración es maximizar dicha riqueza. Aunque hay muchas razones por las que la administración debe y puede buscar satisfacer los intereses de los accionistas, muchos equipos administrativos no lo hacen, simplemente porque la mayoría de los ejecutivos operativos no comprenden con claridad las relaciones entre las medidas contables tradicionales (p. ej., las utilidades por acción) y los precios de las acciones.

Lamentablemente, no son muchos los administradores que comprenden de forma correcta cómo sus decisiones operativas y financieras afectan el valor del accionista. Son demasiados los administradores que se dedican a maximizar las utilidades reportadas en detrimento de los rendimientos en efectivo. Y con demasiada frecuencia, cuando la administración sí centra su atención en los flujos de efectivo, ignora la importancia de descontar el valor de los resultados de los años futuros al presente.

Gradualmente, las empresas están comenzando a comprender que maximizar la riqueza del accionista no es lo mismo que maximizar las utilidades reportadas. A pesar de ello, muchas de las empresas que aparecen entre las 500 de *Fortune* siguen considerando que el crecimiento de las utilidades es idéntico al crecimiento en el valor del accionista. Es cierto que los administradores se sienten motivados a buscar la maximización de la riqueza del accionista, ya que su remuneración y su progreso profesional dependen de ello, pero los vínculos con el flujo de efectivo no suelen articularse con suficiente claridad.

En los años recientes se ha producido un considerable volumen de literatura sobre este tema y, aunque la metodología puede variar un poco de una fuente a otra, el mensaje que se recibe de los académicos, consultores, banqueros de inversión e inversionistas es claro: «¡No tome en cuenta el valor del dinero en el tiempo ni la tremenda importancia del flujo de efectivo a su propio riesgo!».

Stender E. Sweeney es vicepresidente de finanzas de The Times Mirror Company. Durante los últimos diez años ha tenido la responsabilidad de elaborar los presupuestos de operación y de capital. Dirige el enfoque de las compañías de The Times Mirror, desarrollado para satisfacer las necesidades de maximización de la riqueza del accionista.

Objetivos de la administración

Para observar cómo podrían diferir los intereses de la administración y del accionista, imaginemos que la empresa está considerando realizar una nueva inversión. Se espera que esta nueva inversión repercuta favorablemente en el valor de la acción, aunque también es un negocio relativamente arriesgado. Los propietarios de la empresa desearán realizar la inversión (porque aumentará el valor de la acción), pero quizá los administradores no lo deseen porque existe la posibilidad de que las cosas salgan mal y pierdan sus empleos. Si la administración no realiza la inversión, los accionistas pueden haber perdido una oportunidad valiosa. Esto es un ejemplo de *costo de agencia*.

En un sentido más general, los *costos de agencia* se refieren a los costos originados por el conflicto de intereses entre los accionistas y la administración. Estos costos pueden ser indirectos o directos. Un costo de agencia indirecto es una oportunidad perdida, como la que acabamos de describir.

Los costos de agencia directos adoptan dos formas. El primer tipo es un gasto corporativo que beneficia a la administración, pero que es un fracaso para los accionistas. Quizá se encuentre dentro de este tipo la compra de un jet ejecutivo, lujoso e innecesario. El segundo tipo de costo de agencia directo es un gasto que se produce por la necesidad de supervisar las acciones de la administración. El pago a auditores externos para que evalúen la exactitud de la información en los estados financieros podría ser un ejemplo de ello.

Se argumenta en ocasiones que si se les dejara solos a los administradores, éstos tenderían a maximizar la cantidad de recursos sobre los que tengan control o, de un modo más general, el poder o la riqueza de la corporación. Este objetivo podría llevar a una exagerada insistencia en el tamaño o el crecimiento de la corporación. Por ejemplo, no son infrecuentes los casos en que se acusa a la administración de pagar cantidades exageradas para adquirir otra compañía sólo para aumentar el tamaño del negocio o para demostrar poder corporativo. Es obvio que si se realiza un pago excesivo, esta compra no beneficia a los accionistas de la compañía adquirente.

Estas consideraciones señalan que la administración tal vez tienda a exagerar la supervivencia organizacional para proteger la seguridad de sus empleos. También es posible que a la administración le desagrade la interferencia externa, por lo que la independencia y la autosuficiencia corporativa podrían ser objetivos importantes.

¿Actúan los administradores según los intereses de los accionistas?

El hecho de que los gerentes actúen de acuerdo con los mejores intereses de los accionistas depende de dos factores. Primero, ¿qué grado de coincidencia tienen los intereses de la administración con los de los accionistas? Esta pregunta se relaciona con la forma en que se remunera a los administradores. Segundo, ¿es posible reemplazar a la administración si ésta no busca satisfacer los objetivos de los accionistas? Este tema se relaciona con el control de la empresa. Como veremos, hay varias razones para pensar que, incluso en las empresas de mayor tamaño, la administración tiene un incentivo importante para actuar de acuerdo a los intereses de los accionistas.

Remuneración administrativa   Lo habitual es que la administración tenga un incentivo económico importante para aumentar el valor de la acción por dos razones. Primero, la remuneración de los administradores, en especial la de los altos ejecutivos, suele estar vinculada con el desempeño financiero en general y, en muchas ocasiones, con el valor de la acción en particular. Por ejemplo, los administradores suelen tener la opción de comprar acciones a precios muy bajos. Mientras más vale la acción, más valiosa es la opción. El segundo incentivo que tienen los administradores se relaciona con las posibilidades del empleo. Quienes se desempeñen mejor en la empresa tenderán a ser ascendidos. De una forma más general, los administradores que tienen éxito en satisfacer los objetivos de los accionistas tendrán una mayor demanda en el mercado laboral y por consiguiente obtendrán salarios más elevados.

Control de la empresa   El control de la empresa corresponde en definitiva a los accionistas. Ellos eligen al consejo directivo de administración que, a su vez, contrata y despide a la administración. El mecanismo mediante el cual los accionistas descontentos pueden actuar para reemplazar a la administración actual se denomina *contienda por poder de votación* (*proxy fight*). El poder (proxy) es la autorización para votar en nombre de las acciones de alguna otra persona. Se produce una contienda por el poder de votación cuando un grupo solicita cartas poder para reemplazar al consejo directivo y con él a la administración actual.

Otra forma en que se puede reemplazar a la administración es mediante transferencias de control (*takeovers*). Las empresas mal administradas son más atractivas como adquisiciones que las bien administradas, ya que existe un mayor potencial de utilidades. Por tanto, el evitar la transferencia de control a otra empresa ofrece a la administración otro incentivo para actuar de acuerdo a los intereses de los accionistas.

La teoría y la evidencia disponibles son consistentes con el punto de vista de que los accionistas controlan la empresa y que la maximización de la riqueza de éstos es el objetivo relevante de la corporación. A pesar de ello, no hay duda de que en ocasiones se buscará satisfacer los objetivos de la administración a expensas de los accionistas, al menos de forma temporal.

Coparticipaciones de la empresa   Nuestra exposición hasta el momento implica que la administración y los accionistas son los únicos grupos que tienen un interés en las decisiones de la empresa. Por supuesto que ésta es una simplificación exagerada. Los empleados, clientes, proveedores e incluso el gobierno tienen un interés financiero en la empresa.

De forma conjunta, a estos grupos se les denomina **coparticipantes en la empresa** (*stakeholders*). Por lo general, un coparticipante en la empresa es alguien, además de los accionistas y acreedores, que tiene un derecho potencial sobre los flujos de efectivo de la empresa. Estos grupos también intentarán ejercer control sobre la empresa, quizá en perjuicio de los propietarios.

coparticipante en la empresa
Entidad individual o colectiva —diferente a los accionistas o acreedores— que tiene un derecho potencial sobre una empresa.

PREGUNTAS SOBRE CONCEPTOS

1.4a ¿Qué es una relación de agencia?
1.4b ¿Cuáles son los problemas de agencia y cómo se producen? ¿Cuáles son los costos de agencia?
1.4c ¿Qué incentivos tienen los administradores en las grandes corporaciones para maximizar el valor de la acción?

LOS MERCADOS FINANCIEROS Y LA CORPORACIÓN | 1.5

Hemos observado que las principales ventajas de la forma corporativa de organización son: que se puede transferir la propiedad en una forma más rápida y fácil que con otras formas legales de organización, y que se puede obtener dinero con más facilidad. La existencia de los mercados financieros incrementa aún más estas ventajas, ya que desempeñan un papel muy importante en las finanzas corporativas.

Los flujos de entrada y salida de efectivo de la empresa

En la figura 1.2 se muestra la interacción que existe entre la corporación y los mercados financieros. Las flechas en la figura 1.2 siguen el movimiento del efectivo desde los mercados financieros hasta la empresa y viceversa.

Supongamos que empezamos con la empresa vendiendo certificados de acciones y tomando dinero prestado para obtener efectivo. El dinero fluye hacia la empresa desde los mercados financieros (A). La empresa invierte el efectivo en activos circulantes y fijos (B). Estos activos generan algún efectivo (C), parte del cual se utiliza para pagar los impuestos de la corporación (D). Después de pagar los impuestos, parte de este flujo de efectivo se reinvierte en la empresa (E). El resto regresa a los mercados financieros como efectivo que se paga a los acreedores y a los accionistas (F).

El mercado financiero, al igual que cualquier mercado, sólo es una forma de reunir a los compradores y a los vendedores. Lo que se compra y se vende en los mercados financieros son deudas y valores de capital. Sin embargo, los mercados financieros difieren en

Figura 1.2

Flujos de efectivo
entre la empresa y los
mercados financieros

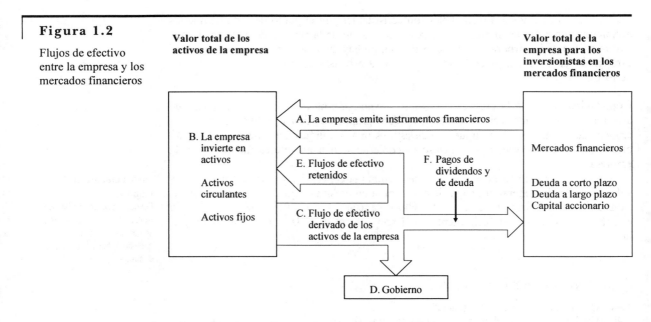

A. La empresa emite instrumentos financieros para obtener efectivo. B. La empresa invierte en activos. C. Las operaciones de la empresa producen un flujo de efectivo. D. Se paga efectivo al gobierno por impuestos. E. Los flujos de efectivo retenidos se reinvierten en la empresa. F. Se paga efectivo a los inversionistas en forma de intereses y dividendos.

los detalles. Las diferencias más importantes se relacionan con los tipos de valores que se negocian, la manera cómo se lleva a cabo la negociación y quiénes son los compradores y los vendedores. A continuación, se estudian algunas de estas diferencias.

Los mercados primarios versus los secundarios

Los mercados financieros operan como primarios y como secundarios para instrumentos de deuda y para instrumentos de capital. El término *mercado primario* se refiere a la venta original de instrumentos por parte de los gobiernos y las corporaciones. Es en el *mercado secundario* donde se compran y venden estos instrumentos después de la venta original. Por supuesto que las corporaciones son las únicas que emiten instrumentos de capital. Los instrumentos de deuda los emiten los gobiernos y las corporaciones. En el estudio que se presenta a continuación, centramos la atención sólo en los instrumentos financieros corporativos.

Mercados primarios   En una operación en el mercado primario, la corporación es el vendedor y la transacción produce dinero para la misma. Las corporaciones se dedican a dos tipos de transacciones en el mercado primario: emisiones públicas y colocaciones privadas. Como su nombre indica, la emisión pública involucra la venta de instrumentos financieros al público en general, mientras que la colocación privada es una venta negociada que involucra a un comprador específico.

Por ley, las emisiones públicas de deuda y capital tienen que registrarse en la Securities and Exchange Commission (SEC). El registro requiere que la empresa presente gran cantidad de información antes de vender cualquier instrumento. Los costos contables, legales y de venta de las emisiones públicas pueden ser considerables.

Para evitar en parte los diversos requisitos reglamentarios y el gasto asociado a las emisiones públicas, los instrumentos de deuda y de capital se suelen vender de forma privada a grandes instituciones financieras, como las compañías de seguros o las sociedades de inversión.

Estas colocaciones privadas no tienen que registrarse con la SEC ni requieren la participación de suscriptores (banqueros de inversión que se especializan en la venta de valores al público).

Mercados secundarios   Las operaciones en el mercado secundario involucran a un dueño o acreedor que le vende a otro. Por tanto, los mercados secundarios son los que proporcionan los medios para traspasar la propiedad de los instrumentos financieros corporativos. Hay dos clases de mercados secundarios: mercados de *subastas* o de remates (*auction markets*) y mercados de *comerciantes* u *operadores* (*dealer markets*).

Por lo general, los comerciantes (*dealers*) compran y venden por su propia cuenta, a su propio riesgo. Por ejemplo, un comerciante de automóviles compra y vende automóviles. En contraste, los comisionistas y agentes (*brokers*) reúnen a los compradores y a los vendedores, pero sin poseer realmente la mercancía que se está comprando o vendiendo. Por ejemplo, un agente de bienes raíces no suele comprar y vender casas.

Los mercados de comerciantes en acciones y deuda a largo plazo se denominan *mercados extrabursátiles* (*over-the-counter markets*) (ME). La mayor parte de las negociaciones en valores de deuda se realizan de forma extrabursátil. La expresión *over the counter* (sobre el mostrador) se refiere a épocas anteriores en las que los valores se compraban y vendían literalmente en los mostradores que había en las oficinas por todo el país. En la actualidad, una parte importante del mercado de acciones y casi todo el mercado de deuda a largo plazo no tiene una ubicación central o bolsa; los numerosos comerciantes están comunicados electrónicamente.

Los mercados de subastas o remates difieren de los mercados de comerciantes en dos aspectos. Primero, un mercado o bolsa de subastas o remates tiene una ubicación física (como es el caso de Wall Street). Segundo, en un mercado de comerciantes la mayor parte de las compras y las ventas las realiza el comerciante. Por otra parte, el objetivo principal de un mercado de subastas o remates es reunir a quienes desean vender con los que desean comprar. Los comerciantes desempeñan un papel limitado.

Las acciones de la mayor parte de las grandes empresas de Estados Unidos se negocian en mercados de subastas organizados. El mayor de esos mercados es la New York Stock Exchange-NYSE (Bolsa de Valores de Nueva York), que engloba más del 85% de todas las acciones negociadas en mercados de subastas o remates. Otras bolsas de subastas o remates incluyen la American Stock Exchange (AMEX) y bolsas regionales como la Midwest Stock Exchange.

Además de las bolsas de valores, existe un gran mercado extrabursátil para las acciones. En 1971, la National Association of Securities Dealers (NASD) puso a disposición de los comerciantes y comisionistas un sistema electrónico de cotizaciones denominado NASDAQ (Sistema automatizado de cotizaciones, NASD). Existen aproximadamente tres veces más compañías en NASDAQ que en la NYSE, pero tienden a ser mucho más pequeñas en tamaño y se negocian menos activamente; por supuesto que también existen excepciones. Por ejemplo, Apple Computer y *MCI* negocian sus acciones en el mercado extrabursátil. A pesar de ello, el valor total de las acciones de NASDAQ sólo es alrededor del 20% del valor total de las acciones de NYSE.

Inscripción pública   Se dice que las acciones que se negocian en una bolsa organizada están *inscritas* en esa bolsa. Con el fin de obtener la inscripción, las empresas deben cumplir ciertos criterios mínimos, relacionados, por ejemplo, con el tamaño de su activo y el número de accionistas. Estos criterios difieren para cada una de las bolsas.

La NYSE tiene los requisitos más estrictos de las bolsas estadounidenses. Por ejemplo, para obtener la inscripción en la NYSE, se espera que las acciones en poder del público de una compañía tengan un valor de mercado de al menos 18 millones de dólares y un total de al menos 2,000 accionistas, con un mínimo de 100 acciones cada uno de ellos. Existen requisitos mínimos adicionales en cuanto a utilidades, activos y número de acciones en circulación.

PREGUNTAS SOBRE CONCEPTOS

1.5a ¿Qué es mercado de comerciantes? ¿En qué difieren los mercados de comerciantes y los de subastas o remates?

1.5b ¿Cuál es el mayor mercado de subastas o remates en Estados Unidos?

1.5c ¿Qué significa mercado extrabursátil en Estados Unidos? ¿Cuál es el nombre del mayor mercado extrabursátil para acciones?

1.6 | ESQUEMA DEL LIBRO

Ahora que hemos completado una breve revisión de los aspectos relevantes en las finanzas corporativas, podemos observar con más detalle la organización de este libro. El texto está organizado en las siguientes nueve partes:

Parte uno:	Panorama general de las finanzas corporativas
Parte dos:	Estados financieros y planeación financiera a largo plazo
Parte tres:	Valuación de flujos de efectivo futuros
Parte cuatro:	Presupuesto de capital
Parte cinco:	Riesgo y rendimiento
Parte seis:	Financiamiento a largo plazo
Parte siete:	Costo de capital y política financiera a largo plazo
Parte ocho:	Planeación y administración de las finanzas a corto plazo
Parte nueve:	Temas especiales de finanzas corporativas

La parte uno del texto contiene algún material introductorio (este capítulo) y explica la relación entre la utilidad contable y el flujo de efectivo. La parte dos estudia con más profundidad los estados financieros y cómo se usan en finanzas.

Las partes tres y cuatro contienen el estudio fundamental sobre la valuación. En la parte tres se desarrollan los procedimientos básicos para valorar los flujos de efectivo futuros, insistiendo en las acciones y los bonos. En la parte cuatro se utiliza este material y se presenta la elaboración del presupuesto de capital y el efecto sobre la empresa de las decisiones de inversión a largo plazo.

En la parte cinco se desarrollan algunas herramientas para evaluar el riesgo y se estudia cómo evaluar los riesgos asociados con las inversiones a largo plazo de la empresa. También se determina un parámetro de referencia para tomar decisiones de inversión.

En las partes seis y siete se tratan los temas relacionados con el financiamiento a largo plazo, la política de dividendos y la estructura de capital. Se estudian con cierto detalle los instrumentos financieros corporativos y se describen los procedimientos utilizados para obtener capital y vender valores al público. También se presenta y se describe el importante concepto del costo de capital. Se continúa después examinando los dividendos y la política de dividendos y los aspectos básicos para determinar una estructura de capital.

En la parte ocho se trata el tema del capital de trabajo. Se estudian los temas de la planeación financiera a corto plazo, la administración del efectivo, la administración de crédito y la administración de inventarios.

La parte final, la parte nueve, contiene algunos temas especiales importantes. Hay capítulos sobre el tema de las opciones e instrumentos financieros similares a las opciones, así como sobre el tema de fusiones y adquisiciones, aspectos internacionales de las finanzas corporativas, arrendamiento e ingeniería financiera.

RESUMEN Y CONCLUSIONES   1.7

En este capítulo se han presentado algunas de las ideas básicas en las finanzas corporativas y hemos observado que:

1. Las finanzas corporativas tienen tres áreas principales de concentración:
   a. Presupuesto de capital. ¿Qué inversiones a largo plazo debe realizar la empresa?
   b. La estructura de capital. ¿Dónde obtendrá la empresa el financiamiento a largo plazo para pagar sus inversiones? En otras palabras, ¿qué combinación de deuda y capital debe utilizar para financiar las operaciones?
   c. Administración del capital de trabajo. ¿Cómo debe administrar la empresa sus actividades financieras cotidianas?
2. El objetivo de la administración financiera en un negocio orientado al lucro es tomar decisiones que incrementen el valor de las acciones o, de una forma más general, incrementan el valor de mercado del capital.
3. La forma de organización corporativa es superior a otras formas en lo que se refiere a obtener dinero y transferir la propiedad, pero tiene la importante desventaja del doble gravamen fiscal.
4. En una gran corporación, existe la posibilidad de conflictos entre los accionistas y la administración. A estos conflictos se les denominó problemas de agencia y se estudió cómo se pueden controlar y reducir.
5. Las ventajas de la forma corporativa aumentan con la existencia de los mercados financieros. Los mercados financieros operan como mercados primarios y como secundarios para los instrumentos financieros corporativos y pueden organizarse en forma de mercados de comerciantes o mercado de subastas.

De los temas estudiados hasta ahora, el más importante es el del objetivo de la administración financiera: maximizar el valor de las acciones. En todo el texto se analizarán decisiones financieras, pero siempre deberemos plantearnos la misma pregunta: ¿cómo afecta la decisión que tomemos al valor de la acción?

Términos fundamentales

presupuesto de capital **6**   sociedad **9**
estructura de capital **6**   corporación **10**
capital de trabajo **8**   problema de agencia **14**
negocio de propietario único **9**   coparticipante en la empresa **17**

Preguntas y problemas

1. **Metas de la empresa no lucrativa**   Suponga que usted es el administrador financiero de un negocio no lucrativo (p. ej., un hospital no lucrativo). ¿Qué clase de objetivos piensa que serían los apropiados?

2. **Objetivos de la empresa y valor de las acciones**   Evalúe la siguiente afirmación: «los administradores no deben concentrar su atención en el valor actual de las acciones porque el hacerlo llevará a una insistencia exagerada en las utilidades a corto plazo en detrimento de las utilidades a largo plazo».

3. **Objetivos y ética de la empresa**   ¿Puede el objetivo de maximizar el valor de las acciones confrontarse con otros objetivos, por ejemplo, evitar el comportamiento no ético o ilegal? En particular, ¿piensa que temas como la seguridad del cliente y del empleado, el medio ambiente y el bienestar general de la sociedad encajan en esta estructura o suelen ignorarse? Trate de pensar en algunos casos específicos que ilustren su respuesta.

4. **Objetivos de la empresa y empresas multinacionales**   ¿Sería diferente el objetivo de maximizar el valor de las acciones si se estuviera pensando en la administración financiera en otro país? ¿Por qué sí o por qué no?

5. **Temática de agencia y finanzas internacionales**   En la tabla que se presenta a continuación se muestra un desglose de la propiedad corporativa en Estados Unidos y en otros países importantes. Con base a estas cifras, ¿piensa que es mayor la probabilidad de que los problemas de agencia sean más o menos graves en otros países? ¿Por qué?

Propiedad corporativa en países importantes

	Estados Unidos (1988)	Japón (1989)	Alemania Occidental (1989)	Reino Unido (1989)
Individual	58.3%	20.5%	17.6%	28.0%
Instituciones no financieras	—	29.5	41.1	10.1
Bancos	0.3	21.3	9.3	4.3
Otras instituciones financieras	35.1	24.2	11.1	48.5
Gobierno	—	0.3	5.8	2.6
Otros	6.3	4.2	15.1	6.5

Fuente: «The World Economic White Paper in 1990», editado por la Agencia de planeación económica japonesa: Daiwa Securities. Reproducido de *Trade and Investment in Japan: The Current Environment*, de A. T. Kearney, junio de 1991.

Nota: Las cifras presentadas se basan en valores de mercado. Las cifras para Estados Unidos pueden ser mayores que las reales, pues no se cuenta con el número exacto de instituciones no financieras.

Capítulo 2

Estados financieros, impuestos y flujo de efectivo

En este capítulo se examinan los estados financieros, los impuestos y el flujo de efectivo. El interés primordial no se orienta hacia la preparación de estados financieros. En lugar de ello, se reconoce que los estados financieros suelen ser una fuente básica de información para la toma de decisiones financieras, por lo que el objetivo es examinar brevemente estos estados y señalar algunas de sus características más importantes. La atención se centra sobre todo en algunos de los detalles prácticos del flujo de efectivo.

Conforme se avance en la lectura, hay que prestar especial atención a dos diferencias importantes: 1) la diferencia entre el valor contable y el valor de mercado y 2) la diferencia entre el ingreso contable y el flujo de efectivo. Estas distinciones serán importantes en todo el libro.

EL BALANCE GENERAL | 2.1

El **balance general** es una fotografía instantánea de la empresa. Es un medio adecuado de organizar y resumir lo que posee una empresa (sus *activos*), lo que debe (sus *pasivos*) y la diferencia entre ambos (el *capital contable* de la empresa) en un momento determinado. En la figura 2.1 se muestra cómo se estructura el balance general. Como se presenta, en el lado izquierdo se relacionan los activos de la empresa y en el lado derecho los pasivos y el capital contable.

balance general
Estado financiero que muestra el valor contable de una empresa en una determinada fecha.

Activos: el lado izquierdo

Los activos se clasifican como *circulantes* o como *fijos*. Un activo fijo es el que tiene una vida relativamente larga. Los activos fijos pueden ser *tangibles*, como es el caso de un ca-

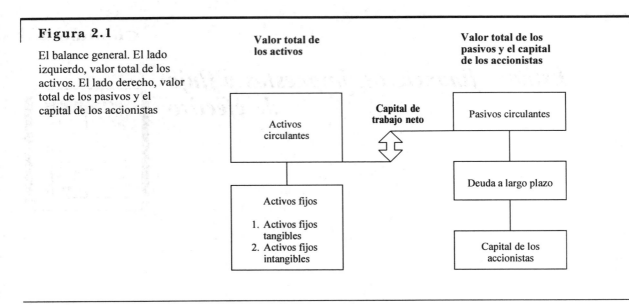

Figura 2.1

El balance general. El lado izquierdo, valor total de los activos. El lado derecho, valor total de los pasivos y el capital de los accionistas

mión o de una computadora, o *intangibles*, como una marca registrada o una patente. Un activo circulante tiene una vida inferior a un año. Esto significa que el activo se convertirá en efectivo en el transcurso de 12 meses. Por ejemplo, el inventario se compraría y vendería normalmente en el período de un año y por consiguiente se clasifica como activo circulante. Es obvio que el efectivo es un activo circulante. Las cuentas por cobrar (el dinero que los clientes deben a la empresa) también son un activo circulante.

Pasivos y capital contable: el lado derecho

Lo primero que se relaciona en el lado derecho del balance general son los pasivos de la empresa. Éstos se clasifican como *circulantes* o *a largo plazo*. Los pasivos circulantes, al igual que los activos circulantes, tienen una vida inferior a un año (lo que significa que deben pagarse dentro del año) y se presentan antes de los pasivos a largo plazo. Las cuentas por pagar (el dinero que la empresa debe a sus proveedores) es un ejemplo de pasivo circulante.

Una deuda que no vence en el término de un año se clasifica como pasivo a largo plazo. Un préstamo que la empresa liquidará en cinco años es un ejemplo de deuda a largo plazo. Las empresas obtienen préstamos a largo plazo de diversas fuentes. Se tenderá a utilizar los términos *bonos* y *tenedores de bonos* de forma genérica para hacer referencia a la deuda a largo plazo y a los acreedores a largo plazo, respectivamente.

Por último, por definición, la diferencia entre el valor total de los activos (circulantes y fijos) y el valor total de los pasivos (circulantes y a largo plazo) es el *capital de los accionistas*, también denominado *capital común* o *capital contable*. El propósito de esta característica del balance general es reflejar el hecho de que, si la empresa vendiera todos sus activos y utilizara el dinero para liquidar sus deudas, cualesquiera valor residual restante pertenecería a los accionistas. Por tanto, el balance general se «balancea», ya que el valor del lado izquierdo siempre es igual al valor del lado derecho. Es decir, el valor de los activos de la empresa es igual a la suma de sus pasivos y el capital de los accionistas:[1]

Activos = Pasivos + Capital de los accionistas   (2.1)

Ésta es la identidad o ecuación del balance general y siempre se mantiene porque el capital de los accionistas se define como la diferencia entre los activos y los pasivos.

Capital de trabajo neto

Como se muestra en la figura 2.1, la diferencia entre los activos circulantes de una empresa y sus pasivos circulantes se denomina **capital de trabajo neto**. El capital de trabajo neto es positivo cuando los activos circulantes exceden a los pasivos circulantes. Con base a las definiciones de los activos y los pasivos circulantes, esto significa que el efectivo de que se dispondrá durante los 12 meses siguientes excede al efectivo que se debe pagar durante ese mismo período. De ahí que el capital de trabajo en una empresa sólida suela ser positivo.

capital de trabajo neto
Activos circulantes menos pasivos circulantes.

Ejemplo 2.1   Estructuración del balance general

Una empresa tiene activos circulantes por $100, activos fijos netos por $500, deuda a corto plazo por $70 y deuda a largo plazo por $200. ¿Cómo aparece el balance general? ¿Cuál es el capital de los accionistas? ¿Cuál es el capital de trabajo neto?

En este caso, los activos totales son $100 + 500 = $600 y los pasivos totales son $70 + 200 = $270, por lo que el capital de los accionistas es la diferencia: $600 − 270 = = $330. El balance general se vería así:

Activos		*Pasivos y capital de los accionistas*	
Activos circulantes	$100	Pasivos circulantes	$ 70
Activos fijos netos	500	Deuda a largo plazo	200
		Capital de los accionistas	330
Activos totales	$600	Pasivos totales y capital de los accionistas	$600

El capital de trabajo neto es la diferencia entre los activos circulantes y los pasivos circulantes, es decir, $100 − 70 = $30. ∎

En la tabla 2.1 se muestra un balance general simplificado para una compañía ficticia: U.S. Corporation. Los activos en el balance general se presentan de acuerdo al tiempo que se requiere para convertirlos en efectivo en el transcurso normal del negocio. De forma similar, los pasivos se presentan en el orden en que normalmente se pagarían.

La estructura de los activos de una determinada empresa refleja la línea de negocios en la que opera la empresa y también las decisiones administrativas que deben tomarse sobre la cantidad de efectivo e inventarios y sobre la política de crédito, la adquisición de activos fijos, etc.

---

[1] Los términos *capital de los propietarios*, *capital de los accionistas* y *capital contable* se emplean indistintamente para referirse al capital de una corporación. También se usa el término *valor neto*. Además de éstas, existen otras denominaciones.

Tabla 2.1						
			U.S. CORPORATION			
		Balances generales al 31 de diciembre, 1991 y 1992	($ en millones)			
	1991	1992			1991	1992
Activo			*Pasivo y capital contable*			
Activos circulantes			Pasivos circulantes			
Efectivo	$ 104	$ 160	Cuentas por pagar		$ 232	$ 266
Cuentas por cobrar	455	688	Documentos por pagar		196	123
Inventarios	553	555	Total		$ 428	$ 389
Total	$1,112	$1,403				
Activos fijos						
Plantas y equipo, neto	$1,644	$1,709	Deuda a largo plazo		$ 408	$ 454
			Capital contable			
			Acciones comunes y superávit pagado		600	640
			Utilidades retenidas		1,320	1,629
			Total		$1,920	$2,269
Total activo	$2,756	$3,112	Total pasivo y capital contable		$2,756	$3,112

El lado de los pasivos del balance general refleja principalmente las decisiones administrativas sobre la estructura de capital y el uso de deuda a corto plazo. Por ejemplo, en 1992, la deuda a largo plazo total de U.S. era de $454 y el capital de los accionistas total era de $640 + 1,629 = $2,269, por lo que el financiamiento a largo plazo era de $454 + 2,269 = $2,723. De esta cantidad, $454/2,723 = 16.67% era deuda a largo plazo. Este porcentaje refleja decisiones relativas a la estructura del capital tomadas en el pasado por la administración de U.S.

Hay tres cosas particularmente importantes que deben recordarse al examinar un balance general: la liquidez, la deuda versus el capital contable y el valor de mercado versus el valor en libros.

Liquidez

La *liquidez* se refiere a la rapidez y a la facilidad con la que un activo puede convertirse en efectivo. El oro es un activo relativamente líquido, no así una instalación industrial especial. En realidad, la liquidez tiene dos dimensiones: facilidad de conversión versus pérdida de valor. Cualquier activo puede ser convertido rápidamente en efectivo si su precio se rebaja lo suficiente. Por consiguiente, un activo muy líquido es aquel que se puede vender rápidamente sin una pérdida importante de valor. Un activo no líquido o no realizable es el que no se puede convertir rápidamente en efectivo sin una importante reducción en su precio.

Los activos suelen relacionarse en el balance general en orden de liquidez decreciente, lo que significa que los más líquidos se relacionan en primer lugar. Los activos circulantes son relativamente líquidos e incluyen el efectivo y los activos que se espera convertir en efectivo durante los próximos 12 meses. Por ejemplo, las cuentas por cobrar representan importes aún no cobrados a los clientes por ventas ya efectuadas. Naturalmente, confiamos en que se convertirán en efectivo en un futuro cercano. Los inventarios son probablemente los activos circulantes menos líquidos, al menos en muchos negocios.

En su mayor parte, los activos fijos son relativamente no líquidos. Éstos constan de cosas tangibles, como edificios y equipos que no es posible convertir en efectivo durante la normal actividad del negocio. Los activos intangibles, como es el caso de las marcas registradas, no tienen existencia física, pero pueden ser muy valiosos. Como los activos fijos tangibles, casi nunca se convierten en efectivo y se les suele considerar no líquidos.

La liquidez es valiosa. Mientras más líquido sea el negocio, menos probable es que experimente problemas financieros (es decir, dificultad para pagar sus deudas o comprar activos necesarios). Lamentablemente, suele ser menos rentable mantener activos líquidos. Por ejemplo, las existencias de efectivo son las más líquidas de todas las inversiones, pero a veces no producen rendimiento alguno —tan sólo se quedan allí—. Por consiguiente, existe una relación de intercambio entre las ventajas de la liquidez y las posibles pérdidas de utilidades.

Deuda versus capital

En la medida en que una empresa tome dinero prestado, concederá por lo general a los acreedores derecho prioritario sobre el flujo de efectivo de la empresa. Los tenedores del capital sólo tienen derecho al valor residual, la parte que queda después de pagar a los acreedores. El valor de esta parte residual es el capital de los accionistas de la empresa y es exactamente el valor del activo menos el valor de los pasivos de la empresa:

Capital de los accionistas = Activos − Pasivos

Esto es cierto en un sentido contable porque el capital de los accionistas se define como esta parte residual. Más importante aún, esto es cierto en un sentido económico: si la empresa vende sus activos y paga sus deudas, cualquier efectivo que quede pertenece a los accionistas.

El uso de la deuda en la estructura de capital de una empresa se conoce como *apalancamiento financiero*. Cuanto más deuda tenga la empresa (como un porcentaje de los activos), mayor es su grado de apalancamiento financiero. Como veremos en capítulos posteriores, la deuda actúa como una palanca en el sentido de que al usarla se pueden incrementar considerablemente las ganancias y las pérdidas. Por tanto, el apalancamiento financiero incrementa la posible recompensa para los accionistas, pero también aumenta la posibilidad de problemas financieros y fracaso del negocio.

Valor de mercado versus valor en libros

Los valores que aparecen en el balance general para los activos de la empresa son valores en libros y no suelen representar lo que realmente valen los activos. De acuerdo con los **principios de contabilidad generalmente aceptados (PCGA, o GAAP** por sus siglas en inglés), los estados financieros auditados en Estados Unidos muestran los activos a su *costo histórico*. En otras palabras, los activos «se llevan en los libros» al precio que la empresa pagó por ellos, sin importar el tiempo que hace que se compraron o cuánto valen en la actualidad.

principios de contabilidad generalmente aceptados (PCGA)
El conjunto de estándares y procedimientos comunes mediante los cuales se preparan los estados financieros auditados.

Para los activos circulantes, el valor de mercado y el valor en libros pudiera ser relativamente similar, puesto que los activos circulantes se compran y se convierten en efectivo en un período relativamente corto. En otras circunstancias, también podría existir una diferencia considerable. Más aún, en el caso de los activos fijos sería simplemente una coincidencia si el valor real de mercado de un activo (el monto al que se pudiera vender el activo) fuera igual a su valor en libros. Por ejemplo, un ferrocarril podría poseer enormes extensiones de tierras compradas hace un siglo o más. Lo que pagó el ferrocarril por esas tierras pudiera ser cientos o miles de veces menos que su valor actual. A pesar de ello, el balance general mostraría el costo histórico.

El balance general es potencialmente útil para muchos grupos diferentes. Un proveedor podría observar la magnitud de las cuentas por pagar para ver con qué rapidez paga la empresa sus cuentas. Un posible acreedor examinaría la liquidez y el grado de apalancamiento financiero. Los administradores pueden controlar internamente aspectos como la cantidad de efectivo y el monto de los inventarios que la empresa mantiene disponibles. En el capítulo 3 se estudian con más detalle usos de este tipo.

Los administradores y los inversionistas estarán interesados por conocer el valor de la empresa. Esta información no aparece en el balance general. El hecho de que los activos en el balance general estén consignados al costo significa que no existe necesariamente una relación entre los activos totales que aparecen y el valor de la empresa. Es cierto que muchos de los activos más valiosos que podría tener una empresa —una buena administración, una buena reputación, empleados inteligentes— no aparecen en modo alguno en el balance general.

De forma similar, la cifra del capital de los accionistas en el balance general y el valor verdadero de las acciones no tienen que estar relacionados. Por consiguiente, el valor contable de las acciones no es una preocupación especialmente importante para los administradores financieros; lo que les importa es el valor de mercado. Por tanto, cada vez que se habla del valor de un activo o del valor de la empresa se suele aludir a su *valor de mercado*. De ahí que cuando decimos, por ejemplo, que el objetivo del administrador financiero es incrementar el valor de las acciones, nos referimos al valor de mercado de las acciones.

Ejemplo 2.2   Valor de mercado versus valor en libros

Klingon Corporation tiene activos fijos con un valor en libros de $700 y un valor de mercado calculado en aproximadamente $1,000. El capital de trabajo neto es de $400 en libros, pero se obtendrían aproximadamente $600 si se liquidaran todas las cuentas corrientes. Klingon tiene deuda a largo plazo por $500, tanto para el valor en libros como para el valor de mercado. ¿Cuál es el valor en libros del capital? ¿Cuál es el valor de mercado?

Pueden elaborarse dos balances generales simplificados, uno en términos contables (valor en libros) y uno en términos económicos (valor de mercado):

KLINGON CORPORATION

Balances generales
Valor de mercado versus valor en libros

	Libros	Mercado		Libros	Mercado
Activo			*Pasivo y capital de los accionistas*		
Capital de trabajo neto	$ 400	$ 600	Deuda a largo plazo	$ 500	$ 500
Activos fijos netos	700	1,000	Capital de los accionistas	600	1,100
	$1,100	$1,600		$1,100	$1,600

En este ejemplo, el capital de los accionistas vale en realidad casi el doble de lo que aparece en los libros. La distinción entre valor en libros y valor de mercado es importante precisamente porque los valores en libros pueden ser muy diferentes del verdadero valor económico. ■

PREGUNTAS SOBRE CONCEPTOS

2.1a ¿Cuál es la ecuación del balance general?

2.1b ¿Qué es la liquidez? ¿Por qué es importante?

2.1c ¿Qué se entiende por apalancamiento financiero?

2.1d Explique la diferencia entre el valor contable y el valor de mercado. ¿Cuál es más importante para el administrador financiero? ¿Por qué?

EL ESTADO DE RESULTADOS | 2.2

El **estado de resultados** mide el desempeño a lo largo de algún período, por lo general un año. La ecuación del estado de resultados es:

estado de resultados
Estado financiero que resume el desempeño de una empresa durante un período determinado.

Ingresos − Gastos = Utilidad (2.2)

Si se piensa en el balance general como en una fotografía instantánea, debemos pensar en el estado de resultados como en una grabación de video que abarca el período entre una fotografía anterior y otra posterior. En la tabla 2.2 se proporciona un estado de resultados simplificado para la U.S. Corporation.

Por lo general, lo primero que se presenta en un estado de resultados sería el ingreso y los gastos provenientes de las operaciones principales de la empresa. En secciones posteriores se incluyen, entre otras cosas, los gastos de financiamiento, por ejemplo, los intereses pagados. Los impuestos pagados se presentan por separado. La última partida es la *utilidad neta* (conocida como el renglón final). La utilidad neta se suele expresar por acción y se le conoce como *utilidades por acción* (*UPA*).

Tabla 2.2

U.S. CORPORATION
Estado de resultados para 1992
($ en millones)

Ventas netas		$1,509
Costo de ventas		750
Depreciación		65
Utilidades antes de intereses e impuestos		$ 694
Intereses pagados		70
Utilidad gravable		$ 624
Impuestos		212
Utilidad neta		$ 412
Aumento a utilidades retenidas	$309	
Dividendos	103	

Como se señala en la tabla 2.2, U.S. pagó dividendos en efectivo por $103. La diferencia entre la utilidad neta y los dividendos en efectivo, $309, es el aumento a las utilidades retenidas en el año. Este importe se añade a la cuenta de utilidades retenidas en el balance general. Si se observan de nuevo los dos balances generales de U.S. Corporation, se verá que las utilidades retenidas aumentaron en este tiempo a $1,320 + 309 = $1,629.

Ejemplo 2.3   Cálculo de las utilidades y los dividendos por acción

Supongamos que U.S. tenía 200 millones de acciones en circulación al finalizar 1992. Con base en el estado de resultados anterior, ¿cuál fue la UPA? ¿Cuáles fueron los dividendos por acción?

Según el estado de resultados, U.S. tuvo una utilidad neta de $412 millones en el año. Dado que habían 200 millones de acciones en circulación, UPA fue de $412/200 = $2.06 por acción. De forma similar, los dividendos por acción fueron de $103/200 = $0.515 por acción. ■

Al observar un estado de resultados, el administrador financiero necesita tener presente tres aspectos: PCGA, partidas de efectivo contra las que no representan efectivo (partidas virtuales) y el tiempo y costos.

PCGA y el estado de resultados

Un estado de resultados elaborado que utiliza los PCGA mostrará el ingreso cuando se devenga. Esto no ocurre necesariamente cuando se recibe el efectivo. La regla general (el principio de realización) es reconocer el ingreso cuando el proceso de ingresos está prácticamente terminado y se conoce el valor de un intercambio de bienes o servicios, o se puede determinar en forma confiable. En la práctica, por lo general, este principio significa que el ingreso se reconoce al momento de la venta, que no tiene necesariamente que coincidir con el momento del cobro.

Los costos que se muestran en el estado de resultados se basan en el principio de igualación. En este caso, la idea básica es determinar primero los ingresos tal como se describió previamente y después igualar esos ingresos con los costos relacionados con su producción. Por tanto, si se fabrica y posteriormente se vende un producto a crédito, el ingreso se reconoce al momento de la venta. De manera similar, los costos de producción, así como otros costos relacionados con la venta de ese producto, se reconocerían igualmente en ese momento. De nuevo las salidas de efectivo reales quizá hayan ocurrido en algún momento muy diferente.

Como resultado de la forma en que se reconocen los ingresos y los costos, las cifras que aparecen en el estado de resultados quizá no representen en absoluto las entradas y salidas de efectivo reales que ocurrieron durante un período en particular.

Partidas virtuales

partidas no relacionadas con el efectivo (partidas virtuales)
Gastos que se cargan contra aquellos ingresos que no afectan directamente el flujo de efectivo, como es el caso de la depreciación.

Una razón principal que ocasiona que la utilidad contable difiera del flujo de efectivo, es que el estado de resultados contiene **partidas no relacionadas con el efectivo (partidas virtuales)**. La más importante de éstas es la *depreciación*. Suponga que una empresa compra un activo en $5,000 y lo paga de contado. Es obvio que la empresa tiene una salida de efectivo de $5,000 al momento de la compra. Sin embargo, en lugar de deducir los $5,000 como un gasto, el contador podría depreciar el activo a lo largo de un período de cinco años.

Si la depreciación es en línea recta y el activo se lleva hasta un valor de cero durante ese período, entonces \$5,000/5 = \$1,000, se considerarían cada año como un gasto.[2] Lo importante es reconocer que esta deducción de \$1,000 no es efectivo —es un número contable—. La salida de efectivo real ocurrió cuando se compró el activo.

La deducción por depreciación es simplemente otra aplicación del principio de igualación en la contabilidad. Por lo general, los ingresos que genera un activo se producen durante un cierto período. Por tanto, el contador busca igualar el gasto asociado con la compra del activo, con los beneficios que produce el poseerlo.

Como veremos más adelante, para el administrador financiero el momento real de las entradas y salidas de efectivo es fundamental para elaborar un estimado razonable del valor de mercado, por lo que es necesario aprender a separar los flujos de efectivo de los asientos contables no relacionados con dichos flujos.

Tiempo y costos

Suele ser conveniente pensar en el futuro como formado por dos partes diferentes: el corto plazo y el largo plazo. Éstos no son períodos exactos. La distinción se relaciona con el hecho de identificar a los costos como fijos o como variables. A largo plazo, todos los costos del negocio son variables. Contando con el tiempo suficiente, los activos se pueden vender, las deudas se pueden pagar, etc.

Sin embargo, si el horizonte de tiempo es relativamente corto, algunos costos son efectivamente fijos —deben pagarse de todas formas (p. ej., el impuesto predial)—. Otros costos, como los salarios de los obreros y los pagos a los proveedores, siguen siendo variables. Como consecuencia de ello, incluso a corto plazo, la empresa puede variar su nivel de producción al modificar los gastos en estas áreas.

La distinción entre costos fijos y variables es importante en ocasiones para el administrador financiero, pero la forma en que se presentan los costos en el estado de resultados no es una buena guía para identificar de qué costos se trata. La razón es que en la práctica los contadores tienden a clasificarlos como costos del producto o costos del período.

Los costos del producto incluyen partidas como materias primas, gastos de mano de obra directa y gastos indirectos de producción. Éstos se presentan en el estado de resultados como costos de ventas, pero incluyen costos tanto fijos como variables. De forma similar, los costos del período se producen durante uno en particular y se presentan como gastos de ventas, generales y de administración. Nuevamente, algunos de estos costos del período pueden ser fijos y otros variables. Por ejemplo, el salario del presidente de la compañía es un costo del período y probablemente sea fijo, al menos en el corto plazo.

PREGUNTAS SOBRE CONCEPTOS

2.2a ¿Cuál es la ecuación del estado de resultados?
2.2b ¿Cuáles son los tres aspectos a considerar cuando se observa un estado de resultados?
2.2c ¿Por qué la utilidad contable no es lo mismo que el flujo de efectivo? Proporcione dos razones para ello.

---

[2] Por «línea recta» se entiende que la deducción por depreciación es la misma cada año. Al decir «se lleva hasta un valor de cero» se pretende indicar que el activo supuestamente no tiene valor alguno al finalizar los cinco años. En el capítulo 8 se estudia la depreciación con más detalle.

2.3 | IMPUESTOS

Los impuestos pueden ser una de las mayores salidas de efectivo para una empresa. La magnitud del crédito fiscal se determina mediante la legislación fiscal, un grupo de reglamentos que suelen enmendarse y modificarse. En esta sección se examinan las tasas de impuestos corporativos y personales, y se estudia cómo calcular los impuestos.

Si los diversos reglamentos fiscales parecen un poco raros o complicados, recordemos que la legislación fiscal es el resultado de la acción de las fuerzas políticas, no económicas. Como resultado de ello, no existe motivo para que dicha legislación tenga un sentido económico.

Tasas de impuestos corporativos y personales

En la tabla 2.3 se muestran las tasas de impuestos corporativos y personales en vigor para 1991. Una característica peculiar del sistema tributario instituido por la *Tax Reform Act of 1986* (Ley de reforma fiscal de 1986) es que las tasas del impuesto corporativo no se van incrementando en un sentido estricto. Como se muestra, las tasas aumentan desde un 15% hasta un 39%, pero después bajan de nuevo al 34% sobre utilidades en exceso de $335,000. Las tasas personales aumentan hasta un máximo del 31% y permanecen estables.

De acuerdo con los creadores de los reglamentos fiscales actuales, sólo hay tres tasas corporativas, 15%, 25% y 34%. El intervalo fiscal del 39% se origina debido a una «sobretasa» del 5% que se aplica adicionalmente a la tasa del 34%. Sin embargo, un impuesto es un impuesto, por lo que en realidad existen cuatro grupos o intervalos de impuestos corporativos, como hemos mostrado.

Otra característica importante de la legislación fiscal actual se evidencia al comparar las tasas del impuesto corporativo con las del impuesto personal: las tasas más altas del impuesto corporativo exceden la tasa personal más alta. Con anterioridad a 1986, la tasa personal más alta siempre excedió a la tasa corporativa más alta.

Tasas promedio de impuesto versus tasas marginales de impuestos

tasa promedio de impuestos
El total de impuestos pagados dividido entre la utilidad gravable total.

tasa marginal de impuestos
Importe del impuesto a pagar sobre la siguiente unidad monetaria devengada.

Al tomar decisiones financieras, suele ser importante distinguir entre las tasas promedio de impuestos y las tasas marginales. La **tasa promedio de impuestos** es el impuesto a pagar dividido entre el ingreso gravable; en otras palabras, el porcentaje de ingresos que se destina al pago de impuestos. La **tasa marginal de impuestos** es el impuesto adicional que se pagaría si se ganara una unidad monetaria adicional. Todas las tasas de impuestos porcentuales que se muestran en la tabla 2.3 son tasas marginales. Expresado de otra forma, las tasas de impuestos en la tabla 2.3 sólo se aplican a la parte del ingreso en el intervalo señalado, no al total de ingresos.

La diferencia entre las tasas promedio y las tasas marginales de impuestos se puede ilustrar mejor con un ejemplo sencillo. Supongamos que la corporación tiene un ingreso gravable de $200,000. ¿Cuál es el impuesto a pagar? Con base a la tabla 2.3, el impuesto a pagar se puede calcular de la forma siguiente:

$$
\begin{aligned}
0.15(\$\ 50,000) &= \$\ 7,500 \\
0.25(\$\ 75,000 - 50,000) &= 6,250 \\
0.34(\$100,000 - 75,000) &= 8,500 \\
0.39(\$200,000 - 100,000) &= \underline{39,000} \\
&\ \ \underline{\$61,250}
\end{aligned}
$$

Tasas de impuestos corporativos		Tasas de impuestos personales (personas físicas): solteros		**Tabla 2.3**
Utilidad gravable	Tasa de impuestos	Ingreso gravable	Tasa de impuestos	Tasas de impuestos corporativos y personales (personas físicas)
$ 0 − 50,000	15%	$ 0 − 20,350	15%	
50,001 − 75,000	25	20,350 − 49,300	28	
75,001 − 100,000	34	49,300 +	31	
100,001 − 335,000	39			
335,001 +	34			

(1) Utilidad gravable	(2) Tasa marginal de impuestos	(3) Impuesto total (crédito fiscal)	(3)/(1) Tasa promedio de impuestos	**Tabla 2.4**
$ 45,000	15%	$ 6,750	15.00%	Impuestos corporativos y tasas de impuestos
70,000	25	12,500	17.86	
95,000	34	20,550	21.63	
120,000	39	30,050	25.04	
250,000	39	80,750	32.30	
500,000	34	170,000	34.00	
1,000,000	34	340,000	34.00	

Por consiguiente, el impuesto total es de $61,250.

En este ejemplo, ¿cuál es la tasa promedio de impuestos? Dado un ingreso gravable de $200,000 y un crédito fiscal (impuesto por pagar) de $61,250, la tasa promedio de impuestos es de $61,250/200,000 = 30.625%. ¿Cuál es la tasa marginal de impuestos? Si se ganara una unidad monetaria adicional, el impuesto sobre esa unidad monetaria sería de $0.39, por lo que la tasa marginal es del 39%.

Ejemplo 2.4   Estudio profundo de los impuestos

Algernon, Inc. tiene un ingreso gravable de $85,000. ¿Cuál es el monto de impuestos a pagar? ¿Cuál es la tasa promedio de impuestos? ¿La tasa marginal de impuestos?

Con base a la tabla 2.3, la tasa de impuestos aplicada a los primeros $50,000 es del 15%; la tasa aplicada a los siguientes $25,000 es del 25% y la tasa aplicada después de esto hasta $100,000 es del 34%. Por tanto, Algernon debe pagar 0.15 × $50,000 + 0.25 × $25,000 + 0.34 × ($85,000 − 75,000) = $17,150. Por tanto, la tasa promedio de impuestos es $17,150/85,000 = 20.18%. La tasa marginal es del 34%, ya que los impuestos de Algernon aumentarían en $0.34 si se tuviera una unidad monetaria adicional de ingreso gravable. ■

En la tabla 2.4 se resumen diferentes ingresos gravables, tasas marginales de impuestos y tasas promedio de impuestos para empresas. Obsérvese cómo las tasas del impuesto promedio y marginales de impuestos se igualan en el 34%.

Con una *tasa uniforme de impuestos* sólo hay una tasa de impuestos y ésta es la misma para todos los niveles de ingresos. Con esta modalidad fiscal, la tasa marginal de impuestos siempre es igual a la tasa promedio de impuestos. En la actualidad, el gravamen fiscal a las empresas en Estados Unidos es una tasa uniforme de impuestos modificada, convirtiéndose en una verdadera tasa uniforme para los ingresos más elevados.

Al considerar la tabla 2.4, se observa que cuanto más elevados sean los ingresos de la corporación, mayor es el porcentaje del ingreso gravable pagado en impuestos. Dicho de otra forma, de acuerdo con la legislación fiscal vigente, la tasa promedio de impuestos nunca desciende, aunque sí lo hace la tasa marginal de impuestos. Como vemos en el caso de las corporaciones, las tasas promedio de impuestos se inician en el 15% y aumentan hasta un máximo del 34%.

Normalmente, la tasa marginal de impuestos será considerada como la tasa relevante para tomar decisiones financieras. La razón es que cada nuevo flujo de efectivo será gravado a dicha tasa marginal. Dado que las decisiones financieras incluyen por lo general nuevos flujos de efectivo o cambios en los ya existentes, esta tasa expresará el efecto marginal sobre el monto de impuestos a pagar (crédito fiscal).

Hay que señalar un último aspecto en relación con la legislación fiscal y su efecto en las corporaciones. Es fácil verificar que el crédito fiscal corporativo es exactamente una tasa uniforme del 34% del ingreso gravable, si éste supera los $335,000. Dado que normalmente se estará hablando de grandes corporaciones, se puede suponer que las tasas promedio y marginales de impuestos son del 34%, a no ser que explícitamente se indique lo contrario.

PREGUNTAS SOBRE CONCEPTOS

2.3a ¿Cuál es la diferencia entre una tasa marginal de impuestos y una tasa promedio de impuestos?

2.3b ¿Las corporaciones más ricas reciben un beneficio fiscal en términos de una menor tasa de impuestos? Fundamente su respuesta.

2.4 | FLUJO DE EFECTIVO

A estas alturas, ya estamos en posibilidad de estudiar lo que tal vez sea una de las piezas de información financiera más importantes que se pueden obtener a partir de los estados financieros: el *flujo de efectivo*. Se considera flujo de efectivo a la diferencia entre la cantidad de unidades monetarias que entran y la que sale. Por ejemplo, si usted fuera el propietario de un negocio podría estar muy interesado en conocer cuánto efectivo realmente obtuvo de su negocio en un año determinado. Uno de los aspectos que se estudia a continuación es cómo determinar dicho importe.

No existe un estado financiero estándar que presente esta información de la manera deseada. Por consiguiente, estudiaremos cómo calcular el flujo de efectivo para la U.S. Corporation y veremos cómo el resultado obtenido difiere de los resultados obtenidos mediante métodos estándar de determinación de estados financieros. Existe un estado financiero contable estándar denominado *estado de flujos de efectivo*, pero está relacionado con un tema algo diferente y no debe confundirse con lo que se estudia en esta sección. El estado contable de flujos de efectivo se estudia en el capítulo 3.

A partir de la ecuación del balance general, se sabe que el valor de los activos de una empresa es igual al valor de sus pasivos más el valor de su capital contable. De forma similar, el flujo de efectivo derivado de los activos de la empresa debe ser igual a la suma del flujo de efectivo a los acreedores más el flujo de efectivo a los accionistas (o propietarios):

Flujo de efectivo derivado de activos = Flujo de efectivo a acreedores
                              + Flujo de efectivo a accionistas   **(2.3)**

Ésta es la ecuación del flujo de efectivo. Indica que el flujo de efectivo derivado de los activos de la empresa es igual al flujo de efectivo pagado a los proveedores de capital para la empresa. Lo que refleja es el hecho de que una empresa genera efectivo mediante sus diversas actividades y que dicho efectivo se utiliza para pagar a los acreedores o bien a los propietarios de la empresa. Se estudian a continuación los diversos elementos que componen estos flujos de efectivo.

Flujo de efectivo derivado de activos

El **flujo de efectivo derivado de activos** incluye tres elementos: el flujo de efectivo operativo, los gastos de capital y los aumentos de capital de trabajo neto. El **flujo de efectivo operativo** se refiere al flujo de efectivo resultante de las actividades cotidianas de producción y de las ventas de la empresa. No se incluyen los gastos relacionados con el financiamiento que obtiene la empresa para sus activos, ya que no representan gastos operativos.

Como se estudió en el capítulo 1, parte del flujo de efectivo de la empresa se reinvierte en la misma. Los *gastos de capital* se refieren al gasto neto en activos fijos (compras de activos fijos menos ventas de activos fijos). Por último, los *aumentos al capital de trabajo neto* son el importe gastado en capital de trabajo neto. Éste se mide como el cambio en el capital de trabajo neto durante el período considerado y representa el aumento neto en activos circulantes sobre pasivos circulantes. Examinamos seguidamente los tres elementos del flujo de efectivo con más detalle.

Flujo de efectivo operativo (FEO)   Para determinar el flujo de efectivo operativo, se calculan los ingresos menos los costos, pero no se incluye la depreciación, ya que no representa una salida de efectivo, ni se incluyen los intereses porque constituyen un gasto por financiamiento. Sí se incluyen los impuestos porque, lamentablemente, se pagan en efectivo.

Si se observa el estado de resultados de la U.S. Corporation (tabla 2.2), las utilidades antes de intereses e impuestos (UAII) ascienden a $694. Este monto es casi lo deseable, puesto que no incluye los intereses pagados. Es necesario hacer dos ajustes. Primero, recordar que la depreciación es un gasto que no representa efectivo. Para obtener el flujo de efectivo, primero se añaden de nuevo los $65 de la depreciación, dado que no fue una deducción de efectivo. El otro ajuste consiste en restar los $212 de impuestos, ya que se pagaron en efectivo. El resultado es el flujo de efectivo operativo:

flujo de efectivo derivado de activos
Total del flujo de efectivo a los acreedores y del flujo de efectivo a los accionistas, que consiste en lo siguiente: flujo de efectivo operativo, gastos de capital y aumentos al capital de trabajo neto.

flujo de efectivo operativo
Efectivo generado por las actividades (operaciones) normales de negocios de una empresa.

U.S. CORPORATION

Flujo de efectivo operativo para 1992

Utilidades antes de intereses e impuestos	$694
+ Depreciación	65
− Impuestos	212
Flujo de efectivo operativo	**$547**

Por tanto, la U.S. Corporation generó un flujo de efectivo operativo de $547 durante 1992.

Existe una desagradable posibilidad de confusión cuando se habla de flujo de efectivo operativo. En la práctica contable, el flujo de efectivo operativo suele definirse como la utilidad neta más la depreciación. En el caso de la U.S. Corporation, esto ascendería a $412 + 65 = $477.

La definición contable del flujo de efectivo operativo difiere de la nuestra en un punto importante: cuando se calcula la utilidad neta, se deducen los intereses. Obsérvese que la diferencia entre el flujo de efectivo operativo de $547 calculado y éste de $477 es de $70, que representa el importe de los intereses pagados durante el año.

Por consiguiente, esta definición de flujo de efectivo considera que los intereses pagados son un gasto de operación. Nuestra definición los considera, apropiadamente, como un gasto de financiamiento. Si no existiera el gasto por intereses, las dos definiciones serían iguales.

Para terminar el cálculo del flujo de efectivo derivado de activos para la U.S. Corporation, es necesario tomar en cuenta que parte de los $547 del flujo de efectivo operativo se reinvirtió en la empresa. En primer lugar, se toman en cuenta los gastos en activos fijos.

Gastos de capital   El gasto de capital neto es tan sólo el dinero gastado en activos fijos menos el dinero recibido por la venta de activos fijos. Al finalizar 1991, los activos fijos netos de la U.S. Corporation (tabla 2.1) eran de $1,644. Durante el año, se cancelaron (depreciaron) en el estado de resultados activos fijos por un valor de $65. Por tanto, si no se compraron nuevos activos fijos, los activos fijos netos habrían sido de $1,644 − 65 = $1,579 al finalizar el año. El balance general de 1992 muestra activos fijos netos por $1,709, por lo que se debió haber gastado un total de $1,709 − 1,579 = $130 en activos fijos durante el año:

Activos fijos netos finales	$1,709
− Activos fijos netos iniciales	1,644
+ Depreciación	65
Inversión neta en activos fijos	**$ 130**

Estos $130 son el gasto de capital neto en 1992.

¿Podría ser negativo el gasto de capital neto? La respuesta es afirmativa. Esto ocurriría si la empresa vendiera más activos de los que compró. En este caso, *neto* se refiere a las compras de activos fijos menos cualquier venta de activos fijos.

Aumentos al capital de trabajo neto   Además de invertir en activos fijos, la empresa también invertirá en activos circulantes. Por ejemplo, si se observa nuevamente el balance general de la tabla 2.1, se observa que al final de 1992 U.S. tenía activos circulantes con un valor de $1,403. Al finalizar 1991, los activos fijos eran $1,112, por lo que durante el año U.S. invirtió $1,403 − 1,112 = $291 en activos circulantes.

Conforme la empresa vaya cambiando su inversión en activos circulantes, lo habitual es que sus pasivos circulantes también se modifiquen. Para determinar los aumentos al capital de trabajo neto, el enfoque más sencillo consiste en tomar sólo la diferencia entre las cifras del capital de trabajo neto (CTN) inicial y final. El capital de trabajo neto al finalizar 1992 era de $1,403 − 389 = $1,014. En forma análoga, el capital de trabajo neto al finalizar 1991 era de $1,112 − 428 = $684. Por tanto, conociendo estas cifras, se tiene:

CTN final	$1,014
− CTN inicial	684
Aumentos al CTN	**$ 330**

Así pues, el capital de trabajo neto aumentó en $330. Expresado de otra forma, la U.S. Corporation tuvo una inversión neta de $330 en CTN durante el año.

Flujo de efectivo derivado de activos   De acuerdo con las cifras que se han obtenido, estamos en posibilidad de calcular el flujo de efectivo derivado de activos. El flujo de efectivo total derivado de activos se obtiene restando los montos invertidos en activos fijos y el capital de trabajo neto del flujo de efectivo operativo. Por tanto, en el caso de U.S., se obtiene:

U.S. CORPORATION

Flujo de efectivo derivado de activos para 1992

Flujo de efectivo operativo	**$547**
− **Gastos de capital netos**	**130**
− **Aumentos al CTN**	**330**
Flujo de efectivo derivado de activos	**$ 87**

Con base en la ecuación del flujo de efectivo anteriormente presentada, este flujo de efectivo derivado de activos de $87 es igual a la suma del flujo de efectivo de la empresa para los acreedores y el flujo de efectivo para los accionistas. A continuación, se estudian estos últimos.

No sería nada raro que una corporación en crecimiento tenga un flujo de efectivo negativo. Como veremos a continuación, un flujo de efectivo negativo significa que la empresa obtuvo más dinero mediante préstamos y la venta de acciones del que pagó a los acreedores y a los accionistas durante ese año.

Flujo de efectivo a acreedores y accionistas

Los flujos de efectivo a acreedores y accionistas representan los pagos netos a los acreedores y propietarios durante el año. Se calculan en una forma similar. El **flujo de efectivo a los acreedores** son los intereses pagados menos los nuevos préstamos netos; el **flujo de efectivo a los accionistas** son los dividendos pagados menos el nuevo capital neto obtenido.

Flujo de efectivo a acreedores   Al observar el estado de resultados en la tabla 2.2, se aprecia que U.S. pagó $70 por intereses a los acreedores. Según los balances generales en la tabla 2.1, la deuda a largo plazo aumentó en $454 − 408 = $46. Por tanto, la U.S. Cor-

flujo de efectivo a los acreedores
Los pagos de intereses de una empresa a los acreedores menos los nuevos préstamos netos.

flujo de efectivo a los accionistas
Dividendos pagados por la empresa menos el nuevo capital neto obtenido.

poration pagó $70 por intereses, pero tomó un préstamo adicional de $46. Así pues, el flujo de efectivo neto a los acreedores es:

U.S. CORPORATION

Flujo de efectivo a los acreedores para 1992

Intereses pagados	$70
− Nuevos préstamos netos	46
Flujo de efectivo a los acreedores	**$24**

Al flujo de efectivo a los acreedores se le denomina en ocasiones *flujo de efectivo a los «tenedores de bonos»*; estos términos se utilizarán de forma intercambiable.

Flujo de efectivo a los accionistas   Según el estado de resultados, los dividendos pagados a los accionistas ascienden a $103. Para obtener el monto de nuevo capital neto obtenido, es necesario observar las acciones comunes y la cuenta del superávit pagado. Esta cuenta informa sobre cuántas acciones ha vendido la empresa. Durante el año, esta cuenta aumentó en $40; por tanto, se obtuvo nuevo capital neto por $40. Conociendo lo anterior, se tiene:

U.S. CORPORATION

Flujo de efectivo a los accionistas para 1992

Dividendos pagados	$103
− Nuevo capital neto obtenido	40
Flujo de efectivo a los accionistas	**$ 63**

Por tanto, el flujo de efectivo a los accionistas en 1992 fue de $63.

Lo último que debemos hacer es verificar que la ecuación del flujo de efectivo se siga cumpliendo, para estar seguros de que no se hayan cometido errores. Con base en lo anterior, el flujo de efectivo derivado de activos es de $87. El flujo de efectivo a los acreedores y accionistas es de **$24 + 63 = $87**, por lo que todo concuerda. En la tabla 2.5 se ofrece un resumen de los diversos cálculos del flujo de efectivo para consultas futuras.

De acuerdo con lo que hemos estudiado, es esencial que la empresa controle su flujo de efectivo. Lo que se presenta a continuación sirve como excelente recordatorio del «por qué hacerlo» es una buena idea, a no ser que los dueños de la empresa deseen terminar en la casa de «Poe».

Dice el banquero, «controle el flujo de efectivo»

En una lóbrega medianoche, mientras reflexionaba débil y cansado,
En un gran volumen, raro y curioso, de conocimientos contables,
Buscando trucos (sin escrúpulos) para escabullirme a través de algún nuevo hueco
   de evasión fiscal,
De repente escuché que llamaban a la puerta,
   Sólo esto y nada más.

Tabla 2.5

Resumen del flujo de efectivo

I.   La ecuación del flujo de efectivo

Flujo de efectivo derivado de activos = Flujo de efectivo a acreedores (tenedores de bonos)
+ Flujo de efectivo a accionistas (propietarios)

II. Flujo de efectivo derivado de activos

Flujo de efectivo derivado de activos = Flujo de efectivo operativo
− Gastos de capital netos
− Aumentos al capital de trabajo neto (CTN)

donde:

Flujo de efectivo operativo = Utilidades antes de intereses e impuestos (UAII)
+ Depreciación − Impuestos

Gastos de capital netos = Activos fijos netos finales − Activos fijos netos iniciales
+ Depreciación

Aumentos al CTN = CTN final − CTN inicial

III. Flujo de efectivo a acreedores (tenedores de bonos)

Flujo de efectivo a acreedores = Intereses pagados − Nuevos préstamos netos

IV. Flujo de efectivo a los accionistas (propietarios)

Flujo de efectivo a los accionistas = Dividendos pagados − Nuevo capital neto obtenido

---

Después sentí un incómodo escozor y escuché el tintineo del efectivo
Mientras entraba un tenebroso banquero a quien había visto antes con frecuencia.
Su rostro era verde como el dinero y en sus ojos se podían ver
Signos de dólares que parecían brillar mientras él calculaba las cuentas.
     «Flujo de efectivo», dijo el banquero, y no dijo nada más.

Yo siempre había pensado que era bueno mostrar un renglón final del estado de
     resultados de color negro como el azabache.
Pero el banquero lanzó un resonante «No.
Sus partidas por cobrar están altas; aumentan hasta el firmamento;
Hay amenazas de cancelación de cuentas. Lo que importa es el flujo de efectivo».
     Repitió, «controle el flujo de efectivo».

Entonces traté de contar la historia de nuestro magnífico inventario
Que, aunque grande, está lleno de las cosas más encantadoras.
Pero el banquero vio su crecimiento y con una fuerte maldición
Agitó los brazos y gritó «¡Basta! ¡Es suficiente!
     ¡Pague los intereses y no me venga con patrañas!».

A continuación, busqué partidas no relacionadas con el efectivo que pudieran
     aumentar sin límites
Para reemplazar el flujo de efectivo siempre de salida,
Pero para mantener en negro mi estado reduje la depreciación,
Y mi banquero me dijo que había hecho algo temerario.
     Se estremeció y comenzó a rechinar los dientes.

Cuando le pedí un préstamo, respondió con un gemido
Que la tasa de interés sería la tasa preferencial más ocho,
Y para garantizar mi integridad insistió en alguna garantía:
Todos mis activos más el cuero cabelludo de mi cabeza.
        Sólo esto, una tasa estándar.

Aunque mi renglón final está en negro, me encuentro de espaldas en el suelo,
Mi efectivo fluye de salida y los clientes demoran sus pagos.
El crecimiento de mis partidas por cobrar es casi increíble:
El resultado es seguro —¡miseria incesante!—
Y escuchó al banquero murmurar en tono de voz bajo y ominoso,
    «Controle el flujo de efectivo».

Herbert S. Bailey, Jr.

Reproducido del ejemplar del 13 de enero de 1975 de *Publishers Weekly*, publicado por R. R. Bowker, una compañía de Xerox. Derechos de autor © 1975 por Xerox Corporation.

A lo cual sólo podemos añadir: «Amén».

Un ejemplo: flujos de efectivo para Dole Cola

Este extenso ejemplo abarca los diversos cálculos del flujo de efectivo estudiados en el capítulo. También muestra algunas variaciones que se pueden comentar.

Flujo de efectivo operativo   Durante el año, Dole Cola, Inc., tuvo ventas por $600 y costo de ventas por $300. La depreciación fue de $150 y los intereses pagados de $30. Los impuestos se calcularon con porcentaje constante del 34%. Los dividendos fueron de $30. (Todas las cifras están en millones de unidades monetarias.) ¿Cuál fue el flujo de efectivo operativo de Dole? ¿Por qué difiere de la utilidad neta?

En este caso, lo más fácil de hacer es seguir adelante y elaborar un estado de resultados. Después, pueden seleccionarse los números que se necesitan. A continuación, se presenta el estado de resultados de Dole Cola.

DOLE COLA

Estado de resultados para 1992
($ en millones)

Ventas netas		300
Costo de ventas		$600
Depreciación		150
Utilidades antes de intereses e impuestos		$150
Intereses pagados		30
Utilidad gravable		$120
Impuestos		41
Utilidad neta		$ 79
Aumento en las utilidades retenidas	$49	
Dividendos	30	

Por tanto, la utilidad neta de Dole fue de $79. Ahora ya tenemos todos los números necesarios. Consultando de nuevo el ejemplo de la U.S. Corporation y la tabla 2.5, se tiene:

DOLE COLA

Flujo de efectivo operativo para 1992

Utilidades antes de intereses e impuestos	$150
+ Depreciación	150
− Impuestos	41
Flujo de efectivo operativo	**$259**

Como se muestra en este ejemplo, el flujo de efectivo operativo no es lo mismo que la utilidad neta, dado que cuando se calcula la utilidad neta se restan la depreciación y los intereses. Si recordamos lo estudiado, al calcular el flujo de efectivo operativo no se restan éstos, ya que la depreciación no es un gasto en efectivo y los intereses pagados son un gasto de financiamiento, no un gasto operativo.

Gastos de capital netos   Supongamos que los activos fijos netos iniciales eran de $500 y los activos fijos netos finales de $750. ¿Cuál fue el gasto de capital neto en el año?

Según el estado de resultados de Dole, la depreciación en el año fue de $150. Los activos fijos netos aumentaron en $250. Por consiguiente, Dole gastó $250 junto con $150 adicionales, para un total de $400.

Cambio en CTN y flujo de efectivo derivado de activos   Supongamos que Dole Cola inició el año con $2,130 en activos circulantes y $1,620 en pasivos circulantes. Las cifras finales correspondientes fueron $2,260 y $1,710. ¿Cuál fue el aumento de CTN durante el año? ¿Cuál fue el flujo de efectivo derivado de activos? ¿Cómo se compara éste con la utilidad neta?

El capital de trabajo neto se inició en $2,130 − 1,620 = $510 y terminó en $2,260 − 1,710 = $550. Por tanto, el aumento de CTN fue de $550 − 510 = $40. Al reunir toda la información de Dole, se tiene:

DOLE COLA

Flujo de efectivo derivado de activos para 1992

Flujo de efectivo operativo	$259
− Gastos de capital netos	400
− Aumentos de CTN	40
Flujo de efectivo derivado de activos	**− $181**

Dole tuvo un flujo de efectivo derivado de activos negativo de $181. La utilidad neta fue positiva en $79. ¿Es motivo de preocupación el hecho de que el flujo de efectivo derivado de activos fuera negativo? No necesariamente. En este caso, el flujo de efectivo negativo se debe sobre todo a una gran inversión en activos fijos. Si éstas son buenas inversiones, el flujo de efectivo negativo resultante no debe preocupar.

Flujo de efectivo a acreedores y accionistas   Observamos que Dole Cola tenía un flujo de efectivo derivado de activos de − $181. El hecho de ser negativo significa que Dole obtuvo más dinero mediante nuevas deudas y nuevo capital de lo que pagó en el año. Por ejemplo, supongamos que se sabe que Dole no vendió capital adicional durante el año. ¿Cuál fue el flujo de efectivo para los accionistas? ¿Para los acreedores?

Dado que no obtuvo nuevo capital, el flujo de efectivo de Dole para los accionistas es exactamente igual al dividendo en efectivo pagado:

DOLE COLA

Flujo de efectivo a los accionistas para 1992

Dividendos pagados	$30
− Nuevo capital neto	0
Flujo de efectivo a los accionistas	**$30**

En este caso, con base en la ecuación del flujo de efectivo, el efectivo total pagado a los acreedores y accionistas fue de − $181. El flujo de efectivo para los accionistas es de $30, por lo que el flujo de efectivo para los acreedores tiene que ser igual a − $181 − $30 = − $211:

Flujo de efectivo a los acreedores + Flujo de efectivo a los accionistas = −$181	
Flujo de efectivo a los acreedores + $30	= −$181
Flujo de efectivo a los acreedores	= **−$211**

Dado que el flujo de efectivo a los acreedores es de − $211 y los intereses pagados son $30 (según el estado de resultados), podemos determinar los nuevos préstamos netos. Dole tiene que haber contratado préstamos por $241 durante el año para ayudar a financiar el aumento de los activos fijos:

DOLE COLA

Flujo de efectivo a los acreedores para 1992

Intereses pagados	$ 30
− **Nuevos préstamos netos**	**− 241**
Flujo de efectivo a los acreedores	− $211

PREGUNTAS SOBRE CONCEPTOS

2.4a ¿Cuál es la ecuación del flujo de efectivo? Explique su significado.
2.4b ¿Cuáles son los elementos del flujo de efectivo operativo?
2.4c ¿Por qué los intereses pagados no son un elemento del flujo de efectivo operativo?

2.5 | RESUMEN Y CONCLUSIONES

En este capítulo se han presentado algunos de los aspectos básicos referidos a los estados financieros, los impuestos y el flujo de efectivo. Vemos que:

1. Los valores en libros en un balance general contable pueden ser muy diferentes a los valores de mercado. El objetivo de la administración financiera es maximizar el valor de mercado de la acción, no su valor en libros.

2. La utilidad neta, tal como se calcula en el estado de resultados, no es el flujo de efectivo. Una razón principal es que la depreciación, un gasto no relacionado con el efectivo (partida virtual), se deduce al calcular la utilidad neta.
3. Las tasas marginal y promedio de impuestos pueden ser muy diferentes y, para la mayor parte de las decisiones financieras, la tasa marginal de impuestos es la importante.
4. Por lo general, las tasas de impuestos corporativos en Estados Unidos exceden las tasas del impuesto personal (a personas físicas). La tasa marginal de impuestos que pagan las corporaciones con los mayores ingresos es del 34%.
5. Existe una ecuación del flujo de efectivo en la misma forma que existe una ecuación del balance general. Ésta indica que el flujo de efectivo derivado de activos es igual al flujo de efectivo a los acreedores y los accionistas.

El cálculo del flujo de efectivo con base en los estados financieros no es difícil. Hay que tener cuidado al manejar los gastos que no representan efectivo (partidas virtuales), como es el caso de la depreciación, y en no confundir los costos de operación con los financieros. Sobre todo, es importante no confundir los valores en libros con los de mercado y la utilidad contable con el flujo de efectivo.

Términos fundamentales

balance general **23**
capital de trabajo neto **25**
principios de contabilidad
   generalmente aceptados (PCGA) **27**
estado de resultados **29**
partidas virtuales **30**

tasa promedio de impuestos **32**
tasa marginal de impuestos **32**
flujo de efectivo derivado de activos **35**
flujo de efectivo operativo **35**
flujo de efectivo a los acreedores **37**
flujo de efectivo a los accionistas **37**

Problema de revisión del capítulo y autoevaluación

2.1 Flujo de efectivo para la Rasputin Corporation   Este problema proporcionará cierta práctica para trabajar con estados financieros y determinar el flujo de efectivo. Con base a la siguiente información para la Rasputin Corporation, elabore un estado de resultados para 1992 y balances generales para 1991 y 1992. A continuación, tomando como modelo los ejemplos de la U.S. Corporation en el capítulo, calcule el flujo de efectivo derivado de los activos a Rasputin, el flujo de efectivo a los acreedores y el flujo de efectivo para los accionistas para 1992. Utilice una tasa de impuestos del 34%. Las respuestas se pueden verificar con lo facilitado a continuación:

	1991	1992
Ventas	$3,790	$3,990
Costo de ventas	2,043	2,137
Depreciación	975	1,018
Intereses	225	267
Dividendos	200	225
Activos circulantes	2,140	2,346
Activos fijos netos	6,770	7,087
Pasivos circulantes	994	1,126
Deuda a largo plazo	2,869	2,956

Respuesta al problema de autoevaluación

2.1 Al preparar los balances generales, recuerde que el capital de los accionistas es el residuo. Teniendo esto en mente, los balances generales de Rasputin son como sigue:

RASPUTIN CORPORATION

Balances generales al 31 de diciembre, 1991 y 1992

	1991	1992		1991	1992
Activos circulantes	$2,140	$2,346	Pasivos circulantes	$ 994	$1,126
Activos fijos netos	6,770	7,087	Deuda a largo plazo	2,869	2,956
			Capital	5,047	5,351
Total activos	$8,910	$9,433	Total pasivos y capital de los accionistas	$8,910	$9,433

El estado de resultados se elabora en forma directa:

RASPUTIN CORPORATION

Estado de resultados para 1992

Ventas	$3,990
Costo de ventas	2,137
Depreciación	1,018
Utilidades antes de intereses e impuestos	$ 835
Intereses pagados	267
Utilidad gravable	$ 568
Impuestos (34%)	193
Utilidad neta	$ 375
Aumento en las utilidades retenidas	$150
Dividendos	225

Observe que se ha utilizado una tasa uniforme de impuestos del 34%. Observe también que el aumento en utilidades retenidas es exactamente la utilidad neta menos los dividendos en efectivo.

Ahora es posible seleccionar las cifras que se necesitan para obtener el flujo de efectivo operativo:

RASPUTIN CORPORATION

Flujo de efectivo operativo para 1992

Utilidades antes de los intereses e impuestos	$ 835
+ Depreciación	1,018
− Impuestos actuales	193
Flujo de efectivo operativo	$1,660

A continuación, se obtiene el gasto de capital del año al observar el cambio en los activos fijos, recordando tener en cuenta la depreciación:

Activos fijos finales	$7,087
− Activos fijos iniciales	6,770
+ Depreciación	1,018
Inversión neta en activos fijos	**$1,335**

Después de calcular el CTN inicial y final, se toma la diferencia para obtener los aumentos al CTN:

CTN final	$1,220
− CTN inicial	1,146
Aumentos al CTN	**$ 74**

Se combinan ahora el flujo de efectivo operativo, el gasto de capital neto y los aumentos al capital de trabajo neto para obtener el flujo de efectivo total derivado de activos:

RASPUTIN CORPORATION

Flujo de efectivo derivado de activos para 1992

Flujo de efectivo operativo	$1,660
− Gastos de capital netos	1,335
− Aumentos al CTN	74
Flujo de efectivo derivado de activos	**$ 251**

Para determinar el flujo de efectivo a los acreedores, observe que los préstamos a largo plazo aumentaron en $87 durante el año y que los intereses pagados fueron $267, por lo que:

RASPUTIN CORPORATION

Flujo de efectivo a los acreedores para 1992

Intereses pagados	$267
− Nuevos préstamos netos	87
Flujo de efectivo a los acreedores	**$180**

Por último, los dividendos pagados fueron de $225. Para obtener el nuevo capital neto, deben realizarse algunos cálculos adicionales. El capital total aumentó en $5,351 − $5,047 = $304. De este incremento, $150 provinieron de aumentos a las utilidades retenidas, por lo que durante el año se obtuvo nuevo capital por $154. Por consiguiente, el flujo de efectivo a los accionistas fue:

RASPUTIN CORPORATION

Flujo de efectivo a los accionistas para 1992

Dividendos pagados	$225
− Nuevo capital neto	154
Flujo de efectivo a los accionistas	**$ 71**

Como verificación, observe que el flujo de efectivo derivado de activos ($251) es igual al flujo de efectivo a los acreedores más el flujo de efectivo a los accionistas ($180 + 71 = $251).

Preguntas y problemas

1. **Preparación de un estado de resultados**   Prepare un estado de resultados con base en la información siguiente: ventas, $500,000; costo de ventas, $200,000; gastos de administración, $100,000; intereses pagados, $50,000. La tasa de impuestos es del 34%.

2. **Estados de resultados**   La Dorff Company tuvo ventas por $2,500, costo de ventas por $900, depreciación por $650 e intereses pagados por $550. Si la tasa de impuestos es del 34% y todos los impuestos se pagan en la actualidad, ¿cuál es la utilidad neta?

3. **Cálculo del FEO**   Tomando como base la información en el problema 2, ¿cuál es el flujo de efectivo operativo de Dorff?

4. **FEO versus utilidad neta**   ¿Cuál es la diferencia entre la utilidad neta y el flujo operativo? ¿Pudiera ser positivo el flujo de efectivo operativo si la utilidad neta es negativa?

5. **FEO versus utilidad neta**   La Flying Lion Corporation reportó los siguientes datos del estado de resultados:

	19X2	19X3
Ventas netas	$1,000	$800
Costo de ventas	560	320
Gastos de operación	75	56
Depreciación	300	200

La tasa de impuestos es del 34%.
a. Prepare un estado de resultados para ambos años.
b. Determine el flujo de efectivo operativo para ambos años.
c. Comente la diferencia entre la utilidad contable y el flujo de efectivo para Flying Lion.

6. **FEO y utilidad neta**   Durante 1991, Senbet Discount Tire Company tuvo ventas brutas de $1 millón. Su costo de ventas y los gastos de ventas fueron de $300,000 y $200,000, respectivamente. Senbet también tiene documentos por pagar por 1 millón de dólares. La tasa de interés es del 10%. La depreciación fue de $100,000. La tasa de impuestos es del 34%.
a. ¿Cuáles son las utilidades antes de los intereses e impuestos de Senbet?
b. ¿Cuál es su utilidad neta?
c. ¿Cuál es su flujo de efectivo derivado de operaciones?

7. **Liquidez**   ¿Qué es la liquidez? ¿Por qué se dice que la liquidez tiene dos dimensiones?

8. **Preparación de un balance general**   Elabore un balance general para Junior Corp., al 31 de diciembre, tomando como base la siguiente información: efectivo, $4,000; patentes, $82,000; cuentas por pagar, $6,000; cuentas por cobrar, $8,000; maquinaria y otros activos fijos netos tangibles, $40,000; deuda a largo plazo,

$70,000; utilidades retenidas acumuladas, $38,000. (Sugerencia: recuerde que
Activos = Pasivos + Capital.)

9. **Cálculos del balance general**   A continuación, se presentan los pasivos a largo plazo
y el capital de los accionistas del balance general de Data Control Company al
31 de diciembre de 1991. Durante 1992, Data Control emite $10 millones de nuevas
acciones comunes, pero no contrae deudas adicionales. Data Control produce
utilidades netas de $5 millones y paga $3 millones en dividendos. Complete los
balances generales que se muestran al 31 de diciembre, 1992.

	31 de dic., 1991	31 de dic., 1992
Deuda a largo plazo	$ 50,000,000	
Acciones comunes	100,000,000	
Utilidades retenidas	20,000,000	
Total	$170,000,000	

10. **Tasas de impuestos**   The Stowe Co. tuvo una utilidad gravable de $140,000 en
1992. Con base en la tabla 2.3 del capítulo, calcule el crédito fiscal a pagar para el
año. ¿Cuál es la tasa promedio de impuestos? ¿Cuál es la tasa marginal de impuestos?

11. **Tasas de impuestos**   En el problema 10, ¿cuáles serían las respuestas si la utilidad
gravable fuera de $640,000?

12. **Gastos de capital**   La Patel Co. inició el año con activos fijos netos de $50,000. La
depreciación del año fue de $17,000. Los activos fijos netos finales ascendieron a
$60,000. ¿Cuál fue el gasto de capital neto de Patel durante el año?

13. **Cálculo de cambios en el CTN**   Los activos circulantes iniciales de Hamm Co.
fueron de $400. Los activos circulantes finales fueron de $530. Los pasivos
circulantes aumentaron de $225 a $390. ¿Cuál fue el CTN de Hamm al inicio y al
final del año? ¿Cuánto invirtió Hamm en CTN durante el año?

14. **Depreciación y gastos de capital**   MaxModem, Inc. invirtió un total de $65,000 en
equipos de capital en el año. Los activos fijos netos iniciales fueron de $147,000 y
los activos fijos netos finales de $133,000. ¿Cuál fue la depreciación del año?

15. **Valor de mercado contra el valor en libros**   Explique la diferencia entre el valor de
mercado y el valor en libros. ¿Cuál es más importante? ¿Por qué?

16. **Cálculo de los flujos de efectivo**   Tome en cuenta la siguiente información de los
estados financieros de la RTE Corporation:

RTE CORPORATION

Balances generales parciales al 31 de diciembre, 1991 y 1992

	1991	1992		1991	1992
Activo			*Pasivo y capital contable*		
Activos circulantes	$176	$208	Pasivos circulantes	$ 98	$116
Activos fijos netos	770	881	Deuda a largo plazo	569	576

RTE CORPORATION

Estado de resultados para 1992

Ventas	$1,995
Costos	647
Depreciación	228
Intereses	116

a. ¿Cuál es el capital contable para 1991 y para 1992?
b. ¿Cuál es el capital de trabajo neto para 1991 y para 1992? ¿Cuál es el aumento de CTN en 1992?
c. ¿Cuál es la utilidad neta en 1992? ¿Cuál es el flujo de efectivo operativo? Suponga una tasa de impuestos del 34%.
d. En 1992, RTE compró activos fijos nuevos por $500. ¿Cuál fue el importe de los activos fijos que vendió RTE? ¿Cuál es el flujo de efectivo derivado de activos en el año?
e. Durante el año 1992, RTE obtuvo $50 en nueva deuda a largo plazo. ¿Cuánto tiene que haber pagado RTE durante el año? ¿Cuál es el flujo de efectivo neto para los tenedores de bonos (acreedores) en el año?

Utilice la información siguiente de la NearPerfect Co. para trabajar los problemas 17 y 18:

	1991	1992
Ventas	$1,145	$1,200
Depreciación	128	128
Costo de ventas	450	537
Otros gastos	110	98
Intereses	85	96
Efectivo	640	735
Partidas por cobrar	912	967
Documentos por pagar a corto plazo	122	103
Deuda a largo plazo	2,349	2,666
Activos fijos netos	5,556	5,637
Cuentas por pagar	664	659
Inventarios	1,440	1,489
Dividendos	100	110

17. **Estados financieros** Elabore un estado de resultados y un balance general para NearPerfect para 1991 y 1992. La tasa de impuestos es del 34%.
18. **Cálculo del flujo de efectivo** (Este problema es un poco más difícil.) Calcule el flujo de efectivo derivado de activos, el flujo de efectivo a los acreedores y el flujo de efectivo a los accionistas de NearPerfect para 1992. La tasa de impuestos es del 34%.

Lecturas sugeridas

Existen muchos y excelentes libros de texto sobre contabilidad y estados financieros. Uno de ellos es:

Welsch, G. A. y C. T. Zlatkovich, *Intermediate Accounting*, 8ª ed. Homewood, Ill.: Richard D. Irwin, 1989.

Parte dos

Estados financieros y planeación financiera a largo plazo

CAPÍTULO 3
Los estados financieros

Se estudian en este capítulo diferentes aspectos de los estados financieros, incluyendo cómo se elabora el estado de flujos de efectivo, cómo se estandarizan los estados financieros y se determinan e interpretan algunas razones financieras habituales.

CAPÍTULO 4
Planeación financiera a largo plazo y crecimiento

En el capítulo 4 se examinan los elementos básicos de la planeación financiera. Se presenta el concepto del crecimiento sostenible, que puede ser una herramienta muy útil en la planeación financiera.

Capítulo 3

Los estados financieros

En el capítulo 2 se estudiaron algunos de los conceptos esenciales de los estados financieros y de los flujos de efectivo. La parte 2 (este capítulo y el siguiente) continúa donde terminó el estudio anterior. El objetivo de esta parte es ampliar la comprensión de los usos (y abusos) de la información contenida en los estados financieros.

La información contenida en los estados financieros aparecerá en diversos lugares del resto del libro. La parte dos no es esencial para comprender este material, pero proporcionará una perspectiva global del papel que tiene la información de los estados financieros en las finanzas corporativas.

Es deseable un buen conocimiento práctico de los estados financieros, debido simplemente a que estos estados y las cifras que se obtienen de ellos son los principales medios para comunicar información financiera dentro de la empresa y fuera de ella. En resumen, gran parte del lenguaje de las finanzas corporativas se basa en las ideas que se estudian en este capítulo.

Más aún, como veremos más adelante, existen diversas maneras de usar la información en los estados financieros y usuarios muy diferentes. Esta diversidad refleja el hecho de que la información que proporcionan los estados financieros desempeña un papel importante en muchos tipos de decisiones.

En el mejor de los mundos, el administrador financiero posee información completa sobre el valor de mercado de todos los activos de la empresa. Sería raro que esto ocurriera (si es que llega a ocurrir). Por tanto, la razón por la que nos basamos en las cifras contables para obtener gran parte de la información financiera es que sólo ocasionalmente se puede obtener toda (o incluso parte) partiendo de la información del mercado que se desea. El único parámetro significativo para evaluar las decisiones de negocios es la creación o no del valor económico (v. cap. 1). Sin embargo, en muchas situaciones importantes no será posible hacer este juicio directamente porque no se pueden observar los efectos al valor de mercado.

Se reconoce que las cifras contables sólo suelen ser pálidos reflejos de la realidad económica, aunque a menudo son la mejor información disponible. Por ejemplo, en el caso de las empresas que no cotizan en bolsas de valores, de negocios no lucrativos y de empresas pequeñas, existe escasa información directa sobre valores de mercado. En estos casos, la función de presentación de reportes del contador es crucial.

Es evidente que un objetivo importante del contador es presentar información financiera al usuario de manera que sea útil para la toma de decisiones. Irónicamente, la información no suele llegar al usuario en esta forma. En otras palabras, los estados financieros no van acompañados por una guía para el usuario. Este capítulo y el siguiente son los primeros pasos para cerrar esta brecha.

3.1 | FLUJO DE EFECTIVO Y ESTADOS FINANCIEROS: UN EXAMEN MÁS PROFUNDO

Al nivel más básico, las empresas realizan dos actividades diferentes: generan efectivo y lo consumen. El efectivo se genera al vender un producto, un activo o un instrumento financiero. Vender un instrumento financiero comprende tomar prestado o vender una participación de capital (es decir, acciones comunes) en la empresa. El efectivo se consume pagando materiales y mano de obra para elaborar un producto y mediante la compra de activos. Los pagos a los acreedores y a los propietarios también requieren el consumo de efectivo.

En el capítulo 2, vimos que las actividades de efectivo de una empresa pueden resumirse mediante una ecuación simple:

Efectivo derivado de activos = Flujo de efectivo a los acreedores + Flujo de efectivo a los propietarios

Esta ecuación del flujo de efectivo resume el resultado del total de efectivo de todas las operaciones que realiza la empresa durante el año. En esta sección retomamos el tema de los flujos de efectivo al observar más detenidamente los eventos relacionados con el efectivo que ocurren durante el año y que producen estos resultados totales en el mismo.

Origen y aplicación de efectivo

orígenes de efectivo
Actividades de una empresa que generan efectivo

aplicaciones de efectivo
Actividades de una empresa en las que se gasta efectivo. También los usos de efectivo.

A las actividades que generan efectivo para la empresa se les denomina **orígenes de efectivo**. Las actividades que se relacionan con el consumo de efectivo se denominan **usos** o **aplicaciones de efectivo**. Es necesario rastrear los cambios en el balance general de la empresa para identificar cómo obtuvo ésta su efectivo y cómo lo gastó.

Para comenzar, consideremos los balances generales de Prufrock Corporation en la tabla 3.1. Obsérvese que se han calculado los cambios en cada una de las partidas del balance general.

Al observar los balances generales de Prufrock, obsérvese que fueron pocos los cambios durante el año. Por ejemplo, Prufrock aumentó sus activos fijos netos en $149 millones y sus inventarios en $29 millones. ¿De dónde provino el dinero? Para contestar ésta y otras preguntas relacionadas, hay que identificar primero los cambios que consumieron efectivo (aplicaciones) y los que generaron efectivo (orígenes).

Aquí es útil un poco de sentido común. La empresa utiliza efectivo al comprar activos o al realizar pagos. Por tanto, hablando en sentido general, un incremento en una cuenta

| | PRUFROCK CORPORATION | | | Tabla 3.1 |

Balances generales al 31 de diciembre, 1991 y 1992
($ en millones)

	1991	1992	Cambios
Activos			
Activo circulante			
Efectivo	$ 84	$ 98	+$ 14
Cuentas por cobrar	165	188	+ 23
Inventarios	393	422	+ 29
Total	$ 642	$ 708	+$ 66
Activo fijo			
Plantas y equipo, neto	$2,731	$2,880	+$149
Total de activos	$3,373	$3,588	+$215
Pasivo y capital			
Pasivo circulante			
Cuentas por pagar	$ 312	$ 344	+$ 32
Documentos por pagar	231	196	− 35
Total	$ 543	$ 540	−$ 3
Deuda a largo plazo	$ 531	$ 457	−$ 74
Capital			
Acciones comunes y superávit pagado	$ 500	$ 550	+$ 50
Utilidades retenidas	1,799	2,041	+ 242
Total	$2,299	$2,591	+$292
Total de pasivo y capital	$3,373	$3,588	+$215

de activo significa que la empresa, sobre una base neta, compró algunos activos, una aplicación de efectivo. Por tanto, si una cuenta de activo disminuyó, sobre una base neta, la empresa vendió algunos activos. Esto sería una fuente neta. De forma similar, si una cuenta de pasivo disminuye, es que la empresa ha realizado un pago neto, una aplicación de efectivo.

Con base a este razonamiento, existe una definición sencilla, aunque mecánica, que puede resultar útil. Un aumento en una cuenta del lado izquierdo (activo) o una disminución en una del lado derecho (pasivo o capital) es una aplicación de efectivo. De igual forma, una disminución en una cuenta de activo o un aumento en una de pasivo (o de capital) es un origen de efectivo.

Volviendo a Prufrock, se observa que el inventario aumentó en $29. Ésta es una aplicación neta, ya que Prufrock efectivamente pagó $29 para aumentar los inventarios. Las cuentas por pagar aumentaron en $32. Éste es un origen de efectivo porque Prufrock ha tomado efectivamente un préstamo adicional de $32 antes del cierre del año. Por otra parte, los documentos por pagar descendieron en $35, lo que indica que Prufrock pagó realmente $35 de deuda a corto plazo, una aplicación de efectivo.

De acuerdo con nuestros comentarios anteriores y con base en el balance general, podemos resumir los orígenes y aplicaciones de la forma siguiente:

Orígenes de efectivo:	
Aumento en cuentas por pagar	$ 32
Aumento en acciones comunes	50
Aumento en utilidades retenidas	242
Total de orígenes	$324
Aplicaciones de efectivo:	
Aumento en cuentas por cobrar	$ 23
Aumento en inventarios	29
Disminución en documentos por pagar	35
Disminución en deuda a largo plazo	74
Adquisiciones de activos fijos netos	149
Total de aplicaciones	$310
Aumento neto de efectivo	$ 14

El aumento neto de efectivo es exactamente la diferencia entre los orígenes y las aplicaciones, y el resultado obtenido de $14 concuerda con el cambio de $14 que aparece en el balance general.

Este sencillo estado es muy informativo sobre lo ocurrido durante el año, pero no cuenta toda la historia. Por ejemplo, el aumento en utilidades retenidas es la utilidad neta (un origen de fondos) menos los dividendos (una aplicación de fondos). Sería más ilustrativo presentar por separado estas partidas para que se pudiera observar su composición. Además, sólo se han considerado las adquisiciones netas de activos fijos. Sería más interesante conocer el gasto total o bruto.

Para rastrear aún más el flujo de efectivo en la empresa durante el año, es necesario un estado de resultados. En la tabla 3.2 se muestran los resultados de Prufrock para el año.

Obsérvese que en este caso el aumento de $242 en las utilidades retenidas, calculado con base en el balance general, es exactamente la diferencia entre la utilidad neta de $363 y el dividendo de $121.

El estado de flujos de efectivo

estado de flujos de efectivo
Estado financiero de una empresa que resume sus orígenes y aplicaciones de efectivo durante un período especificado.

Existe cierta flexibilidad al resumir los orígenes y las aplicaciones del efectivo en la forma de un estado financiero. De cualquier manera que se presente, al resultado se le denomina **estado de flujos de efectivo**. Históricamente, a este estado se le denominó *estado de cambios en la posición financiera*, y se presentaba en términos de los cambios en el capital neto de trabajo, más que en términos de los flujos de efectivo. Se trabajará con el formato de efectivo más moderno.

En la tabla 3.3 se presenta un formato específico para este estado. La idea básica es agrupar todos los cambios en una de tres categorías: actividades operativas, actividades

PRUFROCK CORPORATION

Tabla 3.2

Estado de resultados de 1992
($ en millones)

Ventas	**$2,311**
Costo de la mercancía vendida	**1,344**
Depreciación	**276**
Utilidades antes de intereses e impuestos	**$ 691**
Intereses pagados	**1 41**
Utilidad gravable	**$ 550**
Impuesto (34%)	**187**
Utilidad neta	**$ 363**
Aumento de las utilidades retenidas	**$242**
Dividendos	**121**

PRUFROCK CORPORATION

Tabla 3.3

Estado de flujos de efectivo de 1992
($ en millones)

Efectivo, al inicio del año	**$ 84**
Actividad operativa	
Utilidad neta	**363**
Más:	
Depreciación	**276**
Aumento en cuentas por pagar	32
Menos:	
Aumento en cuentas por cobrar	− 23
Aumento en inventarios	− 29
Efectivo neto de la actividad operativa	$619
Actividad de inversiones	
Adquisiciones de activos fijos	−$425
Efectivo neto de la actividad de inversiones	−$425
Actividad de financiamiento	
Disminución en documentos por pagar	−$ 35
Disminución en deuda a largo plazo	− 74
Dividendos pagados	− **121**
Aumento en acciones comunes	50
Efectivo neto de la actividad de financiamiento	−$180
Aumento neto en efectivo	$ 14
Efectivo al finalizar el año	**$ 98**

financieras y actividades de inversión. La forma exacta difiere en función de quién elaboró dicho estado.

No debe sorprendernos encontrar formatos diferentes. Los tipos de información presentados serán muy similares; el orden exacto puede diferir. Lo más importante es recordar que, en este caso, se inició con $84 efectivo y se finalizó con $98, para un aumento neto de $14. Sólo se intenta identificar qué eventos generaron este cambio.

Regresando al capítulo 2, existe un ligero problema conceptual. Los intereses pagados debieran considerarse en realidad como actividades financieras, pero, lamentablemente, no es así la forma en que lo maneja la contabilidad. Según podemos recordar, la razón es que los intereses se restan como un gasto cuando se calcula la utilidad neta. Obsérvese también que las compras netas de activos fijos fueron de $149. Dado que se cancelaron $276 (la depreciación), tiene que haberse gastado un total de $149 + 276 = $425 en activos fijos.

Una vez que se dispone de este estado, pudiera parecer adecuado expresar el cambio en efectivo por acción, de forma similar a como se hizo en el caso de la utilidad neta. Irónicamente, a pesar del interés que se pudiera tener en contar con alguna medición del flujo de efectivo por acción, la práctica contable estándar prohíbe expresamente presentar

Tabla 3.4	PRUFROCK CORPORATION

Origen y aplicación de efectivo, 1992
($ en millones)

Efectivo, al inicio del año	**$ 84**
Origen de efectivo	
Operaciones:	
Utilidad neta	**363**
Depreciación	**276**
	$639
Capital de trabajo:	
Aumento en cuentas por pagar	$ 32
Financiamiento a largo plazo:	
Aumento en acciones comunes	50
Origen de efectivo total	$721
Aplicación de efectivo	
Capital de trabajo:	
Aumento en cuentas por cobrar	$ 23
Aumento en inventarios	29
Disminución en documentos por pagar	35
Financiamiento a largo plazo:	
Disminución en la deuda a largo plazo	74
Adquisiciones de activo fijo	425
Dividendos pagados	**121**
Aplicación de efectivo total	$707
Aumento neto del efectivo	$ 14
Efectivo al final del año	**$ 98**

esta información. La razón es que los contadores piensan que el flujo de efectivo (o algún componente del mismo) no es una alternativa a la utilidad contable, por lo que sólo deben reportarse las utilidades por acción.

Como se muestra en la tabla 3.4, es útil en ocasiones presentar la misma información de forma ligeramente diferente. A esta forma se le denominará estado de «orígenes y aplicaciones de fondos». No existe este estado en la contabilidad financiera, pero esta forma es similar a la que se utilizó hace muchos años. Como se comenta a continuación, esta forma puede resultar útil, pero se insiste en que no es así como se suele presentar la información.

Ahora que ya hemos identificado los diversos movimientos de efectivo, podemos tener una buena idea de lo que ocurrió durante el año. Los principales desembolsos de efectivo de Prufrock fueron por adquisiciones de activos fijos y pago de dividendos. En su mayor parte, estas actividades se pagaron con efectivo generado por las operaciones.

Prufrock también liquidó alguna deuda a largo plazo y aumentó los activos circulantes. Por último, los pasivos circulantes permanecieron casi sin cambios y se vendió una cantidad relativamente pequeña de nuevo capital. En conjunto, este breve bosquejo presenta los principales orígenes y aplicaciones de efectivo de Prufrock durante el año.

PREGUNTAS SOBRE CONCEPTOS

3.1a ¿Qué es un origen de efectivo? Proporcione tres ejemplos.
3.1b ¿Qué es un uso o aplicación de efectivo? Proporcione tres ejemplos.

ESTADOS FINANCIEROS ESTANDARIZADOS | 3.2

Lo siguiente que sería deseable hacer con los estados financieros de Prufrock es compararlos con los de otras compañías similares. Sin embargo, nos encontraríamos de inmediato con un problema. Es casi imposible comparar directamente los estados financieros de dos compañías debido a las diferencias de tamaño.

Por ejemplo, es obvio que Ford y GM son grandes rivales en el mercado automotriz, pero GM es mucho mayor (en términos de activos), por lo que es difícil compararlas de forma directa. En realidad, es difícil incluso comparar estados financieros que corresponden a diferentes momentos en el tiempo para la misma empresa si su tamaño ha cambiado. El problema del tamaño se complica cuando se intenta comparar a GM, por ejemplo, con Toyota. Si la unidad monetaria en que se expresan los estados financieros de Toyota es el yen, existe una diferencia en tamaño *y* también en unidad monetaria.

Para comenzar a realizar comparaciones, una cosa obvia a realizar es estandarizar de alguna forma los estados financieros. Una forma muy habitual y útil de llevar a cabo esto es trabajar con porcentajes en lugar de unidades monetarias. En esta sección se describirán dos formas diferentes de estandarizar los estados financieros, de acuerdo con estas normas.

Estados porcentuales

Para comenzar, una forma útil de estandarizar los estados financieros es expresar el balance general como un porcentaje de los activos y el estado de resultados como un porcentaje de las ventas. A estos estados financieros se les denomina **estados porcentuales** y se estudiarán a continuación.

estado porcentual
Estado financiero estandarizado que presenta todas las partidas en términos porcentuales. Los balances generales se muestran como porcentaje de los activos y los estados de resultados como porcentaje de las ventas.

Tabla 3.5

PRUFROCK CORPORATION

Balances generales porcentuales

31 de diciembre, 1991 y 1992

	1991	1992	Cambio
Activo			
Activo circulante			
Efectivo	**2.5%**	**2.7%**	+ 0.2%
Cuentas por cobrar	**4.9**	**5.2**	+ 0.3
Inventarios	**11.7**	**11.8**	+ 0.1
Total	**19.1**	**19.7**	+ 0.6
Activo fijo			
Planta y equipo, neto	**80.9**	**80.3**	− 0.6
Total de activo	**100.0%**	**100.0%**	0
Pasivo y capital			
Pasivo circulante			
Cuentas por pagar	**9.2%**	**9.6%**	+ 0.4%
Documentos por pagar	**6.8**	**5.5**	− 1.3
Total	**16.0**	**15.1**	− 0.9
Deuda a largo plazo	**15.7**	**12.7**	− 3.0
Capital			
Acciones comunes y superávit pagado	**14.8**	**15.3**	+ 0.5
Utilidades retenidas	**53.3**	**56.9**	+ 3.6
Total	**68.1**	**72.2**	+ 4.1
Total de pasivo y capital	**100.0%**	**100.0%**	0

Balances generales porcentuales   Una forma, aunque no la única, de elaborar un balance general porcentual es expresar cada partida como un porcentaje de los activos totales. En la tabla 3.5 se muestran los balances generales porcentuales de Prufrock, para 1991 y 1992.

Obsérvese que algunos de los totales no concuerdan exactamente debido a errores de redondeo. Obsérvese asimismo, que el cambio total tiene que ser cero, ya que las cifras iniciales y finales tienen que sumar 100%.

De esta forma, es relativamente fácil leer y comparar estados financieros. Por ejemplo, con sólo observar los dos balances generales de Prufrock se aprecia que los activos circulantes fueron el 19.7% de los activos totales en 1992, un aumento a partir del 19.1% en 1991. Los circulantes disminuyeron del 16.0% al 15.1% del total de pasivo y capital durante ese mismo tiempo. De forma similar, el capital total aumentó del 68.1% del total de pasivos y capital al 72.2%.

Globalmente, la liquidez de Prufrock, medida por los activos circulantes comparados con los pasivos circulantes, aumentó durante el año. De forma simultánea, el endeudamiento de Prufrock disminuyó como un porcentaje del total de activos. Se podría tener

PRUFROCK CORPORATION Estado de resultados porcentual 1992		Tabla 3.6
Ventas	**100.0%**	
Costo de ventas	**58.2**	
Depreciación	**11.9**	
Utilidades antes de los intereses e impuestos	**29.9**	
Intereses pagados	**6.1**	
Utilidad gravable	**23.8**	
Impuestos (34%)	**8.1**	
Utilidad neta	**15.7%**	
Aumento de las utilidades retenidas	**10.5%**	
Dividendos	**5.2**	

la tentación de concluir que el balance general se ha «fortalecido». Más adelante se profundizará más al respecto.

Estados de resultados porcentuales   Una forma útil de estandarizar el estado de resultados es expresar cada partida como un porcentaje de las ventas totales, como se muestra en el caso de Prufrock en la tabla 3.6.

Este estado de resultados informa sobre lo que le ocurre con cada unidad monetaria de ventas. En el caso de Prufrock, los gastos por intereses absorbieron $0.061 de cada unidad monetaria de ventas y los impuestos absorbieron otros $0.081. Una vez realizado todo esto, $0.157 de cada unidad monetaria fluye hasta el renglón final (la utilidad neta) y ese importe se divide en $0.105 que se retiene en el negocio y $0.052 que se paga como dividendos.

Estos porcentajes son muy útiles para realizar comparaciones. Por ejemplo, una cifra muy importante es el porcentaje del costo. En el caso de Prufrock, $0.582 de cada $1.00 en ventas se dedica al pago de las mercancías vendidas. Sería interesante calcular el mismo porcentaje de los principales competidores de Prufrock para ver cuál es la posición relativa de Prufrock en términos de control de costos.

Aunque no se ha presentado aquí, también es posible y útil preparar un estado porcentual de flujos de efectivo. Lamentablemente, con el estado de flujos de efectivo actual no hay un denominador obvio, como es el caso del total de activos o el total de ventas. Sin embargo, si la información se distribuye de forma similar a la que aparece en la tabla 3.4, cada una de las partidas puede expresarse como un porcentaje del total de orígenes (o del total de aplicaciones). Pueden interpretarse entonces los resultados como porcentaje del total de orígenes de efectivo aportados o como porcentaje del total de aplicaciones de efectivo para una partida en particular.

Estados financieros con año base común: análisis de tendencias

Imaginemos que tenemos los balances generales de los últimos 10 años de alguna compañía y que se intenta investigar las tendencias en los patrones de operaciones de la empresa. ¿Utiliza más o menos deuda la empresa? ¿Se ha vuelto más o menos líquida? Una

Tabla 3.7						

PRUFROCK CORPORATION

Resumen de balances generales estandarizados

(Sólo el lado del activo)

	Activo ($ en millones)		Activos porcentuales		Activos con año base común	Activos porcentuales y activos con año base combinados
	1991	1992	1991	1992	1992	1992
Activo circulante						
Efectivo	$ 84	$ 98	2.5%	2.7%	1.17	1.08
Cuentas por cobrar	165	188	4.9	5.2	1.14	1.06
Inventarios	393	422	11.7	11.8	1.07	1.01
Total de activo circulante	$ 642	$ 708	19.1	19.7	1.10	1.03
Activo fijo						
Planta y equipo, neto	$2,731	$2,880	80.9	80.3	1.05	0.99
Total de activo	$3,373	$3,588	100.0%	100.0%	1.06	1.00

Las cifras porcentuales se calculan dividiendo cada partida entre el total de activos de ese año. Por ejemplo, el monto de efectivo porcentual en 1991 es $84/$3,373 = 2.5%. Las cifras de año base común se calculan dividiendo cada partida de 1992 entre el importe, en unidades monetarias, del año base (1991). Por lo tanto, el efectivo de base común es $98/$84 = 1.17, lo que representa un aumento de 17%. Las cifras combinadas porcentuales y de año base se calculan dividiendo cada cifra porcentual entre el monto del año base común (1991). Por lo tanto, la cifra de efectivo es 2.7%/2.5% = 1.08, lo que representa un aumento del 8% en el efectivo disponible como porcentaje del activo total. Las columnas podrían no sumar en forma exacta debido al redondeo.

forma útil de estandarizar los estados financieros, en este caso, es elegir un año base y expresar cada una de las partidas con relación al importe base. A estos estados se les denominará **estados con año base común**.

estado con año base común

Estado financiero estandarizado que presenta todas las partidas en términos de un importe de cierto año base.

Por ejemplo, el inventario de Prufrock aumentó de $393 a $422. Si se elige 1991 como año base, se establecería el inventario como igual a 1.00 para ese año. Para el año siguiente, se calcularía el inventario con relación al año base como $422/$393 = 1.07. En este caso, se podría decir que el inventario aumentó aproximadamente un 7% durante el año. Si se tuvieran varios años, sólo se dividiría cada uno de ellos entre $393. Las series resultantes son muy fáciles de presentar de forma gráfica, con lo que es muy sencillo comparar dos o más compañías diferentes. En la tabla 3.7 se resumen estos cálculos para el lado de activos del balance general.

Análisis porcentual y año base combinados El análisis de tendencias que hemos estado estudiando puede combinarse con el análisis porcentual previamente presentado. La razón para hacerlo es que, conforme crecen los activos totales, la mayor parte de las restantes cuentas también tienen que crecer. Al elaborar primero los estados porcentuales, se elimina el efecto de este crecimiento global.

Por ejemplo, se observa en la tabla 3.7 que las cuentas por cobrar de Prufrock fueron de $165, es decir, el 4.9% de los activos totales en 1991. En 1992, habían aumentado hasta $188, lo que representa el 5.2% de los activos totales. Si se realiza el análisis en términos de unidades monetarias, la cifra de 1992 sería $188/$165 = 1.14, un aumento del 14%

en las partidas por cobrar. Sin embargo, si se trabaja con estados porcentuales, la cifra para 1992 sería de 5.2%/4.9% = 1.06. Esto muestra que las cuentas por cobrar, como porcentaje de los activos totales, crecieron en un 6%. Hablando en términos generales, lo que se observa es que del aumento total del 14%, alrededor del 8% (14% − 6%) es atribuible simplemente al crecimiento de los activos totales.

PREGUNTAS SOBRE CONCEPTOS

3.2a ¿Por qué es necesario estandarizar con frecuencia los estados financieros?
3.2b Mencione dos tipos de estados estandarizados y describa cómo se elabora cada uno de ellos.

ANÁLISIS DE RAZONES | 3.3

Otra forma de evitar el problema de comparar compañías de diferentes tamaños es calcular y comparar **razones financieras.** Estas razones son formas de comparar e investigar las relaciones entre diversas piezas de información financiera. Al utilizar las razones, se elimina el problema del tamaño, puesto que éste se divide. Con ello, quedan porcentajes, múltiplos o ciertos períodos.

razones financieras
Relaciones que se determinan con base en la información financiera de una empresa y se utilizan con fines comparativos.

Existe un problema al estudiar las razones financieras. Dado que una razón es simplemente un número dividido entre otro y que existe una cantidad importante de cifras contables, hay un gran número de posibles razones que se podrían examinar. Cada uno tiene su razón favorita, por lo que nos limitaremos a un muestreo representativo.

En esta sección sólo se pretende presentar algunas razones financieras de uso frecuente. No se han seleccionado las que se piensa que son necesariamente las mejores. De hecho, algunas de las definiciones pueden parecer ilógicas o no tan útiles como otras. Si es así, no se preocupe. Como analista financiero siempre puede decidir cómo calcular sus propias razones.

Por lo que sí debemos preocuparnos es por el hecho de que es frecuente que diferentes personas y diferentes fuentes no calculen estas razones exactamente de la misma forma, lo cual conduce a una gran confusión. Las definiciones específicas que se utilizan aquí pueden ser o no ser las mismas que usted haya visto o verá en algún otro lugar. Si en alguna ocasión se utilizan razones como herramienta de análisis, hay que tener el cuidado de documentar cómo se calcula cada una.

Diferiremos para la siguiente sección gran parte del estudio de cómo se utilizan las razones y algunos problemas que se presentan con su utilización. Por ahora, presentamos algunas preguntas sobre cada una de las razones estudiadas:

1. ¿Cómo se calcula?
2. ¿Qué se intenta medir y por qué se podría estar interesado?
3. ¿Cuál es la unidad de medida?
4. ¿Qué podría indicar un valor alto o uno bajo? ¿Cómo pueden resultar engañosos estos valores?
5. ¿Cómo se podría mejorar esta medición?

Tradicionalmente, las razones financieras se agrupan en las siguientes categorías:

1. Razones de solvencia a corto plazo o de liquidez.
2. Razones de solvencia a largo plazo o de apalancamiento financiero.

3. Razones de administración de activos o de rotación.
4. Razones de rentabilidad.
5. Razones de valor de mercado.

Se estudiarán secuencialmente cada una de las razones. Al calcular estas cifras en el caso de Prufrock, se utilizarán las cifras del balance general final (1992), a no ser que explícitamente se señale lo contrario.

Medidas de solvencia a corto plazo o de liquidez

Como su nombre sugiere, la intención de las razones de solvencia a corto plazo es proporcionar información sobre la liquidez de una empresa, por lo que en ocasiones a estas razones se les denomina *medidas de liquidez*. La preocupación principal es la capacidad de la empresa para pagar sus cuentas en el corto plazo y sin tensiones indebidas. Por consiguiente, estas razones centran su atención en los activos y pasivos circulantes.

Es obvio que las razones de liquidez son especialmente interesantes para los acreedores a corto plazo. Dado que los administradores financieros están trabajando constantemente con bancos y otros acreedores a corto plazo, es esencial comprender estas razones.

Una ventaja de observar los activos y pasivos circulantes es que sus valores en libros y sus valores de mercado es probable que sean similares. Con frecuencia (pero no siempre), estos activos y pasivos no duran lo suficiente como para que sus valores en libros y de mercado se aparten mucho. Por otra parte, como sucede con cualquier otro tipo de activo que sea casi efectivo, los activos y pasivos circulantes pueden cambiar con bastante rapidez y de hecho así lo hacen, por lo que sus importes de hoy tal vez no sean una guía fiable de cara al futuro.

Razón circulante   Una de las razones más conocidas y de más amplio uso es la *razón circulante*. Como es de suponer, la razón circulante se define como:

$$\text{Razón circulante} = \frac{\textbf{Activo circulante}}{\textbf{Pasivo circulante}} \tag{3.1}$$

En el caso de Prufrock, la razón circulante para 1992 es:

$$\text{Razón circulante} = \frac{\textbf{\$708}}{\textbf{\$540}} = 1.31 \text{ veces}$$

Debido a que, en principio, los activos y pasivos circulantes se convierten en efectivo en el transcurso de los 12 meses siguientes, la razón circulante es una medida de liquidez a corto plazo. La unidad de medición son las unidades monetarias o *veces*. Por tanto, se podría afirmar que Prufrock tiene $1.31 en activos circulantes por cada $1 en pasivos circulantes o bien decir que Prufrock tiene cubiertos sus pasivos circulantes 1.31 veces.

Para un acreedor, sobre todo para un acreedor a corto plazo, como es el caso de un proveedor, cuanto más alta sea la razón circulante, mejor. Para la empresa, una razón circulante alta señala liquidez, pero también puede señalar un uso ineficaz del efectivo y de otros activos a corto plazo. A no ser que existan circunstancias extraordinarias, se esperaría ver una razón circulante de al menos 1, dado que una razón circulante inferior a 1 significaría que el capital de trabajo neto (activos circulantes menos pasivos circulantes) es negativo. Esto sería poco usual en una empresa sana, al menos para la mayoría de los negocios.

La razón circulante, como cualquier otra razón, resulta afectada por diversos tipos de operaciones. Por ejemplo, supongamos que la empresa toma un préstamo a largo plazo para obtener efectivo. El efecto a corto plazo sería un aumento del efectivo proveniente de los ingresos de la emisión y un aumento de la deuda a largo plazo. Los pasivos circulantes no resultarían afectados, por lo que la razón circulante aumentaría.

Por último, obsérvese que una razón circulante aparentemente baja tal vez no sea una mala señal para una compañía que cuenta con una gran reserva, aún no utilizada, de préstamos potenciales.

Ejemplo 3.1   Eventos corrientes

Supongamos que una empresa pagara a algunos de sus proveedores y acreedores a corto plazo. ¿Qué le ocurriría a la razón circulante? Supongamos que la empresa compra algunos inventarios. ¿Qué sucede en este caso? ¿Qué ocurre si la empresa vende algunas mercancías?

El primer caso, se trata de una pregunta engañosa. Lo que sucede es que la razón circulante se aleja de 1. Si es más mayor que 1 (el caso normal), crecerá más, pero si es inferior a 1, se reducirá. Para comprobarlo, supongamos que la empresa tiene activos circulantes de $4 y pasivos circulantes de $2, para una razón circulante de 2. Si se utiliza $1 del efectivo para reducir los pasivos circulantes, la nueva razón circulante es de ($4 − $1)/($2 − $1) = 3. Si en lugar de ello se tienen $2 en activos circulantes y $4 en pasivos circulantes, la razón circulante disminuiría de 1/2 a 1/3.

El segundo caso no es tan engañoso. Nada le ocurre a la razón circulante porque el efectivo disminuya mientras el inventario aumenta: el total de activos circulantes no se ve afectado.

En el tercer caso, la razón circulante suele aumentar porque el inventario se muestra normalmente al costo, mientras que el valor de la venta casi siempre es algo más alto que el costo (la diferencia es el margen de beneficio bruto). Por tanto, el aumento en el efectivo o en las partidas por cobrar es mayor que la disminución en los inventarios. Ello incrementa los activos circulantes y la razón circulante se eleva. ■

La razón rápida (o prueba del ácido)   Los inventarios representan por lo general el activo circulante menos líquido. También representan el activo para el que los valores en libros, como una medición del valor del mercado, son menos confiables, dado que no se toma en cuenta la calidad del inventario. Parte de éste puede estar dañado, obsoleto o haberse perdido.

Profundizando más en ello, es habitual que los inventarios relativamente grandes señalen problemas a corto plazo. La empresa tal vez haya sobrestimado las ventas y comprado o producido en exceso como resultado de esto, en cuyo caso la empresa podría tener una parte importante de su liquidez detenida en inventarios de lento movimiento.

Para evaluar con mayor precisión la liquidez, se calcula la *razón rápida* o *prueba del ácido*, exactamente igual que la razón circulante, con excepción de que se omiten los inventarios:

$$\text{Razón rápida} = \frac{\textbf{Activo circulante} - \textbf{Inventarios}}{\textbf{Pasivo circulante}} \qquad (3.2)$$

Obsérvese que la utilización de efectivo para comprar inventarios no afecta la razón circulante, pero sí reduce la razón rápida. De nuevo, la idea es que el inventario es relativamente no líquido en comparación con el efectivo.

En el caso de Prufrock esta razón era en 1992 de:

$$\text{Razón rápida} = \frac{\$708 - 422}{\$540} = 0.53 \text{ veces}$$

En este caso, la razón rápida proporciona una historia algo diferente a la de la razón circulante, ya que el inventario representa más de la mitad de los activos circulantes de Prufrock. Para exagerar este punto si, por ejemplo, el inventario estuviera integrado por plantas de energía nuclear sin vender, esta situación sería causa de preocupación.

Otras razones de liquidez   A continuación, se mencionan brevemente otras tres medidas de liquidez. Un acreedor a muy corto plazo puede estar interesado en la *razón del efectivo*.

$$\text{Razón del efectivo} = \frac{\textbf{Efectivo}}{\textbf{Pasivo circulante}} \tag{3.3}$$

Se puede verificar que esta razón es de 0.18 veces en el caso de Prufrock.

Dado que el capital de trabajo neto (CTN) se suele contemplar como la cantidad de liquidez a corto plazo que tiene la empresa, es posible medir la razón del *CTN al total de activos*.

$$\text{Capital de trabajo neto al total de activo} = \frac{\text{Capital de trabajo neto}}{\textbf{Total de activo}} \tag{3.4}$$

Un valor relativamente bajo podría indicar niveles de liquidez relativamente bajos. En este caso, esta razón resulta ser de $(\$708 - 540)/\$3,588 = 4.7\%$.

Por último, imaginemos que Prufrock estuviera enfrentando una huelga y que las entradas de efectivo comenzaran a disminuir. ¿Cuánto tiempo podría mantenerse funcionando el negocio? La *medición del intervalo de tiempo* da una respuesta:

$$\text{Medición del intervalo de tiempo} = \frac{\textbf{Activos circulantes}}{\textbf{Costos de operación promedio diarios}} \tag{3.5}$$

Los costos totales del año, excluyendo la depreciación y los intereses, fueron de $1,344. El costo promedio diario fue de $1,344/365 = $3.68 por día.[1] La medición del intervalo de tiempo es por consiguiente de $708/$3.68 = 192 días. Con base a ello, Prufrock podría mantenerse operando durante alrededor de seis meses.[2]

---

[1]Es frecuente en muchas de estas razones que involucran importes diarios promedio utilizar en la práctica un año de 360 días. Este denominado «año de los banqueros» tiene exactamente cuatro trimestres de 90 días cada uno y era muy conveniente a efectos de cálculo en la época previa a la aparición de las calculadoras de bolsillo. Nosotros utilizaremos 365 días.

[2]Al calcular los costos diarios promedio, se incluyen en ocasiones la depreciación y/o los intereses. La depreciación no es un gasto de efectivo, por lo que esto no tiene mucho sentido. Los intereses son un gasto financiero, por lo que los hemos excluido por definición (sólo buscamos los costos de operación). Por supuesto que se puede definir una razón diferente que incluya el gasto por intereses.

Medidas de solvencia a largo plazo

La intención de este grupo de razones es conocer la capacidad a largo plazo de la empresa para hacer frente a sus obligaciones o, de forma más general, conocer su apalancamiento financiero. En ocasiones, a estas razones se les denomina *razones de apalancamiento financiero* o sólo *razones de apalancamiento*. Se estudiarán tres mediciones de uso habitual y algunas variantes.

Razón de la deuda total   La *razón de la deuda total* toma en cuenta todas las deudas, para todos los vencimientos y con todos los acreedores. Se puede definir de varias formas; la más sencilla es:

$$\text{Razón de la deuda total} = \frac{\textbf{Total de activo} - \textbf{Capital total}}{\textbf{Total de activo}} \qquad (3.6)$$

$$= \frac{\textbf{\$3,588} - \textbf{2,591}}{\textbf{\$3,588}} = 0.28 \text{ veces}$$

En este caso, un analista podría afirmar que Prufrock utiliza el 28% de deuda.[3] El que esto sea alto o bajo, o que incluso represente alguna diferencia, depende de si es relevante o irrelevante la estructura del capital, un tema que estudiaremos en la parte siete.

Prufrock tiene $0.28 de deuda por cada $1 en activos. Por consiguiente, hay $0.72 en capital ($1 − $0.28) por cada $0.28 de deuda. Teniendo esto presente, pueden definirse dos variaciones útiles de la razón de la deuda total, la *razón deuda/capital* y el *multiplicador del capital*:

$$\text{Razón deuda/capital} \quad = \textbf{Deuda total/Capital total} \qquad (3.7)$$
$$= \textbf{\$0.28/\$0.72} = 0.39 \text{ veces}$$
$$\text{Multiplicador del capital} = \textbf{Total de activos/Capital total} \qquad (3.8)$$
$$= \textbf{\$1/\$0.72} = 1.39 \text{ veces}$$

No es una coincidencia el que el multiplicador del capital sea 1, más la razón de deuda/capital:

$$\text{Multiplicador del capital} = \textbf{Total de activos/Capital total} = \textbf{\$1/\$0.72} = \textbf{1.39}$$
$$= \textbf{(Capital total + Deuda total)/Capital total}$$
$$= 1 + \text{Razón deuda/Capital} = 1.39 \text{ veces}$$

En este caso, lo que hay que observar es que, conociendo cualquiera de estas tres razones, se pueden calcular de inmediato las otras dos, ya que todas indican exactamente lo mismo.

Una breve digresión: Capitalización total versus total de activos   Los analistas financieros suelen estar más preocupados por la deuda a largo plazo de la empresa que por la de corto plazo, dado que ésta cambia constantemente. También las cuentas por pagar

---

[3]El capital total incluiría aquí las acciones preferentes (que se estudian en el capítulo 12 y en otros lugares), si las hubiere. Un numerador equivalente en esta razón sería (Pasivos circulantes + Deuda a largo plazo).

de una empresa podrían ser más bien un reflejo de las prácticas comerciales que de la política de administración de la deuda. Debido a ello, la *razón de la deuda a largo plazo* suele calcularse como:

$$\text{Razón de deuda a largo plazo} = \frac{\textbf{Deuda a largo plazo}}{\textbf{Deuda a largo plazo + Capital total}} \qquad (3.9)$$

$$= \frac{\$457}{\$457 + 2{,}591} = \frac{\$457}{\$3{,}048} = 0.15 \text{ veces}$$

A los $3,048 en deuda a largo plazo y capital se le denomina en ocasiones la *capitalización total* de la empresa, y el administrador financiero suele centrar más su atención en esta cantidad que en los activos totales.

Para complicar la cosas, el término *razón de deuda* significa distintas cosas para diferentes personas (y diferentes libros). Para algunos, significa la deuda total y para otros sólo la deuda a largo plazo y, lamentablemente, para un número considerable su significado es simplemente algo vago.

Esto es una fuente de confusión, por lo que hemos optado por dar nombres diferentes a las dos medidas. El mismo problema se presenta al estudiar la razón deuda/capital. Los analistas financieros suelen calcular esta razón utilizando sólo la deuda a largo plazo.

Veces que se devengó el interés   Otra medida habitualmente utilizada de solvencia a largo plazo es la *razón de las veces que se devengó el interés* (VDI). De nuevo, existen varias definiciones posibles (y frecuentes), pero aquí utilizaremos la más tradicional:

$$\text{Razón de las veces que se devengó el interés} = \frac{\textbf{UAII}}{\textbf{Intereses}} \qquad (3.10)$$

$$= \frac{\$691}{\$141} = 4.9 \text{ veces}$$

Como su nombre sugiere, esta razón mide lo adecuadamente que la empresa tiene cubiertas sus obligaciones por intereses. En el caso de Prufrock, la cuenta de intereses está cubierta 4.9 veces.

Cobertura de efectivo   Un problema con la razón VDI es que se basa en UAII, que no es realmente un indicador del efectivo disponible para pagar los intereses. La explicación es que se ha deducido la depreciación, un gasto que no representa efectivo. Dado que los intereses son definitivamente una salida de efectivo (hacia los acreedores), una forma de definir la *razón de cobertura de efectivo* es:

$$\text{Razón de cobertura de efectivo} = \frac{\textbf{UAII + Depreciación}}{\textbf{Intereses}} \qquad (3.11)$$

$$= \frac{\$691 + 276}{\$141} = \frac{\$967}{\$141} = 6.9 \text{ veces}$$

El numerador UAII más la depreciación se suele abreviar como UADII (utilidades antes de depreciación, intereses e impuestos). Es una medida básica de la capacidad de la empresa para producir efectivo derivado de las operaciones y se utiliza con frecuencia como medida del flujo de efectivo disponible para hacer frente a obligaciones financieras.

Medidas de administración de activos o de rotación

A continuación, centraremos la atención en la eficiencia con la que Prufrock emplea sus activos. En ocasiones, a las medidas de esta sección se les denominan *razones de utilización del activo*. Todas las razones específicas que se estudian pueden ser interpretadas como medidas de rotación. Su objetivo es describir la eficiencia o intensidad con las que la empresa usa sus activos para generar ventas. Primero, analizamos dos activos circulantes importantes, los inventarios y las partidas por cobrar.

Rotación de inventarios y días de venta en inventarios   Durante el año, Prufrock tuvo un costo de ventas de $1,344. Los inventarios al finalizar el año eran de $422. Con estas cifras la *rotación de inventarios* se puede calcular como:

$$\text{Rotación de inventarios} = \frac{\textbf{Costo de ventas}}{\textbf{Inventarios}}$$

(3.12)

$$= \frac{\textbf{\$1,344}}{\textbf{\$422}} = 3.2 \text{ veces}$$

En cierto sentido, se vendió o se rotó todo el inventario 3.2 veces.[4] En tanto no se agoten las existencias y, por consiguiente, se pierdan ventas, cuanto más alta sea esta razón más eficiente será el manejo de los inventarios.

Si se han rotado los inventarios 3.2 veces durante el año, es posible calcular de inmediato cuánto se demoró en promedio la rotación. El resultado son los *días de venta en inventarios* promedio:

$$\text{Días de venta en inventarios} = \frac{365 \text{ días}}{\text{Rotación de inventarios}}$$

(3.13)

$$= \frac{365}{3.2} = 114 \text{ días}$$

Esto señala que el inventario suele permanecer en promedio 114 días antes de venderse. De forma alternativa, suponiendo que se han utilizado las existencias de inventarios y las cifras de costos más recientes, se necesitarán alrededor de 114 días para reemplazar el inventario actual.

Por ejemplo, son frecuentes comentarios como «Majestic Motors tiene un suministro de automóviles para 60 días. Se considera como normal 30 días». Esto significa que, de acuerdo con las ventas diarias actuales, se necesitarían 60 días para agotar el inventario disponible. También se podría decir que se tienen 60 días de venta en existencia.

Podría tener más sentido usar el inventario promedio al calcular la rotación. En ese caso, la rotación de inventarios sería de $1,344/[($393 + $422)/2] = 3.3$ veces.[5] En realidad, depende del propósito del cálculo. Si el interés es conocer qué tiempo se necesitará

---

[4]Obsérvese que en la parte superior de esta razón se usó el costo de ventas. Para algunos propósitos, tal vez fuera más útil usar ventas en vez de costos. Por ejemplo, si se quisiera conocer el importe de las ventas obtenidas por unidad monetaria de inventario, se podría simplemente reemplazar el costo de ventas por las ventas.

[5]Obsérvese que el promedio se calculó como (Valor inicial + Valor final)/2.

para vender las existencias actuales, es probable que sea preferible usar la cifra final (como se hizo inicialmente).

En muchas de las razones que se estudian a continuación, podrían usarse de igual forma cifras promedio. De nuevo, depende de si la preocupación se centra en el pasado, en cuyo caso los promedios son adecuados, o en el futuro, en cuyo caso podrían ser mejores las cifras finales. Además, el uso de las cifras finales es muy habitual al reportar los promedios de la industria; por tanto, en este caso, se deben utilizar las cifras finales para propósitos comparativos. De todas formas, el uso de las cifras finales representa definitivamente menos trabajo, por lo que aquí continuarán utilizándose.

Rotación de las partidas por cobrar y días de venta en partidas por cobrar   Nuestras medidas de inventarios proporcionan alguna indicación de la rapidez con que se puede vender el producto. Veamos ahora con qué rapidez se cobran esas ventas. La *rotación de las partidas por cobrar* se define de la misma forma que la rotación de inventarios:

$$\text{Rotación de las partidas por cobrar} = \frac{\textbf{Ventas}}{\textbf{Cuentas por cobrar}} \qquad (3.14)$$

$$= \frac{\$2,311}{\$188} = 12.3 \text{ veces}$$

Hablando en sentido general, se cobraron las cuentas por cobrar pendientes y se volvió a prestar el dinero 12.3 veces durante el año.[6]

Esta razón tiene más sentido si se convierte a días, por lo que los *días de venta en partidas por cobrar* son:

$$\text{Días de venta en partidas por cobrar} = \frac{365 \text{ días}}{\text{Rotación de las partidas por cobrar}} \qquad (3.15)$$

$$= \frac{365}{12.3} = 30 \text{ días}$$

Por tanto, las ventas a crédito se cobran en un promedio de 30 días. Por este motivo, a esta razón se le denomina con mucha frecuencia *período de cobranza promedio* (*PCP*).

Obsérvese asimismo que si se están utilizando las cifras más recientes, se podría decir además que se tienen 30 días en valor de ventas aún sin cobrarse. Cuando se estudie la política de créditos, en el capítulo 19, se aprenderá más sobre este tema.

Ejemplo 3.2   Rotación de las partidas por pagar
Se presenta a continuación una variación del período de cobranza de partidas por cobrar. En promedio, ¿cuánto tiempo utiliza Prufrock Corporation para pagar sus cuentas? Para contestar, es necesario calcular la tasa de rotación de las cuentas por pagar utilizando el costo de ventas. Supondremos que Prufrock compra todo a crédito.

El costo de ventas es de $1,344 y las cuentas por pagar ascienden a $344. Por consiguiente, la rotación es de $1,344/$344 = 3.9 veces. Por tanto, las partidas por pagar rota-

---

[6]En este caso, se ha supuesto que todas las ventas son a crédito. Si no es así, en estos cálculos se utilizarían simplemente las ventas totales a crédito y no las ventas totales.

ron aproximadamente cada 365/3.9 = 94 días. Así pues, Prufrock se toma en promedio 94 días para pagar. Como un posible acreedor podríamos tomar nota de este hecho. ■

Razones de rotación de activos   Apartándonos de cuentas específicas, como inventarios o partidas por cobrar, se pueden considerar varias razones «de mayor amplitud». Por ejemplo, la *rotación del CTN* es:

$$\text{Rotación del CTN} = \frac{\textbf{Ventas}}{\textbf{CTN}}$$

$$= \frac{\$2,311}{\$708 - 540} = 13.8 \text{ veces} \qquad (3.16)$$

Esta razón mide cuánto «trabajo» se obtiene del capital de trabajo. De nuevo, suponiendo que no se estén perdiendo ventas, se prefiere un valor alto (¿por qué?).

De forma similar, la *rotación de los activos fijos* es:

$$\text{Rotación de los activos fijos} = \frac{\textbf{Ventas}}{\textbf{Activos fijos netos}} \qquad (3.17)$$

$$= \frac{\$2,311}{\$2,880} = 0.80 \text{ veces}$$

Con esta razón es probable que tenga más sentido decir que por cada unidad monetaria en activo fijo se generaron $0.80 en ventas.

La última razón de administración de activos, la *rotación del total de activos*, aparece con bastante frecuencia. Ésta se estudiará más adelante en este capítulo y en el próximo. Como su nombre sugiere, la rotación del total de activos es:

$$\text{Rotación del total de activos} = \frac{\textbf{Ventas}}{\textbf{Total de activos}} \qquad (3.18)$$

$$= \frac{\$2,311}{\$3,588} = 0.64 \text{ veces}$$

En otras palabras, por cada unidad monetaria en activos se generaron ventas de $0.64.

Ejemplo 3.3   Más rotaciones

Supongamos que se determina que una empresa en particular genera ventas de $0.40 por cada unidad monetaria en activos totales. ¿Con qué frecuencia rota esta empresa su total de activos?

En este caso, la rotación del total de activos es de 0.40 veces por año. Se necesitan 1/0.40 = 2.5 años para rotarlos por completo. ■

Medidas de rentabilidad

Las tres medidas que se estudian en esta sección son probablemente las más conocidas y las más utilizadas de todas las razones financieras. En una forma u otra, su propósito es medir con qué eficiencia la empresa utiliza sus activos y con qué nivel de eficacia maneja sus operaciones. El centro de atención de este grupo de medidas se encuentra en el renglón final: la utilidad neta.

Margen de utilidad   Las empresas prestan gran atención a su *margen de utilidad*:

$$\text{Margen de utilidad} = \frac{\textbf{Utilidad neta}}{\textbf{Ventas}}$$

(3.19)

$$= \frac{\$363}{\$2,311} = 15.7\%$$

Esto nos indica que, en un sentido contable, Prufrock genera poco menos de $0.16 en utilidades por cada unidad monetaria de ventas.

Si todos los demás elementos se mantienen constantes, es obvio que resulta deseable un margen de utilidad relativamente alto. Esta situación corresponde a razones bajas de gastos en relación con las ventas. Sin embargo, es necesario añadir que los demás elementos no suelen permanecer constantes.

Por ejemplo, una disminución en el precio de venta aumentará normalmente el volumen de unidades vendidas, pero los márgenes de utilidad disminuirán. La utilidad total (o más importante aún, el flujo de efectivo operativo) puede aumentar o disminuir; por tanto, el hecho de tener los márgenes menores no es necesariamente malo. Después de todo, podría suceder algo como lo que se dice con tanta frecuencia: «¡Nuestros precios son tan bajos que perdemos dinero en todo lo que vendemos, pero lo compensamos con el volumen!»[7]

Rendimiento sobre los activos   El *rendimiento sobre los activos* (RSA) es una medida de la utilidad por unidad monetaria de activos. Se puede definir en varias formas, pero la más habitual es:

$$\text{Rendimiento sobre los activos} = \frac{\textbf{Utilidad neta}}{\textbf{Total de activos}}$$

(3.20)

$$= \frac{\$363}{\$3,588} = 10.12\%$$

Rendimiento sobre el capital   El *rendimiento sobre el capital* (RSC) es una medida para saber cómo les fue a los accionistas durante el año. Dado que el objetivo de la empresa es beneficiar a los accionistas, el RSC es en un sentido contable la verdadera medida del desempeño de la línea final. Por lo general, el RSC se mide como:

$$\text{Rendimiento sobre el capital} = \frac{\textbf{Utilidad neta}}{\textbf{Capital total}}$$

(3.21)

$$= \frac{\$363}{\$2,591} = 14\%$$

---

[7]No, no ocurre esto.

Por consiguiente, por cada unidad monetaria en capital, Prufrock generó utilidades de $0.14, pero de nuevo esto sólo es correcto en términos contables.

Debido a que el RSA y el RSC son cifras que se citan con frecuencia, insistimos en la importancia de recordar que éstas son tasas de rendimiento contables. Por esta razón, a estas medidas se les debe denominar *rendimiento sobre los activos en libros* y *rendimiento sobre el capital en libros*. De hecho, al RSC se le denomina en ocasiones *rendimiento sobre el capital contable*. Cualquiera que sea la forma en que se le denomine, sería inadecuado comparar el resultado con, por ejemplo, una tasa de interés observada en los mercados financieros. En capítulos posteriores se comentará más sobre las tasas de rendimiento contables.

El hecho de que el RSC exceda al RSA refleja que Prufrock usa apalancamiento financiero. Se examinará con más detalle la relación entre estas dos medidas.

Ejemplo 3.4   RSC y RSA

Dado que el propósito del RSC y el RSA suele ser medir el desempeño durante un período previo, tiene sentido basarlos en el capital promedio y en los activos promedio, respectivamente. En el caso de Prufrock, ¿cómo se calcularían estos rendimientos?

Primero es necesario calcular los activos promedio y el capital promedio:

Activos promedio = (**$3,373** + **$3,588**)/2 = $3,481

Capital promedio = (**$2,299** + **$2,591**)/2 = $2,445

Con estos promedios resulta posible calcular de nuevo el RSA y el RSC de la forma siguiente:

$$\text{RSA} = \frac{\textbf{\$363}}{\textbf{\$3,481}} = 10.43\%$$

$$\text{RSC} = \frac{\textbf{\$363}}{\textbf{\$2,445}} = 14.85\%$$

Estos resultados son ligeramente más elevados que los de cálculos anteriores, debido a que los activos aumentaron durante el año, con el resultado de que el promedio es inferior al valor final. ∎

Medidas de valor de mercado

El grupo final de medidas se basa en parte en información que no se encuentra necesariamente en los estados financieros, sino en el precio de mercado por acción. Es obvio que estas medidas sólo pueden calcularse directamente en empresas cuyas acciones se cotizan públicamente.

Se supone que Prufrock tiene 33 millones de acciones en circulación y que, al final del año, el precio por acción era de $88. Si se recuerda, la utilidad neta de Prufrock fue de $363 millones, por lo que sus utilidades por acción (UPA) fueron:

$$\text{UPA} = \frac{\text{Utilidad neta}}{\text{Acciones en circulación}} = \frac{\textbf{\$363}}{\textbf{33}} = \$11$$

Razón precio/utilidad   La primera de las medidas de valor de mercado, la *razón precio/utilidad* (P/U) (o múltiplo), se define como:

$$\text{Razón P/U} = \frac{\text{Precio por acción}}{\text{Utilidad por acción}}$$

$$= \frac{\$88}{\$11} = 8 \text{ veces}$$

(3.22)

De una forma más sencilla, diríamos que las acciones de Prufrock se venden por 8 veces las utilidades o bien se podría decir que las acciones de Prufrock tienen o «llevan» un múltiplo P/U de 8.

Puesto que la razón P/U mide cuánto están dispuestos a pagar los inversionistas por unidad monetaria de las utilidades actuales, las razones P/U altas suelen tomarse como una señal de que la empresa tiene posibilidades significativas de crecimiento futuro. Por supuesto que si una empresa no ha tenido utilidades o éstas han sido mínimas, es probable que su P/U sea bastante alto; por tanto, hay que tener cuidado al interpretar esta razón.

Razón mercado a libros   Otra medida que se cita a menudo es la *razón mercado a libros*:

$$\text{Razón mercado a libros} = \frac{\text{Valor de mercado por acción}}{\textbf{Valor en libros por acción}}$$

$$= \frac{\$88}{(\$2,591/33)} = \frac{\$88}{\$78.5} = 1.12 \text{ veces}$$

(3.23)

Obsérvese que el valor en libros por acción es el capital total (no sólo las acciones comunes) dividido entre el número de acciones en circulación.

Dado que el valor en libros por acción es una cifra contable, refleja costos históricos. Por consiguiente, en un sentido aproximado, la razón mercado a libros compara el valor de mercado de las inversiones de la empresa con su costo. Un valor inferior a 1 puede significar que la empresa no ha tenido éxito en general al crear valor para sus accionistas.

Con esto concluyen las definiciones de algunas razones habituales. Pueden mencionarse más razones, pero por ahora basta con éstas. Lo dejaremos así y continuaremos con el estudio de algunas formas de utilizar estas razones en vez de indicar sólo cómo calcularlas. En la tabla 3.8 se resumen las razones que se han estudiado.

PREGUNTAS SOBRE CONCEPTOS

3.3a ¿Cuáles son los cinco grupos de razones? Proporcione dos o tres ejemplos de cada grupo.

3.3b Todas las razones de rotación tienen una de dos cifras como numeradores. ¿Cuáles son? ¿Qué miden estas razones? ¿Cómo se interpretan los resultados?

3.3c Todas las razones de rentabilidad tienen la misma cifra en numerador. ¿Cuál es ésta? ¿Qué miden estas razones? ¿Cómo se interpretan los resultados?

Tabla 3.8

Razones financieras comunes

I. Razones de solvencia a corto plazo o de liquidez

$$\text{Razón de circulante} = \frac{\text{Activo circulante}}{\text{Pasivo circulante}}$$

$$\text{Prueba del ácido} = \frac{\text{Activo circulante} - \text{Inventarios}}{\text{Pasivo circulante}}$$

$$\text{Razón del efectivo} = \frac{\text{Efectivo}}{\text{Pasivo circulante}}$$

$$\text{Capital de trabajo neto al total de activos} = \frac{\text{Capital de trabajo neto}}{\text{Total de activos}}$$

$$\text{Medición de intervalos de tiempo} = \frac{\text{Activo circulante}}{\text{Costos de operación diarios promedio}}$$

II. Razones de solvencia a largo plazo o de apalancamiento financiero

$$\text{Razón de la deuda total} = \frac{\text{Total de activos} - \text{Capital total}}{\text{Total de activos}}$$

Razón deuda/capital = Deuda total/Capital total

Multiplicador del capital = Total de activos/Capital total

$$\text{Razón de deuda a largo plazo} = \frac{\text{Deuda a largo plazo}}{\text{Deuda a largo plazo} + \text{Capital total}}$$

$$\text{Razón de las veces que se devengó el interés} = \frac{\text{UAI}}{\text{Intereses}}$$

$$\text{Razón de cobertura de efectivo} = \frac{\text{UAII} + \text{Depreciación}}{\text{Intereses}}$$

III. Razones de utilización o rotación de activos

$$\text{Rotación de inventarios} = \frac{\text{Costo de ventas}}{\text{Inventarios}}$$

$$\text{Días de venta en inventarios} = \frac{365 \text{ días}}{\text{Rotación de inventarios}}$$

$$\text{Rotación de las partidas por cobrar} = \frac{\text{Ventas}}{\text{Cuentas por cobrar}}$$

$$\text{Días de venta en partidas por cobrar} = \frac{365 \text{ días}}{\text{Rotación de partidas por cobrar}}$$

$$\text{Rotación del CTN} = \frac{\text{Ventas}}{\text{CTN}}$$

$$\text{Rotación de los activos fijos} = \frac{\text{Ventas}}{\text{Activos fijos netos}}$$

$$\text{Rotación del total de activos} = \frac{\text{Ventas}}{\text{Total de activos}}$$

IV. Razones de rentabilidad

$$\text{Margen de utilidad} = \frac{\text{Utilidad neta}}{\text{Ventas}}$$

$$\text{Rendimiento sobre los activos (RSA)} = \frac{\text{Utilidad neta}}{\text{Total de activos}}$$

$$\text{Rendimiento sobre el capital (RSC)} = \frac{\text{Utilidad neta}}{\text{Capital total}}$$

$$\text{RSC} = \frac{\text{Utilidad neta}}{\text{Ventas}} \times \frac{\text{Ventas}}{\text{Activos}} \times \frac{\text{Activos}}{\text{Capital}}$$

V. Razones de valor de mercado

$$\text{Razón precio/utilidad} = \frac{\text{Precio por acción}}{\text{Utilidad por acción}}$$

$$\text{Razón mercado a libros} = \frac{\text{Valor de mercado por acción}}{\text{Valor en libros por acción}}$$

3.4 │ LA IDENTIDAD DU PONT

Como indicábamos al estudiar el RSA y el RSC, la diferencia entre estas dos medidas de rentabilidad refleja el uso del financiamiento vía deuda o apalancamiento financiero. En esta sección, se muestra la relación entre estas medidas mediante la investigación de una forma conocida para separar el RSC en sus distintas componentes.

Para comenzar, recuerde la definición de RSC:

$$\text{Rendimiento sobre el capital } = \frac{\text{Utilidad neta}}{\text{Capital total}}$$

Si se deseara, esta razón se podría multiplicar por activos/activos sin que se produzca cambio alguno:

$$\text{Rendimiento sobre el capital } = \frac{\text{Utilidad neta}}{\text{Capital total}} = \frac{\text{Utilidad neta}}{\text{Capital total}} \times \frac{\text{Activos}}{\text{Activos}}$$

$$= \frac{\text{Utilidad neta}}{\text{Activos}} \times \frac{\text{Activos}}{\text{Capital}}$$

Obsérvese que el rendimiento sobre el capital se ha expresado como el producto de otras dos razones: el rendimiento sobre los activos y el multiplicador del capital.

$$\text{RSC} = \text{RSA} \times \text{Multiplicador del capital} = \text{RSA} \times (1 + \text{Razón deuda/capital})$$

Por ejemplo, observando de nuevo a Prufrock, la razón deuda/capital era de 0.39 y el RSA era del 10.12%. El trabajo aquí implica que el rendimiento sobre el capital de Prufrock, tal como se había calculado previamente, es:

$$\text{RSC} = 10.12\% \times 1.39 = 14\%$$

El RSC puede descomponerse aún más multiplicando la parte superior y la inferior por las ventas totales:

$$\text{RSC} = \frac{\text{Ventas}}{\text{Ventas}} \times \frac{\text{Utilidad neta}}{\text{Activos}} \times \frac{\text{Activos}}{\text{Capital}}$$

Si se reacomodan ligeramente los componentes, el RSC es:

$$\text{RSC} = \underbrace{\frac{\text{Utilidad neta}}{\text{Ventas}} \times \frac{\text{Ventas}}{\text{Activos}}}_{\text{Rendimiento sobre los activos}} \times \frac{\text{Activos}}{\text{Capital}}$$

$$(3.24)$$

$$= \text{ Margen de utilidad } \times \text{ Rotación del total de activos } \times \text{ Multiplicador del capital}$$

Lo que hemos hecho ahora es dividir el rendimiento sobre los activos en sus dos componentes, el margen de utilidad y la rotación del total de activos. A esta última expresión se le denomina **identidad Du Pont**, en honor a Du Pont Corporation, que popularizó su uso.

Esta relación se puede verificar en el caso de Prufrock observando que el margen de utilidad fue del 15.7% y que la rotación del total de activos fue de 0.64. Por tanto, el RSC debe ser:

identidad Du Pont
Fórmula muy conocida que descompone el RSC en tres partes: eficiencia operativa, eficiencia en el uso de activos y apalancamiento financiero.

$$
\begin{aligned}
\text{RSC} &= \text{Margen de utilidad} \times \text{Rotación del total de activos} \times \text{Multiplicador del capital} \\
&= \qquad 15.7\% \qquad \times \qquad\qquad 0.64 \qquad\qquad \times \qquad\qquad 1.39 \\
&= \qquad 14\%
\end{aligned}
$$

Este RSC del 14% es exactamente lo que se tenía antes.

La identidad Du Pont señala que el RSC se ve afectado por tres cosas:

1. Eficiencia operativa (medida por el margen de utilidad).
2. Eficiencia en el uso de activos (medida por la rotación del total de activos).
3. Apalancamiento financiero (medido por el multiplicador del capital).

La debilidad en la eficiencia operativa o en la eficiencia en el uso de activos (o ambos), dará como resultado un menor rendimiento sobre los activos, que se traducirá en un menor RSC.

Tomando en cuenta la identidad Du Pont, parece ser que el RSC se podría apalancar de manera creciente aumentando la cantidad de deuda de la empresa. Según parece, esto sólo ocurrirá si el RSA de la empresa excede la tasa de interés de la deuda. Aún más importante, el uso de financiamiento vía deuda tiene varios efectos adicionados y, como se estudiará con detalle en la parte siete, el nivel de apalancamiento que utiliza la empresa está regido por su política de estructura de capital.

La descomposición del RSC que hemos estudiado en esta sección es una forma conveniente de enfocar de forma sistemática el análisis de estados financieros. Si el RSC no es satisfactorio en alguna medida, la identidad Du Pont señala dónde hay que comenzar a buscar las causas.

PREGUNTAS SOBRE CONCEPTOS

3.4a El rendimiento sobre los activos (RSA) puede expresarse como el producto de dos razones. ¿Cuáles son?
3.4b El rendimiento sobre el capital (RSC) se puede expresar como producto de tres razones. ¿Cuáles son?

UTILIZACIÓN DE LA INFORMACIÓN EN LOS ESTADOS FINANCIEROS | 3.5

La última actividad en este capítulo es estudiar con más detalle algunos aspectos prácticos del análisis de estados financieros. Se buscarán en particular las causas para efectuar el análisis de estados financieros, cómo obtener información que sirva como parámetro de referencia y algunos de los problemas que se presentan en el proceso.

¿Por qué evaluar los estados financieros?

Como ya hemos estudiado, la principal justificación para examinar la información contable es que no se tiene y no es razonable esperar encontrar información sobre el valor de mercado. Es importante insistir en que, cada vez que se cuente con información del mercado, se utilice en vez de la información contable. Si existe conflicto entre la información contable y la del mercado, también se le debe dar preferencia a la del mercado.

El análisis de estados financieros es esencialmente una aplicación de la «administración por excepción». En muchos casos, este análisis se reducirá a comparar las razones de un negocio con alguna clase de razones promedio o representativas. Las razones que parezcan apartarse más de los promedios se identifican para un estudio adicional.

Usos internos   La información de los estados financieros tiene diversos usos dentro de la empresa. Entre los más importantes se encuentra la evaluación del desempeño. Por ejemplo, a los administradores se les suele evaluar y remunerar teniendo como base las medidas contables del desempeño, como el margen de utilidad y el rendimiento sobre el capital. Las empresas con múltiples divisiones también suelen comparar el desempeño de las mismas utilizando información de los estados financieros.

Otro uso interno importante que se estudiará en el siguiente capítulo es la planeación para el futuro. Como veremos, la información histórica de los estados financieros es muy útil para elaborar proyecciones del futuro y verificar la veracidad de los supuestos hechos en esas proyecciones.

Usos externos   Los estados financieros son útiles para entidades ajenas a la empresa, incluyendo acreedores a corto y largo plazo y posibles inversionistas. Por ejemplo, veremos que esta información es bastante útil para decidir si debe concederse o no crédito a un nuevo cliente.

Esta información también es útil en la evaluación de los principales competidores. Tal vez se esté pensando en lanzar un nuevo producto y una preocupación importante sería si la competencia también entraría al mercado un poco después. En este caso, estaríamos interesados en la solidez financiera de los competidores para determinar si ellos son capaces de alcanzar el desarrollo necesario.

Por último, se podría pensar en adquirir otra empresa. La información de los estados financieros sería esencial para identificar qué empresas se elegirían como posibles blancos y decidir qué ofrecerles.

Selección de un parámetro de referencia

Si se desea evaluar a una división o a una empresa sobre la base de sus estados financieros, se presenta de inmediato un problema importante. ¿Cómo seleccionar un parámetro o un estándar de comparación? En esta sección se describen algunas formas para comenzar.

Análisis de tendencias en el tiempo   Un estándar que podría utilizarse es la historia. Supongamos que se ha encontrado que la razón circulante para una determinada empresa es de 2.4, en base a la información más reciente de los estados financieros. Al revisar los últimos 10 años, se podría observar que esta razón ha venido declinando de forma bastante constante durante este período.

Con base a estos elementos, podríamos preguntarnos si la posición de liquidez de la empresa se ha deteriorado. Por supuesto, pudiera ser que la empresa hubiera realizado cambios que le permitiesen usar sus activos circulantes de un modo más eficiente, que hubiera cambiado la naturaleza de su negocio o que se hubieran modificado las prácticas de negocios. Todas éstas son posibles explicaciones que se podrían encontrar al realizar una investigación. Esto es un ejemplo de lo que se quiere decir con administración por excepción: una tendencia en el tiempo que muestre deterioro tal vez no sea mala, pero se debería investigar.

Análisis de grupos comunes   El segundo medio para establecer un parámetro de referencia es identificar empresas que sean similares, en el sentido de que compitan en los mismos mercados, tengan activos similares y operen de forma semejante. En otras palabras, es necesario identificar un *grupo común o similar*. Es obvio que habrá problemas para hacerlo, ya que no existen dos compañías idénticas. En definitiva, la elección de las compañías que van a utilizarse como base de comparación es algo subjetivo.

Una forma usual de identificar posibles empresas similares se basa en los **códigos Standard Industry Classification (SIC)** (códigos estándar de clasificación industrial). Estos códigos de cuatro dígitos los ha establecido el gobierno de Estados Unidos con el fin de procesar información estadística. Se suele suponer que las empresas con el mismo código SIC son similares, es decir, forman un grupo común.

El primer dígito en el código SIC establece el tipo general de negocio. Por ejemplo, las empresas que se dedican a finanzas, seguros y bienes raíces tienen códigos SIC que comienzan con 6. Cada dígito adicional detalla más a la industria. Por tanto, casi todas las compañías con códigos SIC que comienzan con 60 son bancos y negocios similares a bancos; las que comienzan con 602 son en su mayoría bancos comerciales, y se asigna el código SIC 6025 a bancos nacionales que son miembros del sistema de la Reserva Federal. En la tabla 3.9 se ofrece una relación de códigos de dos dígitos seleccionados (los primeros dos dígitos de los códigos SIC de cuatro dígitos) y las industrias que representan.

Los códigos SIC no son en absoluto perfectos. Por ejemplo, supongamos que se están examinando los estados financieros de Wal-Mart, la más grande empresa de venta al menudeo en Estados Unidos. El código SIC pertinente es 5310: tiendas departamentales. Después de una rápida revisión de las bases de datos financieros más cercana, se encontrarían alrededor de 20 grandes corporaciones, de propiedad pública, con este mismo código SIC, aunque algunas de ellas tal vez no resultaran muy útiles. Kmart parecería ser un colega similar razonable, pero Neiman-Marcus también tiene el mismo código de la industria. ¿Son en realidad comparables Wal-Mart y Neiman-Marcus?

Teniendo presente esta advertencia sobre los códigos SIC, podemos ahora centrarnos en una industria específica. Supongamos que somos un pequeño fabricante de materiales plásticos. La tabla 3.10 contiene el resumen de algunos estados financieros porcentuales para esta industria, tomados de Robert Morris Associates, una de las muchas fuentes para este tipo de información. La tabla 3.11 contiene razones que han sido seleccionadas de la misma fuente.

Tenemos aquí una gran cantidad de información, la mayor parte de la cual se explica por sí misma. A la derecha de la tabla 3.10 se tiene información actual presentada para distintos grupos y con base en sus ventas. Dentro de cada grupo de ventas se presenta información porcentual. Por ejemplo, las empresas con ventas en el rango de $10 millones a $25 millones tienen efectivo y partidas equivalentes a efectivo iguales al 4.6% de los activos totales. De un total de 127 compañías, hay 23 en este grupo.

A la izquierda se tienen tres años de información histórica resumida de todo el grupo. Por ejemplo, los gastos operativos disminuyeron de un 20.2% de ventas hasta un 19.6% durante este período.

La tabla 3.11 contiene algunas razones seleccionadas, también presentadas por grupos de ventas a la derecha y por ciertos períodos a la izquierda. Para ver cómo se podría uti-

código Standard Industry Classification (SIC)
Código del gobierno de Estados Unidos utilizado para clasificar a una empresa en función de su tipo de operaciones.

Tabla 3.9	Agricultura, silvicultura y pesca	Comercio mayorista
Selección de códigos SIC de dos dígitos	01 Producción agrícola: cosechas	50 Comercio mayorista: bienes duraderos
	08 Silvicultura	51 Comercio mayorista: bienes perecederos
	09 Pesca, caza y trampas	
		Comercio al menudeo
	Minería	54 Tiendas de alimentos
	10 Minería metálica	55 Distribuidores de automóviles y gasolineras
	12 Minería de carbón bituminoso y lignito	58 Lugares para comer y beber
	13 Extracción de petróleo y gas	
		Finanzas, seguros y bienes raíces
	Construcción	60 Banca
	15 Edificación	63 Seguros
	16 Construcción que no es edificación	65 Bienes raíces
	17 Construcción: contratistas de giros especiales	
		Servicios
		78 Películas
	Manufactura	80 Servicios de salud
	28 Productos químicos y productos conexos	82 Servicios educacionales
	29 Refinería de petróleo e industrias relacionadas	
	35 Maquinaria, excepto eléctrica	
	37 Equipo de transportación	
	Transportación, comunicaciones, electricidad, gas y servicios sanitarios	
	40 Transportación por ferrocarril	
	45 Transportación aérea	
	49 Electricidad, gas y servicios sanitarios	

lizar esta información, supongamos que nuestra empresa tiene una razón circulante de 2. De acuerdo con estas razones, ¿es inusual este valor?

Observando la razón circulante para el grupo en general (tercera columna desde la izquierda), se presentan tres números. El que aparece en el centro, 1.5, es la mediana, lo que significa que la mitad de las 127 empresas tienen razones circulantes inferiores y la otra mitad tienen razones circulantes mayores. Los otros dos números son los cuartiles superior e inferior. Por tanto, el 25% de las empresas tienen una razón circulante mayor a 2.2 y el 25% una razón circulante inferior a 1.1. Nuestro valor de 2 queda muy bien posicionado dentro de estos límites, por lo que no parece ser demasiado inusual. Esta comparación muestra la importancia de conocer el rango de valores de razones, además de conocer el promedio. Obsérvese lo estable que ha sido la razón circulante durante los tres últimos años.

Ejemplo 3.5   Más razones

Obsérvense los números que se presentan para las razones de Ventas/Cuentas por cobrar y de UAII/Intereses en la tabla 3.11. ¿Cuáles son los valores globales de la mediana? ¿Cuáles son estas razones?

Información seleccionada de estados financieros   **Tabla 3.10**

FABRICANTES: MATERIALES PLÁSTICOS, RESINAS SINTÉTICAS Y ELASTÓMEROS NO VULCANIZABLES SIC#2821

Información histórica comparativa			Tipo de estado	Información actual clasificada por ventas					
60	41	45	No dictaminado	2	2	3	5	10	23
5	2	4	Dictaminado		2		1	1	
24	33	37	Revisado	2	9	6	11	8	1
18	27	19	Compilado	3	9	3	2	2	
23	28	22	Otros	3	5	4	2	2	6
30/6/87-31/3/88	30/6/88-31/3/89	30/6/89-31/3/90		44(30/6-30/9/89)			83(1/10/89-31/3/90)		
TODOS	TODOS	TODOS		0-1MM	1-3MM	3-5MM	5-10MM	10-25MM	25MM Y MÁS
130	131	127	NÚMERO DE ESTADOS	10	27	16	21	23	30
%	%	%	**ACTIVO**	%	%	%	%	%	%
6.5	4.7	6.2	Efectivo y equivalentes	11.5	8.4	5.7	4.5	4.6	5.1
27.8	30.3	27.9	Partidas comerciales por cobrar (netas)	24.3	30.9	26.7	30.5	28.0	25.1
21.7	23.5	21.6	Inventarios	18.6	22.6	20.7	19.9	25.5	20.2
2.2	1.3	1.5	Todos los demás circulantes	1.0	1.6	2.3	0.4	0.7	2.3
58.2	59.8	57.1	Total de circulantes	55.4	63.5	55.4	55.4	58.9	52.6
34.7	33.0	35.2	Activos fijos (netos)	38.0	30.1	38.0	40.0	32.5	36.1
.9	1.3	2.3	Intangibles (netos)	1.6	0.4	0.1	0.4	3.1	6.1
6.3	6.0	5.4	Todos los demás no circulantes	5.0	6.0	6.5	4.3	5.5	5.1
100.0	100.0	100.0	Total	100.0	100.0	100.0	100.0	100.0	100.0
			PASIVO						
7.7	11.0	9.2	Documentos por pagar-corto plazo	4.7	9.2	13.0	12.7	8.3	7.0
5.0	4.4	4.4	Vencimiento actual de deuda a largo plazo [D/L/P]	2.3	6.2	4.7	3.7	3.8	4.3
18.2	22.0	17.9	Partidas comerciales por pagar	8.0	18.6	16.3	22.6	20.9	15.8
1.1	1.0	0.4	Impuesto sobre la renta por pagar	0.6	0.5	0.0	0.3	0.5	0.2
8.9	6.5	7.8	Todos los demás circulantes	5.6	8.3	12.0	6.1	6.4	8.1
40.8	44.8	39.7	Total de circulantes	21.2	42.9	46.1	45.4	40.0	35.4
17.2	17.7	19.8	Deuda a largo plazo [D/L/P]	19.9	16.0	23.9	20.3	17.7	22.2
1.4	1.1	1.4	Impuestos diferidos	1.4	0.7	0.3	1.0	1.2	2.9
1.6	1.8	2.9	Todos los demás no circulantes	1.4	2.0	3.9	4.0	1.7	3.7
38.9	34.6	36.3	Capital contable	56.1	38.4	25.8	29.3	39.5	35.9
100.0	100.0	100.0	Total pasivo y capital contable	100.0	100.0	100.0	100.0	100.0	100.0
			INFORMACIÓN SOBRE UTILIDADES						
100.0	100.0	100.0	Ventas netas	100.0	100.0	100.0	100.0	100.0	100.0
25.9	25.3	25.7	Utilidad bruta	40.0	27.5	31.7	23.6	20.8	21.4
20.2	20.8	19.6	Gastos de operación	26.9	22.3	26.6	17.4	16.5	15.0
5.7	4.5	6.1	Utilidad de operación	13.1	5.2	5.2	6.1	4.3	6.3
1.5	1.4	2.3	Todos los demás gastos (netos)	3.9	1.6	1.7	3.4	1.7	2.3
4.3	3.1	3.8	Utilidad antes de impuestos	9.2	3.6	3.5	2.8	2.5	4.0
3062731M	1780650M	3509831M	Ventas netas ($)	7613M	55793M	63330M	144254M	353265M	2885576M
1616658M	838206M	1880209M	Total activos ($)	4946M	25731M	31179M	66906M	161818M	1589629M

© Robert Morris Associates 1990   **M = $miles   MM = $millones**

Para la explicación de las razones y la información, véanse las páginas 1 a 15

Interpretación de las cifras de los estudios del estado: Robert Morris Associates previene que los estudios sólo deben considerarse como una pauta general y no como una norma absoluta de la industria. Esto se debe a la limitación de muestras estadísticas dentro de las categorías, a la categorización de las compañías sólo por su número principal del Standard Industrial Classification (SIC) y a los diferentes métodos operativos de las empresas dentro de la misma industria. Por estas razones, RMA recomienda que las cifras sólo se usen como guías generales, además del empleo de otros métodos de análisis financiero.

Tabla 3.11   Razones seleccionadas

FABRICANTES: MATERIALES PLÁSTICOS, RESINAS SINTÉTICAS Y ELASTÓMEROS NO VULCANIZABLES

Información histórica comparativa			Tipo de estado / Razones	Información actual clasificada por ventas					
60	41	45	No dictaminado	2	2	3	5	10	23
5	2	4	Dictaminado		2		1	1	
24	33	37	Revisado	2	9	6	11	8	1
18	27	19	Compilado	3	9	3	2	2	
23	28	22	Otros	3	5	4	2	2	6
30/6/87-31/3/88 TODOS	30/6/88-31/3/89 TODOS	30/6/89-31/3/90 TODOS		44(30/6-30/9/89)			83(1/10/89-31/3/90)		
				0-1MM	1-3MM	3-5MM	5-10MM	10-25MM	25MM Y MÁS
130	131	127	**NÚMERO DE ESTADOS**	10	27	16	21	23	30
			Razones						
2.1 / 1.6 / 1.1	1.8 / 1.4 / 1.1	2.2 / 1.5 / 1.1	Circulante	4.5 / 2.7 / 1.8	2.2 / 1.5 / 1.2	1.6 / 1.3 / 1.0	2.1 / 1.3 / 1.0	2.0 / 1.5 / 1.2	2.2 / 1.5 / 1.2
1.2 / 0.8 / 0.6	1.1 / 0.8 / 0.6	1.2 / 0.8 / 0.6	Prueba del ácido	3.5 / 2.0 / 1.0	1.2 / 1.0 / 0.6	1.0 / 0.7	1.2 / 0.8 / 0.6	1.2 / 0.7 / 0.6	1.1 / 0.9 / 0.7
38 9.5 / 49 7.5 / 57 6.4	37 9.9 / 47 7.8 / 59 6.2	37 9.9 / 46 8.0 / 54 6.8	Ventas/Cuentas por cobrar	34 10.6 / 49 7.5 / 69 5.3	35 10.3 / 46 8.0 / 59 6.2	32 11.5 / 45 8.1 / 55 6.6	40 9.1 / 44 8.3 / 51 7.1	31 11.6 / 40 9.2 / 49 7.4	40 9.1 / 48 7.6 / 54 6.7
33 11.1 / 47 7.7 / 74 4.9	30 12.3 / 51 7.2 / 59 5.5	32 11.5 / 45 8.1 / 54 5.7	Costo de ventas/Inventarios	29 12.7 / 60 6.1 / 85 4.3	24 15.1 / 51 7.2 / 66 5.5	31 11.6 / 50 7.3 / 56 6.5	29 12.4 / 38 9.5 / 45 8.1	29 12.5 / 51 7.1 / 73 5.0	34 10.7 / 46 8.0 / 68 5.4
27 13.5 / 40 9.2 / 54 6.7	29 12.4 / 43 8.5 / 59 6.2	26 13.9 / 35 10.3 / 48 7.6	Costo de ventas/Cuentas por pagar	14 25.3 / 23 15.8 / 57 6.4	18 20.2 / 31 11.6 / 50 7.3	19 19.6 / 33 10.9 / 51 7.2	31 11.9 / 38 9.5 / 48 7.6	31 11.8 / 37 10.0 / 45 8.1	28 13.1 / 34 10.6 / 43 8.5
6.8 / 10.9 / 52.9	8.6 / 15.2 / 95.3	7.2 / 14.3 / 35.2	Ventas/Capital de trabajo	3.7 / 5.1 / 9.1	5.7 / 18.6 / 32.3	10.2 / 16.6 / 313.0	8.6 / 20.4 / NM	8.3 / 18.7 / 39.6	7.0 / 12.3 / 32.7
9.3 / (110) 4.0 / 1.6	6.7 / (117) 2.5 / 1.4	5.3 / (117) 2.6 / 1.4	UAII/Intereses		5.4 / (26) 2.2 / 1.5	6.6 / 3.2 / 1.2	3.8 / (20) 2.2 / 1.5	8.1 / (21) 3.3 / 1.3	5.1 / (28) 2.4 / 1.4
7.3 / (76) 2.7 / 1.1	6.1 / (78) 2.5 / 1.5	4.9 / (78) 3.0 / 1.2	Utilidad neta + Deprec., Agotam. Amort/Venc. Act. D/L/P		4.5 / (16) 1.7 / 0.5		5.7 / (17) 2.9 / 1.3	6.7 / (11) 3.6 / 2.6	5.8 / (24) 2.9 / 1.1
0.5 / 1.0 / 1.7	0.5 / 0.9 / 1.9	0.6 / 1.1 / 2.0	Activos fijos/Capital contable	0.3 / 0.7 / 2.3	0.5 / 0.9 / 1.6	0.6 / 1.2 / 2.8	0.6 / 1.5 / 2.8	0.4 / 1.2 / 1.4	0.8 / 1.1 / 2.2
0.8 / 1.8 / 3.0	1.0 / 1.8 / 4.2	0.9 / 1.9 / 4.3	Deuda/Capital contable	0.2 / 0.5 / 2.8	0.8 / 1.6 / 4.8	1.6 / 2.2 / 7.1	0.9 / 2.6 / 4.2	1.1 / 1.8 / 2.4	1.1 / 2.3 / 7.1
42.2 / (123) 24.5 / 8.6	42.2 / (119) 20.3 / 4.2	33.3 / (122) 19.6 / 8.3	Utilidad en % antes de impuestos/Tangibles Capital contable	39.8 / 27.7 / 11.3	33.6 / 19.1 / 6.8	54.8 / (15) 25.2 / 2.3	30.0 / (20) 18.7 / 10.3	44.1 / (22) 17.2 / 6.7	30.5 / (28) 18.8 / 8.9
15.5 / 7.8 / 2.9	15.2 / 6.6 / 1.2	14.0 / 6.5 / 2.2	Utilidad en % antes de impuestos / Total de activos	26.6 / 18.2 / 3.4	14.0 / 5.6 / 1.7	16.0 / 9.4 / 0.4	10.6 / 4.6 / 2.6	13.4 / 7.0 / 2.4	12.3 / 7.0 / 1.7
10.8 / 6.8 / 3.9	13.5 / 7.0 / 4.5	12.5 / 6.2 / 3.4	Ventas/Activos fijos netos	14.6 / 4.7 / 2.1	18.2 / 6.6 / 5.4	13.5 / 8.6 / 3.3	12.5 / 7.8 / 2.9	13.8 / 6.3 / 3.5	6.7 / 4.6 / 3.2
2.7 / 2.1 / 1.5	2.9 / 2.3 / 1.8	2.9 / 2.2 / 1.6	Ventas/Total activos	2.5 / 1.6 / 1.1	2.9 / 2.5 / 1.9	3.3 / 2.4 / 1.6	3.3 / 2.7 / 1.7	3.3 / 2.2 / 1.7	2.2 / 1.8 / 1.3
1.5 / (117) 2.6 / 3.5	1.6 / (118) 2.7 / 3.9	1.7 / (112) 2.8 / 4.0	Deprec. en %, Deprec., Amort./Ventas		1.3 / (26) 2.8 / 5.4	0.6 / (14) 1.8 / 3.5	1.5 / 1.9 / 3.3	1.7 / (19) 3.0 / 4.6	2.3 / (25) 3.0 / 3.8
1.8 / (29) 3.1 / 6.4	2.2 / (46) 3.4 / 6.4	2.1 / (53) 2.9 / 5.9	Remuneración funcionarios $/Ventas				3.3 / (19) 4.5 / 7.2	2.0 / (11) 2.4 / 4.6	
3062731M	1780650M	3509831M	Ventas netas ($)	7613M	55793M	63330M	144254M	353265M	2885576M
1616658M	838206M	1880209M	Total activos	4946M	25731M	31179M	66906M	161818M	1589629M

© Robert Morris Associates 1990   M = $miles   MM = $millones

Para la explicación de las razones y la información, véanse las páginas 1 a 15

Si se repasa lo estudiado, éstas son las razones de rotación de las cuentas por cobrar y de las veces que se devengó el interés (VDI). El valor de la mediana para la rotación de las cuentas por cobrar para todo el grupo es de 8.0 veces. Por tanto, los días en cuentas por cobrar son 365/8 = 46, que es el número que se presenta en negritas. La mediana para la razón VDI es de 2.6 veces. El número entre paréntesis señala que el cálculo sólo es significativo para 117 de las 127 compañías y que, por consiguiente, se calculó con base en ellas. En este caso, el motivo probablemente sea que sólo 117 compañías pagaron algún monto significativo por intereses. ∎

Problemas del análisis de estados financieros

Se concluye el capítulo sobre estados financieros estudiando algunos problemas adicionales que pueden presentarse al utilizar estos estados. De una forma u otra, el problema básico con el análisis de estados financieros es que no existe una teoría que soporte y ayude a identificar cuáles son las cantidades que se deben analizar y que sirvan para guiar el establecimiento de parámetros de referencia.

Como se estudia en otros capítulos, hay muchos casos en los que la teoría financiera y la lógica económica proporcionan pautas para realizar juicios sobre valor y riesgo. En el análisis de estados financieros, existe muy poca de esta ayuda. De ahí que no sea posible afirmar cuáles son las razones más importantes y cuándo se tiene un valor alto o bajo.

Un problema particularmente difícil es que muchas empresas son conglomerados con líneas de negocios más o menos relacionadas. Los estados financieros consolidados de estas empresas no se ajustan en realidad de una forma clara a ninguna categoría industrial. Por ejemplo, considerando nuevamente las tiendas departamentales, Sears tiene un código SIC de 6710 (Oficinas controladoras) debido a sus diversas operaciones financieras y de venta al menudo. En forma más general, el tipo de análisis de grupos comunes que se ha descrito funcionará mejor cuando las empresas se dediquen estrictamente a la misma línea de negocios, la industria sea competitiva y sólo exista una forma de operar.

Incluso las compañías que se encuentran con toda claridad dentro de la misma línea de negocios tal vez no sean comparables. Por ejemplo, todas las compañías de servicios públicos de electricidad que se dedican principalmente a la generación de energía están clasificadas en el mismo grupo (SIC 4911). Se suele pensar que este grupo es relativamente homogéneo. Sin embargo, las compañías de servicios públicos operan por lo general como monopolios controlados, por lo que no compiten entre sí. Muchas tienen accionistas y muchas están organizadas como cooperativas, sin tener accionistas. Existen distintas formas de generar energía, que van desde la hidroeléctrica hasta la nuclear, por lo que sus actividades operativas pueden diferir sustancialmente. Por último, un medio sujeto a reglamentaciones afecta intensamente a la rentabilidad, por lo que las compañías de servicios públicos en ubicaciones diferentes pueden ser muy similares, pero mostrar utilidades muy distintas.

Suelen observarse otros problemas generales. Primero, diferentes empresas utilizan distintos procedimientos contables para registrar los inventarios. Ello hace que sea difícil comparar los estados financieros. Segundo, diferentes empresas terminan sus años fiscales en fechas diferentes. En empresas con negocios estacionales (como es el caso de un comerciante al menudeo con una gran temporada de Navidad), esto puede dar lugar a dificultades para comparar los balances generales, debido a las fluctuaciones en las cuentas durante el año. Por último, en algunas empresas, hay acontecimientos fortuitos o transitorios, como la utilidad que se produce por una única vez, derivada de la venta de un activo, que pueden afectar el desempeño financiero. Al comparar empresas, este tipo de acontecimientos puede proporcionar señales engañosas.

⌐ **PREGUNTAS SOBRE CONCEPTOS**

3.5a ¿Cuáles son algunos usos del análisis de estados financieros?

3.5b ¿Qué son los códigos SIC y cómo pudieran ser útiles?

3.5c ¿Por qué se dice que el análisis de estados financieros es «administración por excepción»?

3.5d ¿Cuáles son algunos de los problemas que pueden presentarse en el análisis de estados financieros?

3.6 ⌐ RESUMEN Y CONCLUSIONES

En este capítulo se han estudiado algunos aspectos del análisis de estados financieros:

1. Orígenes y aplicaciones de efectivo. Se estudió de qué manera los negocios pueden identificar las formas de obtener y usar el efectivo, y se describió cómo rastrear el flujo de efectivo a través del negocio durante el transcurso del año. Se analizó brevemente el estado de flujos de efectivo.
2. Estados financieros estandarizados. Se explicó que las diferencias en tamaño dificultan la comparación de estados financieros, y se estudió cómo elaborar estados porcentuales y estados con período de base común para facilitar comparaciones.
3. Análisis de razones. La evaluación de razones derivadas de cifras contables es otra forma de comparar la información contenida en los estados financieros. Por consiguiente, se definieron y estudiaron varias de las razones financieras de presentación y uso más habitual. También se estudió la famosa identidad Du Pont como un esquema para analizar el desempeño financiero.
4. Usos de los estados financieros. Se describió cómo establecer parámetros de referencia con fines de comparación y se estudiaron algunos de los tipos de información disponibles. Posteriormente, se examinaron algunos de los posibles problemas que se pueden presentar.

Confiamos que, después de estudiar este capítulo, tendrá usted una perspectiva sobre los usos y abusos de los estados financieros. También observará que su vocabulario de términos de negocios y financieros ha aumentado significativamente.

Términos fundamentales

orígenes de efectivo **54**	razones financieras (v. tabla 3.8) **63**
aplicaciones de efectivo **54**	identidad Du Pont **77**
estado de flujos de efectivo **56**	código Standard Industry
estado porcentual **59**	Classification (SIC) **79**
estado con año base común **62**	

Problemas para la revisión del capítulo y autoevaluación

3.1 Orígenes y aplicaciones de efectivo Considere los siguientes balances generales de Wildhack Corporation. Calcule los cambios en las diversas cuentas y, cuando sea aplicable, identifique el cambio como un origen o una aplicación de efectivo.

¿Cuáles fueron las principales fuentes y usos del efectivo? ¿Aumentó o disminuyó la liquidez de la empresa durante el año? ¿Qué le ocurrió al efectivo durante el año?

WILDHACK CORPORATION

Balances generales al 31 de diciembre, 1991 y 1992
($ en millones)

	1991	1992
Activo		
Activo circulante		
Efectivo	$ 120	$ 88
Cuentas por cobrar	224	192
Inventarios	424	368
Total	$ 768	$ 648
Activo fijo		
Planta y equipo, neto	$5,228	$5,354
Total de activos	$5,996	$6,002
Pasivo y capital		
Pasivo circulante		
Cuentas por pagar	$ 124	$ 144
Documentos por pagar	1,412	1,039
Total	$1,536	$1,183
Deuda a largo plazo	$1,804	$2,077
Capital contable		
Acciones comunes y superávit pagado	300	300
Utilidades retenidas	2,356	2,442
Total	$2,656	$2,742
Total pasivo y capital	$5,996	$6,002

3.2 Estados porcentuales   Se presenta a continuación el estado de resultados más reciente de Wildhack. Elabore un estado de resultados porcentual con base a esta información. ¿Cómo interpreta usted la utilidad neta estandarizada? ¿Qué porcentaje de las ventas corresponde al costo de ventas?

WILDHACK CORPORATION

Estado de resultados, 1992 ($ en millones)

Ventas		$3,756
Costo de ventas		2,453
Depreciación		490
Utilidad antes de intereses e impuestos		$ 813
Intereses pagados		613
Utilidad gravable		$ 200
Impuestos (34%)		68
Utilidad neta		$ 132
Aumento de las utilidades retenidas	$86	
Dividendos	46	

3.3 Razones financieras   Con base a los balances generales y al estado de resultados de los dos problemas anteriores, calcule las siguientes razones para 1992:

Razón de circulante	_____
Razón rápida	_____
Razón del efectivo	_____
Rotación de inventarios	_____
Rotación de cuentas por cobrar	_____
Días de venta en inventarios	_____
Días de venta en cuentas por cobrar	_____
Razón de la deuda total	_____
Razón de la deuda a largo plazo	_____
Razón de veces que se devengó el interés	_____
Razón de cobertura de efectivo	_____

3.4 RSC y la identidad Du Pont   Calcule el RSC para 1992 de Wildhack Corporation y desglose las respuestas en sus componentes utilizando la identidad Du Pont.

Respuestas a los problemas de autoevaluación

3.1 Las respuestas aparecen a continuación. Recuerde que los aumentos en activos y las disminuciones en pasivos señalan que se ha gastado efectivo. Las disminuciones en activos y los aumentos en pasivos son formas para obtener efectivo.

WILDHACK CORPORATION

Balances generales al 31 de diciembre, 1991 y 1992
($ en millones)

	1991	1992	Cambio	Origen/aplicación de efectivo
Activo				
Activo circulante				
Efectivo	$ 120	$ 88	–$ 32	
Cuentas por cobrar	224	192	– 32	**Origen**
Inventario	424	368	– 56	**Origen**
Total	$ 768	$ 648	–$120	
Activo fijo				
Planta y equipo, neto	$5,228	$5,354	+$126	**Aplicación**
Total de activos	$5,996	$6,002	+$ 6	
Pasivo y capital				
Pasivo circulante				
Cuentas por pagar	$ 124	$ 144	+$ 20	**Origen**
Documentos por pagar	1,412	1,039	– 373	**Aplicación**
Total	$1,536	$1,183	–$353	
Deuda a largo plazo	$1,804	$2,007	+$273	**Origen**

Capital contable

Acciones comunes y superávit pagado	300	300	+ 0	—
Utilidades retenidas	2,356	2,442	+ 86	**Origen**
Total	$2,656	$2,742	+$ 86	
Total pasivo y capital contable	$5,996	$6,002	+$ 6	

Wildhack utilizó su efectivo principalmente para comprar activos fijos y liquidar su deuda a corto plazo. Las fuentes principales de efectivo para hacerlo fueron préstamos a largo plazo adicionales y, en una gran parte, reducciones en el activo circulante y aumento de las utilidades retenidas.

La razón del circulante pasó de $768/$1,536 = 0.5 a $648/$1,183 = 0.55; por tanto, la liquidez de la empresa parece haber mejorado algo, debido sobre todo a la gran reducción de la deuda a corto plazo. Sin embargo, el monto de efectivo disponible disminuyó en $32.

3.2 Se ha calculado el estado de resultados porcentual que se presenta a continuación. Recuerde que cada partida se dividió simplemente entre las ventas totales.

WILDHACK CORPORATION

Estado de resultados porcentual para 1992

Ventas	**100.0%**
Costo de ventas	**65.3**
Depreciación	**13.0**
Utilidad antes de intereses e impuestos	**21.6**
Intereses pagados	**16.3**
Utilidad gravable	**5.3**
Impuestos (34%)	**1.8**
Utilidad neta	**3.5%**
Aumento de las utilidades retenidas	**2.3%**
Dividendos	**1.2**

La utilidad neta es del 3.5% de las ventas. Puesto que éste es el porcentaje de cada unidad monetaria de ventas que afecta hasta el renglón final, la utilidad neta estandarizada es el margen de utilidad de la empresa. El costo de ventas es el 65.3% de las ventas.

3.3 Con base a las cifras finales, se han calculado las razones que aparecen a continuación. Si no recuerda alguna definición, consulte de nuevo la tabla 3.8.

Razón de circulante	**$648/$1,183**	=	**0.55 veces**
Razón rápida	**$280/$1,183**	=	**0.24 veces**
Razón del efectivo	**$88/$1,183**	=	**0.07 veces**
Rotación de inventarios	**$2,453/$368**	=	**6.7 veces**
Rotación de partidas por cobrar	**$3,756/$192**	=	**19.6 veces**
Días de venta en inventarios	**365/6.7**	=	**54.5 días**
Días de venta en partidas por cobrar	**365/19.6**	=	**18.6 días**

Razón de la deuda total	**$3,260/$6,002**	= **54.3%**
Razón de la deuda a largo plazo	**$2,077/$4,819**	= **43.1%**
Razón de veces que se devengó el interés	**$813/$613**	= **1.33 veces**
Razón de cobertura de efectivo	**$1,303/$613**	= **2.13 veces**

3.4 El rendimiento sobre el capital es la razón de la utilidad neta al capital total. En el caso de Wildhack, éste representa $132/$2,742 = 4.8%, que no es algo notable.

De acuerdo con la identidad Du Pont, el RSC se puede expresar como:

RSC	=	Margen de utilidad	×	Rotación del total de activos	×	Multiplicador del capital
	=	**$132/$3,756**	×	**$3,756/$6,002**	×	**$6,002/$2,742**
	=	**3.5%**	×	**0.626**	×	**2.19**
	=	**4.8%**				

Observe que el rendimiento sobre los activos, RSA, es 3.5% × 0.626 = 2.2%.

Preguntas y problemas

1. **Cambios en la razón de circulante**   ¿Qué efecto tendrían las siguientes actividades sobre la razón circulante de una empresa? Suponga que el capital de trabajo neto es positivo.
   a. Se compran inventarios.
   b. Se paga a un proveedor.
   c. Se liquida un préstamo bancario a corto plazo.
   d. Se vence y se paga una deuda a largo plazo.
   e. Un cliente liquida una cuenta.
   f. Se venden inventarios.

2. **Liquidez y razones**   En años recientes, Yankee Co. ha aumentado mucho su razón de circulante. Al mismo tiempo, ha disminuido la prueba del ácido. ¿Qué ha ocurrido? ¿Ha mejorado la liquidez de la empresa?

3. **Cálculo del multiplicador del capital**   Una empresa tiene una razón de deuda total de 0.40. ¿Cuál es su razón deuda/capital? ¿Cuál es su multiplicador del capital?

4. **RSA y RSC**   Si una empresa declara un margen de utilidad del 5%, una rotación de total de activos de 2 y una razón de la deuda total de 0.50, ¿cuál es su RSA? ¿Cuál es su RSC?

5. **Cálculo de la prueba del ácido**   The Xenon Co. tiene una razón de circulante de 3. Su inventario actual es de $12,000. Si los pasivos circulantes son de $30,000, ¿cuál es la razón de la prueba del ácido?

6. **Flujo de efectivo y gasto en activos**   En el año que acaba de terminar, Akella Co. muestra un aumento en sus activos fijos netos de $130. La depreciación para el año fue de $80. ¿Cuánto gastó Akella en activos fijos? ¿Se trata de un origen o una aplicación de efectivo?

7. **Estados porcentuales**   The Montana Dental Floss Company reporta la siguiente información del balance general. Prepare un balance general porcentual y con año base común para 1992. ¿Cuál es la razón de deuda a largo plazo en 1992?

THE MONTANA DENTAL FLOSS CORPORATION

Balances generales al 31 de diciembre, 1991 y 1992
($ en millones)

	1991	1992
Activo		
Activo circulante		
Efectivo	$ 1,482	$ 1,553
Cuentas por cobrar	3,446	4,229
Inventarios	8,402	8,430
Total	$13,330	$14,212
Activo fijo		
Planta y equipo, neto	$53,408	$56,354
Total de activos	$66,738	$70,566
Pasivo y capital		
Pasivo circulante		
Cuentas por pagar	$ 8,885	$ 9,003
Documentos por pagar	7,633	8,355
Total	$16,518	$17,358
Deuda a largo plazo	$ 6,764	$ 4,356
Capital		
Acciones comunes y superávit pagado	9,000	9,000
Utilidades retenidas	34,456	39,852
Total	$43,456	$48,852
Total pasivo y capital	$66,738	$70,566

8. Origen y aplicación de efectivo   Con base a los balances generales de la pregunta anterior, ¿cuál fue la mayor aplicación de efectivo? ¿Cuál fue el mayor origen?

9. Cálculo de razones   Con base en los balances generales de la pregunta 7, calcule las siguientes razones para ambos años.
a. Razón circulante.
b. Prueba del ácido.
c. CTN/Activo total.
d. Razón de la deuda total, razón deuda/capital y multiplicador del capital.
e. Razón de deuda a largo plazo.

10. Cálculo del período promedio de cobranza   Dorigan's Deli tiene cuentas por cobrar de $4,388. Las ventas a crédito en el año que acaba de terminar fueron de $24,890. ¿Cuál es la rotación de cuentas por cobrar? ¿Cuáles son los días de venta en cuentas por cobrar? ¿Cuál es el período promedio de cobranza?

11. Cálculo de rotación de inventarios   The Celany Group, Inc. tiene inventarios por un total de $10,980. El costo de ventas en el año anterior fue de $74,882. ¿Cuál es la rotación de inventarios en el año? ¿Cuáles son las ventas del día en inventarios?

12. Cálculo de los períodos de cobranza y de cuentas por pagar   Considere la siguiente información de PVI Corporation:

Ventas a crédito	$5,885
Costo de ventas	4,021

Cuentas por cobrar	$880
Cuentas por pagar	642

¿Qué tiempo necesita PVI para cobrar sus ventas? ¿Qué tiempo necesita PVI para pagar a sus proveedores?

13. **Cálculo del costo de ventas**   Nonest Co. tiene aproximadamente 60 días de ventas en inventarios. ¿Cuál es su rotación de inventarios? Si los inventarios actuales son de $5,000, ¿cuál es el costo de ventas?

14. **Cálculo del RSA**   La utilidad neta de Stansfield Corporation en el año más reciente fue de $3,299 con ventas de $80,320. El total de activos fue de $120,655. ¿Cuál fue el RSA de Stansfield?

15. **Más orígenes y aplicaciones**   Con base únicamente en la información siguiente de Hydraphonics Corp., ¿aumentó o disminuyó el efectivo? ¿En cuánto? Clasifique cada acontecimiento como un origen o una aplicación de efectivo.

Disminución en inventarios	$100
Disminución en cuentas por pagar	200
Disminución en documentos por pagar	300
Aumento en cuentas por cobrar	500

16. **Cálculo de razones de VDI**   La utilidad neta de Semipole Group en el año más reciente fue de $1,200. La tasa de impuestos fue del 34%. El interés total pagado fue de $4,000. ¿Cuál fue la razón de veces que se devengó el interés?

17. **RSC y el multiplicador del capital**   Harris Pontoon Company tiene una razón de deuda/capital de 1. El rendimiento sobre los activos es del 10% y el capital total es de $5 millones. ¿Cuál es la utilidad neta? ¿Cuál es el RSC? ¿Cuál es el multiplicador del capital?

18. **Razones y compañías extranjeras**   La utilidad neta de Toyota Motor Company en 1989 fue de 346,262 yenes en ventas de 8,021,042 yenes (ambos en millones de yenes). ¿Cuál fue su margen de utilidad? ¿Representa alguna diferencia el hecho de que éstas estén cotizadas en yenes? ¿Por qué? En miles de dólares, las ventas fueron de $55,701,681. ¿Cuál fue la utilidad neta en dólares?

Se ofrece seguidamente alguna información reciente sobre los estados financieros de Stowe Enterprises. Utilice esta información para resolver los problemas 19-23.

STOWE ENTERPRISES
Estado de resultados y balances generales resumidos

Ventas	$1,400
Costo de ventas	700
Depreciación	200
Utilidad antes de intereses e impuestos	$ 500
Intereses pagados	150
Utilidad gravable	$ 350
Impuestos	119
Utilidad neta	$ 231
Aumento de las utilidades retenidas	$ 62
Dividendos	169

	1991	1992		1991	1992
Activo			*Pasivo y capital*		
Activo circulante			Pasivo circulante		
Efectivo	$ 200	$ 503	Cuentas por pagar	$ 500	$ 530
Cuentas por cobrar	650	688	Documentos por pagar	543	460
Inventarios	1,045	700	Otros	214	183
Activo fijo			Deuda a largo plazo	1,097	1,184
Planta y equipo, neto	1,490	1,689	Capital		
			Acciones comunes	190	240
			Superávit de capital	400	480
			Utilidades retenidas acumuladas	441	503
Activo total	$3,385	$3,580	Total pasivo y capital	$3,385	$3,580

19. Razones   Calcule las siguientes razones para Stowe Enterprises:

Razones de solvencia a corto plazo

Razón circulante _____

Prueba del ácido _____

Razón de efectivo _____

Razones de administración de activos

Rotación del total de activos _____

Rotación de inventarios _____

Rotación de las partidas por cobrar _____

Razones de solvencia a largo plazo

Razón de deuda _____

Razón de deuda a capital _____

Multiplicador del capital _____

Razón de veces que se devengó el interés _____

Razón de cobertura de efectivo _____

Razones de rentabilidad

Margen de utilidad _____

Rendimiento sobre los activos _____

Rendimiento sobre el capital _____

20. Identidad Du Pont   Elabore la identidad Du Pont para Stowe Enterprises.

21. Elaboración de un estado de flujos de efectivo   Prepare un estado de flujos de efectivo para Stowe.

22. Cálculo de la medición de intervalos de tiempo   ¿Durante cuántos días podría continuar operando Stowe si se suspendieran sus operaciones?

23. Cálculo de P/U   Stowe tiene 60 acciones en circulación. El precio por acción es de $40. ¿Cuál es la razón P/U? ¿La razón mercado a libros?

24. **Razones y utilidad neta**   Una empresa tiene ventas de $1,000, activos de $500 y una razón de deuda/capital de 1.00. Si su rendimiento sobre el capital es del 20%, ¿cuál es su utilidad neta?

25. **Razones y activo fijo**   Una empresa tiene una razón de deuda a largo plazo de 0.50 y una razón circulante de 2.00. Los pasivos circulantes son de $200, las ventas de $1,000, el margen de utilidad del 5% y el RSC del 20%. ¿Cuáles son sus activos fijos netos?

26. **Razones y RSC**   Mordor Corp. tiene una utilidad neta de $14,000. En la actualidad, tiene aproximadamente 10 días de ventas en partidas por cobrar. Los activos totales ascienden a $100,000, el total de partidas por cobrar es de $4,000 y la razón de deuda/capital es de 0.40. ¿Cuál es el margen de utilidad de Mordor? ¿Su rotación del total de activos? ¿Cuál es su RSC?

27. **Margen de utilidad**   En respuesta a las quejas por altos precios, una cadena de tiendas de abarrotes lleva a cabo la siguiente campaña de publicidad: «Si usted le paga a su hijo $0.25 para ir a comprar $10 en abarrotes, su hijo gana en el viaje el doble que nosotros». Se ha recopilado la siguiente información tomada de los estados financieros de la cadena de tiendas de abarrotes:

Ventas	$114 millones
Utilidad neta	1.42 millones
Total de activos	8 millones
Total de deuda	3 millones

Evalúe la afirmación. ¿Cuál es la base para la declaración? ¿Es engañosa esta afirmación? ¿Por qué sí o por qué no?

Lecturas sugeridas

Existen muchos excelentes libros de texto sobre el análisis de estados financieros. Uno de ellos es:

Gibson C. H. y P. A. Frishkoff. *Financial Statement Analysis*, Boston: Kent Publishing, 1986.

Oficina del Registrador

Código : _____

El Estudiante: _____

Tiene que aprobar los siguientes cursos para satisfacer el Colegio General de la clase del 2000

Area							Créditos	Aprobados	Faltan
Administración	ADM 211						3 CR.	¿	
Arte	ARTE	DIS	MUS	DAN	TEA		3 CR.		*
Ciencias Sociales 200	SOC	SIC	ANT	POL	HIST	REL	3 CR.	A	
Ciencias Sociales 300	SOC	SIC	ANT	POL	HIST	REL	3 CR.	A	
Ciencias	ECL	FIS	BIO	QUI	NUT	MED	3 CR.	A	
Composición	ESP100					GEO ECL	3 CR.	A	
Computación	CMP,MTM						3 CR.	A	
Conferencias	COL100						1 CR.	P	*
Deportes 2 semestres	DEP						0 CR.	P	
Economía	ECN100						3 CR.	A	
Ética profesional	FIL400						1 CR.	B	
Inglés	ENG100	Otro en Inglés					6 CR.	B	
Literatura o Filosofía	ESP200 o FIL						3 CR.	A	
Matemáticas	MAT						3 CR.		
Optativas							3 CR.	P	*
PASEC	Sem	Pasantía					0 CR.		*
PASEM	Pasantía						0 CR.	A	*
Seminario Socráticos	FIS.100A	FIS.100B	HUM.100A	HUM.100B	FIL100A	FIL100B	18 CR.		
								Total Créditos	

PROFESOR: _____

Creatividad   Empresarial   3
Política   "   3
Moneda y Banca   3

  Finanzas   Corporativas   3
  Bailes   Latinoamericanos   3
  English 101   3
  Conferencias   1

Capítulo 4

Planeación financiera a largo plazo y crecimiento

Suele mencionarse la falta de una planeación efectiva a largo plazo como una de las razones por las que se producen los problemas financieros y el fracaso. Como mostraremos en este capítulo, la planeación a largo plazo es una forma de pensar sistemáticamente en el futuro y prever posibles problemas antes de que se presenten. Por supuesto que no existen espejos mágicos, de modo que lo mejor que se puede esperar es un procedimiento lógico y organizado para explorar lo desconocido. Como se escuchó decir en una ocasión a uno de los miembros del consejo de dirección de General Motors, «la planeación es un proceso que, en el mejor de los casos, ayuda a la empresa para que no entre tambaleante y de espaldas al futuro».

La planeación financiera establece pautas para el cambio y el crecimiento en una empresa. Por lo general, centra su atención en la «imagen global». Ello significa que su interés se enfoca en los elementos importantes de las políticas financieras y de inversión de una empresa, sin examinar en detalle los elementos individuales de dichas políticas.

El principal objetivo de este capítulo es estudiar la planeación financiera y mostrar la interrelación que existe entre las diversas decisiones de inversión y de financiamiento que toma la empresa. En los próximos capítulos se examinará, con mucho mayor detalle, cómo se toman estas decisiones.

En primer lugar, se describe el significado que se le suele dar a la planeación financiera. En su mayor parte, se trata la planeación a largo plazo. En el capítulo 17 se estudia la planeación financiera a corto plazo. Se examina lo que puede lograr la empresa mediante el desarrollo de un plan financiero a largo plazo. Para hacerlo, se desarrolla una técnica de planeación a largo plazo muy sencilla, pero muy útil: el enfoque del porcentaje de ventas. Se describe cómo utilizar este enfoque en algunos casos sencillos y se estudian algunas aplicaciones.

Para desarrollar un plan financiero explícito, la administración debe establecer ciertos elementos de política financiera de la empresa. Estos elementos básicos de política en la planeación financiera son:

1. La inversión que requiere la empresa en nuevos activos. Esto dependerá de las oportunidades de inversión que la empresa elija implementar y es resultado de las decisiones del presupuesto de capital de la empresa.
2. El grado de apalancamiento financiero que decida utilizar la empresa. Ello determinará la cantidad de préstamos que usará para financiar sus inversiones en activos reales. Ésta es la política de estructura de capital de la empresa.
3. La cantidad de efectivo que la empresa piensa que será adecuado pagar a los accionistas. Ésta es la política de dividendos de la empresa.
4. La cantidad de liquidez y de capital de trabajo que requiere la empresa en forma continua. Ésta es la decisión de capital de trabajo neto de la empresa.

Como veremos, las decisiones que tome la empresa en estas cuatro áreas afectarán de un modo directo a su rentabilidad futura, a las necesidades de financiamiento externo y a las oportunidades de crecimiento.

Una lección básica que se obtiene de este capítulo es que las políticas de inversión y de financiamiento de la empresa interactúan entre sí y que, por ello, no se pueden considerar realmente de forma aislada. Los tipos y las cantidades de activos que planea comprar la empresa deben ser considerados conjuntamente con la capacidad de la empresa de cara a obtener el capital necesario para proveer los fondos para dichas inversiones.

La planeación financiera obliga a la corporación a pensar en objetivos. Un objetivo que suelen buscar las empresas es el crecimiento y casi todas ellas establecen una tasa de crecimiento explícita, para toda la compañía, como un elemento importante de su planeación financiera a largo plazo. A mediados de la década de los 80, el objetivo de crecimiento declarado por IBM fue sencillo, pero típico (y exageradamente optimista): igualar su crecimiento con el de la industria de la computación, que se había proyectado en un 15% anual hasta 1995.

Existen vinculaciones directas entre el crecimiento que puede lograr una empresa y su política financiera. En las secciones siguientes se muestra cómo usar los modelos de planeación financiera para comprender mejor cómo se logra el crecimiento. También se muestra cómo se pueden usar estos modelos para establecer los límites del crecimiento posible.

4.1 | ¿QUÉ ES LA PLANEACIÓN FINANCIERA?

La planeación financiera expresa la forma en que se deben cumplir los objetivos financieros. Por tanto, un plan financiero es la declaración de lo que se pretende hacer en el futuro. Casi todas las decisiones requieren largos períodos de espera, lo que significa que se requiere mucho tiempo para implementarlas. En un mundo incierto, esto requiere que las decisiones se tomen con mucha anticipación a su puesta en práctica. Por ejemplo, si una empresa quiere construir una fábrica en 1997, debe comenzar a identificar contratistas y financiamiento en 1995 o incluso antes.

El crecimiento como un objetivo de la administración financiera

Dado que el tema del crecimiento se estudiará en varias partes del presente capítulo, es necesario comenzar con una advertencia importante: el crecimiento, por sí mismo, *no* es un objetivo apropiado del administrador financiero. Como vimos en el capítulo 1, el objetivo adecuado es incrementar el valor de mercado del capital de los propietarios. Por supuesto que si una empresa tiene éxito en alcanzar este objetivo, lo habitual es que obtenga como resultado el crecimiento.

Por consiguiente, el crecimiento tal vez sea una consecuencia deseable de una buena toma de decisiones, pero no es un fin en sí mismo. Se estudia el crecimiento simplemente porque en el proceso de planeación es muy común utilizar tasas de crecimiento. Como se verá, el crecimiento es un medio conveniente para integrar diversos aspectos de las políticas financieras y de inversiones de una empresa. Si se piensa en el crecimiento como el crecimiento en el valor de mercado del capital de la empresa, los objetivos de crecimiento y de aumento del valor de mercado del capital de la empresa no son tan diferentes.

Dimensiones de la planeación financiera

Con fines de planeación, suele resultar útil pensar en el futuro como integrado por un corto plazo y un largo plazo. Por lo general, el corto plazo suele consistir en los próximos 12 meses. Nosotros centramos la atención en la planeación financiera a largo plazo, que normalmente se considera que consiste en los próximos dos a cinco años. A esto se le denomina **horizonte de planeación** y es la primera dimensión del proceso de planeación que se debe establecer.

Al preparar un plan financiero, se combinan todos los proyectos e inversiones individuales que realizará la empresa con objeto de determinar la inversión total requerida. De hecho, se suman las propuestas de inversión más pequeñas de cada unidad operacional y se consideran como un solo gran proyecto. A este proceso se le denomina **agregación**. Ésta es la segunda dimensión del proceso de planeación.

Una vez establecidos el horizonte de planeación y el nivel de agregación, el plan financiero requerirá de insumos de información bajo la forma de grupos de supuestos alternativos sobre las variables importantes. Por ejemplo, supongamos que una compañía tiene dos divisiones por separado: una de productos de consumo y otra de motores de turbina de gas. El proceso de planeación financiera tal vez requiera que cada una de las divisiones prepare tres planes de negocios alternativos para los próximos tres años.

horizonte de planeación
Período a largo plazo en el que centra su atención el proceso de planeación financiera, por lo general los siguientes dos a cinco años.

agregación
Proceso mediante el cual se suman las propuestas de inversión más pequeñas de cada una de las unidades operativas de una empresa y se consideran como un solo gran proyecto.

1. El caso pesimista. Este plan exigiría considerar los supuestos más desfavorables posibles sobre los productos de la compañía y la situación de la economía. Esta clase de planeación de desastres enfatizaría en la capacidad de la división para soportar una fuerte adversidad económica y requeriría considerar detalles relacionados con reducciones de costos y considerar incluso ventas de activos y la disolución de la empresa.
2. El caso normal. Para este plan sería necesario considerar los supuestos más probables sobre la compañía y la economía.
3. El caso optimista. Se requeriría a cada división que preparara un caso basado en los supuestos más optimistas. Pudiera incluir nuevos productos y ampliaciones y, posteriormente, detallaría el financiamiento requerido para desarrollar la expansión.

En este ejemplo, las actividades del negocio se agregan siguiendo las líneas divisionales; el horizonte de planeación es de tres años.

¿Qué puede lograr la planeación?

Dada la posibilidad de que la empresa dedique mucho tiempo a examinar los diferentes escenarios que se convertirán en la base para el plan financiero de la compañía, parece razonable preguntar qué logrará el proceso de planeación.

Interacciones   Como veremos con mayor detalle a continuación, el plan financiero tiene que mostrar explícitamente los vínculos entre las propuestas de inversión para las diferentes actividades operativas de la empresa y las opciones de financiamiento disponibles. En otras palabras, si la empresa está planeando crecer y realizar nuevas inversiones y proyectos, ¿dónde se obtendrá el financiamiento para pagar este crecimiento?

Opciones   El plan financiero proporciona la oportunidad para que la empresa desarrolle, analice y compare múltiples escenarios diferentes de una forma consistente. Pueden explorarse distintas opciones de inversión y de financiamiento y se puede evaluar su impacto sobre los accionistas de la empresa. Se plantean interrogantes relacionadas con las futuras líneas de negocios de la empresa y se cuestionan los convenios óptimos de financiamiento. Podrían evaluarse opciones como la comercialización de nuevos productos o el cierre de plantas.

Prevención de sorpresas   La planeación financiera debe identificar lo que le puede suceder a la empresa si se producen diferentes acontecimientos. En particular, debe señalar las acciones que tomará la empresa si las cosas alcanzan un punto grave en extremo o, de una forma más general, si los supuestos que se establecen hoy sobre el futuro resultan ser muy equivocados. Por consiguiente, uno de los propósitos de la planeación financiera es evitar sorpresas y preparar planes de contingencia.

Factibilidad y consistencia interna   Más allá del objetivo general de crear valor, la empresa tendrá normalmente una gran variedad de metas específicas. Estas metas podrían expresarse en términos de participación de mercado, rendimiento sobre el capital, apalancamiento financiero, etc. En ocasiones, resulta difícil visualizar los vínculos entre los distintos objetivos y los diferentes aspectos operativos de una empresa. El plan financiero no sólo muestra de forma explícita estos vínculos, sino que también impone una estructura unificada para conciliar las diferentes metas y objetivos. En otras palabras, la planeación financiera es una forma de verificar que los objetivos y los planes elaborados para áreas operativas específicas de una empresa sean factibles y consistentes internamente. Con frecuencia existirán objetivos incompatibles, de forma que para elaborar un plan coherente, deberán modificarse las metas y los objetivos y establecer prioridades.

Por ejemplo, la meta que podría tener una empresa es un crecimiento del 12% anual en las ventas por unidades. Otra meta podría ser reducir la razón de deuda total de la empresa del 40% al 20%. ¿Son compatibles ambas metas? ¿Se pueden lograr de forma simultánea? Tal vez sí o tal vez no. Como veremos a continuación, la planeación financiera es una forma de determinar lo que es posible y, como consecuencia, lo que no lo es.

Es probable que el resultado más importante del proceso sea que la planeación obligue a la administración a pensar en objetivos y a establecer prioridades. De hecho, la sabiduría convencional de los negocios afirma que los planes financieros no funcionan, pero que la planeación financiera sí lo hace. El futuro es intrínsecamente desconocido y lo que se puede hacer es establecer la dirección que se desea seguir y realizar algunas conjeturas informadas sobre lo que se encontrará a lo largo del camino. Si se hace un buen trabajo, no se estará desprevenido cuando el futuro se haga partícipe.

⌐ **PREGUNTAS SOBRE CONCEPTOS**

4.1a ¿Cuáles son las dos dimensiones del proceso de planeación financiera?
4.1b ¿Por qué las empresas deben preparar planes financieros?

MODELO DE PLANEACIÓN FINANCIERA: PRIMERA APROXIMACIÓN | 4.2

Del mismo modo que las compañías difieren en tamaño y en productos, el proceso de planeación financiera será diferente de una empresa a otra. En esta sección se estudian algunos elementos comunes de los planes financieros y se desarrolla un modelo básico como ejemplo de estos elementos.

Un modelo de planeación financiera: los elementos

La mayor parte de los modelos de planeación financiera exigen que el usuario especifique algunos supuestos sobre el futuro. Teniendo como base estos supuestos, el modelo proporciona valores estimados para un gran número de otras variables. Los modelos pueden variar significativamente en su complejidad, pero casi todos tendrán los elementos que se estudian a continuación.

Pronóstico de ventas   Casi todos los planes financieros requieren un pronóstico de ventas obtenido externamente. Por ejemplo, en los modelos que se presentan a continuación, el pronóstico de ventas será el «conductor», lo que significa que el usuario del modelo de planeación proporcionará dicho valor y la mayoría de los otros valores se calcularán con base a dicho pronóstico. Este arreglo sería habitual para muchos tipos de negocios; la planeación se centrará en las ventas futuras proyectadas, así como en los activos y el financiamiento necesarios para respaldar estas ventas.

El pronóstico de ventas se proporcionará frecuentemente como la tasa de crecimiento de las ventas, en vez de como un monto monetario explícito de ventas. Estos dos enfoques son esencialmente iguales, dado que se pueden calcular las ventas proyectadas una vez que se conoce su tasa de crecimiento. Cierto es que no es posible tener pronósticos de ventas perfectos, ya que las ventas dependen del estado futuro, incierto, de la economía. Para ayudar a una empresa a realizar este tipo de proyecciones, existen empresas que se especializan en la elaboración de proyecciones macroeconómicas y de industrias.

Como se estudió previamente, se suele estar interesado en evaluar escenarios alternativos, por lo que no es necesariamente crucial que el pronóstico de ventas sea exacto. En estos casos, el objetivo es examinar la interacción entre las necesidades de inversión y los requerimientos de financiamiento para diferentes niveles de ventas posibles; no es la exactitud lo que se espera que ocurra.

Estados proforma   Un plan financiero tendrá un balance general, un estado de resultados y un estado de flujos de efectivo pronosticados. A éstos se les conoce como *estados proforma* o, de forma breve, como *proformas*. La palabra proforma significa literalmente «como un asunto de forma». En nuestro caso, significa que los estados financieros son la forma que se utiliza para condensar los diferentes eventos que se proyectan para el futuro. Como mínimo, un modelo de planeación financiera proporcionará estos estados sobre la base de proyecciones de partidas claves, como son las ventas.

En los modelos de planeación que se describen a continuación, los proformas son el resultado que se obtiene del modelo de planeación financiera. El usuario proporcionará una cifra de ventas y el modelo elaborará el estado de resultados y el balance general resultantes.

Requerimientos de activo   El plan describirá el gasto de capital proyectado. Como mínimo, el balance general proyectado contendrá los cambios en los activos fijos totales y en el capital de trabajo neto. Estos cambios son efectivamente el presupuesto de capital total de la empresa. Por tanto, el gasto de capital propuesto en las diferentes áreas debe conciliarse con los aumentos globales contenidos en el plan a largo plazo.

Requerimientos financieros   El plan incluirá una sección sobre los arreglos financieros necesarios. Esta parte del plan debe estudiar la política de dividendos y la de endeudamiento. En ocasiones, las empresas esperarán obtener efectivo mediante la venta de nuevas acciones o concertando préstamos. En este caso, el plan deberá tener en cuenta las clases de instrumentos financieros que tendrán que venderse y cuáles son los métodos de emisión más apropiados. Estos temas se contemplan en las partes 6 y 7 de este libro, al estudiar el financiamiento a largo plazo, la estructura de capital y la política de dividendos.

La variable de ajuste financiero   Una vez que la empresa tiene un pronóstico de ventas y un estimado del gasto necesario en activos, suele ser necesaria cierta cantidad de nuevos financiamientos porque el total de los activos proyectados excederá el total de los pasivos y el capital proyectados. En otras palabras, el balance general no cuadrará.

Dado que tal vez sea necesario un nuevo financiamiento para cubrir todo el gasto de capital proyectado, hay que seleccionar una variable de «ajuste financiero». La variable de ajuste es el origen, o los orígenes, de los financiamientos externos que son requeridos para hacer frente a cualquier déficit (o superávit) en el financiamiento, logrando así que el balance general cuadre.

Por ejemplo, una empresa con gran número de oportunidades de inversión y un flujo de efectivo limitado tal vez deba obtener capital nuevo. Otras empresas con menores oportunidades de crecimiento y un flujo de efectivo considerable tendrán un superávit, con lo que podrían pagar un dividendo adicional. En el primer caso, el capital externo es la variable «de ajuste». En el segundo, la variable de ajuste es el dividendo.

Supuestos económicos   El plan deberá exponer explícitamente, el ambiente económico en el que la empresa espera desenvolverse durante la vida del plan. Entre los supuestos económicos más relevantes que deberán establecerse se encuentran el nivel de las tasas de interés y la tasa de impuestos de la empresa.

Un modelo simple de planeación financiera

El estudio de los modelos de planeación a largo plazo puede iniciarse con un modelo relativamente sencillo. A continuación, se presentan los estados financieros de Computerfield Corporation del último año:

COMPUTERFIELD CORPORATION

Estados financieros

Estado de resultados		*Balance general*			
Ventas	$1,000	Activo	$500	Pasivo	$250
Costos	800			Capital	250
Utilidad neta	$ 200	Total	$500	Total	$500

A no ser que se especifique lo contrario, los analistas de planeación financiera de Computerfield suponen que todas las variables están directamente vinculadas con las ventas y que las relaciones actuales son óptimas. Ello significa que todas las partidas crecerán exactamente a la misma tasa que las ventas. Es obvio que ésta es una simplificación exagerada; este supuesto sólo se utiliza como ejemplo.

Supongamos que las ventas se incrementan en un 20%, aumentando de $1,000 a $1,200. En ese caso, los analistas de planeación pronosticarían también un aumento del 20% en los costos, de $800 a $800 × 1.2 = $960. Por tanto, el estado de resultados proforma sería:

Estado de resultados
proforma

Ventas	**$1,200**
Costos	**960**
Utilidad neta	**$ 240**

El supuesto de que todas las variables se incrementarán en un 20% permitirá elaborar también el balance general proforma:

Balance general proforma

Activo	**$600** (+100)	Pasivo	**$ 300** (+ 50)
		Capital	**300** (+ 50)
Total	**$600** (+100)	Total	**$600** (+100)

Obsérvese que simplemente se ha aumentado cada partida en un 20%. Las cifras entre paréntesis son los cambios en unidades monetarias de las diferentes partidas.

Ahora es necesario conciliar ambos estados proforma. Por ejemplo, ¿cómo es posible que la utilidad neta sea igual a $240 y el aumento del capital sólo sea de $50? La respuesta es que posiblemente Computerfield haya pagado la diferencia de $240 − 50 = $190 como dividendo en efectivo. En este caso, los dividendos son la variable «de ajuste financiero».

Suponga que Computerfield no paga los $190. En este caso, las utilidades retenidas aumentan por la totalidad de los $240. Por tanto, el capital de Computerfield se incrementará hasta $250 (la cantidad inicial) + $240 (utilidad neta) = $490 y se tienen que liquidar deudas para mantener el total de los activos igual a $600.

Teniendo activos totales de $600 y un capital de $490, la deuda tendrá que ser de $600 − 490 = $110. Dado que se comenzó con una deuda de $250, Computerfield deberá retirar deuda por $250 − 110 = $140. El balance general proforma resultante se parecería al siguiente:

Balance general proforma

Activos	**$600** (+100)	Pasivo	**$ 110** (− 140)
		Capital	**490** (+240)
Total	**$600** (+100)	Total	**$600** (+100)

En este caso, la deuda es la variable «de ajuste financiero» que se utiliza para equilibrar el total de los activos y pasivos proyectados.

Este ejemplo muestra la interacción que existe entre el crecimiento en ventas y la política financiera. Al aumentar las ventas, también lo hacen los activos totales. Esto ocurre porque la empresa tiene que invertir en capital de trabajo neto y en activos fijos para respaldar niveles de ventas más elevados. Puesto que los activos están creciendo, el total de los pasivos y el capital (el lado derecho del balance general) también crecerá.

Lo que debe observarse en este sencillo ejemplo es que la forma en que cambian los pasivos y el capital depende de la política de financiamiento de la empresa y de su política de dividendos. El crecimiento en activos requiere que la empresa decida cómo financiar ese crecimiento. Ésta es estrictamente una decisión administrativa. También en el ejemplo, la empresa no necesitó fondos externos. Normalmente, éste no sería el caso, así que en la sección siguiente se estudia una situación más detallada.

⌐ **PREGUNTAS SOBRE CONCEPTOS**

4.2a ¿Cuáles son los elementos básicos de un plan financiero?

4.2b ¿Por qué es necesario establecer una variable de ajuste en un modelo de planeación financiera?

4.3 ⌐ EL ENFOQUE DEL PORCENTAJE DE VENTAS

En la sección anterior se describió un modelo de planeación sencillo en el que todas las partidas aumentaban a la misma tasa que las ventas. Para algunos de los elementos, éste podría ser un supuesto razonable; para otros, como es el caso de los préstamos a largo plazo, es probable que no lo sea, debido a que el monto de los préstamos a largo plazo lo establece la administración y no se relaciona necesariamente de forma directa con el nivel de ventas.

En esta sección se describe una versión ampliada del modelo sencillo anterior. La idea básica es separar las cuentas del estado de resultados y las del balance general en dos grupos, las que varían en función directa con las ventas y las que no lo hacen. Conociendo el pronóstico de ventas, se estará en posibilidad de calcular el financiamiento que necesitará la empresa para respaldar el nivel de ventas pronosticado.

Un ejemplo del enfoque del porcentaje de ventas

enfoque del porcentaje de ventas
Método de planeación financiera en el que las cuentas varían dependiendo del nivel de ventas pronosticado por la empresa.

El modelo de planeación financiera que se describe a continuación se basa en el **enfoque del porcentaje de ventas**. En este caso, el objetivo es desarrollar una forma rápida y práctica de elaborar estados proforma. Se deja para una sección posterior el estudio de algunos «adornos y refinamientos».

El estado de resultados   Se inicia con el estado de resultados más reciente de Rosengarten Corporation, como se muestra en la tabla 4.1. Obsérvese que se ha simplificado su presentación al integrar costos, depreciación e interés en una sola cifra de costos, que se desglosa en una sección posterior.

Rosengarten ha proyectado para el próximo año un aumento en las ventas del 25%, por lo que se prevén ventas de $1,000 × 1.25 = $1,250. Para elaborar un estado de resultados proforma, hay que suponer que el costo total continuará manteniéndose al $800/$1,000 = 80% de las ventas. Con este supuesto, el estado de resultados proforma de

---

ROSENGARTEN CORPORATION

Tabla 4.1

Estado de resultados

Ventas	**$1,000**
Costos	800
Utilidad gravable	$ 200
Impuestos (34%)	68
Utilidad neta	$ 132

Aumento a utilidades retenidas	**$88**
Dividendos	44

ROSENGARTEN CORPORATION

Tabla 4.2

Estado de resultados proforma

Ventas (proyectadas)	**$1,250**
Costos (80% de ventas)	1,000
Utilidad gravable	$ 250
Impuestos (34%)	85
Utilidad neta	$ 165

Rosengarten es el que aparece en la tabla 4.2. En este caso, suponer que el costo sea un porcentaje constante de las ventas es asumir que el margen de utilidad es constante. Para verificarlo, recuérdese que el margen de utilidad fue de $132/$1,000 = 13.2%. El margen de utilidad en el estado proforma es de $165/$1,250 = 13.2%; por tanto, no ha cambiado.

A continuación, es necesario proyectar el pago de dividendos. Esta cantidad depende de la administración de Rosengarten. Supongamos que Rosengarten tiene la política de pagar una parte constante de la utilidad neta como un dividendo en efectivo. En el año más reciente, la **razón de pago de dividendos** fue:

razón de pago de dividendos
Importe del efectivo que se paga a los accionistas dividido entre la utilidad neta.

Razón de pago de dividendos = **Dividendos en efectivo/Utilidad neta**   (4.1)

= **$44/$132** = 33 1/3%

También se puede calcular la razón de aumento a las utilidades retenidas a utilidad neta, como:

Aumento a las utilidades retenidas/Utilidad neta = $88/$132 = 66 2/3%

A esta razón se le denomina **razón de retención** o **razón de reinversión** y es igual a 1 menos la razón de pago de dividendos, porque todo lo que no se paga se retiene. Suponiendo que las razones de pago y de retención sean constantes, las proyecciones de los dividendos y el aumento a las utilidades retenidas serán:

razón de retención
Aumento a las utilidades retenidas dividido entre la utilidad neta. También se le denomina *razón de reinversión*.

Proyección del aumento a las utilidades retenidas   = $165 × 2/3 = $110

Proyección de los dividendos pagados a los accionistas = $165 × 1/3 = 55

$165

Tabla 4.3						
	ROSENGARTEN CORPORATION					
	Balance general					
		($)	(%)		($)	(%)
	Activo			*Pasivo y capital*		
	Activo circulante			Pasivo circulante		
	Efectivo	$ 160	16%	Cuentas por pagar	$ 300	30%
	Cuentas por cobrar	440	44	Documentos por pagar	100	n/a
	Inventarios	600	60			
	Total	$1,200	120%	Total	$ 400	n/a
				Deuda a largo plazo	$ 800	n/a
	Activo fijo			Capital		
	Planta y equipo, neto	$1,800	180%	Acciones comunes y superávit pagado	$ 800	n/a
				Utilidades retenidas	1,000	n/a
				Total	$1,800	n/a
	Total de activo	$3,000	300%	Total pasivo y capital	$3,000	n/a

El balance general   Para elaborar un balance general proforma, se inicia con el estado más reciente, como el que se muestra en la tabla 4.3.

En este balance general, se supone que algunas de las partidas varían en forma directa con las ventas mientras que otras no lo hacen. En el caso de las partidas que varían con las ventas, se expresa cada una como un porcentaje de las ventas del año que acaba de terminar. Cuando una partida no varía en forma directa con las ventas, se anota «n/a», que significa «no aplicable».

Por ejemplo, en el lado de los activos el inventario es igual al 60% de las ventas ($600/$1,000) durante el año que acaba de terminar. Se supone que este porcentaje se mantiene al siguiente año, de modo que los inventarios aumentarán en $0.60 por cada aumento en las ventas de $1. Dicho de forma más general, la razón de los activos totales a las ventas en el año que acaba de terminar es de $3,000/$1,000 = 3, es decir, 300%.

En ocasiones a esta razón de los activos totales a las ventas se le denomina **razón de intensidad de capital**. Indica los activos necesarios para generar $1 de ventas; por tanto, cuanto más elevada sea la razón, mayor será el grado de intensidad de uso de activos fijos de la empresa. Obsérvese también que esta razón es exactamente el recíproco de la razón de rotación del total de activos que se definió en el último capítulo.

En el caso de Rosengarten, suponiendo que esta razón sea constante, se requieren $3 en activos totales para producir ventas de $1 (aparentemente Rosengarten es un negocio con intensidad relativamente elevada de capital). Por consiguiente, si se supone que las ventas aumenten en $100, Rosengarten deberá aumentar los activos totales en tres veces dicha cantidad, es decir, $300.

En el lado de los pasivos del balance general, se muestran cuentas por pagar que varían con las ventas. La razón es que, según aumenta el volumen de ventas, se espera que sea necesario hacer más pedidos a los proveedores, con lo que las cuentas por pagar cambiarán «espontáneamente» con las ventas. Por otra parte, los documentos por pagar representan deuda a corto plazo, como es el caso de los préstamos bancarios. Éstos no va-

| | ROSENGARTEN CORPORATION | | | | **Tabla 4.4** |
| | Balance general proforma parcial | | | | |
	Año actual	Cambio respecto al año anterior		Año actual	Cambio respecto al año anterior
Activo			*Pasivo y capital*		
Activo circulante			Pasivo circulante		
Efectivo	$ 200	$ 40	Cuentas por pagar	$ 375	$ 75
Cuentas por cobrar	550	110	Documentos por pagar	100	0
			Total	$ 475	$ 75
Inventarios	750	150			
Total	$1,500	$300	Deudas a largo plazo	$ 800	$ 0
Activo fijo			Capital		
Planta y equipo, neto	$2,250	$450	Acciones comunes y superávit pagado	800	0
			Utilidades retenidas	1,110	110
			Total	$1,910	$110
Total de activo	$3,750	$750	Total pasivo y capital	$3,185	$185
			Financiamiento externo requerido	$ 565	$565

riarán, a no ser que se lleven a cabo acciones específicas para cambiar el monto actual, por lo que se marcan como «n/a».

De forma similar, se utiliza «n/a» para la deuda a largo plazo porque ésta no cambiará automáticamente con las ventas. Lo mismo es cierto para las acciones comunes y el superávit pagado. La última partida del lado derecho, las utilidades retenidas, variará con las ventas, pero no será un simple porcentaje de estas últimas. Por el contrario, se calculará explícitamente el cambio en las utilidades retenidas sobre la base de la utilidad neta y los dividendos proyectados.

Podemos ahora elaborar un balance general proforma parcial para Rosengarten. Esto se lleva a cabo utilizando los porcentajes que se acaban de calcular, siempre que sea posible obtener los importes proyectados. Por ejemplo, los activos fijos netos son el 180% de las ventas; por tanto, con un nuevo nivel de ventas de $1,250, el importe de los activos fijos netos será de 1.80 × $1,250 = $2,250, un aumento de $2,250 − 1,800 = $450 en planta y equipo. Para las partidas que no varían directamente con las ventas, es importante suponer inicialmente que no existen cambios y sólo se anoten los importes originales. En la tabla 4.4 se muestran los resultados. Obsérvese que el cambio en las utilidades retenidas es igual al aumento de $110 en las utilidades retenidas que se acaba de calcular.

Al revisar el balance general proforma, se observa que se ha proyectado un aumento de $750 en los activos. Sin embargo, sin un financiamiento adicional, los pasivos y el capital sólo aumentarán en $185, quedando un déficit de $750 − 185 = $565. A este importe se le denomina *financiamiento externo requerido* (FER).

Un escenario específico   El modelo de planeación financiera nos recuerda ahora a una de esas bromas de buenas/malas noticias. La buena noticia es que se está proyectando un

Tabla 4.5	ROSENGARTEN CORPORATION				
	Balance general proforma				
	Año actual	Cambio respecto al año anterior		Año actual	Cambio respecto al año anterior
Activo			*Pasivo y capital*		
Activo circulante			Pasivo circulante		
Efectivo	$ 200	$ 40	Cuentas por pagar	$ 375	$ 75
Cuentas por cobrar	550	110	Documentos por pagar	325	225
			Total	$ 700	$300
Inventarios	750	150	Deudas a largo plazo	$1,140	$340
Total	$1,500	$300	Capital		
Activo fijo			Acciones comunes y superávit pagado	800	0
Planta y equipo, neto	$2,250	$450	Utilidades retenidas	1,110	110
			Total	$1,910	$110
Total de activo	$3,750	$750	Total pasivo y capital	$3,750	$750

aumento del 25% en las ventas. La mala noticia es que esto no ocurrirá, a no ser que se obtengan de alguna forma $565 en nuevos financiamientos.

Éste es un buen ejemplo de cómo el proceso de planeación puede señalar problemas y conflictos potenciales. Por ejemplo, si Rosengarten tenía el objetivo de no solicitar préstamos adicionales y de no emitir nuevo capital, es probable que no sea factible el aumento del 25% en las ventas.

Si se considera la necesidad de $565 en nuevos financiamientos, Rosengarten tiene tres posibles fuentes para obtenerlos: préstamos a corto plazo, préstamos a largo plazo y nuevo capital. La elección de una combinación de estos tres depende de la administración; sólo se presentará el ejemplo de una de las muchas posibilidades.

Supongamos que Rosengarten decide obtener préstamos por los fondos requeridos. En este caso, pudieran elegir tomar algunos préstamos a corto plazo y otros a largo plazo. Por ejemplo, los activos circulantes aumentaron en $300, mientras que el aumento de los pasivos circulantes fue sólo de $75. Rosengarten podría tomar un préstamo de $300 − 75 = $225 en documentos por pagar a corto plazo y dejar invariable el capital de trabajo neto total. Al necesitarse $565, el restante $565 − 225 = $340 debería provenir de deuda a largo plazo. En la tabla 4.5 se muestra el balance general proforma de Rosengarten ya terminado.

En este caso, se ha utilizado como variable de ajuste financiero una combinación de deuda a corto y a largo plazo, pero se insiste en que ésta sólo es una de las posibles estrategias; de ninguna manera es necesariamente la mejor. Hay otros muchos escenarios que podrían (y deberían) investigarse.

Una vez completado el balance general, se tienen todos los orígenes y aplicaciones de efectivo proyectados. Podrían terminarse los estados proformas elaborando el estado de flujos de efectivo proyectado, de acuerdo con lo estudiado en el capítulo 3. Esto se dejará como ejercicio y, en su lugar, se investigará un escenario alternativo importante.

Un escenario alternativo   El supuesto de que los activos son un porcentaje fijo de las ventas es cómodo, pero podría no ser apropiado en muchos casos. Por ejemplo, se supuso efectivamente que Rosengarten estaba utilizando sus activos fijos al 100% de su capacidad, debido a que cualquier aumento en las ventas conduce a un aumento en los activos fijos. En la mayoría de las empresas, se dispone de cierta holgura o exceso de capacidad, por lo que la producción tal vez se podría aumentar con un turno adicional.

Si se supone que Rosengarten está operando sólo al 70% de su capacidad, la necesidad de fondos externos será bastante diferente. Cuando se dice al «70% de su capacidad», se quiere decir que el nivel de ventas actual es el 70% del nivel de ventas a plena capacidad:

Ventas actuales = $1,000 = 0.70 − Ventas a plena capacidad

Ventas a plena capacidad = $1,000/0.70 = $1,429

Esto indica que sería posible aumentar las ventas en casi un 43% —desde $1,000 hasta $1,429— antes de que se requieran nuevos activos fijos.

En el escenario anterior, se supuso que sería útil un aumento de $450 en activos fijos netos. En el actual, no se necesita gasto alguno para adquirir activos fijos netos, ya que se ha proyectado que las ventas aumenten hasta $1,250, lo que es bastante inferior al nivel de plena capacidad de $1,429.

Como resultado de esto, la estimación original de $565 de fondos externos requeridos es demasiado elevada. Se estimó que se requerirían $450 en nuevos activos fijos netos; sin embargo, por el momento no se requiere realizar gasto alguno. Por tanto, si en la actualidad se está operando al 70% de la capacidad, sólo se requerirán fondos externos por $565 − 450 = $115. Por consiguiente, el exceso de capacidad representa una diferencia considerable en las proyecciones.

Ejemplo 4.1   FER y utilización de la capacidad instalada
Supongamos que Rosengarten estuviera operando al 90% de la capacidad instalada. ¿Cuáles serían sus ventas a plena capacidad? ¿Cuál es la razón del grado de intensidad de uso de activos fijos a plena capacidad? ¿Cuál es el FER en este caso?

Las ventas a plena capacidad serían de $1,000/0.90 = $1,111. Según la tabla 4.3, los activos fijos son $1,800. Por tanto, a plena capacidad, la razón de activos fijos a ventas es:

Activos fijos/Ventas a plena capacidad = $1,800/$1,111 = 1.62

Esto demuestra que, una vez que se alcance la plena capacidad total, se requerirán $1.62 en activos fijos por cada $1 en ventas. Por tanto, al nivel proyectado de ventas de $1,250, se necesitan $1,250 × 1.62 = $2,025 en activos fijos. Si se compara este importe con los $2,250 que se proyectaron originalmente, es decir, $225 menos, el FER es $565 − 225 = $340.

Los activos circulantes aún serían $1,500, por lo que los activos totales serían $1,500 + 2,025 = $3,525. Por tanto, la razón del grado de intensidad de uso de activos fijos (razón de intensidad de capital) sería de $3,525/$1,250 = 2.82, menor que el valor original de 3, debido al exceso de capacidad instalada. ■

Estos escenarios alternativos muestran que resulta inadecuado manipular a ciegas la información contenida en los estados financieros durante el proceso de planeación. Los resultados dependen fundamentalmente de los supuestos que se establezcan entre las relaciones ventas y los requerimientos de activos. A continuación, se vuelve a formular este punto.

4.3a ¿Cuál es la idea básica sobre la que se fundamenta el enfoque del porcentaje de ventas?

4.3b A no ser que se modifique, ¿qué supone el enfoque del porcentaje de ventas en relación con la utilización de la capacidad de activos fijos?

4.4 | FINANCIAMIENTO EXTERNO Y CRECIMIENTO

Es obvio que existe una relación entre el financiamiento externo requerido y el crecimiento. Si los restantes factores permanecen constantes, cuanto más elevada sea la tasa de crecimiento en ventas o en activos, mayor será la necesidad de financiamiento externo. En la sección anterior, se dio por sabida una tasa de crecimiento y después se determinó el importe del financiamiento externo necesario para respaldar ese crecimiento. En esta sección, se modifica ligeramente su enfoque; se considerará conocida la política financiera de la empresa y después se examinará la relación entre dicha política y la capacidad de la empresa para financiar nuevas inversiones y, por consiguiente, para crecer.

Se insiste de nuevo en que la atención se centra en el crecimiento, no porque éste sea una meta apropiada, sino porque para nuestros fines el crecimiento es simplemente un medio conveniente para examinar las interacciones entre las decisiones de inversión y financiamiento. De hecho, se supone que el uso del crecimiento como base para la planeación sólo es un reflejo del elevado nivel de agregación utilizado en el proceso de planeación.

FER y crecimiento

Lo primero que se necesita establecer es la relación entre el FER y el crecimiento. Para hacerlo, se presentan en la tabla 4.6 el estado de resultados y el balance general simplificados de Hoffman Company. Obsérvese que se ha simplificado el balance general, combinando la deuda a corto y a largo plazo en una sola cifra de deuda total. Efectivamente, se está suponiendo que ninguno de los pasivos circulantes varía en forma espontánea con las ventas. Esta suposición no es tan limitante como parece. Si cualquier pasivo circulante (como es el caso de las cuentas por pagar) varía con las ventas, se puede suponer que ha sido completamente compensado con activos circulantes. En el estado de resultados se continúa combinando la depreciación, los intereses y el costo.

Supongamos que Hoffman Company está pronosticando el nivel de ventas para el próximo año en $600, un aumento de $100. Obsérvese que el porcentaje de incremento en ventas es del $100/$500 = 20%. Utilizando el enfoque del porcentaje de ventas y las cifras de la tabla 4.6, se puede preparar un estado de resultados y un balance general proforma como los que aparecen en la tabla 4.7. Según se muestra en esta tabla, con una tasa de crecimiento del 20%, Hoffman necesita $100 en nuevos activos (suponiendo plena capacidad). El aumento proyectado a las utilidades retenidas es de $52.8, por lo que el financiamiento externo requerido (FER) es de $100 − 52.8 = $47.2.

Obsérvese que la razón deuda/capital de Hoffman era originalmente (según la tabla 4.6) de $250/$250 = 1.0. Se supondrá que Hoffman Corporation no desea emitir nuevo capital, por lo que en este caso será necesario contratar préstamos por los $47.2 de FER. ¿Cuál será la nueva razón deuda/capital? Según la tabla 4.7, el capital contable total proyectado es de $302.8. La nueva deuda total será el importe original de $250 más $47.2 en nuevos préstamos, es decir, un total de $297.2. Por tanto, la razón deuda/capital desciende ligeramente de 1.0 a $297.2/$302.8 = 0.98.

HOFFMAN COMPANY							**Tabla 4.6**

Estado de resultados y balance general

Estado de resultados

Ventas	**$500**
Costos	**400**
Utilidad gravable	**$100**
Impuestos (34%)	**34**
Utilidad neta	**$ 66**
Aumento a las utilidades retenidas	**$44**
Dividendos	**22**

Balance general

	($)	(% de ventas)		($)	(% de ventas)
Activo			*Pasivo y capital*		
Activo circulante	**$200**	40%	Deuda total	**$250**	n/a
Activo fijo neto	**300**	60	Capital	**250**	n/a
Total de activo	**$500**	100%	Total de pasivo y capital	**$500**	n/a

HOFFMAN COMPANY							**Tabla 4.7**

Estado de resultados y balance general proforma

Estado de resultados

Ventas	**$600.0**
Costos (80% de ventas)	**480.0**
Utilidad gravable	**$120.0**
Impuestos (34%)	**40.8**
Utilidad neta	**$79.2**
Aumento a las utilidades retenidas	**$52.8**
Dividendos	**26.4**

Balance general

	($)	(% de ventas)		($)	(% de ventas)
Activo			*Pasivo y capital*		
Activo circulante	**$240.0**	40%	Deuda total	**$250.0**	n/a
Activo fijo neto	**360.0**	60	Capital	**302.8**	n/a
Total de activo	**$600.0**	100%	Total de pasivo y capital	**$552.8**	n/a
			Financiamiento externo requerido	**$ 47.2**	

Tabla 4.8	Crecimiento de ventas proyectado	Aumento de activos requeridos	Aumento a utilidades retenidas	Financiamiento externo requerido (FER)	Razón deuda/capital proyectada
Crecimiento y FER proyectados para Hoffman Company	0%	$ 0	$44.0	− $44.0	0.70
	5	25	46.2	− 21.2	0.77
	10	50	48.4	1.6	0.84
	15	75	50.6	24.4	0.91
	20	100	52.8	47.2	0.98
	25	125	55.0	70.0	1.05

La tabla 4.8 muestra el FER para diferentes tasas de crecimiento. También se muestra el aumento proyectado de las utilidades retenidas y la razón deuda/capital proyectada para cada escenario (como práctica se recomienda calcular algunas de ellas). Al determinar las razones de deuda/capital, se supuso que para obtener los fondos requeridos se contratarían préstamos; también se supuso que cualquier excedente de fondos se emplearía para liquidar la deuda. Por tanto, para el caso de crecimiento nulo, la deuda disminuye en $44, de $250 a $206. Obsérvese que en la tabla 4.8 el incremento en activos requerido es simplemente igual a los activos originales de $500 multiplicados por la tasa de crecimiento. De forma similar, el aumento en utilidades retenidas es igual a los $44 originales, más los $44 multiplicados por la tasa de crecimiento.

En la tabla 4.8 se muestra que, para tasas de crecimiento relativamente bajas, Hoffman tendrá un superávit y su razón deuda/capital disminuirá. Sin embargo, una vez que la tasa de crecimiento aumenta hasta aproximadamente el 10%, el superávit se convierte en un déficit. Es más, cuando la tasa de crecimiento excede el 20%, la razón deuda/capital sobrepasa su valor original de 1.0.

En la figura 4.1 se presenta con más detalle la relación entre el crecimiento de ventas y el financiamiento externo requerido, al presentar de forma gráfica los requerimientos de activos y los aumentos de utilidades retenidas, según la tabla 4.8, contra las tasas de crecimiento. Tal como se muestra, los requerimientos de nuevos activos crecen a una tasa mucho más rápida que el aumento de utilidades retenidas, por lo que el financiamiento interno proporcionado por el aumento de utilidades retenidas desaparece rápidamente.

Política financiera y crecimiento

Teniendo como base el estudio anterior, existe un vínculo directo entre el crecimiento y el financiamiento externo. En esta sección se estudian dos tasas de crecimiento que son particularmente útiles en la planeación a largo plazo.

La tasa interna de crecimiento   La primera tasa de crecimiento de interés es la tasa máxima de crecimiento que se puede lograr sin financiamiento externo de ninguna clase. A ésta se le denominará **tasa interna de crecimiento** porque es la tasa que puede mantener la empresa utilizando únicamente financiamiento interno. En la figura 4.1, esta tasa de crecimiento interno está dada por el punto en el que se cruzan las dos líneas. En este punto, el aumento requerido en activos es exactamente igual al aumento en utilidades retenidas y, por consiguiente, el FER es de cero. Se ha visto que esto ocurre cuando la tasa de cre-

tasa interna de crecimiento

Tasa máxima de crecimiento que puede alcanzar una empresa sin financiamiento externo de ninguna clase.

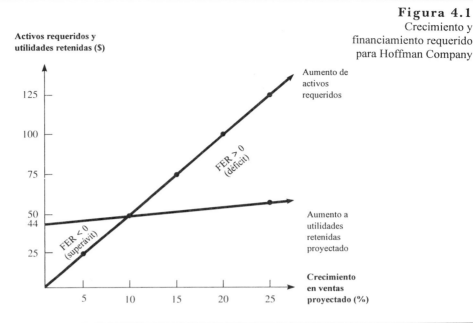

Figura 4.1
Crecimiento y
financiamiento requerido
para Hoffman Company

cimiento es ligeramente inferior al 10%. Utilizando un poco de álgebra (v. el problema 30 al final del capítulo), se determina de forma más precisa esta tasa de crecimiento como:

$$\text{Tasa interna de crecimiento} = \frac{RSA \times b}{1 - RSA \times b} \qquad (4.2)$$

donde RSA es el rendimiento sobre los activos que se estudió en el capítulo 3 y b es la tasa de reinversión o de retención que se definió previamente en este capítulo.

En el caso de Hoffman Company, la utilidad neta fue de $66 y el total de activos de $500. Por tanto, el RSA es de $66/$500 = 13.2%. De la utilidad neta de $66 se retuvieron $44, por lo que la razón de reinversión, b, es de $44/$66 = 2/3. Con estas cifras, la tasa interna de crecimiento se puede calcular como:

$$\text{Tasa interna de crecimiento} = \frac{RSA \times b}{1 - RSA \times b}$$

$$= \frac{0.132 \times (2/3)}{1 - 0.132 \times (2/3)}$$

$$= 9.65\%$$

Por consiguiente, Hoffman Company puede crecer a una tasa máxima del 9.65% anual sin requerir financiamiento externo.

La tasa de crecimiento sostenible   Se ha observado que si Hoffman Company desea crecer con mayor rapidez que al 9.65% anual, debe contratar financiamiento externo. La segunda tasa de crecimiento de interés es la tasa máxima de crecimiento que puede lograr una empresa sin financiamiento de *capital* externo, al tiempo que mantiene una razón constante de deuda/capital. Normalmente, a esta tasa se la conoce como **tasa de crecimiento sostenible** porque es la tasa máxima de crecimiento que puede mantener una empresa sin incrementar su nivel de apalancamiento financiero.

tasa de crecimiento sostenible
Tasa máxima de crecimiento que puede lograr una empresa sin financiamiento externo de capital, al tiempo que mantiene una razón deuda/capital constante.

Hay varias razones por las que una empresa desearía evitar la emisión de capital. Por ejemplo, como se estudia en el capítulo 13, la emisión de nuevo capital puede resultar muy cara. Además, los propietarios actuales tal vez no deseen atraer nuevos propietarios o aportar capital adicional. En los capítulos 14 y 15 se estudia por qué una empresa consideraría una razón deuda/capital como la óptima; por ahora, se asumirá como conocida tal razón.

Con base en la tabla 4.8, la tasa de crecimiento sostenible para Hoffman es de alrededor del 20%, ya que la razón deuda/capital se aproxima a 1.0 con dicha tasa de crecimiento. El valor exacto se puede calcular (v. el problema 30 al final del capítulo) como:

$$\text{Tasa de crecimiento sostenible} = \frac{RSC \times b}{1 - RSC \times b} \tag{4.3}$$

Esto es idéntico a la tasa interna de crecimiento, excepto que se usa RSC (rendimiento sobre el capital) en lugar de RSA (rendimiento sobre los activos).

En el caso de Hoffman Company, la utilidad neta era de $66 y el capital total era de $250; por tanto, el RSC es $66/$250 = 26.4%. La razón de reinversión, *b*, sigue siendo 2/3, por lo que la tasa de crecimiento sostenible se puede calcular como:

$$\begin{aligned}
\text{Tasa de crecimiento sostenible} &= \frac{RSC \times b}{1 - RSC \times b} \\
&= \frac{0.264 \times (2/3)}{1 - 0.264 \times (2/3)} \\
&= 21.36\%
\end{aligned}$$

Por tanto, Hoffman Company puede crecer a una tasa máxima del 21.36% anual sin financiamiento de capital externo.

Ejemplo 4.2   Crecimiento sostenible

Supongamos que Hoffman crece exactamente a la tasa de crecimiento sostenible del 21.36%. ¿Cómo serían los estados proforma?

A una tasa de crecimiento del 21.36%, las ventas aumentarán de $500 a $606.8. El estado de resultados proforma será como sigue:

HOFFMAN COMPANY

Estado de resultados proforma

Ventas	**$606.8**
Costos (80% de ventas)	**485.4**
Utilidad gravable	**$121.4**
Impuestos (34%)	**41.3**
Utilidad neta	**$ 80.1**
Aumento de utilidades retenidas	$53.4
Dividendos	26.7

El balance general se elabora como se realizó previamente. Obsérvese que, en este caso, el capital contable aumentará de $250 a $303.4, debido al aumento en las utilidades retenidas de $53.4.

HOFFMAN COMPANY

Balance general proforma

	($)	(% de ventas)		($)	(% de ventas)
Activo			*Pasivo y capital*		
Activo circulante	**$242.7**	40%	Deuda total	**$250.0**	n/a
Activo fijo neto	**364.1**	60	Capital	303.4	n/a
Total de activo	**$606.8**	100%	Total de pasivo y capital	**$553.4**	n/a
			Fondos externos requeridos	**$ 53.4**	

Como se mostró, el FER es de $53.4. Si Hoffman contrata préstamos por este monto, la deuda total aumentará a $303.4 y la razón deuda/capital será exactamente de 1.0, lo que comprueba nuestro cálculo anterior. Cualquiera que sea la tasa de crecimiento, algún elemento deberá cambiar. ∎

Determinantes del crecimiento   En el capítulo anterior se observó que el rendimiento sobre el capital (RSC) podía descomponerse en sus diversos elementos, utilizando la identidad Du Pont. Dado que el RSC aparece de forma destacada en la determinación de la tasa de crecimiento sostenible, los factores que son importantes para determinar el RSC también son importantes determinantes del crecimiento.

De acuerdo con el capítulo 3, sabemos que el RSC puede ser expresado como el producto de tres factores:

RSC = Margen de utilidad × Rotación del total de activos × Multiplicador de capital

Si se revisa la fórmula para la tasa de crecimiento sostenible, cualquier elemento que incremente el RSC incrementará también la tasa de crecimiento sostenible al aumentar la parte superior y reducir la inferior. Si se incrementa la razón de reinversión, se obtiene el mismo efecto.

Resumiendo, la capacidad de una empresa para mantener el crecimiento depende explícitamente de los siguientes cuatro factores:

1. Margen de utilidad. Un aumento en el margen de utilidad aumentará la capacidad de la empresa para generar fondos internamente y con ello incrementar su crecimiento sostenible.
2. Política de dividendos. Una disminución en el porcentaje de utilidad neta que se distribuye como dividendos aumentará la tasa de retención. Esto incrementa el capital generado de forma interna y también el crecimiento sostenible.
3. Política financiera. Un aumento en la razón deuda/capital incrementa el apalancamiento financiero de la empresa. Puesto que esto permite financiamiento adicional mediante deuda, la tasa de crecimiento sostenible aumenta.
4. Rotación del total de activos. Un aumento en la rotación del total de activos de la empresa aumenta las ventas generadas por cada unidad monetaria en activos. Esto disminuye los requerimientos de la empresa de nuevos activos conforme crecen las ventas y, por consiguiente, incrementa la tasa de crecimiento sostenible. Obsérvese

En sus propias palabras...
Sobre el crecimiento sostenible, por Robert C. Higgins

La mayoría de los funcionarios financieros saben, de forma intuitiva, que se necesita dinero para ganar más dinero. El crecimiento rápido de las ventas requiere más activos, bajo la forma de cuentas por cobrar e inventarios y activos fijos, lo que a su vez requiere dinero para pagar los activos. También saben que, si su empresa no tiene el dinero cuando lo necesita, puede, literalmente, «ir a la quiebra». La ecuación del crecimiento sostenible expresa de forma explícita estas verdades intuitivas.

Por ejemplo, los banqueros y otros analistas externos suelen usar el crecimiento sostenible para evaluar el valor crediticio de una empresa. Para ello, cuentan con el apoyo de varios paquetes de programas de computación complejos, que les proporcionan análisis detallados del desempeño financiero de la empresa en el pasado, incluyendo su tasa de crecimiento sostenible anual.

Los banqueros utilizan esta información de varias formas. La rápida comparación de la tasa de crecimiento actual de una compañía contra su tasa sostenible informa al banquero sobre cuáles deben ser los aspectos principales de la agenda financiera de la administración. Si el crecimiento actual excede de forma consistente el crecimiento sostenible, el problema de la administración será dónde obtener el efectivo para financiar el crecimiento y el banquero podría anticipar los intereses de los préstamos. Por el contrario, si el crecimiento sostenible excede el crecimiento actual, de forma consistente, el banquero deberá prepararse para hablar sobre inversiones, porque el problema de la administración será ver qué hace con el dinero que sigue acumulándose en la caja.

La ecuación del crecimiento sostenible también es útil para los banqueros, ya que explica a los propietarios de negocios pequeños y a los empresarios exageradamente optimistas, sin experiencia financiera, que para la viabilidad a largo plazo de sus negocios, es necesario mantener el equilibrio apropiado entre el crecimiento y la rentabilidad.

Por último, la comparación de la tasa actual con la del crecimiento sostenible permite al banquero comprender el motivo por el que el solicitante necesita dinero del préstamo y por cuánto tiempo continuará esa necesidad. En una ocasión, un solicitante pidió un préstamo por $100,000 para pagar a varios proveedores insistentes y prometió liquidarlo en pocos meses, cuando recibiera el dinero de algunas cuentas por cobrar que estaban por vencer. El análisis del crecimiento sostenible reveló que la empresa había estado creciendo de cuatro a seis veces su tasa de crecimiento sostenible y que era probable que esta situación se mantuviera en el futuro previsible. Esto advirtió al banquero de que los proveedores impacientes eran sólo un síntoma de la enfermedad mucho más grave del crecimiento exageradamente rápido y que era probable que un préstamo por $100,000 resultaría ser sólo el pago inicial de un compromiso mucho mayor a múltiples años.

Robert C. Higgins es profesor de finanzas en la Universidad de Washington. Fue uno de los pioneros en usar el crecimiento sostenible como herramienta para el análisis financiero.

---

que el hecho de aumentar la rotación del total de activos equivale a disminuir la intensidad de capital, es decir, el grado de intensidad de uso de activos fijos.

La tasa de crecimiento sostenible es una cifra de planeación muy útil. Lo que muestra es la relación explícita entre las cuatro principales áreas de interés de la empresa: su eficiencia operativa medida mediante el margen de utilidad, su eficiencia en el uso de activos medida por la rotación del total de activos, su política de dividendos medida por la tasa de retención y su política financiera medida por la razón deuda/capital.

Conociendo los valores de estas cuatro áreas, sólo puede haber una tasa de crecimiento única. Éste es un punto importante, de modo que vale la pena reafirmar:

Si una empresa no desea emitir nuevo capital y su margen de utilidad, política de dividendos, política financiera y rotación del total de activos (o intensidad de capital) son fijos, sólo existe una única tasa de crecimiento posible.

I. Tasa interna de crecimiento

$$\text{Tasa interna de crecimiento} = \frac{\text{RSA} \times b}{1 - \text{RSA} \times b}$$

donde

RSA = Rendimiento sobre activos = Utilidad neta/Total de activos

b = Razón de reinversión (retención)

= Aumento a utilidades retenidas/utilidad neta

La tasa interna de crecimiento es la tasa máxima de crecimiento que se puede alcanzar sin financiamiento externo de ninguna clase.

II. Tasa de crecimiento sostenible

$$\text{Tasa de crecimiento sostenible} = \frac{\text{RSC} \times b}{1 - \text{RSC} \times b}$$

donde

RSC = Rendimiento sobre el capital = Utilidad neta/Capital total

b = Razón de reinversión (retención)

= Aumento a utilidades retenidas/Utilidad neta

La tasa de crecimiento sostenible es la tasa máxima de crecimiento que se puede alcanzar sin financiamiento externo de capital, al mismo tiempo que se mantiene una razón deuda/capital constante.

Como se describió al principio de este capítulo, uno de los principales beneficios de la planeación financiera es asegurar la consistencia interna entre los diversos objetivos de la empresa. La tasa de crecimiento sostenible engloba adecuadamente este elemento. Vemos ahora cómo se puede usar un modelo de planeación financiera para probar la factibilidad de una tasa de crecimiento planeada. Si las ventas van a crecer a una tasa más alta que la tasa de crecimiento sostenible, la empresa deberá incrementar los márgenes de utilidad, aumentar la rotación del total de activos, aumentar el apalancamiento financiero, incrementar la retención de utilidades o vender nuevas acciones.

En la tabla 4.9 se resumen las dos tasas de crecimiento, la interna y la sostenible.

Ejemplo 4.3   Márgenes de utilidad y crecimiento sostenible
Sandar Co. tiene una razón deuda/capital de 0.5, un margen de utilidad del 3%, un pago de dividendos del 40% y una razón de intensidad de capital de 1. ¿Cuál es su tasa de crecimiento sostenible? Si Sandar desea una tasa de crecimiento sostenible del 10% y piensa lograr esta meta mejorando los márgenes de utilidad, ¿qué opinaría usted?

El RSC es de $0.03 \times 1 \times 1.5 = 4.5\%$. La razón de retención es $1 - 0.40 = 0.60$. Por tanto, el crecimiento sostenible es de $0.045(0.60)/[1 - 0.045(0.60)] = 2.77\%$.

Para alcanzar una tasa de crecimiento del 10%, se tendrá que incrementar el margen de utilidad. Para visualizar esto, supongamos que el crecimiento sostenible es igual al 10% y resuelva para el margen de utilidad, MU:

$$0.10 = MU(1.5)(0.6)/[1 - MU(1.5)(0.6)]$$
$$MU = 0.1/0.99 = 10.1\%$$

Para que tenga éxito el plan, es necesario un incremento en el margen de utilidad desde el 3% a aproximadamente un 10%. Esto tal vez no sea factible. ■

PREGUNTAS SOBRE CONCEPTOS

4.4a ¿Cuáles son las determinantes del crecimiento?
4.4b ¿Cómo está relacionado el crecimiento sostenible de una empresa con su rendimiento sobre el capital contable (RSC)?

4.5 | ALGUNAS ADVERTENCIAS SOBRE LOS MODELOS DE PLANEACIÓN FINANCIERA

Los modelos de planeación financiera no siempre formulan las preguntas correctas. Una razón importante es que tienen la tendencia a apoyarse en relaciones contables y no en relaciones financieras. En particular, tienen la tendencia a no considerar los tres elementos básicos del valor de la empresa, es decir, la magnitud del flujo de efectivo, el riesgo y el tiempo.

Debido a ello, los modelos de planeación financiera no dan a veces resultados que proporcionen al usuario indicios significativos sobre las estrategias que conducirán a aumentos en valor. En lugar de ello, desvían la atención del usuario hacia cuestionamientos relacionados con la asociación entre, por ejemplo, la razón de deuda/capital y el crecimiento de la empresa.

El modelo financiero que se utilizó para Hoffman Company fue sencillo; de hecho, demasiado sencillo. Nuestro modelo, al igual que muchos de los utilizados en la actualidad, es en el fondo un generador de estados contables. Estos modelos son útiles para señalar inconsistencias e indicar los requerimientos financieros, pero ofrecen muy poca orientación con relación a cómo resolver estos problemas.

Para concluir este estudio, hay que añadir que la planeación financiera es un proceso iterativo. Los planes se crean, examinan y modifican una y otra vez. El plan final será un resultado negociado entre todos los participantes en el proceso. De hecho, en la mayor parte de las corporaciones, la planeación financiera a largo plazo se basa en lo que se pudiera denominar el enfoque de Procrusto.[1] La alta dirección tiene una meta en mente y le corresponde al grupo de planeación volver a elaborar y entregar en definitiva un plan factible que cumpla con esa meta.

Por tanto, el plan final contendrá implícitamente distintas metas en áreas diferentes y también satisfacerá muchas limitaciones. Por esta razón, no es necesario que este tipo de

---

[1]En la mitología griega, Procrusto es un gigante que captura a los viajeros y los amarra a una cama de hierro; los estira o les corta las piernas, según sea necesario, para que quepan en la cama.

plan sea una evaluación desapasionada de lo que se piensa que ocurrirá en el futuro; en lugar de ello, puede ser un medio para conciliar las actividades planeadas de grupos diferentes y una forma de establecer metas comunes para el futuro.

PREGUNTAS SOBRE CONCEPTOS

4.5a ¿Cuáles son algunos elementos importantes que faltan con frecuencia en los modelos de planeación financiera?

4.5b ¿Por qué se dice que la planeación es un proceso iterativo?

4.6 │ RESUMEN Y CONCLUSIONES

La planeación financiera obliga a la empresa a pensar en el futuro. Se han examinado varias características del proceso de planeación. Se mostró lo que puede lograr la planeación financiera y los elementos de un modelo financiero. Se continuó desarrollando la relación entre el crecimiento y los requerimientos de financiamiento y se discutió cómo el modelo de planeación financiera es útil para examinar esa relación.

La planeación financiera corporativa no debe convertirse en una actividad puramente mecánica. Si es así, es probable que se centre en los elementos erróneos. En particular, con demasiada frecuencia se formulan planes en términos de una meta de crecimiento sin un vínculo explícito con la creación de valor, y es por ello que existe una preocupación exagerada por los estados contables. Sin embargo, la alternativa a la planeación financiera es «entrar tambaleantes y de espaldas al futuro».

Términos fundamentales

horizonte de planeación **95**	razón de intensidad de capital o razón
agregación **95**	del grado de intensidad de uso de
enfoque del porcentaje de ventas **100**	activos fijos **102**
razón de pago de dividendos **101**	tasa interna de crecimiento **108**
razón de retención o razón de	tasa de crecimiento sostenible **110**
reinversión **101**	

Problemas de revisión del capítulo y de autoevaluación

4.1 Cálculo del FER   Con base a la siguiente información de Corwin Company, ¿cuál es el FER si se predice que las ventas crecerán en un 20%? Use el enfoque del porcentaje de ventas y efectúe una suposición (capacidad total). La tasa de pago de dividendos es constante.

CORWIN COMPANY

Estados financieros

Estado de resultados		*Balance general*			
Ventas	$2,750	Activo circulante	$ 600	Deuda a largo plazo	$ 200
Costo de ventas	2,400	Activo fijo neto	800	Capital	1,200
Impuestos (34%)	119	Total	$1,400	Total	$1,400
Utilidad neta	$ 231				
Dividendos	$ 77				

4.2 FER y utilización de la capacidad instalada   Con base a la información del problema 4.1, ¿cuál es el FER, suponiendo una utilización de la capacidad instalada del 75% de los activos fijos netos?, ¿y para una utilización de la capacidad instalada del 90%?

4.3 Crecimiento sostenible   Con base a la información del problema 1, ¿qué tasa de crecimiento puede mantener Corwin si no usa financiamiento externo? ¿Cuál es la tasa de crecimiento sostenible?

Respuestas a los problemas de autoevaluación

4.1 El FER puede calcularse preparando los estados proforma y usando el enfoque del porcentaje de las ventas. Observe que se pronostica que las ventas serán de $2,750 × 1.2 = $3,300.

CORWIN COMPANY

Estados financieros proforma

Estado de resultados

Ventas	**$3,300.0**	pronóstico
Costo de ventas	**2,880.0**	87.27% de las ventas
Impuestos (34%)	**142.8**	
Utilidad neta	**$ 277.2**	
Dividendos	**$ 92.4**	33.33% de la utilidad neta

Balance general

Activo circulante	**$ 720.0**	21.81% de las ventas	Deuda a largo plazo	**$ 200.0**	
Activo fijo neto	**960.0**	29.09% de las ventas	Capital	**1,384.8**	
Total	**$1,680.0**	50.90% de las ventas	Total	**$1,584.8**	
			FER	**$ 95.2**	

4.2 Las ventas a plena capacidad (capacidad total) son iguales a las ventas actuales divididas entre la utilización de la capacidad instalada. Al 75% de capacidad:

$2,750 = 0.75 × Ventas a capacidad total

$3,667 = Ventas a capacidad total

Con un nivel de ventas de $3,300, no se requerirán nuevos activos fijos, por lo que el estimado anterior es demasiado elevado. Se estimó un aumento en los activos fijos de $960 − 800 = **$160**. Por tanto, el nuevo FER sería $95.2 − 160 = − **$64.8**; un superávit. En este caso, no se requiere financiamiento externo.

A una capacidad del 90%, las ventas a plena capacidad son de **$3,056**. La razón de activos fijos a ventas a plena capacidad es por consiguiente $800/$3,056 = **0.262**. Por tanto, a un nivel de ventas de $3,300 se requerirán $3,300 × 0.262 = **$864** en activos fijos netos, un aumento de **$64**. Esto es, $160 − 64 = **$96**, menos de lo que se había pronosticado originalmente, por lo que ahora el FER es de $95.2 − 96 = − **$0.80**; un pequeño superávit. No se requiere financiamiento adicional.

4.3 Corwin retiene $b = (1 - 0.33) = \mathbf{0.67}$ de la utilidad neta. El rendimiento sobre los activos es de $\$231/\$1,400 = \mathbf{16.5\%}$. La tasa interna de crecimiento es

$$\frac{(RSA \times b)}{(1 - RSA \times b)}$$

$$= \frac{(0.165 \times 0.67)}{(1 - 0.165 \times 0.67)}$$

$$= \mathbf{12.36\%}$$

El rendimiento sobre el capital de Corwin es de $\$231/\$1,200 = \mathbf{19.25\%}$, por lo que la tasa de crecimiento sostenible se puede calcular como

$$\frac{(RSC \times b)}{(1 - RSC \times b)}$$

$$= \frac{(0.1925 \times 0.67)}{(1 - 0.1925 \times 0.67)}$$

$$= \mathbf{14.81\%}$$

Preguntas y problemas

1. **Estados proforma**   Examine los siguientes estados financieros simplificados de Goldfinch Corporation:

Estado de resultados		Balance general			
Ventas	$1,000	Activo	$500	Pasivo	$250
Costos	900			Capital	250
Utilidad neta	$ 100	Total	$500	Total	$500

Goldfinch ha pronosticado un incremento en ventas del 25%. También ha pronosticado que cada partida en el balance general aumentará en un 25%. Elabore los estados proforma y concílielos. ¿Cuál es aquí la variable de ajuste financiero?

2. **Estados proforma y el FER**   En la pregunta anterior, suponga que Goldfinch paga la mitad de la utilidad neta como un dividendo en efectivo. Los costos y los activos varían con las ventas, pero la deuda y el capital no. Prepare los estados proforma y determine el financiamiento externo requerido.

3. **Cálculo del FER**   A continuación, se presentan los estados financieros más recientes de Gletglen Co.

Estado de resultados		Balance general			
Ventas	$500	Activo	$1,300	Pasivo	$ 800
Costos	200			Capital	500
Utilidad neta	$300	Total	$1,300	Total	$1,300

Los activos y los costos son proporcionales a las ventas. La deuda no lo es. No se pagan dividendos. Se pronostica que las ventas del próximo año serán de $550. ¿Cuál es el financiamiento externo requerido (FER)?

4. **FER**   A continuación, se presentan los estados financieros más recientes de REM Co.

Estado de resultados		Balance general			
Ventas	$800	Activo	$2,400	Pasivo	$1,500
Costos	200			Capital	900
UAII	$600	Total	$2,400	Total	$2,400
Impuestos	50				
Utilidad neta	$550				

Los activos y los costos son proporcionales a las ventas. La deuda no lo es. Se pagó un dividendo de $341 y REM desea mantener un pago constante de dividendos. Se ha pronosticado que las ventas del próximo año serán de $920. ¿Cuál es el financiamiento externo requerido (FER)?

5. **FER**   A continuación, se presentan los estados financieros más recientes de Aprostate Co.

Estado de resultados	
Ventas	$500
Costos	440
Impuestos	30
Utilidad neta	$ 30

Balance general			
Activo circulante	$ 400	Pasivo circulante	$ 200
Activo fijo	800	Deuda a largo plazo	200
		Capital	800
Total	$1,200	Total	$1,200

Los activos, costos y pasivos circulantes son proporcionales a las ventas. La deuda a largo plazo no lo es. Aprostate mantiene un pago de dividendos constante del 70%. Se ha pronosticado que las ventas del próximo año serán de $640. ¿Cuál es el financiamiento externo requerido (FER)?

6. Cálculo del crecimiento sostenible   A continuación, se presentan los estados financieros más recientes de Piltdown Co.

Estado de resultados

Ventas	$262
Costos	142
Impuestos	30
Utilidad neta	$ 90

Balance general

Activo circulante	$ 100	Pasivo circulante	$ 830
Activo fijo	1,230	Capital	500
Total	$1,330	Total	$1,330

Los activos y los costos son proporcionales a las ventas. La deuda no lo es. Piltdown mantiene un pago de dividendos constante del 20%. No es posible obtener financiamiento externo de capital. ¿Cuál es la tasa de crecimiento sostenible?

7. El crecimiento como un objetivo de la empresa   Explique por qué el crecimiento en sí mismo no es un objetivo adecuado para la administración financiera. En particular, describa un escenario en el cual los objetivos de crecimiento y la maximización de la riqueza del propietario puedan estar en conflicto.

8. Ventas y crecimiento   A continuación, se presentan los estados financieros más recientes de Fiddich Co.

Estado de resultados

Ventas	$490
Costos	400
Impuestos	40
Utilidad neta	$ 50

Balance general

Capital de trabajo neto	$ 532	Deuda a largo plazo	$ 1,300
Activo fijo	1,998	Capital	1,230
Total	$2,530	Total	$2,530

Los activos y los costos son proporcionales a las ventas. Fiddich mantiene un pago de dividendos constante del 30% y una razón de deuda a capital constante. ¿Cuál es el aumento máximo en ventas que se puede sostener, suponiendo que no se emita capital nuevo?

9. Cálculo de las utilidades retenidas a partir del estado de resultados proforma   Examine el siguiente estado de resultados de Gerald Corporation:

GERALD CORPORATION

Estado de resultados

Ventas	$ 4,000
Costos	3,000
Utilidad gravable	$ 1,000
Impuestos (34%)	340
Utilidad neta	$ 660
Dividendos $110	

Se proyecta una tasa de crecimiento del 10%. Prepare un estado de resultados proforma, suponiendo que los costos varían con las ventas y que la razón de pago de dividendos es constante. ¿Cuál es el aumento proyectado de las utilidades retenidas?

10. **Aplicación del porcentaje de ventas**   A continuación, se presenta el balance general de Gerald Corporation. Con base a esta información y al estado de resultados del problema anterior, proporcione la información faltante utilizando el enfoque del porcentaje de ventas. Suponga que las cuentas por pagar varían con las ventas, en tanto que los documentos por pagar no lo hacen. Anote «n/a» cuando sea necesario.

GERALD CORPORATION

Balance general

	($)	(%)		($)	(%)
Activo			*Pasivo y capital*		
Activo circulante			Pasivo circulante		
Efectivo	$ 500	—	Cuentas por pagar	$2,000	—
Cuentas por cobrar	1,000	—	Documentos por pagar	1,000	—
Inventarios	1,000	—	Total	$3,000	—
Total	$2,500	—	Deudas a largo plazo	$1,000	—
Activo fijo			Capital		
Planta y equipo, neto	$3,000	—	Acciones comunes y superávit pagado	500	—
			Utilidades retenidas	1,000	—
			Total	$1,500	—
Total de activos	$5,500		Total pasivo y capital	$5,500	

11. **FER y ventas**   Con base a las dos preguntas anteriores, prepare un balance general proforma parcial que muestre el FER, suponiendo un aumento en ventas del 10%.

12. **Cálculo del RSC**   Con base a la pregunta anterior y suponiendo que la variable de ajuste es la deuda a largo plazo, prepare el balance general proforma final. ¿Cuál es el RSC proyectado?

13. **Determinantes del crecimiento**   Suponiendo que una empresa no desee emitir nuevo capital, ¿cuáles son las cuatro determinantes del crecimiento? Explique cómo un aumento en cada una de ellas afecta la tasa de crecimiento de la empresa. Si se

supone que estos cuatro elementos son fijos y que no se emitirá nuevo capital, ¿qué es lo que tiene que ser cierto?

14. **Uso de los estados contables**   Evalúe la siguiente afirmación: «No existen finanzas en los modelos de planeación financiera».

15. **FER**   Tempis Fugit, Inc., tiene activos totales por $5,000. La razón de retención de utilidades es de 0.50, la razón de deuda/capital es de 1 y el margen de utilidad es del 5%. Las ventas en el año que acaba de terminar fueron de $2,000. Si las ventas aumentasen en un 10%, ¿cuál es el FER?

16. **FER y ventas**   En la pregunta anterior, ¿cuál es la relación general entre el crecimiento en ventas y el FER? Muestre su respuesta de forma gráfica. ¿Qué tasa de crecimiento se puede sostener sin financiamiento externo? ¿Qué ocurriría si el crecimiento fuera de cero? ¿Cómo se interpreta esto?

17. **Cálculo del crecimiento sostenible**   En la pregunta anterior, ¿cuál es la tasa de crecimiento sostenible?

18. **Crecimiento sostenible**   Si una empresa tiene un RSC del 20% y una tasa de pago de dividendos del 40%, ¿cuál es su tasa de crecimiento sostenible?

19. **Aspectos del porcentaje de ventas**   ¿Cuáles son las ventajas y desventajas del enfoque del porcentaje de ventas? En particular, ¿el supuesto de que muchos de los costos y activos de la empresa son directamente proporcionales a las ventas es un supuesto razonable? ¿Depende esta respuesta del horizonte de tiempo que se está considerando?

20. **Crecimiento sostenible**   Con base a la información siguiente, calcule la tasa de crecimiento sostenible:

   Margen de utilidad = 4%

   Razón de intensidad de capital = 2

   Razón deuda/capital = 0.5

   Utilidad neta = $1,000

   Dividendos = $300

   En este caso, ¿cuál es el RSC?

21. **Crecimiento sostenible**   Suponiendo que las razones siguientes sean constantes, ¿cuál es la tasa de crecimiento sostenible?

   Total de activos/ventas = 1.0

   Utilidad neta/ventas = 0.05

   Deuda/capital = 0.5

   Dividendos/utilidad neta = 0.6

22. **Crecimiento sostenible**   Suponiendo que las razones siguientes sean constantes, ¿cuál es la tasa de crecimiento sostenible?

   Ventas/total de activos = 0.6

   Utilidad neta/ventas = 0.1

   Deuda/total de activos = 0.5

   Utilidades retenidas/utilidad neta = 0.8

23. **Crecimiento y margen de utilidad**   Una empresa desea mantener una tasa de crecimiento del 5% anual, una razón de deuda a capital de 0.5 y un pago de dividendos del 60%. La razón del total de activos a las ventas es constante en 2. ¿Qué margen de utilidad se tiene que alcanzar?

24. **Crecimiento y D/C**   Una empresa desea mantener una tasa de crecimiento del 10% anual y un pago de dividendos del 20%. La razón del total de activos a las ventas es constante en 2 y el margen de utilidad es del 10%. ¿Cuál será la razón deuda/capital?

25. **Crecimiento y activos**   Una empresa desea mantener una tasa de crecimiento del 4% anual, una razón de deuda/capital de 0.5 y un pago de dividendos del 80%. Si el margen de utilidad es del 8% y se han proyectado ventas para el año próximo de $1,500, ¿cuál es la proyección de los activos totales?

26. **Crecimiento sostenible**   Con base a la información siguiente, calcule la tasa de crecimiento sostenible:

    Margen de utilidad = 4%

    Rotación del total de activos = 2

    Razón de la deuda total = 0.5

    Razón de pago de dividendos = 60%

    En este caso, ¿cuál es el RSA?

27. **Crecimiento sostenible y financiamiento externo**   Se ha recopilado la siguiente información sobre Wutzup Corporation:

    Ventas = $4,000

    Utilidad neta = $200

    Dividendos = $50

    Deuda total = $5,000

    Capital total = $10,000

    ¿Cuál es la tasa de crecimiento sostenible para Wutzup? Si efectivamente crecen a esta tasa, ¿cuál será el monto de los préstamos que contratarán el próximo año? ¿Qué tasa podría sostenerse sin financiamiento externo alguno?

28. **Limitantes al crecimiento**   Una empresa desea mantener una tasa de crecimiento del 8% anual y una razón de deuda a capital de 0.25. El margen de utilidad es del 4% y la razón de activos totales a ventas se mantiene constante en 2. ¿Es factible esta tasa de crecimiento? Para responderlo, determine cuál debe ser el pago de dividendos. ¿Cómo interpreta el resultado?

29. **FER**   Defina lo siguiente:

    V = Ventas del año anterior

    A = Total de activos

    D = Deuda total

    E = Capital total

    g = Crecimiento en ventas proyectado

    MU = Margen de utilidad

    b = Razón de retención (reinversión)

Muestre que el FER se puede expresar de la forma siguiente:

$$FER = -MU(V)b + (A - MU(V)b) \times g$$

Sugerencia: los requerimientos de activo serán iguales a: $A \times g$. El aumento de las utilidades retenidas será igual a $MU(V)b \times (1 + g)$.

30. **Tasas de crecimiento**   Con base al resultado del problema 29, muestre cuáles son las tasas de crecimiento interno y sostenible, tal como se ha visto en el capítulo. Sugerencia: para la tasa interna de crecimiento, considere el FER igual a cero y resuelva para g.

Problema de reto

Lecturas sugeridas

Diversos enfoques para elaborar un modelo de planeación financiera se encuentran en:

Carleton, W. T., D. H. Downes y C. L. Dick, Jr., «Financial Policy Models: Theory and Practice», *Journal of Financial and Quantitative Analysis* 8, 1973.

Francis, J. C. y D. R. Rowell, «A Simultaneous-Equation Model of the Firm for Financial Analysis and Planning», *Financial Management* 7, primavera de 1978.

Myers, S. C. y G. A. Pogue, «A Programming Approach to Corporate Financial Management», *Journal of Finance* 29, mayo de 1974.

Warren, J. M. y J. R. Shelton, «A Simultaneous-Equation Approach to Financial Planning», *Journal of Finance* 26, diciembre de 1971.

El tratamiento más extenso en un libro de texto de la planeación financiera se encuentra en:

Lee, C. F., *Financial Analysis and Planning: Theory and Application*, Reading, Mass.: Addison-Wesley, 1985.

El crecimiento sostenible se estudia en:

Higgins, R. C., «Sustainable Growth Under Inflation», *Financial Management* 10, otoño de 1981.

Para un estudio crítico del crecimiento sostenible, véase:

Rappaport, A., *Creating Shareholder Value: The New Standard for Business Performance*, Nueva York: The Free Press, 1986.

UN MODELO DE PLANEACIÓN FINANCIERA PARA ROBERTS COMPANY[2]   Apéndice 4A

En este apéndice se estudia cómo iniciar la elaboración de un modelo de planeación financiera con mayor detalle. El objetivo es preparar un modelo sencillo para Roberts Company que incluya algunas de las características que se encuentran normalmente en los modelos de planeación. Este modelo incluirá el enfoque del porcentaje de ventas como un caso especial, pero será más flexible y algo más realista. De ninguna manera es completo, pero debe proporcionar una buena idea de cómo proceder.

---

[2]Este apéndice utiliza, en parte, los conceptos en R. A. Brealey y S. C. Myers, *Principles of Corporate Finance*, 3ª edic. (Nueva York: McGraw-Hill, 1988), capítulo 28.

Tabla 4A.1

ROBERTS COMPANY

Estado de resultados y balance general

Estado de resultados

Ventas	(V)	$500
Costos	(C)	235
Depreciación	(DEP)	120
Intereses	(INT)	45
Utilidad gravable	(UG)	$100
Impuestos (34%)	(I)	34
Utilidad neta	(UN)	$ 66
Aumento a las utilidades retenidas	(AUR)	$ 22
Dividendos	(DIV)	$ 44

Balance general

		($)			($)
Activo			*Pasivo y capital*		
Activo circulante	(AC)	$ 400	Deuda total	(D)	$ 450
Activo fijo neto	(AF)	600	Capital	(E)	550
Total de activos	(TA)	$1,000	Total de pasivo y capital	(P)	$1,000

En la tabla 4A.1 se muestran los estados financieros de Roberts Company con un poco más de detalle que los estados financieros que se presentaron previamente en el capítulo. En primer lugar, se han separado la depreciación y los intereses. También se han incluido algunas abreviaturas que se usarán para hacer referencia a las diversas partidas en estos estados.

Como ya se ha estudiado, es necesario establecer una variable de ajuste financiero. En este modelo se utilizarán los nuevos préstamos como la variable de ajuste y se supondrá que Roberts no emite nuevo capital. Ello significa que este modelo permitirá cambios en la razón deuda/capital, si fuera necesario. El modelo tomará como información inicial un pronóstico de ventas y proporcionará los estados financieros proforma como resultado.

Para crear el modelo, se toman los estados financieros y se reemplazan las cifras con fórmulas que describen sus relaciones. Además de los símbolos anteriores, se utilizará E_0 para representar el capital inicial. Teniendo esto en mente, la tabla 4A.2 contiene el modelo resultante.

En la tabla 4A.2, los símbolos a_1 hasta a_7 se conocen como los *parámetros del modelo* y sirven para describir las relaciones entre las variables. Por ejemplo, a_7 es la relación entre las ventas y el total de activos y se puede interpretar como la razón de intensidad de capital:

$$TA = a_7 \times V$$

$$a_7 = TA/V = \text{Razón de intensidad de capital}$$

ROBERTS COMPANY   **Tabla 4A.2**

Modelo de planeación financiera a largo plazo

Estado de resultados

Ventas	$\mathbf{V}$ =	información proporcionada por usuario
Costos	$\mathbf{C}$ =	$a_1 \times V$
Depreciación	$\mathbf{DEP}$ =	$a_2 \times AF$
Intereses	$\underline{\mathbf{INT}}$ =	$a_3 \times D$
Utilidad gravable	$\mathbf{UG}$ =	$V - C - DEP - INT$
Impuestos	$\underline{\mathbf{I}}$ =	$a_4 \times UG$
Utilidad neta	$\underline{\mathbf{UN}}$ =	$UG - I$
Aumento a utilidades retenidas	$\mathbf{AUR}$ =	$UN - DIV$
Dividendos	$\mathbf{DIV}$ =	$a_5 \times UN$

Balance general

Activo		*Pasivo y capital*	
Activo circulante	$\mathbf{AC} = TA - AF$	Deuda total	$\mathbf{D} = TA - E$
Activo fijo neto	$\mathbf{AF} = a_6 \times TA$	Capital	$\mathbf{E} = E_0 + AUR$
Total de activo	$\underline{\mathbf{TA} = a_7 \times V}$	Total pasivo y capital	$\underline{\mathbf{P} = TA}$

De forma similar, a_3 es la relación entre la deuda total y los intereses pagados, por lo que a_3 se puede interpretar como una tasa de interés global. La tasa de interés se expresa mediante a_4; a_5 corresponde a la razón de pago de dividendos.

Este modelo utiliza los nuevos préstamos como la variable de ajuste financiero al establecer primeramente los pasivos totales y el capital como igual al total de los activos. A continuación, se calcula el importe final del capital contable como la cantidad inicial, E_0, más el aumento a las utilidades retenidas, AUR. La diferencia entre estas cantidades, TA − E, es la nueva deuda total necesaria para cuadrar el balance general.

La diferencia principal entre este modelo y el enfoque FER anterior es que se han separado la depreciación y los intereses. Observe que a_2 expresa la depreciación como una parte de los activos fijos iniciales. Esto, junto con el supuesto de que los intereses pagados dependen de la deuda total, es un enfoque más realista del que se utilizó antes. Sin embargo, puesto que los intereses y la depreciación ahora no varían necesariamente de forma directa con las ventas, ya no se tiene más un margen de utilidad constante.

Los parámetros $a_1 - a_7$ del modelo se pueden basar en un enfoque sencillo del porcentaje de ventas o pueden determinarse mediante otros medios que desee el diseñador del modelo. Por ejemplo, podrían estar basados en valores promedio de los últimos años, en estándares de la industria, estimaciones subjetivas o incluso en metas de la compañía. De forma alternativa, se pueden usar técnicas estadísticas satisfactorias para estimarlos.

Tabla 4A.3

ROBERTS COMPANY

Estados financieros proforma

Estado de resultados

Ventas	(V)	**$600**	= información proporcionada por usuario
Costo de ventas	(C)	**282**	= 0.47 × $600
Depreciación	(DEP)	**144**	= 0.20 × $720
Intereses	(INT)	**63**	= 0.10 × $626
Utilidad gravable	(UG)	**$111**	= $600 − 282 − 144 − 63
Impuestos (34%)	(I)	**38**	= 0.34 × $111
Utilidad neta	(UN)	**$ 73**	= $111 − 38
Aumento a utilidades retenidas	(AUR)	**$ 24**	= $73 − 49
Dividendos	(DIV)	**49**	= 0.67 × $73

Balance general

Activo				Pasivo y capital			
Activo circulante	(AC)	**$ 480**	= $1,200 − 720	Deuda total	(D)	**$ 626**	= $1,200 − 574
Activo fijo neto	(AF)	**720**	= 0.6 × $1,200	Capital	(E)	**574**	= $550 + 24
Total de activo	(TA)	**$1,200**	= 2.0 × $600	Total pasivo y capital	(P)	**$1,200**	= $1,200

Terminaremos este estudio con la estimación de los parámetros del modelo para Roberts, utilizando porcentajes sencillos y elaborando posteriormente estados proforma para un nivel de ventas pronosticado de $600. Los parámetros se estiman como:

a_1 = $235/$500 = 0.47 = Porcentaje de costos

a_2 = $120/$600 = 0.20 = Tasa de depreciación

a_3 = $ 45/$450 = 0.10 = Tasa de interés

a_4 = $ 34/$100 = 0.34 = Tasa de impuestos

a_5 = $ 44/$66 = 2/3 = Razón de pago de dividendos

a_6 = $600/$1,000 = 0.60 = Activos fijos/Total de activos

a_7 = $1,000/$500 = 2 = Razón de intensidad de capital

Con estos parámetros y un pronóstico de ventas de $600, en la tabla 4A.3 se muestran los estados financieros proforma.[3]

---

[3]Si se coloca este modelo en una hoja de trabajo electrónica en computadora (como se realizó para obtener los números), el programa podría indicar que existe una referencia «circular» porque la cantidad de nuevos préstamos depende del incremento de las utilidades retenidas, que depende a su vez de los intereses pagados que dependen de los préstamos y así sucesivamente. Esto en realidad no es un problema; se puede recalcular la hoja electrónica algunas veces hasta que los números dejen de cambiar.

Lo que señala ahora el modelo es que un aumento en ventas de $100 requerirá nuevos activos por $200 (dado que la razón de intensidad del capital es 2). Para financiar esto, se utilizarán $24 de fondos generados internamente. El saldo de $200 − 24 = $176 deberá cubrirse con préstamos. Este importe es el aumento de la deuda total en el balance general: $626 − 450 = $176. Si se sigue este plan, el margen de utilidad disminuirá algo y la razón deuda/capital aumentará.

Preguntas y problemas del apéndice

A.1 Estados proforma de un modelo   Examine los siguientes estados financieros simplificados de Dotsa Lot Company.

DOTSA LOT COMPANY

Estado de resultados y balance general

Estado de resultados

Ventas		$500
Costos		400
Utilidad gravable		$100
Impuestos (34%)		34
Utilidad neta		$ 66
Aumento a las utilidades retenidas	$22	
Dividendos	44	

Balance general

	($)			($)
Activo		*Pasivo y capital*		
Activo circulante	$ 400	Deuda total		$ 450
Activo fijo neto	600	Capital		550
Total del activo	$1,000	Total pasivo y capital		$1,000

Prepare un modelo de planeación financiera similar al modelo de Roberts Company. Estime los valores para los parámetros del modelo utilizando los porcentajes calculados con base en estos estados. Prepare los estados proforma calculando manualmente tres o cuatro veces el modelo.

A.2 Una modificación   Modifique el modelo de la pregunta anterior de tal forma que los préstamos no cambien y que la emisión de nuevo capital sea la variable de ajuste financiero.

A.3 Una modificación adicional   ¿Cómo modificaría usted el modelo de Roberts Company si quisiera mantener una razón deuda/capital constante?   **Pregunta de reto**

A.4 Préstamos y el modelo financiero   En el modelo de planeación financiera de Roberts, muestre que es posible solucionar por medio del álgebra el importe de los nuevos préstamos. ¿Puede interpretar la fórmula resultante?   **Pregunta de reto**

En realidad, no hay un problema circular con este modelo porque sólo existe una incógnita, la deuda total final, que se puede solucionar explícitamente. Por lo general, éste será el caso siempre que exista una sola variable de ajuste financiero. Sin embargo, el álgebra puede llegar a ser algo tediosa. Para mayor información, véanse los problemas al final de este apéndice.

Parte tres

Valuación de flujos de efectivo futuros

CAPÍTULO 5
Principios básicos de valuación: el valor del dinero en el tiempo

Este capítulo presenta los principios básicos de valor presente y del flujo de efectivo descontado. Se trata en profundidad el valor del dinero en el tiempo. Los conceptos en este capítulo son elementos importantes sobre los que se basan los próximos capítulos.

CAPÍTULO 6
Valuación de acciones y bonos

El capítulo 6 muestra cómo aplicar los conceptos de valor presente y del flujo de efectivo descontado a la valuación de bonos y acciones.

Capítulo 5

Principios básicos de valuación: el valor del dinero en el tiempo

Uno de los problemas básicos a los que se enfrenta el administrador financiero es cómo determinar el valor al día de hoy de los flujos de efectivo que se esperan en el futuro. Por ejemplo, el premio principal en la lotería estatal de Florida fue de 54 millones de dólares. ¿Significa esto que el boleto ganador valía $54 millones? La respuesta es no, debido a que el premio principal se pagaría en realidad a lo largo de un período de 20 años a una tasa de $2.7 millones por año. ¿Cuánto vale entonces el boleto? La respuesta depende del valor del dinero en el tiempo, el tema de este capítulo.

En su sentido más general, la frase *valor del dinero en el tiempo* se refiere al hecho de que una unidad monetaria en la mano vale hoy más que una unidad monetaria prometida en algún momento del futuro. En un nivel práctico, una razón es que se pueden ganar intereses durante el tiempo de espera; por tanto, una unidad monetaria hoy crecería hasta ser más posteriormente. Así pues, la relación de intercambio entre el dinero ahora y el dinero después depende, entre otras cosas, de la tasa que se puede ganar al invertir. En este capítulo, el objetivo es evaluar explícitamente esta relación de intercambio entre las unidades monetarias hoy y las unidades monetarias en algún momento del futuro.

En este capítulo se observan los mecanismos básicos de los cálculos financieros comunes. Al terminar el capítulo, deberán adquirirse algunas habilidades muy prácticas. Por ejemplo, se sabrá cómo calcular los pagos del automóvil o los pagos de becas-crédito a estudiantes. También se estará en posibilidad de determinar cuánto tiempo se necesita para liquidar el saldo de una tarjeta de crédito si cada mes se hace el pago mínimo (una práctica que no recomendamos). Se mostrará cómo comparar tasas de interés para determinar cuáles son las más altas y las más bajas y se mostrará también cómo se pueden expresar las tasas de interés de formas diferentes y, en ocasiones, engañosas.

Una comprensión profunda del material en este capítulo es necesario para entender el material de los capítulos posteriores, por lo que se debe estudiar con un cuidado muy especial. En este capítulo se presentarán un gran número de ejemplos. En muchos de los problemas la respuesta del lector quizá difiera algo de la de los autores. Esto puede ocurrir debido a redondeos y no debe ser motivo de preocupación.

5.1 | VALOR FUTURO Y COMPOSICIÓN

valor futuro (VF)
Al importe del valor de una inversión después de uno o más períodos también se le denomina *valor compuesto*.

Lo primero que se estudiará es el valor futuro. El **valor futuro** (**VF**) se refiere a la cantidad de dinero en que se convertirá una inversión a lo largo de un cierto período de tiempo y a una determinada tasa de interés. Dicho en otra forma, el valor futuro es el valor en efectivo de una inversión en algún momento del futuro. Este estudio se inicia examinando el caso más sencillo, una inversión por un período único.

Inversión por un período único

Supongamos que se pretende invertir 100 dólares en una cuenta de ahorros que paga un interés anual del 10%. ¿Cuánto se tendrá en un año? Se tendrán $110. Estos $110 equivalen al *principal* original de $100 más $10 en intereses devengados. Se considera que $110 es el valor futuro de $100 invertidos por un año al 10%, lo que significa simplemente que $100 hoy valen $110 en un año a una tasa de interés del 10%.

Por lo general, si se invierte por un solo período a una tasa de interés r, la inversión crecerá $(1 + r)$ por unidad monetaria invertida. En el ejemplo, r es 10%, por lo que la inversión crecerá $(1 + 0.10) = \$1.1$ por unidad monetaria invertida. En este caso, se invirtieron $100, que se convirtieron en $100 \times (1.10) = \$110$.

Puede preguntarse si el período único en este ejemplo tiene que ser un año. La respuesta es no. Por ejemplo, si la tasa de interés fuera del 2% trimestral, los $100 se convertirían en $100 \times (1 + 0.02) = \$102$ al terminar el trimestre. También se podría preguntar si el 2% trimestral es lo mismo que el 8% anual. De nuevo la respuesta es no, pero esto se explicará más adelante.

Inversión por períodos múltiples

Observando de nuevo la inversión de $100 ¿cuánto se tendrá después de dos años, suponiendo que la tasa de interés no cambie? Si se mantiene la totalidad de los $110 en el banco, se devengarán intereses de $110 \times 0.10 = \$11$ durante el segundo año, así que se tendrá un total de $110 + 11 = \$121$. Este importe de $121 es el valor futuro de $100 en dos años al 10%. Otra forma de considerar esto es que, dentro de un año, se está invirtiendo efectivamente $110 al 10% por un año. Esto es un problema de un solo período, por lo que se terminará con $1.1 por cada unidad monetaria invertida o $110 \times 1.1 = \$121$ en total.

Estos $121 tienen cuatro partes. La primera parte es el principal original de $100. La segunda parte son los $10 en intereses devengados en el primer año, junto con otros $10 (la tercera parte) ganados en el segundo año, para un total de $120. El último $1 con el que se terminó (la cuarta parte) es el interés devengado en el segundo año sobre el interés devengado en el primer año: $10 \times 0.10 = \$1$.

composición
Proceso de acumular los intereses de una inversión a lo largo del tiempo para ganar más interés.

Este proceso de mantener el dinero inicialmente invertido, así como cualquier interés que se acumule en dicha inversión durante más de un período, logrando así que se *reinvierta* el interés, se denomina **composición**. Componer el interés significa ganar **intereses**

sobre intereses, así que al resultado se le denomina **interés compuesto**. En el caso del **interés simple**, éste no se reinvierte, por lo que el interés se devenga en cada período sólo sobre el principal original.

Ejemplo 5.1   Intereses sobre intereses

Supongamos que se identifica una inversión a dos años que paga el 14% anual. Si se invierten $325, ¿cuánto se tendrá al finalizar los dos años? ¿Cuánto es interés simple? ¿Cuánto es interés compuesto?

Al finalizar el primer año, se tendrán $325 × (1 + 0.14) = $370.50. Si se reinvierte toda esta cantidad y, por consiguiente, se compone el interés, entonces se tendrán $370.50 × 1.14 = $422.37 al finalizar el segundo año. Por tanto, el interés total que se ha ganado es de $422.37 − 325 = $97.37. El principal original de $325 gana cada año intereses de $325 × 0.14 = $45.50, para un total en los dos años de $91 de interés simple. El resto, $97.37 − 91 = $6.37, es el resultado de la composición. Se puede verificar esto observando que el interés ganado en el primer año es de $45.50. El interés sobre el interés ganado en el segundo año asciende por consiguiente a $45.50 × 0.14 = $6.37, tal como se calculó. ■

Detallemos ahora con mayor profundidad cómo se calculó el valor futuro de $121. Se multiplicó $110 por 1.1 para obtener $121. Sin embargo, los $110 fueron $100 multiplicados también por 1.1. En otras palabras:

$121 = $110 × 1.1

   = ($100 × 1.1) × 1.1

   = $110 × (1.1 × 1.1)

   = $110 × 1.1²

   = $110 × 1.21

Con el riesgo de insistir en lo obvio, preguntemos: ¿Hasta cuánto crecerían los $100 después de tres años? De nuevo, en dos años se estarán invirtiendo $121 por un período al 10%. Al final, se tendrá $1.1 por cada unidad monetaria invertida, o $121 × 1.1 = $133.1 en total. Por consiguiente, estos $133.1 son:

$133.1 = $121 × 1.1

   = ($100 × 1.1) × 1.1

   = ($100 × 1.1) × 1.1 × 1.1

   = $100 × (1.1 × 1.1 × 1.1)

   = $110 × 1.1³

   = $110 × 1.331

Es probable que ya se haya detectado una secuencia en estos cálculos, por lo que ahora podemos continuar y exponer el resultado general. Como sugieren estos ejemplos, el valor futuro de $1 invertido durante t períodos a una tasa de r por período es:

Valor futuro = $1 × (1 + r)^t   (5.1)

---

intereses sobre intereses
Interés ganado sobre la reinversión de pagos de intereses anteriores.

interés compuesto
Interés ganado sobre el principal inicial y sobre los intereses reinvertidos en períodos anteriores.

interés simple
Interés ganado sólo sobre el importe del principal inicial invertido.

En ocasiones, a la expresión $(1 + r)^t$ se le denomina el *factor del interés para el valor futuro* (o tan sólo *factor de valor futuro*) para \$1 invertido a *r*% por *t* períodos, y se puede abreviar como FIVF(*r*, *t*).

En el ejemplo, ¿cuánto valdrían los \$100 después de cinco años? Primero, se puede calcular el factor de valor futuro relevante como:

$$(1 + r)^t = (1 + 0.10)^5 = 1.1^5 = 1.6105$$

Por consiguiente, los \$100 crecerán a:

$$\$100 \times 1.6105 = \$161.05$$

En la tabla 5.1 se presenta el crecimiento anual de \$100. Tal como se muestra, el interés devengado cada año es igual al importe inicial multiplicado por la tasa de interés del 10%.

Obsérvese en la tabla 5.1 que el interés total devengado es de **\$61.05**. Durante el período de cinco años de esta inversión, el interés simple es \$100 × 0.10 = \$10 anual, por lo que se acumulan \$50 en esta forma. Los otros \$11.05 provienen de la composición.

En la figura 5.1 se muestra el crecimiento del interés compuesto a partir de la tabla 5.1. Obsérvese que el interés simple es constante cada año, en tanto que el compuesto que se gana crece cada año. El monto del interés compuesto se mantiene en aumento porque cada vez se acumula más y más interés y, por consiguiente, existe un monto mayor que componer.

Los valores futuros dependen fundamentalmente de la tasa de interés utilizada, en particular para inversiones a largo plazo. En la figura 5.2 se muestra esta relación al presentar de forma gráfica el crecimiento de \$1 para diferentes tasas y períodos de tiempo. Obsérvese que el valor futuro de \$1 después de 10 años es de aproximadamente **\$6.20 a una tasa del 20%**, pero es sólo alrededor de **\$2.60 al 10%**. En este caso, duplicar la tasa de interés ocasiona que el valor futuro sea más del doble.

Para resolver problemas de valor futuro es necesario contar con los factores de valor futuro relevantes. Existen formas diferentes para obtenerlos. En el ejemplo, podríamos haber multiplicado 1.1 por sí mismo 5 veces. Esto funcionaría correctamente, pero llegaría a ser muy tedioso en el caso de una inversión, por ejemplo, a 30 años.

Afortunadamente, existen varias formas más fáciles de obtener los factores de valor futuro. La mayor parte de las calculadoras tienen una tecla marcada «y^x». Normalmente, tan sólo es necesario marcar 1.1, oprimir esta tecla, marcar 5 y oprimir la tecla « = » para tener la respuesta. Ésta es una forma fácil de calcular factores de valor futuro, dado que es rápida y exacta.

Tabla 5.1	Año	Cantidad inicial	Interés ganado	Cantidad final
Valor futuro de \$100 al 10%	1	\$100.00	\$10.00	\$110.00
	2	110.00	11.00	121.00
	3	121.00	12.10	133.10
	4	133.10	13.31	146.41
	5	146.41	14.64	161.05
		Interés total	**\$61.05**	

Figura 5.1

Valor futuro, interés simple
e interés compuesto

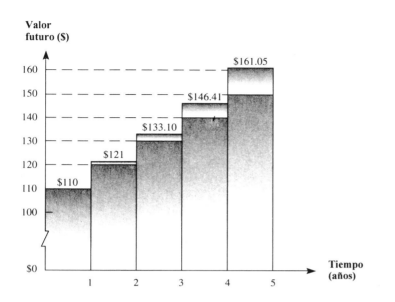

Crecimiento de la cantidad original de $100 al 10% anual. El área sombreada representa la
parte del total que es resultado de la composición del interés.

De forma alternativa, se puede usar una tabla que contenga factores de valor futuro
para las tasas de interés y los períodos de tiempo más habituales. La tabla 5.2 contiene
algunos de estos factores. La tabla A.1, en el apéndice al final del libro, contiene un conjunto mucho mayor. Para usar la tabla, se debe determinar la columna que corresponde
al 10%. Después, se recorren hacia abajo los renglones hasta llegar a cinco períodos. Se
debe encontrar el factor que se calculó, **1.6105**.

Las tablas como la mostrada (tabla 5.2) ya no se utilizan tanto como antes, dado que
anteriormente aún no existían calculadoras baratas, y por otro lado sólo contienen un número relativamente reducido de tasas. Las tasas de interés suelen expresarse con tres o
cuatro decimales, por lo que el tamaño de las tablas que se necesitarían, para poder pre-
sentarlas con exactitud, sería bastante grande. Como consecuencia de ello, el «mundo real»
ha dejado de usarlas. En este capítulo se insistirá en el uso de la calculadora.

Estas tablas tienen un propósito útil. Para asegurarse de que se están realizando los
cálculos de la forma correcta, se selecciona un factor de la tabla y después se calcula dicho factor para verificar si se obtiene la misma respuesta. Existen muchos números para
escoger.

Ejemplo 5.2   Interés compuesto

Se ha identificado una inversión que paga el 12%. Esta tasa parece adecuada, así que se
invierten $400. ¿Cuánto se tendrá en tres años? ¿Cuánto interés se habrá ganado al final
de siete años? Al finalizar los siete años, ¿cuántos intereses se habrán ganado y cuántos
provendrán de la composición?

Figura 5.2

Valor futuro de $1 para diferentes períodos y tasas

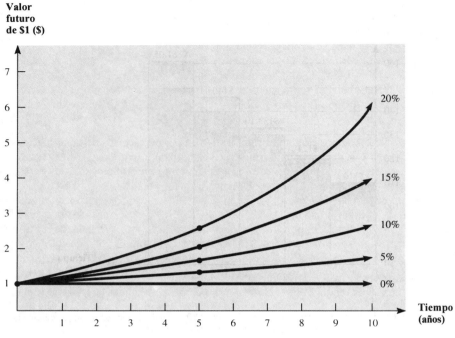

Tabla 5.2

Factores del interés valor futuro

Número de periodos	Tasa de interés			
	5%	10%	15%	20%
1	1.0500	1.1000	1.1500	1.2000
2	1.1025	1.2100	1.3225	1.4400
3	1.1576	1.3310	1.5209	1.7280
4	1.2155	1.4641	1.7490	2.0736
5	1.2763	**1.6105**	2.0114	2.4883

Con base a lo estudiado, el factor de valor futuro para el 12% y tres años se puede calcular de la forma siguiente:

$$(1 + r)^t = 1.12^3 = 1.4049$$

Por consiguiente, los $400 han crecido a:

$$\$400 \times 1.4049 = \$561.97$$

Después de siete años, se tendrían:

$$\$400 \times 1.12^7 = \$400 \times 2.2107 = \$884.27$$

Por tanto, en siete años se habrá más que duplicado el monto inicial.

Dado que se invirtieron $400, el monto de intereses en el valor futuro de $884.27 es de $884.27 − 400 = $484.27. Al 12%, la inversión de $400 gana $400 × 0.12 = $48 en interés simple cada año. Por tanto, durante los siete años, el interés simple asciende a un total de 7 × $48 = $336. Los otros $484.27 − 336 = $148.27 provienen de la composición. ∎

El efecto de la composición no es significativo en períodos cortos de tiempo, pero realmente comienza a acumularse conforme crece el horizonte temporal. Para presentar un caso extremo, supongamos que uno de sus ancestros más ahorradores invirtió para usted $5 a una tasa de interés del 6%, hace 200 años. ¿Cuánto tendría hoy? El factor de valor futuro es un cuantioso $(1.06)^{200} = 115,125.91$ (no se encontrará este factor en una tabla), por lo que se tendrían hoy $5 × 115,125.91 = $575,629.53. Obsérvese que el interés simple sólo es $5 × 0.06 = $0.30 por año. Después de 200 años, esto asciende a $60. El monto restante proviene de la reinversión. ¡Tal es el poder del interés compuesto!

Ejemplo 5.3   ¿Cuánto por esa isla?

Para continuar mostrando el efecto de la composición en horizontes largos de tiempo, considérese el caso de Peter Minuit y los indios. En 1626 Minuit compró toda la isla de Manhattan por unos $24 en mercancías y chucherías. Esto parece barato, pero quizá los indios hayan obtenido la mejor parte de la operación. Para ver por qué, supongamos que los indios hubieran vendido las mercancías e invertido los $24 al 10%. ¿Cuánto valdría hoy dicha aventura?

Han pasado aproximadamente 365 años desde esta transacción. Al 10%, los $24 crecerán bastante durante ese tiempo. ¿Cuánto? El factor del valor futuro es, aproximadamente:

$$(1 + r)^t = 1.1^{365} \approx 1,300,000,000,000,000$$

Es decir, 13 seguido por catorce ceros. Por tanto, el valor futuro es del orden de 24 × 1.3 cuatrillones o, aproximadamente, 31.2 *cuatrillones* (sume o reste algunos cientos de trillones).*

Bueno, $31.2 cuatrillones es mucho dinero. ¿Cuánto? Si usted lo tuviera, podría comprar Estados Unidos, en su totalidad y de contado, y le quedaría dinero suficiente para comprar Canadá, México y el resto del mundo.

Por supuesto que este ejemplo es algo exagerado. En 1626, no hubiera sido fácil identificar una inversión que pagara el 10% anual sin interrupción alguna durante los próximos 365 años. ∎

Nota sobre el crecimiento compuesto

Si se considera depositar dinero en una cuenta que devengue intereses, la tasa de interés de esa cuenta es tan sólo la tasa a la que crece el dinero, suponiendo que no se realiza un

---

Nota de los Revs. Técs.: Se utiliza la definición estadounidense de cuatrillón (hay que recordar que un billón son mil millones; un trillón son mil billones; un cuatrillón son mil trillones, etc.).

retiro. Si esa tasa es del 10%, cada año se tiene simplemente un 10% más de dinero de lo que se tenía el año anterior. En este caso, la tasa de interés es tan sólo un ejemplo de una tasa de crecimiento compuesto.

La forma como se calcularon los valores futuros es, en realidad, bastante general y permite contestar algunos otros tipos de preguntas relacionados con el crecimiento. Por ejemplo, una empresa tiene actualmente 10,000 empleados y ha estimado que el número de empleados crece un 3% anual. ¿Cuántos empleados habrá en cinco años? En este caso, se tiene inicialmente 10,000 personas en lugar de unidades monetarias y no se considera a la tasa de crecimiento como una tasa de interés, pero los cálculos son exactamente los mismos:

$$10,000 \times (1.03)^5 = 10,000 \times 1.1593 = 11,593 \text{ empleados}$$

Habrá, aproximadamente, 1,593 nuevas contrataciones durante los próximos cinco años.

Ejemplo 5.4   Crecimiento de dividendos

TICO Corporation paga en la actualidad un dividendo en efectivo de $5 por acción. Se estima que el dividendo aumentará en 4% cada año a perpetuidad. ¿Cuál será el dividendo en ocho años?

En este caso, se tiene un dividendo en efectivo que crece debido a decisiones administrativas, pero el procedimiento de cálculo también es idéntico:

$$\text{Valor futuro} = \$5 \times (1.04)^8 = \$5 \times (1.3686) = \$6.84$$

El dividendo crecerá en $1.84 durante el período. El crecimiento de dividendos es un tema que volveremos a tratar en un capítulo posterior. ∎

PREGUNTAS SOBRE CONCEPTOS

5.1a ¿Qué significa valor futuro de una inversión?
5.1b ¿Qué significa componer el interés? ¿En qué difiere el interés compuesto del interés simple?
5.1c Por lo general, ¿cuál es el valor futuro de $1 invertido a *r* por período, durante *t* períodos?

5.2 VALOR PRESENTE Y DESCUENTO

Cuando se estudia el valor futuro, se planean preguntas como: «¿A cuánto crecerá una inversión de $2,000 con un rendimiento del 6.5% anual durante los próximos seis años?». La respuesta a esta pregunta es lo que denominamos el valor futuro de $2,000, invertidos al 6.5% durante seis años (verifique que la respuesta sea aproximadamente $2,918).

Hay otro tipo de pregunta que se plantea, incluso con más frecuencia, en la administración financiera y es obvio que está relacionada con el valor futuro. Supongamos que se necesitan $10,000 en diez años y que se puede ganar el 6.5% sobre el dinero invertido. ¿Cuánto hay que invertir hoy para alcanzar esa meta? Puede comprobarse que la respuesta es $5,327.26. ¿Cómo se conoce esto? A continuación se presenta el análisis.

El caso del período único

Ya se ha observado que el valor futuro de $1 invertido durante un año, al 10% es $1.10. Formulamos ahora una pregunta ligeramente diferente: ¿Cuánto hay que invertir hoy al 10% para obtener $1 en un año? En otras palabras, en este caso se sabe que el valor futuro es de $1, ¿pero cuál es el **valor presente (VP)**? La respuesta no es demasiado difícil de identificar. Cualquier monto que se invierta hoy será 1.1 veces mayor al finalizar el año. Puesto que se necesitan $1 al final del año:

valor presente (VP)
Valor actual de flujos de efectivo futuros descontados a la tasa de descuento apropiada.

Valor presente × 1.1 = $1

o:

Valor presente = $1/1.1 = $0.909

En este caso, el valor presente es la respuesta a la pregunta siguiente: «¿Qué cantidad invertida hoy se convertirá en $1 en un año a una tasa de interés del 10%?». El valor presente es, por consiguiente, lo contrario del valor futuro. En lugar de componer el dinero hacia el futuro, se **descuenta** de regreso al presente.

descontar
Cálculo del valor presente de alguna cantidad futura.

Ejemplo 5.5   VP en un período único

Supongamos que se necesitan $400 para comprar libros de texto el año próximo. Se puede ganar el 7% sobre el dinero invertido. ¿Cuánto es necesario invertir hoy?

Es necesario conocer el VP de $400 en un año al 7%. Se procede de la misma forma que antes:

Valor presente × 1.07 = $400

Ahora se puede resolver para el valor presente:

Valor presente = $400 × [1/1.07] = $373.83

Por tanto, el valor presente es de $373.83. De nuevo, esto sólo significa que invertir este importe durante un año al 7% dará como resultado un valor futuro de $400. ∎

Según se ha visto en los ejemplos, el valor presente de $1 a recibir en el plazo de un período se suele determinar como:

$$VP = \$1 \times [1/(1 + r)]$$

Se examina a continuación cómo obtener el valor presente de un importe a pagar en dos o más períodos en el futuro.

Valores presentes para períodos múltiples

Supongamos que se necesitaban $1,000 en dos años. Si se puede ganar el 7%, ¿cuánto es necesario invertir para asegurar la posesión de los $1,000 cuando se necesiten? En otras palabras, ¿cuál es el valor presente de $1,000 en dos años si la tasa relevante es del 7%?

Con base en el conocimiento de valores futuros, se sabe que el importe invertido debe crecer a $1,000 en el transcurso de dos años. En otras palabras, tiene que ser el caso que:

$$\$1,000 = VP \times 1.07 \times 1.07$$
$$= VP \times 1.07^2$$
$$= VP \times 1.1449$$

Conociendo esto, se puede resolver para el valor presente:

Valor presente = $1,000/1.1449 = $873.44

Por consiguiente, $873.44 es el importe que se tiene que invertir con el fin de alcanzar la meta propuesta.

Ejemplo 5.6   Ahorrando

Usted desea comprarse un nuevo automóvil. Tiene aproximadamente unos $50,000, pero el automóvil cuesta $68,500. Si puede ganar el 9%, ¿cuánto se tiene que invertir hoy para comprar el automóvil en dos años? ¿Tendrá lo suficiente? Suponga que el precio permanecerá igual.

Lo que es necesario conocer es el valor presente de $68,500 a pagar en dos años, suponiendo una tasa del 9%. Con base en lo ya estudiado, esto es:

$$VP = \$68,500/1.09^2 = \$68,500/1.1881 = \$57,655.08$$

Aún existe un déficit de $7,655, aunque se está dispuesto a esperar dos años. ■

Como probablemente ya se ha comprendido, el cálculo de valores presentes es muy similar al cálculo de valores futuros y el resultado general se parece mucho. El valor presente de $1 por recibirse t períodos en el futuro, a una tasa de descuento de r, es:

$$\mathbf{VP = \$1 \times [1/(1 + r)^t] = \$1/(1 + r)^t} \qquad (5.2)$$

tasa de descuento
Tasa utilizada para calcular el valor presente de flujos de efectivo futuros.

La cantidad en corchetes, $1/(1 + r)^t$, recibe diferentes nombres. Puesto que se utiliza para descontar un flujo de efectivo futuro, se le suele denominar *factor de descuento*. Dado este nombre, no es de sorprender que a la tasa utilizada en el cálculo se le denomine habitualmente **tasa de descuento**. En este libro se tenderá a denominarla así al hablar sobre valores presentes. A la cantidad entre corchetes también se le llama *factor de interés para el valor presente* para $1, al r por ciento, por t períodos y, en ocasiones, se le abrevia como FIVP (r, t). Por último, al cálculo del valor presente de un flujo de efectivo futuro para determinar su valor hoy se le suele denominar valuación del *flujo de efectivo descontado* (*FED*).

Como ejemplo, supongamos que se necesitan $1,000 en tres años. Se puede ganar el 15% sobre el dinero invertido. ¿Cuánto se debe invertir hoy? Para saberlo, hay que determinar el valor presente de $1,000 en tres años al 15%. Esto se logra descontando $1,000 hacia el presente por tres períodos al 15%. Con estas cifras, el factor de descuento es:

$$1/(1 + 0.15)^3 = 1/1.5209 = 0.6575$$

Por consiguiente, la cantidad que se debe invertir es:

$$\$1,000 \times 0.6575 = \$657.50$$

| Número de | Tasa de interés | | | | **Tabla 5.3** |
períodos	5%	10%	15%	20%	
1	0.9254	0.9091	0.8696	0.8333	Factores del interés
2	0.9070	0.8264	0.7561	0.6944	para el valor presente
3	0.8638	0.7513	**0.6575**	0.5787	
4	0.8227	0.6830	0.5718	0.4823	
5	0.7835	0.6209	0.4972	0.4019	

Se considera que $657.50 es el valor presente o descontado de $1,000 a recibir en tres años al 15%.

Existen tablas para factores de valor presente, al igual que las hay para factores de valor futuro, y se usan de la misma forma (si es que se usan). La tabla 5.3 contiene un grupo pequeño. En la tabla A.2, en el apéndice del libro, se puede encontrar un grupo mucho mayor.

En la tabla 5.3, el factor de descuento que se acaba de calcular (**0.6575**) se puede encontrar observando hacia abajo la columna con el encabezado 15%, hasta llegar a la tercera línea.

Ejemplo 5.7   ¿Publicidad engañosa?

Recientemente, algunos negocios han estado anunciando cosas como «Venga y pruebe nuestro producto. ¡Si lo hace, le daremos $100 sólo por venir!». Si se leen las letras pequeñas, lo que se encuentra es que le darán un certificado de ahorro que le pagará $100 en aproximadamente 25 años. Si la tasa de interés actual para esos certificados es del 10% anual, ¿cuánto le están ofreciendo en realidad hoy?

Lo que está obteniendo en realidad es el valor presente de $100 a recibir en 25 años. Si la tasa de descuento es del 10% anual, entonces el factor de descuento resulta ser el siguiente:

$$1/1.1^{25} = 1/10.8347 = 0.0923$$

Esto indica que una unidad monetaria en 25 años vale poco más de nueve centavos hoy, suponiendo una tasa de descuento del 10%. Conociendo esto, la promoción en realidad le está pagando aproximadamente $0.0923 \times \$100 = \$9.23$. Quizá esto sea suficiente para atraer clientes, pero no son $100. ■

Conforme aumenta el tiempo para el pago, los valores presentes declinan. Como se muestra en el ejemplo 5.7, los valores presentes tienden a volverse pequeños conforme crece el horizonte de tiempo. Si se contempla lo suficientemente lejos, siempre se acercarán a cero. También, para un determinado lapso de tiempo, cuanto más elevada sea la tasa de descuento, más bajo será el valor presente. Dicho de otra forma, los valores presentes y las tasas de descuento están inversamente relacionadas. Al aumentar la tasa de descuento, disminuye el VP y viceversa.

En la figura 5.3 se muestra la relación entre el tiempo, las tasas de descuento y los valores presentes. Obsérvese que cuando se alcanzan los 10 años, los valores presentes son considerablemente menores que los importes futuros.

Figura 5.3

Valor presente de $1 para diferentes períodos y tasas

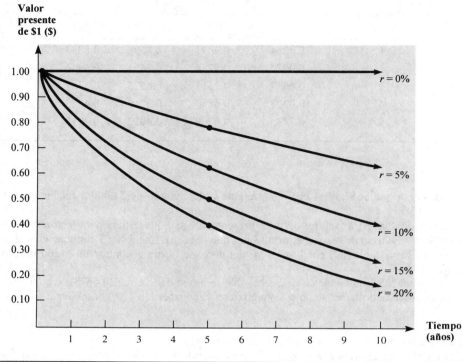

PREGUNTAS SOBRE CONCEPTOS

5.2a ¿Qué se entiende por valor presente de una inversión?
5.2b ¿El proceso de descontar un importe futuro al presente es lo opuesto de qué proceso?
5.2c ¿Qué se quiere decir con flujo de efectivo descontado o valuación FED?

5.3 | CONSIDERACIONES ADICIONALES SOBRE LOS VALORES PRESENTE Y FUTURO

Si se consideran de nuevo las fórmulas que se obtuvieron para los valores presente y futuro, se observará que existe una relación muy sencilla entre los dos. En esta sección se estudia esta relación y algunos temas relacionados.

Valor presente versus valor futuro

Lo que denominamos factor de valor presente sólo es el recíproco (es decir, 1 dividido entre) del factor del valor futuro:

Factor del valor futuro = $(1 + r)^t$

Factor del valor presente = $1/(1 + r)^t$

De hecho, la forma fácil de determinar un factor de valor presente en muchas calculadoras es calcular primero el factor de valor futuro y después oprimir la tecla «1/x» para obtener el recíproco.

Si se establece que VF_t representa el valor futuro después de t períodos, la relación entre el valor presente y el valor actual puede expresarse de forma muy sencilla como una de las siguientes:

$$VP \times (1 + r)^t = VF_t \qquad\qquad (5.3)$$

$$VP = VF_t/(1 + r)^t = VF_t \times [1/(1 + r)^t]$$

Este último resultado se denominará *ecuación básica del valor presente* y se usará en todo el libro. Existen diversas variaciones que se presentan, pero esta sencilla ecuación fundamenta muchas de las ideas más importantes en las finanzas corporativas.

Ejemplo 5.8   Evaluación de inversiones

Para dar una idea de cómo se utilizarán los valores presente y futuro, considérese la siguiente inversión sencilla. Su compañía propone la adquisición de un activo por $335. Esta inversión es muy segura. Se venderá el activo, en tres años, en $400. Se sabe que se podrían invertir los $335 en algún otro lugar al 10% con muy poco riesgo. ¿Qué piensa de la inversión propuesta?

No es una buena inversión. ¿Por qué no? Porque se pueden invertir los $335 en algún otro lugar al 10%. Si se hace así, se convertirán después de tres años en:

$$\$335 \times (1 + r)^t = \$335 \times 1.1^3$$
$$= \$335 \times 1.331$$
$$= \$445.89$$

Dado que la inversión propuesta sólo proporciona $400, no es tan buena como las otras alternativas. Otra forma de decir lo mismo es observar que el valor actual de $400 en tres años al 10% es:

$$\$400 \times [1/(1 + r)^t] = \$400/1.1^3 = \$400/1.331 = \$300.53$$

Esto muestra que sólo se tienen que invertir unos $300 para obtener $400 en tres años, no $335. Este tipo de análisis se volverá a estudiar más adelante. ∎

Determinación de la tasa de descuento

Suele ser necesario determinar qué tasa de descuento está implícita en una inversión. Esto puede realizarse observando la ecuación básica de valor presente:

$$VP = VF_t/(1 + r)^t$$

Esta ecuación sólo contiene cuatro partes: el valor presente (VP), el valor futuro (VF_t), la tasa de descuento (r) y la vida de la inversión (t). Conociendo tres de ellas, siempre se puede encontrar la cuarta.

Ejemplo 5.9   Determinación de *r* para una inversión de un período único

Se está considerando una inversión por un año. Si se invierten $1,250, se recibirán al final $1,350. ¿Qué tasa está pagando esta inversión?

En primer lugar, en este caso de un período único, la respuesta es bastante obvia. Se está obteniendo un total de $100, además de la inversión de $1,250. Por tanto, la tasa implícita en esta inversión es $100/1,250 = 8%.

De un modo más formal, utilizando la ecuación básica de valor presente, el valor presente (la cantidad que debe invertirse hoy) es de $1,250. El valor futuro (en lo que se convierte el valor presente) es de $1,350. El tiempo es de un período, por lo que se tiene lo siguiente:

$$\$1,250 = \$1,350/(1 + r)^1$$
$$(1 + r) = \$1,350/1,250 = 1.08$$
$$r = 8\%$$

Por supuesto que en este caso sencillo no fue necesario llevar a cabo todos estos cálculos, pero como vemos a continuación, se dificulta un poco cuando se tiene más de un período. ■

Para mostrar lo que ocurre cuando existen períodos múltiples, quizá se ofrezca una inversión con un costo de $100 y que duplicará el dinero en ocho años. Para comparar ésta con otras inversiones, nos gustaría conocer qué tasa de descuento está implícita en estas cifras. A esta tasa de descuento se le denomina *tasa de rendimiento* o, en ocasiones, sólo *rendimiento* sobre la inversión. En este caso, se tiene un valor presente de $100, un valor futuro de $200 (se duplica el dinero) y una vida de ocho años. Para calcular el rendimiento, la ecuación básica del valor actual se puede expresar como:

$$VP = VF_t/(1 + r)^t$$
$$\$100 = \$200/(1 + r)^8$$

También podría expresarse como:

$$(1 + r)^8 = 200/100 = 2$$

Ahora es necesario despejar para *r*. Hay tres formas de hacerlo:

1. Utilizar una calculadora financiera.
2. Resolver la ecuación para $1 + r$, calculando la raíz ocho de ambos lados. Dado que esto equivale a elevar ambos lados a la potencia de $1/8$ o 0.125, se realiza fácilmente con la tecla «y^x» de una calculadora. Tan sólo se introduce 2, después se oprime «y^x», se introduce 0.125 y se oprime la tecla « = ». La raíz octava debe ser de alrededor de 1.09, lo que implica que *r* es 9%.
3. Usar una tabla de valores futuros. El factor de valor futuro después de ocho años es igual a 2. Si se observa a lo largo del renglón correspondiente a ocho períodos en la tabla A.1, se verá que un factor de valor futuro de 2 corresponde a la columna del 9%, lo que implica que el rendimiento en este caso es del 9%.

En realidad, para este ejemplo en particular existe un método «abreviado» y útil para resolver para *r*: la regla del 72. Con tasas de rendimiento razonables, el tiempo necesario para duplicar el dinero se obtiene aproximadamente mediante la expresión $72/r\%$. En este ejemplo, se tendría $72/r\% = 8$ años, lo que implica que r es 9%, tal como se calculó. Esta regla es bastante precisa para tasas de descuento en el rango del 5-20%.

Un ejemplo ligeramente más extremo tiene que ver con el dinero donado por Benjamin Franklin, quien murió el 17 de abril de 1790. En su testamento dejó 1,000 libras esterlinas al estado de Massachusetts y a la ciudad de Boston. Donó un importe similar al estado de Pennsylvania y a la ciudad de Filadelfia. Ese dinero lo había recibido Franklin cuando desempeñó cargos públicos, ¡pero él creía que a los políticos no se les debía pagar por sus servicios!

Originalmente, Franklin especificó que el dinero se debía pagar 100 años después de su muerte y ser usado para capacitar a personas jóvenes. Sin embargo, después de ciertas disputas legales, se llegó al acuerdo de que el dinero se pagaría en 1990, 200 años después de la muerte de Franklin. Para entonces, el legado de Pennsylvania se había convertido en aproximadamente $2 millones; el de Massachusetts había crecido a $4.5 millones. El dinero se utilizó para proveer de fondos a los Institutos Franklin en Boston y Filadelfia. Suponiendo que 1,000 libras esterlinas eran equivalentes a 1,000 dólares, ¿qué tasa de rendimiento ganaron los dos Estados? (El dólar no se convirtió en la moneda oficial de Estados Unidos hasta 1792.)

En el caso de Pennsylvania, el valor futuro es $2 millones y el valor presente es $1,000. Han transcurrido 200 años, así que es necesario resolver para r como sigue:

$$\$1{,}000 = \$2 \text{ millones}/(1 + r)^{200}$$

$$(1 + r)^{200} = 2{,}000$$

Resolviendo para r, el dinero de Pennsylvania creció aproximadamente al 3.87% anual. Al dinero de Massachusetts le fue mejor; verifique que la tasa de rendimiento en este caso fue del 4.3%.

¡Pequeñas diferencias pueden ser importantes!

Ejemplo 5.10   Duplique la inversión

Se ofrece una inversión que promete duplicar el dinero cada 10 años. ¿Cuál es la tasa de rendimiento aproximada sobre la inversión?

Según la regla del 72, la tasa de rendimiento es aproximadamente $72/r\% = 10$, por lo que la tasa es aproximadamente $72/10 = 7.2\%$. Verifique que la respuesta exacta sea 7.177%. ■

Ejemplo 5.11   Ahorrando para la universidad

Se ha estimado que se necesitarán aproximadamente $80,000 para enviar a un hijo a la universidad dentro de ocho años. Supongamos que un padre de familia tiene aproximadamente $35,000. Si él puede ganar un 20% anual, ¿alcanzará para pagar los estudios de su hijo? ¿A qué tasa apenas alcanzaría para llegar a la meta propuesta?

Si se puede ganar el 20%, el valor futuro de los $35,000 en ocho años será:

$$VF = \$35{,}000 \times (1.20)^8 = \$35{,}000 \times 4.2998 = \$150{,}493.59$$

Por tanto, se logrará alcanzar la meta con facilidad. La tasa mínima es la incógnita r en lo siguiente:

$$VF = \$35{,}000 \times (1 + r)^8 = \$80{,}000$$

$$(1 + r)^8 = \$80{,}000/35{,}000 = 2.2857$$

Por consiguiente, el factor del valor futuro es 2.2857. Observando el renglón en la tabla A.1 que corresponde a ocho períodos, el factor de valor futuro se encuentra aproximadamente a mitad del camino entre las que aparecen para el 10% (2.1436) y el 12% (2.4760), por lo que se alcanzará la meta si se gana aproximadamente un 11%. Para obtener la respuesta exacta puede utilizarse una calculadora financiera o se puede resolver para *r*:

$$(1 + r)^8 = \$80,000/35,000 = 2.2857$$
$$(1 + r) = 2.2857^{(1/8)} = 2.2857^{.125} = 1.1089$$
$$r = 10.89\% \quad \blacksquare$$

Ejemplo 5.12   Sólo 18,262.5 días para la jubilación

¿Le gustaría retirarse del trabajo en 50 años como millonario? Si en la actualidad posee $10,000 ¿qué tasa de rendimiento se necesita ganar para alcanzar esa meta?

El valor futuro es $1,000,000. El valor presente es $10,000 y faltan 50 años hasta el pago. Es necesario calcular la tasa de descuento desconocida, en lo siguiente:

$$\$10,000 = \$1,000,000/(1 + r)^{50}$$
$$(1 + r)^{50} = 100$$

Por tanto, el factor de valor futuro es 100. Se puede verificar que la tasa implícita aproximada es del 9.65%. ∎

Determinación del número de períodos

Supongamos que está interesado en comprar un activo que cuesta $50,000. En la actualidad, tiene $25,000. Si puede ganar el 12% sobre estos $25,000, ¿cuánto tiempo transcurrirá hasta tener los $50,000? La respuesta requiere resolver el número de períodos para la última variable en la ecuación básica de valor presente. Ya sabemos cómo obtener una respuesta aproximada a este problema en particular. Obsérvese que se necesita duplicar el dinero.

Según la regla del 72, ello requerirá alrededor de 72/12 = 6 años, al 12%.

Para obtener la respuesta exacta, se puede manipular la ecuación básica de valor presente. El valor presente es de $25,000 y el valor futuro es de $50,000.

Con una tasa de descuento del 12%, la ecuación básica toma una de las siguientes formas:

$$\$25,000 = \$50,000/(1.12)^t$$
$$\$50,000/25,000 = (1.12)^t = 2$$

Por tanto, se tiene un factor del valor futuro de 2 para una tasa del 12%. Ahora es necesario resolver para *t*. Si se observa hacia abajo la columna en la tabla A.1 que corresponde al 12%, se verá que el factor de valor futuro de 1.9738 corresponde a seis períodos. De esta manera, se necesitarán alrededor de seis años, como se calculó. Para obtener la respuesta exacta, hay que resolver explícitamente para *t* (o usar una calculadora financiera). Si se hace esto, la respuesta es 6.1163 años, por lo que la aproximación fue bastante cercana en este caso.[1]

Ejemplo 5.13   Esperando a Godot

Se ha estado ahorrando para comprar Godot Company. El costo total será de $10 millones. En la actualidad, se tienen aproximadamente $2.3 millones. Si se puede ganar un 5% sobre el dinero, ¿cuánto tiempo habrá que esperar? Al 16%, ¿cuánto tiempo se tiene que esperar?

La espera será larga al 5%. Según la ecuación básica de valor presente:

$$\$2.3 = 10/(1.05)^t$$

$$1.05^t = 4.35$$

$$t = 30 \text{ años}$$

Al 16%, las perspectivas son un poco mejores. Verifique usted mismo que se necesitarán alrededor de 10 años. ■

PREGUNTAS SOBRE CONCEPTOS

5.3a ¿Cuál es la ecuación básica del valor presente?
5.3b ¿Cuál es la regla del 72?
5.3c En general, ¿cuál es el valor presente de $1 a recibirse en t períodos, suponiendo una tasa de descuento de r por período?

VALORES PRESENTES Y FUTUROS DE FLUJOS DE EFECTIVO MÚLTIPLES   5.4

Hasta ahora, este libro se ha limitado a estudiar el valor futuro de una cantidad actual única acumulada o bien el valor presente de algún flujo de efectivo futuro único acumulado.

En esta sección, se amplían estos casos básicos para manejar cualquier número de flujos de efectivo. Se inicia con el valor futuro.

---

[1]Para resolver para t, es necesario calcular el logaritmo para ambos lados de la ecuación:

$$1.12^t = 2$$

$$\log 1.12^t = \log 2$$

$$t \log 1.12 = \log 2$$

Después, se puede resolver explícitamente para t:

$$t = \log 2/\log 1.12$$

$$= 6.1163$$

Casi todas las calculadoras pueden calcular un logaritmo; busque una tecla con el nombre «log» o «ln». Si existen las dos teclas, puede usarse cualquiera de ellas.

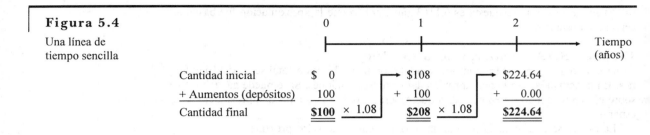

Figura 5.4

Una línea de
tiempo sencilla

Valor futuro con flujos de efectivo múltiples

Supongamos que se depositan hoy $100 en una cuenta que paga el 8%. En un año se depositarán otros $100. ¿Cuánto se tendrá en dos años? Este problema es relativamente fácil. Al final del primer año, se tendrán $108, más los segundos $100 que se depositan, por un total de $208. Se dejan en depósito estos $208 al 8% durante un año más. Al finalizar este segundo año, valen:

$208 × 1.08 = $224.64

La figura 5.4 es una *línea de tiempo* que muestra el proceso para calcular el valor futuro de estos dos depósitos de $100. Las figuras como ésta son muy útiles para solucionar problemas complicados. En cualquier momento que se presenten dificultades para resolver un problema de valor presente o futuro, debe dibujarse una línea de tiempo, que ayudará por lo general a visualizar lo que está ocurriendo.

Ejemplo 5.14   Ahorrando (revisión)

Se piensa que se podrán depositar $4,000 al final de cada uno de los próximos tres años en una cuenta bancaria que paga el 8% de interés. En la actualidad se tienen $7,000 en la cuenta. ¿Cuánto se tendrá en tres años? ¿En cuatro años?

Al final del primer año se tendrá:

$7,000 × (1.08) + $4,000 = $11,560

Al finalizar el segundo año se tendrá:

$11,560 × (1.08) + $4,000 = $16,484.80

Al repetir esto para el tercer año, se obtiene:

$16,484.80 × (1.08) + $4,000 = $21,803.58

Por consiguiente, en tres años se tendrán $21,803.58. Si se deja este monto en depósito por un año más (sin aumentarlo), una vez que haya finalizado el cuarto año se tendrá lo siguiente:

$21,803.58 × (1.08) = $23,547.87 ■

Cuando se calculó el valor futuro de los dos depósitos de $100, se calculó simplemente el saldo al inicio de cada año y después se transfirió ese importe al año siguiente. Se pudo haber hecho de otra forma, más rápida. Los primeros $100 estuvieron en depósito durante dos años al 8%, por lo que su valor futuro es:

$$\$100 \times (1.08)^2 = \$100 \times 1.1664 = \$116.64$$

Los segundos $100 estuvieron en depósito durante un año al 8%, por lo que, su valor futuro es:

$$\$100 \times 1.08 = \$108.00$$

Tal como se calculó previamente, el valor futuro total es igual a la suma de estos dos valores futuros:

$$\$116.64 + 108 = \$224.64$$

Con base a este ejemplo, existen dos formas de calcular los valores futuros para flujos de efectivo múltiples: 1) Componer el saldo acumulado hacia futuro, de año en año, o 2) calcular primero el valor futuro de cada flujo de efectivo y después sumarlos. Ambas proporcionan la misma respuesta, así que se puede calcular de cualquiera de las formas.

Para ejemplificar las dos formas diferentes de calcular valores futuros, consideremos el caso del valor futuro de $2,000 invertidos al final de cada uno de los próximos cinco años. El saldo actual es de cero y la tasa del 10%. Primero, se traza una línea de tiempo en la figura 5.5.

Obsérvese en la línea de tiempo que nada ocurre hasta el final del primer año cuando se realiza la primera inversión de $2,000. Estos primeros $2,000 ganan intereses durante los siguientes cuatro años (no cinco). Obsérvese también que los últimos $2,000 se invierten al final del quinto año, por lo que no ganan interés alguno.

En la figura 5.6 se muestran los cálculos que se realizan si se compone la inversión de período en período. Como se muestra, el valor futuro es de **$12,210.20**.

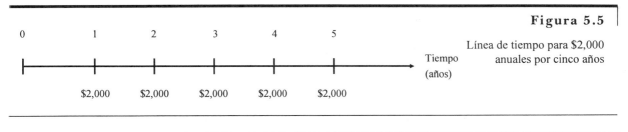

Figura 5.5

Línea de tiempo para $2,000 anuales por cinco años

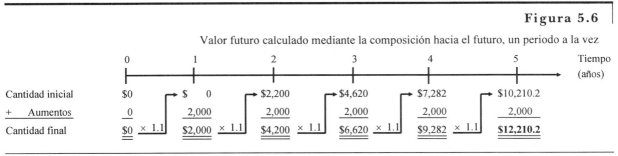

Figura 5.6

Valor futuro calculado mediante la composición hacia el futuro, un periodo a la vez

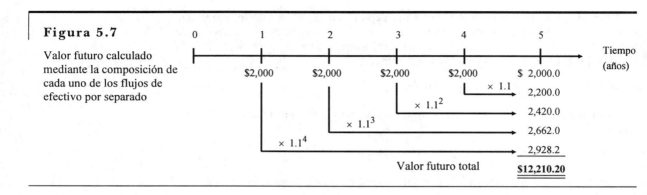

Figura 5.7

Valor futuro calculado mediante la composición de cada uno de los flujos de efectivo por separado

En la figura 5.7 se muestran los mismos cálculos, pero se utiliza la segunda técnica. Como es natural, la respuesta es la misma.

Ejemplo 5.15   Ahorrando (de nuevo)

Si se depositan $100 en un año, $200 en dos años y $300 en tres años, ¿cuánto se tendrá en tres años? ¿Cuánto de este depósito corresponde a intereses? ¿Cuánto se tendrá en cinco años si no se realizan más depósitos? Supongamos una tasa de interés constante del 7% para todo el período.

Se calculará el valor futuro de cada importe en tres años. Obsérvese que los $100 ganan interés por dos años y los $200 ganan interés por un año. Los últimos $300 no ganan intereses.

Por tanto, los valores futuros son:

$$\$100 \times 1.07^2 = \$114.49$$
$$\$200 \times 1.07 = 214.00$$
$$+ \$300 = \underline{300.00}$$
$$\text{Valor futuro total} = \underline{\$628.49}$$

Por consiguiente, el valor futuro es de $628.49. El interés total es:

$$\$628.49 - (\$100 + 200 + 300) = \$28.49$$

¿Cuánto se tendrá en cinco años? Sabemos que se tendrán $628.49 en tres años. Si se deja ese importe en depósito por dos años más, se convertirá en:

$$\$628.49 \times (1.07)^2 = \$628.49 \times 1.1449 = \$719.56$$

Obsérvese que se pudo haber calculado el valor futuro de cada importe por separado. De nuevo, es necesario tener cuidado con el lapso de tiempo. Como calculamos antes, los primeros $100 sólo ganan interés por cuatro años, el segundo depósito gana interés por tres años y el último gana interés por dos años:

$$\$100 \times (1.07)^4 \; = \$100 \times 1.3108 = \; \$131.08$$
$$\$200 \times (1.07)^3 \; = \$200 \times 1.2250 = \; 245.01$$
$$+ \; \$300 \times (1.07)^2 \; = \$300 \times 1.1449 = \; \underline{343.47}$$
$$\text{Valor futuro total} \qquad \underline{\underline{\$719.56}} \; \blacksquare$$

Valor presente con flujos de efectivo múltiples

Con mucha frecuencia será necesario determinar el valor presente de una serie de flujos de efectivo futuros. Al igual que con los valores futuros, existen dos formas en que se puede obtener. Se descuenta hacia el presente un período cada vez, o se pueden tan sólo calcular los valores presentes individualmente y después sumarlos.

Supóngase que se necesitan $1,000 en un año y $2,000 más en dos años. Si se puede ganar el 9% sobre el dinero, ¿cuánto es necesario invertir hoy para cubrir exactamente estos importes en el futuro? En otras palabras, ¿cuál es el valor presente de los dos flujos de efectivo al 9%?

El valor presente de $2,000 en dos años al 9% es:

$2,000/1.09^2 = \$1,683.36$

El valor presente de $1,000 en un año es:

$1,000/1.09 = \$917.43$

Por tanto, el valor presente total es:

$1,683.36 + 917.43 = \$2,600.79$

Para comprobar por qué $2,600.79 es la respuesta correcta, se puede observar que después de que se pagan los $2,000 en dos años, ya no queda dinero. Si se invierten $2,600.79 durante un año al 9%, se tendrá:

$2,600.79 \times 1.09 = \$2,834.86$

Se retiran $1,000, dejando $1,834.86. Este importe gana el 9% por otro año, dando como resultado:

$1,834.86 \times 1.09 = \$2,000$

Esto es exactamente lo que se había planeado. Como se demuestra en este ejemplo, el valor presente de una serie de flujos de efectivo futuros es simplemente la cantidad que se necesitaría hoy con el fin de duplicar exactamente esos flujos de efectivo futuros (con una tasa de descuento determinada).

Figura 5.8

Valor presente calculado descontando cada flujo de efectivo por separado

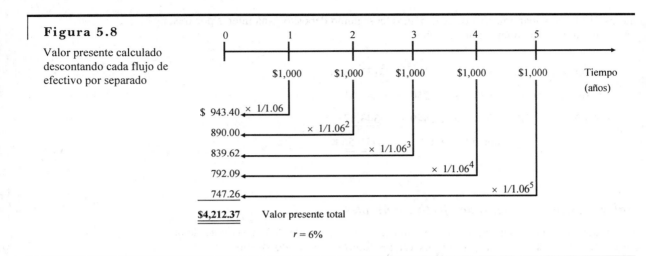

Figura 5.9

Valor presente calculado mediante el descuento de un período a la vez

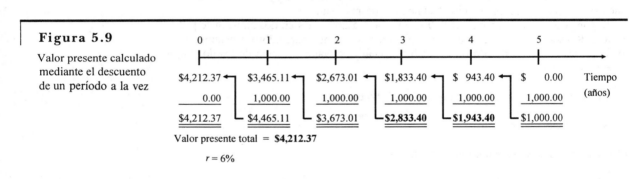

Otra forma de calcular los valores presentes de flujos de efectivo futuros múltiples es descontar hasta el presente un período cada vez. Para mostrarlo, supongamos que se tiene una inversión que pagaría $1,000 al final de cada año durante los próximos cinco años. Para encontrar el valor presente, se podría descontar cada pago de $1,000 al presente, de forma separada, y después sumarlos. En la figura 5.8 se muestra este enfoque para una tasa de descuento del 6%.

Como se muestra en la figura 5.8, la respuesta es **$4,212.37** (sin tomar en cuenta algún pequeño error por redondeo).

Alternativamente, se puede descontar el último flujo de efectivo hacia el presente por un período y sumarlo al penúltimo flujo de efectivo:

$$\$1,000/1.06 + 1,000 = \$943.40 + 1,000 = \mathbf{\$1,943.40}$$

Después, se puede descontar este importe hacia el presente por un período y sumarlo al flujo de efectivo del año tres:

$$\$1,943.40/1.06 + 1,000 = \$1,833.39 + 1,000 = \mathbf{\$2,833.40}$$

Este proceso se podría repetir las veces que sea necesario. En la figura 5.9 se muestran este enfoque y los cálculos restantes.

Ejemplo 5.16   ¿Cuánto vale?

Se ofrece una inversión que pagará $200 en un año, $400 al siguiente, $600 el tercero y $800 al final del último año. Se puede ganar el 12% en inversiones muy similares. ¿Cuánto es lo más que se debe pagar por esta inversión?

Es necesario calcular el valor presente de estos flujos de efectivo al 12%. Considerándolo uno a la vez, se obtiene:

$$\$200 \times 1/1.12^1 = \$200/1.1200 = \$\ 178.57$$
$$\$400 \times 1/1.12^2 = \$400/1.2544 = 318.88$$
$$\$600 \times 1/1.12^3 = \$600/1.4049 = 427.07$$
$$+\ \$800 \times 1/1.12^4 = \$800/1.5735 = \underline{508.41}$$

Valor presente total $\underline{\$1,432.93}$

Si se puede ganar el 12% sobre el dinero, se pueden reproducir los flujos de efectivo de esta propuesta para una inversión inicial de $1,432.93; por tanto, esto es lo más que se debe estar dispuesto a pagar. ∎

Ejemplo 5.17   ¿Cuánto vale? (2ª parte)

Se ofrece una inversión que otorgará tres pagos de $5,000. El primer pago se realizará dentro de cuatro años, a partir de hoy. El segundo ocurrirá a los cinco años; el tercero seguirá en seis años. Si se puede ganar el 11%, ¿cuánto es el valor máximo de esta inversión el día de hoy? ¿Cuál es el valor futuro de los flujos de efectivo?

Para ilustrar un punto en particular, se contestarán las preguntas en orden inverso. El valor futuro de los flujos de efectivo en seis años es:

$$\$5,000 \times (1.11)^2 + 5,000 \times (1.11) + 5,000 = \$6,160.50 + 5,550 + 5,000$$

$$= \$16,710.50$$

El valor actual tiene que ser:

$$\$16,710.50/1.11^6 = \$8,934.12$$

Para verificar este último valor, se toma, uno por uno, el VP de los flujos de efectivo:

$$\$5,000 \times (1/1.11^6) = \$5,000/1.8704 = \$2,673.20$$
$$\$5,000 \times (1/1.11^5) = \$5,000/1.6851 = \$2,967.26$$
$$+\ \$5,000 \times (1/1.11^4) = \$5,000/1.5181 = \underline{\$3,293.65}$$

Valor presente total $\underline{\$8,934.12}$

Esto es lo que se había calculado antes. El punto en el que queremos insistir es que se pueden calcular valores presentes y futuros en cualquier orden, convirtiéndolos entre ellos de la forma que parezca ser más conveniente. Las respuestas siempre serán las mismas, siempre y cuando se mantenga la misma tasa de descuento y se tenga el cuidado de identificar el número correcto de períodos. ■

PREGUNTAS SOBRE CONCEPTOS

5.4a Describa cómo calcular el valor presente de una serie de flujos de efectivo.
5.4b Describa cómo calcular el valor futuro de una serie de flujos de efectivo.

5.5 | VALUACIÓN DE FLUJOS DE EFECTIVO UNIFORMES: ANUALIDADES Y PERPETUIDADES

Es frecuente encontrar situaciones en las que se tengan flujos de efectivo múltiples, todos por el mismo importe. Por ejemplo, un tipo muy habitual de plan de liquidación de préstamos requiere que el prestatario liquide el préstamo haciendo una serie de pagos iguales durante un determinado período de tiempo. Casi todos los préstamos personales (p. ej., los préstamos para automóviles) y las hipotecas inmobiliarias tienen pagos iguales, que se suelen realizar cada mes.

anualidad
Serie uniforme de flujos de efectivo por un determinado período de tiempo.

De forma más general, la serie de flujos de efectivos constantes o uniformes que ocurren al final de cada período durante un número fijo de períodos reciben el nombre de **anualidad** ordinaria o, más correctamente, se dice que los flujos de efectivo tienen la *forma de una anualidad ordinaria*. Las anualidades son mucho más frecuentes en los convenios financieros y existen algunas formas abreviadas para determinar sus valores. Las estudiaremos a continuación.

Valor presente de los flujos de efectivo de la anualidad

Supongamos que se estuviera examinando un activo que prometiera pagar $500 al final de cada uno de los próximos tres años. Los flujos de efectivo de este activo tienen la forma de una anualidad de $500 para tres años. Si se quisiera ganar el 10% sobre el dinero, ¿cuánto se ofrecería por esta anualidad?

Con base en la sección anterior, se puede descontar cada uno de estos tres pagos al presente al 10% para determinar el valor presente total:

$$\text{Valor presente} = \$500/1.1^1 + 500/1.1^2 + 500/1.1^3$$
$$= \$500/1.10 + 500/1.21 + 500/1.331$$
$$= \$454.55 + 413.22 + 375.66$$
$$= \$1,243.43$$

Este enfoque funciona bien. Sin embargo, suelen producirse situaciones en las que el número de flujos de efectivo es bastante grande. Por ejemplo, una hipoteca inmobiliaria típica requiere pagos mensuales durante 30 años, con un total de 360 pagos. Si se intentara determinar el valor presente de esos pagos, sería útil tener una forma abreviada de hacerlo.

Dado que los flujos de efectivo de una anualidad son todos iguales, se puede utilizar una variación muy útil de la ecuación básica de valor presente. Resulta que el valor presente de una anualidad de C unidades monetarias por período, durante t períodos, se determina cuando la tasa de rendimiento o la tasa de interés es r, mediante:

$$\text{Valor presente} \atop \text{de la anualidad} = C \times \left[1 - \frac{\text{Factor del valor presente}}{r} \right] \qquad \textbf{(5.4)}$$

$$= C \times \left[\frac{1 - \{1/(1+r)^t\}}{r} \right]$$

En ocasiones, al término entre corchetes se le denomina factor de interés de valor presente para anualidades y se le abrevia como FIVPA (r, t).

La ecuación para el valor presente de la anualidad quizá parezca un poco complicada, pero no es difícil de usar. Obsérvese que el término entre corchetes $\{1/(1+r)^t\}$ es el mismo factor de valor presente que se ha estado calculando. En el ejemplo anterior, la tasa de interés es del 10% y son tres los años considerados. Por tanto, el factor usual de valor presente es:

Factor de valor presente $= 1/1.1^3 = 1/1.331 = 0.75131$

Para calcular el factor de valor presente de una anualidad, sólo se sustituye este último resultado:

Factor de valor presente de la anualidad $= (1 - \text{Factor de valor presente})/r$

$$= (1 - 0.75131)/0.10$$

$$= 0.248685/0.10 = 2.48685$$

Por consiguiente, de la misma forma en que se calculó antes, el valor presente de la anualidad de $500 es:[2]

Valor presente de la anualidad $= \$500 \times 2.48685 = \$1,243.43$

Ejemplo 5.18   ¿Cuánto puede pagarse?

Después de revisar cuidadosamente su presupuesto personal, usted ha determinado que es posible pagar $632 mensuales por un nuevo automóvil deportivo. Llama al banco local

---

[2]Para resolver este problema en una calculadora financiera, se necesitaría hacer lo siguiente:

1. Introducir el «pago» de $C = \$500$ y oprimir «PMT».
2. Introducir la «tasa de interés» de $r = 10\%$ como 10 (no como 0.10) y oprimir «i».
3. Introducir el número de períodos como 3 y oprimir «n».
4. Pedirle a la calculadora el VP, oprimiendo la tecla «calcular» o «solucionar» y después oprimiendo VP.

Se proporciona a continuación una sugerencia útil: muchas calculadoras financieras tienen dispositivo de «memoria constante». En la práctica, esto significa que la calculadora recordará los errores, incluso si se apaga. Antes de comenzar, es necesario asegurarse oprimiendo la(s) tecla(s) apropiada(s) para limpiar la memoria de la calculadora. Si se comete un error, suele ser mejor borrar la memoria y comenzar de nuevo. De lo contrario, quizá se aprenda, del modo más difícil, lo que significa «BEBS», que viene de «Basura Entra Basura Sale» (en inglés es «GIGO», de *garbage in, garbage out*).

y le dicen que la tasa actual es del 1% mensual por 48 meses. ¿Cuánto puede obtener en préstamo?

Para determinar el importe del préstamo que puede solicitar, debe calcular el valor presente de $632 mensuales durante 48 meses al 1% mensual. Los pagos del préstamo se hacen en forma de anualidad ordinaria, por lo que el factor de valor presente de la anualidad es:

$$\text{Factor VP de la anualidad} = (1 - \text{Factor de valor presente})/r$$
$$= [1 - (1/(1.01^{48}))]/0.01$$
$$= (1 - 0.6203)/0.01 = 37.9740$$

Con este factor se puede calcular el valor presente de los 48 pagos de $632 cada uno, como:

$$\text{Valor presente} = \$632 \times 37.9740 = \$24,000$$

Por consiguiente, el préstamo que puede solicitar y pagar es $24,000. ■

Tablas de anualidades   De la misma forma que existen tablas para factores de valor presente ordinario, también las hay para factores de anualidades. La tabla 5.4 contiene algunos de estos factores; en la tabla A.3 del apéndice del libro se encuentra un grupo mayor. Para encontrar el factor de valor presente de la anualidad que se acaba de calcular, se busca el renglón que corresponde a tres períodos y después se localiza la columna para el 10%. El número que se observa en esa intersección debe ser **2.4869** (redondeado a 4 decimales), como se calculó. Es recomendable calcular algunos de estos factores y comparar las respuestas con las que aparecen en la tabla para asegurarse de que se sabe cómo hacerlo. Si se utiliza una calculadora financiera, sólo es necesario introducir $1 como el pago y calcular el valor presente; el resultado debe ser el factor de valor presente de la anualidad.

Determinación del pago   Supongamos que desea iniciar un nuevo negocio especializado en la última moda en comidas de dieta, la leche de *yak* congelada. Para producir y comercializar este producto, el Yakkee Doodle Dandy, es necesario obtener un préstamo por $100,000. Dado que no es de esperar que esta moda tenga larga vida, se desea liquidar el préstamo rápidamente mediante cinco pagos anuales iguales. Si la tasa de interés es del 18%, ¿cuál será el monto de cada pago?

Tabla 5.4	Número de períodos	Tasa de interés			
Factores de valor presente del interés de una anualidad		5%	10%	15%	20%
	1	0.9524	0.9091	0.8696	0.8333
	2	1.8594	1.7355	1.6257	1.5278
	3	2.7232	**2.4869**	2.2832	2.1065
	4	3.5460	3.1699	2.8550	2.5887
	5	4.3295	3.7908	3.3522	2.9906

En este caso, se conoce que el valor presente es de $100,000. La tasa de interés es del 18% y son cinco años. Los pagos son todos iguales, por lo que se necesita determinar el factor de la anualidad pertinente y resolver para el flujo de efectivo desconocido:

$$\text{Valor presente de la anualidad} = \$100,000 = C \times (1 - \text{Factor de valor presente})/r$$

$$\$100,000 = C \times (1 - 1/1.18^5)/0.18$$

$$= C \times (1 - 0.4371)/0.18$$

$$= C \times (3.1272)$$

$$C = \$100,000/3.1272 = \$31,977$$

Por consiguiente, se harán cinco pagos de poco menos de $32,000 cada uno.

Ejemplo 5.19   Determinación del número de pagos

En las vacaciones de primavera se quedó usted un poco corto de efectivo, por lo que cargó $1,000 a su tarjeta de crédito. Sólo le es posible realizar el pago mínimo de $20 mensuales. La tasa de interés de la tarjeta de crédito es del 1.5% mensual. ¿Cuánto tiempo se necesitará para liquidar los $1,000?

En este caso, lo que se tiene es una anualidad de $20 mensuales al 1.5% mensual y durante un período de tiempo desconocido. El valor presente es $1,000 (el importe que se debe hoy). Es necesario utilizar un poco de álgebra:

$$\$1,000 = \$20 \times (1 - \text{Factor de valor presente})/0.015$$

$$(\$1,000/20) \times 0.015 = 1 - \text{Factor de valor presente}$$

$$\text{Factor de valor presente} = 0.25 = 1/(1 + r)^t$$

$$(1.015)^t = 1/0.25 = 4$$

El problema ahora queda reducido a contestar la pregunta «¿Cuánto tiempo se necesita para que el dinero se cuadruplique al 1.5% anual?». Con base en las secciones anteriores (v. el ejemplo 5.13) la respuesta es aproximadamente 93 meses:

$$1.015^{93} = 3.99 \approx 4$$

A esta tasa, se necesitarán aproximadamente 93/12 = 7.75 años. ∎

Determinación de la tasa   La última pregunta que quisiéramos hacer se relaciona con la tasa de interés implícita en una anualidad. Por ejemplo, una compañía de seguros ofrece pagar $1,000 por año durante 10 años, si se le hace un pago inicial de $6,710. ¿Qué tasa está implícita en esta anualidad por 10 años?

En este caso, se conoce el valor presente ($6,710), se conocen los flujos de efectivo ($1,000 por año) y se conoce la duración de la inversión (10 años). Lo que no se conoce es la tasa de descuento:

$$\$6,710 = \$1,000 \times (1 - \text{Factor de valor presente})/r$$

$$\$6,710/1,000 = 6.71 = [1 - \{/(1 + r)^{10}\}]/r$$

Por tanto, el factor de la anualidad para 10 períodos es igual a 6.71 y se necesita resolver esta ecuación para el valor desconocido de r. Lamentablemente, esto es matemáticamente imposible de hacer de manera directa. La única forma de lograrlo es utilizar una tabla o mediante aproximaciones sucesivas para encontrar un valor para r.[3]

Si se observa a lo largo del renglón que corresponde a 10 períodos en la tabla A.3, se observará un factor de 6.7101 para el 8%, por lo que se concluye de inmediato que la compañía de seguros está ofreciendo aproximadamente un 8%. También se podrían probar valores diferentes hasta llegar muy cerca de la respuesta. Utilizar este enfoque de prueba y error puede resultar un poco tedioso, pero por fortuna las máquinas son buenas para ese tipo de cálculos.

Para ejemplificar cómo encontrar la respuesta mediante prueba y error, supongamos que un pariente le solicita un préstamo de $3,000. Le ofrece liquidar $1,000 cada año durante cuatro años. ¿Qué tasa de interés le está ofreciendo?

En este caso, los flujos de efectivo tienen la forma de una anualidad de $1,000 por cuatro años. El valor presente es de $3,000. Es necesario encontrar la tasa de descuento, r. El principal objetivo para realizar este cálculo es obtener la relación entre los valores de la anualidad y las tasas de descuento.

Es necesario comenzar en algún punto, así que probablemente el 10% sea tan bueno como cualquier otro para iniciar. Al 10%, el factor de la anualidad es:

Factor de valor presente de la anualidad = $(1 - 1/1.10^4)/0.10 = 3.1699$

Por tanto, el valor presente de los flujos de efectivo al 10% es:

Valor presente = $1,000 × 3.1699 = $3,169.90

Se puede observar que se está bastante cerca.

¿Es el 10% demasiado alto o demasiado bajo? Recuerde que los valores presentes y las tasas de descuento se desplazan en direcciones opuestas: al aumentar la tasa de descuento, disminuye el VP y viceversa. En este caso, el valor presente es demasiado alto, por lo que la tasa de descuento es demasiado baja. Si se prueba el 12%:

Valor presente = $1,000 × $(1 - 1/1.12^4)/0.12 = $3,037.35

Ahora ya casi se ha obtenido la respuesta. Aún se está ligeramente bajo en la tasa de descuento (porque el VP es un poco alto), por lo que se probará el 13%:

Valor presente = $1,000 × $(1 - 1/1.13^4)/0.13 = $2,974.47

Este resultado es inferior a $3,000, por lo que ahora se tiene que la respuesta se encuentra entre el 12% y el 13% y parece ser de alrededor del 12.5%. Como práctica, se puede continuar trabajando en este ejemplo un poco más y ver si se encuentra que la respuesta es aproximadamente 12.59%.

---

[3]Las calculadoras financieras utilizan el método de prueba y error para encontrar la respuesta. De ahí que, en ocasiones, parezcan estar «pensando» antes de proporcionar la respuesta. En realidad es posible resolver directamente para i si se trata de menos de cinco períodos, pero no suele valer la pena.

Valor futuro para anualidades

En ocasiones, también es útil conocer un método abreviado para calcular el valor futuro de una anualidad. Por ejemplo, supongamos que se piensa aportar $2,000 cada año a una cuenta de jubilación que paga el 8%. Si se retira a los 30 años, ¿cuánto se tendrá?

Una forma de contestar este problema es calcular el valor presente de una anualidad de $2,000 a 30 años al 8%, para convertirla en un monto total único y después calcular el valor futuro de dicho monto total:

$$\text{Valor presente de la anualidad} = \$2,000 \times (1 - 1/1.08^{30})/0.08$$
$$= \$2,000 \times 11.2578$$
$$= \$22,515.57$$

El valor futuro de esta cantidad en 30 años es:

$$\text{Valor futuro} = \$22,515.57 \times 1.08^{30} = \$22,515.57 \times 10.0627 = \$226,566.4$$

Este cálculo se pudo haber realizado en un solo paso:

$$\text{Valor futuro de la anualidad} = \text{Valor presente de la anualidad} \times (1.08)^{30}$$
$$= \$2,000 \times (1 - 1/1.08^{30})/0.08 \times (1.08)^{30}$$
$$= \$2,000 \times (1.08^{30} - 1)/0.08$$
$$= \$2,000 \times (10.0627 - 1)/0.08$$
$$= \$2,000 \times 113.2832 = \$226,566.4$$

Como se muestra en este ejemplo, hay factores de valor futuro para anualidades, así como hay factores para valor presente. Por lo general, el factor de valor futuro para una anualidad se determina mediante:

Factor de VP de la anualidad = (Factor de valor futuro − 1)/r   (5.5)
$$= [\{(1 + r)^t\} - 1]/r$$

Por ejemplo, se piensa que se necesitará tener un total de $50,000 en seis años para pagar la educación de posgrado. Si se colocan $7,000 en una cuenta al 8% al final de cada uno de los próximos seis años, ¿se logrará esto?

En este caso, el factor de valor futuro de la anualidad se determina mediante:

$$\text{Factor VP de la anualidad} = (\text{Factor de valor futuro} - 1)/r$$
$$= (1.08^6 - 1)/0.08$$
$$= (1.5869 - 1)/0.08$$
$$= 7.336$$

Por tanto, el valor futuro de esta anualidad de $7,000 por seis años es:

$$\text{Valor futuro de la anualidad} = \$7,000 \times 7.336$$
$$= \$51,352$$

Por consiguiente, se logrará pagar el posgrado y sobrarán $1,352.

Obsérvese que en el ejemplo el primer depósito se realiza dentro de un año y el último dentro de seis años. Como se estudió previamente, el primer depósito gana interés durante cinco años y el último no gana interés.

Perpetuidades

Se ha estudiado que es posible valuar una serie de flujos de efectivo constantes si se consideran esos flujos de efectivo como una anualidad. Se presenta el caso especial de una anualidad cuando el comportamiento uniforme de los flujos de efectivo continúa indefinidamente. A este tipo de activo se le conoce como una **perpetuidad**, dado que los flujos de efectivo son perpetuos. A las perpetuidades también se les conoce como **«bonos perpetuos»** [del inglés *consols*].

Puesto que una perpetuidad tiene un número infinito de flujos de efectivo, es obvio que no es posible calcular su valor descontando cada uno de ellos. Afortunadamente, la valuación de una perpetuidad resulta ser de lo más sencillo posible. Considere una perpetuidad que cuesta $1,000 y ofrece una tasa de rendimiento del 12%. En este caso, el flujo de efectivo anual tiene que ser $1,000 × 0.12 = $120. En un sentido más general, el valor presente de una perpetuidad (VP = $1,000) multiplicado por la tasa ($r = 12\%$) debe ser igual al flujo de efectivo ($C = \$120$):

$$\text{Valor presente de la perpetuidad} \times \text{Tasa} = \text{Flujo de efectivo}$$

$$VP \times r = C$$

Por consiguiente, conociendo el flujo de efectivo y la tasa de rendimiento, se puede calcular el valor presente con gran facilidad:

$$\textbf{VP de una perpetuidad} = C/r = C \times (1/r) \tag{5.6}$$

Por ejemplo, una inversión ofrece un flujo de efectivo perpetuo de $500 anuales. El rendimiento que se requiere sobre una inversión como ésta es del 8%. ¿Cuál es el valor de esta inversión? El valor de esta perpetuidad es:

$$\text{VP de la perpetuidad} = C/r = \$500/0.08 = \$6{,}250$$

Otra forma de entender por qué es tan fácil determinar el valor de una perpetuidad es observar la ecuación para el factor de valor presente de una anualidad:

$$\text{Factor de valor presente de una anualidad} = (1 - \text{Factor de valor presente})/r$$
$$= (1/r) \times (1 - \text{Factor de valor presente})$$

Como ya se ha visto, cuando el número de períodos llega a ser muy grande, el factor de valor presente se vuelve muy pequeño. Como resultado de ello, el factor de la anualidad se acerca cada vez más a $1/r$. Por ejemplo, al 10%, el factor de valor presente de una anualidad para 100 años es:

$$\text{Factor de valor presente de una anualidad} = (1/0.10) \times (1 - 1/1.10^{100})$$
$$= (1/0.10) \times (1 - 0.000073)$$
$$\approx (1/0.10)$$

I. Símbolos:

Tabla 5.5

Resumen de los cálculos del
valor del dinero en el tiempo

   VP = Valor presente, lo que valen hoy flujos de efectivo futuros.

   VF_t = Valor futuro, lo que valen en el futuro los flujos de efectivo.

   i = Tasa de interés, tasa de rendimiento, o tasa de descuento por período:
   normalmente es un año, aunque no siempre.

   t = Número de períodos: normalmente es el número de años, aunque no
   siempre.

   C = Importe en efectivo.

II. Valor futuro de C invertido al $r\%$ por período, por t períodos:

   $$VF_t = C \times (1 + r)^t$$

   Al término $(1 + r)^t$ se le denomina *factor de valor futuro*.

III. Valor presente de C a recibir en t períodos, al $r\%$ por período:

   $$VP = C/(1 + r)^t$$

   Al término $1/(1 + r)^t$ se le denomina *factor de valor presente*.

IV. Valor futuro de C por período, por t períodos, al $r\%$ por período:

   $$VF_t = C \times [(1 + r)^t - 1]/r$$

   A una serie de flujos de efectivo idénticos se le denomina una *anualidad*, y al
   término $[(1 + r)^t - 1]/r$ se le denomina *factor de valor futuro de una anualidad*.

V. Valor presente de C por período, por t períodos, al $r\%$ por período:

   $$VP = C \times [1 - \{1/(1 + i)^t\}]/i$$

   Al término $[1 - \{1/(1 + r)\}^t]/i$ se le denomina *factor de valor presente de una
   anualidad*.

VI. Valor presente de una perpetuidad de C por período:

   $$VP = C/r$$

   Una perpetuidad tiene el mismo flujo de efectivo cada año, hasta el infinito.

   Esto concluye el estudio de los conceptos fundamentales del valor del dinero en el tiempo. En la tabla 5.5 se ofrece un resumen de los cinco cálculos básicos que se han estudiado para utilizarlos como referencia futura.

Ejemplo 5.20   Acciones preferentes

Las *acciones preferentes* o acciones de voto limitadas son un ejemplo importante de una perpetuidad. Cuando una corporación vende acciones preferentes, se le promete al comprador un dividendo en efectivo fijo cada período (por lo general cada trimestre) a perpetuidad. Este dividendo debe pagarse antes de que se pueda pagar cualquier otro dividendo a los accionistas ordinarios, de esto se deriva el término *preferente*.

Supongamos que Fillini Co. quiere vender acciones preferentes a $100 por acción. Una emisión muy similar de acciones preferentes que ya se encuentra en circulación tiene un precio de $40 por acción y ofrece un dividendo de $1 cada trimestre. ¿Qué dividendo tendrá que ofrecer Fillini para que se vendan las acciones preferentes?

La emisión que ya se encuentra en circulación tiene un valor presente de $40 y un flujo de efectivo perpetuo de $1 cada trimestre. Puesto que esto es una perpetuidad:

$$\text{Valor presente} = \$40 = \$1 \times (1/r)$$
$$r = 2.5\%$$

Para ser competitiva, la nueva emisión de Fillini deberá ofrecer 2.5% *por trimestre*; por tanto, si el valor presente es de $100, el dividendo tiene que ser:

$$\text{Valor presente} = \$100 = C \times (1/0.025)$$
$$C = \$2.5 \text{ (por trimestre)} \ \blacksquare$$

PREGUNTAS SOBRE CONCEPTOS

5.5a Por lo general, ¿cuál es el valor presente de una anualidad de C unidades monetarias por período a una tasa de descuento de r por período? ¿El valor futuro?

5.5b Por lo general, ¿cuál es el valor presente de una perpetuidad?

5.6 | COMPARACIÓN DE TASAS: EL EFECTO DE LOS PERÍODOS DE COMPOSICIÓN

El último tema que es necesario estudiar se relaciona con la forma en que se cotizan las tasas de interés. Este tema ocasiona bastante confusión debido a que las tasas se expresan en muchas formas diferentes. En ocasiones, la forma en que se cotiza una tasa es el resultado de la tradición y, en otras, de la legislación. Lamentablemente, hay veces en que las tasas se expresan deliberadamente de formas engañosas para confundir a los prestatarios e inversionistas. En esta sección se estudiarán estos temas.

Tasas efectivas anuales y composición

Si la tasa se expresa como el 10% compuesto semestralmente, esto significa que la inversión en realidad paga un 5% cada seis meses. Como es natural, se plantea una pregunta: ¿Es lo mismo el 5% cada seis meses que el 10% anual? Es fácil ver que no es así. Si se invierte $1 al 10% anual, al finalizar el año se tendrán $1.10. Si se invierte al 5% cada seis meses, se tendrá el valor futuro de $1 al 5% por dos períodos, es decir:

$$\$1 \times (1.05)^2 = \$1.1025$$

Esto es 0.0025 más. La razón es muy sencilla. Lo que ha ocurrido es que, después de seis meses, a la cuenta se le acreditan $1 × 0.05 = $0.05 de intereses. En los seis meses siguientes, se gana el 5% sobre esos $0.05, es decir, $0.05 × 0.05 = $0.0025 adicionales.

Como se muestra en el ejemplo, el 10% compuesto semestralmente equivale en realidad al 10.25% anual. Dicho de otra forma, no habría diferencia entre un 10% compuesto semestralmente y un 10.25% compuesto anualmente. Cada vez que exista composición durante el año, es necesario preocuparse por conocer cuál es realmente la tasa.

En este ejemplo, al 10% se le denomina **tasa de interés establecida** o **cotizada**. También se emplean otros nombres. El 10.25%, que es en realidad la tasa que se ganará, se denomina **tasa efectiva anual (TEA)**. Para comparar diferentes inversiones o tasas de interés, siempre será necesario convertirlas a tasas efectivas. Se estudian a continuación algunos procedimientos generales para llevarlo a cabo.

Cálculo y comparación de las tasas efectivas anuales

Para comprender por qué es importante trabajar sólo con tasas efectivas, supongamos que se ha investigado y se cuenta con las siguientes tres tasas:

Banco A: 15%, compuesto diariamente
Banco B: 15.5%, compuesto trimestralmente
Banco C: 16%, compuesto anualmente

¿Cuál de ellas es la mejor si se piensa abrir una cuenta de ahorros? ¿Cuál de ellas es la mejor si representan tasas para préstamos?

Para comenzar, el Banco C está ofreciendo el 16% anual. Dado que no existe composición durante el año, ésta es la tasa efectiva. El Banco B está pagando en realidad 0.155/4 = 0.03875, es decir, 3.875% trimestral. Con esta tasa, una inversión de $1 durante cuatro trimestres se convertiría en:

$$\$1 \times (1.03875)^4 = \$1.1642$$

Por consiguiente, la TEA es del 16.42%. Para un ahorrador, esta tasa es mucho mejor que el 16% que ofrece el Banco C; para un prestatario es peor.

El Banco A hace la composición cada día. Esto puede parecer un poco exagerado, pero es muy normal que se calculen los intereses diariamente. En este caso, la tasa de interés diaria es en realidad:

$$0.15/365 = 0.000411$$

Lo que supone el 0.0411% diario. A esta tasa, una inversión de $1 por 365 períodos se convertiría en:

$$\$1 \times (1.000411)^{365} = \$1.1618$$

La TEA es del 16.18%. Para un ahorrador, esta tasa no es tan buena como el 16.42% del Banco B y para un prestatario no es tan buena como el 16% del Banco A.

Este ejemplo muestra dos cosas. Primero, la tasa cotizada más alta no es necesariamente la mejor. Segundo, la composición durante el año puede dar lugar a una diferencia importante entre la tasa cotizada y la efectiva. Recuerde que la tasa *efectiva* es lo que se recibe o lo que se paga.

tasa de interés establecida
Tasa de interés expresada en términos del pago de interés realizado en cada período. También se denomina *tasa de interés cotizada*.

tasa efectiva anual (TEA)
Tasa de interés expresada como si se compusiera una vez al año.

Si se observan los ejemplos, las TEA se calcularon en tres pasos. Primero, se dividió la tasa declarada o cotizada entre el número de veces que se compone el interés. Después, se añadió 1 al resultado y se elevó a la potencia del número de períodos en que se compone el interés. Por último, se restó 1. Si se determina que m es el número de veces que se compone el interés durante el año, estos pasos pueden resumirse como se indica a continuación:

$$\text{TEA} = [1 + (\text{tasa cotizada})/m]^m - 1 \qquad\qquad (5.7)$$

Por ejemplo, supongamos que le ofrecen el 12% compuesto mensualmente. En este caso, el interés se compone 12 veces al año, por lo que m es 12. La tasa efectiva se puede calcular como:

$$
\begin{aligned}
\text{TEA} &= [1 + (\text{tasa cotizada})/m]^m - 1 \\
&= [1 + 0.12/12]^{12} - 1 \\
&= 1.01^{12} - 1 \\
&= 1.126825 - 1 \\
&= 12.6825\%
\end{aligned}
$$

Ejemplo 5.21   ¿Qué es la TEA?

Un banco ofrece el 12% compuesto trimestralmente. Si se depositan $100 en una cuenta, ¿cuánto se tendrá al finalizar un año? ¿Cuál es la TEA? ¿Cuánto se tendrá al término de dos años?

El banco está ofreciendo efectivamente 12%/4 = 3% cada trimestre. Si se invierten $100 por cuatro períodos al 3% por período, el valor futuro es:

$$
\begin{aligned}
\text{Valor futuro} &= \$100 \times (1.03)^4 \\
&= \$100 \times 1.1255 \\
&= \$112.55
\end{aligned}
$$

La TEA es 12.55% [$100 × (1 + 0.1255) = $112.55].

Se puede determinar en dos formas diferentes lo que se tendrá al termino de dos años. Una forma es reconocer que dos años es lo mismo que ocho trimestres. Al 3% trimestral, se tendría después de ocho trimestres:

$$\$100 \times (1.03)^8 = \$100 \times 1.2668 = \$126.68$$

De forma alternativa, es posible determinar el valor al término de dos años utilizando una TEA del 12.55%; por tanto, después de dos años se tendrían:

$$\$100 \times (1.1255)^2 = \$100 \times 1.2688 = \$126.68$$

Como vemos, los dos métodos llegan a la misma respuesta. Esto muestra un punto importante. Cada vez que se realice una operación de valor actual o futuro, la tasa que se use debe ser una tasa efectiva. En este caso, la tasa efectiva es del 3% trimestral. La tasa efectiva anual es del 12.55%. Una vez que se conoce la TEA, no importa cuál sea la que se use. ∎

Ejemplo 5.22   Cotización de una tasa

Ahora que ya sabemos cómo convertir una tasa cotizada a una TEA, considere el caso inverso. Como prestamista, se sabe que se quiere ganar realmente el 18% en determinado préstamo. Se quiere cotizar una tasa con composición mensual. ¿Qué tasa se cotiza?

En este caso, se sabe que la TEA es del 18% y se conoce que éste es el resultado de composiciones mensuales. Si q representa la tasa cotizada, se tiene:

$$\text{TEA} = [1 + (\text{tasa cotizada})/m]^m - 1$$
$$0.18 = [1 + q/12]^{12} - 1$$
$$1.18 = [1 + q/12]^{12}$$

Es necesario resolver esta ecuación para la tasa cotizada. Este cálculo es igual a aquellos que se hicieron con el fin de encontrar una tasa de interés desconocida en la sección 5.3 anterior:

$$1.18^{(1/12)} = (1 + q/12)$$
$$1.18^{0.08333} = 1 + q/12$$
$$1.0139 = 1 + q/12$$
$$q = 0.0139 \times 12$$
$$= 16.68\%$$

Por consiguiente, la tasa que se cotizaría sería del 16.68% compuesta mensualmente. ■

TEA y TPA

En ocasiones, no está del todo claro si se trata de una tasa efectiva anual o no. Uno de estos casos es lo que se denomina **tasa porcentual anual** o **TPA** de un préstamo. Las leyes de la honestidad en los préstamos en Estados Unidos exigen que los prestamistas indiquen la TPA en casi todos los préstamos personales. Esta tasa debe especificarse en el documento del préstamo de forma clara y sin ambigüedades.

Sabiendo que se tiene que calcular y mostrar la TPA, surge una pregunta obvia: ¿Es la TPA una tasa anual efectiva? Dicho en otra forma, si un banco cotiza un préstamo para automóviles al 12% TPA, ¿está en realidad el consumidor pagando un interés del 12%? Sorprendentemente, la respuesta es no. Existe cierta confusión sobre este punto, que se estudiará a continuación.

La confusión con relación a la TPA se produce porque la ley exige a los prestamistas que calculen la TPA de una determinada forma. Por ley, la TPA es simplemente igual a la tasa de interés, por período, multiplicada por el número de períodos en un año. Por ejemplo, si un banco está cobrando el 1.2% mensual en los préstamos para automóviles, la TPA que se debe explicitar es 1.2% × 12 = 14.4%. Por tanto, la TPA de hecho es una tasa declarada o cotizada en el sentido que hemos estado estudiando. Por ejemplo, una TPA del 12% en un préstamo con pagos mensuales es en realidad el 1% mensual. Por consiguiente, la TEA para este tipo de préstamos es:

$$\text{TEA} = (1 + \text{TPA}/12)^{12} - 1$$
$$= 1.01^{12} - 1 = 12.6825\%$$

tasa porcentual anual (TPA)
Tasa de interés que se carga por período multiplicada por el número de períodos por año.

Ejemplo 5.23   ¿**Qué tasa se está pagando?**

Dependiendo del emisor, un contrato de tarjeta de crédito típico declara una tasa de interés del 18% TPA. Se requieren pagos mensuales. ¿Cuál es la tasa de interés efectiva que se paga por estas tarjetas de crédito?

De acuerdo con lo anterior, una TPA del 18% con pagos mensuales es en realidad $0.18/12 = 0.015$, es decir, el 1.5% mensual. Por tanto, la TEA es:

$$\text{TEA} = (1 + 0.18/12)^{12} - 1$$

$$= 1.015^{12} - 1$$

$$= 1.1956 - 1$$

$$= 19.56\%$$

Ésta es la tasa que se paga en realidad. ∎

Es probable que la diferencia entre una TPA y una TEA no sea tan grande, pero es algo irónico que las leyes de la honestidad en los préstamos exijan en ocasiones a los prestamistas *mentir* sobre la tasa efectiva de un préstamo.

Llevándolo hasta el límite: nota sobre la composición continua

Si se hace un depósito en una cuenta de ahorros, ¿con qué frecuencia se podría componer el dinero durante el año? Si se piensa en esto, en realidad no existe un límite máximo. Por ejemplo, ya hemos visto que la composición diaria no es un problema. Sin embargo, no hay razón alguna para detenerse aquí. Se podría componer cada hora o cada minuto o segundo. ¿Qué tan alta sería la TEA en este caso? En la tabla 5.6 se muestra las TEA que resultarían si el 10% se compone en intervalos cada vez más y más cortos. Obsérvese que las TEA se hacen cada vez mayores, pero las diferencias llegan a ser muy pequeñas.

Como parecen sugerir las cifras en la tabla 5.6, existe un límite máximo para las TEA. Si se considera que *q* representa la tasa cotizada, y el número de veces que se compone el interés es demasiado grande, la TEA se acerca a:

$$\text{TEA} = e^q - 1 \tag{5.8}$$

Tabla 5.6	Período de composición	Número de veces que se compone	Tasa efectiva anual
Frecuencia de la composición y tasas efectivas anuales	Año	1	10.00000%
	Trimestre	4	10.38129
	Mes	12	10.47131
	Semana	52	10.50648
	Día	365	10.51558
	Hora	8,760	10.51703
	Minuto	525,600	**10.51709**

donde *e* es el número 2.71828 (busque en su calculadora una tecla marcada como «e^x»). Por ejemplo, con la tasa del 10%, la TEA más alta posible es la que se indica a continuación:

$$TEA = e^q - 1$$
$$= 2.71828^{0.10} - 1$$
$$= 1.1051709 - 1$$
$$\mathbf{= 10.51709\%}$$

En este caso, se dice que el dinero se está componiendo continuamente o instantáneamente. Lo que ocurre es que el interés se acredita al instante en que se devenga, por lo que la cantidad de intereses crece continuamente.

Ejemplo 5.24   ¿Cuál es la ley?

En un pasado no demasiado lejano, los bancos comerciales y las asociaciones de ahorro y préstamos (AA&P) en Estados Unidos estaban restringidas en relación con las tasas de interés que podían ofrecer en las cuentas de ahorro. De acuerdo con lo que se conocía como la Reglamentación Q, a las AA&P se les permitía pagar un máximo del 5.5% y a los bancos no se les permitía pagar más del 5.25% (la idea era otorgar una ventaja competitiva a las AA&P, pero no dio resultado).

Sin embargo, la ley no señalaba con qué frecuencia se podían componer estas tasas. Por tanto, de acuerdo con la Reglamentación Q, ¿cuáles eran las tasas de interés máximas permitidas?

Las tasas máximas permitidas se presentaban con la composición continua o instantánea. En el caso de los bancos comerciales, el 5.25% compuesto continuamente es:

$$TEA = e^{0.0525} - 1$$
$$= 2.71828^{0.0525} - 1$$
$$= 1.0539026 - 1$$
$$= 5.39026\%$$

Esto es en realidad lo que podían pagar los bancos. Verifíquese que las AA&P podían pagar efectivamente el 5.65406%. ∎

PREGUNTAS SOBRE CONCEPTOS

5.6a Si se conoce que la tasa de interés es del 12% compuesta diariamente, ¿cómo se denomina esta tasa?

5.6b ¿Qué es una TPA? ¿Qué es una TEA? ¿Son lo mismo?

5.6c Por lo general, ¿cuál es la relación entre una tasa cotizada de interés y una tasa efectiva de interés? ¿Cuál tiene mayor importancia para las decisiones financieras?

5.6d ¿Qué significa «composición continua»?

5.7 | RESUMEN Y CONCLUSIONES

En este capítulo se han presentado los principios básicos de valor presente y de la valuación del flujo de efectivo descontado. Se han explicado varios aspectos del valor del dinero en el tiempo, incluyendo:

1. Para una tasa de rendimiento conocida, es posible determinar el valor en algún punto del futuro de una inversión realizada hoy por medio del cálculo del valor futuro de esa inversión.
2. Se puede determinar el valor actual de un flujo de efectivo futuro, o de una serie de flujos de efectivo, para una determinada tasa de rendimiento, calculando el valor presente del flujo o flujos de efectivo involucrados.
3. La relación entre el valor presente (VP) y el valor futuro (VF) para una determinada tasa i y tiempo t se obtiene mediante la ecuación básica de valor presente:

$$VP = VF_t/(1 + r)^t$$

Como ya se ha mostrado, es posible determinar cualquiera de las cuatro componentes (VP, VF_t, r, t) conociendo las otras tres.
4. A la serie de flujos de efectivo constantes que se reciben o que se pagan al final de cada período, se le denomina anualidad ordinaria; se describen aquí algunos métodos sencillos y útiles para determinar los valores presentes y futuros de las anualidades.
5. Las tasas de interés se pueden expresar o cotizar de diversas formas. Para tomar decisiones financieras, es importante que cualquier tasa que se compare se convierta primero en tasas efectivas. La relación entre una tasa cotizada, por ejemplo, una tasa porcentual anual (TPA), y una tasa efectiva anual (TEA) se expresa como:

$$TEA = (1 + \text{tasa cotizada}/m)^m - 1$$

donde m es el número de veces que se compone el dinero durante el año o, de forma equivalente, el número de pagos durante el año.

Los principios que se exponen en este capítulo se citarán con frecuencia en los próximos capítulos. La razón es que la mayoría de las inversiones, ya sea que involucren activos reales o activos financieros, pueden analizarse utilizando el método del flujo de efectivo descontado (FED). Como consecuencia de ello, el método FED es ampliamente aplicable y muy utilizado en la práctica. Por ejemplo, en el próximo capítulo se muestra cómo valuar bonos y acciones utilizando una extensión de las técnicas que se han presentado en este capítulo. Sin embargo, antes de proseguir, es conveniente resolver algunos de los problemas que se presentan a continuación.

Términos fundamentales

valor futuro (VF) **132**	tasa de descuento **140**
composición **132**	anualidad **154**
intereses sobre intereses **133**	perpetuidad **160**
interés compuesto **133**	«bonos perpetuos» **160**
interés simple **133**	tasa de interés establecida o cotizada **163**
valor presente (VP) **139**	tasa efectiva anual (TEA) **163**
descontar **139**	tasa porcentual anual (TPA) **165**

Problemas para revisión del capítulo y autoevaluación

5.1 Cálculo de valores futuros   Suponga que se depositan $1,000 hoy en una cuenta que paga el 8% de interés. ¿Cuánto se tendrá en cuatro años? ¿Cuánto se tendrá si el 8% se compone trimestralmente? En este caso, ¿cuánto se tendrá en 4 $1/_2$ años?

5.2 Cálculo de valores presentes   Suponga que acaba de celebrar su cumpleaños 19. Un tío rico establece para usted un fondo en fideicomiso que le pagará $100,000 cuando cumpla los 25 años. Si la tasa de descuento relevante es del 11%, ¿cuánto vale este fondo hoy?

5.3 Valores presentes para flujos de efectivo múltiples   Un equipo de fútbol americano ha seleccionado a un «mariscal de campo» en la primera ronda de selección con un contrato a tres años por $10 millones. Las condiciones del contrato señalan un bono en efectivo inmediato de $1 millón. El jugador recibirá $2 millones como sueldo al finalizar el primer año, $3 millones en el siguiente y $4 millones al finalizar el último año. Suponiendo una tasa de descuento del 10%, ¿vale este contrato los $10 millones? ¿Cuánto vale?

5.4 Valor futuro para flujos de efectivo múltiples   Se piensa realizar una serie de depósitos en una cuenta que genera intereses. Hoy se depositarán $1,000, dentro de dos años $2,000 y en cinco años $8,000. Si se retiran $3,000 en tres años y $5,000 a los siete años, ¿cuánto se tendrá después de ocho años, si la tasa de interés es del 9%? ¿Cuál es el valor presente de estos flujos de efectivo?

5.5 Valor presente de una anualidad   Se está estudiando una inversión que pagará $12,000 anuales durante los próximos diez años. Si se requiere un rendimiento del 15%, ¿cuál es el valor máximo que se pagaría por esta inversión?

5.6 TPA versus TEA   La tasa actual para préstamos a estudiantes se cotiza al 9% TPA. Las condiciones del préstamo señalan pagos mensuales. ¿Cuál es la tasa efectiva anual (TEA) sobre este tipo de préstamos a estudiantes?

Respuestas a los problemas para autoevaluación

5.1 Es necesario calcular el valor futuro de $1,000 al 8% durante cuatro años. El factor de valor futuro es:

$1.08^4 = $ **1.3605**

Por tanto, el valor futuro es $1,000 × 1.3605 = $1,360.50. Si el 8% se compone trimestralmente, la tasa es en realidad del 2% trimestral. En cuatro años hay 16 trimestres, por lo que ahora el factor de valor futuro es:

$1.02^{16} = $ **1.3728**

Por consiguiente, el valor futuro de los $1,000 es en este caso de $1,372.80, un poco mayor que el monto previamente calculado, debido a la composición adicional. Observe que se pudo haber calculado primero la TEA:

TEA $= (1 + 0.08/4)^4 - 1 = $ **8.24322%**

En cuyo caso, el factor de valor futuro sería:

$1.0824322^4 = $ **1.3728**

Esto es exactamente igual a lo calculado con anterioridad. Para determinar el valor futuro después de $4\,^1/_2$ años, podría utilizarse la tasa efectiva trimestral para 18 trimestres o bien la tasa efectiva anual para 4.5 años. Se presentan ambas:

Valor futuro = $\$1,000 \times (1.02)^{18} = \$1,000 \times 1.42825 = \mathbf{\$1,428.25}$

o:

Valor futuro = $\$1,000 \times (1.0824322)^{4.5} = \$1,000 \times 1.42825$

$= \mathbf{\$1,428.25}$

5.2 Se necesita el valor presente de $\$100,000$ a pagar en seis años al 11%. El factor de descuento es:

$1/1.11^6 = 1/1.8704 = \mathbf{0.5346}$

Por consiguiente, el valor presente es de aproximadamente **$\$53,460$**.

5.3 Es obvio que el contrato no vale $\$10$ millones porque los pagos se difieren a lo largo de tres años. El bono se paga hoy, de modo que vale $\$1$ millón. Los valores presentes de los tres pagos posteriores de sueldos son:

$\$2/1.1 + 3/1.1^2 + 4/1.1^3 = \$2/1.1 + 3/1.21 + 4/1.3310$

$= \mathbf{\$7.3028}$

El valor total del contrato es de **$\$8.3028$ millones**.

5.4 Se calcularán los valores futuros para cada uno de los flujos de efectivo por separado y después se sumarán. Observe que los retiros se consideran flujos de efectivo negativos:

$$
\begin{array}{rcll}
\$1,000 \times 1.09^8 & = & \$1,000 \times 1.9926 = & \mathbf{\$\,1,992.60} \\
\$2,000 \times 1.09^6 & = & \$2,000 \times 1.6771 = & \mathbf{\$\,3,354.20} \\
-\$3,000 \times 1.09^5 & = & -\$3,000 \times 1.5386 = & -\mathbf{\$\,4,615.87} \\
\$8,000 \times 1.09^3 & = & \$8,000 \times 1.2950 = & \mathbf{\$10,360.23} \\
-\$5,000 \times 1.09^1 & = & -\$5,000 \times 1.0900 = & -\underline{\mathbf{\$\,5,450.00}} \\
\textbf{Valor futuro total} & & & \underline{\mathbf{\$\,5,641.12}}
\end{array}
$$

Este valor contiene un pequeño error de redondeo.

Para calcular el valor presente, se puede descontar cada flujo de efectivo al presente o bien descontar un solo año a la vez. Sin embargo, puesto que ya se conoce que el valor futuro en ocho años es de $\$5,641.12$, la forma fácil de obtener el VP es descontar este importe al presente por ocho años:

Valor presente = $\$5,641.12/1.09^8 = \$5,641.12/1.9926 = \mathbf{\$2,831.03}$

De nuevo, no se toma en cuenta un pequeño error de redondeo. Como práctica, se puede verificar que este resultado también se obtiene si se descuenta al presente cada flujo de efectivo por separado.

5.5 Lo máximo que se pagaría es el valor presente de $12,000 anuales durante diez años a una tasa de descuento de 15%. En este caso, los flujos de efectivo tienen la forma de una anualidad ordinaria, por lo que el factor de valor presente relevante es:

$$\text{Factor de valor presente de la anualidad} = [1 - (1/1.15^{10})]/0.15$$
$$= [1 - 0.2472]/0.15$$
$$= \mathbf{5.0188}$$

Por tanto, el valor presente de los 10 flujos de efectivo es:

$$\text{Valor presente} = \$12,000 \times 5.0188$$
$$= \mathbf{\$60,225}$$

Esto es lo máximo que se pagaría.

5.6 Una tasa del 9% TPA, con pagos mensuales, es en realidad 9%/12 = **0.75%** mensual. Por consiguiente, la TEA es:

$$\text{TEA} = (1 + 0.09/12)^{12} - 1 = \mathbf{9.38\%}$$

Preguntas y problemas

1. **Cálculo de valores presentes**   Calcule los valores presentes de cada uno de los siguientes valores futuros:

Valor futuro	Años	Tasa de interés	Valor presente
$ 498	7	13%	
1,033	13	6	
14,784	23	4	
898,156	4	31	

2. **Cálculo de valores futuros**   Calcule los valores futuros de cada uno de los siguientes valores presentes:

Valor presente	Años	Tasa de interés	Valor futuro
$ 123	13	13%	
4,555	8	8	
74,484	5	10	
167,332	9	1	

3. **Cálculo de tasas de interés**   Suponga que el costo de la educación universitaria será de $20,000 cuando su hijo entre a la universidad, dentro de 12 años. En la actualidad, se tienen $10,000 para invertir. ¿Qué tasa de interés se tiene que ganar sobre la inversión para cubrir el costo de una educación universitaria dentro de 12 años?

4. **Valor presente para flujos de efectivo múltiples**   Una inversión tiene los siguientes flujos de efectivo. Si la tasa de descuento es del 8%, ¿cuál es el valor presente de estos flujos? ¿Cuál es el valor presente al 12%?

Año	Flujo de efectivo
1	$100
2	200
3	700

5. **Cálculo de valores futuros**   ¿Cuál es el valor futuro de $5,000 en 12 años, suponiendo una tasa del 10% compuesta trimestralmente?

6. **Cálculo de valores futuros**   Un banco local está ofreciendo el 9% compuesto mensualmente en sus cuentas de ahorros. Si se depositan $700 hoy, ¿cuánto se tendrá en dos años? ¿Cuánto se tendrá en 2.5 años?

7. **Valor presente para flujos de efectivo múltiples**   Usted acaba de incorporarse a la casa de bolsa Godel, Esher y Bock. Le han ofrecido dos paquetes diferentes de compensación. Puede recibir $40,000 anuales durante los próximos dos años o $20,000 anuales durante los próximos dos años, junto con un bono de $30,000 al firmar el día de hoy. Si la tasa de interés es del 16% compuesta trimestralmente, ¿cuál prefiere?

8. **Cálculo de la TEA**   Determine la TEA para cada uno de los casos que se presentan a continuación:

Tasa cotizada (TPA)	Número de veces que se compone	Tasa efectiva (TEA)
4%	Semestral	
6	Trimestral	
18	Diaria	
22	Infinita	

9. **Cálculo de la TEA**   Determine la TEA o tasa cotizada para cada uno de los casos que se presentan a continuación:

Tasa cotizada (TPA)	Número de veces que se compone	Tasa efectiva (TEA)
	Semestral	6%
	Trimestral	8
	Diaria	12
	Infinita	14

10. **Cálculo de la TEA**   El First National Bank cobra el 10% compuesto trimestralmente, en sus préstamos personales. El First Federal Bank cobra el 10.5%, compuesto semestralmente. Como potencial prestatario, ¿cuál prefiere?

11. **Valor presente para flujos de efectivo múltiples**   La inversión A paga $100 anuales durante tres años. La inversión B paga $80 anuales durante cuatro años. ¿Cuál de estas series de flujos de efectivo tiene el VP más alto, si la tasa de descuento es del 10%? ¿Si la tasa de descuento es del 25%?

12. **Cálculo del número de períodos**   Con un interés del 12%, ¿cuánto tiempo se requiere para que el dinero se duplique? ¿Para que se triplique?

13. **Cálculo de valor presente**   Una inversión pagará $55,000 en tres años. Si la tasa de descuento apropiada es del 8% compuesta en forma continua, ¿cuál es el VP?

14. **Cálculo de valor futuro y número de períodos**   La población de Lower East Country está creciendo al 4% anual. La población actual es de 500 millones. ¿Cuál será la población en ocho años? ¿Cuánto tiempo transcurrirá hasta que la población exceda los mil millones?

15. **Cálculo de tasas de interés**   Se ofrece una inversión que requiere invertir $1,000 hoy a cambio de recibir $2,500 en 10 años. ¿Cuál es la tasa de rendimiento?

16. **Cálculo de tasas de interés**   Se están comparando dos inversiones. Ambas requieren una inversión inicial de $5,000. La inversión A genera $9,400 en ocho años. La inversión B paga $11,300 en 12 años. ¿Cuál de estas inversiones tiene un rendimiento mayor?

17. **Cálculo del número de períodos**   Resuelva para el número de años en cada uno de los siguientes casos:

Valor presente	Valor futuro	Tasa de interés	Tiempo (años)
$ 100	$ 350	12%	
123	251	10	
4,100	8,523	5	
10,543	26,783	6	

18. **TEA versus TPA**   Una tasa típica en una tienda de empeños sería el 20% mensual. A los dueños de casas de empeño se les exige por ley informar la TPA. ¿Qué tasa deben cotizar? ¿Cuál es la tasa efectiva anual?

19. **Cálculo de valor presente**   Una inversión ofrece $500 anuales durante 10 años. Si el rendimiento requerido es del 10%, ¿cuál es el valor de la inversión? ¿Cuál sería el valor si el vencimiento fuera a 30 años? ¿A 50 años? ¿Infinito?

20. **Cálculo de flujos de efectivo de una anualidad**   Si se invierten hoy $100,000 a cambio de una anualidad al 12% por 6 años, ¿cuál será el flujo de efectivo anual?

21. **Cálculo de tasas de interés**   Resuelva para la tasa de interés en cada uno de los casos siguientes:

Valor presente	Valor futuro	Tasa de interés	Tiempo (años)
$ 100	$ 305		5
123	218		6
4,100	8,523		7
10,543	21,215		12

22. **Valuación de anualidades**   Se ha determinado que su compañía puede cubrir un pago anual de $15,000 durante los próximos 10 años. Un nuevo sistema de computación cuesta en total $100,000. Si se puede obtener un préstamo al 12%, ¿es posible comprar el nuevo sistema?

23. **Valor presente y tasas de interés**   ¿Cuál es la relación entre el valor de una anualidad y el nivel de la tasa de interés? ¿Qué le ocurriría al valor de una anualidad si de repente aumentara la tasa de interés? Muestre su respuesta mediante el cálculo del valor presente de una anualidad por diez años, de $100 anuales al 5%, al 10% y al 15%.

24. **Pagos de préstamos y TEA**   Si se obtiene un préstamo por $12,000 al 14% TPA por 60 meses, ¿cuál será el pago mensual? ¿Cuál es la tasa de interés efectiva sobre este préstamo?

25. **TEA versus TPA**   Se acaba de realizar la compra de un nuevo almacén. Para financiar dicha adquisición se ha contratado una hipoteca a 20 años por el 80% del precio de la compra de $400,000. El pago mensual será de $3,000. ¿Cuál es la TPA del préstamo? ¿Cuál es la tasa efectiva anual?

26. **Cálculo del número de períodos**   Uno de sus clientes está teniendo problemas para pagar sus deudas. Se acuerda con él un programa de liquidación de $112 mensuales y se le cobra el 0.8% mensual de interés por las cuentas vencidas. Si el saldo actual de la cuenta es de $5,000, ¿qué tiempo transcurrirá hasta que se pague por completo la deuda?

27. **Valuación de anualidades**   Si se depositan $2,000 al final de cada uno de los próximos ocho años en una cuenta que paga el 11% de interés, ¿cuánto se tendrá en ocho años? ¿Cuánto se tendrá en diez años?

28. **Valuación de anualidades**   Este problema es un poco más difícil. En el problema 27, suponga que se hizo el primer depósito hoy. Si en total se realizan 10 depósitos, ¿cuánto se tendría en 10 años?

29. **Cálculo de la TEA**   Un prestamista local, considerado como un «tiburón», ofrece «cuatro por cinco el día de pagos». Esto significa que se reciben hoy $4 y se tienen que liquidar $5 en seis días, cuando el solicitante del préstamo cobre su sueldo. ¿Cuál es la tasa de interés efectiva anual sobre este préstamo?

30. **Cálculo del número de períodos**   Se piensa que el valor de un bien raíz que se acaba de comprar aumentará en un 14% cada año. Se pagó por él $850,000 y se piensa en venderlo cuando se pueda obtener una ganancia de $200,000. ¿Cuánto tiempo habrá que esperar si el valor aumenta el 14% anual?

31. **TEA versus TPA**   Si un préstamo tiene una TPA del 16%, ¿cuál es la TEA, suponiendo que el préstamo requiere pagos semestrales? ¿Si el préstamo requiere pagos mensuales?

32. **Cálculo de TEA**   Se busca una inversión que ofrezca una tasa efectiva anual del 14%. ¿Cuál es el rendimiento efectivo semestral? ¿El rendimiento efectivo trimestral? ¿El rendimiento efectivo mensual?

33. **Cálculo de valor presente**   Se ha estimado que una empresa tiene un pasivo por pensiones para sus empleados de $1 millón a pagar en 24 años. Para determinar el valor de las acciones de la empresa, los analistas financieros pretenden descontar este pasivo al presente. Si la tasa de descuento es del 6%, ¿cuál es el valor presente de este pasivo?

34. **Cálculo de VP y el interés de equilibrio**   Considere el caso de una empresa con un contrato para vender un activo en $70,000. El pago se recibirá al término de dos

años y cuesta $60,000 producir el activo. Conociendo que la tasa de interés relevante es del 10%, ¿obtuvo la empresa una ganancia en este producto? ¿Cuál es la tasa a la que la empresa alcanza el punto de equilibrio?

35. **Valor presente y tasas de interés**   Usted ha ganado la lotería estatal de Florida. Los funcionarios de la lotería le ofrecen elegir entre las siguientes opciones de pago:

    Opción 1: $10,000 dentro de un año a partir de ahora

    Opción 2: $20,000 en cinco años a partir de ahora

    ¿Qué opción debe elegir si la tasa de descuento es:
    a. 0%?
    b. 10%?
    c. 20%?

36. **Valor presente y flujo de efectivo de una anualidad**   Con una tasa de interés del 10%, obtenga el valor presente de las siguientes series de pagos que se producen al *inicio* del año:
    a. $1,000 anuales a perpetuidad.
    b. $500 anuales a perpetuidad, con el primer pago a realizar dentro de dos años a partir de hoy.
    c. $2,420 anuales a perpetuidad, con el primer pago a efectuar dentro de tres años a partir de hoy.

37. **Valor presente y flujos de efectivo múltiples**   ¿Cuál es el valor presente de un flujo de efectivo por $2,000 anuales que se genera al final de cada año, recibiéndose el primer flujo de efectivo en tres años a partir de hoy y el último en 22 años a partir de hoy (un total de $40,000)? Utilice una tasa de interés del 8%.

38. **Valor presente de una perpetuidad**   Con una tasa de interés del 8% anual, ¿cuál es el valor en la fecha $t = 7$ de una serie perpetua de pagos de $100 realizados en las fechas $t = 12, 13, 14...$?

39. **Valor presente y flujos de efectivo después de impuestos**   Usted acaba de ganar el premio mayor de la lotería estatal de Illinois, con un pago de $4,960,000. Al leer las cláusulas impresas en letras pequeñas, descubre que tiene las siguientes opciones:
    a. Podría recibir $160,000 anuales durante 31 años al inicio de cada año. El ingreso pagaría impuestos a una tasa promedio del 28%. Suponiendo que la tasa de interés apropiada para usted es del 10%, ¿cuál es el valor presente de los flujos de efectivo después de impuestos? (Los impuestos son retenidos al enviar los cheques por correo.)
    b. Podría recibir $1,750,000 ahora. Utilizando de nuevo una tasa de impuestos del 28%, ¿cuál es el valor después de impuestos del pago en estas condiciones?
    ¿Qué opción debe elegir?

40. **Valor presente y tasas de interés variables**   ¿Cuál es el valor de una anualidad a 10 años que paga $300 anuales (al final de cada año) si el primer flujo de efectivo de la anualidad se produce al finalizar el año 6 y la tasa de interés es del 15% para los años 1 al 5, y del 10% en los años subsecuentes?

41. **Cálculo de la TEA con interés retenido por anticipado**   Esta pregunta muestra lo que se conoce como *interés descontado* o *interés retenido por anticipado*. Imagine que se está tramitando un préstamo con un prestamista no muy escrupuloso. Se desea obtener un préstamo de $10,000 por un año. La tasa de interés es del 15%. Usted y el prestamista acuerdan que el interés sobre los $10,000 será 0.15 × $10,000 = $1,500. Por tanto, el prestamista deduce este importe del préstamo

y le entrega $8,500. Usted liquida los $10,000 en un año, con lo que paga los $1,500 de intereses acordados. En este caso, decimos que el interés retenido por anticipado es de $1,500. ¿Qué está mal aquí?

42. **Cálculo de la TEA con interés retenido por anticipado** Se está estudiando un préstamo de $100,000 a un año. La tasa de interés se cotiza sobre una base de interés retenido por anticipado (v. el problema anterior) al 15%. ¿Cuál es la tasa de interés efectiva anual?

43. **Cálculo de TEA con puntos** Se está estudiando un préstamo de $100 a un año. La tasa de interés se expresa como el 10% más dos puntos. En un préstamo, un *punto* es simplemente el 1% (un punto porcentual) del importe del préstamo. Cotizaciones como éstas son muy habituales en las hipotecas inmobiliarias. En este ejemplo, la tasa de interés cotizada exige que el prestatario pague dos puntos de inmediato y liquide después el préstamo con un interés del 10%. ¿En este caso, qué tasa se estaría pagando realmente?

44. **Cálculo de TEA con puntos** La tasa de interés sobre un préstamo a un año se cotiza en 16% más tres puntos (v. el problema anterior). ¿Cuál es la TEA? ¿Se ve afectada su respuesta por el importe del préstamo?

45. **Cálculo de TEA con interés implícito** Este problema muestra una forma engañosa de cotizar tasas de interés, denominada *tasa de interés implícito*. Imagine un anuncio de Ripov Retailing redactado en forma parecida a ésta: «¡$1,000 de crédito instantáneo! ¡12% de interés simple! ¡Tres años para pagar! ¡Pagos mensuales bajos, muy bajos!». Usted no está completamente seguro de qué significa todo esto y alguien derramó tinta sobre el TPA en el contrato del préstamo, así que solicita que se le aclare.

Roger Ripov le explica que si usted toma un préstamo de $1,000 por tres años al 12% de interés, en tres años deberá:

$$\$1,000 \times 1.12^3 = \$1,000 \times 1.405 = \$1,405$$

Roger reconoce ahora que pagar $1,405 de una vez puede resultar difícil, por lo que le permite hacer «pagos mensuales bajos, muy bajos» de $1,405/36 = $39 mensuales, aunque ello significa trabajo contable adicional para él.

¿Es éste un préstamo al 12%? ¿Por qué sí o por qué no? ¿Cuál es la TPA de este préstamo? ¿Cuál es la TEA? ¿Por qué piensa que le llaman «interés implícito»?

46. **Cálculo de la TEA** Una institución financiera local ofrece una tasa de interés del 20% en préstamos a un año. Por tanto, si se contrata un préstamo por $10,000, el interés por el año será de $2,000. Puesto que se paga un total de $12,000, la institución financiera le exige pagar $1,000 mensuales por los próximos 12 meses. ¿Es éste un préstamo al 20%? ¿Qué tasa tendría que cotizarse legalmente en Estados Unidos? ¿Cuál es la tasa efectiva anual?

47. **Cálculo de pagos en anualidades** Éste es un problema clásico de «jubilación». Una línea de tiempo ayudará a resolverlo. Un amigo está celebrando hoy su cumpleaños número 35 y quiere comenzar a ahorrar para su jubilación anticipada a la edad de 65 años. Quiere poder retirar $10,000 de su cuenta de ahorros cada cumpleaños, durante 10 años, a partir de su jubilación; el primer retiro será cuando cumpla 66 años. Este amigo piensa invertir el dinero en la asociación de ahorro y préstamos local, que ofrece un interés del 8% anual. En cada cumpleaños quiere hacer pagos anuales iguales en una nueva cuenta de ahorros que establecerá para su fondo de jubilación.

a. Si comienza a realizar estos depósitos en su cumpleaños número 36 y continúa haciéndolo hasta tener 65 años (el último depósito será en su cumpleaños número 65), ¿qué cantidad debe depositar anualmente para poder llevar a cabo los retiros deseados cuando se jubile?

b. Suponga que su amigo acaba de heredar una gran cantidad de dinero y en lugar de hacer pagos iguales, ha decidido hacer un pago global al cumplir 36 años para cubrir sus necesidades de jubilación. ¿Qué cantidad debería depositar?

48. **Valor presente para flujos de efectivo múltiples**   En enero de 1984, Richard «Goose» Gossage firmó un contrato para jugar con los Padres de San Diego que le garantizaba un mínimo de $9,955,000. Los pagos garantizados eran por $875,000 en 1984, $650,000 en 1985, $800,000 en 1986, $1 millón en 1987, $1 millón en 1988 y $300,000 en 1989. Además, el contrato especificaba $5,330,000 en dinero diferido, pagadero a un ritmo de $240,000 por año desde 1990 hasta 2006 y después $125,000 anuales, desde el 2007 hasta el 2016. Si la tasa de interés relevante es del 9% y todos los pagos se realizan el primero de julio de cada año, ¿cuál sería el valor presente, al primero de enero de 1984, de estos pagos garantizados? Si Richard fuera a recibir un sueldo anual igual al final de cada uno de los cinco años desde 1984 hasta 1988, ¿cuál sería su sueldo anual equivalente? En este problema no tome en cuenta los impuestos.

49. **Valor futuro y flujos de efectivo múltiples**   Una compañía de seguros muy conocida ofrece una póliza denominada «creadora de fortuna en seis pagos». Normalmente, la póliza la compra un padre o un abuelo para un niño el día de su nacimiento. Los detalles de la póliza son los siguientes: el comprador (p. ej., el padre) efectúa los seis pagos siguientes a la compañía de seguros:

Primer cumpleaños	$730	Cuarto cumpleaños	$855
Segundo cumpleaños	$730	Quinto cumpleaños	$855
Tercer cumpleaños	$730	Sexto cumpleaños	$855

Después del sexto cumpleaños del niño, ya no se hacen más pagos y cuando el niño alcanza la edad de 65 años recibe $143,723. Si la tasa de interés relevante es del 6% para los primeros seis años y del 7% para los siguientes, ¿vale la pena comprar la póliza?

50. **Cálculo de tasas de interés**   Una empresa de servicio de planeación financiera ofrece un programa de ahorros para la universidad. El plan requiere que se efectúen seis pagos anuales de $1,000 cada uno. El primer pago se realiza hoy, cuando el hijo de un empleado cumple 12 años. Comenzando cuando dicho hijo cumpla 18 años, el plan le proporcionará $3,000 anuales durante cuatro años. ¿Qué rendimiento está ofreciendo la inversión?

51. **Valor presente de una perpetuidad**   ¿Cuál es el valor de una inversión que paga $100 cada dos años a perpetuidad si el primer flujo de efectivo se realiza dentro de un año? ¿Cuál sería el valor si el primer flujo de efectivo se realiza dentro de dos años? La tasa de descuento es del 16% anual.

52. **Anualidad ordinaria versus anualidad vencida**   Como se estudió en el capítulo, la anualidad ordinaria tiene flujos de efectivo que se producen al final de cada período y el primer flujo de efectivo se realiza exactamente en un período. En el caso de la *anualidad vencida*, las cosas son algo diferentes. Con este convenio, aún se mantiene

Problema de reto

Problema de reto

Problema de reto

Problema de reto

Problema de reto

un número fijo de pagos iguales, pero el primer pago se realiza el día de hoy y no al finalizar el primer período. Por ejemplo, los flujos de efectivo relacionados con un arrendamiento de bienes raíces suelen comportarse en la forma de una anualidad vencida, ya que es necesario pagar de inmediato el alquiler del primer mes.

a. Suponga que se están comparando dos anualidades. Las dos ofrecen cinco pagos de $6,000 y la tasa de interés es del 6% en ambos casos. Una de ellas es una anualidad ordinaria y la otra una anualidad vencida. ¿Cuál es la diferencia en sus valores?

b. ¿Cuál es la relación general entre el valor de una anualidad vencida y el valor de una anualidad ordinaria?

Lecturas sugeridas

Uno de los mejores medios para aprender más sobre las matemáticas de valor presente es el manual del propietario que se incluye con las calculadoras financieras. Uno de los mejores manuales es el de la calculadora Hewlett-Packard 12C:

Hewlett-Packard HP-12C, *Owner's Handbook and Problem Solving Guide*, abril de 1986.
Hewlett-Packard HP-12C, *Solutions Handbook*, octubre de 1984.

Otra referencia útil es:

Texas Instruments, *Business Analyst™ Guidebook*, 1982.

Apéndice 5A   TIPOS DE PRÉSTAMOS Y AMORTIZACIÓN DE PRÉSTAMOS

Cada vez que un prestamista concede un préstamo, se establece alguna disposición para la liquidación del principal (el importe original del préstamo). Por ejemplo, el préstamo puede liquidarse en pagos parciales iguales o bien en un solo monto global. Debido a que la forma en que se pagan el principal y los intereses depende de lo que convengan las partes involucradas, existe en realidad un número ilimitado de posibilidades.

Como se describe en este apéndice, hay algunas formas de liquidación que son bastante habituales y con base a las mismas se pueden elaborar otras más complicadas. Los tres tipos básicos son: préstamos de descuento puro, préstamos sólo de intereses y préstamos amortizables. Como se verá, trabajar con estos tipos de préstamos es una aplicación muy directa de los principios del valor presente que ya se han desarrollado.

5A.1 PRÉSTAMOS DE DESCUENTO PURO

La forma más sencilla es el *préstamo de descuento puro*. Con este tipo de préstamo el prestatario recibe el dinero hoy y lo liquida en el futuro en una sola suma global. Por ejemplo, un préstamo de descuento puro a un año al 10% requerirá que el prestatario liquide $1.1 en un año por cada unidad monetaria recibida como préstamo hoy.

Debido a que el préstamo de descuento puro es tan sencillo, ya se sabe cómo valuarlo. Suponga que un prestatario estuviera en posibilidad de liquidar $25,000 en cinco años. Si el prestamista quisiera una tasa de interés del 12% sobre el préstamo, ¿cuánto estaría dispuesto a prestar? Dicho en otra forma, ¿qué valor se le asignaría hoy a esos $25,000 a liquidar en cinco años? De acuerdo con el trabajo realizado en este capítulo, se sabe que la respuesta es el valor presente de $25,000 al 12% por cinco años:

$$\text{Valor presente} = \$25,000/1.12^5$$
$$= \$25,000/1.7623$$
$$= \$14,186$$

Los préstamos de descuento puro son muy habituales cuando el plazo del préstamo es corto, por ejemplo, un año o menos. En años recientes, se han vuelto cada vez más comunes para períodos mucho más largos.

Ejemplo 5A.1   Certificados de la tesorería

Cuando el gobierno de los Estados Unidos toma prestado dinero a corto plazo (un año o menos), lo lleva a cabo vendiendo lo que se conoce como *Certificados de la Tesorería* o *CETE*. Un CETE es una promesa del gobierno de liquidar una cantidad fija en determinado momento del futuro, por ejemplo, dentro de 3 meses o 12 meses.

Los certificados de la Tesorería son préstamos de descuento puro. Si un CETE promete liquidar $10,000 en 12 meses y la tasa de interés del mercado es del 7%, ¿en cuánto se venderá el certificado en el mercado?

Puesto que la tasa vigente es del 7%, el CETE se venderá en el valor presente de $10,000, a pagar en un año al 7%, es decir:

$$\text{Valor presente} = \$10,000/1.07 = \$9,345.79$$

Por razones históricas, la tasa de interés de un CETE se expresa en realidad en forma de descuento (véanse los problemas 41 y 42 al final del capítulo). En este caso, el descuento es de $10,000 − 9,345.79 = $654.21. Por tanto, la tasa de interés se expresaría como $654.21/10,000 = 6.5421%, aunque el CETE esté pagando en realidad el 7%. ∎

PRÉSTAMOS SÓLO DE INTERESES   5A.2

Un segundo tipo de plan de liquidación de préstamos requiere que el prestatario pague intereses cada período y que liquide todo el principal (el importe original del préstamo) en determinado momento del futuro. A estos préstamos se les denomina *préstamos sólo de intereses*. Observe que si existe un sólo período, el préstamo de descuento puro y el préstamo sólo de intereses son equivalentes.

Por ejemplo, con un préstamo sólo de intereses de $1,000 por tres años y al 10%, el prestatario pagaría $1,000 × 0.10 = $100 de intereses al finalizar el primero y el segundo años. Al terminar el tercer año, el prestatario liquidaría los $1,000 junto con otros $100 de intereses por ese año. De forma similar, un préstamo sólo de intereses a 50 años requeriría que el prestatario pagara intereses cada año durante los siguientes 50 años y después cubriría el principal. En un caso extremo, el prestatario paga los intereses cada período de forma perpetua y nunca liquida el principal. Como se estudió en el capítulo, el resultado es una perpetuidad.

Casi todos los bonos corporativos tienen la estructura general de un préstamo sólo de intereses. Dado que en el siguiente capítulo se comentarán los bonos con bastante detalle, se aplazará por ahora su estudio.

5A.3 | PRÉSTAMOS AMORTIZABLES

En el caso de un préstamo de descuento puro o de un préstamo sólo de intereses, todo el principal se liquida en una sola exhibición. Una alternativa es un *préstamo amortizable*, en el que el prestamista puede requerir que el prestatario liquide partes del importe del préstamo en el transcurso del tiempo. El proceso de liquidar un préstamo haciendo deducciones sistemáticas del principal se denomina *amortización* del préstamo.

Una forma sencilla de amortizar un préstamo es pedir al prestatario que pague los intereses cada período, más cierto importe fijo. Este enfoque es habitual en los préstamos comerciales a medio plazo. Por ejemplo, suponga que una empresa contrata un préstamo de $5,000 por cinco años al 9%. El contrato del préstamo requiere que el prestatario pague cada año los intereses sobre el saldo del préstamo y que disminuya dicho saldo en $1,000 cada año. Dado que el importe del préstamo disminuye en $1,000 cada año, se liquida por completo en cinco años.

En el caso que se está examinando, observe que el pago total disminuirá cada año. La razón es que el saldo del préstamo disminuye, dando como resultado un menor cargo por intereses cada año, a medida que la reducción del principal de $1,000 es constante. Por ejemplo, los intereses en el primer año serán $5,000 × 0.09 = $450. El pago total será $1,000 + 450 = $1,450. En el segundo año, el saldo del préstamo es de $4,000, con lo que los intereses son $4,000 × 0.09 = $360 y el pago total es de $1,360. El pago total en cada uno de los años restantes se puede calcular preparando un *programa* o *tabla de amortización* sencilla, por ejemplo, la siguiente:

Año	Saldo inicial	Pago total	Interés pagado	Principal pagado	Saldo final
1	$5,000	$1,450	$ 450	$1,000	$4,000
2	4,000	1,360	360	1,000	3,000
3	3,000	1,270	270	1,000	2,000
4	2,000	1,180	180	1,000	1,000
5	1,000	1,090	90	1,000	0
Totales		$6,350	$1,350	$5,000	

Observe que el interés pagado se determina cada año mediante el saldo inicial multiplicado por la tasa de interés. Observe también que el saldo inicial corresponde al saldo final del año anterior.

Probablemente, la forma más usual de amortizar un préstamo es que el prestatario realice un solo pago fijo cada período. Casi todos los préstamos personales (como es el caso de los préstamos para automóviles) y los hipotecarios funcionan de esta forma. Por ejemplo, suponga que el préstamo de $5,000 por cinco años al 9% fue amortizado de esta forma. ¿Cómo sería la tabla de amortización?

Primero, es necesario determinar el pago fijo. De acuerdo con lo estudiado en el capítulo, se sabe que los flujos de efectivo del préstamo tienen en este caso la forma de una anualidad ordinaria, por lo que se puede resolver para el pago de la forma siguiente:

$$\$5,000 = C \times (1 - 1/1.09^5)/0.09$$
$$= C \times (1 - 0.6499)/0.09$$

Como resultado de lo anterior, se tiene:

$C = \$5,000/3.8897$

$= \$1,285.46$

Por consiguiente, el prestatario realizará cinco pagos iguales de $1,285.46. ¿Liquidará esto el préstamo? Se verificará preparando una tabla de amortización.

En el ejemplo anterior, se conocía la reducción del principal cada año. Después, se calculó el interés a pagar para obtener el pago total. En este ejemplo, se conoce el pago total. Por consiguiente, se calcularán los intereses y después se deducirán éstos del pago total para calcular la parte de principal en cada pago.

El interés en el primer año es de $450, según se calculó antes. Dado que el pago total es de $1,285.46, el principal que se pagó en el primer año tiene que ser:

Principal pagado = $1,285.46 − 450 = $835.46

Por tanto, el saldo final del préstamo es de:

Saldo final = $5,000 − 835.46 = $4,164.54

Los intereses del segundo año son $4,164.54 × 0.09 = **$374.81** y el saldo del préstamo disminuye en $1,285.46 − 374.81 = **$910.65**. Todos los cálculos pertinentes se pueden resumir en la tabla siguiente:

Año	Saldo inicial	Pago total	Interés pagado	Principal pagado	Saldo final
1	$5,000.00	$1,285.46	$ 450.00	$ 835.46	$4,164.54
2	4,164.54	1,285.46	**374.81**	**910.65**	3,253.88
3	3,253.88	1,285.46	292.85	992.61	2,261.27
4	2,261.27	1,285.46	203.51	1,081.95	1,179.32
5	1,179.32	1,285.46	106.14	1,179.32	0.00
Totales		$6,427.30	$1,427.31	$5,000.00	

Dado que el saldo del préstamo disminuye hasta cero, los cinco pagos iguales sí liquidan el préstamo. Observe que los intereses pagados disminuyen en cada período. Esto no es de sorprender, ya que el saldo del préstamo está bajando. Conociendo que el pago total es fijo, el principal pagado tiene que aumentar en cada período.

Si se comparan las dos amortizaciones de préstamos presentadas en esta sección, se observará que el interés total es mayor en el caso del pago total igual, $1,427.31 en comparación con $1,350. La razón de esto es que el préstamo se liquida más despacio al principio, por lo que el interés es algo más alto. Ello no significa que un préstamo sea mejor que el otro, significa simplemente que uno de los préstamos se liquida más rápido que el otro. Por ejemplo, la reducción del principal en el primer año es de $835.46 en el caso de pagos totales iguales, en comparación con los $1,000 del primer caso.

Ejemplo 5A.2   Amortización parcial o «morder la bala»

Un convenio habitual en los préstamos para adquisición de bienes raíces podría ser un préstamo por 5 años con una amortización, por ejemplo, a 15 años. Lo que esto significa es que el prestatario efectúa un pago cada mes por un importe fijo, basado en una amortización a 15 años. Sin embargo, después de 60 meses, el prestatario hace un solo pago, mucho mayor, denominado pago «global» o «bala» para liquidar el préstamo. Debido a que los pagos mensuales no liquidan por completo el préstamo, se dice que éste está parcialmente amortizado.

Suponga que se tiene una hipoteca comercial de $100,000 con un TPA del 12% y una amortización a 20 años (240 meses). Suponga además que la hipoteca tiene un último pago global a 5 años. ¿Cuál será el pago mensual? ¿Cuál será el pago global?

El pago mensual puede calcularse sobre la base de una anualidad ordinaria con un valor presente de $100,000. Hay 240 pagos y la tasa de interés es del 1% mensual. El pago es:

$$\$100,000 = C \times (1 - 1/1.01^{240})/0.01$$
$$= C \times 90.8194$$
$$C = \$1,101.09$$

Existe una forma fácil y otra difícil para determinar el pago global. La forma difícil consiste en amortizar realmente el préstamo por 60 meses para ver cuál es el saldo en ese momento. La forma fácil es reconocer que después de 60 meses se tendrá un préstamo de $240 - 60 = 180$ meses. El pago sigue siendo de $1,101.09 mensuales y la tasa de interés es aún del 1% mensual. Por tanto, el saldo del préstamo es el valor presente de los pagos restantes:

$$\text{Saldo del préstamo} = \$1,101.09 \times (1 - 1/1.01^{180})/0.01$$
$$= \$1,101.09 \times 83.3217$$
$$= \$91,744.69$$

El pago global es una cantidad importante de $91,744. ¿Por qué es tan grande? Para darse cuenta, observe el primer pago de la hipoteca. El interés en el primer mes es de $100,000 × 0.01 = $1,000. El pago es de $1,101.09, por lo que el saldo del préstamo sólo disminuye en $101.09. Puesto que el saldo del préstamo disminuye en forma tan lenta, la liquidación acumulada durante los cinco años no es grande. ∎

Problemas para revisión y autoevaluación del apéndice

A.1 Lo que importa es el principal Suponga que se toma un préstamo de $10,000 a liquidar mediante pagos anuales iguales durante cinco años. La tasa de interés es del 14% anual. Prepare un programa o tabla de amortización del préstamo. ¿Cuál será el importe de los intereses pagados durante la vida del préstamo?

A.2 Sólo un poco cada mes Acaba usted de terminar su maestría en administración de empresas en la Darnit School y, como es natural, tiene que comprarse de inmediato un nuevo auto marca BMW, que cuesta aproximadamente $21,000. El banco ofrece una tasa de interés del 15% TPA para un préstamo a 72 meses, con un pago inicial del 10%. Usted piensa cambiar el automóvil por otro nuevo en dos años. ¿Cuál será el pago mensual? ¿Cuál es la tasa efectiva de interés sobre el préstamo? ¿Cuál será el saldo del préstamo cuando cambie el automóvil?

Respuestas a los problemas de autoevaluación

A.1 Primero es necesario calcular el pago anual. Con un valor presente de $10,000, una tasa de interés del 14% y una duración de cinco años, el pago se puede determinar mediante:

$$\$10,000 = \text{Pago} \times (1 - 1/1.14^5)/0.14$$

$$= \text{Pago} \times 3.4331$$

Por consiguiente, el pago es de $10,000/3.4331 = **$2,912.84** (en realidad es de $2,912.8355; esto ocasionará algunos pequeños errores de redondeo en la tabla que se presenta a continuación). Podemos ahora preparar el programa de amortización de la forma siguiente:

Año	Saldo inicial	Pago total	Interés pagado	Principal pagado	Saldo final
1	**$10,000.00**	**$2,912.84**	**$1,400.00**	$ 1,512.84	**$8,487.16**
2	8,487.16	2,912.84	1,188.20	1,724.63	6,762.53
3	6,762.53	2,912.84	946,75	1,966.08	4,796.45
4	4,796.45	2,912.84	671.50	2,241.33	2,555.12
5	2,555.12	2,912.84	357.72	2,555.12	0.00
Totales		**$14,564.17**	**$4,564.17**	**$10,000.00**	

A.2 Los flujos de efectivo del préstamo para el automóvil tienen la forma de una anualidad, por lo que sólo es necesario encontrar el pago. La tasa de interés es de 15%/12 = 1.25% mensual y hay 72 meses. Lo primero que se necesita es el factor de la anualidad para 72 períodos al 1.25% por período:

$$\text{Factor de valor presente de la anualidad} = (1 - \text{Factor de valor presente})/r$$

$$= [1 - (1/1.0125^{72})]/0.0125$$

$$= [1 - (1/2.4459)]/0.0125$$

$$= (1 - 0.4088)/0.0125$$

$$= \mathbf{47.2925}$$

El valor presente es el importe a financiar. Con un pago inicial del 10% se estará tomando un préstamo del 90% de $21,000, es decir, $18,900. Por tanto, para encontrar el pago, es necesario resolver para C de la forma siguiente:

$$\$18,900 = C \times \text{Factor de valor presente de la anualidad}$$

$$= C \times 47.2925$$

Reacomodando algo las cifras, se tiene:

$$C = \$18,900 \times (1/47.2925)$$

$$= \$18,900 \times 0.02115$$

$$= \mathbf{\$399.64}$$

El pago es ligeramente inferior a $400 mensuales.

La tasa de interés nominal en este préstamo es del 1.25% mensual. De acuerdo con lo estudiado en este capítulo, se puede calcular la tasa efectiva anual como:

$$TEA = (1.0125)^{12} - 1 = 16.08\%$$

La tasa efectiva es aproximadamente un punto más alta que la cotizada.

Para determinar el saldo del préstamo en dos años, se podría amortizar el préstamo para ver cuál es el saldo en ese momento. Esto sería bastante tedioso para hacerlo a mano. Examinando de nuevo el ejemplo 5A.2, se puede optar por la alternativa de calcular el valor presente de los pagos restantes. Después de dos años, se han efectuado 24 pagos, por lo que faltan 72 − 24 = 48 pagos. ¿Cuál es el valor presente de **48 pagos mensuales** de $399.64 al 1.25% mensual? El factor relevante de la anualidad es:

$$\text{Factor de valor presente de la anualidad} = (1 - \text{Factor de valor presente})/r$$
$$= [1 - (1/1.0125^{48})]/0.0125$$
$$= [1 - (1/1.8154)]/0.0125$$
$$= (1 - 0.5509)/0.0125$$
$$= \mathbf{35.9315}$$

Por tanto, el valor presente es:

$$\text{Valor presente} = \$399.64 \times 35.9315 = \mathbf{\$14,359.66}$$

A los dos años, se deberán alrededor de $14,360 del préstamo.

Preguntas y problemas del apéndice

1. **Amortización con pagos iguales**   Prepare un programa o tabla de amortización para un préstamo de $6,000 por tres años. La tasa de interés es del 16% anual y el préstamo requiere pagos anuales iguales. ¿Cuántos intereses se pagan en el tercer año? ¿Cuánto es el interés total pagado durante la vida del préstamo?

2. **Amortización con pagos de principal iguales**   Resuelva de nuevo el problema 1 del apéndice, suponiendo que los términos del préstamo requieren una reducción del principal de $2,000 cada año en vez de pagos anuales iguales.

3. **Cálculo de un pago global**   Se acaba de concertar una hipoteca de $100,000 para financiar la compra de una gran extensión de tierra. La hipoteca tiene una TPA del 12% y requiere pagos mensuales durante los próximos 10 años. Sin embargo, el préstamo tiene un pago global a tres años, lo que significa que el préstamo debe liquidarse en ese momento. ¿Cuál será el pago global?

Capítulo 6

Valuación de acciones y bonos

En el capítulo anterior se presentaron los procedimientos básicos utilizados para valuar flujos de efectivo futuros. En este capítulo, se muestra cómo usar estos procedimientos para valuar acciones y bonos. También se estudia alguna terminología que es habitual en estas áreas y se describe cómo se presentan en la prensa financiera los precios de estos activos.

En este capítulo y en los próximos, supondremos que se conoce la tasa de descuento relevante. El tema referente a lo que determina esta tasa de descuento y los procedimientos para medirla es lo bastante importante como para dedicarle varios capítulos del libro. Por ahora, centramos la atención en los flujos de efectivo relevante derivados de activos financieros y en cómo valuarlos, considerando una tasa de descuento apropiada.

BONOS Y VALUACIÓN DE BONOS | 6.1

Cuando una corporación (o un gobierno) desea tomar dinero prestado a largo plazo, lo hace por lo general emitiendo o vendiendo instrumentos financieros de deuda a los que se les denomina de forma genérica *bonos*. En esta sección, se describen las diversas características de los bonos corporativos y parte de la terminología relacionada con ellos. Estos temas se estudian con mayor detalle en las partes seis y siete al examinar el financiamiento a largo plazo y la estructura del capital; en este capítulo, sólo repasamos los aspectos fundamentales. A continuación, se estudian los flujos de efectivo relacionados con un bono y cómo se pueden valuar los bonos utilizando el procedimiento de flujo de efectivo descontado. Se concluye esta sección con el estudio de cómo se cotizan los precios de los bonos en la prensa financiera.

Características del bono y precios

Por lo general, un bono es un préstamo sólo de interés, lo que significa que el emisor pagará los intereses cada período, pero que el principal no se liquidará hasta el vencimiento del préstamo.[1] Por ejemplo, supongamos que TBA Corporation quiere obtener un préstamo de $1,000 por 30 años. La tasa de interés sobre una deuda emitida por empresas similares es del 12%. Por tanto, TBA pagará 0.12 × $1,000 = $120 de intereses cada año durante 30 años. Al finalizar los 30 años, TBA liquidará los $1,000. Como señala este ejemplo, un bono es un convenio de financiamiento bastante sencillo. Sin embargo, existe una abundante terminología relacionada con los bonos, por lo que se utilizará este ejemplo para definir algunos de los términos más importantes.

En el ejemplo, los pagos periódicos de intereses de $120 que promete hacer TBA se denominan **cupones** del bono. Debido a que el cupón es constante y se paga cada año, el tipo de bono que se está describiendo se denomina *bono de cupón uniforme* o *nivelado*. El importe que se liquidará al final del préstamo se conoce como **valor nominal** o **valor par** del bono. Al igual que en el ejemplo que acabamos de ver, este valor par suele ser de $1,000 para bonos de empresas, y al bono que se vende a su valor par se le denomina *bono de valor par*. Los bonos gubernamentales tienen con frecuencia un valor nominal o valor par mucho mayor. Por último, el cupón anual dividido entre el valor nominal se denomina tasa nominal o **tasa del cupón** sobre el bono, que en este caso es de $120/1,000 = 12%; por tanto, el bono tiene una tasa nominal o tasa del cupón del 12%.

El número de años que transcurren hasta que se paga el valor nominal se conoce como período de **vida** o período al **vencimiento** del bono. Un bono corporativo suele tener un vencimiento a 30 años cuando se emite, pero esto varía. Una vez que se emite el bono, el número de años hasta el vencimiento disminuye conforme pasa el tiempo.

Valores del bono y rendimientos

Conforme transcurre el tiempo, las tasas de interés cambian en el mercado. Sin embargo, los flujos de efectivo derivados del bono permanecen constantes. Como consecuencia de ello, el valor del bono variará: cuando aumentan las tasas de interés del mercado, el valor presente de los flujos de efectivo restantes del bono disminuye y el bono vale menos; cuando las tasas de interés bajan, el bono vale más.

Para determinar el valor de un bono en un momento determinado, es necesario conocer el número de períodos que faltan para el vencimiento, el valor nominal, el cupón y la tasa de interés del mercado para bonos con características similares. Esta tasa de interés requerida en el mercado para un bono se denomina **rendimiento al vencimiento (RAV)**. En ocasiones, se abrevia el nombre de esta tasa, denominándola simplemente *rendimiento* del bono. Contando con esta información, es posible calcular el valor actual de los flujos de efectivo como un estimado del valor de mercado presente del bono.

Por ejemplo, supongamos que Xanth Co. quisiera emitir un bono con vencimiento a 10 años. El bono de Xanth tiene un cupón anual de $80. Bonos similares tienen un rendimiento al vencimiento del 8%. Con base en lo que se acaba de estudiar, el bono Xanth pagará $80 anuales durante los siguientes 10 años como interés del cupón. Dentro de 10 años, Xanth pagará $1,000 al propietario del bono. En la figura 6.1 se muestran los flujos de efectivo derivados del bono. ¿En cuánto se vendería este bono?

---

cupones
Los pagos especificados de interés realizados por un bono.

valor nominal o **par**
Monto de principal de un bono que se liquida al final del período. También *valor par*.

tasa del cupón
Cupón anual dividido entre el valor nominal de un bono.

vida o **vencimiento**
Fecha especificada en la que se paga el monto de principal de un bono.

rendimiento al vencimiento (RAV)
Tasa que se requiere en el mercado para un bono.

---

[1]Para más detalles sobre los tipos básicos de préstamos, véase el apéndice del capítulo 5.

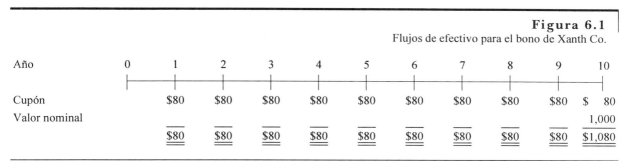

Figura 6.1

Flujos de efectivo para el bono de Xanth Co.

Año	0	1	2	3	4	5	6	7	8	9	10
Cupón		$80	$80	$80	$80	$80	$80	$80	$80	$80	$ 80
Valor nominal											1,000
		$80	$80	$80	$80	$80	$80	$80	$80	$80	$1,080

Tal como se muestra, el bono de Xanth tiene un cupón anual de $80 y un valor nominal o par de $1,000, pagadero al vencimiento en 10 años.

Como se mostró en la figura 6.1, los flujos de efectivo del bono Xanth tienen un componente en la forma de una anualidad (los cupones) y un monto global (el valor nominal que se paga al vencimiento). Por tanto, el valor de mercado del bono se estima calculando el valor presente de estos dos componentes por separado, y sumando después los resultados. Primero, a la tasa actual del 8%, el valor presente de los $1,000 pagados en un período de tiempo de 10 años es:

Valor presente = $1,000/1.08^{10} = $1,000/2.1589 = **$463.19**

Segundo, el bono ofrece $80 anuales durante 10 años, por lo que el valor presente de esta serie de pagos anuales es:

$$\text{Valor presente de la anualidad} = \$80 \times (1 - 1/1.08^{10})/0.08$$
$$= \$80 \times (1 - 1/2.1589)/0.08$$
$$= \$80 \times 6.7101$$
$$= \mathbf{\$536.81}$$

Podemos ahora sumar los valores de las dos partes para obtener el valor del bono:

Valor total del bono = **$463.19 + 536.81 = $1,000.00**

Este bono se vende exactamente a su valor nominal, lo que no es una coincidencia. La tasa de interés actual en el mercado es del 8%. Si se le considera como un préstamo sólo de intereses, ¿qué tasa de interés ofrece este bono? Con un cupón de $80, este bono paga exactamente un interés del 8%, sólo si se vende por $1,000.

Para mostrar lo que sucede cuando cambian las tasas de interés, supongamos que ha transcurrido un año. Al bono Xanth le faltan ahora nueve años para su vencimiento. Si la tasa de interés en el mercado ha aumentado al 10%, ¿cuánto valdría el bono? Para calcularlo, se repiten los cálculos de valor presente que se acaban de realizar, con 9 años en vez de 10 y con un rendimiento del 10% en lugar del 8%. Primero, el valor presente de los $1,000 pagados en 9 años al 10% es:

Valor presente = $1,000/1.10^{9} = $1,000/2.3579 = **$424.10**

Segundo, ahora el bono ofrece $80 anuales durante nueve años, por lo que el valor presente de esta serie de pagos anuales al 10% es:

$$\text{Valor presente de la anualidad} = \$80 \times (1 - 1/1.10^9)/0.10$$

$$= \$80 \times (1 - 1/2.3579)/0.10$$

$$= \$80 \times 5.7590$$

$$= \mathbf{\$460.72}$$

Podemos ahora sumar los valores de las dos partes para obtener el valor del bono:

$$\text{Valor total del bono} = \mathbf{\$424.10 + 460.72 = \$884.82}$$

Por tanto, el bono debe venderse en un precio aproximado de $885. En lenguaje financiero, se dice que a este bono, con su cupón del 8%, se le ha fijado un precio para que rinda el 10% a $885.

Ahora el bono de Xanth Co. se vende por menos de su valor nominal de $1,000. ¿Por qué? La tasa de interés en el mercado es del 10%. Si se considera como un préstamo sólo de intereses de $1,000, este bono sólo paga el 8%, su tasa del cupón. Puesto que este bono paga menos que la tasa actual, los inversionistas sólo están dispuestos a prestar un monto menor al de la liquidación prometida de $1,000. Dado que el bono se vende a menos de su valor nominal, se dice que es un *bono a descuento*.

La única forma de incrementar la tasa de interés hasta el 10% es que el precio sea inferior a $1,000 para que de hecho el comprador tenga una ganancia implícita. En el caso del bono Xanth, el precio de $885 es inferior en $115 a su valor nominal, por lo que el inversionista que compró y conservó el bono obtendría $80 anuales y tendría también una ganancia de $115 al vencimiento. Esta ganancia compensa al prestamista por la tasa del cupón inferior a la del mercado.

Otra forma de ver por qué el bono se descuenta en $115 es observar que el cupón de $80 es inferior en $20 al cupón de un bono de valor par recientemente emitido, de acuerdo con las condiciones actuales del mercado. Se quiere decir con esto que el bono valdría $1,000, sólo si tuviera un cupón de $100 anuales. En cierto sentido, el inversionista que compra y conserva el bono renuncia a $20 anuales durante nueve años. Al 10%, esta serie de pagos anuales vale:

$$\text{Valor actual de la anualidad} = \$20 \times (1 - 1/1.10^9)/0.10$$

$$= \$20 \times 5.7590$$

$$= \$115.18$$

Éste es justo el importe del descuento.

¿En cuánto se vendería el bono de Xanth si las tasas de interés hubieran disminuido en un 2% en vez de aumentar en un 2%? Como se puede suponer, el bono se vendería por más de $1,000. Este tipo de bono se dice que se vende con una *prima* o *premio* y se denomina *bono con prima*.

Este caso es exactamente el opuesto a un bono con descuento. Ahora, el bono de Xanth tiene una tasa del cupón del 8%, mientras que la tasa de mercado sólo es del 6%. Los inversionistas están dispuestos a pagar una prima para obtener este cupón adicional. En este caso, la tasa de descuento relevante es del 6% y restan nueve años. El valor presente del valor nominal de $1,000 es:

$$\text{Valor presente} = \$1,000/1.06^9 = \$1,000/1.6895 = \mathbf{\$591.89}$$

El valor presente de la serie de cupones es:

Valor presente de la anualidad = $80 × (1 − 1/1.06^9)/0.60

$$= \$80 \times (1 - 1/1.6895)/0.60$$

$$= \$80 \times 6.8017$$

$$= \mathbf{\$544.14}$$

Podemos ahora sumar los valores de las dos partes para obtener el valor del bono, que es el siguiente:

Valor total del bono = **$591.89 + 544.14 = $1,136.03**

Por tanto, el valor total del bono es aproximadamente de $136 sobre el valor par. De nuevo, se puede verificar este importe, observando que el cupón ahora tiene un valor en exceso de $20 en base a las condiciones actuales del mercado. El valor presente de $20 anuales durante nueve años al 6% es:

Valor presente de la anualidad = $20 × (1 − 1/1.06^9)/0.06

$$= \$20 \times 6.8017$$

$$= \$136.03$$

Es decir, el mismo que se calculó.

Con base a estos ejemplos, podemos ahora elaborar la fórmula general para determinar el valor de un bono. Si un bono tiene 1) un valor nominal de F pagado al vencimiento, 2) un cupón de C pagado por período, 3) t períodos hasta el vencimiento y 4) un rendimiento de r por período, su valor es:

$$\text{Valor del bono} = C \times [1 - 1/(1 + r)^t]/r + F/(1 + r)^t \tag{6.1}$$

$$\text{Valor del bono} = \begin{array}{c} \text{valor presente} \\ \text{de los cupones} \end{array} + \begin{array}{c} \text{valor presente} \\ \text{del valor nominal} \end{array}$$

Ejemplo 6.1   Cupones semestrales

En la práctica, los bonos emitidos en Estados Unidos suelen efectuar pagos de cupones dos veces al año. Por tanto, si un bono ordinario tiene una tasa del cupón del 14%, el propietario obtendrá un total de $140 anuales, pero los recibirá en dos pagos de $70 cada uno. Supongamos que se está examinando un bono de este tipo. El rendimiento al vencimiento se cotiza al 16%.

Los rendimientos de los bonos se expresan como TPA; la tasa cotizada es igual a la tasa actual por período, multiplicada por el número de períodos. En este caso, con un rendimiento cotizado del 16% y pagos semestrales, el rendimiento verdadero es del 8% por seis meses. El bono vence en siete años. ¿Cuál es el precio del bono? ¿Cuál es el rendimiento efectivo anual de este bono?

De acuerdo con lo que se ha estudiado, se sabe que el bono se venderá con descuento debido a que tiene una tasa del cupón del 7% cada seis meses, en tanto que el mercado requiere 8% cada seis meses.

Por tanto, si la respuesta resulta ser mayor de $1,000, se sabrá que se ha cometido un error.

Para obtener el precio exacto, se calcula primero el valor presente del valor nominal del bono de $1,000 pagado en siete años. Estos siete años tienen 14 períodos de seis meses cada uno. Al 8% por período, el valor es:

Valor presente = $1,000/1.08^{14} = $1,000/2.9372 = **$340.46**

Los cupones pueden considerarse como una anualidad por 14 períodos de $70 por período. Con una tasa de descuento del 8%, el valor presente de esta anualidad es:

$$\text{Valor presente de la anualidad} = \$70 \times (1 - 1/1.08^{14})/0.08$$
$$= \$70 \times (1 - 0.3405)/0.08$$
$$= \$70 \times 8.2442$$
$$= \mathbf{\$577.10}$$

El valor presente total determina que el bono debe venderse en:

Valor presente total = **$340.46 + 577.10 = $917.56**

Para calcular el rendimiento efectivo de este bono, obsérvese que el 8% cada seis meses equivale a:

Tasa efectiva anual = $(1 + 0.08)^2 - 1 = 16.64\%$

Por tanto, el rendimiento efectivo es del 16.64%. ■

Como se ha mostrado en esta sección, los precios de los bonos y las tasas de interés siempre se mueven en direcciones opuestas. Cuando las tasas de interés aumentan, el valor de los bonos —como cualquier otro valor presente— disminuye. De forma similar, cuando las tasas de interés bajan, el valor de los bonos aumenta. Aunque se esté considerando un bono que no tiene riesgos en el sentido de que es seguro que el prestatario efectúe todos los pagos, siempre habrá un riesgo al poseer un bono. A continuación se estudiará esto.

Riesgo de la tasa de interés

El riesgo para los tenedores de bonos derivado de las fluctuaciones de las tasas de interés se denomina *riesgo de la tasa de interés*. La cantidad de riesgo de la tasa de interés de un bono depende de lo sensible que sea su precio ante los cambios en la tasa de interés. Esta sensibilidad depende directamente de dos elementos: el tiempo al vencimiento y la tasa del cupón. Como veremos más adelante, al considerar un bono hay que tener en cuenta lo siguiente:

1. Si los restantes elementos permanecen constantes, cuanto mayor sea el tiempo al vencimiento, mayor será el riesgo de la tasa de interés.
2. Si los restantes elementos permanecen constantes, cuanto menor sea la tasa del cupón, mayor será el riesgo de la tasa de interés.

En la figura 6.2 se da un ejemplo del primero de estos dos casos. Como se muestra, se calculan y grafican los precios para diferentes escenarios de tasas de interés, para bonos con cupón del 10% con vencimientos de 1 año y 30 años. Obsérvese cómo la pendiente de la línea que une los precios es mucho más pronunciada para el vencimiento a 30 años que para el vencimiento a un año. Esto muestra que un cambio relativamente pequeño en las tasas de interés podría dar lugar a un cambio importante en el valor del bono. En comparación, el precio del bono a 1 año es relativamente insensible a los cambios en la tasa de interés.

Intuitivamente, la razón por la que los bonos a plazos más largos tienen una mayor sensibilidad a la tasa de interés es que una gran parte del valor del bono proviene del valor nominal de $1,000. El valor presente de este importe no se ve significativamente afectado por un pequeño cambio en las tasas de interés cuando el valor nominal se va a recibir en un año. Sin embargo, si se va a recibir en 30 años, un cambio incluso pequeño en la tasa de interés puede tener un efecto importante. Como consecuencia, el valor presente del valor nominal será mucho más volátil en un bono a largo plazo.

Figura 6.2

Riesgo de tasas de interés y tiempo hasta el vencimiento

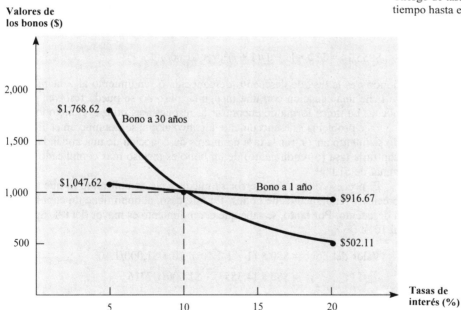

Valor de un bono con una tasa del cupón de 10% para diferentes tasas de interés y vencimientos

	Tiempo hasta el vencimiento	
Tasa de interés	1 año	30 años
5%	**$1,047.62**	$1,768.62
10	**1,000.00**	1,000.00
15	**956.52**	671.70
20	**916.67**	502.11

La razón por la que los bonos con cupones menores tienen un mayor riesgo de tasa de interés es esencialmente la misma. Como se estudió previamente, el valor de un bono depende del valor presente de sus cupones y del valor presente de su valor nominal. Si dos bonos con diferentes tasas del cupón tienen el mismo vencimiento, el valor de aquél con el cupón más bajo depende proporcionalmente más del valor nominal a recibir en el vencimiento. Como consecuencia de ello, si los restantes factores permanecen constantes, el valor del bono fluctuará más conforme cambien las tasas de interés. Dicho de otra forma, el bono con el cupón más alto ofrece un flujo de efectivo mayor al principio de su vida, por lo que su valor es menos sensible a los cambios en la tasa de descuento.

Determinación del rendimiento al vencimiento: prueba y error

Es frecuente conocer el precio del bono, la tasa del cupón y la fecha de vencimiento, pero no su rendimiento al vencimiento. Por ejemplo, supongamos que se está interesado en un bono a seis años con cupón al 8%. Un comisionista ofrece un precio de $955.14. ¿Cuál es el rendimiento de este bono?

Hemos visto que el precio de un bono se puede expresar como la suma de sus componentes de anualidad y monto global. Con un cupón de $80 por seis años y un valor nominal de $1,000, el precio es:

$$\$955.14 = \$80 \times [1 - 1/(1 + r)^6]/r + \$1,000/(1 + r)^6$$

donde r es la tasa de descuento desconocida o rendimiento al vencimiento. En este, caso se tiene una ecuación con una incógnita, pero no se puede resolver para r en forma explícita. La única forma de encontrar la respuesta es utilizar el método de prueba y error.

Este problema es esencialmente idéntico al que se examinó en el último capítulo, cuando se intentó encontrar la tasa de interés desconocida de una anualidad. Sin embargo, encontrar la tasa (o rendimiento) de un bono es incluso más complicado debido al valor nominal de $1,000.

El proceso de prueba y error se puede acelerar utilizando lo que se conoce acerca de precios y rendimientos de bonos. En este caso, el bono tiene un cupón de $80 y se vende a descuento. Por tanto, se sabe que el rendimiento es mayor del 8%. Si se calcula el precio al 10%:

$$\text{Valor del bono} = \$80 \times (1 - 1/1.10^6)/.10 + \$1,000/1.10^6$$
$$= \$80 \times (4.3553) + \$1,000/1.7716$$
$$= \$912.89$$

Al 10%, el valor que se calcula es inferior al precio actual, por lo que el 10% es demasiado alto. El rendimiento correcto debe estar en algún punto entre el 8% y el 10%. En este punto, es cuestión de hacer pruebas para encontrar la respuesta. Es probable que se intente con el 9%. Si es así, se observará que de hecho este es el rendimiento al vencimiento del bono.[2]

En la tabla 6.1 se resume el estudio de la valuación de bonos.

---

[2]La mayoría de las calculadoras financieras determinarán el rendimiento al vencimiento de un bono. Un procedimiento habitual sería introducir $80 (el cupón) como el pago (PMT); 6 como el número de períodos (*n*); $955.14 (el precio actual) como el valor presente (VP) y $1,000 (el valor nominal) como el valor futuro (VF). Si se resuelve para la tasa de interés (*r*), la respuesta debe ser 9%. En algunas calculadoras, el valor futuro o el pago se tienen que introducir con signo negativo.

I. Determinación del valor de un bono

$$\text{Valor del bono} = C \times [1 - 1/(1 + r)^t]/r + F/(1 + r)^t$$

donde

C = Cupón pagado cada período

r = Tasa por período

t = Número de períodos

F = Valor nominal del bono

II. Determinación del rendimiento de un bono

Conociendo el valor del bono, el cupón, el tiempo al vencimiento y el valor nominal, sólo es posible determinar la tasa de descuento implícita o el rendimiento al vencimiento mediante el método de prueba y error. Para realizarlo, pruebe diferentes tasas de descuento hasta que el valor calculado del bono sea igual al valor que se conoce. Recuerde que el valor del bono *disminuye* al aumentar la tasa.

Tabla 6.1

Resumen de valuación de bonos

Ejemplo 6.2   **Rendimientos de bonos**

Se estudian dos bonos idénticos en todos los sentidos excepto en sus cupones y por supuesto en sus precios. Ambos tienen un vencimiento de 12 años. El primer bono tiene una tasa del cupón del 10% y se vende por $935.08. El segundo tiene una tasa del cupón del 12%. ¿En cuánto piensa que se vendería el segundo bono?

Como los dos bonos son muy similares, se les fijará un precio para que tengan aproximadamente la misma tasa de rendimiento. Primero, es necesario calcular el rendimiento del bono con cupón al 10%. Procediendo como antes, el rendimiento debe superar el 10%, ya que el bono se vende con descuento. El bono tiene un vencimiento bastante largo de 12 años. Se ha observado que los precios de los bonos a largo plazo son relativamente sensibles a los cambios en las tasas de interés, por lo que es probable que el rendimiento se aproxime al 10%. Al realizar un poco el método de prueba y error, se observa que el rendimiento es en realidad del 11%:

$$\text{Valor del bono} = \$100 \times (1 - 1/1.11^{12})/.11 + \$1,000/1.11^{12}$$

$$= \$100 \times 6.4926 + \$1,000/3.4985$$

$$= \$649.24 + 285.84$$

$$= \$935.08$$

Con un rendimiento del 11%, el segundo bono se venderá arriba de par debido a su cupón de $120. Su valor es:

$$\text{Valor del bono} = \$120 \times (1 - 1/1.11^{12})/0.11 + \$1,000/1.11^{12}$$

$$= \$120 \times 6.4926 + \$1,000/3.4985$$

$$= \$779.08 + 285.84$$

$$= \$1,064.92 \quad \blacksquare$$

Información de precios de los bonos

Si se observa *The Wall Street Journal* (o algún periódico financiero similar), se obtiene información sobre diversos bonos emitidos por las grandes corporaciones. En la figura 6.3 se reproduce una pequeña sección de la página de bonos corporativos de la edición del 21 de agosto de 1991. Si se revisa la lista hacia abajo, se llegará hasta una anotación marcada como «ATT 7s01». Esto señala que el bono fue emitido por la corporación ATT y que vencerá en 01, lo que significa el año 2001. El 7 es la tasa del cupón del bono, por lo que el cupón es el 7% del valor nominal. Suponiendo que el valor nominal sea $1,000, el cupón anual de este bono es de 0.07 × $1,000 = $70. La «s» minúscula no tiene un significado relevante.

La columna titulada «Cierre» (*Close*) proporciona el último precio disponible del bono al cerrar las operaciones del día anterior. Como sucede con el cupón, el precio se cotiza como un porcentaje del valor nominal; por tanto, suponiendo nuevamente un valor de $1,000, la última vez que se vendió este bono fue por el 91.50% de $1,000, es decir, $915.00. Dado que este bono se vende en aproximadamente el 92% de su valor par, se está negociando a descuento. La última columna, titulada «cambio neto» (*Net Chg.*), señala que el precio al cierre de ayer fue $1/_2$ de 1% más alto que el precio de cierre del día anterior.

rendimiento actual
El pago del cupón de un bono dividido entre su precio.

El **rendimiento actual** (*Cur Yld*) aparece en la primera columna. El rendimiento actual es igual al pago del cupón dividido entre el precio al cierre del bono. Para este bono, suponiendo un valor nominal de $1,000, esto resulta ser $70/$915 = 7.65% o 7.7% redondeado a un punto decimal.

Obsérvese que este resultado no es igual al rendimiento del bono al vencimiento (a no ser que el bono se venda a valor par). Por último, el volumen de operaciones o transacciones efectuadas el día anterior (el número de bonos que se compraron y vendieron) aparece en la segunda columna (*Vol*). En el caso de esta emisión, 119 bonos cambiaron de manos durante el día (en este mercado).

Ejemplo 6.3   Rendimientos actuales

Se presentan a continuación varias cotizaciones de bonos para Albanon Corporation. Suponiendo que éstas fueron tomadas de *The Wall Street Journal*, proporcione la información que falta para cada uno de ellos.

Albanon 8s98	?.?	8	84.5	$+ 1/_2$
Albanon ?s06	9.4	8	74.5	$+ 1/_8$
Albanon 8s10	9.0	8	??.?	$+ 1/_4$

En cada caso, es necesario recordar que el rendimiento actual es igual al cupón *anual* dividido entre el precio (incluso si el bono hace pagos semestrales). Recuerde también que el precio está expresado como un porcentaje de par.

En el primer caso, la tasa del cupón es del 8% y el precio es 84.5, por lo que el rendimiento actual tiene que ser 8/84.5, es decir, el 9.5%.

En el segundo caso, el rendimiento actual es del 9.4%, por lo que la tasa del cupón debe ser:

Tasa del cupón/74.5% = 9.4%

Figura 6.3

Muestra de cotización de bonos en *The Wall Street*

NEW YORK EXCHANGE BONDS

Quotations as of 4 p.m. Eastern Time
Wednesday, August 21, 1991

CORPORATION BONDS
Volume, $41,580,000

Bonds	Cur Yld	Vol	Close	Net Chg.
AMR zr06	...	125	40½	+ ¼
Ala P 9s2000	8.9	7	101¼	+ ¼
Ala P 8⅞s03	8.8	3	100¾	...
Ala P 9¾s04	9.3	10	104½	...
Ala P 9¼ 07	9.1	28	101⅜	− ⅜
Ala P 9⅝ 08	9.2	10	105	+ 2
AlskAr 6⅞14	CV	45	88	+ 1
AlskAr zr06	...	10	33½	+ ½
AlldC zr98	...	5	54	+ ⅝
AlldC zr92	...	66	92½	...
AlldC zr2000	...	4	45	− ½
AlldC zr95	...	80	73¼	+ ½
AlldC zr99	...	15	49½	...
AlldC zr01	...	20	42⅛	− ¾
AlldC zr09	...	145	18¾	− ⅛
Alcoa 6s92	6.1	4	98¾	...
AMAX 8½ 96	8.7	5	97¼	− 1¼
AMAX 9.23s95	9.3	35	99½	...
ATT 5⅝95	6.0	18	94⅜	− ⅛
ATT 5½97	6.2	2	89	− 1
ATT 6s00	7.0	70	86	...
ATT 5⅛ 01	6.5	50	79¼	+ ⅝
ATT 7s01	7.7	119	91½	+ ½
ATT 7⅛ 03	7.9	140	90⅜	+ ⅛
ATT 8.80s05	8.6	94	101¾	− ⅛
ATT 8⅝s07	8.6	71	100¾	+ ¼
ATT 8¾ 00	8.6	127	102¼	...
ATT 8⅝26	8.8	105	97⅞	− ⅛
vjAmes 7½14f	CV	24	12¼	− ⅛
Amoco 6s98	6.6	5	90¼	− ¼
Amoco 8⅜05	8.3	30	100⅞	+ 1⅛
Amoco 8⅝16	8.7	42	99⅝	− ¼
AmocoCda 7⅜13	6.7	146	110	− 1
Ancp 13⅞ 02f	CV	40	90	...
Andarko 6¼14	6.6	20	94½	+ ½
Anhr 9.20s05	9.0	25	102½	+ ⅝

Por tanto, la tasa del cupón tiene que ser alrededor del 7%. Por último, el precio en el tercer caso debe ser uno que satisfaga la expresión:

$$8\%/\text{Precio} = 9\%$$

Por consiguiente, el precio es 8/9, es decir, 88.9% del valor par. ■

PREGUNTAS SOBRE CONCEPTOS

6.1a ¿Cuáles son los flujos de efectivo relacionados con un bono?
6.1b ¿Cuál es la fórmula general para el valor de un bono?

6.1c ¿Es cierto que el único riesgo relacionado con la posesión de un bono es que el emisor no realice todos los pagos? Explique su respuesta.

6.2 | VALUACIÓN DE LAS ACCIONES COMUNES

Existen al menos tres razones que hacen que en la práctica sea más difícil valuar una acción común que un bono. Primera, ni siquiera los flujos de efectivo prometidos se conocen con anticipación. Segunda, la vida de la inversión es esencialmente infinita, puesto que la acción común no tiene fecha de vencimiento. Tercera, no hay forma de observar con facilidad la tasa de rendimiento que requiere el mercado. A pesar de todo, como se verá, hay casos en los que se puede obtener el valor presente de los flujos de efectivo futuros de una acción y determinar así su valor.

Flujos de efectivo de las acciones comunes

Imaginemos que se piensa comprar una acción hoy. El plan es vender la acción dentro de un año. De alguna forma, se conoce que la acción tendrá un valor de $70 en ese momento. Se pronostica que la acción también pagará un dividendo de $10 por acción al final del año. Si se requiere un rendimiento sobre la inversión del 25%, ¿cuánto es lo máximo que se pagaría por la acción? En otras palabras, ¿cuál es el valor presente del dividendo de $10 en conjunto con el valor final de $70 al 25%?

Si se compra la acción hoy y se vende al final del año, se obtendrá un total en efectivo de $80 al 25%:

Valor presente = ($10 + 70)/1.25 = $64

Por consiguiente, el valor que se le asignaría hoy a la acción es de $64.

De forma más general, considere que P_0 es el precio actual de la acción y que se define a P_1 como el precio dentro de un período. Si D_1 es el dividendo en efectivo que se paga al final del período:

$$P_0 = (D_1 + P_1)/(1 + r) \tag{6.2}$$

donde r es el rendimiento requerido en el mercado para esta inversión.

Obsérvese que en realidad hasta ahora no se ha dicho mucho. Si se quisiera determinar el valor de una acción hoy (P_0), primero habría que obtener el valor en un año (P_1). Esto es incluso más difícil de realizar, por lo que sólo se ha complicado todavía más el problema.

¿Cuál es el precio en un período, P_1? Por lo general, no se conoce dicho precio. En lugar de ello, suponga que de alguna forma se supiera el precio en dos períodos, P_2. Conociendo el dividendo que se ha pronosticado dentro de dos períodos, D_2, el precio de la acción dentro de un período sería:

$$P_1 = (D_2 + P_2)/(1 + r)$$

Si se sustituyera esta fórmula para P_1 en la fórmula para P_0, se tendría:

$$P_0 = \frac{D_1 + P_1}{1 + r} = \frac{D_1 + \dfrac{D_2 + P_2}{1 + r}}{1 + r}$$

$$= \frac{D_1}{(1 + r)^1} + \frac{D_2}{(1 + r)^2} + \frac{P_2}{(1 + r)^2}$$

Debemos ahora obtener el precio en dos períodos. Tampoco se conoce esto, así que de nuevo se puede diferir y escribir:

$$P_2 = (D_3 + P_3)/(1 + r)$$

Si se sustituye esta expresión P_2, se tendría:

$$P_0 = \frac{D_1}{(1 + r)^1} + \frac{D_2}{(1 + r)^2} + \frac{P_2}{(1 + r)^2}$$

$$= \frac{D_1}{(1 + r)^1} + \frac{D_2}{(1 + r)^2} + \frac{\dfrac{D_3 + P_3}{1 + r}}{(1 + r)^2}$$

$$= \frac{D_1}{(1 + r)^1} + \frac{D_2}{(1 + r)^2} + \frac{D_3}{(1 + r)^3} + \frac{P_3}{(1 + r)^3}$$

Podemos ver que se puede llevar indefinidamente al futuro el problema de obtener el precio de la acción. Algo importante, con independencia de cuál sea el precio de la acción, es que el valor presente es en esencia cero si se lleva lo suficientemente lejos.[3] Lo que quedaría es que el precio actual de la acción se puede expresar como el valor presente de los dividendos, comenzando en un período y continuando hasta el infinito:

$$P_0 = \frac{D_1}{(1 + r)^1} + \frac{D_2}{(1 + r)^2} + \frac{D_3}{(1 + r)^3} + \frac{D_4}{(1 + r)^4} + \frac{D_5}{(1 + r)^5} + \cdots$$

Se ha mostrado aquí que el precio de la acción hoy es igual al valor presente de todos los dividendos futuros. ¿Cuántos dividendos futuros existen? En principio, puede haber un número infinito. Esto significa que aún no se puede calcular un valor para la acción

---

[3]El único supuesto que se considera para el precio de la acción es que es un número finito, sin importar lo lejos que se le lleve. Puede ser extremadamente grande, aunque no infinitamente grande. Puesto que nadie ha observado en alguna ocasión un precio de acción infinito, esta suposición es razonable.

porque se tendría que pronosticar un número infinito de dividendos y después descontarlos todos.

En la sección siguiente se estudian algunos casos especiales para los que se puede encontrar la forma de resolver este problema.

Ejemplo 6.4   Acciones de crecimiento

Quizá se esté preguntando por las acciones de compañías que en la actualidad no pagan dividendos. Es habitual que las compañías pequeñas que están en crecimiento reinviertan todo, por lo que no pagan dividendos. ¿Esas acciones no valen nada entonces? Depende. Cuando se dice que el valor de la acción es igual al valor presente de los dividendos futuros no se elimina la posibilidad de que algunos de estos dividendos sean cero. Pero no *todos* pueden ser cero.

Imaginemos una compañía que tuviera en su acta constitutiva una cláusula que prohibiera el pago de dividendos. La compañía nunca toma préstamos, nunca paga dinero a los accionistas bajo cualquier tipo de forma y nunca vende activos. En realidad, este tipo de corporación no podría existir porque a las autoridades fiscales no les gustaría esta situación y los accionistas podrían votar para modificar el acta, si quisieran. Sin embargo, si este tipo de corporación existiera, ¿cuál sería el valor de la acción?

La acción no tiene absolutamente ningún valor. Ese tipo de compañía es un «pozo negro» financiero. Entra dinero, pero nada de valor llega a salir de ella. Como nunca habría rendimientos sobre esta inversión, la inversión no tiene valor. Este ejemplo resulta ser bastante absurdo, pero, en cambio, muestra que cuando se habla de compañías que no pagan dividendos, lo que en realidad se quiere decir es que en la *actualidad* no los están pagando. ■

Valuación de las acciones comunes: algunos casos especiales

Existen unas pocas circunstancias especiales muy útiles por las que se puede determinar el valor de la acción. Lo que se necesita es hacer algunos supuestos para simplificar el comportamiento de los dividendos futuros. Los tres casos que se estudian son: 1) el dividendo tiene una tasa de crecimiento nula, 2) el dividendo crece a una tasa constante y 3) el dividendo crece a una tasa constante después de transcurrido cierto tiempo. Se estudia cada uno de los casos por separado.

Crecimiento cero   El caso del crecimiento cero ya se ha señalado. La acción común de una compañía con un dividendo constante es muy parecida a una acción preferente. Por el capítulo anterior (ejemplo 5.20), se sabe que el dividendo de una acción preferente tiene un crecimiento de cero y que, por tanto, es constante con el transcurso del tiempo. Para una acción común de crecimiento cero, ello implica que:

$$D_1 = D_2 = D_3 = D = \text{constante}$$

Por tanto, el valor de la acción es:

$$P_0 = \frac{D_1}{(1 + r)^1} + \frac{D_2}{(1 + r)^2} + \frac{D_3}{(1 + r)^3} + \frac{D_4}{(1 + r)^4} + \frac{D_5}{(1 + r)^5} + \cdots$$

Dado que el dividendo es siempre el mismo, la acción puede considerarse como una perpetuidad ordinaria con un flujo de efectivo igual a D en cada período. Por tanto, el valor por acción se determina mediante:

$$P_0 = D/r \qquad\qquad\qquad (6.3)$$

donde r es el rendimiento requerido.

Por ejemplo, supongamos que Paradise Prototyping Company tiene la política de pagar un dividendo anual de $10 por acción. Si esta política se continúa de forma perpetua, ¿cuál es el valor de una acción si el rendimiento requerido es del 20%? En este caso, la acción equivale a una perpetuidad ordinaria, por lo que la acción tiene un valor de $10/0.20 = $50 por acción.

Crecimiento constante   Supongamos que se conoce que el dividendo de cierta compañía crece siempre a una tasa constante. A esta tasa de rendimiento se le denominará g. Si se define a D_0 como el dividendo que se acaba de pagar, el próximo dividendo D_1 es:

$$D_1 = D_0 \times (1 + g)$$

El dividendo en dos períodos es:

$$\begin{aligned} D_2 &= D_1 \times (1 + g) \\ &= [D_0 \times (1 + g)] \times (1 + g) \\ &= D_0 \times (1 + g)^2 \end{aligned}$$

Este proceso se puede repetir para determinar el dividendo en cualquier punto en el futuro. Por lo general, de acuerdo con el estudio del crecimiento compuesto en el capítulo anterior, se conoce que el dividendo dentro de t períodos en el futuro, D_t, se determina mediante:

$$D_t = D_0 \times (1 + g)^t$$

Un activo con flujos de efectivo que crecen a una tasa constante permanente se denomina *perpetuidad creciente*. Como veremos más adelante, hay una fórmula sencilla para determinar el valor de este tipo de activo.

Quizá resulte extraño el supuesto de crecimiento constante del dividendo. ¿Por qué debe crecer el dividendo a una tasa constante? La razón es que, en el caso de muchas compañías, el crecimiento constante en los dividendos es una meta explícita. Este tema cae bajo el título general de política de dividendos, por lo que se diferirá su estudio adicional hasta el capítulo 16.

Ejemplo 6.5   Crecimiento de dividendos

The Hedless Corporation acaba de pagar un dividendo de $3 por acción. El dividendo crece a una tasa constante del 8% anual. Con base a esta información, ¿cuál será el dividendo en cinco años?

En este caso, se tiene un importe actual de $3 que crece al 8% anual durante cinco años. Por tanto, el importe futuro es:

$$\$3 \times (1.08)^5 = \$3 \times 1.4693 = \$4.41$$

Por consiguiente, el dividendo aumentará en $1.41 durante los siguientes cinco años. ∎

Si el dividendo crece a una tasa constante, el problema de pronosticar un número infinito de dividendos futuros se ha reemplazado por el problema de determinar una sola tasa de crecimiento, una simplificación importante. En este caso, si se considera a D_0 como el dividendo que se acaba de pagar y g la tasa de crecimiento constante, el valor de una acción puede expresarse como:

$$P_0 = \frac{D_1}{(1 + r)^1} + \frac{D_2}{(1 + r)^2} + \frac{D_3}{(1 + r)^3} + \cdots$$

$$= \frac{D_0(1 + g)^1}{(1 + r)^1} + \frac{D_0(1 + g)^2}{(1 + r)^2} + \frac{D_0(1 + g)^3}{(1 + r)^3} + \cdots$$

En tanto que la tasa de crecimiento, g, sea inferior a la tasa de descuento, r, el valor presente de esta serie de flujos de efectivo puede expresarse en forma muy sencilla como:

$$P_0 = \frac{D_0 \times (1 + g)}{r - g} = \frac{D_1}{r - g} \tag{6.4}$$

modelo del crecimiento de dividendos

Modelo que determina el precio actual de una acción como su dividendo del período siguiente, dividido entre la tasa del descuento menos la tasa de crecimiento de dividendos.

A este resultado se le denomina de muchas formas diferentes. Aquí le llamaremos **modelo del crecimiento de dividendos**. Cualquiera que sea su nombre, es un modelo muy fácil de usar. Como un ejemplo, supongamos que D_0 es $2.30, r es 13% y g es 5%. En este caso, el precio por acción es:

$$P_0 = D_0 \times (1 + g)/(r - g)$$
$$= \$2.30 \times (1.05)/(0.13 - 0.05)$$
$$= \$2.415/(0.08)$$
$$= \$30.19$$

En realidad, el modelo de crecimiento de dividendos se puede usar para obtener el precio de la acción en cualquier momento, no sólo en el presente. Por lo general, el precio de la acción en el tiempo t es:

$$P_t = \frac{D_t \times (1 + g)}{r - g} = \frac{D_{t+1}}{r - g} \tag{6.5}$$

En el ejemplo, supongamos que interesa conocer el precio de la acción dentro de cinco años, P_5. Primero, se necesita el dividendo al período 5, D_5. Puesto que el dividendo que se acaba de pagar es de $2.30 y la tasa de crecimiento es del 5% anual, D_5 es:

$$D_5 = \$2.30 \times (1.05)^5 = \$2.30 \times 1.2763 = \$2.935$$

Con base al modelo del crecimiento de dividendos, el precio de la acción en cinco años es:

$$P_5 = \frac{D_5 \times (1 + g)}{r - g} = \frac{\$2.935 \times (1.05)}{0.13 - 0.05} = \frac{\$3.0822}{0.08} = \$38.53$$

Ejemplo 6.6   Gordon Growth Company

El próximo dividendo de Gordon Growth Company será de \$4.00 por acción. Los inversionistas requieren un rendimiento del 16% en compañías similares a Gordon. El dividendo de Gordon aumenta en un 6% anual. Con base al modelo del crecimiento de dividendos, ¿cuál es el valor de la acción de Gordon hoy? ¿Cuál será el valor dentro de cuatro años?

Aquí, la única posible complicación es que se sabe que el siguiente dividendo, D_1, será de \$4.00, por lo que no se multiplicará esto por $(1 + g)$. Con ello en mente, el precio por acción se determina mediante:

$$P_0 = D_1/(r - g)$$
$$= \$4.00/(0.16 - 0.06)$$
$$= \$4.00(0.10)$$
$$= \$40.00$$

Puesto que ya se tiene el dividendo en un año, el dividendo en cuatro años es igual a $D_1 \times (1 + g)^3 = \$4.00 \times (1.06)^3 = \$4.764$. Por tanto, el precio en cuatro años es:

$$P_4 = [D_4 \times (1 + g)]/(r - g)$$
$$= [\$4.764 \times 1.06]/(0.16 - 0.06)$$
$$= \$5.05/(0.10)$$
$$= \$50.50$$

Obsérvese en este ejemplo que P_4 es igual a $P_0 \times (1 + g)^4$.

$$P_4 = \$50.50 = \$40.00 \times (1.06)^4 = P_0 \times (1 + g)^4$$

Para ver por qué esto es así, véase primero que:

$$P_4 = D_5/(r - g)$$

Sin embargo, D_5 es justo igual a $D_1 \times (1 + g)^4$, por lo que se puede expresar P_4 como:

$$P_4 = D_1 \times (1 + g)^4/(r - g)$$
$$= [D_1/(r - g)] \times (1 + g)^4$$
$$= P_0 \times (1 + g)^4$$

Este último ejemplo muestra que el modelo del crecimiento de dividendos supone implícitamente que el precio de la acción crecerá a la misma tasa constante que el dividendo. En realidad, esto no debe ser demasiado sorprendente. Lo que nos señala es que, si los flujos de efectivo de una inversión crecen a una tasa constante a través del tiempo, el valor de la inversión también lo hace. ■

Podríamos preguntarnos qué ocurriría con el modelo de crecimiento de dividendos si la tasa de crecimiento, g, fuera mayor que la tasa de descuento, r. Parece que se obtendría un precio de la acción negativo, debido a que $r - g$ sería inferior a cero, pero no es esto lo que ocurriría.

En lugar de ello, si la tasa de crecimiento constante excede a la tasa de descuento, el precio de la acción es infinitamente grande. ¿Por qué? Si la tasa de crecimiento es mayor que la tasa de descuento, el valor presente de los dividendos continúa haciéndose mayor y mayor. Esencialmente, esto mismo es cierto si la tasa de crecimiento y la tasa de descuento son iguales. En ambos casos, la simplificación que permite reemplazar la serie infinita de dividendos con el modelo del crecimiento de dividendos es «inválida», por lo que la respuesta que se obtiene del modelo del crecimiento de dividendos no tiene sentido alguno, a no ser que la tasa de crecimiento sea menor que la tasa de descuento.

Por último, la fórmula que se obtuvo para el caso del crecimiento constante funcionará para cualquier perpetuidad creciente, no sólo para los dividendos de acciones comunes. Si C_1 es el próximo flujo de efectivo de una perpetuidad creciente, el valor presente de los flujos de efectivo se determina mediante:

Valor presente $= C_1/(r - g) = C_0(1 + g)/(r - g)$

Obsérvese que esta fórmula se parece al resultado obtenido para cualquier perpetuidad ordinaria, con la excepción de que en la parte inferior se tiene $r - g$ en lugar de sólo r.

Crecimiento no constante   El último caso que se estudia es el crecimiento no constante. La razón principal para considerar este caso es tomar en cuenta tasas de crecimiento «supranormales» durante algún período finito de tiempo. Como se estudió previamente, la tasa de crecimiento no puede exceder indefinidamente al rendimiento requerido, pero desde luego sí podría hacerlo durante algunos años. Para evitar el problema de tener que pronosticar y descontar un número de dividendos infinitos, se requerirá que los dividendos comiencen a crecer a una tasa constante en algún momento en el futuro.

Para dar un ejemplo sencillo de crecimiento no constante, consideremos el caso de una compañía que en la actualidad no esté pagando dividendos. Se predice que en cinco años la compañía pagará un dividendo por primera vez. El dividendo será de $0.50 por acción. Se espera que este dividendo crecerá al 10% indefinidamente. El rendimiento requerido para las compañías similares es del 20%. ¿Cuál es el precio de la acción hoy?

Para ver cuál es el precio actual de la acción, primero se determina cuánto valdrá ésta una vez que se paguen los dividendos. Después, se puede calcular el valor presente de ese precio futuro para obtener así el precio actual. El primer dividendo se pagará dentro de cinco años y el dividendo crecerá constantemente a partir de entonces. Utilizando el modelo del crecimiento de dividendos, el precio en cuatro años será:

$$P_4 = D_4 \times (1 + g)/(r - g)$$
$$= D_5/(r - g)$$
$$= \$0.05/(0.20 - 0.10)$$
$$= \$5.00$$

Si la acción valdrá dentro de cuatro años $5.00, se puede obtener el valor presente descontando este monto para cuatro años hacia el presente al 20%:

$$P_0 = \$5.00/(1.20)^4 = \$5.00/2.0736 = \$2.41$$

Por tanto, la acción vale hoy $2.41.

Si los dividendos no son cero en los primeros años, el problema del crecimiento no constante es ligeramente más complicado. Por ejemplo, supongamos que se han considerado los siguientes pronósticos de dividendos para los próximos tres años:

Año	Dividendo esperado
1	$1.00
2	2.00
3	2.50

Después del tercer año, el dividendo crecerá a una tasa constante del 5% anual. El rendimiento requerido es del 10%. ¿Cuál es el valor de la acción hoy?

Como siempre, el valor de la acción es el valor presente de todos los dividendos futuros. Para calcular este valor presente, primero hay que calcular el valor presente del precio de la acción dentro de tres años, como se hizo previamente. Después, se tiene que sumar el valor presente de los dividendos que se pagarán desde ahora hasta entonces. Por tanto, el precio en tres años es:

$$P_3 = D_3 \times (1 + g)/(r - g)$$
$$= \$2.50 \times (1.05)/(0.10 - 0.05)$$
$$= \$52.50$$

Podemos calcular ahora el valor total de la acción como el valor presente de los primeros tres dividendos, más el valor presente del precio al período 3, P_3:

$$P_0 = \frac{D_1}{(1 + r)^1} + \frac{D_2}{(1 + r)^2} + \frac{D_3}{(1 + r)^3} + \frac{P_3}{(1 + r)^3}$$

$$= \frac{\$1.00}{1.10} + \frac{\$2.00}{1.10^2} + \frac{\$2.50}{1.10^3} + \frac{\$52.50}{1.10^3}$$

$$= \$0.91 + 1.65 + 1.88 + 39.44$$

$$= \$43.88$$

Por tanto, el valor de la acción hoy es de $43.88.

Ejemplo 6.7   Crecimiento supranormal

Chain Reaction, Inc., ha estado creciendo a una tasa extraordinaria del 30% anual debido a su rápida expansión y a sus ventas explosivas. Se cree que esta tasa de crecimiento durará tres años más y después disminuirá al 10% anual. Si a partir de ese momento la tasa de crecimiento permanece al 10% indefinidamente, ¿cuál es el valor total de la acción? El total de los dividendos que se acaban de pagar fue de $5 millones y el rendimiento requerido es del 20%.

Chain Reaction es un ejemplo de crecimiento supranormal. Es poco probable que se pueda mantener un crecimiento del 30% durante un período largo. Para valuar el capital de esta compañía, primero hay que calcular el total de dividendos durante el período de crecimiento supranormal:

Año	Total de dividendos (en millones)
1	$5.00 × (1.3) = $ 6.500
2	$6.50 × (1.3) = $ 8.450
3	$8.45 × (1.3) = $10.985

El precio en el período 3 se puede calcular como:

$$P_3 = D_3 \times (1 + g)/(r - g)$$

donde g es la tasa de crecimiento a largo plazo. Por tanto, se tiene:

$$P_3 = \$10.985 \times (1.10)/(0.20 - 0.10) = \$120.835$$

Para determinar el valor actual, se requiere el valor presente de este importe, más el valor presente del total de dividendos:

$$
\begin{aligned}
P_0 &= \frac{D_1}{(1 + r)^1} + \frac{D_2}{(1 + r)^2} + \frac{D_3}{(1 + r)^3} + \frac{P_3}{(1 + r)^3} \\[2mm]
&= \frac{\$6.50}{1.20} + \frac{\$8.45}{1.20^2} + \frac{\$10.985}{1.20^3} + \frac{\$120.835}{1.20^3} \\[2mm]
&= \$5.42 + 5.87 + 6.36 + 69.93 \\[2mm]
&= \$87.58
\end{aligned}
$$

Por consiguiente, el valor total del capital accionario es hoy de $87.58 millones. Si existieran, por ejemplo, 20 millones de acciones, la acción valdría $87.58/20 = $4.38 por acción. ■

Elementos del rendimiento requerido

Hasta ahora hemos supuesto que se conoce el rendimiento requerido o la tasa de descuento, r. En los capítulos 10 y 11, se tratará más este tema. Por ahora, se examinarán las implicaciones del modelo del crecimiento de dividendos para este rendimiento requerido. Anteriormente, P_0 se calculó como:

$$P_0 = D_1/(r - g)$$

Si se despeja esta expresión, r se obtiene:

$$(r - g) = D_1/P_0 \qquad\qquad\qquad (6.6)$$
$$r = D_1/P_0 + g$$

Esto muestra que el rendimiento total, r, tiene dos elementos. El primero de ellos, D_1/P_0, se denomina **rendimiento de dividendos**. Puesto que esto se calcula como el dividendo en efectivo dividido entre el precio actual, conceptualmente es similar al rendimiento actual sobre un bono.

El segundo elemento del rendimiento total es la tasa de crecimiento, g. Se sabe que la tasa de crecimiento de dividendos también es la tasa a la que crece el precio de la acción (v. el ejemplo 6.6). Por tanto, esta tasa de crecimiento se puede interpretar como el **rendimiento de ganancias de capital**, es decir, la tasa a la que crece el valor de la inversión.[4]

Como un ejemplo de los elementos del rendimiento requerido, supongamos que se observa la venta de acciones en $20 cada una. El próximo dividendo será de $1 por acción. Se piensa que el dividendo crecerá en un 10% más o menos indefinidamente. ¿Qué rendimiento ofrece esta acción si esto es correcto?

El modelo de crecimiento de dividendos calcula el rendimiento total como:

$$r = \text{Rendimiento de dividendos} \quad + \quad \text{Rendimiento de ganancias de capital}$$
$$i = \qquad\qquad D_1/P_0 \qquad\qquad + \qquad\qquad\qquad g$$

En este caso, el rendimiento total resulta ser:

$$r = \$1/\$20 + 10\%$$
$$= 5\% + 10\%$$
$$= 15\%$$

Por tanto, este tipo de acción tiene un rendimiento del 15%.

Se puede comprobar esta respuesta calculando el precio en un año, P_1, usando el 15% como rendimiento requerido. Sobre la base del modelo de crecimiento de dividendos, este precio es:

$$P_1 = D_1 \times (1 + g)/(r - g)$$
$$= \$1 \times (1.10)/(0.15 - 0.10)$$
$$= \$1.1/0.05$$
$$= \$22$$

Obsérvese que este importe de $22 es $20 × (1.1), por lo que el precio de la acción ha crecido en un 10%, como debería ser. Si se paga hoy $20 por la acción, se recibirá un dividendo de $1 al final del año y se tendrá una ganancia de $22 − 20 = $2. Por consiguiente, el rendimiento de dividendos es de $1/$20 = 5%. El rendimiento de ganancias de capital es de $2/$20 = 10%, por lo que el rendimiento total sería de 5% + 10% = 15%.

En la tabla 6.2 se resume el análisis de la valuación de las acciones.

rendimiento de dividendos
Dividendo en efectivo de una acción dividido entre su precio actual.

rendimiento de ganancias de capital
Tasa del crecimiento de dividendos o la tasa a la que crece el valor de una inversión.

---

[4]Aquí y en cualquier otro lugar, se utiliza el término *ganancia de capital* de forma un poco indefinida. Como antecedente, una ganancia (o pérdida) de capital es, en sentido estricto, algo definido por las autoridades fiscales. Para nuestros propósitos, sería más exacto (pero menos común) usar el término *apreciación del precio* en lugar de *ganancia de capital*.

Tabla 6.2

Resumen de valuación de acciones

I. El caso general

En general, el precio actual de una acción, P_0, es el valor presente de todos sus dividendos futuros, $D_1, D_2, D_3, \ldots$:

$$P_0 = \frac{D_1}{(1 + r)^1} + \frac{D_2}{(1 + r)^2} + \frac{D_3}{(1 + r)^3} \cdots$$

donde r es el rendimiento requerido.

II. Caso de crecimiento constante

Si el dividendo crece a una tasa constante, g, entonces el precio se puede expresar como:

$$P_0 = \frac{D_1}{(r + g)}$$

A este resultado se le denomina el *modelo del crecimiento de dividendos*.

III. Crecimiento supranormal

Si el dividendo crece en forma constante después de t períodos, entonces el precio se puede expresar como:

$$P_0 = \frac{D_1}{(1 + r)^1} + \frac{D_2}{(1 + r)^2} + \cdots + \frac{D_t}{(1 + r)^t} + \frac{P_t}{(1 + r)^t}$$

donde

$$P_t = \frac{D_t \times (1 + g)}{(1 + r)}$$

IV. El rendimiento requerido

El rendimiento requerido, r, se puede expresar como la suma de dos elementos:

$$r = D_1/P_0 + g$$

donde D_1/P_0 es el rendimiento de dividendos y g es el *rendimiento de ganancias* de capital (que es lo mismo que la tasa de crecimiento de dividendos para el caso de crecimiento constante).

Información del mercado accionario

Si se observan las páginas de *The Wall Street Journal* (o de algún otro periódico financiero), se encontrará información sobre un gran número de acciones en varios mercados diferentes.

En la figura 6.4 se reproduce una pequeña sección de la página de acciones del mercado del New York Stock Exchange (NYSE) del 21 de agosto de 1991. Localice en la figura 6.4 el renglón que corresponde a la corporación IBM. Tomando en cuenta los títulos de las columnas, en el renglón se lee:

52 semanas

Alto	Bajo	Emisora	Símbolo	Dividendo	Rendimiento %	PU	Volumen 100s	Alto	Bajo	Cierre	Cambio neto
139¾	92	IBM	IBM	4.84	5.1	13	28281	96⅜	94	95⅝	−⅛

Figura 6.4

Muestra de cotización de acciones de *The Wall Street Journal*

NEW YORK STOCK EXCHANGE COMPOSITE TRANSACTIONS

Quotations as of 5 p.m. Eastern Time
Wednesday, August 21, 1991

52 Weeks Hi	Lo	Stock	Sym	Div	Yld %	PE	Vol 100s	Hi	Lo	Close	Net Chg.
13 1/2	5 3/8	Intellicall	ICL		...	6	754	6 5/8	6 3/8	6 3/8	+ 1/8
12 3/4	4 7/8	IntrRgnlFnl	IFG		...	13	97	12 1/4	12	12 1/4	+ 1/4
21	16 3/4	IntcapSec	ICB	1.98	9.9	...	92	20	19 7/8	20	+ 1/4
n 15 1/4	14 1/2	IntcapMnBd	IMB		...	...	49	15	14 7/8	15	...
13/16	1/16	vjInterco	ISS		...	...	544	9/32	1/4	9/32	...
6 3/4	2 3/4	Intlake	IK		...	11	62	3 7/8	3 3/8	3 3/4	+ 3/8
30	18 7/8	IntAlum	IAL	1.00	4.0	17	9	24 3/4	24 1/2	24 3/4	+ 1/4
139 3/4	92	IBM	IBM	4.84	5.1	13	28281	96 1/8	94	95 5/8	1/8
87 3/8	61 1/4	IntFlavor	IFF	2.40	2.9	19	1605	83 3/8	82	82	+ 1/4
s 56 5/8	9	IntGameTech	IGT		...	33	943	56 1/2	55 1/2	55 1/2	+ 3/4
28 5/8	4 1/2	IntGameTech wi			...	...	67	28 1/2	28 1/4	28 1/4	+ 1/2
s 31 1/2	18 1/2	IntMultfood	IMC	.80	2.8	16	271	28 7/8	28 5/8	28 7/8	+ 5/8
74 1/2	42 3/4	IntPaper	IP	1.68	2.5	17	5426	66 3/4	65	66 3/4	+ 2 1/4
19 3/4	10 3/4	IntRecvry	INT		...	14	69	15 1/2	15 1/4	15 3/8	...
25 1/4	4 1/4	IntRect	IRF		...	14	3026	18 3/8	17 1/4	18 1/4	+ 1 1/2
n 17 7/8	14	IntSpcPdt	ISP		...	...	503	16 5/8	16 1/4	16 5/8	+ 3/4
11 3/8	6 3/4	IntTech	ITX		...	18	3728	8 1/8	7 7/8	8 1/8	+ 1/4
48 3/4	29 1/4	IntpubGp	IPG	.84	1.8	20	739	48	46 7/8	48	+ 1 1/4
4 5/8	1 5/8	IntstJhnsn	IS		...	...	2	3 1/8	3 1/8	3 1/8	− 1/8
31	23	IntstPwr	IPW	2.04	6.7	10	33	30 1/4	30	30 1/4	+ 3/8
28 7/8	15 1/2	IntertanInc	ITN		...	22	159	22 3/4	22	22 5/8	+ 7/8
47 1/2	24	Ionics	ION		...	37	44	47	46 1/2	46 5/8	+ 1/4
▲ 24 3/8	18 3/4	IowaIllGas	IWG	1.71	7.0	11	590	24 1/2	24 1/4	24 3/8	...

Fuente: Reproducido con la autorización de *The Wall Street Journal*, © 1991 Dow Jones & Company, Inc., 21 de agosto de 1991. Reservados todos los derechos mundiales.

Los primeros dos números, $139^3/_4$ y 92, son el precio más alto (*Hi*) y el más bajo (*Lo*) de las últimas 52 semanas. 4.84 es el dividendo anual (*Div*). Puesto que IBM, al igual que la mayor parte de las compañías, paga sus dividendos trimestralmente, en realidad este importe de \$4.84 es el último dividendo trimestral multiplicado por 4. Por tanto, el último dividendo en efectivo pagado fue de \$4.84/4 = \$1.21.

Adelantándonos un poco, la cifras Alto (*Hi*), Bajo (*Lo*) y Cierre (*Close*) son los precios más altos, más bajos y de cierre durante el día. El «Cambio neto» (*Net Chg*) de $-\,^1/_8$ señala que el precio de cierre de $\$95^5/_8$ por acción es inferior en $^1/_8$, es decir, \$0.125, que el precio de cierre del día previo; por tanto, se dice que IBM descendió $^1/_8$ en el día.

La columna marcada «Rendimiento porcentual» (*Yld%*) proporciona el rendimiento en dividendos sobre la base del dividendo actual y el precio de cierre. En el caso de IBM, éste es de $\$4.84/95^5/_8 = 5.1\%$, tal como se muestra. La siguiente columna, con el título PU (*PE*) (abreviación de precio/utilidades o razón P/U, en inglés es *price/earnings*), es el precio de cierre de $\$95^5/_8$, dividido entre las utilidades anuales por acción (tomando en cuenta los cuatro trimestres más recientes). En la jerga de Wall Street, se podría decir que IBM «se vende por utilidades de 13 veces».

La columna restante, titulada *Vol 100s*, señala las acciones que se negociaron durante el día (en cientos). Por ejemplo, la cantidad de 28281 para IBM señala que 2,828,100 acciones, es decir, casi 3 millones de acciones cambiaron de manos sólo en este día. Si el precio promedio durante el día fue de aproximadamente \$95, el volumen de las operaciones en unidades monetarias fue del orden de $95 × 3 millones = $285 millones en acciones sólo de IBM.

Éste fue un día relativamente activo de operaciones en acciones de IBM, ya que esa cantidad es un poco mayor de lo normal, pero sirve para demostrar lo activo que puede estar el mercado.

⌐ **PREGUNTAS SOBRE CONCEPTOS**

6.2a ¿Cuáles son los flujos de efectivo relevantes para valuar una acción común?
6.2b ¿El valor de una acción depende del tiempo que se espera conservarla?
6.2c ¿Cuál es el valor de una acción cuando el dividendo crece a una tasa constante?

6.3 ⌐ RESUMEN Y CONCLUSIONES

En este capítulo se ha mostrado cómo ampliar los resultados básicos de valor presente del capítulo 5 en algunas formas importantes. En el estudio de los bonos y las acciones, se vio que:

1. Los bonos son deudas corporativas a largo plazo. Se examinaron los flujos de efectivo derivados de los bonos de una compañía y se observó que el valor presente de los flujos de efectivo y, por tanto, el valor del bono, pueden determinarse con facilidad. También se presentó parte de la terminología relacionada con los bonos y se estudió cómo se reportan los precios de los bonos en la prensa financiera.

2. Los flujos de efectivo derivados de poseer una acción toman la forma de dividendos futuros. Se vio que, en ciertos casos especiales, es posible calcular el valor presente de todos los dividendos futuros y obtener así un valor para la acción. Se estudiaron algunos de los términos relacionados con las acciones comunes y también se examinó cómo se presenta la información pública del precio de las acciones.

Con este capítulo finaliza la parte tres del libro. A estas alturas, se debe tener una buena comprensión de lo que se quiere decir con valor presente. También se debe estar familiarizado con el cálculo de los valores presentes, los pagos de préstamos, etc. En la parte cuatro se cubren las decisiones relativas al presupuesto de capital. Como se verá, las técnicas aprendidas en los capítulos 5 y 6 forman la base metodología para evaluar las decisiones de inversión corporativas.

Términos fundamentales

cupones **186**
valor nominal o valor par **186**
tasa del cupón **186**
vida o vencimiento **186**
rendimiento al vencimiento (RAV) **186**

rendimiento actual **194**
modelo del crecimiento de dividendos **200**
rendimiento de dividendos **205**
rendimiento de ganancias de capital **205**

Problemas de revisión del capítulo y autoevaluación

6.1 **Valor de bonos**   Un bono de la empresa Cowles Industries tiene una tasa del cupón del 10% y un valor nominal de $1,000. Los intereses se pagan semestralmente y el bono tiene un vencimiento a 20 años. Si los inversionistas requieren un rendimiento del 12%, ¿cuál es el valor del bono?, ¿cuál es el rendimiento efectivo anual del bono?

6.2 **Rendimiento de los bonos**   Un bono de Macrohard Corp. tiene un cupón del 8% que se paga semestralmente. El valor par es de $1,000 y el bono vence en seis años. Si el bono en la actualidad se vende por $911.37, ¿cuál es su rendimiento al vencimiento? ¿Cuál es el rendimiento efectivo anual?

6.3 **Crecimiento de dividendos y valuación de acciones**   The Brigapenski Co. acaba de pagar un dividendo en efectivo de $2 por acción. Los inversionistas requieren un rendimiento del 16% en inversiones similares. Si se espera que el dividendo crezca a un 8% anual constante, ¿cuál es el valor actual de la acción?, ¿cuánto valdrá la acción en cinco años?

6.4 **Más sobre el crecimiento de dividendos y la valuación de acciones**   En el problema de autoevaluación 6.3, ¿en cuánto se vendería la acción hoy si el dividendo se espera que crezca al 20% durante los próximos tres años y después se estabilice en el 8% anual?

Respuestas a los problemas de autoevaluación

6.1 Dado que el bono tiene un rendimiento del cupón del 10% en tanto que los inversionistas requieren un rendimiento del 12%, se sabe que el bono debe venderse con descuento. Observe que, debido a que el bono paga intereses semestralmente, los cupones representan $100/2 = **$50** cada seis meses. El rendimiento requerido es de 12%/2 = **6%** cada seis meses. Por último, el bono vence en 20 años, por lo que hay un total de **40** períodos de seis meses.

Por consiguiente, el valor del bono es igual al valor presente de $50 cada seis meses durante los próximos 40 períodos de seis meses, más el valor presente del valor nominal de $1,000:

$$\text{Valor del bono} = \$50 \times [1 - 1/(1.06)^{40}]/0.60 + \$1,000/(1.06)^{40}$$

$$= \$50 \times 15.04630 + \$1,000/10.2857$$

$$= \textbf{\$849.54}$$

Observe que se descontaron los $1,000 hacia el presente, 40 períodos, al 6% por período, en lugar de hacerlo a 20 años al 12%. La razón es que el rendimiento efectivo anual del bono es de $1.06^2 - 1 = \textbf{12.36\%}$, no de 12%. Por tanto, se pudo haber usado el 12.36% anual durante 20 años al calcular el valor presente del valor nominal de $1,000 y la respuesta hubiera sido la misma.

6.2 El valor presente de los flujos de efectivo del bono es su precio actual, $911.37. El cupón es de $40 cada 6 meses durante 12 períodos. El valor nominal es de $1,000, por lo que el rendimiento del bono es la tasa de descuento desconocida en la siguiente expresión:

$$\$911.37 = \$40 \times [1 - 1/(1 + r)^{12}]/r + \$1,000/(1 + r)^{12}$$

El bono se vende a descuento. Puesto que la tasa del cupón es del 8%, el rendimiento tiene que ser algo mayor que este porcentaje.

Si se intentara resolver la expresión anterior mediante el método de prueba y error, podría probarse primero con el 12% (o el **6%** por seis meses):

$$\text{Valor del bono} = \$40 \times [1 - 1/\mathbf{10.06^{12}}]/\mathbf{0.06} + \$1,000/\mathbf{1.06^{12}}$$

$$= \mathbf{\$832.32}$$

Esto es inferior al valor actual, por lo que la tasa de descuento es demasiado alta. Se conoce ahora que el rendimiento está en algún punto entre el 8 y el 12%. Con prueba y error adicionales (o con un poco de ayuda de una calculadora), el rendimiento resulta ser del 10%, es decir, el 5% cada seis meses.

Según es costumbre, el rendimiento del bono al vencimiento se expresaría como $2 \times 5\% = \mathbf{10\%}$. Por tanto, el rendimiento efectivo es de $1.05^2 - 1 = \mathbf{10.25\%}$.

6.3 El último dividendo, D_0, fue de \$2. Se espera que el dividendo crezca de forma constante al 8%. El rendimiento requerido es del 16%. Con base al modelo del crecimiento de dividendos, el precio actual es:

$$P_0 = D_1/(r - g) = D_0 \times (1 + g)/(r - g)$$

$$= \$2 \times (1.08)/(0.16 - 0.08)$$

$$= \$2.16/(0.08)$$

$$= \mathbf{\$27}$$

Se podría calcular el precio en cinco años, calculando el dividendo en ese mismo período y después utilizando de nuevo el modelo de crecimiento. De forma alternativa, se podría reconocer que el precio de la acción aumentará un 8% anual y calcular directamente el precio futuro. Se presentan ambos métodos. Primero, el dividendo en cinco años será:

$$D_5 = D_0 \times (1 + g)^5$$

$$= \$2 \times 1.08^5$$

$$= \$2.9387$$

Por consiguiente, el precio en cinco años sería de:

$$P_5 = D_5 \times (1 + g)/(r - g)$$

$$= \mathbf{\$2.9387} \times (1.08)/0.08$$

$$= \$3.1738/0.08$$

$$= \mathbf{\$39.67}$$

Sin embargo, una vez que se comprende el modelo de dividendos, es más fácil observar que:

$$P_5 = P_0 \times (1 + g)^5$$

$$= \$27 \times 1.08^5$$

$$= \$27 \times 1.4639$$

$$= \mathbf{\$39.67}$$

Observe que ambos enfoques proporcionan el mismo precio en cinco años.

6.4 En este escenario se tiene un crecimiento supranormal para los próximos tres años. Será necesario calcular los dividendos durante el período de crecimiento rápido y el precio de la acción en tres años. Los dividendos son:

$$D_1 = \$2.00 \times 1.20 = \mathbf{\$2.400}$$

$$D_2 = \$2.40 \times 1.20 = \mathbf{\$2.880}$$

$$D_3 = \$2.88 \times 1.20 = \mathbf{\$3.456}$$

Después de tres años, la tasa de crecimiento disminuye al 8% indefinidamente. Por tanto, el precio en ese momento, P_3, es de:

$$P_3 = D_3 \times (1 + g)/(r - g)$$

$$= \$3.456 \times 1.08/(0.16 - 0.08)$$

$$= \$3.7325/0.08$$

$$= \mathbf{\$46.656}$$

Para completar el cálculo del valor presente de la acción es necesario determinar el valor presente de los tres dividendos y el precio futuro:

$$P_0 = \frac{D_1}{(1 + r)^1} + \frac{D_2}{(1 + r)^2} + \frac{D_3}{(1 + r)^3} + \frac{P_3}{(1 + r)^3}$$

$$= \frac{\$2.40}{1.16} + \frac{\$2.88}{1.16^2} + \frac{\$3.456}{1.16^3} + \frac{\$46.656}{1.16^3}$$

$$= \$2.07 + 2.14 + 2.21 + 29.89$$

$$= \mathbf{\$36.31}$$

Preguntas y problemas

1. **Valor de bonos**   Oklahoma Instruments tiene en circulación una emisión de bonos que paga $100 anuales. El bono tiene un valor nominal de $1,000 y vencerá en ocho años. A bonos similares se les ha fijado un precio para que ofrezcan un rendimiento del 14%. ¿En cuánto se esperaría vender este bono?

2. **Valor de bonos con cupones semestrales**   En el problema 1, ¿cuánto valdría el bono si pagara $50 cada seis meses? Suponga que la tasa es del 7% por seis meses. ¿Por qué este valor es diferente al valor en el problema 1?

3. **Cupones semestrales**   Los bonos de Paladin Palaver tienen una tasa del cupón del 11% y vencen en 15 años. Suponiendo cupones semestrales, ¿cuál es el valor de este bono? Bonos similares tienen un rendimiento del 12%.

4. **Cálculo de rendimientos**   En el problema 3, ¿cuál es el rendimiento actual del bono?

5. **Valor y rendimiento de bonos**   Se acaba de comprar, a valor par, un bono emitido recientemente por Vanguard Company de $1,000 a cinco años. Este bono (Bono A) paga intereses semestrales de $60 ($120 anuales). También se está negociando la

compra de un bono de Vanguard de $1,000 a seis años que paga $30 semestrales y vence en cinco años (Bono B).

a. ¿Cuál es la tasa requerida en el mercado (el rendimiento) de los bonos emitidos por Vanguard Company?

b. ¿Cuánto es lo que se debe estar dispuesto a pagar (como máximo) por el Bono B?

c. ¿Cómo cambiaría la respuesta de la parte b, si el Bono A paga $40 (en lugar de $60) en intereses semestrales, pero se sigue vendiendo en $1,000?

6. **Precios versus tasas de interés**   ¿Cuál es la relación entre los cambios en las tasas de interés y los valores de los bonos? ¿Cómo se ve afectada esta relación por el tiempo hasta el vencimiento? ¿Por la tasa del cupón?

7. **Valor y rendimiento de bonos**   Se observa que un determinado bono tiene una tasa del cupón del 12% y un rendimiento al vencimiento también del 12%. ¿Qué se conoce sobre el valor del bono? ¿Qué se conocería si el rendimiento al vencimiento fuera del 10%? ¿Del 14%?

8. **Riesgo de tasas de interés**   The Footfall Corporation tiene dos bonos en circulación, ambos con una tasa del cupón del 9% (con cupones anuales) y se venden por su valor par de $1,000. El primer bono, el Bono A, vence en cuatro años. El segundo bono, el Bono B, vence en ocho años. Si las tasas de interés del mercado aumentaran en un 2%, ¿cuál de los bonos tendría el mayor cambio en el precio? Calcule los nuevos precios para mostrar la respuesta.

9. **Valor y cupones de bonos**   Una empresa está estudiando vender algunos bonos a 10 años para obtener fondos para una expansión planeada. En la actualidad, la empresa tiene una emisión en circulación con un cupón de $60 anuales que se pagan semestralmente. Estos bonos se venden en la actualidad por $900, con descuento en relación con su valor nominal de $1,000 y faltan 10 años para su vencimiento. ¿Qué tasa del cupón necesita tener la nueva emisión para que se venda a valor par cuando se emita?

10. **Valor de bonos**   Shaky Position, Inc., ha sufrido recientemente algunos reveses financieros y no está en posibilidad de cumplir sus próximos pagos de cupones. Los bonos en cuestión vencerán en seis años y tienen tasa del cupón del 16%. Los cupones se pagan anualmente. Mediante un convenio con sus acreedores, Shaky no pagará los próximos tres cupones. Los cupones no pagados se liquidarán al vencimiento, sin intereses. No es de sorprender que los inversionistas contemplen estos bonos como riesgosos y exijan un rendimiento del 25%. ¿Qué precio se esperaría ver en estos bonos?

11. **Rendimiento de bonos**   Los bonos emitidos por Etling Corporation tienen un precio de $850 y una tasa del cupón del 10%. Los bonos vencerán en 12 años. ¿Cuál es el rendimiento actual? ¿El rendimiento al vencimiento?

12. **Tasas del cupón**   The Jorgenson Corporation tiene una emisión de deuda en circulación que se vende en la actualidad por $945. El rendimiento al vencimiento es del 12% y los bonos vencen en ocho años. Suponiendo que el valor nominal sea de $1,000, ¿cuál es la tasa del cupón?

13. **Valor de las acciones y crecimiento**   BEV Corp. ha experimentado un crecimiento constante del 8% cada año en sus dividendos anuales. Se espera que este crecimiento continúe por tiempo indeterminado. El último dividendo pagado fue de $1.10 por acción. Los inversionistas requieren un rendimiento del 14% de compañías similares. ¿Cuál es el precio actual de la acción de BEV Corp.? ¿Cuál será el precio en cuatro años?

14. **Valor de acciones**   Silistuff Technologies prevé una tasa de crecimiento de dividendos del 12% indefinidamente. El rendimiento que requiere el mercado de instrumentos financieros similares es del 20%. Se pronostica que el próximo dividendo será de $1.52 por acción. ¿Cuál es el precio actual por acción?

15. **Valor y rendimiento de acciones**   En el problema 13, ¿cuál es el rendimiento de dividendos de la acción de BEV? ¿Cuál es el rendimiento de ganancias de capital?

16. **Cálculo del rendimiento requerido**   Las acciones de Sasha Husky Co. se venden en la actualidad por $50 la acción. El último dividendo fue de $2 por acción. Se espera que el dividendo crezca al 10%. ¿Cuál es el rendimiento requerido de la acción de Sasha? ¿El rendimiento de dividendos?

17. **Rendimientos requeridos**   Suponga que un accionista acaba de pagar $50 por cada acción de XYZ. La acción pagará un dividendo de $2 por acción el próximo año y se espera que este dividendo crezca a una tasa anual del 10% en forma perpetua. El accionista sintió que el precio que pagó fue un precio adecuado, una vez evaluados los riesgos de XYZ. ¿Cuál es la tasa de rendimiento requerido anual de este accionista?

18. **Crecimiento no constante**   Sicker-Mann Co. acaba de pagar un dividendo de $5. Se espera que los dividendos crezcan al 16% durante los próximos cuatro años. Después de esto, la tasa de crecimiento será del 5% a perpetuidad. Si el rendimiento requerido es del 18%, ¿cuál es el valor actual de la acción hoy?

19. **Crecimiento no constante**   The Price-Bubble Corporation no paga dividendos en estos momentos. Se prevé que los pagos de dividendos se iniciarán dentro de cuatro años y que el primer dividendo en efectivo será de $4. Después de esto, los dividendos crecerán al 12% anual. Si el rendimiento requerido es del 25%, ¿cuál es el valor de la acción?

20. **Perpetuidades**   ¿Cuál es el valor de un activo que paga $2 anuales a perpetuidad? Suponga un rendimiento requerido del 20%. ¿Cómo cambiaría la respuesta si el flujo de efectivo creciera a una tasa del 5% anual a perpetuidad? Suponga que $2 fue el pago más reciente.

21. **Cálculo de crecimiento**   Las acciones de Lockwood Corporation se están vendiendo en $60 la acción. Lockwood ha pagado un dividendo de $4 por acción y el rendimiento requerido para acciones similares es del 12%. Suponiendo que el dividendo de Lockwood creciera a una tasa constante en el futuro, ¿cuál será esa tasa de crecimiento?

22. **Cálculo de dividendos**   Se ha proyectado que la tasa de crecimiento de dividendos de Pickard Corporation será del 6% a perpetuidad. En la actualidad, cada acción se vende en $82. Suponiendo que el mercado requiere un rendimiento del 14%, ¿cuál es el dividendo proyectado para el próximo año?

23. **Crecimiento no constante**   Whizzkids, Inc., está experimentando un período de rápido crecimiento. Se espera que las utilidades y los dividendos crezcan a una tasa del 18% durante los próximos dos años, al 15% en el tercer año y a partir de entonces a una tasa constante del 6%. El último dividendo de Whizzkids, que se acaba de pagar, fue de $1.15. Si el rendimiento requerido de la acción es del 12%, ¿cuál es el precio de la acción hoy?

24. **Crecimiento negativo**   La reserva de minerales de Calamity Mining Company se está agotando y los costos para recuperar una cantidad cada vez menor de mineral aumentan cada año. Como consecuencia, las utilidades y los dividendos de la compañía están disminuyendo a una tasa del 10% anual. Si el dividendo que se acaba de pagar fue de $5 y el rendimiento requerido es del 14%, ¿cuál es el valor de la acción?

25. **Rendimientos requeridos**   Ribald, Inc., suspendió recientemente sus pagos de dividendos. La administración prevé que en cinco años se volverá a pagar un dividendo de $2.50 por acción y que, a partir de entonces, el dividendo aumentará a una tasa del 6% anual. En la actualidad, la acción se vende en $12 cada una. ¿Cuál es el rendimiento requerido en este caso?

26. **Crecimiento no constante**   The Feringi Corporation se está expandiendo con rapidez. Se proyecta que su tasa de crecimiento de dividendos para el próximo año sea del 25%. Esta tasa disminuirá en 5 puntos porcentuales cada año hasta llegar al promedio de la industria, del 5%. Una vez que llegue al 5%, permanecerá así a perpetuidad. El dividendo más reciente fue de $8.50 por acción y el mercado requiere un rendimiento del 16% en inversiones de este tipo. ¿Cuál es el precio por acción para Feringi?

27. **Rendimientos requeridos**   Este problema es un poco más difícil. Suponga que en la pregunta anterior el precio por acción era de $120. Si las proyecciones de dividendos permanecen sin cambios, ¿cuál es el rendimiento requerido para la acción de Feringi?

28. **Crecimiento negativo**   La rentabilidad de The DK Corporation ha disminuido de forma continuada debido a la creciente competencia. El dividendo más reciente fue de $2 por acción, pero la administración prevé que el dividendo disminuirá a una tasa del 10% anual a perpetuidad. Si el rendimiento requerido es del 20%, ¿cuál es el valor de la acción?

Problema de reto

29. **Crecimiento negativo**   Locust Software es una de las innumerables compañías que venden programas procesadores de palabras. Desarrollar su más nuevo y único programa costará $5 millones. Las utilidades del primer año serán de $1.2 millones. Sin embargo, como consecuencia de la competencia, las utilidades disminuirán en un 4% anual. Todas las entradas de efectivo se producen al finalizar el año. Si la tasa de descuento del mercado es del 16%, ¿cuál es el valor de la compañía?

Problema de reto

30. **Ganancias de capital versus dividendos**   Se han pronosticado los siguientes dividendos para los tres próximos años de las acciones de Kahnland Software:

Año	Dividendo proyectado
1	$5.00
2	6.00
3	7.00

Después del tercer año, se pronostica que el dividendo crecerá a perpetuidad a una tasa del 8%. El rendimiento requerido es del 15%.
a. Calcule el precio de la acción hoy.
b. Calcule el precio en los años 1, 2 y 3.
c. Calcule el rendimiento de dividendos y el rendimiento de ganancias de capital para cada uno de los primeros cuatro años. ¿Qué se observa?

Lecturas sugeridas

El mejor lugar para buscar información adicional sobre la valuación de acciones y bonos es en un libro de texto sobre inversiones. Algunos buenos textos son:

Bodie, Z., A. Kane y A. J. Marcus, *Investments*, Homewood, Ill.: Richard D. Irwin, 1989.

Jacob, N. L. y R. R. Pettit, *Investments*, 2ª ed., Homewood, Ill.: Richard D. Irwin, 1988.

Radcliffe, R. C., *Investments: Concepts, Analysis, and Strategy*, Glenview, Ill.: Scott, Foresman, 1986.

CAPÍTULO 7
Valor presente neto y otros criterios de inversión

El tema más importante en este capítulo es el valor presente neto. En el capítulo 7 se compara y contrasta el valor presente neto con otros métodos para seleccionar entre propuestas de inversión alternativas.

CAPÍTULO 8
Toma de decisiones en proyectos de inversión

En este capítulo se describe cómo realizar en la práctica un análisis de valor presente neto y de flujo de efectivo descontado. La meta principal del capítulo es describir cómo identificar los flujos de efectivo incrementales de un proyecto. En el capítulo 8 también se estudia cómo manejar aspectos como los costos «hundidos», los costos de oportunidad, los costos de financiamiento, el capital de trabajo neto y la erosión.

CAPÍTULO 9
Análisis y evaluación de proyectos

Se estudian en este capítulo problemas relacionados con la fiabilidad de las proyecciones del valor presente neto. También se describen algunas herramientas importantes para el análisis de proyectos, como son el análisis del punto de equilibrio, el apalancamiento operativo y el análisis de sensibilidad.

Capítulo 7

Valor presente neto y otros criterios de inversión

En el capítulo 1 se identificaron las tres áreas principales de estudio para el administrador financiero. La primera de ellas fue: «¿Qué activos fijos deben comprarse?». A esto se le denominó la *decisión del presupuesto de capital*. En este capítulo se comienzan a tratar los temas que aparecen al contestar esta pregunta.

El proceso de asignar o presupuestar el capital, suele ser más complejo que la simple decisión de si se compra o no un determinado activo fijo. Es habitual tener que enfrentarse a aspectos más amplios, como si se debe o no lanzar un nuevo producto o entrar en un nuevo mercado. Decisiones de este tipo determinarán la naturaleza de las operaciones y productos de una empresa durante los años futuros, sobre todo porque las inversiones en activos fijos son por lo general a largo plazo y no se pueden cambiar con facilidad una vez tomadas.

La decisión fundamental que tiene que tomar una empresa se relaciona con su línea de productos. ¿Qué servicios se ofrecerán o qué se venderá? ¿En qué mercados se competirá? ¿Qué nuevos productos se introducirán? La respuesta a cualquiera de estas preguntas exige que la empresa comprometa su capital, escaso y valioso, en ciertos tipos de activos. Como consecuencia de ello, todos estos temas estratégicos caen bajo el título general de presupuestos de capital. El proceso de elaboración del presupuesto de capital podría, por tanto, recibir un nombre más descriptivo (y desde luego más impresionante): *asignación estratégica de activos*.

Por las razones que ya se han estudiado, la elaboración del presupuesto de capital es quizá el tema más importante en las finanzas corporativas. La forma en que la empresa elige financiar sus operaciones (el problema de la estructura de capital) y cómo administra sus actividades operativas a corto plazo (el problema del capital de trabajo) son, desde luego, aspectos importantes, pero son sus activos fijos los que definen el negocio de la empresa. Por ejemplo, las aerolíneas son aerolíneas porque operan con aviones, independientemente de cómo los financien.

Cualquier empresa tiene ante sí un gran número de posibles inversiones. Cada una de estas posibles inversiones es una opción abierta para la empresa. Algunas de ellas son valiosas y otras no. Por supuesto que la esencia de la administración financiera exitosa es aprender a identificarlas. Teniendo esto en mente, la meta de este capítulo es presentar las técnicas que se usan para analizar posibles negocios y decidir cuáles vale la pena llevar a cabo.

Se presentan y comparan diferentes procedimientos que se usan en la práctica. La meta principal es familiarizarse con las ventajas y desventajas de los diversos métodos. Como veremos, el concepto más importante en esta área es la idea del valor presente neto, idea que se examina seguidamente.

7.1 | VALOR PRESENTE NETO

En el capítulo 1, se afirmó que el objetivo de la administración financiera es crear valor para los accionistas. Por tanto, el administrador financiero tiene que examinar una posible inversión de acuerdo con su probable efecto sobre el precio de las acciones de la empresa.

En esta sección, se describe un procedimiento muy utilizado para hacerlo: el enfoque del valor presente neto.

La idea básica

Vale la pena llevar a cabo una inversión si ésta crea valor para sus propietarios. En el sentido más general, se crea valor al identificar una inversión que vale más en el mercado de lo que cuesta adquirirla. ¿Cómo puede valer algo más de lo que cuesta? Es posible cuando el total vale más que el costo de las partes.

Supongamos, por ejemplo, que se compra una casa en malas condiciones en $25,000 y se gastan otros $25,000 en pintores, plomeros, etc., para arreglarla. La inversión total es de $50,000. Cuando se termina el trabajo de remodelación, se vuelve a colocar la casa en el mercado y vemos que vale $60,000. El valor del mercado ($60,000) excede el costo ($50,000) en $10,000. Lo que hemos hecho aquí es actuar como un administrador y reunir algunos activos fijos (una casa), alguna mano de obra (plomeros, carpinteros y otros) y algunos materiales (alfombrado, pintura, etc.). El resultado neto es que se ha creado valor por $10,000. Dicho en otra forma, estos $10,000 son el *valor agregado* por la administración.

En el ejemplo de la casa, esto se determinó *después del hecho* de crear valor por $10,000. Por tanto, las cosas se desenvolvieron muy bien. Por supuesto que el reto real fue identificar, *por anticipado*, si el hecho de invertir o no los $50,000 necesarios era una buena idea. Sobre esto es lo que realmente trata la decisión del presupuesto de capital, es decir, intentar determinar si una inversión o proyecto valdrá más que su costo una vez terminado.

valor presente neto (VPN)
Diferencia entre el valor de mercado de una inversión y su costo.

Por razones que dentro de un momento resultarán obvias, la diferencia entre el valor de mercado de una inversión y su costo se denomina **valor presente neto** de la inversión, que se abrevia como VPN. En otras palabras, el **valor presente neto** es una medida de la cantidad de valor que se crea o se agrega en el momento de llevar a cabo una inversión.

Conociendo la meta de crear valor para los accionistas, el proceso del presupuesto de capital se puede contemplar como la búsqueda de inversiones con valores presentes netos positivos.

En el caso de la casa en malas condiciones, es posible imaginarse lo que habría que hacer para tomar la decisión del presupuesto de capital. Primero, se buscaría a qué precios se venden en el mercado propiedades comparables, ya reparadas. Después, se obtendrían proyecciones del costo de compra de una determinada propiedad y se llevaría al mercado. En este momento, se tiene un costo total estimado y un valor de mercado estimado. Si la diferencia es positiva, vale la pena llevar a cabo la inversión porque tiene un valor presente neto estimado positivo. Por supuesto que existe riesgo, ya que no hay garantía alguna de que los estimados sean los correctos.

Como se muestra en este ejemplo, las decisiones de inversión se simplifican mucho cuando existe un mercado para activos similares a la inversión que se está considerando. El presupuesto de capital se complica mucho más cuando no se puede observar el precio de mercado para inversiones que sean, al menos, aproximadamente comparables. La razón es que, en este caso, nos enfrentamos al problema de estimar el valor de una inversión utilizando sólo información de mercado indirecta. Por desgracia, ésta es exactamente la situación a la que se suele enfrentar el administrador financiero. A continuación, se examina este tema.

Estimación del valor presente neto

Imaginemos que se está pensando iniciar un negocio para producir y vender un nuevo producto, por ejemplo, abono orgánico. Los costos preoperativos pueden estimarse con una exactitud razonable porque se sabe lo que se necesitará comprar para iniciar la producción. ¿Sería ésta una buena inversión? Con base en lo que se ha estudiado, la respuesta depende de si el valor del nuevo negocio excede o no el costo para comenzarlo. En otras palabras, ¿tiene esta inversión un VPN positivo?

Este problema es mucho más difícil que el ejemplo del «reparador» de casas, ya que no es habitual que se compren y vendan en el mercado compañías completas de fertilizantes; por tanto, es prácticamente imposible observar el valor de mercado de una inversión similar. Como consecuencia de ello, hay que estimar este valor utilizando otros medios.

Sobre la base del trabajo realizado en los capítulos 5 y 6, es posible suponer lo que se debe hacer para estimar el valor de la empresa de fertilizantes. Primero, se intentarán proyectar los flujos de efectivo futuros que se espera producirá la nueva empresa. Después, se aplicará el procedimiento básico del flujo de efectivo descontado para estimar el valor presente de dichos flujos de efectivo. Una vez que se tiene este estimado, se puede calcular el VPN como la diferencia entre el valor presente de los flujos de efectivo futuros y el costo de la inversión. Como se mencionó en el capítulo 5, a este procedimiento se le suele denominar **valuación del flujo de efectivo descontado (VFED)**.

Para observar lo que se pudiera realizar para estimar el VPN, supongamos que se piensa que los ingresos en efectivo provenientes del negocio de fertilizantes serán de $20,000 anuales, si es que todo se desenvuelve como se espera. Los costos en efectivo (incluyendo impuestos) serán de $14,000 anuales. La compañía se liquidará en ocho años. En ese momento, el edificio, la propiedad y el equipo tienen un valor de rescate de $2,000. El lanzar el proyecto cuesta $30,000. En proyectos nuevos como éste, los inversionistas de esta empresa utilizan una tasa de descuento del 15%. ¿Es ésta una buena inversión? Si hay 1,000 acciones en circulación, ¿qué efecto tendrá sobre el precio por acción el llevar a cabo esta inversión?

valuación del flujo de efectivo descontado (VFED)
Proceso de valuar una inversión mediante el descuento de sus flujos de efectivo futuros.

Figura 7.1
Flujos de efectivo del
proyecto (000)

Tiempo (años)	0	1	2	3	4	5	6	7	8
Costo inicial	−$30								
Flujos de entrada		$20	$20	$20	$20	$20	$20	$20	$20
Flujos de salida		− 14	− 14	− 14	− 14	− 14	− 14	− 14	− 14
Flujo neto		$ 6	$ 6	$ 6	$ 6	$ 6	$ 6	$ 6	$ 6
Rescate									2
Flujo de efectivo neto	−$30	$ 6	$ 6	$ 6	$ 6	$ 6	$ 6	$ 6	$ 8

Desde una perspectiva puramente mecánica, es necesario calcular el valor presente de los flujos de efectivo futuros al 15%. El flujo de entrada de efectivo neto será de $20,000 por ingresos en efectivo, menos costos anuales de $14,000, durante ocho años. En la figura 7.1 se muestran estos flujos de efectivo. Como sugiere la figura 7.1, en realidad se tiene una anualidad por ocho años de $20,000 − 14,000 = $6,000 anuales, conjuntamente con un flujo de entrada por un monto global único de $2,000 dentro de ocho años. Por tanto, el cálculo del valor presente de los flujos de efectivo futuros se convierte en el mismo tipo de problema que se estudió en el capítulo 5. El valor presente total es:

$$\text{Valor presente} = \$6,000 \times (1 - 1/1.15^8)/0.15 + \$2,000/1.15^8$$

$$= \$6,000 \times 4.4873 + 2,000/3.0590$$

$$= \$26,924 + 654$$

$$= \$27,578$$

Cuando se compara esta cifra con el costo estimado de $30,000, el VPN es:

$$\text{VPN} = -\$30,000 + 27,578 = -\$2,422$$

Por consiguiente, ésta *no* es una buena inversión. Tomando como base las estimaciones, llevar a cabo la inversión *disminuiría* el valor total de las acciones en $2,422. Al tener 1,000 acciones en circulación, el mejor estimado de la repercusión de aceptar este proyecto es una pérdida de valor por $2,422/1,000 = $2.422 por acción.

El ejemplo de los fertilizantes muestra cómo se pueden usar las estimaciones del VPN para determinar si una inversión es o no deseable. En el ejemplo se observa que si el VPN es negativo, el efecto sobre el valor de la acción será desfavorable. Si el VPN fuera positivo, el efecto sería favorable. Como consecuencia, todo lo que necesita conocer sobre una propuesta en particular con el fin de tomar una decisión de aceptar/rechazar dicha propuesta es verificar si el VPN es positivo o negativo.

Sabiendo que el objetivo de la administración financiera es aumentar el valor de la acción, lo estudiado en esta sección conduce a la *regla del valor presente neto*:

Se debe aceptar una inversión si su valor presente neto es positivo y rechazarla si es negativo.

En el caso poco probable de que el valor presente neto resultara ser cero, es indiferente aceptar o no la inversión.

Es necesario hacer dos comentarios sobre el ejemplo. Lo primero es que lo importante no es el proceso, más bien mecánico, de descontar los flujos de efectivo. Una vez que se conocen los flujos de efectivo y la tasa de descuento relevante, los cálculos necesarios son bastante directos. En primer lugar, es mucho más retadora la tarea de obtener los flujos de efectivo y la tasa de descuento. En los próximos capítulos se tratará mucho más este tema. Para el resto de este capítulo, se considera que se cuenta con estimados en efectivo de los ingresos y costos, así como con la tasa de descuento relevante, cuando sea necesaria.

La segunda consideración que hay que recordar con relación al ejemplo es que el VPN de − $2,422 es un estimado. Como cualquier otro estimado, puede ser alto o bajo. La única forma de encontrar el verdadero VPN sería colocar la inversión a la venta y ver lo que se podría obtener por ella.

Por lo general, esto no se hará, así que es importante que los estimados sean fiables. También esto se tratará con más detalle más adelante. Para el resto de este capítulo, se supondrá que los estimados son exactos.

Ejemplo 7.1   Uso de la regla del VPN

Supongamos que se nos pide decidir si se debe lanzar o no un nuevo producto de consumo. Tomando como base las ventas y costos proyectados, se espera que los flujos de efectivo, durante los cinco años de vida del proyecto, serán de $2,000 en los primeros dos años, $4,000 en los siguientes dos y $5,000 en el último año. Iniciar la producción costará alrededor de $10,000. Para evaluar nuevos productos, estos inversionistas utilizan una tasa de descuento del 10%. ¿Qué se debe hacer aquí?

Conociendo los flujos de efectivo y la tasa de descuento, se puede calcular el valor total del producto descontando los flujos de efectivo al presente:

$$
\begin{aligned}
\text{Valor presente} &= \$2{,}000/1.1 + 2{,}000/1.1^2 + 4{,}000/1.1^3 + 4{,}000/1.1^4 + 5{,}000/1.1^5 \\
&= \$1{,}818 + 1{,}650 + 3{,}005 + 2{,}732 + 3{,}105 \\
&= \$12{,}313
\end{aligned}
$$

El valor presente de los flujos de efectivo esperados es de $12,313, pero el costo para obtenerlos es de sólo $10,000, por lo que el VPN es de $12,313 − 10,000 = $2,313. Esto es positivo y, por tanto, de acuerdo con la regla del valor presente neto, se debe aceptar el proyecto. ∎

Como hemos visto en esta sección, la estimación del VPN es una forma de evaluar la rentabilidad de una inversión propuesta. Desde luego que no es la única forma en que se evalúa la rentabilidad, y a continuación se estudiarán algunas opciones. Como se observará, cuando se comparan con el VPN, cada una de las formas alternas de evaluar la rentabilidad que se examinan tiene alguna falla fundamental; por tanto, en principio, aunque no siempre en la práctica, el VPN es el enfoque preferido.

PREGUNTAS SOBRE CONCEPTOS

7.1a ¿Cuál es la regla del valor presente neto?

7.1b Si se dice que una inversión tiene un VPN de $1,000, ¿qué se quiere indicar con exactitud?

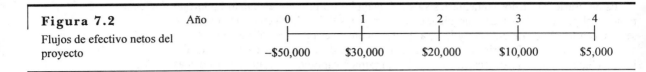

Figura 7.2

Flujos de efectivo netos del proyecto

Año	0	1	2	3	4
	−$50,000	$30,000	$20,000	$10,000	$5,000

7.2 | LA REGLA DE LA RECUPERACIÓN DE LA INVERSIÓN

En la práctica, es muy habitual hablar del tiempo o período de recuperación de una inversión propuesta. Por lo general, la *recuperación* es el tiempo que se necesita para recuperar la inversión inicial o «recuperar la carnada». Debido a que esta idea es ampliamente comprendida y utilizada, se examinará con cierto detalle.

Definición de la regla

Se puede mostrar con un ejemplo cómo calcular una recuperación. En la figura 7.2 se muestran los flujos de efectivo de una inversión propuesta. ¿Cuántos años es necesario esperar hasta que los flujos de efectivo acumulados generados por la inversión igualen o excedan el costo de la misma? Como se indica en la figura 7.2, la inversión inicial es de $50,000. Después del primer año, la empresa ha recuperado $30,000, quedando $20,000. En el segundo año, el flujo de efectivo es exactamente de $20,000, por lo que la inversión «se paga a sí misma» exactamente en dos años. Dicho de otra forma, el **período de recuperación** es de dos años. Si se requiere una recuperación de la inversión de, por ejemplo, tres años o inferior, esta inversión es aceptable. Esto explica la *regla del período de recuperación de la inversión*:

> Tomando como base la regla de la recuperación, una inversión es aceptable si su período de recuperación calculado es menor de lo previamente especificado.

En el ejemplo, la recuperación resulta ser exactamente de dos años. Por supuesto que esto no suele suceder. Cuando estas cifras no son cantidades exactas, se acostumbra trabajar con fracciones de años. Por ejemplo, supongamos que la inversión inicial es de $60,000 y que los flujos de efectivo son de $20,000 en el primer año y $90,000 en el segundo. Los flujos de efectivo durante los dos primeros años son de $110,000, por lo que es obvio que el proyecto se recupera en algún momento del segundo año. Después del primer año, el proyecto ha recuperado $20,000, quedando $40,000 por recuperar. Para determinar las fracciones de años, obsérvese que estos $40,000 son $40,000/$90,000 = 4/9 del flujo de efectivo del segundo año. Suponiendo que el flujo de efectivo de $90,000 se paga de un modo uniforme durante el año, la recuperación sería de $1^4/_9$ años.

período de recuperación
El tiempo necesario para que una inversión genere flujos de efectivo suficientes para recuperar su costo inicial.

Ejemplo 7.2   Cálculo de la recuperación de la inversión
Los flujos de efectivo proyectados de una inversión propuesta son:

Año	Flujo de efectivo
1	$100
2	200
3	500

Este proyecto cuesta $500. ¿Cuál es el período de recuperación para esta inversión?

El costo inicial es de $500. Después de los primeros dos años, los flujos de efectivo suman en total $300. Después del tercer año, el flujo de efectivo total es de $800, por lo que el proyecto se recupera en algún momento entre el final del año 2 y el final del año 3. Puesto que los flujos de efectivo acumulados para los primeros dos años son de $300, hay que recuperar $200 en el tercer año. El flujo de efectivo del tercer año es de $500, por lo que se tendrá que esperar $200/500 = 0.40 del año para lograrlo. Por tanto, el período de recuperación es de 2.4 años, es decir, alrededor de dos años y cinco meses. ■

Ahora que sabemos cómo calcular el período de recuperación de una inversión, el uso de la regla del período de recuperación de la inversión para tomar decisiones es directo. Se selecciona un período específico de corte, por ejemplo, dos años, y se aceptan todos los proyectos de inversión que tengan períodos de recuperación de dos años o menos; todos los proyectos que se recuperen en más de dos años se rechazan.

En la tabla 7.1 se muestran los flujos de efectivo para cinco proyectos diferentes. Las cifras que se presentan como los flujos de efectivo del año 0 representan el costo de la inversión. Se examinan estos flujos de efectivo para señalar algunas peculiaridades que, en principio, pueden presentarse con los períodos de recuperación de la inversión.

La recuperación para el primer proyecto A se calcula con facilidad. La suma de los flujos de efectivo para los dos primeros años es de $70, por lo que faltan por recuperar $100 − 70 = $30. Puesto que el flujo de efectivo del tercer año es de $50, la recuperación se produce en algún momento de ese año. Cuando se comparan los $30 que se necesitan con los $50 que entrarán, se obtiene $30/50 = 0.60; por tanto, la recuperación se producirá al 60% del año. Por consiguiente, el período de recuperación es de 2.6 años.

La recuperación del proyecto B también es fácil de calcular: *Nunca* se recupera porque los flujos de efectivo nunca llegan a ser iguales a la inversión original. El proyecto C tiene una recuperación de cuatro años exactamente, ya que en el año 4 se obtienen los $130 que le faltan al proyecto B. El proyecto D es un poco extraño. Debido al flujo de efectivo negativo en el año 3, se puede comprobar con facilidad que tiene dos períodos de recuperación diferentes, dos años y cuatro años. ¿Cuál de ellos es el correcto? Ambos; la forma en que se calculó el período de recuperación no garantiza una sola respuesta. Por último, es obvio que el proyecto E no es realista, pero sí se recupera en seis meses, con lo que se demuestra que una recuperación rápida no garantiza una buena inversión.

Análisis de la regla del período de recuperación de la inversión

Cuando se compara con la regla del VPN, la regla del período de recuperación de la inversión tiene algunas fallas bastante serias. En primer lugar, el período de recuperación se calcula simplemente sumando los flujos de efectivo futuros. No se realiza descuento al-

Año	A	B	C	D	E	
0	−$100	−$200	−$200	−$200	$ − 50	**Tabla 7.1**
1	30	40	40	100	100	Flujos de efectivo
2	40	20	20	100	− 50,000,000	esperados para los
3	50	10	10	− 200		proyectos A al E
4	60		130	200		

Tabla 7.2	Año	Larga	Corta
Flujos de efectivo proyecta-dos de la inversión	1	$100	$100
	2	100	200
	3	100	0
	4	100	0

guno, por lo que el valor del dinero en el tiempo se ignora por completo. La regla de la recuperación de la inversión tampoco considera algún tipo de diferencias en riesgos. La recuperación se calcularía en la misma forma, tanto para proyectos muy arriesgados como para otros muy seguros.

El mayor problema con la regla del período de recuperación tal vez sea determinar el período de corte correcto, ya que, en realidad, no se tiene una base objetiva para seleccionar un período en particular. Dicho de otra forma, no existe en primer lugar una lógica económica para considerar la recuperación, por lo que no hay una pauta sobre cómo seleccionar el punto de corte. Como consecuencia de ello, se termina utilizando un número seleccionado arbitrariamente.

Supongamos que de alguna forma se ha decidido un período de recuperación apropiado de, por ejemplo, dos años o menos. Como ya se ha visto, la regla del período de recuperación de la inversión no toma en cuenta el valor del dinero en tiempo para los primeros dos años. Más grave aún, los flujos de efectivo después del segundo año se ignoran por completo. Para ver esto, consideremos el caso de dos inversiones, Larga y Corta, en la tabla 7.2. Ambos proyectos cuestan $250. De acuerdo a lo que se ha estudiado, la recuperación de la inversión en la Larga es 2 + $50/100 = 2.5 años y la recuperación de la Corta es de 1 + $150/200 = 1.75 años. Con un punto de corte de dos años, la Corta resulta aceptable y la Larga no.

¿Está proporcionando decisiones correctas la regla del período de recuperación? Quizá no. Supóngase de nuevo que se requiere un rendimiento del 15% para este tipo de inversiones. El VPN para estas dos inversiones se puede calcular como:

$$\text{VPN (corta)} = -\$250 + 100/1.15 + 200/1.15^2 = -\$11.81$$

$$\text{VPN (larga)} = -\$250 + 100 \times (1 - 1/1.15^4)/0.15 = \$35.50$$

Se plantea ahora un problema. El VPN de la inversión a plazo más corto es en realidad negativo, lo que significa que al aceptarla disminuye el valor del capital de los accionistas. Lo opuesto resulta ser cierto para la inversión a más largo plazo: aumenta el valor de la acción.

Este ejemplo muestra dos deficiencias principales de la regla del período de recuperación de la inversión. Primero, al no tomar en cuenta el valor del dinero en el tiempo, quizá ello conduzca a aceptar inversiones (como la Corta) que en realidad valen menos de lo que cuestan. Segundo, al no tomar en cuenta los flujos de efectivo posteriores al punto de corte, quizá esto conduzca a rechazar inversiones rentables a largo plazo (como la Larga). Dicho de forma más general, la utilización de la regla del período de recuperación de la inversión tenderá a establecer prejuicios en favor de las inversiones a más corto plazo.

Características favorables

A pesar de sus defectos, las compañías grandes y sofisticadas suelen utilizar la regla del período de recuperación de la inversión al tomar decisiones relativamente poco importantes. Existen varias razones para esto. La razón principal es que muchas decisiones no merecen simplemente un análisis detallado porque el costo del mismo excedería la posible pérdida ocasionada por un error. Desde un punto de vista práctico, una inversión que se recupera con rapidez y que tiene beneficios que se extienden más allá del período de corte es probable que tenga un VPN positivo.

En las grandes organizaciones se toman cada día cientos de pequeñas decisiones de inversión. Es más, estas decisiones se toman a todos los niveles. Como consecuencia, no sería extraño que una corporación exigiera, por ejemplo, una recuperación de dos años en todas las inversiones inferiores a $10,000. Las inversiones superiores a esta cantidad están sujetas a una mayor revisión. El requisito de una recuperación en dos años no es perfecto por razones ya vistas, pero sí ejerce algún control sobre los gastos y, por tanto, tiene el efecto de limitar posibles pérdidas.

Además de su sencillez, la regla de la recuperación de la inversión tiene otras dos características positivas. En primer lugar, debido a su prejuicio en favor de proyectos a corto plazo, también está orientada hacia la liquidez. En otras palabras, la regla de la recuperación tiende a favorecer inversiones que liberen el efectivo para otros usos con más rapidez. Esto podría ser muy importante en un negocio pequeño y lo sería menos para una gran corporación. En segundo lugar, los flujos de efectivo que se esperan durante la vida del proyecto es probable que sean más inciertos. Se puede argumentar que la regla del período de recuperación se ajusta por el riesgo adicional de los flujos de efectivo posteriores, pero lo hace en una forma más bien draconiana: ignorando dichos flujos por completo.

Debemos subrayar que parte de la aparente sencillez de la regla de la recuperación de la inversión es una ilusión. La razón es que aún deben determinarse los flujos de efectivo y, como ya se estudió antes, esto no es nada fácil. Por tanto, probablemente sería más exacto decir que el *concepto* del período de recuperación de la inversión es, al mismo tiempo, intuitivo y fácil de comprender.

Resumen de la regla del período de recuperación de la inversión

Para resumir, el período de recuperación es una especie de medida de «punto de equilibrio». Debido a que no se toma en cuenta el valor del dinero en el tiempo, se puede pensar en el período de recuperación de la inversión como el tiempo necesario para alcanzar el punto de equilibrio en un sentido contable, pero no en un sentido económico. El mayor inconveniente de la regla del período de recuperación de la inversión es que no hace la pregunta apropiada. El aspecto importante es la repercusión que tendrá la inversión inicial sobre el valor de las acciones, no cuánto tiempo se necesita para recuperarla.

A pesar de todo, debido a que la regla es tan sencilla, las compañías suelen usarla como filtro para hacer frente a la innumerable cantidad de decisiones de inversión de poca importancia que deben tomar. Desde luego que no hay nada malo en esta práctica. Al igual que cualquier regla práctica y sencilla, se producirán algunos errores al utilizarla, pero no hubiera sobrevivido todo este tiempo si no fuera útil. Ahora que ya se comprende la regla, es posible prevenirse contra aquellas circunstancias que pudieran dar lugar a problemas. Con el fin de ayudar a recordar, la tabla que se presenta a continuación relaciona los puntos favorables y desfavorables de la regla del período de recuperación de la inversión.

Ventajas y desventajas de la regla del período de recuperación de la inversión

Ventajas	Desventajas
1. Fácil de comprender.	1. No toma en cuenta el valor del dinero en el tiempo.
2. Se ajusta por la incertidumbre de flujos de efectivos posteriores.	2. Necesita un punto de corte arbitrario.
	3. No toma en cuenta los flujos de efectivo después de la fecha crítica de corte.
3. Está sesgada a favor de la liquidez.	4. Está sesgada en contra de los proyectos a largo plazo, como los de investigación y desarrollo, y los nuevos proyectos.

PREGUNTAS SOBRE CONCEPTOS

7.2a En forma verbal, ¿qué es el período de recuperación de la inversión? ¿Qué es la regla del período de recuperación de la inversión?

7.2b ¿Por qué se dice que el período de recuperación de la inversión es, en cierto sentido, un punto de equilibrio contable?

7.3 | LA REGLA DE LA RECUPERACIÓN DESCONTADA DE LA INVERSIÓN

período de recuperación descontado de la inversión
Tiempo necesario para que los flujos de efectivo descontados de una inversión sean iguales a su costo inicial.

Vimos que una de las deficiencias de la regla del período de recuperación de la inversión era que no tomaba en cuenta el valor del tiempo. Existe una variación en el período de recuperación, el período de recuperación descontado de la inversión, que resuelve este problema. El **período de recuperación descontado de la inversión** es el tiempo que se necesita hasta que la suma de los flujos de efectivo descontados sea igual a la inversión inicial. La *regla de la recuperación descontada de la inversión* sería:

De acuerdo con la regla de la recuperación descontada, una inversión es aceptable si su recuperación descontada es menor de lo previamente especificado.

Para ver cómo se podría calcular el período de recuperación descontado de la inversión, supongamos que requiere un rendimiento del 12.5% en nuevas inversiones. Tiene una inversión que cuesta $300 y genera flujos de efectivo de $100 anuales, durante cinco años. Para determinar la recuperación descontada de la inversión, hay que descontar cada flujo de efectivo al 12.5% y después sumarlos. En la tabla 7.3 se efectúa esto. En la tabla 7.3 se tienen los flujos de efectivo descontados y los no descontados. Observando los flujos de efectivo acumulados, la recuperación simple de la inversión es de tres años exactamente (v. la figura resaltada en el año 3). Sin embargo, los flujos de efectivo descontados sólo suman $300 después de cuatro años, por lo que la recuperación descontada es de cuatro años, como se muestra.[1]

---

[1]En este caso, la recuperación descontada es un número exacto de años. Por supuesto que esto no ocurrirá normalmente. Sin embargo, el calcular fracciones de un año para el período de recuperación descontado es más complicado que en el caso de la recuperación simple y no es común que se haga.

| | *Flujo de efectivo* | | *Flujo de efectivo acumulado* | | **Tabla 7.3** |
Año	Sin descontar	Descontado	Sin descontar	Descontado	Recuperación simple y descontada de la inversión
1	$100	$89	$100	$ 89	
2	100	79	200	168	
3	100	70	**300**	238	
4	100	62	400	**300**	
5	100	**55**	500	**355**	

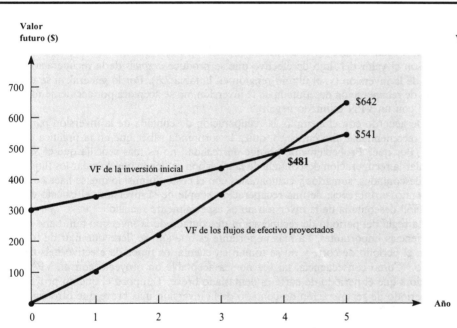

Figura 7.3

Valor futuro de los flujos de efectivo del proyecto

| | *Valor futuro al 12.5%* | |
Año	Anualidad de $100 (flujos de efectivo proyectados)	Total global de $300 (inversión proyectada)
0	$ 0	$300
1	100	338
2	213	380
3	339	427
4	**481**	**481**
5	642	541

¿Cómo se interpreta la recuperación descontada? Recuérdese que la recuperación simple de la inversión es el tiempo que se requiere para llegar al punto de equilibrio en un sentido contable. Puesto que incluye el valor del dinero en el tiempo, la recuperación descontada de la inversión es el tiempo que se requiere para llegar al punto de equilibrio en un sentido económico o financiero. Hablando en sentido general, en el ejemplo se recupera el dinero conjuntamente con los intereses que se pudieron haber ganado en alguna otra inversión en cuatro años.

La figura 7.3 muestra esta idea al comparar el valor *futuro* al 12.5 de la inversión de $300, frente al valor *futuro* de los flujos de efectivo anuales de $100 al 12.5%. Obsérvese que las dos rectas se intersectan exactamente a los cuatro años. Esto señala que el valor de los flujos de efectivo del proyecto alcanza en cuatro años a la inversión inicial y después la sobrepasa.

En la tabla 7.3 y la figura 7.3 se muestra otra característica interesante del período de recuperación descontado de la inversión. Si un proyecto llega a recuperarse sobre una base descontada, debe tener un VPN positivo.[2] Esto es cierto porque, por definición, el VPN es cero cuando la suma de los flujos de efectivo descontados es igual a la inversión inicial. Por ejemplo, el valor presente de todos los flujos de efectivo en la tabla 7.3 es de **$355**. El costo del proyecto fue de $300, por lo que es obvio que el VPN es de **$55**. Estos $55 son el valor del flujo de efectivo que se produce *después* de la recuperación descontada de la inversión (v. el último renglón en la tabla 7.3). Por lo general, si se utiliza una regla de recuperación descontada de la inversión, no se aceptará por accidente ningún proyecto con un VPN estimado negativo.

De acuerdo con el ejemplo, la recuperación descontada de la inversión parecería ser muy recomendable. Sin embargo, quizá le sorprenda saber que en la práctica es raro su uso. ¿Por qué? Probablemente porque en realidad no es más sencilla que el VPN. Para calcular la recuperación descontada de la inversión se tienen que calcular los flujos de efectivo descontados, sumarlos y compararlos con el costo, lo mismo que se hace con el VPN. Por tanto, a diferencia de una recuperación simple de la inversión, el cálculo de la recuperación descontada de la inversión no es especialmente sencillo.

La regla del período de recuperación descontada de la inversión aún tiene un par de deficiencias importantes. La más importante es que aún se tiene que fijar de forma arbitraria el período de corte y no se toman en cuenta los flujos de efectivo más allá de ese punto.[3] Como consecuencia, tal vez no sea aceptable un proyecto con un VPN positivo debido a que el período de corte es demasiado breve. Tampoco el que un proyecto tenga un período de recuperación descontado de la inversión más breve que otro significa que tenga un VPN mayor.

Tomando en cuenta todo lo anterior, la recuperación descontada de la inversión es un compromiso entre una recuperación simple de la inversión y el VPN, que carece de la sencillez del primero y del rigor conceptual del segundo. No obstante, si se necesita evaluar el tiempo que tomará recuperar la inversión requerida por un proyecto, la recuperación descontada de la inversión es mejor que la recuperación simple, ya que toma en cuenta el valor del tiempo. En otras palabras, la recuperación descontada de la inversión reconoce que se pudo haber invertido el dinero en algún otro proyecto que generase un rendimiento sobre el mismo. La recuperación simple de la inversión no toma esto en cuenta. En la tabla que se presenta a continuación se resumen las ventajas y desventajas de la regla de la recuperación descontada de la inversión.

---

[2]Este razonamiento supone que todos los flujos de efectivo, con la excepción del primero, son positivos. Si no es así, estas declaraciones no son necesariamente correctas. También pueden existir más de una recuperación descontada de la inversión.

[3]Si los puntos críticos de corte fueran infinitos, la regla de la recuperación descontada sería la misma que la del VPN. Sería también igual a la regla del índice de rentabilidad que se estudia en una sección posterior.

Ventajas y desventajas de la regla del período de recuperación descontada de la inversión

Ventajas	Desventajas
1. Incluye el valor del dinero en el tiempo.	1. Puede rechazar inversiones con VPN positivo.
2. Fácil de comprender.	2. Necesita un punto de corte arbitrario.
3. No acepta inversiones con VPN estimado negativo.	3. No toma en cuenta los flujos de efectivo después de la fecha de corte.
4. Está sesgada en favor de la liquidez.	4. Está sesgada en contra de proyectos a largo plazo, como los de investigación y desarrollo, y los nuevos proyectos.

Ejemplo 7.3   Cálculo de la recuperación descontada de la inversión

Examinemos una inversión que cuesta $400 y que paga $100 anuales a perpetuidad. En este tipo de inversión, se utiliza una tasa de descuento del 20%. ¿Cuál es la recuperación simple de la inversión? ¿Cuál es la recuperación descontada de la inversión? ¿Cuál es el VPN?

En este caso, es fácil calcular el VPN y la recuperación simple de la inversión porque la inversión es una perpetuidad. El valor presente de los flujos de efectivo es $100/0.20 = $500, por lo que el VPN es $500 − 400 = $100. Es obvio que la recuperación simple de la inversión es de cuatro años.

Para determinar la recuperación descontada de la inversión, es necesario encontrar el número de años que permitan que una anualidad de $100 tenga un valor presente de $400 al 20%. En otras palabras, el factor de valor presente de la anualidad es de $400/100 = 4 y la tasa de interés es del 20% por período; por tanto, ¿cuál es el número de períodos? Si se resuelve el número de períodos, vemos que la respuesta es un poco menos de nueve años, por lo que ésta es la recuperación descontada de la inversión. ∎

PREGUNTAS SOBRE CONCEPTOS

7.3a De forma verbal, exponga qué es el período de recuperación descontado de la inversión. ¿Por qué se dice que es, en cierto sentido, una medida del punto de equilibrio financiero o económico?

7.3b ¿Qué ventaja(s) tiene la recuperación descontada de la inversión sobre la recuperación simple de la inversión?

EL RENDIMIENTO CONTABLE PROMEDIO | 7.4

Otro enfoque atractivo, pero con deficiencias, para tomar decisiones sobre el presupuesto de capital es el **rendimiento contable promedio (RCP)**. Existen muchas definiciones diferentes del RCP, pero, de una forma u otra, siempre se define como:

rendimiento contable promedio (RCP)
La utilidad neta promedio de una inversión dividida entre su valor en libros promedio.

$$\frac{\text{Alguna medida de la utilidad contable promedio}}{\text{Alguna medida del valor contable promedio}}$$

La definición específica que se utilizará en este libro es:

$$\frac{\text{Utilidad neta promedio}}{\text{Valor en libros promedio}}$$

Para ver cómo se podría calcular este número, supongamos que se ha decidido abrir una tienda en un nuevo centro comercial. La inversión necesaria para la decoración es de $500,000. La tienda tendría una vida de cinco años, ya que después de ese tiempo todo pasa a ser de nuevo propiedad de los dueños del centro comercial. La inversión requerida se depreciaría al 100% (en línea recta) durante cinco años, por lo que la depreciación sería $500,000/5 = $100,000 anuales. La tasa de impuestos es del 25%. En la tabla 7.4 se presentan los ingresos y gastos proyectados. Con base a estas cifras, se muestra también la utilidad en cada año.

Para calcular el valor promedio en libros para esta inversión, obsérvese que se inicia con un valor en libros de $500,000 (el costo inicial) y se termina en $0. Por tanto, el valor promedio en libros durante la vida de la inversión es de ($500,000 + 0)/2 = $250,000. En tanto que se aplique la depreciación en línea recta, la inversión promedio siempre será la mitad de la inversión inicial.[4]

Observando la tabla 7.4 se aprecia que la utilidad neta es de **$100,000** en el primer año, de **$150,000** en el segundo, **$50,000** en el tercero, **$0** en el cuarto año y − $50,000 en el quinto año. Por consiguiente, la utilidad neta promedio es:

[$100,000 + 150,000 + 50,000 + 0 + (− 50,000)]/5 = $50,000

---

[4]Por supuesto que se podría calcular directamente el promedio de los seis valores en libros. En millares, se tendría ($500 + 400 + 300 + 200 + 100 + 0)/6 = $250.

Tabla 7.4		Año 1	Año 2	Año 3	Año 4	Año 5
Ingresos y costos anuales proyectados para el rendimiento contable promedio	Ingresos	$433,333	$450,000	$266,667	$200,000	$133,333
	Gastos	200,000	150,000	100,000	100,000	100,000
	Utilidades antes de depreciación	$233,333	$300,000	$166,667	$100,000	$ 33,333
	Depreciación	100,000	100,000	100,000	100,000	100,000
	Utilidades antes de impuestos	$133,333	$200,000	$ 66,667	$ 0	−$ 66,667
	Impuestos ($T_c = 0.25$)	33,333	50,000	16,667	0	− 16,667
	Utilidad neta	**$100,000**	**$150,000**	**$ 50,000**	**$ 0**	−**$ 50,000**

$$\text{Utilidad neta promedio} = \frac{(\$100,000 + 150,000 + 50,000 + 0 - 50,000)}{5} = \$50,000$$

$$\text{Valor en libros promedio} = \frac{\$500,000 + 0}{2} = \$250,000$$

El rendimiento contable promedio es de:

$$\text{RCP} = \frac{\text{Utilidad neta promedio}}{\text{Valor en libros promedio}} = \frac{\$50,000}{\$250,000} = 20\%$$

Si la empresa tiene como meta un RCP inferior al 20%, esta inversión es aceptable; de lo contrario no lo es. Por tanto, la *regla del rendimiento contable promedio* es:

> De acuerdo con la regla del RCP, un proyecto es aceptable si su rendimiento contable promedio excede al rendimiento contable promedio establecido como meta.

Como se verá en la siguiente sección, esta regla presenta varios problemas.

Análisis del método del rendimiento contable promedio

La principal deficiencia del RCP se detecta de inmediato. Lo más importante de todo es que el RCP no es una tasa de rendimiento que tenga algún sentido económico significativo. En lugar de ello, es la razón de dos cifras contables y no es comparable con los rendimientos que se ofrecen, por ejemplo, en los mercados financieros.[5]

Una de las razones por las que el RCP no es una verdadera tasa de rendimiento es que no toma en cuenta el valor del tiempo. Cuando se promedian cifras que ocurren en diferentes momentos, se están tratando de la misma forma el futuro cercano y el más lejano. Por ejemplo, cuando se calculó la utilidad neta promedio, no se hizo descuento alguno.

El segundo problema con el RCP es similar al que se presentó con la regla del período de recuperación de la inversión, relacionado con la falta de un período objetivo de corte. Puesto que un RCP calculado en realidad no es comparable con el rendimiento del mercado, el RCP seleccionado como meta tiene que ser especificado de alguna forma. No hay una manera de hacerlo sobre la que exista un acuerdo generalizado. Un método es calcular el RCP para la empresa en su conjunto y utilizarlo como parámetro de referencia, aunque también hay otras muchas formas de hacerlo.

La tercera falla que presenta el RCP, y quizá la peor, es que ni siquiera observa los elementos correctos. En lugar del flujo de efectivo y el valor de mercado, usa la utilidad neta y el valor en libros; ambos son malos sustitutos. Como consecuencia, el RCP no indica cuál será el efecto sobre el precio de la acción de una inversión, por lo que no dice lo que realmente se quiere conocer.

¿Tiene el RCP algunas características favorables? Prácticamente la única característica favorable es que casi siempre se puede calcular. La razón es que lo habitual es tener disponible información contable, tanto para el proyecto en estudio como para la empresa en su conjunto. Es necesario añadir que, una vez que se cuenta con la información contable, siempre se puede convertirla en flujos de efectivo, por lo que incluso éste no es un hecho de especial importancia. En la tabla que se presenta a continuación se resume el RCP.

---

[5]El RCP está estrechamente relacionado con el rendimiento sobre los activos (RSA) que se estudió en el capítulo 3. En la práctica, el RCP se determina en ocasiones calculando primero el RSA de cada año y promediando después los resultados. Esto da como resultado un número similar, pero no idéntico, al que se calculó.

Ventajas y desventajas del rendimiento contable promedio

Ventajas	Desventajas
1. Fácil de calcular.	1. No es una verdadera tasa de rendimiento; no se toma en cuenta el valor del dinero en el tiempo.
2. Por lo general se cuenta con la información necesaria.	2. Utiliza una tasa como parámetro de referencia que es seleccionada en forma arbitraria.
	3. Se basa en valores contables (en libros) no en flujos de efectivo y valores de mercado.

⌐ **PREGUNTAS SOBRE CONCEPTOS**

7.4a ¿Qué es una tasa de rendimiento contable promedio (RCP)?
7.4b ¿Cuáles son los puntos débiles de la regla del RCP?

7.5 │ LA TASA INTERNA DE RENDIMIENTO

tasa interna de rendimiento (TIR)
Tasa de descuento que hace que el VPN de una inversión sea cero.

Veamos ahora la alternativa más importante al VPN, la **tasa interna de rendimiento**, conocida generalmente como TIR. Como se observará, la TIR está muy relacionada con el VPN. En el caso de la TIR, se intenta encontrar una tasa de rendimiento única que resuma los méritos de un proyecto. Más aún, se desea que esta tasa sea una tasa «interna», en el sentido de que sólo dependa de los flujos de efectivo de una inversión en particular, no de las tasas que ofrecen otras alternativas de inversión.

Para mostrar la idea en que se basa la TIR, véase el caso de un proyecto que cuesta $100 hoy y que paga $110 en un año. Suponga que se pregunta «¿Cuál es el rendimiento de esta inversión?». ¿Qué respondería? Parece al mismo tiempo natural y obvio decir que el rendimiento es del 10% porque por cada unidad monetaria que se invierte se reciben $1.10. De hecho, como se verá en seguida, el 10% es la tasa interna de rendimiento o TIR de esta inversión.

¿Es este proyecto una buena inversión con su TIR del 10%? De nuevo parecería evidente que sólo sería una buena inversión si el rendimiento requerido fuera inferior al 10%. Esta intuición también es correcta y muestra la *regla de la TIR*:

De acuerdo con la regla de la TIR, una inversión es aceptable si su TIR excede al rendimiento requerido. De lo contrario, se debe rechazar la inversión.

Imaginemos que se quisiera calcular el VPN para esta inversión sencilla. Con una tasa de descuento de r, el VPN es:

$$\text{VPN} = -\$100 + 110/(1 + r)$$

Supongamos ahora que no se conoce la tasa de descuento. Esto presenta un problema, pero aún así se podría preguntar cómo tendría que ser la tasa de descuento para que este proyecto resultara inaceptable. Se sabe que es indiferente aceptar o no la inversión cuando su VPN es igual a cero. En otras palabras, esta inversión es *económicamente* una propuesta de punto de equilibrio cuando el VPN es cero, dado que no se crea ni se destruye valor. Para encontrar la tasa de descuento del punto de equilibrio, se establece que el VPN sea igual a cero y se resuelve para r:

$$VPN = 0 = - \$100 + 110/(1 + r)$$

$$\$100 = \$110/(1 + r)$$

$$1 + r = \$110/100 = 1.10$$

$$r = 10\%$$

Este 10% es lo que ya hemos denominado el rendimiento de esta inversión. Lo que se ha mostrado ahora es que la tasa interna de rendimiento de una inversión (o abreviado tan sólo como «rendimiento») es la tasa de descuento que hace que el VPN sea igual a cero. Ésta es una observación importante, por lo que vale la pena repetirla:

La TIR de una inversión es la tasa de rendimiento requerida que produce como resultado un VPN de cero cuando se le utiliza como tasa de descuento.

El hecho de que la TIR sea simplemente la tasa de descuento que hace que el VPN sea nulo es importante porque muestra cómo calcular los rendimientos de inversiones más complicadas. Como ya se ha visto, la determinación de la TIR resulta ser relativamente fácil en el caso de una inversión de un solo período. Sin embargo, supongamos que ahora estemos estudiando una inversión con los flujos de efectivo que aparecen en la figura 7.4. Como se muestra, esta inversión cuesta $100 y tiene un flujo de efectivo de $60 anuales durante dos años, por lo que sólo es ligeramente más complicada que el ejemplo con un solo período. Sin embargo, si le preguntaran el rendimiento sobre esta inversión, ¿qué diría? No parece existir ninguna respuesta obvia (al menos para nosotros). Sin embargo, utilizando los conocimientos que ya se tienen, se puede establecer el VPN igual a cero y se resuelve para la tasa de descuento:

$$VPN = 0 = - \$100 + 60/(1 + TIR) + 60/(1 + TIR)^2$$

Lamentablemente, la única forma de encontrar la TIR suele ser mediante prueba y error, ya sea a mano o utilizando una calculadora. Éste es exactamente el mismo problema que se presentó en el capítulo 5, cuando se encontró la tasa desconocida para una anualidad, y en el capítulo 6, cuando se determinó el rendimiento al vencimiento de un bono. De hecho, se observa ahora que en ambos casos lo que se estaba buscando era una TIR.

En este caso en particular, los flujos de efectivo forman una anualidad de $60 por dos períodos. Para determinar la tasa desconocida, se pueden probar varias tasas diferentes

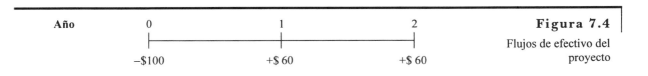

Año	0	1	2	**Figura 7.4**
	−$100	+$ 60	+$ 60	Flujos de efectivo del proyecto

	Tasa de descuento	VPN
Tabla 7.5	0%	$20.00
VPN para diferentes	5	11.56
tasas de descuento	10	4.13
	15	− 2.46
	20	− 8.33

hasta obtener la respuesta. Si se comenzara con una tasa de 0%, es obvio que el VPN sería $120 − 100 = $20. A una tasa de descuento del 10%, se tendría:

$$VPN = - \$100 + 60/1.1 + 60/(1.1)^2 = \$4.13$$

Ahora nos estamos acercando. Se pueden resumir estas posibilidades y algunas otras, tal como se muestra en la tabla 7.5. De acuerdo con los cálculos el VPN parece ser cero entre el 10 y el 15%, por lo que la TIR está en algún lugar dentro de este rango. Con un poco más de esfuerzo, se puede determinar que la TIR es aproximadamente del 13.1%.[6] Por tanto, si el rendimiento requerido es inferior al 13.1% se aceptaría esta inversión. Si el rendimiento requerido excede al 13.1%, se rechazaría la misma.

A estas alturas es probable que ya se haya observado que la regla de la TIR y la regla del VPN parecen ser bastante similares. De hecho, en ocasiones a la TIR simplemente se le denomina *rendimiento del flujo de efectivo descontado* o *rendimiento FED*. La forma más sencilla de mostrar la relación entre el VPN y la TIR es graficar las cifras que se calcularon en la tabla 7.5. Se colocan los diferentes VPN sobre el eje vertical o eje *y*, y las tasas de descuento sobre el eje horizontal o eje *x*. Si se tuviera un número muy grande de puntos, la imagen resultante sería una curva suave denominada **perfil del valor presente neto**. En la figura 7.5 se muestra el perfil del VPN para este proyecto. Comenzando con una tasa de descuento de 0%, se trazan los $20 directamente sobre el eje *y*. Conforme aumenta la tasa de descuento, el VPN desciende suavemente. ¿Dónde cortará la curva el eje *x*? Esto se producirá donde el VPN sea exactamente igual a cero, por lo que ocurrirá justo en la TIR de 13.1%.

En este ejemplo, la regla del VPN y la regla de la TIR conducen a decisiones de aceptación/rechazo idénticas. Se aceptará una inversión utilizando la regla de la TIR si el rendimiento requerido es inferior al **13.1%**. Sin embargo, como se muestra en la figura 7.5, el VPN es positivo a cualquier tasa de descuento inferior al **13.1%**, por lo que también se aceptaría la inversión utilizando la regla del VPN. En este caso, las dos reglas son equivalentes.

perfil del valor presente neto
Representación gráfica de la relación entre los VPN de una inversión y diversas tasas de descuento.

Ejemplo 7.4   Cálculo de la TIR
Un proyecto tiene un costo total inicial de $435.44. Los flujos de efectivo son de $100 en el primer año, $200 en el segundo y $300 en el tercero. ¿Cuál es la TIR? Si se requiere un rendimiento del 18%, ¿se debe realizar esta inversión?

---

[6]Con bastante más esfuerzo (o con una computadora personal), se puede determinar que la TIR es aproximadamente 13.0662386291808% (con 13 puntos decimales), aunque nadie querría nunca esta cantidad de puntos decimales.

Figura 7.5

Un perfil de VPN

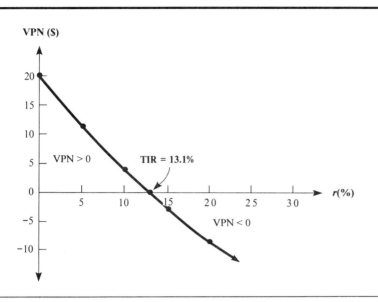

Se describirá el perfil del VPN y se determinará la TIR mediante el cálculo de algunos VPN a diferentes tasas de descuento. Como práctica, se deben verificar las respuestas que se ofrecen aquí. Comenzando con el 0%, se tiene:

Tasa de descuento	VPN
0%	$164.56
5	100.36
10	46.15
15	0.00
20	− 39.61

El VPN es cero al 15%, por lo que el 15% es la TIR. Si se requiere un rendimiento del 18%, no se debe llevar a cabo la inversión. La razón es que el VPN es negativo al 18% (verifique que es − $24.47). La regla de la TIR llega al mismo resultado en este caso. No se debe realizar esta inversión porque su rendimiento del 15% es inferior al rendimiento requerido del 18%.

En este punto quizá se esté preguntando si las reglas de la TIR y del VPN siempre conducen a decisiones idénticas. La respuesta es afirmativa, siempre y cuando se cumplan dos condiciones muy importantes. Primera, los flujos de efectivo del proyecto tienen que ser *convencionales*, lo que significa que el primer flujo de efectivo (la inversión inicial) será negativo y que todos los demás serán positivos. Segunda, el proyecto debe ser *independiente*, lo que significa que la decisión de aceptar o rechazar este proyecto no afectará la decisión de aceptar o rechazar otro cualquiera. Normalmente, la primera de estas condiciones se cumple, pero no así la segunda. En cualquier caso, cuando no se cumplen una o ambas de estas condiciones, pueden presentarse problemas. A continuación, se estudian algunos de estos problemas.

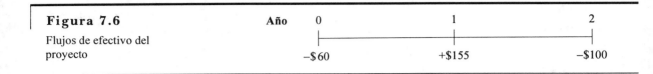

Figura 7.6

Flujos de efectivo del proyecto

Año	0	1	2
	−$60	+$155	−$100

Problemas con la TIR

Aparecen problemas con la TIR cuando los flujos de efectivo no son convencionales, o cuando se intentan comparar dos o más inversiones para determinar cuál es la mejor. Sorprendentemente, en el primero de los casos la simple pregunta «¿Cuál es el rendimiento?» puede ser muy difícil de contestar. En el segundo caso, la TIR puede resultar un criterio engañoso.

Flujos de efectivo no convencionales   Supongamos que se tiene un proyecto de explotación de una mina a cielo abierto que requiere una inversión de $60. El flujo de efectivo en el primer año será de $155. En el segundo año, la mina queda agotada, pero es necesario gastar $100 para restaurar el terreno. Como se muestra en la figura 7.6, tanto el primero como el tercer flujo de efectivo son negativos.

Para determinar la TIR de este proyecto, se puede calcular el VPN a diversas tasas:

Tasa de descuento	VPN
0%	−$5.00
10	− 1.74
20	− 0.28
30	0.06
40	− 0.31

En este caso, el VPN parece estar comportándose de una forma muy peculiar. Primero, según aumenta la tasa de descuento del 0% al 30%, el VPN se inicia como negativo y luego se vuelve positivo. Esto parece contrario a lo normal, ya que el VPN está aumentando según lo hace la tasa de descuento. Posteriormente, comienza a disminuir y se convierte de nuevo en negativo. ¿Cuál es la TIR? Para determinarla, se traza el perfil del VPN que aparece en la figura 7.7.

Obsérvese en la figura 7.7 que el VPN es cero cuando la tasa de descuento es del 25%, por lo que ésta es la TIR. ¿Lo es? El VPN también es cero al $33^1/_3\%$. ¿Cuál de estas dos tasas es la correcta? La respuesta es ambas o ninguna; dicho con más exactitud, no hay una respuesta correcta que no sea ambigua. Éste es el problema de las **tasas de rendimiento múltiples**. Muchos paquetes financieros para computadoras (incluyendo el de más venta para las computadoras personales) no recogen este problema y sólo presentan la primera TIR que encuentran. Otros presentan sólo la TIR positiva más pequeña, aunque esta respuesta no sea mejor que cualquier otra.

En este ejemplo, la regla de la TIR no se cumple en absoluto. Supongamos que el rendimiento requerido fuera del 10%. ¿Se debe realizar esta inversión? Ambas TIR son mayores del 10%, por lo que, según la regla de la TIR, quizá se deberían aceptar. Sin embargo, como se muestra en la figura 7.7, el VPN es negativo a cualquier tasa de descuento

tasas de rendimiento múltiples
La posibilidad de que más de una tasa de descuento haga que el VPN de una inversión sea cero.

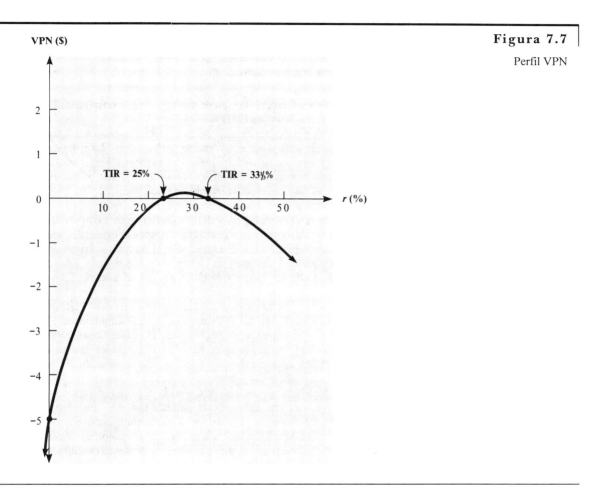

Figura 7.7

Perfil VPN

inferior al 25%, así que no se trata de una buena inversión. ¿Cuándo debe realizarse dicha inversión? Si se observa por última vez la figura 7.7, el VPN sólo es positivo si el rendimiento requerido se encuentra entre el **25** y el **$33^1/_3$%.**

La moraleja de la historia es que, cuando los flujos de efectivo no son convencionales, pueden comenzar a ocurrir cosas extrañas a la TIR. Sin embargo, esto no es algo preocupante, ya que, como siempre, la regla del VPN opera muy bien. Aunque parezca extraño, esto muestra que la pregunta obvia —¿cuál es la tasa de rendimiento?— quizá no siempre tenga una buena respuesta.

Ejemplo 7.5   ¿Cuál es la TIR?

Se está considerando una inversión que requiere invertir hoy $51. Se obtendrán $100 en un año, pero en dos años se tienen que invertir $50. ¿Cuál es la TIR resultante de esta inversión?

Ya se conoce el problema del flujo de efectivo no convencional, por lo que es probable que no le sorprenda ver más de una TIR. Sin embargo, si se comienza a buscar la

TIR mediante prueba y error, se necesitará mucho tiempo. La razón es que no existe la TIR. El VPN es negativo a cualquier tasa de descuento, por lo que no se debe realizar esta inversión bajo ninguna circunstancia. ¿Cuál es el rendimiento de esta inversión? Su conjetura es tan buena como la nuestra. ■

Ejemplo 7.6 «Yo pienso; por tanto, sé cuántas TIR pueden existir»

Ya hemos visto que es posible tener más de una TIR. Si quisiera asegurarse de que se han encontrado todas las TIR posibles, ¿cómo se podría saber? La respuesta la da el gran matemático, filósofo y analista financiero Descartes («Pienso; luego existo»). La regla de los signos de Descartes dice que el número máximo de TIR que puede existir es igual al número de veces que el flujo de efectivo cambie de positivo a negativo y/o de negativo a positivo.[7]

En el ejemplo con las TIR del 25% y del $33^1/_3\%$, ¿podría existir otra TIR más? Los flujos de efectivo pasan de negativos a positivos y después regresan a negativos para un total de dos cambios de signos. Como consecuencia, el número máximo de TIR es de dos y, de acuerdo con la regla de Descartes, no es necesario buscar más. Obsérvese que el número real de las TIR puede ser menor que el máximo (v. el ejemplo 7.5). ■

decisiones de inversión mutuamente excluyentes
Situación en la que el hecho de aceptar una inversión evita que se acepte otra.

Inversiones mutuamente excluyentes Aunque exista una sola TIR, puede presentarse otro problema relacionado con las **decisiones de inversión mutuamente excluyentes**. Si dos inversiones, X e Y, son mutuamente excluyentes, el realizar una de ellas significa que no se puede llevar a cabo la otra. Por ejemplo, si se posee un terreno en una esquina, se puede construir en él una estación de venta de gasolina o un edificio de apartamentos, pero no ambos. Éstas son alternativas mutuamente excluyentes.

Hasta ahora nos hemos preguntado si vale o no la pena llevar a cabo una determinada inversión. Sin embargo, hay una pregunta relacionada con esto que se presenta con mucha frecuencia. Si existen dos o más inversiones mutuamente excluyentes, ¿cuál es la mejor? La respuesta es muy sencilla: mejor alternativa de inversión es aquella con el VPN mayor. ¿Se puede decir también que la mejor tiene el rendimiento más alto? Como se muestra a continuación, la respuesta es no.

Como ejemplo del problema de la regla de la TIR para inversiones mutuamente excluyentes, consideremos los flujos de efectivo asociados con dos inversiones mutuamente excluyentes:

Año	Inversión A	Inversión B
0	−$100	−$100
1	50	20
2	40	40
3	40	50
4	30	60
TIR	24%	21%

---

[7]Para ser más precisos, el número de las TIR que son mayores que − 100% es igual al número de cambios de signos, o difiere del número de cambios de signos en un número par. Así, por ejemplo, si se presentan cinco cambios de signos, existirán cinco, tres o una TIR. Si se presentan dos cambios de signo, existirán dos TIR o ninguna.

Dado que estas inversiones son mutuamente excluyentes, sólo se puede llevar a cabo una de ellas. La simple intuición sugiere que la inversión A es mejor debido a su mayor rendimiento. Lamentablemente, la simple intuición no siempre es correcta.

Para comprobar por qué la inversión A no es necesariamente la mejor de las dos, se ha calculado el VPN de estas inversiones para diferentes rendimientos requeridos:

Tasa de descuento	VPN(A)	VPN(B)
0%	**$60.00**	**$70.00**
5	**43.13**	**47.88**
10	**29.06**	**29.79**
15	**17.18**	**14.82**
20	**7.06**	**2.31**
25	**− 1.63**	**− 8.22**

La TIR para A (24%) es mayor que la TIR para B (21%). Sin embargo, si se comparan los VPN, se observará que la inversión con el VPN más alto depende del rendimiento requerido. La inversión B tiene un mayor flujo de efectivo total, pero se recupera más lentamente que la inversión A. Como consecuencia, tiene un VPN más alto a tasas de descuento inferiores.

En el ejemplo, las clasificaciones del VPN y la TIR difieren para algunas tasas de descuento. Por ejemplo, si el rendimiento requerido es del 10%, B tiene el VPN más alto y es por consiguiente la mejor de las dos, a pesar de que A tiene el rendimiento más alto. Si el rendimiento requerido es del 15%, no existe ningún conflicto de clasificación; A es la mejor.

Las discrepancias entre la TIR y el VPN para inversiones mutuamente excluyentes pueden mostrarse trazando sus perfiles del VPN, como se ha hecho en la figura 7.8. Se aprecia en esta figura que los perfiles de VPN se cruzan aproximadamente en el 11%. Se aprecia también que, en el caso de cualquier tasa de descuento inferior al 11%, el VPN para B es más alto. En este rango, aceptar B beneficia más que aceptar A, a pesar de que la TIR de A es más alta. En el caso de cualquier tasa mayor del 11%, el proyecto A tiene el VPN mayor.

Lo que este ejemplo muestra es que cada vez que se tengan proyectos mutuamente excluyentes, éstos no deberán clasificarse sobre la base de sus rendimientos. De forma más general, cada vez que se comparen inversiones para determinar cuál es la mejor, las TIR pueden resultar engañosas. En lugar de ello, es necesario observar los VPN relativos para evitar la posibilidad de hacer una elección incorrecta. Recuérdese que, en definitiva, la meta última es crear valor para los accionistas, por lo que se prefiere la opción con el VPN más alto, con independencia de los rendimientos relativos.

Si esto parece ir en contra de la intuición, piense de esta forma. Suponga que se tienen dos inversiones. Una de ellas tiene un rendimiento del 10% y nos hace $100 más ricos de inmediato. La otra tiene un rendimiento del 20% y nos hace $50 más ricos de inmediato. ¿Cuál le gusta más? Independientemente de los rendimientos, nos gustaría tener $100 en lugar de $50, por lo que nos gusta más la primera inversión.

Ejemplo 7.7   Cálculo de la tasa de intersección

En la figura 7.8 los perfiles del VPN se intersectan en aproximadamente el 11%. ¿Cómo se puede determinar cuál es este punto de intersección? Por definición, la *tasa de intersec-*

Figura 7.8

Perfiles de VPN para
inversiones mutuamente
excluyentes

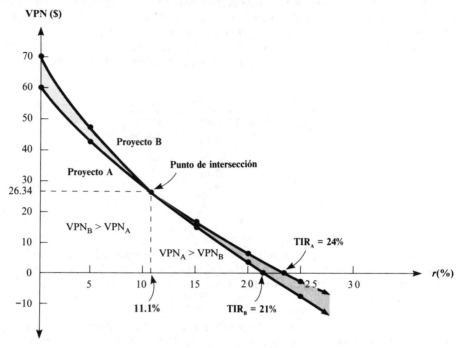

ción es la tasa de descuento que hace que los VPN de dos proyectos sean iguales. Como ejemplo, supongamos que se consideran las siguientes dos inversiones mutuamente excluyentes:

Año	Inversión A	Inversión B
0	−$400	−$500
1	250	320
2	280	340

¿Cuál es la tasa de intersección?

Para encontrar el punto de intersección, considere primero salirse de la inversión A y pasarse a la inversión B. Si se efectúa este movimiento, se tendrán que invertir $100 adicionales ($500 − 400). Por esta inversión de $100, se obtendrán $70 adicionales ($320 − 250) en el primer año y $60 adicionales ($340 − 280) en el segundo. ¿Es ésta una buena acción? En otras palabras, ¿vale la pena invertir los $100 adicionales?

De acuerdo con lo que se ha estudiado, el VPN del cambio, VPN(B − A) es:

$$\text{VPN}(B - A) = -\,100 + \$70/(1 + r) + \$60/(1 + r)^2$$

Se puede calcular el rendimiento de esta inversión al establecer el VPN igual a cero y resolver para la TIR:

$$\text{VPN}(B - A) = 0 = -\,100 + \$70/(1 + r) + \$60/(1 + r)^2$$

Si se realizan estos cálculos, veremos que la TIR es exactamente del 20%. Lo que señala este resultado es que, a una tasa de descuento del 20%, es indiferente elegir entre las dos inversiones porque el VPN de la diferencia en sus flujos de efectivo es de cero. Como consecuencia de ello, las dos inversiones tienen el mismo valor, así que este 20% es la tasa de intersección. Verifique que el VPN al 20% sea $2.78 para ambas inversiones.

Por lo general, la tasa de intersección se puede determinar tomando la diferencia en los flujos de efectivo y calculando la TIR mediante el uso de estas diferencias. No importa cuál de los flujos de efectivo se reste del otro. Para ver esto, se determina la TIR para (A − B); se observará que es el mismo número. También a efectos de práctica, tal vez se desee determinar el punto de intersección exacto en la figura 7.8 (sugerencia: es 11.0704%). ■

Características favorables de la TIR

A pesar de su fallas, la TIR es muy popular en la práctica, quizá más que el VPN. Es probable que sobreviva porque satisface una necesidad que no cumple el VPN. Al analizar las inversiones, las personas en general y los analistas financieros en particular parecen preferir hablar de tasas de rendimiento que de valores en unidades monetarias.

De forma similar, la TIR también parece proporcionar una manera sencilla de comunicar información sobre una propuesta. Un administrador podría decirle a otro: «El remodelar el área de oficinas tiene un rendimiento del 20%». Esto quizá sea algo más sencillo que decir: «A una tasa de descuento del 10%, el valor presente neto es de $4,000».

Por último, bajo ciertas circunstancias, la TIR puede tener una ventaja práctica sobre el VPN. No se puede estimar el VPN, a no ser que se conozca la tasa de descuento relevante, pero aún así se puede estimar la TIR. Suponga que no se conociera el rendimiento requerido de una inversión, pero se determinó, por ejemplo, que tenía un rendimiento del 40%. Es probable que nos inclinemos a implementarla, ya que es muy poco probable que el rendimiento requerido sea tan alto. A continuación, se resumen las ventajas y desventajas de la TIR.

Ventajas y desventajas de la tasa interna de rendimiento

Ventajas	Desventajas
1. Está estrechamente relacionada con el VPN; esto suele dar como resultado decisiones idénticas.	1. Quizá dé como resultado respuestas múltiples o no opere con flujos de efectivo no convencionales.
2. Es fácil de comprender y comunicar.	2. Quizá conduzca a decisiones incorrectas en las comparaciones de inversiones mutuamente excluyentes.

PREGUNTAS SOBRE CONCEPTOS

7.5a ¿Bajo qué circunstancias conducirán las reglas de la TIR y el VPN a las mismas decisiones de aceptar/rechazar? ¿Cuándo podrían estar en conflicto?

7.5b ¿Suele ser cierto que una ventaja de la regla de la TIR sobre la del VPN consiste en que no es necesario conocer el rendimiento requerido para usar la regla de la TIR?

7.6 | EL ÍNDICE DE RENTABILIDAD

índice de rentabilidad
Valor presente de los flujos de efectivo futuros de una inversión, divididos entre su costo inicial. También denominado *razón beneficio/costo*.

Otro método utilizado para evaluar proyectos se denomina **índice de rentabilidad** (IR) o razón de beneficio/costo. Este índice se define como el valor presente de los flujos de efectivo futuros, dividido entre la inversión inicial. Por tanto, si un proyecto cuesta $200 y el valor presente de sus flujos de efectivo futuros es de $220, el valor del índice de rentabilidad sería de $220/200 = 1.10. Obsérvese que el VPN para esta inversión es de $20, por lo que es una inversión deseable.

De forma más general, si un proyecto tiene un VPN positivo, el valor presente de los flujos de efectivo futuros debe ser mayor que la inversión inicial. Por consiguiente, el índice de rentabilidad sería mayor que 1.00 para una inversión con VPN positivo e inferior a 1.00 para una inversión con VPN negativo.

¿Cómo se interpreta el índice de rentabilidad? En el ejemplo, el IR fue de 1.10. Esto significa que, por cada unidad monetaria, se obtiene como resultado $1.10 en valor o $0.10 en VPN. Por tanto, el índice de rentabilidad mide el «resultado por unidad monetaria», es decir, el valor creado por cada unidad monetaria invertida. Por esta razón, se suele proponer este índice como medida del desempeño para inversiones gubernamentales u otras inversiones no lucrativas. También, cuando el capital resulta ser escaso, quizá tenga sentido asignarlo a proyectos con IR altos. Trataremos de nuevo este tema en un capítulo posterior.

Es obvio que el IR es muy similar al VPN. Sin embargo, consideremos el caso de una inversión que cuesta $5 y tiene un valor presente de $10, así como una inversión que cuesta $100 con un valor presente de $150. La primera de estas inversiones tiene un VPN de $5 y un IR de 2. La segunda tiene un VPN de $50 y un IR de 1.50. Si se tratara de inversiones mutuamente excluyentes, se preferiría la segunda, a pesar de que tiene un IR inferior.

Este problema de clasificación es muy similar al de la TIR que se estudió en la sección anterior. En conjunto, parece existir poca razón para apoyarse en el IR en lugar de hacerlo en el VPN. A continuación, se resume la discusión previa del IR.

Ventajas y desventajas del índice de rentabilidad

Ventajas	Desventajas
1. Estrechamente relacionado con el VPN y, por lo general, conduce a decisiones idénticas.	1. Puede llevar a decisiones incorrectas al comparar inversiones mutuamente excluyentes.
2. Fácil de comprender y comunicar.	
3. Puede ser útil cuando los recursos disponibles para inversión sean limitados.	

| **PREGUNTAS SOBRE CONCEPTOS**

7.6a ¿Qué mide el índice de rentabilidad?
7.6b ¿Cómo expresaría la regla del índice de rentabilidad?

PRESUPUESTOS DE CAPITAL EN LA PRÁCTICA | 7.7

Dado que el VPN parece indicar directamente lo que se quiere conocer, quizá se esté cuestionando por qué existen otros procedimientos y por qué es habitual que se empleen procedimientos alternativos. Recuerde que se trata de tomar una decisión de inversión y que se suele operar bajo una gran incertidumbre sobre el futuro. En este caso, sólo se puede *estimar* el VPN de la inversión. El estimado resultante puede ser muy «endeble», lo que significa que el verdadero VPN tal vez difiera bastante del estimado.

Debido a que se desconoce el verdadero VPN, el administrador financiero astuto busca indicios para evaluar si el VPN estimado es fiable. Por esta razón, es normal que las empresas utilicen múltiples criterios para evaluar una propuesta. Por ejemplo, supongamos que se tiene una inversión con un VPN estimado positivo. De acuerdo a la experiencia que se tiene con otros proyectos, éste parece tener una recuperación corta y un RCP muy alto. En este caso, los diferentes indicadores parecen coincidir en que «todos los sistemas concuerdan». Dicho de otra forma, la recuperación y el RCP son consistentes con la conclusión de que el VPN es positivo.

Por otra parte, supongamos que se tiene un VPN estimado positivo, una recuperación larga y un RCP bajo. A pesar de ello, la inversión pudiera seguir siendo buena, pero parece que se necesita tener mucho más cuidado al tomar la decisión, ya que se están recibiendo señales divergentes. Si el VPN estimado se basa en proyecciones de poca confianza, es probable que se necesite un análisis adicional. En los dos capítulos siguientes se estudiará con más detalle cómo proceder con este análisis.

Existen varias encuestas que se han realizado para preguntar a las grandes empresas qué tipos de criterios de inversión utilizan en realidad. En la tabla 7.6 se presentan los resultados de estas encuestas De acuerdo con los resultados, la técnica de presupuestos de capital más utilizada es alguna forma de flujo de efectivo descontado (como el VPN o la TIR). Alrededor del 80% de las empresas lo utilizan, pero sólo el 28% lo emplea de forma exclusiva.

En la práctica, el período de recuperación de la inversión es la segunda herramienta más popular; lo aplican alrededor del 50% de las empresas que contestaron la encuesta, siendo sólo un 2% las que lo usan de forma exclusiva. Otras encuestas son consistentes

Flujo de efectivo descontado	Período de recuperación	Rendimiento contable promedio	Otros (incluyendo los que no respondieron)	Porcentaje de las empresas que utilizan métodos	**Tabla 7.6**
Sí	Sí	Sí		28%	Porcentaje de empresas que contestaron la encuesta sobre los que usan diversos tipos de métodos de presupuestos de capital*
Sí		Sí		8	
Sí	Sí			16	
Sí				28	
	Sí	Sí		4	
	Sí			2	
		Sí		2	
			Sí	12	
				100%	

*El número de empresas que respondieron es de 50. Tomado de una monografía de M. Blume, E. Friend y R. Westerfield: Rodney L. White Center for Financial Research monograph (Filadelfia: The Warton School, Universidad de Pennsylvania).

Tabla 7.7	
Resumen de criterios de inversión	**I. Criterios del flujo de efectivo descontado** **A.** *Valor presente neto (VPN).* El VPN de inversión es la diferencia entre su valor de mercado y su costo. La regla del VPN es aceptar un proyecto si su VPN es positivo. El VPN suele estimarse calculando el valor presente de los flujos de efectivo futuros (para estimar el valor de mercado) y restando después el costo. El VPN no tiene deficiencias importantes; es el criterio de decisión preferido. **B.** *Tasa interna de rendimiento (TIR).* La TIR es la tasa de descuento que hace que el VPN estimado de una inversión sea igual a cero; en ocasiones, se le denomina *rendimiento del flujo de efectivo descontado* (*FED*). La regla de la TIR es aceptar un proyecto cuando su TIR excede el rendimiento requerido. La TIR está estrechamente relacionada con el VPN y conduce exactamente a las mismas decisiones que el VPN en el caso de proyectos convencionales, independientes. Cuando los flujos de efectivo del proyecto no son convencionales, quizá no exista la TIR o quizá haya más de una. Más grave aún, la TIR no se puede usar para clasificar proyectos mutuamente excluyentes; el proyecto con la TIR más alta no es necesariamente la inversión más conveniente. **C.** *Índice de rentabilidad (IR).* El índice de rentabilidad, también denominado *razón beneficio/costo*, es la razón del valor presente al costo. La regla del índice de rentabilidad es aceptar una inversión si su índice excede a 1.0. El índice de rentabilidad mide el valor presente de una inversión por unidad monetaria invertida. Es bastante similar al VPN, pero, al igual que la TIR, no se puede utilizar para clasificar proyectos mutuamente excluyentes. Sin embargo, se usa en ocasiones para clasificar proyectos cuando una empresa tiene más inversiones con el VPN positivo de las que puede financiar. **II. Criterios de recuperación de la inversión** **A.** *Período de recuperación de la inversión.* El período de recuperación es el tiempo que transcurre hasta que la suma de los flujos de efectivo de una inversión es igual a su costo. La regla del período de recuperación es aceptar un proyecto si su recuperación es *inferior* a algún punto de corte. El período de recuperación de la inversión es un criterio deficiente, ya que no toma en cuenta el riesgo, el valor del dinero en el tiempo y los flujos de efectivo posteriores al punto de corte crítico. **B.** *Período de recuperación descontado de la inversión.* El período de recuperación descontado es el tiempo que transcurre hasta que la suma de los flujos de efectivo descontados de una inversión es igual a su costo. La regla del período de recuperación descontado de la inversión consiste en aceptar una inversión si la recuperación descontada es *inferior* a algún punto de corte. La regla del período descontado de la inversión es defectuosa, ya que no considera los flujos de efectivo posteriores al punto de corte. **III. Criterios contables** **A.** *Rendimiento contable promedio (RCP).* El RCP es una medida de la utilidad contable con relación al valor en libros. No está relacionada con la TIR, pero es similar a la medida de rendimiento contable sobre los activos (RSA) presentada en el capítulo 3. La regla del RCP es aceptar una inversión si su RCP excede a un RCP seleccionado como parámetro de referencia. El RCP presenta serias fallas debido a diversas razones y es poco recomendable.

con estos resultados. La práctica más usual es observar el VPN o la TIR, junto con criterios de flujo de efectivo no descontado, como la recuperación de la inversión y el RCP. De acuerdo con lo ya estudiado, ésta es una práctica correcta. En la tabla 7.7 se han resumido los diversos criterios con el fin de que puedan usarse como referencia en consultas futuras.

PREGUNTAS SOBRE CONCEPTOS

7.7a ¿Cuáles son los procedimientos de presupuesto de capital más utilizados?
7.7b Puesto que conceptualmente el VPN es el mejor procedimiento para el
     presupuesto de capital, ¿por qué piensa que en la práctica se usan tantas medidas?

RESUMEN Y CONCLUSIONES | 7.8

En este capítulo se han tratado los diferentes criterios usados para evaluar inversiones propuestas. En el mismo orden en que se estudiaron, los seis criterios son:

1. Valor presente neto (VPN).
2. Período de recuperación de la inversión.
3. Período de recuperación descontado de la inversión.
4. Rendimiento contable promedio (RCP).
5. Tasa interna de rendimiento (TIR).
6. Índice de rentabilidad (IR).

Se mostró cómo calcular cada uno de estos criterios y se estudió la interpretación de los resultados. También se describieron las ventajas y desventajas de cada uno de ellos.

El concepto más importante en este capítulo es el valor presente neto (VPN). En los próximos capítulos, se utilizará esta idea repetidamente. Se definió el VPN como la diferencia entre el valor de mercado de un activo o proyecto y su costo. Se observó que el administrador financiero actúa de acuerdo con los mejores intereses de los accionistas cuando identifica e implanta inversiones con un VPN positivo.

Por último, se vio que normalmente no se pueden observar los VPN en el mercado, sino que es necesario estimarlos. Dado que siempre existe la posibilidad de un estimado deficiente, los administradores financieros utilizan múltiples criterios para examinar proyectos. Estos otros criterios proporcionan información adicional para saber si un proyecto tiene en realidad un VPN positivo.

Términos fundamentales

valor presente neto (VPN) **220**
valuación del flujo de efectivo descontado
  (VFED) **221**
período de recuperación **224**
período de recuperación descontado de la
  inversión **228**
rendimiento contable promedio
  (RCP) **231**

tasa interna de rendimiento (TIR) **234**
perfil del valor presente neto **236**
tasas de rendimiento múltiples **238**
decisiones de inversión mutuamente
  excluyentes **240**
índice de rentabilidad **244**

Problemas de revisión y de autoevaluación del capítulo

7.1 Criterios de inversión   Este problema le proporcionará cierta práctica en el cálculo de los VPN y los períodos de recuperación. Una propuesta de expansión en el extranjero tiene los siguientes flujos de efectivo:

Año	Flujo de efectivo
0	−$100
1	50
2	40
3	40
4	15

Calcule la recuperación de la inversión, la recuperación descontada de la inversión y el VPN con un rendimiento requerido del 15%.

7.2 Inversiones mutuamente excluyentes   Examine las dos inversiones mutuamente excluyentes que se presentan. Calcule la TIR para cada una de ellas y la tasa de intersección. ¿Bajo qué circunstancias los criterios de la TIR y del VPN clasifican de un modo diferente los dos proyectos?

Año	Inversión A	Inversión B
0	−$100	−$100
1	50	70
2	70	75
3	40	10

7.3 Rendimiento contable promedio   Se está considerando un proyecto a tres años, con una utilidad neta proyectada de $1,000 en el año 1, $2,000 en el año 2 y $4,000 en el 3. El costo es de $9,000, que se depreciará en línea recta hasta cero durante los tres años de vida del proyecto. ¿Cuál es el rendimiento contable promedio (RCP)?

Respuestas a los problemas de autoevaluación

7.1 En la tabla que se presenta a continuación se han relacionado los flujos de efectivo, los flujos de efectivo acumulados, los flujos de efectivo descontados (al 15%) y los flujos de efectivo descontados acumulados.

	Flujos de efectivo y flujos de efectivo acumulados			
	Flujo de efectivo		*Flujo de efectivo acumulado*	
Año	Sin descontar	Descontado	Sin descontar	Descontado
1	$50	$43.5	$ 50	$ 43.5
2	40	30.2	**90**	73.7
3	**40**	26.3	**130**	100.0
4	15	**8.6**	145	**108.6**

Recuerde que la inversión inicial es de $100. Cuando se compara esta inversión con los flujos de efectivo sin descontar acumulados, se observa que la recuperación se presenta entre los años 2 y 3. Los flujos de efectivo para los dos primeros años son de **$90** en total, por lo que, al entrar al tercer año, hay un déficit de $10. El flujo total de efectivo en el año 3 es de **$40**, por lo que la recuperación es 2 + $10/40 = **2.25 años**.

Al observar los flujos de efectivo descontados acumulados, se observa que la recuperación descontada se presenta exactamente a los tres años. La suma de los flujos de efectivo descontados es de **$108.6**, por lo que el VPN es de **$8.60**. Observe que éste es el valor presente de los flujos de efectivo que se obtienen después de la recuperación descontada.

7.2 Para calcular la TIR, pueden intentarse algunas aproximaciones como las de la tabla siguiente:

Tasa de descuento	VPN(A)	VPN(B)
0%	$60.00	$55.00
10	33.36	33.13
20	13.43	16.20
30	−1.91	2.78
40	−14.01	− 8.09

De estas tasas supuestas, resultan de inmediato varios aspectos. Primero, la TIR de A debe ser sólo un poco menor al 30% (¿por qué?). Con un poco más de esfuerzo, se determina que es **28.61%**. Para B, la TIR tiene que ser un poco más del 30% (de nuevo, ¿por qué?); resulta ser del **32.37%**. Observe también que al 10% los VPN son muy cercanos, lo que indica que el punto de intersección se encuentra próximo a esta tasa.

Para determinar con exactitud el punto de intersección, puede calcularse la TIR de la diferencia de los flujos de efectivo. Si se toman los flujos de efectivo de A menos los flujos de efectivo de B, los flujos de efectivo resultantes son:

Año	A − B
0	$ 0
1	− 20
2	− 5
3	30

Estos flujos de efectivo parecen un poco extraños, pero el signo cambia sólo en una ocasión, por lo que se puede determinar la TIR. A través de la prueba y el error, se observará que el VPN es cero a una tasa de descuento del **10.61%**, por lo que ésta es la tasa de intersección.

También se sabe que la TIR para B es siempre más alta. Como ya se ha visto, A tiene el VPN mayor para cualquier tasa de descuento inferior al 10.61%, por lo que las clasificaciones del VPN y la TIR serán opuestas en este rango. Recuerde que, si existe conflicto entre ambos criterios, se tomará el VPN más alto. Por tanto, la regla de decisión es muy sencilla: aceptar A si el rendimiento requerido es inferior al 10.61%, aceptar B si el rendimiento requerido se encuentra entre el 10.61 y el 32.37% (la TIR de B) y no aceptar ninguna de las dos alternativas si el rendimiento requerido supera el 32.37%.

7.3 En este caso, es necesario calcular la razón de la utilidad neta promedio al valor en libros promedio para obtener el RCP. La utilidad neta promedio es:

Utilidad neta promedio = ($1,000 + 2,000 + 4,000)/3 = $2,333.33

El valor en libros promedio es:

Valor en libros promedio = $9,000/2 = $4,500

Por tanto, el rendimiento contable promedio es de:

RCP = $2,333.33/4,500 = **51.85%**

Se trata de un rendimiento impresionante. Sin embargo, recuerde que no es en realidad una tasa de rendimiento, como lo es una tasa de interés o una TIR, por lo que su magnitud no nos dice mucho. En particular, es lamentable decir que no es probable que el dinero aquí invertido crezca al 51.85% anual.

Preguntas y problemas

1. **Cálculo de la recuperación de la inversión**   Una inversión ofrece $200 anuales durante 10 años. ¿Cuál es la recuperación si la inversión cuesta $1,000? ¿Si cuesta $1,500? ¿Si cuesta $2,500?

2. **Cálculo de la recuperación de la inversión**   Examine los siguientes flujos de efectivo para dos inversiones:

Año	Inversión A	Inversión B
0	−$100	−$100
1	52	41
2	63	55
3	77	110

¿Cuáles son las recuperaciones de las dos inversiones? Si para aceptar una inversión se requiere una recuperación de dos años, ¿cuál de estas dos es aceptable? ¿Es ésta necesariamente la mejor inversión? Explique su respuesta.

3. **Cálculo del VPN**   En la pregunta anterior, ¿cuál de las dos inversiones es la mejor si se requiere un rendimiento del 5%?

4. **Cálculo de la TIR**   Calcule la tasa interna de rendimiento de un proyecto con flujos de efectivo de:

Tiempo	Flujo de efectivo
0	−$100.0
1	720.0
2	57.6

5. **Recuperación de la inversión**   Suponga que una inversión paga $100 anuales y cuesta $600. ¿Cuántos años se necesitan para recuperar la inversión? Si la tasa de

descuento es del 5%, ¿cuál es la recuperación descontada? ¿Si la tasa de descuento es del 20%? ¿Resulta afectado el período de recuperación por tasas de descuento diferentes?

6. **Intuición de la recuperación de la inversión**   Si un proyecto tiene flujos de efectivo convencionales, ¿la recuperación descontada es siempre inferior a la recuperación simple? Explique su respuesta.

7. **Intuición de la recuperación de la inversión**   Si un proyecto tiene flujos de efectivo convencionales y una recuperación descontada que es inferior a la vida del proyecto, ¿qué se concluye sobre su VPN? Explique su respuesta.

8. **Técnicas presupuestales y sus relaciones**   Si un proyecto tiene flujos de efectivo convencionales y un VPN positivo, ¿qué se conoce sobre la recuperación de la inversión? ¿Sobre la recuperación descontada de la inversión? ¿Sobre su razón beneficio/costo? ¿Sobre su TIR? Explique su respuesta.

9. **TIR**   Calcule la tasa interna de rendimiento de un proyecto con los siguientes flujos de efectivo:

Tiempo	Flujo de efectivo
0	−$1,200
1	1,100
2	242

10. **TIR versus VPN**   Examine los siguientes flujos de efectivo para dos inversiones mutuamente excluyentes:

	C_0	C_1	C_2
Proyecto A	−$100	$80	$ 90
Proyecto B	− 100	70	102

¿Para qué rango de tasas de descuento es mejor el proyecto A? Muestre su respuesta con un perfil del VPN.

11. **Problemas con TIR**   Calcule las tasas internas de rendimiento (mediante la prueba y el error) para las siguientes series de flujos de efectivo:

Año	Serie A	Serie B
0	−$100	−$100
1	100	0
2	200	100
3	−100	200

12. **TIR versus VPN**   El señor Polly Femus, presidente de Monocle Enterprises, está evaluando dos inversiones mutuamente excluyentes:

	Flujos de efectivo		
	C_0	C_1	C_2
Proyecto A	−$400	$241	$293
Proyecto B	− 200	131	172

Determine la TIR para cada una de las inversiones. Si el señor Femus selecciona el proyecto con la TIR más alta, ¿en qué circunstancias será incorrecta esta elección? ¿A qué tasa de descuento le resultaría indiferente al señor Femus aceptar cualquiera de los dos proyectos?

13. **Problemas con TIR**   Calcule la tasa interna de rendimiento (mediante la prueba y el error) para los siguientes flujos de efectivo:

	Flujos de efectivo	
Año	A	B
0	−$200	−$150
1	200	50
2	800	100
3	−800	100

14. **Cálculo del RCP**   Se está evaluando un proyecto a cuatro años con una utilidad neta proyectada de $2,133 en el año 1, $2,455 en el año 2, $3,241 en el año 3 y $3,566 en el año 4. El costo de $10,000 se depreciará en línea recta hasta llegar a cero durante la vida del proyecto de cuatro años. ¿Cuál es el rendimiento contable promedio (RCP)?

15. **RCP**   Examine la siguiente información resumida de un estado financiero proyectado para un nuevo proyecto propuesto:

	Año 0	Año 1	Año 2	Año 3	Año 4
Valor bruto en libros	$160				
Menos: depreciación acumulada	0				
Valor neto en libros	$160	$	$	$	$ 0
Ventas		74	67	91	90
Costos		50	43	45	49
Depreciación					
Impuestos (34%)					
Utilidad neta		$	$	$	$

Proporcione la información que falta, suponiendo que la inversión se deprecia hasta cero con el método de la línea recta. Suponga que se produce un crédito fiscal cuando el ingreso gravable es negativo. ¿Cuál es el rendimiento contable promedio (RCP)? ¿Cómo se interpreta esta cifra?

16. **VPN versus la tasa de descuento**   Una inversión tiene un costo total de instalación de $5,346. Los flujos de efectivo durante la vida de cuatro años de la inversión se proyecta que sean de $1,459, $2,012, $2,234 y $1,005. Si la tasa de descuento es de cero, ¿cuál es el VPN? Si la tasa de descuento es infinita, ¿cuál es el VPN? ¿Cuál es la TIR de la inversión? De acuerdo con estos tres puntos, establezca el perfil del VPN.

17. Cálculo de la recuperación de la inversión   Se está examinando la siguiente inversión a tres años:

Tiempo	Flujo de efectivo
0	−$100
1	50
2	40
3	60

Complete la tabla siguiente suponiendo un rendimiento requerido de 12%:

Año	*Flujo de efectivo*		*Flujo de efectivo acumulado*	
	Sin descontar	Descontado	Sin descontar	Descontado
1	$	$	$	$
2				
3				

a. ¿Cuál es la recuperación de la inversión, redondeándola al año siguiente completo? ¿Cuál es la recuperación si se utilizan fracciones de año? ¿Qué es lo que se espera de los flujos de efectivo cuando se calcula el año fraccionado?

b. ¿Cuál es la recuperación descontada de la inversión? No calcule fracciones de año.

c. ¿Cuál es el VPN de esta inversión si el rendimiento requerido es del 14%?

18. Cálculo del VPN y la TIR   Examine los siguientes flujos de efectivo de dos inversiones:

Año	Inversión A	Inversión B
0	−$100	−$100
1	44	69
2	56	51
3	65	32

a. El rendimiento requerido es del 15%. Las inversiones no son mutuamente excluyentes. Calcule el VPN y la TIR de ambos. ¿Son deseables?

b. Suponga ahora que desea combinar las dos inversiones en una sola inversión C. Calcule los flujos de efectivo combinados. ¿Cuál es el VPN de C? ¿Cómo se relaciona este VPN con los VPN de A y B considerados por separado? Con base a la respuesta, ¿hay un método abreviado obvio que se pudiera haber utilizado para calcular el VPN de C?

c. Tomando como base los flujos de efectivo combinados, calcule la TIR de la inversión C. ¿Cómo se relaciona la respuesta con las TIR de A y de B? ¿Existe algún método abreviado obvio que se pudiera haber usado?

19. Selección de proyectos utilizando diversas técnicas   Examine los siguientes flujos de efectivo de dos inversiones mutuamente excluyentes:

Año	Inversión A	Inversión B
0	–$100	–$100
1	40	60
2	60	60
3	90	60

a. Tomando como base los períodos de recuperación de la inversión, ¿cuál de éstas sería preferible?

b. Establezca los perfiles del VPN de ambas inversiones. ¿En qué rango se prefiere la inversión A?

c. Determine las TIR de las dos inversiones y muéstrelas en la gráfica.

d. Determine el punto exacto de intersección y señálelo en la gráfica.

e. Suponga que el rendimiento requerido es del 8%. ¿Cuál de estas inversiones es preferible?

20. Aplicaciones de diversas técnicas   The Voltar Co. posee 140 acres de una propiedad de primera clase frente al mar. Está estudiando varias opciones diferentes de urbanización. Una opción es un hotel y un conjunto recreativo (opción A). También se está estudiando la opción de una urbanización más cara de múltiples hoteles y un parque de diversiones (opción B). Se proyecta que los flujos de efectivo (en millones de unidades monetarias) para las dos opciones sean:

Año	Opción A	Opción B
0	–$ 600	–$ 800
1	– 40	– 60
2	95	175
3	203	210
4	245	270
5	290	375
6	1,240	1,510

a. ¿Cuál es la recuperación de la inversión de la opción A? ¿De la opción B?

b. Suponiendo un rendimiento requerido del 20%, ¿cuáles son los índices de rentabilidad o razones beneficio/costo de los proyectos? ¿Cómo se interpretan?

c. ¿Los criterios del índice de rentabilidad y del VPN clasifican siempre los proyectos de la misma forma? ¿Por qué sí o por qué no? ¿Cuál de estos dos proyectos es preferible suponiendo de nuevo una tasa de descuento del 20%?

21. Intuición del VPN   Los proyectos A y B tienen el mismo costo y ambos presentan flujos de efectivo convencionales. Los flujos de entrada de efectivo totales de A (sin descontar) son de $400. El total para B es de $360. La TIR de A es del 20%. La TIR de B es del 18%. ¿Qué se puede deducir sobre los VPN de los proyectos A y B? ¿Qué se conoce sobre la tasa del punto de intersección?

22. Problemas con la TIR   Examine los siguientes flujos de efectivo. ¿Cuál es la TIR? Si el rendimiento requerido es del 30%, ¿se debe aceptar esta inversión? ¿Cuál es el VPN al 30%? ¿Qué sucede en este caso? Dibuje el perfil de VPN. ¿Cuándo se debe llevar a cabo esta inversión? Interprete la respuesta.

Tiempo	Flujo de efectivo
0	$100
1	− 50
2	− 50
3	− 50

23. Recuperación y TIR   Un proyecto tiene flujos de efectivo perpetuos de $C por período, un costo de $I y un rendimiento requerido de r. ¿Cuál es la relación entre su recuperación de la inversión y su TIR? ¿Qué implicaciones tiene esta respuesta para proyectos de larga duración con flujos de efectivo relativamente constantes?

24. VPN y el índice de rentabilidad   Si se define el índice VPN como la razón del VPN al costo, ¿cuál es la relación entre este índice y el índice de rentabilidad?

25. Recuperación y VPN   Éste es un problema de reto. Una inversión bajo estudio tiene una recuperación de la inversión a cinco años y un costo de $1,200. Si el rendimiento requerido es del 20%, ¿cuál es el VPN en el peor de los casos? Explique su respuesta.

26. Múltiples TIR   Éste es un problema de reto que también es útil para probar los programas de computación. Examine los siguientes flujos de efectivo. ¿Cuántas TIR pueden existir en este caso? ¿Cuántas hay (sugerencia: busque entre el 20 y el 70%)? ¿Cuándo se debe aceptar este proyecto?

Tiempo	Flujo de efectivo
0	−$ 252
1	1,431
2	− 3,035
3	2,850
4	− 1,000

Lecturas sugeridas

Para un tratamiento de las técnicas de presupuesto de capital utilizadas por grandes empresas, véanse:

Bierman, Harold, *Implementing Capital Budgeting Techniques*, Ed. rev. The Institutional Investor Series in Finance and Financial Management Association Survey and Synthesis Series. Cambridge, Mass.: Ballinger Publishing Company, 1988.

Schall, L. y Sundem, C., «Capital Budgeting Methods and Risk: A Further Analysis», *Financial Management* 9, primavera de 1980, págs. 7-11.

Capítulo 8

Toma de decisiones en proyectos de inversión

Hasta ahora, se han estudiado diferentes partes relativas a la decisión del presupuesto de capital. En este capítulo, la tarea consiste en comenzar a integrar dichas partes. Se mostrará en particular cómo «analizar los números» de una inversión o proyecto propuesto y, de acuerdo al resultado del análisis, se realizará una evaluación inicial para decidir si se debe o no implementar el proyecto.

En el estudio que se presenta a continuación, la atención se centra en el proceso de establecer un análisis de flujo de efectivo descontado. Con base al material estudiado en el último capítulo, se sabe que la proyección de los flujos de efectivo futuros es el elemento fundamental en este tipo de evaluación. Por consiguiente, se enfatiza en el hecho de trabajar con información financiera y contable para obtener estos flujos de efectivo.

Al evaluar un proyecto de inversión, se presta atención especial al hecho de saber qué información es relevante para la decisión y qué información no lo es. Como se observará, es fácil ignorar piezas importantes del rompecabezas denominado presupuesto de capital.

Se diferirá hasta el siguiente capítulo la descripción detallada de cómo evaluar los resultados del análisis de flujo de efectivo descontado. También, cuando sea necesario, se supondrá que se conoce el rendimiento requerido o tasa de descuento relevante. El estudio se diferirá de este tema hasta la parte cinco.

8.1 FLUJOS DE EFECTIVO DEL PROYECTO: UNA VISIÓN INICIAL

El efecto de realizar un proyecto consiste en modificar los flujos de efectivo globales presentes y futuros de la empresa. Para evaluar una inversión propuesta, deben cuantificarse estos cambios en los flujos de efectivo de la empresa y determinar si agregan o no valor a la empresa. Por consiguiente, el primer paso (y el más importante) es identificar qué flujos de efectivo son relevantes y cuáles no lo son.

Flujos de efectivo relevantes

¿Cuál es un flujo de efectivo relevante de un proyecto? El principio general es muy sencillo: un flujo de efectivo relevante de un proyecto es un cambio en el flujo de efectivo futuro global de la empresa como consecuencia directa de la decisión de realizar ese proyecto.

Debido a que los flujos de efectivo relevantes se definen en términos de cambios o incrementos en el flujo de efectivo existente de la empresa, se les denomina **flujos de efectivo incrementales** asociados con el proyecto.

El concepto de flujo de efectivo incremental es esencial para el análisis de un proyecto, por lo que se presentará una definición general y se volverá a consultar con posterioridad, según sea necesario:

> Los flujos de efectivo incrementales en la evaluación de un proyecto se deben a *cualquier* cambio en los flujos de efectivo futuros de la empresa que sea consecuencia directa de la realización del proyecto.

Esta definición de los flujos de efectivo incrementales tiene un corolario obvio e importante: Cualquier flujo de efectivo que ocurra, independientemente de la realización o no de un proyecto, *no* es relevante.

flujos de efectivo incrementales
La diferencia que existe entre los flujos de efectivo futuros de una empresa con un proyecto y los flujos de efectivo futuros sin dicho proyecto.

El principio de independencia

En la práctica, sería muy complicado efectuar el cálculo de los flujos de efectivo futuros totales de la empresa considerando la realización del proyecto y la no realización del mismo, sobre todo en el caso de una empresa grande. Afortunadamente, no es necesario hacerlo. Una vez que se identifica el efecto sobre los flujos de efectivo de la empresa derivado de llevar a cabo el proyecto propuesto, sólo es necesario considerar los flujos de efectivo incrementales que son resultantes del mismo. Esto se denomina **principio de independencia**.

Lo que expresa el principio de independencia es que, una vez determinados los flujos de efectivo incrementales derivados de la realización de un proyecto, se puede considerar al proyecto como una especie de «miniempresa», con sus propios ingresos y costos futuros, sus propios activos y, por supuesto, sus propios flujos de efectivo. Por tanto, el aspecto principal será comparar los flujos de efectivo derivados de esta miniempresa con el costo de adquirirla.

Una consecuencia importante de este enfoque es que se estará evaluando el proyecto propuesto con base únicamente a sus propios méritos, con independencia de otras actividades o proyectos.

principio de independencia
Evaluación de un proyecto que tiene como base los flujos de efectivo incrementales del proyecto.

PREGUNTAS SOBRE CONCEPTOS

8.1a ¿Cuáles son los flujos de efectivo incrementales relevantes para la evaluación de proyectos?

8.1b ¿Cuál es el principio de independencia?

8.2 | FLUJOS DE EFECTIVO INCREMENTALES

Sólo se consideran aquí los flujos de efectivo incrementales derivados de un proyecto. Regresando a la definición general, parece ser muy fácil decidir si un flujo de efectivo es incremental o no. A pesar de ello, existen algunos casos en los que es fácil cometer errores. En esta sección se describen algunos peligros habituales y cómo evitarlos.

Costos «hundidos»

costo «hundido»
Un costo en el que ya se ha incurrido y que no se puede eliminar, por lo que no se debe tomar en cuenta en una decisión de inversión.

Por definición, un «**costo hundido**» es un costo que ya se ha pagado o que ya se ha establecido la obligación de pagarlo. Este costo no se verá alterado por la decisión que se tome en el momento de aceptar o rechazar un proyecto. Dicho de otra forma, la empresa tendrá que pagar este costo sin importar lo que ocurra con el proyecto. De acuerdo con la definición general del flujo de efectivo incremental, este tipo de costo no es relevante para la decisión que se va a tomar. Por tanto, siempre se tendrá cuidado de excluir del análisis los costos «hundidos».

Por lo que se ha estudiado, parece obvio que un costo «hundido» no es relevante. A pesar de ello, es fácil ser presa de la falacia del costo «hundido». Por ejemplo, supongamos que General Milk Company contrata a un consultor financiero para que ayude a evaluar si se debe o no lanzar al mercado una línea de leche con chocolate. Cuando el consultor entrega su informe, General Milk objeta el análisis porque el consultor no incluyó los altos honorarios de consultoría como un costo del proyecto de la leche con chocolate.

¿Quién está en lo correcto? A estas alturas, ya sabemos que los honorarios de consultoría son un costo «hundido», ya que tienen que pagarse, con independencia de que la línea de leche con chocolate se introduzca o no en el mercado (ésta es una característica atractiva del negocio de consultoría).

Costos de oportunidad

costo de oportunidad
La alternativa más valiosa a la que se renuncia si se lleva a cabo una inversión en particular.

Cuando se piensa en costos, se suele pensar en costos efectivamente desembolsados, es decir, en los que hay que gastar realmente alguna cantidad de efectivo. Un **costo de oportunidad** es un tanto diferente; requiere renunciar a un beneficio. Se presenta una situación de este tipo cuando una empresa ya posee algunos de los activos que utilizará en un proyecto propuesto. Por ejemplo, se podría pensar en convertir una vieja fábrica rústica de algodón, que se compró hace años por $100,000, en condominios «de lujo».

Si se lleva a cabo este proyecto, no habrá un flujo de efectivo directo relacionado con la compra de la vieja fábrica, puesto que ya se posee. A efectos de evaluar el proyecto de condominios, ¿se debe considerar a la fábrica como «gratuita»? La respuesta es no. La fábrica es un recurso valioso utilizado en el proyecto. Si no se utilizara en este caso, se podría hacer algo más con ella. ¿Cómo qué? La respuesta obvia es que, como mínimo, puede venderse. Por consiguiente, el usar la fábrica para el conjunto de condominios tiene un costo de oportunidad: se renuncia a la oportunidad de hacer alguna otra cosa con ella.[1]

---

[1]En ocasiones, los economistas utilizan las siglas «TANSTAAFL», que es la abreviación de «There ain't no such thing as a free lunch» (No existe una cosa tal como una comida gratis), para describir el hecho de que sólo en muy raras ocasiones algo es verdaderamente gratis.

En este caso, existe otro asunto. Una vez que se está de acuerdo en que el uso de la fábrica tiene un costo de oportunidad, ¿cuánto se le debe cargar por ella al proyecto de los condominios? Conociendo que se pagaron $100,000 por la fábrica, podría parecer que se debe cargar este importe al proyecto. ¿Es correcto esto? La respuesta es no y la razón se basa en el estudio relacionado con los costos «hundidos».

El hecho de que hace algunos años se pagaran $100,000 no tiene relevancia alguna. Éste es un costo «hundido». Como mínimo, el costo de oportunidad que se carga al proyecto es el importe en el que se podría vender hoy la fábrica (después de deducir cualquier costo de venta), porque éste es el importe al que se renuncia al usarla en vez de venderla.[2]

Efectos colaterales

Recuérdese que los flujos de efectivo incrementales de un proyecto incluyen todos los cambios que afectan a los flujos de efectivo futuros *de la empresa*. No sería nada raro que un proyecto tuviera efectos colaterales o de «cascada», tanto buenos como malos. Por ejemplo, si Innovative Motors Company (IMC) lanza un nuevo automóvil al mercado, algunas de las ventas podrían hacerse a expensas de otros automóviles de la propia IMC. A esto se le denomina **erosión** y el mismo problema podría tenerlo cualquier productor o vendedor de líneas múltiples de productos de consumo.[3] En este caso, los flujos de efectivo derivados de la nueva línea deben ajustarse mediante una reducción que refleje las posibles ganancias no generadas por las líneas.

Al tomar en cuenta los efectos de erosión, es importante reconocer que las ventas que se pierden como resultado del lanzamiento de un nuevo producto al mercado podrían perderse de cualquier forma debido a competencia futura. La erosión sólo es relevante cuando las ventas no se perdieran de ninguna manera.

erosión
Flujos de efectivo de un nuevo proyecto que se generan a expensas de proyectos ya existentes de la empresa.

Capital de trabajo neto

Un proyecto requerirá normalmente que la empresa invierta en capital de trabajo neto, además de invertir en activos a largo plazo. Por ejemplo, un proyecto requerirá por lo general contar con cierta cantidad de efectivo disponible para pagar cualquier gasto que se presente. Además, el proyecto necesitará de una inversión inicial en inventarios y cuentas por cobrar (para cubrir las ventas a crédito). Parte de estos conceptos se financiarían con adeudos a proveedores (cuentas por pagar), pero la empresa tendrá que aportar la diferencia. Este saldo representa la inversión en capital de trabajo neto.

Es fácil pasar por alto una característica importante del capital de trabajo neto al formular los presupuestos de capital. Al finalizar un proyecto, se venden las existencias en inventario, se cobran las cuentas por cobrar, se liquidan las cuentas pendientes por pagar y se disminuyen los saldos de efectivo. Estas actividades liberan el capital de trabajo neto que se invirtió originalmente. Por tanto, la inversión de la empresa en capital de trabajo neto del proyecto se parece mucho a un préstamo. La empresa suministra capital de trabajo al principio y lo recupera hacia el final de la vida del proyecto.

---

[2] Si el activo de que se trata es algo único, el costo de oportunidad podría ser más alto debido a que quizá existan otros proyectos valiosos que se podrían implementar y que utilizarían dicho activo. Sin embargo, si el activo de que se trata es de un tipo que se compra y se vende de forma rutinaria (p. ej., un automóvil usado), el costo de oportunidad siempre es el costo actual en el mercado, ya que ése es el costo de comprar otro automóvil usado.

[3] De un modo más pintoresco, a la erosión se la denomina en ocasiones *piratería* o *canibalismo*.

Costos de financiamiento

Al analizar una inversión propuesta, *no* se incluirán los intereses pagados o cualquier otro costo de financiamiento, como es el caso de los dividendos o del principal que se liquide, debido a que estamos interesados en el flujo de efectivo generado por los activos del proyecto. Como se mencionó en el capítulo 2, los intereses pagados, por ejemplo, son un elemento del flujo de efectivo a los acreedores, no un flujo de efectivo derivado de activos.

De forma más general, el objetivo de la evaluación de proyectos es comparar el flujo de efectivo generado por un proyecto con el costo de adquirir dicho proyecto, con el fin de estimar su VPN. La mezcla particular de deuda y capital que decida realmente utilizar la empresa para financiar el proyecto es una variable administrativa y determina, principalmente, cómo se dividen el flujo de efectivo del proyecto, los propietarios y los acreedores. Esto no significa que la estructura de financiamiento no sea importante, sólo se trata de algo que debe analizarse por separado. En capítulos posteriores se estudiará este tema.

Consideraciones adicionales

Existen otros aspectos que también se deben considerar. Primero, sólo interesa cuantificar el flujo de efectivo. Más aún, el propósito es medir el flujo de efectivo cuando realmente ocurre, no cuando se acumula en un sentido contable. Segundo, el propósito siempre se centra en el flujo de efectivo *después de impuestos*, ya que los impuestos son definitivamente una salida de efectivo. De hecho, cada vez que se identifiquen *flujos de efectivo incrementales* se estará haciendo referencia a flujos de efectivo incrementales después de impuestos. Sin embargo, recuérdese que el flujo de efectivo después de impuestos y la utilidad contable o utilidad neta son conceptos completamente diferentes.

⌐ **PREGUNTAS SOBRE CONCEPTOS**

8.2a ¿Qué es un costo «hundido»? ¿Qué es costo de oportunidad?
8.2b Explique qué es la erosión y por qué es importante.
8.2c Explique por qué los intereses pagados no constituyen un flujo de efectivo relevante para la evaluación de proyectos.

8.3 | ESTADOS FINANCIEROS PROFORMA Y FLUJOS DE EFECTIVO DEL PROYECTO

Al iniciar la evaluación de una inversión propuesta, lo primero que se necesita es un conjunto de estados financieros proforma o proyectados. A partir de ellos, se pueden desarrollar los flujos de efectivo provenientes del proyecto. Una vez que se tienen los flujos de efectivo, se puede estimar el valor del proyecto usando las técnicas descritas en el capítulo anterior.

estados financieros proforma
Estados financieros que proyectan operaciones en años futuros.

Inicio: estados financieros proforma

Los **estados financieros proforma** son un medio conveniente y fácil de comprender cómo se puede resumir gran parte de la información relevante de un proyecto. Para preparar

Ventas (50,000 unidades a $4.00/unidad)	$200,000
Costos variables ($2.50/unidad)	125,000
	$ 75,000
Costos fijos	$ 12,000
Depreciación ($90,000/3)	30,000
UAII	$ 33,000
Impuestos (34%)	11,220
Utilidad neta	$ 21,780

Tabla 8.1

Estado de resultados destinado para el proyecto del producto para atraer **«tiburones»**

	Año				
	0	1	2	3
Capital de trabajo neto	$ 20,000	$20,000	$20,000	$20,000
Activo fijo neto	90,000	60,000	30,000	0
Inversión total	$110,000	$80,000	$50,000	$20,000

Tabla 8.2

Requerimientos de capital utilizados para el proyecto del producto para atraer **«tiburones»**

estos estados, será necesario estimar parámetros como las ventas en unidades, el precio de venta unitario, el costo variable unitario y los costos fijos totales. También habrá que conocer la inversión total requerida, incluyendo cualquier inversión en capital de trabajo neto.

Como ejemplo, supongamos que se pueden vender cada año 50,000 latas de un producto para atraer tiburones a un precio de $4.00 la lata. El costo aproximado del producto es de $2.50 por lata y un nuevo producto de este tipo sólo suele tener una vida de tres años (quizá porque la base de clientes disminuye rápidamente). En el caso de los nuevos productos, se requiere un rendimiento del 20%.

Los costos fijos del proyecto, incluyendo conceptos como el alquiler de las instalaciones de fabricación, sumarán $12,000 anuales.[4] Más aún, se necesitará invertir un total de $90,000 en equipo de producción. Para mayor sencillez, se supondrá que este importe de $90,000 se depreciará al 100% durante los tres años de vida del proyecto.[5] Más aún, el costo de retirar el equipo en tres años será aproximadamente igual a su valor de venta en dicho momento, por lo que en esencia no tendrá valor de mercado, una vez restado al valor de venta el costo de retiro. Por último, el proyecto requerirá una inversión inicial de $20,000 en capital de trabajo neto. Como es habitual, la tasa de impuestos es del 34%.

En la tabla 8.1 se organizan estas proyecciones iniciales preparando primero el estado de resultados proforma. De nuevo, obsérvese que *no* se han deducido los gastos por concepto de intereses. Esto siempre será así. Como se describió previamente, el interés pagado es un gasto financiero, no un elemento del flujo de efectivo operativo.

---

[4]Por costo fijo se entiende literalmente una salida de efectivo que se producirá con independencia del nivel de ventas. Esto no debe confundirse con algún tipo de cargo contable del período.

[5]También se supondrá que en el primer año se puede aprovechar la depreciación del año completo.

También se pueden preparar una serie de balances generales resumidos que muestren las necesidades de capital para el proyecto, como se ha hecho en la tabla 8.2. En este caso, se tiene un capital de trabajo neto de $20,000 cada año. El total de los activos fijos es de $90,000 al comienzo de la vida del proyecto (año 0) y disminuyen cada año en $30,000 por la depreciación, terminando así en cero. Obsérvese que la inversión total que se presenta en los balances para los años futuros es el valor total en libros, o valor contable, no el valor de mercado.

En este punto se requiere convertir esta información contable en flujos de efectivo. A continuación, se estudiará cómo hacerlo.

Flujos de efectivo del proyecto

Para determinar los flujos de efectivo de un proyecto, es necesario recordar (del capítulo 2) que el flujo de efectivo derivado de activos tiene tres elementos: el flujo de efectivo operativo, los gastos de capital y los cambios al capital de trabajo neto. Para evaluar un proyecto o «miniempresa», es necesario obtener estimaciones de cada uno de estos elementos.

Una vez que se tienen las estimaciones de los elementos del flujo de efectivo, se calculará el flujo de efectivo para la «miniempresa» como se hizo en el capítulo 2 para la empresa en su totalidad:

Flujo de efectivo del proyecto = Flujo de efectivo operativo del proyecto

− Aumentos al capital de trabajo neto del proyecto

− Gastos de capital del proyecto

Estos elementos se examinarán a continuación.

Flujo de efectivo operativo del proyecto Para determinar el flujo de efectivo operativo asociado con un proyecto, primero es necesario recordar la definición del flujo de efectivo operativo:

Flujo de efectivo operativo = Utilidades antes de intereses e impuestos (UAII)

+ Depreciación

− Impuestos

Tabla 8.3		
Estado de resultados destinado para el proyecto del producto para atraer **«tiburones»**	Ventas	$200,000
	Costos variables	125,000
	Costos fijos	12,000
	Depreciación	**30,000**
	Utilidad antes de intereses e impuestos (UAII)	$ 33,000
	Impuestos (34%)	$ 11,220
	Utilidad neta	$ 21,780

UAII	$ 33,000	**Tabla 8.4**
Depreciación	+ 30,000	Flujo de efectivo operativo
Impuestos	– 11.220	para el proyecto del
Flujo de efectivo operativo	**$ 51,780**	producto para atraer «tiburones»

		Año			**Tabla 8.5**
	0	1	2	3	Flujos de efectivo totales
Flujo de efectivo operativo		$51,780	$51,780	$51,780	para el proyecto del
Aumentos al CTN	– $ 20,000			+ 20,000	producto para atraer
Gastos de capital	– 90,000				«tiburones»
Flujo de efectivo total del proyecto	**– $110,000**	**$51,780**	**$51,780**	**$71,780**	

Para mostrar el procedimiento de cálculo del flujo de efectivo operativo, se utilizará la información destinada al proyecto del producto para atraer «tiburones». Para facilitar la consulta, se repite en la tabla 8.3 el estado de resultados.

Al contar con el estado de resultados de la tabla 8.3, el cálculo del flujo de efectivo operativo es directo. Como se observa en la tabla 8.4, el flujo de efectivo operativo destinado al proyecto del producto para atraer «tiburones» es de **$51,780**.

Capital de trabajo neto del proyecto y gastos de capital   Es preciso determinar a continuación los requerimientos de los activos fijos y del capital de trabajo neto. De acuerdo con los balances generales anteriormente presentados, la empresa tiene que incurrir en un desembolso inicial de $90,000 en activos fijos e invertir $20,000 adicionales en capital de trabajo neto. Por tanto, la salida inmediata de efectivo es de $110,000. Al final de la vida del proyecto, los activos fijos no tienen valor alguno, pero la empresa recuperará los $20,000 que tenía comprometidos en capital de trabajo.[6] Esto conducirá a una *entrada de efectivo* de $20,000 en el último año.

A un nivel puramente mecánico, obsérvese que cada vez que se tenga una inversión en capital de trabajo neto, se tiene que recuperar esa misma inversión; en otras palabras, es necesario que aparezca el mismo monto con signo opuesto.

Proyección del flujo de efectivo total y del valor

Con la información que se ha acumulado, es posible concluir el análisis preliminar del flujo de efectivo, como se muestra en la tabla 8.5.

---

[6]En realidad, es probable que la empresa recupere algo menos del 100% de esta cantidad, debido a las cuentas incobrables, las pérdidas en inventarios, etc. Si quisiera hacerse así, se podría suponer que, por ejemplo, sólo se recuperó el 90% y continuar a partir de este supuesto.

Ahora que se tienen proyecciones del flujo de efectivo, nos es posible aplicar los diversos criterios que se estudiaron en el capítulo previo. El VPN, al rendimiento requerido del 20%, es:

$$VPN = -\$110,000 + \$51,780/1.2 + \$51,780/1.2^2 + \$71,780/1.2^3$$
$$= \$10,648$$

Por tanto, sobre la base de estas proyecciones, el proyecto crea valor en exceso de $10,000 y debería aceptarse. También es obvio que el rendimiento de esta inversión excede del 20% (puesto que el VPN es positivo al 20%). Después de algunas aproximaciones mediante prueba y error, se observa que la TIR se posiciona alrededor del 25.8%.

Además, si es necesario, se podría continuar adelante y calcular el período de recuperación de la inversión y el rendimiento contable promedio (RCP). El examen de los flujos de efectivo muestra que el período de recuperación de la inversión de este proyecto se encuentra algo arriba de los dos años (verifique que es aproximadamente de 2.1 años).[7]

De acuerdo con lo estudiado en el último capítulo, el RCP es la utilidad neta promedio dividida entre el valor en libros promedio. La utilidad neta de cada año es de $21,780. El promedio (en miles) de los cuatro valores en libros (tomados de la tabla 8.2) para la inversión total es de ($110 + 80 + 50 + 20)/4 = $65, por lo que el RCP es de $21,780/65,000 = 33.51%.[8] Ya se ha establecido que el rendimiento sobre esta inversión (el TIR) es aproximadamente del 26%. El hecho de que el RCP sea mayor, muestra otra vez por qué el RCP no puede considerarse realmente como el rendimiento de un proyecto.

PREGUNTAS SOBRE CONCEPTOS

8.3a ¿Cuál es la definición de flujo de efectivo operativo del proyecto? ¿Cómo difiere éste de la utilidad neta?

8.3b En el proyecto del producto para atraer tiburones, ¿por qué en el último año se consideró de nuevo la inversión en capital de trabajo neto de la empresa?

8.4 CONSIDERACIONES ADICIONALES SOBRE EL FLUJO DE EFECTIVO DEL PROYECTO

En esta sección se estudian de forma más detallada algunos aspectos del flujo de efectivo del proyecto. Se estudia en especial el capital de trabajo neto del proyecto. Se examina a continuación la legislación fiscal vigente en Estados Unidos con respecto a la depreciación. Por último, se resuelve un ejemplo más complejo de la decisión de inversión de capital.

---

[7]En este caso, somos culpables de una inconsistencia de poca importancia. Al calcular el VPN y la TIR, se supuso que todos los flujos de efectivo ocurrían al final del año cero. Cuando se calculó la recuperación de la inversión, se supuso que el flujo de efectivo ocurría durante todo el año, de un modo uniforme.

[8]Obsérvese que el valor en libros total promedio no es en realidad el total inicial de $110,000 dividido entre 2. La razón es que los $20,000 de capital de trabajo no se «deprecian».

En sus propias palabras...

Sobre la elaboración de presupuestos de capital en Hershey Foods Corporation, por Samuel Weaver

El programa de inversión de capital en Hershey Foods Corporation y en la mayor parte de las 500/1,000 compañías de la revista *Fortune* incluye un enfoque de tres fases: planeación/presupuestación, evaluación y revisiones posteriores a la terminación del proyecto.

La primera fase incluye la identificación de proyectos probables al momento de la planeación estratégica. Éstos se seleccionan para respaldar los objetivos estratégicos de la corporación. Por lo general, esta identificación es amplia en su alcance y se realiza una evaluación financiera mínima. Conforme el proceso de planeación centra su atención de forma más detallada sobre los planes a corto plazo, se revisan con mayor rigor los gastos de capital más importantes. Se analizan más estrechamente los costos del proyecto y quizá se reconsideren proyectos específicos.

Después se revisan y autorizan individualmente cada uno de los proyectos. El programa de inversión de capital en Hershey Foods se basa en la planeación, el desarrollo y el ajuste de los flujos de efectivo. Una vez determinados los flujos de efectivo, ya es algo rutinario la aplicación de técnicas de evaluación de proyectos, como el valor presente neto, la tasa interna de rendimiento y el período de recuperación de la inversión. La presentación de los resultados se mejora utilizando el análisis de sensibilidad, que desempeña un papel importante para la administración en la evaluación de supuestos críticos y sus repercusiones.

La fase final se relaciona con las revisiones posteriores a la terminación del proyecto, en las que se comparan los pronósticos originales del desempeño del proyecto con los resultados reales y/o las expectativas revisadas.

El análisis de los gastos de capital es tan bueno como buenas sean las suposiciones en las que se basa el proyecto. La vieja frase gastada de «GIGO» (Garbage In, Garbage Out: Basura Entra, Basura Sale) se aplica en este caso. Los flujos de efectivo incrementales son en esencia el resultado de ventas incrementales o de mejorías de los márgenes de utilidad (ahorros en costos). En su mayor parte, se pueden identificar rangos de flujos de efectivo incrementales derivados de la investigación de mercados o de los estudios de ingeniería. Sin embargo, en algunos proyectos, la identificación correcta de las implicaciones y de los flujos de efectivo importantes representa un reto analítico. Por ejemplo, cuando se lanza un nuevo producto al mercado y se espera que produzca ventas por millones de dólares, el análisis apropiado se centra sólo en las ventas incrementales, después de tomar en cuenta la «canibalización» sobre productos ya existentes.

Uno de los problemas a los que nos enfrentamos en Hershey Foods se relaciona con la aplicación del valor presente neto (VPN) contra la tasa interna de rendimiento (TIR). VPN proporciona la indicación de inversión correcta cuando se trata de alternativas mutuamente excluyentes. Sin embargo, en ocasiones a los responsables de tomar decisiones a todos los niveles de la organización les resulta difícil comprender el resultado. Específicamente, se necesita interpretar un VPN de, por ejemplo, $535,000. No es suficiente conocer que el VPN es positivo o incluso más positivo que alguna otra alternativa. Los responsables de tomar decisiones buscan un nivel de «comodidad» sobre lo rentable que es la inversión al relacionarla con otros estándares.

A pesar de que la TIR puede proporcionar una indicación engañosa sobre el proyecto a seleccionar, el resultado que proporciona está expresado de forma tal que todos pueden interpretarlo. La TIR resultante puede compararse mentalmente con la inflación esperada, con las tasas actuales de préstamos, con el costo de capital, con el rendimiento de una cartera de acciones, etc. Una TIR de, por ejemplo, el 18%, es fácil de interpretar por la administración. Quizá sea por esta facilidad de comprensión que las encuestas al respecto muestran que la mayor parte de las 500, e incluso de las 1,000 compañías de *Fortune*, usan el método de la TIR como principal técnica de evaluación.

Además del problema del VPN frente a la TIR, existe un número limitado de proyectos para los cuales es difícil aplicar el análisis tradicional y de gastos de capital, ya que no se pueden determinar los flujos de efectivo. Cuando se compra un nuevo equipo de computación, se remodela un edificio de oficinas o se pavimenta de nuevo un área para estacionamiento de automóviles, es esencialmente imposible identificar los flujos de efectivo, por lo que resulta limitado el uso de las técnicas de evaluación tradicionales. Estos tipos de decisiones de «gastos de capital» se toman utilizando otras técnicas que dependen del criterio de la administración.

Samuel Weaver, Ph.D. es gerente corporativo de análisis financieros en Hershey Foods Corporation. Es contador titulado con estudios en administración y en la actualidad forma parte del consejo de administración de la Financial Management Association. Su puesto actual combina lo teórico con lo práctico e incluye el análisis de muchas facetas diferentes dentro de las finanzas, además del análisis de gastos de capital.

Una visión más detallada del capital de trabajo neto

Al calcular el flujo de efectivo operativo, no se tomó en cuenta explícitamente el hecho de que algunas de las ventas pudieran realizarse a crédito. Además, tal vez no se hayan pagado algunos de los costos presentados. En ambos casos, aún no ha ocurrido un flujo de efectivo. A continuación, se muestra que estas situaciones no representan un problema, siempre y cuando no se olvide incluir en el análisis los cambios en el capital de trabajo neto. Por tanto, en esta sección se insiste en la importancia y en el efecto de hacerlo.

Supongamos que, durante un año en particular de algún proyecto, se tiene el siguiente estado de resultados simplificado:

Ventas	$500
Costos	310
Utilidad neta	$190

La depreciación y los impuestos son cero. No se compran activos fijos durante el año. También, para mostrar un aspecto importante, se supone que los únicos elementos del capital de trabajo neto son las cuentas por cobrar y las cuentas por pagar. Los saldos iniciales y finales de estas cuentas son:

	Inicio del año	Final del año	Cambio
Cuentas por cobrar	$880	$910	+ $30
Cuentas por pagar	550	605	+ 55
Capital de trabajo neto	$330	$305	− $25

De acuerdo con esta información, ¿cuál es el flujo de efectivo total del año? Para obtener la respuesta, primero se puede aplicar mecánicamente, lo que ya se ha estudiado. En este caso en particular, el flujo de efectivo operativo es lo mismo que la UAII, dado que no existen impuestos ni depreciación y, por consiguiente, es igual a $190. Obsérvese también que el capital de trabajo neto en realidad *disminuyó* en $25, por lo que el «aumento» al capital de trabajo neto es negativo. Esto sólo significa que durante el año se liberaron $25. No se realizaron gastos de capital, de modo que el flujo de efectivo total del año es:

Flujo de efectivo total = Flujo de efectivo operativo − Aumentos al CTN

− Gastos de capital

= $190 − (− $25) − $0

= $215

Se sabe que este flujo de efectivo total de $215 debe ser «el efectivo que entró» menos «el efectivo que salió» en el año. Por consiguiente, podríamos hacer una pregunta diferente: ¿Cuáles fueron los ingresos en efectivo del año? También, ¿cuáles fueron los costos en efectivo?

Para determinar los ingresos en efectivo, es necesario analizar con más detalle el capital de trabajo neto. Durante el año, se tuvieron ventas de $500. Sin embargo, las cuentas por cobrar aumentaron en $30 durante el mismo período. ¿Qué significa esto? El aumento de $30 muestra que las ventas excedieron a los cobros en $30. En otras palabras, aún no se ha recibido el efectivo correspondiente a ventas por $30 del total de ventas de $500. Como consecuencia, la entrada de efectivo es de $500 − 30 = $470. Por lo general, el ingreso en efectivo son las ventas menos el aumento en las cuentas por cobrar.

Las salidas de efectivo pueden determinarse de forma similar. En el estado de resultados, se observan costos de $310, pero las cuentas por pagar aumentaron en $55 durante el año. Ello significa que aún no se han pagado $55 de los $310, por lo que los costos en efectivo durante el período son de $310 − 55 = $255. En otras palabras, los costos en efectivo en este caso son iguales a los costos menos el aumento en las cuentas por pagar.[9]

Al integrar esta información, las entradas de efectivo menos las salidas de efectivo son de $470 − 255 = $215, como se obtuvo antes. Obsérvese que:

$$\text{Flujo de efectivo} = \text{Entradas de efectivo} - \text{Salidas de efectivo}$$

$$= (\$500 - 30) - (\$310 - 55)$$

$$= (\$500 - 310) - (30 - 55)$$

$$= \text{Flujo de efectivo operativo} - \text{Cambios en CTN}$$

$$= \$190 - (-25)$$

$$= \$215$$

De forma más general, este ejemplo muestra que el incluir los cambios en capital de trabajo neto en el procedimiento de cálculo tiene el efecto de ajustar la discrepancia entre las ventas y los costos contables con los ingresos y desembolsos de efectivo.

Ejemplo 8.1   Cobranza y costos en efectivo
En el año que acaba de terminar, Combat Wombat Telestat Co. (CWT) reporta ventas de $998 y costos de $734. Se ha recopilado la siguiente información de los balances generales inicial y final:

	Inicial	Final
Cuentas por cobrar	$100	$110
Inventarios	100	80
Cuentas por pagar	100	70
Capital de trabajo neto	$100	$120

De acuerdo con estas cifras, ¿cuáles son las entradas de efectivo? ¿Cuáles son las salidas de efectivo? ¿Qué le ocurrió a cada cuenta? ¿Cuál es el flujo de efectivo neto?

Las ventas fueron de $998, pero las cuentas por cobrar aumentaron en $10. Por tanto, la cobranza en efectivo fue inferior en $10 a las ventas, es decir, $988. Los costos fueron de $734, pero los inventarios disminuyeron en $20. Esto significa que no se repusieron existencias por valor de $20, por lo que los costos se han sobrestimado en realidad por este importe. Las cuentas por pagar también disminuyeron en $30. Esto significa que, sobre una base neta, a los proveedores se les pagó $30 más de lo que se recibió de ellos,

---

[9]Si existieran otras cuentas, quizá se tendrían que realizar algunos ajustes adicionales. Por ejemplo, un aumento neto en inventarios sería una salida de efectivo.

dando como resultado que los costos se hayan subestimado en $30. Al realizar los ajustes necesarios a esta situación, los costos en efectivo son de $734 − 20 + 30 = $744. El flujo de efectivo neto es de $988 − 744 = $244.

Por último, obsérvese que el aumento del capital de trabajo neto fue de $20. Se puede comprobar la respuesta observando que la venta contable original menos los costos de $998 − 734 es de $264. Además, CWT gastó $20 en capital de trabajo neto, por lo que el resultado neto es un flujo de efectivo de $264 − 20 = $244, como se calculó. ∎

Depreciación

Como señalamos anteriormente, la depreciación contable es una deducción que no representa efectivo. Como consecuencia, la depreciación sólo afecta el flujo de efectivo porque influye en la determinación de impuestos. Por consiguiente, la forma en que se calcule la depreciación con fines fiscales es el método relevante para las decisiones de inversión de capital. No es de sorprender que los procedimientos estén regidos por la legislación fiscal. Estudiaremos ahora algunos aspectos específicos del sistema de depreciación de Estados Unidos establecido por la Tax Reform Act (Ley de reforma fiscal) de 1986. Este sistema es una modificación del **sistema de recuperación acelerada del costo** (SRAC) establecido en 1981.

sistema de recuperación acelerada del costo (SRAC)
Método de depreciación autorizado por la legislación fiscal estadounidense que permite la depreciación acelerada de propiedades bajo diversas clasificaciones.

Depreciación mediante el SRAC modificado   El cálculo de la depreciación suele ser algo muy mecánico. Aunque al hacerlo surgen varios «si», «además» y «pero», la idea básica es que cada activo se asigna a una clase en particular. La clase de activo establece su vida útil con fines de impuestos. Una vez determinada la vida fiscal de un activo, se calcula la depreciación para cada año multiplicando el costo del activo por un porcentaje fijo.[10] En el cálculo de la depreciación no se consideran explícitamente el valor de rescate esperado (lo que se piensa que valdrá el activo cuando se venda) y la vida económica real esperada (el tiempo que se espera estará en servicio el activo).

En la tabla 8.6 se muestran algunas clases de depreciación típicas y en la tabla 8.7 se presentan los porcentajes relacionados con las clases presentadas en la tabla previa (redondeados a centésimas).[11]

---

[10]En ciertas circunstancias, tal vez se ajuste el costo del activo antes de calcular la depreciación. Al resultado se le denomina la *base depreciable* y la depreciación se calcula utilizando esta cantidad en vez del costo real.

[11]Para los interesados en profundizar más, estos porcentajes de depreciación se derivan de un esquema saldo decreciente doble del 200%, con un cambio a línea recta cuando resulte conveniente hacerlo. Es más, hay una regla convencional de medio año, que supone que todos los activos entran en servicio a mitad del año fiscal. Esta costumbre se mantiene, a no ser que en el último trimestre se incurra en más del 40% del costo de un activo, en cuyo caso se utiliza la regla convencional de medio trimestre.

Tabla 8.6

Clases de propiedades según el SRAC modificado

Clase	Ejemplos
3 años	Equipos utilizados en investigación
5 años	Automóviles, computadoras
7 años	La mayor parte de los equipos industriales

	Clase de propiedades			Tabla 8.7
Año	3 años	5 años	7 años	
1	33.33%	20.00%	14.29%	Deducciones por depreciación según el SRAC modificado
2	44.44	32.00	24.49	
3	14.82	19.20	17.49	
4	7.41	11.52	12.49	
5		11.52	8.93	
6		5.76	8.93	
7			8.93	
8			4.45	

Los bienes raíces no habitacionales, como es el caso de un edificio de oficinas, se deprecian durante 31.5 años, utilizando la depreciación en línea recta. Un bien raíz habitacional, por ejemplo, un edificio de apartamentos, se deprecia en línea recta durante 27.5 años. Recuérdese que los terrenos no se pueden depreciar.[12]

Para mostrar cómo se calcula la depreciación, consideremos el caso de un automóvil que cuesta $12,000. Normalmente, los automóviles se consideran propiedades con vida fiscal de cinco años en Estados Unidos. En la tabla 8.7, la cifra pertinente para el primer año de un activo a cinco años es del 20%.[13] Por consiguiente, la depreciación en el primer año es de $12,000 × 0.20 = $2,400. El porcentaje pertinente para el segundo año es del 32%, por lo que la depreciación en el segundo año es de $12,000 × 0.32 = $3,840 y así sucesivamente. Estos cálculos pueden resumirse de la forma siguiente:

Año	Porcentaje SRAC	Depreciación		
1	20.00%	0.2000 × $12,000	=	$2,400.00
2	32.00	0.3200 × 12,000	=	3,840.00
3	19.20	0.1920 × 12,000	=	2,304.00
4	11.52	0.1152 × 12,000	=	1,382.40
5	11.52	0.1152 × 12,000	=	1,382.40
6	5.76	0.0576 × 12,000	=	691.20
	100.00%			**$12,000.00**

Obsérvese que los porcentajes del SRAC suman 100%. Como consecuencia, se cancela el 100% del costo del activo, es decir, en este caso **$12,000.**

---

[12]Sin embargo, existen deducciones por agotamiento para las empresas en líneas de negocios del sector de extracción (p. ej., la minería). Son similares a las deducciones por depreciación.

[13]Quizá parezca extraño que una propiedad de un lustro se deprecie en seis años. Como se describe en otro lugar del presente capítulo, la justificación contable es que sólo se tiene el activo durante seis meses del primer año y, por consiguiente, durante seis meses del último año. Como consecuencia, hay cinco períodos de 12 meses, pero se tiene alguna depreciación en seis años fiscales diferentes.

Tabla 8.8	Año	Valor inicial en libros	Depreciación	Valor final en libros
Valores en libros SRAC	**1**	**$12,000.00**	**$2,400.00**	**$9,600.00**
	2	9,600.00	3,840.00	5,760.00
	3	5,760.00	2,304.00	3,456.00
	4	3,456.00	1,382.40	2,073.60
	5	2,073.60	1,382.40	691.20
	6	691.20	691.20	0.00

Valor en libros versus valor de mercado   Al calcular la depreciación de acuerdo con la legislación fiscal vigente en Estados Unidos, no se toman en cuenta la vida económica y el valor de mercado futuro del activo. Por consiguiente, el valor en libros del activo puede diferir considerablemente de su valor de mercado real. Por ejemplo, en el caso del automóvil de $12,000, el valor en libros después del primer año es de **$12,000** menos la depreciación del primer año de **$2,400**, es decir, **$9,600**. En la tabla 8.8 se resumen los restantes valores en libros. Después de seis años, el valor en libros del automóvil es cero.

Supongamos que se quisiera vender el automóvil después de cinco años. De acuerdo con los promedios históricos, valdría, digamos, el 25% del precio de compra, es decir, 0.25 × $12,000 = $3,000. Si se vendiera en realidad por este importe, habría que pagar impuestos, a la tasa normal del impuesto sobre la renta, sobre la diferencia entre el precio de venta de $3,000 y el valor en libros de $691.20. Para una empresa en el rango del 34%, el pasivo fiscal es de 0.34 × $2,308.80 = $784.99.[14]

La razón de que se tengan que pagar impuestos en este caso es que la diferencia entre el valor de mercado y el valor en libros es un «exceso» de depreciación y se tiene que «recuperar» cuando se venda el activo. Lo que significa que se deprecia en exceso el activo en $3,000 − 691.20 = $2,308.80. Puesto que se dedujo un exceso de depreciación de $2,308.80, se dejaron de pagar impuestos por $784.99 y simplemente es necesario liquidar la diferencia.

Obsérvese que éste *no es* un impuesto sobre ganancias de capital. Como regla general (aunque aproximada), sólo se produce una ganancia de capital si el precio de mercado excede al costo original. Sin embargo, las autoridades fiscales son las que, en última instancia, deciden lo que constituye o no una ganancia de capital y las reglas específicas pueden ser muy complejas. Casi no se considerarán las ganancias de capital en el presente texto.

Por último, si el valor en libros excede al valor de mercado, la diferencia se considera como una pérdida a efectos de impuestos. Por ejemplo, si se vende el automóvil después de dos años en $4,000, el valor en libros excede al valor de mercado en $1,760. En este caso, se presenta un ahorro de impuestos de 0.34 × $1,760 = $598.40.

Ejemplo 8.2   Depreciación según el SRAC
The Staple Supply Co. compró recientemente un nuevo sistema de información computadorizado con un costo de $160,000. La computadora se considera como una propiedad

---

[14]En el momento en que se está escribiendo este texto y refiriéndonos a las propiedades tangibles, las reglas se vuelven más diferentes y complicadas. Fundamentalmente, sólo se recupera la diferencia entre el valor en libros real y el valor en libros que hubiera existido si se utilizara la depreciación en línea recta. Cualquier monto por encima del valor en libros por depreciación en línea recta, se considera como una ganancia de capital.

a depreciar en cinco años. ¿Cuáles son los montos anuales por depreciación? De acuerdo con la experiencia histórica, se piensa que el sistema tendrá un valor de sólo $10,000 cuando se venda a los cuatro años. ¿Cuáles son las consecuencias fiscales de la venta? ¿Cuál es el flujo de efectivo total después de impuestos derivado de la venta?

Los montos anuales por depreciación se calculan multiplicando $160,000 por los porcentajes para cinco años que aparecen en la tabla 8.7:

Año	Porcentaje SRAC	Depreciación	Valor final en libros
1	20.00%	0.2000 × $160,000 = $ 32,000	$128,000
2	32.00	0.3200 × 160,000 = 51,200	76,800
3	19.20	0.1920 × 160,000 = 30,720	46,080
4	11.52	0.1152 × 160,000 = 18,432	27,648
5	11.52	0.1152 × 160,000 = 18,432	9,216
6	5.76	0.0576 × 160,000 = 9,216	0
	100.00%	$160,000	

Obsérvese que también se ha calculado el valor en libros del sistema al final de cada año. El valor en libros al final del año 4 es de $27,648. Si en ese momento se vende en $10,000, se tendrá una pérdida de $17,648 (la diferencia) con fines fiscales. Por supuesto que esta pérdida es similar a la depreciación, mientras no se trate de un gasto de efectivo.

¿Qué ocurre en realidad? Son dos cosas; primero, se obtienen $10,000 del comprador; segundo, se ahorra $0.34 × $17,648 = $6,000 en impuestos. Por tanto, el flujo de efectivo total, después de impuestos, derivado de la venta es una entrada de efectivo de $16,000. ∎

Un ejemplo: *The Majestic Mulch and Compost Company (MMCC)*

A estas alturas de la lectura, es conveniente realizar un análisis del presupuesto de capital algo más completo. Mientras lee, recuerde que el enfoque básico es exactamente igual al utilizado en el ejemplo anterior del producto para atraer «tiburones». Sólo se han agregado algunos detalles del «mundo real» (y muchos más números).

MMCC está examinando la factibilidad de una nueva línea de herramientas eléctricas para jardinería orientadas al creciente número de cultivadores caseros. Con base a algunas conversaciones con compradores de artículos para jardinería en grandes tiendas, se proyectan las ventas unitarias de la forma siguiente:

Año	Ventas unitarias
1	3,000
2	5,000
3	6,000
4	6,500
5	6,000
6	5,000
7	4,000
8	3,000

Tabla 8.9

Ingresos presentados para el proyecto del equipo eléctrico de jardinería

Año	Precio unitario	Ventas en unidades	Ingresos
1	$120	3,000	$360,000
2	120	5,000	600,000
3	120	6,000	720,000
4	110	6,500	715,000
5	110	6,000	660,000
6	110	5,000	550,000
7	110	4,000	440,000
8	110	3,000	330,000

Tabla 8.10

Depreciación anual para el proyecto del equipo eléctrico de jardinería

Año	Porcentaje SRAC	Depreciación		Valor final en libros
1	14.29%	0.1429 × $800,000 =	$114,320	$685,680
2	24.49	0.2449 × 800,000 =	195,920	489,760
3	17.49	0.1749 × 800,000 =	139,920	349,840
4	12.49	0.1249 × 800,000 =	99,920	249,920
5	8.93	0.0893 × 800,000 =	71,440	178,480
6	8.93	0.0893 × 800,000 =	71,440	107,040
7	8.93	0.0893 × 800,000 =	71,440	35,600
8	4.45	0.0445 × 800,000 =	35,600	0
	100.00%		$800,000	

El nuevo equipo tendrá un precio inicial de venta de $120 por unidad. Sin embargo, cuando la competencia alcance a MMCC en tres años, se prevé que el precio bajará a $110.

El proyecto de estas máquinas eléctricas requerirá inicialmente un capital de trabajo neto de $20,000. Después, el capital de trabajo neto total al final de cada año será aproximadamente el 15% de las ventas del año. El costo variable por unidad es de $60 y los costos fijos totales son $25,000 anuales.

Para iniciar la producción, será necesario comprar equipos con un costo aproximado de $800,000. Esta inversión será principalmente en equipos industriales y se clasifica como propiedad a depreciar en siete años, de acuerdo con el SRAC. En ocho años, el equipo tendrá un precio de mercado cercano al 20% de su costo, es decir, 0.20 × $800,000 = $160,000. La tasa del impuesto correspondiente es del 34% y el rendimiento requerido del 15%. Con base a esta información, ¿debe MMCC llevar a cabo la inversión?

Flujos de efectivo operativos   En este caso, hay gran cantidad de información que es necesario organizar. Lo primero que se puede hacer es calcular las ventas estimadas. Se ha proyectado que las ventas del primer año sean de **3,000 unidades**, a **$120** cada una, un total de **$360,000**. En la tabla 8.9 se muestran las cifras restantes.

En la tabla 8.10, se calcula la depreciación sobre la inversión de $800,000.

Tabla 8.11

Estados de resultados presentados para el proyecto del equipo eléctrico de jardinería

	Año							
	1	2	3	4	5	6	7	8
Precio unitario	$ 120	$ 120	$ 120	$ 110	$ 110	$ 110	$ 110	$ 110
Ventas en unidades	3,000	5,000	6,000	6,500	6,000	5,000	4,000	3,000
Ingresos	$360,000	$600,000	$720,000	$715,000	$660,000	$550,000	$440,000	$330,000
Costos variables	180,000	300,000	360,000	390,000	360,000	300,000	240,000	180,000
Costos fijos	25,000	25,000	25,000	25,000	25,000	25,000	25,000	25,000
Depreciación	114,320	195,920	139,920	99,920	71,440	71,440	71,440	35,600
UAII	$ 40,680	$ 79,080	$195,080	$200,080	$203,560	$135,560	$103,560	$ 89,400
Impuestos	13,831	26,887	66,327	68,027	69,210	52,210	35,210	30,396
Utilidad neta	$ 26,849	$ 52,193	$128,753	$132,053	$134,350	$101,350	$ 68,350	$ 59,004

Tabla 8.12

Flujos de efectivo desarrollados para el proyecto del equipo eléctrico de jardinería

				Año					
	0	1	2	3	4	5	6	7	8
		I. Flujo de efectivo operativo							
UAII		$ 40,680	$ 79,080	$195,080	$200,080	$203,560	$153,560	$103,560	$ 89,400
Depreciación		114,320	195,920	139,920	99,920	71,440	71,440	71,440	35,600
Impuestos		– 13,831	– 26,887	– 66,327	– 68,027	– 69,210	– 52,210	– 35,210	– 30,396
Flujo de efectivo operativo		$141,169	$248,113	$268,673	$231,973	$205,790	$172,790	$139,790	$ 94,604
		II. Capital de trabajo neto							
CTN inicial	$ 20,000								
Incrementos en el CTN		$ 34,000	$ 36,000	$ 18,000	–$ 750	–$ 8,250	–$ 16,500	–$ 16,500	–$ 16,500
Recuperación de CTN									– 49,500
Aumentos al CTN	$ 20,000	$ 34,000	$ 36,000	$ 18,000	–$ 750	–$ 8,250	–$ 16,500	–$ 16,500	–$ 66,000
		III. Gastos de capital							
Desembolso inicial	$800,000								
Valor de rescate después de impuestos									–$105,600
Gastos de capital	$800,000								–$105,600

Año	Ingresos	Capital de trabajo neto	Incremento	
0		**$ 20,000**		**Tabla 8.13**
1	$360,000	**54,000**	**$34,000**	Aumentos al capital de
2	600,000	90,000	36,000	trabajo neto para el
3	720,000	108,000	18,000	proyecto del equipo
4	715,000	107,250	− 750	eléctrico de jardinería
5	660,000	99,000	− 8,250	
6	550,000	82,500	− 16,500	
7	440,000	66,000	− 16,500	
8	330,000	49,500	− 16,500	

Una vez que tengamos esta información, podemos preparar los estados de resultados proforma, tal como aparecen en la tabla 8.11 (en la pág. 273).

Teniendo esta información, el cálculo de los flujos de efectivo operativos es directo. Los resultados se muestran en la primera parte de la tabla 8.12 (en la pág. 274).

Aumentos al CTN   Una vez que se tienen los flujos de efectivo operativos, es necesario determinar los aumentos al CTN. Como un supuesto, los requerimientos de capital de trabajo neto cambian conforme cambian las ventas. Por lo general, cada año se aumentará o se recuperará parte del capital de trabajo neto del proyecto. Recordando que el CTN se inicia en $20,000 y aumenta después al 15% de ventas, se puede calcular el importe de CTN para cada año, como aparece en la tabla 8.13 (en la pág. 275).

Como se ha mostrado, el capital de trabajo neto aumenta durante el primer año de $20,000 a 0.15 × 360,000 = **$54,000**. Por tanto, el aumento al capital de trabajo neto en el año es de **$54,000 − 20,000 = $34,000**. Las cifras restantes se calculan en la misma forma.

Recuérdese que un aumento al capital de trabajo neto es una salida de efectivo, por lo que un signo negativo en esta tabla representa el capital de trabajo neto que regresa a la empresa.

Por consiguiente, en el año 6, por ejemplo, ingresa a la empresa CTN por $16,500. Durante la vida del proyecto, el capital de trabajo neto alcanza un máximo de $108,000 y a partir de esta cifra disminuye al declinar las ventas.

En la segunda parte de la tabla 8.12, se muestra el resultado de los aumentos al capital de trabajo neto. Obsérvese que al final de la vida del proyecto aún queda por recuperar capital de trabajo neto por $49,500. Por consiguiente, en el último año el proyecto regresa CTN por $16,500 durante el año y regresa adicionalmente los restantes $49,500, para un total de $66,000 (el «aumento» al CTN es de − $66,000).

Por último, hay que considerar el capital invertido a largo plazo en el proyecto. En este caso, se invierten $800,000 en el momento 0. De acuerdo a los supuestos iniciales, el valor de este equipo será de $160,000 al final del proyecto. En ese momento, dicho equipo tendrá un valor en libros de cero. Como se estudió antes, este exceso en $160,000 del valor de mercado sobre el valor en libros es gravable, por lo que los ingresos después de impuestos serán de $160,000 × (1 − 0.34) = $105,600. En la tercera parte de la tabla 8.12 se muestran estas cifras.

Tabla 8.14

Flujo de efectivo total desarrollado para el proyecto del equipo eléctrico de jardinería

	Año								
	0	1	2	3	4	5	6	7	8
Flujo de efectivo operativo		$141,169	$248,113	$268,673	$231,973	$205,790	$172,790	$139,790	$ 94,604
Aumentos al CTN	–$ 20,000	– 34,000	– 36,000	– 18,000	750	8,250	16,500	16,500	66,000
Gastos de capital	– 800,000								105,600
Flujo de efectivo total del proyecto	–$820,000	$107,169	$212,113	$250,673	$232,723	$214,040	$189,290	$156,290	$266,204
Flujo de efectivo acumulado	–$820,000	–$712,831	–$500,718	–$250,045	–$ 17,322	$196,718	$386,008	$542,298	$808,502
Flujo de efectivo descontado al 15%	– 820,000	93,190	160,388	164,821	133,060	106,416	81,835	58,755	87,023

Valor presente neto (15%) = $65,488
Tasa interna de rendimiento = 17.24%
Recuperación de la inversión = 4.09 años

Flujo de efectivo total y valor del proyecto   Tenemos ahora todas las piezas que conforman el flujo de efectivo y se integran en la tabla 8.14. Además de los flujos de efectivo totales del proyecto, se han calculado los flujos de efectivo acumulados y los flujos de efectivo descontados. En este momento, los procedimientos de cálculo del valor presente neto, de la tasa interna de rendimiento y del período de recuperación de la inversión consisten esencialmente en sustituir los valores en las fórmulas.

Si se suman los flujos descontados y la inversión inicial, el valor presente neto (al 15%) resulta ser de $65,488. Este monto es positivo, así que, de acuerdo con estas proyecciones preliminares, el proyecto del equipo eléctrico para jardinería es aceptable. La tasa interna de rendimiento o la tasa de rendimiento de los FED supera el 15%, puesto que el VPN es positivo. Se determina que es del 17.24%, lo que señala de nuevo que el proyecto es aceptable.

Al observar los flujos de efectivo acumulados, se aprecia que el proyecto casi se ha recuperado después de cuatro años, dado que el flujo de efectivo acumulado es casi cero en ese momento. Como se señaló, se determina que la fracción de año es 17,322/214,040 = 0.09, por lo que el período de recuperación de la inversión es de 4.09 años. No se puede decir si esto es conveniente o no lo es, ya que no se cuenta con un parámetro de referencia para el caso de MMCC. Éste es el problema que se suele presentar con los períodos de recuperación de la inversión.

Esto concluye el análisis preliminar del FED. ¿Después de esto qué sigue? Si se tiene mucha confianza en las proyecciones, no es necesario realizar un análisis adicional. Se debe comenzar de inmediato la producción y la comercialización. Es poco probable que éste sea el caso. Es importante recordar que el resultado del análisis es un *estimado* del VPN y que por lo general no se tendrá una seguridad absoluta en las proyecciones. Ello significa que queda más trabajo por realizar. En particular, es casi seguro que se querrá dedicar más tiempo a evaluar la calidad de las proyecciones. En el siguiente capítulo se estudiará este tema. A continuación, se considerarán algunas definiciones alternativas de flujo de efectivo operativo y se presentarán algunos ejemplos de diferentes casos que se pueden presentar en los presupuestos de capital.

PREGUNTAS SOBRE CONCEPTOS

8.4a ¿Por qué es importante incluir los aumentos de capital de trabajo neto al determinar los flujos de efectivo? ¿Cuál es el efecto de considerarlos?

8.4b De acuerdo con la legislación fiscal vigente en Estados Unidos, ¿cómo se calcula la depreciación de los activos fijos? ¿Qué efecto tienen el valor de rescate estimado y la vida económica estimada del activo sobre el cálculo de la deducción por depreciación?

DEFINICIONES ALTERNATIVAS DEL FLUJO DE EFECTIVO OPERATIVO 8.5

El análisis que se realizó en la sección anterior es muy general y se puede adaptar a casi cualquier problema de inversión de capital. En la sección siguiente se dan ejemplos de algunas variaciones particularmente útiles. Antes de presentar dichos ejemplos, es necesario examinar el hecho de que existen definiciones diferentes del flujo de efectivo operativo del proyecto que se utilizan ampliamente, tanto en la práctica como en los libros de finanzas.

Como se observará, los diferentes enfoques para determinar el flujo de efectivo operativo miden lo mismo. Si se usan de forma correcta, todos llegan a la misma respuesta y ninguno es necesariamente mejor o más útil que los otros. Lamentablemente, el hecho de que se usen definiciones alternativas genera en ocasiones confusión. Por este motivo, se examinan a continuación varias de estas variaciones para entender cómo se relacionan entre sí.

En el estudio que se presenta a continuación debe recordarse que, cuando se habla de flujo de efectivo, se quiere decir literalmente el dinero que entra menos el dinero que sale. Esto es lo único que interesa. Las diferentes definiciones de flujo de efectivo operativo representan simplemente formas distintas de manipular la información básica sobre ventas, costos, depreciación e impuestos, para obtener el flujo de efectivo.

Supongamos que se tienen los siguientes estimados para un proyecto y un año en particular:

Ventas = $1,500

Costos = $700

Depreciación = $600

Con estas cifras, obsérvese que la UAII es:

$$UAII = Ventas - Costos - Depreciación$$
$$= \$1,500 - 700 - 600$$
$$= \$200$$

Se supone de nuevo que no se pagan intereses, por lo que los impuestos a pagar son:

$$Impuestos = UAII \times T_c$$
$$= \$200 \times 0.34 = \$68$$

donde T_c, la tasa de impuestos corporativos, es de 34%.

Cuando se reúnen todos estos elementos, el flujo de efectivo operativo del proyecto (FEO) es:

$$FEO = UAII + Depreciación - Impuestos$$
$$= \$200 + 600 - 68 = \$732$$

Existen algunas otras fórmulas para determinar el FEO que podrían usarse (y que se usan) y que se estudian a continuación.

El enfoque ascendente

Dado que en los cálculos del FEO no se está tomando en cuenta algún gasto financiero, como es el caso de los intereses, la utilidad neta del proyecto se puede presentar como:

$$Utilidad\ neta\ del\ proyecto = UAII - Impuestos$$
$$= \$200 - 68$$
$$= \$132$$

Si sólo se añade la depreciación a ambos lados, se llega a una fórmula algo diferente y muy común del FEO:

FEO = Utilidad neta + Depreciación   (8.1)

$\qquad$ = \$132 + 600

$\qquad$ = \$732

Éste es el enfoque *ascendente*. En este caso, se comienza con el último renglón del contador (la utilidad neta) y se añaden las deducciones que no representen efectivo, como es el caso de la depreciación. Es fundamental recordar que esta definición del flujo de efectivo operativo como utilidad neta más depreciación sólo es correcta si en el cálculo de la utilidad neta no se ha deducido gasto alguno por intereses.

En el proyecto del producto para atraer «tiburones», la utilidad neta fue de \$21,780 y la depreciación de \$30,000, por lo que el cálculo ascendente es:

$\qquad$ FEO = \$21,780 + 30,000 = \$51,780

Éste es exactamente el mismo FEO que se obtuvo antes.

El enfoque descendente

Quizá la forma más obvia de calcular el FEO es:

FEO = Ventas − Costos − Impuestos   (8.2)

$\qquad$ = \$1,500 − 700 − 68 = \$732

Éste es el enfoque *descendente*, la segunda variación de la definición básica del FEO. En este caso, se inicia con la parte superior del estado de resultados, con las ventas, y se va descendiendo hasta obtener el flujo de efectivo neto, mediante la deducción de costos, los impuestos y otros gastos. Durante este trayecto, no se consideran las partidas que estrictamente no representen efectivo, como es el caso de la depreciación.

En el proyecto del producto para atraer «tiburones», se puede calcular con facilidad el flujo de efectivo en forma descendente. Con ventas de \$200,000, un costo total (fijos más variables) de \$137,000 y un monto de impuestos de \$11,220, el FEO es:

$\qquad$ FEO = \$200,000 − 137,000 − 11,220 = \$51,780

Esto es exactamente lo mismo que teníamos antes.

El enfoque del subsidio fiscal

La tercera variación de la definición básica del FEO es el enfoque del *subsidio fiscal*. Este enfoque será muy útil para algunos problemas que se examinarán en la sección siguiente. La definición del subsidio fiscal del FEO es:

FEO = (Ventas − Costos) × (1 − T_c) + Depreciación × T_c   (8.3) donde T_c es nuevamente la tasa de impuestos corporativos. Suponiendo que $T_c = 34\%$, se determina que el FEO es:

$$= (\$1,500 - 700) \times 0.66 + \$600 \times 0.34$$

$$= \$528 + 204$$

$$= \$732$$

Esto es exactamente lo mismo que se tenía antes.

Este enfoque contempla el FEO como integrado por dos elementos. La primera parte es lo que sería el flujo de efectivo del proyecto si no existieran gastos de depreciación. En este caso, el flujo de efectivo hubiera sido de $528.

subsidio fiscal de la depreciación
Ahorros de impuestos que se deben a la deducción por depreciación, calculada como la depreciación multiplicada por la tasa de impuestos de la empresa.

La segunda parte del FEO en este caso es la deducción por depreciación multiplicada por la tasa de impuestos. A esto se le denomina **subsidio fiscal de la depreciación**. Se sabe que la depreciación es un gasto que no representa efectivo. El único efecto en el flujo de efectivo derivado de deducir la depreciación consiste en reducir los impuestos, lo que representa un beneficio. A una tasa actual de impuestos corporativos de 34%, cada unidad monetaria por depreciación ahorra $0.34 en impuestos. Por tanto, en el ejemplo, la deducción por depreciación de $600 ahorra impuestos de $600 × 0.34 = $204.

En el proyecto del producto para atraer «tiburones» que se examinó previamente en este capítulo, la protección fiscal de la depreciación sería de $30,000 × 0.34 = $10,200. El valor después de los impuestos de las ventas menos los costos sería de ($200,000 − 137,000) × (1 − 0.34) = $41,580. Al sumar los dos elementos anteriores se obtiene la respuesta correcta:

$$\text{FEO} = \$41,580 + 10,200 = \$51,780$$

Este cálculo verifica que el enfoque del subsidio fiscal sea completamente equivalente al enfoque utilizado con anterioridad.

Ahora que hemos observado que todos estos enfoques son iguales, es probable que se cuestione por qué no se ponen todos de acuerdo en usar uno de ellos. Como se verá en la sección siguiente, una razón es que en diferentes circunstancias son útiles distintos enfoques. El mejor enfoque que se debe utilizar es el que sea más conveniente para el problema a resolver.

PREGUNTAS SOBRE CONCEPTOS

8.5a ¿Cuáles son las definiciones descendente y ascendente del flujo de efectivo operativo?

8.5b ¿Qué se quiere decir con el término subsidio fiscal de la depreciación?

8.6 | ALGUNOS CASOS ESPECIALES DEL ANÁLISIS DEL FLUJO DE EFECTIVO DESCONTADO

Para concluir el capítulo, se observan tres casos comunes que involucran el análisis de flujo de efectivo descontado. El primer caso corresponde a inversiones orientadas principalmente a mejorar la eficiencia y, por consiguiente, a reducir costos. El segundo caso que se estudia se presenta cuando una empresa participa en licitaciones públicas para obtener un contrato. El tercero y último caso se presenta al seleccionar entre equipos con diferentes vidas económicas.

Existen muchos otros casos especiales que se podrían examinar, pero estos tres son especiales porque los problemas de este tipo son muy habituales. También muestran aplicaciones muy diversas del análisis de flujo de efectivo y de la valuación de FED.

Evaluación de propuestas para reducir costos

Una decisión frecuente es si se deben modernizar o no las instalaciones actuales para hacerlas más efectivas y, por consiguiente, reducir costos. El problema es determinar si los ahorros en costos son o no lo suficientemente importantes como para justificar el gasto del capital necesario.

Por ejemplo, supongamos que se está estudiando la automatización de la parte de un proceso de producción ya existente. Comprar e instalar el equipo necesario tiene un costo de $80,000. Ahorrará $22,000 anuales (antes de impuestos) al reducir los costos de mano de obra y de materiales. Supongamos que el equipo tiene una vida de cinco años y se deprecia hasta un valor en libros de cero mediante el método de línea recta durante dicho período. Dentro de cinco años, el equipo valdrá en realidad $20,000. ¿Se debe realizar el proyecto? La tasa de impuestos es del 34% y la tasa de descuento del 10%.

Como siempre, el primer paso para tomar esta decisión es identificar los flujos de efectivo incrementales relevantes. Primero, determinar el gasto de capital relevante es muy fácil. El costo inicial es de $80,000. El valor de rescate después de impuestos es de $20,000 × (1 − 0.34) = $13,200, ya que el valor en libros será de cero en cinco años. Segundo, en este caso no hay consecuencias derivadas del capital de trabajo, de forma que no es necesario preocuparse por los aumentos que se hagan al capital de trabajo neto.

El tercer componente son los flujos de efectivo operativo. La adquisición del nuevo equipo afecta de dos maneras a los flujos de efectivo operativo. Primero, cada año se ahorran $22,000 antes de impuestos. Es decir, la utilidad de operación de la empresa aumenta en $22,000, así que éste es el ingreso operativo incremental relevante del proyecto.

Segundo, y esto es algo que se puede pasar por alto con mucha facilidad, se tiene una deducción por depreciación adicional. En este caso, la depreciación es de $80,000/5 = $16,000 anuales.

Puesto que el proyecto tiene una utilidad de operación de $22,000 (el ahorro anual en costos antes de impuestos) y una deducción por depreciación de $16,000, la aceptación del proyecto aumentará la UAII de la empresa en $22,000 − 16,000 = $6,000, por lo que ésta es la UAII del proyecto.

Por último, puesto que la UAII de la empresa está aumentando, los impuestos también lo hacen. Dicho incremento de impuestos será de $6,000 × 0.34 = $2,040. Con esta información, se puede calcular el flujo de efectivo operativo en la forma habitual:

UAII	$ 6,000
+ Depreciación	16,000
− Impuestos	2,040
Flujo de efectivo operativo	$19,960

Por tanto, el flujo de efectivo operativo después de impuestos es de $19,960.

Quizá resulte más claro calcular el flujo de efectivo operativo utilizando un enfoque diferente. Lo que en realidad sucede en este caso es muy sencillo. En primer lugar, los ahorros en costos aumentan la utilidad antes de impuestos en $22,000. Se tienen que pagar impuestos sobre esta cantidad, así que los impuestos por pagar aumentan en 0.34 × $22,000 = $7,480. En otras palabras, el ahorro de $22,000 antes de impuestos asciende a $22,000 × (1 − 0.34) = $14,520 después de impuestos.

Segundo, la depreciación adicional de $16,000 no es en realidad una salida de efectivo, pero sí reduce los impuestos en $16,000 × 0.34 = $5,440. La suma de estos dos elementos es de $14,520 + $5,440 = $19,960, exactamente lo que se calculó antes. Obsérvese que el importe de $5,440 es el subsidio fiscal de la depreciación que se estudió anteriormente y, en este caso, se ha utilizado en forma efectiva este enfoque de dicho subsidio.

Podemos ahora concluir el análisis. De acuerdo con lo que se ha estudiado, los flujos de efectivo relevantes son:

	Año					
	0	1	2	3	4	5
Flujo de efectivo operativo		$19,960	$19,960	$19,960	$19,960	$19,960
Gastos de capital	−$80,000					13,200
Flujo de efectivo total	−$80,000	$19,960	$19,960	$19,960	$19,960	$33,160

Al 10%, se puede verificar directamente que el VPN en este caso es de $3,860, por lo que se debe aceptar el proyecto y automatizar.

Ejemplo 8.3   Comprar o no comprar

Se está analizando la compra de un sistema computadorizado de administración de inventarios por $200,000. Se depreciará en línea recta hasta un valor en libros de cero durante su vida de cuatro años. En ese momento, tendrá un valor de $30,000. El sistema ahorraría $60,000 antes de impuestos en costos relacionados con los inventarios. La tasa de impuestos relevante es del 39%. Debido a que la nueva instalación es más eficiente que la anterior, se estará en posibilidad de mantener menores existencias totales y liberar así $45,000 de capital de trabajo neto. ¿Cuál es el VPN al 16%? ¿Cuál es el rendimiento del FED (la TIR) de esta inversión?

En primer lugar, se puede calcular el flujo de efectivo operativo. Los ahorros en costos después de impuestos son de $60,000 × (1 − 0.39) = $36,600. La depreciación es de $200,000/4 = $50,000 anuales, por lo que el subsidio fiscal por depreciación es de $50,000 × 0.39 = $19,500. Por consiguiente, el flujo de efectivo operativo resultante es de $36,600 + 19,500 = $56,100 anuales.

Los gastos de capital incluyen $200,000 iniciales para comprar el sistema. El valor de rescate después de impuestos es de $30,000 × (1 − 0.39) = $18,300. Por último, y ésta es la parte algo engañosa, la inversión inicial en el capital de trabajo neto es una entrada de efectivo por $45,000, dado que el sistema libera capital de trabajo. Más aún, se tendrá que considerar este monto al final de la vida del proyecto. En realidad, lo que esto significa es sencillo: mientras el sistema está en operación, se tienen $45,000 disponibles para ser utilizados en algún otro lugar.

Para terminar el análisis, se pueden calcular los flujos de efectivo totales:

	Año				
	0	1	2	3	4
Flujo de efectivo operativo		$56,100	$56,100	$56,100	$56,100
Aumentos al CTN	$ 45,000				− 45,000
Gastos de capital	− 200,000				18,300
Flujo de efectivo total	−$155,000	$56,100	$56,100	$56,100	$29,400

Al 16%, el VPN es − $12,768, por lo que la inversión no es atractiva. Después de emplear el método de prueba y error, observamos que el VPN es cero cuando la tasa de descuento es del 11.48%, por lo que la TIR aproximada de esta inversión es del 11.5%. ■

Fijación del precio de ofertas públicas

Previamente, utilizamos el flujo de efectivo descontado para evaluar un nuevo producto propuesto. Un escenario algo diferente (y muy habitual) tiene lugar cuando hay que presentar una oferta pública a concurso para obtener un contrato. En estas circunstancias, el ganador es el que presenta la oferta más baja.

Hay un antiguo refrán en relación con este proceso: «El que presenta la oferta más baja es el que comete el error más grande». A esto se le denomina la maldición del ganador. En otras palabras, si se gana, hay una gran posibilidad de que se haya presentado una oferta demasiado baja. En esta sección se estudia el proceso para que al fijar el precio de oferta se evite la maldición del ganador. El procedimiento que se describe es útil en cualquier ocasión en la que sea necesario fijar un precio a un producto o a un servicio.

Como ejemplo de lo que se debe realizar para fijar un precio de oferta, imaginemos estar en la línea de negocios que consiste en comprar plataformas de camiones desmanteladas para después modificarlas para su reventa, de acuerdo con las especificaciones de los clientes. Un distribuidor local ha solicitado la presentación de ofertas públicas para modificar cinco camiones cada año durante los próximos cuatro años para un total de 20 camiones.

Es necesario decidir qué precio se debe ofrecer por cada camión. El objetivo del análisis es determinar el precio más bajo que se pueda cobrar y obtener aún así un negocio rentable. Esto maximiza las posibilidades de conseguir el contrato, al tiempo que evita la maldición del ganador.

Supongamos que se pueden comprar las plataformas de camiones desmanteladas en $10,000 cada una. Las instalaciones que se necesitan pueden arrendarse por $24,000 anuales. Se determina que el costo de mano de obra y materiales para llevar a cabo las modificaciones se aproxima a los $4,000 por camión. Por tanto, el costo total por año será de $24,000 + 5 × ($10,000 + 4,000) = $94,000.

Será necesario invertir $60,000 en nuevo equipo. Este equipo se depreciará durante cuatro años, en línea recta, hasta llegar a un valor de rescate de cero. En ese momento, tendrá un valor aproximado de $5,000. También será necesario invertir $40,000 en un inventario de materias primas y otras partidas de capital de trabajo. La tasa de impuestos relevante es del 39%. ¿Qué precio por camión se debe ofrecer si se desea un rendimiento mínimo de la inversión del 20%?

Se inicia con el análisis de los gastos de capital y de la inversión en capital de trabajo neto. Deben invertirse en este momento $60,000 en nuevo equipo. El valor de rescate después de impuestos es de $5,000 × (1 − 0.39) = $3,050. Más aún, hay que invertir $40,000 en capital de trabajo; esto se recuperará en cuatro años.

Aún no se puede determinar el flujo de efectivo operativo porque no se conoce el precio de venta. Por tanto, si se dibuja una línea de tiempo, se cuenta con lo siguiente:

	Año				
	0	1	2	3	4
Flujo de efectivo operativo		+ FEO	+ FEO	+ FEO	+ FEO
Aumentos al CTN	− $ 40,000				$ 40,000
Gastos de capital	− 60,000				3,050
Flujo de efectivo total	− $100,000	+ FEO	+ FEO	+ FEO	+ FEO + 43,050

Teniendo esto en mente, la observación fundamental es: el precio más bajo posible que se pueda cobrar, rentablemente, dará como resultado un VPN de cero al 20%. La razón es que a ese precio se gana exactamente el 20% sobre la inversión.

Conociendo esta observación, primero es necesario determinar cuál debe ser el flujo de efectivo operativo para que el VPN sea igual a cero. Para ello, se calcula el valor presente del flujo de efectivo no operativo de $43,050 del último año y se resta de la inversión inicial de $100,000:

$$\$100,000 - \$43,050/1.20^4 = \$100,000 - 20,761 = \$79,239$$

Una vez realizado esto, la línea de tiempo es la siguiente:

	Año				
	0	1	2	3	4
Flujo de efectivo total	− $79,239	+ FEO	+ FEO	+ FEO	+ FEO

Como indica la línea, el flujo de efectivo operativo ahora es el importe desconocido de una anualidad ordinaria. El factor de la anualidad por cuatro años al 20% es de 2.58873, por lo que:

$$\text{VPN} = 0 = -\$79,239 + \text{FEO} \times 2.58873$$

Ello implica que:

$$\text{FEO} = \$79,239/2.58873 = \$30,609$$

De forma que es necesario que el flujo de efectivo operativo de cada año sea de $30,609.

Aún no se ha terminado el análisis. El problema final es determinar cuál es el precio de venta que da como resultado un flujo operativo de $30,609. La forma más sencilla de determinarlo es recordar que el flujo de efectivo operativo puede expresarse como: utilidad neta más depreciación, la definición del enfoque ascendente. En este caso, la depreciación es de $60,000/4 = $15,000. Con esta información, es posible determinar que la utilidad neta debe ser:

$$\text{Flujo de efectivo operativo} = \text{Utilidad neta} + \text{Depreciación}$$

$$\$30,609 = \text{Utilidad neta} + 15,000$$

$$\text{Utilidad neta} = \$15,609$$

A partir de este punto, se procede de forma ascendente por el estado de resultados. Si la utilidad neta es $15,609, el estado de resultados es el siguiente:

Ventas	?
Costos	$94,000
Depreciación	15,000
Impuestos (39%)	?
Utilidad neta	$15,609

Resolviendo para las ventas, se observa que:

$$\text{Utilidad neta} = (\text{Ventas} - \text{Costos} - \text{Depreciación}) \times (1 - T_c)$$
$$\$15,609 = (\text{Ventas} - \$94,000 - 15,000) \times (1 - 0.39)$$
$$\text{Ventas} = \$15,609/0.61 + \$94,000 + \$15,000$$
$$= \$134,589$$

Las ventas anuales han de ser de \$134,589. Dado que el contrato estipula cinco camiones por año, el precio de venta tiene que ser \$134,589/5 = \$26,918. Si se redondea esta cifra, parece que se necesitará ofrecer un precio aproximado de \$27,000 por camión. Si se obtuviera el contrato a este precio, el rendimiento apenas superaría el 20%.

Evaluación de equipos con diferentes vidas económicas

El último caso especial que se estudia se refiere a la elección entre diferentes sistemas, equipos o procedimientos alternativos. El objetivo es seleccionar el que sea más efectivo en la reducción de costos. El enfoque que se considera a continuación sólo es necesario cuando existen dos circunstancias especiales. Primera, que las alternativas que se evalúan tengan diferentes vidas económicas. Segunda, e igual de importante, que el activo que se adquiera deba ser utilizado más o menos indefinidamente. Como resultado de esta segunda circunstancia, cuando se desgaste por completo, se comprará otro.

Este problema se puede mostrar con un ejemplo sencillo. Imaginemos que estamos operando en un negocio de fabricación de submontajes de metal troquelados. Cada vez que una de las máquinas de troquelado se desgasta, hay que reponer con una nueva para que el negocio siga operando. Supongamos ahora que se analizan dos de esas máquinas de troquelar para decidir cuál de ellas comprar.

La máquina A tiene un costo de \$100 y se requieren \$10 anuales para operarla. Por desgaste, debe reponerse cada dos años. El costo de adquisición de la máquina B es de \$140 y se requieren \$8 anuales para operarla. Esta última máquina dura tres años, debiendo reponerse al término de este período. Sin tomar en cuenta los impuestos, ¿qué máquina se debe comprar si se utiliza una tasa de descuento del 10%?

Al comparar las dos máquinas, se observa que es más barata la adquisición de la primera, pero cuesta más dinero operarla y se desgasta con mayor rapidez. ¿Cómo se pueden evaluar las diferentes características? Se puede comenzar calculando el valor presente de los costos de cada una:

Máquina A: $\text{VP} = -\$100 + -\$10/1.1 + -\$10/1.1^2 = -\$117.36$

Máquina B: $\text{VP} = -\$140 + -\$8/1.1 + -\$8/1.1^2 + -\$8/1.1^3$
$$= -\$159.89$$

Obsérvese que en este caso *todas* las cifras son costos, por lo que todas tienen signos negativos. Si nos detuviéramos aquí podría parecer que la máquina A es la más atractiva, dado que el VP de los costos es menor. Sin embargo, todo lo que en realidad se ha descubierto hasta este momento es que A proporciona dos años de servicios de troquelado por \$117.36, mientras que B proporciona tres años de dichos servicios por \$159.89. Estas cantidades no son comparables directamente debido a la diferencia en los períodos de servicio.

costo anual equivalente (CAE)

El valor presente de los costos de un proyecto calculados respecto a una base anual.

Es necesario obtener de alguna forma un costo anual para estas dos alternativas. Para ello, se hace la pregunta «¿Qué cantidad pagada cada año durante la vida de la máquina genera un VA de costos idéntico?». A este importe se le denomina **costo anual equivalente (CAE)**.

El cálculo del CAE implica determinar un importe desconocido del pago. Por ejemplo, en el caso de la máquina A, es necesario encontrar una anualidad ordinaria por dos años, con un VP de $-$ \$117.36 al 10%. En el capítulo 4 se establece que el factor de una anualidad de dos años es:

$$\text{Factor de la anualidad} = (1 - 1/1.10^2)/0.10 = 1.7355$$

Para la máquina A, se obtiene:

$$\text{VP de los costos} = -\$117.36 = \text{CAE} \times 1.7355$$
$$\text{CAE} = -\$117.36/1.7355$$
$$= -\$67.62$$

La vida de la máquina B es de tres años, por lo que primero es necesario conocer el factor de una anualidad por tres años:

$$\text{Factor de la anualidad} = (1 - 1/1.10^3)/0.10 = 2.4869$$

Se calcula el CAE para B en la misma forma que se hizo para A:

$$\text{VP de los costos} = -\$159.89 = \text{CAE} \times 2.4869$$
$$\text{CAE} = -\$159.89/2.4869$$
$$= -\$64.29$$

En base a este análisis, deberíamos comprar la máquina B porque sus costos son de \$64.29 anuales, en comparación con los \$67.62 de la máquina A. En otras palabras, tomando en cuenta toda la información disponible, B es más barata. En este caso, la vida más prolongada y el costo de operación más bajo son más que suficientes para compensar el precio de compra inicial más alto.

Ejemplo 8.4   Costos anuales equivalentes

Este ejemplo ampliado muestra lo que le ocurre al CAE cuando se toman en cuenta los impuestos. Se están evaluando dos opciones diferentes para el control de la contaminación. La instalación de un sistema de filtrado costará \$1.1 millones y su operación tendrá un costo anual antes de impuestos de \$60,000. Se tendrá que reponer por completo cada cinco años. La instalación de un sistema de precipitado costará \$1.9 millones, pero su costo de operación anual será de sólo \$10,000. El equipo de precipitado tiene una vida efectiva de operación de ocho años.

En ambos casos, se utiliza la depreciación en línea recta y ninguno de los sistemas tiene valor de rescate alguno. ¿Qué método se debe seleccionar si se utiliza una tasa de descuento del 12%? La tasa de impuestos es del 34%.

Es necesario tomar en cuenta los CAE de los dos enfoques, ya que tienen diferentes vidas de servicio y serán reemplazados cuando se desgasten. La información relevante se puede resumir como:

	Sistema de filtración	Sistema de precipitado
Costo de operación después de impuestos	– $ 39,600	– $ 6,600
Subsidio fiscal por depreciación	74,800	80,750
Flujo de efectivo operativo	$ 35,200	$ 74,150
Vida económica	5 años	8 años
Factor de la anualidad (12%)	3.6048	4.9676
Valor presente del flujo de efectivo operativo	$ 126,888	$ 368,350
Gastos de capital	– 1,100,000	– 1,900,000
VP total de los costos	– $ 973,112	– $1,531,650

Obsérvese que el flujo de efectivo operativo es en realidad positivo en ambos casos debido a la magnitud del subsidio fiscal por depreciación. Esto puede suceder siempre que el costo de operación sea pequeño en relación con el de adquisición.

Para decidir qué sistema comprar, se calculan los CAE de ambos, usando los factores de anualidad apropiados:

Sistema de filtración: $- \$973,112 = CAE \times 3.6048$

$CAE = - \$269,949$ anuales

Sistema de precipitado: $- \$1,531,650 = CAE \times 4.9676$

$CAE = - \$308,328$ anuales

El sistema de filtración es el más barato de los dos, por lo que resulta el adecuado. En este caso, la vida más prolongada y el menor costo de operación del sistema de precipitado no son suficientes para compensar su mayor costo inicial. ∎

PREGUNTAS SOBRE CONCEPTOS

8.6a ¿En qué circunstancias es necesario preocuparse por las diferentes vidas económicas? ¿Cómo se interpreta el CAE?

8.6b Al fijar un precio de oferta en licitaciones públicas, se utilizó un VPN de cero como parámetro de referencia. Explique porqué este enfoque es correcto.

RESUMEN Y CONCLUSIONES | 8.7

Este capítulo describe cómo proceder para estructurar un análisis de flujo de efectivo descontado. Este análisis abarcó:

1. La identificación de los flujos de efectivo relevantes del proyecto. Se estudiaron dichos flujos y se describió cómo manejar algunos aspectos que suelen presentarse, como los costos «hundidos», los costos de oportunidad, los costos financieros, el capital de trabajo neto y la erosión.

2. La preparación y el uso de estados financieros proforma o proyectados. Se mostró la utilidad de la información presentada en los estados financieros para obtener los flujos de efectivo proyectados y se observaron también algunas definiciones alternativas de flujo de efectivo operativo.
3. El papel del capital de trabajo neto y de la depreciación en los flujos de efectivo del proyecto. Se observó que era importante incluir los aumentos al capital de trabajo neto porque con ellos se ajustaba la discrepancia entre los ingresos y los costos contables, y los ingresos y costos en efectivo. También se examinó el cálculo de la depreciación de acuerdo con la legislación fiscal vigente en Estados Unidos.
4. Algunos casos especiales en el uso del análisis del flujo de efectivo descontado. Se estudiaron tres aspectos especiales: inversiones para reducir costos, procedimiento para fijar un precio de oferta en licitaciones públicas y el problema de las vidas diferentes.

El análisis del flujo de efectivo descontado que se ha estudiado aquí es una herramienta estándar en el mundo de los negocios. Es una herramienta muy poderosa, así que se debe tener cuidado al usarla. Lo más importante es identificar los flujos de efectivo en una forma que tenga sentido económico. Este capítulo supone un buen inicio para aprender a efectuar dicho análisis.

Términos fundamentales

flujos de efectivo incrementales **257**
principio de independencia **257**
costo «hundido» **258**
costo de oportunidad **258**
erosión **259**

estados financieros proforma **260**
sistema de recuperación acelerada del costo (SRAC) **268**
subsidio fiscal de la depreciación **280**
costo anual equivalente (CAE) **286**

Problemas de revisión y autoevaluación del capítulo

Estos problemas proporcionan alguna práctica en el análisis del flujo de efectivo descontado. Las respuestas se presentan posteriormente.

8.1 Presupuesto de capital del proyecto X   De acuerdo con la información siguiente para el proyecto X, ¿se debe aceptar el proyecto? Para responder a esta pregunta, prepare primero un estado de resultados proforma para cada año. A continuación, calcule el flujo de efectivo operativo. El problema se concluye determinando el flujo de efectivo total y calculando el VPN, para lo cual se supone un rendimiento requerido del 20%. En todo el problema utilice una tasa de impuestos del 34%. Como ayuda, repase los ejemplos del producto para atraer tiburones y del equipo eléctrico de jardinería.

El proyecto X es un nuevo tipo de amplificador estéreo de alta fidelidad. Se piensa que se puedan vender 500 unidades anuales a un precio de $10,000 cada una. Los costos variables por amplificador serán de aproximadamente $5,000 por unidad y el producto debe tener una vida de cuatro años.

Los costos fijos del proyecto ascenderán a $610,000 anuales. Además, hay que invertir un total de $1,100,000 en equipo de producción. A efectos fiscales, este equipo se clasifica como una propiedad a depreciar en siete años con el método SRAC. En cuatro años, el equipo tendrá un valor de aproximadamente la mitad de lo que se pagó por él. Al inicio del proyecto, se tendrán que invertir $900,000 en capital de trabajo neto. En los años siguientes, los requerimientos de capital de trabajo neto serán el 30% de las ventas.

8.2 Cálculo del flujo de efectivo operativo   Mater Pasta, Inc., ha proyectado un volumen de ventas de $1,432 para el segundo año de un proyecto de expansión. Normalmente, los costos representan el 70% de las ventas, es decir, alrededor de $1,002 en este caso. La depreciación será de $80 y la tasa de impuestos del 34%. ¿Cuál es el flujo de efectivo operativo? Calcule la respuesta usando todos los enfoques descritos en el capítulo (incluyendo el descendente, el ascendente y el del subsidio fiscal).

8.3 ¿Gastar dinero para ahorrar dinero?   Como una ayuda para este problema, revise el caso del sistema computadorizado de administración de inventarios presentado en el ejemplo 8.3. En este caso, se está estudiando un nuevo sistema mecanizado de soldadura para reemplazar el sistema manual actual. El implantar el nuevo sistema costará $600,000. El costo se depreciará en línea recta hasta un valor en libros de cero a lo largo de su vida esperada de cuatro años. Al finalizar los cuatro años, el sistema tendrá un valor en el mercado de $100,000.

Se piensa que el nuevo sistema ahorrará $180,000 anuales antes de impuestos en costos de mano de obra. La tasa de impuestos es del 34%. ¿Cuáles son el VPN y el rendimiento en la compra del nuevo sistema? El rendimiento requerido es del 15%.

Respuestas a los problemas de autoevaluación

8.1 Para elaborar los estados de resultados proforma, es necesario calcular la depreciación para cada uno de los cuatro años. Los porcentajes pertinentes del SRAC, las deducciones por depreciación y los valores en libros para los primeros cuatro años son:

Año	Porcentaje SRAC	Depreciación				Valor final en libros
1	14.29%	0.1429 ×	$1,100,000	=	$157,190	$942,810
2	24.49	0.2449 ×	1,100,000	=	269,390	673,420
3	17.49	0.1749 ×	1,100,000	=	192,390	481,030
4	12.49	0.1249 ×	1,100,000	=	137,390	343,640

Por consiguiente, los estados de resultados proyectados son los siguientes:

	Año			
	1	2	3	4
Ventas	$5,000,000	$5,000,000	$5,000,000	$5,000,000
Costos variables	2,500,000	2,500,000	2,500,000	2,500,000
Costos fijos	610,000	610,000	610,000	610,000
Depreciación	157,190	269,390	192,390	137,390
UAII	$1,732,810	$1,620,160	$1,697,610	$1,752,610
Impuestos (34%)	589,155	551,007	577,187	595,887
Utilidad neta	$1,143,655	$1,069,603	$1,120,423	$1,156,723

Con base a esta información, los flujos de efectivo operativo son:

	Año			
	1	2	3	4
UAII	$1,732,810	$1,620,610	$1,697,610	$1,752,610
Depreciación	157,190	269,390	192,390	137,390
Impuestos	− 589,155	− 551,007	− 577,187	− 595,887
Flujo de efectivo operativo	$1,300,845	$1,338,993	$1,312,813	$1,294,113

A continuación, es necesario preocuparse por los flujos de efectivo no operativos. El capital de trabajo neto se inicia con $900,000 y después aumenta al 30% de las ventas, es decir, $1,500,000. Esto es un aumento de $600,000 al capital de trabajo neto.

Por último, para iniciar operaciones es necesario invertir $1,100,000. En cuatro años, el valor en libros de esta inversión será de $343,640, en comparación con el valor de mercado estimado de $550,000 (la mitad del costo). El valor de rescate después de impuestos es de $550,000 − 0.34 × ($550,000 − 343,640) = $479,838.

Cuando se combina toda esta información, los flujos de efectivo destinados para el proyecto X son:

	Año				
	0	1	2	3	4
Flujo de efectivo operativo		$1,300,845	$1,338,993	$1,312,813	$1,294,113
Aumentos al CTN	− $ 900,000	− 600,000			1,500,000
Gastos de capital	− 1,100,000				479,838
Flujo de efectivo total	− $2,000,000	$ 700,845	$1,338,993	$1,312,813	$3,273,951

Con estos flujos de efectivo, el VPN al 20% es de:

$$VPN = - \$2,000,000 + 700,845/1.2 + 1,338,993/1.2^2$$
$$+ 1,312,813/1.2^3 + 3,273,951/1.2^4$$
$$= \$1,852,496$$

Por tanto, este proyecto parece ser bastante rentable.

8.2 Primero se puede calcular la UAII del proyecto, los impuestos a pagar y la utilidad neta.

$$UAII = \$1,432 - 1,002 - 80 = \mathbf{\$350}$$
$$Impuestos = \$350 \times 0.34 = \mathbf{\$119}$$
$$Utilidad\ neta = \$350 - 119 = \mathbf{\$231}$$

Con estas cifras, el flujo de efectivo operativo es de:

FEO = UAII + Depreciación − Impuestos

$\qquad$ = $350 + 80 − 119

$\qquad$ = **$311**

Utilizando las otras definiciones de FEO, se tiene:

FEO ascendente	= Utilidad neta + Depreciación
	= $231 + 80
	= **$311**
FEO descendente	= Ventas − Costos − Impuestos
	= $1,432 − 1,002 − 119
	= **$311**
FEO subsidio fiscal	= (Ventas − Costos) × (1 − 0.34) + Depreciación × 0.34
	= ($1,432 − 1,002) × 0.66 + 80 × 0.34
	= **$311**

Tal como se esperaba, todas estas definiciones producen exactamente la misma respuesta.

8.3 El ahorro de $180,000 antes de impuestos representa
(1 − 0.34) × $180,000 = $118,800 después de impuestos. La depreciación anual de
$600,000/4 = $150,000 produce un subsidio fiscal de 0.34 × $150,000 = $51,000
anuales. Integrando todos los elementos, el flujo de efectivo operativo es de
$118,800 + 51,000 = $169,800. Dado que el valor en libros es de cero en cuatro
años, el valor de rescate después de impuestos es de
(1 − 0.34) × $100,000 = $66,000. No hay consecuencias derivadas del capital de
trabajo, por lo que los flujos de efectivo son:

			Año		
	0	1	2	3	4
Flujo de efectivo operativo		$169,800	$169,800	$169,800	$169,800
Gastos de capital	− $600,000				66,000
Flujo de efectivo total	− $600,000	$169,800	$169,800	$169,800	$235,800

Se puede comprobar que el VPN es de − **$77,489** y el rendimiento del nuevo
sistema de soldadura es sólo del **8.8%**. El proyecto no parece rentable.

Preguntas y problemas

1. **Cálculo de la utilidad neta**   Una nueva inversión propuesta tiene ventas proyectadas
para el año 4 de $125,000. Los costos variables son el 50% de las ventas y los
costos fijos son $20,000. La depreciación del año será de $15,000. Prepare un
estado de resultados proyectado suponiendo una tasa de impuestos del 34%.

2. **Cálculo del FEO**   Examine el siguiente estado de resultados:

Ventas	$144,600
Costos	84,780
Depreciación	15,000
Impuestos (39%)	?
Utilidad neta	?

Complete los números que faltan y calcule después el flujo de efectivo operativo. ¿Cuál es el subsidio fiscal por depreciación?

3. **FEO utilizando varios enfoques**   Un nuevo producto propuesto tiene ventas proyectadas de $11,996, costos de $8,443 y una depreciación de $3,210. La tasa de impuestos es del 34%. Calcule el flujo de efectivo operativo utilizando los cuatro enfoques diferentes que se han descrito en el capítulo y compruebe que la respuesta es la misma en cada caso.

4. **Cálculo de la depreciación**   Un equipo industrial recién comprado cuesta $168,000. Según el SRAC, este tipo de equipo está clasificado como una propiedad a depreciar en siete años. Calcule las deducciones anuales por depreciación y los valores en libros al finalizar cada año.

5. **Depreciación**   Un nuevo sistema de computación cuesta $80,000. En tres años resultará insuficiente y cuando se venda es probable que sólo se obtenga el 20% del precio de compra. La computadora se depreciará a cinco años, de acuerdo con el SRAC. Calcule la depreciación y los valores en libros para los tres años. ¿Cuáles serán los ingresos por la venta después de impuestos? Suponga una tasa de impuestos del 34%.

6. **Aplicación del VPN**   Un nuevo controlador electrónico de procesos cuesta $140,000. Este costo se depreciará en línea recta hasta llegar a un valor en libros de cero durante cinco años. En cinco años, el controlador no tendrá valor alguno. El nuevo controlador generaría un ahorro anual en costos de operación antes de los impuestos de $50,000. Si se requiere un rendimiento del 10%, ¿cuál es el VPN de la compra del controlador? Suponga una tasa de impuestos del 34%.

7. **El VPN y las necesidades de CTN**   En la pregunta anterior, suponga que al comprar el nuevo controlador debe también aumentar el capital de trabajo neto en $10,000. Suponga además que dentro de cinco años el controlador tendrá un valor en el mercado de $20,000. ¿Cuál es el nuevo VPN?

8. **El VPN y el SRAC**   En la pregunta anterior, suponga que el controlador fue clasificado como una propiedad despreciable a cinco años, de acuerdo con el SRAC. Todos los demás datos permanecen sin cambios. ¿Será mayor o menor el VPN? ¿Por qué? Calcule el nuevo VPN para comprobar la respuesta.

9. **Identificación de los costos relevantes**   Rick Bardles y Ed James están considerando construir una nueva planta embotelladora para hacer frente a la demanda futura que se espera de su nueva línea de refrescos tropicales. Están estudiando su localización en un lote de terreno que era de su propiedad desde hace tres años. Rick y Ed están en el proceso de analizar la idea y de compararla con otras opciones. Bardles dice: «Ed, al realizar este análisis, debemos considerar como costo del terreno una cantidad igual a la que pagamos por él. Después de todo, nos

costó bastante dinero». James le contesta: «No, no creo que sea importante lo que costó, de hecho ya se pagó. Y esto es lo que se denomina un costo hundido. Es decir, considero que el costo del terreno no se debe tomar en cuenta». ¿Qué le diría usted a estos nuevos empresarios?

10. **Aplicaciones del VPN**   Se estima que se pueden vender anualmente 10,000 dispositivos de seguridad para el hogar a $30 por unidad. Fabricar cada uno de ellos cuesta $20 (costo variable). Los costos fijos de producción representarán $30,000 anuales. El costo de comprar el equipo necesario es de $150,000 y se depreciará en línea recta hasta un valor de rescate de cero durante los cinco años de vida del proyecto. En cinco años, el valor de mercado será prácticamente nulo. Al inicio, será necesario invertir $40,000 en capital de trabajo, pero no se necesitará inversión alguna adicional de capital de trabajo neto. La tasa de descuento es del 14% y la tasa de impuestos es del 34%. ¿Qué piensa de la propuesta?

11. **Identificación de los flujos de efectivo**   Suponga que una compañía tiene ventas por $500 durante un trimestre. Pero en dicho trimestre las cuentas por cobrar aumentaron en $60. ¿Cuál fue la cobranza en efectivo?

12. **Flujos de efectivo**   El año pasado, Presto-Chango Paint Company reportó ventas de $15,778 y costos de $10,554. También presentó la información siguiente para ese mismo período:

	Inicial	Final
Cuentas por cobrar	$2,100	$1,910
Inventarios	3,400	3,667
Cuentas por pagar	6,100	6,604

Con base a esta información, ¿cuáles son las entradas de efectivo? ¿Cuáles son las salidas de efectivo? ¿Qué le ocurrió a cada uno de ellos? ¿Cuál es el flujo de efectivo neto?

13. **Flujos de efectivo y la TIR**   Se está considerando la compra de un sistema computadorizado para administrar los pedidos de los clientes; dicho sistema tendrá un valor de $900,000. El sistema se depreciará en línea recta hasta un valor en libros de cero durante su vida de cinco años. En ese momento, tendrá un valor de $330,000. Se ahorrarían $500,000 anuales antes de impuestos en costos de procesamiento de pedidos y sería posible reducir el capital de trabajo en $220,000 (ésta es una reducción por una sola vez). ¿Cuál es el rendimiento del FED de esta inversión? La tasa de impuestos relevante es del 34%.

14. **Cálculo del CAE**   Se están evaluando dos mezcladoras de sonido diferentes. El Jazzmaster tiene un costo de $45,000, tres años de vida y su operación anual tiene un costo de $5,000. El Discomaster tiene un costo de $65,000, cinco años de vida y su operación anual tiene un costo de $4,000. La tasa de descuento relevante es del 12%. Sin tomar en cuenta la depreciación y los impuestos, calcule el CAE para ambas mezcladoras. ¿Cuál prefiere?

15. **CAE**   En la pregunta anterior, suponga que se utiliza la depreciación en línea recta para ambos equipos. Más aún, cada uno de ellos tiene un valor de rescate de $10,000. La tasa de impuestos relevante es del 34%. Calcule el CAE para ambos. ¿Cuál se prefiere ahora?

16. **Cálculo de un precio de oferta pública**   Un importante vendedor al minorista ha solicitado una cotización para un sistema de verificación de crédito en el punto de

venta. El sistema se implementaría a un ritmo de 20 tiendas por año durante tres años. El equipo necesario por tienda se puede comprar en $25,000. El costo de mano de obra y de materiales para armar el sistema e instalarlo es de aproximadamente $10,000 por tienda. Se necesitará adquirir equipo especializado por un valor de $250,000, que se depreciará en línea recta hasta un valor de rescate de cero durante cinco años. Este equipo especializado se venderá dentro de tres años y, en ese momento, deberá valer aproximadamente la mitad de lo que se pagó por él. Por último, se necesitará hacer una inversión de $60,000 en capital de trabajo neto. La tasa de impuestos relevante es del 39%. ¿Qué precio se debe cotizar por cada sistema si se requiere un rendimiento del 16% sobre la inversión?

17. **CAE** Olivaw es uno de los principales fabricantes de cerebros positrónicos, un componente fundamental en robótica. La compañía está considerando dos métodos alternativos de producción. Los costos y la vida económica de cada uno de ellos son:

Año	Método 1	Método 2
0	$900	$800
1	20	80
2	20	80
3	20	80
4		80

Suponiendo que Olivaw *no* repondrá el equipo cuando se desgaste, ¿cuál debe comprar? En el caso de que sí reponga el equipo y de que ($r = 10\%$), ¿cuál debe comprar? Para la respuesta no se deben tomar en cuenta la depreciación ni los impuestos.

18. **Cálculo de los flujos de efectivo y el CAE** En la pregunta anterior, suponga que todos los costos son antes de impuestos y que la tasa de impuestos es del 34%. El equipo utilizado en el método 1 tendrá un valor de rescate de $120 dentro de tres años. Ambos equipos se depreciarán en línea recta hasta un valor de cero durante sus vidas respectivas. El método 2 tendrá un valor de rescate de $160. ¿Cuáles son los CAE en este caso? ¿Cuál es el método que debe seleccionarse?

19. **Flujos de efectivo y el VPN** Se proyectan las siguientes ventas en número de unidades de un nuevo sistema láser para detección y destrucción de cucarachas en el hogar:

Año	Ventas en unidades
1	53,000
2	65,000
3	76,000
4	86,000
5	46,000

El nuevo sistema tendrá un precio de venta de $95 por unidad.

Para comenzar el proyecto del exterminador de cucarachas, se requerirá un capital de trabajo neto de $585,000 y el capital de trabajo neto total aumentará al 30% de las ventas. El costo variable por unidad es de $60 y los costos fijos totales de $25,000 anuales. El equipo necesario para iniciar la producción tendrá un costo total de $6,500,000. En su mayor parte, este equipo está compuesto por maquinaria industrial, por lo que se clasifica como propiedad depreciable por SRAC en siete años. En cinco años, este equipo tendrá un valor de aproximadamente el 30% de su costo. La tasa de impuestos relevante es del 34% y el rendimiento requerido del 20%. Tomando como base estos estimados preliminares, ¿cuál es el VPN del proyecto?

20. **Decisiones de reemplazo**   Suponga que se está pensando en reemplazar una antigua computadora por una nueva. La antigua costó $50,000; la nueva costará $35,000. La nueva máquina se depreciará en línea recta hasta un valor en libros de cero durante sus cinco años de vida. Es probable que después de cinco años tenga un valor aproximado de $5,000.   **Problema de reto**

La antigua computadora se está depreciando a razón de $10,000 anuales y quedará completamente depreciada en tres años. Si no se reemplaza ahora, deberá reponerse dentro de dos años. En estos momentos, se puede vender por $12,000. Es probable que dentro de dos años su valor sea la mitad del monto que se podría obtener en estos momentos. La nueva máquina ahorrará $5,000 anuales en costos de enfriamiento. La tasa de impuestos es del 34% y la tasa de descuento del 10%.

a. Suponga que sólo toma en cuenta si se debe o no reemplazar la antigua computadora ahora, sin preocuparse por lo que ocurra dentro de dos años. ¿Cuáles son los flujos de efectivo relevantes? ¿Se debe reponer o no? Sugerencia: tome en cuenta el cambio neto en los flujos de efectivo de la empresa después de impuestos, si se lleva a cabo el reemplazo.

b. Suponga ahora que se toma en cuenta que, si no se reemplaza la computadora en estas fechas, se hará dentro de dos años. ¿Hay que reemplazarla ahora o se debe esperar? Sugerencia: en este caso, se trata de una decisión sobre si se debe «invertir» en la computadora antigua (al no venderla) o invertir en la nueva. Observe que las dos inversiones tienen vidas diferentes.

21. **Cálculo de los ahorros requeridos**   Un dispositivo propuesto para ahorrar costos tiene un costo ya instalado de $59,400. Se clasifica como una propiedad SRAC depreciable en tres años. En realidad, operará durante cinco años, al final de los cuales ya no tendrá valor alguno. Esta inversión no tiene consecuencia alguna sobre el capital de trabajo y la tasa de impuestos es del 34%.

a. ¿Cuáles deben ser los ahorros en costos antes de impuestos para aceptar la inversión? Se requiere un rendimiento del 10%. Sugerencia: ésta es una variación del problema sobre fijar un precio de oferta pública.

b. Suponga que el dispositivo tendrá un valor de rescate de $11,000 (antes de impuestos). ¿Cómo cambia esto la respuesta?

22. **Flujos de efectivo y operaciones de presupuesto de capital**   Klaatu Co. ha terminado recientemente un estudio de mercadotecnia que duró dos años con un costo de $400,000. De acuerdo con los resultados del estudio, Klaatu ha estimado que se podrían vender anualmente 10,000 de sus nuevos robots clase RUR durante los próximos ocho años y a un precio de $9,615 cada uno. Los costos variables por robot son de $7,400 y los costos fijos suman 12 millones de dólares anuales.   **Problema de reto**

Los costos iniciales incluyen 40 millones de dólares para construir instalaciones de producción, $2.4 millones en terrenos y $8 millones en capital de trabajo neto. Las instalaciones de producción por $40 millones se depreciarán en línea recta hasta un valor en libros de cero durante la vida del proyecto. Al finalizar este período, las instalaciones (incluyendo el terreno) se venderán por un importe estimado de $8.4 millones. No se esperan cambios en el valor del terreno.

Por último, los costos de arranque también representan gastos totalmente deducibles de impuestos por $1.4 millones en el año cero. Klaatu es una empresa que actualmente está en operación, es rentable y paga impuestos a una tasa del 34% sobre todas sus utilidades y ganancias. Klaatu utiliza una tasa de descuento del 10% en proyectos similares a éste. ¿Debe producir Klaatu los robots clase RUR?

Lecturas sugeridas

Para mayor información sobre la decisión del presupuesto de capital, véase:

Bierman H. y S. Smidt, *The Capital Budgeting Decision*, 6.ª ed. Nueva York: Macmillan 1984.

Capítulo 9

Análisis y evaluación de proyectos

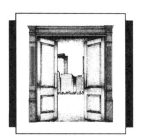

En el capítulo anterior, estudiamos cómo identificar y organizar los flujos de efectivo relevantes para las decisiones de inversión de capital. El propósito principal fue obtener un estimado preliminar del valor presente neto de un proyecto propuesto. En este capítulo, la atención se centra en evaluar la fiabilidad de dicho estimado y en algunas consideraciones adicionales en el análisis de proyectos.

Se comienza analizando la necesidad de evaluar los flujos de efectivo proyectados y el VPN estimado. Se continúa con el desarrollo de algunas herramientas útiles para realizar las estimaciones. También se examinan algunas complicaciones y aspectos adicionales que pueden presentarse en la evaluación de proyectos.

EVALUACIÓN DE ESTIMADOS DEL VPN | 9.1

Como vimos en el capítulo 7, una inversión tiene un valor presente neto positivo cuando su valor de mercado excede su costo. Dicha inversión resulta deseable porque crea valor para su propietario. El principal problema para identificar estas oportunidades radica en que la mayor parte del tiempo no es posible identificar su valor de mercado, por lo que su valor debe estimarse. A partir del valor estimado, lo natural es considerar si las cifras proyectadas se acercan al menos a los valores verdaderos. A continuación, se examina este problema.

El problema básico

Supongamos que se está trabajando en un análisis preliminar de FED de acuerdo con los lineamientos descritos en el capítulo anterior. Se identifican con cuidado los flujos de efectivo relevantes, evitando conceptos como costos «hundidos» y se toman en cuenta los requerimientos de capital de trabajo. Se suma de nuevo la depreciación; se toman en cuenta posibles efectos de erosión y se presta atención a los costos de oportunidad. Por último, se verifican de nuevo los cálculos y, una vez realizado todo esto, el renglón final muestra un VPN estimado positivo.

¿Y ahora qué? ¿Nos detenemos aquí y continuamos con el siguiente proyecto? Es probable que no. Desde luego que el hecho de que el VPN estimado sea positivo es una buena señal, pero esto indica, más que cualquier otra cosa, que es necesario analizar el proyecto con mayor detenimiento.

Si se piensa en estos conceptos, existen dos circunstancias bajo las cuales el análisis del flujo de efectivo descontado puede conducir a la conclusión de que un proyecto tiene un VPN positivo. La primera posibilidad es que el proyecto tenga en realidad un VPN positivo. Ésta es la buena noticia; la mala noticia es la segunda posibilidad: el proyecto quizá parezca tener un VPN positivo porque la estimación es inadecuada.

Obsérvese que también podemos equivocarnos en la dirección opuesta. Si se concluye que un proyecto tiene un VPN negativo cuando en realidad es positivo, se pierde una oportunidad valiosa.

Flujos de efectivo proyectados versus reales

En este momento, debemos presentar un aspecto delicado. Cuando se dice algo como: «El flujo de efectivo proyectado para el año 4 es de $700», ¿qué se quiere decir exactamente? ¿Significa que se piensa que el flujo de efectivo será efectivamente de $700? En realidad no. Por supuesto que podría ocurrir, pero sería sorprendente que dicho flujo de efectivo resultara ser exactamente por ese monto. La razón es que la proyección de $700 se basa sólo en lo que se conoce en la actualidad. Entre este momento y el año 4, pueden suceder todo tipo de cosas que hagan cambiar el monto de dicho flujo de efectivo.

Hablando en sentido general, lo que en realidad se quiere decir es que, si se consideran todos los posibles flujos de efectivo que podrían ocurrir en el año 4 y se promediaran, el resultado sería de $700. Por tanto, no se espera en realidad que el flujo de efectivo proyectado sea exactamente correcto en cualquier caso. Lo que se espera es que, si se evalúan un gran número de proyectos, las proyecciones serán correctas en promedio.

Riesgo de pronósticos

La información fundamental en que se basa un análisis del FED son los flujos de efectivo futuros proyectados. Si existen errores graves en estas proyecciones, se tiene un sistema clásico GIGO «Garbage-in, Garbage-out» (basura entra, basura sale). En este caso, sin importar el cuidado que se tenga al ordenar y manipular los números, el resultado será excesivamente engañoso. Éste es el peligro de utilizar una técnica relativamente sofisticada, como es el FED. En ocasiones, es fácil quedar atrapados en la manipulación de números y olvidar la realidad de la economía práctica fundamental.

riesgo de pronóstico
Posibilidad de que errores en los flujos de efectivo proyectados conduzcan a decisiones incorrectas.

A la posibilidad de que se tome una decisión incorrecta debido a errores en los flujos de efectivo proyectados se le denomina **riesgo de pronóstico** (o *riesgo de estimación*). Debido al riesgo al elaborar pronósticos, existe el peligro de que se piense que un proyecto tiene un VPN positivo cuando en realidad no es así. ¿Cómo es posible esto? Esto ocurre si se es exageradamente optimista sobre el futuro y, como resultado de ello, los flujos de efectivo proyectados no reflejan de un modo realista los posibles flujos futuros.

Hasta ahora, no se ha tomado en cuenta explícitamente cómo considerar la posibilidad de que existan errores en los pronósticos, por lo que una de las metas de este capítulo es presentar algunas herramientas útiles para identificar áreas donde existen errores potenciales y donde éstos pudieran ser especialmente dañinos. De una u otra forma, se intentará evaluar lo razonables que son las proyecciones. También se intentará precisar cuánto daño producirán los errores en las cifras estimadas.

Fuentes generadoras de valor

La primera línea de defensa contra el riesgo de pronóstico es preguntar: «¿Qué hay en esta inversión que conduce a un VPN positivo?». Se debe estar en posibilidad de señalar algo específico como fuente generadora de valor. Por ejemplo, si la propuesta a consideración se refiere a un nuevo producto, se podrían hacer preguntas como: «¿Existe la seguridad de que el nuevo producto es considerablemente mejor que el de la competencia? ¿En verdad se puede producir a un costo inferior, distribuir de un modo más efectivo, identificar nichos del mercado aún no desarrollados o bien obtener el control del mercado?».

Éstas sólo son algunas de las posibles fuentes generadoras de valor. Existen muchas otras. Un factor fundamental que se debe tomar en cuenta es el nivel de competencia en el mercado. Es un principio económico básico que las inversiones con VPN positivo serán escasas en un entorno muy competitivo. Por consiguiente, las propuestas que parezcan mostrar un valor significativo cuando existe una dura competencia son particularmente problemáticas y hay que examinar con mucho cuidado la probable reacción de la competencia ante cualquier innovación.

Se debe recordar que es probable que las inversiones con VPN positivo no sean muy habituales y es casi seguro que la cantidad de proyectos con VPN positivo sea limitada para cualquier empresa. Si no se pueden establecer bases económicas sólidas para anticipar que se ha encontrado un proyecto especial, la conclusión de que el proyecto tiene un VPN positivo se debe ver con cierta suspicacia.

PREGUNTAS SOBRE CONCEPTOS

9.1a ¿Qué se entiende por riesgo de pronósticos? ¿Por qué es este concepto una preocupación del administrador financiero?

9.1b ¿Cuáles son algunas fuentes potenciales generadoras de valor en un nuevo proyecto?

ANÁLISIS DE ESCENARIOS MÚLTIPLES Y OTROS ANÁLISIS DE «¿QUÉ SUCEDE SI?» | 9.2

El enfoque básico para evaluar las proyecciones de flujo de efectivo y del VPN obligan a plantearse preguntas de «qué sucede si». Por consiguiente, se estudian algunas formas organizadas de llevar a cabo un análisis de «qué sucede si». La meta al realizar este tipo de análisis es evaluar el nivel de riesgo de pronóstico e identificar los elementos más relevantes para el éxito o el fracaso de una inversión.

Etapa inicial

Se está investigando un nuevo proyecto y lo primero que se hace es estimar el VPN con base en los flujos de efectivo proyectados. A esta estimación se le denomina *escenario base*. Sin embargo, ahora se reconoce la posibilidad de errores en las proyecciones de flujos de efectivo. Por ello, después de concluir el escenario base, hay que investigar el impacto de otros supuestos futuros sobre los valores estimados para el escenario base.

Una forma de organizar esta investigación es establecer un límite superior y uno inferior para los diversos elementos del proyecto. Por ejemplo, supongamos que se pronostican ventas de 100 unidades anuales. Esta proyección puede ser alta o baja, pero se está relativamente seguro que no se alejará de las ventas futuras reales en más de 10 unidades en cualquier dirección. Por tanto, se elige un límite inferior de 90 unidades y uno superior de 110 unidades. Se continúa asignando límites a cualquier otro elemento del flujo de efectivo del que no se esté seguro.

Al seleccionar estos límites superior e inferior, no se está descartando la posibilidad de que los valores futuros reales pudieran estar fuera de este rango. Lo que se está expresando, de nuevo en sentido general, es que es poco probable que el promedio verdadero (en contraste con el promedio estimado) de los valores posibles esté fuera de este rango.

Para mostrar esta idea, es útil presentar un ejemplo. El proyecto a consideración tiene un costo de $200,000, una vida económica de cinco años y ningún valor de rescate. La depreciación se realiza en línea recta hasta llegar a cero. El rendimiento requerido es del 12% y la tasa de impuestos es del 34%. Además, se ha recopilado la siguiente información:

	Caso base	Límite inferior	Límite superior
Ventas en unidades	6,000	5,500	6,500
Precio unitario	$80	$75	$85
Costo variable por unidad	$60	$58	$62
Costo fijo anual	$50,000	$45,000	$55,000

Con esta información, se puede calcular el VPN del caso base, calculando primero la utilidad neta:

Ventas	$480,000
Costos variables	360,000
Costos fijos	50,000
Depreciación	40,000
UAII	$ 30,000
Impuestos (34%)	10,200
Utilidad neta	$ 19,800

Por tanto, el flujo de efectivo operativo es de $30,000 + 40,000 − 10,200 = $59,800 anuales. Al 12%, el factor de una anualidad a cinco años es 3.6048, por lo que el VPN del caso base es:

$$\text{VPN del caso base} = -\,\$200,000 + \$59,800 \times 3.6048$$

$$= \$15,567$$

Así pues, hasta ahora el proyecto parece atractivo.

Análisis de escenarios múltiples

La forma básica del análisis de «¿qué sucede si?» se conoce como **análisis de escenarios múltiples**. Lo que se hace es investigar los cambios en los estimados de VPN que resultan de preguntas como «¿qué sucede si en realidad las ventas en unidades se deben proyectar por 5,500 unidades en lugar de 6,000?».

Una vez que se comienzan a considerar escenarios alternativos, se podría encontrar que la mayoría de los escenarios más plausibles dan como resultado VPN positivos. En este caso, se tiene cierta confianza en continuar adelante con el proyecto. Si un porcentaje considerable de los escenarios presentan resultados negativos, el nivel de riesgo asociado con las proyecciones es elevado y se requiere realizar una investigación adicional.

Existen varios escenarios posibles que se podrían considerar. Un buen lugar para iniciar el análisis de escenarios múltiples es el escenario pesimista. El escenario pesimista señalará el VPN mínimo del proyecto. Si este VPN fuera positivo, se estaría en una situación adecuada. También se determinará el otro extremo, es decir, el escenario optimista. Este escenario establece un límite superior al VPN del proyecto.

Para obtener el escenario pesimista, se asigna el valor menos favorable a cada componente de los flujos de efectivo. Esto significa valores *mínimos* en aspectos tales como unidades vendidas, precios unitarios y valores *máximos* para costos. Para el escenario optimista, se realiza lo opuesto. En el caso del proyecto que se está considerando, estos valores serían:

	Escenario pesimista	Escenario optimista
Ventas en unidades	5,500	6,500
Precio unitario	$ 75	$ 85
Costos variables por unidad	$ 62	$ 58
Costos fijos	$55,000	$45,000

Con esta información, es posible calcular la utilidad neta y los flujos de efectivo para cada escenario (verifíquense):

Escenario		Utilidad neta	Valor presente TIR	Neto
Base	$19,800	$59,800	$ 15,567	15.1%
Pesimista*	− 15,510	24,490	− 111,719	− 14.4
Optimista	59,730	99,730	159,504	40.9

*Se supone que en el escenario pesimista se genera un crédito fiscal.

Lo que se aprende de este análisis es que, en el escenario pesimista, el flujo de efectivo continúa siendo positivo en $24,490. Ésta es la buena noticia. Las malas noticias son que el rendimiento, en este caso, es de − 14.4% y que el VPN es de − $111,719. Puesto que el proyecto tiene un costo de $200,000, en el escenario pesimista se está expuesto a perder un poco más de la mitad de la inversión original. El escenario optimista ofrece un atractivo rendimiento del 41%.

Como ya hemos mencionado, existe un número ilimitado de escenarios diferentes que se podrían examinar. Como mínimo, quizá se deban investigar dos escenarios intermedios entre los montos de las proyecciones base y los de las proyecciones extremas. Esto proporcionaría cinco escenarios en total, incluyendo el base.

Más allá de este punto, es difícil determinar dónde detener el análisis. Según se generan más y más escenarios alternativos, se incurre en el riesgo de la «paralización del análisis». La dificultad es que, sin importar cuántos escenarios se establezcan, todo lo que se puede aprender de ellos consiste en diferentes posibilidades, algunas buenas y otras malas. Más allá de esto, no se obtiene guía alguna sobre qué hacer. Por tanto, el análisis de escenarios múltiples es útil para señalar lo que puede ocurrir y para ayudar a medir las posibilidades de desastre, pero no indica si el proyecto se debe aceptar o rechazar.

Análisis de sensibilidad

análisis de sensibilidad
La investigación de lo que le ocurre al VPN cuando sólo se modifica una variable.

El **análisis de sensibilidad** es una variación del análisis de escenarios múltiples, que es útil para determinar con exactitud las áreas en las que el riesgo de pronóstico es especialmente alto. La idea básica del análisis de sensibilidad es congelar todas las variables excepto una y establecer con ello lo sensible que es el VPN estimado a los cambios en esa variable. Si el VPN estimado resulta ser muy sensible a cambios relativamente pequeños en el valor proyectado de algún elemento del flujo de efectivo del proyecto, el riesgo de pronóstico relacionado con esa variable es alto.

Para ejemplificar cómo opera el análisis de sensibilidad, consideremos nuevamente el escenario base, manteniendo constante las proyecciones, excepto las ventas en unidades. El flujo de efectivo y el VPN pueden calcularse usando las cifras máxima y mínima de las ventas en unidades.

Escenario	Ventas en unidades	Flujo de efectivo	Valor presente neto	TIR
Base	6,000	$59,800	**$15,567**	15.1%
Pesimista	5,500	53,200	**– 8,226**	10.3
Optimista	6,500	66,400	**39,357**	19.7

Para comparar resultados, se congela el valor de todas las variables, excepto los costos fijos, y se repite el análisis:

Escenario	Costos fijos	Flujo de efectivo	Valor presente neto	TIR
Base	$50,000	$59,800	$15,567	15.1%
Pesimista	55,000	56,500	3,670	12.7
Optimista	45,000	63,100	27,461	17.4

Lo que se observa aquí es que, dadas estas cifras, el VPN estimado de este proyecto es más sensible a las ventas en unidades proyectadas que a los costos fijos proyectados. De hecho, en el caso pesimista de costos fijos, el VPN continúa siendo positivo.

Los resultados del análisis de sensibilidad para las ventas en unidades se pueden mostrar de forma gráfica, como aparecen en la figura 9.1. En este caso, se indica el VPN sobre el eje vertical y las ventas en unidades sobre el eje horizontal. Cuando se grafican las combinaciones de ventas en unidades versus VPN, se observa que todas las combinaciones posibles se localizan sobre una recta. Cuanto mayor sea la pendiente que tenga la línea resultante, mayor será la sensibilidad del VPN estimado al valor proyectado de la variable que se investiga.

Como se ha mostrado, el análisis de sensibilidad es útil para señalar con exactitud las variables que merecen mayor atención. Si se observa que el VPN estimado es especialmente sensible a una variable difícil de pronosticar (como las ventas en unidades), el gra-

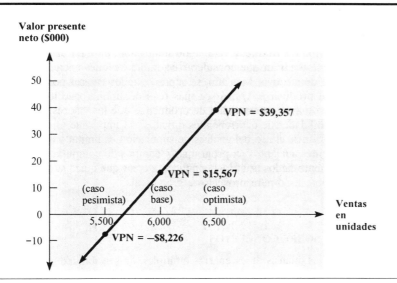

Valor presente neto ($000)

50

40   ● VPN = **$39,357**

30

20

10   ● VPN = **$15,567**

(caso   (caso   (caso
pesimista)   base)   optimista)

0

5,500   6,000   6,500   **Ventas en unidades**

−10   ● VPN = **−$8,226**

Figura 9.1

Análisis de sensibilidad para las ventas en unidades

do de riesgo de pronóstico es alto. Se podría decidir que, en este caso, es buena idea llevar a cabo una investigación de mercados adicional.

Debido a que el análisis de sensibilidad es una variable del análisis de escenarios múltiples, presenta los mismos inconvenientes antes mencionados. El análisis de sensibilidad es útil para señalar con exactitud dónde ocasionarán el mayor daño los errores al elaborar pronósticos, pero no señala qué hacer en relación con los posibles errores.

Análisis de simulación

Los análisis de escenarios múltiples y de sensibilidad se utilizan ampliamente. En el análisis de escenarios múltiples, se permite que cambien todas las diferentes variables, pero únicamente se les permite tomar un número limitado de valores. En el análisis de sensibilidad, sólo se permite que cambie una variable, pero ésta puede tener un número ilimitado de valores. Si se combinan los dos enfoques, el resultado es una forma rudimentaria de **análisis de simulación**.

Si se quiere que todas las variables cambien al mismo tiempo, hay que considerar un número muy grande de escenarios y, casi con toda seguridad, se necesitará la ayuda de una computadora. En el caso más sencillo, se inicia con las ventas en unidades y se supone que cualquier valor en el rango de 5,500 a 6,500 es igualmente probable. Se comienza seleccionando de forma aleatoria un valor (o dándole instrucciones a la computadora para que lo haga). Después, también en forma aleatoria, se selecciona un precio, un costo variable y así sucesivamente.

Una vez que se tienen los valores para todas las variables relevantes, se calcula el VPN. Esta secuencia se repite tantas veces como se desee, probablemente varios miles de veces. El resultado es un gran número de VPN estimados, que se resumen mediante el cálculo del valor promedio y de alguna medida del grado de dispersión de los diferentes VPN posibles. Por ejemplo, tendría cierto interés conocer qué porcentaje de los escenarios posibles dan como resultado VPN estimados negativos.

análisis de simulación
Combinación del análisis de escenarios múltiples y del análisis de sensibilidad.

Dado que la simulación es una forma ampliada del análisis de escenarios múltiples, la simulación también presenta los mismos problemas. Una vez que se tienen los resultados, no existe una regla de decisión sencilla que indique lo que debe hacerse. También se ha descrito una forma relativamente simple de simulación; para llevarla a cabo correctamente, en realidad se tendrían que considerar las interrelaciones entre los diferentes componentes del flujo de efectivo. Más aún, se supuso que los valores posibles tenían la misma probabilidad de producirse. Quizá sea más realista suponer que los valores cercanos al caso base tienen mayor probabilidad de producirse que los valores extremos, pero el obtener las probabilidades de ocurrencia es difícil, si no imposible.

Por estas razones, el uso del análisis de simulación es limitado en la práctica. Sin embargo, los recientes adelantos en programas y equipos de computación (y en el mayor nivel de conocimiento de los usuarios) conducen a creer que quizá su uso sea más frecuente en el futuro, sobre todo para proyectos a gran escala.

PREGUNTAS SOBRE CONCEPTOS

9.2a ¿Qué son los análisis de escenarios múltiples, de sensibilidad y de simulación?
9.2b ¿Cuáles son los inconvenientes de los diversos tipos de análisis de «qué sucede si»?

9.3 | ANÁLISIS DEL PUNTO DE EQUILIBRIO

Nos encontramos con frecuencia que la variable crucial para un proyecto será el volumen de ventas. Por ejemplo, si se está pensando en un nuevo producto o en penetrar en un nuevo mercado, lo más difícil de pronosticar con exactitud es cuánto se puede vender. Por esta razón, el volumen de ventas se suele analizar con más detalle que otras variables.

El análisis del punto de equilibrio es una herramienta frecuentemente utilizada para analizar la relación entre el volumen de ventas y la rentabilidad. Existen varias definiciones del punto de equilibrio y ya hemos visto varias de ellas. Por ejemplo, se estudió (en el cap. 7) una interpretación del período de recuperación de la inversión como el período de tiempo que debe transcurrir para que el proyecto alcance el punto de equilibrio, sin tomar en cuenta el valor del dinero en el tiempo.

Todas las definiciones del punto de equilibrio tienen una meta similar. En términos generales, siempre se estará preguntando: «¿Cuánto deben descender las ventas para comenzar a perder dinero?». De forma implícita, también se estará preguntando: «¿Es probable que las cosas lleguen a estar tan mal?». Para iniciar este tema, primero se estudian los costos fijos y las variables.

Costos fijos y variables

Al estudiar el punto de equilibrio, la diferencia entre los costos fijos y los costos variables adquiere gran importancia. Como consecuencia, es necesario ser más explícitos sobre la diferencia entre estos costos de lo que hemos sido hasta ahora.

costos variables
Costos que cambian cuando el nivel de producción se modifica.

Costos variables   Por definición, los **costos variables** cambian conforme cambia el volumen de producción y cuando la producción es de cero estos costos también son de cero. Por ejemplo, los costos de mano de obra directa y los de materias primas suelen conside-

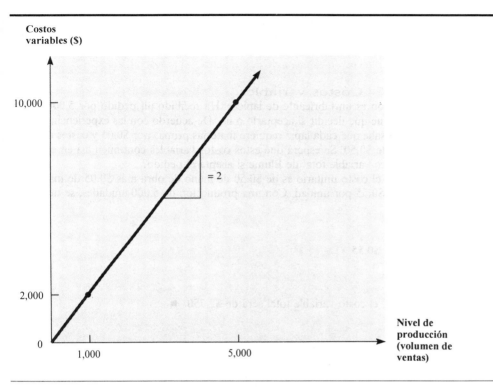

Figura 9.2

Nivel de producción
y costos variables

rarse como variables. Esto tiene sentido, ya que si mañana se suspenden las operaciones, no existirán costos futuros de mano de obra o de materias primas.

Se supondrá que los costos variables son una cantidad constante por unidad producida. Esto simplemente significa que el costo variable total es igual al costo variable unitario multiplicado por el número de unidades. En otras palabras, la relación entre el costo variable total (CV), el costo unitario de producción (v) y el volumen total de producción (Q) puede expresarse como:

Costo variable total = Volumen total de producción × Costo unitario de producción

$$CV = Q \times v$$

Supongamos, por ejemplo, que los costos variables (v) son de $2 por unidad. Si la producción total (Q) es de 1,000 unidades, ¿cuál será el costo variable total (CV)?

$$CV = Q \times v$$
$$= 1,000 \times \$2$$
$$= \$2,000$$

De forma similar, si Q es 5,000 unidades, CV será 5,000 × $2 = $10,000. En la figura 9.2 se muestra la relación entre el volumen de producción y los costos variables para este caso. Obsérvese en esta figura que, al aumentar la producción en una unidad, el resultado es que los costos variables se incrementen en \$2, por lo que el «incremento vertical dividido entre el incremento horizontal» (la pendiente de la recta) se determina mediante \$2/1 = **\$2**.

Ejemplo 9.1   Costos variables

Blume Corporation es un fabricante de lápices. Ha recibido un pedido por 5,000 lápices y la compañía tiene que decidir si aceptarlo o no. De acuerdo con las experiencias recientes, la compañía sabe que cada lápiz requiere materias primas por \$0.05 y costos de mano de obra directa de \$0.50. Se espera que estos costos variables continúen así en el futuro. ¿Cuál será el costo variable total de Blume si acepta el pedido?

En este caso, el costo unitario es de \$0.50 de mano de obra más \$0.05 de materiales, para un total de \$0.55 por unidad. Con una producción de 5,000 unidades, se tiene:

$$\begin{aligned} CV &= Q \times v \\ &= 5{,}000 \times \$0.55 \\ &= \$2{,}750 \end{aligned}$$

Por consiguiente, el costo variable total será de \$2,750. ∎

costos fijos
Costos que no cambian cuando el nivel de producción se modifica durante un período específico.

Costos fijos   Por definición, los **costos fijos** no cambian durante un período determinado. Así que, a diferencia de los costos variables, no dependen de la cantidad de bienes o servicios que se producen durante un período (al menos dentro de cierto rango de producción). Por ejemplo, el pago de renta de una planta de producción y el sueldo del presidente de la compañía son costos fijos, al menos durante cierto período.

Como es natural, los costos fijos no son fijos para siempre. Sólo son fijos durante algún período, por ejemplo, un trimestre o un año. Más allá de ese período, se puede cancelar el contrato de arrendamiento y se pueden «retirar» los ejecutivos. Abundando en este concepto, cualquier costo fijo se puede modificar o eliminar si el período es lo suficientemente extenso; por tanto, a largo plazo, todos los costos son variables.

Obsérvese que durante el período en el que un costo es fijo, ese costo es efectivamente un costo «hundido», ya que tiene que pagarse forzosamente.

Costo total   El costo total (CT) para un determinado volumen de producción está integrado por la suma de los costos variables (CV) y los costos fijos (CF):

$$\begin{aligned} CT &= CV + CF \\ CT &= v \times Q + CF \end{aligned}$$

Así pues, si se tiene, por ejemplo, un costo variable de \$3 por unidad y costos fijos de \$8,000 anuales, el costo total es de:

$$CT = \$3 \times Q + \$8{,}000$$

Si se producen 6,000 unidades, el costo total de producción sería de \$3 × 6,000 + \$8,000 = \$26,000. Para otros niveles de producción, se tienen:

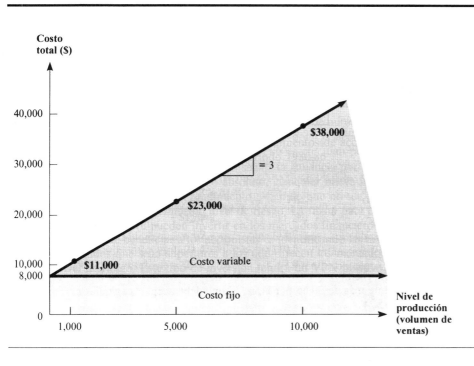

Figura 9.3

Nivel de producción
y costos totales

Cantidad producida	Costo variable total	Costos fijos	Costo total
0	$ 0	**$8,000**	**$ 8,000**
1,000	3,000	**8,000**	**11,000**
5,000	15,000	**8,000**	**23,000**
10,000	30,000	**8,000**	**38,000**

Al trazar estos puntos en la figura 9.3, se observa que la relación entre la cantidad producida y el costo total queda determinada por una recta. En la figura 9.3 se observa que los costos totales son iguales a los costos fijos cuando las ventas son de cero. Más allá de ese punto, cada unidad adicional producida ocasiona un aumento de $3 en los costos totales, por lo que la pendiente de la recta es de 3. En otras palabras, el **costo marginal** o **costo incremental** para producir una unidad adicional es de $3.

costo marginal o **costo incremental**
Cambio en los costos que ocurre cuando se presenta un cambio pequeño en el nivel de producción.

Ejemplo 9.2   Costo promedio versus costo marginal

Supongamos que Blume Corporation tiene un costo variable por lápiz de $0.55. El pago por la renta de la planta de producción asciende a $5,000 mensuales. Si Blume produce 100,000 lápices anuales, ¿cuál es el costo total de producción? ¿Cuál es el costo promedio por lápiz?

Los costos fijos son de $5,000 mensuales o $60,000 anuales. El costo variable es de $0.55 por lápiz, por lo que el costo total para el año, suponiendo que se producen 100,000 lápices, es de:

$$\text{Costo total} = v \times Q + \text{CF}$$
$$= \$0.55 \times 100,000 + \$60,000$$
$$= \$115,000$$

El costo promedio por lápiz es de $\$115,000/100,000 = \$1.15$.

Supongamos ahora que Blume ha recibido un pedido especial único de 5,000 lápices. Blume tiene capacidad suficiente para fabricar esos 5,000 lápices, además de los 100,000 ya producidos, por lo que no incurrirá en costos fijos adicionales. El pedido especial tampoco tendrá efecto alguno sobre los pedidos ya existentes. Si Blume puede obtener $0.75 por lápiz en este pedido, ¿se debe aceptar la orden?

En realidad, lo que esto representa es una propuesta muy sencilla. Fabricar cada lápiz adicional cuesta $0.55. Cualquier monto que se pueda obtener por este lápiz en exceso del costo incremental de $0.55 contribuye positivamente a cubrir los costos fijos. El **ingreso marginal** o **ingreso incremental** de $0.75 excede el costo marginal de $0.55, por lo que Blume debe aceptar el pedido.

El costo fijo de $60,000 no es relevante en esta decisión, ya que en realidad es un costo «hundido», al menos durante el período de tiempo considerado. Por el mismo motivo, el hecho de que el costo promedio fue de $1.15 no es relevante porque este promedio incluye el costo fijo. Siempre y cuando el hecho de producir los 5,000 lápices adicionales no cueste realmente más de $0.55 por lápiz, Blume debe aceptar cualquier monto que exceda dichos $0.55. ∎

Punto de equilibrio contable

ingreso marginal o **ingreso incremental**
Cambio en los ingresos que ocurre cuando se presenta un cambio pequeño en el nivel de producción.

punto de equilibrio contable
Nivel de ventas que da como resultado una utilidad neta del proyecto igual a cero.

La definición de punto de equilibrio más utilizada es el denominado **punto de equilibrio contable**. El punto de equilibrio contable es simplemente el nivel de ventas que hace que el proyecto genere una utilidad neta de cero.

Para determinar el punto de equilibrio contable de un proyecto, se utiliza el simple sentido común. Supongamos que se comercializan «diskettes» de computadora a $5 cada uno. Los diskettes se pueden comprar a un proveedor mayorista por $3 cada uno. Se incurre en gastos de contabilidad por $600 debido a los costos fijos y a la depreciación por $300. ¿Cuántos diskettes se tienen que vender para alcanzar el punto de equilibrio, es decir, para que la utilidad neta sea de cero?

Por cada diskette que se vende, se obtienen $5 − 3 = \$2$ para cubrir otros gastos. Es necesario cubrir un total de $600 + 300 = \$900$ de gastos contables, por lo que es obvio que hay que vender $\$900/\$2 = 450$ diskettes. Se puede verificar esto observando que, con nivel de ventas de 450 unidades, los ingresos son de $\$5 \times 450 = \$2,250$ y los costos variables son de $\$3 \times 450 = \$1,350$. Por consiguiente, el estado de resultados es:

Ventas	$2,250
Costos variables	1,350
Costos fijos	600
Depreciación	300
UAII	$ 0
Impuestos	0
Utilidad neta	$ 0

Recuérdese que, dado que se está considerando un nuevo proyecto, no se toman en cuenta los gastos por intereses en el cálculo de la utilidad neta ni en el del flujo de efectivo

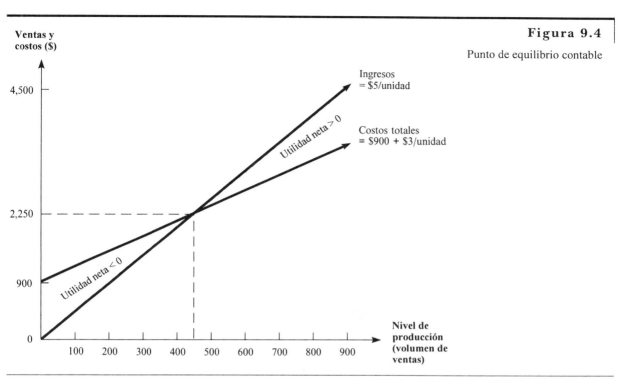

Ventas y costos ($)

Figura 9.4

Punto de equilibrio contable

Ingresos = $5/unidad

Utilidad neta > 0

Costos totales = $900 + $3/unidad

4,500

2,250

Utilidad neta < 0

900

0   100   200   300   400   500   600   700   800   900

Nivel de producción (volumen de ventas)

generado por el proyecto. Obsérvese también que, al calcular los gastos, se incluye la depreciación, a pesar de que ésta no es una salida de efectivo. Ése es el motivo de que se le denomine punto de equilibrio contable. Por último, obsérvese que cuando la utilidad neta es igual a cero, lo mismo sucede con la utilidad antes de impuestos y, por supuesto, con los impuestos. En términos contables, los ingresos son iguales a los costos, por lo que no existe utilidad gravable.

En la figura 9.4 se muestra otra forma de observar lo que ocurre. Esta figura es similar a la figura 9.3, excepto en que se añade una recta para los ingresos. Como ya se señaló, los ingresos totales son de cero cuando el volumen de producción es igual a cero. Para un volumen de producción superior a cero, cada unidad que se venda genera $5 adicionales, por lo que la pendiente de la recta de ingresos es de 5.

Con base a lo anterior, el punto de equilibrio se alcanza cuando los ingresos son iguales al costo total. La recta de los ingresos y la recta del costo total se intersectan justo donde el volumen de producción es de 450 unidades. Como ya se mostró, para cualquier nivel de ventas inferior a 450 unidades, la utilidad contable es negativa y, para cualquier nivel de ventas superior a 450 unidades, se genera una utilidad neta positiva.

Punto de equilibrio contable: una visión más detallada

En el ejemplo numérico presentado, obsérvese que el nivel de ventas correspondiente al punto de equilibrio es igual a la suma de los costos fijos y la depreciación, dividida entre el precio unitario menos los costos variables por unidad. Esto siempre es cierto. Para entender la razón de esta relación, se utilizarán las siguientes abreviaciones para las diferentes variables:

P = Precio de venta por unidad

v = Costo variable por unidad

Q = Total de unidades vendidas

CF = Costos fijos

D = Depreciación

T = Tasa de impuestos

La utilidad neta del proyecto se determina mediante:

Utilidad neta = (Ventas − Costos variables − Costos fijos − Depreciación)

$$\times (1 - T)$$
$$= (V - CV - CF - D) \times (1 - T)$$

A partir de esta relación, no es difícil calcular el punto de equilibrio. Si se establece que la utilidad neta es igual a cero, se obtiene:

$$\text{Utilidad neta} \overset{\text{set}}{=} 0 = (V - CV - CF - D) \times (1 - T)$$

Dividiendo ambos términos entre $(1 - T)$, se obtiene:

$$V - CV - CF - D = 0$$

Como ya se ha visto, esto significa que cuando la utilidad neta es igual a cero, también lo es la utilidad antes de impuestos. Si se recuerda que $V = P \times Q$ y que $CV = v \times Q$, se puede despejar y resolver para el número de unidades vendidas en el punto de equilibrio:

$$V - CV = CF + D$$
$$P \times Q - v \times Q = CF + D$$
$$(P - v) \times Q = CF + D$$
$$Q = (CF + D)/(P - v) \tag{9.1}$$

Éste es el mismo resultado que se obtuvo previamente.

Usos del punto de equilibrio contable

¿Por qué alguien se interesaría por conocer el punto de equilibrio contable? Para mostrar su utilidad, supongamos que un pequeño fabricante de helados de sabores exóticos, con distribución estrictamente local, está considerando penetrar nuevos mercados. Con base a los flujos de efectivo estimados, se observa que el proyecto de expansión genera un VPN positivo.

Regresando al estudio previo sobre el riesgo de pronóstico, es probable que lo que facilite o impida el proyecto de expansión sea el volumen de ventas. La razón es que, por lo menos en este caso, es probable que se tenga una idea bastante adecuada de lo que se puede cobrar por el helado. Más aún, se conocen los costos de producción y de distribución relevantes con un margen de precisión razonable, dado que ya se está operando en este ramo. Lo que no se conoce con exactitud es cuántos helados pueden venderse.

Sin embargo, conociendo los costos y el precio de venta, es posible calcular de inmediato el punto de equilibrio. Una vez calculado, quizá nos encontremos con que se debe capturar el 30% del mercado sólo para alcanzar el punto de equilibrio. Si se piensa que es poco probable que esto ocurra porque, por ejemplo, sólo se ha logrado penetrar el 10% del mercado actual, se reconoce que el pronóstico es dudoso y que existe una posibilidad real de que el verdadero VPN sea negativo. Por el contrario, podríamos encontrarnos con que ya se tienen compromisos de ventas en firme de algunos clientes por la cantidad aproximada requerida para alcanzar el punto de equilibrio, con lo que es casi seguro que se podría vender más. En este caso, el riesgo asociado al pronóstico es mucho menor y se tiene consecuentemente una mayor confianza en las cifras proyectadas.

Existen otras razones por las que puede ser útil conocer el punto de equilibrio contable. Primero, como se estudiará con más detalle a continuación, el punto de equilibrio contable y el período de recuperación de la inversión son medidas muy similares. Al igual que el período de recuperación de la inversión, el punto de equilibrio contable es relativamente fácil de calcular y de explicar.

Segundo, a los administradores les suele preocupar la contribución que el proyecto aportará a las utilidades contables totales de la empresa. Un proyecto que no alcanza el punto de equilibrio en un sentido contable, reduce en realidad las utilidades totales.

Tercero, un proyecto que sólo alcanza el punto de equilibrio sobre una base contable, pierde dinero en un sentido financiero o de costo de oportunidad. Esto es cierto porque se habría podido ganar más invirtiendo en algún otro proyecto. Este tipo de proyecto no pierde dinero desde una perspectiva de flujos de efectivo. Como se describe a continuación, se recupera exactamente lo que se invirtió. Por razones no económicas, este tipo de pérdidas derivadas de las oportunidades desperdiciadas tal vez sea más fácil de tolerar que las pérdidas de flujo de efectivo.

PREGUNTAS SOBRE CONCEPTOS

9.3a ¿En qué sentido son similares los costos fijos a los «costos hundidos»?

9.3b ¿Qué es la utilidad neta en el punto de equilibrio contable? ¿Y los impuestos?

9.3c ¿Por qué podría estar interesado un administrador financiero en el punto de equilibrio contable?

FLUJO DE EFECTIVO OPERATIVO, VOLUMEN DE VENTAS Y PUNTO DE EQUILIBRIO | 9.4

El punto de equilibrio contable es una herramienta útil para el análisis de proyectos; sin embargo, en última instancia, existe mayor interés en el flujo de efectivo que en la utilidad contable. Por tanto, si el volumen de ventas es la variable crítica, se requerirá entender mejor, por ejemplo, la relación entre el volumen de ventas y el flujo de efectivo, más aún que la relación mostrada por el punto de equilibrio contable.

En esta sección, el objetivo es mostrar la relación entre el flujo de efectivo operativo y el volumen de ventas. También se estudian algunas definiciones adicionales del punto de equilibrio. Sin embargo, para simplificar la exposición, no se considerará el efecto de los impuestos. Se inicia observando la relación entre el punto de equilibrio contable y el flujo de efectivo.

Punto de equilibrio contable y flujo de efectivo

Ahora que sabemos cómo determinar el punto de equilibrio contable, es natural preguntarse qué ocurre con el flujo de efectivo. Como ejemplo, supongamos que Wettway Sailboat Corporation está considerando el lanzamiento de un nuevo velero de la clase Margo. El precio de venta será de $40,000 por bote. Los costos variables serán aproximadamente la mitad de dicho monto, es decir, $20,000 por bote y los costos fijos serán de $500,000 anuales.

El caso base   La inversión total requerida para llevar a cabo el proyecto es de $3,500,000. Este monto se depreciará en línea recta hasta un valor de cero durante los cinco años de vida del equipo. El valor de rescate es de cero y se requerirán cambios en el capital de trabajo. Wettway requiere un rendimiento del 20% en nuevos proyectos.

Con base a encuestas del mercado y en experiencia histórica, Wettway ha proyectado ventas totales para los cinco años de 425 botes, es decir, aproximadamente 85 botes por año. Sin considerar los impuestos, ¿se debe aceptar este proyecto?

Para iniciar y sin considerar los impuestos, el flujo de efectivo operativo de 85 botes anuales es de:

$$\text{Flujo de efectivo de operativo} = \text{UAII} + \text{Depreciación} - \text{Impuestos}$$
$$= (V - CV - CF - D) + D - 0$$
$$= 85 \times (\$40,000 - 20,000) - \$500,000$$
$$= \$1,200,000 \text{ por año}$$

Al 20%, el factor de una anualidad a cinco años es de 2.9906, por lo que el VPN es de:

$$\text{VPN} = -\$3,500,000 + 1,200,000 \times 2.9906$$
$$= -\$3,500,000 + 3,588,720$$
$$= \$88,720$$

Si no existe información adicional, se debe aceptar el proyecto.

Cálculo del nivel de equilibrio   Para iniciar un examen más detallado de este proyecto, podrían formularse varias preguntas. Por ejemplo, ¿cuántos botes nuevos debe vender Wettway para que el proyecto alcance el punto de equilibrio sobre una base contable? Si Wettway alcanza el punto de equilibrio, ¿cuál será el flujo de efectivo anual generado por el proyecto? ¿Cuál será el rendimiento sobre la inversión en este caso?

Antes de considerar los costos fijos y la depreciación, Wettway genera $40,000 - 20,000 = $20,000 por bote (esta cifra es igual al ingreso menos el costo variable). La depreciación es de $3,500,000/5 = $700,000 anuales. Los costos fijos y la depreciación suman en conjunto $1.2 millones, por lo que Wettway debe vender $(CF + D)/(P - v) = $1.2 millones/ $20,000 = 60 botes por año para alcanzar el punto de equilibrio sobre una base contable.

Éstos son 25 botes menos que las ventas proyectadas, por lo que, suponiendo que Wettway tiene confianza en que su proyección de ventas es exacta dentro de una variación de hasta 15 botes, parece poco probable que el nuevo proyecto no alcance al menos el punto de equilibrio sobre una base contable.

Para calcular el flujo de efectivo de Wettway en este caso, se observa que si se venden 60 botes, la utilidad neta será exactamente igual a cero. Si se recuerda el capítulo anterior, el flujo de efectivo operativo de un proyecto puede expresarse como utilidad neta más depreciación (la definición ascendente del flujo de efectivo operativo); es obvio que el flujo de efectivo operativo es igual a la depreciación, es decir, $700,000 en este caso. La tasa interna de rendimiento sería exactamente igual a cero (¿por qué?).

Recuperación de la inversión y punto de equilibrio   Como se muestra en el ejemplo, cada vez que un proyecto alcanza el punto de equilibrio sobre una base contable, el flujo de efectivo de dicho período será igual a la depreciación. Este resultado es perfectamente explicable desde una perspectiva contable. Supongamos, por ejemplo, que se invierten $100,000 en un proyecto con vida económica de cinco años. La depreciación es en línea recta hasta un valor de rescate igual a cero, es decir, de $20,000 anuales. Si el proyecto alcanza exactamente el punto de equilibrio en cada período, el flujo de efectivo será de $20,000 por período.

La suma de los flujos de efectivo durante la vida económica de este proyecto es de 5 × $20,000 = $100,000, exactamente el monto de la inversión original. Lo que muestra esto es que el período de recuperación de la inversión de un proyecto es exactamente igual a su vida económica, si el proyecto alcanza el punto de equilibrio en cada período. De forma similar, un proyecto que supera el punto de equilibrio tiene un período de recuperación de la inversión menor que la vida económica del proyecto y una tasa de rendimiento positiva.

Lo malo es que un proyecto que sólo alcanza el punto de equilibrio sobre una base contable tiene un VPN negativo y un rendimiento igual a cero. En el caso del proyecto de los veleros, el hecho de que casi con seguridad se alcanzará el punto de equilibrio sobre una base contable resulta parcialmente tranquilizador, ya que el riesgo «descendente» (la pérdida potencial) es limitado, pero aún no se conoce si el proyecto es en realidad rentable. Se requiere mayor profundidad en el análisis.

Volumen de ventas y flujo de efectivo operativo

En este momento, se puede generalizar el ejemplo e introducir algunas definiciones adicionales del punto de equilibrio. Por lo que se acaba de exponer, se conoce que, sin considerar impuestos, el flujo de efectivo operativo de un proyecto (FEO) se puede expresar simplemente como UAII más la depreciación:

$$\text{FEO} = [(P - v) \times Q - \text{CF} - D] + D \qquad (9.2)$$
$$= (P - v) \times Q - \text{CF}$$

Por tanto, para el proyecto de los veleros de Wettway, la relación general (en miles de unidades monetarias) entre el flujo de efectivo operativo y el volumen de ventas es:

$$\text{FEO} = (P - v) \times Q - \text{CF}$$
$$= (\$40 - 20) \times Q - \$500$$
$$= -\$500 + \$20 \times Q$$

Figura 9.5

Flujo de efectivo operativo
y volumen de ventas

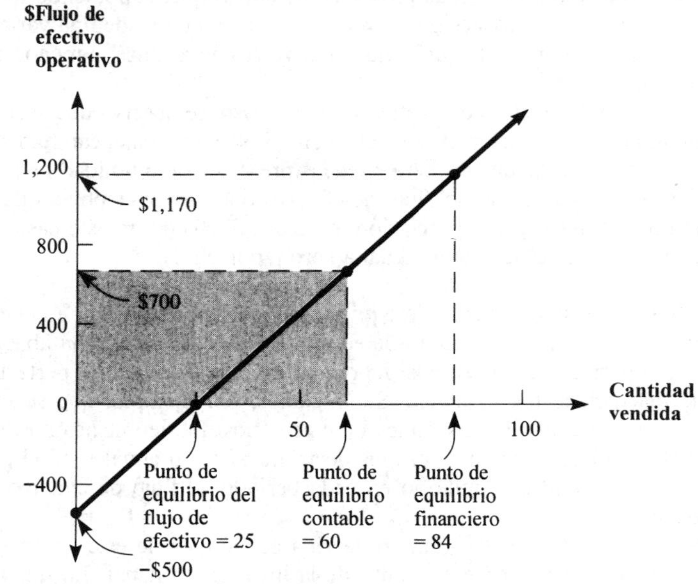

Lo que esto indica es que la relación entre el flujo de efectivo operativo y el volumen de ventas se determina mediante una línea recta con pendiente de $20 e intersección con el eje y de − $500. Si se calculan algunos valores diferentes, se obtiene:

Cantidad vendida	Flujo de efectivo operativo
0	−$ 500
15	− 200
30	100
50	500
75	1,000

En la figura 9.5 se trazan estos puntos. En esta figura, se han señalado tres puntos de equilibrio diferentes que se estudian a continuación.

Puntos de equilibrio del flujo de efectivo, contable y financiero

Por lo que se acaba de exponer, se conoce que la relación entre el flujo de efectivo operativo y el volumen de ventas (ignorando los impuestos) es:

$$FEO = (P - v) \times Q - CF$$

Si se reordenan los términos y se resuelve para Q, se obtiene:

$$Q = (CF + FEO)/(P - v) \tag{9.3}$$

Esto indica el volumen de ventas (Q) que se requiere para alcanzar cualquier monto de FEO, por lo que este resultado es más general que el punto de equilibrio contable. Esta ecuación se utiliza para determinar los diversos puntos de equilibrio mostrados en la figura 9.5.

Punto de equilibrio contable revisado   Observemos la figura 9.5 y supongamos que el flujo de efectivo operativo fue igual a la depreciación (D). Recuérdese que esto corresponde al punto de equilibrio sobre una base contable. Para determinar el volumen de ventas, se sustituye el monto de la depreciación de $700 por el FEO en la ecuación general previa:

$$Q = (CF + FEO)/(P - v)$$
$$= (\$500 + 700)/(\$20)$$
$$= \mathbf{60}$$

Ésta es la misma cantidad que se tenía previamente.

Punto de equilibrio del flujo de efectivo   Ya se ha visto que un proyecto que alcanza el punto de equilibrio sobre una base contable tiene una utilidad neta de cero, aunque presenta un flujo de efectivo positivo. Para algún volumen de ventas inferior al punto de equilibrio contable, el flujo de efectivo operativo se convierte en negativo. Éste es un acontecimiento particularmente desagradable; cuando ocurre, hay que aportar efectivo adicional al proyecto sólo para mantenerlo en operación.

Para calcular el **punto de equilibrio del flujo de efectivo** (el punto donde el flujo de efectivo operativo es igual a cero), se iguala el FEO a cero en la ecuación que se expone a continuación:

> **punto de equilibrio del flujo de efectivo**
> Volumen de ventas que da como resultado un flujo de efectivo operativo igual a cero.

$$Q = (CF + 0)/(P - v)$$
$$= \$500/\$20$$
$$= \mathbf{25}$$

Por tanto, Wettway debe vender 25 botes para cubrir los costos fijos de $500. Como se muestra en la figura 9.5, este punto ocurre justo donde la recta del flujo de efectivo operativo intersecta el eje horizontal.

Obsérvese que un proyecto que sólo alcanza el punto de equilibrio sobre una base de flujo de efectivo puede cubrir sus propios costos fijos de operación, pero eso es todo. Nunca se recupera parte de la inversión, por lo que la inversión original es una pérdida completa (la TIR es -100%).

Punto de equilibrio financiero   El último caso que se estudia es el **punto de equilibrio financiero**, dado por el volumen de ventas que generan un VPN igual a cero. Para el administrador financiero, éste representa el caso más interesante. Lo que se hace es determinar primero el flujo de efectivo operativo que genera un VPN igual a cero. Posteriormente, se utiliza esta cifra para determinar el volumen de ventas.

> **punto de equilibrio financiero**
> Nivel de ventas que da como resultado un VPN de cero.

Como ejemplo, recuérdese que Wettway requiere un rendimiento del 20% por su inversión de $3,500 (en miles). ¿Cuántos veleros debe vender Wettway para alcanzar el punto de equilibrio, considerando el costo de oportunidad anual del 20%?

El proyecto de los veleros tiene una vida económica de cinco años. El proyecto tiene un VPN igual a cero cuando el valor presente de los flujos de efectivo operativo es igual a la inversión de $3,500. Dado que el flujo de efectivo es el mismo cada año, se puede resolver la variable desconocida al considerarla como una anualidad ordinaria. El factor de una anualidad a cinco años al 20% es de 2.9906 y el FEO se puede determinar de la forma siguiente:

$$\$3,500 = \text{FEO} \times 2.9906$$
$$\text{FEO} = \$3,500/2.9906$$
$$= \$1,170$$

Por tanto, Wettway requiere un flujo de efectivo operativo de $1,170 anuales para alcanzar el punto de equilibrio. Ahora se puede sustituir este monto por el FEO en la ecuación para obtener el volumen de ventas:

$$Q = (\$500 + \$1,170)/\$20$$
$$= \mathbf{83.5}$$

Por consiguiente, Wettway debe vender aproximadamente 84 botes por año. Éstas no son buenas noticias.

Como se señaló en la figura 9.5, el punto de equilibrio financiero es considerablemente más elevado que el punto de equilibrio contable, situación frecuente. Más aún, lo que se ha descubierto es que el proyecto de los veleros tiene un nivel de riesgo de pronóstico considerable. Se proyectan ventas de 85 botes por año, pero hay que vender 84 botes sólo para alcanzar el rendimiento requerido.

De forma global, parece poco probable que el proyecto de veleros de Wettway no alcance el punto de equilibrio sobre una base contable. Sin embargo, parece existir una gran posibilidad de que el verdadero VPN sea negativo. Con esto se muestra el peligro de considerar únicamente el punto de equilibrio contable.

¿Qué debe hacer Wettway? ¿Debe rechazar el nuevo proyecto? En este punto, la decisión es esencialmente un problema administrativo, una decisión de criterio. Las preguntas cruciales son:

1. ¿Qué confianza se tiene en las proyecciones?
2. ¿Qué importancia tiene el proyecto para el futuro de la compañía?
3. ¿Qué consecuencias tendrá para la compañía un descenso en las ventas? ¿De qué opciones dispone la compañía en este caso?

En una sección posterior se analizarán preguntas similares. El estudio de las diferentes definiciones de punto de equilibrio se resume en la tabla 9.1 para ser utilizado como referencia futura.

PREGUNTAS SOBRE CONCEPTOS

9.4a Si un proyecto alcanza el punto de equilibrio sobre una base contable, ¿cuál será su flujo de efectivo operativo?

9.4b Si un proyecto alcanza el punto de equilibrio sobre una base de flujo de efectivo, ¿cuál será su flujo de efectivo operativo?

9.4c Si un proyecto alcanza el punto de equilibrio sobre una base financiera, ¿qué se sabrá sobre su período de recuperación *descontado* de la inversión?

I. La ecuación general

Ignorando los impuestos, la relación entre el flujo de efectivo operativo (FEO) y el nivel de producción o el volumen de ventas (Q) es:

$$Q = \frac{CF + FEO}{P - v}$$

donde

CF = Costos fijos totales

P = Precio unitario

v = Costo variable por unidad

Como se muestra a continuación, esta relación se puede usar para determinar los puntos de equilibrio contable, el flujo de efectivo y financiero.

II. El punto de equilibrio contable

Se obtiene el punto de equilibrio contable cuando la utilidad neta es igual a cero. El flujo de efectivo operativo (FEO) es igual a la depreciación cuando la utilidad neta es de cero, por lo que el punto de equilibrio contable es:

$$Q = \frac{CF + D}{P - v}$$

Un proyecto que sólo alcanza el punto de equilibrio sobre una base contable tiene un período de recuperación de la inversión exactamente igual a su vida económica, un VPN negativo y una TIR de cero.

III. El punto de equilibrio del flujo de efectivo

Se obtiene el punto de equilibrio del flujo de efectivo cuando el flujo de efectivo operativo (FEO) es igual a cero. Por tanto, el punto de equilibrio del flujo de efectivo es:

$$Q = \frac{CF}{P - v}$$

Un proyecto que sólo alcanza el punto de equilibrio sobre una base del flujo de efectivo, nunca recupera la inversión, su VPN es negativo e igual al desembolso inicial y la TIR es del -100%.

IV. El punto de equilibrio financiero

Se obtiene el punto de equilibrio financiero cuando el VPN del proyecto es igual a cero. Por consiguiente, el punto de equilibrio financiero es:

$$Q = \frac{CF + FEO^*}{P - v}$$

donde FEO* es el nivel del FEO que da como resultado un VPN igual a cero. Un proyecto que alcanza el punto de equilibrio sobre una base financiera tiene un período de recuperación descontado de la inversión igual a su vida económica, un VPN de cero y la TIR justo igual al rendimiento requerido.

Tabla 9.1

Resumen de definiciones del punto de equilibrio

9.5 | APALANCAMIENTO OPERATIVO

Se ha estudiado cómo calcular e interpretar varias definiciones del punto de equilibrio para un proyecto propuesto. Lo que no se ha estudiado explícitamente es qué determina estos puntos y cómo se pueden cambiar. Ahora se abordará este tema.

La idea básica

apalancamiento operativo
Nivel de dependencia o compromiso de una empresa o proyecto debido al nivel de costos fijos.

El **apalancamiento operativo** es el grado de compromiso de un proyecto o una empresa debido al nivel de sus costos fijos de producción. Una empresa con un apalancamiento operativo bajo tendrá costos fijos bajos, en comparación con otra con un apalancamiento operativo alto. Hablando de forma general, los proyectos con una inversión relativamente fuerte en planta y equipo tendrán un grado de apalancamiento operativo relativamente elevado. A estos proyectos se les denomina *proyectos intensivos de capital.*

En cualquier momento en que se esté pensando en un nuevo negocio, existirán por lo general formas alternativas de producir y distribuir el producto. Por ejemplo, Wettway Corporation puede comprar el equipo requerido y construir en sus propias instalaciones todos los componentes para sus veleros. De forma alternativa, se podría contratar parte del trabajo con empresas externas. La primera opción requiere una inversión mayor en planta y equipo, costos fijos mayores y la depreciación; el resultado es un mayor nivel de apalancamiento operativo.

Implicaciones del apalancamiento operativo

Independientemente de cómo se cuantifique, el apalancamiento operativo tiene implicaciones importantes para la evaluación de proyectos. Los costos fijos actúan como una palanca en el sentido que un cambio porcentual pequeño en el ingreso operativo puede convertirse en un cambio porcentual considerable en el flujo de efectivo de operativo y en el VPN. Ello explica por qué se le denomina «apalancamiento» operativo.

Cuanto mayor sea el nivel de apalancamiento operativo, mayor será el peligro potencial ocasionado por el riesgo de pronóstico. La razón es que los errores relativamente pequeños al pronosticar el volumen de ventas se pueden magnificar o «apalancar», convirtiéndose en grandes errores en las proyecciones de flujo de efectivo.

Desde una perspectiva administrativa, una forma de hacer frente a proyectos en extremo inciertos es mantener el nivel de apalancamiento operativo lo más bajo posible. Por lo general, esto tendrá el efecto de mantener el punto de equilibrio (como quiera que se mida) a su nivel mínimo. A continuación, se mostrará este punto, pero primero es necesario estudiar cómo medir el nivel de apalancamiento operativo.

Medición del apalancamiento operativo

nivel de apalancamiento operativo
Cambio porcentual en el flujo de efectivo operativo en relación con el cambio porcentual en la cantidad vendida.

Una forma de medir el nivel de apalancamiento operativo consiste en preguntar: «Si la cantidad vendida aumenta en un 5%, ¿cuál será el cambio porcentual en el flujo de efectivo del operativo?». En otras palabras, el **nivel de apalancamiento operativo** (NAO) se define de forma que

Cambio porcentual del FEO = NAO × Cambio porcentual en Q

Con base en la relación entre FEO y Q, el NAO se puede expresar como:[1]

NAO = 1 + CF/FEO   **(9.4)**

La razón CF/FEO expresa simplemente los costos fijos como porcentaje del flujo de efectivo de operativo total. Obsérvese que cuando los costos fijos son iguales a cero, se obtendrá un NAO de 1, lo que implica que un cambio porcentual en la cantidad vendida resultará en un cambio porcentual idéntico en el flujo de efectivo de operativo (dada la relación uno a uno). En otras palabras, no existiría el efecto magnificador o efecto de apalancamiento.

Como un ejemplo de este método para determinar el nivel de apalancamiento operativo, consideremos de nuevo el proyecto de los veleros de Wettway. Los costos fijos fueron de $500 y $(P - v)$ fue de $20, por lo que el FEO fue de:

$$\text{FEO} = -\$500 + 20 \times Q$$

Supongamos que Q es en la actualidad igual a 50 botes. A este nivel de producción, FEO es $-\$500 + 1,000 = \$500$.

Si Q aumenta en una unidad a 51 botes, el cambio porcentual de Q es $(51 - 50)/50 = 0.02$, es decir, el 2%. El FEO aumenta hasta $520, un cambio de $(P - v) = \$20$. El cambio en porcentaje en FEO es de $(\$520 - 500)/500 = 0.04$, es decir, el 4%. Por tanto, un aumento del 2% en el número de botes vendidos genera un aumento del 4% en el flujo de efectivo operativo. El nivel de apalancamiento operativo tiene que ser exactamente 2.00. Se puede verificar esto observando que:

$$\text{NAO} = 1 + \text{CF/FEO}$$
$$= 1 + \$500/\$500$$
$$= 2$$

Esto verifica los cálculos anteriores.

---

[1] Para visualizar este resultado, obsérvese que si Q aumenta en una unidad, el FEO aumentará en $(P - v)$. En este caso, el cambio porcentual de Q es de $1/Q$ y el cambio porcentual en el FEO es de $(P - v)/\text{FEO}$. Conociendo esto, se tiene:

$$\text{Cambio porcentual del FEO} = \text{NAO} \times \text{Cambio porcentual de } Q$$
$$(P - v)/\text{FEO} = \text{NAO} \times 1/Q$$
$$\text{NAO} = (P - v) \times Q/\text{FEO}$$

También, basados en la definición de FEO:

$$\text{FEO} + \text{CF} = (P - v) \times Q$$

Por tanto, el NAO se puede expresar como:

$$\text{NAO} = (\text{FEO} + \text{CF})/\text{FEO}$$
$$= 1 + \text{CF/FEO}$$

La ecuación del NAO depende del nivel actual de producción, Q. Sin embargo, la ecuación puede incorporar cambios de cualquier magnitud en el nivel actual, no sólo de una unidad. Por ejemplo, supongamos que Q aumenta de 50 a 75 botes, un incremento del 50%. Si el NAO es igual a 2, el flujo de efectivo operativo debe aumentar en un 100%, es decir, exactamente el doble. ¿Es así? La respuesta es sí, porque para una Q igual a 75 botes, el FEO es de:

$$FEO = -\$500 + \$20 \times 75 = \$1,000$$

Obsérvese que el nivel de apalancamiento operativo disminuye conforme aumenta el nivel de producción (Q). Por ejemplo, para un nivel de producción de 75 botes, se tiene lo siguiente:

$$NAO = 1 + \$500/1,000$$
$$= 1.50$$

La razón por la que el NAO disminuye es que los costos fijos, considerados como porcentaje del flujo de efectivo operativo, se hacen cada vez más pequeños, por lo que el efecto de apalancamiento disminuye.

Ejemplo 9.3   Apalancamiento operativo

En la actualidad, Sasha Corp. vende alimentos de alta calidad para perros a un precio de $1.20 por lata. El costo variable es de $0.80 por lata y las operaciones de envasado y comercialización tienen costos fijos de $360,000 anuales. La depreciación es de $60,000 anuales. ¿Cuál es el punto de equilibrio contable? Ignorando los impuestos, ¿cuál será el aumento en el flujo de efectivo operativo si la cantidad vendida crece un 10% por encima del punto de equilibrio?

El punto de equilibrio contable es de $420,000/0.40 = 1,050,000 latas. Como ya sabemos, el flujo de efectivo operativo es igual a la depreciación de $60,000 para este nivel de producción, por lo que el grado de apalancamiento operativo es:

$$NAO = 1 + CF/FEO$$
$$= 1 + \$360,000/\$60,000$$
$$= 7$$

Conociendo esto, un aumento del 10% en el número de latas con alimento para perros vendidas incrementará el flujo de efectivo operativo en un 70%.

Para verificar esta respuesta, se observa que si las ventas aumentan en un 10%, las unidades vendidas aumentarán hasta $1,050,000 \times 1.1 = 1,155,000$ latas. Sin considerar impuestos, el flujo de efectivo operativo es de $1,155,000 \times \$0.40 - \$360,000 = \$102,000$. Si se compara con el flujo de efectivo de $60,000 que se tenía, esto supone un 70% más: $\$102,000/60,000 = 1.70$. ∎

Apalancamiento operativo y punto de equilibrio

La importancia del apalancamiento operativo se demuestra al examinar un escenario alternativo del proyecto de los veleros de Wettway. Para una Q de 85 botes, el nivel de apalancamiento operativo del proyecto de los veleros en el escenario original es de:

$$NAO = 1 + CF/FEO$$

$$= 1 + \$500/1,200$$

$$= 1.42$$

Recuérdese también que el VPN para un nivel de ventas de 85 botes fue de $88,720 y que el punto de equilibrio contable fue de 60 botes.

Una posible opción para Wettway es subcontratar el ensamblado de los montajes del casco de los botes. Si se subcontrata este proceso, la inversión requerida disminuye a $3,200,000 y los costos fijos de operación se reducen a $180,000. Sin embargo, los costos variables aumentarán a $25,000 por bote, puesto que la subcontratación es más cara que el ensamblado en instalaciones propias. Sin considerar impuestos, evalúe esta opción.

Para efectos de práctica, vea si no está de acuerdo con lo siguiente:

VPN al 20% (85 unidades) = $74,720

Punto de equilibrio contable = 55 botes

Nivel de apalancamiento operativo = 1.16

¿Qué ha ocurrido? Esta opción da como resultado un valor presente neto estimado ligeramente inferior y el punto de equilibrio contable disminuye a 55 botes, de los 60 botes anteriores.

Conociendo que esta alternativa genera un VPN inferior, ¿existe alguna razón para continuar considerándola? Quizá sí. El nivel de apalancamiento operativo es considerablemente inferior en el segundo caso. Si se está preocupado por la posibilidad de una proyección exageradamente optimista, se podría preferir subcontratar.

Existe otra razón por la que se podría considerar la segunda opción. Si las ventas resultaran ser mejores de lo esperado, siempre se tendrá la opción de continuar con el proyecto de subcontratar el ensamblado, iniciando dicho ensamblado en instalaciones propias en una fecha posterior. Como un asunto práctico, es mucho más fácil aumentar el apalancamiento operativo (comprando equipo) que disminuirlo (vendiendo equipo). Como vemos a continuación, uno de los inconvenientes del análisis del flujo de efectivo descontado es que es difícil incluir de modo explícito opciones de este tipo, a pesar de que quizá sean muy importantes.

PREGUNTAS SOBRE CONCEPTOS

9.5a ¿Qué es el apalancamiento operativo?

9.5b ¿Cómo se mide el nivel de apalancamiento operativo?

9.5c ¿Cuáles son las implicaciones del apalancamiento operativo para el gerente financiero?

CONSIDERACIONES ADICIONALES SOBRE EL PRESUPUESTO DE CAPITAL | 9.6

El objetivo final de este capítulo es presentar brevemente dos consideraciones adicionales sobre el presupuesto de capital: las opciones administrativas y el racionamiento de capital. Ambas pueden ser muy importantes en la práctica, pero veremos que resulta difícil tratarlas explícitamente.

Opciones administrativas y presupuestos de capital

Hasta ahora, en el análisis de presupuestos de capital, hemos pasado más o menos por alto la posibilidad de las acciones administrativas futuras. De forma implícita, se supuso que, una vez iniciada la implementación de un proyecto, no se pueden cambiar sus características básicas. De ahí que se afirme que el análisis es estático (lo contrario a dinámico).

En realidad, dependiendo de lo que realmente ocurre en el futuro, siempre habrá formas de modificar un proyecto. A estas oportunidades se les denominará **opciones administrativas**. Existe una gran variedad de estas opciones. Todas las formas en que se fija el precio de un producto, se fabrica, se publica y se produce pueden cambiarse y éstas son sólo unas pocas de las posibilidades. En las siguientes secciones se presentan las más importantes.

opciones administrativas
Oportunidades que pueden aprovechar los administradores si ocurren ciertos eventos en el futuro.

Planeación para contingencias   Los diversos procedimientos de «qué sucede si», en particular las definiciones alternativas del punto de equilibrio presentadas en este capítulo, tienen otro uso. También se pueden considerar como formas primitivas para examinar la dinámica de un proyecto e investigar las opciones administrativas. Lo que se explora en este caso son algunos de los escenarios futuros que podrían presentarse y qué acciones emprender si éstos se presentan.

Por ejemplo, se puede determinar que un proyecto no alcanza el punto de equilibrio cuando las ventas disminuyen por debajo de las 10,000 unidades. Éste es un hecho interesante de conocer, pero lo más importante es continuar y preguntarse: «¿Qué acciones se van a emprender si esto ocurre?». A esto se le denomina **planeación para contingencias** e involucra la investigación de algunas de las opciones administrativas implícitas en un proyecto.

planeación para contingencias
Considerar las opciones administrativas que están implícitas en un proyecto.

No existe un límite en el número de escenarios futuros o contingencias posibles que podrían investigarse. Sin embargo, existen algunas categorías generales, las cuales se presentan a continuación.

La opción de expansión   Una opción particularmente importante que aún no se ha estudiado explícitamente es la opción de expansión. Si verdaderamente se encuentra un proyecto con VPN positivo, existe una consideración obvia en este caso. ¿Se puede ampliar el proyecto o repetirlo para obtener un VPN aún mayor? El análisis estático supone implícitamente que la escala del proyecto sea fija.

Por ejemplo, si la demanda de un determinado producto excediera considerablemente las expectativas, se podría considerar un incremento en el nivel de producción. Si por alguna razón esto no es factible, siempre se podrá incrementar el flujo de efectivo aumentando el precio. De cualquiera de estas dos formas, el flujo de efectivo potencial es mayor de lo que se ha señalado, dado que se ha supuesto implícitamente que no es posible una expansión o un aumento al precio. De forma global, puesto que en el análisis se ignora la opción de expansión, se *subestima* el VPN (si las ventajas variables permanecen constantes).

La opción de abandono   En el otro extremo, la opción de reducir e incluso abandonar un proyecto también es valiosa. Por ejemplo, si un proyecto no alcanza el punto de equilibrio sobre la base de flujo de efectivo, ni siquiera puede cubrir sus propios gastos. Se estaría en mejor situación si se abandonara el proyecto por completo. El análisis de FED supone, implícitamente, que se mantendrá el proyecto, incluso en este caso.

En realidad, si la demanda fuera considerablemente inferior a las expectativas, se podría vender parte de la capacidad productiva instalada o dedicarla a otro uso. Quizá sería posible rediseñar o mejorar el producto o el servicio. Independientemente de los detalles, de nuevo se *subestima* el VPN si se supone que el proyecto tiene que mantenerse operando un número fijo de años, sin importar lo que ocurra en el futuro.

La opción de espera   De forma implícita, se ha considerado a las inversiones propuestas como si se trataran de decisiones de «aceptar o rechazar». En realidad, existe una tercera posibilidad. Se puede diferir el proyecto, quizá en espera de condiciones más favorables. A esta forma se le denomina *opción de espera*.

Por ejemplo, supongamos que una inversión tiene un costo de $120 y genera un flujo de efectivo perpetuo de $10 anuales. Si la tasa de descuento es del 10%, el VPN es de $10/0.10 − 120 = − $20, por lo que el proyecto no debe llevarse a cabo, por el momento. Sin embargo, esto no significa que deba olvidarse para siempre, porque en el período siguiente la tasa de descuento tal vez sea diferente. Si, por ejemplo, disminuyera dicha tasa al 5%, el VPN sería de $10/0.05 − 120 = $80 y se aceptaría el proyecto.

En términos generales, mientras exista algún escenario futuro posible en el cual el proyecto tenga un VPN positivo, la opción de espera tiene valor.

Opciones de presupuestos de capital: un ejemplo   Supongamos que se está examinando un nuevo proyecto. Para mantener relativamente simples las operaciones, se espera vender 100 unidades por año con un flujo de efectivo neto de $1 por unidad a perpetuidad. Por consiguiente, se espera que el flujo de efectivo sea de $100 anuales.

En un año, se conocerá más sobre el proyecto, sobre todo se tendrá una mejor idea de si éste puede ser o no exitoso. Si parece ser un éxito a largo plazo, se incrementarán las ventas esperadas a 150 unidades por año; si no es así, se reducirán a 50 unidades anuales.

El éxito o el fracaso tienen igual probabilidad de ocurrencia. Obsérvese que, dado que existe la misma probabilidad de vender 50 o 150 unidades, las ventas esperadas continúan siendo 100 unidades, como se proyectaron originalmente.

El costo es de $550 y la tasa de descuento del 20%. El proyecto se puede desmantelar y vender en un año en $400 si se decide abandonarlo. ¿Se debe aceptar?

No es difícil realizar un análisis estándar de FED. El flujo de efectivo esperado es de $100 anuales a perpetuidad y la tasa de descuento del 20%. El VP de los flujos de efectivo es de $100/0.20 = $500, por lo que el VPN es de $500 − 550 = − $50. Por tanto, no se debe aceptar el proyecto.

Sin embargo, este análisis es estático. En un año, se puede vender en $400. ¿Cómo se puede explicar esto? Lo que se tiene que decidir es qué se hará dentro de un año. En este sencillo caso, sólo existen dos contingencias que es necesario evaluar: una revisión ascendente y una descendente, por lo que el trabajo adicional no es excesivo.

En un año, si los flujos de efectivo esperados se ajustan a $50, se revisa el VP de los flujos de efectivo, reduciéndose a $50/0.20 = $250. Si se abandona el proyecto, se obtienen $400, por lo que esto es lo que se hará (el VPN de mantener el proyecto por un año es de $250 − 400 = − $150).

Si la demanda estimada se incrementa, el VP de los flujos de efectivo futuros en el año uno serán de $150/0.20 = $750. Esto excede el valor de abandono de $400, por lo que se conservará el proyecto.

Vemos ahora un proyecto con un costo actual de $550. En un año, se espera obtener del proyecto un flujo de efectivo de $100. Además, el proyecto valdrá $400 (si se abandona por resultar un fracaso) o $750 (si se conserva porque tiene éxito). Estos resultados tienen la misma probabilidad de ocurrencia, por lo que se espera que el proyecto valdrá ($400 + 750)/2, es decir, $575.

Resumiendo, en un año se espera tener $100 en efectivo, más un proyecto con valor de $575, es decir, $675 en total. A una tasa de descuento del 20%, estos $675 valen en la actualidad $562.50, por lo que el VPN es de $562.50 − 550 = $12.50. Por tanto, se debe aceptar el proyecto.

El VPN del proyecto ha aumentado a $62.50. ¿De dónde proviene este monto? El análisis original supuso implícitamente que se mantendría en operación el proyecto, incluso si era un fracaso. Sin embargo, en el año uno se observó que se estaría en una mejor posición por $150 ($400 en contraste con $250) si se abandonaba. Existía una probabilidad del 50% de que esto ocurriera, por lo que la ganancia esperada por abandonar el proyecto es de $75. El VP de este monto es el valor de la opción de abandono, $75/1.20 = $62.50.

Opciones estratégicas   Las compañías implementan en ocasiones nuevos proyectos sólo para explorar posibilidades y evaluar futuras y potenciales estrategias de negocios. Esto es un poco como probar la temperatura del agua metiendo en ella un dedo del pie antes de lanzarse. Este tipo de proyectos son difíciles de analizar utilizando el FED convencional, ya que la mayor parte de los beneficios se reciben en forma de **opciones estratégicas**, es decir, opciones para movimientos futuros relacionados con el negocio. Los proyectos que crean este tipo de opciones quizá sean muy valiosos, pero resulta difícil medir dicho valor. Por ejemplo, la investigación y el desarrollo es una actividad importante y valiosa para muchas empresas, precisamente porque crea opciones para nuevos productos y procedimientos.

Para proporcionar otro ejemplo, una empresa grande quizá decida abrir una tienda de venta al menudeo para realizar un estudio piloto. El principal objetivo es obtener un mayor conocimiento del mercado. Debido a los altos costos de iniciar operaciones, esta operación piloto no alcanzará el punto de equilibrio. Sin embargo, con base en la experiencia de ventas que se obtenga de esta operación, se puede evaluar si es conveniente abrir o no más tiendas, cambiar la mezcla de productos, penetrar nuevos mercados, etc. La información obtenida y las opciones resultantes para llevar a cabo las acciones son valiosas, pero es probable que no sea factible obtener una cifra confiable, en unidades monetarias, sobre su valor.

Ya hemos visto que no es fácil incorporar opciones al análisis de presupuestos de capital. ¿Qué se puede hacer al respecto en la práctica? La respuesta es que sólo pueden tenerse presentes mientras se trabaja con los flujos de efectivo proyectados. Si no se toman en cuenta las opciones disponibles, existirá la tendencia a subestimar el VPN. El daño quizá sea pequeño para una propuesta muy estructurada y específica, pero podría ser grande en el caso de una propuesta cuyo propósito sólo sea exploratorio.

opciones estratégicas
Opciones para productos o estrategias futuras relacionadas con el negocio.

Racionamiento de capital

Se dice que existe **racionamiento de capital** cuando se cuenta con inversiones rentables (con VPN positivo), pero no se pueden obtener los fondos requeridos para implementarlas. Por ejemplo, como administradores divisionales de una gran empresa, quizá se puedan identificar $5 millones en proyectos excelentes, pero se determina que, por alguna razón, sólo se pueden gastar $2 millones. ¿Qué pasa entonces? Lamentablemente, como se estudiará a continuación, quizá no exista una respuesta realmente satisfactoria.

racionamiento de capital
Situación que se presenta cuando una empresa tiene proyectos con VPN positivo, pero no puede encontrar el financiamiento requerido.

Racionamiento menor   La situación que se acaba de describir es de **racionamiento menor**. Esto ocurre, por ejemplo, cuando se asigna cada año una cantidad fija de dinero a diferentes unidades de una empresa para gastos de capital. Este tipo de asignación es en esencia una forma de controlar y supervisar el gasto global de la empresa. Lo importante con respecto al racionamiento menor es que la empresa no tiene en general escasez de capital; se puede obtener más en condiciones normales si la administración así lo desea.

racionamiento menor
Situación que se presenta cuando a las unidades operativas de una empresa se les asigna una cierta cantidad de financiamiento para su presupuesto de capital.

Al enfrentarse al racionamiento menor, lo primero que se debe hacer es intentar y conseguir una asignación mayor. Si no se logra, una sugerencia es intentar generar un valor presente neto lo más grande posible en función del presupuesto ya existente. Ello equivale a seleccionar los proyectos con la razón costo/beneficio mayor (índice de rentabilidad).

En sentido estricto, ésta es la acción correcta sólo cuando el racionamiento menor es un acontecimiento único, es decir, no existirá el año próximo. Si el racionamiento menor es un problema crónico, algo anda mal. La razón se encuentra en el capítulo 1. La existencia de un racionamiento menor continuo significa que se están perdiendo constantemente inversiones con VPN positivos. Esto se contrapone al objetivo de la empresa. Si no se está intentando maximizar el valor, la decisión de seleccionar los proyectos que deben aceptarse se vuelve ambigua porque, en primer lugar, no se cuenta ya con un objetivo claro.

Racionamiento intensivo   Cuando existe un **racionamiento intensivo**, la empresa no puede obtener capital para un proyecto bajo ninguna circunstancia. Esta situación no es probable en corporaciones sanas. Es conveniente que esto sea así, ya que cuando existe un racionamiento intensivo, el análisis de FED falla y el mejor curso de acción es ambiguo.

La razón de que falle el análisis de FED se relaciona con el rendimiento requerido. Supongamos que se determina que el rendimiento requerido es del 20%. Se está diciendo implícitamente que se aceptará un proyecto que tenga un rendimiento que exceda esta tasa. Sin embargo, si existe un racionamiento intensivo, no se aceptará un nuevo proyecto sea cual sea el rendimiento del mismo, por lo que el concepto global de rendimiento requerido es ambiguo. La única interpretación que se puede exponer para esta situación tal vez sea que el rendimiento requerido es tan grande que ningún proyecto tiene un VPN positivo en primera instancia.

Se puede presentar un racionamiento intensivo cuando una empresa experimenta problemas financieros, lo que significa que existe la posibilidad de quiebra. También es posible que la empresa no esté en posibilidad de obtener capital sin violar algún convenio contractual ya existente. En un capítulo posterior se estudian con mayor detalle estas situaciones.

racionamiento intensivo
Situación que se presenta cuando un negocio no puede conseguir financiamiento para un proyecto bajo ninguna circunstancia.

PREGUNTAS SOBRE CONCEPTOS

9.6a ¿Por qué se dice que el análisis estándar del flujo de efectivo descontado es estático?

9.6b ¿Cuáles son las opciones administrativas que deben considerarse en el presupuesto de capital? Proporcione algunos ejemplos.

9.6c ¿Qué es el racionamiento de capital? ¿Qué tipos de racionamiento existen? ¿Qué problemas crea éste para el análisis del flujo de efectivo descontado?

RESUMEN Y CONCLUSIONES | 9.7

En este capítulo se consideraron algunos sistemas para evaluar los resultados obtenidos de un análisis de flujo de efectivo descontado. También se trataron algunos de los problemas que se pueden presentar en la práctica. Se observó que:

1. Los estimados de valor presente neto dependen de los flujos de efectivo futuros proyectados. Si existen errores en dichas proyecciones, los VPN estimados pueden ser engañosos. A esto se le denominó *riesgo de pronóstico*.
2. Los análisis de escenarios múltiples y de sensibilidad son herramientas útiles para identificar cuáles son las variables críticas de un proyecto y dónde pueden hacer el mayor daño los problemas al elaborar pronósticos.
3. El análisis de punto de equilibrio, en sus diversas formas, es un tipo particularmente frecuente de análisis de escenarios múltiples, que es útil para identificar los volúmenes críticos de ventas.
4. El apalancamiento operativo es un factor determinante de los niveles de punto de equilibrio; refleja el grado de compromiso de una empresa o proyecto en base a sus costos fijos. El nivel de apalancamiento operativo indica la sensibilidad del flujo de efectivo operativo a los cambios en el volumen de ventas.
5. Por lo general, los proyectos disponen de opciones administrativas futuras. Estas opciones quizá sean muy importantes, pero el análisis estándar de flujo de efectivo descontado tiende a no considerarlas.
6. Existe un racionamiento de capital cuando no se pueden obtener fondos para implementar proyectos aparentemente rentables. En este caso, el análisis estándar de flujo del efectivo descontado es difícil de aplicar porque el VPN no continúa siendo necesariamente el criterio apropiado.

Lo más importante que debe aprenderse de la lectura de este capítulo es que los VPN o los rendimientos estimados no deben aplicarse de forma estricta. Estos criterios dependen fundamentalmente de los flujos de efectivo proyectados. Si existe la posibilidad de desviaciones importantes en estos flujos de efectivo proyectados, los resultados del análisis deben tomarse con cierta reserva.

A pesar de los problemas que se han expuesto, el flujo de efectivo descontado continúa siendo la forma correcta de resolver los problemas, ya que obliga a formular las preguntas correctas. Lo que se aprende en este capítulo es que el conocimiento de las preguntas que deben plantearse no garantiza que se obtendrán todas las respuestas.

Términos fundamentales

riesgo de pronóstico **298**
análisis de escenarios múltiples **301**
análisis de sensibilidad **302**
análisis de simulación **303**
costos variables **304**
costos fijos **306**
costo marginal o
   costo incremental **307**
ingreso marginal o
   ingreso incremental **308**
punto de equilibrio contable **308**

punto de equilibrio del flujo de
   efectivo **315**
punto de equilibrio financiero **315**
apalancamiento operativo **318**
nivel de apalancamiento operativo **318**
opciones administrativas **322**
planeación para contingencias **322**
opciones estratégicas **324**
racionamiento de capital **324**
racionamiento menor **324**
racionamiento intensivo **325**

Problemas de revisión y autoevaluación del capítulo

Utilice la siguiente información como caso base para resolver los problemas de autoevaluación. Las respuestas se pueden verificar al término de los problemas.

Un proyecto bajo consideración tiene un costo de $500,000, una vida económica de cinco años y no tiene valor de rescate. La depreciación se calcula en línea recta hasta llegar a cero. El rendimiento requerido es del 15% y la tasa de impuestos del 34%. Se han proyectado ventas de 400 unidades anuales. El precio unitario es de $3,000, el costo variable por unidad es de $1,900 y los costos fijos son de $250,000 anuales.

9.1 Análisis de escenarios múltiples   Suponga que las proyecciones del precio de venta unitario, del costo variable y del costo fijo que se acaban de presentar son exactas dentro de un margen de error del 5%. ¿Cuáles son los límites superior e inferior de estas proyecciones? ¿Cuál es el VPN del caso base? ¿Cuáles son los VPN de los escenarios pesimista y optimista?

9.2 Análisis del punto de equilibrio   Conociendo las proyecciones del caso base del problema anterior, ¿cuáles son los volúmenes de venta de los puntos de equilibrio del flujo de efectivo, contable y financiero para este proyecto? No considere los impuestos en la respuesta.

Respuestas a los problemas de autoevaluación

9.1 La información relevante se puede resumir de la forma siguiente:

	Caso base	Límite inferior	Límite superior
Ventas en unidades	400	**380**	**420**
Precio unitario	$3,000	**$2,850**	**$3,150**
Costos variables por unidad	$1,900	**$1,805**	**$1,995**
Costos fijos	$250,000	**$237,500**	**$262,500**

La depreciación es de $100,000 anuales, por lo que se pueden calcular los flujos de efectivo para cada escenario. Recuerde que se asignan costos altos y precios y volúmenes bajos para el caso pesimista y lo opuesto para el caso optimista.

Escenario	Ventas en unidades	Precio	Costo variable	Costos fijos	Flujo de efectivo
Base	**400**	**$3,000**	**$1,900**	**$250,000**	**$159,400**
Optimista	420	3,150	1,805	237,500	250,084
Pesimista	380	2,850	1,995	262,500	75,184

Al 15%, el factor de una anualidad a cinco años es de 3.35216, por lo que los VPN son:

VPN caso base $= -\$500,000 + 3.35216 \times \$159,400 =$ **$ 34,334**

VPN escenario optimista $= -\$500,000 + 3.35216 \times \$250,084 =$ **$338,320**

VPN escenario pesimista $= -\$500,000 + 3.35216 \times \$ 75,184 =$ **−$247,972**

9.2 En este caso, tienen que cubrirse $250,000 en costos fijos en efectivo. Cada unidad contribuye con $3,000 − 1,900 = $1,100. El punto de equilibrio del flujo de efectivo es, por consiguiente, de $250,000/1,100 = **227 unidades**. Se tienen $100,000 adicionales por concepto de depreciación, por lo que el punto de equilibrio contable es de ($250,000 + $100,000)/1,100 = **318 unidades**.

Para obtener el punto de equilibrio financiero, es necesario determinar el FEO que genera un VPN del proyecto igual a cero. Como hemos visto, el factor de una anualidad a cinco años es de 3.35216 y el proyecto tiene un costo de $500,000, por lo que tiene que existir un FEO tal que:

$$\$500,000 = \text{FEO} \times 3.35216$$

Por tanto, para alcanzar el punto de equilibrio sobre una base financiera, el flujo de efectivo del proyecto debe ser de $500,000/3.35216, es decir, $149,158 anuales. Si se suma esta cifra a los $250,000 en costos fijos en efectivo, se obtiene un total de $399,158 que hay que cubrir. Dada una contribución marginal de $1,100 por unidad, deben venderse $399,158/$1,100 = **363 unidades**.

Preguntas y problemas

1. **Cálculo de costos y del punto de equilibrio**   NoNox fabrica aditivos para gasolina. El costo variable de los materiales es de $1.15 por litro y el costo variable de la mano de obra es de $2.60 por litro.
   a. ¿Cuál es el costo variable por unidad?
   b. Suponga que NoNox incurre en costos fijos de $320,000 anuales cuando la producción total es de 280,000 litros. ¿Cuál es el costo total anual?
   c. Si el precio de venta es de $5.30 por unidad, ¿alcanza NoNox el punto de equilibrio sobre la base del flujo de efectivo? Si la depreciación es de $130,000 anuales, ¿cuál es el punto de equilibrio contable?

2. **Cálculo del punto de equilibrio**   En cada uno de los casos siguientes, calcule los puntos de equilibrio contable y del flujo de efectivo. Al calcular el punto de equilibrio del flujo de efectivo, ignore los efectos fiscales y explique cualquier discrepancia considerable entre los dos puntos.

Precio unitario	Costo variable por unidad	Costos fijos	Depreciación
$ 2	$ 1	$ 100	$ 200
25	14	14,000	75,000
20,000	15,000	40,000,000	25,130,000

3. **Análisis de escenarios múltiples**   Se está evaluando un proyecto que tiene un costo de $70,000, una vida económica de siete años y ningún valor de rescate. Suponga que la depreciación va en línea recta hasta un valor de rescate igual a cero al término de los siete años. En esta clase de proyectos, se requiere un rendimiento del 10%. La tasa de impuestos es del 34%. Se han proyectado ventas de 15,000 unidades anuales. El precio unitario es $5.95, el costo variable por unidad es $2.63 y los costos fijos son $25,000 anuales.

a. Calcule el punto de equilibrio contable. ¿Cuál es el nivel de apalancamiento operativo en el punto de equilibrio contable?

b. Calcule el flujo de efectivo del caso base y el VPN. Suponga que la proyección de ventas tiene un margen de error del 25%. Evalúe la sensibilidad del VPN a los cambios en dicha proyección de ventas.

c. Suponga que todas las proyecciones proporcionadas son exactas con un margen de error del 5%, con excepción del volumen de ventas, que tiene un margen de error del 15%. Calcule el VPN para los casos optimista y pesimista.

4. Cálculo del apalancamiento operativo   A un nivel de producción de 10,000 unidades, se determina que el nivel de apalancamiento operativo es de 4. Si la producción aumenta a 12,000 unidades, ¿cuál será el cambio porcentual en el flujo de efectivo operativo? ¿El nuevo nivel de apalancamiento operativo será mayor o menor? Explique su respuesta.

5. Apalancamiento   En la pregunta anterior, suponga que los costos fijos son de $50,000. ¿Cuál es el flujo de efectivo operativo para 12,000 unidades?, ¿cuál es el nivel de apalancamiento operativo?

6. Cálculo del costo promedio   Telescope, Inc., puede fabricar telescopios con un costo variable de materias primas de $2.30 y un gasto variable de mano de obra directa de $24. Los telescopios se venden en $36 cada uno. El año anterior, la producción fue de 40,000 telescopios. Los costos fijos fueron de $360,000. ¿Cuáles fueron los costos de producción totales? ¿Cuál es el costo marginal por telescopio? ¿Cuál es el costo promedio? Si Gnosis está analizando un pedido único de 1,000 telescopios adicionales, ¿cuál es el ingreso total mínimo aceptable del pedido? Explique su respuesta.

7. Intuición del punto de equilibrio   Un compañero de trabajo afirma que observar todos esos asuntos marginales e incrementales no es más que un montón de tonterías y le dice: «Escucha, si nuestro ingreso promedio no excede a nuestro costo promedio, tendremos un flujo de efectivo negativo ¡y quebraremos!». ¿Cómo le responde?

8. Nivel de apalancamiento operativo e intuición del punto de equilibrio   Si un proyecto sólo alcanza el punto de equilibrio sobre una base contable, muestre que el grado de apalancamiento operativo sea igual a:

$$\text{NAO} = 1 + (\text{Costos fijos/Depreciación})$$

9. Intuición del punto de equilibrio   Si un proyecto sólo alcanza el punto de equilibrio sobre una base contable, ¿cuál es su flujo de efectivo? ¿Su período de recuperación de la inversión? ¿Su rendimiento? Explique la respuesta. Suponga que un proyecto sólo alcanza el punto de equilibrio sobre una base financiera. ¿Cuál es su período de recuperación descontado de la inversión? ¿Cuál es su rendimiento? ¿Cuál es el rendimiento de un proyecto que sólo alcanza el punto de equilibrio sobre la base del flujo de efectivo?

10. Punto de equilibrio y costos fijos   Se estima que un proyecto alcanza el punto de equilibrio sobre una base contable en su tercer año. Las ventas del tercer año se proyectan en 12,000 unidades. La depreciación en ese momento será de $130,000. El precio unitario menos el costo variable por unidad es de $15. ¿Cuáles son los costos fijos?

11. Punto de equilibrio y costos variables   En la pregunta anterior, suponga que los costos fijos son de $80,000 y que el precio unitario es de $48. ¿Cuál es el costo variable por unidad?

12. **Flujo de efectivo operativo y apalancamiento**   Un proyecto propuesto tiene costos fijos de $50,000 anuales. El flujo de efectivo operativo para 3,000 unidades es de $125,000. ¿Cuál es el nivel de apalancamiento operativo? Si las unidades vendidas aumentan de 3,000 a 4,000, ¿cuál será el aumento en el flujo de efectivo operativo (sin tomar en cuenta los impuestos)? ¿Cuál es el nuevo nivel de apalancamiento operativo?

13. **Riesgo de pronóstico**   ¿Qué se entiende por riesgo de pronóstico? En general, ¿sería el grado de riesgo de pronóstico para un nuevo producto mayor al riesgo de pronóstico para una propuesta de reducción de costos? ¿Por qué?

14. **Opciones y VPN**   ¿Qué es la opción de abandono? ¿La opción de expansión? Explique por qué existe la tendencia a subestimar el VPN cuando no se consideran estas opciones.

15. **Flujo de efectivo y apalancamiento**   A un nivel de producción de 2,000 unidades, se ha calculado que el nivel de apalancamiento operativo es de 2. En este caso, el flujo de efectivo es de $4,500. ¿Cuál será el flujo de efectivo si la producción aumenta a 2,500 unidades? ¿Si la producción desciende a 1,500?

16. **Apalancamiento**   En la pregunta anterior, ¿cuál será el nuevo nivel de apalancamiento operativo en cada caso? (Sugerencia: ¿Qué son los costos fijos?)

17. **Análisis de proyectos**   Se está considerando un nuevo producto. Su lanzamiento al mercado tendrá un costo de $945,000, una vida económica de tres años y ningún valor de rescate. La depreciación va en línea recta hasta un valor de rescate de cero. El rendimiento requerido es del 20% y la tasa de impuestos del 34%. Se han proyectado ventas de 80 unidades por año. El precio unitario será de $35,000, el costo variable por unidad de $21,900 y los costos fijos de $500,000 anuales.

    a. Con base a la experiencia, se piensa que las proyecciones de las ventas en unidades, del costo variable y del costo fijo que se acaban de presentar son probablemente correctas, con un margen de error del 10%. ¿Cuáles son los límites superior e inferior de estas proyecciones? ¿Cuál es el VPN del caso base? ¿Cuáles son los escenarios optimista y pesimista?

    b. Evalúe la sensibilidad del VPN del caso base a los cambios en los costos fijos.

    c. ¿Cuál es el punto de equilibrio del flujo de efectivo para este proyecto?

    d. ¿Cuál es el punto de equilibrio contable para este proyecto? ¿Cuál es el nivel de apalancamiento operativo para el punto de equilibrio contable? ¿Cómo se interpreta esta cifra?

18. **Punto de equilibrio e impuestos**   Si se incluyera el efecto de los impuestos en el análisis del punto de equilibrio, ¿qué les sucedería a los puntos de equilibrio del flujo de efectivo, contable y financiero?

19. **Valor de abandono**   Se está analizando un nuevo proyecto. Se espera vender 500 unidades anuales para generar un flujo de efectivo neto de $20 por cada una durante los próximos 10 años. En otras palabras, se ha proyectado que el flujo de efectivo operativo anual sea de $20 × 500 = $10,000 anuales. La tasa de descuento relevante es del 20% y la inversión inicial es de $55,000.

    a. ¿Cuál es el VPN del caso base?

    b. Después del primer año, se puede desmantelar el proyecto y venderlo en $40,000. Si se ajustan las ventas esperadas con base en el desempeño durante el primer año, ¿cuándo tendría sentido abandonar la inversión? En otras palabras, ¿a qué nivel de ventas esperadas tendría sentido abandonar el proyecto?

    c. Explique cómo se puede considerar al valor de abandono de $40,000 como el costo de oportunidad por mantener el proyecto dentro de un año.

20. **Abandono**   En la pregunta anterior, suponga que existe la probabilidad de que las ventas esperadas se ajusten al alza hasta 750, si el primer año es un éxito, y que se ajusten a la baja hasta 250, si no lo es.

    a. Si existe la misma probabilidad de ocurrencia para el éxito que para el fracaso, ¿cuál es el VPN del proyecto? Considere en la respuesta la posibilidad de abandono.

    b. ¿Cuál es el valor de la opción de abandono?

21. **Abandono y expansión**   En la pregunta anterior, suponga que la escala del proyecto puede duplicarse en un año, en el sentido de que se pueden producir y vender el doble de unidades. Como es natural, la expansión sólo sería deseable si el proyecto tiene éxito. Esto implica que, si el proyecto tiene éxito, las ventas estimadas después de la expansión serán de 1,500. Suponiendo de nuevo que existe la misma probabilidad de éxito que de fracaso, ¿cuál es el VPN del proyecto? Observe que el abandono continúa siendo una opción si el proyecto fracasa. ¿Cuál es en este caso el valor de la opción de expansión?

22. **Punto de equilibrio e impuestos**   Se relaciona con el efecto de los impuestos sobre las diversas definiciones del punto de equilibrio.   **Problema de reto**

    a. Demuestre que, cuando se toman en cuenta los impuestos, la relación general entre el flujo de efectivo operativo (FEO) y el volumen de ventas (Q) se puede expresar como:

$$Q = \frac{CF + \dfrac{(FEO - t \times D)}{(1 - t)}}{(P - v)}$$

    b. Utilice la ecuación del inciso a para encontrar los puntos de equilibrio del flujo de efectivo, contable y financiero para el ejemplo del velero de Wettway en el presente capítulo. Suponga una tasa de impuestos del 34%.

    c. En el inciso b, el punto de equilibrio contable debe ser el mismo. ¿Por qué? Verifique esto en forma algebraica.

23. **Apalancamiento operativo e impuestos**   Muestre que si se considera el efecto fiscal, el nivel de apalancamiento operativo se puede expresar como: **Problema de reto**

$$NAO = 1 + [CF \times (1 - t) - D \times t]/FEO$$

    Observe que esta expresión se reduce al resultado previo si $t = 0$. ¿Puede interpretarse esto en palabras?

24. **Punto de equilibrio**   Esta pregunta utiliza los resultados de las dos preguntas anteriores. Trichermann and Sifts Company está pensando en importar y vender una línea de utensilios de cocina de lujo. El costo por pedido y por procesamiento es de $120 por juego y el precio de venta de $210 por juego. Los costos fijos serán de $400,000 anuales y el gasto por depreciación será de $250,000. La tasa de impuestos es del 34%. ¿Cuáles son los puntos de equilibrio contable y del flujo de efectivo si se consideran los impuestos? ¿Cuál es menor? ¿Por qué? ¿Cuál es el nivel de apalancamiento operativo en este caso?

Lecturas sugeridas

Para una aplicación interesante del análisis del punto de equilibrio, véase:

Reinhardt, U. E., «Break-Even Analysis for Lockheed's TriStar: An Application of Financial Theory», *Journal of Finance* 28, septiembre de 1973, págs. 821-38.

Los artículos siguientes son «clásicos» sobre el tema del análisis de riesgo en las decisiones de inversión:

Hertz, D. B., «Risk Analysis in Capital Investment», *Harvard Business Review* 42, enero-febrero de 1964, págs. 95-106.

_____. «Investment Policies that Pay Off», *Harvard Business Review* 46, enero-febrero de 1968, págs. 96-108.

Parte cinco

Riesgo y rendimiento

CAPÍTULO 10
Algunas lecciones históricas del mercado de capital

Este capítulo se inicia con una descripción de experiencias históricas de los inversionistas en los mercados de capital de Estados Unidos a partir de 1926. Presenta lecciones que los administradores financieros pueden aprender mediante el estudio de la historia del mercado de capital e introduce el importante concepto del mercado eficiente de capital.

CAPÍTULO 11
Rendimiento, riesgo y la línea del mercado de un activo financiero

En este capítulo se describe la naturaleza de la relación de intercambio riesgo-rendimiento al que se enfrentan los inversionistas y las empresas. Muestra cómo usar esta combinación riesgo-rendimiento para determinar el rendimiento requerido de una inversión.

Capítulo 10

Algunas lecciones históricas del mercado de capital

Hasta ahora, poco hemos hablado sobre los factores que determinan el rendimiento requerido de una inversión. En cierto sentido, la respuesta es muy sencilla: el rendimiento requerido depende del riesgo de la inversión. Cuanto más grande sea el riesgo, mayor será el rendimiento requerido.

Después de señalar este hecho, queda aún pendiente de resolver un problema algo más difícil. ¿Cómo se puede medir la cantidad de riesgo que presenta una inversión? Dicho de otra forma, ¿qué significa señalar que una inversión es más arriesgada que otra? Es obvio que hay que definir lo que se entiende por riesgo para poder contestar a estas preguntas. Ésta será la tarea de los próximos dos capítulos.

Por lo que se estudió en los últimos capítulos, sabemos que una de las responsabilidades del administrador financiero es medir el valor de las inversiones en activos reales propuestos. Para realizar esta valuación, es importante identificar primero qué ofrecen en términos de valor las inversiones en activos financieros. Como mínimo, el rendimiento requerido de una inversión no financiera propuesta debe ser mayor al rendimiento que se puede obtener con la compra de activos financieros con un nivel de riesgo similar.

El objetivo de este capítulo es proporcionar una perspectiva acerca de lo que la historia del mercado de capital puede enseñarnos sobre riesgo y rendimiento. Lo más importante que debemos adquirir es un conocimiento intuitivo de los números. ¿Qué rendimiento es elevado? ¿Qué rendimiento es bajo? De una forma más general, ¿qué rendimientos se deben esperar de activos financieros y cuáles son los riesgos asociados con este tipo de inversiones? Esta perspectiva es fundamental para comprender la metodología de análisis y la valuación de los proyectos de inversión con riesgo.

El estudio de riesgo y rendimiento se inicia describiendo la experiencia histórica de los inversionistas en los mercados financieros de Estados Unidos. Por ejemplo, en 1931 el mercado accionario perdió el 43% de su valor. Justo dos años después, el mercado accionario ganó un 54%. En tiempos más recientes, el mercado perdió aproximadamente el 25% de su valor sólo en un día, el 19 de octubre de 1987. ¿Qué lecciones pueden aprender los administradores financieros, si es que existe alguna, sobre estos movimientos en el mercado accionario? Para identificarlas, se examinará la historia de este mercado durante el último medio siglo.

No todos los administradores financieros piensan que se puede derivar algún beneficio del estudio de la historia. Por una parte, existe el famoso comentario del filósofo George Santayana: «Los que no recuerdan el pasado están condenados a repetirlo». Por otra parte, también tenemos el comentario, igualmente famoso, del industrial Henry Ford: «La historia es más o menos palabrería vana». A pesar de todo, y con base en experiencias recientes, quizá todos los administradores financieros estarían de acuerdo con Mark Twain cuando comentó: «Octubre; éste es uno de los meses particularmente peligrosos para especular con acciones. Los otros son julio, enero, septiembre, abril, noviembre, mayo, marzo, junio, diciembre, agosto y febrero».

Del estudio histórico del mercado surgen dos lecciones fundamentales. Primera, existe una ganancia por correr riesgos. Segunda, cuanto mayor sea la posible ganancia, mayor será el riesgo. Para comprender el comportamiento histórico seguido por los rendimientos del mercado, dedicamos gran parte de este capítulo a presentar estadísticas y cifras que conforman la historia moderna del mercado de capital de Estados Unidos. En el capítulo siguiente, este comportamiento histórico de los rendimientos del mercado constituye la base para analizar de qué forma los mercados financieros asignan un precio determinado al riesgo.

10.1 RENDIMIENTOS

Se trata de examinar los rendimientos históricos de diferentes tipos de activos financieros. Por consiguiente, lo primero que se debe hacer es mostrar brevemente cómo calcular el rendimiento generado por una inversión.

Rendimientos en efectivo

Si se compra un activo de cualquier tipo, a la ganancia (o pérdida) generada por esa inversión se le denomina *rendimiento de la inversión*. Por lo general, este rendimiento tendrá dos componentes. Primero, puede recibirse directamente un flujo de efectivo durante el tiempo que se mantiene la inversión, flujo al que se conoce como *componente del ingreso* del rendimiento. Segundo, el valor de mercado del activo en el que se invierte suele cambiar. En este caso, se tiene una ganancia de capital o una pérdida de capital de la inversión.[1]

Como ejemplo, supongamos que Video Concept Company tiene en circulación varios miles de acciones. Se compraron algunas acciones de esta empresa al inicio del año. Ahora se aproxima el final del año y se desea determinar lo adecuada que ha resultado la inversión.

---

[1]Como se mencionó en un capítulo previo, hablando en forma estricta, las autoridades fiscales determinan lo que debe y lo que no debe considerarse ganancia (o pérdida) de capital. Por tanto, en el texto se usan los términos libremente.

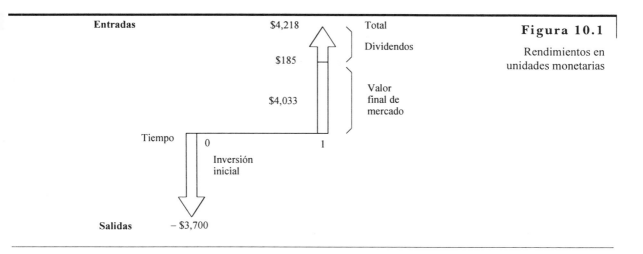

Figura 10.1

Rendimientos en unidades monetarias

Primero, es habitual que las empresas paguen dividendos en efectivo a sus accionistas en el transcurso de cada ejercicio contable. Como accionista de Video Concept Company, se es copropietario de la empresa. Si ésta es rentable, quizá decida distribuir parte de sus ganancias a los accionistas (en el cap. 16 se estudia con mayor detalle la política de dividendos). Por tanto, como propietario de algunas acciones, se recibirá cierto flujo de efectivo. Este flujo de efectivo es el componente de ingreso derivado de la inversión en estas acciones.

Además del flujo de efectivo por concepto de dividendos, el otro componente del rendimiento es la ganancia o la pérdida de capital derivada de la inversión en acciones. Este componente se origina por cambios en el valor de la inversión. Por ejemplo, considere los flujos de efectivo que se presentan en la figura 10.1. Cada acción se vende en $37. Si se compran 100 acciones, se realizará un desembolso total de $3,700. Supongamos que, en el transcurso del año, la empresa emisora pagó un dividendo en efectivo de $1.85 por acción. Por tanto, al finalizar el año se habrían recibido ingresos por:

Dividendo = $1.85 × 100 = $185

El valor de la acción también aumenta a $40.33 por acción al finalizar el año. Las 100 acciones tendrían entonces un valor de $4,033, por lo que se obtendría una ganancia de capital de:

Ganancia de capital = ($40.33 − 37) × 100 = $333

Por otra parte, si el precio hubiera disminuido a $34.78, por ejemplo, se tendría una pérdida de capital de:

Pérdida de capital = ($34.78 − 37) × 100 = − $222

Obsérvese que una pérdida de capital se puede considerar como una ganancia de capital negativa.

El rendimiento total en unidades monetarias de la inversión es la suma del dividendo y la ganancia de capital:

Rendimiento total en unidades monetarias = Ingreso por dividendos

+ Ganancia (o pérdida) de capital   (10.1)

Por tanto, el rendimiento total en unidades monetarias en este primer ejemplo se determina mediante:

Rendimiento total en unidades monetarias = $185 + 333 = $518

Obsérvese que si se vendieran las acciones al final del año, el monto total de efectivo que se obtendría sería igual a la inversión inicial más el rendimiento total en unidades monetarias. Por consiguiente, para el ejemplo anterior se tendría:

Efectivo total si se venden las acciones = Inversión inicial + Rendimiento total   (10.2)

$$= \$3{,}700 + 518$$

$$= \$4{,}218$$

Como comprobación, verifique que este resultado sea idéntico al que se obtiene de sumar los ingresos derivados de la venta de las acciones y los dividendos:

Ingresos derivados de la venta de las acciones + Dividendos = $40.33 \times 100 + $185

$$= \$4{,}033 + 185$$

$$= \$4{,}218$$

Supongamos que se conservan las acciones de Video Concept y éstas no se venden al final del año. ¿Se debe considerar aún la ganancia de capital como parte del rendimiento? Si no se venden las acciones, ¿no se trata sólo de una ganancia en «papel», sin constituir en realidad un flujo de efectivo?

La respuesta a la primera pregunta es un contundente «sí»; la respuesta a la segunda pregunta es un «no» rotundo. La ganancia de capital constituye en definitiva parte del rendimiento, al igual que el dividendo, y se le debe considerar como componente del rendimiento. La decisión de conservar las acciones y no venderlas (la ganancia no se «realiza») es irrelevante porque se pudo haber generado el flujo de efectivo si se hubiera deseado. La decisión de conservar o de vender las acciones solamente corresponde al inversionista.

Después de todo, si se insiste en convertir la ganancia en efectivo, siempre se podrían vender las acciones al final del año y reinvertir de inmediato el efectivo así obtenido, volviendo a comprar de nuevo las acciones. No existe diferencia alguna entre esta última opción y la opción de no vender (suponiendo, por supuesto, que la venta de las acciones no produce consecuencias fiscales). De nuevo, el aspecto relevante es que si las acciones se venden y se usa el efectivo así generado para comprar refrescos (o comprar lo que sea) o bien se reinvierte dicho efectivo al no venderse las acciones, ambas opciones no producen efecto alguno en el rendimiento que se obtiene de la inversión.

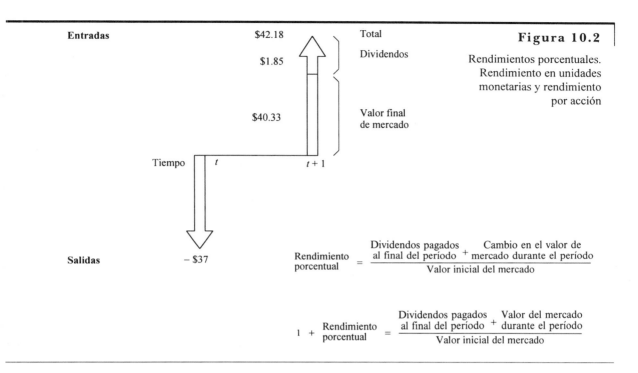

Figura 10.2

Rendimientos porcentuales.
Rendimiento en unidades
monetarias y rendimiento
por acción

Rendimientos porcentuales

Suele ser más conveniente expresar los rendimientos en términos porcentuales que hacerlo en unidades monetarias, ya que expresado en términos porcentuales el rendimiento no depende del monto de la inversión. La pregunta que se quiere contestar es: ¿Cuánto se obtiene por cada unidad monetaria que se invierte?

Para contestar a esta pregunta, supongamos que P_t es el precio de la acción al inicio del año y que D_{t+1} es el dividendo por acción que se paga durante el año. Obsérvense los flujos de efectivo de la figura 10.2. Estos flujos son los mismos que los que aparecen en la figura 10.1, excepto que ahora se han expresado en términos unitarios, es decir, por acción.

En el ejemplo presentado anteriormente, el precio al inicio del año fue de $37 por acción y el dividendo pagado durante el año fue de $1.85 por acción. Como se estudió en el capítulo 6, expresar el dividendo como un porcentaje del precio inicial de la acción da como resultado el rendimiento de dividendos:

Rendimiento en dividendos $= D_{t+1}/P_t$

$$= \$1.85/\$37 = 0.05 = 5\%$$

Esto significa que se obtienen $0.05 en dividendos por cada unidad monetaria invertida.

El segundo componente del rendimiento porcentual lo integran las ganancias de capital, también expresadas en términos porcentuales. Recuérdese (del capítulo 6) que el ren-

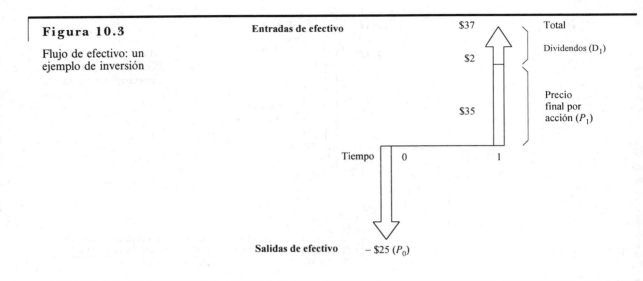

Figura 10.3

Flujo de efectivo: un ejemplo de inversión

dimiento de ganancias de capital se calcula como el cambio en el precio de la acción durante el año (la ganancia de capital) dividido entre el precio inicial:

$$\text{Rendimiento de ganancias de capital} = (P_{t+1} - P_t)/P_t$$
$$= (\$40.33 - 37)/\$37$$
$$= \$3.33/\$37$$
$$= 9\%$$

Por tanto, se obtienen $0.09 como ganancias de capital por cada unidad monetaria invertida.

Resumiendo, se obtienen $0.05 en dividendos y $0.09 en ganancias de capital por cada unidad monetaria invertida; es decir, un total de $0.14. El rendimiento porcentual es de 14% o $0.14 por unidad monetaria.

Para comprobar esto, obsérvese que se invirtieron inicialmente $3,700 y se terminó con $4,218. ¿En qué porcentaje aumentaron los $3,700? Como se observó, se recibieron $4,218 − 3,700 = $518. Esto representa un aumento de $518/$3,700 = 14%.

Ejemplo 10.1 Cálculo de rendimientos

Supongamos que se compran algunas acciones a $25 cada una. Al finalizar el año, el precio es de $35 por acción. Durante el año, se recibió un dividendo de $2 por acción. Esta situación se muestra en la figura 10.3. ¿Cuál es el rendimiento de dividendos? ¿El rendimiento de ganancias de capital? ¿El rendimiento porcentual? Si la inversión total fue de $1,000, ¿cuánto se obtiene al finalizar el año?

El dividendo de $2 por acción resulta ser un rendimiento de dividendos de:

$$\text{Rendimiento de dividendos} = D_{t+1}/P_t$$
$$= \$2/\$25 = 0.08 = 8\%$$

La ganancia de capital por acción es de $10, por lo que el rendimiento de ganancias de capital es de:

$$\text{Rendimiento de ganancias de capital} = (P_{t+1} - P_t)/P_t$$
$$= (\$35 - 25)/\$25$$
$$= \$10/\$25$$
$$= 40\%$$

Por consiguiente, el rendimiento porcentual total es del 48%.

Si se hubieran invertido $1,000, se tendrían $1,480 al finalizar el año, un aumento del 48%. Para comprobar este resultado, obsérvese que los $1,000 hubieran permitido comprar $1,000/25 = 40 acciones. Estas 40 acciones generarían un total de 40 × $2 = $80 de dividendos en efectivo. La ganancia de $10 por acción hubiera representado una ganancia de capital total de $10 × 40 = $400. Al sumar ambos componentes se obtienen los $480. ■

PREGUNTAS SOBRE CONCEPTOS

10.1a ¿Cuáles son los dos componentes que integran el rendimiento total?
10.1b ¿Por qué se incluyen en el cálculo de los rendimientos las ganancias o pérdidas de capital no realizadas?
10.1c ¿Cuál es la diferencia entre un rendimiento expresado en unidades monetarias y otro expresado en términos porcentuales? ¿Por qué son más convenientes los rendimientos porcentuales?

INFLACIÓN Y RENDIMIENTOS | 10.2

Hasta ahora, no hemos considerado la inflación al calcular los rendimientos. Puesto que éste es un aspecto importante, se analizan a continuación los efectos inflacionarios.

Rendimientos reales versus nominales

A los rendimientos que se calcularon en la sección anterior se les denomina **rendimientos nominales**, ya que no han sido ajustados por el efecto de la inflación. A los rendimientos que han sido ajustados para que reflejen la inflación se les denomina **rendimientos reales**.

Para observar el efecto de la inflación sobre los rendimientos, supongamos que en la actualidad los precios están aumentando al 5% anual. Es decir, la tasa de inflación es del 5%. Se está considerando una inversión que tendrá un valor de $115.50 en un año; hoy cuesta $100.

Se inicia con el cálculo del rendimiento porcentual. En este caso, no existe el componente de ingreso del rendimiento, de modo que el rendimiento es igual al rendimiento de ganancias de capital de ($115.50 − 100)/$100 = 15.50%. Una vez más, no se ha considerado el aspecto inflacionario, por lo que este porcentaje del 15.50% es el rendimiento nominal.

¿Cuál es en este caso el impacto de la inflación? Para contestar esta pregunta, supóngase que las pizzas cuestan $5 cada una al inicio del año. Con $100, se pueden comprar

rendimientos nominales
Rendimientos de una inversión no ajustados por la inflación.

rendimientos reales
Rendimientos ajustados por los efectos de la inflación.

20 pizzas. Puesto que la tasa de inflación es del 5%, al finalizar el año las pizzas costarán un 5% más, es decir, $5.25. Si se realiza la inversión, ¿cuántas pizzas se pueden comprar al finalizar el año? Utilizando pizzas como unidad de medida en vez de unidades monetarias, ¿cuál es el rendimiento?

Los $115.50 que la inversión genera permitirán comprar $115.50/$5.25 = 22 pizzas. Esta cantidad es superior a las 20 pizzas iniciales, por lo que el rendimiento porcentual es de (22 − 20)/20 = 10%. Lo que esto muestra es que, a pesar que el rendimiento nominal de la inversión es del 15.5%, el poder adquisitivo sólo se ha incrementado en un 10%, debido a la inflación. Dicho de otra forma, en realidad sólo se es un 10% más rico. En este caso se dice que el rendimiento real es del 10%.

En forma alternativa, con una inflación del 5%, cada uno de los $115.50 nominales que se obtienen vale un 5% menos en términos reales, por lo que el valor real de la inversión en unidades monetarias en un año es:

$$\$115.50/1.05 = \$110$$

Lo que se ha hecho es *deflacionar* los $115.50 en un 5%. Dado que se renuncia a $100 en poder adquisitivo actual para obtener el equivalente de $110, el rendimiento real es de nuevo un 10%. Debido a que en este caso se ha eliminado el efecto de la inflación futura, se dice que estos $110 están medidos en unidades monetarias corrientes.

La diferencia entre los rendimientos nominal y real es importante, por lo que vale la pena repetirlo:

El rendimiento nominal de una inversión es el cambio porcentual en la cantidad de unidades monetarias que se tienen.

El rendimiento real de una inversión es el cambio porcentual en la cantidad de bienes y/o servicios que se pueden comprar con el efectivo disponible; en otras palabras, es el cambio porcentual en el poder adquisitivo.

El efecto de Fisher

efecto de Fisher
Relación entre los rendimientos nominales, los rendimientos reales y la inflación.

Los rendimientos reales y nominales muestran una relación a la que se suele denominar **efecto de Fisher**. Dado que la mayor preocupación de los inversionistas reside en su poder adquisitivo o poder de compra, es necesario compensarlos adecuadamente por la inflación. Supongamos que R representa el rendimiento nominal y r representa el rendimiento real. El efecto de Fisher indica que la relación entre los rendimientos nominales, los rendimientos reales y la inflación pueden expresarse como:

$$(1 + R) = (1 + r) \times (1 + h) \tag{10.3}$$

donde h representa la tasa de inflación.

En el ejemplo anterior, el rendimiento nominal fue del 15.50% y la tasa de inflación del 5%. ¿Cuál fue el rendimiento real? Puede determinarse sustituyendo estas cifras en la ecuación:

$$(1 + 0.1550) = (1 + r) \times (1 + 0.05)$$
$$(1 + r) = (1.1550)/(1.05) = 1.10$$
$$r = 10\%$$

Este rendimiento real es igual al que se calculó antes. Si se observa de nuevo el efecto de Fisher, se pueden reacomodar ligeramente los términos de la forma siguiente:

$$(1 + R) = (1 + r) \times (1 + h) \tag{10.4}$$
$$R = r + h + r \times h$$

Lo que esta ecuación expresa es que el rendimiento nominal está integrado por tres componentes. Primero, por r, el rendimiento real de la inversión. Segundo, por la compensación requerida por la disminución en el valor del dinero invertido originalmente, debida a la inflación, h. El tercer componente representa la compensación por el hecho de que la ganancia monetaria generada por la inversión también vale menos a causa de la inflación.

Por lo general, este tercer componente es pequeño y suele eliminarse. Por tanto, la tasa nominal es aproximadamente igual a la tasa real más la tasa de inflación:

$$R \approx r + h \tag{10.5}$$

Ejemplo 10.2   El efecto de Fisher

Si los inversionistas requieren un rendimiento real del 10% y la tasa de inflación es del 8%, ¿cuál debe ser la tasa nominal aproximada? ¿La tasa nominal exacta?

En primer lugar, la tasa nominal es aproximadamente igual a la suma de la tasa real y la tasa de inflación: 10% + 8% = 18%. De acuerdo al efecto de Fisher, se tiene:

$$(1 + R) = (1 + r) \times (1 + h)$$
$$= (1.10) \times (1.08)$$
$$= 1.1880$$

Por tanto, la tasa nominal se acercará más al 19%. ∎

Es importante observar que las tasas financieras, como las tasas de interés, las tasas de descuento y las tasas de rendimiento, casi siempre se expresan en términos nominales. Para recordar esto, a partir de ahora se utilizará el símbolo R en lugar de r en la mayor parte de las referencias sobre estas tasas.

PREGUNTAS SOBRE CONCEPTOS

10.2a ¿Cuál es la diferencia entre un rendimiento nominal y uno real? ¿Cuál es más importante para el inversionista típico?

10.2b ¿Qué es el efecto de Fisher?

EXPERIENCIA HISTÓRICA | **10.3**

Roger Ibbotson y Rex Sinquefield llevaron a cabo una famosa serie de estudios relacionados con las tasas de rendimiento en los mercados financieros de Estados Unidos.[2] Estos autores analizaron las tasas de rendimiento históricas anuales de cinco tipos importan-

---

[2]Ibbotson, R. G. y R. A. Sinquefield, *Stocks, Bonds, Bills, and Inflation* (SBBI) (Charlottesville, Va.: Financial Analysis Research Foundation, 1982).

tes de instrumentos financieros. Los rendimientos pueden interpretarse como lo que se hubiera ganado si se hubieran estructurado carteras con los instrumentos siguientes:

1. Acciones comunes. La cartera de acciones comunes se forma con las acciones comunes de las 500 mayores empresas (en términos del valor de mercado total de las acciones en circulación) de Estados Unidos.
2. Acciones «pequeñas». La cartera está integrada por las acciones comunes del 20% de las empresas más pequeñas registradas en la Bolsa de Valores de Nueva York; también se mide el tamaño de dichas empresas de acuerdo al valor del mercado de sus acciones en circulación.
3. Bonos corporativos a largo plazo. Cartera formada por certificados de bonos de alta calidad con vencimiento a 20 años.
4. Bonos a largo plazo del gobierno de Estados Unidos. Cartera de bonos emitidos por el gobierno estadounidense con vencimiento a 20 años.
5. Certificados de la Tesorería de Estados Unidos. Cartera de Certificados de la Tesorería (CETES) con vencimiento a tres meses.

Estos rendimientos no han sido ajustados por inflación o por impuestos, de forma que son rendimientos nominales antes de impuestos.

Además de los rendimientos anuales de estos instrumentos financieros, también se calcula el cambio porcentual anual del Índice de Precios al Consumidor (IPC). Éste es un indicador de la inflación que se utiliza muy frecuentemente, por lo que los rendimientos reales se pueden calcular usando este indicador como tasa de inflación.

Una visión inicial

Antes de observar en detalle los diferentes rendimientos de las carteras arriba indicadas, es conveniente observar el panorama general. En la figura 10.4 se muestra lo que habría ocurrido con cada dólar invertido en las diferentes carteras si se hubiera realizado la inversión al inicio de 1926. Se proporciona por separado el crecimiento del valor de cada una de las diferentes carteras por el período de 65 años que termina en 1990 (se omiten los bonos corporativos a largo plazo). Obsérvese que para presentar toda esta información en la misma gráfica, se realizaron algunas modificaciones en las escalas de medición. Como se suele hacer con las series de tiempo financieras, se establece para el eje vertical una escala que haga que las distancias iguales midan cambios porcentuales iguales de valor (en contraste con los cambios expresados en unidades monetarias).[3]

Al observar la figura 10.4, se aprecia que la inversión en la cartera de acciones «pequeñas» (forma abreviada de referirse a las acciones comunes de las compañías más pequeñas registradas en la Bolsa de Valores de Nueva York) fue la que obtuvo los mejores resultados en general. Cada unidad monetaria invertida creció hasta un monto notable de $1,277.45 en el período de 65 años. La cartera integrada por las acciones comunes de las empresas de mayor tamaño tuvo resultados inferiores; la unidad monetaria invertida en esta cartera creció hasta $517.50.

En el otro extremo, la cartera de CETES sólo creció hasta $10.43. Esto es incluso menos impresionante si se toma en cuenta la inflación durante dicho período. Tal como se muestra, el incremento en el nivel de precios fue tal que se requieren $7.46 sólo para compensar cada dólar originalmente invertido.

---

[3]En otras palabras, la escala es logarítmica.

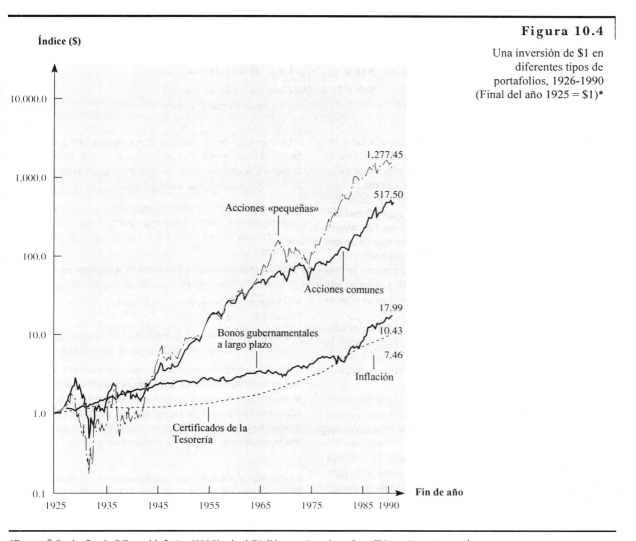

Índice ($)

Figura 10.4

Una inversión de $1 en
diferentes tipos de
portafolios, 1926-1990
(Final del año 1925 = $1)*

Conociendo la experiencia histórica, ¿por qué alguien compraría otros instrumentos que no fueran las acciones comunes de las empresas pequeñas? Si se observa con cuidado la figura 10.4, se puede ver la respuesta. El rendimiento de la cartera de CETES y de la de bonos gubernamentales a largo plazo crecieron más lentamente que el rendimiento de las dos de acciones comunes, pero también lo hicieron de manera más estable. Las acciones «pequeñas» terminaron con el mayor rendimiento, pero como se puede observar, su crecimiento fue en ocasiones bastante errático. Por ejemplo, las acciones «pequeñas» tuvieron el más bajo desempeño en alrededor de los 10 primeros años y mostraron un rendimiento inferior al de los bonos gubernamentales a largo plazo durante casi 20 años.

En sus propias palabras...
Sobre la historia del mercado de capital, por Roger Ibbotson

Los mercados financieros son quizá el fenómeno humano más cuidadosamente documentado en la historia. Se intercambian cada día acciones comunes de aproximadamente 2,000 empresas emisoras en el mercado de valores de Nueva York y al menos acciones de otras 5,000 empresas más en otros mercados de valores y mercados extrabursátiles. Los bonos, las mercancías, los futuros y las opciones también proporcionan abundante riqueza de información. Esta información llena cada día una docena de páginas del *The Wall Street Journal* (y otros numerosos periódicos) y estas páginas son sólo resúmenes de las operaciones del día. Existe en realidad un registro de cada operación, que proporciona no sólo las bases de datos en tiempo real, sino también un registro histórico que en muchos casos se extiende a más de un siglo.

El mercado mundial añade otra dimensión a esta riqueza de información. El mercado de acciones japonés opera un billón de acciones en días activos y la bolsa de Londres reporta diariamente el volumen de operaciones de más de 10,000 empresas emisoras nacionales y extranjeras.

La información generada por estas operaciones es cuantificable, se puede analizar y difundir con rapidez y es de fácil acceso mediante las computadoras. Debido a ello, las finanzas parecen cada vez más una ciencia exacta. El uso de la información del mercado financiero va desde lo más sencillo, por ejemplo, utilizar el índice S&P 500 para medir el desempeño de una cartera, hasta lo más complejo. Por ejemplo, hace sólo una generación, el mercado de bonos era la actividad más estable en Wall Street. En la actualidad, atrae multitudes de operadores buscando aprovechar las oportunidades de arbitraje —pequeñas equivocaciones temporales en los precios— y que utilizan información en tiempo completo y supercomputadoras para analizarlos.

La información de los mercados financieros es la base para la amplia comprensión empírica que actualmente se tiene de los mercados financieros. A continuación, se presenta una relación de los principales hallazgos de este tipo de investigación:

- Los instrumentos financieros con riesgo, como es el caso de las acciones comunes, tienen rendimientos promedio más altos que los instrumentos sin riesgo, como es el caso de los Certificados de la Tesorería.

- Las acciones comunes de las compañías «pequeñas» tienen rendimientos promedio más altos que las de las grandes compañías.

- Los bonos a largo plazo tienen rendimientos promedio más altos que los bonos a corto plazo.

- Se puede predecir el costo de capital para una empresa, un proyecto o una división, utilizando información de los mercados.

Debido a que los fenómenos en los mercados financieros están tan bien medidos, las finanzas son la rama de la economía más fácilmente cuantificable. Los investigadores tienen la posibilidad de llevar a cabo más investigación empírica profunda que en cualquier otro campo económico y, como todos sabemos, la investigación puede convertirse rápidamente en estrategias de acción en el mercado.

Roger Ibbotson es profesor de Prácticas de Administración en la Escuela de Administración de la Universidad de Yale. Es fundador y presidente de Ibbotson Associates, un importante proveedor de bases de datos financieros para la industria de servicios financieros. Notable académico, es más conocido por sus estimados originales de las tasas de rendimiento históricas obtenidas por inversionistas en los diferentes mercados y por su investigación sobre nuevas emisiones.

Una visión detallada

Para mostrar la variabilidad de las diferentes inversiones, se grafican en las figuras 10.5 a 10.8 (en las págs. 349-52) los rendimientos porcentuales anuales en forma de barras verticales trazadas a partir del eje horizontal. La altura de la barra muestra el rendimiento para cada año en particular. Por ejemplo, al observar los bonos gubernamentales a largo plazo (fig. 10.7), se aprecia que el mayor rendimiento histórico (40.35%) se produjo no hace mucho tiempo (en 1982). Éste fue un buen año para los bonos. Al comparar estas gráficas, obsérvense las diferencias en las escalas indicadas en los ejes verticales. Teniendo

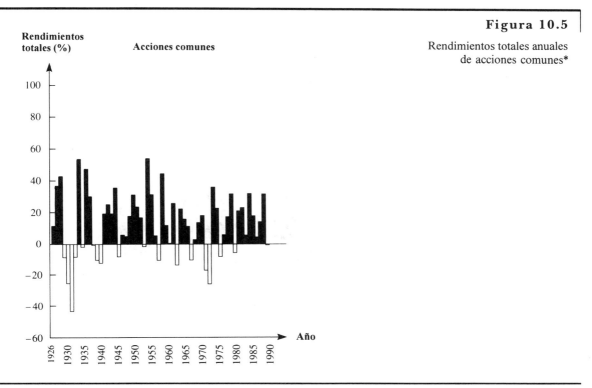

Figura 10.5

Rendimientos totales anuales
de acciones comunes*

Rendimientos totales (%)   **Acciones comunes**

*Fuente: © *Stocks, Bonds, Bills, and Inflation 1991 Yearbook*™, Ibbotson Associates, Inc., Chicago (presenta anualmente una actualización de trabajo de Roger G. Ibbotson y Rex A. Sinquefield). Reservados todos los derechos.

esto en cuenta, se puede observar lo predecible del comportamiento de los Certificados de la Tesorería (fig. 10.7), en comparación con el comportamiento de las acciones «pequeñas» (fig. 10.6).

Los rendimientos anuales usados para dibujar estas gráficas de barras aparecen en la tabla 10.1 (en las págs. 352-53). Al observar esta tabla, se ve por ejemplo que el rendimiento anual más alto es un notable **142.87%** para las acciones de las compañías pequeñas en 1933. En ese mismo año, las acciones de las grandes empresas (acciones comunes) «sólo» ofrecieron un rendimiento del **53.99%**. En contraste, el rendimiento anual mayor de los Certificados de la Tesorería fue del **14.71%** (en 1981).

PREGUNTAS SOBRE CONCEPTOS

10.3a Con una agudeza visual de 20-20, ¿cuál fue la mejor inversión para el período 1926-1935?

10.3b ¿Por qué no compran todos los inversionistas sólo acciones «pequeñas»?

10.3c ¿Cuál fue el menor rendimiento anual que se observó durante los 65 años para cada una de estas inversiones? ¿Cuándo ocurrió?

Figura 10.6

Rendimientos totales
anuales de acciones
comunes de compañías
«pequeñas»*

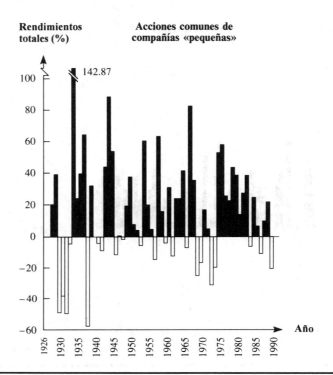

*Fuente: © *Stocks, Bonds, Bills, and Inflation 1991 Yearbook*™, Ibbotson Associates, Inc., Chicago (presenta anualmente una actualización del trabajo de Roger G. Ibbotson y Rex A. Sinquefield). Reservados todos los derechos.

10.3d ¿Cuántas veces las acciones «grandes» (acciones comunes) ofrecieron un rendimiento superior al 30%? ¿Cuántas veces proporcionaron estas acciones un rendimiento inferior al −20%?

10.3e ¿Cuál fue la «racha ganadora» mayor (años sin un rendimiento negativo) para las acciones «grandes»? ¿Y cuál para los bonos gubernamentales a largo plazo?

10.3f ¿Con qué frecuencia tuvo la cartera de CETES un rendimiento de carácter negativo?

10.4 | RENDIMIENTOS PROMEDIO: LA PRIMERA LECCIÓN

Probablemente, ya habrá comenzado a observar que la historia de los rendimientos del mercado de capital es demasiado complicada, por lo que es difícil que llegue a ser útil si no se analiza cuidadosamente. Es necesario comenzar a resumir las cifras presentadas. Por consiguiente, a continuación se condensa dicha información. Se inicia calculando los rendimientos promedio.

Figura 10.7

Rendimientos totales anuales de bonos y Certificados*

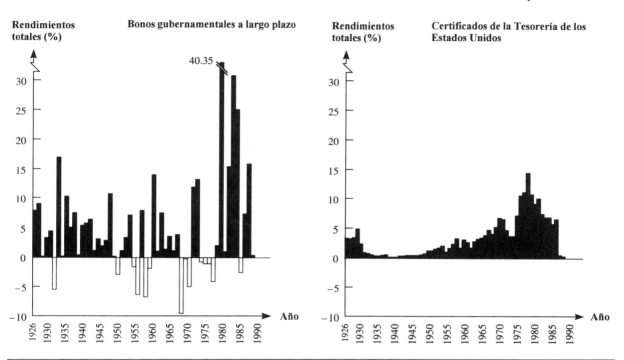

*Fuente: © *Stocks, Bonds, Bills, and Inflation 1991 Yearbook*™, Ibbotson Associates, Inc., Chicago (presenta anualmente una actualización del trabajo de Roger G. Ibbotson y Rex A. Sinquefield). Reservados todos los derechos.

Cálculo de los rendimientos promedio

La forma obvia de calcular los rendimientos promedio de las diferentes inversiones presentadas en la tabla 10.1 consiste en sumar simplemente los rendimientos anuales y dividirlos entre 65. El resultado es el promedio histórico de los valores individuales.

Por ejemplo, si se suman los rendimientos anuales de las acciones comunes durante estos 65 años se obtendrá, aproximadamente, 7.865. El rendimiento anual promedio es por consiguiente 7.865/65 = 12.1%. Este **12.1%** se interpreta de manera similar a cualquier otro promedio. Si se seleccionara en forma aleatoria uno de los 65 años considerados y se tuviera que adivinar cuál fue el rendimiento en ese año, la mejor estimación sería el 12.1%.

Rendimientos promedio: la experiencia histórica

En la tabla 10.2 se muestran los rendimientos promedio calculados con base a la tabla 10.1. Como se muestra, las acciones «pequeñas» incrementaron su valor en un año típico en el

Tabla 10.1

Rendimientos totales
anuales, 1926-1990

Año	Acciones comunes	Acciones «pequeñas»	Bonos corporativos a largo plazo	Bonos gubernamentales a largo plazo	Certificados de la Tesorería de los EEUU	Índice de precios al consumidor
1926	0.1162	0.0028	0.0737	0.0777	0.0327	− 0.0149
1927	0.3749	0.2210	0.0744	0.0893	0.0312	− 0.0208
1928	0.4361	0.3969	0.0284	0.0010	0.0324	− 0.0097
1929	− 0.0840	− 0.5136	0.0327	0.0342	0.0475	0.0019
1930	− 0.2490	− 0.3815	0.0798	0.0466	0.0241	− 0.0603
1931	− 0.4334	− 0.4975	− 0.0185	− 0.0531	0.0107	− 0.0952
1932	− 0.0819	− 0.0539	0.1082	0.1684	0.0096	− 0.1030
1933	**0.5399**	**1.4287**	0.1038	− 0.0008	0.0030	0.0051
1934	− 0.0144	0.2422	0.1384	0.1002	0.0016	0.0203
1935	0.4767	0.4019	0.0961	0.0498	0.0017	0.0299
1936	0.3392	0.6480	0.0674	0.0751	0.0018	0.0121
1937	− 0.3503	− 0.5801	0.0275	0.0023	0.0031	0.0310
1938	0.3112	0.3280	0.0613	0.0553	− 0.0002	− 0.0278
1939	− 0.0041	0.0035	0.0397	0.0594	0.0002	− 0.0048
1940	− 0.0978	− 0.0516	0.0339	0.0609	0.0000	0.0096
1941	− 0.1159	− 0.0900	0.0273	0.0093	0.0006	0.0972
1942	0.2034	0.4451	0.0260	0.0322	0.0027	0.0929
1943	0.2590	0.8837	0.0283	0.0208	0.0035	0.0316
1944	0.1975	0.5372	0.0473	0.0281	0.0033	0.0211
1945	0.3644	0.7361	0.0408	0.1073	0.0033	0.0225
1946	− 0.0807	− 0.1163	0.0172	− 0.0010	0.0035	0.1817
1947	0.0571	0.0092	− 0.0234	− 0.0263	0.0050	0.0901
1948	0.0550	− 0.0211	0.0414	0.0340	0.0081	0.0271
1949	0.1879	0.1975	0.0331	0.0645	0.0110	− 0.0180
1950	0.3171	0.3875	0.0212	0.0006	0.0120	0.0579
1951	0.2402	0.0780	− 0.0269	− 0.0394	0.0149	0.0587
1952	0.1837	0.0303	0.0352	0.0116	0.0166	0.0088
1953	− 0.0099	− 0.0649	0.0341	0.0363	0.0182	0.0062
1954	0.5262	0.6058	0.0539	0.0719	0.0086	− 0.0050
1955	0.3156	0.2044	0.0048	− 0.0130	0.0157	0.0037
1956	0.0656	0.0428	− 0.0681	− 0.0559	0.0246	0.0286
1957	− 0.1078	− 0.1457	0.0871	0.0745	0.0314	0.0302
1958	0.4336	0.6489	− 0.0222	− 0.0610	0.0154	0.0176
1959	0.1195	0.1640	−0.0097	−0.0226	0.0295	0.0150

Año	Acciones comunes	Acciones «pequeñas»	Bonos corporativos a largo plazo	Bonos gubernamentales a largo plazo	Certificados de la Tesorería de los EEUU	Índice de precios al consumidor	**Tabla 10.1** (conclusión)
1960	0.0047	− 0.0329	0.0907	0.1378	0.0266	0.0148	
1961	0.2689	0.3209	0.0482	0.0097	0.0213	0.0067	
1962	− 0.0873	− 0.1190	0.0795	0.0689	0.0273	0.0122	
1963	0.2280	0.2357	0.0219	0.0121	0.0312	0.0165	
1964	0.1648	0.2352	0.0477	0.0351	0.0354	0.0119	
1965	0.1245	0.4175	− 0.0046	0.0071	0.0393	0.0192	
1966	− 0.1006	− 0.0701	0.0020	0.0365	0.0476	0.0335	
1967	0.2398	0.8357	− 0.0495	− 0.0919	0.0421	0.0304	
1968	0.1106	0.3597	0.0257	− 0.0026	0.0521	0.0472	
1969	− 0.0850	− 0.2505	− 0.0809	− 0.0508	0.0658	0.0611	
1970	0.0401	− 0.1743	0.1837	0.1210	0.0653	0.0549	
1971	0.1431	0.1650	0.1101	0.1323	0.0439	0.0336	
1972	0.1898	0.0443	0.0726	0.0568	0.0384	0.0341	
1973	− 0.1466	− 0.3090	0.0114	− 0.0111	0.0693	0.0880	
1974	− 0.2647	− 0.1995	− 0.0306	0.0435	0.0800	0.1220	
1975	0.3720	0.5282	0.1464	0.0919	0.0580	0.0701	
1976	0.2384	0.5738	0.1865	0.1675	0.0508	0.0481	
1977	− 0.0718	0.2538	0.0171	− 0.0067	0.0512	0.0677	
1978	0.0656	0.2346	− 0.0007	− 0.0116	0.0718	0.0903	
1979	0.1844	0.4346	− 0.0418	− 0.0122	0.1038	0.1331	
1980	0.3242	0.3988	− 0.0262	− 0.0395	0.1124	0.1240	
1981	− 0.0491	0.1388	− 0.0096	0.0185	**0.1471**	0.0894	
1982	0.2141	0.2801	0.4379	0.4035	0.1054	0.0387	
1983	0.2251	0.3967	0.0470	0.0068	0.0880	0.0380	
1984	0.0627	− 0.0667	0.1639	0.1543	0.0985	0.0395	
1985	0.3216	0.2466	0.3090	0.3097	0.0722	0.0377	
1986	0.1847	0.0685	0.1985	0.2444	0.0616	0.0113	
1987	0.0523	− 0.0930	− 0.0027	− 0.0269	0.0547	0.0441	
1988	0.1681	0.2287	0.1070	0.0967	0.0635	0.0447	
1989	0.3149	0.1018	0.1623	0.1811	0.0837	0.0465	
1990	− 0.0317	− 0.2156	0.0678	0.0618	0.0781	0.0611	

Fuente: © *Stocks, Bonds, Bills, and Inflation 1991 Yearbook*™, Ibbotson Associates, Inc., Chicago (presenta anualmente una actualización del trabajo de Roger G. Ibbotson y Rex A. Sinquefield). Reservados todos los derechos.

Figura 10.8

Inflación anual*

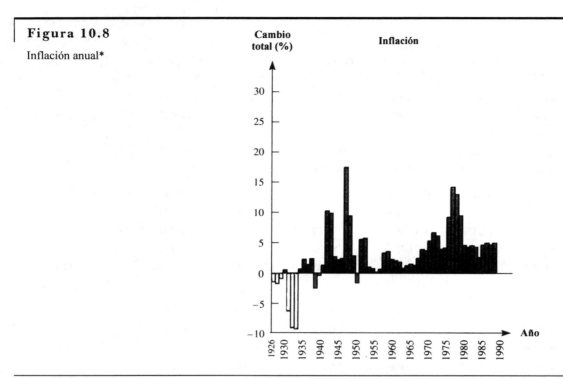

*Fuente: © *Stocks, Bonds, Bills, and Inflation 1991 Yearbook*™, Ibbotson Associates, Inc., Chicago (presenta anualmente una actualización del trabajo de Roger G. Ibbotson y Rex A. Sinquefield). Reservados todos los derechos.

17.1%. Obsérvese también lo grandes que fueron los rendimientos de las acciones en comparación con los de los bonos.

Por supuesto que estos promedios son nominales, ya que no se ha considerado la inflación. Obsérvese que la tasa de inflación promedio fue del **3.2%** anual durante esos 65 años. El rendimiento nominal de los Certificados de la Tesorería de los Estados Unidos fue del **3.7%** anual. El rendimiento real promedio de los Certificados de la Tesorería fue por tanto de aproximadamente el 0.5% anual; de ahí que el rendimiento real de los CETES haya sido históricamente bastante bajo.

En el otro extremo, las acciones «pequeñas» han tenido un rendimiento real promedio de aproximadamente 17.1% − 3.1% = 14.0%, que es relativamente elevado. Si se recuerda la regla del 72 (cap. 5), un cálculo rápido muestra que un rendimiento real del 14% duplica el poder adquisitivo cada cinco años, aproximadamente. Obsérvese también que el valor real de la cartera de acciones comunes aumentó el 9% en un año típico.

Primas por riesgo

Ahora que se han calculado algunos rendimientos promedio, parece lógico ver cómo se comparan entre sí. De acuerdo con lo expuesto, una de estas comparaciones comprende

Inversión	Rendimientos promedio	**Tabla 10.2**
		Rendimiento promedio: 1926-1990
Acciones comunes	**12.1%**	
Acciones «pequeñas»	**17.1**	
Bonos corporativos a largo plazo	5.5	
Bonos gubernamentales a largo plazo	4.9	
Certificados de la Tesorería de Estados Unidos	**3.7**	
Inflación	**3.2**	

Inversión	Rendimiento promedio	Prima por riesgo	**Tabla 10.3**
			Rendimientos anuales promedio y primas por riesgo: 1926-1990
Acciones comunes	**12.1%**	**8.4%**	
Acciones «pequeñas»	17.1	13.4	
Bonos corporativos a largo plazo	5.5	1.8	
Bonos gubernamentales a largo plazo	4.5	0.8	
Certificados de la Tesorería de los Estados Unidos	**3.7**	0.0	

a los instrumentos emitidos por el gobierno. Estos instrumentos están libres de gran parte de la variabilidad que se observa, por ejemplo, en el mercado de acciones comunes.

El gobierno toma dinero prestado emitiendo bonos. Estos bonos son de diferentes tipos. En este caso, centraremos la atención en los Certificados de la Tesorería. Entre los distintos bonos gubernamentales, éstos son los que tienen el período de tiempo más corto hasta su vencimiento. Debido a que el gobierno siempre puede aumentar los impuestos para pagar sus deudas, esta deuda está prácticamente libre de cualquier riesgo por falta de pago durante su corta vida. Por tanto, a la tasa de rendimiento de este tipo de deuda se le denominará *rendimiento libre de riesgo* y se utilizará como una especie de parámetro de referencia.

Una comparación que resulta interesante es el rendimiento casi libre de riesgo de los CETES y el rendimiento con alto nivel de riesgo de las acciones comunes. La diferencia entre estos dos rendimientos puede interpretarse como una medida del *rendimiento en «exceso»* de los activos con riesgo promedio (suponiendo que las acciones de una gran corporación estadounidense tienen aproximadamente el mismo riesgo promedio que todos los activos con riesgo).

A esta diferencia se le denomina rendimiento en «exceso» o «adicional», dado que es el rendimiento incremental que se obtiene por pasar de una inversión relativamente libre de riesgo a otra con riesgo. Debido a que se le puede considerar como una ganancia por incurrir en riesgo, se le denominará **prima por riesgo** o **premio por riesgo**.

Con base en la tabla 10.2, se pueden calcular las primas por riesgo para las diferentes inversiones. En la tabla 10.3 sólo se presenta la prima por riesgo nominal, ya que sólo existe una ligera diferencia entre las primas por riesgo históricas nominales y las reales.

prima por riesgo
Rendimiento en exceso que se requiere de una inversión en un activo con riesgo sobre una inversión sin riesgo.

En la tabla se iguala a cero la prima por riesgo de los CETES, debido a que se supone que están libres de riesgo.

La primera lección

Al observar la tabla 10.3, se aprecia que la prima por riesgo promedio que generan las típicas acciones comunes «grandes» es de **12.1% − 3.7% = 8.4%**. Se trata de una ganancia significativa. El hecho de su existencia histórica es una observación importante y constituye la base de la primera lección: los activos con riesgo obtienen en promedio una prima por dicho riesgo. Planteado de otra forma, existe una ganancia por correr riesgos.

¿Por qué es así? Por ejemplo, ¿por qué la prima por riesgo de las acciones «pequeñas» es mucho mayor que la de las acciones «grandes»? De forma más general, ¿qué determina la relativa magnitud de las primas por riesgo para los diferentes activos? Las respuestas a estas preguntas constituyen el corazón de las finanzas modernas y dedicaremos el próximo capítulo a contestarlas. Por ahora, parte de la respuesta se puede encontrar observando la variabilidad histórica de los rendimientos de las diferentes inversiones. Por tanto, para comenzar, orientamos la atención a la medida de la variabilidad de los rendimientos.

PREGUNTAS SOBRE CONCEPTOS

10.4a ¿Qué se entiende por rendimiento en «exceso» y prima por riesgo?

10.4b ¿Cuál fue la prima por riesgo real (en contraste con la nominal) de la cartera de las acciones comunes de las «grandes» empresas?

10.4c ¿Cuál fue la prima por riesgo nominal de los bonos corporativos? ¿La prima por riesgo real?

10.4d ¿Cuál es la primera lección de la historia del mercado de capital?

10.5 | LA VARIABILIDAD DE LOS RENDIMIENTOS: LA SEGUNDA LECCIÓN

Ya hemos observado que los rendimientos anuales de las acciones comunes tienden a ser más volátiles que los rendimientos de, por ejemplo, los bonos gubernamentales a largo plazo. Estudiaremos ahora la forma de medir esta variabilidad para poder examinar el tema del riesgo.

Distribuciones de frecuencias y variabilidad

Para comenzar, se puede graficar una *distribución de frecuencias* para los rendimientos de las acciones comunes como aparece en la figura 10.9. Lo que se ha hecho en este caso es contar el número de veces que el rendimiento anual de la cartera de acciones comunes de las «grandes» empresas se localiza en cada uno de los intervalos porcentuales mostrados (cada intervalo mide 10 puntos porcentuales). Por ejemplo, en la figura 10.9, la altura de 11 en el intervalo del 5 al 15% significa que 11 de los 65 rendimientos anuales estaban en dicho intervalo. Obsérvese también que el rendimiento más frecuente se encuentra en el intervalo del 15 al 25%. La cartera de estas acciones comunes mostró un rendimiento en este intervalo 15 veces a lo largo de los 65 años considerados.

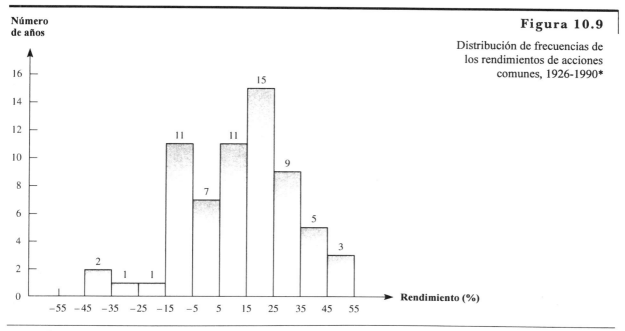

Número de años

Figura 10.9

Distribución de frecuencias de los rendimientos de acciones comunes, 1926-1990*

*Fuente: © *Stocks, Bonds, Bills, and Inflation 1991 Yearbook*™, Ibbotson Associates, Inc., Chicago (presenta anualmente una actualización del trabajo de Roger G. Ibbotson y Rex A. Sinquefield). Reservados todos los derechos.

Lo que ahora se requiere es medir la dispersión observada en los rendimientos. Por ejemplo, sabemos que el rendimiento de las acciones comunes de empresas «pequeñas» en un año típico fue del 17.1%. Deseamos ahora conocer la desviación del rendimiento observado de este rendimiento promedio en un año típico. En otras palabras, se requiere medir el nivel de volatilidad del rendimiento. La **varianza** y su raíz cuadrada, la **desviación estándar**, son los indicadores de volatilidad más utilizados. A continuación, se describe cómo calcular dichos indicadores.

varianza
La diferencia al cuadrado promedio entre el rendimiento observado y el rendimiento promedio.

La varianza y la desviación estándar históricas

La varianza mide esencialmente la diferencia promedio elevada al cuadrado entre los rendimientos observados y el rendimiento promedio. Cuanto mayor sea este número, mayor será la tendencia de los rendimientos observados a diferir del rendimiento promedio. Adicionalmente, cuanto mayor sea la varianza o la desviación estándar, más dispersos estarán los rendimientos observados.

desviación estándar
La raíz cuadrada positiva de la varianza.

La forma de calcular la varianza y la desviación estándar dependerá de la situación específica. En este capítulo, se observan rendimientos históricos; por tanto, el procedimiento que describimos es el correcto para calcular la varianza y la desviación estándar *históricas*. Si se examinaran rendimientos futuros proyectados, el procedimiento sería diferente. Este último procedimiento se describe en el próximo capítulo.

Para mostrar cómo se calcula la varianza histórica, supongamos que una inversión tuvo rendimientos del 10%, 12%, 3% y − 9% durante los últimos cuatro años. El rendimiento promedio es de $(0.10 + 0.12 + 0.03 - 0.09)/4 = 4\%$. Obsérvese que el rendimiento nunca es igual a 4%. Por el contrario, el primer rendimiento se desvía del promedio en $0.10 - 0.04 = 0.06$, el segundo rendimiento se desvía del promedio en $0.12 - 0.04 = 0.08$, y así sucesivamente. Para calcular la varianza, se elevan al cuadrado cada una de estas diferencias, se suman y se divide el resultado entre el número de rendimientos observados, menos uno, es decir, tres en este caso. En la tabla que se presenta a continuación se resumen estos cálculos.

	(1) Rendimiento observado	(2) Rendimiento promedio	(3) Desviación (1) − (2)	(4) Desviación al cuadrado
	0.10	0.04	0.06	0.0036
	0.12	0.04	0.08	0.0064
	0.03	0.04	− 0.01	0.0001
	− 0.09	0.04	− 0.13	0.0169
Total	0.16		0.00	**0.0270**

En la primera columna se anotan los cuatro rendimientos observados. En la tercera columna se calcula la diferencia entre los rendimientos observados y el rendimiento promedio del 4%. Por último, en la cuarta columna, se elevan al cuadrado las cifras de la columna 3 para obtener las desviaciones cuadradas del promedio.

Ahora se puede calcular la varianza dividiendo **0.0270**, dada por la suma de las desviaciones al cuadrado, entre el número de rendimientos observados menos uno. Si se establece que $\text{Var}(R)$ o σ^2 (esto se lee como «sigma cuadrada») representan la varianza del rendimiento:

$$\text{Var}(R) = \sigma^2 = \mathbf{0.027}/(4 - 1) = 0.009$$

La desviación estándar es la raíz cuadrada de la varianza. Por tanto, si $\text{DE}(R)$ o σ representa la desviación estándar del rendimiento:

$$\text{DE}(R) = \sigma \sqrt{\mathbf{0.009}} = \mathbf{0.09487}$$

Se utiliza la raíz cuadrada de la varianza porque la varianza está expresada en porcentajes «cuadrados» y por tanto es una cifra difícil de interpretar. La desviación estándar es un porcentaje ordinario, por lo que la respuesta en este caso se pudo haber expresado como **9.487%**.

Obsérvese en la tabla anterior que la suma de las desviaciones es igual a cero. Éste siempre será el caso y proporciona por ello una buena forma de verificar la precisión del trabajo realizado. En general, si se tienen T rendimientos históricos, donde T es cualquier número, la varianza histórica se puede expresar como:

$$\text{Var}(R) = \frac{1}{T - 1}[(R_1 - \bar{R})^2 + \ldots + (R_T - \bar{R})^2] \tag{10.6}$$

Esta ecuación muestra el procedimiento utilizado previamente. Tomar cada uno de los T rendimientos individuales (R_1, R_2, ...) y restarles el rendimiento promedio, $\bar{R}$; elevar al cuadrado estos últimos resultados y después sumarlos; por último, dividir este total entre el número de rendimientos menos uno ($T - 1$). La desviación estándar siempre es la raíz cuadrada de $\text{Var}(R)$.

Ejemplo 10.3   Cálculo de la varianza y la desviación estándar

Supongamos que Hyperdrive Company y Supertech Company han experimentado los siguientes rendimientos durante los últimos cuatro años:

Año	Rendimiento de Supertech	Rendimiento de Hyperdrive
1989	− 0.20	0.05
1990	0.50	0.09
1991	0.30	−0.12
1992	0.10	0.20

¿Cuáles son los rendimientos promedio? ¿Las varianzas? ¿Las desviaciones estándar? ¿Cuál fue la inversión más volátil?

Para calcular los rendimientos promedio, se suman los rendimientos y se dividen entre cuatro. Los resultados son:

Rendimiento promedio de Supertech $= \bar{R} = 0.70/4 = 0.175$

Rendimiento promedio de Hyperdrive $= \bar{R} = 0.22/4 = 0.055$

Para calcular la varianza de Supertech, pueden condensarse los cálculos pertinentes de la forma siguiente:

Año	(1) Rendimiento observado	(2) Rendimiento promedio	(3) Desviación (1) − (2)	(4) Desviación al cuadrado
1989	− 0.20	0.175	− 0.375	0.140625
1990	0.50	0.175	0.325	0.105625
1991	0.30	0.175	0.125	0.015625
1992	0.10	0.175	− 0.075	0.005625
Totales	0.70		0.00	0.267500

Dado que son cuatro los años en que se han observado los rendimientos, las varianzas se calculan dividiendo el total de la última columna de la figura anterior, 0.2675, entre $(4 - 1) = 3$:

	Supertech	Hyperdrive
Varianza (σ^2)	0.2675/3 = 0.0892	0.0529/3 = 0.0176
Desviación estándar (σ)	$\sqrt{0.0892} = 0.2987$	$\sqrt{0.0176} = 0.1327$

Como práctica, verifique que se obtiene la misma respuesta que la mostrada para Hyperdrive. Observe que la desviación estándar de Supertech, 29.87%, es poco más del doble que la desviación estándar de 13.27% de Hyperdrive; por tanto, Supertech es la inversión más volátil. ■

Figura 10.10

Historia de los rendimientos, las desviaciones estándar y las distribuciones de frecuencias*

Series	Rendimiento anual promedio	Desviación estándar	Distribución
Acciones comunes	12.1%	20.8%	
Acciones «pequeñas»	17.1	35.4	
Bonos corporativos a largo plazo	5.5	8.4	
Bonos gubernamentales a largo plazo	4.9	8.5	
Certificados de la Tesorería de los Estados Unidos	3.7	3.4	
Inflación	3.2	4.7	

−90%   0%   +90%

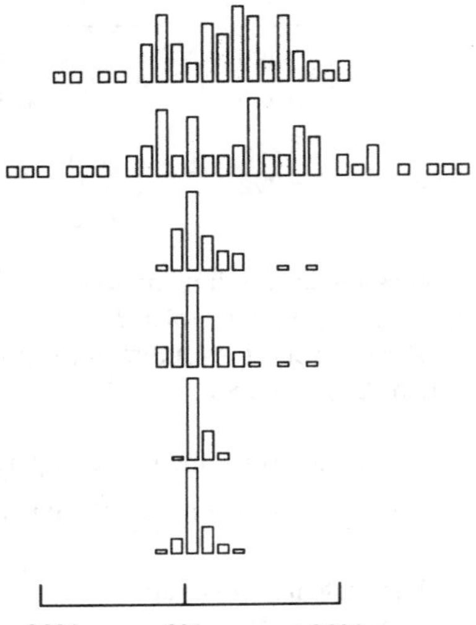

*Fuente: © *Stocks, Bonds, Bills, and Inflation 1991 Yearbook*™, Ibbotson Associates, Inc., Chicago (presenta anualmente una actualización del trabajo de Roger G. Ibbotson y Rex A. Sinquefield). Reservados todos los derechos.

La experiencia histórica

En la figura 10.10 se resume gran parte del material de estudio cubierto hasta ahora, relativo a la historia del mercado de capital. En dicha figura, se muestran los rendimientos promedio, las desviaciones estándar y las distribuciones de frecuencias de los rendimientos anuales con base a una escala común. Por ejemplo, obsérvese en la figura 10.10 que la desviación estándar para la cartera de acciones de empresas «pequeñas» (35.4% anual) es más de 10 veces mayor que la de la cartera de CETES (3.4% anual). Posteriormente, se volverán a utilizar estas cifras.

Distribución normal

distribución normal
Distribución de frecuencias simétrica, en forma de campana, completamente definida por su media y su desviación estándar.

Para una gran variedad de eventos de naturaleza aleatoria, es útil una determinada distribución de frecuencias, por ejemplo, la **distribución normal** (o *curva de campana*), que sirve para calcular la probabilidad de pertenencia a un determinado intervalo. Por ejemplo, la idea de «calificar con curva» proviene del hecho de que los resultados de exámenes académicos se suelen distribuir como una curva en forma de campana.

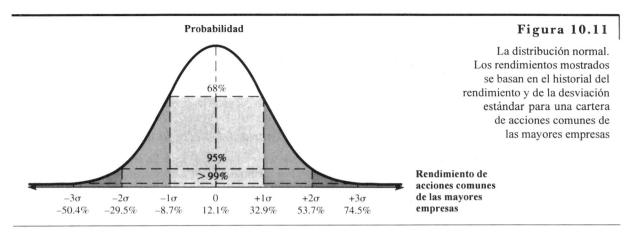

Figura 10.11

La distribución normal. Los rendimientos mostrados se basan en el historial del rendimiento y de la desviación estándar para una cartera de acciones comunes de las mayores empresas

En la figura 10.11 se muestra una distribución normal y su típica forma de campana. Como se puede observar, esta distribución tiene una apariencia mucho más clara que las distribuciones de los rendimientos que se mostraron en la figura 10.10. A pesar de ello, al igual que la distribución normal, las distribuciones observadas parecen tener, al menos aproximadamente, forma de montículo y ser simétricas. Cuando esto es así, la distribución normal suele ser una aproximación muy adecuada.

También hay que recordar que las distribuciones en la figura 10.10 se basan en sólo 65 observaciones anuales, mientras que la figura 10.11 se basa en principio en un número infinito. Por tanto, si hubiera sido posible observar rendimientos de, por ejemplo 1,000 años, se habrían eliminado muchas de las irregularidades y se habría terminado con una imagen mucho más uniforme. Para nuestros propósitos, es suficiente observar que los rendimientos presentan una distribución normal, al menos aproximadamente.

La utilidad de la distribución normal proviene del hecho de que se describe completamente mediante el promedio y la desviación estándar. Si se tienen estos dos números, no es necesario conocer nada más. Por ejemplo, para una distribución normal, la probabilidad de que una observación se localice dentro de una desviación estándar del promedio es alrededor de **2/3**. La probabilidad de que una observación esté dentro de dos desviaciones estándar es alrededor del **95%**. Por último, la probabilidad de que una observación se encuentre a más de tres desviaciones estándar del promedio es inferior al **1%**. En la figura 10.11 se muestran estos rangos y las probabilidades mencionadas.

Para observar por qué lo anterior resulta útil, recuerde la figura 10.10, donde la desviación estándar de los rendimientos de las acciones comunes de las empresas «grandes» era del 20.8%. El rendimiento promedio es del 12.1%. Por tanto, suponiendo que la distribución de frecuencias es normal, al menos aproximadamente, la probabilidad de que el rendimiento en un determinado año se localice en el intervalo del − **8.7%** al **32.9%** (12.1% más o menos una desviación estándar, 20.8%) es de alrededor de 2/3. En la figura 10.11 se muestra este intervalo. En otras palabras, existe aproximadamente una posibilidad en tres de que el rendimiento esté *fuera* de este intervalo. Esto muestra, literalmente, que si se compran acciones de las empresas «grandes», es de esperar estar fuera de este rango un año de cada tres. Ello refuerza las observaciones anteriores sobre la volatilidad del mercado de acciones. Sin embargo, sólo existe una posibilidad del 5% (aproximadamente) de observar un rendimiento fuera del intervalo − **29.5%** a **53.7%** (12.1% más o menos 2 × 20.8%). En la figura 10.11 también se muestran estos puntos.

La segunda lección

Las observaciones relacionadas con la variabilidad en los rendimientos anuales constituyen la base para la segunda lección de la historia del mercado de capital. En promedio, el incurrir en un riesgo resulta muy bien recompensado, pero existe una importante posibilidad de un cambio drástico en el valor en un año determinado. Por tanto, la segunda lección es: cuanto mayor sea la ganancia o recompensa potencial, mayor será el riesgo.

Implicaciones prácticas de la historia del mercado de capital

Con base en lo que se ha presentado en esta sección, se debe tener ya una idea de los riesgos y las ganancias al invertir. Por ejemplo, en 1992 los Certificados de la Tesorería de Estados Unidos redituaban alrededor del 4%. Suponga que se realizó una inversión que tenía aproximadamente el mismo riesgo que una cartera de acciones comunes de empresas «grandes». Como mínimo, ¿qué rendimiento debería ofrecer esta inversión para ser interesante?

De acuerdo con la tabla 10.3, la prima por riesgo de las acciones comunes de las empresas «grandes» ha sido históricamente del 8.4%, por lo que un estimado razonable del rendimiento requerido sería esta prima más la tasa de CETES, 4% + 8.4% = 12.4%. Esto puede parecer alto, pero si se está pensando en empezar un nuevo negocio, los riesgos de hacerlo podrían ser parecidos a realizar una inversión en acciones de compañías «pequeñas». En este caso, la prima por riesgo es del 13.4%, por lo que se podría requerir un rendimiento mínimo del 17.4% en una inversión de este tipo.

En el capítulo siguiente se estudiará con mayor detalle la relación entre el riesgo y el rendimiento requerido. Por ahora, hay que subrayar que una tasa interna de rendimiento proyectada (TIR) de una inversión con riesgo en el intervalo del 15 al 25% no es algo particularmente notable, depende del riesgo que exista. Ésta es también una lección importante tomada de la historia del mercado de capital.

Ejemplo 10.4   Inversión en acciones de crecimiento

La frase *acciones de crecimiento* suele ser un eufemismo para acciones de compañías pequeñas. ¿Son apropiadas estas inversiones para «viudas y huérfanos»? Antes de contestar a esta pregunta, se debe considerar en la volatilidad histórica. Por ejemplo, según la experiencia histórica, ¿cuál es la probabilidad de perder el 18% o más en un solo año si se compra una cartera de acciones de ese tipo de compañías?

Observando de nuevo la figura 10.10, el rendimiento promedio de las acciones de empresas «pequeñas» es del 17.1% y la desviación estándar del 35.4%. Suponiendo que los rendimientos se comportan de acuerdo con la distribución normal, existe una probabilidad de alrededor de 1/3 de obtener un rendimiento fuera del intervalo − 18.3% a 52.5% (17.1% ± 35.4%).

Debido a que la distribución normal es simétrica, las probabilidades de obtener un rendimiento por encima o por debajo de este intervalo son iguales. Por consiguiente, existe una posibilidad de 1/6 (la mitad de 1/3) de que se pierda más del 18.3%. Por tanto, es de esperar que esto ocurra una vez cada seis años, en promedio. Por consiguiente, ese tipo de inversiones pueden ser *muy* volátiles, de modo que no son apropiadas para quienes no puedan permitirse correr el riesgo. ∎

⌐ **PREGUNTAS SOBRE CONCEPTOS**

10.5a De forma verbal, exprese cómo se calcula una varianza y una desviación estándar.

10.5b En el caso de una distribución normal, ¿cuál es la probabilidad de observar un rendimiento con más de una desviación estándar por debajo del rendimiento promedio?

10.5c Suponiendo que los bonos corporativos a largo plazo se aproximan a una distribución normal, ¿cuál es la probabilidad aproximada de ganar un 13.4% o más en un año determinado? En el caso de los CETES, ¿cuál es esta probabilidad aproximada?

10.5d ¿Cuál es la primera lección tomada de la historia del mercado de capital? ¿Cuál es la segunda lección?

EFICIENCIA DEL MERCADO DE CAPITAL | 10.6

La historia del mercado de capital indica que los valores de mercado de las acciones y bonos pueden experimentar considerables fluctuaciones de un año a otro. ¿Por qué ocurre esto? Parte de la respuesta es que los precios cambian porque se genera nueva información y los inversionistas determinan de nuevo los valores de los activos en función de esa información.

Se ha estudiado ampliamente el comportamiento de los precios de mercado. Un aspecto que ha recibido especial atención consiste en determinar si los precios se ajustan con rapidez y en forma correcta conforme se genera nueva información. Se dice que el mercado es «eficiente» si éste es el caso. Para ser más precisos, en un **mercado de capital eficiente**, los precios actuales de mercado reflejan por completo la información disponible. Con ello, se quiere decir simplemente que, de acuerdo con la información disponible, no hay razón para creer que el precio actual sea demasiado bajo o demasiado alto.

El concepto de eficiencia del mercado es esencial y se ha escrito mucho sobre él. El estudio completo de este tema va más allá del alcance de nuestro estudio de finanzas corporativas, pero dado que el concepto tiene un lugar tan prominente en la historia de los estudios de mercado, se describirán los aspectos fundamentales.

mercado de capital eficiente
Mercado en el que los precios de los instrumentos financieros reflejan la información disponible.

Comportamiento de precios en un mercado eficiente

Para mostrar cómo se comportan los precios en un mercado eficiente, supongamos que F-Stop Camera Corporation (FCC) después de años de trabajo secreto de investigación y desarrollo ha desarrollado una cámara fotográfica que duplicará la velocidad del sistema de autoenfoque que existe en la actualidad. El análisis del presupuesto de capital de FCC indica que el lanzamiento al mercado de la nueva cámara fotográfica es un negocio en extremo rentable; en otras palabras, el VPN parece ser positivo y considerable. Hasta ahora, el supuesto fundamental es que FCC no ha dado a conocer información alguna sobre el nuevo sistema, de modo que la existencia de éste es información interna o «privilegiada».

Consideremos ahora una acción común de FCC. En un mercado eficiente, su precio actual refleja todo lo que se conoce públicamente sobre las operaciones y la rentabilidad actuales de FCC, y refleja además la opinión que tiene el mercado sobre las posibilidades futuras de crecimiento y de generación de utilidades de la empresa. Sin embargo, el valor del nuevo sistema de autoenfoque no se refleja actualmente porque el mercado no conoce su existencia.

Si el mercado está de acuerdo con la evaluación realizada por FCC sobre el valor del nuevo proyecto, el precio de la acción común de FCC aumentará cuando se haga pública la decisión de lanzar al mercado el nuevo sistema. Por ejemplo, supongamos que el anuncio se efectúa en una conferencia de prensa en la mañana del miércoles. En un mercado

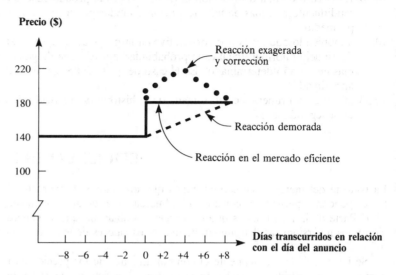

Figura 10.12

Reacción del precio de las acciones ante la nueva información en mercados eficientes y en mercados ineficientes

Reacción del mercado eficiente: el precio se ajusta instantáneamente y refleja por completo la nueva información; no existe tendencia a aumentos ni a disminuciones posteriores.
Reacción demorada: el precio se ajusta parcialmente a la nueva información; transcurren 8 días antes de que el precio refleje por completo la nueva información.
Reacción exagerada: el precio se ajusta exageradamente a la nueva información; «supera» al nuevo precio y se corrige posteriormente.

eficiente, el precio de las acciones comunes de FCC se ajustará rápidamente debido a esta nueva información. Los inversionistas quizá no puedan comprar acciones en la tarde del miércoles y obtener una utilidad el jueves. Esto implicaría que el mercado de acciones ha necesitado, como mucho, todo un día para comprender la implicación de la conferencia de prensa de FCC. Si el mercado es eficiente, el precio de las acciones comunes de FCC ya reflejará en la misma tarde del miércoles la información presentada en la conferencia de prensa durante la mañana de ese día.

En la figura 10.12 se presentan tres posibles ajustes en el precio de las acciones comunes de FCC. En la figura 10.12, el día 0 representa el día del anuncio público. Como se mostró, las acciones comunes de FCC se venden antes del anuncio en $140 cada una. El VPN por acción del nuevo sistema es de, por ejemplo, $40, por lo que el nuevo precio será de $180 una vez que se refleje por completo el valor del nuevo proyecto.

La línea continua en la figura 10.12 representa la ruta que sigue el precio de la acción común en un mercado eficiente. En este caso el precio se ajusta de inmediato por la nueva información y no se producen cambios adicionales en el precio de las acciones comunes. La línea discontinua en la figura 10.12 representa una reacción demorada. En este caso, el mercado necesita aproximadamente de ocho días para absorber por completo la nueva información. Por último, la línea de puntos muestra una reacción exagerada y el subsecuente ajuste hacia el precio correcto.

La línea discontinua y la línea de puntos en la figura 10.12 muestran las rutas que podría seguir el precio de las acciones comunes en un mercado ineficiente. Si, por ejemplo, los precios de las acciones no se ajustan de inmediato a la nueva información (la línea dis-

En sus propias palabras...
Sobre la eficiencia del mercado, por Richard Roll

El concepto de un mercado eficiente es una aplicación especial del principio de que «no existe una comida gratis». En un mercado financiero eficiente, las estrategias bursátiles sin costos no generan rendimientos adicionales. Después de llevar a cabo ajustes por el nivel de riesgo de la estrategia, el rendimiento del operador bursátil no será mayor que el rendimiento asociado a una cartera seleccionada aleatoriamente, por lo menos en promedio.

Con frecuencia se piensa que esto implica algo sobre la cantidad de «información» que se refleja en los precios de los activos. Sin embargo, en realidad no significa que los precios reflejen toda la información, ni siquiera que reflejen la información pública disponible. Por el contrario, significa que la relación entre la información no reflejada y los precios es demasiado sutil y tenue para que se pueda detectar con facilidad y sin costos.

Es difícil y caro descubrir y evaluar información relevante. Por tanto, si las estrategias bursátiles sin costos no son efectivas, tienen que existir algunos operadores bursátiles que vivan de «ganarle al mercado». Cubren sus costos (incluyendo el costo de oportunidad de su tiempo) operando. La existencia de este tipo de operadores bursátiles es en realidad una precondición necesaria para que los mercados se vuelvan eficientes. Sin esos operadores profesionales, los precios no reflejarían todo lo que sea barato y fácil de evaluar.

Los precios en un mercado eficiente deben aproximarse a un recorrido aleatorio, lo que significa que parecerá fluctuar más o menos en forma aleatoria. Los precios pueden fluctuar en forma no aleatoria hasta el grado en que sea costoso descubrir su alejamiento de la aleatoriedad. También, la serie de precios observada puede apartarse de una aparente aleatoriedad debido a cambios en las preferencias y expectativas, pero esto es en realidad un tecnicismo y no implica una «comida gratis» en relación con los sentimientos del inversionista actual.

Richard Roll es profesor Allstate de finanzas en la Universidad de California en Los Ángeles (UCLA). Es un destacado investigador financiero y ha escrito ampliamente sobre casi todas las áreas de las finanzas modernas. Es particularmente muy conocido por sus análisis profundos y por su gran creatividad en la comprensión de fenómenos empíricos.

continua), entonces la compra de acciones sería un negocio con el VPN positivo, inmediatamente después de que se da a conocer la nueva información y su venta posterior, porque el precio permanece demasiado bajo unos días después del anuncio.

La hipótesis de los mercados eficientes

La **hipótesis de los mercados eficientes** (**HME**) afirma que los mercados de capital bien organizados, como es el caso del Mercado o Bolsa de Valores de Nueva York, son mercados eficientes, al menos desde una perspectiva práctica. En otras palabras, un defensor de la HME podría argumentar que, aunque quizá existan ineficiencias, éstas son relativamente pequeñas y poco frecuentes.

Si un mercado es eficiente, existe una implicación muy importante para quienes participan en él. Todas las inversiones en un mercado eficiente constituyen inversiones con VPN de *cero*. La razón no es complicada. Si los precios no son demasiado bajos ni demasiado altos, la diferencia entre el valor de mercado de una inversión y su costo es de cero; por consiguiente el VPN es de cero. Como consecuencia de ello, en un mercado eficiente los inversionistas obtienen exactamente lo que pagan cuando compran instrumentos financieros y las empresas reciben exactamente lo que valen sus acciones y bonos cuando los venden.

Lo que hace eficiente a un mercado es la competencia entre los inversionistas. Muchas personas pasan toda su vida tratando de identificar acciones con precios incorrecta-

hipótesis de los mercados eficientes (HME)
La hipótesis consiste en señalar que los mercados de capital en operación, como es el caso del mercado de valores de Nueva York, son eficientes.

mente determinados. Para alguna acción común determinada, estudian el comportamiento histórico de su precio y sus dividendos. Hasta donde les es posible, investigan cuáles han sido las utilidades de la empresa, cuánto debe a sus acreedores, qué impuestos paga, a qué negocios se dedica, cuáles son sus planes para nuevas inversiones, qué sensibilidad tiene a los cambios en la economía, etc.

No sólo hay mucho por conocer sobre una empresa en particular, también hay un incentivo poderoso para conocerla, es decir, la obtención de ganancias. Si una persona conoce más sobre alguna empresa que los demás inversionistas en el mercado, puede obtener ganancias por dicho conocimiento, invirtiendo en acciones de la compañía si se tienen buenas noticias y vendiéndolas si las noticias son malas.

La consecuencia lógica de que se recopile y analice toda esta información es que cada vez son menos las acciones con precios incorrectos. En otras palabras, debido a la competencia entre los inversionistas, el mercado será cada vez más eficiente. Se produce una especie de equilibrio cuando existen suficientes precios incorrectamente determinados para que los analistas más hábiles en identificarlos puedan ganarse la vida con esta actividad. Para la mayoría de los restantes inversionistas, la actividad de recopilar y analizar información no les redituará valor alguno.[4]

Algunos conceptos erróneos comunes sobre la HME

En finanzas, ninguna idea ha atraído tanta atención como la de los mercados eficientes y no toda la atención ha sido positiva. En lugar de repetir aquí los argumentos expresados, será suficiente comentar que algunos mercados son más eficientes que otros. Por ejemplo, los mercados financieros suelen ser mucho más eficientes que los mercados de activos tangibles.

Una vez dicho esto, resulta que gran parte de las críticas a la HME están mal orientadas, ya que se basan en una incorrecta comprensión de lo que señala y no señala la hipótesis. Por ejemplo, cuando se publicó y discutió por primera vez la idea de la eficiencia del mercado en la prensa financiera popular, solía caracterizarse con ciertas palabras en el sentido de que: «Lanzar dardos a la página financiera producirá una cartera que es de esperar genere tan buenos resultados como cualquiera otra administrada por analistas bursátiles profesionales».[5]

La confusión producida por declaraciones de este tipo conduce con frecuencia al fracaso a la hora de comprender las implicaciones de la eficiencia del mercado. Por ejemplo, se argumenta en ocasiones equivocadamente que la eficiencia del mercado significa que no importa cómo se invierta el dinero, ya que esa eficiencia evitará cometer un error. Sin embargo, un lanzador de dardos al azar podría encontrarse con que todos sus dardos están cayendo en una o dos acciones de alto riesgo, de empresas que se dediquen por ejemplo a la ingeniería genética. ¿Querría un inversionista tener todo su dinero sólo en acciones de este tipo?

---

[4]La idea en que se basa la HME se puede mostrar con la siguiente historia: Un estudiante estaba paseando con su profesor de Finanzas cuando vieron al mismo tiempo un billete de $20 en el suelo. Cuando el estudiante se inclinó para recogerlo, el profesor hizo un ademán negativo con la cabeza y, con expresión de desencanto en el rostro, le dijo con paciencia: «No te preocupes en recogerlo. Si estuviera realmente allí, ya lo habría recogido alguien». La moraleja de la historia refleja la lógica de la hipótesis de los mercados eficientes: Si se piensa haber encontrado una tendencia en los precios de las acciones comunes o un dispositivo sencillo para seleccionar ganadores, lo probable es que no se haya encontrado.

[5]Malkiel, B. G., *A Random Walk Down Wall Street*, 2nd college ed. (Nueva York: Norton, 1981).

Lo que sí implica el concepto de eficiencia es que el precio que obtendrá una empresa cuando venda una acción es un precio «justo», en el sentido de que dicho precio refleja el valor de esa acción de acuerdo con la información pública disponible sobre la empresa. Los accionistas no tienen que preocuparse por si están pagando demasiado por una acción con dividendos bajos o con alguna otra clase de características, dado que el mercado ya ha incorporado esas características al precio. En ocasiones, se señala que la información ya ha sido «incluida en el precio».

El concepto de mercados eficientes se puede explicar aún más contestando a una objeción que se hace con frecuencia. En ocasiones, se afirma que el mercado no puede ser eficiente porque los precios de las acciones fluctúan de un día a otro. Según este argumento, si los precios son correctos, ¿por qué cambian tanto y con tanta frecuencia? De acuerdo con lo que se ha estudiado, estos movimientos de precios de ninguna manera son inconsistentes con la eficiencia. Los inversionistas reciben cada día un bombardeo de información. El hecho de que los precios fluctúen es, al menos en parte, un reflejo de ese flujo de información. De hecho, la ausencia de movimientos de precios en un mundo que cambia con tanta rapidez como el nuestro, sugeriría ineficiencias.

Las formas de eficiencia del mercado

Es común distinguir tres formas de eficiencia del mercado. Dependiendo del grado de eficiencia, se argumenta que los mercados son *eficientes en forma débil*, *eficientes en forma semifuerte* o *eficientes en forma fuerte*. La diferencia entre estas formas se relaciona con el tipo de información reflejada en los precios.

Comencemos con el caso más extremo. Si el mercado es eficiente en forma fuerte, *toda* información, de *todo* tipo, se refleja en los precios de los instrumentos financieros. En un mercado así, no existen aspectos como información privilegiada. Por consiguiente, en el ejemplo de FCC que se acaba de presentar, parece haberse supuesto que el mercado no era eficiente en forma fuerte.

La observación casual, sobre todo en años recientes, sugiere la existencia de información privilegiada y su conocimiento puede ser valioso. El que sea legal o ético utilizar esa información es otro asunto. En todo caso, se llega a la conclusión de que quizá exista información privada o privilegiada sobre un instrumento financiero que no se refleje en el precio actual del instrumento. Por ejemplo, el conocimiento anticipado por obtener el control de una empresa podría ser muy valioso.

La segunda forma de eficiencia, la eficiencia semifuerte, es la más polémica. Si un mercado es eficiente en forma semifuerte, toda información *pública* se refleja en el precio de la acción. La razón de que esta forma sea polémica es que implica que un analista bursátil que intente identificar instrumentos financieros con precios incorrectos usando, por ejemplo, la información contenida en los estados financieros, está perdiendo su tiempo porque tal información ya está reflejada en el precio actual.

La tercera forma de eficiencia, la eficiencia en forma débil, sugiere que, como mínimo, el precio actual de un instrumento financiero refleja el comportamiento histórico de su precio. En otras palabras, el estudiar los precios históricos en un intento por identificar instrumentos financieros con precios incorrectos resulta inútil si el mercado es eficiente en forma débil. Aunque esta forma de eficiencia podría parecer más bien endeble, implica que buscar tendencias útiles en los precios históricos para identificar instrumentos financieros con precios incorrectos no funcionará (esta práctica es bastante frecuente).

¿Qué indica la historia del mercado de capital sobre la eficiencia del mercado? Sobre este aspecto existe también una gran controversia. A riesgo de colocarnos en una posición precaria, diremos que la evidencia sí parece apoyar tres conclusiones. Primera, los precios parecen responder con gran rapidez a información nueva y la respuesta no es, por lo general, muy diferente de la que se pudiera esperar en un mercado eficiente. Segunda, el comportamiento futuro de los precios de mercado, en particular a corto plazo, es muy difícil de predecir con base a la información de que dispone el público. Tercera, aunque existen instrumentos financieros con precios incorrectos, no hay un método claro para identificarlos. Dicho de otra forma, es probable que los métodos simples basados en la información pública disponible no tengan éxito.

PREGUNTAS SOBRE CONCEPTOS

10.6a ¿Qué es un mercado eficiente?
10.6b ¿Cuáles son las formas de eficiencia del mercado?

10.7 | RESUMEN Y CONCLUSIONES

En este capítulo se ha examinado el tema de la historia del mercado de capital. Esta historia es útil porque permite conocer qué se puede esperar de los rendimientos derivados de activos con riesgo. Se resumió el estudio de la historia del mercado en dos lecciones fundamentales:

1. En promedio, los activos con riesgo ganan una prima por riesgo. Existe una ganancia por incurrir en riesgos.
2. Cuanto mayor sea la posible ganancia derivada de una inversión con riesgo, mayor será el riesgo.

Estas lecciones tienen importantes implicaciones para el administrador financiero. En los próximos capítulos, se considerarán estas implicaciones.

También se estudió el concepto de la eficiencia del mercado. En un mercado eficiente, los precios se incorporan a la nueva información de un modo rápido y correcto. Por consiguiente, es raro que los precios de los activos en los mercados eficientes sean demasiado altos o demasiado bajos. El nivel de eficiencia de los mercados de capital (p. ej., el Mercado de Valores de Nueva York) es un asunto sujeto a debate, pero al menos es probable que sean mucho más eficientes que la mayor parte de los mercados de activos tangibles.

Términos fundamentales

rendimientos nominales **343**   desviación estándar **357**
rendimientos reales **343**   distribución normal **360**
efecto de Fisher **344**   mercado de capital eficiente **363**
prima por riesgo **355**   hipótesis de los mercados eficientes
varianza **357**   (HME) **365**

Problemas de revisión y autoevaluación del capítulo

10.1 Historia reciente de los rendimientos   Utilice la tabla 10.1 para calcular el rendimiento promedio de los últimos cinco años para las acciones comunes de empresas «grandes», las acciones «pequeñas» y los Certificados de la Tesorería.

10.2 Historia más reciente de los rendimientos   Calcule las desviaciones estándar
utilizando la información en el problema 10.1. ¿Cuál de las inversiones fue la más
volátil durante este período?

Respuestas a los problemas de autoevaluación

10.1 Se calculan los promedios en la forma siguiente:

Rendimientos observados y promedios

Año	Acciones comunes	Acciones pequeñas	Certificados de la Tesorería
1986	0.1847	0.0685	0.0616
1987	0.0523	− 0.0930	0.0547
1988	0.1681	0.2287	0.0635
1989	0.3149	0.1018	0.0837
1990	− 0.0317	− 0.2156	0.0781
Promedio:	**0.1377**	**0.0181**	**0.0683**

10.2 Primero, es necesario calcular las desviaciones de los rendimientos promedio.
Usando los promedios del problema 10.l, se obtiene:

Desviaciones de los rendimientos promedio

Año	Acciones comunes	Acciones pequeñas	Certificados de la Tesorería
1986	**0.04704**	**0.05042**	**− 0.00672**
1987	**− 0.08536**	**− 0.11108**	**− 0.01362**
1988	**0.03044**	**0.21062**	**− 0.00482**
1989	**0.17724**	**0.08372**	**0.01538**
1990	**− 0.16936**	**− 0.23368**	**0.00978**
Total	**0.00000**	**0.00000**	**0.00000**

Se elevan al cuadrado estas desviaciones y se calculan las varianzas y las
desviaciones estándar:

Desviaciones al cuadrado de los rendimientos promedio

Año	Acciones comunes	Acciones pequeñas	Certificados de la Tesorería
1986	**0.00221**	**0.00254**	**0.00005**
1987	**0.00729**	**0.01234**	**0.00019**
1988	**0.00093**	**0.04436**	**0.00002**
1989	**0.03141**	**0.00701**	**0.00024**
1990	**0.02868**	**0.05461**	**0.00010**
Varianza:	**0.01763**	**0.03021**	**0.00015**
Desviación estándar	**0.13278**	**0.17382**	**0.01210**

Para calcular las varianzas, se suman las desviaciones elevadas al cuadrado y se dividen dichas sumas entre cuatro, que es el número de rendimientos menos uno. Observe que las acciones «pequeñas» tienen mucha mayor volatilidad, con un rendimiento promedio más pequeño. Una vez más, estas inversiones son arriesgadas, sobre todo durante períodos de tiempo cortos.

Preguntas y problemas

1. **Cálculo de rendimientos**   Suponga que ciertas acciones comunes tuvieron un precio inicial de $42 cada una, pagaron un dividendo de $2.40 por acción durante el año y tuvieron un precio final de $31 por acción. Calcule el rendimiento porcentual.

2. **Cálculo de rendimiento**   En el problema 1, ¿cuál fue el rendimiento de dividendos?, ¿y el rendimiento de ganancias de capital?

3. **Cálculos de rendimientos**   Resuelva de nuevo los problemas 1 y 2 suponiendo que el precio final fue de $60 por acción.

4. **Cálculo de tasas de rendimiento reales**   Si los Certificados de la Tesorería pagan actualmente el 9% y la tasa de inflación es del 5%, ¿cuál es la tasa real aproximada?, ¿cuál es la tasa real exacta?

5. **Inflación y rendimientos nominales**   Suponga que la tasa real es del 3% y la tasa de inflación del 12%. ¿Qué tasa se podría esperar en un Certificado de la Tesorería?

6. **Rendimientos nominales y reales**   Una inversión ofrece un rendimiento del 20%. Se piensa que el rendimiento real será de sólo el 12%. ¿Qué tasa de inflación está implícita en el cálculo?

7. **Rendimientos nominales versus reales**   ¿Cuál fue el rendimiento anual promedio de las acciones comunes estadounidenses entre 1926 y 1990?
   a. ¿En términos nominales?
   b. ¿En términos reales?

8. **Rendimientos de bonos**   ¿Cuál es el rendimiento real histórico de los bonos gubernamentales a largo plazo?, ¿y el de los bonos corporativos a largo plazo?

9. **Uso de las distribuciones de rendimientos**   Suponga que el rendimiento de los bonos gubernamentales a largo plazo tiene una distribución normal. Con base a registros históricos, ¿cuál es la probabilidad aproximada de que el rendimiento será inferior al 4% en un año determinado?, ¿qué rangos de rendimientos esperaría ver el 95% del tiempo?, ¿el 99% del tiempo?

10. **Tasas negativas**   ¿Es posible estimar una tasa de interés real negativa? ¿Se ha presentado una tasa así? ¿Es posible una tasa de inflación negativa? Explique su respuesta.

11. **Uso de las distribuciones de rendimientos**   Suponga que el rendimiento derivado de tener acciones de compañías «pequeñas» tiene una distribución normal, ¿cuál es la probabilidad aproximada de que el dinero duplique su valor en un solo año?

12. **Distribuciones**   En el problema 11, ¿cuál es la probabilidad de que el rendimiento sea inferior al 100% (piénselo)? ¿Cuáles son las implicaciones para la distribución de los rendimientos?

13. **Cálculo de rendimientos y desviaciones**   Utilizando los rendimientos que se presentan a continuación, calcule los rendimientos promedio y las desviaciones estándar para X e Y.

	Rendimientos	
Año	X	Y
1	15%	18%
2	4	− 3
3	− 9	− 10
4	8	12
5	9	5

14. Primas por riesgo   Examine los siguientes rendimientos de acciones comunes y CETES tomados de la tabla 10.1 para el período 1980-86.

Año	Acciones comunes	CETES	Prima por riesgo
1980	32.4%	11.2%	
1981	− 4.9	14.7	
1982	21.4	10.5	
1983	22.5	8.8	
1984	6.3	9.9	
1985	32.2	7.7	
1986	18.5	6.2	

a. Calcule la prima por riesgo observada en cada año para las acciones comunes frente a los CETES.

b. Calcule los rendimientos promedio y la prima por riesgo promedio durante ese período.

c. Calcule la desviación estándar de los rendimientos y de la prima por riesgo.

d. ¿Es posible que la prima por riesgo observada pueda ser negativa? Explique cómo puede ocurrir esto y qué significa.

15. Efectos de la inflación   Observe la tabla 10.1 (y la fig. 10.7). ¿Cuándo llegaron a su valor más alto las tasas de los CETES durante el período 1926-90? ¿Por qué se piensa que fueron tan altas durante este período? ¿En qué relación se fundamenta la respuesta?

16. La intuición y la HME   Si un mercado es eficiente en forma semifuerte, ¿es también eficiente en forma débil? Explíquelo.

17. La HME   Un analista del mercado de acciones está en posibilidad de identificar acciones comunes con precios incorrectos al comparar el precio promedio de los últimos cinco días con el precio promedio de los últimos veinte días. Si esto es cierto, ¿qué se conoce sobre el mercado?

18. La HME   ¿Cuáles son las implicaciones de la hipótesis de los mercados eficientes para los inversionistas que compran y venden acciones en un intento por «ganarle al mercado»?

19. La HME y el VPN   Explique por qué una de las características de un mercado eficiente es que las inversiones en dicho mercado tienen un VPN igual a cero.

20. La HME y la especulación   Evalúe de un modo crítico la siguiente afirmación: «Operar en el mercado de acciones es como apostar. Este tipo de inversión especulativa no tiene valor social, aparte del placer que obtienen las personas con esta forma de apuesta».

Pregunta de reto   **21. Las primas por riesgo nominales contra las primas por riesgo real**   ¿Cuál es la relación exacta entre la prima por riesgo nominal y la prima por riesgo real de una inversión?

Lecturas sugeridas

Se puede encontrar un registro importante sobre el desempeño de las inversiones financieras en los mercados de capital en los Estados Unidos en:

© *Stock, Bonds, Bills, and Inflation 1991 Yearbook*™, Ibbotson Associates, Inc., Chicago (presenta anualmente una actualización del trabajo de Roger G. Ibbotson y Rex A. Sinquefield). Reservados todos los derechos.

Capítulo 11

Rendimiento, riesgo y la línea de mercado de un activo financiero

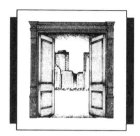

En el último capítulo, se aprendieron algunas lecciones importantes tomadas de la historia del mercado de capital. La noción más importante es que existe una ganancia, en promedio, por incurrir en el riesgo. A esta recompensa se le denominó *prima por riesgo*. La segunda noción es que esta prima por riesgo es más alta para las inversiones con mayor riesgo. El principio de que sólo se pueden obtener rendimientos más altos incurriendo en riesgos mayores es atractivo para nuestro sentido moral de no obtener algo a cambio de nada. En este capítulo se examinan las implicaciones económicas y administrativas de este principio.

Hasta ahora, nos hemos centrado sobre todo en presentar el comportamiento de los rendimientos de algunas carteras integradas por una gran cantidad de activos. Es necesario ampliar esta reflexión para incluir activos individuales. Por consiguiente, el propósito de este capítulo es proporcionar el marco de referencia necesario para aprender cómo se determina la prima por riesgo para los activos individuales.

Al examinar los riesgos asociados con los activos individuales, se observa que existen dos tipos de riesgo: sistemático y no sistemático. Esta distinción es crucial porque, como se verá posteriormente, los riesgos sistemáticos afectan a casi todos los activos en la economía, al menos en cierto grado, mientras que los no sistemáticos afectan como mucho a un número pequeño de activos. Posteriormente, desarrollaremos el principio de diversificación, que muestra que las carteras con un alto grado de diversificación tienden a no tener un riesgo no sistemático.

El principio de diversificación tiene una implicación importante: al inversionista diversificado sólo le interesa el riesgo sistemático. Se deduce de ello que, al decidir si comprar o no un determinado activo individual, el inversionista diversificado sólo se preocupará por el riesgo sistemático asociado al activo. Ésta es una observación fundamental y permite decir mucho sobre los riesgos y rendimientos de activos individuales, en especial sobre el fundamento de una relación famosa entre el riesgo y el rendimiento, la denominada *línea de mercado de un activo financiero,* o *LMAF.* Para desarrollar la LMAF se presenta el igualmente conocido coeficiente «beta», una de las piezas básicas de las finanzas modernas. Beta y la LMAF son conceptos fundamentales porque proporcionan, al menos parcialmente, la respuesta a la pregunta de cómo proceder para determinar el rendimiento que requiere una inversión.

11.1 | RENDIMIENTOS ESPERADOS Y VARIANZAS

En el capítulo anterior se estudió cómo calcular los rendimientos promedio y las varianzas utilizando información histórica. Estudiaremos ahora cómo analizar los rendimientos y las varianzas cuando la información disponible se relaciona con posibles rendimientos futuros y sus probabilidades.

Rendimiento esperado

Se inicia con un caso muy sencillo. Consideremos un período único de tiempo, por ejemplo, un año. Se tienen acciones comunes de dos diferentes empresas, L y U, que tienen las siguientes características: se espera que las acciones comunes de la empresa L obtengan un rendimiento del 25% en el próximo año y que las de la empresa U obtengan un rendimiento del 20% en el mismo período.

En una situación como ésta, si todos los inversionistas coinciden en los rendimientos esperados, ¿por qué alguien desearía invertir en las acciones comunes de la empresa U? Después de todo, ¿por qué invertir en acciones comunes de una empresa si se espera que las de otra generarán mejores resultados? Es evidente que la respuesta depende del riesgo asociado con cada una de las dos inversiones. A pesar que se *espera* que el rendimiento de las acciones comunes de la empresa L sea del 25%, de hecho este rendimiento podría resultar más alto o más bajo.

Por ejemplo, supongamos que la economía entra en un período de expansión. En este caso, se estima que las acciones comunes de la empresa L tendrán un rendimiento del 70%. Si la economía entra en recesión, el rendimiento se estima en -20%. En este caso, se dice que existen dos *estados de la economía,* lo que significa que éstas son las únicas dos situaciones posibles. Por supuesto que se ha simplificado más de la cuenta este escenario, pero ello permite mostrar varios conceptos fundamentales sin necesidad de recurrir a muchos cálculos.

Supongamos que existe la misma probabilidad de que ocurra una expansión o una recesión; cada una tiene una probabilidad de 50-50. En la tabla 11.1 se muestra la información básica que se ha descrito y alguna información adicional sobre las acciones comunes de la empresa U. Obsérvese que estas acciones ganan el 30% si existe recesión y el 10% si existe expansión.

Es obvio que si se compran acciones comunes de una de estas dos empresas, por ejemplo, acciones comunes de U, lo que se gane en un determinado año depende de lo que le ocurra a la economía durante el mismo. Sin embargo, supongamos que las probabilidades permanecen iguales con el transcurso del tiempo. Si se conservan las acciones comunes de U durante varios años, se ganará alrededor del 30% la mitad del tiempo y el 10% la otra mitad. En este caso, se dice que el **rendimiento esperado** de la acción común de la empresa U, $E(R_U)$, es del 20%:

rendimiento esperado
Rendimiento de un activo con riesgo que se estima que ocurrirá en el futuro.

$$E(R_U) = 0.50 \times 30\% + 0.50 \times 10\% = 20\%$$

Estado de la economía	Probabilidad del estado de la economía	Rendimientos de los activos si ocurre el estado		**Tabla 11.1**
		L	U	Condiciones económicas y rendimientos de acciones comunes
Recesión	0.5	−20%	30%	
Expansión	0.5	70	10	
	1.0			

En otras palabras, se espera ganar un promedio del 20% invirtiendo en estas acciones.

En el caso de las acciones comunes de la empresa L, las probabilidades son las mismas, pero los posibles rendimientos son diferentes. En este caso, alrededor de la mitad del tiempo se pierde el 20% y se gana el 70% la otra mitad. Por tanto, el rendimiento esperado de las acciones comunes de L, $E(R_L)$, es del 25%:

$$E(R_L) = 0.50 \times -20\% + 0.50 \times 70\% = 25\%$$

En la tabla 11.2 se muestran estos procedimientos de cálculo.

En el capítulo anterior, se definió la prima por riesgo como la diferencia entre el rendimiento de una inversión con riesgo y el de otra libre de riesgo, y se calcularon las primas por riesgo históricas de diferentes inversiones. Utilizando los rendimientos proyectados, se puede calcular la *prima por riesgo proyectada* o *esperada* como la diferencia entre el rendimiento esperado de una inversión con riesgo y el rendimiento seguro de otra libre de riesgo.

Supongamos, por ejemplo, que las inversiones libres de riesgo están ofreciendo en la actualidad el 8%. Se establece que la tasa libre de riesgo, que se denomina R_f, es del 8%. Conociendo esto, ¿cuál es la prima por riesgo proyectada para las acciones comunes de la empresa U?, ¿y para las acciones comunes de L? Dado que el rendimiento esperado para las acciones de U, $E(R_U)$, es del 20%, la prima por riesgo proyectada es:

Prima por riesgo = Rendimiento esperado − Tasa de riesgo   (11.1)

$$= E(R_U) - R_f$$
$$= 20\% - 8\%$$
$$= 12\%$$

De forma similar, la prima por riesgo para las acciones de L es de **25% − 8% = 17%**.

Por lo general, el rendimiento esperado de un instrumento financiero o de cualquier otro activo es igual a la suma de los posibles rendimientos multiplicados por sus probabilidades de ocurrencia respectivas. Por tanto, si se tienen 100 rendimientos posibles, se multiplicaría cada uno de ellos por su probabilidad de ocurrencia y, a continuación, se sumarían los resultados. El resultado final sería el rendimiento esperado. La prima por riesgo sería entonces la diferencia entre este rendimiento esperado y la tasa libre de riesgo.

Tabla 11.2

Cálculo del rendimiento esperado

			Acción común L			Acción común U	
(1) Estado de la economía	(2) Probabilidad del estado de la economía		(3) Tasa de rendimiento si ocurre el estado	(4) Producto (2) × (3)	(5) Tasa de rendimiento si ocurre el estado		(6) Producto (2) × (5)
Recesión	0.5		−0.20	−0.10	0.30		0.15
Expansión	0.5		0.70	0.35	0.10		0.05
	1.0			E(R_L) = 25%			E(R_U) = 20%

Tabla 11.3

Cálculo del rendimiento esperado

			Acción común L			Acción común U	
(1) Estado de la economía	(2) Probabilidad del estado de la economía		(3) Tasa de rendimiento si ocurre el estado	(4) Producto (2) × (3)	(5) Tasa de rendimiento si ocurre el estado		(6) Producto (2) × (5)
Recesión	0.80		−0.20	−0.16	0.30		0.24
Expansión	0.20		0.70	0.14	0.10		0.02
				E(R_L) = − 2%			E(R_U) = 26%

Ejemplo 11.1   Probabilidades desiguales

Obsérvense de nuevo las tablas 11.1 y 11.2. Supongamos ahora que se estimó que la expansión de la economía sólo se produciría el 20% del tiempo y no el 50%. En este caso, ¿cuáles son los rendimientos esperados de las acciones comunes de U y de L? Si la tasa libre de riesgo es del 10%, ¿cuáles son las primas por riesgo?

Lo primero que hay que señalar es que la recesión se produciría el 80% del tiempo (1 − 0.20 = 0.80), ya que sólo existen dos posibilidades de escenario económico. Teniendo esto en mente, las acciones comunes de U tienen un rendimiento del 30% en el 80% de los años y del 10% en el 20%. Para calcular el rendimiento esperado, de nuevo se multiplican sólo los rendimientos posibles por las probabilidades de ocurrencia correspondientes y se suman los resultados:

$$E(R_U) = 0.80 \times 30\% + 0.20 \times 10\% = 26\%$$

En la tabla 11.3 se resumen los cálculos para las acciones comunes de ambas empresas. Obsérvese que el rendimiento esperado de L es de − **2%**.

En este caso, la prima por riesgo para las acciones comunes de U es de 26% − 10% = 16%. La prima por riesgo para las acciones comunes de L es negativa: − 2% − 10% = − 12%. Esto es un poco extraño, pero no imposible. ∎

Cálculo de la varianza

Para calcular las varianzas de los rendimientos de las acciones comunes de las dos empresas, se determinan primero las desviaciones con respecto al rendimiento esperado, elevadas al cuadrado. Después, se multiplica cada posible desviación, al cuadrado, por su probabilidad de ocurrencia respectiva. Se suman estos resultados y el resultado final es la varianza. Como siempre, la desviación estándar es la raíz cuadrada de la varianza.

Como ejemplo, las acciones comunes de la empresa U que se acaban de mencionar tienen un rendimiento esperado de $E(R_U) = 20\%$. En un año determinado, darán como rendimiento el 30% o el 10%. Por tanto, las desviaciones posibles son 30% − 20% = 10% o 10% − 20% = − 10%. En este caso, la varianza es:

Varianza $= \sigma^2 = 0.50 \times (10\%)^2 + 0.50 \times (-10\%)^2 = 0.01$

La desviación estándar es la raíz cuadrada de la varianza:

Desviación estándar $= \sigma = \sqrt{0.01} = 0.10 = 10\%$

En la tabla 11.4 se resumen estos cálculos para las acciones comunes de ambas empresas. Obsérvese que las de L tienen una varianza mucho mayor.

Cuando se integra la información sobre el rendimiento esperado y sobre la variabilidad para las acciones comunes de las dos empresas, se tiene:

	Acciones comunes de L	Acciones comunes de U
Rendimiento esperado, $E(R)$	25%	20%
Varianza, σ^2	0.2025	0.0100
Desviación estándar, σ	45%	10%

Las acciones comunes de L tienen un rendimiento esperado mayor, pero las de U tienen menor riesgo. Se podría obtener un rendimiento del 70% de la inversión en L, pero también se podría perder el 20%. Obsérvese que la inversión en U siempre pagará por lo menos el 10%.

¿Qué acciones se deben comprar? En realidad, no es posible dar una respuesta satisfactoria a esta pregunta; depende de las preferencias personales del inversionista. Sin embargo, se puede estar razonablemente seguro de que algunos inversionistas preferirían L a U y otros preferirían U a L.

Es probable que se haya observado que la forma en que se calcularon los rendimientos y las varianzas esperadas es, en este caso, algo diferente de como se hizo en el capítulo anterior. La razón es que en el capítulo 10 se estaban examinando rendimientos históricos observados, por lo que se estimó el rendimiento promedio y la varianza sobre la base de algunos acontecimientos que realmente ocurrieron. En el caso que estamos analizando, se han proyectado rendimientos *futuros* y sus probabilidades de ocurrencia asociados, por lo que ésta es la información con la que debemos trabajar.

Ejemplo 11.2   Más probabilidades desiguales

Volviendo al ejemplo 11.1, ¿cuáles son las varianzas de las acciones comunes de las dos empresas si se tienen diferentes probabilidades? ¿Cuáles son las desviaciones estándar?

Tabla 11.4

Cálculo de la varianza

(1) Estado de la economía	(2) Probabilidad del estado de la economía	(3) Desviación con respecto al rendimiento esperado	(4) Desviación con respecto al rendimiento esperado, al cuadrado	(5) Producto (2) × (4)
Acción común L				
Recesión	0.5	**−0.20 − 0.25 = −0.45**	**(−0.45)² = 0.2025**	**0.10125**
Expansión	0.5	**0.70 − 0.25 = 0.45**	**(0.45)² = 0.2025**	**0.10125**
				$\sigma_L^2 = 0.2025$
Acción común U				
Recesión	0.5	**0.30 − 0.20 = 0.10**	**(0.10)² = 0.01**	**0.005**
Expansión	0.5	**0.10 − 0.20 = − 0.10**	**(− 0.10)² = 0.01**	**0.005**
				$\sigma_U^2 = 0.010$

Los cálculos necesarios se pueden resumir de la forma siguiente:

(1) Estado de la economía	(2) Probabilidad del estado de la economía	(3) Desviación con respecto al rendimiento esperado	(4) Desviación con respecto al rendimiento esperado, al cuadrado	(5) Producto (2) × (4)
Acción común L				
Recesión	0.80	**− 0.20 − (− 0.02) = − 0.18**	**0.0324**	**0.02592**
Expansión	0.20	**0.70 − (− 0.02) = 0.72**	**0.5184**	**0.10368**
				$\sigma_L^2 = 0.12960$
Acción común U				
Recesión	0.80	**0.30 − 0.26 = 0.04**	**0.0016**	**0.00128**
Expansión	0.20	**0.10 − 0.26 = − 0.16**	**0.0256**	**0.00512**
				$\sigma_U^2 = 0.00640$

Con base a estos cálculos, la desviación estándar para L es $\sigma_L = \sqrt{0.1296} = 36\%$. La desviación estándar para U es mucho más pequeña, $\sigma_U = \sqrt{0.0064} = 0.08$, **es decir, 8%.** ∎

PREGUNTAS SOBRE CONCEPTOS

11.1a ¿Cómo se calcula el rendimiento esperado de un instrumento financiero?

11.1b Explique con palabras cómo se puede calcular la varianza del rendimiento esperado

Hasta ahora, hemos centrado la atención en activos individuales considerados por separado. Sin embargo, en realidad la mayoría de los inversionistas mantienen una **cartera** de activos. Con esto, lo único que se pretende decir es que los inversionistas tienden a invertir en acciones comunes, bonos u otros activos de más de una empresa. Dado que esto es así, es obvia la importancia del rendimiento y el riesgo asociados a las carteras. De acuerdo con ello, estudiaremos a continuación los rendimientos esperados y las varianzas en las carteras de inversión.

> **cartera o portafolio**
> Grupo de activos, por ejemplo, acciones comunes y bonos, en poder de un inversionista.

Factores de ponderación de la cartera

Existen muchas formas de describir una cartera de inversión. El enfoque más conveniente es elaborar una relación con los porcentajes del valor total de la cartera que están invertidos en cada activo. A estos porcentajes se les denomina **factores de ponderación de la cartera**.

> **factores de ponderación de la cartera**
> Porcentajes del valor total de la cartera invertidos en un cierto activo.

Por ejemplo, si se tienen $50 en un activo y $150 en otro, la cartera tiene un valor total de $200. El porcentaje invertido en el primer activo es de $50/$200 = 0.25. El porcentaje invertido en el segundo activo es de $150/$200, es decir, 0.75.

Por tanto, los factores de ponderación de la cartera son 0.25 y 0.75. Obsérvese que los factores de ponderación tienen que sumar 1.00, ya que todo el dinero está invertido en algún lugar.[1]

Rendimientos esperados de la cartera

Consideremos de nuevo las acciones comunes de las empresas L y U. Se invirtió la mitad del dinero en cada una de ellas. Es obvio que los factores de ponderación de la cartera son 0.50 y 0.50. ¿Cuál es la tendencia de los rendimientos de esa cartera? ¿Cuál es el rendimiento esperado?

Para contestar a estas preguntas, supongamos que la economía entra en recesión. En este caso, la mitad del dinero (la mitad en L) pierde un 20%. La otra mitad (la mitad en U) gana un 30%. Por tanto, el rendimiento de la cartera, R_P, en una recesión será de:

$$R_P = 0.50 \times (-20\%) + 0.50 \times \mathbf{30\%} = 5\%$$

En la tabla 11.5 se resumen los cálculos restantes. Obsérvese que cuando se presenta una época de expansión económica, la cartera generaría un rendimiento del 40%:

$$R_P = 0.50 \times 70\% + 0.50 \times \mathbf{10\%} = 40\%$$

Como se señala en la tabla 11.5, el rendimiento esperado de la cartera, $E(R_P)$, alcanza el 22.5%.

Es posible reducir algo los cálculos necesarios estableciendo el rendimiento esperado de manera más directa. Conociendo estos factores de ponderación de la cartera, podíamos haber razonado que se espera que la mitad del dinero gane el **25%** (la mitad en L) y

---

[1] Por supuesto que una parte podría estar en efectivo, pero en ese caso el efectivo sólo se consideraría como uno de los activos que integran la cartera.

Tabla 11.5

Rendimiento esperado de una cartera con factores de ponderación iguales para las acciones comunes L y U

(1) Estado de la economía	(2) Probabilidad del estado de la economía	(3) Rendimiento de la cartera si ocurre el estado	(4) Producto (2) × (3)
Recesión	0.50	0.50 × (−20%) + 0.50 × (30%) = 5%	0.025
Expansión	0.50	0.50 × (70%) + 0.50 × (10%) = 40%	0.20
			$E(R_P) = 22.5\%$

que la otra mitad gane el **20%** (la mitad en U). Por consiguiente, el rendimiento esperado de la cartera es:

$$E(R_P) = 0.50 \times E(R_L) + 0.50 \times E(R_U)$$
$$= 0.50 \times 25\% + 0.50 \times 20\%$$
$$= 22.5\%$$

Éste es el mismo rendimiento esperado de la cartera que se obtuvo previamente.

Este método para calcular el rendimiento esperado de una cartera funciona sin que importen los activos que la integran. Supongamos que se tienen n activos en la cartera, siendo n cualquier número. Si se establece que x_i representa el porcentaje de dinero invertido en el activo i, el rendimiento esperado es:

$$E(R_P) = x_1 \times E(R_1) + x_2 \times E(R_2) + ... + x_n \times E(R_n) \qquad (11.2)$$

Esto muestra que el rendimiento esperado de una cartera es una combinación directa de los rendimientos esperados de los activos que la integran. Esto parece obvio, pero como veremos a continuación, el enfoque obvio no siempre es el correcto.

Ejemplo 11.3   Rendimiento esperado de cartera

Supongamos que se tienen las siguientes proyecciones para las acciones comunes de tres empresas:

Estado de la economía	Probabilidad del estado	Rendimientos		
		Acción común A	Acción común B	Acción común C
Expansión	0.40	10%	15%	20%
Recesión	0.60	8	4	0

¿Cuál sería el rendimiento esperado de una cartera con cantidades iguales invertidas en cada una de las tres empresas? ¿Cuál sería el rendimiento esperado si la mitad de la cartera estuviera invertido en la empresa A, mientras que el resto estuviera dividido en partes iguales entre B y C?

Con base a lo estudiado, los rendimientos esperados de las acciones comunes de cada empresa son (verifique como práctica):

$E(R_A) = 8.8\%$

$E(R_B) = 8.4\%$

$E(R_C) = 8.0\%$

Si una cartera tiene inversiones iguales en cada uno de los activos, los factores de ponderación de la misma son todos iguales. Se dice que esa cartera tiene una *ponderación igual*. Dado que en este caso existen acciones comunes de tres empresas, los factores de ponderación son todos iguales a $^1/_3$. Por tanto, el rendimiento esperado de la cartera es:

$E(R_P) = (1/3) \times 8.8\% + (1/3) \times 8.4\% + (1/3) \times 8.0\% = 8.4\%$

En el segundo caso, verifique que el rendimiento esperado de la cartera sea del 8.5%. ∎

Varianza de la cartera

De acuerdo con lo que acabamos de estudiar, el rendimiento esperado de una cartera que contenga una inversión igual en acciones comunes de las empresas U y L es del 22.5%. ¿Cuál es la desviación estándar del rendimiento de esa cartera? La simple intuición tal vez nos sugiera que la mitad del dinero tiene una desviación estándar del 45% y la otra mitad del 10%, por lo que la desviación estándar de la cartera puede calcularse de la forma siguiente:

$\sigma_P = 0.50 \times 45\% + 0.50 \times 10\% = 27.5\%$

Lamentablemente, este enfoque es del todo erróneo.

Veamos a continuación cuál es en realidad la desviación estándar. En la tabla 11.6 se resumen los cálculos importantes. Podemos ver que la varianza de la cartera es de aproximadamente 0.031 y su desviación estándar es menor de lo que se pensó, sólo el 17.5%. Lo que esto indica es que, por lo general, la varianza de una cartera no es la simple combinación de las varianzas de los activos que la integran.

Este concepto se puede ilustrar de una forma algo más drástica, considerando un grupo un poco diferente de factores de ponderación de la cartera. Supongamos que se invierten 2/11 (alrededor del 18%) en L y los 9/11 restantes (alrededor del 82%) en U. Si se produce una recesión económica, la cartera tendrá un rendimiento de:

$R_P = (2/11) \times (-20\%) + (9/11) \times (30\%) = 20.91\%.$

Si se produce una expansión, la cartera tendrá un rendimiento de:

$R_P = (2/11) \times (70\%) + (9/11) \times (10\%) = 20.91\%$

Obsérvese que el rendimiento es el mismo independientemente de lo que ocurra con la economía. No se necesitan cálculos adicionales: Esta cartera tiene una varianza igual a cero. Parece obvio que la combinación de activos en las carteras de inversión puede modificar considerablemente los riesgos a que se enfrenta el inversionista. Ésta es una observación fundamental, por lo que en la siguiente sección se estudian sus implicaciones.

Tabla 11.6

Varianza de una cartera con factores de ponderación iguales para las acciones comunes L y U

(1) Estado de la economía	(2) Probabilidad del estado de la economía	(3) Rendimiento de la cartera si ocurre el estado	(4) Desviación del rendimiento esperado, al cuadrado	(5) Producto (2) × (4)
Recesión	0.50	5%	$(0.05 - 0.225)^2 = 0.030625$	0.0153125
Expansión	0.50	40	$(0.40 - 0.225)^2 = 0.030625$	0.0153125

$$\sigma_P^2 = 0.030625$$

$$\sigma_P = \sqrt{0.030625} = 17.5\%$$

Ejemplo 11.4   Varianza y desviación estándar de las carteras

En el ejemplo 11.3, ¿cuáles son las desviaciones estándar de las dos carteras? Para contestar esta pregunta, es necesario calcular en primer lugar los rendimientos de la cartera para los dos estados de la economía. Se trabajará con la segunda cartera, que tiene un 50% en acciones comunes de A y un 25% en cada una de las acciones comunes de B y de C. Los cálculos relevantes se pueden resumir de la forma siguiente:

			Rendimientos		
Estado de la economía	Probabilidad del estado	Acción común A	Acción común B	Acción común C	Cartera
Expansión	0.40	10%	15%	20%	13.75%
Recesión	0.60	8	4	0	5.00

Cuando existe una expansión en la economía, el rendimiento de la cartera se calcula como:

$$0.50 \times 10\% + 0.25 \times 15\% + 0.25 \times 20\% = 13.75\%$$

Cuando la economía se desploma, el rendimiento se calcula de la misma forma. El rendimiento esperado de la cartera es del 8.5%. Por tanto, la varianza es:

$$\sigma^2 = 0.40 \times (0.1375 - 0.085)^2 + 0.60 \times (0.05 - 0.085)^2$$
$$= 0.0018375$$

Por consiguiente, la desviación estándar es alrededor del 4.3%. Para la cartera con factores de ponderación iguales, verifique que la desviación estándar esté próxima al 5.4%. ∎

PREGUNTAS SOBRE CONCEPTOS

11.2a ¿Qué son los factores de ponderación de una cartera?

11.2b ¿Cómo se calcula el rendimiento esperado de una cartera?

11.2c ¿Existe una relación simple entre la desviación estándar de una cartera y las desviaciones estándar de sus activos?

ANUNCIOS, SORPRESAS Y RENDIMIENTOS ESPERADOS | 11.3

Ahora que sabemos cómo confeccionar las carteras y evaluar sus rendimientos, describiremos con más detalle los riesgos y los rendimientos asociados con los instrumentos financieros individuales. Hasta este momento, se ha medido la volatilidad observando las diferencias entre los rendimientos observados de un activo o de una cartera, R, y el rendimiento esperado, $E(R)$. Veremos ahora por qué existen estas desviaciones.

Rendimientos esperados e inesperados

Para comenzar, y para ser más específicos, se considera el rendimiento de las acciones comunes de una empresa denominada Flyers. ¿Qué determinará el rendimiento de estas acciones, por ejemplo, en el próximo año?

El rendimiento de cualquier acción común negociada en un mercado financiero está integrado por dos partes. La primera es el rendimiento ordinario o esperado de la acción común, es decir, la parte del rendimiento que predicen o esperan los accionistas en el mercado. Este rendimiento depende de la información con la que cuenten los accionistas y de que tenga repercusión sobre el valor de la acción común, y se basa en la comprensión actual que tenga el mercado de los factores relevantes que influirán sobre el valor de la acción común en el próximo año.

La segunda parte del rendimiento de la acción común es la parte incierta o arriesgada. Ésta es la parte que proviene de la información inesperada que se conoce durante el año. La lista de todas las posibles fuentes de información es interminable, pero a continuación se presentan algunos ejemplos:

Noticias sobre algún proyecto de investigación y desarrollo realizado por Flyers.

Las cifras que publica el gobierno sobre el producto interno bruto (PIB).

Los resultados de las últimas negociaciones para el control de armas.

Noticias de que las cifras de ventas de Flyers son más altas de lo esperado.

Una repentina e inesperada disminución en las tasas de interés.

Con base a esto, una forma de expresar el rendimiento de las acciones de Flyers en el próximo año sería:

Rendimiento total = Rendimiento esperado + Rendimiento inesperado   (11.3)

$$R = E(R) + U$$

donde R representa el rendimiento total observado en el año, $E(R)$ representa la parte esperada del rendimiento y U la parte inesperada del rendimiento. Esto significa que el rendimiento observado, R, difiere del rendimiento esperado, $E(R)$, a causa de las sorpresas que pueden producirse durante el año.

Anuncios y nueva información

Es necesario tener cuidado al establecer el efecto de la nueva información sobre el rendimiento. Supongamos, por ejemplo, que Flyers opera en un tipo de negocios que prospera cuando el PIB (producto interno bruto) crece a una tasa relativamente alta, y que experimenta problemas cuando el PIB se mantiene relativamente deprimido. En este caso, al decidir el rendimiento esperado para la inversión en acciones comunes de Flyers, los accionistas, de una forma implícita o explícita, deben considerar cuál pueda ser el PIB del año.

Cuando el gobierno anuncie las cifras del PIB del año, ¿qué le ocurrirá al valor de las acciones comunes de Flyers? Es obvio que la respuesta depende de las cifras publicadas. Sin embargo, de una forma más directa, el impacto depende de la cantidad de *nueva* información que aporten esas cifras.

Al inicio del año, los participantes en el mercado tendrán alguna idea o pronóstico de cuál será el PIB del año. En la medida en que los accionistas hayan proyectado adecuadamente el PIB, esa predicción ya estará incluida en la parte esperada del rendimiento de la acción común, E(R). Por otra parte, si el PIB que se anuncia supone toda una sorpresa, el efecto formará parte de U, la parte no prevista del rendimiento.

Supongamos, por ejemplo, que los accionistas en el mercado han pronosticado que el incremento del PIB de este año será del 0.5%. Si la cifra anunciada es exactamente del 0.5%, el mismo incremento pronosticado, los accionistas no tendrán nueva información ni habrá efecto alguno sobre el precio de las acciones comunes. Esto es como recibir la confirmación de algo que ya se había sospechado; no revela nada nuevo.

Una forma frecuente de indicar que un anuncio no contiene nueva información es mencionar que el mercado ya había «descontado» el anuncio. En este caso, el significado de la palabra *descuento* es diferente al que tiene dicho término al calcular valores presentes, aunque la esencia es la misma. Cuando se descuenta una unidad monetaria que ocurre en el futuro, se dice que vale menos debido al valor del dinero en el tiempo. Cuando se descuenta un anuncio o una nueva noticia, se debe entender que ésta tiene una mínima repercusión en el mercado, debido a que éste ya conocía gran parte de la misma.

Por ejemplo, volviendo a Flyers, supongamos que el gobierno anunció que el incremento observado del PIB durante el año fue del 1.5%. Los accionistas saben ahora algo más, es decir, que el incremento es un punto porcentual más alto del que habían pronosticado. Esta diferencia entre el resultado observado y el pronosticado, un punto porcentual en este ejemplo, se denomina a veces la *innovación* o la *sorpresa*.

Así pues, el anuncio se puede dividir en dos partes, la parte prevista o esperada y la sorpresa o innovación:

Anuncio = Parte esperada + Sorpresa   (11.4)

El elemento esperado de cualquier anuncio es la parte de la información que usa el mercado para formar las expectativas, E(R), del rendimiento de las acciones comunes. La sorpresa es la noticia o la nueva información que influye en el rendimiento inesperado de las acciones comunes, U.

Para usar otro ejemplo, si los accionistas ya sabían en el mes de enero que el presidente de la empresa iba a renunciar, el anuncio oficial publicado en febrero ya habría sido totalmente esperado y descontado por el mercado. Dado que ya se conocía el anuncio antes de febrero, su influencia sobre el valor de las acciones comunes tendría lugar antes de dicho mes. El anuncio en sí mismo no sería una sorpresa y el precio de la acción no cambiaría en absoluto al publicarlo.

El estudio sobre la eficiencia del mercado en el capítulo anterior se relaciona con este tema. Se supone que la información relevante que se conoce hoy ya ha sido integrada en el rendimiento esperado. Esto es lo mismo que decir que el precio actual refleja la información relevante publicada. Por consiguiente, se está suponiendo implícitamente que los mercados son, por lo menos, razonablemente eficientes en una forma más o menos efectiva.

A partir de este momento, cuando el texto se refiera a nueva información, se entenderá que corresponde a la parte de la sorpresa del anuncio y no a la parte que ya esperaba el mercado (parte esperada) y que por consiguiente ya ha descontado.

PREGUNTAS SOBRE CONCEPTOS

11.3a ¿Cuáles son las dos partes básicas del rendimiento?
11.3b ¿En qué condiciones un anuncio no tendrá efecto sobre los precios de las acciones comunes?

RIESGO: SISTEMÁTICO Y NO SISTEMÁTICO | 11.4

La parte inesperada del rendimiento, es decir, la parte que resulta de la sorpresa, constituye el verdadero riesgo de cualquier inversión. Después de todo, si siempre se recibe exactamente lo que se espera, la inversión es totalmente predecible y, por definición, libre de riesgo. En otras palabras, el riesgo de invertir en un activo proviene de las sorpresas o acontecimientos inesperados.

Sin embargo, existen diferencias importantes entre las diversas fuentes del riesgo. Repasando la relación anterior de noticias, algunas de ellas se relacionan de forma directa con Flyers y otras son más generales. ¿Cuáles tienen importancia específica para Flyers?

Los anuncios sobre las tasas de interés o el PIB son claramente importantes para casi todas las empresas, mientras que las que tratan sobre el presidente de Flyers, los proyectos de investigación y desarrollo o las ventas son de interés específico para Flyers. Se establece una distinción entre estos dos tipos de eventos porque, como veremos, ambos tienen implicaciones muy diferentes.

Riesgo sistemático y no sistemático

Al primer tipo de sorpresas, las que afectan a un gran número de activos, se le denominará **riesgo sistemático**. Un riesgo sistemático es el que influye en mayor o menor grado sobre un gran número de activos. Dado que los riesgos sistemáticos tienen efectos sobre todo el mercado, se les denomina en ocasiones *riesgos de mercado*.

El segundo tipo de sorpresas se denominará **riesgo no sistemático**. Un riesgo no sistemático es el que afecta a un solo activo o a un pequeño grupo de activos. Debido a que estos riesgos son específicos para algunas empresas o para activos individuales, se les denomina en ocasiones *riesgos únicos* o *riesgos específicos del activo*. En este libro, se utilizarán estos términos de forma intercambiable.

Como ya se ha visto, la incertidumbre sobre las condiciones económicas generales, como es el caso del PIB, las tasas de interés o la tasa de inflación, son ejemplos de riesgos sistemáticos. Todos estos factores afectan en algún grado a casi todas las empresas. Por ejemplo, un aumento inesperado o sorpresa en la tasa de inflación afecta a los salarios y a los costos de los suministros que adquieren las empresas, así como al valor de los activos que poseen dichas empresas y a los precios de venta de sus productos. Estos factores, que pueden afectar a todas las empresas, constituyen la esencia del riesgo sistemático.

En contraste, el anuncio de una huelga en una compañía petrolera afectará principalmente a esa empresa y quizá a algún pequeño grupo de empresas (como sus principales competidores y proveedores). No obstante, es poco probable que tenga un efecto relevan-

riesgo sistemático
Riesgo que influye sobre un gran número de activos. También se le denomina *riesgo de mercado*.

riesgo no sistemático
Riesgo que afecta como mucho a un pequeño número de activos. También se le denomina *riesgo único* o *específico del activo*.

te sobre el mercado petrolero mundial o sobre las operaciones de las empresas no dedicadas al negocio del petróleo, por lo que se trata de un evento no sistemático.

Componentes sistemático y no sistemático del rendimiento

La distinción entre un riesgo sistemático y otro no sistemático nunca es en realidad tan exacta como se ha expresado aquí. Incluso la mínima cantidad de información sobre una empresa repercute en toda la economía. Esto es cierto porque toda empresa, sin importar lo pequeña que sea, forma parte de la economía. Es como la historia del reino que se perdió porque un caballo perdió una herradura. Sin embargo, esto es algo muy difícil de determinar. Es evidente que algunos riesgos son mucho más generales que otros. A continuación, se presentará más evidencia sobre este aspecto.

La distinción entre los tipos de riesgo también permite dividir en dos secciones la parte de la sorpresa, U, del rendimiento de las acciones comunes de Flyers. Partiendo de lo que ya se estudió, se había dividido el rendimiento en sus elementos esperado y de sorpresa:

$$R = E(R) + U$$

Vemos ahora que el elemento sorpresa total para Flyers, U, tiene un componente sistemático y otro no sistemático, por lo que:

$$R = E(R) + \text{Parte sistemática} + \text{Parte no sistemática} \qquad (11.5)$$

Es tradicional utilizar la letra griega epsilon, ε, para representar la parte no sistemática. Como a los riesgos sistemáticos se les suele denominar riesgos de mercado, se utilizará la letra m para representar a la parte sistemática del elemento sorpresa. Con estos símbolos se puede replantear el rendimiento total:

$$R = E(R) + U$$
$$= E(R) + m + \varepsilon$$

Lo importante sobre la forma en que se ha dividido la sorpresa total, U, es que la parte no sistemática, ε, es más o menos exclusiva de Flyers. Por esta razón, no está relacionada con la parte no sistemática del rendimiento de casi todos los otros activos. Para observar por qué es importante esto, es necesario volver al tema de riesgo de cartera.

PREGUNTAS SOBRE CONCEPTOS

11.4a ¿Cuáles son los dos tipos básicos de riesgo?
11.4b ¿Cuál es la diferencia entre los dos tipos de riesgo?

11.5 | DIVERSIFICACIÓN Y RIESGO DE LAS CARTERAS

Vimos anteriormente que, en principio, los riesgos asociados con las carteras de inversión pueden ser muy diferentes a los asociados con los activos que los integran. Se observa ahora de un modo más detallado el nivel de riesgo asociado con un activo individual frente

Tabla 11.7

Desviaciones estándar de
los rendimientos anuales
de diversas carteras

(1) Número de empresas cuyas acciones comunes integran la cartera	(2) Desviación estándar Promedio de los rendimientos anuales de la cartera	(3) Cociente de la desviación estándar de la cartera a la desviación estándar de la acción común de una sola empresa
1	49.24%	1.00
2	37.36	0.76
4	29.69	0.60
6	26.64	0.54
8	24.98	0.51
10	23.93	0.49
20	21.68	0.44
30	20.87	0.42
40	20.46	0.42
50	20.20	0.41
100	19.69	0.40
200	19.42	0.39
300	19.34	0.39
400	19.29	0.39
500	19.27	0.39
1,000	19.21	0.39

Estas cifras se han tomado de la tabla 1 en «How Many Stocks Make a Diversified Portfolio?», de Meir
Statman, en *Journal of Financial and Quantitative Analysis* 22 (septiembre de 1987), págs. 353-64. Se derivaron
de «Risk Reduction and Portfolio Size: An Analytic Solution», de E. J. Elton y M. J. Gruber, en *Journal of
Business* 50 (octubre de 1977), págs. 415-37.

al nivel de riesgo de una cartera compuesta por muchos activos diferentes. Se examinará
de nuevo parte de la historia del mercado para obtener una idea de lo que ocurre en realidad con las inversiones en los mercados de capital de Estados Unidos.

El efecto de la diversificación: otra lección histórica del mercado

En el capítulo anterior se observó que la desviación estándar del rendimiento anual de
una cartera integrada por las acciones comunes de las 500 empresas mayores ha sido históricamente alrededor del 21% anual (p. ej., v. la fig. 10.10). ¿Significa esto que la desviación estándar del rendimiento anual de una acción común típica de ese grupo de 500 es
alrededor del 21%? Como ya se habrá imaginado, la respuesta es *no*. Ésta es una observación que tiene una gran importancia.

Para examinar la relación entre el tamaño de la cartera y su nivel de riesgo, en la tabla 11.7 se muestran las desviaciones estándar anuales promedio que son típicas para las
carteras con factores de ponderación iguales, integradas por diferentes cantidades de instrumentos financieros de la Bolsa de Valores de Nueva York, y que son seleccionadas de
forma aleatoria.

En la columna 2 de la tabla 11.7 se observa que la desviación estándar de una cartera
integrada exclusivamente por las acciones comunes de una sola empresa es de alrededor
del 49%. Lo que esto significa es que, si se seleccionaron de forma aleatoria las acciones
comunes de una sola empresa de la Bolsa de Valores de Nueva York y se invirtió todo el

Figura 11.1

Diversificación en cartera

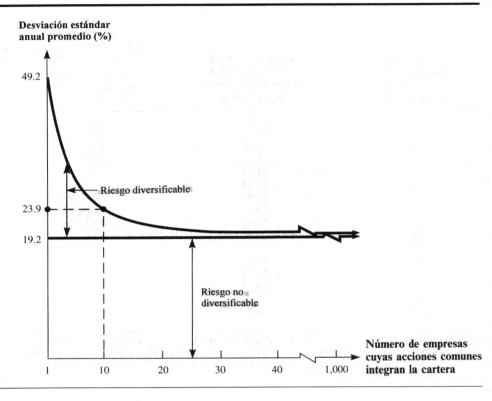

dinero disponible en dichas acciones, la desviación estándar del rendimiento ha sido, típicamente, de un notable 49% anual. Si se seleccionaran de forma aleatoria las acciones comunes de dos empresas diferentes para invertir la mitad del dinero en cada una, la desviación estándar promedio hubiera sido de alrededor del 37%, y así sucesivamente.

Lo importante que se debe observar en la tabla 11.7 es que la desviación estándar disminuye conforme aumenta el número de instrumentos financieros de diferentes empresas. Cuando se tienen 100 acciones comunes de otras tantas empresas emisoras seleccionadas de forma aleatoria, la desviación estándar de esa cartera ha disminuido en alrededor del 60%, desde el 49% hasta el 20%. Cuando la cartera está integrada por las acciones comunes de 500 empresas, la desviación estándar es del 19.27%, similar al 21% que se observó en el capítulo anterior para la cartera de acciones comunes de grandes empresas. Existe una pequeña diferencia porque los instrumentos financieros que integran las carteras y los períodos examinados no son idénticos.

El principio de diversificación

En la figura 11.1 se muestra el concepto que hemos estado estudiando. Lo que se ha trazado es la desviación estándar del rendimiento frente al número de acciones comunes de diferentes empresas en la cartera. Obsérvese en la figura 11.1 que el beneficio derivado de aumentar el número de instrumentos financieros de diferentes empresas emisoras, en términos de reducción de riesgo, disminuye conforme se añaden más y más instrumentos.

Cuando se tienen 10 instrumentos financieros, la mayor parte del efecto ya se ha realizado, y cuando se tienen 30 o más, queda ya muy poco beneficio.

En la figura 11.1 se muestran dos aspectos fundamentales. Antes que nada, parte del riesgo asociado con los activos individuales puede eliminarse al integrar carteras de inversión. Al proceso de diseminar una inversión entre diferentes activos (y crear así una cartera de inversión) se le denomina *diversificación*. El **principio de diversificación** afirma que, al diseminar una inversión entre muchos activos diferentes, se eliminará parte del riesgo. La parte sombreada de la figura 11.1, indicada como el «riesgo diversificable», es la que se puede eliminar mediante la diversificación.

El segundo aspecto tiene igual importancia. Existe un nivel mínimo de riesgo que no se puede eliminar mediante la diversificación. A este nivel mínimo se le ha denominado en la figura 11.1 «riesgo no diversificable». Estos dos aspectos, conjuntamente, son otra lección importante tomada de la historia del mercado de capital: la diversificación reduce el riesgo, pero sólo hasta cierto punto. Dicho de otra forma, una parte del riesgo es diversificable y otra no lo es.

principio de diversificación
El hecho de distribuir una inversión entre varios activos eliminará parte del riesgo (pero no todo).

Diversificación y riesgo no sistemático

De acuerdo con el estudio del riesgo asociado a las carteras de inversión, se sabe que una parte del riesgo asociado con los activos individuales se puede eliminar mediante la diversificación y otra no. Esto nos lleva a una pregunta obvia: ¿Por qué ocurre así? La respuesta depende de la distinción que hicimos previamente entre el riesgo sistemático y el no sistemático.

Por definición, un riesgo no sistemático es el que es específico de un activo individual o, como mucho, de un pequeño grupo. Por ejemplo, si el activo en cuestión son las acciones comunes de una sola empresa, el descubrimiento de proyectos con VPN positivo, como pueden ser el lanzamiento exitoso de nuevos productos o los programas de ahorro en costos innovadores, tenderán a aumentar el valor de las acciones. Demandas judiciales imprevistas, accidentes industriales, huelgas y acontecimientos similares tenderán a disminuir los flujos de efectivo futuros y, por consiguiente, a reducir los valores de las acciones comunes.

Ésta es una observación importante: si se invierte únicamente en acciones comunes de una sola empresa, el valor de la inversión fluctuaría debido a los acontecimientos específicos de la empresa. Por otra parte, si se tiene una cartera integrada por acciones comunes de muchas empresas, algunas de ellas aumentarán de valor debido a los acontecimientos positivos específicos de cada empresa y otras disminuirán su valor debido a los acontecimientos negativos. No obstante, el efecto neto sobre el valor global de la cartera será relativamente pequeño, ya que estos acontecimientos tenderán a compensarse entre sí.

Sabemos ahora por qué parte de la variabilidad asociada con los activos individuales se elimina mediante la diversificación. Al combinar activos en carteras de inversión, los eventos específicos o no sistemáticos, ya sean positivos o negativos, tienden a «desvanecerse» cuando se tiene algo más que unos pocos activos.

Éste es un aspecto importante que merece repetirse:

El riesgo no sistemático se elimina mediante la diversificación, por lo que una cartera relativamente grande compuesta por activos diversos casi no presenta riesgo no sistemático.

De hecho, los términos *riesgo diversificable* y *riesgo no sistemático* se suelen utilizar de modo intercambiable.

Diversificación y riesgo sistemático

Hemos visto que el riesgo no sistemático se puede eliminar mediante la diversificación. ¿Y qué sucede con el riesgo sistemático? ¿Se puede eliminar también con la diversificación? La respuesta es no, ya que un riesgo sistemático afecta por definición a casi todos los activos en cierto grado. Como consecuencia y sin que importe cuántos activos componen una cartera de inversión, el riesgo sistemático no desaparece. Así pues, por razones obvias, los términos *riesgo sistemático* y *riesgo no diversificable* se emplean de manera intercambiable.

Dado que hemos presentado tantos términos diferentes, es útil resumir este estudio antes de seguir adelante. Hemos visto que el riesgo total de una inversión, medido por la desviación estándar de su rendimiento, se puede expresar como:

Riesgo total = Riesgo sistemático + Riesgo no sistemático (11.6)

Al riesgo sistemático también se le denomina *riesgo no diversificable* o *riesgo de mercado*. Al riesgo no sistemático se le denomina asimismo *riesgo diversificable*, *riesgo exclusivo* o *riesgo específico del activo*. En el caso de una cartera de inversión bien diversificada, el riesgo no sistemático es insignificante. Fundamentalmente, en ese tipo de cartera todo el riesgo es sistemático.

PREGUNTAS SOBRE CONCEPTOS

11.5a ¿Qué le ocurre a la desviación estándar del rendimiento de una cartera si se aumenta el número de instrumentos financieros que la integran?

11.5b ¿Cuál es el principio de diversificación?

11.5c ¿Por qué parte del riesgo es diversificable? ¿Por qué otra parte del riesgo no es diversificable?

11.5d ¿Por qué no se puede eliminar el riesgo sistemático mediante la diversificación?

11.6 | RIESGO SISTEMÁTICO Y BETA

La pregunta interesante ahora es: ¿Qué determina la magnitud de la prima por un activo con riesgo? Dicho de otra forma, ¿por qué algunos activos tienen una prima por riesgo mayor que otros? La respuesta a estas preguntas, como vemos a continuación, también se basa en la distinción entre el riesgo sistemático y el no sistemático.

El principio de riesgo sistemático

principio de riesgo sistemático
El rendimiento esperado de un activo con riesgo depende únicamente del riesgo sistemático asociado con dicho activo.

Hasta ahora, se ha observado que el riesgo total asociado con un activo se puede dividir en dos componentes: riesgo sistemático y riesgo no sistemático. También se ha observado que el riesgo no sistemático se puede eliminar mediante la diversificación, lo que no sucede con el riesgo sistemático.

Con base al estudio histórico realizado sobre el mercado de capital, sabemos que suele existir una ganancia por incurrir en riesgo. Sin embargo, ahora es necesario ser más precisos sobre lo que queremos decir con riesgo. El **principio de riesgo sistemático** señala que la ganancia por incurrir en un riesgo depende sólo del riesgo sistemático de una inversión.

La razón fundamental de este principio es clara: dado que el riesgo no sistemático se puede eliminar casi sin costo alguno (mediante la diversificación), no existen ganancias por incurrir en este riesgo. Dicho de otra forma, el mercado no recompensa por riesgos que son innecesarios.

El principio de riesgo sistemático tiene una implicación notable y muy importante:

El rendimiento esperado de un activo sólo depende del riesgo sistemático de ese activo.

Este principio tiene un corolario obvio: independientemente del riesgo total que tenga un activo, sólo la parte sistemática es relevante para determinar el rendimiento esperado (y la prima por riesgo) de dicho activo.

Medición del riesgo sistemático

Dado que el riesgo sistemático es el determinante crucial del rendimiento esperado de un activo, hay que identificar alguna forma para medir el nivel de riesgo sistemático de diferentes inversiones. La medida específica que se utilizará se denomina **coeficiente beta**, para el que se utilizará el símbolo griego β. El coeficiente beta, o beta en forma abreviada, indica la cantidad de riesgo sistemático que tiene un determinado activo en relación con un activo promedio. Por definición, un activo promedio tiene una beta de 1.0 en relación consigo mismo. Por tanto, un activo con una beta de 0.50 tiene la mitad de riesgo sistemático que otro promedio; un activo con una beta de 2.0 tiene el doble.

En la tabla 11.8 se ofrecen los coeficientes beta estimados para las acciones comunes de algunas empresas muy conocidas. (Esta fuente documental redondea los números al 0.05 más cercano.) El rango de las betas de la tabla 11.8 es típico de las acciones comunes de las grandes corporaciones estadounidenses. Existen betas fuera de este rango, pero son menos habituales.

Lo importante es recordar que el rendimiento esperado y, por consiguiente, la prima por riesgo de un activo, dependen únicamente de su riesgo sistemático. Dado que los activos con betas mayores tienen riesgos sistemáticos más altos, éstos también tendrán mayores rendimientos esperados. Por tanto, en la tabla 11.8, un inversionista que compre acciones comunes de Exxon con una beta de 0.75, debe esperar ganar menos en promedio que otro que compre acciones comunes de General Motors, con una beta de aproximadamente 1.05.

coeficiente beta
La cantidad de riesgo sistemático asociado a un activo con riesgo particular, en relación con otro con riesgo promedio.

Ejemplo 11.5   Riesgo total versus beta

Examine la información siguiente sobre dos instrumentos financieros. ¿Cuál tiene el mayor riesgo total? ¿Cuál tiene el mayor riesgo sistemático? ¿Cuál tiene el mayor riesgo no sistemático? ¿Qué activo tendrá una mayor prima por riesgo?

	Desviación estándar	Beta
Instrumento A	40%	0.50
Instrumento B	20	1.50

De acuerdo a lo estudiado en esta sección, el instrumento financiero A tiene un riesgo total mayor, pero tiene menor riesgo sistemático. Dado que el riesgo total es la suma de los riesgos sistemático y no sistemático, el instrumento financiero A debe tener mayor ries-

Tabla 11.8		Coeficiente beta (β_1)
Coeficientes beta para empresas seleccionadas	IBM	0.95
	Exxon	0.75
	General Electric	1.10
	AT&T	0.85
	General Motors	1.05
	Wal-Mart	1.25
	Microsoft	1.35
	Harley-Davidson	1.60

Fuente: Tomado de *Investment Survey,* Value Line, 3 de enero, 1992.

go no sistemático. Por último, de acuerdo con el principio de riesgo sistemático, el instrumento financiero B tendrá una prima por riesgo más alta y un rendimiento esperado mayor, a pesar de tener menos riesgo total. ∎

Betas de las carteras

Vimos antes que el riesgo asociado con una cartera de inversión no tiene una relación lineal con los riesgos de los activos que la integran. Sin embargo, es posible calcular la beta de una cartera de la misma forma que se calcula el rendimiento esperado. Por ejemplo, veamos de nuevo la tabla 11.8 y supongamos que se colocó la mitad del dinero en acciones comunes de la empresa AT&T y la otra mitad en la General Electric. ¿Cuál sería la beta de esta combinación? Puesto que AT&T tiene una beta de 0.85 y General Electric una de 1.10, la beta de la cartera β_P, sería:

$$\beta_P = 0.50 \times \beta_{AT\&T} + 0.50 \times \beta_{GE}$$
$$= 0.50 \times 0.85 + 0.50 \times 1.10$$
$$= 0.975$$

Por lo general, si se tiene un gran número de activos en la cartera, la beta de cada uno de ellos se multiplicaría por su importancia relativa en dicha cartera y después se sumarían los resultados para obtener la beta de la misma.

Ejemplo 11.6   Betas de cartera
Supongamos que se tienen las siguientes inversiones:

Instrumento financiero	Monto invertido		Rendimiento esperado	Beta
Acción común A	$1,000	10%	8%	0.80
Acción común B	2,000	20%	12	0.95
Acción común C	3,000	30%	15	1.10
Acción común D	4,000	40%	18	1.40

¿Cuál es el rendimiento esperado de esta cartera de inversión? ¿Cuál es su beta? ¿Tiene esta cartera mayor o menor riesgo sistemático que un activo promedio?

Para responder, primero hay que calcular los factores de ponderación de la cartera. Obsérvese que el monto total invertido es de $10,000. De éstos, $1,000/$10,000 = 10% se invierten en la acción común A. De forma similar, el 20% se invierte en la acción común B, el 30% en la acción común C y el 40% en la acción común D. Por tanto, el rendimiento esperado, $E(R_P)$, es de:

$$E(R_P) = 0.10 \times E(R_A) + 0.20 \times E(R_B) + 0.30 \times E(R_C) + 40 \times E(R_D)$$

$$= 0.10 \times 8\% + 0.20 \times 12\% + 0.30 \times 15\% + 0.40 \times 18\%$$

$$= 14.9\%$$

De forma similar, la beta de la cartera, β_P, es de:

$$\beta_P = 0.10 \times \beta_A + 0.20 \times \beta_B + 0.30 \times \beta_C + 0.40 \times \beta_D$$

$$= 0.10 \times 0.80 + 0.20 \times 0.95 + 0.30 \times 1.10 + 0.40 \times 1.40$$

$$= 1.16$$

Por tanto, esta cartera tiene un rendimiento esperado del 14.9% y una beta de 1.16. Dado que la beta es mayor 1.0, esta cartera tiene un riesgo sistemático mayor que el de un activo promedio. ∎

PREGUNTAS SOBRE CONCEPTOS

11.6a ¿Cuál es el principio de riesgo sistemático?
11.6b ¿Qué mide el coeficiente beta?
11.6c ¿Cómo se calcula la beta de una cartera de inversión?
11.6d Verdadero o falso: el rendimiento esperado de un activo con riesgo depende del riesgo total del mismo. Explique su respuesta.

LA LÍNEA DE MERCADO DE UN ACTIVO FINANCIERO | 11.7

Ahora estamos en posibilidad de observar cómo se remunera el riesgo en el mercado. Para comenzar, supongamos que el activo A tiene un rendimiento esperado de $E(R_A) = 20\%$ y una beta de $\beta_A = 1.6$. Más aún, la tasa libre de riesgo es de $R_f = 8\%$. Obsérvese que, por definición, un activo libre de riesgo no tiene riesgo sistemático (o riesgo no sistemático), por lo que tiene una beta de 0.

Beta y la prima por riesgo

Consideremos una cartera compuesta por el activo A y un activo libre de riesgo. Pueden calcularse diferentes rendimientos esperados y betas posibles de la misma, variando los porcentajes invertidos en estos dos activos. Por ejemplo, si se invierte en el activo A el 25% de la cartera, el rendimiento esperado es:

$$E(R_P) = 0.25 \times E(R_A) + (1 - 0.25) \times R_f$$

$$= 0.25 \times 20\% + 0.75 \times 8\%$$

$$= 11.0\%$$

De forma similar, la beta de la cartera, β_P, sería:

$$\beta_P = 0.25 \times \beta_A + (1 - 0.25) \times 0$$
$$= 0.25 \times 1.6$$
$$= 0.40$$

Obsérvese que, dado que los factores de ponderación de la cartera tienen que sumar 1, el porcentaje invertido en el activo libre de riesgo es igual a 1 menos el porcentaje invertido en el activo A.

Una cosa sobre la que quizá existan dudas es sobre si es posible que el porcentaje invertido en A exceda el 100%. La respuesta es sí. La forma en que esto puede ocurrir es que el inversionista obtenga un préstamo a la tasa libre de riesgo. Por ejemplo, supongamos que el inversionista tiene $100 y obtiene un préstamo por $50 adicionales con una tasa libre de riesgo al 8%. La inversión total en el activo A sería de $150, es decir, el 150% de la riqueza del inversionista. En este caso, el rendimiento esperado sería de:

$$E(R_P) = 1.50 \times E(R_A) + (1 - 1.50) \times R_f$$
$$= 1.50 \times 20\% - 0.50 \times 8\%$$
$$= 26.0\%$$

La beta de esta cartera sería:

$$\beta_P = 1.50 \times \beta_A + (1 - 1.50) \times 0$$
$$= 1.50 \times 1.6$$
$$= 2.4$$

Otras posibilidades pueden calcularse de la forma siguiente:

Porcentaje de la cartera en el activo A	Rendimiento esperado de la cartera	Beta de la cartera
0%	**8%**	0.0
25	**11**	0.4
50	**14**	0.8
75	**17**	1.2
100	**20**	1.6
125	**23**	2.0
150	**26**	2.4

En la figura 11.2A, estos rendimientos esperados de la cartera se grafican frente a las betas de la misma. Obsérvese que todas las combinaciones se localizan sobre una línea recta.

La razón ganancia-riesgo   ¿Cuál es la pendiente de la línea recta en la figura 11.2A? Como siempre, la pendiente de una línea recta es igual al «incremento vertical entre el incremento horizontal». En este caso, conforme se transfieren recursos del activo libre de riesgo al activo A, la beta aumenta de cero a 1.6 (un «incremento horizontal» de 1.6). Si-

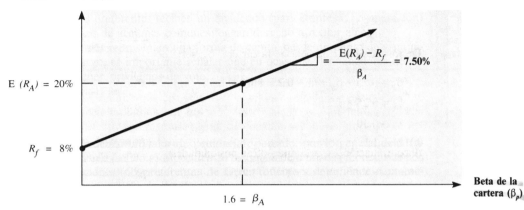

Figura 11.2A

Rendimientos esperados y betas de carteras con el activo A

multáneamente, el rendimiento esperado pasa del 8% al 20% (un «incremento vertical» del 12%). Por consiguiente, la pendiente de la línea es de 12%/1.6 = 7.50%.

Obsérvese que la pendiente de la recta es exactamente la prima por riesgo del activo A, $E(R_A) - R_f$, dividida entre la beta del activo A, β_A:

$$\text{Pendiente} = \frac{E(R_A) - R_f}{\beta_A}$$

$$= \frac{20\% - 8\%}{1.6} = \textbf{7.50\%}$$

Esto indica que el activo A ofrece una *razón ganancia-riesgo* del 7.50%.[2] En otras palabras, el activo A tiene una prima por riesgo del 7.50% por «unidad» de riesgo sistemático.

El argumento básico   Supongamos ahora que se considera un segundo activo, B. Este activo tiene una beta de 1.2 y un rendimiento esperado del 16%. ¿Qué inversión es mejor, el activo A o el activo B? Podríamos pensar que tampoco es posible contestar a esta pregunta. Algunos inversionistas quizá prefieran A; otros pudieran preferir B. Sin embargo, podemos afirmar que el activo A es mejor porque, como se demostrará, el activo B ofrece una ganancia inadecuada para su nivel de riesgo sistemático, al menos en relación con A.

Para comenzar, se calculan los rendimientos esperados y betas para diferentes combinaciones o carteras del activo B y un activo libre de riesgo, como se hizo en el caso del

---

[2]En ocasiones, a esta razón se le denomina *índice de Treynor*, en honor a uno de sus creadores.

activo A. Por ejemplo, si se invierte el 25% en el activo B y el 75% restante en el activo libre de riesgo, el rendimiento esperado de esta cartera sería:

$$E(R_P) = 0.25 \times E(R_B) + (1 - 0.25) \times R_f$$
$$= 0.25 \times 16\% + 0.75 \times 8\%$$
$$= 10.0\%$$

De forma similar, la beta de la cartera, β_P, sería de:

$$\beta_P = 0.25 \times \beta_B + (1 - 0.25) \times 0$$
$$= 0.25 \times 1.2$$
$$= 0.30$$

A continuación, se presentan otras posibilidades:

Porcentaje de la cartera en el activo B	Rendimiento esperado de la cartera	Beta de la cartera
0%	**8%**	0.0
25	**10**	0.3
50	**12**	0.6
75	**14**	0.9
100	**16**	1.2
125	**18**	1.5
150	**20**	1.8

Cuando se grafican estas combinaciones de rendimientos esperados y betas de la cartera en la figura 11.2B, se obtiene una línea recta, como se obtuvo en el caso del activo A.

Lo más importante que debemos observar es que, cuando se comparan los resultados para los activos A y B, como se hace en la figura 11.2C, la recta que describen las combinaciones de rendimientos esperados y betas para el activo A es más alta que la del activo B. Lo que esto indica es que para un nivel determinado de riesgo sistemático (medido por β), alguna combinación del activo A con el activo libre de riesgo siempre ofrece un rendimiento mayor. De ahí que estemos en posibilidad de afirmar que el activo A es una mejor inversión que el B.

Otra forma de observar que el activo A ofrece un rendimiento superior para su nivel de riesgo es ver que la pendiente de la recta del activo B es:

$$\text{Pendiente} = \frac{E(R_B) - R_f}{\beta_B}$$
$$= \frac{16\% - 8\%}{1.2} = \mathbf{6.67\%}$$

Por tanto, el activo B tiene una razón ganancia-riesgo del 6.67%, inferior al 7.5% que ofrece el activo A.

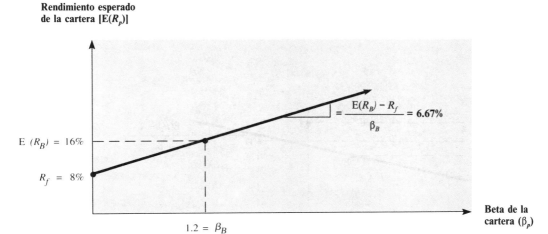

Figura 11.2B

Rendimientos esperados y betas de las carteras con el activo B

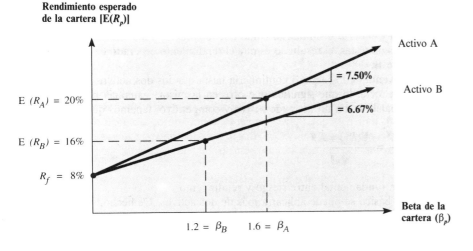

Figura 11.2C

Rendimientos esperados y betas de carteras con ambos activos

El resultado fundamental   La situación que se ha descrito para los activos A y B no puede mantenerse en un mercado activo bien organizado porque los inversionistas preferirían invertir en el activo A y evitarían el activo B. Como consecuencia, el precio del ac-

Figura 11.3

Rendimientos esperados y riesgo sistemático

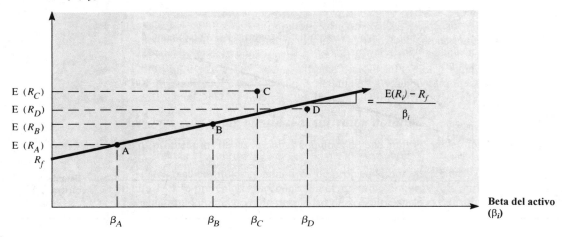

La relación fundamental entre beta y el rendimiento esperado consiste en que todos los activos deben tener la misma razón ganancia-riesgo $[E(R_i) - R_f]\beta_i$. Esto significa que todos se localizarían sobre la misma línea recta. Los activos A y B son ejemplos de este comportamiento. El rendimiento esperado del activo C es demasiado alto; el del activo D es demasiado bajo.

tivo A aumentaría y el del B disminuiría. Dado que los precios y los rendimientos se mueven en direcciones opuestas, el resultado es que el rendimiento esperado de A disminuiría y aumentaría el de B.

La compra y venta de los activos continuaría hasta que los dos activos tuvieran exactamente la misma recta, lo que significa que ofrecen la misma ganancia por incurrir en riesgo. En otras palabras, en un mercado activo y competitivo, tenemos que:

$$\frac{E(R_A) - R_f}{\beta_A} = \frac{E(R_B) - R_f}{\beta_B}$$

Ésta es la relación fundamental entre riesgo y rendimiento.

El argumento básico se puede aplicar a más de dos activos. De hecho, no importa los activos que se tengan, siempre se llegaría a la misma conclusión:

La razón ganancia-riesgo debe ser la misma para todos los activos en el mercado.

En realidad, este resultado no es sorprendente. Lo que indica, por ejemplo, es que si un activo tiene el doble de riesgo sistemático que otro, su prima por riesgo también será doble.

Dado que todos los activos en el mercado deben tener la misma razón ganancia-riesgo, todos han de localizarse sobre la misma recta. En la figura 11.3 se muestra este argumento. Como se observa, los activos A y B se localizan directamente sobre la recta, por lo que tienen la misma razón ganancia-riesgo. Si uno de los activos apareciera por encima de la recta, como es el caso de C en la figura 11.3, su precio aumentaría y su rendimiento esperado disminuiría hasta que se posicionara exactamente sobre la recta. De forma similar, si un activo apareciera por debajo de la recta, como es el caso de D en la figura 11.3, aumentaría su rendimiento esperado hasta que se posicionara exactamente sobre la recta.

Los argumentos que hemos presentado se aplican a mercados activos, competitivos y con buen funcionamiento. Los mercados financieros, por ejemplo, la Bolsa de Valores de Nueva York, son los que mejor cumplen con estos criterios. Otros mercados, como es el caso de los mercados de activos tangibles, pueden cumplir o no estos criterios. De ahí que estos conceptos sean más útiles al examinar mercados financieros, de modo que centraremos la atención en ellos. Sin embargo, como se presenta en una sección posterior, la información sobre el riesgo y rendimiento que se obtiene de los mercados financieros es crucial para evaluar las inversiones que las empresas realizan en activos tangibles.

Ejemplo 11.7   Comprar barato, vender caro

Se dice que un activo está *sobrevaluado* cuando su precio es demasiado elevado en función del rendimiento esperado y del riesgo asociado. Suponga que se enfrenta a la situación siguiente:

Activo financiero	Beta	Rendimiento esperado
SWMS Co.	1.3	14%
Insec Co.	0.8	10

En la actualidad, la tasa libre de riesgo en Estados Unidos es del 6%. ¿Está sobrevaluado alguno de estos dos activos financieros en relación con el otro?

Para contestar, se calcula la razón ganancia-riesgo de ambos activos. En el caso de SWMS, esta razón es de $(14\% - 6\%)/1.3 = 6.15\%$. Para Insec, esta razón es del 5%. La conclusión a la que se llega es que Insec ofrece un rendimiento esperado insuficiente para su nivel de riesgo, al menos en relación con SWMS. Al ser su rendimiento esperado demasiado bajo, su precio es demasiado alto. En otras palabras, Insec está sobrevaluada en relación con SWMS y se podría esperar que su precio bajara en relación con el de SWMS. Obsérvese que también se podría afirmar que SWMS está *subvaluada* en relación con Insec. ∎

La línea de mercado de un activo financiero

Es obvio que la recta que resulta cuando se grafican los rendimientos esperados y los coeficientes beta tiene importancia, por lo que ya es tiempo de asignarle un nombre. A esta recta, que se utiliza para describir la relación entre el riesgo sistemático y el rendimiento esperado en los mercados financieros, se la suele denominar **línea de mercado de un activo financiero (LMAF)**. Después del VPN, la LMAF es posiblemente el concepto más importante en las finanzas modernas.

línea del mercado de un activo financiero (LMAF) Línea recta con pendiente positiva que muestra la relación entre el rendimiento esperado y beta.

Cartera de mercado   Será muy útil conocer la ecuación de la LMAF. Existen muchas formas diferentes para expresarla, pero hay una particularmente frecuente. Supongamos que se desea considerar una cartera compuesta por todos los activos en el mercado. A esta cartera se la denomina cartera de mercado y su rendimiento esperado se expresará como $E(R_M)$.

Dado que todos los activos en el mercado deben localizarse sobre la LMAF, también debe hacerlo una cartera de mercado integrada por esos mismos activos. Para determinar su posicionamiento sobre la LMAF, es necesario conocer la beta de la cartera de mercado, β_M. Puesto que esa cartera es representativa de todos los activos en el mercado, debe tener un riesgo sistemático promedio. En otras palabras, tiene una beta igual a uno. Por tanto, la pendiente de la LMAF se podría expresar como:

$$\text{Pendiente de la LMAF} = \frac{E(R_M) - R_f}{\beta_M} = \frac{E(R_M) - R_f}{1} = E(R_M) - R_f$$

prima por riesgo de mercado
Pendiente de la LMAF; la diferencia entre el rendimiento esperado de la cartera de mercado y la tasa libre de riesgo.

Al término $E(R_M) - R_f$ se le suele denominar **prima por riesgo de mercado**, dado que es la prima por riesgo de la cartera de mercado.

El modelo de valuación de activos financieros   Para concluir, si se establece que $E(R_i)$ y β_i representan el rendimiento esperado y la beta, respectivamente, de cualquier activo en el mercado, se sabe que se tiene que localizar sobre la LMAF. Como consecuencia, su razón ganancia-riesgo es la misma que la del mercado en general:

$$\frac{E(R_i) - R_f}{\beta_i} = E(R_M) - R_f$$

Si se replantea esto, la ecuación de la LMAF se puede expresar como:

$$E(R_i) = R_f + [E(R_M) - R_f] \times \beta_i \tag{11.7}$$

modelo de valuación de activos financieros (CAPM)
Ecuación de la LMAF que muestra la relación entre el rendimiento esperado y beta.

Este resultado es idéntico al conocido **modelo de valuación de activos financieros (CAPM)**.[3]

Lo que muestra el CAPM es que el rendimiento esperado de un determinado activo depende de tres elementos:

1. *El valor del dinero en el tiempo.* Medido por la tasa libre de riesgo, R_f, representa la ganancia derivada exclusivamente por invertir (costo de oportunidad), sin incurrir en riesgo alguno.
2. *La ganancia por incurrir en riesgo sistemático.* Medida por la prima por riesgo de mercado, $[E(R_M) - R_f]$, este elemento es la ganancia que ofrece el mercado por incurrir en una cantidad promedio de riesgo sistemático, adicional al costo de oportunidad (valor del dinero en el tiempo).
3. *La cantidad de riesgo sistemático.* Medida por β_i, es la cantidad de riesgo sistemático asociado a un activo en particular, en relación con un activo promedio.

En la figura 11.4 se resume el estudio de la LMAF y del CAPM. Como se hizo con anterioridad, se grafica el rendimiento esperado contra la beta. Ahora se reconoce que, de acuerdo con el CAPM, la pendiente de la LMAF es igual a la prima por riesgo del mercado, $[E(R_M) - R_f]$.

---

[3]En realidad, la forma de presentar este tema y su conducción hasta el CAPM está mucho más relacionada con una teoría de reciente desarrollo, conocida como la teoría de devaluación por arbitraje (APT) por sus siglas en inglés. La teoría en que se basa el CAPM es mucho más compleja de lo que se ha mostrado aquí y el CAPM tiene algunas otras implicaciones que van más allá del alcance de este estudio. En la forma en que se presentan en este texto, el CAPM y la APT tienen esencialmente implicaciones idénticas, por lo que no se establece ninguna distinción entre ellas.

Figura 11.4

La línea de mercado de un activo financiero (LMAF)

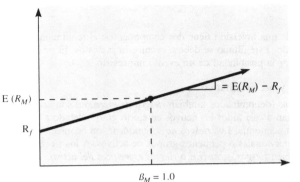

Rendimiento esperado del activo [E(R$_i$)]

La pendiente de la línea de mercado de un activo financiero es igual a la prima por riesgo del mercado, es decir, la ganancia por incurrir en una cantidad promedio de riesgo sistemático. La ecuación que describe la LMAF puede expresarse como:

$$E(R_i) = R_f + \beta_i \times [E(R_M) - R_f]$$

que es el modelo de valuación de activos financieros capital (CAPM).

Esto concluye la presentación de los conceptos relacionados con la relación riesgo-rendimiento. Para referencias futuras, en la tabla 11.9 (pág. 402) se resumen los diferentes conceptos en el mismo orden en que se presentaron.

Ejemplo 11.8 Riesgo y rendimiento

Supongamos que la tasa libre de riesgo es del 4%, la prima por riesgo del mercado del 8.6% y que una acción común determinada tiene una beta de 1.3. De acuerdo con el CAPM, ¿cuál es el rendimiento esperado de esta acción común? ¿Cuál sería el rendimiento esperado si la beta se duplicara?

Con una beta de 1.3, la prima por riesgo para la acción común sería de 1.3 × 8.6%, es decir, 11.18%. La tasa libre de riesgo es del 4%, por lo que el rendimiento esperado es de 15.18%. Si la beta se duplica a 2.6, la prima por riesgo se duplicaría al 22.36%, con lo que el rendimiento esperado sería del 26.36%. ∎

PREGUNTAS SOBRE CONCEPTOS

11.7a ¿Cuál es la relación fundamental entre el riesgo y el rendimiento en mercados eficientes?

11.7b ¿Cuál es la línea de mercado de un activo financiero? ¿Por qué, en un mercado eficiente, todos los activos se localizan sobre esta línea recta?

11.7c ¿Qué es el modelo de valuación de activos financieros (CAPM)? ¿Qué información proporciona acerca del rendimiento requerido de una inversión con riesgo?

Tabla 11.9

Resumen de riesgo y rendimiento

I. **Riesgo total**

El *riesgo total* de una inversión se mide por la varianza o, más frecuentemente, por la desviación estándar de su rendimiento.

II. **Rendimiento total**

El *rendimiento total* de una inversión tiene dos componentes: el rendimiento esperado y el rendimiento inesperado. Este último se debe a eventos imprevistos. El riesgo asociado a invertir se produce por la posibilidad de un evento imprevisto.

III. **Riesgo sistemático y no sistemático**

Los *riesgos sistemáticos* (denominados también *riesgos de mercado*) son acontecimientos imprevistos que afectan a casi todos los activos en cierto grado, debido a que los efectos repercuten en toda la economía. Los *riesgos no sistemáticos* son acontecimientos imprevistos que afectan activos individuales o pequeños grupos de activos. A los riesgos no sistemáticos se les denomina también *riesgos exclusivos* o *riesgos específicos del activo*.

IV. **El efecto de diversificación**

Parte del riesgo asociado a una inversión con riesgo que se puede eliminar mediante la diversificación. La razón es que los riesgos no sistemáticos, que son exclusivos de los activos individuales, tienden a contrarrestarse y desaparecer en una cartera grande, pero los riesgos sistemáticos, que afectan a todos los activos de una cartera hasta un cierto grado, no lo hacen.

V. **El principio de riesgo sistemático y beta**

Debido a que el riesgo no sistemático se puede eliminar fácilmente mediante la diversificación, el *principio de riesgo sistemático* afirma que la ganancia por incurrir en riesgo sólo depende del nivel de riesgo sistemático. El nivel de riesgo sistemático en un determinado activo en relación con el promedio se determina mediante la *beta* de dicho activo.

VI. **La razón ganancia-riesgo y la línea de mercado de un activo financiero**

La *razón ganancia-riesgo* para el activo i es la razón de su prima por riesgo, $E(R_i) - R_f$ a su beta, β_i:

$$\frac{E(R_i) - R_f}{\beta_i}$$

En un mercado eficiente, esta razón es la misma para cada activo. Como consecuencia, cuando los rendimientos esperados de un activo se grafican frente a las betas del activo, todos los activos se localizan sobre la misma línea recta, denominada *línea de mercado de un activo financiero* (LMAF).

VII. **El modelo de evaluación de activos financieros**

Con base a la LMAF, el rendimiento esperado del activo i puede expresarse como:

$$E(R_i) = R_f + [E(R_M) - R_f] \times \beta_i$$

Este es el *modelo de valuación de activos financieros* (CAPM). Por tanto, el rendimiento esperado de un activo con riesgo está integrado por tres elementos. El primero es el valor del dinero en el tiempo (R_f), el segundo es la prima por riesgo del mercado, $[E(R_M) - R_f]$ y el tercero es la beta de ese activo, β_i.

LA LMAF Y EL COSTO DE CAPITAL: UNA VISIÓN PREVIA │ 11.8

El objetivo al estudiar el riesgo y el rendimiento es doble. En primer lugar, el riesgo tiene gran importancia en casi todas las decisiones de negocios, lo que obliga a entender qué es el riesgo y cómo se le remunera en el mercado. El segundo objetivo es aprender qué determina la tasa de descuento apropiada para flujos de efectivo futuros. A continuación, se estudia brevemente este segundo tema; en el capítulo 14 se estudia con más detalle.

La idea básica

La línea de mercado de un activo financiero señala la ganancia por incurrir en riesgo en los mercados financieros. Como mínimo absoluto, cualquier nueva inversión que lleve a cabo una empresa debe ofrecer un rendimiento esperado que no sea peor al que ofrecen los mercados financieros por el mismo nivel de riesgo. La razón para ello es simplemente que los accionistas siempre pueden invertir en los mercados financieros.

La única forma de beneficiar a los accionistas es identificando las inversiones con rendimientos esperados que sean superiores a los que ofrecen los mercados financieros por el mismo nivel de riesgo. Este tipo de inversión tendrá un VPN positivo. Por tanto, si se hace la pregunta «¿Cuál es la tasa de descuento apropiada?», la respuesta es que se debe utilizar el rendimiento esperado que ofrecen los mercados financieros para inversiones con el mismo nivel de riesgo sistemático.

En otras palabras, para determinar si una inversión tiene o no un VPN positivo, se compara el rendimiento esperado de la nueva inversión con lo que ofrece el mercado financiero para una inversión con la misma beta. De ahí la importancia de la LMAF, que señala la «tasa vigente» por incurrir el riesgo en la economía.

El costo de capital

La tasa de descuento relevante para un nuevo proyecto es la tasa mínima de rendimiento esperada que debe ofrecer una inversión para ser atractiva. A este rendimiento mínimo requerido, se le suele denominar **costo de capital** asociado con la inversión. Se le llama así porque el rendimiento requerido es lo que debe ganar la empresa por su inversión de capital en un proyecto para alcanzar exactamente el punto de equilibrio. Por tanto, se puede interpretar como el costo de oportunidad asociado con la inversión de capital de la empresa.

costo de capital
Rendimiento mínimo requerido de una nueva inversión.

Obsérvese que cuando se dice que una inversión es atractiva si su rendimiento esperado excede al que ofrecen los mercados financieros para inversiones con el mismo nivel de riesgo, en realidad se está aplicando el criterio de la tasa interna de rendimiento (TIR) que se desarrolló y estudió en el capítulo 7. La única diferencia es que ahora se tiene una idea mucho mejor de lo que determina el rendimiento requerido de una inversión. Esta comprensión será fundamental al estudiar el costo de capital y la estructura de capital en la parte siete del texto.

⌐ **PREGUNTAS SOBRE CONCEPTOS**

11.8a Si una inversión tiene un VPN positivo, ¿se posicionaría por encima o por debajo de la LMAF? ¿Por qué?

11.8b ¿Qué se entiende con el término costo de capital?

11.9 RESUMEN Y CONCLUSIONES

En este capítulo se tratan los elementos esenciales del riesgo, presentándose en el mismo varias definiciones y conceptos. El concepto más importante es la línea de mercado de un activo financiero o LMAF. La LMAF es importante porque indica la ganancia que se ofrece en los mercados financieros por incurrir en un riesgo.

Una vez conocido esto, se tiene un parámetro de referencia frente al que comparar los rendimientos esperados de las inversiones en activos tangibles para determinar si son deseables.

Dado que se abarca mucho terreno, es útil resumir la lógica económica básica en la que se fundamenta la LMAF de la forma siguiente:

1. Con base a la historia del mercado de capital, existe una ganancia por incurrir en riesgo. Esta ganancia es la prima por riesgo de un activo.
2. El riesgo total asociado con un activo tiene dos elementos: el riesgo sistemático y el riesgo no sistemático. Este último se puede eliminar mediante la diversificación (éste es el *principio de diversificación*), por lo que sólo se remunera el riesgo sistemático. El resultado es que la prima por riesgo de un activo se determina por su nivel de riesgo sistemático. Éste es el principio.
3. El riesgo sistemático de un activo, con relación al promedio, puede medirse mediante su coeficiente beta, β_i. La prima por riesgo de un activo se determina, por tanto, mediante su coeficiente beta multiplicado por la prima por riesgo de mercado, $[\mathrm{E}(R_M) - R_f] \times \beta_i$.
4. El rendimiento esperado de un activo, $\mathrm{E}(R_i)$, es igual a la tasa libre de riesgo, R_f, más la prima por riesgo:

$$\mathrm{E}(R_i) = R_f + [\mathrm{E}(R_M) - R_f] \times \beta_i$$

Ésta es la ecuación de la LMAF, a la que se la suele denominar *modelo de valuación de activos financieros* (CAPM).

Este capítulo concluye el estudio del riesgo y del rendimiento y finaliza la parte cinco del texto. Tenemos ahora una mejor comprensión de lo que determina el costo de capital de una empresa para una inversión, de modo que en los próximos capítulos examinaremos con más detalle de qué forma obtienen las empresas el capital a largo plazo necesario para invertir.

Términos fundamentales

rendimiento esperado **374**
cartera o portafolio **379**
factores de ponderación de la cartera **379**
riesgo sistemático **385**
riesgo no sistemático **385**
principio de diversificación **389**
principio del riesgo sistemático **390**

coeficiente beta **391**
línea de mercado de un activo
   financiero (LMAF) **399**
prima por riesgo de mercado **400**
modelo de valuación de activos
   financieros (CAPM) **400**
costo de capital **403**

Problemas de revisión y autoevaluación del capítulo

11.1 Rendimiento esperado y desviación estándar   Este problema proporcionará cierta práctica en el cálculo de las medidas del desempeño de posibles carteras de inversión. Existen dos activos y tres posibles estados de la economía:

(1) Estado de la economía	(2) Probabilidad del estado de la economía	(3) Acción común A Tasa de rendimiento si ocurre el estado	(4) Acción común B Tasa de rendimiento si ocurre el estado
Recesión	0.10	− 0.20	0.30
Normal	0.60	0.10	0.20
Expansión	0.30	0.70	0.50

¿Cuáles son los rendimientos esperados y las desviaciones estándar para estas dos acciones comunes?

11.2 Riesgo y rendimiento de la cartera   En el problema anterior, suponga que se tienen en total $20,000. Si se invierten $6,000 en la acción común A y el resto en la acción común B, ¿cuál será el rendimiento esperado y la desviación estándar de la cartera?

11.3 Riesgo y rendimiento   Suponga que se enfrenta a la situación que se describe seguidamente:

Instrumento financiero	Beta	Rendimiento esperado
Cooley, Inc.	1.6	19%
Moyer Co.	1.2	16

Si la tasa libre de riesgo es del 8%, ¿son correctos los precios de estos instrumentos financieros? ¿Cuál tendría que ser la tasa libre de riesgo si los precios de estos instrumentos fueran los correctos?

11.4 CAPM   Suponga que la tasa libre de riesgo es del 8%. El rendimiento esperado del mercado es del 14%. Si una acción común en particular tiene una beta de 0.60, ¿cuál es su rendimiento esperado de acuerdo con el CAPM? Si otra acción común tiene un rendimiento esperado del 20%, ¿cuál tiene que ser su beta?

Respuestas a los problemas de autoevaluación

11.1 Los rendimientos esperados son los rendimientos posibles multiplicados por sus probabilidades asociadas:

$$E(R_A) = 0.10 \times (- 0.20) + 0.60 \times (0.10) + 0.30 \times (0.70) = \textbf{25\%}$$

$$E(R_B) = 0.10 \times (0.30) + 0.60 \times (0.20) + 0.30 \times (0.50) = \textbf{30\%}$$

Las varianzas se determinan por las sumas de las desviaciones de los rendimientos esperados elevadas al cuadrado y multiplicadas por sus respectivas probabilidades:

$$\sigma_A^2 = 0.10 \times (-0.20 - 0.25)^2 + 0.60 \times (0.10 - 0.25)^2$$
$$+ 0.30 \times (0.70 - 0.25)^2$$
$$= 0.10 \times (-0.45)^2 + 0.60 \times (-0.15)^2 + 0.30 \times (0.45)^2$$
$$= 0.10 \times 0.2025 + 0.60 \times 0.0225 + 0.30 \times 0.2025$$
$$= \mathbf{0.0945}$$

$$\sigma_B^2 = 0.10 \times (0.30 - 0.30)^2 + 0.60 \times (0.20 - 0.30)^2$$
$$+ 0.30 \times (0.50 - 0.30)^2$$
$$= 0.10 \times (0.00)^2 + 0.60 \times (-0.10)^2 + 0.30 \times (0.20)^2$$
$$= 0.10 \times 0.00 + 0.60 \times 0.01 + 0.30 \times 0.04$$
$$= \mathbf{0.0180}$$

Por tanto, las desviaciones estándar son:

$$\sigma_A = \sqrt{0.0945} = \mathbf{30.74\%}$$

$$\sigma_B = \sqrt{0.0180} = \mathbf{13.42\%}$$

11.2 Los factores de ponderación de la cartera son **\$6,000/20,000 = 0.30** y **\$14,000/20,000 = 0.70**. Por tanto, el rendimiento esperado es de:

$$E(R_p) = 0.30 \times E(R_A) + 0.70 \times E(R_B)$$
$$= 0.30 \times 25\% + 0.70 \times 30\%$$
$$= \mathbf{28.50\%}$$

Alternativamente, se podría calcular el rendimiento de la cartera para cada uno de los escenarios económicos:

(1) Estado de la economía	(2) Probabilidad del estado de la economía	(3) Rendimiento de la cartera si ocurre estado
Recesión	0.10	**0.30 × (− 0.20) + 0.70 × (0.30) = 0.15**
Normal	0.60	**0.30 × (0.10) + 0.70 × (0.20) = 0.17**
Expansión	0.30	**0.30 × (0.70) + 0.70 × (0.50) = 0.56**

El rendimiento esperado de la cartera es:

$$E(R_p) = 0.10 \times (0.15) + 0.60 \times (0.17) + 0.30 \times (0.56) = \mathbf{28.50\%}$$

Esto es lo mismo que se tenía previamente.

La varianza de la cartera es:

$$\sigma_p^2 = 0.10 \times (0.15 - 0.285)^2 + 0.60 \times (0.17 - 0.285)^2 + 0.30$$

$$\times (0.56 - 0.285)^2$$

$$= \mathbf{0.03245}$$

Por tanto, la desviación estándar es $\sqrt{0.03245} = \mathbf{18.01\%}$.

11.3 Si se calculan las razones ganancia-riesgo, se obtiene **(19% − 8%)/1.6 = 6.875%** para Cooley, en contraste con **6.67%** para Moyer. Comparado con Cooley, el rendimiento esperado de Moyer es demasiado bajo, por lo que su precio es demasiado alto.

Si los precios de las ecuaciones de ambas empresas son correctos, tienen que ofrecer la misma razón de ganancia-riesgo. La tasa libre de riesgo tendría que ser tal que:

$$(19\% - R_f)/1.6 = (16\% - R_f)/1.2$$

Utilizando un poco de álgebra, se observa que la tasa libre de riesgo tiene que ser del 7%:

$$(19\% - R_f) = (16\% - R_f)\,(1.6/1.2)$$

$$19\% - 16\% \times (4/3) = R_f - R_f \times (4/3)$$

$$R_f = \mathbf{7\%}$$

11.4 Dado que el rendimiento esperado del mercado es del 14%, la prima por riesgo de mercado es de **14% − 8% = 6%** (la tasa libre de riesgo es del 8%). La primera acción común tiene una beta de 0.60, por lo que su rendimiento esperado es de **8% + 0.60 × 6% = 11.6%**.

Para la segunda acción común, observe que la prima por riesgo es de **20% − 8% = 12%**. Dado que este porcentaje es el doble de la prima por riesgo de mercado, la beta tiene que ser exactamente igual a 2. Este resultado se puede verificar utilizando el CAPM:

$$E(R_i) = R_f + [E(R_M) - R_f] \times \beta_i$$

$$20\% = 8\% + (14\% - 8\%) \times \beta_i$$

$$\beta_i = 12\%/6\%$$

$$= \mathbf{2.0}$$

Preguntas y problemas

1. **Cálculo del rendimiento esperado**   De acuerdo con la información siguiente, calcule el rendimiento esperado del instrumento financiero.

(1) Estado de la economía	(2) Probabilidad del estado de la economía	(3) Tasa de rendimiento si ocurre el estado
Recesión	0.50	0.12
Expansión	0.50	0.18

2. **Cálculo del rendimiento esperado**   Con base a la información siguiente, calcule el rendimiento esperado del instrumento financiero.

(1) Estado de la economía	(2) Probabilidad del estado de la economía	(3) Tasa de rendimiento si ocurre el estado
Recesión	0.20	0.12
Expansión	0.80	0.18

3. **Determinación de los factores de ponderación de la cartera**   ¿Cuáles son los factores de ponderación de la cartera compuesta por 20 acciones comunes de una empresa, que se venden a $50 cada una, y por 30 acciones comunes de otra empresa que se venden a $20 cada una?

4. **Rendimientos esperados de la cartera**   Si una cartera tiene una inversión positiva en cada activo, ¿puede ser mayor el rendimiento esperado de la cartera que el rendimiento esperado de cada activo de la misma? ¿Puede ser menor que el de cada activo de la cartera? Si su respuesta es sí a una o ambas preguntas, proporcione un ejemplo que la respalde.

5. **Cálculo de rendimientos y desviaciones**   De acuerdo con la siguiente información, calcule los rendimientos esperados y las desviaciones estándar para las acciones comunes de las empresas A y B:

(1) Estado de la economía	(2) Probabilidad del estado de la economía	(3) Acción A Tasa de rendimientos si ocurre el estado	(4) Acción B Tasa de rendimientos si ocurre el estado
Recesión	0.20	0.10	0.55
Normal	0.40	0.24	0.20
Expansión	0.40	0.44	0.10

6. **Varianza de un activo y diversificación**   Verdadero o falso: la característica más importante al determinar la varianza de una cartera bien diversificada son las varianzas de los activos individuales de la misma. Explique su respuesta.

7. Rendimientos y desviaciones   Examine la información siguiente:

Estado de la economía	Probabilidad del estado	Rendimientos		
		Acción A	Acción B	Acción C
Expansión	0.40	10%	15%	20%
Recesión	0.60	8	4	0

a. ¿Cuáles son los rendimientos esperados de las tres acciones comunes? ¿Cuáles son las desviaciones estándar?

b. ¿Cuál es el rendimiento esperado de una cartera con factores de ponderación iguales para cada una de las tres acciones comunes?

8. Rendimientos y desviaciones de carteras   Examine la información siguiente:

Estado de la economía	Probabilidad del estado	Rendimiento de A	Rendimiento de B
Expansión	0.10	25%	18%
Crecimiento	0.50	10	20
Normal	0.20	15	4
Recesión	0.10	− 12	0

a. ¿Cuál es el rendimiento esperado para A? ¿Para B?

b. ¿Cuál es la desviación estándar para A? ¿Para B?

c. ¿Cuál es el rendimiento esperado de una cartera integrada por A y B, con una inversión del 20% en A?

d. ¿Cuál es la varianza de una cartera que tiene una inversión del 60% en A?

9. Riesgo de cartera   Si una cartera tiene una inversión positiva en cada activo que la integra, ¿puede ser la desviación estándar de la misma inferior a la desviación estándar de cada activo?, ¿y con respecto a la beta de la cartera?

10. Tipos de riesgo   En sentido general, ¿por qué una parte del riesgo es diversificable? ¿Por qué algunos riesgos no son diversificables? ¿Se desprende de ello que los inversionistas pueden controlar el nivel de riesgo no sistemático de una cartera, pero no el nivel de riesgo sistemático?

11. Anuncios y precios de los instrumentos financieros   Suponga que el gobierno anuncia que, de acuerdo con una encuesta que acaba de concluir, es probable que la tasa de crecimiento de la economía sea del 4% el año próximo, en comparación con el 6% del año que acaba de terminar. ¿Los precios de los instrumentos financieros aumentan o permanecen constantes después de este anuncio?

12. Riesgo no sistemático   Evalúe la siguiente afirmación: «Los únicos acontecimientos verdaderamente no sistemáticos son los terremotos, las erupciones volcánicas y las estrellas que explotan catastróficamente (supernovas)».

13. Riesgo sistemático versus riesgo no sistemático   Clasifique los siguientes acontecimientos como sistemáticos o como no sistemáticos en su mayor parte. ¿Está clara la distinción en cada uno de los casos?

a. Las tasas de interés a corto plazo aumentan inesperadamente.

b. El banco aumenta a una empresa la tasa de interés que ésta paga sobre sus préstamos a corto plazo.

c. Los precios del petróleo disminuyen inesperadamente.

d. Un barco que transporta petróleo se hunde, ocasionando un gran derrame.

e. Un fabricante pierde una demanda legal por varios millones de dólares, debido al daño causado por uno de sus productos.

f. Una decisión de la Suprema Corte de Justicia amplía, significativamente, la responsabilidad de ciertos productores por las lesiones que sufran los usuarios.

14. **Análisis de una cartera**   Suponga que se tenían las inversiones siguientes:

Instrumento financiero	Monto invertido	Rendimiento esperado	Beta
Acción común A	$5,000	9%	0.80
Acción común B	5,000	10	1.00
Acción común C	6,000	11	1.20
Acción común D	4,000	12	1.40

a. ¿Cuáles son los factores de ponderación de la cartera?

b. ¿Cuál es el rendimiento esperado de la cartera?

c. ¿Cuál es la beta de la cartera?

15. **Uso del CAPM**   En la actualidad, la tasa libre de riesgo genera una ganancia del 9%. Una acción común tiene una beta de 0.70 y un rendimiento esperado del 12%.

a. ¿Cuál es el rendimiento esperado de una cartera compuesta por inversiones iguales en estos dos activos?

b. Si una cartera integrada por estos dos activos tiene una beta de 0.50, ¿cuáles son los factores de ponderación de la cartera?

c. Si una cartera compuesta por estos dos activos tiene un rendimiento esperado del 10%, ¿cuál es su beta?

d. Si una cartera de estos dos activos tiene una beta de 1.50, ¿cuáles son los factores de ponderación? ¿Cómo se interpreta el factor de ponderación para el activo libre de riesgo?

16. **Utilización de la LMAF**   El activo A tiene un rendimiento esperado del 18% y una beta de 1.4. Si la tasa libre de riesgo es del 8%, complete la tabla siguiente para las carteras integradas por el activo A y el activo libre de riesgo. Muestre la relación entre el rendimiento esperado de la cartera y la beta de la misma, graficando los rendimientos esperados frente a las betas respectivas. ¿Cuál es la pendiente de la recta resultante?

Porcentaje de la cartera en el activo A	Rendimiento esperado de la cartera	Beta de la cartera
0%		
25		
50		
75		
100		
125		
150		

17. **Rendimientos de la cartera** Utilizando la información del capítulo anterior sobre la historia del mercado de capital, ¿cuál fue el rendimiento de una cartera que tenía inversiones iguales en acciones comunes y en bonos corporativos a largo plazo? ¿Cuál fue el rendimiento de una cartera que tenía inversiones iguales en acciones comunes de empresas pequeñas y en Certificados de la Tesorería?

18. **Utilización de la LMAF** Suponga que la tasa libre de riesgo es del 8% y que el rendimiento esperado en el mercado en general es del 14%. Si una acción común en particular tiene una beta de 0.60, ¿cuál es su rendimiento esperado sobre la base del CAPM? Si otra acción común tiene un rendimiento esperado del 20%, ¿cuál tiene que ser su beta?

19. **Razones de ganancia-riesgo** Suponga que se observa la situación siguiente:

Instrumento financiero	Beta	Rendimiento esperado
Chen, Inc.	0.80	10%
Kim Co.	0.60	8

Si la tasa libre de riesgo es del 6%, ¿son correctos los precios de estos instrumentos? ¿Cuál debería ser la tasa libre de riesgo si su precio es correcto?

20. **Utilización de la LMAF** La beta de Snow-Me Corporation es de 0.80. Su rendimiento esperado es del 12% y la tasa libre de riesgo es del 8%. Si Snow-Me se localiza sobre la LMAF, ¿cuál es la tasa libre de riesgo? ¿Cuál es la prima por riesgo del mercado?

21. **LMAF** Suponga que el rendimiento esperado en el mercado es del 10%. Un instrumento financiero tiene una beta de 1.80 y un rendimiento esperado del 14%. Si este activo se localiza sobre la LMAF, ¿cuál es la tasa libre de riesgo? ¿Cuál es la pendiente de la LMAF?

22. **CAPM** Utilizando el CAPM, muestre que el cociente de las primas por riesgo de dos activos es igual al cociente de sus respectivas betas.

23. **LMAF** Suponga que se enfrenta a la situación siguiente: **Pregunta de reto**

Activo financiero	Beta	Rendimiento esperado
Smith Co.	1.25	19%
MBI Co.	0.75	15

Suponga que los precios de estos activos son correctos. De acuerdo con el CAPM, ¿cuál es el rendimiento esperado del mercado? ¿Cuál es la tasa libre de riesgo?

24. **Coeficientes beta** ¿Es posible que un activo con riesgo pueda tener una beta de cero?   **Pregunta de reto** Explíquelo. De acuerdo con el CAPM, ¿cuál es el rendimiento esperado en este tipo de activo? ¿Es posible que un activo con riesgo pudiera tener una beta negativa? ¿Qué predice el CAPM sobre el rendimiento esperado de un activo como éste? ¿Puede explicarse la respuesta?

Lecturas sugeridas

Para mayor detalle sobre el tema de riesgo y rendimiento, véanse los capítulos 9, 10 y 11 de:

S. A. Ross, R. W. Westerfield y J. J. Jaffe, *Corporate Finance*, 3ª ed. Homewood, Ill.: Richard D. Irwin, 1993.

Parte seis

Financiamiento a largo plazo

CAPÍTULO 12
Financiamiento a largo plazo: introducción

En este capítulo se describen las principales características del financiamiento a largo plazo y de los instrumentos financieros corporativos. Comienza con el estudio de la deuda a largo plazo, las acciones preferentes y las acciones comunes y cubre a continuación las tendencias históricas del financiamiento a largo plazo.

CAPÍTULO 13
Emisión pública de instrumentos financieros

En este capítulo se describe el proceso de emisión de instrumentos financieros y se estudian los diferentes métodos de suscripción. En el capítulo 13 también se estudian los costos directos e indirectos que se asocian con la emisión de instrumentos financieros.

Capítulo 12

Financiamiento a largo plazo: introducción

Los instrumentos financieros corporativos, como es el caso de las acciones y los bonos, pueden ser un tema desconcertante. Los conceptos suelen ser sencillos y lógicos, pero el lenguaje es poco familiar y denso en vocabulario técnico. Muchos de los conceptos e ideas que se describen en este capítulo y en el siguiente han aparecido en otros lugares del texto. La tarea en este capítulo y en los próximos es integrar estas piezas en una conceptualización razonablemente completa del financiamiento corporativo a largo plazo.

En este capítulo se describen las principales características del financiamiento a largo plazo y de los instrumentos financieros corporativos. Se inicia observando la deuda a largo plazo, las acciones preferentes y las acciones comunes. A continuación, se examinan brevemente las tendencias de los diferentes tipos de financiamiento a largo plazo. Se pospone para otro capítulo el estudio de las complejidades institucionales, legales y regulatorias que se presentan en la colocación de instrumentos financieros al público.

Una consecuencia del financiamiento mediante deuda es la posibilidad de quiebra. Los acontecimientos que preceden a la quiebra se conocen como *condiciones financieras adversas*. Debido a que la posibilidad de quiebra es una consideración importante en el financiamiento a largo plazo, se concluye este capítulo con un breve estudio de las condiciones financieras adversas, de la quiebra y de la reorganización.

DEUDA CORPORATIVA A LARGO PLAZO | 12.1

En esta sección se inicia el estudio de la deuda corporativa, describiendo con un cierto detalle las condiciones y las características básicas que identifican a la típica deuda corporativa a largo plazo. En secciones posteriores se consideran aspectos adicionales relacionados con la deuda a largo plazo.

415

Los instrumentos financieros que emiten las empresas pueden clasificarse en términos muy genéricos en *instrumentos de capital* y en *instrumentos de deuda*. En su nivel más elemental, una deuda representa algo que se debe volver a pagar; es el resultado de obtener dinero prestado. Cuando las empresas obtienen préstamos, prometen realizar pagos periódicos de intereses y liquidar el importe original del préstamo (es decir, el principal). La persona o empresa que otorga el préstamo se denomina *acreedor, prestamista* o *acreditante*. La empresa que toma prestado el dinero recibe el nombre de *deudor* o *prestatario*.

Desde un punto de vista financiero, las principales diferencias entre la deuda y el capital son:

1. La deuda no representa una participación en la propiedad en la empresa. Por lo general, los acreedores no tienen poder de voto.
2. El pago de intereses sobre la deuda que efectúa la empresa se considera como un costo operativo y es completamente deducible de impuestos.
3. La deuda pendiente de liquidar es un pasivo de la empresa. Si no se paga, los acreedores pueden reclamar legalmente los activos de la empresa. Esta acción puede dar lugar a la liquidación o la reorganización de la empresa, que son dos de las posibles consecuencias de la quiebra. Por tanto, uno de los costos de emitir deuda es la posibilidad de un fracaso financiero. Esta posibilidad no se presenta cuando se emiten instrumentos de capital.

¿Es deuda o capital?

En ocasiones no resulta claro si un instrumento financiero en particular representa una deuda o un capital. Por ejemplo, supongamos que una empresa emite un bono perpetuo con intereses pagaderos sólo con las utilidades de la empresa, es decir, sólo si la empresa genera utilidades. Es difícil decir si este bono representa o no una deuda, siendo sobre todo un problema jurídico y semántico. Los tribunales y las autoridades fiscales tendrán la última palabra.

Las empresas son muy propensas a crear instrumentos financieros «exóticos», híbridos, que presentan muchas de las características de los instrumentos de capital, pero que se consideran como instrumentos de deuda. Es obvio que la distinción entre deuda y capital es muy importante a efectos impositivos. Por tanto, una razón por la que las empresas tratan de crear un instrumento de deuda que sea en realidad un instrumento de capital es la de obtener los beneficios del capital en caso de quiebra.

Como regla general, el capital representa una participación de propiedad y constituye un derecho residual. Ello significa que a los tenedores o propietarios de capital se les paga después que a los tenedores o propietarios de deuda. Como consecuencia de esto, los riesgos y beneficios asociados con la posesión de deuda o de capital son diferentes. Por ejemplo, la ganancia máxima por invertir en un instrumento de deuda viene determinada en última instancia por el importe del préstamo, en tanto que no existe necesariamente un límite superior a la posible ganancia derivada de la inversión en un instrumento.

Deuda a largo plazo: principios fundamentales

En última instancia, todos los instrumentos de deuda a largo plazo representan compromisos de la empresa emisora para pagar el principal a su vencimiento y efectuar pagos oportunos de los intereses sobre el saldo pendiente de pago. Además, existen varias características que distinguen estos instrumentos financieros entre sí. A continuación, se estudian algunas de estas características.

El período de vigencia o plazo de un instrumento de deuda a largo plazo se refiere al tiempo que la deuda permanece sin liquidar, es decir, con algún saldo pendiente por pagar. Los instrumentos de deuda pueden ser a corto plazo (con vencimiento a un año o inferior) o a largo plazo (con vencimiento a más de un año).[1] A la deuda a corto plazo se le conoce en ocasiones como *deuda no consolidada*.[2]

A los instrumentos de deuda se les suele denominar *títulos de deuda, obligaciones o bonos*. Un bono es estrictamente una deuda con algún tipo de garantía. Sin embargo, en el uso común, la palabra *bono* se refiere a todo tipo de deuda, con garantía y sin ella. Por consiguiente, este texto utilizará el término en forma genérica para hacer referencia a la deuda a largo plazo.

Las dos formas principales de emisión de deuda a largo plazo son la colocación pública y la colocación privada. Se estudiarán los bonos de emisión pública. La mayor parte de lo que se señala sobre estos bonos también es característico de las emisiones privadas de deuda a largo plazo. La principal diferencia entre la emisión de deuda por colocación pública y privada es que esta última se negocia directamente con un acreedor y no se ofrece al público inversionista en general. Dado que se trata de una operación privada, los términos específicos de la emisión los determinan las partes involucradas.

La deuda a largo plazo presenta muchas otras facetas, incluyendo aspectos como garantías colaterales, condiciones para redención anticipada, fondos de amortización, calificaciones y cláusulas restrictivas de protección. La tabla que sigue muestra estos aspectos para un determinado bono. No hay por qué preocuparse si algunos de los términos empleados no son conocidos. A continuación, se examinan en su totalidad.

Características de un determinado bono

Condiciones		Explicaciones
Importe de la emisión	$100 millones	La empresa emitirá bonos por $100 millones.
Fecha de la emisión	21/10/87	Los bonos se venderán el 21/10/87.
Plazo o período de vigencia	21/10/17	El principal se pagará en 30 años.
Valor nominal o denominación	$1,000	La denominación de cada bono es de $1,000.
Tasa nominal anual	10.50	Cada tenedor o propietario de los bonos recibirá $105 anuales por bono (10.5% del valor nominal).
Precio de colocación	100	El precio de colocación será 100% del valor nominal de $1,000 por bono.
Rendimiento al vencimiento	10.50%	Si se conservan los bonos hasta su vencimiento, los tenedores recibirán una tasa de rendimiento anual pactada igual al 10.5%.
Fechas de pago de cupones	12/31, 6/30	En estas fechas se pagará $105/2 = $52.50 por cada cupón.
Garantías	Ninguna	Se trata de bonos sin garantía.

---

[1] No existe una distinción de aceptación general entre deuda a corto y a largo plazo. Además, las personas suelen hacer referencia a la deuda a mediano plazo, que tiene una vigencia mayor de 1 año y menor de 3 a 5, o incluso de 10 años.

[2] La palabra *consolidación* es parte de la jerga financiera. Significa por lo general largo plazo. Por consiguiente, una empresa que está planeando «consolidar» sus requerimientos de deuda quizá esté reemplazando una deuda a corto plazo por una a largo plazo.

Condiciones		Explicaciones
Fondo de amortización	Anual	La empresa efectuará pagos anuales a un fondo de redención anticipada.
Cláusula de redención anticipada	No redimible antes del 31/12/97	Los bonos son redimibles antes de su vencimiento, aunque en forma diferida.
Precio de redención anticipada	$1,100	Después del 31/12/97, la compañía puede redimir anticipadamente o retirar los bonos a un precio de $1,100 cada uno.
Calificación	Moody's Aaa	Ésta es la calificación más alta de Moody's. Los bonos tienen una mínima probabilidad de incumplimiento.

Muchas de estas características se detallarán en el acta o contrato de emisión de bonos, de modo que estudiaremos primero este documento.

El contrato de emisión de bonos

contrato de emisión
Convenio por escrito entre la empresa y el acreedor en el que se detallan las condiciones de emisión de la deuda.

El **contrato de emisión** (*indenture*) es un convenio por escrito entre la empresa emisora (el deudor) y sus acreedores. Se le denomina a veces *escritura* o *acta de emisión*.[3] La empresa designa por lo general a un representante común (quizá una institución financiera) para que represente al conjunto de los tenedores de bonos. La institución o persona designada como representante deberá: 1) asegurarse de que se cumplan los términos consignados en el contrato de emisión, 2) administrar el fondo de amortización (que se describe posteriormente) y 3) representar a los tenedores de bonos en caso de incumplimiento, es decir, cuando la empresa emisora no cumpla con los pagos convenidos.

El contrato de emisión de los bonos es un documento jurídico que puede tener varios cientos de páginas y cuya lectura suele ser muy tediosa. Sin embargo, es un documento importante, ya que contiene por lo general la siguiente información:

1. Las características básicas de los bonos.
2. La cantidad total y el importe de los bonos emitidos.
3. Una descripción de los bienes utilizados como garantía.
4. Los procedimientos de amortización o redención.
5. Las cláusulas de redención anticipada.
6. El detalle de las cláusulas restrictivas de protección.

A continuación, se estudian estos aspectos.

Características de un bono   Los bonos corporativos suelen tener un valor nominal (es decir, una denominación) de $1,000. A este valor se le denomina *valor del principal* y aparece en la carátula del bono. Por tanto, si una empresa quisiera obtener un préstamo por $1 millón, debería vender 1,000 bonos. El valor par o valor a la par (es decir, el valor contable inicial) de un bono casi siempre es igual a su valor nominal, por lo que en la práctica estos términos se usan como sinónimos.

---

[3]Las palabras *convenio de préstamo* o *contrato de préstamo* suelen utilizarse para la deuda colocada en forma privada y para los préstamos a plazo.

Los bonos corporativos suelen ser **bonos nominativos**. Por ejemplo, el contrato de emisión podría estar redactado de la forma siguiente:

Los intereses se pagan semestralmente, el 1 de julio y el 1 de enero de cada año, a la persona a cuyo nombre esté registrado el bono al cierre de las operaciones del día 15 de junio o del día 15 de diciembre, respectivamente.

Esto significa que la empresa tiene un encargado de registro, quien consignará en un registro especial el propietario de cada bono y lo mismo hará con cualquier cambio que se produzca en la propiedad del mismo. La empresa pagará los intereses y el principal mediante cheques enviados por correo directamente al domicilio del propietario consignado en el registro. Un bono corporativo puede ser nominativo y tener cupones adheridos. Para obtener un pago de intereses, el propietario del bono debe desprender un cupón del bono y enviarlo al agente de registro designado por la empresa (el agente pagador).

Alternativamente, podría tratarse de un **bono al portador**. Ello significa que el mismo bono es la evidencia básica de propiedad y que la empresa pagará al portador de éste. En tal caso, la propiedad no se consigna en un registro y, al igual que con un bono nominativo con cupones adheridos, el tenedor del bono desprende los cupones y los envía a la empresa para recibir los pagos de intereses.

Los bonos al portador tienen dos inconvenientes. Primero, son difíciles de recuperar si se extravían o los roban. Segundo, debido a que la empresa no conoce a los propietarios de sus bonos, no puede notificarles acontecimientos importantes.

Garantías

Los instrumentos de deuda se clasifican de acuerdo con los colaterales e hipotecas utilizados para proteger a los tenedores de los bonos.

Colateral es un término general que significa estrictamente instrumentos financieros (p. ej., bonos y acciones) que se ofrecen en prenda o custodia como garantía del pago de la deuda. Por ejemplo, los bonos con garantía colateral involucran por lo general el depósito en prenda de acciones comunes que son propiedad de la empresa emisora. Sin embargo, el término *colateral* se suele utilizar en forma mucho más general para referirse a cualquier forma de garantía.

Los *instrumentos hipotecarios* están garantizados por una hipoteca sobre bienes tangibles, propiedad del acreditado. Se trata por lo general de bienes raíces, por ejemplo, terrenos o edificios. Al documento legal que describe a la hipoteca se le denomina *escritura* o *contrato hipotecario*.

Las hipotecas se constituyen en ocasiones sobre bienes específicos, por ejemplo, un furgón de ferrocarril. Más frecuente es utilizar hipotecas colectivas o generales. Una hipoteca colectiva consigna como prenda todos los bienes tangibles de la empresa.[4]

Los bonos representan con frecuencia compromisos no garantizados de la empresa emisora. Un **bono sin garantía** (*debenture*) es un bono sin colateral, donde no se mantienen en prenda bienes específicos. Por lo general, para este tipo de instrumentos se emplea el término **nota** o **certificado** (*note*) cuando el período de vigencia es menor a diez años, contados a partir de su fecha de emisión. Los tenedores de bonos sin garantía sólo tienen derechos sobre bienes no comprometidos en garantía, es decir, sobre bienes residuales después de considerar las hipotecas y los bienes especificados como colateral.

La terminología que se emplea en este capítulo es de uso estándar en Estados Unidos. Fuera de este país, los mismos términos pueden tener significados diferentes. Por ejem-

bonos nominativos
El encargado del registro designado por la empresa anota la propiedad de cada bono (*registered form*); el pago se hace directamente al propietario que aparece en el registro.

bono al portador
Bono emitido sin que se registre el nombre del propietario (*bearer form*); el pago se hace a quien tenga en su poder el bono.

bono sin garantía
Deuda sin garantía, por lo general con un período de vigencia de 10 años o más.

nota o certificado
Deuda sin garantía, por lo general con un período de vigencia inferior a 10 años.

---

[4]Los bienes tangibles incluyen terrenos y bienes incorporados a los mismos. No incluyen efectivo o inventarios.

plo, los bonos emitidos por el gobierno inglés (*gilts*) se denominan «acciones» de la Tesorería. También en el Reino Unido, un bono sin garantía (*debenture*) es una obligación *con garantía*.

En la actualidad, casi todos los bonos de emisión pública en Estados Unidos colocados por empresas industriales o financieras son bonos sin garantía. Sin embargo, la mayor parte de los bonos emitidos por las empresas de servicios públicos y las de ferrocarriles están garantizados mediante garantía prendaria sobre algunos activos.

Prioridad En términos generales, la *prioridad* señala el nivel preferencial sobre otros acreedores, y a las deudas se les denomina en ocasiones *preferentes* (*senior*) o *subordinadas* (*junior*) para señalar su nivel de preferencia. Algunas deudas son *subordinadas*, por ejemplo, un bono sin garantía subordinado.

En caso de incumplimiento, los tenedores de deuda subordinada tienen que dar preferencia en el cobro a los acreedores preferentes. Por lo general, ello significa que a los acreedores subordinados únicamente se les pagará tras haber liquidado a los preferentes. Sin embargo, la deuda no puede estar subordinada al capital.

Redención o reembolso Los bonos pueden redimirse en su fecha de vencimiento; en esta fecha, el tenedor o propietario del bono recibirá el valor convenido o el valor nominal del bono, o bien pueden redimirse de forma parcial o total antes de su fecha de vencimiento. En cierta forma, la redención anticipada es más frecuente y suele llevarse a cabo constituyendo un fondo de amortización.

fondo de amortización
Cuenta administrada por el representante de los tenedores de bonos para la redención anticipada de los mismos.

El **fondo de amortización** es una cuenta administrada por el representante común o de los tenedores de bonos para redimir los bonos. La empresa efectúa pagos anuales al fondo de amortización y el representante común utiliza los fondos para retirar o liquidar una parte de la deuda. El representante común hace esto comprando algunos bonos en el mercado o redimiendo anticipadamente una parte de los que están en circulación. Se estudiará esta segunda opción.

Existen muchas variantes en la forma de operar los fondos de amortización y los detalles se especificarán en el contrato o acta de emisión. Por ejemplo:

1. Algunos fondos de amortización se constituyen aproximadamente después de 10 años de la fecha en que se realiza la emisión inicial de los bonos.
2. Algunos fondos de amortización establecen pagos iguales durante la vida de los bonos.
3. Algunas emisiones de bonos de alta calidad establecen pagos al fondo de amortización que no son suficientes para redimir toda la emisión. En consecuencia, existe la posibilidad de un cuantioso pago acumulado al vencimiento de los bonos.

cláusula de redención anticipada
Convenio que le otorga a la empresa la opción de volver a comprar los bonos antes de su vencimiento, a un precio especificado.

Cláusula de redención anticipada La **cláusula de redención anticipada** permite a la empresa emisora volver a comprar o «redimir» de forma parcial o total los bonos a precios previamente pactados durante un cierto período. Por lo general, los bonos corporativos son redimibles anticipadamente.

prima de redención anticipada
Importe en que el precio de redención anticipada excede al valor nominal del bono.

El precio de redención anticipada suele ser mayor que el valor nominal del bono (valor par o valor a la par). La diferencia entre el precio de redención anticipada y el valor nominal se denomina **prima de redención anticipada**. Por lo general, el monto de esta prima disminuye con el transcurso del tiempo. Una forma para determinar la prima consiste en igualar inicialmente la prima por redención anticipada con el monto del cupón y luego permitir que se vaya acercando a cero conforme se acerca la fecha en que se efectúa la redención anticipada a la fecha de vencimiento del bono.

Las cláusulas de redención anticipada no suelen ser operativas durante la primera parte de la vida de un bono. Ello hace que la cláusula de redención anticipada no sea un motivo de preocupación para los tenedores de bonos en los primeros años. Por ejemplo, a una empresa se le puede prohibir redimir anticipadamente sus bonos durante los primeros 10 años. Ésta es una **redención anticipada diferida**. Durante este período, se dice que el bono tiene **protección contra la redención anticipada**.

Cláusulas restrictivas de protección   Las **cláusulas restrictivas de protección** son la parte del contrato de emisión o del convenio de préstamo que limitan a la empresa deudora incurrir en ciertos actos que, de lo contrario, tal vez llevaría a cabo durante la vida del préstamo. Las cláusulas restrictivas de protección pueden ser de dos tipos: restricciones negativas y restricciones positivas (o afirmativas).

Una *restricción negativa* representa una orden de «no harás». Limita o prohíbe actos que la empresa deudora podría llevar a cabo. Presentamos algunos ejemplos típicos:

1. La empresa tiene que limitar el importe de los dividendos que paga, según cierta fórmula.
2. La empresa no puede consignar en prenda ningún activo a otros acreedores.
3. La empresa no puede fusionarse con otra.
4. La empresa no puede vender o arrendar activos importantes sin la aprobación del acreedor.
5. La empresa no puede emitir deuda a largo plazo adicional.

Una *restricción positiva* representa una orden de «harás». Especifica actos que la empresa deudora acepta realizar o condiciones que debe cumplir. Examinaremos algunos ejemplos:

1. La empresa debe mantener su capital de trabajo por encima de un mínimo especificado.
2. La empresa debe proporcionar al acreedor estados financieros periódicos auditados.
3. La empresa debe mantener cualquier bien colateral en buenas condiciones.

Ésta es sólo una lista parcial de las restricciones; un contrato de emisión puede señalar muchas otras.

> **redención anticipada diferida**
> Cláusula de redención anticipada que prohíbe a la empresa redimir el bono antes de una cierta fecha.

> **protección contra la redención anticipada**
> Período en el que el emisor no puede redimir anticipadamente un bono.

> **cláusula restrictiva de protección**
> Parte del contrato de emisión que limita ciertos actos que se pueden llevar a cabo durante la vigencia del préstamo; se establece por lo general para proteger los intereses de los acreedores.

PREGUNTAS SOBRE CONCEPTOS

12.1a ¿Cuáles son las características distintivas de la deuda comparada con el capital?
12.1b ¿Qué es el contrato o acta de emisión de un bono? ¿Qué son las cláusulas restrictivas de protección? Proporcione algunos ejemplos.
12.1c ¿Que es un fondo de amortización?

CALIFICACIÓN DE BONOS | 12.2

Las empresas pagan con frecuencia a terceros para que califiquen su deuda. Las dos empresas principales de calificación de bonos son Moody's y Standard & Poor's (S&P). Las calificaciones de deuda representan una evaluación de la calidad crediticia del emisor corporativo. Las definiciones de calidad crediticia utilizadas por Moody's y S&P se basan en la probabilidad de que la empresa deudora incumpla con sus pagos y en la protección que tengan los acreedores si esto sucede.

Es importante señalar que las calificaciones de bonos *únicamente* se refieren a la posibilidad de incumplimiento de pagos. En el capítulo 6 se estudió el riesgo de tasas de interés, que se definió como el riesgo asociado con cambios en el valor de un bono debido a variaciones en las tasas de interés. Las calificaciones de bonos no consideran este tipo de riesgo. Como consecuencia, el precio de un bono con muy alta calificación puede ser considerablemente volátil.

Las calificaciones de bonos se elaboran con base a la información que suministra la empresa deudora. En la tabla que se presenta a continuación aparecen los niveles de calificación y cierta información relacionada con ellos.

	Calificaciones de bonos con «calidad de inversión»				Baja calidad, especulativos y/o «chatarra»					
	Grado alto		Grado medio		Grado bajo		Grado muy bajo			
Standard & Poor's	AAA	AA	A	BBB	BB	B	CCC	CC	C	D
Moody's	Aaa	Aa	A	Baa	Ba	B	Caa	Ca	C	D

Moody's	S&P	
Aaa	AAA	La deuda catalogada como Aaa y AAA tiene la calificación más alta. La capacidad de pagar intereses y liquidar el principal es extremadamente fuerte.
Aa	AA	La deuda Aa y AA tiene una capacidad de pago de intereses y liquidación de principal muy fuerte. Junto con la calificación más alta, este grupo cubre los bonos de grado alto.
A	A	La deuda tipo A tiene fuerte capacidad de pago de intereses y liquidación de principal, aunque es más susceptible a los efectos adversos producidos por cambios en las circunstancias y condiciones económicas que la deuda en las categorías de altas calificaciones.
Baa	BBB	La deuda calificada como Baa y BBB se considera con capacidad adecuada para pagar intereses y liquidar el principal. Aunque muestra normalmente parámetros de protección adecuados, es muy probable que algunas condiciones económicas adversas o circunstancias cambiantes hagan que la deuda en esta categoría muestre una capacidad menor para pagar intereses y liquidar el principal que la de las de categorías con calificaciones más altas. Estos bonos son obligaciones de grado medio.
Ba, B	BB, B	La deuda clasificada en estas categorías se considera predominantemente especulativa en relación con su capacidad de pagar intereses y liquidar el principal de acuerdo con las condiciones pactadas. BB y Ba señalan el grado inferior de especulación, mientras que CC y Ca indican el grado superior de especulación. Aunque es probable que este tipo de deuda tenga algunas características de calidad y de protección, éstas no compensan el elevado nivel de incertidumbre o el considerable nivel de exposición al riesgo en condiciones adversas. Algunas emisiones quizá incumplan sus pagos.
Caa	CCC	
Ca	CC	
C	C	Esta calificación se reserva para bonos de ingreso (*income bonds*), que no pagan intereses.
D	D	La deuda clasificada como D se encuentra en demora o falta de pago y los pagos de intereses y/o del principal están atrasados.

En ocasiones, Moody's y S&P hacen ajustes a estas calificaciones. S&P usa los signos más y menos: A + es la calificación más fuerte y A − la más débil dentro del grupo A. Moody's usa una clave de 1, 2 o 3, donde 1 es la más alta.

La calificación más alta que puede obtener una empresa es AAA o Aaa y se considera que este tipo de deuda es la de mayor calidad y la que tiene el menor nivel de riesgo. Esta calificación no se concede con mucha frecuencia; las calificaciones AA o Aa indican una deuda de muy buena calidad y son mucho más frecuentes. La calificación más baja es D, y se dedica a la deuda que se encuentra en incumplimiento o moratoria de pagos.

A partir de la década de los ochenta, una parte creciente del financiamiento corporativo ha tomado la forma de bonos de bajo nivel de calidad o bonos «basura». Si es que llegan a ser clasificados, este tipo de bonos de bajo nivel de calidad son bonos corporativos calificados por debajo de lo que se llama «grado de inversión» por las principales agencias calificadas. Los bonos con «grado de inversión» son los que están calificados, al menos, como BBB por S&P o Baa por Moody's.

PREGUNTAS SOBRE CONCEPTOS

12.2a ¿Qué es un bono «basura»?

12.2b ¿Qué es lo que señala la calificación de bonos en relación con el riesgo de fluctuaciones en el valor de dichos instrumentos por cambios en la tasa de interés?

ALGUNOS TIPOS DIFERENTES DE BONOS | 12.3

Hasta ahora, hemos considerado los tipos de bonos más convencionales. En esta sección se estudian algunos tipos menos frecuentes, como bonos cupón cero, bonos con tasa flotante y otros.

Bonos cupón cero

Un bono que no paga cupones debe venderse a un precio mucho menor que su valor nominal. A estos bonos se les denomina **bonos cupón cero** o sólo «*ceros*».[5]

Supongamos que DDB Company emite un bono cupón cero a cinco años y con valor nominal de $1,000. El precio inicial se establece en $497. Es fácil verificar que, a este precio, el bono tiene un rendimiento de 15% al vencimiento. El interés total que se paga durante la vida del bono es $1,000 − 497 = $503.

Con fines impositivos, el emisor de un bono cupón cero deduce los intereses cada año, aunque en realidad no pague interés alguno. De forma similar, el propietario del bono también debe pagar impuestos sobre los intereses acumulados cada año, aunque en realidad no los reciba.

La forma de calcular el interés anual de un bono cupón cero viene determinada por la legislación fiscal. Antes de 1982, las empresas podían calcular la deducción por el pago de intereses sobre la base de una línea recta. Para DDB, la deducción anual por intereses habría sido de $503/5 = $100.6 anuales.

De acuerdo con la legislación fiscal vigente, el interés implícito se determina por la amortización del préstamo. Este proceso se inicia calculando el valor del bono al principio de cada año. Por ejemplo, al cabo de un año, al bono aún le restan cuatro años para su vencimiento, por lo que tendrá un valor de $1,000/1.15^4 = $572; el valor en dos años será de $1,000/1.15^3 = $658, y así sucesivamente. El interés implícito cada año es simple-

bono cupón cero
Un bono que no efectúa pagos de cupones, por lo que inicialmente se le determina un precio con un descuento considerable.

---

[5]Un bono emitido con una tasa nominal muy baja (en contraste con los bonos cupón cero) es un bono de descuento de emisión original (DEO).

En sus propias palabras...

Sobre los bonos «basura», por Edward I. Altman

Uno de los avances más importantes en las finanzas corporativas durante la última década ha sido el resurgimiento de la colocación pública de deuda corporativa de baja calificación. Estos bonos de alto rendimiento/alto riesgo se ofrecieron originalmente al público inversionista a principios del siglo XIX para ayudar a financiar algunas industrias que surgían; desaparecieron prácticamente después de la proliferación de incumplimientos de pago durante los años de la depresión económica. Sin embargo, en los últimos 12 años, el mercado de bonos «basura» se ha disparado y ha pasado de ser un elemento insignificante en el mercado corporativo de renta fija a convertirse en uno de los de financiamiento de más rápido crecimiento y más controvertido.

El término «basura» surge del tipo dominante de emisiones de bonos de baja calificación en circulación antes de 1977, cuando el «mercado» consistía de forma casi exclusiva en bonos de emisión original y «grado de inversión», que cayeron de su alta calificación a un nivel de «grado especulativo» con un mayor riesgo de incumplimiento de pagos. Estos denominados «ángeles caídos» representaron alrededor de $8.5 miles de millones en 1977. Al inicio de la década de 1990, los ángeles caídos representaban aproximadamente el 20% del mercado de bonos «basura», con $200 mil millones en poder del público.

A partir de 1977, los emisores comenzaron a dirigirse directamente al público para obtener capital con fines de crecimiento. Los primeros usuarios de bonos «basura» fueron las empresas relacionadas con el sector energético, las compañías de TV por cable, las aerolíneas y algunas otras empresas industriales. Este tipo de financiamiento es una forma de bursatilización, lo que hasta esos momentos era un área de competencia exclusiva de colocaciones privadas financiadas por bancos y compañías de seguros. El motivo principal de las compañías en crecimiento que surgían, unido a los altos rendimientos de los primeros inversionistas, ayudó a legitimizar este sector. Casi todos los bancos de inversión ignoraron los bonos «basura» hasta 1983-1984, cuando se hicieron más evidentes sus méritos y potencial de utilidades.

Sinónimo del crecimiento de mercado fue el surgimiento de la empresa de banca de inversión Drexel Burnham Lambert y su «genio» de los bonos «basura», Michael Milken. Drexel estableció una eficaz red de emisores e inversionistas y aprovechó la gran demanda de financiamiento nuevo, así como el mercado secundario, para convertirse en uno de los bancos de inversión más poderosos a fines de la década de 1980. Su increíble aumento de poder fue seguido por una caída igualmente increíble, que se tradujo primero en condenas civiles y criminales por parte del gobierno, así como enormes multas por varias operaciones impropias, y luego en el desplome total de la empresa y su quiebra en febrero de 1990.

Con mucho, el aspecto más importante y controvertido del financiamiento mediante bonos «basura» fue su papel en el movimiento de reestructuración de empresas durante el período de 1985 a 1989. Las operaciones y adquisiciones con alto grado de apalancamiento, como las compras apalancadas (*leveraged buyouts: LOB*), que ocurren cuando una empresa se privatiza y las recapitalizaciones apalancadas (conversiones o *swaps* de deuda por capital), transformaron a las corporaciones estadounidenses, ocasionando un debate sobre las consecuencias económicas y sociales de que las empresas pasaran de públicas a privadas, con razones de deuda/capital mínimas de 6:1.

Estas operaciones incluyeron compañías cada vez más grandes y las compras por muchos miles de millones de dólares se hicieron bastante frecuentes, hasta llegar a la enorme compra apalancada de RJR Nabisco, en 1989, por más de 25 mil millones de dólares norteamericanos. Estas compras apalancadas (*LOB*) se financiaban normalmente con alrededor de 60% de deuda bancaria preferente, un 25-30% de deuda pública subordinada (bonos «basura») y un 10-15% de capital. Al segmento de bonos «basura» se le conoce como financiamiento de «entrepiso» (*mezanine*), porque se encuentra entre la deuda preferente (*senior*) «de primer piso» y el capital común del «sótano».

Estas reestructuraciones representaron enormes honorarios para los asesores y agentes colocadores, así como enormes primas para los antiguos accionistas, a quienes se les compraron sus acciones; estas reestructuraciones continuaron en tanto que el mercado estuvo dispuesto a comprar estas nuevas ofertas de deuda, en lo que parecía ser una relación favorable entre riesgo/rendimiento. El mercado se desplomó en los últimos seis meses de 1989 debido a varios factores, como aumento de impagos, regulaciones gubernamentales en contra de que las sociedades de ahorro y préstamos invirtieran en bonos «basura», temores a tasas de interés más elevadas y la recesión; por último, por la creciente comprensión de los excesos en el apalancamiento de ciertas reestructuraciones mal concebidas.

La tasa de incumplimientos de pagos aumentó espectacularmente a un 4% en 1989 y después se disparó en 1990 y 1991 a un 8.7% y un 9.0%, respectivamente, con incumplimientos de pagos estimados en aproximadamente 19 mil millones de dólares americanos en 1991. A fines de 1990, el péndulo del crecimiento de las nuevas emisiones de bonos «basura» y los rendimientos para los inversionistas cambió drásticamente, desplomándose los precios y produciéndose la desaparición casi total del nuevo mercado de emisiones. El año 1991 fue crucial porque, pese a unos incumplimientos de pagos nunca antes alcanzados, los precios de los bonos y las nuevas emisiones reaccionaron con fuerza al mejorar las perspectivas futuras.

Sobrevivirá el mercado de bonos «basura»? Sí, lo hará, pero es casi seguro que su crecimiento será más lento y que las nuevas ofertas volverán a presentar estructuras de capital financiadas sobre bases más sólidas. También continuarán las reestructuraciones con deuda de «entrepiso», basadas cada vez más en los tipos de colocaciones privadas y con razones de deuda inferiores a las de la década de 1980.

Edward I. Altman es profesor Max L. Heine de finanzas en la Stern School of Business de la Universidad de Nueva York. Altman es muy reconocido como uno de los expertos en quiebras de Estados Unidos, así como en el análisis de crédito relacionado con bonos de alto rendimiento o bonos «basura».

*Nota de los Revs. Técs.: En este contexto, el término «privatización» se refiere a una empresa que ha estado cotizando públicamente en bolsa y cuyas acciones son recompradas por un pequeño grupo de inversionistas y retiradas del mercado.

Año	Valor inicial	Valor final	Gastos financieros implícitos	Gastos financieros en línea recta	**Tabla 12.1**
1	$497	$ 572	**$75**	**$100.6**	Bonos cupón cero
2	572	658	**86**	**100.6**	
3	658	756	**98**	**100.6**	
4	756	870	**114**	**100.6**	
5	870	1,000	**130**	**100.6**	
Total			**$503**	**$503.0**	

mente el cambio en el valor del bono durante el año. En la tabla 12.1 se muestran los valores y los montos de intereses para el bono de DDB.

Obsérvese que los bonos cupón cero eran más atractivos con la reglamentación fiscal anterior porque las deducciones fiscales por gastos financieros eran mayores en los primeros años (compárese el gasto financiero por intereses implícito con el mismo gasto en línea recta).

Según la legislación fiscal vigente, DDB podría deducir **$75** por intereses pagados el primer año y el propietario del bono pagaría impuestos sobre $75 en utilidades gravables (aunque en realidad no recibió interés alguno). Esta segunda característica fiscal propicia que los bonos cupón cero gravables sean menos atractivos para los inversionistas individuales. Sin embargo, continúan siendo una inversión muy atractiva para inversionistas exentos de impuestos con pasivos a largo plazo denominados en dólares*, como es el caso de los fondos de pensiones, debido a que el futuro valor del dólar se conoce con relativa certeza.

Bonos con tasa flotante

Los bonos convencionales que se han venido considerando en este capítulo tienen obligaciones fijas en unidades monetarias, debido a que la tasa nominal o del cupón se establece como un porcentaje constante del valor par o nominal. De forma similar, el principal se iguala al valor par. Así, los pagos de los cupones y el pago del principal son totalmente fijos.

En el caso de los *bonos con tasa nominal variable* o *flotante (floaters)*, los pagos de cupones son variables. Los ajustes a los pagos de cupones están vinculados a un índice de tasas de interés, como puede ser la tasa de interés de los Certificados de la Tesorería o la tasa de los bonos de la Tesorería a 30 años. Por ejemplo, Citibank emitió en 1974 certificados o notas con tasa nominal flotante por $850 millones. La tasa nominal se estableció en el 1% por encima de la tasa de los Certificados de la Tesorería a 90 días y se ajustaba cada semestre.

El valor de un bono con tasa nominal flotante depende de cómo se definan exactamente los ajustes al pago de los cupones. En la mayoría de los casos, el monto del cupón se ajusta con un retraso en función de alguna tasa base de referencia. Por ejemplo, supongamos que el 1° de junio se efectuó un ajuste a la tasa cupón o nominal. El ajuste podría basarse en el simple promedio de los rendimientos de los bonos de la Tesorería du-

---

Nota de los Revs. Técs.: Éste es el caso en Estados Unidos. Se recomienda al lector consultar la legislación fiscal vigente en su país para determinar el tratamiento fiscal adecuado para la deducibilidad de intereses.

rante los tres meses previos. Además, los bonos con tasa flotante tienen las siguientes características:

1. El tenedor tiene el derecho de redimir su nota o documento a valor par, en la fecha de pago del cupón, después de que haya transcurrido un período especificado. Esto se conoce como *cláusula de redención anticipada por el inversionista* (*put provision*) y se estudia más adelante.
2. La tasa del cupón o nominal tiene un nivel mínimo (piso) y uno máximo (techo), es decir, el cupón está sujeto a un pago mínimo y a un pago máximo. En este caso, la tasa del cupón o nominal está «cubierta» (*capped*) y a las tasas superior e inferior a veces se les denomina «collar» (*collar*).

Otros tipos de bonos

Los bonos son contratos financieros, de modo que sus posibles características sólo están limitadas por la imaginación de los participantes. Como resultado de ello, los bonos pueden ser bastante exóticos, sobre todo en el caso de algunas emisiones recientes. A continuación, se consideran algunas de las características y tipos más habituales.

Los *bonos de ingreso* (*income bonds*) son similares a los convencionales, excepto que los pagos de los cupones dependen de las utilidades de la empresa. Específicamente, los cupones se pagan a los tenedores de bonos si las utilidades de la empresa son suficientes para ello, y sólo en ese caso. Esto parecería atractivo, pero los bonos de ingreso no son muy habituales.

Un *bono convertible* es el que puede intercambiarse por un número convenido de acciones en cualquier momento antes de que se produzca su vencimiento, a elección del tenedor. Estos bonos son relativamente habituales, aunque su número ha disminuido en años recientes.

Un *bono con redención anticipada por el inversionista* (*put bond*) permite al tenedor obligar al emisor a recomprarle el bono a un precio establecido. Por consiguiente, la característica de redención anticipada por el inversionista (*put provision*) es justo lo contrario a la cláusula de redención anticipada por el emisor (*call provision*) y es un concepto bastante nuevo. En el capítulo 20 se estudian con mayor detalle los bonos convertibles, así como las cláusulas de redención anticipada por el emisor y por el inversionista.

Un determinado bono puede tener muchas características inusuales. Como ejemplo, Merrill Lynch creó un bono muy popular denominado *certificado con opción de rendimiento líquido* (*liquid yield option note*), o LYON. Un LYON es el «depósito de desperdicios» de los bonos, ya que lo determinan una gran variedad de características: un documento redimible anticipadamente por el emisor o por el tenedor, convertible, cupón cero, subordinado. Determinar el valor de un bono de este tipo puede resultar complicado.

PREGUNTAS SOBRE CONCEPTOS

12.3a ¿Por qué un bono de ingreso (*income bond*) puede ser atractivo para una empresa con flujos de efectivo volátiles? ¿Puede pensarse en un motivo para que los bonos de ingreso no sean más populares?

12.3b ¿Cuál sería el efecto de una opción de redención anticipada por el inversionista sobre el cupón de un bono? ¿Y el efecto de una característica de convertibilidad? ¿Por qué?

ACCIONES PREFERENTES | 12.4

Las **acciones preferentes** o acciones de voto limitado difieren de las acciones comunes en que tienen preferencia sobre éstas en el pago de dividendos y en la distribución de los activos de la empresa en caso de disolución y liquidación. *Preferencia* sólo significa que los tenedores de las acciones preferentes reciben un dividendo (para empresas en operación) antes de que los tenedores de acciones comunes tengan derecho a recibir algo.

Las acciones preferentes representan una forma de capital desde un punto de vista jurídico y fiscal. Sin embargo, es importante señalar que en ocasiones los tenedores de acciones preferentes no tienen privilegios de voto.

acciones preferentes
Acciones que tienen prioridad en los pagos de dividendos sobre las acciones comunes, por lo general con una tasa de dividendos constante y en ocasiones sin derecho de voto.

Valor nominal

Las acciones preferentes tienen un valor de liquidación pactado, por lo general de $100 por acción. El dividendo en efectivo se especifica en términos de unidades monetarias por acción. Por ejemplo, acciones «$5 preferente» de General Motors se entiende como acciones preferentes con un rendimiento de dividendos del 5% del valor nominal o pactado.

Dividendos acumulables y no acumulables

Un dividendo preferente *no* es similar al interés de un bono. El consejo de administración puede decidir no pagar dividendos a las acciones preferentes y dicha decisión puede no tener relación alguna con la utilidad neta actual de la empresa.

Los dividendos por pagar a las acciones preferentes son *acumulables* o *no acumulables*; la mayoría son acumulables. Si los dividendos preferentes son acumulables y no se pagan en un ejercicio en particular, se acumularán. Por lo general, antes de que los accionistas comunes reciban algo, se tienen que pagar los dividendos preferentes acumulados (de ejercicios previos) como los dividendos preferentes del ejercicio actual.

Los dividendos preferentes no pagados *no* presentan deudas para la empresa. Los miembros del consejo de administración elegidos por los accionistas comunes pueden diferir el pago de dividendos preferentes en forma indefinida. Sin embargo, en tales casos:

1. Los accionistas comunes también tienen que diferir el cobro de sus dividendos.
2. Con frecuencia, si no se han pagado durante cierto tiempo los dividendos preferentes, se confiere el derecho de voto, así como otros derechos adicionales, a los tenedores de acciones preferentes.

Como los accionistas preferentes **no** reciben intereses sobre los dividendos acumulados, se dice que las empresas tienen un incentivo para diferir el pago de dividendos preferentes.

¿Constituyen realmente una deuda las acciones preferentes?

Existen buenos argumentos que indican que las acciones preferentes son en realidad una deuda disimulada, una especie de bonos de capital. Los accionistas preferentes sólo reciben el dividendo pactado y, en caso de que se liquide la empresa, reciben como mucho el nominal de las acciones. Las acciones preferentes suelen recibir calificaciones de crédito muy parecidas a las de los bonos; más aún, a veces son convertibles a acciones comunes y redimibles anticipadamente por el emisor.

Además, en años recientes, una gran cantidad de nuevas emisiones de acciones preferentes han establecido fondos de amortización obligatorios. Este tipo de fondos crea efectivamente un período de vigencia o vencimiento final, dado que toda la emisión se retirará eventualmente. Por ejemplo, si un fondo de amortización establece que cada año se retire el 2% de la emisión original, ésta quedaría totalmente retirada en 50 años.

Además, se han emitido recientemente acciones preferentes con dividendos variables. Por ejemplo, una acción «CARP» es acumulable, con tasa variable y preferente. Existen varios tipos de acciones preferentes con tasa flotante o variable, algunas bastante innovadoras en cuanto a la forma en que se determinan los dividendos.

Por todo ello, las acciones preferentes se parecen mucho a los instrumentos de deuda. Sin embargo, los dividendos de las acciones preferentes no pueden deducirse como gastos financieros al determinar la utilidad gravable de la empresa. Desde el punto de vista del inversionista individual, los dividendos preferentes recibidos representan los ingresos ordinarios a efectos fiscales. Sin embargo, para los inversionistas corporativos, el 70% del importe de los dividendos que reciben de acciones preferentes están exentos del impuesto sobre la renta.[6]

Los rendimientos de las acciones preferentes pueden parecer muy bajos. Por ejemplo, General Motors (GM) tiene en la actualidad una emisión de acciones preferentes con un dividendo pactado de $5 por acción. En enero de 1992, el precio de mercado de estas acciones preferentes de General Motors era de $59.50 por acción, lo que representa un rendimiento de $5/$59.50 = 8.4%, inferior al rendimiento de la deuda de GM.

A pesar de los rendimientos aparentemente bajos, los inversionistas corporativos tienen un incentivo para mantener las acciones preferentes o comunes emitidas por otras empresas, en vez de los instrumentos de deuda de dichas empresas emisoras, ya que una parte de los dividendos están exentos del pago por concepto de impuesto sobre la renta. Como los inversionistas individuales no tienen este beneficio fiscal, casi todas las acciones preferentes en Estados Unidos están en poder de inversionistas corporativos. Ellos pagan una prima por las acciones preferentes a causa de la exención de impuestos sobre los dividendos recibidos; como consecuencia, los rendimientos son bajos.

Por lo general, existen dos efectos fiscales que se compensan (al menos de forma parcial) al considerar la evaluación de las acciones preferentes:

1. A diferencia de los intereses pagados, los dividendos pagados sobre las acciones preferentes no son deducibles de las utilidades corporativas al calcular los impuestos de la empresa. Ésta es una desventaja importante.
2. Cuando las acciones preferentes se mantienen como un activo, el 70% de los dividendos recibidos están exentos del pago de impuestos corporativos. En el caso de los intereses recibidos, todos son completamente gravables. Ésta es una ventaja importante.

El enigma de las acciones preferentes

Sin embargo, incluso con estos efectos contrarios, continúa existiendo una desventaja fiscal neta en la emisión de las acciones preferentes. Además, las acciones preferentes requieren un pago de dividendos periódico, por lo que carecen de la flexibilidad de las acciones comunes. De ahí que se haya llegado a afirmar que las acciones preferentes no deberían existir.

---

[6]Como se estudiará más adelante en este capítulo, esta exclusión depende de la cantidad de capital que se posea, en realidad, el 70% es la exclusión mínima.

¿Por qué entonces las empresas emiten acciones preferentes? Para la mayor parte de la industria, el hecho de que los dividendos no sean una deducción autorizada en la determinación de la utilidad corporativa gravable es el obstáculo más serio para emitir acciones preferentes, aunque existen varias razones para emitir estas acciones.

Podemos considerar en primer lugar algunos factores asociados a la oferta de estas acciones. Primero, las empresas de servicio público reguladas por el estado pueden transferir a sus clientes la desventaja fiscal de emitir acciones preferentes, debido a la forma en que se establecen las fórmulas para determinar los precios en estos ambientes operativos regulados. Por tanto, una cantidad importante de acciones preferentes convencionales las emiten empresas de servicios públicos reguladas por el Estado.

Segundo, las empresas que emiten acciones preferentes pueden evitar el riesgo de quiebra que podría existir si se apoyaran en la deuda. Los dividendos preferentes no pagados no constituyen las deudas de la empresa y los accionistas preferentes no pueden llevar a la quiebra a una empresa por dividendos no liquidados. Más aún, la ventaja fiscal con respecto a los intereses y la desventaja fiscal con respecto a los dividendos sólo existen para corporaciones con pasivos fiscales importantes, por lo que en ocasiones las empresas con considerables pérdidas fiscales acumuladas emiten acciones preferentes. Éste es el caso cuando la empresa no puede obtener préstamos a largo plazo.

Una tercera razón para emitir acciones preferentes se relaciona con el control de la empresa. Dado que los accionistas preferentes suelen tener derecho de voto, con las acciones preferentes es posible obtener capital sin ceder el control de la empresa.

Por lo que respecta a la demanda de estas acciones, casi todas las acciones preferentes están en poder de empresas. Como comentamos antes, los ingresos corporativos provenientes de los dividendos de acciones preferentes (y comunes) disfrutan de una exención de impuestos del 70%, lo que puede reducir significativamente la desventaja fiscal de las acciones preferentes. Algunos de los nuevos tipos de acciones preferentes con tasas de interés variable son muy convenientes para empresas con necesidad de invertir a corto plazo el efectivo excedente que tienen temporalmente inactivo.

Además de la exención fiscal general de los dividendos recibidos por las empresas, las compañías de seguros de propiedades y accidentes tienen un incentivo importante para comprar acciones preferentes, debido a ciertas características regulatorias específicas de esta industria.

PREGUNTAS SOBRE CONCEPTOS

12.4a ¿Qué son las acciones preferentes?
12.4b ¿Por qué las acciones preferentes son más parecidas a la deuda que al capital?
12.4c Exponga dos razones para emitir acciones preferentes.

ACCIONES COMUNES | 12.5

El término **acciones comunes** significa cosas diferentes para distintas personas, aunque suele aplicarse a las acciones que no tienen una preferencia especial en el pago de dividendos o en situación de quiebra. En la tabla que se presenta a continuación se ofrece una descripción de las acciones comunes de Anheuser-Busch en 1986.

acciones comunes
Capital sin preferencia en el pago de dividendos o en caso de quiebra.

El capital contable de Anheuser-Busch: 1986 ($ en millones)

Acciones comunes y otro capital de los accionistas

Acciones comunes, valor nominal $1; acciones autorizadas en 1986: 400,000,000; acciones emitidas: 295, 264, 924	$ 295.3
Capital en exceso del valor nominal	6.1
Utilidades retenidas	2,472.2
	$2,773.6
Menos 26,399,740 acciones en tesorería	460.8
Total	$2,312.8

Acciones con valor nominal y sin valor nominal

accionistas o socios
Propietarios del capital de una empresa.

A los propietarios de las acciones comunes de una empresa se les denomina **accionistas** o **socios**.

Éstos reciben títulos nominativos de propiedad por las acciones que adquieren. En la figura 12.1 se presenta la reproducción de un título nominativo de propiedad de acciones. En cada título nominativo de propiedad de acciones, suele existir un valor consignado denominado *valor nominal, valor a la par* o *valor par*. El valor nominal de cada acción común de Anheuser-Busch es de $1.

capital social
Valor nominal o valor par total de todas las acciones en circulación.

El valor nominal total es el número de acciones emitidas multiplicado por el valor nominal de cada acción, y a veces se le conoce como **capital social** de una empresa. Por ejemplo, el capital social de Anheuser-Busch es de $1 × 295.3 millones de acciones = $295.3 millones.

No sería extraño que una empresa emitiera acciones *sin valor nominal*, lo cual significa que a la acción no se le ha asignado un valor nominal específico.

Acciones comunes autorizadas versus emitidas

Las acciones comunes son las unidades básicas de propiedad de la empresa. La escritura constitutiva de una nueva empresa debe consignar el número de acciones comunes que la empresa ha sido autorizada a emitir.

El consejo de administración de la empresa, una vez efectuada una votación por parte de los accionistas, puede modificar la escritura constitutiva para incrementar el número de acciones autorizadas; no existe un limite jurídico para el número de acciones que se puede autorizar de esta forma.

En 1986, Anheuser-Busch había autorizado 400 millones de acciones y había emitido realmente 295.3 millones de ellas. No existe la obligación de que todas las acciones autorizadas deban ser emitidas.

Aunque no existen límites jurídicos para el número de acciones autorizadas, quizá existan algunas consideraciones prácticas:

1. Algunos gobiernos estatales de Estados Unidos cobran impuestos sobre la base del número de acciones autorizadas.
2. Autorizar un gran número de acciones puede preocupar a los inversionistas porque, una vez autorizadas, pueden emitirse acciones con sólo la aprobación del consejo de administración, es decir, sin necesidad de que los accionistas voten.

Figura 12.1

Un título nominativo de propiedad de acciones

Capital en exceso del valor nominal

El **capital en exceso del valor nominal** (denominado por lo general *superávit de capital* o *superávit pagado*) suele referirse a los importes de capital aportados efectivamente en exceso del valor nominal o valor par. Por ejemplo, suponga que se venden 100 acciones comunes a los accionistas, con valor nominal de $1 cada una, por $10 cada acción. La venta produce un total de $10 × 100 = $1,000. De estos $1,000, el valor nominal total resultaría de la operación de $1 × 100 = $100. El superávit de capital sería entonces de ($10 − 1) × 100 = $9 × 100 = $900.

¿Qué diferencia representa mostrar la aportación total del capital a su valor nominal o como superávit de capital? La única diferencia es que, en la mayor parte de los estados de Estados Unidos, así como en otros países, el valor nominal permanece constante y no puede distribuirse a los accionistas, excepto en el caso de liquidación de la empresa.

El superávit de capital de Anheuser-Busch es de $6.1 millones. Esta cifra indica que el precio de las nuevas acciones emitidas por Anheuser-Busch ha excedido el valor nominal y que la diferencia se ha registrado como capital en exceso del valor nominal.

capital en exceso del valor nominal
Capital directamente aportado en exceso del valor par o valor nominal. También denominado *superávit de capital* o *capital pagado adicional*.

Utilidades retenidas

Por lo general, Anheuser-Busch paga menos de la mitad de sus utilidades netas como dividendos; el resto se mantiene en el negocio y se denomina **utilidades retenidas**. El importe acumulado de utilidades retenidas (desde que inició operaciones) es de $2,472.2 millones en 1986.

La suma del valor nominal o valor par, el capital en exceso del valor nominal y las utilidades retenidas acumuladas constituyen el *capital líquido* de la empresa, que se conoce

utilidades retenidas
Utilidades de la empresa que no se distribuyen como dividendos.

valor en libros
Valor contable del capital de la empresa. También denominado *capital contable.*

por lo general como el **valor en libros** de la empresa (o *capital contable*).* El valor en libros representa la cantidad aportada directa e indirectamente a la empresa por los inversionistas de capital (en un sentido contable).

Para ejemplificar algunas de estas definiciones, supongamos que Western Redwood Corporation se constituyó en 1906 con 10,000 acciones emitidas y vendidas a su valor nominal de $1. Dado que cada acción se vendió en $1, el primer balance general mostró un valor de cero como superávit del capital. En 1987, la empresa había sido rentable y había retenido utilidades por $100,000. El capital contable de Western Redwood Corporation en 1987 es el siguiente:

Cuentas de capital de Western Redwood Corporation: 1987

Capital social (10,000 acciones en circulación, $1 valor nominal)	$ 10,000
Superávit de capital	0
Utilidades retenidas	100,000
Capital contable total	$110,000

$$\text{Valor en libros por acción} = \frac{\$110,000}{10,000} = \$11$$

[anotación manuscrita: cap. contable o valor en libros / # dividendos outgoing]

Supongamos ahora que la empresa tiene oportunidades de inversión rentables y decide vender 10,000 nuevas acciones para obtener el financiamiento necesario. El precio actual de mercado es de $20 por acción. En la tabla que se presenta a continuación se muestran los efectos de la venta de las acciones en el balance general.

Western Redwood Corporation: 1987 (después de la venta de acciones)

Capital social (20,000 acciones en circulación, $1 valor nominal)	$ 20,000
Superávit de capital ($20–1) × 10,000 acciones	190,000
Utilidades retenidas	100,000
Capital contable total	$310,000

$$\text{Valor en libros por acción} = \frac{\$310,000}{20,000} = \$15.5$$

¿Qué ocurrió?

1. Dado que se emitieron 10,000 nuevas acciones con un valor nominal de $1, se añadió un total de $10,000 al capital social.
2. El importe total obtenido mediante la nueva emisión fue de $20 × 10,000 = $200,000. Esto excedió al valor nominal en $19 × 10,000 = $190,000, por lo que se registraron $190,000 como superávit de capital.
3. El valor en libros por acción aumentó debido a que el precio de mercado de las nuevas acciones fue mayor que el antiguo valor en libros.

Nota de los Revs. Técs.: En sentido contable estricto el capital contable estaría constituido por: el capital social, las reservas de capital, las utilidades retenidas y por el superávit de capital.

Valores de mercado versus valores en libros

El valor total en libros de Anheuser-Busch en 1986 fue de $2,312.8 millones. La compañía había emitido 295,264,924 acciones y recomprado 26,399,740, por lo que el número total de las acciones en circulación era de 295,264,924 − 26,399,740 = 268,865,184. A las acciones recompradas se les denomina **acciones en tesorería**.* Éstas se muestran al costo, es decir, en lo que la compañía en realidad pagó por ellas.

Por consiguiente, el valor en libros por acción era igual a:

$$\frac{\text{Capital contable}}{\text{Acciones en circulación}} = \frac{\$2,312.8\,\text{millones}}{\$268.9\,\text{millones}} = \$8.6$$

acciones en tesorería
Acciones emitidas y que posteriormente la empresa las vuelve a comprar.

Anheuser-Busch es una compañía propiedad del público en general. Sus acciones comunes se negocian en la Bolsa de Valores de Nueva York (NYSE) y cada día miles de sus acciones cambian de propietario. Los precios de mercado de las acciones de Anheuser-Busch durante 1986 estaban en $25-30 por acción. Por tanto, los precios de mercado eran considerablemente superiores al valor en libros.

Derechos de los accionistas

La estructura conceptual de la empresa supone que los accionistas eligen a los miembros del consejo de administración, quienes contratan a su vez a los administradores para que ejecuten sus instrucciones. Por tanto, los accionistas controlan la empresa mediante su derecho de elegir a los integrantes del consejo de administración. Normalmente, sólo los accionistas tienen este derecho.

Los miembros del consejo de administración son elegidos cada año en una asamblea anual de accionistas. Aunque existen excepciones (que se estudian más adelante), la idea general es «una acción, un voto» (no un *accionista*, un voto), de forma que la democracia corporativa es muy diferente a la política. En el caso de la democracia corporativa, prevalece absolutamente la «regla de oro».[7]

Los miembros del consejo de administración son elegidos en una asamblea anual de accionistas a través del voto de los tenedores de una mayoría de las acciones que estén presentes y tengan derecho a votar. Sin embargo, el mecanismo preciso para la elección del consejo de administración difiere según las empresas. La diferencia más importante radica en si las acciones votan de forma acumulativa o de forma directa.

Para ejemplificar los dos diferentes procedimientos de votación, imaginemos que una empresa tiene dos accionistas: Smith con 20 acciones y Jones con 80 acciones. Ambos quieren ser miembros del consejo de administración, pero Jones no quiere a Smith. Supongamos que deben elegirse un total de cuatro miembros del consejo.

votación acumulada
Procedimiento en el que un accionista puede emitir todos sus votos en favor de un miembro del consejo de administración.

Votación acumulada   El efecto de la **votación acumulada** es permitir la participación de la minoría.[8] Si se permite la votación acumulada, hay que determinar primero el nú-

---

Nota de los Revs. Técs.: «Acciones en tesorería» se refiere a las acciones emitidas, pero aún no suscritas. En algunos países no se permite a las empresas comprar sus propias acciones.

[7] La regla de oro: quien posee el oro establece las reglas.

[8] Por participación minoritaria se entiende la participación de accionistas con cantidades de acciones relativamente pequeñas.

mero total de votos que puede emitir cada accionista. Por lo general, esto se calcula multiplicando el número de acciones (en propiedad de o controladas por cada accionista) por el número de integrantes del consejo de administración que serán elegidos.

Con la votación acumulada, se elige simultáneamente a todos los miembros del consejo. En el ejemplo, ello significa que los cuatro candidatos que obtengan más votos serán los nuevos miembros del consejo. Un accionista puede distribuir sus votos como lo desee.

¿Obtendrá Smith un puesto en el consejo? Si no se toma en cuenta la posibilidad de un empate entre cinco candidatos, la respuesta es sí. Smith emitirá $20 \times 4 = 80$ votos y Jones emitirá $80 \times 4 = 320$ votos. Si Smith emite todos sus votos para sí mismo, tendrá asegurado un puesto en el consejo. La razón es que Jones no podría dividir sus 320 votos entre cuatro candidatos de forma tal que le pueda dar a cada uno de ellos más de 80 votos, por lo que Smith, en el peor de los casos, terminará en cuarto lugar.

Por lo general, si son N consejeros los que se van a elegir, $1/(N+1)$ por ciento de las acciones (más una acción) garantizarán un puesto en el consejo. En el ejemplo, esto es $1/(4+1) = 20\%$. Por tanto, mientras mayor sea el número de consejeros a elegir simultáneamente, más fácil será (y barato) obtener un puesto en el consejo.

votación directa

Procedimiento en el que un accionista puede emitir todos sus votos por cada miembro del consejo de administración.

Votación directa   Con la **votación directa** se eligen a los miembros del consejo de administración uno por uno. En cada ocasión, Smith puede emitir 20 votos y Jones 80. Como consecuencia de ello, Jones designará a todos los miembros del consejo. La única forma de garantizar el hecho de obtener un puesto es poseer el 50% del número de acciones más una. Esto también garantiza que se ganará cada uno de *todos* los puestos, por lo que en realidad se trata de una situación de todo o nada.

Ejemplo 12.1   Compra de la elección

Las acciones de JRJ Corporation se venden en $20 cada una y tienen como característica la votación acumulada. Existen 10,000 acciones en circulación. Si son tres los consejeros a elegir, ¿cuánto cuesta asegurar un puesto en el consejo de administración?

El problema aquí es determinar cuántas acciones se necesitarán para obtener un puesto. La respuesta es 2,501, por lo que el costo es $2,501 \times \$20 = \$50,020$. ¿Por qué 2,501? Porque no existe forma alguna de poder dividir los 7,499 votos restantes entre tres personas para darles a todas ellas más de 2,501 votos. Por ejemplo, supongamos que dos personas recibieran 2,502 votos y los primeros dos puestos. La tercera persona puede recibir cuando mucho $10,000 - 2,502 - 2,502 - 2,501 = 2,495$, por lo que el tercer puesto está garantizado. ▪

Como hemos indicado, la votación directa puede «excluir» a accionistas minoritarios, de ahí que muchos gobiernos estatales en Estados Unidos especifiquen como obligatorio el voto acumulado. En los estados en los que el voto acumulado es obligatorio, se han establecido dispositivos para minimizar su repercusión.

Uno de estos dispositivos consiste en escalonar las votaciones para el consejo de administración. Con elecciones escalonadas, en un momento determinado sólo corresponde elegir a una parte de los consejeros. Por tanto, si en cualquier momento son sólo dos los consejeros a elegir, se necesitarán el $1/(2+1) = 33.33\%$ de las acciones para garantizar un puesto en el consejo.

Por lo general, las elecciones escalonadas tienen dos efectos básicos:

1. El escalonamiento hace más difícil que una minoría elija a un consejero cuando existe el voto acumulado, ya que son menos las personas a elegir en ese momento.

2. El escalonamiento hace que sea menos probable que tengan éxito los intentos no deseados de transferencia de control de la empresa, dado que es más difícil votar su aprobación con una mayoría de nuevos consejeros.

Obsérvese que el escalonamiento puede tener un propósito benéfico. Proporciona «memoria institucional», es decir, la continuidad en el consejo de administración. Esto puede ser importante para las empresas con planes y proyectos relevantes a largo plazo.

Votación por mandato   El **mandato** es el otorgamiento de autoridad que un accionista concede a otra persona para que vote en su nombre por sus acciones. Por comodidad, gran parte de las votaciones en las grandes empresas se efectúan por mandato.

mandato
Otorgamiento de autoridad por parte del accionista que permite a otra persona votar en nombre de sus acciones.

Como ya hemos visto, cada acción tiene derecho a un voto con la votación directa. El propietario de 10,000 acciones tiene 10,000 votos. Muchas compañías, como es el caso de Anheuser-Busch, tienen cientos de miles e incluso millones de accionistas. Éstos pueden asistir a la asamblea general anual y votar personalmente, o bien pueden ceder su derecho de voto a otra persona.

Es obvio que la administración siempre trata de obtener el máximo número de mandatos que le sea posible. Sin embargo, si los accionistas no están satisfechos con la administración, un grupo «disidente» de accionistas puede intentar obtener votos mediante el mandato. Pueden votar por mandato para reemplazar a la administración actual al elegir suficientes miembros del consejo de administración. Esto se conoce como *contienda por el poder de votación* (*proxy fight*).

Otros derechos   El valor de una acción común de una empresa está directamente relacionado con los derechos generales de los accionistas. Además del derecho de votar por los integrantes del consejo de administración, los accionistas suelen tener los siguientes derechos:

1. El derecho de participar proporcionalmente en los dividendos pagados.
2. El derecho de participar proporcionalmente en los activos residuales, una vez pagados los pasivos en caso de liquidación.
3. El derecho a votar en asuntos de gran importancia para los accionistas, como es el caso de una fusión, lo que suele hacerse en la asamblea ordinaria anual o en una asamblea extraordinaria.

Además, los accionistas tienen a veces el derecho de participar proporcionalmente en la suscripción de cualquier nueva emisión de acciones. Esto se conoce como *derecho preferente de compra* y se estudiará con cierto detalle en el próximo capítulo.

El derecho preferente de compra significa que la empresa que desee vender acciones debe ofrecerlas primero a sus accionistas actuales, antes que al público inversionista en general. El propósito es dar al accionista actual la oportunidad de proteger su participación patrimonial proporcional en la empresa.

Dividendos

Una característica distintiva de las empresas que emiten acciones comunes es que están autorizadas por ley a pagar dividendos a sus accionistas. Los **dividendos** que se pagan a los accionistas representan un rendimiento sobre el capital aportado por los accionistas, directa o indirectamente, a la empresa. El pago de dividendos se efectúa a criterio del consejo de administración.

dividendos
Pago que hace la empresa a los accionistas, ya sea en efectivo o en acciones.

Entre las características importantes de los dividendos, se encuentran las siguientes:

1. A no ser que el consejo de administración de una empresa declare los dividendos, éste no es un pasivo de la empresa. Una empresa no puede incumplir el pago de dividendos no declarados y, como consecuencia de ello, las empresas no pueden ser declaradas en quiebra por no pagar dividendos. El importe de los dividendos, se paguen o no, son decisiones que se basan en el criterio financiero del consejo de administración.[9]

2. El pago de dividendos que efectúa la empresa no es un gasto operativo. Los dividendos no son deducibles para fines de determinación de los impuestos de la empresa. En breve, los dividendos se pagarán de las utilidades de la empresa después de impuestos.

3. Casi todas las autoridades fiscales consideran a los dividendos recibidos por los accionistas individuales como un ingreso ordinario y totalmente gravable. Sin embargo, a las empresas propietarias de acciones de otras empresas se les permite excluir del ingreso gravable el 70% de los importes que reciben por concepto de dividendos y sólo pagan impuestos por el 30% restante.[10]

Clases de acciones*

Algunas empresas tienen varias clases de acciones comunes, que suelen establecerse con diferentes derechos de voto. Por ejemplo, Ford Motor Company tiene acciones comunes clase B, que no se negocian entre el público inversionista (están en poder de los fideicomisos de la familia Ford). Esta clase tiene aproximadamente el 40% del poder de voto. Sin embargo, estas acciones sólo representan alrededor del 15% del total de las acciones en circulación.

Hay otros muchos casos de empresas con varias clases de acciones comunes. Por ejemplo, el interesante caso de Citizens' Utility (que se negocia en el mercado extrabursátil), que sólo paga dividendos en efectivo a sus acciones clase A y que sólo paga dividendos en acciones a sus acciones clase B.[11] En otro ejemplo, General Motors tiene sus acciones «GM Classic» (las originales) y otras dos clases de reciente creación, la clase E (GME) y la clase H (GMH). Estas clases se crearon para ayudar a pagar dos grandes adquisiciones, Electronic Data Systems y Hughes Aircraft.

En principio, la Bolsa de Valores de Nueva York (NYSE) no permite a las empresas crear clases de acciones comunes para venta al público inversionista en general con diferentes derechos a voto. Parecen haberse hecho algunas excepciones (p. ej., Ford). Además, muchas compañías que no pertenecen a la NYSE tienen clases duales de acciones comunes.

---

[9]Sin embargo, las autoridades fiscales de Estados Unidos han reglamentado la acumulación «impropia» de utilidades retenidas. Dado que los dividendos se gravan como ingresos para quien los recibe, existe un incentivo para no pagar dividendos. Las autoridades fiscales no permiten a las empresas no pagar dividendos cuando el objetivo es simplemente evitar este impuesto. Para más detalles, véase el capítulo 16 sobre política de dividendos.

[10]Como constancia, la exclusión del 70% se aplica cuando quien la recibe posee menos del 20% de las acciones en circulación de una empresa. Si la empresa posee más del 20%, pero menos del 80%, la exclusión es del 80%. Si se posee más del 80%, la empresa puede presentar una declaración única «consolidada» y la exclusión efectiva es del 100%.

*Nota de los Revs. Técs.: En algunos países a las clases se les denomina series.

[11]Los dividendos en efectivo y en acciones se comentan con más detalle en el capítulo 16, donde se estudian los dividendos y la política de dividendos.

Una razón fundamental para crear varias clases de acciones está relacionada con el control de la empresa. Si existen este tipo de acciones, la administración de la empresa puede obtener capital emitiendo acciones sin derecho de voto o con derechos limitados, al tiempo que mantiene el control de la empresa.

El tema de los diferentes derechos de voto es controvertido en Estados Unidos y la idea de «una acción, un voto» tiene fuerte apoyo y larga historia. Sin embargo, es interesante observar que las acciones con diferentes derechos de voto son bastante habituales en el Reino Unido y en otros lugares.

PREGUNTAS SOBRE CONCEPTOS

12.5a ¿Qué es el valor en libros de una empresa?
12.5b ¿Qué derechos tienen los accionistas?
12.5c ¿Qué es el mandato?

TENDENCIAS DEL FINANCIAMIENTO A LARGO PLAZO | 12.6

Se han descrito diferentes tipos de financiamientos a largo plazo y examinaremos ahora la importancia relativa de diversas fuentes de financiamiento a largo plazo y cómo se utilizan. En la tabla 12.2 se resumen las fuentes y los usos del financiamiento a largo plazo para empresas industriales estadounidenses de 1981 a 1990 en términos monetarios y porcentuales.

En la tabla 12.2, bajo el título de fuentes de financiamiento, ofrecemos los financiamientos generados internamente y generados de fuentes externas. El financiamiento interno se define aquí como utilidad neta, más depreciación, menos dividendos; ésta es una medida del flujo de efectivo derivado, proveniente de operaciones, generado en forma interna y reinvertido en la empresa.

El financiamiento externo consiste en nuevos préstamos netos a largo plazo, de préstamos a corto plazo y de acciones comunes. Una tendencia sorprendente en años recientes es que las emisiones netas de nuevo capital son *negativas*, lo que significa que se recompra o se retira más capital del que se vende. Por tanto, la deuda a largo plazo se ha vuelto más importante como fuente de financiamiento. Por ejemplo, las empresas obtuvieron en 1988 préstamos a largo plazo por $138.2 miles de millones de dólares estadounidenses. Las ventas de nuevo capital fueron de − $130.5 miles de millones de dólares estadounidenses, lo que significa que las recompras o retiros de acciones excedieron las ventas de las mismas por este importe.

Al observar la tabla 12.2, se identifican otras características del financiamiento a largo plazo:

1. El flujo de efectivo generado internamente ha sido la principal fuente de fondos. El 50-85% del financiamiento a largo plazo proviene de flujos de efectivo generados por las operaciones y «reinvertidos». Normalmente, los fondos generados en forma interna proporcionan el 70-80% de las fuentes totales.
2. El principal uso del financiamiento a largo plazo consiste en gastos de capital, que normalmente representan el 70-80% del total de usos. Por consiguiente, el gasto de capital y el flujo de efectivo generado en forma interna son aproximadamente iguales.

Tabla 12.2

Tendencias del financiamiento corporativo: 1981-1990

Miles de millones de dólares estadounidenses

	1981	1982	1983	1984	1985	1986	1987	1988	1989	1990
Usos de fondos										
Gastos de capital	$269.4	$269.1	$261.5	$308.4	$329.1	$318.2	$318.4	$350.9	$364.5	$372.4
Usos a corto plazo										
Inventarios	$ 35.9	–$ 10.8	$ 11.5	$ 57.5	$ 8.0	–$ 3.3	$ 45.9	$ 51.3	$ 37.0	$ 4.0
Activos líquidos	23.9	46.3	35.1	24.1	27.6	75.7	7.7	35.0	15.0	23.7
Cuentas por cobrar	25.1	– 15.1	55.5	50.1	43.4	16.3	68.6	19.2	26.0	25.5
Otros	52.9	23.6	39.2	38.7	16.5	34.5	31.9	42.0	67.6	67.1
	$137.8	$ 44.0	$141.3	$170.4	$ 95.5	$123.2	$154.3	$147.5	$145.6	$120.3
Total de usos	$407.2	$313.1	$402.8	$478.8	$424.6	$441.4	$472.7	$498.4	$510.1	$492.7
Fondos generados internamente*	$263.7	$252.7	$296.6	$342.1	$354.0	$338.1	$371.5	$397.6	$401.7	$381.3
Financiamiento externo										
Venta de nuevo capital	–$ 11.5	$ 6.4	$ 23.5	–$ 74.5	–$ 81.5	–$ 80.8	–$ 76.5	–$130.5	–$124.2	–$ 63.0
Otro capital	25.3	13.8	11.5	25.6	20.5	36.1	47.3	57.6	69.7	34.3
Deuda a largo plazo	36.9	– 8.2	21.0	65.3	78.5	139.7	144.6	138.2	79.1	62.0
Deuda a corto plazo	56.3	48.2	31.5	89.9	55.1	51.5	28.9	59.4	67.8	18.7
Cuentas por pagar	28.6	4.9	37.0	33.7	34.0	3.1	18.0	3.2	27.8	30.2
Otros financiamientos	2.2	– 4.5	8.9	18.6	– 1.5	16.2	1.3	8.1	12.4	20.5
	$137.8	$ 60.6	$133.4	$156.8	$105.1	$165.8	$133.6	$136.0	$132.6	$102.7
Discrepancias†	5.7	– 0.2	– 27.2	– 21.9	– 34.5	– 62.5	– 32.4	– 35.2	– 24.2	8.7
Total de fuentes	$407.2	$313.1	$402.8	$478.8	$424.6	$441.4	$472.7	$498.4	$510.1	$492.7

Porcentaje del total de usos

	1981	1982	1983	1984	1985	1986	1987	1988	1989	1990
Usos de fondos:										
Gastos de capital	0.66	0.86	0.65	0.64	0.78	0.72	0.67	0.70	0.71	0.76
Usos a corto plazo										
Inventarios	0.09	-0.03	0.03	0.12	0.02	-0.01	0.10	0.10	0.07	0.01
Activos líquidos	0.06	0.15	0.09	0.05	0.07	0.17	0.02	0.07	0.03	0.05
Cuentas por cobrar	0.06	-0.05	0.14	0.10	0.10	0.04	0.15	0.04	0.05	0.05
Otros	0.13	0.81	0.10	0.08	0.04	0.08	0.07	0.09	0.13	0.14
	0.34	0.14	0.35	0.36	0.22	0.28	0.33	0.30	0.29	0.24
Total de usos	1.00	1.00	1.00	1.00	1.00	1.00	1.00	1.00	1.00	1.00
Fuentes de fondos										
Fondos generados internamente*	0.65	0.80	0.74	0.71	0.83	0.77	0.79	0.80	0.79	0.77
Financiamiento externo										
Venta de nuevo capital	-0.03	0.02	0.06	-0.16	-0.19	-0.18	-0.16	-0.26	-0.24	-0.13
Otro capital	0.06	0.04	0.03	0.05	0.05	0.08	0.10	0.12	0.14	0.07
Deuda a largo plazo	0.09	-0.03	0.05	0.14	0.18	0.32	0.24	0.28	0.16	0.13
Deuda a corto plazo	0.14	0.15	0.08	0.19	0.13	0.12	0.06	0.12	0.13	0.04
Cuentas por pagar	0.07	0.02	0.09	0.07	0.08	0.01	0.04	0.01	0.05	0.06
Otros financiamientos	0.01	-0.01	0.02	0.04	-0.00	0.04	0.01	0.02	0.02	0.04
	0.34	0.19	0.33	0.33	0.25	0.38	0.28	0.27	0.26	0.21
Discrepancias†	0.01	-0.00	-0.07	-0.05	-0.08	-0.14	-0.08	-0.07	-0.05	0.02
Total de fuentes	1.00	1.00	1.00	1.00	1.00	1.00	1.00	1.00	1.00	1.00

Nota: Los totales de las columnas quizá no sean exactos debido a errores de redondeo.
*Los fondos generados internamente son la utilidad neta más depreciación menos dividendos.
†Las discrepancias se refieren al error estadístico en las cuentas de flujos de efectivo.
Fuente: Tomado de varias ediciones de *Flow of Funds Accounts*, del Consejo de Gobernadores del Sistema de la Reserva Federal.

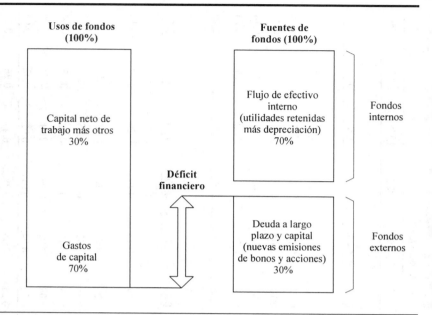

Figura 12.2

El déficit financiero a largo plazo. El déficit es la diferencia entre el financiamiento a largo plazo y el financiamiento interno.

3. Se crea un «déficit» financiero por la diferencia entre los usos del financiamiento a largo plazo y las fuentes internas, por lo que las empresas han sido emisoras netas de instrumentos financieros. Por ejemplo, el 80% del financiamiento a largo plazo en 1982 provino del flujo de efectivo interno, dejando un déficit del 20%. En dicho año en particular, la mayor parte del déficit se financió con deuda a corto plazo (15%).

Como se indica en la figura 12.2, el déficit financiero promedio es alrededor del 30%. Por lo general, dicho déficit se cubre mediante préstamos y nuevo capital. Sin embargo, como ya hemos visto, uno de los aspectos más notables del financiamiento externo es que las nuevas emisiones de capital parecen ser cada vez menos y menos importantes, al menos en su conjunto.

PREGUNTAS SOBRE CONCEPTOS

12.6a ¿Cuál es la diferencia entre el financiamiento interno y el externo?

12.6b ¿Cuáles son las principales fuentes de financiamiento corporativo? ¿Qué tendencias han surgido en los últimos años?

12.7 | FINANCIAMIENTO A LARGO PLAZO BAJO CONDICIONES FINANCIERAS ADVERSAS Y QUIEBRA

Una de las consecuencias de utilizar deuda es la posibilidad de que se presenten problemas financieros, que pueden definirse de varias formas:

1. *Fracaso del negocio.* Éste es un término que se suele utilizar para aludir a una situación en la que el negocio ha terminado con pérdida para los acreedores, pero incluso una empresa financiada exclusivamente con capital puede fracasar.
2. *Quiebra jurídica.* Las empresas entregan solicitudes a un tribunal federal para que éste las declare en quiebra. La **quiebra** es un procedimiento jurídico para liquidar o reorganizar un negocio.
3. *Insolvencia técnica.* Existe insolvencia técnica cuando una empresa deja de pagar una obligación jurídica; por ejemplo, no paga una cuenta.
4. *Insolvencia contable.* Las empresas con capital contable negativo son insolventes en libros. Así sucede cuando los pasivos totales en libros exceden al valor en libros del total de los activos.

Para futuras referencias, se definirá *quiebra* como la transferencia de la propiedad de una parte o de todos los activos de la empresa a los acreedores. Estudiaremos ahora brevemente algunos de los vocablos, así como los aspectos más importantes relacionados con la quiebra y los problemas financieros.

quiebra
Procedimiento jurídico para liquidar o reorganizar un negocio. También la transferencia de propiedad parcial o total de los activos de una empresa a sus acreedores.

Liquidación y reorganización

Las empresas que no pueden cumplir con los pagos a los acreedores o que deciden no efectuarlos tienen dos opciones básicas: la liquidación o la reorganización. La **liquidación** significa que la empresa deja de operar como un negocio e involucra la venta de sus activos. Los ingresos resultantes, después de deducir los costos de venta, se distribuyen a los acreedores en el orden de preferencias o prioridades establecido. La **reorganización** se refiere a la opción de mantener la empresa operativa; ello implica por lo general nuevos instrumentos financieros para reemplazar a los antiguos. La liquidación o la reorganización son el resultado de un procedimiento de quiebra; cuál de las dos opciones se adopta finalmente depende de que la empresa valga más «muerta o viva».

liquidación
Disolución de la empresa como un negocio operativo.

reorganización
Reestructuración financiera de una empresa que está en problemas para intentar continuar las operaciones como una empresa operativa.

Liquidación por quiebra   El capítulo 7 de la «Federal Bankruptcy Reform Act» de 1978 (Acta de Reforma Federal de la Quiebra) se relaciona con la liquidación «directa». Lo habitual es que se produzca la siguiente serie de acontecimientos:

1. Se presenta una petición en un tribunal federal. Las empresas pueden presentar una petición voluntaria o bien uno o más de sus acreedores pueden presentar peticiones involuntarias contra la empresa.
2. Los acreedores eligen un liquidador para la quiebra, que se hace cargo de los activos de la empresa deudora. El liquidador intentará realizar (liquidar) los activos.
3. Una vez realizados los activos, después de abonar los costos administrativos de la quiebra, los ingresos resultantes se distribuyen entre los acreedores.
4. Si existe aún algún ingreso residual después de los gastos y los pagos a los acreedores, éste se distribuye entre los accionistas.

La distribución de los ingresos provenientes de la liquidación se efectúa de acuerdo con la preferencia siguiente. Mientras más alto se encuentre el derecho en la lista que se presenta a continuación, más probable es que se pague. En muchas de estas categorías de preferencia existen diversas limitaciones y salvedades que se omiten en aras de la brevedad.

1. Gastos administrativos relacionados con la quiebra.
2. Otros gastos que se producen tras presentar la petición de quiebra involuntaria, pero antes de designar al liquidador.

3. Salarios, sueldos y comisiones.
4. Aportaciones a los planes de beneficios para los empleados.
5. Obligaciones con los clientes.
6. Obligaciones fiscales con el gobierno.
7. Acreedores sin garantías o colateral.
8. Accionistas preferentes.
9. Accionistas comunes.

regla de prioridad absoluta (RPA)
Regla que establece las preferencias de los derechos en caso de liquidación.

Esta regla de preferencia para la liquidación se denomina **regla de prioridad absoluta (RPA)**.

Es necesario señalar dos salvedades a esta relación. La primera tiene que ver con los acreedores con garantía o colateral. Este grupo de acreedores tienen derecho a los ingresos provenientes de la venta de los bienes en garantía y está fuera de la clasificación anterior. Sin embargo, si se liquidan los bienes en garantía y el efectivo que proporcionan es insuficiente para cubrir el importe de esta deuda, los acreedores con garantía se integran a los acreedores sin garantía en la asignación del valor residual por liquidar. En contraste, si los bienes otorgados en garantía se liquidan y proporcionan ingresos mayores que el importe de la deuda con garantía, los ingresos netos se utilizan para pagar a los acreedores sin garantía y a los restantes acreedores. La segunda salvedad a la RPA es que los tribunales disponen de una gran libertad de acción para decidir lo que realmente vaya a suceder y designar a quién recibirá realmente los ingresos en caso de quiebra; como consecuencia de ello, la RPA no siempre se sigue.

Reorganización por quiebra   La reorganización corporativa se realiza de acuerdo al capítulo 11 de la «Federal Bankruptcy Reform Act» de 1978. El objetivo general de un procedimiento de acuerdo al capítulo 11 es planear la reestructuración de la empresa con ciertas cláusulas para prever la liquidación de los acreedores. Se presenta a continuación el orden de acontecimientos típico:

1. La empresa puede presentar una petición voluntaria o bien los acreedores pueden presentar una petición involuntaria.
2. Un juez federal aprueba o rechaza la petición. Si se aprueba, se establece un período para presentar prueba de las obligaciones contraídas por la empresa.
3. En la mayoría de los casos, la empresa (el «deudor en posesión») continúa operando.
4. Se le exige a la empresa que presente un plan de reorganización.
5. Los acreedores y los accionistas son divididos en clases. Cada una de las clases de acreedores acepta el plan, si la mayoría en dicha clase está de acuerdo con el mismo.
6. Después de la aceptación por parte de los acreedores, el tribunal confirma el plan.
7. Se efectúan a los acreedores y accionistas pagos en efectivo, en bienes y en instrumentos financieros. El plan puede establecer la emisión de nuevos instrumentos financieros.

La empresa quizá desee permitir a los antiguos accionistas conservar cierta participación en la empresa. Es innecesario decir que esto quizá provocará protestas por parte de los tenedores de deuda sin garantía.

Los denominados paquetes de quiebra «preempaquetados» son un fenómeno relativamente nuevo. La empresa se asegura primero de contar con la aprobación necesaria del plan de quiebra por una mayoría de sus acreedores y después presenta la solicitud de quiebra. Como consecuencia de ello, la empresa entra en quiebra y sale de ella casi de inmediato. En algunos casos, se necesita el procedimiento de quiebra para invocar el poder de «compresión» del tribunal de quiebra. En ciertas circunstancias, se puede obligar a una clase de acreedores a aceptar un plan de quiebra, incluso si votan por no aprobarlo, por eso es tan apropiada la descripción del vocablo «compresión».

Convenios para prevenir la quiebra

Cuando una empresa incumple una obligación, puede evitar la quiebra. Dado que el proceso jurídico de la quiebra puede ser largo y caro, a los involucrados les suele convenir idear una forma de salir del problema que evite la presentación de la solicitud de quiebra. Los acreedores pueden trabajar con la administración de una compañía que ha dejado de liquidar un contrato de préstamo. Pueden hacerse, y con frecuencia se hacen, convenios voluntarios para reestructurar la deuda de la compañía, lo que puede incluir una *prórroga* que difiera la fecha del pago o la *composición*, que involucra la reducción del pago.

PREGUNTAS SOBRE CONCEPTOS

12.7a ¿Qué es la quiebra?
12.7b ¿Cuál es la diferencia entre liquidación y reorganización?

RESUMEN Y CONCLUSIONES 12.8

Las fuentes básicas de financiamiento a largo plazo son la deuda a largo plazo, las acciones preferentes y las acciones comunes. En este capítulo se describen las características esenciales de cada una.

1. Se insiste en que los accionistas comunes tienen:
   a. Riesgo y rendimiento residuales en una empresa.
   b. Derecho de voto.
   c. Responsabilidad limitada si la empresa decide dejar de pagar sus deudas y debe transferir parte o todos sus activos a los acreedores.
2. Las acciones preferentes tienen algunas características de deuda y algunas de capital común. Los tenedores de acciones preferentes tienen predilección por la liquidación y por los pagos de dividendos, en comparación con los tenedores de capital común.
3. La deuda a largo plazo involucra las obligaciones contractuales establecidas en los contratos. Existen muchas clases de deuda, pero su característica esencial es que la deuda representa una cantidad establecida que debe reembolsarse. Si no se abona, la empresa incurre en falta de pago y debe reorganizarse o liquidarse. Los pagos de intereses sobre la deuda se consideran un gasto operativo y son deducibles de impuestos.
4. Las empresas requieren financiamiento para efectuar gastos de capital, para capital de trabajo y para otros usos. La mayor parte del financiamiento se obtiene del flujo de efectivo generado internamente. Sólo alrededor del 20% del financiamiento proviene de una nueva deuda a largo plazo y de nuevo capital externo. En realidad, en años recientes, el nuevo capital externo ha sido negativo, lo que implica que, en su conjunto, las recompras o retiros de capital han excedido a las ventas de capital.
5. El uso de la deuda crea la posibilidad de encarar los problemas financieros. Se presentan las opciones disponibles para una empresa y para sus acreedores en estas circunstancias y se describe la preferencia en los pagos en caso de liquidación de la misma.

Términos fundamentales

contrato de emisión de bonos
(*indenture*) **418**
bonos nominativos **419**
bono al portador **419**
bono sin garantía **419**
nota o certificado (*note*) **419**
fondo de amortización **420**
cláusula de redención anticipada **420**
prima de redención anticipada **420**
redención anticipada diferida **421**
protección contra la redención
anticipada **421**
cláusula restrictiva de protección **421**
bono cupón cero **423**
acciones preferentes **427**

acciones comunes **429**
accionistas o socios **430**
capital social **430**
capital en exceso del valor nominal **431**
utilidades retenidas **431**
valor en libros **432**
acciones en tesorería **433**
votación acumulada **433**
votación directa **434**
mandato **435**
dividendos **435**
quiebra **441**
liquidación **441**
reorganización **441**
regla de prioridad absoluta (RPA) **442**

Problema de revisión y autoevaluación del capítulo

12.1 Votación acumulada versus directa Krishnamurti Corporation tiene 500,000 acciones en circulación. Es necesario elegir cuatro consejeros. ¿Cuántas acciones es preciso controlar para garantizar la obtención de un puesto en el consejo si se utiliza la votación directa? ¿Si se utiliza la votación acumulada? No tome en cuenta posibles empates.

Respuesta al problema de autoevaluación

12.1 En el caso de votación directa, es necesario controlar la mitad de las acciones, es decir, **250,000**. En este caso también se podrían elegir a los otros tres consejeros. Con votación acumulada se necesita $1/(N+1)$ por ciento de las acciones, donde N es el número de consejeros a elegir. En el caso de cuatro consejeros es el 20%, es decir, **100,000** acciones.

Preguntas y problemas

1. **Cuentas de capital** Las cuentas de capital de Nosh Co. en 1989 son las siguientes:

Acciones comunes (1,500 acciones en circulación, valor nominal $1)	(1)
Superávit de capital	$ 50,000
Utilidades retenidas	100,000
Total	(2)

Proporcione la información que falta.

2. **Cambios en cuentas de capital** En la pregunta anterior, suponga que la empresa decide emitir 1,000 acciones nuevas. El precio actual es de $50 por acción. Muestre el efecto sobre las diferentes cuentas. ¿Cuál es la nueva razón mercado/libros?

3. **Cambios en cuentas**   En la pregunta anterior, suponga que en lugar de lo indicado la compañía *compra* 100 de sus propias acciones. ¿Cómo se denomina a estas acciones? ¿Qué le ocurriría a las cuentas presentadas?

4. **Votación**   Los accionistas de Tirna-No Company necesitan elegir cuatro nuevos consejeros. Existen 1 millón de acciones en circulación. ¿Cuántas acciones es necesario controlar para estar seguros de poder elegir al menos a un consejero?:
   a. ¿Si Tirna-No tiene votación directa?
   b. ¿Si tiene votación acumulada?

5. **Acciones preferentes**   ¿Cuáles tienen el rendimiento mayor, las acciones preferentes o los bonos corporativos? ¿Por qué existe una diferencia? ¿Quiénes son los principales inversionistas en acciones preferentes? ¿Por qué?

6. **Deuda contra capital**   ¿Cuáles son las diferencias principales entre la deuda corporativa y el capital? ¿Por qué algunas empresas inteligentes tratan de emitir capital disfrazado de deuda? ¿Por qué a las acciones preferentes se les puede denominar bonos de capital?

7. **Tendencias del financiamiento**   Babel Tower Company tiene $5 millones en proyectos con VPN positivo que le gustaría aprovechar. Según la tendencia del financiamiento a largo plazo para las empresas industriales estadounidenses, ¿cuál es la estrategia de financiamiento que probablemente utilizará Babel?

8. **Quiebra**   ¿Qué opciones básicas tiene una empresa si no puede o si decide no efectuar un pago exigido por contrato, como es el caso de los intereses? Descríbalas.

9. **Quiebra**   Con base en el capítulo 11 se ha presentado una petición para la reorganización de Dew Drop Inn Company. Los liquidadores estiman que el valor de liquidación de la empresa, después de considerar los costos, es de $50 millones. De forma alternativa, los liquidadores, utilizando el análisis preparado por la empresa de consultoría PH, predicen que el negocio ya reorganizado generará flujos de efectivo anuales por $8 millones a perpetuidad. La tasa de descuento es del 20%. ¿Se debe liquidar o reorganizar a Dew Drop? ¿Por qué?

10. **Intereses sobre bonos de cupón cero**   Hanna Co. ha emitido un bono de descuento puro, a cinco años, al 10%. Suponiendo que las autoridades fiscales permitan el cálculo de los intereses en línea recta, calcule la deducción anual por intereses. Compare esto con el interés verdadero implícito. ¿Cuál es el beneficio del método en línea recta?

11. **Condiciones del contrato de emisión de bonos**   ¿Cuál es el efecto de cada una de las siguientes cláusulas sobre la tasa nominal (tasa de cupón) para un bono recientemente emitido? Proporcione una breve explicación en cada caso.
   a. Una cláusula de redención anticipada por el inversionista (*call provision*).
   b. Una cláusula de convertibilidad.
   c. Una cláusula de redención anticipada por el emisor (*put provision*).
   d. Un cupón variable o flotante.

Lecturas sugeridas

Las siguientes lecturas proporcionan alguna información sobre la estructura financiera de empresas industriales:

Kester, W. C., «Capital and Ownership Structure: A Comparison of the United States and Japanese Manufacturing Corporations», *Financial Management* 15, primavera de 1986.

Taggart, R., «Secular Patterns in the Financing of U.S. Corporations», *Corporate Capital Structure in the United States*, ed. B. Friedman, Chicago: University of Chicago Press, 1985.

<table>
<tr><td>**Apéndice 12A**</td><td>**BONOS REDIMIBLES ANTES DE SU VENCIMIENTO Y REDENCIÓN DE BONOS**</td></tr>
</table>

reembolso anticipado de bonos

Proceso de reemplazar total o parcialmente una emisión de bonos en circulación

El proceso de reemplazar total o parcialmente una emisión de bonos en circulación se denomina **redención** o **reembolso anticipado de bonos** (*bond refunding*) Como ya hemos visto, casi toda la deuda corporativa es redimible antes de su vencimiento (*callable*). Normalmente, el primer paso en un reembolso anticipado de bonos consiste en aprovechar esta característica para redimir anticipadamente toda la emisión de bonos al precio de redención anticipada.

¿Por qué una empresa desearía redimir una emisión de bonos antes de su vencimiento? Existe una razón obvia. Suponga que una empresa emite una deuda a largo plazo con una tasa nominal de, por ejemplo, un 12%. En algún momento después de la emisión, las tasas de interés disminuyen y la empresa se da cuenta de que podría pagar una tasa nominal del 8% y obtener la misma cantidad de dinero. En estas circunstancias, la empresa quizá desee redimir anticipadamente la deuda. Observe que, en este caso, el reembolso anticipado de una emisión de bonos sólo representa una forma de volver a financiar un préstamo con intereses más altos por otro con intereses menores.

En la siguiente presentación repasamos brevemente varios aspectos relacionados con el reembolso anticipado de bonos y la característica de redención anticipada (*call feature*). En primer lugar, ¿cuál es el costo para la empresa de una cláusula de redención anticipada? En segundo lugar, ¿cuál es el valor de una cláusula de redención anticipada? En tercer lugar, conociendo que una empresa ha emitido bonos con redención anticipada, ¿cuándo se deben reembolsar?[12]

12A.1 | LA CLÁUSULA DE REDENCIÓN ANTICIPADA

El sentido común señala que las cláusulas de redención anticipada (*call provision*) son útiles. En primer lugar, casi todos los bonos de colocación pública tienen esta característica. En segundo lugar, es evidente que la redención anticipada beneficia al emisor. Si las tasas de interés disminuyen y los precios de los bonos aumentan, el emisor tiene la opción de recomprar los bonos a un precio «de barata».

---

[12]Para un estudio más profundo de los temas tratados en este apéndice, véase *The Financial Manager's Guide to Evaluating Bond Refunding Opportunities*, de John D. Finnerty, Andrew J. Kalotay y Francis X. Farrell, Jr., The Institutional Investor Series in Finance and Financial Management Association Survey and Synthesis Series (Cambridge, Mass.: Ballinger Publishing Company, 1988). Nuestro estudio se basa, en parte, en «An Analysis of Call Provisions and the Corporate Refunding Decision», de Alan Kraus, en *Midland Corporate Finance Journal*, primavera de 1983.

Por otra parte, si todos los restantes parámetros se mantienen constantes, a los tenedores de bonos les desagradan las cláusulas de redención anticipada. De nuevo, la razón es obvia. Si las tasas de interés disminuyen, las ganancias de los tenedores de los bonos quedan limitadas debido a la posibilidad de que se rediman anticipadamente los bonos. Como resultado, al adquirir los bonos, los inversionistas tomarán en cuenta la cláusula de redención anticipada y exigirán alguna compensación en forma de una tasa cupón o una tasa nominal mayor.

Ésta es una observación importante. La cláusula de redención anticipada no es gratuita. En lugar de ello, la empresa paga un cupón mayor de lo que hubiera pagado normalmente. Se considera a continuación si es o no una buena idea pagar esta mayor tasa nominal.

Costo de la cláusula de redención anticipada

Para dar un ejemplo del efecto que tiene la característica de redención anticipada sobre el monto del cupón de un bono, suponga que Kraus Intercable Company pretende emitir algunos bonos perpetuos. Se seguirá trabajando con perpetuidades, ya que el hacerlo simplifica parte del análisis sin cambiar los resultados generales.

La tasa de interés actual de estos bonos es del 10% y por consiguiente Kraus fija el monto del pago anual por cupón en $100. Suponga que existe la misma probabilidad de que al finalizar el año las tasas de interés:

1. Disminuyan a $6^2/_3\%$. Si es así, el precio del bono aumentará a $100/0.067 = $1,500.
2. Aumenten a 20%. Si es así, el precio del bono disminuirá a $100/0.20 = $500.

Observe que existe la misma probabilidad de que el bono se venda en $500 o en $1,500, por lo que el precio esperado es de $1,000. Observe también que la tasa de interés más baja es en realidad 0.0666 y no 0.067. En todos los cálculos presentados se utiliza la tasa exacta.

Se considera el precio de mercado del bono suponiendo que no es redimible en forma anticipada, P_{NC}. Este precio será igual al precio esperado del bono en el año siguiente, más el pago del cupón, descontada dicha suma a la tasa de interés actual del 10%:

$$P_{NC} = \frac{\begin{array}{c}\text{Importe por} \\ \text{primer año}\end{array} + \begin{array}{c}\text{Precio esperado} \\ \text{al finalizar el año}\end{array}}{1.10}$$

$$= \frac{\$100 + \$1,000}{1.10}$$

$$= \$1,000$$

Por tanto, el bono se vende a valor par.

Suponga ahora que Kraus Intercable Company decide que la emisión sea redimible antes de su vencimiento. Para mantener el ejemplo lo más sencillo posible, se supondrá que los bonos deben ser redimibles por anticipado el próximo año o nunca. Para redimir anticipadamente los bonos, Kraus tendrá que pagar el valor nominal de $1,000, más una prima por redención anticipada de $150 para un total de $1,150. Si Kraus quiere que el bono redimible antes de su vencimiento se venda a valor nominal, ¿qué importe por cupón, C, debe ofrecer?

Para determinar el importe por cupón, es necesario calcular cuáles son los posibles precios en un año. Si las tasas de interés disminuyen, el bono será redimido anticipadamente y el tenedor del mismo obtendrá $1,150. Si las tasas de interés aumentan, el bono no será redimido anticipadamente y valdrá $C/0.20$. De forma que el precio esperado en un año es $0.50 \times (C/0.20) + 0.50 \times (\$1,150)$. Si el bono se vende a valor nominal, el precio, P_C, es de $1,000 y se tendrá:

$$P_C = \$1,000 = \frac{\text{Importe por primer año} + \text{Precio esperado al finalizar el año}}{1.10}$$

$$= \frac{\$C + [0.50 \times (C/0.20) + 0.50 \times (\$1,150)]}{1.10}$$

$$1000 = \frac{3.5\ C\ +\ 575}{1.10}$$

Si se resuelve para C, se determina que el cupón deberá ser

$$C = \$525/3.5 = \$150$$

Este monto es considerablemente más elevado que los $100 que se tenían previamente y muestra que la cláusula de redención anticipada no es gratuita.

¿Cuál es el costo de la cláusula de redención anticipada en este ejemplo? Para responder, se puede calcular a qué precio se vendería el bono si no fuera redimible anticipadamente y tuviera un importe por cupón de $150:

$$P_{NC} = \frac{\text{Importe por primer año} + \text{Precio esperado al finalizar el año}}{1.10}$$

$$= \frac{\$150 + [0.50 \times (\$150/0.20) + 0.50 \times (\$150/0.067)]}{1.10}$$

$$= \$1,500$$

Lo que se observa en este sencillo caso es que la cláusula de redención anticipada cuesta efectivamente $500 por bono, ya que Kraus habría obtenido $1,500 por bono en lugar de los $1,000 si los bonos no fueran redimibles antes de su vencimiento.

Valor de la cláusula de redención anticipada

Ya hemos visto que Kraus deberá pagar para que esta emisión de bonos sea redimible antes de su vencimiento; ahora es necesario observar cuál es el valor para Kraus al hacerlo. Si el valor excede de $500, la cláusula de redención anticipada tiene un VPN positivo y se debe incluir dicha cláusula; de lo contrario, Kraus debe emitir bonos no redimibles antes de su vencimiento.

Si Kraus emite un bono redimible anticipadamente y las tasas de interés disminuyen a $6^2/_3\%$ en un año, puede reemplazar el bono al 15% por una emisión perpetua no redimible antes de su vencimiento con un cupón de $6^2/_3\%$. En este caso, el ahorro por intereses es de $150 - 66.67 = $83.33 anual para siempre (ya que se trata de una perpetuidad). A una tasa de interés de $6^2/_3$%, el valor presente (en un año) de los ahorros por intereses es de $83.33/0.067 = $1,250.

Para realizar el reembolso anticipado, Kraus deberá pagar una prima de $150, por lo que el valor presente neto de la operación de reembolso anticipado en un año es de $1,250 − 150 = $1,100 por bono. Sin embargo, sólo existe una probabilidad del 50% de que la tasa de interés baje, por lo que se espera obtener 0.50 × $1,100 = $550 por el reembolso anticipado en un año. El valor presente de este importe es de $550/1.1 = $500. Por tanto, se llega a la conclusión de que, para Kraus, la característica de redención anticipada tiene un valor de $500.

No es una coincidencia que el costo y el valor de la cláusula de redención anticipada sean idénticos. Todo ello señala que el VPN de la característica de redención anticipada es igual a cero; los tenedores de bonos exigen un pago por cupón que les compense exactamente por la posibilidad de una redención anticipada.

PREGUNTAS SOBRE CONCEPTOS

12A.1a ¿Por qué una empresa podría redimir una emisión de bonos antes de su vencimiento? ¿Cómo se denomina esta acción?

12A.1b Explique por qué a los tenedores de bonos no les agradan las cláusulas de redención anticipada.

LA EMISIÓN DE CONVERSIÓN   12A.2

En el ejemplo anterior, se observó que si la tasa de interés disminuía, Kraus ganaba $1,100 por bono debido a la operación de reembolso anticipado. Es necesario ahora decidir cuándo una empresa debe reembolsar anticipadamente una emisión de bonos en circulación. La respuesta a esta pregunta puede ser bastante complicada, por lo que se continuará con el ejemplo simplificado que hemos utilizado hasta ahora. Seguiremos suponiendo que:

1. Los bonos son perpetuidades.
2. No existen impuestos.
3. No existen costos por reembolso anticipado, con excepción de la prima por redención anticipada.
4. Los bonos deben redimirse anticipadamente ahora o nunca.

Debido a estos supuestos, el ejemplo es irreal. Los impuestos y los costos de reembolso anticipado, por ejemplo, son importantes y la decisión de reembolso anticipado es, en la práctica, más complicada de lo que aquí se muestra. Afortunadamente, los tres primeros de estos cuatro supuestos pueden eliminarse sin mayor problema, tan sólo sería necesario realizar algunos cálculos adicionales.

El último de estos supuestos no puede eliminarse con facilidad. El problema es que cuando se redime anticipadamente un bono, se elimina para siempre la opción de redimirlo más adelante. Es lógico imaginar que tal vez fuera mejor esperar y redimirlo anticipadamente más tarde, con la esperanza de que las tasas de interés aún sean menores.[13]

---

[13]Éste es el mismo tema que se trató en el capítulo 9 al estudiar las opciones en el presupuesto de capital, en particular la opción de esperar.

¿Cuándo deben las empresas reembolsar anticipadamente los bonos?

El siguiente apunte será útil para analizar el aspecto de reembolso anticipado:

c_0 = Tasa cupón o nominal de los bonos en circulación

c_N = Tasa cupón o nominal de la nueva emisión, igual a la tasa actual de mercado

CP = Prima por redención anticipada por bono

Se supone que el valor nominal es de $1,000 por bono. Si se reemplaza la emisión antigua, el ahorro es de $(c_0 - c_N) \times \$1,000$ en intereses por bono cada año para siempre.

La tasa de interés actual es c_N, por lo que el valor presente del ahorro en intereses es $(c_0 - c_N)/c_N \times \$1,000$. Cuesta CP redimir anticipadamente el bono, por lo que el VPN por bono de la operación de reembolso anticipado puede expresarse como:

$$\text{VPN} = (c_0 - c_N)/c_N \times \$1,000 - CP \tag{12A.1}$$

En el ejemplo de Kraus, los bonos se emitieron originalmente con una tasa del 15%. La tasa de interés actual disminuyó al $6^2/_3\%$ y la prima por redención anticipada era de $150. El VPN del reembolso anticipado es:

$$\begin{aligned}
\text{VPN} &= (c_o - c_N)/c_N \times \$1,000 - CP \\
&= (0.15 - 0.067)/0.067 \times \$1,000 - \$150 \\
&= 1.25 \times \$1,000 - \$150 \\
&= \$1,100 \text{ por bono}
\end{aligned}$$

Esto es lo mismo que se tenía (sin tomar en cuenta un ligero error por redondeo).

Ejemplo 12A.1   ¿A quién se va a reembolsar?

Toastdusters Inc. tiene una perpetuidad vigente con una tasa nominal del 10%. Esta emisión debe redimirse anticipadamente ahora o nunca. Si se redime anticipadamente, será reemplazada por una emisión con una tasa nominal del 8%, igual a la tasa de interés actual. La prima por redención anticipada es de $200 por bono. ¿Se debe llevar a cabo el reembolso anticipado? ¿Cuál es el VPN del reembolso anticipado?

Con un valor nominal de $1,000, el ahorro de intereses será de $100 − 80 = $20 por bono por año y para siempre. El valor presente de este ahorro es de $20/0.08 = $250 por bono. Dado que la prima por redención anticipada es de $200 por bono, debe iniciarse el reembolso anticipado: el VPN es de $50 por bono. ∎

¿Deben emitir las empresas bonos redimibles antes de su vencimiento?

Hemos observado que es probable que el VPN de la cláusula de redención anticipada sea igual a cero en el momento de emitir un bono. Ello significa que da igual que la emisión sea o no redimible antes de su vencimiento; se obtiene el mismo monto por lo que se pagó, al menos en promedio.

Una empresa preferirá emitir bonos redimibles antes de su vencimiento sólo si estima que la opción de redención anticipada tiene un valor mayor al que estiman los tenedores de bonos. Se estudian a continuación tres razones por las que una empresa podría utilizar una cláusula de redención anticipada:

1. Pronósticos más precisos de las tasas de interés.
2. Impuestos.
3. Flexibilidad financiera para futuras oportunidades de inversión.

Estimaciones más precisas de las tasas de interés   La empresa tal vez prefiera la cláusula de redención anticipada porque asigna una probabilidad mayor a una disminución en la tasa nominal a pagar que la probabilidad correspondiente que estiman los tenedores de bonos.

Por ejemplo, los administradores quizá estén mejor informados sobre una posible mejora en la calificación de crédito de la empresa. De esta forma, el personal interno de la empresa tal vez tenga un mayor conocimiento sobre las posibles disminuciones en las tasas de interés que el que tienen los tenedores de bonos.

Es discutible si las empresas tienen realmente o no un mayor conocimiento que los acreedores sobre las futuras tasas de interés, pero el punto es que quizá ellos *piensen* que es así, por lo que prefieren emitir bonos redimibles a su vencimiento.

Impuestos   En el análisis anterior no se han tenido en cuenta los impuestos. Las cláusulas de redención anticipada quizá presenten ventajas fiscales, tanto para los tenedores de bonos como para la empresa emisora. Esto será cierto si el tenedor del bono paga una tasa de impuestos inferior a la tasa de impuestos de la empresa.

Se ha observado que los bonos redimibles antes de su vencimiento tienen tasas mayores que los bonos no redimibles anticipadamente. Debido a que los pagos de cupones son un gasto financiero deducible para la empresa, si la tasa de impuestos corporativos es mayor que la tasa de impuestos del tenedor individual de bonos, la empresa ganará más por ahorro de intereses que lo que los tenedores de bonos perderán en impuestos adicionales. En realidad, el gobierno paga por una parte de la cláusula de redención anticipada en menores ingresos por impuestos.

Oportunidades de inversión futuras   Como hemos visto, existen en los contratos o actas de emisión de bonos cláusulas restrictivas de protección que limitan las oportunidades de inversión de una empresa. Por ejemplo, las cláusulas restrictivas de protección quizá limiten la capacidad de la empresa para adquirir otra o para vender ciertos activos (p. ej., una división operativa de la empresa). Si las cláusulas de protección son suficientemente limitantes, el costo para los accionistas por concepto de VPN perdido puede ser considerable.

No obstante, si los bonos son redimibles antes de su vencimiento, al pagar la prima por redención anticipada, la empresa puede recomprar los bonos y aprovechar una mejor oportunidad de inversión.

PREGUNTAS SOBRE CONCEPTOS

12A.2a ¿Cuándo deben emitir las empresas bonos redimibles antes de producirse su vencimiento?

12A.2b ¿Cuál es el efecto sobre la tasa nominal de un bono al incluir una cláusula de redención anticipada? ¿Por qué?

Problemas de revisión y autoevaluación del apéndice

12A.1 Cláusulas de redención anticipada y valores de bonos   Timberlake Industries ha decidido colocar una emisión de bonos perpetuos. La tasa nominal será del 8% (la tasa de interés actual). En un año existe la misma posibilidad de que las tasas de interés sean del 5% o del 20%. ¿Cuál será el valor de mercado de los bonos si no son redimibles antes de su vencimiento? ¿Si son redimibles anticipadamente a valor par más $80?

12A.2 Cláusulas de redención anticipada y tasas nominales   Si los bonos de Timberlake en el problema A.1 son redimibles antes de su vencimiento y se venden a valor par, ¿cuál es el pago por cupón, C? ¿Cuál es el costo de la cláusula de redención anticipada en este caso?

Respuestas a los problemas de autoevaluación del apéndice

12A.1 Si los bonos no son redimibles anticipadamente, en un año cada uno valdrá **$80/0.05 = $1,600 también $80/0.2 = $400**. El precio esperado es de $1,000. El VP de los $1,000 y del primer pago de cupón de $80 es de $1,080/1.08 = **$1,000**, por lo que los bonos se venderán a valor par.

Si los bonos son redimibles antes de su vencimiento, se reembolsarán a **$1,080** (si las tasas de interés bajan al 5%) o se venderán en **$400**. El valor esperado es de ($1,080 + 400)/2 = **$740**. El VP es de ($740 + 80)/1.08 = **$759.26**.

12A.2 En un año cada bono tendrá un valor de $C/0.20$ o se redimirá anticipadamente por $1,080. Si los bonos se venden a valor par:

$$\$1,000 = [C + 0.5(C/0.20) + 0.5(\$1,080)]/1.08$$

$$\$540 = [C + 0.5(C/0.20)]$$

$$= 3.5C$$

El pago por cupón, C, debe ser $540/3.5 = **$154.29**.

Si los bonos tenían un cupón de $154.29 y no eran redimibles antes de su vencimiento, en un año valdrán $154.29/0.05 = **$3,085.71** o $154.29/0.20 = **$771.43**. Existe la misma probabilidad para cualquiera de estos casos, por lo que se espera un valor de $1,928.57. Cada bono se vendería hoy en ($1,928.57 + 154.29)/1.08 = **$1,928.57**. Por tanto, el costo de la cláusula de redención anticipada es de **$928.57**. Este monto es considerable, pero como veremos en un capítulo posterior, ello proviene del hecho de que las tasas de interés son bastante volátiles en este ejemplo.

Preguntas y problemas del apéndice

1. VPN y reembolso anticipado   Oattoker's, Inc., tiene una perpetuidad vigente con una tasa nominal del 20%. Esta emisión debe redimirse anticipadamente ahora o nunca. Si se redime anticipadamente, será reemplazada por una emisión que tiene una tasa nominal del 16%, igual a la tasa de interés actual. La prima de redención anticipada es de $200 por bono. ¿Debe iniciarse el reembolso anticipado? ¿Cuál es el VPN de un reembolso anticipado?

2. **Tasas de interés y reembolso anticipado**   En la pregunta anterior, ¿cuál debería ser la tasa actual para que a Oattoker's le diera igual reembolsar anticipadamente o no?

3. **Precios de bonos redimibles antes de su vencimiento**   Bummer Motor Works, Inc., ha decidido colocar una emisión de bonos perpetuos. La tasa de interés actual es del 12%. En un año existe la misma probabilidad de que las tasas de interés sean del 10 o del 15%. ¿Se venderá a valor nominal esta emisión si el pago por cupón es de $120? ¿A cómo se vendería si el pago por cupón fuera de $150?

4. **Determinación de precios**   En la pregunta anterior, suponga que los bonos son redimibles antes de su vencimiento en $1,060. ¿Cuál debe ser el pago por cupón para que los bonos se vendan a valor nominal? ¿Cuál es el costo de la cláusula de redención anticipada?

5. **VPN y reembolso anticipado**   Horim-Ben-Levy (HBL) Co. tiene una emisión de bonos en circulación con un valor nominal total de $20 millones y una tasa nominal del 8%. Los bonos son redimibles antes de su vencimiento a valor par más una prima de $80 por bono. Estos bonos podrían emitirse de nuevo al 6%. El costo total de la emisión por el reembolso anticipado (excluyendo la prima de redención anticipada) sería de $3 millones. Los bonos deben redimirse anticipadamente ahora o nunca. ¿Cuál sería el VPN de este reembolso anticipado? ¿Debe iniciar Horim-Ben-Levy el reembolso anticipado?

6. **Tasas**   En el problema anterior, ¿cuál habría de ser la tasa de interés actual para que a HBL Co. le resultara indiferente la operación de reembolso anticipado?

7. **VPN y período de vigencia**   En el problema 5, ¿cómo se afectaría la respuesta si los bonos vencieran dentro de 20 años en vez de un número infinito de años? ¿Cuál sería el VPN de una operación de reembolso anticipado?

8. **VPN, reembolso anticipado e impuestos**   Éste es un problema retador. Observe de nuevo el problema 1. Suponga que la empresa está en un rango de impuestos del 34%. La prima por redención anticipada es un gasto deducible de impuestos. Por supuesto que también son deducibles los intereses pagados sobre los bonos antiguos y los nuevos. ¿Cuál es el VPN del reembolso anticipado? Observe que la tasa de descuento apropiada será la tasa de financiamiento *después de impuestos*. ¿Cuál es el efecto neto de preocuparse por los impuestos sobre el VPN del reembolso anticipado? Explíquelo.

Capítulo 13

Emisión pública de instrumentos financieros

En el capítulo 12 se examinaron los diferentes tipos de instrumentos financieros corporativos. En este capítulo se estudia de qué manera las empresas venden esos instrumentos financieros al público inversionista. Los procedimientos generales que se describen se aplican a los instrumentos de deuda y a los instrumentos de capital, aunque se pone mayor énfasis en el capital.[1]

Antes de poder negociar los instrumentos financieros en un mercado bursátil, es necesario emitirlos al público. Una empresa que realiza una emisión pública ha de satisfacer varios requisitos establecidos por la legislación federal, cuyo cumplimiento controla la Securities and Exchange Commission —SEC (Comisión de valores e intercambio)—. Por lo general, hay que proporcionar a los inversionistas toda la información relevante, bajo la forma de una solicitud de inscripción y un prospecto de colocación. En la primera parte de este capítulo se estudian las implicaciones de este proceso.

Una emisión pública de deuda o capital puede venderse directamente al público con el apoyo de agentes colocadores. Esto se conoce como una *oferta directa en efectivo*. Alternativamente, una emisión pública de capital puede venderse a los accionistas actuales de la empresa por medio de lo que se conoce como una *oferta de derechos preferentes de compra (rights offer)*. Se examinan las diferencias entre una oferta directa en efectivo vía suscripción y una oferta de derechos preferentes de compra. Como hemos indicado, los costos directos de una oferta de derechos preferentes de compra parecen ser considerablemente inferiores a los de una oferta directa en efectivo. A pesar de ello, casi todas las nuevas emisiones de capital en Estados Unidos son ofertas directas en efectivo, sobre todo

---

[1] Agradecemos a Jay R. Ritter, de la Universidad de Illinois, sus útiles comentarios y sugerencias sobre este capítulo.

en años recientes. Esto es un enigma en cierta forma. Por ejemplo, en Europa (y en todas partes) las emisiones de capital efectuadas por empresas cuyas acciones están en poder del público inversionista suelen ser ofertas de derechos preferentes de compra.

LA EMISIÓN PÚBLICA | 13.1

La «Securities Act» (Ley de valores) de 1933 establece las normas federales para todas las emisiones de instrumentos financieros interestatales. La «Securities Exchange Act» (Ley de intercambio de valores) de 1934 constituye la base de reglamentación de los instrumentos financieros que ya están en circulación. La Comisión de Valores e Intercambio de Estados Unidos aplica ambas leyes.

Procedimiento básico para una nueva emisión

Existen varios pasos en la emisión de instrumentos financieros al público inversionista. En términos generales, el procedimiento básico es el siguiente:

1. El primer paso de la administración de la empresa al emitir cualquier instrumento financiero al público inversionista consiste en obtener la aprobación del consejo de administración. En algunos casos, hay que aumentar el número de acciones comunes autorizadas. Para ello se requiere una votación de los accionistas.
2. La empresa debe preparar y presentar una **solicitud de inscripción** ante la «SEC». La solicitud de inscripción es obligatoria para todas las emisiones públicas de instrumentos financieros, con dos excepciones:
   a. Préstamos que venzan en un período de nueve meses.
   b. Emisiones cuyo valor sea inferior a $1.5 millones.

   La segunda excepción se conoce como la *exención de emisiones pequeñas*. En este caso, se utilizan procedimientos simplificados. De acuerdo con la exención de emisiones pequeñas, las emisiones por un monto inferior a $1.5 millones están regidas por la **Reglamentación A**, según la cual sólo se necesita presentar una breve solicitud de oferta. Sin embargo, la solicitud de inscripción suele contener muchas páginas (50 o más) de información financiera, incluyendo la historia financiera, los detalles de las operaciones actuales, el financiamiento propuesto y los planes para el futuro.
3. La SEC estudia la solicitud de inscripción durante un tiempo. En este tiempo, la empresa puede distribuir copias de un **prospecto** preliminar de colocación. El prospecto de colocación contiene gran parte de la información que aparece en la solicitud de inscripción y la empresa lo hace circular entre los posibles inversionistas. En ocasiones, el **prospecto preliminar de colocación** se conoce como *red herring*, debido en parte a las visibles letras en color rojo impresas en la carátula del prospecto preliminar de colocación.

   La solicitud de inscripción entra en vigor el vigésimo día, contando a partir de su presentación, a no ser que la SEC envíe una *carta de comentarios* en la que sugiera modificaciones a la misma. Una vez llevadas a cabo las modificaciones, se inicia de nuevo el período de espera de 20 días.

   Inicialmente, la solicitud de inscripción no contiene el precio de la nueva emisión. Por lo general, se presenta una modificación de precios al término del período de espera o cerca del término de éste y la inscripción entra en vigor de forma acelerada.

solicitud de inscripción
Documentación presentada ante la «SEC» que contiene toda la información relevante sobre la empresa que planea realizar una oferta pública.

Reglamentación A
Disposición jurídica de la «SEC» que exime a las emisiones públicas inferiores a $1.5 millones de cumplir con la mayoría de los requisitos de inscripción.

prospecto
Documento jurídico que presenta a los posibles inversionistas información detallada sobre la empresa emisora y la oferta propuesta.

prospecto preliminar de colocación
Prospecto preliminar que se distribuye a los posibles inversionistas en una nueva emisión de instrumentos financieros.

4. La empresa no puede vender los instrumentos financieros durante el período de espera, aunque pueden hacerse ofertas verbales.

5. En la fecha que entra en efecto la solicitud de inscripción, se determina un precio y se inician los esfuerzos de venta a gran escala. A la entrega de los instrumentos financieros o a la entrega del certificado de confirmación de venta, lo que ocurra primero, se debe incluir un prospecto de colocación definitivo.

anuncio de oferta pública
Anuncio que informa sobre una oferta pública de instrumentos financieros.

Durante el período de espera y después del mismo, los suscriptores publican un **anuncio de oferta pública**, denominado por lo general «lápida» (*tombstone*). En la figura 13.1 (pág. 464) se reproduce un ejemplo. Este anuncio contiene el nombre de la empresa emisora de los instrumentos financieros (en este caso Consolidated Rail, o Conrail). El anuncio proporciona información sobre la emisión y señala los bancos de inversión (agentes colocadores) encargados de venderla. Se describe a continuación de forma más detallada el papel que asumen los bancos de inversión en la venta de instrumentos financieros.

El anuncio de oferta pública indica los bancos de inversión divididos en grupos denominados *categorías* y dentro de ellas se dan los nombres de los bancos en orden alfabético. Las categorías representan una jerarquización de los bancos. Por lo general, mientras más arriba se encuentre la categoría, mayor es el prestigio del agente colocador.

PREGUNTAS SOBRE CONCEPTOS

13.1a ¿Cuáles son los procedimientos básicos para vender una nueva emisión?
13.1b ¿Qué es una solicitud de inscripción?

13.2 | MÉTODOS ALTERNATIVOS DE EMISIÓN

Cuando una compañía decide emitir un nuevo instrumento financiero, puede venderlo a través de una colocación pública o una privada. Si se trata de una colocación pública la empresa tiene la obligación de acreditar la emisión ante la Comisión de Valores e Intercambio (SEC). Sin embargo, si la emisión se vende a menos de 35 inversionistas, se puede colocar en forma privada. En este caso, no se requiere presentar la solicitud de inscripción.[2]

oferta directa en efectivo
Emisión de instrumentos financieros que se ofrece a la venta al público inversionista en general sobre la base de pago en efectivo.

oferta de derechos preferentes de compra
Emisión pública de instrumentos financieros en la que éstos se ofrecen primero a los accionistas actuales. También se la conoce como *suscripción privilegiada*.

oferta pública inicial (OPI)
Primera emisión de capital de una empresa que se pone a disposición del público inversionista. También se la conoce como *nueva emisión sin experiencia previa*.

Existen dos clases de emisiones públicas: la **oferta directa en efectivo** y la **oferta de derechos preferentes de compra** (*rights offer*). Con la oferta directa en efectivo, los instrumentos financieros se ofrecen al público inversionista en general sobre la base de «se le vende al primero que lo solicita». En el caso de la oferta de derechos preferentes de compra, los instrumentos financieros se ofrecen en primera instancia a los propietarios actuales. Casi toda la deuda se vende mediante ofertas en efectivo, pero el capital se vende mediante ofertas en efectivo y mediante ofertas de derechos preferentes de compra. En las ofertas directas en efectivo, se utilizan agentes colocadores, pero no siempre se utilizan en las ofertas de derechos preferentes de compra.

La primera emisión pública de capital que realiza una empresa se denomina **oferta pública inicial (OPI)** o *nueva emisión sin experiencia previa*. Ése es el caso si la empresa de-

---

[2]Pueden efectuarse diferentes arreglos para emisiones privadas de capital. La venta de instrumentos financieros no inscritos evita el costo de cumplir con la Ley de Intercambio de Valores («Securities Exchange Act») de 1934. La reglamentación restringe significativamente la reventa de instrumentos de capital no inscritos. Por ejemplo, se le puede exigir al comprador que conserve en su poder los instrumentos financieros durante al menos dos años. Sin embargo, en 1990 muchas de las restricciones fueron reducidas de forma importante para los grandes inversionistas institucionales. En una sección posterior se estudia la suscripción privada de bonos.

Método	Tipo	Definición	**Tabla 13.1**
Colocación pública			Los métodos de emisión de nuevos instrumentos financieros
Negociación tradicional de la oferta directa en efectivo	Oferta directa en efectivo con compromiso en firme	La empresa negocia un convenio con un banquero de inversión para colocar y distribuir las nuevas acciones. Los agentes colocadores compran un número especificado de acciones y las venden a un precio mayor.	
	Oferta directa en efectivo con base en el mejor esfuerzo	La empresa permite que los banqueros de inversión vendan tantas nuevas acciones como sea posible al precio convenido. No existe una garantía en relación con la cantidad de efectivo que se captará.	
Suscripción privilegiada	Oferta directa de derechos preferentes de compra	La empresa ofrece las nuevas acciones directamente a sus accionistas actuales.	
	Oferta de derechos preferentes de compra con respaldo	Al igual que la oferta directa de derechos preferentes de compra, ésta contiene un convenio de suscripción privilegiada con los accionistas actuales. Los agentes colocadores garantizan los ingresos netos.	
Oferta directa en efectivo no tradicional	Oferta en efectivo con inscripción única de emisiones diferidas	Las empresas calificadoras pueden obtener la autorización para emitir todas las acciones que esperan vender durante un período de dos años y venderlas cuando sea necesario.	
	Oferta en efectivo competitiva	La empresa puede elegir conceder el contrato de colocación mediante una subasta pública en lugar de las negociaciones.	
Colocación privada	Venta directa	Los instrumentos financieros se venden directamente al comprador, quien, al menos hasta fechas muy recientes, no podía revender los instrumentos financieros durante un período de por lo menos dos años.	

cide abrirse al público inversionista en general. Es obvio que todas las ofertas públicas iniciales son en efectivo. En primer lugar, si los accionistas actuales desearan comprar las acciones, la empresa no tendría que venderlas al público inversionista.

Una **nueva emisión con experiencia previa** constituye una nueva emisión de una empresa que ya ha emitido instrumentos financieros del mismo tipo. Una nueva emisión con experiencia previa de acciones comunes se puede realizar a través de una oferta en efectivo o de una oferta con derechos preferentes de compra.

En la tabla 13.1 se muestran estos métodos de emisión de nuevos instrumentos financieros. Estos métodos se estudian en las secciones 13.3 a 13.6.

nueva emisión con experiencia previa
Nueva emisión de instrumentos financieros de capital de una empresa que ya ha emitido con anterioridad instrumentos financieros del mismo tipo al público.

PREGUNTAS SOBRE CONCEPTOS

13.2a ¿Por qué la oferta pública inicial debe ser necesariamente una oferta en efectivo?

13.2b ¿Cuál es la diferencia entre una oferta de derechos preferentes de compra y una oferta en efectivo?

13.3 | LA OFERTA EN EFECTIVO

agentes colocadores
Instituciones colocadoras de instrumentos financieros que actúan como intermediarios autorizados entre la empresa que vende dichos instrumentos y el público inversionista.

Si la emisión pública de instrumentos financieros es una oferta en efectivo, suelen participar **agentes** o **instituciones colocadoras**. Éstos llevan a cabo servicios para los emisores corporativos, por ejemplo, los siguientes:

1. Establecer el método que se va a utilizar para emitir los instrumentos financieros.
2. Determinar el precio de los nuevos instrumentos financieros.
3. Vender los nuevos valores.

sindicato colocador
Grupo de agentes colocadores integrado para reducir el riesgo y apoyar la venta de una emisión.

El agente colocador adquiere por lo general los instrumentos financieros a un inferior precio de colocación pública y acepta el riesgo de no poder venderlos. Debido a que la colocación lleva implícitos riesgos, los agentes colocadores se unen y forman un grupo de colocación denominado **sindicato colocador** para compartir el riesgo y apoyar la venta de la emisión.

En un sindicato colocador, uno o más integrantes coordinan o coadministran la colocación. A esta institución miembro del sindicato se le denomina agente director o gerente líder. El agente director suele tener la responsabilidad de establecer el precio de los instrumentos financieros. Los otros agentes colocadores que integran el sindicato participan sobre todo en la distribución de la emisión.

margen o diferencial (*spread*)
Remuneración del agente colocador, determinada por la diferencia entre el precio que paga el agente y el de colocación pública.

La diferencia entre el precio de compra pagado por los agentes colocadores y el precio de colocación pública se denomina el **margen** o **diferencial** (*spread*) y constituye la compensación básica que recibe el agente. En ocasiones, la remuneración que obtendrá el agente no será en efectivo, sino que estará integrada por certificados de garantía de compra (*warrants*) y acciones, además del margen o diferencial.[3]

Selección del agente colocador

Una empresa puede ofrecer sus instrumentos financieros al agente colocador que efectúe la oferta más alta sobre una *licitación competitiva* o bien puede negociar directamente con un agente. Con la excepción de unas pocas grandes empresas, las nuevas emisiones de deuda y capital suelen efectuarse sobre la base de *ofertas negociadas*. La excepción son las compañías controladoras de empresas en servicios públicos reguladas por el Estado, a las que se les exige utilizar la licitación competitiva.

Hay evidencia de que la colocación vía licitación competitiva es más económica que la realizada por oferta negociada y las razones fundamentales para que en Estados Unidos predomine la colocación negociada es un tema de debate continuo.

Tipos de colocaciones

En una oferta en efectivo existen dos tipos fundamentales de colocación: con compromiso en firme y sobre la base del mejor esfuerzo.

colocación con compromiso en firme o colocación en firme
El agente colocador compra toda la emisión, asumiendo la responsabilidad financiera total por las acciones que no se vendan.

Colocación con compromiso en firme   En la **colocación con compromiso en firme**, el emisor vende toda la emisión a los agentes colocadores, quienes tratan a su vez de revenderla al público inversionista. Éste es el tipo de colocación más habitual en Estados Uni-

---

[3]Los certificados de garantía de compra (*warrants*) son fundamentalmente derechos preferentes para comprar acciones a un precio fijo durante un período determinado. En el capítulo 20 se estudian con cierto detalle los certificados de garantía de compra.

Ingresos brutos	Todas las ofertas	Compromiso en firme	Mejor esfuerzo	Fracción del mejor esfuerzo	**Tabla 13.2**
$ 100,000 – 1,999,999	243	68	175	0.720	Ofertas públicas iniciales clasificadas por ingresos brutos: 1977-1982
2,000,000 – 3,999,999	311	165	146	0.469	
4,000,000 – 5,999,999	156	133	23	0.147	
6,000,000 – 9,999,999	137	122	15	0.109	
10,000,000 – 120,174,195	180	176	4	0.022	
Todas las ofertas	1,027	664	363	0.353	

Tomado de: Ritter, J. R., «The Costs of Going Public», *Journal of Financial Economics* 19 (1987), © Elsevier Science Publishers B. V. (North-Holland).

dos. En realidad, esta modalidad sólo es un convenio de compra y reventa y el agente colocador cobra el diferencial. En el caso de una nueva emisión de capital con experiencia previa, los agentes colocadores observan el precio de mercado para determinar en cuánto debe venderse la emisión y el 95% de la totalidad de ese tipo de emisiones nuevas representa los compromisos en firme.

Si el agente colocador no puede vender toda la emisión al precio convenido de oferta al público, quizá deba reducir el precio de las acciones no vendidas. A pesar de todo, con una colocación con compromiso en firme, el emisor recibe el importe convenido y todo el riesgo asociado con la venta de la emisión corre a cargo del agente colocador.

Dado que el precio de colocación pública no suele determinarse hasta que los agentes colocadores han investigado lo receptivo que es el mercado hacia la emisión, este riesgo suele ser mínimo. También, dado que por lo general el precio de colocación pública no se establece hasta justo antes de iniciar la venta, el emisor no conoce con exactitud cuáles serán sus ingresos netos hasta ese momento.

Colocación sobre la base del mejor esfuerzo   Con la **colocación sobre la base del mejor esfuerzo**, el agente colocador se compromete jurídicamente a realizar «su mejor esfuerzo» para vender los instrumentos financieros al precio convenido de colocación al público. Más allá de esto, el agente no garantiza ningún importe monetario al emisor. Esta forma de colocación es la más frecuente en las ofertas públicas iniciales.

Con la colocación sobre la base del mejor esfuerzo, el agente colocador actúa fundamentalmente como un agente de ventas del emisor y recibe por ello una comisión. En la práctica, si el agente colocador no puede vender la emisión al precio de colocación al público, se suele retirar la emisión. Se le puede determinar un nuevo precio a la emisión y/o volver a ofrecerla en una fecha posterior.

La tabla 13.2 clasifica las ofertas públicas iniciales por tamaño y tipo de colocación. Como indicábamos, las ofertas con base en el mejor esfuerzo son muy frecuentes en las emisiones más pequeñas. En emisiones por montos inferiores a 2 millones de dólares (que se consideran bastante pequeñas), el 72% son colocaciones con base en el mejor esfuerzo. En el otro extremo se sitúan las emisiones cuyo monto excede los 10 millones de dólares, en las que se utilizan casi exclusivamente las colocaciones con compromiso en firme.

colocación sobre la base del mejor esfuerzo
El agente colocador vende todo lo que le sea posible de la emisión, pero puede devolver al emisor las acciones que no se vendan, sin incurrir por ello en responsabilidad financiera.

El mercado posterior

Al período inmediatamente posterior a la venta al público de una nueva emisión se le conoce como *mercado posterior* (*aftermarket*). Durante este período, la National Association of Securities Dealers-NASD (Asociación Nacional de Operadores en Valores) exige que los miembros del sindicato colocador no vendan la nueva emisión a un precio inferior al de colocación hasta que se disuelva el sindicato.

Se permite al agente colocador principal comprar acciones si el precio de mercado desciende más del de colocación. El propósito sería apoyar al mercado y estabilizar el precio frente a las presiones descendentes temporales. Si después de un tiempo (p. ej., 30 días) la emisión continúa sin venderse, los miembros del sindicato pueden separarse del grupo y vender sus acciones al precio de mercado.[4]

La cláusula de sobresuscripción

cláusula de sobresuscripción

Cláusula del contrato de emisión que le otorga al agente colocador la opción de comprar al emisor acciones adicionales al precio de colocación pública.

Muchos contratos de colocación contienen una **cláusula de sobresuscripción** (*Green Shoe provision*) (a la que en ocasiones se conoce como la *opción sobreasignación*) que otorga a los miembros del grupo colocador la opción de comprar al emisor acciones adicionales al precio de colocación pública.[5] La razón que se ha expuesto para justificar la opción de «sobresuscripción» es cubrir el exceso de demanda y las sobreasignaciones. Normalmente, las opciones de «sobresuscripciones» permanecen vigentes aproximadamente 30 días y no comprenden más de un 15% de las acciones recién emitidas.

La opción «sobresuscripción» representa un beneficio para el sindicato colocador y un costo para el emisor. Si el precio de mercado de la nueva emisión se incrementa a más del precio de colocación pública en los 30 días siguientes a la fecha de emisión, la opción de «sobresuscripción» permite a los agentes colocadores comprar acciones al emisor y revenderlas de inmediato al público inversionista.

Los agentes colocadores

Los agentes colocadores son la médula de las nuevas emisiones de instrumentos financieros. Proporcionan asesoría, comercializan los instrumentos financieros (tras investigar el grado de receptividad del mercado hacia la emisión) y proporcionan una garantía del importe que obtendrá la emisión (con el compromiso de colocación en firme).

En la tabla 13.3, parte A, se relacionan las mayores instituciones colocadoras de Estados Unidos sobre la base del importe monetario total de colocaciones de instrumentos financieros (de deuda y capital) durante 1991. Como se indica, Merrill Lynch fue el principal agente colocador de ofertas públicas de instrumentos financieros en 1991, con **561** emisiones y un total de más de **100** mil millones de dólares colocados. En la parte B de la tabla 13.3 se han separado las emisiones de deuda y de capital. De acuerdo a lo estudiado en el capítulo 12, no es sorprendente que las emisiones de deuda sean mucho más habituales que las de capital.

En la parte C de la tabla 13.3 se ofrece una perspectiva internacional al examinar las emisiones no estadounidenses. Obsérvese cómo los cuatro principales agentes colocadores de deuda en todo el mundo son los bancos de inversión no estadounidenses, posicionándose en primer lugar el gigante japonés Nomura. La parte D de la tabla se centra en una

---

[4]En ocasiones, el precio de un instrumento financiero cae drásticamente cuando el agente colocador deja de estabilizar el precio. En estos casos, los humoristas de Wall Street (los que no compraron esas acciones) se refieren al período siguiente al del mercado posterior (*aftermarket*) como la secuela (*aftermath*).

[5]El término *cláusula Green Shoe* suena bastante exótico, pero su origen es relativamente mundano. Proviene de la empresa Green Shoe, que en una ocasión concedió una opción de este tipo.

categoría nacional que tuvo interés especial en la década de los ochenta, los denominados bonos «basura». Fue Drexel Burnham Lambert quien fundamentalmente creó este mercado y lo dominó en sus inicios. Este dominio terminó bruscamente con el espectacular desplome de Drexel en 1990. De acuerdo a las cifras de 1991, el mercado de bonos «basura» está resurgiendo; los $4 mil millones* en emisiones de Merrill se están acercando al total de $10 mil millones de Drexel en 1989.

El precio de emisión y la subvaluación

La determinación del precio de emisión correcto es la tarea más difícil que debe realizar el agente colocador para una oferta pública inicial. La empresa emisora se enfrenta a un posible costo si se establece un precio de oferta demasiado alto o demasiado bajo. En el primer caso, quizá no tenga éxito y deba retirarse. Si la emisión se fija a un precio por debajo del verdadero del mercado, los actuales accionistas de la empresa emisora experimentarán un costo de oportunidad cuando vendan sus acciones a un precio inferior de lo que valen.

La subvaluación es bastante frecuente. Es obvio que ayuda a los nuevos accionistas a obtener un rendimiento mayor de las acciones que compran. Sin embargo, a los accionistas actuales de la empresa emisora la subvaluación no les ayuda; para ellos, esto representa un costo indirecto de emitir nuevos instrumentos financieros.

Subvaluación: el caso de Conrail   El 26 de marzo de 1987, la venta de más de 58 millones de acciones de Conrail, la compañía de ferrocarriles antes propiedad del gobierno estadounidense, fue la mayor emisión de acciones de la historia de Estados Unidos. En la figura 13.1 se muestra el anuncio de oferta pública (*tombstone*) para esta emisión.

Al finalizar el primer día siguiente a la oferta de Conrail, las acciones estaban a más del 10% por encima de su nivel de precio de colocación pública inicial. Éste es un buen ejemplo de subvaluación. Tras la colocación, se destacaron en la prensa dos puntos de vista opuestos sobre la venta:

1. Los agentes colocadores y el Congreso de Estados Unidos aclamaron la emisión como un gran éxito. Al vender el 100% de la empresa de ferrocarriles, el gobierno logró la mayor privatización de un activo estatal hasta esa fecha.
2. Otros contemplaron la venta como el mayor regalo comercial de la historia del gobierno de Estados Unidos. Preguntaron cómo fue posible que el gobierno estableciera un precio tan incorrecto.

Observamos de pasada que la emisión de Conrail obtuvo un total de $1.65 miles de millones. Esta cifra superó los 1.5 miles de millones de dólares que obtuvo AT&T en 1983 en lo que hasta esos momentos había sido la mayor colocación pública de acciones en Estados Unidos, pero era considerablemente inferior a, por ejemplo, los 4.76 miles de millones obtenidos cuando British Telecom (la compañía telefónica propiedad del gobierno británico) se privatizó en 1984. Sin embargo, estas dos emisiones palidecen en comparación con lo que obtuvo NTT (Nippon Telephone and Telegraph, la compañía telefónica japonesa) en 1987. En noviembre de 1987, NTT vendió 1.95 millones de acciones a un precio de 2.55 *millones* de yenes *cada una*. Al tipo de cambio vigente en aquel momento, el pre-

---

Nota de los Revs. Técs.: Mil millones de dólares se interpretan en Estados Unidos como un billón de dólares.

Tabla 13.3

Los 10 principales agentes colocadores en 1991

A. Estados Unidos de Norteamérica (deuda y capital combinados)

Clasificación			Volumen en dólares (millones)	Número de emisiones
1990	1991			
1	1	Merrill Lynch	$100,504.3	561
2	2	Goldman Sachs	69,641.5	442
8	3	Lehman Brothers	68,641.2	490
3	4	First Boston	57,984.1	310
6	5	Kidder Peabody	50,824.8	199
5	6	Morgan Stanley	48,232.9	278
4	7	Salomon Brothers	46,447.9	199
7	8	Bear Stearns	33,844.7	98
9	9	Prudential Securities	17,054.9	68
10	10	Donaldson, Lufkin & Jenrette	11,479.7	67

B. Estados Unidos de Norteamérica (deuda y capital por separado)

Emisiones de deuda

Clasificación			Volumen en dólares (millones)	Número de emisiones
1990	1991			
1	1	Merrill Lynch	$87,280.4	453
8	2	Lehman Brothers	63,398.8	416
2	3	Goldman Sachs	57,530.9	371
3	4	First Boston	53,296.3	262
6	5	Kidder Peabody	49,358.9	165
4	6	Salomon Brothers	42,240.6	160
5	7	Morgan Stanley	37,810.4	219
7	8	Bear Stearns	33,018.2	84
9	9	Prudential Securities	15,505.1	52
10	10	Donaldson, Lufkin & Jenrette	10,068.9	48

Emisiones de capital

Clasificación			Volumen en dólares (millones)	Número de emisiones
1990	1991			
1	1	Merrill Lynch	$13,223.9	108
2	2	Goldman Sachs	12,110.7	71
8	3	Morgan Stanley	10,422.5	59
3	4	Alex. Brown & Sons	7,305.8	63
4	5	Lehman Brothers	5,242.4	74
9	6	First Boston	4,687.8	48
5	7	Salomon Brothers	4,207.3	39
6	8	Smith Barney, Harris Upham	2,027.4	45
7	9	PaineWebber	1,618.7	41
12	10	Prudential Securities	1,549.8	16

C. Internacional (deuda y capital por separado)

Emisiones de deuda

Clasificación 1990	1991		Volumen en dólares (millones)	Número de emisiones
1	1	Nomura International Group	$25,905.8	166
2	2	Credit Suisse/CSFB Group	21,950.4	124
5	3	Daiwa Securities	19,000.0	130
4	4	Deutsche Bank	15,603.3	91
13	5	Goldman Sachs	14,472.9	84
11	6	Paribas	12,437.6	61
12	7	Merrill Linch	12,323.4	51
3	8	Union Bank of Switzerland	12,206.2	86
20	9	Morgan Stanley	12,188.9	29
7	10	Swiss Bank Corp.	12,140.3	89

Emisiones de capital

Clasificación 1990	1991		Volumen en dólares (millones)	Número de emisiones
1	1	Goldman Sachs	$4,868.6	51
8	2	S.G. Warburg Group	2,636.3	13
2	3	Credit Suisse/CSFB Group	2,009.7	37
9	4	Lehman Brothers	1,403.4	27
4	5	Merrill Lynch	1,137.1	17
16	6	Salomon Brothers	995.6	12
5	7	Morgan Stanley	976.2	16
3	8	Nomura International Group	541.1	3
12	9	Paribas	401.2	5
20	10	Daiwa Securities	353.8	3

D. Estados Unidos de Norteamérica
(deuda de alto rendimiento o deuda «basura»)

Clasificación 1990	1991		Volumen en dólares (millones)	Número de emisiones
4	1	Merrill Lynch	$3,887.9	9
3	2	Goldman Sachs	1,723.8	9
–	3	Morgan Stanley	1,194.1	6
–	4	First Boston	634.1	5
2	5	Salomon Brothers	622.2	4
–	6	Donaldson, Lufkin & Jenrette	598.5	3
–	7	Lehman Brothers	346.9	2
–	8	Bankers Trust	299.3	2
–	9	Wasserstein Perella	200.0	1
–	10	Citicorp	175.0	1

Estas clasificaciones se crean dándole crédito completo al agente director. El agente director es el banco de inversión que tiene la responsabilidad principal de la emisión.
Fuente: Institutional Investor, febrero de 1992.

Figura 13.1

Un ejemplo de un anuncio de oferta pública (*tombstone*)

58,750,000 Shares

Consolidated Rail Corporation

Common Stock
(par value $1.00 per share)

Price $28 Per Share

The shares are being sold by the United States Government pursuant to the Conrail Privatization Act. The Company will not receive any proceeds from the sale of the shares.

Upon request a copy of the Prospectus describing these securities and the business of the Company may be obtained within any State from any Underwriter who may legally distribute it within such State. The securities are offered only by means of the Prospectus, and this announcement is neither an offer to sell nor a solicitation of any offer to buy.

52,000,000 Shares

This portion of the offering is being offered in the United States and Canada by the undersigned.

Goldman, Sachs & Co.

The First Boston Corporation

Merrill Lynch Capital Markets

Morgan Stanley & Co.
Incorporated

Salomon Brothers Inc.

Shearson Lehman Brothers Inc.

Alex Brown & Sons   Dillon, Read & Co. Inc.   Donaldson, Lufkin & Jenrette   Drexel Burnham Lambert   Hambrecht & Quist   E. F. Hutton & Company Inc.
Incorporated   Securities Corporation   Incorporated   Incorporated
Kidder, Peabody & Co.   Lazard Frères & Co.   Montgomery Securities   Prudential-Bache Capital Funding   Robertson, Colman & Stephens
Incorporated
L. F. Rothschild, Unterberg, Towbin, Inc.   Smith Barney, Harris Upham & Co.   Wertheim Schroder & Co.   Dean Witter Reynolds Inc.
                                                                            Incorporated
William Blair & Company   J. C. Bradford & Co.   Dain Bosworth   A. G. Edwards & Sons, Inc.   McDonald & Company   Oppenheimer & Co., Inc.
                              Incorporated   Incorporated   Securities Inc.
Piper, Jaffray & Hopwood   Prescott, Ball & Turben, Inc.   Thomson McKinnon Securities Inc.   Wheat, First Securities, Inc.
Advest, Inc.   American Securities Corporation   Arnhold and S. Bleichroeder, Inc.   Robert W. Baird & Co.   Bateman Eichler, Hill Richards
Incorporated   Incorporated   Incorporated
Sanford C. Bernstein & Co., Inc.   Blunt Ellis & Loewi   Boettcher & Company, Inc.   Burns Fry and Timmins Inc.   .Butcher & Singer Inc.   Cowen & Company
Dominion Securities Corporation   Eberstadt Fleming Inc.   Eppler, Guerin & Turner, Inc.   First of Michigan Corporation   First Southwest Company
Furman Selz Mager Dietz & Birney   Gruntal & Co., Incorporated   Howard, Weil, Labouisse, Friedrichs   Interstate Securities Corporation
Incorporated
Janney Montgomery Scott Inc.   Johnson, Lane, Smith & Co., Inc.   Johnston, Lemon & Co.   Josephthal & Co.   Ladenburg, Thalmann & Co. Inc.
                                                                        Incorporated   Incorporated
Cyrus J. Lawrence   Legg Mason Wood Walker   Morgan Keegan & Company, Inc.   Moseley Securities Corporation   Needham & Com pany, Inc.
Incorporated   Incorporated
Neuberger & Berman   The Ohio Company   Rauscher Pierce Refsnes, Inc.   The Robinson-Humphrey Company, Inc.   Rothschild Inc.   Stephens Inc.
Stifel, Nicolaus & Company   Sutro & Co.   Tucker, Anthony & R. L.Day, Inc.   Underwood, Neuhaus & Co.   Wood Grundy Corp.
Incorporated   Incorporated

This special bracket of minority-owned and controlled firms assisted the Co-Lead Managers in the United States Offering pursuant to the Conrail Privatization Act:

AIBC Investment Services Corporation   Daniels & Bell, Inc.   Doley Securities, Inc.
WR Lazard Securities Corporation   Pryor, Govan Counts & Co., Inc.   Muriel Siebert & Co., Inc.

6,750,000 Shares

This portion of the offering is being offered outside the United States and Canada by the undersigned

Goldman Sachs International Corp.

First Boston International Limited

Merrill Lynch Capital Markets

Morgan Stanley International

Salomon Brothers International Limited

Shearson Lehman Brothers International

Algemene Bank Nederland N.V.   Banque Bruxelles Lambert S.A.   Banque Nationale de Paris   Cazenove & Co.   The Nikko Securities Co., (Europe) Ltd.
Nomura International   N.M. Rothschild & Sons   J. Henry Schroder Wagg & Co.   Société Générale   S. G. Warburg Securities
                              Limited   Limited
ABC International Ltd.   Banque Paribas Capital Markets Limited   Caisse Nationale de Crédit Agricole   Compagnie de Banque et d'investissements, CBI
Crédit Lyonnais   Daiwa Europe   IMI Capital Markets (UK) Ltd.   Joh. Berenberg, Gossler & Co.   Leu Securities Limited
                      Limited
Morgan Grenfell & Co.   Peterbroeck, van Campenhout & Cie SCS   Swiss Volksbank   Vereins-und Westbank
Limited   Aktiengesellschaft
J. Vontobel & Co Ltd   M. M. Warburg-Brinckmann, Wirtz & Co.   Westdeutsche Landesbank   Yamaichi International (Europe)
                                                                        Girozentrale   Limited

March 27, 1987

cio aproximado fue de 19,000 dólares por acción. Por tanto, el importe total de la emisión fue del orden de los 37 mil millones de dólares. Lo que es aún más notable es que NTT ya había vendido 1.95 millones de acciones en febrero de ese mismo año.

Aparentemente, a la emisión de Conrail se le fijó un precio demasiado bajo, pero como veremos a continuación, la subvaluación no es algo atípico (en términos porcentuales). A pesar de ello, subvaluar alrededor de un 10% una emisión de $1.65 *miles de millones* significa que el vendedor deja de percibir casi 200 millones de dólares.

Evidencia de subvaluación   En la figura 13.2 se ofrece un ejemplo más general sobre el fenómeno de la subvaluación. Lo que se muestra es la historia, mes a mes, de la subvaluación de ofertas públicas iniciales (OPI) registradas ante la SEC.[6] El período que se cubre es de 1960 a 1987. En la figura 13.3 se presenta el número de colocaciones realizadas en cada mes durante el mismo período.

En la figura 13.2 se muestra que la subvaluación puede ser bastante espectacular, excediendo el 100% en algunos meses. En esos meses, la OPI típica duplicó su valor, en ocasiones en unas cuantas horas. El grado de subvaluación también varía a través del tiempo, y los períodos de considerables subvaluaciones (denominados mercados de emisiones «calientes») van seguidos por períodos en los que existen subvaluaciones mínimas (llamados mercados de emisiones «frías»). Por ejemplo, en la década de los sesenta, la OPI típica fue subvaluada en un 21.25%. En la década de los setenta, dicho promedio fue muy inferior (8.95%) y en realidad fue muy pequeño, o incluso negativo, durante gran parte de ese tiempo. Por último, en el período de 1980-87, las OPI fueron subvaluadas en un promedio del 16.09%.

En la figura 13.3 se evidencia que el número de OPI también varía sustancialmente en el tiempo. Más aún, existen ciclos pronunciados en el grado de subvaluación y también en el número de OPI. Si se comparan las figuras 13.2 y 13.3, se observa que los aumentos en el número de nuevas colocaciones tienden a seguir períodos de considerables subvaluaciones, con un desfasamiento de aproximadamente 6 a 12 meses. Es probable que esto ocurra, ya que las empresas deciden emitir instrumentos financieros al público al percibir que el mercado está muy receptivo a las nuevas emisiones.

En la tabla 13.4 se ofrece un resumen, año por año, de la información que se presentó en las figuras 13.2 y 13.3. Como indicábamos, en este análisis se incluyó un gran total de **8,668** empresas. El grado de subvaluación promedio fue del **16.37%** global en los 28 años examinados. En promedio, los instrumentos financieros fueron sobrevaluados en sólo 5 de los 28 años; el peor año fue 1973, cuando la disminución promedio de valor fue del **17.82%**. En el otro extremo, en 1968 las 368 emisiones fueron subvaluadas en promedio un notable **55.86%**.

¿Por qué existe la subvaluación?   Según la evidencia examinada, una pregunta obvia es: ¿Por qué continúa existiendo la subvaluación? Veremos que existen varias explicaciones, aunque hasta la fecha no existe un total acuerdo entre los investigadores sobre cuál es la correcta.

---

[6]El material cubierto en esta sección se basa en Roger G. Ibbotson, Jody L. Sindelar y Jay R. Ritter, «Initial Public Offerings», *Journal of Applied Corporate Finance* 1 (verano de 1988), págs. 37-45. Para el período de 1960-76, el grado de subvaluación se calcula sobre la base del precio de colocación frente al precio al final del mes, menos el rendimiento de mercado en ese mes. Para 1977-87, el grado de subvaluación se basa en el precio de colocación y el precio al cierre del primer día de operaciones, sin ajustes por el rendimiento de mercado.

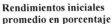

Figura 13.2

Rendimientos iniciales promedio, por mes, de ofertas públicas iniciales inscritas ante la SEC

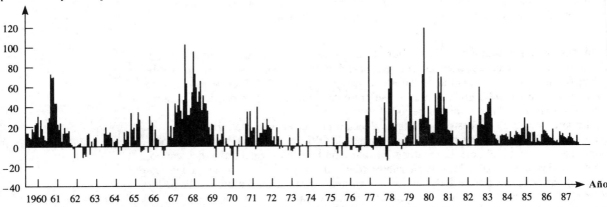

Fuente: Roger G. Ibbotson, Jody L. Sindelar y Jay R. Ritter, «Initial Public Offerings», *Journal of Applied Corporate Finance* 1 (verano de 1988), págs. 37-45.

Figura 13.3

Número de colocaciones, por mes, de ofertas públicas iniciales inscritas ante la SEC

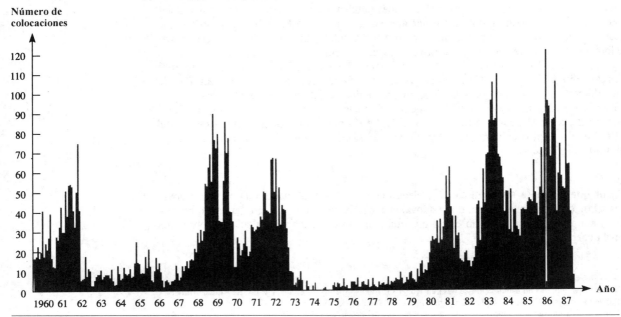

Fuente: Roger G. Ibbotson, Jody L. Sindelar y Jay R. Ritter, «Initial Public Offerings», *Journal of Applied Corporate Finance* 1 (verano de 1988), págs. 37-45.

Año	Número de ofertas[*]	Rendimiento inicial (porcentaje)[†]	Ingresos brutos promedio ($ millones)[‡]	
1960	269	17.83%	$ 553	**Tabla 13.4**
1961	435	34.11	1,243	Número de ofertas,
1962	298	−1.61	431	rendimiento inicial
1963	83	3.93	246	promedio e ingresos
1964	97	5.32	380	brutos de ofertas
1965	146	12.75	409	públicas iniciales en
1966	85	7.06	275	1960-1987
1967	100	37.67	641	
1968	368	**55.86**	1,205	
1969	780	12.53	2,605	
1970	358	−0.67	780	
1971	391	21.16	1,655	
1972	562	7.51	2,724	
1973	105	**−17.82**	330	
1974	9	−6.98	51	
1975	14	−1.86	264	
1976	34	2.90	237	
1977	40	21.02	151	
1978	42	25.66	247	
1979	103	24.61	429	
1980	259	49.36	1,404	
1981	438	16.76	3,200	
1982	198	20.31	1,334	
1983	848	20.79	13,168	
1984	516	11.52	3,932	
1985	507	12.36	10,450	
1986	953	9.99	19,260	
1987	630	10.39	16,380	
Total	**8,668**	**16.37**	83,984	

[*]El número de ofertas excluye las realizadas bajo la reglamentación A (emisiones pequeñas que capten menos de $1.5 millones en la actualidad). Los autores han excluido los fideicomisos de inversión en bienes raíces (FIBR) y los fondos mutualistas de inversión cerrada.

[†]Los rendimientos iniciales se calculan como el rendimiento porcentual entre el precio de colocación y el precio de oferta al final del mes calendario menos el rendimiento de mercado, para las ofertas en el período 1960-76. Para el período 1977-87 los rendimientos iniciales se calculan como el rendimiento porcentual entre el precio de colocación y el precio de oferta al final del primer día, sin ajustes por movimientos de mercado.

[‡]La información sobre los ingresos brutos proviene de diversos ejemplares del *SEC Monthly Statistical Bulletin* y de *Going Public: The IPO Reporter*. Las cifras de ingresos brutos que se ofrecen se han ajustado para retirar las ofertas de los FIBR y de los fondos mutualistas de inversión cerrada.

Fuente: Ibbotson, Roger G., Jody L. Sindelar y Jay R. Ritter, «Initial Public Offerings», *Journal of Applied Corporate Finance* 1 (verano de 1988), págs. 37-45.

Tabla 13.5 Rendimientos iniciales promedio clasificados de acuerdo al nivel de ventas anuales de la empresa emisora, 1975-1984	Ventas anuales de la empresa emisora ($)*	Número de empresas†	Rendimiento inicial promedio (porcentaje)‡
	0	386	42.9%
	1 – 999,999	678	31.4
	1,000,000 – 4,999,999	353	14.3
	5,000,000 – 14,999,999	347	10.7
	15,000,000 – 24,999,999	182	6.5
	25,000,000 y mayores	493	5.3
	Todas	**2,439**	**20.7**

*Las ventas anuales se miden como los ingresos de los 12 meses del año anterior al que se efectúa la colocación pública. No se han realizado ajustes por los efectos de la inflación.

†Las empresas incluidas son las que utilizan las formas de inscripción S-1 o S-18, o con la aprobación del Federal Home Loan Bank Board y que aparecen en *Going Public: The IPO Reporter* para 1975-84. Se excluyen las emisiones que no utilizan un banquero de inversión.

‡Los rendimientos iniciales se calculan como el rendimiento porcentual entre el precio de colocación y el primer precio de oferta al cierre registrado. No se han realizado ajustes por movimientos de mercado.

Fuente: Ibbotson, Roger G., Jody L. Sindelar y Jay R. Ritter, «Initial Public Offerings», *Journal of Applied Corporate Finance* 1 (verano de 1988), págs. 37-45.

Se presentan algunas piezas del rompecabezas de la subvaluación al enfatizar dos advertencias importantes sobre el estudio anterior. En primer lugar, las cifras promedio que se han examinado tienden a oscurecer el hecho de que gran parte de la aparente subvaluación es atribuible a las emisiones más pequeñas, más especulativas. Este punto se muestra en la tabla 13.5, que presenta el grado de subvaluación para **2,439** empresas durante el período 1975-84. Las empresas se han agrupado sobre la base de su nivel de ventas totales en los 12 meses anteriores a la OPI.

Como se muestra en la tabla 13.5, la subvaluación global promedio es del **20.7%** para esta muestra; sin embargo, es evidente que la subvaluación está concentrada en las empresas que han tenido mínimas ventas, o ninguna, en el año anterior. En estas empresas, existe la tendencia a tener precios de colocación pública inferiores a 3 dólares por acción y esas *acciones de «penique»* (como se les denomina en ocasiones) pueden ser inversiones muy arriesgadas. Se puede argumentar que, en promedio, tienen que ser considerablemente subvaluadas sólo para atraer a los inversionistas, y ésta es una explicación del fenómeno de la subvaluación. De hecho, cuando las empresas que aparecen en la tabla 13.5 se agruparon con base en el precio por acción, en vez de hacerlo por el nivel de ventas, el grado promedio de subvaluación para estas compañías con precios de colocación iniciales inferiores a $3 por acción fue del 42.8%. Para todas las demás el promedio fue del 8.6%.

La segunda advertencia es que relativamente pocos compradores de una OPI obtendrán en realidad los altos rendimientos promedio iniciales previstos y muchos perderán dinero. Aunque es cierto que, en promedio, las OPI tienen rendimientos iniciales positivos, una gran parte de ellas experimentan disminuciones de precio. Más aún, cuando el precio es demasiado bajo, se produce una «sobrecolocación» de la emisión. Ello significa que los inversionistas no podrán comprar todas las acciones que desean y los agentes colocadores asignarán las acciones entre los inversionistas.

Al inversionista promedio le resultará difícil obtener acciones en una colocación «exitosa» (una en la que los precios aumentan) porque no habrá las acciones suficientes para todos. Por otra parte, el inversionista que coloca ciegamente pedidos de OPI se encontrará con la tendencia a obtener un mayor número de acciones de emisiones que bajan de precio.

Como un ejemplo, consideremos esta historia de dos inversionistas. Smith sabe con mucha exactitud lo que vale Bonanza Corporation cuando se le ofrecen sus acciones. La corporación está segura que las acciones están subvaluadas. Jones sólo sabe que normalmente los precios aumentan un mes después de que se efectúa una OPI. Con esta información, Jones decide comprar 1,000 acciones de todas y cada una de las OPI. ¿Obtiene Jones, en realidad, un rendimiento extraordinario en la colocación pública inicial?

La respuesta es no y al menos una de las razones es Smith. Con los conocimientos que tiene sobre Bonanza Corporation, Smith invierte todo su dinero en esta OPI. Cuando la emisión es sobresuscrita, los agentes colocadores tienen que distribuir de alguna forma las acciones entre Smith y Jones. El resultado neto es que cuando una emisión es subvaluada Jones no puede comprar todas las acciones que desea.

Smith sabe también que la OPI de Blue Sky Corporation está sobrevaluada. En este caso, la corporación evita por completo esa OPI y Jones termina con la totalidad de 1,000 acciones. Para resumir esta historia, Jones obtiene menos acciones cuando los inversionistas con más conocimientos se lanzan a comprar una emisión subvaluada y obtiene todas las acciones que quiere cuando los inversionistas con conocimientos evitan colocar su dinero en una emisión.

Éste es otro ejemplo de la «maldición del ganador» y se piensa que es otra de las razones por las que las OPI tienen un rendimiento promedio tan grande. Cuando el inversionista promedio «gana» y obtiene toda su asignación, quizá sea por aquellos con más conocimientos que evitaron la emisión. La única forma en que los agentes colocadores pueden contrarrestar la «maldición del ganador» y atraer al inversionista promedio es subvaluar las nuevas emisiones (en promedio) de modo que dicho inversionista aún obtenga alguna ganancia.

Una razón final para la existencia de la subvaluación es que es una especie de seguro para los bancos de inversión. Es concebible que los clientes enojados puedan demandar jurídicamente con éxito a un banco de inversión si continuamente éste sobrevalúa los instrumentos financieros. La subvaluación garantiza que, al menos en promedio, los clientes saldrán beneficiados adecuadamente.

PREGUNTAS SOBRE CONCEPTOS

13.3a ¿Cuál es la diferencia entre el compromiso de la colocación en firme y la colocación con base en el mejor esfuerzo?

13.3b Suponga que de repente se le aparece un operador de acciones y ofrece venderle «todas las acciones que desee» de una nueva emisión. ¿Piensa que la emisión estará más o menos subvaluada que la emisión promedio?

NUEVAS EMISIONES DE CAPITAL Y EL VALOR DE LA EMPRESA | 13.4

Parece razonable pensar que las empresas arreglan sus nuevos financiamientos a largo plazo después de estructurar proyectos con valor presente neto positivo. Como consecuencia, cuando se efectúa el anuncio de financiamiento externo, el valor de mercado de la empresa debería incrementarse. Es interesante observar que no es esto lo que ocurre. Existe la tendencia a que bajen los precios de las acciones tras el anuncio de una nueva emisión de capital, pero tiende a no cambiar mucho después de uno de emisión de deuda. Varios investigadores han estudiado este tema. Entre las posibles razones para este extraño resultado se incluyen:

1. Información administrativa. Si la administración tiene mejor información sobre el valor de mercado de la empresa, puede saber en qué momento la empresa está sobrevaluada. Si es así, intentará emitir nuevas acciones cuando el valor de mercado exceda al valor correcto. Ello beneficiará a los accionistas actuales. Sin embargo, los posibles nuevos accionistas no son tontos y anticiparán esta mejor información y la descontarán mediante precios de mercado inferiores en la fecha de la nueva emisión.
2. Utilización de deuda. La emisión de nuevo capital quizá revele que la compañía tiene demasiada deuda o muy poca liquidez. Una versión de este argumento es que la emisión de capital representa una mala señal para el mercado. Después de todo, si los nuevos proyectos son favorables, ¿por qué la empresa debe admitir nuevos accionistas para participar y beneficiarse de ellos? Podría limitarse a emitir deuda y permitir que los accionistas actuales obtengan todas las ganancias.
3. Costos de emisión. Como veremos a continuación, existen costos significativos relacionados con la venta de instrumentos financieros.

La disminución en el valor de las acciones actuales, posterior al anuncio de una nueva emisión, es un ejemplo de un costo indirecto en la venta de instrumentos financieros. Normalmente, esta disminución podría ser del 3% para una empresa industrial (y algo menor para una empresa de servicios públicos regulada por el Estado), de modo que para una empresa grande puede suponer una cantidad de dinero considerable. En el estudio que se hace a continuación sobre los costos de nuevas emisiones, a esta disminución se le denomina *rendimiento extraordinario*.

⌐ **PREGUNTAS SOBRE CONCEPTOS**

13.4a ¿Cuáles son algunas posibles razones por las que disminuye el precio de las acciones ante el anuncio de una nueva emisión de capital?

13.4b Explique por qué es de esperar que una empresa con una inversión con VPN positivo la financie con deuda en vez de hacerlo con capital.

13.5 ⎮ LOS COSTOS DE EMITIR INSTRUMENTOS FINANCIEROS

La emisión de instrumentos financieros al público inversionista no es gratuita y los costos de los diferentes métodos de emisión son factores importantes que determinan cuál se utiliza. Estos costos asociados con *lanzar* al mercado una nueva emisión se denominan, genéricamente, *costos de emisión*. En esta sección se estudian con más detalle los costos de emisión que se asocian con las ventas de capital al público inversionista.

Se clasifican a continuación los costos de vender acciones, que conforman seis categorías: 1) el diferencial o margen, 2) otros gastos directos, 3) gastos indirectos, 4) rendimientos extraordinarios (que se estudiaron previamente), 5) subvaluación, 6) la opción de sobresuscripción (*Green Shoe*).

En sus propias palabras...
Sobre la subvaluación de las OPI en el mundo, por Jay R. Ritter

Los Estados Unidos de Norteamérica no son el único país en el que se subvalúan las ofertas públicas iniciales de acciones comunes (OPI). El fenómeno existe en todos los países con mercados de acciones, aunque el nivel de subvaluación varía de un país a otro.

Muchos países tienen autoridades gubernamentales que obligan a las empresas emisoras a vender acciones a un precio inferior. En ocasiones, el propósito es proteger a los inversionistas poco avisados. Sin embargo, en algunas desnacionalizaciones o privatizaciones, ha existido otro motivo para subvaluar.

Por ejemplo, en 1979, cuando Margaret Thatcher se convirtió en primera ministra de Gran Bretaña en medio de una ola de huelgas y una economía en declive, existían más miembros de sindicatos que accionistas en ese país. Para ofrecerles a los votantes ingleses una experiencia positiva del capitalismo mientras el gobierno privatizaba varias empresas propiedad del Estado, buscó intencionalmente subvaluar las acciones y permitir que las compraran el mayor número de votantes posible. Como consecuencia de esta estrategia, a mediados de la década de los ochenta había más accionistas que miembros de los sindicatos. Como resultado de las privatizaciones, el gobierno británico generó un superávit presupuestario, debido al efectivo captado mientras continuaba la venta de activos gubernamentales.

En la tabla que se presenta a continuación se ofrece un resumen de los rendimientos iniciales promedio de las OPI en varios países del mundo, con cifras obtenidas de diversos estudios realizados por diferentes autores.

Jay Ritter es profesor de finanzas en la Universidad de Illinois; es un académico notable y muy respetado por la profundidad de sus análisis sobre nuevas emisiones y sobre la colocación pública de instrumentos financieros.

País	Tamaño de la muestra	Período	Rendimiento inicial promedio
Alemania	97	1977-87	21.5%
Australia	156	1966-85	26.8
Brasil	62	1979-90	78.5
Canadá	100	1971-83	9.3
Chile	19	1982-90	16.3
Corea	275	1984-90	79.0
Estados Unidos	8668	1960-87	16.4
Finlandia	85	1984-89	9.6
Francia	131	1983-86	4.2
Holanda	46	1982-87	5.1
Hong Kong	34	1979-85	10.5
Japón	333	1979-90	31.8
Malasia	34	1979-84	149.3
México	37	1987-90	33.0
Nueva Zelanda	149	1979-87	28.8
Reino Unido	297	1965-75	9.7
	632	1980-88	14.1
Singapur	66	1973-87	27.0
Suecia	55	1983-85	40.5
Suiza	42	1983-89	35.8
Tailandia	32	1988-89	58.1
Taiwán	168	1971-90	45.0

Los costos de emitir instrumentos financieros

Diferencial o margen	El diferencial o margen consiste en los honorarios directos que paga el emisor al sindicato colocador, es decir, la diferencia entre el precio que recibe el emisor y el precio de colocación al público inversionista.
Otros gastos directos	Son costos directos en que incurre el emisor que no forman parte de la remuneración a los agentes colocadores. Estos costos incluyen cuotas de inscripción, honorarios legales e impuestos; todos se presentan en el prospecto de colocación.
Gastos indirectos	Estos costos no se presentan en el prospecto de colocación e incluyen los costos derivados del tiempo de trabajo que dedica la administración a preparar la nueva emisión.
Rendimientos extraordinarios	En una emisión de acciones con experiencia previa, el precio disminuye un promedio del 3% al anuncio de la emisión.
Subvaluación	En las ofertas públicas iniciales, se producen pérdidas al vender las acciones por debajo de su valor correcto.
Opción de sobresuscripción (Green Shoe option)	La opción de «sobresuscripción» otorga a los agentes colocadores el derecho de comprar acciones adicionales al precio de colocación pública para cubrir las sobreasignaciones.

En la tabla 13.6 se ofrecen los costos directos de las nuevas emisiones de capital realizadas en 1983 por empresas cuyos instrumentos financieros se negocian entre el público inversionista en general. Todas ellas son colocaciones con experiencia previa; los porcentajes de la tabla 13.6 son los que se presentan en los prospectos de colocación de las empresas emisoras. Estos costos sólo incluyen el diferencial o margen (el descuento del agente suscriptor) y otros costos directos, incluyendo los honorarios legales, los honorarios contables, los costos de impresión, las cuotas de inscripción ante la SEC y los impuestos. No incluyen gastos indirectos, rendimientos extraordinarios ni la opción de «sobresuscripción».

Como se señala en la tabla 13.6, sólo los costos directos pueden ser enormes, sobre todo en el caso de las emisiones «pequeñas» (inferiores a $10 millones). Según informan las empresas, los costos directos para este grupo promedian un poco más del 10%. Ello significa que la empresa recibe en promedio el 90% de los ingresos generados por la venta, después de deducir los costos. En una emisión de $10 millones, esto representa $1 millón en gastos directos, un costo considerable.

Tabla 13.6	Ingresos brutos ($ millones)	Costos directos presentados en el prospecto de colocación (porcentaje)
Costos de emisión como porcentaje de los ingresos brutos en 1983 para las nuevas emisiones de capital distribuidas vía agentes colocadores de empresas que se negocian públicamente	$ 0-10	10.10%
	10-20	7.02
	20-50	4.89
	50-100	3.99
	100-200	3.71
	200+	3.30

Tomado de Robert Hansen, «Evaluating the Costs of a New Equity Issue», *Midland Corporate Finance Journal* 4, n.º 1 (primavera de 1986), pág. 45.

Tabla 13.7

Costos de colocación: costos totales de operación como porcentaje de los ingresos brutos, 1977-1982

	Ofertas con compromisos en firme					Ofertas con base en el mejor esfuerzo				
Ingresos brutos ($)	(1) Descuento de colocación (%)	(2) Otros gastos (%)	(3) Descuento directo total (%) (1) + (2)	(4) Subvaluación (%)	(5) Gastos totales (%)	(6) Descuento de colocación (%)	(7) Otros gastos (%)	(8) Descuento directo total (%) (6) + (7)	(9) Subvaluación (%)	(10) Gastos totales (%)
1,000,000-1,999,999	9.84%	9.64%	19.48%	**26.92%**	31.73%	10.63%	9.52%	20.15%	39.62%	31.89%
2,000,000-3,999,999	9.83	7.60	17.43	20.70	24.93	10.00	6.21	16.21	**63.41**	36.28
4,000,000-5,999,999	9.10	5.67	14.77	12.57	20.90	9.86*	3.71*	13.57*	26.82*	14.49*
6,000,000-9,999,999	8.03	4.31	12.34	8.99	17.85	9.80*	3.42*	13.22*	40.79*	25.97*
10,000,000-120,174,195	7.24	2.10	9.34	10.32	16.27	8.03*	2.40*	10.43*	-5.42*	-0.17*
Todas las ofertas	8.67	5.36	14.03	14.80	**21.22**	10.26	7.48	17.74	**47.78**	**31.87**

La subvaluación se calcula como $(p - OP)/OP$, multiplicado por 100%, donde p es el precio de oferta al cierre del primer día de operaciones y OP es el precio de colocación pública. Éstos no son rendimientos anualizados. Los costos totales se calculan como el 100% menos los ingresos netos como porcentaje del valor de mercado de los instrumentos financieros en el mercado posterior. Por consiguiente, los costos totales no son la suma de los gastos de colocación y el rendimiento inicial promedio. El descuento de colocación es la comisión que paga la empresa emisora; ésta se presenta en la primera página del prospecto de colocación de la empresa.

La cifra de otros gastos comprende las cuotas comprobables y no comprobables cubiertas por los agentes colocadores, así como los gastos en efectivo realizados por la empresa emisora por concepto de honorarios legales, de impresión y de auditoría, además de otros costos en efectivo. Estos gastos se describen en notas al pie de la primera página del prospecto de colocación de la empresa emisora. Ninguna de las categorías de gastos incluye el valor de los certificados de garantía de compra (*warrants*) otorgados al agente colocador, una práctica que es habitual en las ofertas con base en el mejor esfuerzo.

Las categorías de ingresos brutos están expresadas en términos nominales; no se ha efectuado ajuste alguno por el nivel de precios.

Obsérvese también que la cifra de – 0.17% para el total de gastos de las ofertas con base en el mejor esfuerzo que captan $10 millones o más, significa que, en promedio, estas empresas recibieron ingresos netos mayores que el valor de mercado de los instrumentos financieros después de la colocación. Debemos mencionar que en esta categoría hubo menos de una oferta por año.

*Se basa en menos de 25 empresas.

Tomado y modificado de J. R. Ritter, «The Costs of Going Public», *Journal of Financial Economics* 19 (1987) © Elsevier Science Publishers B. V. (North-Holland).

En la tabla 13.6 sólo se muestra parte de la historia. En el caso de las OPI, los costos efectivos pueden ser mucho mayores debido a los costos indirectos. En la tabla 13.7 se presentan los costos directos de colocación pública y el grado de subvaluación en las OPI que se realizaron durante el período de 1977-82. Las emisiones se clasifican por el tipo de colocación (compromiso en firme con base en el mejor esfuerzo) y el tamaño de la emisión.

En las columnas (4) y (9) de la tabla 13.7 se proporcionan algunos elementos adicionales para comprender la importancia de la subvaluación. Por ejemplo, en el caso de la colocación con base en el mejor esfuerzo, el aumento de precios promedio en el primer día de operación es del 47.8%. Ello significa que, en promedio, las acciones que se colocaron en $10 por acción se vendieron en $14.78 al finalizar el día. La subvaluación fue más importante para las emisiones con un valor en el rango de $2-3.99 millones, promediando **63.41%**. La subvaluación fue mucho menos severa para las colocaciones con compromiso en firme; el promedio mínimo es del **26.92%** para las ofertas más pequeñas.

Los gastos totales de colocación pública durante estos años promediaron el **21.22%** para el compromiso en firme y el **31.87%** en el caso del mejor esfuerzo. Se observa de nuevo que los costos de colocación de instrumentos financieros pueden ser considerables.

Del análisis de las tablas 13.6 y 13.7 surgen cinco conclusiones:

1. Son evidentes las importantes economías de escala. En términos porcentuales, los costos de vender instrumentos financieros disminuyen drásticamente conforme aumenta el tamaño de la emisión.
2. Los costos de colocar instrumentos financieros son mayores para las colocaciones con base en el mejor esfuerzo.
3. El costo asociado con la subvaluación puede ser considerable y exceder a los costos directos, sobre todo en las emisiones más pequeñas y en las colocaciones sobre la base del mejor esfuerzo.
4. La subvaluación es mucho mayor en el caso de las colocaciones con base en el mejor esfuerzo que en las colocaciones con compromiso en firme.
5. Los costos de la emisión son mayores para una oferta pública inicial que para una oferta con experiencia previa.

PREGUNTAS SOBRE CONCEPTOS

13.5a ¿Cuáles son los diferentes costos de la colocación de instrumentos financieros?
13.5b ¿Qué lecciones se aprenden al estudiar los costos de emisión?

13.6 | DERECHOS PREFERENTES DE COMPRA

Cuando se venden nuevas acciones comunes al público inversionista, es probable que se reduzca el nivel de propiedad proporcional de los accionistas actuales. Sin embargo, si en la escritura constitutiva o en los estatutos de la empresa se incluye un derecho de preferencia, la empresa tiene la obligación de ofrecer primero cualquier nueva emisión de acciones comunes a los accionistas actuales. Si no se incluye el derecho de preferencia, la empresa puede elegir entre colocar la emisión de acciones comunes directamente entre los accionistas actuales o bien dirigirlas al público inversionista en general.

A la emisión de acciones comunes que se ofrece a los accionistas actuales se le denomina oferta de *derechos preferentes de compra* (*rights*) o bien *oferta preferente* o *suscripción*

Balance general				**Tabla 13.8**
Activos		_Capital contable_		Estado financiero de
		Acciones comunes	$ 5,000,000	National Power Company
Activos	$15,000,000	Utilidades retenidas	10,000,000	previo a la oferta de
Total	$15,000,000	Total	$15,000,000	derechos preferentes de
				compra

Estado de resultados	
Utilidad antes de impuestos	$ 3,030,303
Impuestos (34%)	1,030,303
Utilidad neta	$ 2,000,000
Acciones en circulación	1,000,000
Utilidad por acción	2
Precio de mercado por acción	20
Valor total de mercado	$20,000,000

preferente. En una oferta de derechos preferentes de compra, a cada accionista se le otorga el derecho a comprar un número específico de nuevas acciones a un precio y en un período determinados; transcurrido este período, se dice que los derechos preferentes expiran. Las condiciones de esta oferta se evidencian en los denominados certificados o títulos provisionales de acciones. Estos títulos provisionales suelen negociarse en bolsas de instrumentos financieros o en mercados extrabursátiles.

Mecánica de una emisión de derechos preferentes de compra

Para mostrar las consideraciones que debe tomar en cuenta el administrador financiero en una emisión de derechos preferentes de compra, examinaremos la situación a la que se enfrentó National Power Company, cuyos estados financieros resumidos se muestran en la tabla 13.8.

Como se señala en la tabla 13.8, National Power tiene una utilidad de $2 millones después de impuestos y 1 millón de acciones en circulación. Por tanto, las utilidades por acción son de $2 y la acción se vende en $20, es decir, 10 veces las utilidades (por tanto, la razón precio-utilidad es de 10). Para obtener fondos de cara a una expansión proyectada, la empresa intenta obtener $5 millones de nuevos fondos de capital mediante una oferta de derechos preferentes de compra.

Para llevar a cabo la colocación de derechos preferentes de compra, el administrador financiero de National Power deberá contestar a las siguientes preguntas:

1. ¿Cuál será el precio de cada una de las nuevas acciones?
2. ¿Cuántas acciones deberán venderse?
3. ¿Cuántas acciones podrá comprar cada accionista?

También es probable que la administración desee contestar a otra pregunta:

4. ¿Cuál es el probable efecto de la oferta de derechos preferentes de compra sobre el valor por acción de las acciones actuales?

Las respuestas a estas preguntas parecen estar muy interrelacionadas, como veremos en breve.

Las primeras etapas de una oferta de derechos preferentes de compra son idénticas a las de una oferta directa en efectivo. Más bien, la diferencia entre una oferta de derechos preferentes de compra y una oferta directa en efectivo radica en la forma en que se venden las acciones. En el caso de la oferta de derechos preferentes de compra, a los accionistas actuales de National Power se les informa de que tienen por cada acción de su propiedad un derecho preferente de compra. National Power también especificará cuántos derechos preferentes requiere cada accionista para comprar una acción adicional a un determinado precio.

Para aprovechar la oferta de derechos preferentes de compra, los accionistas tienen que ejercer los derechos llenando una forma de colocación y enviándola, junto con el pago, al agente colocador de la empresa (el agente colocador suele ser una institución bancaria). En realidad, los accionistas de National Power tendrán varias opciones: 1) ejercer y suscribir el número total de acciones a las que tienen derecho, 2) ordenar la venta de todos sus derechos preferentes o 3) no hacer nada y permitir que expiren sus derechos preferentes. Como veremos a continuación, este tercer curso de acción no es aconsejable.

Número de derechos preferentes necesarios para comprar una acción

National Power quiere captar nuevo capital por $5 millones. Supongamos que el precio de colocación se fija en $10 por acción. A continuación, se explicará cómo National Power determinó ese precio, pero obsérvese que el precio de colocación es considerablemente inferior al de mercado actual, de $20 por acción.

A $10 por acción, National Power deberá emitir 500,000 nuevas acciones. Esto se puede determinar dividiendo el importe total de los fondos a obtener entre el precio de colocación:

$$\text{Número de nuevas acciones} = \frac{\text{Fondo a obtener}}{\text{Precio de colocación}} \tag{13.1}$$

$$= \frac{\$5,000,000}{\$10} = 500,000 \text{ acciones}$$

Dado que los accionistas siempre tienen un derecho preferente de compra por cada acción de su propiedad, National Power emitirá un millón de derechos preferentes. Para determinar cuántos derechos preferentes de compra se requerirán para comprar una nueva acción, se puede dividir el número de acciones actuales en circulación entre el número de nuevas acciones:

$$\frac{\text{Número de derechos preferentes}}{\text{requeridos para comprar una acción}} = \frac{\text{Acciones existentes}}{\text{Nuevas acciones}} \tag{13.2}$$

$$= \frac{1,000,000}{500,000} = 2 \text{ derechos preferentes}$$

Por tanto, cada accionista deberá presentar dos derechos preferentes más $10 para recibir una nueva acción. Si todos los accionistas lo hacen, National Power obtendrá los $5 millones que requiere.

Debe comprenderse que el precio de colocación, el número de nuevas acciones y el número de derechos preferentes necesarios para comprar una nueva acción están interre-

Posición inicial		**Tabla 13.9**
Número de acciones	**2**	El valor de los derechos
Precio por acción	**$20**	preferentes de compra: el
Valor total de las acciones	**$40**	accionista individual
Condiciones de la oferta		
Precio de colocación	**$10**	
Número de derechos preferentes de compra emitidos	2	
Número de derechos preferentes de compra por una nueva acción	2	
Después de la oferta		
Número de acciones	3	
Valor total de las acciones	**$50**	
Precio por acción	**$16.67**	
Valor de cada derecho preferente de compra		
Precio anterior – Precio nuevo	$20 − 16.67 = $3.33	

lacionados. Por ejemplo, National Power puede reducir el precio de colocación. Si lo hace, tendrá que emitir más acciones nuevas para lograr captar los $5 millones en nuevo capital. A continuación, se presentan varias alternativas:

Precio de colocación	Número de nuevas acciones	Número de derechos preferentes necesarios para comprar una acción
$20	**250,000**	**4**
10	**500,000**	2
5	**1,000,000**	1

El valor de un derecho preferente de compra

Es evidente que los derechos preferentes de compra tienen valor. En el caso de National Power, el derecho que tiene de poder comprar una acción con un valor de $20 en $10 definitivamente vale algo.

Supongamos que un accionista de National Power tiene dos acciones justo antes de la oferta de derechos preferentes de compra. En la tabla 13.9 se presenta esta situación. Inicialmente, el precio de National Power es de **$20 por acción**, por lo que el valor total de las acciones en poder de este accionista es de **2 × $20 = $40**. La oferta de derechos preferentes de National Power otorga a los accionistas con dos derechos preferentes la oportunidad de comprar una acción adicional en **$10**. La acción nueva no contiene derechos preferentes.

El accionista con dos acciones recibirá dos derechos preferentes. El accionista que ejerza estos derechos y compre la nueva acción aumentaría sus acciones a tres. La inversión total sería de **$40 + 10 = $50** (el valor inicial de $40 más los $10 pagados a la empresa).

El accionista tiene ahora tres acciones, todas idénticas, porque la nueva acción no tiene un derecho preferente y los derechos preferentes de compra que tenían las acciones

Tabla 13.10

Oferta de derechos preferentes de compra de National Power Company

	Posición inicial	
Número de acciones		**1 millón**
Precio por acción		$20
Valor de la empresa		**$20 millones**
	Condiciones de la oferta	
Precio de colocación		$10
Número de derechos preferentes de compra emitidos		1 millón
Número de derechos preferentes de compra por una acción		2
	Después de la oferta	
Número de acciones		**1.5 millones**
Precio por acción		**$16.67**
Valor de la empresa		**$25 millones**
Valor de cada derecho preferente de compra		**$20 − 16.67 = $3.33**

antiguas ya se han ejercido. Puesto que el costo total para comprar estas tres acciones es de $40 + 10 = $50, el precio por acción termina siendo de **$50/3 = $16.67** (redondeado a dos decimales).

En la tabla 13.10 se resume lo que le ocurre al precio de las acciones de National Power. Si todos los accionistas ejercen sus derechos preferentes de compra, el número de acciones aumentará a **1 millón** + 0.5 millones = **1.5 millones**. El valor de la empresa aumentará a **$20 millones** + 5 millones = **$25 millones**. Por tanto, el valor de cada acción disminuirá a $25 millones/1.5 millones = **$16.67** después de la oferta de derechos preferentes de compra.

La diferencia entre el precio antiguo por acción de $20 y el nuevo precio por acción de $16.67 refleja el hecho de que las acciones antiguas contenían derechos preferentes para suscribir la nueva emisión. La diferencia tiene que ser igual al valor de cada derecho preferente, es decir, **$20 − 16.67 = $3.33**.

El inversionista que no tenga acciones en circulación de National Power y que quiera suscribir la nueva emisión puede hacerlo comprando algunos derechos preferentes de compra. Supongamos que un inversionista externo compra dos derechos preferentes. Esto le costará $3.33 × 2 = $6.67 (manteniendo el redondeo anterior). Si el inversionista ejerce los derechos preferentes a un precio de suscripción de $10, el costo total sería de $10 + 6.67 = $16.67. A cambio de este gasto, el inversionista recibirá una acción nueva, que, como ya hemos visto, tiene un valor de $16.67.

Ejemplo 13.1   Cómo ejercer los derechos preferentes de compra

En el ejemplo de National Power, supongamos que el precio de suscripción se fijó en $8. ¿Cuántas acciones deberán venderse? ¿Cuántos derechos preferentes se necesitarían para comprar una nueva acción? ¿Cuál es el valor de cada derecho preferente de compra? ¿Cuál será el precio por acción después de la oferta de derechos preferentes de compra?

Para captar $5 millones, será necesario vender $5 millones/$8 = 625,000 acciones. Existen 1 millón de acciones en circulación, por lo que se necesitarán 1 millón/ 625,000 = 8/5 = 1.6 derechos preferentes para comprar una nueva acción (se pueden comprar 5 acciones nuevas por cada 8 que se tengan). Después de la oferta de derechos preferentes de

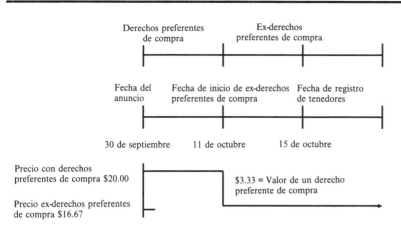

Figura 13.4

Precios de acciones
ex-derechos preferentes
de compra

En una oferta de derechos preferentes de compra, existe una fecha de registro de tenedores, que presenta el último día que el accionista puede establecer jurídicamente la propiedad. Sin embargo, las acciones se venden ex-derechos preferentes de compra cuatro días hábiles antes de la fecha de registro de tenedores. Antes del día de inicio de ex-derechos preferentes de compra, las acciones se venden con estos derechos, lo que significa que el comprador los recibe.

compra, existirán 1.625 millones de acciones, con un valor total de $25 millones, por lo que el valor por acción será de $25/1.625 = $15.38. Aquí, el valor de cada derecho es el precio original de $20 menos el precio final de $15.38, o sea, $4.62. ∎

Ex-derechos preferentes de compra

Los derechos preferentes de compra de National Power tienen un valor considerable. Además, la oferta de derechos preferentes de compra tendrá una fuerte repercusión sobre el precio de mercado de las acciones de National Power. Disminuirán su precio en $3.33 el día en que las acciones negocien **ex-derechos preferentes de compra** (*ex-rights*).

El procedimiento estándar para emitir derechos preferentes de compra requiere que la empresa establezca una **fecha de registro de tenedores**. De acuerdo a las reglas de las bolsas de instrumentos financieros, la acción suele iniciar el período ex-derechos preferentes de compra cuatro días hábiles antes de la fecha de registro de tenedores. Si la acción se vende antes de que se inicien los ex-derechos preferentes de compra —«con derechos preferentes», «con validez de derechos preferentes» o «con derechos preferentes acumulados»—, el nuevo propietario recibirá los derechos preferentes de compra. Después de la fecha en que se inicia el período ex-derechos preferentes de compra, el inversionista que compre las acciones no recibirá tales derechos. En la figura 13.4 se muestra esta situación para el caso de National Power.

Como se muestra, National Power anunció el 30 de septiembre las condiciones de la oferta de derechos preferentes de compra, especificando que los derechos preferentes se enviarían por correo, por ejemplo, el 1° de noviembre, a los accionistas registrados al 15 de octubre. Puesto que el 11 de octubre es la fecha en que se inicia el período ex-derechos preferentes de compra, sólo los accionistas que sean propietarios de las acciones el 10 de octubre, o antes de esa fecha, recibirán los derechos preferentes de compra.

ex-derechos preferentes de compra
Período en el que la acción se vende sin derechos preferentes de compra recientemente declarados; normalmente se inicia cuatro días hábiles antes de la fecha de registro de tenedores.

fecha de registro de tenedores
La fecha en que los accionistas actuales consignados en los registros de la empresa son designados como los beneficiarios de los derechos preferentes de compra. También se conoce como *fecha de registro*.

Ejemplo 13.2   Cómo ejercer los derechos preferentes
de compra: Parte II

Lagrange Point Co. ha propuesto una oferta de derechos preferentes de compra. En la actualidad, las acciones se venden a $40 cada una. De acuerdo a las condiciones de la oferta, a los accionistas se les permitirá comprar una nueva acción por cada cinco que tengan y a un precio de $25 cada acción. ¿Cuál es el valor de cada derecho preferente de compra? ¿Cuál es el precio ex-derechos preferentes de compra?

Pueden comprarse cinco derechos preferentes de compra de acciones por $5 \times \$40 = \$200$ y después ejercer dichos derechos por otros $25. La inversión total es de $225 y se termina con seis acciones con ex-derechos preferentes de compra. El precio ex-derechos preferentes de compra es de $225/6 = $37.50 por acción. Por tanto, los derechos preferentes de compra tienen un valor de $40 − 37.50 = $2.50 cada uno. ∎

Ejemplo 13.3   Con derechos preferentes de compra

En el ejemplo 13.2, supongamos que los derechos preferentes de compra sólo se vendieron en $2 en vez de los $2.50 calculados. ¿Qué se podría hacer?

Es posible enriquecerse rápidamente, ya que se ha encontrado una máquina de hacer dinero. Ésta es la receta: comprar cinco derechos preferentes de compra por $10; ejercitarlos y pagar $25 para obtener una nueva acción. La inversión total para obtener una acción ex-derechos preferentes de compra es de $5 \times \$2 + \$25 = \$35$. Se vende la acción en $37.50 y se obtiene una ganancia de $2.50. Repita este procedimiento cuantas veces desee. ∎

Los convenios de colocación

colocación con respaldo
Convenio en el que el agente colocador acepta comprar la parte no suscrita de la emisión, es decir, comprar los instrumentos financieros que no se vendan.

Las ofertas de derechos preferentes de compra suelen realizarse utilizando la **colocación con respaldo** (*standby underwriting*). En el caso de la colocación con respaldo, el emisor hace una oferta de derechos preferentes de compra y el agente colocador realiza un compromiso en firme de «absorber» (es decir, comprar) la parte de la emisión no suscrita. Por lo general, el agente colocador recibe un **honorario por respaldo** u honorarios adicionales con base a los instrumentos financieros absorbidos.

honorario por respaldo
Importe que se abona al agente colocador que participa en un convenio de colocación con respaldo.

La colocación con respaldo protege a la empresa frente a una posible subsuscripción. Esto puede ocurrir si los inversionistas se deshacen de sus derechos preferentes de compra o si malas noticias hacen que el precio de mercado de la acción descienda por debajo del precio de suscripción.

privilegio de sobresuscripción
Permite a los accionistas comprar al precio de suscripción las acciones no suscritas en una oferta de derechos preferentes de compra.

En la práctica, un pequeño porcentaje (inferior al 10%) de accionistas dejan de ejercer sus valiosos derechos preferentes de compra. Esto puede atribuirse quizá a la ignorancia o a las vacaciones. Más aún, los accionistas reciben un **privilegio de sobresuscripción** que les permite comprar acciones no suscritas al precio de suscripción. Este privilegio hace poco probable que el emisor corporativo tenga que recurrir a su agente colocador en busca de apoyo.

Oferta de derechos preferentes de compra: el caso de Time-Warner

Las ofertas de derechos preferentes de compra son cada vez menos frecuentes en Estados Unidos. Sin embargo, tampoco se pueden considerar extintas, como lo demuestra la oferta por 2.76 *miles de millones de dólares* efectuada en 1991 por el gigante de las comunicaciones Time-Warner. Esta oferta fue la mayor venta de capital de cualquier tipo en la historia de Estados Unidos y fue la mayor oferta de derechos preferentes de compra desde la emisión de $1.4 miles de millones de AT&T en la década de los setenta. La oferta causó controversia en su propuesta original porque el precio de suscripción variaba en función del porcentaje de la emisión que se vendiera en realidad. Más adelante, se eliminó esta característica y las acciones se vendieron utilizando una oferta típica de derechos preferentes de compra.

En la operación de Time-Warner, las acciones se negociaban en el rango de los 90 dólares por acción justo antes de que entrara en vigor la oferta y cada derecho preferente otorgaba a su tenedor el derecho de comprar 0.6 nuevas acciones. El precio de suscripción fue de $80 por acción y se vendieron 34.5 millones de acciones. Alrededor del 56% de los accionistas de Time-Warner ejercieron sus derechos preferentes directamente y compraron acciones. Otro 42% vendió sus derechos preferentes en el mercado libre, y estos compradores ejercieron después sus derechos preferentes de compra. Como es costumbre en las ofertas de estos derechos, alrededor del 2% ni se ejercieron ni se vendieron, por lo que en apariencia algunos de los accionistas no actuaron para proteger sus intereses. Sólo quedaron alrededor de 586,000 acciones sin vender y los agentes colocadores buscaron más de cinco veces esa cantidad en derechos de sobresuscripción, por lo que ninguna de las acciones quedó sin vender.

Los agentes colocadores, dirigidos por Salomon Brothers, ganaron honorarios considerables por sus servicios. Por coordinar la oferta y comprometerse a comprar las acciones no vendidas (que no existieron), la remuneración base fue del 3% sobre el importe de la emisión, es decir, $82.8 millones. Más aún, a los agentes colocadores se les otorgó el derecho de comprar acciones con un descuento del 3% sobre el precio de suscripción, es decir, en $77.60 por acción. Comprando los derechos preferentes en el mercado libre, ejercitando los derechos y comprando las acciones con descuento y revendiéndolas obtuvieron una ganancia adicional próxima a los 27.6 millones de dólares. Por consiguiente, la remuneración total fue casi de $110 millones, es decir, alrededor del 4% de los ingresos generados por la emisión. Dada la magnitud del importe, diversos grupos criticaron a Time-Warner y a su presidente Stephen Ross (que no tiene relación alguna con el conocido economista financiero y autor de libros de texto).

Fuera de Estados Unidos, no son raras estas ofertas cuantiosas de derechos preferentes de compra. Por ejemplo, en marzo de 1991, Bass PLC de Gran Bretaña captó £557.9 millones (aproximadamente 950 millones de dólares) utilizando una oferta de derechos preferentes de compra. Eurotunnel, el consorcio británico/francés creado para desarrollar el *Chunnel* (el túnel bajo el Canal de la Mancha), captó una cantidad similar.

Efectos sobre los accionistas

Los accionistas pueden ejercer sus derechos preferentes de compra o pueden venderlos. En cualquiera de los casos, el accionista no ganará ni perderá por la oferta de derechos preferentes de compra. El tenedor hipotético de dos acciones de National Power tiene una cartera de inversión con valor de $40. Si el accionista ejerce sus derechos preferentes de compra, tendrá tres acciones con un valor total de $50. Es decir, al gastar $10, el valor total de sus acciones aumenta en $10, lo que significa que el accionista no obtiene beneficio ni perjuicio.

Por otra parte, si el accionista vende sus dos derechos preferentes de compra a $3.33 cada uno, obtendría $3.33 × 2 = $6.67 y tendría dos acciones con valor de $16.67 cada una, más el efectivo generado por la venta de los derechos preferentes de compra:

$$
\begin{aligned}
\text{Acciones en su poder} &= 2 \times \$16.67 = \$33.33 \\
\text{Derechos preferentes vendidos} &= 2 \times \$33.33 = \underline{\$\ 6.67} \\
\text{Total} &= \hspace{3.5em} \$40.00
\end{aligned}
$$

Tabla 13.11

Ofertas en efectivo

Costos de emisión
como porcentaje de los
ingresos*

Tamaño de la emisión ($ millones)	Número	Remuneración como porcentaje de los ingresos	Otros gastos como porcentaje de los ingresos	Costo total como porcentaje de los ingresos
Inferior a 0.50	0	—	—	—
0.50 a 0.99	6	6.96%	6.78%	13.74%
1.00 a 1.99	18	10.40	4.89	15.29
2.00 a 4.99	61	6.59	2.87	9.47
5.00 a 9.99	66	5.50	1.53	7.03
10.00 a 19.99	91	4.84	0.71	5.55
20.00 a 49.99	156	4.30	0.37	4.67
50.00 a 99.99	70	3.97	0.21	4.18
100.00 a 500.00	16	3.81	0.14	3.95
Total/promedio	484	5.02%	1.15%	**6.17%**

*Basado en 578 emisiones de acciones comunes durante 1971-75, inscritas de acuerdo a la Ley de Valores de Estados Unidos («Securities Act») de 1933. Las emisiones se subdividen de acuerdo al tamaño de la emisión y al método de financiamiento: ofertas en efectivo, derechos preferentes de compra con colocación con respaldo y ofertas de derechos preferentes de compra puras.

Sólo se incluyen las emisiones si las acciones de la empresa estaban inscritas en la NYSE («New York Stock Exchange»), AMEX («American Stock Exchange»), o en bolsas de valores regionales, antes de la oferta; cualquier distribución secundaria asociada representa menos del 10% de los ingresos totales de la emisión y la oferta no contiene otros tipos de instrumentos financieros. Los costos comunicados son: 1) la remuneración recibida por los banqueros de inversión por los servicios de colocación prestados, 2) honorarios legales, 3) honorarios contables, 4) honorarios de ingeniería financiera, 5) honorarios de los representantes, 6) gastos de impresión y de grabado, 7) cuotas de inscripción ante la SEC («Securities and Exchange Commission»), 8) sellos de la reserva federal y 9) impuestos estatales.

Tomado y modificado de C. W. Smith, Jr., «Costs of Underwritten versus Rights Issues», *Journal of Financial Economics* 5 (diciembre de 1977), pág. 277 (tabla I).

El nuevo valor de mercado de $33.33 más $6.67 en efectivo es igual que los $40 que tenía al principio. Por tanto, los accionistas no pierden o ganan al ejercer o vender sus derechos preferentes de compra.

Es obvio que, después de la oferta de derechos preferentes de compra, el nuevo precio de mercado de las acciones de la empresa será inferior a lo que era antes de la oferta de tales derechos. Sin embargo, como hemos observado, los accionistas no han sufrido pérdida alguna por la oferta de derechos preferentes de compra. Por tanto, la disminución en el precio de las acciones se parece mucho a una división o *split* de acciones, un mecanismo que se describe en el capítulo 16. Cuanto menor sea el precio de suscripción, mayor será la disminución de precios ocasionada por una oferta de derechos preferentes de compra. Es importante insistir en que, debido a que los accionistas reciben derechos preferentes de compra con un valor igual a la disminución en el precio, la oferta de esos derechos *no* lesiona a los accionistas.

Existe un último tema. ¿Cómo se determina el precio de suscripción en una oferta de derechos preferentes de compra? Si se piensa en ello, el precio de suscripción en realidad no tiene importancia; debe ser inferior al precio de mercado de la acción para que los derechos preferentes tengan valor, pero fuera de esto, el precio es arbitrario. En principio, podría ser tan bajo como se quisiera, siempre y cuando no sea igual a cero. En otras palabras, es imposible subvaluar una oferta de derechos preferentes de compra.

	Derechos preferentes de compra con colocación con respaldo			*Derechos preferentes de compra puros*	
Número	Remuneración como porcentaje de los ingresos	Otros gastos como porcentaje de los ingresos	Costo total como porcentaje de los ingresos	Número	Costo total como porcentaje de los ingresos
0	—	—	—	3	8.99%
2	3.43%	4.80%	8.24%	2	4.59
5	6.36	4.15	10.51	5	4.90
9	5.20	2.85	8.06	7	2.85
4	3.92	2.18	6.10	6	1.39
10	4.14	1.21	5.35	3	0.72
12	3.84	0.90	4.74	1	0.52
9	3.96	0.74	4.70	2	0.21
5	3.50	0.50	4.00	9	0.13
56	4.32%	1.73%	**6.05%**	38	**2.45%**

El enigma de las nuevas emisiones

En Estados Unidos se utilizan más las ofertas directas en efectivo que las ofertas de derechos preferentes de compra. En la tabla 13.11, de un total de 578 emisiones, cerca de 94, es decir, el 16%, fueron ofertas de derechos preferentes de compra. En cierta forma, el hecho de que en Estados Unidos se prefieran las ofertas directas en efectivo es un misterio, ya que por lo general las ofertas de estos derechos son mucho más económicas en términos de costos de emisión.

Para proporcionar una idea de los costos de emisión en términos relativos, en la tabla 13.11 se muestran estos costos tomados de un estudio y expresados como porcentaje del importe captado por diferentes tamaños de emisiones y procedimientos de venta. En forma global, las ofertas directas en efectivo tuvieron costos de emisión promedio iguales al **6.17%** del importe captado. En las ofertas de derechos preferentes de compra vendidas a través de colocaciones con respaldo, los costos totales fueron de **6.05%**. En el caso de las ofertas de derechos preferentes de compra puras (en las que no existe agente colocador), estos costos fueron sólo del **2.45%** del importe captado, lo que supone un ahorro considerable.

En la tabla 13.11 se indica que las ofertas de derechos preferentes de compra puras tienen una marcada ventaja en costos. Es más, las ofertas de derechos preferentes de compra protegen la participación patrimonial proporcional de los accionistas actuales. Nadie sabe por qué no se usan más y esto es una curiosa anomalía.

Se han presentado varios argumentos en favor de las ofertas directas en efectivo vendidas a través de agentes colocadores:

1. Los agentes colocadores aumentan el precio de las acciones. Presuntamente, esto se logra debido al esfuerzo de ventas del grupo colocador.
2. Los agentes colocadores proporcionan un seguro contra una posible oferta fallida. Si el precio de mercado desciende por abajo del precio de colocación pública, la empresa no pierde, porque el agente colocador compró las acciones a un precio previamente pactado. Sin embargo, este seguro no puede valer mucho porque el precio de colocación pública no se determina (en la mayoría de los casos) hasta

las 24 horas previas a la colocación, cuando se hacen los arreglos finales y los agentes colocadores ya han hecho una cuidadosa evaluación del mercado para las acciones.

3. Otros argumentos son: *a*) se dispone de los ingresos generados por las emisiones vía agentes colocadores con mayor rapidez que en el caso de una oferta de derechos preferentes de compra, *b*) los agentes colocadores proporcionarán una distribución más diversa de la propiedad de la que se lograría con una oferta de derechos preferentes de compra y *c*) la asesoría que proporcionan los banqueros de inversión puede ser beneficiosa.

Todos los argumentos anteriores conforman las piezas del rompecabezas, pero ninguna parece ser muy convincente. En un estudio reciente se observó que las empresas que realizaron ofertas de derechos preferentes de compra a través de agentes colocadores sufrieron disminuciones en precios considerablemente superiores que las empresas que realizaron ofertas directas en efectivo también a través de agentes colocadores.[7] Éste es un costo oculto y quizá sea parte de la explicación por la que las ofertas de derechos preferentes de compra a través de agentes colocadores son raras en Estados Unidos.

PREGUNTAS SOBRE CONCEPTOS

13.6a ¿Cómo opera una oferta de derechos preferentes de compra?

13.6b ¿Cuáles son las preguntas que debe contestar la administración financiera en una oferta de derechos preferentes de compra?

13.6c ¿Cómo se determina el valor de un derecho preferente de compra?

13.6d ¿Cuándo afecta una oferta de derechos preferentes de compra el valor de las acciones de una empresa?

13.6e ¿Ocasiona la oferta de derechos preferentes de compra una disminución en el precio de la acción? ¿Cómo se ven afectados los accionistas actuales por una oferta de derechos preferentes de compra?

13.7 | DILUCIÓN

dilución
Pérdida de valor para los accionistas actuales en términos de la participación relativa de la propiedad, el valor de mercado, el valor en libros o el UPA.

La **dilución** es un tema que ocasiona frecuentes discusiones en relación con la venta de instrumentos financieros. La dilución se refiere a una pérdida en el valor para los accionistas actuales. Existen varias clases:

1. Dilución de la propiedad proporcional.
2. Dilución del valor de mercado.
3. Dilución del valor en libros y de las utilidades por acción.

Las diferencias entre estos tres tipos pueden ocasionar una ligera confusión y existen algunos conceptos erróneos comunes sobre la dilución, por lo que se estudia en esta sección.

---

[7]Hansen, Robert S., «The Demise of the Rights Issue», *The Review of Financial Studies* 1 (otoño de 1988), págs. 289-309.

Dilución de la propiedad proporcional

El primer tipo de dilución puede presentarse siempre que una empresa venda acciones al público inversionista en general. Por ejemplo, Joe Smith tiene 5,000 acciones de Merit Shoe Company. En la actualidad, esta empresa tiene 50,000 acciones en circulación y cada acción tiene derecho a un voto. Por tanto, Joe controla el 10% (5,000/50,000) de los votos y obtiene el 10% de los dividendos.

Si Merit Shoe emite 50,000 nuevas acciones comunes al público inversionista mediante una oferta directa en efectivo, tal vez se diluya la propiedad de Joe en la empresa. Si Joe no participa en la nueva emisión, su participación en la propiedad disminuirá al 5% (5,000/100,000). Obsérvese que el valor de las acciones de Joe no se ve afectado; tan sólo controla un porcentaje menor de la empresa.

Debido a que una oferta en derechos preferentes de compra le aseguraría a Joe Smith la oportunidad de mantener su participación proporcional en el 10%, la dilución de la propiedad de los accionistas actuales puede evitarse mediante la utilización de una oferta de derechos preferentes de compra.

Dilución del valor: valores en libros versus valores de mercado

Examinamos ahora la dilución del valor repasando algunas cifras contables. Lo hacemos para mostrar una falacia relacionada con la dilución; no es nuestra intención sugerir que la dilución contable sea más importante que la dilución del valor de mercado. Como se muestra, pensamos casi lo contrario.

Supongamos que Upper States Utilities (USU) quiere construir una nueva planta generadora de electricidad para satisfacer la futura demanda prevista. Como se muestra en la tabla 13.12, USU tiene en la actualidad en circulación **1 millón** de acciones y no tiene deuda. Cada acción se vende en **$5** y la empresa tiene un valor de mercado de **$5 millones**. El valor total en libros de USU es de **$10 millones**, es decir, **$10 por acción**.

USU ha experimentado en el pasado diversas dificultades, incluyendo exceso de costos, demoras en la aprobación por parte de las autoridades regulatorias de la construcción de una planta nuclear para generar electricidad, además de tener utilidades inferiores a las normales. Estas dificultades se reflejan en el hecho de que la razón mercado a libros de USU es de $5/$10 = 0.50 (no es frecuente que las empresas exitosas exhiban precios de mercado inferiores a los instrumentos financieros en libros).

En la actualidad, la utilidad neta de USU es de **$1 millón**. Al tener 1 millón de acciones, las utilidades por acción (UPA) son de **$1** y el rendimiento sobre el capital (RSC) es de $1/$10 = **10%**.[8] Por consiguiente, las acciones de USU se venden por cinco veces las utilidades (la razón precio/utilidad es **5**). USU tiene 200 accionistas, cada uno de los cuales controla 5,000 acciones. La nueva planta costará **$2 millones**, por lo que USU deberá emitir 400,000 nuevas acciones ($5 × 400,000 = $2,000,000). Por tanto, después de la emisión existirán en circulación **1.4 millones** de acciones.

Se espera que el RSC de la nueva planta sea igual al de la empresa en su conjunto. En otras palabras, se espera que la utilidad neta crezca en 0.10 × $2 millones = $200,000. Por consiguiente, la utilidad neta total será de **$1.2 millones**. Se tendrían entonces las siguientes consecuencias:

---

[8]El rendimiento sobre el capital (RSC) es igual a la utilidad por acción dividida entre el valor en libros por acción o, de forma equivalente, la utilidad neta dividida entre el capital contable. En el capítulo 3 se estudian con cierto detalle esta razón y otras razones financieras.

Tabla 13.12		Después de aceptar el nuevo proyecto		
Nuevas emisiones y dilución: el caso de Upper States Utilities		(1) Inicial	(2) Dilución	(3) Sin dilución
	Número de acciones	1,000,000	1,400,000	1,400,000
	Valor en libros	$10,000,000	$12,000,000	$12,000,000
	Valor en libros por acción (B)	$10	$8.57	$8.57
	Valor de mercado	$5,000,000	$6,000,000	$8,000,000
	Precio de mercado (P)	$5	$4.29	$5.71
	Utilidad neta	$1,000,000	$1,200,000	$1,600,000
	Rendimiento sobre el capital (RSC)	0.10	0.10	0.13
	Utilidad por acción (UPA)	$1	$0.86	$1.14
	UPA/P	0.20	0.20	0.20
	P/UPA	5	5	5
	P/B → razón de mercados a libro	0.5	0.5	0.67
	PROYECTO Costo $2,000,000		VPN = –$1,000,000	VPN = $1,000,000

1. Con 1.4 millones de acciones en circulación, la UPA sería de $1.2/1.4 = **$0.857** por acción, una disminución de $1 con respecto a la anterior.
2. La propiedad proporcional de cada accionista actual disminuye a 5,000/1.4 millones = 0.36%, una disminución con respecto al 0.50% anterior.
3. Si las acciones continúan vendiéndose por cinco veces las utilidades, el valor disminuiría a 5 × 0.857 = **$4.29**, una pérdida de $0.71 por acción.
4. El valor total en libros será igual a los $10 millones anteriores, más los $2 millones nuevos, para un total de $12 millones. El valor en libros por acción disminuirá a $12 millones/1.4 millones = **$8.57** por acción.

Si se toma este ejemplo con su valor aparente, se produciría una dilución de la propiedad proporcional, una dilución del valor en libros (dilución contable) y una dilución del valor de mercado. Aparentemente, los accionistas de USU sufrirían pérdidas considerables.

Un concepto erróneo   El ejemplo parece mostrar que, cuando la razón de mercado a libros es inferior a uno, la venta de acciones es perjudicial para los accionistas. Algunos administradores afirman que esta dilución se produce porque la UPA siempre disminuirá al emitir acciones cuando el valor de mercado sea inferior al valor en libros.

Cuando la razón mercado a libros es inferior a 1, el aumento del número de acciones sí hace que la UPA disminuya. Este tipo de disminución en la UPA representa dilución contable, que siempre se producirá bajo estas circunstancias.

Por tanto, ¿es cierto que también ocurrirá necesariamente la dilución del valor de mercado? La respuesta es *no*. No hay nada incorrecto en este ejemplo, si bien no resulta evidente por qué ha disminuido el valor de mercado. A continuación, se analiza este aspecto.

Los argumentos correctos   En este ejemplo, el precio de mercado disminuye de **$5** por acción a **$4.29**. Esto constituye una verdadera dilución, ¿pero por qué ocurre? La respuesta se relaciona con el nuevo proyecto. USU piensa gastar **$2 millones** en la nueva planta. Sin embargo, tal como se muestra en la tabla 13.12, el valor de mercado total de la compañía aumentará de **$5 millones** a **$6 millones**, un incremento de sólo $1 millón. Esto simplemente significa que el VPN del nuevo proyecto es de − **$1 millón**. Al existir 1.4 millones de acciones, la pérdida por acción es de $1/1.4 = $0.71, como calculamos antes.

Por tanto, la verdadera dilución para los accionistas de USU se produce porque el VPN del proyecto es negativo, no porque la razón de mercado a libros sea inferior a 1. Este VPN negativo hace disminuir el precio de mercado y la dilución contable no tiene relación alguna con ello.

Supongamos que el nuevo proyecto tuviera un VPN positivo de **$1 millón**. El valor de mercado total se incrementaría en $2 + 1 = $3 millones. Como se muestra en la tabla 13.12 (tercera columna), el precio por acción aumenta a **$5.71**. Obsérvese que, a pesar de ello, la dilución contable continúa existiendo porque el valor en libros por acción aún disminuye, aunque este hecho no tiene consecuencias económicas. El valor de mercado de la acción aumenta.

El incremento de $0.71 en el valor de la acción se produce debido al VPN de $1 millón, lo que origina un incremento en valor de aproximadamente $0.71 por acción. También, como se muestra, si la razón del precio a la UPA continúa siendo de **5,** la UPA debe aumentar a $5.71/5 = **$1.14**. Las utilidades totales (utilidad neta) aumentan a $1.14 por acción × 1.4 millones de acciones = **$1.6 millones**. Por último, el RSC aumentaría a $1.6 millones/$12 millones = **13.33%**.

PREGUNTAS SOBRE CONCEPTOS

13.7a ¿Cuáles son las diferentes clases de dilución?
13.7b ¿Es importante la dilución?

EMISIÓN DE DEUDA A LARGO PLAZO | 13.8

Los procedimientos generales que se siguen en una emisión pública de bonos son los mismos que se utilizan en las acciones. La emisión debe inscribirse ante la SEC, tiene que existir un prospecto de colocación, etc. Sin embargo, la solicitud de inscripción para una emisión pública de bonos es diferente a la solicitud de las acciones comunes. En el caso de los bonos, la solicitud de inscripción tiene que señalar una escritura de emisión (*indenture*).

Otra diferencia importante es que más del 50% de toda la deuda se emite en forma privada. Existen dos maneras básicas de financiamiento privado directo a largo plazo: préstamos a plazo y suscripción privada.

Los **préstamos a plazo** son préstamos comerciales directos. Estos préstamos tienen períodos de vigencia de uno a cinco años. La mayor parte de los préstamos a plazo pueden liquidarse durante la vigencia de los mismos. Entre los acreedores se incluyen bancos comerciales, compañías de seguros y otros acreedores que se especializan en finanzas corporativas. Las **colocaciones privadas** son muy similares a los préstamos a plazo, excepto que el período de vigencia es mayor.

Las diferencias importantes entre el financiamiento privado directo a largo plazo y las emisiones públicas de deuda son:

préstamos a plazo
Préstamos comerciales directos con un período de vigencia típico de uno a cinco años.

colocaciones privadas
Préstamos, que normalmente son a largo plazo, proporcionados directamente por un número limitado de inversionistas.

1. Un préstamo directo a largo plazo evita los costos de inscripción ante la Comisión de Valores e Intercambio.
2. Es probable que la colocación directa tenga un mayor número de cláusulas restrictivas de protección.
3. Es más fácil renegociar un préstamo a plazo o una suscripción privada si hay incumplimiento en los pagos. Es más difícil renegociar una emisión pública porque suelen estar involucrados cientos de tenedores de bonos.
4. Las compañías de seguros de vida y los fondos de pensiones dominan el segmento de colocaciones privadas del mercado de bonos. Los bancos comerciales son importantes participantes en el mercado de préstamos a plazo.
5. Los costos de distribuir bonos son menores en el mercado privado.

Las tasas de interés de los préstamos a plazo y de las colocaciones privadas suelen ser mayores que las tasas de las emisiones públicas equivalentes. Un estudio determinó que el rendimiento al vencimiento de colocaciones privadas fue un 0.46% mayor que en el caso de las emisiones públicas similares.[9] Este hallazgo refleja la relación de intercambio entre una tasa de interés más alta y una mayor flexibilidad en los términos de la emisión, en caso que se presenten problemas financieros, así como los menores costos que se asocian con las colocaciones privadas.

Un aspecto adicional, y muy importante, es que los costos de emisión asociados con la venta de deuda son mucho menores que los que se asocian con la venta de capital.

PREGUNTAS SOBRE CONCEPTOS

13.8a ¿Cuál es la diferencia entre las emisiones de bonos privadas y públicas?
13.8b Es probable que una colocación privada muestre una tasa de interés mayor que la de una emisión pública. ¿Por qué?

13.9 | INSCRIPCIÓN ÚNICA DE EMISIONES DIFERIDAS

Para simplificar los procedimientos de emisión de instrumentos financieros, la Comisión de Valores e Intercambio adoptó en marzo de 1982 la regla 415 sobre una base temporal y, posteriormente, en noviembre de 1983, la hizo permanente. La regla 415 permite la inscripción única de emisiones diferidas. Tanto los instrumentos de deuda como los de capital pueden utilizar este procedimiento.

inscripción única de emisiones diferidas
La regla 415 de la SEC permite a una empresa inscribir en una sola ocasión todas las emisiones que espera vender en el transcurso de dos años, realizando las ventas en cualquier momento dentro de esos dos años.

La **inscripción única de emisiones diferidas** (*shelf registration*) permite a una empresa inscribir una colocación que razonablemente espera realizarse en los próximos dos años y vender entonces la emisión cuando lo desee dentro de dicho período. No todas las empresas pueden utilizar la regla 415. Las principales condiciones son:

1. La empresa debe estar calificada con «grado de inversión».
2. La empresa no puede haber impagado ninguna deuda en los últimos tres años.
3. El valor total de mercado de las acciones en circulación de la empresa debe superar los $150 millones.
4. La empresa no puede haber violado la Ley de Valores (*Securities Act*) de 1934 durante los últimos tres años.

---

[9]Hays, P. A., M. D. Joehnk y R. W. Melicher, «Determinants of Risk Premiums in the Public and Private Bond Market», *Journal of Financial Research* 2 (otoño de 1979).

La inscripción única de emisiones diferidas permite a la empresa utilizar un método de emisiones intermitentes para la emisión de nuevo capital.[10] En las emisiones intermitentes, la empresa inscribe la emisión y contrata un agente colocador como su agente de ventas. La empresa vende directamente las acciones en cantidades pequeñas y de forma intermitente, de vez en cuando, en una bolsa de valores (p. ej., la Bolsa de Valores de Nueva York: NYSE). Entre las empresas que han utilizado programas de emisiones intermitentes se incluyen Middle South Utilities, Niagara Mohawk, Pacific Gas and Electric y también Southern Company.

Esta regla ha sido muy controvertida. Se han presentado varios argumentos en contra de la inscripción única de emisiones diferidas:

1. Los costos de las nuevas emisiones podrían incrementarse porque los agentes colocadores tal vez no puedan proporcionar información actualizada a los posibles inversionistas, como sería el caso convencional, por lo que éstos pagarán menos. Por tanto, el gasto de vender la emisión en forma parcial podría ser mayor en comparación con el hecho de venderla toda en una sola exhibición.
2. Algunos banqueros de inversión han argumentado que la inscripción única de emisiones diferidas ocasionará excesos en el mercado (*market overhang*), que deprimirían los precios del mismo. En otras palabras, la posibilidad de que la compañía pudiera incrementar la oferta de acciones en cualquier momento tendrá un impacto negativo sobre el precio actual de las acciones.

En un estudio en el que se examinaron estos aspectos, los investigadores observaron que la inscripción única de emisiones diferidas es menos costosa que la colocación convencional. No existe evidencia que respalde una amenaza por efecto de excesos en el mercado.[11] Sin embargo, en años recientes, son pocas las empresas elegibles que han realizado una inscripción única de emisiones diferidas para nuevas emisiones de capital.

PREGUNTAS SOBRE CONCEPTOS

13.9a ¿Qué es la inscripción única de emisiones diferidas?
13.9b ¿Cuáles son los argumentos en contra de la inscripción única de emisiones diferidas?

RESUMEN Y CONCLUSIONES | 13.10

En este capítulo se estudia cómo se emiten los instrumentos financieros corporativos. A continuación, se presentan los aspectos principales:

1. Los costos de emitir instrumentos financieros pueden ser considerables. Son mucho menores (en términos porcentuales) en las emisiones grandes.
2. La colocación con compromiso en firme es mucho más frecuente en las grandes emisiones que la colocación con base en el mejor esfuerzo. Es probable que esto se

---

[10]Hershman, A., «New Strategies in Equity Financing», *Dun's Business Monthly*, junio de 1983.
[11]Bhagat, S., M. W. Marr y G. R. Thompson, «The Rule 415 Experiment: Equity Markets», *Journal of Finance* 40 (diciembre de 1985).

relacione con el nivel de incertidumbre de las emisiones más pequeñas. Para un determinado tamaño de emisión, los gastos directos de colocación con base en el mejor esfuerzo y la colocación con compromiso en firme tienen la misma magnitud.

3. Los costos directos e indirectos de la colocación pública pueden ser considerables. Sin embargo, una vez que una empresa ha realizado colocaciones públicas, puede captar capital adicional con mucha mayor facilidad.

4. Las ofertas de derechos preferentes de compra son más económicas que las ofertas directas en efectivo. A pesar de ello, casi todas las nuevas emisiones de capital en Estados Unidos son ofertas directas en efectivo distribuidas a través de agentes colocadores.

Términos fundamentales

solicitud de inscripción **455**	colocación con compromiso en firme **458**
Reglamentación A **455**	colocación sobre la base del mejor esfuerzo **459**
prospecto **455**	cláusula de sobresuscripción **460**
prospecto preliminar de colocación **455**	ex-derechos preferentes de compra **479**
anuncio de oferta pública **456**	fecha de registro de tenedores **479**
oferta directa en efectivo **456**	colocación con respaldo **480**
oferta de derechos preferentes de compra **456**	honorario por respaldo **480**
oferta pública inicial (OPI) **456**	privilegio de sobresuscripción **480**
nueva emisión con experiencia previa **457**	dilución **484**
agentes colocadores **458**	préstamos a plazo **487**
sindicato colocador **458**	colocaciones privadas **487**
margen o diferencial **458**	inscripción única de emisiones diferidas **488**

Problemas de revisión y autoevaluación del capítulo

13.1 **Costos de emisión**   L5 Corporation está considerando una emisión de capital para financiar una nueva estación espacial. Se requiere un total de $10 millones en nuevo capital. Si se estima que los costos directos son del 6% del monto captado, ¿qué dimensión debe tener la emisión? ¿Cuál es el importe del costo de emisión?

13.2 **Oferta de derechos preferentes de compra**   En la actualidad, Hadron Corporation tiene 4 millones de acciones en circulación. Cada acción se vende en $50. Para captar $30 millones para un nuevo acelerador de partículas, la empresa está planeando una oferta de derechos preferentes de compra a $20 por acción. ¿Cuál es el valor de cada derecho preferente de compra en este caso? ¿Cuál es el precio ex-derechos preferentes de compra?

Respuestas a los problemas de autoevaluación

13.1 La empresa requiere captar $10 millones netos después de pagar unos costos de emisión del 6%. Por tanto, el importe captado se determina mediante:

Importe captado × (1 × 0.06) = **$10 millones**

Importe captado = $10/0.94 = **$10.638 millones**

Por consiguiente, el costo total de emisión es de **$638,000**.

13.2 Para captar $30 millones a $20 por acción, deberán venderse
$30 millones/$20 = **1.5 millones** de acciones. Antes de la oferta, la empresa tiene
un valor de 4 millones × $50 = **$200 millones**. La emisión captó $30 millones y
habrá 5.5 millones de acciones en circulación. El valor de una acción ex-derechos
preferentes de compra será por consiguiente de $230/5.5 = **$41.82**. Por tanto, el
valor de cada derecho preferente de compra es de $50 − 41.82 = **$8.18**.

Preguntas y problemas

1. **Colocación vía agentes versus derechos preferentes de compra**   Megabucks
   Industries está planeando captar capital fresco mediante la venta de una gran
   emisión de acciones comunes que es nueva. En la actualidad, Megabucks es una
   empresa que se negocia en la bolsa de instrumentos financieros e intenta elegir
   entre una oferta en efectivo a través de agentes colocadores y una oferta en
   derechos preferentes de compra (sin agentes colocadores) a los accionistas actuales.
   La administración de Megabucks está interesada en minimizar los costos de venta y
   le ha pedido a usted asesoría para elegir el método de emisión. ¿Cuál es su
   recomendación y por qué?

2. **Ofertas de derechos preferentes de compra**   Jelly Beans, Inc., está proponiendo una
   oferta de derechos preferentes de compra. Existen ahora 100,000 acciones en
   circulación con valor de $25 cada una. Se emitirán 10,000 nuevas acciones a $20
   cada una.
   a. ¿Cuál es el valor de cada derecho preferente de compra?
   b. ¿Cuál es el precio ex-derecho preferente de compra?
   c. ¿Cuál es el nuevo valor de mercado de la empresa?
   d. ¿Por qué una empresa podría realizar una oferta de derechos preferentes de
   compra en vez de una oferta directa en efectivo?

3. **Dilución del precio**   Suponga que Newton Company tiene 10,000 acciones con un
   valor de $40 cada una, por consiguiente el valor de mercado del capital de la
   empresa es de $400,000. Suponga que la empresa emite 5,000 nuevas acciones a los
   siguientes precios: $40, $20, $10. ¿Cuál será el efecto de cada uno de estos precios
   de colocación alternativos sobre el precio actual de la acción?

4. **Inversión OPI y subvaluación**   En 1980, un profesor asistente de finanzas compró
   12 ofertas públicas iniciales de acciones comunes. Las conservó durante
   aproximadamente un mes y después las vendió. La regla de inversión que él siguió
   fue presentar una orden de compra para cada oferta pública inicial, colocada con
   compromiso en firme, de empresas de exploración de petróleo y gas. Se hicieron
   22 de estas ofertas y él presentó una orden de compra por aproximadamente $1,000
   en acciones de cada una de las empresas. Con 10 de éstas, no se asignaron acciones
   al profesor. En 5 de las 12 ofertas que compró, le asignaron un número de acciones
   inferior a lo solicitado.
   El año 1980 fue muy bueno para los propietarios de las compañías dedicadas a
   la prospección de petróleo y gas: en promedio, 22 empresas que realizaron
   colocaciones públicas vendieron las acciones un 80% por encima del precio de
   colocación un mes después de la fecha de la oferta inicial. El profesor examinó cuál
   había sido su desempeño y encontró que los $8,400 invertidos en las 12 empresas
   habían crecido a sólo $10,000, es decir, tuvo un rendimiento aproximado del 20%
   (las comisiones fueron insignificantes). ¿Tuvo mala suerte o debió haber esperado
   peores resultados que el inversionista típico en ofertas públicas iniciales? Explique la
   respuesta.

5. Análisis de una OPI El material que se detalla a continuación presenta la portada y el resumen del prospecto de colocación para la oferta pública inicial de Pest Investigation Control Corporation (PICC). Dicha empresa colocará sus acciones mañana al público inversionista a través de la oferta pública inicial con compromiso en firme y será coordinada por el banco de inversión Erlanger and Ritter. Conteste las preguntas:

a. Suponga que no tiene conocimiento alguno sobre PICC, excepto la información que aparece en el folleto de colocación. Con base en los conocimientos de finanzas que se tienen, ¿cuál es el pronóstico para el precio de PICC mañana? Proporcione una breve explicación de por qué piensa que ocurrirá esto.

b. Suponga que se tienen varios miles de unidades monetarias para invertir. Esta noche, al llegar usted a su casa después de las clases, le comunican que le ha llamado su agente de bolsa, con quien no había hablado durante semanas. Dejó un mensaje avisando que mañana PICC venderá sus acciones al público inversionista en general y que puede conseguirle varios cientos de acciones al precio de colocación si se comunica con él mañana muy temprano. Comente las ventajas de esta oportunidad.

PROSPECTO DE COLOCACIÓN   PICC

200,000 acciones

PEST INVESTIGATION CONTROL CORPORATION

Las 200,000 acciones ofertadas por este medio las vende Pest Investigation Control Corporation, Inc. («la Empresa»). Antes de esta oferta, no ha existido un mercado público para las acciones de PICC ni se puede garantizar que se desarrollará un mercado.

Estos valores no han sido aprobados ni desaprobados por la SEC, ni dicha comisión ha llegado a un acuerdo sobre la exactitud o veracidad de este prospecto de colocación. Cualquier manifestación en sentido contrario es un delito penado por la ley.

	Precio al público	Descuento de colocación	Ingresos para la empresa*
Por acción	$11.00	$1.10	$9.90
Total	$2,200,000	$220,000	$1,980,000

*Antes de deducir los gastos estimados en $27,000, pagaderos por la empresa.

Ésta es una oferta pública inicial. Se ofrecen las acciones comunes: sujetas a una venta previa, especificando cuándo, cómo y si se entregan y son aceptadas por los agentes colocadores y sujetas a la aprobación de ciertos asuntos legales por el Consejo de agentes colocadores y por el Consejo de la Empresa. Los agentes colocadores se reservan el derecho de retirar, cancelar o modificar esta oferta y rechazar ofertas en forma total o parcial.

Erlanger and Ritter, Banqueros de Inversión
12 de abril, 1992

Resumen del prospecto de colocación

La Empresa	Pest Investigation Control Corporation (PICC) cría y comercializa sapos y ranas arbóreas como mecanismos seguros, desde un punto de vista ecológico, para el control de insectos.
La oferta	200,000 acciones comunes, sin valor nominal.
Inscripción	La empresa buscará la inscripción en el sistema de cotización automatizada de la asociación nacional de operadores en valores (NASDAQ) y se comercializará en mercados extrabursátiles.
Acciones en circulación	Al 31 de marzo de 1992, se encontraban en circulación 400,000 acciones comunes. Después de la oferta, habrá en circulación 600,000 acciones comunes.
Uso de los ingresos	Para financiar el crecimiento de inventarios y de cuentas por cobrar, así como del capital de trabajo general y para pagar las membresías en un club social a ciertos profesores de finanzas.

Información financiera seleccionada
(los importes en miles excepto para la información por acción)

	Año fiscal terminado el 31 de diciembre		
	1990	1991	1992
Ingresos	$60.00	$120.00	$240.00
Utilidad neta	3.80	15.90	36.10
Utilidad por acción	0.01	0.04	0.09

	Al 31 de marzo de 1992	
	Actual	Ajustado de acuerdo a esta oferta
Capital de trabajo	$ 8	$1,961
Total de activos	511	2,464
Capital social	423	2,376

6. **Subvaluación de OTI**   Analice la siguiente afirmación: debido a que las ofertas públicas iniciales de acciones comunes siempre están subvaluadas, un inversionista puede ganar dinero comprando acciones en estas ofertas.

7. **Derechos preferentes de compra**   Superior Inc. es un fabricante de bloqueadores beta (los consumidores están aburridos y cansados de esas molestas betas). La administración ha llegado a la conclusión de que se requiere financiamiento de capital adicional para incrementar la capacidad de producción y que la mejor forma de obtener estos fondos es mediante una oferta de derechos preferentes de compra. Ha llegado a la conclusión de que, como consecuencia de la oferta de derechos preferentes de compra, el precio de la acción disminuirá de $50 a $45 ($50 es el

precio con derecho preferente de compra; $45 es el precio ex-derechos preferentes de compra, también conocido como *precio al momento de emisión*). La empresa desea captar fondos adicionales por $5 millones, con un precio de suscripción por acción igual a $25.

¿Cuántas acciones existían antes de la oferta? (Suponga que el incremento al valor de mercado del capital es igual a los ingresos brutos provenientes de la oferta.)

8. **Dilución** Radcliffe Corporation desea ampliar sus actividades industriales. En la actualidad, Radcliffe tiene en circulación 10 millones de acciones y no tiene deuda. El precio de venta por acción es de $40, pero el valor en libros por acción es de $60. En la actualidad, la utilidad neta de Radcliffe es de $20 millones. Las nuevas instalaciones requeridas costarán $60 millones y aumentarán la utilidad neta en $2 millones.

   a. Suponiendo una razón precio-utilidad constante, ¿cuál será el efecto si se acepta la nueva inversión? Para responder, calcule el nuevo valor en libros, las nuevas utilidades totales, la nueva UPA, el nuevo precio por acción y la nueva razón mercado a libros. ¿Qué sucede aquí?

   b. ¿Cuál tendría que ser la nueva utilidad neta de Radcliffe para que el precio por acción permaneciera invariable?

9. **Dilución** Slide Rule Corporation quiere diversificar sus operaciones. A continuación, se presenta información financiera reciente.

Precio por acción	$50
Número de acciones	1,000
Total de activos	$500,000
Total de pasivos	$300,000
Utilidad neta	$10,000

Slide Rule está considerando una inversión que tiene la misma razón P/U de la empresa. El costo de la inversión es de $50,000 y se financiará con una nueva emisión de capital. El rendimiento de la inversión será igual al RSC actual de Slide Rule. ¿Qué le ocurrirá al valor en libros por acción, al valor de mercado por acción y a la UPA? ¿Cuál es el VPN de esta inversión?

10. **Dilución** En el problema anterior, ¿cuál debería ser el RSC de la inversión si se quisieran vender las nuevas acciones en $50? ¿Cuál es el VPN de esta inversión? En este caso, ¿se seguirá produciendo la dilución contable?

11. **Cálculo de los costos de emisión** Thule Co. acaba de vender sus acciones al público inversionista en general. De acuerdo al convenio de colocación con compromiso en firme, Thule recibió $15 por cada una de los 5 millones de acciones vendidas. El precio de oferta inicial fue de $18 por acción y aumentó a $22 por acción en los primeros minutos de la comercialización. Thule pagó $120,000 por costos directos legales y otros costos. Los costos indirectos fueron de $80,000. ¿Cuál fue el costo de emisión como porcentaje de los fondos obtenidos?

12. **Subvaluación de una OPI** Lemon Co. y Lime Co. han anunciado algunas OPI a $5 por acción. Una de ellas está subvaluada en $1, la otra sobrevaluada en $0.50, pero como los productos cítricos no son la especialidad del analista, éste no tiene forma alguna de conocer cuál es cuál. Se planea comprar 100 acciones de cada una. Si una emisión está subvaluada, estará sujeta a racionamiento y sólo se obtendrá la mitad de las acciones que se soliciten. Si se *pudieran* conseguir 100 acciones de

Lemon y 100 de Lime, ¿cuál sería la ganancia? ¿Qué ganancia se esperaría en realidad? ¿Qué principio se ha demostrado aquí?

13. **Oferta de derechos preferentes de compra**   Ang-Wish Corporation ha anunciado una oferta de derechos preferentes de compra para captar $50 millones para una nueva publicación especializada: el *Journal of Financial Excess*. Esta publicación revisará posibles artículos después de que el autor pague una cuota de revisión no reembolsable de $3,000 por página. En la actualidad, el precio de venta de cada acción es de $25 y existen 22 millones de acciones en circulación. Conteste a las siguientes preguntas:
    a. ¿Cuál es el precio máximo de suscripción posible? ¿Cuál es el mínimo?
    b. Si el precio de suscripción se establece en $15 por acción, ¿cuántas acciones deben venderse? ¿Cuántos derechos preferentes de compra se necesitarán para adquirir una acción?
    c. ¿Cuál es el precio ex-derechos preferentes de compra? ¿Cuál es el valor de cada derecho preferente de compra?
    d. Muestre cómo un accionista con 100 acciones, y sin deseos de comprar acciones adicionales (o sin dinero para ello), no resulta perjudicado por la oferta de derechos preferentes de compra.

14. **Derechos preferentes de compra**   Éste es un problema difícil. Peter Publishing Partnership Inc. está considerando realizar una oferta de derechos preferentes de compra. La empresa ha determinado que el precio ex-derechos preferentes de compra será de $20. El precio actual es de $40 por acción y existen 10 millones de acciones en circulación. La oferta de derechos preferentes de compra captaría un total de $40 millones. ¿Cuál es el precio de suscripción?

15. **Valor de un derecho preferente de compra**   También éste es un problema difícil. Muestre que el valor de cada derecho preferente de compra puede expresarse como:

$$\text{Valor de un derecho preferente de compra} = P_{RO} - P_X = (P_{RO} - P_S)/(N + 1)$$

donde P_{RO}, P_S y P_X representan el precio con derechos preferentes de compra, el precio de suscripción y el precio ex-derechos preferentes de compra, respectivamente, y N es el número de derechos preferentes necesarios para comprar una nueva acción al precio de suscripción.

Lecturas sugeridas

Los costos de emitir nuevo capital están documentados en:

> Ritter, J. R., «The Cost of Going Public», *Journal of Financial Economics* 19, 1987.
> Smith, C. W. Jr., «Alternative Methods of Raising Capital: Rights versus Underwritten Offerings», *Journal of Financial Economics* 5, 1977.

Entre los artículos que examinan la subvaluación y la banca de inversión, se incluyen:

> Booth, J. y R. Smith, «The Certification Role of the Investment Banker in New Issues Pricing», *Midland Corporate Finance Journal* 1, primavera de 1986.
> Ibbotson, R. G., «Price Performance of Common Stock New Issues», *Journal of Financial Economics* 2, 1975.
> Muscarella, C. J. y M. R. Vetsuypens, «A Simple Test of Baron's Model of IPO Underpricing», *Journal of Financial Economics* 24, 1989.
> Ritter, J. R., «The 'Hot Issue' Market of 1980», *Journal of Business* 57, 1984.
> Rock, K., «Why New Issues Are Underpriced», *Journal of Financial Economics* 15, 1986.

El efecto del nuevo capital con experiencia previa sobre los precios de las acciones se presenta en:

Asquith, P. y D. Mullins, «Equity Issues and Offering Dilution», *Journal of Financial Economics* 15, 1986.

Masulis, R. y A. N. Korwar, «Seasoned Equity Offerings: An Empirical Investigation», *Journal of Financial Economics* 15, 1986.

Mikkelson, W. H. y M. M. Partch, «The Valuation Effects of Security Offerings and the Issuance Process», *Journal of Financial Economics* 15, 1986.

Pueden encontrarse resúmenes de la investigación reciente en:

Hansen, R., «Evaluating the Costs of a New Equity Issue», *Midland Corporate Finance Journal*, primavera de 1986.

Ibbotson, G. Roger, Jody L. Sindelar y Jay R. Ritter, «Initial Public Offerings», *Journal of Applied Corporate Finance* 1, verano de 1988.

Capítulo 14

Costo de capital

Imagine que acaba de ser designado presidente de una gran empresa y que la primera decisión a la que se enfrenta es saber si debe continuar con un plan para renovar el sistema de distribución de los almacenes de la empresa. El plan le costará a la compañía $50 millones y se espera que ahorre $12 millones por año, después de impuestos, durante los próximos seis años.

Éste es un problema habitual en los presupuestos de capital. Para resolverlo, deben determinarse los flujos de efectivo relevantes, descontarlos y, si el VPN es positivo, aceptar el proyecto; si el VPN es negativo, hay que rechazarlo. Hasta ahora, todo parece muy bien, pero ¿qué se debe utilizar como tasa de descuento? A partir de la presentación de riesgo y rendimiento que hemos hecho, se sabe que la tasa de descuento correcta depende del nivel de riesgo asociado al sistema de distribución de los almacenes. En particular, el nuevo proyecto sólo tendrá un VPN positivo si su rendimiento excede lo que ofrecen los mercados financieros para inversiones con riesgo similar. A este rendimiento mínimo requerido se le denomina *costo de capital* asociado con el proyecto.[1]

Por tanto, para tomar —como presidente de la empresa— la decisión correcta, debe examinar lo que ofrecen los mercados de capital y utilizar esta información para obtener un estimado del costo de capital del proyecto. El principal propósito en este capítulo es describir cómo obtenerlo. Existen diversos enfoques para efectuar esta tarea y se presentan varios aspectos conceptuales y prácticos.

Uno de los conceptos más importantes que se desarrollan es el costo promedio ponderado de capital (CPPC). Éste es el costo de capital para la empresa en su conjunto y puede interpretarse como el rendimiento requerido para toda la empresa. Al estudiar el

---

[1] También se utiliza el término *costo del dinero*.

CPPC, se reconocerá el hecho de que una empresa suele captar capital de distintas formas y que estas diferentes formas de capital pueden tener diferentes costos asociados.

También se estudia en este capítulo que los impuestos son una consideración importante de cara a determinar el rendimiento requerido de una inversión, ya que el propósito siempre se centra en valuar los flujos de efectivo después de los impuestos generados por un proyecto. Por consiguiente, se estudiará cómo incorporar explícitamente los impuestos en las estimaciones del costo de capital.

14.1 | EL COSTO DE CAPITAL: CONSIDERACIONES PRELIMINARES

En el capítulo 11 se desarrolló la línea de mercado de un activo financiero (LMAF), que se utilizó para investigar la relación entre el rendimiento esperado de un instrumento financiero o su riesgo sistemático. El propósito fue observar cómo se comportaban los rendimientos con riesgo derivados de comprar instrumentos financieros desde la perspectiva de, por ejemplo, un accionista de la empresa. Esto ayudó a los inversionistas a comprender mejor las alternativas disponibles en los mercados de capital.

En este capítulo se invierten un poco las cosas y se observa de una forma más detallada el otro lado del problema, es decir, cómo se perciben estos rendimientos e instrumentos financieros desde el punto de vista de las empresas que los emiten. El factor importante que se debe observar es que el rendimiento que recibe un inversionista de un instrumento financiero es el costo de ese instrumento para aquella empresa que lo emitió.

Rendimiento requerido versus costo de capital

Cuando se afirma que el rendimiento requerido de una inversión es de, por ejemplo, el 10%, se suele querer decir que la inversión sólo tendrá un VPN positivo si su rendimiento excede el 10%. Otra forma de interpretar el rendimiento requerido es observar que la empresa tiene que ganar el 10% sobre la inversión sólo para compensar a sus inversionistas por el uso del capital necesario para financiar el proyecto. Por esta razón, también se podría decir que el 10% es el costo de capital asociado con la inversión.

Para mostrar aún más este punto, imagínese que se está evaluando un proyecto libre de riesgo. En este caso, es obvio cómo determinar el rendimiento requerido: se observan los mercados de capital y se identifica la tasa actual que ofrecen las inversiones libres de riesgo y se emplea ésta para descontar los flujos de efectivo del proyecto. Por tanto, el costo de capital para una inversión libre de riesgo es la tasa libre de riesgo.

Si este proyecto implicara riesgo y suponiendo que no existen cambios en el resto de la información, es obvio que el rendimiento requerido es mayor. En otras palabras, el costo de capital para este proyecto, si tiene riesgo, es mayor que la tasa libre de riesgo y la tasa de descuento apropiada excedería a la tasa libre de riesgo.

En lo sucesivo, se utilizarán los términos *rendimiento requerido, tasa de descuento apropiada* y *costo de capital* de una forma más o menos intercambiable, ya que, como sugiere el estudio de esta sección, todos ellos significan esencialmente lo mismo. El aspecto clave que hay que comprender es que el costo de capital asociado con una inversión depende del riesgo de la misma. Ésta es una de las lecciones más importantes de las finanzas corporativas, por lo que vale la pena repetirla:

El costo de capital depende sobre todo del uso de los fondos, no de su origen.

Es un error frecuente olvidar este punto crucial y caer en la trampa de pensar que el costo de capital para una inversión depende sobre todo de cómo y dónde se obtiene el capital.

Política financiera y costo de capital

Se sabe que la mezcla particular de deuda y capital que decide utilizar una empresa —es decir, su estructura de capital— es una variable administrativa. En este capítulo se considerará ya establecida e invariable la política financiera de la empresa. Sobre todo se supondrá que la empresa mantiene una razón fija de deuda/capital. Esta razón refleja la estructura de capital establecida como *objetivo* y precisamente el tema del capítulo siguiente se refiere a cómo la empresa podría determinar esta razón.

Sabemos por lo que acabamos de estudiar que el costo global de capital de una empresa reflejará el rendimiento requerido de los activos de la empresa en su conjunto. Conociendo que una empresa utiliza al mismo tiempo deuda y capital, este costo global o total de capital será una mezcla de los rendimientos requeridos para remunerar a sus acreedores y a sus accionistas. En otras palabras, el costo de capital de una empresa reflejará el costo de su deuda y el costo de su capital en acciones comunes. En las siguientes secciones se estudian por separado estos costos.

PREGUNTAS SOBRE CONCEPTOS

14.1a ¿Cuál es el principal factor determinante del costo de capital de una inversión?
14.1b ¿Cuál es la relación entre el rendimiento requerido de una inversión y el costo de capital asociado con esa inversión?

EL COSTO DE CAPITAL EN ACCIONES COMUNES | 14.2

Se inicia con la pregunta más difícil sobre el tema del costo de capital: ¿Cuál es el **costo global de capital en acciones comunes** de la empresa? La razón de que esta pregunta sea difícil es que no existe una forma de observar de un modo directo el rendimiento sobre su inversión que requieren los inversionistas de capital en acciones comunes de la empresa. En lugar de ello, deben estimarse de alguna forma. En esta sección se estudian dos enfoques para determinar el costo de capital en acciones comunes: el enfoque del modelo de crecimiento de dividendos y el enfoque de la línea de mercado de un activo financiero (LMAF).

costo global de capital en acciones comunes
Rendimiento que requieren los inversionistas de capital sobre su inversión en la empresa.

El enfoque del modelo de crecimiento de dividendos

La forma más fácil de estimar el costo de capital en acciones comunes es utilizar el modelo de crecimiento de dividendos que se desarrolló en el capítulo 6. Recuérdese que bajo el supuesto de que los dividendos de la empresa crecerán a una tasa constante g, el precio por acción P_0 puede expresarse como:

$$P_0 = \frac{D_0 \times (1 + g)}{R_E - g} = \frac{D_1}{R_E - g}$$

donde D_0 es el dividendo que se acaba de pagar y D_1 es el dividendo proyectado para el próximo período. Obsérvese que se ha utilizado el símbolo R_E (la E representa el capital) para el rendimiento requerido de la acción común.

Como estudiamos en el capítulo 6, se pueden reacomodar los términos con el objeto de resolver para R_E en la forma siguiente:

$$R_E = D_1/P_0 + g \tag{14.1}$$

Dado que R_E es el rendimiento de la acción común que requieren los accionistas, se puede interpretar como el costo de capital en acciones comunes de la empresa.

Implementación del enfoque   Para estimar R_E utilizando el enfoque del modelo de crecimiento de dividendos, es obvio que se necesitan tres piezas de información: P_0, D_0 y g.[2] En el caso de una empresa cuyas acciones se negocian públicamente* y que paga dividendos, las primeras dos piezas se pueden observar de forma directa, por lo que resultan fáciles de obtener. Sólo debe estimarse el tercer componente: la tasa de crecimiento esperada de dividendos.

Por ejemplo, supongamos que Greater States Public Service, una gran empresa de servicios públicos, pagó el año pasado un dividendo de $4 por acción. En la actualidad, cada acción se vende en $60. Se estima que el dividendo crecerá en forma continua en un 6% anual durante un período indefinido. ¿Cuál es el costo de capital en acciones comunes de Greater States?

Utilizando el modelo de crecimiento de dividendos, el dividendo esperado para el próximo año, D_1, es:

$$D_1 = D_0 \times (1 + g)$$

$$= \$4 \times (1.06)$$

$$= \$4.24$$

Conociendo esto, el costo de capital en acciones comunes, R_E, es:

$$R_E = D_1/P_0 + g$$

$$= \$4.24/\$60 + 0.06$$

$$= 13.07\%$$

Por tanto, el costo de capital en acciones comunes es del 13.07%.

Estimación de g   Para utilizar el modelo de crecimiento de dividendos, es necesario determinar un estimado de g, la tasa de crecimiento. En esencia, existen dos formas de hacerlo: 1) utilizar las tasas de crecimiento históricas o 2) utilizar los pronósticos formulados por analistas especializados de las futuras tasas de crecimiento. Existen varias fuentes de pronósticos formuladas por estos analistas. Como es natural, las diferentes fuentes

---

[2]Obsérvese que si se tienen D_0 y g se puede simplemente calcular D_1 multiplicando D_0 por $(1 + g)$.

*Nota de los Revs. Técs.: Negociación pública se refiere a que los instrumentos financieros se intercambian entre el público inversionista en general. Esto se efectúa en mercados secundarios, ya sean bursátiles o extrabursátiles.

darán distintas estimaciones, por lo que un enfoque podría consistir en obtener múltiples estimaciones y, con ellas, un promedio de las mismas.

De forma alternativa, se podrían observar los dividendos de, por ejemplo, los cinco años anteriores, calcular las tasas de crecimiento anuales y obtener entonces un promedio. Por ejemplo, supongamos que se observan los siguientes dividendos para alguna empresa:

Año	Dividendo
1987	$1.10
1988	1.20
1989	1.35
1990	1.40
1991	1.55

Los cambios porcentuales de los dividendos para cada año pueden calcularse de la forma siguiente:

Año	Dividendos	Cambio monetario	Cambio porcentual
1987	**$1.10**	—	—
1988	**1.20**	**$0.10**	**9.09%**
1989	**1.35**	**0.15**	**12.50**
1990	**1.40**	**0.05**	**3.70**
1991	**1.55**	**0.15**	**10.71**

Obsérvese que el cambio en dividendos se calculó sobre una base de año por año y después se expresó el cambio como porcentaje. Por ejemplo, en 1988 el dividendo aumentó de **$1.10** a **$1.20**, un incremento de **$0.10**. Ello supone un incremento de $0.10/1.10 = **9.09%**.

Si se promedian las cuatro tasas de crecimiento, el resultado es (**9.09 + 12.50 + 3.70 + 10.71**)/4 = 9%, por lo que se podría utilizar esta cifra como un estimado de la tasa de crecimiento esperada, g. Existen otras técnicas estadísticas, más complejas, que podrían utilizarse, pero todas consisten en emplear el crecimiento de dividendos en el pasado para predecir su crecimiento futuro.

Ventajas y desventajas del enfoque   La principal ventaja del enfoque del modelo de crecimiento de dividendos es su sencillez. Es al mismo tiempo fácil de comprender y de aplicar. También existen varios problemas y desventajas prácticas relacionadas con este modelo.

La primera y más importante: es obvio que el modelo de crecimiento de dividendos sólo es aplicable a empresas que pagan dividendos. Ello significa que el enfoque no es aplicable en muchos casos. Más aún, incluso para empresas que pagan dividendos, el supuesto fundamental es que los dividendos crecen a una tasa constante. Como se muestra en el ejemplo anterior, nunca será éste *exactamente* el caso. En términos generales, el modelo sólo es aplicable si hay probabilidades de que se produzca un crecimiento razonablemente constante.

Un segundo problema es que el costo estimado de capital en acciones comunes es muy sensible a la tasa de crecimiento estimada. Por ejemplo, un incremento en g de sólo un punto porcentual aumenta el costo estimado de capital en acciones comunes en al menos un punto porcentual completo. Dada la posibilidad de que la estimación de D_1 también se incremente, el aumento en realidad será algo mayor que eso.

Por último, este enfoque no toma en cuenta el riesgo en forma explícita. A diferencia del enfoque de la LMAF (que se estudia a continuación), no existe un ajuste directo por el nivel de riesgo de la inversión. Por ejemplo, no se considera el grado de certidumbre o incertidumbre en torno a la tasa de crecimiento estimada de dividendos. Como consecuencia, es difícil decir si el rendimiento estimado es o no proporcional al nivel de riesgo.[3]

El enfoque de la LMAF

En el capítulo 11 se estudió la línea del mercado de un activo financiero (LMAF). La conclusión principal fue que el rendimiento requerido o esperado de una inversión con riesgo depende de tres factores:

1. La tasa libre de riesgo, R_f.
2. La prima por riesgo del mercado, $E(R_M) - R_f$.
3. El riesgo sistemático del activo en relación con el promedio, lo que se denominó su coeficiente beta, β.

Utilizando la LMAF, el rendimiento esperado de capital en acciones comunes de la empresa, $E(R_E)$, puede expresarse como:

$$E(R_E) = R_f + \beta_E \times [E(R_M) - R_f]$$

donde β_E es la beta estimada para el capital en acciones comunes. Para que el enfoque de la LMAF sea consistente con el modelo de crecimiento de dividendos, se eliminan las E, que representan valores esperados y, por consiguiente, el rendimiento requerido se expresa a partir de la LMAF, R_E, en la forma siguiente:

$$R_E = R_f + \beta_E \times [R_M - R_f] \qquad\qquad (14.2)$$

Implementación del enfoque   Para utilizar el enfoque de la LMAF, se requiere una tasa libre de riesgo, R_f, un estimado de la prima por riesgo del mercado, $R_M - R_f$, y un estimado de la beta relevante, β_E. En el capítulo 10 (tabla 10.3) se observó que el 8.4% es un estimado de la prima por riesgo del mercado (sobre la base de acciones comunes de empresas grandes). En el momento de escribirse este libro, los Certificados de la Tesorería de Estados Unidos están pagando alrededor del 5%, por lo que se utilizará esta cifra como tasa libre de riesgo. Existe una gran disponibilidad de coeficientes beta publicados para empresas que cotizan en bolsas de valores.[4]

---

[3]Existe un ajuste implícito por riesgo porque se utiliza el precio actual de la acción. Si todo lo demás permanece constante, cuanto mayor sea el riesgo, menor será el precio de la acción. Más aún, cuanto menor sea el precio de la acción, mayor será el costo de capital, suponiendo de nuevo que el resto de la información permanezca constante.

[4]Pueden estimarse directamente los coeficientes beta utilizando información histórica. Para un estudio de cómo realizar esta estimación, véanse los capítulos 9, 10 y 11 en *Corporate Finance*, de S. A. Ross, R. W. Westerfield y J. J. Jaffe, 3ª ed. (Homewood, Ill.: Richard D. Irwin, 1993.)

Como ejemplo, en el capítulo 11 se observó que IBM tenía una beta estimada de 0.95 (tabla 11.8). Por consiguiente, se podría estimar el costo de capital en acciones comunes de IBM como:

$$R_{IBM} = R_f + \beta_{IBM} \times [R_M - R_f]$$

$$= 5\% + 0.95 \times (8.4\%)$$

$$= 12.98\%$$

Por tanto, utilizando el enfoque de la LMAF, el costo de capital en acciones comunes de IBM ronda el 13%.

Ventajas y desventajas del enfoque   El enfoque de la LMAF tiene dos ventajas principales. Primera, se ajusta explícitamente para el riesgo. Segunda, es aplicable a otras empresas, además de las que tienen un crecimiento de dividendos constante. Por tanto, se puede utilizar en una variedad más amplia de circunstancias.

Por supuesto que existen inconvenientes. El enfoque de la LMAF requiere que se estimen dos factores: la prima por riesgo del mercado y el coeficiente beta. Si las estimaciones son deficientes, el costo de capital en acciones comunes resultante será inexacto. Por ejemplo, el estimado de la prima por riesgo del mercado, el 8.4%, se basa en aproximadamente 65 años de rendimientos de una cartera de acciones determinada. Si se utilizan distintos períodos o diferentes acciones comunes, los resultados estimados podrían ser muy diferentes.

Por último, como sucede con el modelo de crecimiento de dividendos, cuando se emplea el enfoque de la LMAF se depende esencialmente del pasado para predecir el futuro. Las condiciones económicas pueden cambiar con gran rapidez, por lo que, como siempre, el pasado quizá no sea una buena guía para el futuro. En el mejor de los casos, los dos enfoques (el modelo de crecimiento de dividendos y la LMAF) son aplicables y ambos dan lugar a respuestas similares. Si esto sucede, se puede tener alguna confianza en las estimaciones. También es posible que se desee comparar los resultados obtenidos con los de otras empresas similares para verificar su fiabilidad.

Ejemplo 14.1   El costo de capital en acciones comunes
Supongamos que las acciones comunes de Alpha Air Freight tienen una beta de 1.2. La prima por riesgo del mercado es del 8% y la tasa libre de riesgo del 6%. El último dividendo de Alpha fue de $2 por acción y se espera que el dividendo crezca al 8% indefinidamente.

En la actualidad, cada acción se vende en $30. ¿Cuál es el costo de capital en acciones comunes de Alpha?

Se puede iniciar utilizando la LMAF. Al aplicar este enfoque se determina que el rendimiento esperado de las acciones comunes de Alpha Air Freight sea de:

$$R_E = R_f + \beta_E \times [R_M - R_f]$$

$$= 6\% + 1.2 \times 8\%$$

$$= 15.6\%$$

Esto sugiere que el costo de capital en acciones comunes de Alpha es del 15.6%. A continuación, se utiliza el modelo de crecimiento de dividendos. El dividendo proyectado es de $D_0 \times (1 + g) = \$2 \times (1.08) = \$2.16$, por lo que el rendimiento esperado, utilizando este enfoque, es de:

$$R_E = D_1/P_0 + g$$

$$= \$2.16/30 + 0.08$$

$$= 15.2\%$$

Las dos estimaciones son razonablemente parecidas, de forma que podríamos promediarlas y veríamos que el costo de capital en acciones comunes de Alpha es aproximadamente del 15.4%. ∎

> **PREGUNTAS SOBRE CONCEPTOS**
>
> 14.2a ¿A qué se hace referencia cuando se afirma que el costo de capital en acciones comunes de una empresa es del 16%?
>
> 14.2b ¿Cuáles son los dos enfoques para estimar el costo de capital en acciones comunes?

14.3 | LOS COSTOS DE LA DEUDA Y DE LAS ACCIONES PREFERENTES

Para financiar sus inversiones, además de capital ordinario o de las acciones comunes, las empresas utilizan deuda y, en menor grado, acciones preferentes. Como veremos a continuación, determinar los costos de capital asociados con estas fuentes de financiamiento es mucho más sencillo que establecer el costo de capital en acciones comunes.

El costo de la deuda

costo de la deuda
Rendimiento que requieren los prestamistas sobre la deuda de la empresa.

El **costo de la deuda** es el rendimiento que exigen los acreedores de la empresa para préstamos nuevos. En principio, se podría determinar la beta de la deuda de la empresa y utilizar entonces la LMAF para estimar el rendimiento de deuda requerido, de la misma forma que se estima el rendimiento de capital requerido en acciones comunes. Sin embargo, esto no es necesario.

A diferencia del costo de capital en acciones comunes de una empresa, el costo de deuda se puede observar normalmente en forma directa o indirecta, ya que este costo es simplemente la tasa de interés que debe pagar la empresa por los nuevos préstamos, y se pueden observar las tasas de interés en los mercados financieros. Por ejemplo, si la empresa tiene actualmente bonos en circulación, el rendimiento al vencimiento de esos bonos es la tasa de mercado requerida sobre la deuda de la empresa.

De forma alternativa, si se sabe que los bonos de la empresa están calificados, por ejemplo, como AA, podemos limitarnos a observar cuál es la tasa de interés de los bonos calificados como AA de reciente emisión. De cualquier forma, no es realmente necesario estimar la beta de la deuda, dado que se puede establecer de forma directa la tasa que se quiere conocer.

Sin embargo, existe un aspecto con el que se debe tener cuidado. La tasa del cupón o tasa nominal de deuda en circulación de la empresa no tiene relevancia en este caso.

Esta tasa sólo indica, de una forma aproximada, cuál fue el costo de deuda de la empresa en el momento en que se emitieron los bonos, no cuál es el costo de deuda actual.[5] De ahí la necesidad de observar el rendimiento de deuda en el mercado actual. Para ser consistentes con la notación empleada, se utilizará el símbolo R_D para el costo de deuda.

Ejemplo 14.2   El costo de deuda

Supongamos que General Tool Company emitió hace ocho años un bono a 30 años al 7%. En la actualidad, el bono se vende en un 96% de su valor nominal, es decir, $960. ¿Cuál es el costo de deuda de General Tool?

De acuerdo con el material de estudio del capítulo 6, es preciso calcular el rendimiento al vencimiento de este bono. Dado que el bono se vende a descuento, el rendimiento parece ser mayor del 7%, pero no mucho, ya que el descuento es bastante pequeño. Se puede verificar que el rendimiento al vencimiento se aproxima al 7.37%, suponiendo que hay pagos de cupones anuales. Por tanto, el costo de deuda de General Tool, R_D, es del 7.37%. ∎

El costo de las acciones preferentes

La determinación del *costo de las acciones preferentes* es bastante directa. Como vimos en los capítulos 5 y 6, las acciones preferentes tienen un dividendo fijo que se paga cada período, indefinidamente, por lo que en esencia una acción preferente es una perpetuidad. Por tanto, el costo de las acciones preferentes, R_p, es:

$$R_p = D/P_0 \qquad (14.3)$$

donde D es el dividendo fijo y P_0 es el precio actual por acción preferente. Obsérvese que el costo de las acciones preferentes es igual al rendimiento de dividendos de las acciones preferentes. Alternativamente, las acciones preferentes se califican de forma muy similar a los bonos, por lo que el costo de las acciones preferentes puede estimarse observando los rendimientos requeridos de otras acciones preferentes que tienen una calificación similar.

Ejemplo 14.3   El costo de acciones preferentes de General Motors

Al 2 de mayo de 1990, General Motors tenía dos emisiones de acciones preferentes que se negociaban en la Bolsa de Valores de Nueva York (NYSE). Una de las emisiones pagaba $3.75 anuales por acción y se vendía en 43\frac{5}{8}$ por acción. La otra emisión pagaba $5.00 por acción cada año y se vendía en 57\frac{3}{4}$ por acción. ¿Cuál es el costo de la acción preferente de GM?

Utilizando la primera emisión, el costo de las acciones preferentes es:

$$R_p = D/P_0$$
$$= \$3.75/43.625$$
$$= 8.60\%$$

---

[5]Al costo de deuda de la empresa basado en sus préstamos históricos, se le denomina en ocasiones *costo subyacente de deuda* («embedded debt cost»).

Utilizando la segunda emisión, el costo es de:

$$R_p = D/P_0$$
$$= \$5.00/57.75$$
$$= 8.66\%$$

Por tanto, el costo de las acciones preferentes de GM parece estar en un rango del 8.6 al 8.7%. ■

PREGUNTAS SOBRE CONCEPTOS

14.3a ¿Cómo se puede calcular el costo de deuda?
14.3b ¿Cómo se puede calcular el costo de acciones preferentes?
14.3c ¿Por qué la tasa de cupón o nominal es una mala estimación del costo de deuda de una empresa?

14.4 | EL COSTO PROMEDIO PONDERADO DE CAPITAL

Una vez que tenemos los costos que se asocian con las principales fuentes de capital que emplea la empresa, es necesario preocuparse por la mezcla específica. Como ya indicamos, por ahora se considerará como previamente establecida esta mezcla, que constituye la estructura de capital de la empresa. En este estudio centraremos también la atención sobre todo en la deuda y en el capital ordinario en acciones comunes.

Se mencionó en el capítulo 3 que los analistas financieros suelen centrar su atención en la capitalización total de una empresa, que es la suma de su capital y su deuda a largo plazo. Esto es especialmente cierto al determinar el costo de capital; en el proceso no suelen tomarse en cuenta los pasivos a corto plazo. En el estudio que se hace a continuación no se establecerá una distinción explícita entre el valor total y la capitalización total, aunque el enfoque general es aplicable en cualquiera de estos dos casos.

El costo promedio ponderado de capital sin ajustar

Se utilizará el símbolo E para representar el valor de *mercado* de capital en acciones comunes de la empresa. Éste se calcula tomando el número de acciones en circulación y multiplicándolo por el precio de cada acción. De forma similar, se utilizará el símbolo D para representar el valor de *mercado* de deuda de la empresa. Para la deuda a largo plazo, este valor se calcula multiplicando el precio de mercado de un solo bono por el número de bonos en circulación.

Si existen varias emisiones de bonos (como suele ser el caso), se repite este cálculo para cada una de ellas y después se suman los resultados. Si existe deuda que no se negocia públicamente (p. ej., si está en poder de una compañía de seguros de vida), deben observarse los rendimientos de deudas similares negociadas públicamente y estimar entonces el valor de mercado de deuda en poder privado utilizando este rendimiento como tasa de descuento. Para la deuda a corto plazo, los valores en libros (valores contables) y los valores de mercado deben ser en cierta forma similares, por lo que los valores en libros se podrían utilizar como estimados de los valores de mercado.

Por último, el símbolo V se utilizará para representar el valor de mercado combinado de deuda y capital en acciones comunes:

$$V = E + D \qquad\qquad (14.4)$$

Si se dividen ambos lados de la ecuación entre V, es posible calcular los porcentajes de capital total representados por la deuda y por el capital en acciones comunes:

$$100\% = E/V + D/V \qquad\qquad (14.5)$$

Estos porcentajes pueden interpretarse como si fueran los factores de ponderación de una cartera de inversión y se les suele denominar *factores de ponderación de la estructura de capital*.

Por ejemplo, si el valor total de mercado de las acciones de una empresa se calculó en $200 millones y el valor total de mercado de deuda de la empresa en $50 millones, el valor combinado sería de $250 millones. De este total, $E/V = \$200/250 = 80\%$, por lo que el 80% del financiamiento de la empresa proviene del capital en acciones comunes y el 20% de la deuda.

En este punto, se tienen algunos factores de ponderación (los porcentajes de deuda y de capital en acciones comunes) y algunos rendimientos esperados (los costos de deuda y de capital en acciones comunes). Con esta información se calcula el costo total de capital de la empresa de la misma forma que se calculó el rendimiento esperado de una cartera de inversión en el capítulo 11: los rendimientos esperados se multiplican por sus correspondientes factores de ponderación y después se suman los productos. En este contexto, el resultado se denomina **costo promedio ponderado de capital sin ajustar (CPPC)**:

> **costo promedio ponderado de capital sin ajustar (CPPC)**
> Promedio ponderado de los costos de deuda y de capital.

$$\text{CPPC (sin ajustar)} = (E/V) \times R_E + (D/V) \times R_D \qquad\qquad (14.6)$$

donde R_E y R_D son los rendimientos requeridos (o los costos) de capital en acciones comunes y de deuda, respectivamente.

Insistimos en que la forma correcta de proceder es utilizar los valores de *mercado* de deuda y de capital en acciones comunes. En ciertas circunstancias, como es el caso de una empresa cuyas acciones se encuentran en manos privadas, tal vez no sea posible obtener estimados fiables de estas cifras, en cuyo caso se podrían utilizar los valores contables para la deuda y el capital. Aunque es probable que esto sea mejor que nada, el resultado obtenido debería tomarse con cierta reserva.

Impuestos y el CPPC

Existe un último aspecto relacionado con el CPPC. Al resultado que se acaba de obtener se le denomina CPPC sin ajustar, ya que no se han considerado los impuestos. Recuérdese que la atención debe centrarse en los flujos de efectivo después de impuestos. Si se está determinando la tasa de descuento apropiada para estos flujos de efectivo, es necesario expresar también la tasa de descuento después de impuestos.

Como hemos visto en este libro (y como veremos), los intereses que pague una corporación son deducibles a efectos de impuestos; no así los pagos a los accionistas, como es el caso de los dividendos. Lo que esto significa es que el gobierno paga parte de los intereses. Por tanto, al determinar una tasa de descuento después de impuestos, es necesario distinguir entre el costo de deuda antes de impuestos y el costo después de impuestos.

Como ejemplo, supongamos que una empresa obtiene un préstamo de $1 millón al interés de 9%. La tasa de impuestos de la empresa es del 34%. ¿Cuál es la tasa de interés después de impuestos sobre este préstamo? El importe total de los intereses será de $90,000 anuales. Sin embargo, este importe es deducible de impuestos, por lo que los $90,000 de intereses reducen el impuesto por pagar en $0.34 \times \$90,000 = \$30,600$. Por consiguiente, los intereses por pagar después de impuestos serán $\$90,000 - 30,600 = \$59,400$, de modo que la tasa de interés después de impuestos es de $\$59,400/\$1$ millón $= 5.94\%$.

Obsérvese que la tasa de interés después de impuestos suele ser igual a la tasa de interés antes de impuestos multiplicada por uno menos la tasa de impuestos. Por ejemplo, utilizando los números anteriores, se establece que la tasa de interés después de impuestos es de $9\% \times (1 - 0.34) = 5.94\%$.

Si se utiliza el símbolo T_C para representar la tasa de impuestos de la empresa, la tasa de interés después de impuestos que se utiliza en el cálculo del CPPC puede expresarse como $R_D \times (1 - T_C)$. Por consiguiente, una vez que se toma en cuenta el efecto de los impuestos, el CPPC es:

$$CPPC = (E/V) \times R_E + (D/V) \times R_D \times (1 - T_C) \qquad (14.7)$$

A partir de este momento, ésta es la cantidad en que se piensa cuando se hable del CPPC.

Este CPPC tiene una interpretación muy directa. Es el rendimiento global que la empresa desea obtener de sus activos actuales para mantener el valor de sus acciones. También es el rendimiento requerido de cualquier inversión de la empresa que tenga esencialmente el mismo nivel de riesgo que las operaciones actuales. Por tanto, si se estuvieran evaluando los flujos de efectivo de una expansión propuesta de las operaciones actuales, ésta es la tasa de descuento que se utilizaría.

Ejemplo 14.4   Cálculo del CPPC

B.B. Lean Co. tiene 1.4 millones de acciones en circulación. En la actualidad, cada acción se vende en $20. La deuda de la empresa se negocia públicamente y en fechas recientes se cotizó al 93% de su valor nominal. La deuda tiene un valor nominal total de $5 millones y se le ha fijado un precio que ofrece un rendimiento del 11%. La tasa libre de riesgo es del 8% y la prima por riesgo del mercado del 7%. Se ha estimado que Lean tiene una beta de 0.74. Si la tasa de impuestos es del 34%, ¿cuál es el CPPC de Lean Co.?

En primer lugar, se puede determinar el costo de capital en acciones comunes y el costo de deuda. Sobre la base de la LMAF, el costo de capital en acciones comunes es del $8\% + 0.74 \times 7\% = 13.18\%$. El valor total del capital en acciones comunes es de 1.4 millones $\times \$20 = \$28$ millones. El costo de deuda antes de impuestos es el rendimiento actual al vencimiento de la deuda en circulación, un 11%. La deuda se vende al 93% de su valor nominal, por lo que su valor actual de mercado es de $0.93 \times \$5$ millones $= \$4.65$ millones. El valor de mercado total de capital en acciones comunes y la deuda integrados es de $\$28 + 4.65 = \$32.65$ millones.

A partir de aquí, se puede calcular con bastante facilidad el CPPC. El porcentaje de capital utilizado por Lean para financiar sus operaciones es de $\$28/\$32.65 = 85.76\%$. Dado que los factores de ponderación deben sumar 1, el porcentaje de deuda es $1 - 0.8576 = 14.24\%$. Por lo que el CPPC es:

$$\begin{aligned} CPPC &= (E/V) \times R_E + (D/V) \times R_D \times (1 - T_C) \\ &= 0.8576 \times 13.18\% + 0.1424 \times 11\% \times (1 - 0.34) \\ &= 12.34\% \end{aligned}$$

Por tanto, B.B. Lean tiene un costo promedio ponderado de capital global del 12.34%. ∎

Cómo solucionar el problema del almacén y problemas similares del presupuesto de capital

Podemos ahora utilizar el CPPC para resolver el problema del sistema de distribución de almacenes que presentamos al inicio del capítulo. Sin embargo, antes de apresurarse a descontar los flujos de efectivo al CPPC para estimar el VPN, primero es necesario asegurarse de que se está haciendo lo correcto.

Regresando a los primeros principios de las finanzas, es necesario encontrar una alternativa en los mercados financieros que sea comparable a la renovación de almacenes. Para ello, se requiere que la alternativa tenga el mismo nivel de riesgo que el proyecto de almacenes. Se dice que los proyectos que tienen el mismo nivel de riesgo están en la misma categoría de riesgo.

El CPPC de una empresa refleja el nivel de riesgo y la estructura de capital establecida como objetivo de los activos actuales de la empresa en su conjunto. Como resultado de ello y hablando de forma estricta, el CPPC de la empresa será sólo la tasa de descuento apropiada si la inversión propuesta es una réplica de las actuales actividades operativas de la empresa.

Hablando en términos más generales, el que se pueda usar o no el CPPC de la empresa para valuar el proyecto de almacenes depende de si este proyecto está en la misma categoría de riesgo que la empresa. Supongamos que este proyecto es parte integral del negocio general de la empresa. En estos casos, es natural pensar que los ahorros en costos serán tan arriesgados como los flujos de efectivo generales de la empresa, por lo que el proyecto estará en la misma categoría de riesgo que la empresa en su conjunto. En un sentido más general, los proyectos —como la renovación de almacenes— que están íntimamente relacionados con las operaciones actuales de la empresa suelen considerarse en la misma categoría de riesgo que la empresa en su conjunto.

Podemos determinar ahora lo que debe decidir el presidente de la empresa. Supongamos que la empresa tiene una razón objetivo deuda/capital de $1/3$. En este caso, E/V es 0.75 y D/V es 0.25. El costo de deuda es del 10% y el costo de capital en acciones comunes del 20%. Suponiendo una tasa de impuestos del 34%, el CPPC será de:

$$CPPC = (E/V) \times R_E + (D/V) \times R_D \times (1 - T_C)$$
$$= 0.75 \times 20\% + 0.25 \times 10\% \times (1 - 0.34)$$
$$= 16.65\%$$

Recuérdese que el proyecto de almacenes tenía un costo de $50 millones y se esperaban flujos de efectivo después de impuestos (los ahorros en costos) de $12 millones anuales durante seis años. Por tanto, el VPN es:

$$VPN = -\$50 + \frac{\$12}{(1 + CPPC)^1} + ... + \frac{\$12}{(1 + CPPC)^6}$$

Dado que los flujos de efectivo tienen la forma de una anualidad ordinaria, es posible calcular este VPN usando el 16.65% (el CPPC) como la tasa de descuento en la forma siguiente:

$$VPN = -\$50 + \$12 \times \frac{1 - [1/(1 + 0.1665)^6]}{0.1665}$$
$$= -\$50 + \$12 \times 3.6222$$
$$= -\$6.53$$

Tabla 14.1

Resumen de los cálculos del costo de capital

I. El costo de capital en acciones comunes, R_E

A. Enfoque del modelo de crecimiento de dividendos (del cap. 6):

$$R_E = D_1/P_0 + g$$

donde D_1 es el dividendo esperado en un período, g es la tasa de crecimiento de dividendos y P_0 es el precio actual de la acción.

B. Enfoque de la LMAF (del cap. 11):

$$R_E = R_f + (R_M - R_f) \times \beta_E$$

donde R_f es la tasa libre de riesgo, R_M es el rendimiento esperado del mercado en general y β_E es el riesgo sistemático de capital en acciones comunes.

II. El costo de deuda, R_D

A. Para una empresa con deuda que se negocie públicamente, el costo de deuda se puede medir como el rendimiento al vencimiento de la deuda en circulación. La tasa nominal es irrelevante. El rendimiento al vencimiento se estudia en el capítulo 6.

B. Si la empresa no tiene deuda que se negocie públicamente, se puede medir el costo de deuda como el rendimiento al vencimiento de bonos con calificación similar (las calificaciones de bonos se estudian en el cap. 12).

III. El costo promedio ponderado de capital, CPPC

A. El CPPC de una empresa es el rendimiento global requerido por la empresa en su conjunto. Es la tasa de descuento apropiada a utilizar para flujos de efectivo similar al de la empresa en general.

B. El CPPC se calcula como

$$\text{CPPC} = (E/V) \times R_E + (D/V) \times R_D \times (1 - T_C) \times \text{Costo Flotación (CF)}$$

donde T_C es la tasa de impuestos corporativa, E es el valor de *mercado* de capital de la empresa, D es el valor de *mercado* de deuda de la empresa y $V = E + D$. Obsérvese que E/V es el porcentaje del financiamiento de la empresa (en términos de su valor de mercado) que corresponde al capital en acciones comunes y D/V es el porcentaje que corresponde a la deuda.

¿Debe llevar a cabo la empresa la renovación de almacenes? Usando el CPPC de la empresa, el proyecto tiene un VPN negativo. Ello significa que los mercados financieros ofrecen mejores proyectos en la misma categoría de riesgo (es decir, la propia empresa). La respuesta es clara: debe rechazarse el proyecto. Para referencias futuras, en la tabla 14.1 se resume el estudio presentado del CPPC.

Ejemplo 14.5   Utilización del CPPC
Una empresa está considerando un proyecto que dará como resultado ahorros en efectivo iniciales, después de impuestos, de $5 millones al finalizar el primer año. Estos ahorros crecerán a una tasa de 5% anual. La empresa tiene una razón deuda/capital de 0.5, un costo de capital en acciones comunes de 29.2% y un costo de deuda de 10%. La propuesta de ahorro en costos está estrechamente relacionada con el negocio principal de la em-

presa, por lo que se estima que tiene los mismos riesgos que la empresa en general. ¿Debe la empresa llevar a cabo el proyecto?

Suponiendo una tasa de impuestos de 34%, la empresa debe llevar a cabo este proyecto si cuesta menos de $30 millones. Para ver esto, observe primero que el VP es:

$$VP = \frac{\$5 \text{ millones}}{CPPC - 0.05}$$

Éste es un ejemplo de una perpetuidad con crecimiento constante, como se estudió en el capítulo 6. El CPPC es de:

$$
\begin{aligned}
CPPC &= (E/V) \times R_E + (D/V) \times R_D \times (1 - T_C) \\
&= 2/3 \times 29.2\% + 1/3 \times 10\% \times (1 - 0.34) \\
&= 21.67\%
\end{aligned}
$$

Por consiguiente, el VP es:

$$VP = \frac{\$5 \text{ millones}}{0.2167 - 0.05} = \$30 \text{ millones}$$

El VPN sólo será positivo si el costo es inferior a $30 millones. ■

PREGUNTAS SOBRE CONCEPTOS

14.4a ¿Cómo se calcula el CPPC?
14.4b ¿Por qué se multiplica el costo de deuda por $(1 - T_C)$ al calcular el CPPC?
14.4c ¿Bajo qué condiciones es correcto utilizar el CPPC para determinar el VPN?

COSTOS DE CAPITAL DIVISIONAL Y DEL PROYECTO | 14.5

Como ya hemos visto, utilizar el CPPC como tasa de descuento para flujos de efectivo futuros sólo es apropiado cuando la inversión propuesta es similar a las actividades actuales de la empresa. Esto no es tan limitante como parece. Por ejemplo, si se estuviera operando en el negocio de pizzas y se pensara abrir una nueva tienda, el CPPC sería la tasa de descuento que habría que utilizar. Lo mismo sucede en el caso de un vendedor minorista que pensara en abrir una nueva tienda, un industrial que pensara incrementar su producción o una empresa de productos de consumo que pensara ampliar sus mercados.

No obstante, a pesar de la utilidad del CPPC como parámetro de referencia, es evidente que existirán situaciones en las que los flujos de efectivo relevantes enfrentan riesgos que son muy diferentes a los del conjunto de la empresa. Estudiaremos a continuación cómo hacer frente a este problema.

Figura 14.1

La línea de mercado de un activo financiero (LMAF) y el costo promedio ponderado de capital (CPPC)

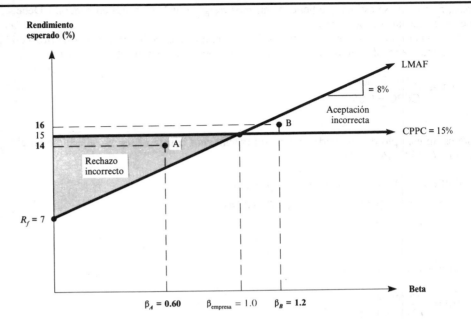

Si una empresa utiliza su CPPC para tomar decisiones de aceptación/rechazo en todo tipo de proyectos, tenderá a aceptar incorrectamente proyectos arriesgados y a rechazar incorrectamente proyectos con menor nivel de riesgo.

La LMAF y el CPPC

Al evaluar inversiones con riesgos sustancialmente diferentes a los de la empresa en general, es probable que el CPPC lleve a tomar malas decisiones. En la figura 14.1 se ofrece la explicación.

En la figura 14.1 se ha trazado la LMAF correspondiente a una tasa libre de riesgo del 7% y una prima por riesgo del mercado del 8%. Para simplificar el tema, se considera el caso de una empresa financiada en su totalidad con capital, con una beta de 1. Como se indica en la gráfica, el CPPC y el costo de capital son exactamente iguales al 15% en el caso de esta empresa, dado que no existe deuda.

Supongamos que la empresa utiliza su CPPC para evaluar todas las inversiones. Ello significa que cualquier inversión con un rendimiento superior al 15% será aceptada y cualquiera con un rendimiento inferior al 15% será rechazada. Sin embargo, sabemos, por lo que hemos estudiado sobre riesgo y rendimiento, que una inversión aceptable es la que se localiza por encima de la LMAF. Como se muestra en la figura 14.1, utilizar el CPPC para todo tipo de proyectos puede dar lugar a que la empresa acepte de forma incorrecta proyectos relativamente arriesgados y rechace de forma correcta otros relativamente seguros.

Por ejemplo, consideremos el punto A. Este proyecto tiene una β de $\beta_A = 0.60$ en comparación con la beta de la empresa de 1.0. Tiene un rendimiento esperado del **14%**. ¿Es una inversión aceptable? La respuesta es sí, porque su rendimiento requerido es sólo:

Rendimiento requerido $= R_f + \beta \times (R_M - R_f)$

$\qquad\qquad\qquad\quad = 7\% + 0.60 \times 8\%$

$\qquad\qquad\qquad\quad = 11.8\%$

Sin embargo, si se emplea el CPPC como tasa de corte o tasa de referencia para rechazar o aprobar proyectos, este proyecto se rechazará porque su rendimiento es inferior al 15%. Este ejemplo muestra que una empresa que utilice su CPPC como tasa de corte tenderá a rechazar proyectos rentables con riesgos inferiores a los de la empresa en su conjunto.

En el otro extremo, considérese el punto B. Este proyecto tiene una β de $\beta_B = 1.2$. Ofrece un rendimiento del **16%**, que excede del costo de capital de la empresa. Sin embargo, ésta no es una buena inversión porque su rendimiento para su nivel de riesgo sistemático es inadecuado. A pesar de ello, si se usa el CPPC para evaluarla, parecerá atractiva. Por tanto, el segundo error que se producirá si se utiliza el CPPC como tasa de referencia es la tendencia a aceptar inversiones no rentables con riesgos mayores a la totalidad de la empresa. Como consecuencia de ello, la empresa que utilice el CPPC para evaluar todos los proyectos tendrá con el transcurso del tiempo tendencia a aceptar inversiones no rentables y a volverse cada vez más arriesgada.

Costo de capital divisional

El mismo problema puede presentarse con el CPPC en el caso de una empresa con más de un segmento de negocios. Por ejemplo, imaginemos una empresa con dos divisiones: una compañía telefónica regulada por el Estado y una operación de manufactura de productos electrónicos. La primera de ellas (la operación telefónica) tiene un riesgo relativamente bajo; el riesgo de la segunda es relativamente alto.

En este caso, el costo de capital global o total de la empresa es en realidad una mezcla de dos costos de capital diferentes, uno para cada división. Si ambas divisiones estuvieran compitiendo entre sí por recursos y la empresa utilizara un único CPPC como tasa de corte, ¿a qué división es probable que se le asignaran más fondos para inversión?

La respuesta es que la división con mayor nivel de riesgo tendería a tener mayores rendimientos (sin tomar en cuenta el mayor riesgo), por lo que es probable que fuera la «ganadora». La operación menos llamativa quizá tenga un mayor potencial de generación de ganancias y, sin embargo, termine siendo ignorada. Las grandes empresas en Estados Unidos son conscientes de este problema y muchas trabajan para desarrollar costos de capital divisionales por separado.

El enfoque de empresas con actividad única

Ya hemos observado que utilizar de forma inadecuada el CPPC de la empresa puede generar problemas. En estas circunstancias, ¿cómo se pueden determinar las tasas de descuento apropiadas? Dado que no es posible observar los rendimientos de estas inversiones, no suele haber una forma directa de obtener, por ejemplo, una beta. En lugar de ello, lo que debe hacerse es examinar otras inversiones fuera de la empresa que estén en la misma categoría de riesgo que la que se está considerando y utilizar como tasa de descuento los rendimientos requeridos por el mercado de estas inversiones. En otras palabras, se tratará de determinar cuál es el costo de capital para esas inversiones, intentando para ello identificar inversiones similares en el mercado.

Por ejemplo, volviendo a la división telefónica, supongamos que se quisiera determinar una tasa de descuento para utilizarla en esa división. Lo que se puede hacer es identificar otras empresas telefónicas que tengan instrumentos financieros que se negocien públicamente. Podríamos encontrar que una empresa telefónica típica tiene una beta de 0.80, deuda calificada como AA y una estructura de capital que sea aproximadamente 50% deuda y 50% capital en acciones comunes. Al utilizar esta información, podría desarrollarse un CPPC para una empresa telefónica típica y utilizarlo como tasa de descuento.

De forma alternativa, si se está pensando penetrar en un nuevo segmento de negocios, podría intentarse desarrollar el costo de capital apropiado observando los rendimientos requeridos por el mercado para empresas que ya se encuentren en dicho segmento. En el lenguaje de Wall Street, una empresa que se enfoca a un solo segmento de negocios se conoce como *empresa de actividad única* (*pure play approach*). Por ejemplo, si se quisiera apostar sobre el precio del petróleo crudo mediante la compra de acciones comunes, se intentaría identificar empresas cuyas operaciones fueran exclusivamente con este producto, dado que serían las más afectadas por cambios en el precio del petróleo crudo. A este tipo de compañías se les llamaría empresas de *actividad única* respecto al precio del petróleo crudo.

El propósito en este caso es encontrar empresas que se concentren de forma lo más exclusiva posible en el tipo de proyecto en el que se está interesado. Por consiguiente, a este enfoque se le denomina **enfoque de actividad única** para estimar el rendimiento requerido de una inversión.

En el capítulo 3 se estudió el tema relativo a la identificación de empresas similares a fines de comparación. Los mismos problemas que se describieron entonces se presentan aquí. El más obvio tal vez sea no poder encontrar empresas adecuadas para este propósito. En ese caso, determinar con objetividad una tasa de descuento se convierte en un problema muy difícil. Incluso así, lo importante es ser consciente de este aspecto para reducir al menos las posibilidades de incurrir en el tipo de errores que pueden presentarse cuando se utiliza el CPPC como tasa de corte para todas las inversiones.

enfoque de actividad única
Utilización de un CPPC que sea exclusivo de un proyecto en particular, sobre la base de compañías en líneas de negocios similares.

El enfoque subjetivo

Dadas las dificultades que existen para establecer con objetividad las tasas de descuento para proyectos individuales, las empresas suelen adoptar un enfoque que implica realizar ajustes subjetivos al CPPC global. Supongamos, por ejemplo, que una empresa tiene un CPPC global del 14%. Esta empresa clasifica todos los proyectos propuestos en cuatro categorías:

Categoría	Ejemplos	Factor de ajuste	Tasa de descuento
Alto riesgo	Nuevos productos	+ 6%	20%
Riesgo moderado	Ahorros en costos, ampliación de líneas actuales	+ 0	14
Bajo riesgo	Reposición de equipos actuales	− 4	10
Obligatorio	Equipo para controlar la contaminación	n/a	n/a

n/a = no aplicable.

El efecto de esta clasificación rudimentaria es suponer que todos los proyectos pertenecen a una de las primeras tres categorías de riesgo o de lo contrario son obligatorios. En este último caso, el costo de capital es irrelevante, ya que el proyecto se tiene que llevar a cabo.

En sus propias palabras...

Sobre el costo de capital y las tasas mínimas de rendimiento requeridas en Hershey Foods Corporation, por Samuel Weaver

En Hershey se revalúa el costo de capital cada año o en función de las condiciones de mercado. El cálculo del costo de capital involucra fundamentalmente tres aspectos diferentes, cada uno de ellos con algunas alternativas:

- Ponderación de la estructura de capital
    Valor histórico en libros
    Estructura de capital objetivo
    Factores de ponderación basados en el mercado

- Costo de deuda
    Valor histórico en libros
    Estructura de capital objetivo
    Tasas de interés determinadas por el mercado

- Costo de capital en acciones comunes
    Modelo de crecimiento de dividendos
    Modelo de valuación de activos financieros (CAPM: Capital Asset Pricing Model)

En Hershey el costo de capital se calcula oficialmente sobre la base de la estructura de capital proyectada como objetivo al término del horizonte de planeación intermedio, que es a tres años. Ello permite a la administración observar el efecto inmediato de las decisiones estratégicas relacionadas con la composición planeada de capital agregado de Hershey. El costo de deuda se calcula como el promedio ponderado estimado, después de impuestos, de la deuda en el año final del horizonte intermedio, sobre la base de las tasas nominales correspondientes a esa deuda. El costo de capital en acciones comunes se calcula mediante el modelo de crecimiento de dividendos.

Se realizó recientemente una encuesta de las once empresas procesadoras de alimentos que se considera compiten en este mismo sector industrial. Los resultados de esta encuesta señalaron que el costo de capital para casi todas estas empresas se encontraba en un rango del 10 al 12%. Más aún, la totalidad de estas 11 empresas, sin excepción alguna, utilizaban el CAPM al calcular su costo de capital. La experiencia en Hershey ha sido que el modelo de crecimiento de dividendos es el que mejor funciona para esta empresa. La empresa sí paga dividendos y sí ha experimentado un crecimiento continuo y estable en los dividendos. Este crecimiento también se proyecta dentro del plan estratégico. Por consiguiente, el modelo del crecimiento del dividendo es técnicamente aplicable y atractivo para la administración, ya que refleja su mejor estimado de la tasa futura de crecimiento a largo plazo.

Además de los cálculos que acabamos de describir, las otras posibles combinaciones y permutaciones se calculan como barómetros. En forma no oficial, el costo de capital se calcula utilizando los factores de ponderación del mercado, las tasas de interés marginales actuales y el costo de capital a partir del CAPM. En su mayor parte, y debido al redondeo de las cifras del costo de capital al punto porcentual entero más cercano, estos cálculos alternativos generan aproximadamente los mismos resultados.

A partir del costo de capital se desarrollan tasas de rendimiento mínimo individuales para cada proyecto, utilizando una prima por riesgo determinada de forma subjetiva sobre la base de las características de cada proyecto. Los proyectos se agrupan en diferentes categorías, como ahorros en costos, ampliación de la capacidad instalada, ampliación de líneas de productos y los nuevos productos. Por ejemplo, un nuevo producto tiene por lo general mayor riesgo que un producto orientado a ahorrar costos. Por consiguiente, la tasa de rendimiento mínima de cada categoría de proyectos refleja su nivel de riesgo y su rendimiento requerido adecuado a dicho riesgo tal como lo percibe la alta dirección. Como resultado, las tasas de rendimiento de corte para proyectos de capital van desde considerar una ligera prima sobre el costo de capital hasta considerar la tasa de rendimiento de corte más alta de aproximadamente el doble del costo de capital.

Samuel Weaver, Ph.D., es gerente de análisis financiero corporativo de Hershey Foods Corporation. Es un contador administrativo certificado y ocupa en la actualidad un puesto en el Consejo de Dirección de la Asociación de Administración Financiera (Financial Management Association). Su puesto actual combina lo teórico con lo práctico e involucra el análisis de muchas diferentes facetas de las finanzas, además del análisis de los gastos de capital.

Con el enfoque subjetivo, el CPPC de la empresa puede cambiar con el transcurso del tiempo según cambien las condiciones económicas. Cuando esto ocurre, también cambiarán las tasas de descuento para los diferentes tipos de proyectos.

Figura 14.2

La línea de mercado de un activo financiero (LMAF) y el enfoque subjetivo

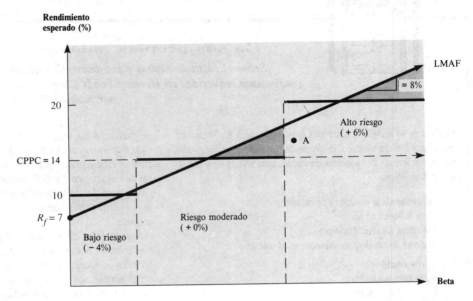

En el caso del enfoque subjetivo, la empresa ubica los proyectos en una de las distintas categorías de riesgo. Se determina entonces la tasa de descuento que se utiliza para valuar el proyecto, sumando (en el caso de alto riesgo) o restando (en el caso de bajo riesgo) un factor de ajuste al CPPC de la empresa.

Dentro de cada categoría de riesgo, es probable que algunos proyectos tengan mayor riesgo que otros, por lo que continúa existiendo el peligro de tomar decisiones incorrectas. En la figura 14.2 se muestra este aspecto. Al comparar las figuras 14.1 y 14.2, se observa que existen problemas similares, aunque la magnitud de los posibles errores es menor con la utilización del enfoque subjetivo. Por ejemplo, si se utiliza el CPPC, se aceptaría el proyecto denominado A, pero se rechaza una vez que se clasifique como una inversión de alto riesgo. Lo que muestra esto, es que es probable que sea preferible efectuar algún tipo de ajuste por riesgo, aunque sea subjetivo, a no efectuar ninguno.

En principio, sería mejor determinar de un modo objetivo el rendimiento requerido para cada proyecto por separado. Sin embargo, como un asunto práctico, quizá no sea posible ir mucho más allá de los ajustes subjetivos porque no se cuenta con la información necesaria o porque el costo y el esfuerzo requeridos simplemente no valen la pena.

PREGUNTAS SOBRE CONCEPTOS

14.5a ¿Cuáles son las probables consecuencias de que una empresa utilice su CPPC para evaluar todas las inversiones propuestas?

14.5b ¿Cuál es el enfoque de actividad única para determinar la tasa de descuento apropiada? ¿Cuándo se podría usar?

COSTOS DE EMISIÓN Y EL COSTO PROMEDIO PONDERADO | 14.6
DE CAPITAL

Hasta ahora, no hemos incluido los costos de emisión o colocación en el estudio del costo promedio ponderado de capital. Si una empresa acepta un nuevo proyecto, quizá sea necesario emitir o colocar nuevos bonos y acciones. Ello significa que la empresa incurrirá en algunos costos, denominados *costos de emisión*. En el capítulo 13 se estudian con cierto detalle la naturaleza y la magnitud de estos costos.

Se sugiere en ocasiones que se debe ajustar el CPPC de la empresa, de forma ascendente, para que refleje los costos de emisión. En realidad éste no es el mejor enfoque, ya que el rendimiento requerido de una inversión depende también del riesgo asociado a la misma, no de la fuente de los fondos. Esto no quiere decir que no se deban tomar en cuenta los costos de emisión.

Dado que estos costos son una consecuencia de la decisión de llevar a cabo un proyecto, son flujos de efectivo relevantes. Así pues, estudiaremos brevemente la manera de incluirlos en el análisis de un proyecto.

El enfoque básico

Empezaremos con un caso sencillo. Spatt Company es una empresa financiada en su totalidad con capital en acciones comunes y con un costo de capital del 20%. Dado que esta empresa está constituida por 100% de capital, su CPPC y su costo de capital en acciones comunes son iguales. Spatt está estudiando una ampliación a gran escala de sus operaciones actuales, con un costo de $100 millones. La ampliación se financiaría con la venta de nuevas acciones.

Según las conversaciones sostenidas con su banquero de inversión, Spatt cree que sus costos de emisión ascenderán al 10% del importe emitido. Ello significa que los ingresos de Spatt derivados de la venta de capital sólo serán del 90% de la cantidad vendida. Si se toman en cuenta los costos de emisión, ¿cuál es el costo de la ampliación?

Como vimos en el capítulo 13, Spatt necesita vender suficiente capital para captar $100 millones *después* de cubrir los costos de emisión. En otras palabras:

$100 millones = (1 − 0.10) × Importe obtenido

Importe obtenido = $100/0.90 = $111.11 millones

Por tanto, los costos de emisión de Spatt son de $11.11 millones y el costo efectivo de la ampliación es de $111.11 millones una vez incluidos los costos de emisión.

Las cosas se complican un poco si la empresa usa al mismo tiempo deuda y capital en acciones comunes. Por ejemplo, supongamos que la estructura de capital fijada como objetivo de Spatt es de 60% capital y 40% deuda. Los costos de emisión asociados con el capital continúan siendo del 10%, pero los costos de emisión de deuda son menores, por ejemplo, del 5%.

Anteriormente, cuando se tenían diferentes costos de capital para la deuda y el capital en acciones comunes, se calculó un costo promedio ponderado de capital utilizando los factores de ponderación de la estructura de capital objetivo. En este caso, se efectuará algo muy parecido. Se puede calcular un costo promedio ponderado de emisión, f_A, multiplicando el costo de emisión de capital, f_E, por el porcentaje de capital (E/V) y el costo de emisión de la deuda, f_D, por el porcentaje de deuda (D/V) y entonces se procede a sumar los dos:

$$f_A = \frac{E}{V} \times f_E + \frac{D}{V} \times f_D \qquad \text{(14.8)}$$

$$= 60\% \times 0.10 + 40\% \times 0.05$$

$$= 8\%$$

Por consiguiente, el costo promedio ponderado de emisión es del 8%. Lo que esta cifra significa es que por cada unidad monetaria de financiamiento externo requerido para nuevos proyectos, la empresa tiene que captar $\$1/(1 - 0.08) = \$1.087$. En el ejemplo anterior, el costo del proyecto es de \$100 millones siempre que no se consideren los costos de emisión. Si se incluyen estos costos, el costo real es de $\$100/(1 - f_A) = \$100/0.92 = \$108.7$ millones.

Al tomar en cuenta los costos de emisión, la empresa debe tener cuidado de no utilizar factores de ponderación erróneos. Debe usar como objetivo los factores de ponderación establecidos, aunque pueda financiar todo el costo del proyecto con deuda o con capital. El hecho de que una empresa pueda financiar un proyecto específico con deuda o con capital no tiene relevancia directa. Si la empresa tiene una razón deuda/capital objetivo, por ejemplo, de 1, pero decide financiar un proyecto en particular exclusivamente con deuda, deberá captar después capital en acciones comunes que sea adicional para mantener su razón objetivo de deuda/capital. Para tener esto en cuenta, al calcular el costo de emisión la empresa siempre debe utilizar como objetivo los factores de ponderación establecidos.

Ejemplo 14.6   Cálculo del costo promedio ponderado de emisión

Weinstein Corporation ha establecido como objetivo una estructura de capital de 80% de capital en acciones comunes y 20% de deuda. Los costos de emisión para las colocaciones de capital en acciones comunes representan el 20% del importe captado; los costos de emisión para las colocaciones de deuda son del 6%. Si Weinstein requiere \$65 millones para una nueva instalación industrial, ¿cuál es el costo efectivo una vez que se toman en cuenta los costos de emisión?

Primero se calcula el costo promedio ponderado de emisión, f_A:

$$f_A = \frac{E}{V} \times f_E + \frac{D}{V} \times f_D$$

$$= 80\% \times 0.20 + 20\% \times 0.06$$

$$= 17.2\%$$

Por tanto, el costo promedio ponderado de emisión es del 17.2%. El costo del proyecto es de \$65 millones cuando no se consideran los costos de emisión. Si se incluyen éstos, el costo real es de $\$65/(1 - f_A) = \$65/0.828 = \$78.5$ millones, lo que muestra de nuevo que los costos de emisión pueden suponer un gasto considerable. ∎

Costos de emisión y el VPN

Para mostrar cómo se pueden incorporar los costos de emisión en un análisis de VPN, supongamos que Tripleday Printing Company ha alcanzado su razón objetivo deuda/capital de 100%. Está planeando construir una nueva planta de impresión en Kansas, con un costo de $500,000. Se espera que esta nueva planta genere flujos de efectivo, después de impuestos, de $73,150 anuales para siempre. Existen dos opciones de financiamiento:

1. Una nueva emisión de acciones comunes por $500,000. Los costos de emisión de las nuevas acciones comunes serían aproximadamente el 10% del importe captado. El rendimiento requerido del nuevo capital de la compañía es del 20%.
2. Una emisión de bonos a 30 años por $500,000. Los costos de emisión de la nueva deuda serían el 2% de los ingresos. La compañía puede obtener una nueva deuda al 10%.

¿Cuál es el VPN de la nueva planta de impresión?

Para empezar, dado que la impresión es el segmento principal de negocios de la empresa, se utilizará el costo promedio ponderado de capital de la empresa para valuar la nueva planta de impresión:

$$CPPC = \frac{E}{V} \times R_E + \frac{D}{V} \times R_D \times (1 - T_C)$$

$$= 0.50 \times 20\% + 0.50 \times 10\% \times (1 - 0.34)$$

$$= 13.3\%$$

Dado que los flujos de efectivo son de $73,150 anuales para siempre, el VP de los flujos de efectivo al 13.3% anual es de:

$$VP = \frac{\$73,150}{0.133} = \$550,000$$

Si no se consideran los costos de emisión, el VPN es de:

$$VPN = \$550,000 - 500,000 = \$50,000$$

El proyecto genera un VPN superior a cero, por lo que debe aceptarse.

¿Qué sucede con la estructura de financiamiento y los costos de emisión? Debido a que se requiere obtener un nuevo financiamiento, los costos de emisión son relevantes. Por la información que se acaba de proporcionar, sabemos que los costos de emisión son del 2% para la deuda y del 10% para el capital en acciones comunes. Puesto que Tripleday usa cantidades iguales de deuda y capital, el costo promedio ponderado de emisión, f_A, es de:

$$f_A = \frac{E}{V} \times f_E = \frac{D}{V} \times f_D$$

$$= 0.50 \times 10\% + 0.50 \times 2\%$$

$$= 6\%$$

Hay que recordar que no tiene importancia el hecho de que Tripleday pueda financiar el proyecto exclusivamente con deuda o con capital. Puesto que Tripleday necesita $500,000 para financiar la nueva planta, el costo verdadero, una vez incluidos los costos de emisión, es de $500,000/(1 − f_A) = $500,000/0.94 = $531,915$. Dado que el VP de los flujos de efectivo es de $550,000, la planta tiene un VPN de $550,000 − 531,915 = $18,085$, por lo que continúa siendo una buena inversión. Sin embargo, su rendimiento es inferior a lo que se había pensado.

PREGUNTAS SOBRE CONCEPTOS

14.6a ¿Qué son los costos de emisión?
14.6b ¿Cómo se incluyen los costos de emisión en un análisis de VPN?

14.7 | RESUMEN Y CONCLUSIONES

En este capítulo hemos estudiado el costo de capital. El concepto más importante es el costo promedio ponderado de capital (CPPC), que se interpretó como la tasa de rendimiento requerida para la empresa en general. También es la tasa de descuento apropiada para los flujos de efectivo que tengan un nivel de riesgo similar al de la empresa en su conjunto. Describimos cómo calcular el CPPC y mostramos cómo utilizarlo en ciertos tipos de análisis.

También se señalaron situaciones en las que la utilización del CPPC como tasa de descuento resulta inadecuado. Para manejar esos casos, se describieron algunos enfoques alternativos, como el enfoque de actividad única, para desarrollar tasas de descuento. También se estudió cómo incorporar en un análisis de VPN los costos de emisión asociados con la captación de nuevo capital.

Términos fundamentales

costo global de capital en acciones comunes **503**
costo de la deuda **508**
costo promedio ponderado de capital sin ajustar (CPPC) **511**
enfoque de actividad única **518**

Problemas de revisión y autoevaluación del capítulo

14.1 Cálculo del costo de capital en acciones comunes   Suponga que las acciones de Boone Corporation tienen una beta de 0.90. La prima por riesgo de mercado es del 7% y la tasa libre de riesgo del 8%. El último dividendo de Boone fue de $1.80 por acción y se espera que el dividendo crezca al 7% anual indefinidamente. En la actualidad, la acción se vende en $25. ¿Cuál es el costo de capital en acciones comunes de Boone?

14.2 Cálculo del CPPC   Además de la información del problema anterior, suponga que Boone ha establecido una razón objetivo deuda/capital del 50%. Su costo de deuda antes de impuestos es del 8%. Si la tasa de impuestos es del 34%, ¿cuál es el CPPC?

14.3 Costos de emisión   Suponga que en el problema anterior Boone requiere $40 millones para un nuevo proyecto. Los fondos necesarios deberán captarse externamente. Los costos de emisión de Boone por vender deuda y capital son del 3% y del 12%, respectivamente. Si se consideran los costos de emisión, ¿cuál es el costo efectivo del nuevo proyecto?

Respuestas a los problemas de autoevaluación

14.1 Se inicia a partir del enfoque de la LMAF. Tomando como base la información disponible, el rendimiento esperado de las acciones comunes de Boone es de:

$$R_E = R_f + \beta_E \times [R_M - R_f]$$
$$= 8\% + 0.9 \times 7\%$$
$$= 14.3\%$$

Utilicemos ahora el modelo de crecimiento de dividendos. El próximo dividendo proyectado es de $D_0 \times (1 + g) = \$1.80 \times (1.07) = \$1.926$, por lo que el rendimiento esperado utilizando este enfoque es de:

$$R_E = D_1/P_0 + g$$
$$= \$1.926/25 + 0.07$$
$$= 14.704\%$$

Dado que estos dos estimados, el 14.3% y el 14.7%, son bastante similares, se promediarán. El costo de capital de Boone es aproximadamente del 14.5%.

14.2 Dado que la razón deuda/capital establecida como objetivo es de 0.50, Boone utiliza $0.50 de deuda por cada $1.00 de capital en acciones comunes. En otras palabras, la estructura de capital objetivo de Boone es de 1/3 deuda y 2/3 capital en acciones comunes. Por tanto, el CPPC es de:

$$\text{CPPC} = \frac{E}{V} \times R_E + \frac{D}{V} \times R_D \times (1 - T_C)$$
$$= 2/3 \times 14.5\% + 1/3 \times 8\% \times (1 - 0.34)$$
$$= 11.427\%$$

14.3 En virtud de que Boone utiliza tanto deuda como capital en acciones comunes para financiar sus operaciones, primero es necesario determinar el costo promedio ponderado de emisión. Al igual que en el problema anterior, el porcentaje de financiamiento por capital en acciones comunes es de 2/3, por lo que el costo promedio ponderado es de:

$$f_A = \frac{E}{V} \times f_E + \frac{D}{V} \times f_D$$
$$= 2/3 \times 12\% + 1/3 \times 3\%$$
$$= 9\%$$

Si Boone requiere $40 millones después de considerar los costos de emisión, el costo efectivo del proyecto es **$40/(1 − f_A) = $40/0.91 = $43.96 millones.**

Preguntas y problemas

1. **Cálculo del costo de capital** Las acciones de General Diversified Industries (GDI) tienen una beta de 0.80. La prima por riesgo del mercado es del 8.6% y la tasa libre de riesgo del 7.5%. El último dividendo de GDI fue de $4 por acción y se espera que el dividendo crezca al 8% indefinidamente. En la actualidad, cada acción se vende en $60. ¿Cuál es el costo de capital en acciones comunes de GDI?

2. **Cálculo del costo de deuda** Suponga que Advanced Basic Enterprises (ABE) emitió hace cinco años un bono a 30 años al 6%. En la actualidad, el bono se vende al 104% de su valor nominal, es decir, en $1,040.
   a. ¿Cuál es el costo de deuda de ABE antes de impuestos?
   b. ¿Cuál es el costo de deuda de ABE después de impuestos? (suponga una tasa de impuestos del 34%).
   c. ¿Cuál es más relevante, el costo de deuda antes de impuestos o después de impuestos? ¿Por qué?

3. **Cálculo del CPPC** Proact Property Co. ha establecido una estructura de capital objetivo de 45% deuda y 55% capital en acciones comunes. Su costo de capital en acciones comunes es del 18% y su costo de deuda del 9%. Si la tasa de impuestos relevante es del 34%, ¿cuál es el CPPC de Proact?

4. **Impuestos y CPPC** Ketcher Kennel Co. ha establecido una razón objetivo deuda/capital de 0.40. Su costo de capital es del 24% y el costo de deuda del 14%.
   a. ¿Cuál es el CPPC, sin ajustar, de Ketcher?
   b. ¿Cuál es el CPPC de Ketcher, suponiendo una tasa de impuestos del 39%?
   c. ¿Cuál es más relevante, el CPPC obtenido en el punto *a* o el CPPC obtenido en el punto *b*? ¿Por qué?

5. **LMAF y CPPC** Las acciones de U3 Corporation tienen una beta de 1.4. La prima por riesgo del mercado es del 8.5% y la tasa libre de riesgo del 6%. U3 ha establecido una razón objetivo deuda/capital del 50%. Su costo de deuda antes de impuestos es del 12%. Si la tasa de impuestos es del 34%, ¿cuál es el CPPC?

6. **Determinación de los factores de ponderación objetivo** Se sabe que el costo promedio ponderado de capital global de Heisenberg Corporation es del 14% y que su tasa de impuestos es del 34%. Más aún, el costo de capital en acciones comunes de Heisenberg es del 20% y su costo de deuda del 9%. ¿Cuál es la razón objetivo deuda/capital de Heisenberg?

7. **Costos de capital** Tom O'Bedlam, presidente de Bedlam Enterprises, está intentando determinar el costo de deuda y el costo de capital de Bedlam, y no le está resultando fácil.
   a. Primero, en la actualidad cada acción se vende en $50 y es probable que el dividendo por acción será de aproximadamente $5. Tom afirma: «Este año nos costará $5 por acción utilizar el dinero de los accionistas, por lo que el costo de capital en acciones comunes es del 10% ($5/$50)». ¿Qué error presenta en esta conclusión?
   b. Segundo, según los estados financieros más recientes, los pasivos totales de Bedlam tienen un valor de $8 millones. El importe total de intereses que pagará Bedlam será de aproximadamente $1 millón para el próximo año. Por

tanto, Tom razona lo siguiente: «Debemos $8 millones y pagaremos $1 millón de intereses. Es obvio que nuestro costo de deuda es de $1 millón/$8 millones = 12.5%». ¿Cuál es el error en esta conclusión?

c. Tercero, de acuerdo a su análisis, Tom está recomendando que Bedlam aumente su uso de capital en acciones comunes porque «la deuda cuesta 12.5%, en tanto que el capital en acciones comunes sólo cuesta 10%, por lo que el capital en acciones comunes es más barato». Sin tomar en cuenta los demás problemas, ¿qué opina sobre esta conclusión de que el costo de capital en acciones comunes es menor que el costo de deuda?

8. **Valor en libros versus valor de mercado**   Agarwall Corporation tiene en circulación 3.2 millones de acciones. El precio más reciente por acción es de $46. El valor en libros por acción es de $10. Agarwall también tiene dos emisiones de bonos en circulación. La primera emisión tiene un valor nominal de $25 millones, una tasa de cupón o tasa nominal del 10% y se vende al 96% de su valor nominal. La segunda emisión tiene un valor nominal de $14 millones, una tasa de cupón o tasa nominal del 8% y se vende al 90% de su valor nominal. La primera emisión vence en 10 años; la segunda, en 16 años.

a. ¿Cuáles son los factores de ponderación de la estructura de capital de Agarwall sobre la base de su valor en libros?

b. ¿Cuáles son los factores de ponderación de la estructura de capital de Agarwall sobre la base de su valor de mercado?

c. ¿Cuáles son más relevantes, los factores de ponderación del valor en libros o del valor de mercado? ¿Por qué?

9. **LMAF y VPN**   Tanto Dow Chemical Company, un gran usuario de gas natural, como Superior Oil, un importante productor de gas natural, están pensando en invertir en pozos de gas natural cerca de Pittsburgh. Ambas compañías están financiadas totalmente con capital en acciones comunes. El pozo en el que Dow está pensando invertir está ubicado al norte de Pittsburgh, mientras que el de Superior Oil está al sur de esa misma ciudad; por lo demás, los proyectos son idénticos. Las dos empresas han analizado sus respectivas inversiones, que tendrían un flujo de efectivo negativo ahora y flujos de efectivo que se esperan positivos en el futuro. Estos flujos de efectivo serían los mismos para ambas empresas. No se utilizaría deuda alguna para financiar los proyectos. Las dos compañías estiman que su proyecto tendría un valor presente neto de $1 millón a una tasa de descuento del 18% y un VPN de $−1.1 millón a una tasa de descuento del 22%. Dow tiene una beta de 1.25 y Superior Oil tiene una beta de 0.75. La prima por riesgo esperada del mercado es del 8% y los bonos libres de riesgo rinden el 12%. ¿Debe llevar a cabo la inversión alguna de las empresas? ¿Deben realizarla ambas? ¿Por qué?

10. **Rendimiento de la LMAF versus el CPPC**   Una empresa financiada en su totalidad con capital en acciones comunes está considerando los siguientes proyectos:

Proyecto	Beta	Rendimiento esperado (%)
A	0.5	12
B	0.8	13
C	1.2	18
D	1.6	19

La tasa de los Certificados de la Tesorería es del 8% y la prima por riesgos del mercado esperada del 7%.

   a. ¿Qué proyectos tienen un rendimiento esperado mayor que el costo de capital de la empresa, que es del 15%?

   b. ¿Qué proyectos deben aceptarse?

   c. ¿Qué proyectos serían aceptados o rechazados de forma incorrecta sobre la base de utilizar el costo de capital de la empresa como la tasa mínima de rendimiento requerida?

11. **CPPC**   Gell-Mann Corporation fabrica partículas muy pequeñas para fines de investigación. La razón objetivo deuda/capital de Gell-Mann es de 0.50. Su CPPC es del 16% y su tasa de impuestos del 39%.

   a. Suponiendo que el costo de capital en acciones comunes de Gell-Mann es del 22%, ¿cuál es su costo de deuda antes de impuestos?

   b. Suponiendo que Gell-Mann puede vender deuda con una tasa de interés del 11%, ¿cuál es su costo de capital en acciones comunes?

12. **CPPC y acciones preferentes**   Appalachia Power tiene una estructura de capital objetivo de 35% en acciones comunes, 10% en acciones preferentes y 55% en deuda. Se ha estimado que, de acuerdo a las condiciones actuales del mercado, los costos de estos componentes son del 20%, 10% y 12%, respectivamente.

   a. ¿Cuál es el CPPC de Appalachia? Suponga una tasa de impuestos del 34%.

   b. El presidente de la empresa le pregunta sobre la estructura de capital de Appalachia. Quiere saber por qué la empresa no utiliza más las acciones preferentes, dado que, de acuerdo con las estimaciones, las acciones preferentes son más baratas que la deuda. ¿Qué le contestaría?

13. **Valores de mercado y CPPC**   Banquo Banquet Supply tiene en la actualidad 4 millones de acciones en circulación. Cada acción se vende en $80. La deuda de la empresa se negocia públicamente y en fecha reciente se cotizaba al 86% de su valor nominal. La deuda tiene un valor nominal total de $15 millones y en la actualidad se le ha fijado un precio para que rinda el 9%. La tasa libre de riesgo es del 8% y la prima por riesgo del mercado del 8%. Se ha estimado que Banquo tiene una beta de 1.4. Si la tasa de impuestos corporativos es del 34%, ¿cuál es el CPPC de Banquo?

14. **Cálculo del costo de acciones preferentes**   El 11 de mayo de 1990, Chase Manhattan tenía una emisión de acciones preferentes que se negociaba en $80 por acción. Si el valor nominal de la emisión es de $100 por acción y el dividendo es de $7.60, ¿cuál es el costo de capital en acciones preferentes de Chase Manhattan?

15. **CPPC y VPN**   Una empresa está considerando un proyecto que se traducirá en ahorros en efectivo iniciales de $6 millones al finalizar el primer año, y se supone que estos ahorros crecerán a una tasa de 4% anual indefinidamente. La empresa tiene una razón objetivo deuda/capital de 5.0, un costo de capital en acciones preferentes del 20% y un costo de deuda, después de impuestos, del 12%. La propuesta para ahorrar costos está muy relacionada con el negocio principal de la empresa, estimándose que tiene los mismos riesgos que la empresa en general. ¿Bajo qué circunstancias debe la empresa llevar a cabo el proyecto?

16. **Cálculo de los costos de emisión**   Crachit's Rachets requiere $600,000 para una nueva instalación de almacenamiento. La estructura de capital objetivo de Crachit's es 60% de capital en acciones comunes y 40% de deuda. El costo de emisión para el nuevo capital es del 12%, pero el costo de emisión de deuda es de sólo el 3%. Bob Crachit, el director corporativo de finanzas, ha decidido financiar la nueva instalación mediante deuda, ya que el costo de emisión es menor y la cantidad requerida es relativamente pequeña.

a. ¿Qué piensa usted sobre la lógica conducente a la obtención de préstamos por el importe total?

b. ¿Cuál es el costo promedio ponderado de emisión de Crachit's?

c. ¿Cuál es el costo efectivo de la instalación de almacenamiento si se incorporan los costos de emisión?

17. **Cálculo del CPPC**   Calcule el costo promedio ponderado de capital de Peach Computer Company usando la siguiente información: la compañía tiene deuda en circulación por $10 millones a valor en libros. La deuda se negocia en el mercado al 90% del valor en libros. El rendimiento al vencimiento de los precios actuales de mercado es del 12%. Cada una del millón de acciones de Peach se vende en $20. El costo de capital es del 19% y la tasa de impuestos del 34%.

18. **Costos de emisión y VPN**   Pipe Dream Corporation fabrica artículos de plomería de lujo. En la actualidad, ha alcanzado su razón objetivo deuda/capital de 0.40. Está planeando construir una nueva planta de producción de $15 millones. Se espera que esta nueva planta genere flujos de efectivo después de impuestos de $3 millones anuales a perpetuidad. Existen dos opciones de financiamiento:

1. Una nueva emisión de acciones comunes. Los costos de emisión de las nuevas acciones comunes serían alrededor de 12% del importe captado. El rendimiento requerido del nuevo capital de la empresa es del 20%.
2. Una nueva emisión de bonos a 30 años. Los costos de emisión de la nueva deuda serían del 4% de los ingresos. La empresa puede emitir nueva deuda al 10%.

   ¿Cuál es el VPN de la nueva planta? Suponga una tasa de impuestos del 34%.

19. **Subsidios fiscales**   Se ha propuesto recientemente una legislación que limitaría la deducibilidad de los intereses pagados sobre los denominados bonos «basura» cuando éstos se emitieran para pagar la compra de una empresa por otro grupo (estos bonos suelen tener tasas nominales relativamente altas). ¿En qué lógica se basa esta propuesta?

20. **Costos de emisión y VPN**   National Electric Company está considerando un proyecto de expansión de $20 millones en su división de sistemas de energía. Se han pronosticado flujos de efectivo para este proyecto, después de impuestos, de $8 millones anuales a perpetuidad. El costo de capital de deuda para National Electric es del 10% y su costo de capital en acciones comunes del 20%. La tasa de impuestos es del 34%. El señor Thomas Edison, director corporativo de finanzas de la empresa, ha presentado dos opciones de financiamiento:

1. Una emisión de $20 millones de deuda a 10 años, con interés del 10%. Los costos de emisión serían el 1% del importe captado.
2. Una emisión de $20 millones de acciones comunes. Los costos de emisión de las acciones comunes serían el 15% del importe captado.

La razón objetivo deuda/capital de National Electric es 2. El proyecto de expansión tendría aproximadamente el mismo riesgo que el negocio actual.

   El señor Edison ha aconsejado a la compañía llevar a cabo el nuevo proyecto y utilizar deuda porque ésta es más barata y el costo de emisión será menor con deuda.

a. ¿Está en lo correcto el señor Edison?

b. ¿Cuál es el VPN del nuevo proyecto?

21. **Factores de ponderación de la estructura de capital y CPPC**   Value Curve Company ha preparado la siguiente información sobre sus costos de financiamiento:

Tipo de financiamiento	Valor en libros	Valor de mercado	Costo antes de impuestos
Deuda a largo plazo	$ 5,000,000	$ 2,000,000	10%
Deuda a corto plazo	5,000,000	5,000,000	8
Acciones comunes	10,000,000	13,000,000	15
	$20,000,000	$20,000,000	

Value Curve Company se encuentra en el rango de impuestos que paga el 34% y tiene una razón objetivo deuda/capital de 100%. La empresa desea transferir su deuda a corto plazo hasta aproximadamente el mismo nivel que su deuda a largo plazo en términos de valor de mercado.

a. Calcule el costo promedio ponderado de capital de Value Curve Company utilizando *i*) factores de ponderación del valor en libros, *ii*) factores de ponderación del valor de mercado y *iii*) factores de ponderación objetivo.

b. Explique la diferencia en los resultados obtenidos en la parte *a*. ¿Cuáles son los factores de ponderación correctos que deben utilizarse en el costo promedio ponderado de capital?

22. **CPPC y deuda a corto plazo**   Éste es un problema difícil. En el problema anterior, suponga que la deuda a corto plazo consistía en su mayor parte en cuentas por pagar, es decir, dinero que se debe a los proveedores. Dado que estas deudas se producen por las operaciones cotidianas del negocio, la administración cree que el costo de capital de la deuda a corto plazo, antes de impuestos, es simplemente igual al CPPC. Utilizando los factores de ponderación objetivo, ¿cuál es el CPPC de Value Curve en este caso?

Lecturas sugeridas

El artículo siguiente contiene un excelente estudio sobre algunas sutilezas para utilizar el CPPC en la evaluación de proyectos:

Miles, J. y R. Ezzel, «The Weighted Average Cost of Capital, Perfect Capital Markets and Project Life: A Clarification», *Journal of Financial and Quantitative Analysis* 15, septiembre de 1980.

Para un buen estudio de cómo usar la LMV en la evaluación de proyectos, véase:

Weston, J. F., «Investment Decisions Using the Capital Asset Pricing Model», *Financial Management*, primavera de 1973.

Capítulo 15

Apalancamiento financiero y política de la estructura de capital

Hasta ahora, se ha considerado ya establecida la estructura de capital de la empresa. Por supuesto que las razones deuda/capital no les caen del cielo a las empresas, de modo que ya es momento de preguntarse de dónde provienen. Si revisamos de nuevo el capítulo 1, veremos que a las decisiones relativas a la razón deuda/capital de una empresa se les denomina *decisiones de estructura de capital*.[1]

Por lo general, la empresa puede elegir cualquier estructura de capital que desee. Si así lo desea la administración, la empresa puede emitir algunos bonos y utilizar los ingresos derivados de su venta para recomprar sus propias acciones, con lo que se incrementaría la razón deuda/capital. De forma alternativa, podría emitir acciones comunes y utilizar el dinero para reembolsar parte de la deuda, con lo que se reduciría la razón deuda/capital. A este tipo de actividades, que modifican la estructura del capital actual de la empresa, se les denomina *reestructuraciones* de capital. Estas reestructuraciones suelen producirse cada vez que la empresa sustituye una estructura de capital por otra sin modificar los activos de la empresa.

Dado que los activos de una empresa no resultan directamente afectados por la reestructuración de capital, se puede examinar la decisión de estructura de capital de la empresa independientemente de sus otras actividades. Ello significa que la empresa puede considerar las decisiones de reestructuración de capital al margen de sus decisiones de inversión. Por tanto, en este capítulo no tomaremos en cuenta las decisiones de inversión y nos centraremos en el tema del financiamiento a largo plazo o estructura de capital.

---

[1] Suele hacerse referencia a las decisiones relacionadas con la deuda y el capital como *decisiones de estructura de capital*. Sin embargo, el término *estructura financiera* sería más exacto, por lo que ambos términos se utilizarán en forma intercambiable.

Lo que se estudiará en este capítulo es que las decisiones de estructura de capital pueden tener implicaciones importantes sobre el valor de la empresa y su costo de capital. También se observará que es fácil identificar los elementos importantes de la decisión de estructura de capital, pero no suele ser posible obtener medidas precisas de estos elementos. El resultado es que sólo es posible proporcionar una respuesta incompleta a la pregunta de cuál puede ser la mejor estructura de capital para una determinada empresa en un momento dado.

15.1 EL PROBLEMA DE LA ESTRUCTURA DE CAPITAL

¿Cómo debe proceder una empresa para seleccionar su razón deuda/capital? Como siempre, se supone en este caso que el principio conductor es seleccionar el curso de acción que maximice el valor de la acción común. Sin embargo, como veremos a continuación, cuando se trata de decisiones de estructura de capital, esto es esencialmente lo mismo que maximizar el valor de toda la empresa y, por comodidad, se tenderá a enmarcar el estudio en términos del valor de la empresa.

Valor de la empresa y valor de las acciones comunes: un ejemplo

En el ejemplo que se presenta a continuación se muestra que la estructura de capital que maximiza el valor de la empresa es la que deben seleccionar los administradores financieros para los accionistas, por lo que no existe conflicto en los objetivos. Para comenzar, supongamos que el valor de mercado de J.J. Sprint Company es de $1,000. En la actualidad, la empresa no tiene deuda y cada una de las 100 acciones de J.J. Sprint se vende en $10. Supongamos además que J.J. Sprint se reestructura mediante un préstamo de $500 y distribuye este dinero a los accionistas en forma de un dividendo adicional de $500/100 = $5 por acción.

Esta reestructuración modificará la estructura de capital de la empresa sin efectos directos sobre los activos de la misma. El efecto inmediato será aumentar la deuda y disminuir el capital. Pero, ¿cuál será el efecto final de la reestructuración? En la tabla 15.1 se muestran tres resultados posibles, además del caso inicial sin deuda. Obsérvese que en el escenario II, el valor de la empresa permanece sin cambios en **$1,000**. En el escenario I, el valor de la empresa aumenta a **$1,250**; en el escenario III disminuye en $250, a **$750**. Aún no se ha señalado qué pudiera ocasionar estos cambios. Por ahora, se consideran únicamente como posibles resultados para mostrar un aspecto.

Dado que el objetivo es beneficiar a los accionistas, se examinan en la tabla 15.2 los resultados netos para los accionistas bajo estos escenarios. Se observa que si el valor de la empresa permanece constante, los accionistas experimentarán una pérdida de capital

Tabla 15.1		Sin deuda	Deuda más dividendos		
Posibles valores de la empresa: sin deuda contra su deuda más dividendos			I	II	III
	Deuda	$ 0	$ 500	$ 500	$500
	Capital	1,000	750	500	250
	Valor de la empresa	$1,000	**$1,250**	**$1,000**	**$750**

	Deuda más dividendos			Tabla 15.2
	I	II	III	Posibles pagos a los accionistas: deuda más dividendos
Reducción del valor del capital	−$250	−$500	−$750	
Dividendos	500	500	500	
Efecto neto	+$250	$ 0	−$250	

que compensará exactamente el dividendo adicional. Éste es el escenario II. En el escenario I, el valor de la empresa aumenta a $1,250 y los accionistas obtienen un beneficio de $250. En otras palabras, la reestructuración en este escenario tiene un VPN de **$250**. El VPN en el escenario III es de **− $250**.

La observación fundamental que debe realizarse es que el cambio en el valor de la empresa es igual al efecto neto para los accionistas. Por consiguiente, los administradores financieros pueden intentar determinar la estructura de capital que maximice el valor de la empresa. Dicho de otra forma, la regla del VPN es aplicable a las decisiones de estructura de capital, por lo que el cambio en el valor de la empresa en su conjunto es igual al VPN de una reestructuración. Así pues, J.J. Sprint debe tomar un préstamo de $500 si espera el escenario I. Por supuesto que la pregunta crítica en la determinación de la estructura de capital de una empresa es: ¿qué escenario es más probable?

Estructura de capital y costo de capital

En el capítulo 14 se estudió el concepto de costo promedio ponderado de capital de la empresa (CPPC). Recordará que el CPPC muestra que el costo global de capital de la empresa es un promedio ponderado de los costos asociados con los diversos componentes de la estructura de capital de la empresa. Cuando se describió el CPPC, se consideró la estructura de capital de la empresa como ya establecida. Por tanto, un aspecto importante que debemos examinar en este capítulo es lo que le ocurre al costo de capital cuando se modifica el importe de financiamiento por deuda o la razón deuda/capital.

Una de las principales razones para estudiar el CPPC es que el valor de la empresa se maximiza cuando se minimiza el CPPC. Para observar esto, recuerde que el CPPC es la tasa de descuento apropiada para los flujos de efectivo globales de la empresa. Dado que los valores y las tasas de descuento se mueven en direcciones opuestas, al minimizar el CPPC se maximizará el valor de los flujos de efectivo de la empresa.

Por consiguiente, lo lógico es seleccionar la estructura de capital para la empresa de tal forma que se minimice el CPPC. De ahí que se afirme que una estructura de capital es mejor que otra si da como resultado un costo promedio ponderado de capital inferior. Más aún, se dice que una razón deuda/capital en particular representa la *estructura de capital óptima* si da como resultado el CPPC más bajo posible. A esto se le denomina en ocasiones la estructura de capital *objetivo* de la empresa.

PREGUNTAS SOBRE CONCEPTOS

15.1a ¿Por qué deben seleccionar los administradores financieros una estructura de capital que maximice el valor de la empresa?

15.1b ¿Cuál es la relación entre el CPPC y el valor de la empresa?

15.1c ¿Qué es una estructura de capital óptima?

15.2 EFECTO DEL APALANCAMIENTO FINANCIERO

En la sección anterior se describe por qué la estructura de capital que genera el valor más alto para la empresa (o el costo de capital más bajo) es la más beneficiosa para los accionistas. En esta sección se examina el impacto del apalancamiento financiero sobre los pagos a los accionistas. Como recordaremos, el apalancamiento financiero se refiere al nivel al que la empresa se apoya en deuda. Mientras más financiamiento vía deuda use la empresa en su estructura de capital, mayor será el apalancamiento financiero que utilice.

Como hemos indicado, el apalancamiento financiero puede modificar drásticamente los pagos a los accionistas de la empresa. Sin embargo, es notable observar que el apalancamiento financiero quizá no afecte el costo global de capital. Si esto es cierto, la estructura de capital de la empresa es irrelevante porque los cambios en la estructura de capital no afectarán al valor de la misma. Un poco más adelante trataremos de nuevo este tema.

Impacto del apalancamiento financiero

Comenzaremos mostrando cómo opera el apalancamiento financiero. Por ahora, no vamos a considerar el efecto de los impuestos. Para facilitar la presentación, el impacto del apalancamiento se describe en términos de sus efectos sobre las utilidades por acción (UPA) y el rendimiento sobre el capital (RSC). Por supuesto que éstas son cifras contables y, como tales, no constituyen la principal preocupación. La utilización de flujos de efectivo en lugar de estas cifras contables conduciría exactamente a las mismas conclusiones, pero se necesitaría un poco más de trabajo. En una sección posterior se estudia el impacto sobre los valores de mercado.

Apalancamiento financiero, UPA y RSC: un ejemplo   En la actualidad, Trans Am Corporation no tiene deuda en su estructura de capital. La directora corporativa de finanzas, la señora Morris, está considerando una reestructuración que llevaría a la emisión de deuda y a utilizar los ingresos provenientes de la misma para recomprar parte del capital en circulación. En la tabla 15.3 se presentan ambas estructuras de capital, la actual y la propuesta. Se observa que los activos de la empresa tienen un valor de **$8 millones** y existen **400,000** acciones en circulación. Dado que Trans Am es una empresa financiada en su totalidad con capital, el precio por acción es de **$20**.

La emisión de deuda propuesta captaría **$4 millones**; la tasa de interés sería del 10%. Puesto que cada acción se vende en **$20**, los $4 millones de deuda nueva se utilizarían para comprar $4 millones/$20 = 200,000 acciones, quedando **200,000** acciones en circulación. Tras la reestructuración, Trans Am tendría una estructura de capital con un 50%

Tabla 15.3		Actual	Propuesta
Estructuras de capital actual y propuesta para Trans Am Corporation	Activos	$8,000,000	$8,000,000
	Deuda	$ 0	$4,000,000
	Capital	$8,000,000	$4,000,000
	Razón deuda/capital	0	1
	Precio por acción	$20	$20
	Acciones en circulación	400,000	200,000
	Tasa de interés	10%	10%

Estructura de capital actual: sin deuda			
	Recesión	Esperada	Expansión
UAII	$500,000	$1,000,000	$1,500,000
Intereses	0	0	0
Utilidad neta	$500,000	$1,000,000	$1,500,000
RSC	6.25%	12.50%	18.75%
UPA	$1.25	$2.50	$3.75

Tabla 15.4

Escenarios de estructuras de capital para Trans Am Corporation

Estructura de capital propuesta: deuda = $4 millones			
	Recesión	Esperada	Expansión
UAII	$500,000	$1,000,000	$1,500,000
Intereses	400,000	400,000	400,000
Utilidad neta	$100,000	$ 600,000	$1,100,000
RSC	2.50%	15.00%	27.50%
UPA	$0.50	$3.00	$5.50

de deuda, por lo que la razón deuda/capital sería de 1. Obsérvese que por ahora se supone que el precio por acción seguirá siendo de $20.

Para investigar el impacto de la reestructuración propuesta, la señora Morris ha preparado la tabla 15.4, en la que se compara la estructura de actual capital de la empresa con la estructura de capital propuesta, de acuerdo a tres escenarios. Los escenarios reflejan supuestos diferentes sobre la utilidad antes de intereses e impuestos (UAII) de la empresa. Según el escenario esperado, la UAII es de **$1 millón.** En el escenario con recesión la UAII disminuye a **$500,000.** En el escenario con crecimiento económico, ésta aumenta a **$1.5 millones**.

Para mostrar algunos de los cálculos de la tabla 15.4, véase el caso con crecimiento económico. La UAII es de $1.5 millones. Sin deuda (la estructura de capital actual) y sin impuestos, la utilidad neta también es de **$1.5 millones.** En este caso, existen 400,000 acciones con un valor total de $8 millones. Por tanto, la UPA es de $1.5 millones/400,000 = **$3.75** por acción. Puesto que el rendimiento contable sobre el capital (RSC) es la utilidad neta dividida entre el capital total, el RSC es de $1.5 millones/$8 millones = **18.75%.**[2]

Con deuda de $4 millones (la estructura de capital propuesta), los resultados son algo diferentes. Puesto que la tasa de interés es del 10%, el gasto por intereses es de **$400,000.** Con una UAII de **$1.5 millones,** intereses por **$400,000** y sin impuestos, la utilidad neta es de **$1.1 millones.** En este caso, sólo hay 200,000 acciones con un valor total de $4 millones. Por consiguiente, la UPA es de $1.1 millones/200,000 = **$5.5** por acción, en contraste con los $3.75 por acción que se calcularon previamente. Más aún, el RSC es de $1.1 millones/$4 millones = **27.5%.** Éste es considerablemente mayor al 18.75% que se calculó para la estructura de capital actual.

UPA versus UAII   El impacto del apalancamiento financiero se hace evidente cuando se examina el efecto de la reestructuración sobre la UPA y el RSC. En particular, la variabilidad en la UPA y en el RSC es mucho mayor para el caso de la estructura de capital

---

[2]El RSC se estudió con cierto detalle en el capítulo 3.

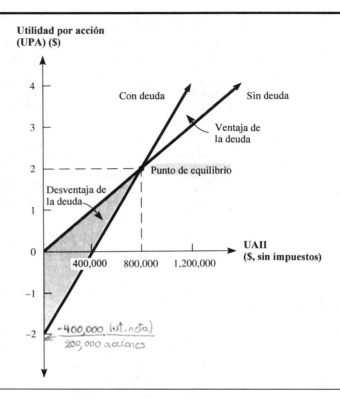

Figura 15.1

Apalancamiento financiero. UPA y UAII para Trans Am Corporation

propuesta. Esto muestra cómo actúa el apalancamiento financiero para magnificar las ganancias y las pérdidas de los accionistas.

En la figura 15.1 se observa con mayor detalle el efecto de la reestructuración propuesta. En esta figura, se grafican las utilidades por acción (UPA) contra las utilidades antes de intereses e impuestos (UAII) para la estructura de capital actual y para la propuesta. La primera recta, denominada «sin deuda», representa el caso de que no existe apalancamiento. Esta recta parte del origen, señalando que la UPA sería igual a cero si la UAII fuera igual a cero. A partir de este punto, cada incremento de $400,000 en la UAII incrementa la UPA en $1 (porque existen en circulación 400,000 acciones).

La segunda recta representa la estructura de capital propuesta. En este caso, la UPA es negativa si la UAII es igual a cero. Esto sucede porque se deben pagar intereses por $400,000, independientemente de las utilidades de la empresa. Puesto que en este caso existen 200,000 acciones, la UPA es de − $2 por acción, como se muestra. De forma similar, si la UAII fuera de $400,000, la UPA sería exactamente igual a cero.

Lo importante es observar en la figura 15.1 que la pendiente de la recta en este segundo caso es mayor. De hecho, por cada incremento de $400,000 en la UAII, la UPA se incrementa en $2, por lo que la recta es dos veces más pronunciada. Esto muestra que la UPA es dos veces más sensible a cambios en la UAII debido al apalancamiento financiero utilizado.

Otra observación que se debe hacer en la figura 15.1 es que las rectas se intersectan. En dicho punto, la UPA es exactamente igual para ambas estructuras de capital. Para determinar este punto de intersección, obsérvese que la UPA es igual a UAII/400,000 en caso de que no exista deuda. Si existe, la UPA es (UAII − $400,000)/200,000. Si se igualan estas dos últimas expresiones, la UAII es de:

$$UAII/400,000 = (UAII − \$400,000)/200,000$$

$$UAII = 2 \times (UAII − \$400,000)$$

$$UAII = \$800,000$$

Cuando la UAII es de $800,000, la UPA es de $2 por acción para cualquiera de las dos estructuras de capital. En la figura 15.1 se denomina a esta intersección punto de equilibrio. Si la UAII está por encima de este nivel, el apalancamiento es beneficioso; si está por debajo, no lo es.

Existe otra forma más intuitiva de observar por qué el punto de equilibrio es de $800,000. Obsérvese que si la empresa no tiene deuda y si su UAII es de $800,000, su utilidad neta también es de $800,000. En este caso, el RSC es 10%. Esto es exactamente igual a la tasa de interés de la deuda, por lo que la empresa obtiene un rendimiento que es justo lo suficiente para pagar los intereses.

Ejemplo 15.1   UAII en el punto de equilibrio

MPD Corporation ha tomado la decisión de realizar una reestructuración de capital. En la actualidad, MPD no utiliza financiamiento vía deuda. Una vez llevada a cabo la reestructuración, la deuda será de $1 millón. La tasa de interés de la deuda será del 9%. En la actualidad, el MPD tiene 200,000 acciones en circulación y el precio de cada acción es de $20. Si se espera que la reestructuración aumente la UPA, ¿cuál sería el nivel mínimo de la UAII que debe esperar la administración de MPD? En la respuesta no se deben considerar impuestos.

Para contestar, se calcula la UAII para el punto de equilibrio. Para cualquier UAII por encima de este valor, el aumento del apalancamiento financiero incrementará la UPA, por lo que el punto de equilibrio mostrará el nivel mínimo de la UAII. En la antigua estructura de capital, la UPA es simplemente UAII/200,000. En la nueva estructura de capital los gastos financieros serán de $1 millón × 0.09 = $90,000. Más aún, con los ingresos de $1 millón, MPD recomprará $1 millón/$20 = 50,000 acciones comunes, quedando en circulación 150,000 acciones. Por tanto, la UPA es (UAII − $90,000)/150,000.

Ahora que se conoce cómo calcular la UPA para ambos escenarios, se igualan las expresiones obtenidas y se resuelve para la UAII en el punto de equilibrio.

$$UAII/200,000 = (UAII − \$90,000)/150,000$$

$$UAII = (4/3) \times (UAII − \$90,000)$$

$$UAII = \$360,000$$

Debe verificarse que, en cualquiera de los casos, la UPA sea de $1.80 cuando la UAII es de $360,000. La administración de MPD parece ser de la opinión de que la UPA excederá $1.80. ∎

Préstamos corporativos y apalancamiento casero

Basándose en las tablas 15.3 y 15.4 y en la figura 15.1, la señora Morris llega a las siguientes conclusiones:

Tabla 15.5

Estructura de capital propuesta contra la estructura de capital original con apalancamiento casero

Estructura de capital propuesta

	Recesión	Esperada	Expansión
UPA	$ 0.50	$ 3.00	$ 5.50
Utilidad para 100 acciones	50.00	300.00	550.00

Costo neto = **100 acciones a $20 acción = $2,000**

Estructura de capital original y apalancamiento casero

	Recesión	Esperada	Expansión
UPA	$ 1.25	$ 2.50	$ 3.75
Utilidad para 200 acciones	250.00	500.00	750.00
Menos: intereses sobre $2,000 al 10%	200.00	200.00	200.00
Utilidad neta	$ 50.00	$300.00	$550.00

Costo neto = **200 acciones a $20/acción − Importe de deuda = $4,000 − 2,000 = $2,000**

1. El efecto del apalancamiento financiero depende de la UAII de la empresa. Cuando la UAII es relativamente alta, el apalancamiento es beneficioso.
2. De acuerdo al escenario esperado, el apalancamiento incrementa el rendimiento de los accionistas, medido por el RSC o por la UPA.
3. Los accionistas están expuestos a un mayor nivel de riesgo en la estructura de capital propuesta, ya que en este caso la UPA y el RSC son mucho más sensibles a cambios en la UAII.
4. Debido al impacto que tiene el apalancamiento financiero sobre el rendimiento esperado de los accionistas y el nivel de riesgo de las acciones comunes, la estructura de capital es un aspecto importante.

Es evidente que las tres primeras conclusiones son correctas. Con base a estas tres primeras conclusiones, ¿se infiere necesariamente la última conclusión? Aunque resulte sorprendente, la respuesta es no. Como veremos a continuación, la razón es que los accionistas pueden ajustar el monto de apalancamiento financiero al obtener y otorgar préstamos por su cuenta. Este uso del financiamiento personal para modificar el nivel de apalancamiento financiero se denomina **apalancamiento casero**.

apalancamiento casero
El uso de préstamos personales para cambiar el importe global del apalancamiento financiero al que está expuesta la persona individual.

Veremos ahora que en realidad no existe diferencia alguna en que Trans Am adopte o no la estructura de capital propuesta, ya que cualquier accionista que prefiera la estructura de capital propuesta puede replicarla simplemente utilizando el apalancamiento casero. Para comenzar, en la primera parte de la tabla 15.5 se muestra qué le ocurriría a un inversionista que compre acciones de Trans Am por $2,000 si la empresa adoptara la estructura de capital propuesta. Este inversionista compra 100 acciones. De acuerdo con la tabla 15.4, la UPA será de **$0.50**, **$3** o **$5.50**, por lo que las utilidades totales de 100 acciones serán **$50**, **$300** o **$550** en este caso de la estructura de capital propuesta.

Supongamos ahora que Trans Am no adopta la estructura de capital propuesta. En ese caso, la UPA será de **$1.25**, **$2.50** o **$3.75**. En la segunda parte de la tabla 15.5 se muestra cómo un accionista que prefiera los pagos de acuerdo a la estructura propuesta puede replicarlos utilizando financiamiento personal. Para llevarlo a cabo, el accionista obtiene a su nombre un préstamo por $2,000 al 10%. Este inversionista utiliza este importe, junto con sus $2,000 originales, para comprar 200 acciones comunes. Se observa que los resultados netos son exactamente idénticos a los resultados de la estructura de capital propuesta.

¿Cómo se identificó que era necesario obtener un préstamo por $2,000 para replicar los pagos correctos? Se está intentando reproducir a nivel personal la estructura de capital propuesta para Trans Am. Esta estructura da como resultado una razón de deuda/capital de 1. Para replicarla a nivel personal, el accionista debe obtener fondos suficientes para crear esta misma razón deuda/capital. Dado que el accionista tiene invertidos $2,000 en capital, si obtiene un préstamo por $2,000 adicionales tendrá una razón personal deuda/capital de 1.

Este ejemplo muestra que los inversionistas siempre pueden incrementar por su cuenta el nivel de apalancamiento financiero para crear un esquema de pagos diferente. Por tanto, no supone diferencia alguna que Trans Am seleccione o no la estructura de capital propuesta.

Ejemplo 15.2   Reducción del nivel de apalancamiento de las acciones comunes

Para el ejemplo de Trans Am supongamos que la administración adopta la estructura de capital propuesta. Imaginemos además que un inversionista que tiene 100 acciones comunes prefiere la estructura de capital original. Muestre cómo este inversionista podría reducir el nivel de apalancamiento de las acciones para replicar los pagos originales.

Para replicar el apalancamiento, los inversionistas obtienen préstamos por su cuenta. Para eliminar el apalancamiento, los inversionistas deben prestar dinero. En el caso de Trans Am, la empresa obtuvo un préstamo cuyo importe es igual a la mitad de su valor. El inversionista puede reducir el apalancamiento de las acciones prestando simplemente dinero en la misma proporción. En este caso, el inversionista vende 50 acciones por un total de $1,000 y otorga entonces un préstamo de estos $1,000 al 10%. En la tabla que se presenta a continuación se calculan los resultados.

	Recesión	Esperado	Expansión
UPA (estructura propuesta)	$ 0.50	$ 3.00	$ 5.50
Utilidades para 50 acciones	25.00	150.00	275.00
Más: intereses sobre $1,000	100.00	100.00	100.00
Resultado total	$125.00	$250.00	$375.00

Éstos son exactamente los pagos que hubiera recibido el inversionista de acuerdo a la estructura de capital original. ■

PREGUNTAS SOBRE CONCEPTOS

15.2a ¿Cuál es el impacto del apalancamiento financiero sobre los accionistas?
15.2b ¿Qué es el apalancamiento casero?
15.2c ¿Por qué es irrelevante la estructura de capital de Trans Am?

ESTRUCTURA DE CAPITAL Y COSTO DE CAPITAL EN ACCIONES COMUNES   15.3

Ya hemos observado que no existe nada especial en relación con el financiamiento corporativo, dado que los inversionistas pueden obtener préstamos o prestar por su propia cuenta. Como resultado, el precio de la acción será el mismo cualquiera que sea la estruc-

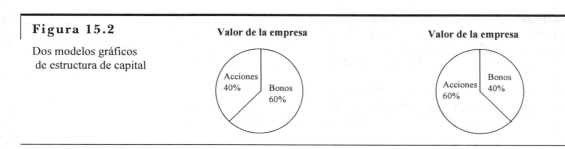

Figura 15.2

Dos modelos gráficos de estructura de capital

tura de capital que seleccione Trans Am. Por consiguiente, la estructura de capital de Trans Am es irrelevante, al menos en el escenario simplificado que hemos examinado.

El ejemplo de Trans Am se basa en un argumento famoso presentado por dos premios Nobel, Franco Modigliani y Merton Miller, a quienes a partir de ahora denominaremos M&M. Lo que se mostró en el caso de Trans Am Company es algo especial en la **Proposición I de M&M**. La Proposición I de M&M afirma que es totalmente irrelevante la manera en que la empresa decida establecer su financiamiento.

Proposición I de M&M
El valor de la empresa es independiente de su estructura de capital.

Proposición I de M&M: el modelo gráfico

Una forma de mostrar la Proposición I de M&M es imaginarse dos empresas que sean idénticas en lo que respecta al lado izquierdo del balance general. Sus activos y operaciones son exactamente iguales. El lado derecho de ambos balances es diferente porque las dos empresas financian sus operaciones de forma distinta. En este caso, se puede considerar el problema de la estructura de capital en términos de un modelo gráfico. La razón para seleccionar este nombre se evidencia en la figura 15.2. Esta figura proporciona dos formas posibles de dividir esta gráfica en la porción «rebanada» de capital, E, y la porción «rebanada» de deuda, D: 40%-60% y 60%-40%. Sin embargo, el tamaño total de la figura 15.2 es igual para las dos empresas porque el valor de los activos es el mismo. Esto es precisamente lo que afirma la Proposición I de M&M: «El tamaño del pastel no depende de cómo se parta».

Proposición II de M&M: el costo de capital en acciones comunes y el apalancamiento financiero

A pesar de que al cambiar la estructura de capital de la empresa el valor *total* de la misma quizá no cambie, sí ocasiona cambios importantes en la deuda y en el mismo capital. A continuación, se examina lo que le ocurre a una empresa financiada con deuda y capital cuando se altera la razón deuda/capital. Seguiremos prescindiendo de los impuestos.

Proposición II de M&M   En el capítulo 14 se observó que, si no se consideran los impuestos, el costo promedio ponderado de capital, CPPC, es:

$$CPPC = E/V \times R_E + D/V \times R_D$$

En sus propias palabras...
Sobre la estructura de capital: M&M 30 años después, por Merton H. Miller

Comprendí con toda claridad lo difícil que es resumir la contribución de estos ensayos después de que se le concedió el Premio Nobel de Economía a Franco Modigliani, en parte —pero por supuesto, sólo en parte— por su trabajo en finanzas. De inmediato me acosaron los equipos de camarógrafos de nuestras estaciones locales de televisión en Chicago. Dijeron: «Tenemos entendido que usted trabajó hace varios años con Modigliani en el desarrollo de estos teoremas M&M y nos preguntamos si podría explicarlos a nuestro público televisivo de una forma breve». «¿Cómo de breve?», les pregunté. Su respuesta fue: «Oh, puede emplear 10 segundos».

¡Diez segundos para explicar el trabajo de toda una vida! ¡Diez segundos para describir dos artículos cuidadosamente razonados, cada uno con más de 30 páginas impresas y con unas 60 notas al pie de página! Cuando vieron la expresión de consternación en mi rostro, dijeron: «No tiene que entrar en detalles, tan sólo dénos los puntos principales en términos sencillos, de sentido común».

El punto principal del artículo sobre el costo de capital fue, al menos en principio, bastante fácil de presentar. Decía que en el mundo ideal de un economista, el valor total de mercado de todos los instrumentos financieros emitidos por una empresa estaría regido por la capacidad de producir utilidades y por el riesgo asociado a sus activos reales fundamentales, y sería independiente de cómo se dividiera la mezcla de instrumentos financieros emitidos para financiarlo entre los instrumentos de deuda y de capital en acciones. Algunos tesoreros corporativos podrían pensar en aumentar el valor total incrementando la proporción de los instrumentos de deuda porque los rendimientos de instrumentos de deuda, en función de su menor riesgo, son en términos generales considerablemente inferiores a los rendimientos de capital en acciones comunes. No obstante, de acuerdo con las condiciones ideales supuestas, el riesgo adicional para los accionistas por la emisión de más deuda aumentaría los rendimientos requeridos sobre el capital en acciones comunes justo lo suficiente para compensar la aparente ganancia derivada de la utilización de deuda a más bajo costo.

Este tipo de resumen no sólo hubiera sido demasiado largo, sino que además se utilizaban términos y conceptos abreviados que tienen abundantes connotaciones para los economistas, pero que difícilmen-

te las tienen para el público en general. En lugar de ello, pensé en una analogía que nosotros mismos habíamos utilizado en el documento original. Dije: «Piense en la empresa como un gigantesco tonel de leche entera. El granjero puede vender la leche tal como está o puede separar la crema y venderla a un precio mucho más alto del que podría obtener por la leche entera. (El vender la crema es una analogía de cuando una empresa vende instrumentos de deuda de bajo rendimiento y por tanto con altos precios). Por supuesto, lo que le quedaría al granjero sería leche descremada, con bajo contenido en grasa y que se vendería a un precio mucho menor que la leche entera. La leche descremada corresponde al capital accionario con apalancamiento. La Proposición de M&M expresa que si no existieran costos de separación (y por supuesto si no existieran programas gubernamentales de apoyo a los productos lácteos), la crema más la leche descremada se venderían al mismo precio que la leche entera».

El personal de televisión conferenció durante un rato. Me dijeron que la explicación todavía era demasiado larga, demasiado complicada y demasiado académica. Me preguntaron: «¿Tiene algo más sencillo?». Pensé en otra forma en que se presenta la Proposición de M&M, que enfatiza el papel de los instrumentos financieros como dispositivos para «repartir» los pagos provenientes de una empresa entre el grupo de sus proveedores de capital. Les dije: «Piensen en la empresa como en una pizza gigantesca dividida en cuatro partes. Si ahora cortan a la mitad cada una de esas partes, la Proposición de M&M afirma que se tendrán más pedazos, pero no más pizza».

De nuevo hablaron entre ellos en voz baja. En esta ocasión, apagaron los reflectores y recogieron su equipo. Me agradecieron mi cooperación y dijeron que se pondrían en contacto de nuevo conmigo. Pero comprendí que de alguna forma había perdido mi oportunidad de iniciar una nueva carrera como condensador de sabiduría económica para los televidentes en cómodas cápsulas de 10 segundos. Algunos tienen el talento para hacerlo; otros simplemente no lo tienen.

Merton H. Miller tiene el título de «Profesor Robert R. McCormick» de Servicios Distinguidos en la Escuela de Administración de Empresas para Graduados en la Universidad de Chicago. Es famoso por su trabajo innovador con Franco Modigliani sobre la estructura de capital corporativo, el costo de capital y la política de dividendos. Poco después de preparar este ensayo, recibió el Premio Nobel de Economía por sus contribuciones.

Figura 15.3

El costo de capital en acciones comunes y el CPPC. Las Proposiciones I y II de M&M, sin impuestos

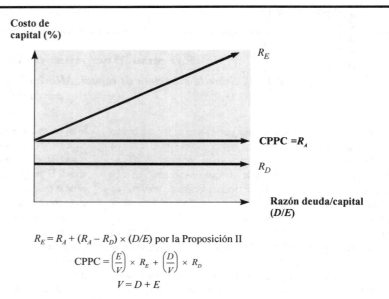

$$R_E = R_A + (R_A - R_D) \times (D/E) \text{ por la Proposición II}$$

$$\text{CPPC} = \left(\frac{E}{V}\right) \times R_E + \left(\frac{D}{V}\right) \times R_D$$

$$V = D + E$$

donde $V = E + D$. También se observó que una forma de interpretar el CPPC es que representa el rendimiento requerido sobre los activos globales de la empresa. Para recordar esto, se utilizará el símbolo R_A para representar el CPPC, y que se expresa ahora como:

$$R_A = E/V \times R_E + D/V \times R_D$$

Si se reacomodan los términos con objeto de resolver el costo de capital en acciones comunes, se observa que:

$$R_E = R_A + (R_A - R_D) \times (D/E) \tag{15.1}$$

Proposición II de M&M
El costo de capital en acciones comunes de una empresa es una función lineal positiva de su estructura de capital.

Ésta es la famosa **Proposición II de M&M**, que señala que el costo de capital depende de tres elementos: la tasa de rendimiento requerida de los activos de la empresa, R_A; el costo de deuda para la empresa, R_D, y la razón deuda/capital de la empresa, D/E.

En la figura 15.3 resumimos lo que se ha estudiado hasta estos momentos al graficar el costo de capital en acciones comunes, R_E, contra la razón deuda/capital. Tal como se muestra, la Proposición II de M&M señala que el costo de capital en acciones comunes, R_E, se determina mediante una línea recta con pendiente de $(R_A - R_D)$. La intersección con el eje Y corresponde a una empresa con una razón deuda/capital de cero, por lo que $R_A = R_E$ en este caso. En la figura 15.3 se muestra que en la medida en que la empresa incrementa su razón deuda/capital, el incremento en el apalancamiento aumenta el nivel de riesgo del capital en acciones comunes y, por consiguiente, el rendimiento requerido o el costo del capital (R_E) también se incrementa.

Obsérvese en la figura 15.3 que el CPPC no depende de la razón deuda/capital; permanece constante sin importar cuál sea la razón deuda/capital. Ésta es otra forma de expresar la Proposición I de M&M: el costo global de capital de la empresa no resulta afectado por su estructura de capital. Como se ha mostrado, el hecho de que el costo de deuda sea inferior al costo de capital en acciones comunes queda completamente compensado por el incremento en el costo de capital derivado de préstamos. En otras palabras, el cambio en los factores de ponderación de la estructura de capital (E/V y D/V) queda exactamente compensado por el cambio en el costo de capital en acciones comunes (R_E), con lo que el CPPC permanece constante.

Ejemplo 15.3   El costo del capital en acciones comunes

Ricardo Corporation tiene un costo promedio ponderado de capital (sin ajustar) del 12%. Puede obtener préstamos al 8%. Suponiendo que Ricardo tenga una estructura de capital objetivo de: 80% de capital en acciones comunes y 20% deuda, ¿cuál es su costo de capital en acciones comunes? ¿Cuál es el costo de capital en acciones comunes si la estructura de capital objetivo está integrada por 50% de capital? Calcule el CPPC, sin ajustar, utilizando las respuestas para verificar que permanece constante.

De acuerdo con la Proposición II de M&M, el costo de capital en acciones comunes, R_E, es:

$$R_E = R_A + (R_A - R_D) \times (D/E)$$

La razón deuda/capital en el primer caso es $0.2/0.8 = 0.25$, por lo que el costo de capital en acciones comunes es:

$$R_E = 12\% + (12\% - 8\%) \times (0.25)$$
$$= 13\%$$

En el segundo caso, verifique que la razón deuda/capital sea de 1.0, con lo que el costo de capital en acciones comunes es de 16%.

Ahora es posible calcular el CPPC sin ajustar suponiendo que el porcentaje del financiamiento mediante capital en acciones comunes es del 80% y el costo de capital del 13%:

$$CPPC = E/V \times R_E + D/V \times R_D$$
$$= 0.80 \times 13\% + 0.20 \times 8\%$$
$$= 12\%$$

En el segundo caso, el porcentaje de financiamiento mediante capital en acciones comunes es del 50% y el costo de capital del 16%. El CPPC es de:

$$CPPC = E/V \times R_E + D/V \times R_D$$
$$= 0.50 \times 16\% + 0.50 \times 8\%$$
$$= 12\%$$

Como se calculó, el CPPC es en ambos casos del 12%. ∎

Riesgo operativo y riesgo financiero

La Proposición II de M&M muestra que el costo de capital de la empresa puede subdividirse en dos elementos. El primero de ellos, R_A, es el rendimiento requerido de los activos de la empresa en general y depende de la naturaleza de las actividades operativas

riesgo operativo

El riesgo de capital que se deriva de la naturaleza de las actividades operativas de la empresa.

riesgo financiero

El riesgo de capital que se deriva de la política financiera (es decir, de la estructura de capital) de la empresa.

de la misma. Al riesgo inherente a las operaciones de una empresa se denomina **riesgo operativo** del capital de la empresa. Revisando de nuevo el capítulo 12, este riesgo operativo depende del nivel de riesgo sistemático de los activos de la empresa. Cuanto mayor sea el riesgo operativo de una empresa, mayor será R_A y, si las demás variables permanecen constantes, mayor será su costo de capital en acciones comunes.

El segundo elemento del costo de capital $(R_A - R_D) \times D/E$, se determina por la estructura financiera de la empresa. Para una empresa financiada exclusivamente con capital en acciones comunes, este componente es igual a cero. En la medida en que la empresa comienza a apoyarse en financiamiento vía deuda, aumenta el rendimiento requerido sobre el capital en acciones comunes. Esto ocurre porque el financiamiento mediante deuda aumenta los riesgos que corren los accionistas. Este riesgo adicional que se produce por el uso del financiamiento mediante deuda se denomina **riesgo financiero** asociado al capital en acciones comunes de la empresa.

Por tanto, el riesgo sistemático total del capital de la empresa tiene dos partes: el riesgo operativo y el riesgo financiero. La primera parte (el riesgo operativo) depende de los activos y las operaciones de la empresa y no se ve afectado por la estructura de capital. Conociendo el nivel de riesgo operativo de la empresa (y su costo de deuda), la segunda parte (el riesgo financiero) se determina mediante la política financiera. Como hemos indicado previamente, el costo de capital en acciones comunes de la empresa se incrementa cuando aumenta el uso del apalancamiento financiero, dado que el riesgo financiero del capital aumenta mientras que el riesgo operativo permanece constante.

PREGUNTAS SOBRE CONCEPTOS

15.3a ¿Qué sostiene la Proposición I de M&M?

15.3b ¿Cuáles son los tres elementos que determinan el costo de capital en acciones comunes de una empresa?

15.3c El riesgo sistemático total asociado al capital en acciones comunes de una empresa tiene dos partes. ¿Cuáles son?

15.4 PROPOSICIONES I Y II DE M&M INCORPORANDO IMPUESTOS CORPORATIVOS

La deuda tiene dos características distintivas que no se han tomado en cuenta adecuadamente. En primer lugar, como ya hemos mencionado en varios lugares del texto, los intereses pagados sobre la deuda son deducibles de impuestos. Esto es bueno para la empresa y quizá sea un beneficio adicional del financiamiento vía deuda. En segundo lugar, el fracaso en el cumplimiento de las obligaciones de deuda puede dar lugar a la quiebra. Esto no es bueno para la empresa y quizá sea un costo adicional del financiamiento mediante deuda. Dado que hasta ahora no se han considerado explícitamente ninguna de estas dos características de la deuda, al incorporarlas tal vez se obtenga una respuesta diferente en relación con la estructura de capital. Por consiguiente, en esta sección se estudiarán los impuestos y en la próxima la quiebra.

Podemos comenzar observando lo que ocurre con las Proposiciones I y II de M&M cuando se considera el efecto de los impuestos corporativos. Para ello, se examinarán dos empresas, la empresa U (no apalancada) y la empresa L (apalancada). El lado izquierdo del balance general de estas dos empresas es idéntico, por lo que sus activos y operaciones son iguales.

Se supone que se espera que la UAII de las dos empresas sea de $1,000 anuales a perpetuidad. La diferencia entre ambas es que la empresa L ha emitido bonos perpetuos con un valor de $1,000, sobre los que paga un interés del 8% anual. Por tanto, los gastos financieros son de **0.08 × $1,000 = $80** anuales para siempre. Se supone también que la tasa de impuestos corporativos es del 30%.

En el caso de las dos empresas, U y L, podemos ahora calcular lo siguiente:

	Empresa U	Empresa L
UAII	**$1,000**	**$1,000**
Intereses	**0**	**80**
Utilidad gravable	**$1,000**	**$ 920**
Impuestos	**300**	**276**
Utilidad neta	**$ 700**	**$ 644**

El subsidio fiscal de los intereses

Para simplificar el ejemplo, supondremos que la depreciación es igual a cero; así como que los gastos de capital son de cero y no existen aumentos en CTN. En este caso, el flujo de efectivo derivado de activos es simplemente igual a UAII − Impuestos. Por tanto, en el caso de las empresas U y L se tiene:

Flujo de efectivo derivado de activos	Empresa U	Empresa L
UAII	**$1,000**	**$1,000**
− Impuestos	**300**	**276**
Total	**$ 700**	**$ 724**

Se observa de inmediato que la estructura de capital tiene ahora algún efecto porque los flujos de efectivo provenientes de U y L no son los mismos, a pesar de que las dos empresas tienen activos idénticos.

Para identificar lo que sucede, se puede calcular el flujo de efectivo para los accionistas y para los tenedores de bonos.

Flujo de efectivo	Empresa U	Empresa L
Para los accionistas	**$700**	**$644**
Para los tenedores de bonos	**0**	**80**
Total	**$700**	**$724**

Se observa que el flujo de efectivo total para L es de $24 adicionales. Esto ocurre porque los impuestos a pagar de L (los que constituyen un flujo de efectivo negativo) son por $24 menos. El hecho de que los intereses sean deducibles a efectos fiscales ha generado un ahorro en impuestos igual al pago de intereses ($80) multiplicado por la tasa del impuesto

subsidio fiscal por intereses
Ahorro de impuestos que logra una empresa debido a los gastos por intereses.

corporativo (30%): **$80 × 0.30 = $24**. A este ahorro en impuestos se le denomina **subsidio fiscal** (o **protección fiscal**) **por intereses**.

Impuestos y la Proposición I de M&M

Dado que la deuda es perpetua, el mismo subsidio fiscal de $24 será generado cada año y a perpetuidad. Por consiguiente, el flujo de efectivo después de impuestos para L serán los mismos $700 que gana U, más el subsidio fiscal de $24. Puesto que el flujo de efectivo de L siempre es mayor en $24, la empresa L vale más que la empresa U por el valor de esta perpetuidad de $24.

Dado que la protección fiscal se genera por pagar intereses, tiene el mismo riesgo que la deuda y por tanto el 8% (el costo de deuda) es la tasa de descuento apropiada. Por consiguiente, el valor del subsidio fiscal es de:

$$VP = \frac{\$24}{0.08} = \frac{0.30 \times \$1,000 \times 0.08}{0.08} = 0.30(\$1,000) = \$300$$

Como se muestra en el ejemplo, el valor actual de la protección fiscal por intereses puede expresarse como:

Valor presente del subsidio fiscal por intereses $= (T_C \times R_D \times D)/R_D$ (15.2)

$$= T_C \times D$$

Ahora se ha obtenido otro resultado famoso, la Proposición I de M&M incorporando impuestos corporativos. Se ha observado que el valor de la empresa L, V_L, excede al valor de la empresa U, V_U, por el monto del valor presente de la protección fiscal por intereses, $T_C \times D$. Por tanto, la Proposición I de M&M, incorporando impuestos corporativos, afirma que:

$$V_L = V_U + T_C \times D$$ (15.3)

En la figura 15.4 se muestra para este caso el efecto del financiamiento vía deuda. Se ha graficado el valor de la empresa apalancada, V_L, contra el importe de la deuda, D. La Proposición I de M&M, incorporando impuestos corporativos, implica que la relación se determina mediante una línea recta con pendiente T_C y una intersección con el eje y igual a V_U.

En la figura 15.4 se ha dibujado también una línea horizontal que representa V_U. Como se señaló, la distancia vertical entre las dos rectas es $T_C \times D$, el valor presente del subsidio fiscal.

costo de capital sin apalancamiento
Costo de capital de una empresa que no tiene deuda.

Supongamos que el costo de capital para la empresa U es del 10%. A esto se le denominará **costo de capital sin apalancamiento** y se utilizará el símbolo R_U para representarlo. Se puede considerar a R_U como el costo de capital que tendría la empresa si no tuviera deuda. El flujo de efectivo de la empresa U es de $700 cada año para siempre y, dado que N no tiene deuda, la tasa de descuento apropiada es R_U = 10%. El valor de la empresa sin apalancamiento, V_U, es simplemente:

$$V_U = \frac{UAII \times (1 - T_C)}{R_U}$$

$$= \frac{\$700}{0.10}$$

$$= \$7,000$$

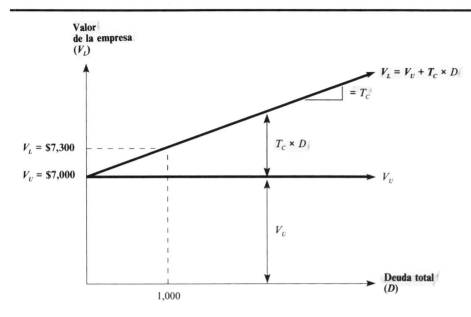

Figura 15.4

Proposición I de M&M
incorporando impuestos

El valor de la empresa aumenta conforme aumenta la deuda total debido al subsidio fiscal por intereses. Ésta es
la base de la Proposición I de M&M incorporando impuestos.

El valor de la empresa con apalancamiento, V_L, es:

$$V_L = V_U + T_C \times D$$
$$= \$7{,}000 + 0.30 \times \$1{,}000$$
$$= \$7{,}300$$

Como se muestra en la figura 15.4, el valor de la empresa se incrementa en \$0.30 por
cada \$1 de deuda. En otras palabras, el VPN *por unidad monetaria* de deuda es de \$0.30.
Es difícil imaginar por qué una empresa no solicitaría préstamos hasta el máximo absoluto en estas circunstancias.

El resultado del análisis en esta sección es que, una vez que se incorporan los impuestos, la estructura de capital es definitivamente relevante. Sin embargo, de inmediato se
llega a la conclusión ilógica de que la estructura de capital óptima es 100% deuda.

Impuestos, el CPPC y la Proposición II

La conclusión de que la mejor estructura de capital es 100% deuda también se puede alcanzar al examinar el costo promedio ponderado de capital. Por lo estudiado en el capítulo anterior, sabemos que, una vez que se considera el efecto de impuestos, el CPPC es
el siguiente:

$$\text{CPPC} = E/V \times R_E + D/V \times R_D \times (1 - T_C)$$

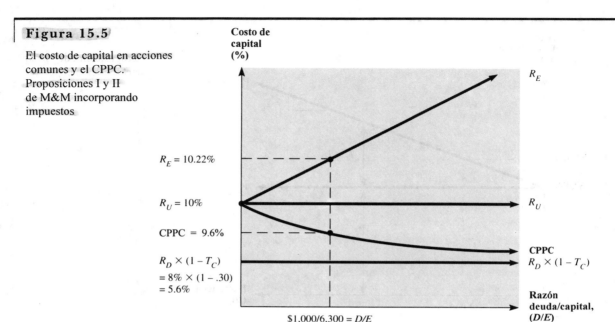

Figura 15.5

El costo de capital en acciones comunes y el CPPC. Proposiciones I y II de M&M incorporando impuestos

$R_E = R_U + (R_U - R_D) \times (D/E) \times (1 - T_C)$ por la Proposición II incorporando impuestos

$$CPPC = \left(\frac{E}{V}\right) \times R_E + \left(\frac{D}{V}\right) \times R_D \times (1 - T_C)$$

Para calcular este CPPC, es necesario conocer el costo de capital en acciones comunes. La Proposición II de M&M, incorporando impuestos corporativos, afirma que el costo de capital en acciones comunes es:

$$R_E = R_U + (R_U - R_D) \times (D/E) \times (1 - T_C) \tag{15.4}$$

Como ejemplo, se observó hace un momento que la empresa L tiene un valor total de $7,300. Puesto que la deuda tiene un valor de $1,000, el valor del capital en acciones comunes debe ser $7,300 − 1,000 = $6,300. Así, el costo de capital para la empresa L es:

$$R_E = 0.10 + (0.10 - 0.08) \times (\$1,000/\$6,300) \times (1 - 0.30)$$
$$= 10.22\%$$

El costo promedio ponderado de capital es:

$$CPPC = \$6,300/\$7,300 \times 10.22\% + \$1,000/\$7,300 \times 8\% \times (1 - 0.30)$$
$$= 9.6\%$$

Sin deuda, el CPPC es del 10% y con deuda del 9.6%. Por tanto, la empresa se encuentra en mejor situación con deuda.

I. El caso sin impuestos

Tabla 15.6

Resumen de Modigliani
y Miller

A. Proposición I: el valor de la empresa con apalancamiento (V_L) es igual al valor de la empresa sin apalancamiento (V_U):

$$V_L = V_U$$

Implicaciones de la Proposición I:

1. La estructura de capital de una empresa es irrelevante.
2. El costo promedio ponderado de capital de una empresa (CPPC) es el mismo, sin que importe la mezcla de deuda y capital que se utilice para financiar a la empresa.

B. Proposición II: el costo de capital, R_E, es:

$$R_E = R_A + (R_A - R_D) \times D/E$$

donde R_A es el CPPC, R_D es el costo de deuda y D/E es la razón deuda/capital.

Implicaciones de la Proposición II:

1. El costo de capital aumenta en la medida en que la empresa incrementa su uso de financiamiento mediante deuda.
2. El riesgo del capital depende de dos factores: el nivel de riesgo que den las operaciones de la empresa (*riesgo operativo*) y el nivel de apalancamiento financiero (*riesgo financiero*).

II. El caso con impuestos

A. Proposición I con impuestos: el valor de la empresa con apalancamiento (V_L) es igual al valor de la empresa sin apalancamiento (V_U), más el valor presente del subsidio fiscal por intereses:

$$V_L = V_U + T_C \times D$$

donde T_C es la tasa de impuestos corporativos y D es la cantidad de deuda.

Implicaciones de la Proposición I:

1. El financiamiento mediante deuda es muy ventajoso y, en el caso extremo, la estructura de capital óptima de una empresa es 100% deuda.
2. El costo promedio ponderado de capital de una empresa (CPPC) disminuye conforme la empresa se apoya más en el financiamiento mediante deuda.

B. Proposición II con impuestos: el costo de capital, R_E, es:

$$R_E = R_U + (R_U - R_D) \times D/E \times (1 - T_C)$$

donde R_U es el *costo de capital sin apalancamiento*, es decir, el costo de capital para la empresa si no tuviera deuda. A diferencia de la Proposición I, las implicaciones generales de la Proposición II son las mismas, tanto si existen impuestos como si no.

En la figura 15.5 se resume el análisis de la relación entre el costo de capital en acciones comunes, el costo de deuda después de impuestos y el costo promedio ponderado de capital. Para referencia se ha incluido R_U, el costo de capital sin apalancamiento. En la figura 15.5, la razón deuda/capital aparece sobre el eje horizontal. Obsérvese cómo el CPPC disminuye según crece la razón deuda/capital. Ello muestra de nuevo que cuanto más deuda usa la empresa, menor es su CPPC. En la tabla 15.6 se resumen los resultados fundamentales para una futura referencia.

Ejemplo 15.4   El costo de capital en acciones comunes y el valor de la empresa

Éste es un ejemplo exhaustivo que incorpora casi todos los conceptos que se han estudiado hasta ahora. Se cuenta con la siguiente información de la empresa Format Co.:

$$UAII = \$151.52$$
$$T_C = 0.34$$
$$D = \$500$$
$$R_U = 0.20$$

El costo del capital de deuda es del 10%. ¿Cuál es el valor del capital en acciones comunes de Format? ¿Cuál es el costo de capital en acciones comunes de Format? ¿Cuál es el CPPC?

Esto es más fácil de lo que parece. Recuérdese que todos los flujos de efectivo son a perpetuidad. El valor de la empresa si no tuviera deuda, V_U, es de:

$$V_U = \frac{UAII - \text{Impuestos}}{R_U} = \frac{UAII \times (1 - T_C)}{R_U}$$
$$= \frac{\$100}{0.20}$$
$$= \$500$$

De acuerdo a la Proposición I de M&M, incorporando impuestos, se sabe que el valor de la empresa con deuda es de:

$$V_L = V_U + T_C \times D$$
$$= \$500 + 0.34 \times \$500$$
$$= \$670$$

Dado que la empresa tiene un valor total de $670 y el valor de la deuda es de $500, el valor del capital es de $170:

$$E = V_L - D$$
$$= \$670 - 500$$
$$= \$170$$

Por tanto, de acuerdo a la Proposición II de M&M, incorporando impuestos, el costo de capital es:

$$R_E = R_U + (R_U - R_D) \times (D/E) \times (1 - T_C)$$
$$= 0.20 + (0.20 - 0.10) \times (\$500/\$170) \times (1 - 0.34)$$
$$= 39.4\%$$

Por último, el CPPC es de:

$$CPPC = (\$170/670) \times 39.4\% + (\$500/670) \times 10\% \times (1 - 0.34)$$
$$= 14.92\%$$

Obsérvese que este resultado es considerablemente menor que el costo de capital para la empresa sin deuda ($R_U = 20\%$), por lo que el financiamiento mediante deuda es extremadamente ventajoso. ∎

PREGUNTAS SOBRE CONCEPTOS

15.4a ¿Cuál es la relación entre el valor de una empresa sin apalancamiento y el valor con apalancamiento una vez que se considera el efecto de los impuestos corporativos?

15.4b Si sólo se considera el efecto de los impuestos, ¿cuál es la estructura de capital óptima?

COSTOS DE QUIEBRA | 15.5

Un límite a la cantidad de deuda que podría utilizar una empresa lo constituyen los *costos de quiebra*. Conforme aumenta la razón deuda/capital, también aumenta la probabilidad de que la empresa sea incapaz de pagar a sus tenedores de bonos lo que prometió. Cuando así sucede, la propiedad de los activos de la empresa se traspasa en última instancia de los accionistas a los tenedores de bonos. Ésta fue la definición de quiebra que se ofreció en el capítulo 12.

En principio, una empresa se encuentra en quiebra cuando el valor de sus activos es igual al valor de su deuda. Al presentarse esta situación, el valor del capital es igual a cero y los accionistas le transfieren el control de la empresa a los tenedores de bonos. Cuando esto ocurre, los tenedores de bonos tienen en su poder activos cuyo valor es exactamente igual a lo que se les adeuda. En un mundo perfecto, no existen costos asociados con esta transferencia de propiedad y los tenedores de bonos no tienen pérdida alguna.

Por supuesto que esta visión idealizada de quiebra no es lo que ocurre en el mundo real. Irónicamente, resulta caro incurrir en quiebra. Como hemos visto, los costos que se asocian a la quiebra pueden llegar a ser superiores a las ganancias fiscales derivadas del apalancamiento.

Costos directos de quiebra

Cuando el valor de los activos de una empresa es igual al valor de su deuda, la empresa está económicamente en quiebra en el sentido de que el capital no tiene valor. Sin embargo, el método formal para transferir la propiedad de los activos a los tenedores de bonos es un proceso *jurídico*, y no un proceso económico. La quiebra tiene costos jurídicos y administrativos y ya hemos señalado que las quiebras son para los abogados lo que la sangre para los tiburones.

A causa de los gastos asociados con la quiebra, los tenedores de bonos no recibirán todo lo que se les adeuda. Una parte de los activos de la empresa «desaparecerán» en el

costos directos de quiebra
Costos directamente relacionados con la quiebra, como los gastos legales y los administrativos.

proceso jurídico que conduce a la quiebra. Éstos son los gastos legales y administrativos asociados con los procedimientos de quiebra, y se les denomina **costos directos de quiebra**.

Estos costos directos de quiebra desalientan el financiamiento mediante deuda. Si una empresa incurre en quiebra, inmediatamente desaparece una parte de la misma. Esto equivale a un «impuesto» sobre la quiebra. Por tanto, la empresa se enfrenta a una relación de intercambio: obtener préstamos ahorra a la empresa dinero a través de sus impuestos corporativos, pero conforme se incrementa el monto captado vía deuda, mayor es la probabilidad de que la empresa incurra en quiebra y tenga que pagar el «impuesto» a la misma.

Costos indirectos de quiebra

Dada la carestía de incurrir en la quiebra, la empresa empleará recursos para evitarla. Cuando una empresa está teniendo problemas importantes para cumplir con sus obligaciones derivadas de la deuda, se dice que está atravesando una situación financiera crítica. Algunas empresas que enfrentan una situación financiera crítica acaban por presentar una solicitud de quiebra, pero la mayor parte de ellas no lo hace porque pueden recuperarse o sobrevivir de alguna otra manera.

costos indirectos de quiebra
Costos para evitar presentar la solicitud de quiebra cuando una empresa incurre en una situación financiera crítica.

A los costos en que incurre una empresa con problemas financieros con objeto de evitar la solicitud de quiebra se les denomina **costos indirectos de quiebra**. Se utiliza el término **costos de la situación financiera crítica** para referirse de forma genérica a los costos directos e indirectos asociados con incurrir en la quiebra y/o evitar presentar una solicitud de quiebra.

costos de la situación financiera crítica
Costos directos e indirectos relacionados con incurrir en la quiebra o con experimentar una situación financiera crítica.

Los problemas que se presentan en una situación financiera crítica resultan particularmente graves y los costos de dicha situación son por tanto mayores cuando los accionistas y los tenedores de bonos son grupos diferentes. Los accionistas controlan la empresa hasta que ésta se declara jurídicamente en quiebra. Como es lógico, ellos llevarán a cabo acciones que favorezcan sus propios intereses económicos. Dado que en una quiebra jurídica los accionistas pueden desaparecer, éstos tienen un incentivo muy fuerte para no presentar la solicitud de quiebra.

Por otra parte, la principal preocupación de los tenedores de bonos es proteger el valor de los activos de la empresa e intentarán quitarle el control de la misma a los accionistas. Los tenedores de bonos tienen un fuerte incentivo para buscar la quiebra con objeto de proteger sus intereses y evitar que los accionistas continúen malgastando los activos de la empresa. El efecto neto de todo este conflicto es que se inicia una batalla jurídica larga, agotadora y considerablemente costosa.

Mientras que las ruedas de la justicia giran lentamente, los activos de la empresa pierden valor porque la administración está ocupada en evitar la quiebra, en vez de administrar el negocio. Las operaciones normales se desorganizan y se pierden ventas. Empleados valiosos abandonan la empresa, se interrumpen programas potencialmente beneficiosos con objeto de conservar el efectivo y no se realizan inversiones que en otras circunstancias serían rentables.

Todos éstos son costos indirectos de la quiebra. Si la empresa incurre en definitiva en quiebra o no lo hace, de todas maneras el efecto neto es una pérdida de valor debido a que se eligió utilizar deuda en la estructura de capital. Esta posibilidad de pérdida es la que limita la cantidad de deuda que decidirá utilizar una empresa.

PREGUNTAS SOBRE CONCEPTOS

15.5a ¿Qué son los costos directos de quiebra?
15.5b ¿Qué son los costos indirectos de quiebra?

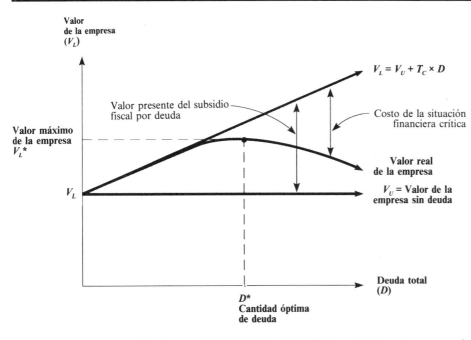

Figura 15.6

La teoría estática de la estructura de capital. La estructura de capital óptima y el valor de la empresa

De acuerdo con la teoría estática, la ganancia derivada del subsidio fiscal por deuda queda compensada por el costo de la situación financiera crítica. Existe una estructura de capital óptima que equilibra exactamente la ganancia adicional por apalancamiento con el costo adicional por enfrentar una situación financiera crítica.

ESTRUCTURA DE CAPITAL ÓPTIMA │ 15.6

En las dos secciones anteriores se ha establecido la base para una estructura de capital óptima. Una empresa obtendrá préstamos porque el subsidio fiscal por intereses tiene valor. En niveles de deuda relativamente bajos, la probabilidad de quiebra y de enfrentar una situación financiera crítica es baja y el beneficio derivado de la deuda supera a su costo. A niveles de deuda muy altos, la posibilidad de enfrentar una situación financiera crítica es un problema crónico para la empresa, por lo que el beneficio derivado del financiamiento mediante deuda quizá se vea más que compensado por los costos asociados a una situación financiera crítica. De acuerdo con lo que hemos estudiado, podría parecer que existe una estructura de capital óptima en algún punto entre ambos extremos.

La teoría estática de la estructura de capital

A la teoría de la estructura de capital que se ha presentado se le denomina **teoría estática de la estructura de capital**. Esta teoría afirma que las empresas obtienen préstamos hasta un punto en el que el beneficio fiscal derivado de una unidad monetaria adicional de deuda es exactamente igual al costo adicional que se genera por la mayor probabilidad de en-

teoría estática de la estructura de capital
Teoría en la que se menciona que una empresa contrata deuda hasta un punto en el que el beneficio fiscal por unidad monetaria adicional de deuda es exactamente igual al costo que se genera por la mayor probabilidad de enfrentar una situación financiera crítica.

Figura 15.7

La teoría estática de la
estructura de capital.
La estructura de capital
óptima y el costo de capital

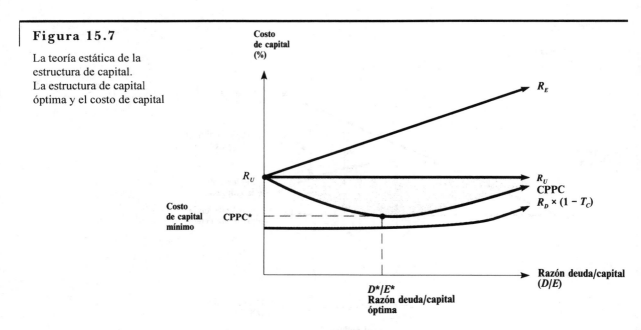

De acuerdo con la teoría estática, inicialmente el CPPC disminuye debido a la ventaja fiscal de la deuda.
Más allá del punto D^*/E^*, comienza a aumentar debido a los costos de una situación financiera crítica.

frentar una situación financiera crítica. A esto se le denomina la teoría estática, porque
supone que la empresa mantiene constante el nivel de sus activos y de sus operaciones y
únicamente considera los posibles cambios en la razón deuda/capital.

En la figura 15.6 se muestra la teoría estática, graficando el valor de la empresa, V_L,
contra el monto de deuda, D. En la figura 15.6 se han trazado rectas que corresponden a
tres escenarios diferentes. El primero es la Proposición I de M&M sin impuestos. Ésta es
la recta horizontal que se extiende a partir de V_U y señala que el valor de la empresa no
resulta afectado por su estructura de capital. El segundo caso, la Proposición I de M&M
incorporando impuestos corporativos, se caracteriza por la línea recta con pendiente ascendente. Estos dos casos son idénticos a los que se presentaron en la figura 15.4.

El tercer caso en la figura 15.6 muestra lo que se está estudiando en estos momentos:
el valor de la empresa aumenta hasta un máximo, y a partir de ese punto el valor va
disminuyendo. Ésta es la imagen que se obtiene de la teoría estática. El valor máximo
de la empresa, V_L^*, se alcanza en D^*, por lo que ésta es la cantidad de deuda óptima. Dicho en otra forma, la estructura de capital óptima de la empresa está compuesta de D^*/V_L^*
en deuda y $(1 - D^*/V_L^*)$ en capital.

Lo último a observar en la figura 15.6 es que la diferencia entre el valor de la empresa
de acuerdo a la teoría estática y el valor de la empresa de acuerdo a M&M incorporando
impuestos, es la pérdida en valor debido a la posibilidad de enfrentar una situación financiera crítica. La diferencia entre el valor de la empresa obtenido de la teoría estática y el
valor de la empresa de acuerdo a M&M incorporando impuestos, es la ganancia derivada
del apalancamiento después de deducir los costos de la situación financiera crítica.

La estructura de capital óptima y el costo de capital

Como ya hemos estudiado, la estructura de capital que maximiza el valor de la empresa también es la que minimiza el costo de capital. En la figura 15.7 se muestra la teoría estática de la estructura de capital en términos del costo promedio ponderado de capital y de los costos de deuda y capital. Obsérvese en la figura 15.7 que se han graficado los diversos costos de capital contra la razón deuda/capital, D/E.

La figura 15.7 es muy parecida a la figura 15.5, excepto en que se ha añadido una nueva recta para el CPPC. Esta recta, que corresponde a la teoría estática, desciende al principio. Esto ocurre porque el costo de deuda, después de impuestos, es más barato que el capital, por lo que disminuye el costo global de capital, al menos inicialmente.

En algún punto el costo de deuda comienza a aumentar y el hecho de que la deuda sea más barata que el capital queda más que compensado por los costos de la situación financiera crítica. En este punto, los aumentos adicionales de deuda incrementan de hecho el CPPC. Como se muestra, el **CPPC** mínimo se presenta en el punto D^*/E^*, como describimos antes.

Estructura de capital óptima: resumen

Con la ayuda de la gráfica 15.1 se puede recapitular (sin que esto signifique un juego de palabras) el estudio de la estructura y el costo de capital. Como hemos observado, son tres los casos esenciales. Se utilizará el más sencillo de los tres como punto de partida y después se continuará desarrollando hasta llegar a la teoría estática de la estructura de capital. Durante este proceso, se prestará una especial atención a la conexión entre la estructura de capital, el valor de la empresa y el costo de capital.

En la gráfica 15.1 (caso I) se muestra el argumento original de Modigliani y Miller (M&M), sin impuestos, sin quiebra. Éste es el caso más básico. En la parte superior de la gráfica se ha trazado el valor de la empresa, V_L, contra la deuda total, D. Cuando no existen impuestos, costos de quiebra u otras imperfecciones del mundo real, se sabe que el valor total de la empresa no resulta afectado por su política de deuda, por lo que V_L es simplemente constante. En la parte inferior de la gráfica se observa la misma historia en términos del costo de capital. En este caso, el costo promedio ponderado de capital, CPPC, se grafica contra la razón deuda a capital, D/E. Como sucede con el valor total de la empresa, el costo global de capital no resulta afectado por la política de deuda en este caso básico, por lo que el CPPC es constante.

Para observar lo que les ocurre a los argumentos originales de M&M una vez que se incorporan los impuestos, se utiliza la gráfica 15.1 (caso II) para sobreponerla a la gráfica correspondiente del caso I. Se observa ahora que el valor de la empresa depende fundamentalmente de su política de deuda. Cuanta más deuda obtiene la empresa, mayor es su valor. En función de lo estudiado anteriormente, sabemos que esto ocurre porque los pagos de intereses son deducibles de impuestos y la ganancia en el valor de la empresa es exactamente igual al valor actual de la protección fiscal por intereses.

En la parte inferior de la gráfica del caso II, se observa cómo el CPPC disminuye conforme la empresa utiliza cada vez más y más financiamiento vía deuda. En la medida en que la empresa incrementa su nivel de apalancamiento financiero, incrementa asimismo el costo de capital, pero este incremento queda más que compensado por el beneficio fiscal asociado con el financiamiento vía deuda. El resultado es que disminuye el costo global de capital de la empresa.

Para terminar esta historia es necesario considerar el impacto de los costos de quiebra o de la situación financiera crítica. Si se comparan las gráficas de los casos III y II, se

Gráfica 15.1

El problema de la estructura de capital

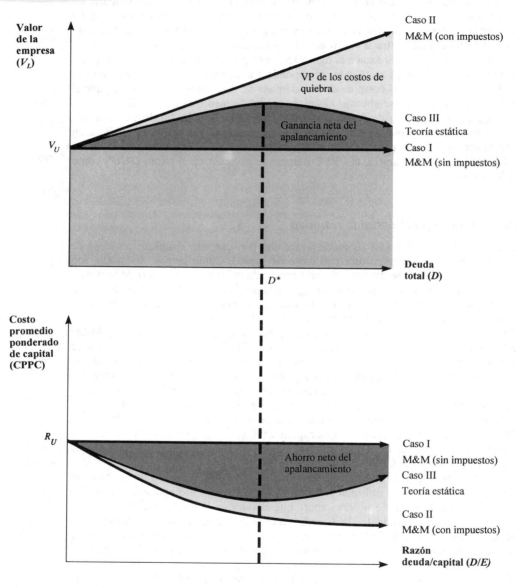

Caso I	Sin impuestos o costos de quiebra, el valor de la empresa y su costo promedio ponderado de capital no resultan afectados por la estructura de capital.
Caso II	Con impuestos corporativos y sin costos de quiebra, el valor de la empresa aumenta y el costo promedio ponderado de capital disminuye conforme aumenta el importe de deuda.
Caso III	Con impuestos corporativos y costos de quiebra el valor de la empresa llega al máximo en D^*, la cantidad óptima de deuda. Al mismo tiempo se minimiza el costo promedio ponderado de capital.

observa en la parte superior que el valor de la empresa no será tan grande como se señaló previamente. La razón es que el valor de la empresa disminuye por el valor actual de los posibles futuros costos de la quiebra. Estos costos crecen conforme la empresa obtiene más y más deuda y eventualmente superan el beneficio fiscal que se deriva del financiamiento mediante deuda. La estructura óptima de capital se presenta en D^*, el punto en el que los ahorros fiscales derivados de una unidad monetaria adicional de financiamiento vía deuda quedan exactamente compensados por los mayores costos de quiebra que se asocian con la deuda adicional. Ésta es la esencia de la teoría estática de la estructura de capital.

En la parte inferior de la gráfica (caso III) se presenta la estructura de capital óptima en términos del costo del capital. Correspondiendo a D^* el nivel óptimo de deuda, la razón óptima de deuda a capital es D^*/E^*. A este nivel de financiamiento mediante deuda, se produce el costo promedio ponderado de capital mínimo posible, **CPPC***.

Estructura de capital: algunas recomendaciones administrativas

El modelo estático que se ha descrito no puede identificar una estructura óptima de capital precisa, pero sí señala dos de los factores más relevantes: los impuestos y la situación financiera crítica. Se pueden obtener algunas conclusiones limitadas en relación con estos dos factores.

Impuestos   En primer lugar, es obvio que el beneficio fiscal que se deriva del apalancamiento financiero sólo es importante para empresas que se encuentren en posición de pagar impuestos. Las empresas con pérdidas considerables acumuladas obtendrán poco valor del subsidio fiscal por intereses. Es más, las empresas con montos considerables de subsidio fiscal derivados de otras fuentes, como es el caso de la depreciación, obtendrán menores beneficios del apalancamiento.

De igual forma, no todas las empresas tienen la misma tasa de impuestos. Cuanto mayor sea la tasa de impuestos, mayor será el incentivo para obtener deuda.

Situación financiera crítica   Las empresas con mayor riesgo de enfrentar una situación financiera crítica contratarán menos deuda que aquellas con un riesgo menor de enfrentar dicha situación. Por ejemplo, si los restantes factores permanecen constantes, cuanto mayor sea la volatilidad de la UAII, menor debe ser la contratación de deuda de una empresa.

Además, la situación financiera crítica es más costosa para algunas empresas que para otras. Los costos asociados a la situación financiera crítica dependen sobre todo de los activos de la empresa. En particular, los costos de la situación financiera crítica serán determinados por la facilidad con que se pueda transferir la propiedad de esos activos.

Por ejemplo, una empresa que en su mayor parte tiene activos tangibles que se pueden vender sin gran pérdida en el valor tendrá un incentivo para contratar más deuda. En el caso de las empresas que se apoyan intensamente en intangibles, como el talento de los empleados o las oportunidades de crecimiento, la deuda será menos atractiva, ya que estos activos no pueden venderse con facilidad.

PREGUNTAS SOBRE CONCEPTOS

15.6a ¿Puede describir la relación de intercambio que define la teoría estática de la estructura de capital?

15.6b ¿Cuáles son los factores importantes en la toma de decisiones sobre la estructura de capital?

15.7 | EL MODELO GRÁFICO UNA VEZ MÁS

A pesar de que es tranquilizador saber que la empresa podría tener una estructura de capital óptima cuando se consideran aspectos del mundo real, como impuestos y costos de la situación financiera crítica, es inquietante observar cómo la elegante intuición original de M&M (es decir, la versión sin impuestos) se deshace frente a ellos.

Los críticos de la teoría de M&M afirman que ésta deja de funcionar tan pronto como se adicionan aspectos del mundo real y que la teoría de M&M no es más que eso, una teoría que no refleja el mundo en que vivimos. De hecho, argumentan que lo que no tiene relevancia es la teoría de M&M, no la estructura de capital. Sin embargo, como se estudia a continuación, al adoptar este punto de vista los críticos se ciegan al valor real de la teoría de M&M.

El modelo gráfico ampliado

Para mostrar el valor de la intuición original de M&M, estudiaremos a continuación en forma breve una versión ampliada del modelo gráfico que se presentó previamente. En el modelo gráfico, los impuestos sólo representan otro derecho sobre los flujos de efectivo de la empresa. Debido a que los impuestos disminuyen conforme aumenta el nivel de apalancamiento financiero, el valor del derecho del gobierno (G) sobre los flujos de efectivo de la empresa disminuye con el apalancamiento.

Los costos de la quiebra también son un derecho sobre los flujos de efectivo. Se presentan conforme la empresa se acerca a la quiebra y debe modificarse su comportamiento para evitar que esto ocurra; los costos alcanzan grandes proporciones cuando la quiebra realmente se produce. Por tanto, el valor de los flujos de efectivo para este derecho (Q) aumenta con la razón deuda/capital.

La teoría del modelo gráfico ampliado afirma simplemente que todos estos derechos sólo pueden pagarse de una fuente: los flujos de efectivo (FE) de la empresa. Al utilizar el álgebra, es necesario tener:

FE = Pagos a los accionistas + Pagos a los tenedores de bonos

+ Pagos al gobierno

+ Pagos a los tribunales de quiebras y abogados

+ Pagos a todos y cada uno de los que tengan derechos sobre los flujos de efectivo de la empresa

En la figura 15.8 se muestra el modelo gráfico ampliado. Obsérvese que se han adicionado unas pocas porciones o «rebanadas» para los otros grupos. Obsérvense también los tamaños relativos de las «rebanadas» en la medida en que aumenta la utilización del financiamiento mediante deuda por parte de la empresa.

Aun teniendo esta lista, no se han comenzado a agotar los posibles derechos sobre los flujos de efectivo de la empresa. Para presentar un ejemplo poco usual, cualquiera que lea este libro tiene un derecho económico sobre los flujos de efectivo de General Motors. Después de todo, si usted resulta herido en un accidente podría demandar a GM y, tanto si gana como si pierde, GM gastará parte de su flujo de efectivo al hacer frente a este asunto. Por consiguiente, GM, o cualquier otra empresa, debe tener una «rebanada» del pastel que represente las demandas jurídicas potenciales.

Figura 15.8

El modelo gráfico ampliado

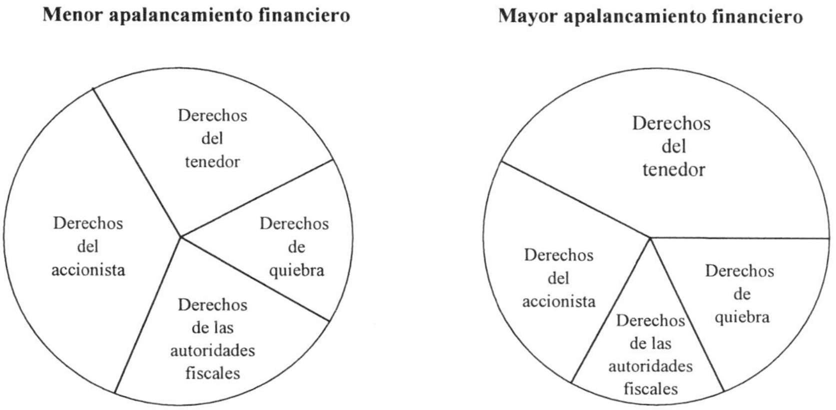

Menor apalancamiento financiero

Mayor apalancamiento financiero

En el modelo gráfico ampliado, el valor de todos los derechos sobre los flujos de efectivo de la empresa no resulta afectado por la estructura de capital, pero el valor relativo de los derechos cambia conforme aumenta la cantidad de financiamiento.

Ésta es la esencia de la intuición y la teoría de M&M: el valor de la empresa depende del flujo de efectivo total de la misma. La estructura de capital de la empresa tan sólo divide ese flujo de efectivo en «rebanadas» sin modificar el total. Lo que se reconoce ahora es que quizá los accionistas y los tenedores de bonos no sean los únicos que puedan reclamar una «rebanada».

Derechos comercializables versus los no comercializables

En el modelo gráfico ampliado existe una importante distinción entre los derechos que tienen los accionistas y los tenedores de bonos por una parte y los del gobierno y posibles litigantes en demandas jurídicas por otra. El primer grupo de derechos son los *derechos comercializables* y el segundo los *no comercializables*. Una diferencia fundamental es que los primeros pueden comprarse y venderse en los mercados financieros, lo que no se puede efectuar con los segundos.

Cuando se habla del valor de la empresa sólo se suele hacer referencia al valor de los derechos comercializables, V_M, y no al valor de los no comercializables, V_N. Si se utiliza V_T para representar el valor total de *todos* los derechos sobre los flujos de efectivo de una empresa:

$$V_T = E + D + G + Q + ...$$
$$= V_M + V_N$$

La esencia del modelo gráfico ampliado consiste en que este valor total, V_T, de todos los derechos sobre los flujos de efectivo de la empresa no se ve alterado por la estructura de capital. Sin embargo, el valor de los derechos comercializables, V_M, quizá resulte afectado por los cambios en la estructura de capital.

Según la teoría gráfica, cualquier incremento en V_M debe implicar una disminución idéntica en V_N. Por tanto, la estructura de capital óptima es la que maximiza el valor de los derechos comercializables o, de forma equivalente, la que minimiza el valor de los derechos no comercializables, como los impuestos y los costos de quiebra.

PREGUNTAS SOBRE CONCEPTOS

15.7a ¿Cuáles son algunos de los derechos sobre los flujos de efectivo de una empresa?
15.7b ¿Cuál es la diferencia entre un derecho comercializable y uno no comercializable?
15.7c ¿Qué señala el modelo gráfico ampliado con respecto al valor de todos los derechos sobre los flujos de efectivo de una empresa?

15.8 | ESTRUCTURAS DE CAPITAL OBSERVADAS

No existen dos empresas con estructuras de capital idénticas. A pesar de ello, existen algunos elementos comunes que se observan cuando se comienzan a analizar las estructuras de capital que se presentan en la práctica. Algunos de estos elementos se estudian a continuación.

La característica más sorprendente que se observa en relación con las estructuras de capital, en especial en Estados Unidos, es que la mayor parte de las empresas parecen tener razones deuda/capital relativamente bajas. De hecho, casi todas las empresas utilizan menos deuda que financiamiento mediante capital en acciones comunes. Esto es cierto, a pesar de que muchas de estas empresas pagan una cantidad considerable de impuestos y el impuesto corporativo ha sido una fuente importante de ingresos para el gobierno. Para dar un ejemplo notable, las encuestas señalan de forma consistente que Merck (un gran fabricante de productos farmacéuticos) es considerada como una de las empresas mejor administradas de Estados Unidos y sin embargo Merck apenas utiliza financiamiento mediante deuda.

En la tabla 15.7 se muestran varias medidas de deuda a valor total para empresas no financieras en Estados Unidos. Las medidas son tanto valores contables (es decir, en libros) como valores de mercado para los años 1957 a 1978. La columna de mayor interés es la del valor de mercado; muestra que las razones de deuda aumentaron hasta principios de la década de los setenta y después se nivelaron. Obsérvese que las razones de deuda suelen ser bastante bajas: oscilan entre **11.2%** y **36.3%**. Si se incluyen el arrendamiento y las pensiones, que son similares a la deuda, los promedios son algo mayores, del 45% al 50%, pero incluso así no indican enormes niveles de apalancamiento financiero.

Aunque la mayor parte de las empresas tienen razones deuda/capital bajas, aun así pagan cantidades considerables de impuestos. Por ejemplo, las empresas pagaron en 1980 $105 mil millones en impuestos, en tanto que las personas individuales pagaron alrededor de $300 mil millones. Por tanto, es evidente que las empresas no han emitido deuda hasta el punto de haber aprovechado en su totalidad el subsidio fiscal y por eso se llega a la conclusión de que deben existir límites a la cantidad de deuda que puedan emitir las empresas. Sin embargo, hay señales de que la deuda contratada por las empresas ha aumentado en la última década.[3]

---

[3]Por ejemplo, en «Is There Too Much Corporate Debt?», de Ben Bernanke, en *Business Review*, del Banco de la Reserva Federal de Filadelfia, septiembre-octubre de 1989, págs. 3-13, se informa que la deuda de las empresas no financieras se elevó en un 70% entre 1983 y 1988, un crecimiento dos tercios más rápido que el del PIB.

Año	Razones sin ajustar		Razones ajustadas al número de empresas e incluyendo arrendamientos y pensiones	Tabla 15.7
	(1) Valor en libros	(2) Valor de mercado	(3) Valor en libros	Razones estimadas de deuda a capital total de empresas no financieras, 1957-1978
1957	0.219	0.158	n/d	
1958	0.218	0.123	n/d	
1959	0.213	**0.112**	n/d	
1960	0.225	0.124	n/d	
1961	0.230	0.116	n/d	
1962	0.234	0.173	n/d	
1963	0.234	0.160	n/d	
1964	0.239	0.158	n/d	
1965	0.258	0.157	n/d	
1966	0.286	0.191	n/d	
1967	0.310	0.181	n/d	
1968	0.328	0.179	n/d	
1969	0.348	0.213	n/d	
1970	0.370	0.228	n/d	
1971	0.367	0.234	n/d	
1972	0.367	0.227	n/d	
1973	0.367	0.280	0.497	
1974	0.381	**0.363**	0.511	
1975	0.375	0.316	0.499	
1976	0.362	0.293	0.485	
1977	0.358	0.321	0.473	
1978	0.350	0.313	0.462	

n/d = no disponible
Gordon, R y B. Malkiel, tomado de «Corporation Finance», *How Taxes Affect Economic Behavior,* de H. Aaron y J. Pechman, eds. (Washington, D.C.: The Brookings Institute, 1981).

Resulta aparente una segunda característica común cuando se comparan las estructuras de capital entre sectores industriales. En la tabla 15.8 se muestran las razones deuda/capital en Japón y en Estados Unidos por sector industrial. Se observa que existe una amplia variación en las razones deuda/capital por sector industrial. Por ejemplo, utilizando valores de mercado, las empresas de la industria del acero tienen una razón deuda/capital de **1.665,** en comparación con la de **0.079** de las empresas de la industria farmacéutica.

Dado que los diferentes sectores industriales tienen distintas características operativas en términos de, por ejemplo, volatilidad de la UAII y de tipos de activos, parece existir cierta conexión entre estas características y la estructura de capital. Es indudable que nuestra historia, que involucra ahorros de impuestos y costos de la situación financiera crítica, es parte de la explicación, pero hasta la fecha no existe una teoría enteramente satisfactoria que explique estas características comunes.

Tabla 15.8

Razones deuda/capital para diferentes sectores industriales en Estados Unidos y Japón en 1983

Sector industrial	Deuda neta a:		Número de empresas en la muestra		
	Capital a valor en libros	Capital a valor de mercado	Japón	EEUU	Total
Metales no ferrosos	3.791	1.106	11	13	24
Productos químicos en general	2.945	1.256	21	16	37
Acero	1.973	**1.665**	35	35	70
Papel	1.732	1.364	16	25	41
Pinturas	1.548	0.614	7	5	12
Refinamiento de petróleo	1.548	1.117	6	33	39
Equipos de audio	1.539	0.631	7	10	17
Textiles	1.405	1.296	29	23	52
Cemento	1.298	1.366	6	10	16
Vidrio	1.213	1.087	5	8	13
Jabones y detergentes	1.143	0.683	6	8	14
Ropa	1.021	0.951	14	41	55
Llantas y hule	1.021	0.835	8	14	22
Vehículos de motor	0.922	0.594	9	6	15
Plásticos	0.843	0.792	18	25	43
Maquinaria agrícola	0.836	1.082	5	5	10
Maquinaria eléctrica	0.813	0.376	14	12	26
Maquinaria para la construcción	0.688	0.810	6	12	18
Piezas electrónicas	0.614	0.358	19	34	53
Piezas para vehículos de motor	0.488	0.500	20	16	36
Máquinas-herramientas	0.472	0.425	10	15	25
Equipo fotográfico	0.468	0.222	7	7	14
Bebidas alcohólicas	0.427	0.284	8	10	18
Equipo de comunicaciones	0.356	0.186	15	24	39
Dulces	0.326	0.286	6	5	11
Productos farmacéuticos	0.194	**0.079**	25	23	48
Equipos electrodomésticos	0.102	0.244	13	13	26

Kester, W. C., tomado de «Capital and Ownership Structure: A Comparison of United States and Japanese Manufacturing Corporations», *Financial Management*, 15 (primavera de 1986).

PREGUNTAS SOBRE CONCEPTOS

15.8a ¿Se apoyan fuertemente las empresas estadounidenses en el financiamiento mediante deuda?

15.8b ¿Qué características comunes se observan en las estructuras de capital?

RESUMEN Y CONCLUSIONES | 15.9

La mezcla ideal de deuda y capital en acciones comunes para una empresa —su estructura de capital óptima— es la que maximiza el valor de la empresa y minimiza el costo global de capital. Si no se consideran los impuestos, ni los costos de la situación financiera crítica, ni cualquier otra imperfección, se observa que no existe realmente una mezcla ideal. En estas circunstancias, la estructura de capital de la empresa simplemente resulta irrelevante.

Si se considera el efecto de los impuestos corporativos, resulta que la estructura de capital tiene gran relevancia. Esta conclusión se basa en el hecho de que los intereses son deducibles de impuestos y generan por tanto un valioso subsidio fiscal. Por desgracia, también se concluye que la estructura de capital óptima es 100% deuda, lo que no es algo que se observe en empresas sólidas.

Más adelante se presentaron los costos asociados con la quiebra o, de forma más general, con la situación financiera crítica. Estos costos reducen el atractivo del financiamiento mediante deuda. Se llegó a la conclusión de que existe una estructura de capital óptima cuando el ahorro neto en impuestos derivado de una unidad monetaria adicional de intereses es exactamente igual al incremento en los costos esperados de la situación financiera crítica. Ésta viene a ser la esencia de la teoría estática de la estructura de capital.

Cuando se examinan las estructuras de capital que se presentan en la práctica, se observan dos características comunes. Primera, las empresas en Estados Unidos no suelen utilizar grandes cantidades de deuda, pero pagan un monto considerable de impuestos. Esto sugiere que existe un límite al uso del financiamiento mediante deuda para obtener subsidios fiscales. Segunda, las empresas en sectores industriales similares tienden a tener estructuras de capital similares, lo que sugiere que la naturaleza de sus activos y operaciones es un factor determinante de la estructura de capital.

Términos fundamentales

apalancamiento casero **538**
Proposición I de M&M **540**
Proposición II de M&M **542**
riesgo operativo **544**
riesgo financiero **544**
subsidio fiscal por intereses **546**

costo de capital sin apalancamiento **546**
costos directos de quiebra **552**
costos indirectos de quiebra **552**
costos de la situación financiera crítica **552**
teoría estática de la estructura de capital **553**

Problemas de revisión y autoevaluación del capítulo

15.1 UAII y UPA   Suponga que GNR Corporation ha decidido en favor de una reestructuración de capital que comprende incrementar su deuda actual de $5 millones a $25 millones. La tasa de interés sobre la deuda es del 12% y no se espera que cambie. En la actualidad, la empresa tiene en circulación 1 millón de acciones y el precio de cada una es de $40. Si se espera que la reestructuración incremente el RSC, ¿cuál es el nivel mínimo de UAII que debe esperar la administración de GNR? En la respuesta no considere los impuestos.

15.2 Proposición II de M&M (sin impuestos)   Pro Bono Corporation tiene un CPPC del 20%. Su costo de deuda es del 12%. Si la razón deuda/capital de Pro Bono es

2, ¿cuál es su costo de capital en acciones comunes? En la respuesta no tome en cuenta los impuestos.

15.3 Proposición I de M&M (con impuestos corporativos)   Deathstar Telecom Co. (lema: «Extienda la mano y agarre a alguien») espera una UAII de $4,000 a perpetuidad. Deathstar puede obtener préstamos al 10%.

Suponga que en la actualidad Deathstar no tiene deuda y que su costo de capital es del 14%. Si la tasa de impuestos para la empresa es del 30%, ¿cuál es el valor de la empresa? ¿Cuál será el valor si Deathstar contrata un préstamo por $6,000 y utiliza ese dinero para recomprar sus acciones?

Respuestas a los problemas de autoevaluación

15.1 Para contestar, se puede calcular la UAII en el punto de equilibrio. En el caso de cualquier UAII mayor que éste, un mayor apalancamiento financiero aumentará la UPA. Con la estructura de capital antigua, el interés a pagar es de $5 millones × 0.12 = **$600,000**. Existe 1 millón de acciones, por lo que, sin tomar en cuenta impuestos, la UPA es de (UAII − $600,000)/1 millón.

Con la nueva estructura de capital, el gasto por intereses será de $25 millones × 0.12 = **$3 millones**. Más aún, la deuda aumenta en $20 millones. Esta cantidad es suficiente para recomprar $20 millones/$40 = **500,000** acciones, y quedan en circulación 500,000. Por tanto, la UPA es (UAII − $33 millones)/500,000.

Ahora que se sabe cómo calcular la UPA en ambos escenarios, se igualan estos resultados y se resuelve para la UAII en el punto de equilibrio:

$$(UAII − \$600,000)/1 \text{ millón} = (UAII − \$3 \text{ millones})/500,000$$

$$(UAII − \$600,000) = 2 × (UAII − \$3 \text{ millones})$$

$$UAII = \mathbf{\$5,400,000}$$

Verifique que en cualquiera de los casos la UPA sea de $4.80 cuando la UAII es de $5.4 millones.

15.2 De acuerdo a la Proposición II de M&M (sin impuestos), el costo de capital en acciones comunes es:

$$R_E = R_A + (R_A − R_D) × (D/E)$$
$$= 20\% + (20\% − 12\%) × 2$$
$$= \mathbf{36\%}$$

15.3 Al no existir deuda, el CPPC de Deathstar es del 14%. Éste es también el costo de capital sin apalancamiento. El flujo de efectivo después de impuestos es de $4,000 × (1 − 0.30) = **$2,800**, por lo que el valor de la empresa es exactamente $V_U = \$2,800/0.14 = \mathbf{\$20,000}$.

Después de la emisión de deuda, el valor de Deathstar será de $20,000 originales, más el valor presente del subsidio fiscal. De acuerdo a la Proposición I de M&M considerando impuestos, el valor presente del subsidio fiscal es de $T_C × D$, es decir, 0.30 × $6,000 = **$1,800**, por lo que el valor de la empresa es de $20,000 + 1,800 = **$21,800**.

Preguntas y problemas

1. **Cálculo de los efectos del apalancamiento**   Ramrod Corp. no tiene deuda en circulación y su valor total de mercado es de $10,000. Se proyecta que las utilidades antes de intereses e impuestos (UAII) serán de $1,000 si las condiciones económicas son normales. Si se presenta una fuerte expansión de la economía, la UAII será un 20% mayor. Si se presenta una recesión, la UAII será un 40% inferior. Ramrod está considerando una emisión de deuda por $5,000 con una tasa de interés del 9%. Los ingresos se utilizarán para recomprar sus acciones. Existen en la actualidad 100 acciones en circulación. No tomar en cuenta impuestos.
   a. Calcule la utilidad por acción (UPA) en cada uno de los tres escenarios económicos antes de emitir deuda alguna. Calcule también los cambios porcentuales en UPA si la economía se expande o si entra en una recesión.
   b. Repita la parte *a* suponiendo que Ramrod lleva a cabo una recapitalización. ¿Qué observa?

2. **Apalancamiento y UAII en el punto de equilibrio**   DuoSys Corp. está comparando dos estructuras de capital diferentes; un plan exclusivamente con capital accionario común (Plan I) y un plan con apalancamiento (Plan II). Con el Plan I, DuoSys tendría 200 acciones en circulación. Con el Plan II, DuoSys tendría 100 acciones y $5,000 de deuda en circulación. La tasa de interés sobre la deuda es del 12% y no hay impuestos.
   a. Si la UAII es de $1,000, ¿qué plan dará como resultado la UPA más alta?
   b. Si la UAII es de $2,000, ¿qué plan dará como resultado la UPA más alta?
   c. ¿Cuál es la UAII en el punto de equilibrio, es decir, qué UAII genera exactamente la misma UPA para ambos planes?

3. **M&M y valor de la acción**   En el problema anterior, ¿cuál es el precio por acción del capital con el Plan I? ¿Con el Plan II? No considerar los impuestos. (Sugerencia: Proposición I de M&M.)

4. **Estructura de capital y apalancamiento casero**   Jorgensen Corporation está considerando si debe convertir su estructura de capital actual, compuesta exclusivamente por capital en acciones comunes, a una que tenga un 40% de deuda. Existen en la actualidad 100 acciones en circulación y el precio de cada una es de $120. Se espera que la UAII permanezca en $400 anuales a perpetuidad. La tasa de interés de la deuda es del 8% y no hay impuestos. La señora Lyndy tiene 10 acciones.
   a. ¿Cuál es el flujo de efectivo de la señora Lyndy con la estructura de capital actual?
   b. ¿Cuál será el flujo de efectivo de la señora Lyndy con la estructura de capital propuesta? Suponga que ella conserva sus 10 acciones.
   c. Imagine que Jorgensen realiza el cambio, pero que la señora Lyndy prefiere mantener la estructura de capital actual. Muestre cómo podría ella eliminar el apalancamiento de su inversión para replicar la estructura de capital original.
   d. Explique por qué no tiene relevancia la estructura de capital que Jorgersen seleccione.

5. **Apalancamiento casero y CPPC**   A.B. Min y T.S. Max son empresas idénticas en todo, excepto en la estructura de capital (Max utiliza deuda perpetua). Se espera que la UAII de ambas empresas sea de $10 millones a perpetuidad. Las acciones de Min tienen un valor de $100 millones y las de Max de $50 millones. La tasa de interés de la deuda de Max es del 8% y no hay impuestos. D. Draper posee $1 millón de acciones de Max.

    a. ¿Qué tasa de rendimiento espera D. Draper?

    b. Muestre cómo D. Draper podría generar exactamente el mismo flujo de efectivo y la misma tasa de rendimiento al invertir en A.B. Min y utilizar el apalancamiento casero.

    c. ¿Cuál es el costo de capital para T.S. Max? Compare la respuesta con la de la parte *a.* ¿Qué observa? Explíquelo.

    d. ¿Cuál es el costo promedio ponderado de capital de A.B. Min? ¿Cuál es el costo promedio ponderado de capital de Max? ¿Qué principios explican su respuesta?

6. UPA, UAII y apalancamiento   Gaffee Corp. está comparando dos estructuras de capital diferentes. La primera estructura de capital, el Plan I, daría como resultado 1,000 acciones y $8,000 en deuda. El segundo plan, el Plan II, daría como resultado 1,150 acciones y $5,000 en deuda. La tasa de interés es del 5%.

    a. Sin tomar en cuenta los impuestos, compare ambos planes con un plan integrado exclusivamente por capital en acciones comunes, suponiendo que la UAII será de $2,000. ¿Qué plan tiene la UPA más alta? ¿La más baja? El plan integrado exclusivamente por capital accionario daría como resultado 1,400 acciones en circulación.

    b. En la parte *a,* ¿cuáles son los niveles de UAII en el punto de equilibrio para cada plan, comparado con un plan integrado exclusivamente por capital en acciones comunes? ¿Es alguna más alta que la otra? ¿Por qué?

    c. Sin tomar en cuenta los impuestos, ¿cuándo será idéntica la UPA para los dos planes?

    d. Conteste las partes *a, b* y *c,* suponiendo que la tasa de impuestos corporativos es del 40%. ¿Son diferentes los niveles en el punto de equilibrio? ¿Por qué sí o por qué no?

7. Apalancamiento y valor de la acción común   Sin tomar en cuenta los impuestos en el problema anterior, ¿cuál es el precio por acción del capital con el Plan I? ¿Con el Plan II? ¿Qué principio muestra la respuesta?

8. Riesgo operativo y riesgo financiero   Explique qué se quiere decir con riesgo operativo y con riesgo financiero. Suponga que la empresa A tiene un riesgo operativo mayor que el de la empresa B. ¿Es cierto que la empresa A tiene también un costo del capital en acciones comunes mayor? Explíquelo.

9. Cálculo del CPPC   Butler Corporation tiene una razón deuda/capital de 0.50. Su CPPC es del 20% y su costo de deuda del 9%.

    a. Sin tomar en cuenta los impuestos, ¿cuál es el costo de capital de Butler?

    b. ¿Cuál sería el costo de capital de Butler si la razón deuda/capital fuera de 1.0?

    c. ¿Cuál es el CPPC de Butler en la parte *b*?

10. CPPC   McGowan Manufacturing no tiene deuda y en la actualidad su CPPC es del 12%. McGowan puede obtener préstamos al 9%. La tasa de impuestos corporativos es del 34%.

    a. ¿Cuál es el costo de capital de McGowan?

    b. Si McGowan se convierte a 25% de deuda, ¿cuál será su costo de capital?

    c. Si McGowan se convierte a 50% de deuda, ¿cuál será su costo de capital?

    d. ¿Cuál es el CPPC de McGowan en la parte *b*? ¿En la parte *c*?

11. Valor y protección fiscal   Trius Co. espera una UAII de $1,000 anuales a perpetuidad. Trius puede contratar préstamos al 10%. En la actualidad, Trius no tiene deuda alguna y su costo de capital es del 14%. Si la tasa de impuestos corporativos es del 34%, ¿cuál es el valor de la empresa? ¿Cuál será el valor si Trius contrata un préstamo por $2,000 y utiliza este dinero para recomprar sus acciones?

12. **M&M**   Hilliard Hedging Corp. no utiliza deuda. El costo promedio ponderado de capital es del 10%. Si el valor de mercado actual del capital es de $5 millones y no hay impuestos, ¿cuál es la UAII?

13. **M&M**   En la pregunta anterior suponga que la tasa de impuestos corporativos es del 20%. ¿Cuál es la UAII en este caso?

14. **M&M e impuestos**   En la actualidad, Kau Real Estate, Inc., no utiliza deuda. Se espera que la UAII sea de $6,000 a perpetuidad, y en la actualidad el costo de capital es del 12%. La tasa de impuestos corporativos es del 40%.

    a. ¿Cuál es el valor de mercado de Kau Real Estate?

    b. Suponga que Kau emite bonos por $20,000 y utiliza el dinero para recomprar sus acciones. La tasa de interés es del 8%. ¿Cuál es el nuevo valor del negocio? ¿Cuál es el nuevo valor del capital?

15. **Apalancamiento y CPPC**   En la pregunta anterior, ¿cuál es el costo de capital en acciones comunes después de la recapitalización? ¿Cuál es el costo promedio ponderado de capital? ¿Cuáles son las implicaciones para la estructura de capital?

16. **Riesgo y costo de capital**   ¿Qué contestaría en el siguiente debate?

    P: ¿No es cierto que el riesgo de capital de una empresa aumentará si aumenta su utilización de financiamiento mediante deuda?

    R: Sí, ésa es la esencia de la Proposición II de M&M.

    P: ¿Y no es cierto que conforme la empresa aumenta sus préstamos aumenta la probabilidad de incumplimiento de pagos, con lo que también se incrementa el riesgo de la deuda de la empresa?

    R: Sí.

    P: En otras palabras, ¿el incremento en deuda aumenta el riesgo del capital y de la deuda?

    R: Así es.

    P: Bueno, dado que la empresa sólo utiliza financiamiento vía deuda y capital y sabiendo que los riesgos de ambos se incrementan al aumentar la deuda, ¿no se deduce de esto, como la noche sigue al día, que al aumentar la deuda aumenta el riesgo global de la empresa y disminuye con ello el valor de la misma?

    R: ?

17. **Deuda y valor de la empresa**   Este problema es un poco más difícil. Corrado Corporation espera una UAII de $5,000 anuales a perpetuidad. En la actualidad, Corrado no tiene deuda y su costo de capital es del 18%. Corrado puede obtener préstamos al 10%. Si la tasa de impuestos corporativos es del 34%, ¿cuál es el valor de la empresa? ¿Cuál será el valor si Corrado convierte a 100% deuda?

18. **Costo promedio ponderado de capital**   Suponiendo un mundo con impuestos únicamente corporativos, muestre que el CPPC se puede expresar como **Pregunta de reto**

    $R_U \times [1 - T_C \times (D/V)]$.

19. **Costo de capital y apalancamiento**   Muestre que el costo de capital, R_E, con **Pregunta de reto** impuestos es tal como se determina en el capítulo por la Proposición II de M&M, incorporando impuestos corporativos.

20. **Riesgo operativo y riesgo financiero**   Suponga que la deuda de una empresa es libre **Pregunta de reto** de riesgo, por lo que el costo de deuda es igual a la tasa libre de riesgo, R_f. Defina β_A como la beta de los *activos* de la empresa, es decir, el riesgo sistemático de los activos de la empresa. Defina β_E como la beta del capital en acciones comunes de la empresa. Utilice el modelo de valuación de activos financieros junto con la

Proposición I de M&M para mostrar que $\beta_E = \beta_A \times (1 + D/E)$, donde D/E es la razón deuda/capital.

Lecturas sugeridas

Los artículos clásicos sobre la estructura de capital son:

Modigliani, F. y M. H. Miller, «The Cost of Capital, Corporate Finance, and the Theory of Investment», *American Economic Review* 48, junio de 1958, págs. 261-97.

_____. «Corporation Income Taxes and the Cost of Capital: A Correction», *American Economic Review* 53, junio de 1963, págs. 433-43.

Algunas investigaciones sobre la estructura de capital se resumen en:

Smith, C., «Raising Capital: Theory and Evidence», *Midland Corporate Finance Journal*, primavera de 1986.

El texto del discurso de Stewart Myers ante la American Finance Association y como presidente de la misma, en 1984, está en el artículo que se señala a continuación. Resume los conocimientos académicos sobre la estructura de capital hasta principios de la década de los ochenta y marca direcciones para la investigación futura:

Myers, S., «The Capital Structure Puzzle», *Midland Corporate Finance Journal*, otoño de 1985.

Capítulo 16

Dividendos y política de dividendos

La política de dividendos es un tema importante en las finanzas corporativas, pero además los dividendos representan un significativo desembolso de efectivo para muchas empresas. Por ejemplo, sólo en 1990 las empresas inscritas en la Bolsa de Valores de Nueva York pagaron más de $100 mil millones en dividendos en efectivo. Sin embargo, alrededor de 400 de las 1,741 empresas inscritas en dicha bolsa de valores, es decir, algo menos del 25%, no pagaron dividendos.[1]

A primera vista, puede parecer obvio que una empresa siempre deseará devolver lo más posible a sus accionistas mediante el pago de dividendos. Sin embargo, también podría parecer obvio que una empresa siempre puede invertir el dinero para sus accionistas en vez de pagarlo. La esencia del tema de política de dividendos es exactamente esto. ¿La empresa debe pagar dinero a sus accionistas o debe tomar ese dinero e invertirlo por cuenta de ellos?

Tal vez parezca sorprendente, pero casi toda la investigación y la lógica económica sugieren que la política de dividendos es irrelevante. De hecho, resulta ser que el tema de la política de dividendos se parece mucho al problema de la estructura de capital. Los elementos importantes no son difíciles de identificar, pero las interacciones entre esos elementos son complejas y no existe una respuesta sencilla.

La política de dividendos es un tema polémico. Se presentan muchas razones poco plausibles para explicar por qué la política de dividendos podría ser importante, y muchas de las afirmaciones que se han efectuado sobre dicha política son económicamente ilógicas. A pesar de ello, en el mundo real de las finanzas corporativas, la determinación de la política de dividendos más apropiada se considera un tema importante. Puede ser que los administradores financieros que se preocupan por la política de dividendos estén des-

---

[1]*Fact Book 1991* de la Bolsa de Valores de Nueva York.

perdiciando su tiempo, pero también podría ser cierto que falta algo importante en los estudios realizados sobre este tema.

En parte, todos los estudios relacionados con los dividendos están influidos por el problema del «abogado ambidiestro». Al discutir las implicaciones jurídicas de una posible decisión presidencial, el presidente Truman pidió a sus asesores que prepararan una reunión con un abogado. Se dice que el señor Truman afirmó: «Pero no quiero uno de esos abogados ambidiestros». Cuando se le preguntó qué era un abogado ambidiestro, contestó: «Ya saben, el abogado que dice: 'Por una parte le recomiendo hacer tal y tal cosa por las siguientes razones, pero por otra parte le recomiendo que no lo haga por estas otras razones'».

Desgraciadamente, cualquier tratamiento sensato de la política de dividendos parecerá haber sido escrito por un abogado ambidiestro (o, para ser más justos, por varios economistas financieros ambidiestros). Por una parte, existen muchas buenas razones para que las empresas paguen altos dividendos, pero también existen otras muchas buenas razones para pagar bajos dividendos.

En este capítulo se estudiarán tres temas extensos relacionados con los dividendos y la política de dividendos. Primero, se describen los diversos tipos de dividendos y cómo se pagan. En segundo lugar, se examina un caso idealizado en el que la política de dividendos es irrelevante. A continuación, se estudian las limitaciones de este caso y se presentan algunos argumentos reales a favor de efectuar pagos de dividendos, tanto altos como bajos. Por último, se concluye el capítulo examinando algunas estrategias que las empresas podrían utilizar para poner en práctica una política de dividendos y se estudian las recompras de acciones como una alternativa a los dividendos.

16.1 | DIVIDENDOS EN EFECTIVO Y PAGO DE DIVIDENDOS

dividendo
Pago que se hace de las utilidades de una empresa a sus propietarios, ya sea en forma de efectivo o en acciones.

distribución
Pago que le hace una empresa a sus propietarios durante el curso normal de sus operaciones; por lo general, se realiza cuatro veces al año.

Por lo general, el término **dividendo** se refiere al efectivo que se paga de las utilidades. Si el pago se realiza de fuentes diferentes a las utilidades actuales o acumuladas, se usa el término **distribución** más que dividendo. Sin embargo, es aceptable referirse a una distribución de utilidades como dividendo y a una distribución de capital como dividendo de liquidación. En un sentido más general, cualquier pago directo que haga la empresa a los accionistas puede considerarse como dividendo o como parte de la política de dividendos.

Los dividendos adoptan varias formas diferentes. Los tipos básicos de dividendos en efectivo son:

1. Dividendos en efectivo ordinarios.
2. Dividendos extraordinarios.
3. Dividendos especiales.
4. Dividendos de liquidación.

Más adelante en el capítulo se estudian los dividendos que se pagan en acciones en lugar de efectivo, y también se examina una alternativa a los dividendos en efectivo: la recompra de acciones.

dividendos en efectivo ordinarios
Pago en efectivo que hace una empresa a sus propietarios en el curso normal de las operaciones; por lo general, se hace cuatro veces al año.

Dividendos en efectivo

El tipo más habitual de dividendo es el dividendo en efectivo. Normalmente, las empresas cuyas acciones se negocian entre el público inversionista en general pagan **dividendos en efectivo ordinarios** cuatro veces al año. Como su nombre sugiere, éstos son pagos de efectivo que se realizan directamente a los accionistas y se efectúan en el curso normal de las operaciones. En otras palabras, la administración no ve nada inusual en el dividendo y ninguna razón por la que no se continúe pagando.

En ocasiones, las empresas pagan un dividendo en efectivo ordinario y un *dividendo en efectivo extraordinario*. Al denominar como «extraordinario» parte del pago, la administración está señalando que quizá se repita en el futuro o no. El *dividendo especial* es similar, pero su nombre indica por lo general que el dividendo se contempla como un acontecimiento verdaderamente inusual o que ocurre una sola vez y no se repetirá. Por último, el *dividendo de liquidación* significa normalmente que una parte del negocio, o la totalidad del mismo, se ha liquidado, es decir, vendido.

Cualquiera que sea la forma en que se denomine, el pago de un dividendo en efectivo reduce el efectivo de la empresa y las utilidades retenidas, excepto en el caso de un dividendo de liquidación (donde quizá lo que se reduzca sea el superávit pagado o superávit de capital).

Método estándar para pago de dividendos en efectivo

La decisión de pagar un dividendo está en manos del consejo de administración de la empresa. Una vez declarado un dividendo, éste se convierte en una deuda de la empresa y no se puede cancelar con facilidad. En algún momento después de su declaración, el dividendo se distribuye a todos los accionistas en una fecha específica.

El importe del dividendo en efectivo se suele expresar en términos de unidades monetarias por acción (*dividendos por acción*). Como ya hemos visto en otros capítulos, también se expresa como un porcentaje del precio de mercado (el *rendimiento de dividendos*) o como un porcentaje de las utilidades por acción (la *razón de pago de dividendos*).

Pago de dividendos: cronología

La mecánica de un pago de dividendos puede mostrarse mediante el ejemplo en la figura 16.1 y con la descripción siguiente:

1. **Fecha de declaración**. El 15 de enero, el consejo de administración aprueba la resolución de pagar el 16 de febrero un dividendo de $1 por acción a todos los tenedores registrados hasta el 30 de enero.

2. **Fecha ex-dividendo**. Para asegurarse de que los cheques de dividendos lleguen a las personas correctas, las casas de bolsa y las bolsas de valores establecen una *fecha ex-dividendo*. Esta fecha debe ser cuatro días hábiles anteriores a la fecha de registro (que se estudia a continuación). Si se compra la acción antes de esta fecha, se tiene derecho al dividendo. Si se compra en esta fecha o posterior a ella, será el dueño anterior quien recibirá el dividendo.

   En la figura 16.1, el lunes 26 de enero es la fecha ex-dividendo. Antes de esta fecha, se dice que la acción se negocia «con dividendo» o «con dividendo acumulado». Después de esta fecha, la acción se negocia «ex-dividendo».

   La regla de la fecha ex-dividendo elimina cualquier ambigüedad sobre quién tiene derecho al dividendo. Dado que el dividendo es valioso, el precio de la acción resultará afectado cuando inicie el período ex-dividendo. Este efecto se examina más adelante.

3. **Fecha de registro**. La empresa prepara con base en sus registros una relación al 30 de enero de todas las personas que se cree son los accionistas en esa fecha. Éstos son los *tenedores registrados* y el 30 de enero es la *fecha de registro* de tenedores. Las

fecha de declaración
Fecha en la que el consejo de administración aprueba una resolución para pagar un dividendo.

fecha ex-dividendo
Fecha cuatro días hábiles antes de la fecha de registro, en la que se determinan las personas que tienen derecho a un dividendo.

fecha de registro
Fecha en la que se determinan los tenedores de acciones registrados que pueden recibir un dividendo.

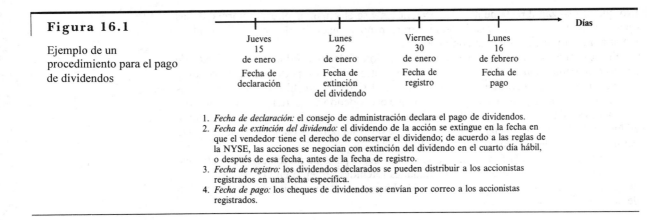

Figura 16.1

Ejemplo de un
procedimiento para el pago
de dividendos

1. *Fecha de declaración:* el consejo de administración declara el pago de dividendos.
2. *Fecha de extinción del dividendo:* el dividendo de la acción se extingue en la fecha en que el vendedor tiene el derecho de conservar el dividendo; de acuerdo a las reglas de la NYSE, las acciones se negocian con extinción del dividendo en el cuarto día hábil, o después de esa fecha, antes de la fecha de registro.
3. *Fecha de registro:* los dividendos declarados se pueden distribuir a los accionistas registrados en una fecha específica.
4. *Fecha de pago:* los cheques de dividendos se envían por correo a los accionistas registrados.

palabras «se cree» son importantes en este caso. Si se compra la acción justo antes de esta fecha, los registros de la empresa quizá no reflejen este hecho debido a una demora del correo o a alguna otra demora. Ciertos cheques de dividendos serán enviados sin modificación alguna a las personas equivocadas. Ésta es la razón de que exista la regla del día ex-dividendo.

fecha de pago
Fecha en la que se envían por correo los cheques de dividendos.

4. **Fecha de pago.** Los cheques de dividendos se envían por correo el 16 de febrero.

Consideraciones adicionales sobre la fecha ex-dividendo

La fecha ex-dividendo es importante y constituye una fuente común de confusión. Veamos lo que le ocurre a la acción cuando se inicia el período ex-dividendo, lo que significa que llega la fecha ex-dividendo. Como ejemplo, supongamos que se tienen acciones que se venden en $10 por acción. El consejo de administración declara un dividendo de $1 por acción y la fecha de registro es el jueves 14 de junio. De acuerdo con lo que se acaba de estudiar, se sabe que la fecha ex-dividendo será cuatro días hábiles (no del calendario) previos, el viernes 8 de junio.

Si se compra una acción el jueves 7 de junio, justo antes del momento en que cierra el mercado, el comprador obtendrá el dividendo de $1 porque la acción se está negociando con dividendo acumulado. Si se espera y se compra justo en el momento en que abre el mercado el viernes 8 de junio, el comprador no obtendrá el dividendo de $1. ¿Qué le ocurrirá en el transcurso de la noche al valor de la acción?

Si se piensa en esto, es obvio que la acción tendrá un valor de aproximadamente $1 menos en la mañana del viernes, por lo que su precio disminuirá en este monto entre el cierre de operaciones del jueves y la apertura del viernes. Se espera que el valor de una acción disminuirá aproximadamente en el importe del dividendo cuando se inicia el período ex-dividendo. La palabra clave en este caso es *aproximadamente*. Dado que los dividendos son gravables, la disminución real en el precio quizá esté más cerca a alguna medida de valor del dividendo después de impuestos. Determinar este valor es complicado, debido a las diferentes tasas de impuestos y normas fiscales que se aplican para diferentes compradores.

En la figura 16.2 se muestran los eventos que acabamos de describir.

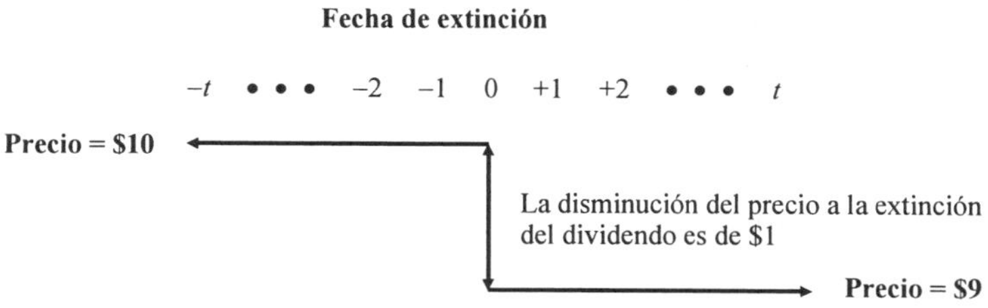

Figura 16.2

Comportamiento del precio cerca de la fecha de extinción del dividendo para un dividendo de $1 en efectivo

Fecha de extinción

$-t$ • • • -2 -1 0 $+1$ $+2$ • • • t

Precio = $10

La disminución del precio a la extinción del dividendo es de $1

Precio = $9

El precio de la acción disminuirá por el importe del dividendo en la fecha de extinción (tiempo 0). Si el dividendo es de $1 por acción, el precio será igual a $10 − 1 = $9 en la fecha de extinción:

Dividendo antes de la fecha de extinción (− 1) = 0   Precio = $10
Dividendo en la fecha de extinción (0) = $1   Precio = $9

Ejemplo 16.1   La «ex» señala el día

El consejo de administración de Divided Airlines ha declarado un dividendo de $2.50 por acción a pagar el martes 30 de mayo a los accionistas registrados hasta el martes 9 de mayo. Cal Icon compra 100 acciones de Divided el martes 2 de mayo al precio de $150 la acción. ¿Cuál es la fecha ex-dividendo? Describa los eventos que ocurrirán en relación con el dividendo en efectivo y el precio de las acciones.

La fecha ex-dividendo es cuatro días hábiles previos a la fecha de registro, que es el martes 9 de mayo, por lo que el período ex-dividendo se inicia el miércoles 3 de mayo. Cal compra las acciones el martes 2 de mayo, por lo que ha comprado acciones con dividendo acumulado. En otras palabras, Cal obtendrá $2.50 × 100 = $250 en dividendos. El martes 30 de mayo se enviará el cheque por correo. El miércoles, cuando inicie el período ex-dividendo de las acciones, su valor disminuirá de un día para otro en alrededor de $2.50 por acción. ∎

PREGUNTAS SOBRE CONCEPTOS

16.1a ¿Cuáles son los diferentes tipos de dividendos en efectivo?
16.1b ¿Cuál es la mecánica de pago de dividendos en efectivo?
16.1c ¿Cómo debe cambiar el precio de las acciones cuando se inicia el período ex-dividendo?

¿ES RELEVANTE LA POLÍTICA DE DIVIDENDOS | 16.2

Para decidir si la política de dividendos es o no relevante, hay que definir primero qué significa *política* de dividendos. Si los restantes factores permanecen constantes, por supuesto que los dividendos serán relevantes. Los dividendos se pagan en efectivo y esto es algo que agrada a todos. El problema que estudiaremos aquí es si la empresa debe pagar el efectivo ahora o si debe invertirlo y pagarlo más adelante. Por consiguiente, la política de dividendos consiste en formular el esquema del pago de dividendos a lo largo del tiempo. En especial, ¿debe pagar la empresa un gran porcentaje de sus utilidades ahora o un porcentaje pequeño (incluso de cero)? Ésta es la pregunta de la política de dividendos.

Un ejemplo de la irrelevancia de la política de dividendos

Se puede establecer un argumento sólido a favor de que la política de dividendos es irrelevante. Se muestra este argumento examinando el caso sencillo de Wharton Corporation. Wharton es una empresa financiada exclusivamente con capital en acciones comunes que cuenta con 10 años de vida. Los administradores financieros actuales piensan disolver la empresa en dos años. Los flujos de efectivo totales que generará la empresa, incluyendo los ingresos derivados de la liquidación, son de $10,000 en cada uno de los próximos dos años.

Política actual: dividendos iguales a los flujos de efectivo   En la actualidad, los dividendos en cada fecha se han establecido iguales a los flujos de efectivo de $10,000. Existen 100 acciones en circulación, por lo que el dividendo por acción será de $100. En el capítulo 6 se mostró que el valor de las acciones es igual al valor actual de los dividendos futuros. Suponiendo un rendimiento requerido del 10%, el valor de una acción en la actualidad, P_0, es de:

$$P_0 = \frac{D_1}{(1 + R)^1} + \frac{D_2}{(1 + R)^2}$$

$$= \frac{\$100}{1.10} + \frac{\$100}{1.10^2} = \underline{\$173.55}$$

Por tanto, la empresa en total tiene un valor de $100 \times \$173.55 = \$17,355$.

Varios miembros del consejo de administración de Wharton han expresado su disconformidad con la política de dividendos actual y han solicitado que se analice una política alternativa.

Política alternativa: el dividendo inicial es mayor que el flujo de efectivo   Otra política es que la empresa pague un dividendo de $110 por acción en la primera fecha, lo que representa un dividendo total de $11,000. Debido a que el flujo de efectivo sólo es de $10,000, hay que obtener de alguna forma $1,000 adicionales. Una forma de obtenerlos es emitir bonos o acciones por $1,000 en la fecha 1. Supongamos que se emiten acciones. Los nuevos accionistas desearán un flujo de efectivo suficiente en la fecha 2 para que puedan recibir el rendimiento requerido del 10% sobre su inversión realizada en la fecha 1.[2]

¿Cuál es el valor de la empresa con esta nueva política de dividendos? Los nuevos inversionistas invierten $1,000. Requieren un rendimiento del 10%, por lo que exigirán

11,000 − 10,000 = 1,000

---

[2]El mismo resultado se producirá después de una emisión de bonos, aunque la presentación de argumentos será más difícil.

$1,000 \times 1.10 = \$1,100$ del flujo de efectivo en la fecha 2, dejando sólo $8,900 para los accionistas antiguos. Los dividendos para los accionistas antiguos serán de:

	Fecha 1	Fecha 2
Dividendos totales para los accionistas antiguos	$11,000	$8,900
Dividendos por acción	110	89

Por consiguiente, el valor actual de los dividendos por acción es de:

$$P_0 = \frac{\$110}{1.10} + \frac{\$89}{1.10^2} = \underline{\$173.55}$$

Éste es el mismo valor que se tenía anteriormente.

El valor de las acciones no se ve afectado por este cambio en la política de dividendos, a pesar de que hubo que vender algunas nuevas acciones sólo para financiar el dividendo. De hecho, no importa cuál sea el esquema de pago de dividendos que seleccione la empresa, el valor de las acciones siempre será el mismo en este ejemplo. En otras palabras, en el caso de Wharton Corporation, la política de dividendos es irrelevante. La razón es sencilla: cualquier aumento en dividendos en algún momento queda compensado exactamente por una disminución en alguna otra parte, por lo que el efecto neto, una vez que se toma en cuenta el valor del tiempo, es igual a cero.

Dividendos caseros   Existe una explicación alternativa e intuitiva sobre por qué la política de dividendos es irrelevante en este ejemplo. Supongamos que el inversionista individual X prefiere dividendos por acción de $100, tanto en la fecha 1 como en la 2. ¿Se sentirá desilusionado cuando se le informe que la administración de la empresa está adoptando la política de dividendos alternativa (de $110 y $89 en las dos fechas respectivas)? No necesariamente, ya que podría reinvertir fácilmente los $10 de fondos no requeridos, recibidos en la fecha 1, comprando algunas acciones más de Wharton. Al 10%, esta inversión crecerá a $11 en la fecha 2. Por tanto, recibiría su flujo de efectivo neto deseado de $110 − 10 = $100 en la fecha 1 y de $89 + 11 = $100 en la fecha 2.

A la inversa, imaginemos al inversionista Z, que prefiere $110 de flujo de efectivo en la fecha 1 y $89 de flujo de efectivo en la fecha 2 y descubre que la administración pagará dividendos de $100 en ambas fechas 1 y 2. Este inversionista simplemente puede vender acciones con un valor total de $10 para aumentar su efectivo total en la fecha 1 a $110. Dado que esta inversión le ofrece un rendimiento de 10%, el inversionista Z renuncia a $11 en la fecha 2 ($10 × 1.1), lo que lo deja con $100 − 11 = $89.

Los dos inversionistas descritos tienen la posibilidad de transformar la política de dividendos de la empresa en una política diferente, comprando o vendiendo por su propia cuenta. El resultado es que los inversionistas tienen la posibilidad de crear **dividendos caseros**. Ello significa que los accionistas disconformes pueden modificar la política de dividendos de la empresa para adaptarla a su gusto. Como consecuencia de ello, no existe una ventaja específica en cualquier política de dividendos que pudiera seleccionar la empresa.

En realidad, muchas empresas ayudan a sus accionistas a crear políticas de dividendos caseros al ofrecerles *planes para la reinversión automática de dividendos* (PRAD). Como su nombre sugiere, con este tipo de plan los accionistas tienen la opción de reinvertir automáticamente en acciones una parte o todos sus dividendos en efectivo. En algunos

dividendos caseros
Principio por el que los inversionistas individuales pueden modificar la política de dividendos de una empresa al reinvertir los dividendos o vender acciones.

casos, reciben en realidad un descuento sobre el precio de las acciones, con lo que este tipo de planes se vuelve muy atractivo.

Una prueba   Lo que hemos estudiado hasta este punto se puede resumir examinando si las siguientes afirmaciones de prueba son verdaderas o falsas:

1. Verdadero o falso: Los dividendos son irrelevantes.
2. Verdadero o falso: La política de dividendos es irrelevante.

Desde luego, la primera afirmación es falsa, como nos indica el sentido común. Es evidente que los inversionistas prefieren dividendos altos en lugar de dividendos bajos en cualquier fecha específica si el nivel de dividendos se mantiene constante en cualquier otra fecha. Para ser más exactos en relación con la primera pregunta, si se aumenta el dividendo por acción en una fecha determinada mientras que se mantiene constante en las fechas restantes, el precio de la acción aumentará. La razón es que el valor actual de los dividendos futuros tiene que aumentar si esto ocurre. Esta situación puede producirse a raíz de decisiones administrativas que mejoren la productividad, incrementen los ahorros de impuestos, fortalezcan la comercialización de los productos o que mejoren de alguna otra forma el flujo de efectivo.

La segunda afirmación es verdadera, al menos en el caso sencillo que se ha estado examinando. La política de dividendos por sí misma no puede aumentar el dividendo en una fecha específica y mantener constantes los dividendos en las demás fechas. En lugar de ello, la política de dividendos establece simplemente la relación de intercambio entre los dividendos en una fecha y los dividendos en otra. Una vez que se toma en cuenta el valor del tiempo, el valor actual de la serie de dividendos no se altera. Por tanto, la política de dividendos en este ejemplo sencillo es irrelevante porque al seleccionar los administradores el aumento o la disminución de los dividendos actuales no afectan el valor actual de la empresa. Sin embargo, no se han considerado varios factores del mundo real que podrían alterar esta idea; en secciones posteriores se estudian algunos de estos factores.

PREGUNTAS SOBRE CONCEPTOS

16.2a ¿Cómo puede crear el inversionista un dividendo casero?
16.2b ¿Son irrelevantes los dividendos?

16.3 │ FACTORES PRÁCTICOS QUE FAVORECEN PAGOS MENORES DE DIVIDENDOS

En el ejemplo que utilizamos para mostrar la irrelevancia de la política de dividendos no se consideraron los impuestos y los costos de emisión. Veremos ahora que estos factores pueden favorecer un pago bajo de dividendos.

Impuestos

Las leyes fiscales de Estados Unidos son complejas y afectan a la política de dividendos de diferentes formas. El principal fiscal que afecta la política de dividendos se relaciona con el gravamen de ingresos por dividendos y por ganancias de capital. Para los accionistas individuales, las tasas *efectivas* de impuestos sobre ingresos por dividendos son mayores que las tasas de impuestos por las ganancias de capital. Los dividendos recibidos están gravados como ingresos ordinarios. Las ganancias de capital están gravadas de una forma muy parecida, pero el pago de impuestos por una ganancia de capital se difiere hasta que se venden las acciones. Ello hace que la tasa efectiva de impuestos sea mucho menor, debido a que el valor presente del impuesto es menor.[3]

La empresa que adopte un monto bajo de pago de dividendos reinvertirá el dinero en vez de pagarlo. Esta reinversión aumenta el valor de la empresa y del capital en acciones comunes. Si los restantes factores se mantienen constantes, el efecto neto es que la parte de las ganancias de capital del rendimiento será más alta en el futuro. Así, el hecho de que las ganancias de capital reciban un tratamiento fiscal favorable puede hacer que se prefiera este enfoque.

Esta desventaja fiscal de los dividendos no lleva necesariamente a una política de no pagar dividendos. Supongamos que una empresa tiene algún excedente de efectivo después de seleccionar todos los proyectos con VPN positivo (a este tipo de excedente de efectivo se le suele conocer como *flujo de efectivo disponible*). La empresa está considerando dos usos del excedente de efectivo, mutuamente excluyentes: 1) pagar dividendos o 2) conservar el excedente de efectivo para invertirlo en la empresa. La política de dividendos correcta dependerá de la tasa de impuestos personales y de la tasa de impuestos corporativos.

Para ver la razón, supongamos que Regional Electric Company tiene un excedente de efectivo por $1,000. Puede conservar el efectivo e invertirlo en Certificados de la Tesorería con un rendimiento del 10% o bien puede pagar el efectivo a los accionistas en forma de dividendos. Los accionistas también pueden invertir en Certificados de la Tesorería con el mismo rendimiento. La tasa de impuestos corporativos es del 34% y la tasa de impuestos personales del 28%. ¿Cuál es la cantidad de efectivo que tendrán los inversionistas después de cinco años con cada una de las políticas?

Si se pagan dividendos, los accionistas recibirán $1,000 antes de impuestos, es decir, $1,000 × (1 − 0.28) = $720 después de impuestos. Éste es el importe que invertirán. Si la tasa para los Certificados de la Tesorería es del 10% antes de impuestos, el rendimiento después de impuestos es de 10% × (1 − 0.28) = 7.2% anual. Por tanto, los accionistas tendrán en cinco años:

$$\$720 \times (1 + 0.072)^5 = \$1,019.31$$

Si Regional Electric Company conserva el efectivo, lo invierte en Certificados de la Tesorería y paga el ingreso resultante dentro de cinco años, entonces hoy se invertirán $1,000. Sin embargo, dado que la tasa de impuestos corporativos es del 34%, el rendimiento después de impuestos de los Certificados de la Tesorería será de 10% × (1 − 0.34) = 6.6% anual. En cinco años, la inversión tendrá un valor de:

$$\$1,000 \times (1 + 0.066)^5 = \$1,376.53$$

---

[3]De hecho, es posible evitar por completo las ganancias de capital. Aunque no recomendamos esta estrategia en particular para evadir impuestos, estos pueden evitarse por completo con la muerte. No se considera que los herederos tengan una ganancia de capital, por lo que la responsabilidad fiscal muere con la persona. En este caso, es algo que sí puede llevarse consigo.

Si se paga entonces este importe como dividendo, los accionistas recibirán (después de impuestos):

$1,376.53 \times (1 - 0.28) = \$991.10$

En este caso, los dividendos después de impuestos serán mayores si la empresa los paga ahora. La sencilla razón es que la empresa no puede invertir de una forma tan rentable como pueden hacerlo los accionistas (sobre una base después de impuestos).

Este ejemplo muestra que, para una empresa con excedentes de efectivo, la decisión de pago de dividendos dependerá de las tasas de impuestos personales y corporativos. Si todos los demás factores se mantienen constantes, cuando las tasas de impuestos personales son mayores que las tasas de impuestos corporativos, la empresa tendrá un incentivo para reducir el monto de los pagos de dividendos. Sin embargo, si las tasas de impuestos personales son inferiores a las tasas de impuestos corporativos, la empresa tenderá a pagar como dividendo cualquier excedente de efectivo.

Rendimiento esperado, dividendos e impuestos personales   Se ilustra el efecto de los impuestos personales examinando una situación extrema, en la que los dividendos se gravan como ingresos ordinarios y las ganancias de capital no tienen impuesto alguno. Se muestra que la empresa que proporciona un mayor rendimiento en forma de dividendos tendrá un valor inferior (o un rendimiento requerido más alto antes de impuestos) que otra cuyo rendimiento tiene la forma de ganancias de capital no gravadas.

Supongamos que cada inversionista se encuentra en el rango de impuestos del 25% y está analizando las acciones de las empresas G y D. La empresa G no paga dividendos y la empresa D sí. El precio actual de la acción de la empresa G es de $100 y se espera que el precio el año próximo sea de $120. Por tanto, el accionista de la empresa G espera una ganancia de capital de $20. Sin dividendos, el rendimiento es de $20/$100 = 20%. Si las ganancias de capital no están gravadas, los rendimientos antes de impuestos y después de impuestos deben ser iguales.

Supongamos que se espera que la acción de la empresa D pague un dividendo de $20 el año próximo y que el precio ex-dividendo sea entonces de $100. Si las acciones de las empresas G y D tienen el mismo nivel de riesgo, los precios de mercado deben establecerse de forma tal que sus rendimientos esperados después de impuestos sean iguales. Por consiguiente, el rendimiento después de impuestos de la empresa D ha de ser del 20%.

¿Cuál será el precio por acción de la empresa D? El dividendo después de impuestos es de $20 \times (1 - 0.25) = \$15$, por lo que el inversionista tendrá un total de $115 después de impuestos. A una tasa de rendimiento requerido del 20% (después de impuestos), el valor actual de este importe después de impuestos es:

Valor actual = $115/1.20 = \$95.83

Por tanto, el precio de mercado por acción de la empresa D debe ser de $95.83.

Lo que se observa es que la empresa D vale menos debido a su política de dividendos. Otra forma de ver el mismo efecto es observar el rendimiento requerido antes de impuestos de la empresa D:

Rendimiento antes de impuestos = ($120 - 95.83)/$95.83 = 25.2%

La empresa D tiene efectivamente un costo del capital en acciones comunes mayor (25.2% en comparación con el 20%) debido a su política de dividendos. Los accionistas exigen un rendimiento más alto como compensación por el pasivo fiscal adicional.

Costos de emisión

En el ejemplo donde se mostraba que la política de dividendos es irrelevante, se observó que, en caso necesario, la empresa podía emitir algunas acciones nuevas para pagar un dividendo. Como indicamos en el capítulo 13, la venta de las nuevas acciones puede resultar muy costosa. Si se incluyen los costos de emisión en el análisis, nos encontraremos con que el valor de las acciones disminuye si se venden acciones nuevas.

De una forma más general, imaginemos dos empresas idénticas en todo, excepto en que una de ellas paga un porcentaje mayor de su flujo de efectivo en forma de dividendos. Dado que la otra empresa reinvierte más, su capital crece con mayor rapidez. Para que estas dos empresas permanezcan idénticas, la que paga dividendos más altos deberá vender periódicamente algunas acciones para poder pagarlos. Dado que esto resulta caro, la empresa quizá se sienta inclinada a pagar menos dividendos.

Restricciones a los dividendos

La empresa quizá se enfrente a restricciones en cuanto a su capacidad para pagar dividendos. Por ejemplo, como vimos en el capítulo 12, una característica común del acta de emisión de bonos es una cláusula restrictiva que prohíbe pagos de dividendos por encima de un cierto importe. La legislación estatal vigente también puede prohibir a la empresa pagar dividendos, si el importe de los mismos excede las utilidades retenidas de la empresa.

PREGUNTAS SOBRE CONCEPTOS

16.3a ¿Cuáles son los beneficios fiscales al pagar dividendos bajos?
16.3b ¿Por qué los costos de emisión favorecen los pagos de dividendos bajos?

FACTORES PRÁCTICOS QUE FAVORECEN PAGOS MAYORES | 16.4 DE DIVIDENDOS

Se examinan en esta sección las razones por las que una empresa podría pagar a sus accionistas dividendos más altos, aunque ello signifique que la empresa deba emitir más acciones para financiar los pagos de dividendos.

En un libro de texto clásico, Benjamin Graham, David Dodd y Sidney Cottle han afirmado que las empresas suelen tener pagos de dividendos altos porque:

1. «El valor descontado de los dividendos cercanos en el tiempo es más alto que el valor actual de los dividendos lejanos en el tiempo.»
2. Entre «dos compañías con la misma capacidad general para obtener utilidades y la misma posición general en la industria, la que paga el dividendo más alto casi siempre se vende a un precio mayor».[4]

Quienes apoyan este punto de vista suelen mencionar dos factores que favorecen los pagos de dividendos altos: el deseo de obtener ingresos ahora y eliminar la incertidumbre.

---

[4]Graham, G., D. Dodd y S. Cottle, *Security Analysis* (Nueva York: McGraw-Hill, 1962).

Deseo de obtener ingresos en el presente

Se ha afirmado que muchas personas desean ingresos en el presente (rendimientos corrientes). Los ejemplos clásicos son los jubilados y las personas que viven de un ingreso fijo; el bien conocido caso de «las viudas y los huérfanos». Se afirma que este grupo está dispuesto a pagar una prima para obtener un rendimiento de dividendos más alto. Si ello es cierto, respalda la segunda afirmación de Graham, Dodd y Cottle.

Sin embargo, es fácil observar que este argumento no es relevante en este caso sencillo. La persona que prefiera un flujo de efectivo actual mayor, pero posea instrumentos financieros que pagan bajos dividendos, puede fácilmente vender acciones para obtener los fondos necesarios. De forma similar, quien desee un flujo de efectivo actual bajo, pero posea instrumentos financieros que paguen altos dividendos, puede simplemente reinvertir los dividendos. Esto es de nuevo el argumento del dividendo casero. Por tanto, en un mundo en el que no existen costos de transacción, una política de dividendos actuales altos no tendría valor para el accionista.

El argumento del ingreso actual quizá tenga relevancia en el mundo real. En este caso la venta de acciones con bajos dividendos incluiría honorarios por intermediación bursátil y otros costos de transacción. Esta venta también podría ocasionar impuestos sobre ganancias de capital. Estos gastos directos en efectivo podrían evitarse mediante la inversión en instrumentos financieros que pagan altos dividendos. Por otro lado, el hecho de que el inversionista debe dedicar parte de su tiempo para vender los instrumentos financieros, unido al temor natural (aunque no necesariamente racional) de consumir parte del principal, puede convencer aún más a muchos inversionistas a comprar instrumentos financieros con altos dividendos.

Incluso así, para poner en perspectiva este argumento, hay que recordar que los intermediarios financieros, como es el caso de las sociedades de inversión, pueden (y lo hacen) llevar a cabo «transacciones» de «reestructuración» para personas a un costo muy bajo. Estos intermediarios pueden comprar acciones con bajos dividendos y, mediante una política controlada de realización de ganancias, pagar a sus inversionistas a tasas más altas.

Eliminar la incertidumbre

Acabamos de indicar que los inversionistas con necesidades considerables de consumo en el presente prefieren dividendos actuales altos. En otro planteamiento clásico, Gordon ha afirmado que la política de altos dividendos beneficia también a los accionistas porque elimina la incertidumbre.[5]

De acuerdo con Gordon, los inversionistas valúan un instrumento financiero mediante el proceso de proyectar y descontar dividendos futuros. A partir de esto, Gordon afirma que las proyecciones de dividendos por recibir en un futuro distante tienen mayor incertidumbre que las proyecciones de dividendos a corto plazo. Dado que a los inversionistas les desagrada la incertidumbre, el precio de las acciones debe ser menor para las empresas que pagan ahora dividendos bajos con el fin de pagar dividendos mayores en el futuro.

El argumento de Gordon es, en lo fundamental, una historia de «pájaro en mano». En cierta forma, un dividendo de $1 en el bolsillo del accionista vale más que el mismo

---

[5]Gordon, M., *The Investment, Financing and Valuation of the Corporation* (Homewood, Ill.: Richard D. Irwin, 1961).

$1 en una cuenta bancaria de la empresa. A estas alturas del texto ya se debe saber cuál es el problema con este argumento. El accionista puede crear ese «pájaro en mano» con gran facilidad vendiendo simplemente algunas de las acciones.

Beneficios fiscales y jurídicos de mayores pagos de dividendos

Observamos anteriormente que en el caso de los inversionistas individuales existe un tratamiento fiscal de los dividendos desfavorable. Este hecho es un poderoso argumento para efectuar pagos bajos. Sin embargo, hay una serie de inversionistas que no reciben un tratamiento fiscal desfavorable cuando mantienen instrumentos financieros con rendimientos de dividendos altos, y no precisamente rendimientos de dividendos bajos.

Inversionistas corporativos   Existe una importante ventaja fiscal para los dividendos cuando una empresa posee acciones de otra empresa. Al accionista corporativo que recibe dividendos, ya sean comunes o preferentes, se le otorga una exención de impuestos sobre el 70% (o más) de los dividendos recibidos. Dado que la exención del 70% no se aplica a las ganancias de capital, este grupo recibe un tratamiento fiscal desfavorable sobre las ganancias de capital.

Como consecuencia de la exención sobre el ingreso de dividendos, las empresas quizá piensen que es más apropiado conservar acciones con altos dividendos y ganancias de capital bajas. Como se estudia en otra parte del texto, ésa es la razón de que las empresas tengan en su poder un porcentaje importante de las acciones preferentes en circulación. Esta ventaja fiscal de los dividendos también conduce a conservar acciones con altos rendimientos en vez de bonos a largo plazo, ya que no existe una exención fiscal similar sobre los pagos de intereses a los tenedores de bonos corporativos.

Inversionistas exentos de impuestos   Se han señalado las ventajas y las desventajas fiscales de un pago bajo de dividendos. Por supuesto que este estudio no tiene importancia alguna para quienes se encuentren en la categoría de pagar cero impuestos. Este grupo incluye a algunos de los inversionistas más fuertes en la economía, como es el caso de los fondos de pensiones, los fondos de beneficencia y los fideicomisos.

Existen algunas razones jurídicas que hacen que las grandes instituciones estén a favor de los altos rendimientos de dividendos. En primer lugar, algunas instituciones, como los fondos de pensiones y los fideicomisos, suelen establecerse para administrar dinero por cuenta de otros. Los administradores de esas instituciones tienen la *responsabilidad fiduciaria* de invertir el dinero con prudencia. Los tribunales han considerado imprudente la compra de acciones de empresas sin un historial de pago de dividendos.

En segundo lugar, las instituciones como los fondos patrimoniales de universidades y los fideicomisos suelen tener prohibido gastar cualquier parte del principal. Por tanto, este tipo de instituciones tal vez prefieran acciones con rendimientos altos de dividendos para tener cierta capacidad para gastar.

De ahí que, al igual que las viudas y los huérfanos, este grupo prefiera tener ingresos actuales. A diferencia de las viudas y los huérfanos, este grupo es potente en términos de la cantidad de acciones que poseen.

Los inversionistas individuales (por la razón que sea) quizá tengan el deseo de tener ingresos actuales y por consiguiente pueden estar dispuestos a pagar el impuesto sobre dividendos. Además, algunos inversionistas muy grandes, como es el caso de las grandes empresas y las instituciones exentas de impuestos, pueden tener una preferencia muy fuerte por pagos altos de dividendos.

16.4a ¿Por qué algunos inversionistas individuales pueden estar a favor de un pago alto de dividendos?

16.4b ¿Por qué algunos inversionistas no individuales quizá prefieran un pago alto de dividendos?

16.5 ¿UNA SOLUCIÓN DE FACTORES PRÁCTICOS?

En las secciones anteriores se presentaron algunos factores que favorecen una política de dividendos bajos y otros que favorecen una política de dividendos altos. En esta sección se estudian dos conceptos importantes relacionados con los dividendos y con la política de dividendos: el contenido informativo de los dividendos y el efecto de clientela. El primer tema muestra la importancia de los dividendos en general, así como la importancia de distinguir entre los dividendos y la política de dividendos. El segundo tema sugiere que, a pesar de las muchas consideraciones que se han estudiado sobre el mundo real, la razón de pago de dividendos quizá no sea tan importante como se imaginó en un principio.

Contenido informativo de los dividendos

Para comenzar, se revisa de forma rápida parte del estudio anterior. Previamente, se examinaron tres posiciones diferentes respecto a los dividendos:

1. Sobre la base del argumento relativo al dividendo casero, la política de dividendos es irrelevante.
2. Debido a los efectos fiscales sobre los inversionistas individuales y al costo de nuevas emisiones, la política de bajos dividendos es la mejor.
3. Por el deseo de obtener ingresos actuales y factores relacionados con los mismos, lo mejor es una política de altos dividendos.

Si quisiéramos establecer cuál de estas posiciones es la correcta, una forma obvia de comenzar sería observando lo que ocurre con los precios de las acciones cuando las empresas anuncian cambios en los dividendos. Observaríamos que existe una cierta consistencia en el hecho de que los precios de las acciones aumenten cuando se incrementa inesperadamente el dividendo actual y que suelen bajar cuando disminuye. ¿Qué supone esto en relación con cualquiera de las tres posiciones que se acaban de presentar?

A primera vista, el comportamiento que se describe parece ser consistente con la tercera posición e inconsistente con las otras dos. De hecho, muchos autores han afirmado esto. Si los precios de las acciones aumentan con los incrementos de dividendos y bajan con las disminuciones, ¿no está señalando el mercado que aprueba dividendos más altos?

Otros autores han señalado que en realidad esta observación no indica mucho sobre la política de dividendos. Todos coinciden en que los dividendos son importantes, si todos los demás factores permanecen constantes. Las empresas sólo efectúan reducciones de dividendos con una gran renuencia. Por tanto, una reducción de dividendos suele ser señal de que la empresa está en problemas.

Profundizando un poco más en esto, una reducción de dividendos no suele ser un cambio voluntario, planeado, de la política de dividendos, sino que suele indicar que la administración no cree poder mantener la actual política de dividendos. El resultado es que suele ser necesario revisar a la baja las expectativas de dividendos futuros. El valor actual de los dividendos futuros esperados disminuye y también lo hace el precio de las acciones.

En este caso, el precio de las acciones disminuye después de la reducción de dividendos porque generalmente los dividendos futuros son menores, no porque la empresa cambie el porcentaje de las utilidades que pagará en forma de dividendos.

Para dar un ejemplo particularmente drástico, consideremos lo que le ocurrió en el segundo trimestre de 1974 a Consolidated Edison (Con Ed), la mayor empresa de Estados Unidos dentro del sector de servicios públicos supervisados por el Estado. Al enfrentarse a bajos resultados operativos y a problemas relacionados con el embargo petrolero de la OPEP, Con Ed anunció, después del cierre del mercado, que estaba cancelando su dividendo trimestral periódico de $0.45 por acción. Esto fue en cierta forma sorprendente debido al tamaño de Con Ed, su destacada posición en la industria y su largo historial de pago de dividendos. Además, las utilidades de Con Ed en ese momento eran suficientes para pagar el dividendo, al menos de acuerdo con las estimaciones realizadas por algunos analistas.

La mañana siguiente no fue agradable en la Bolsa de Valores de Nueva York (NYSE). Las órdenes de venta fueron tan cuantiosas que no pudo establecerse un mercado para estas acciones durante varias horas. Cuando al fin se iniciaron las operaciones, el precio de las acciones de Con Ed abrió a la baja en aproximadamente $12 por acción con respecto a los $18 del día anterior. En otras palabras, Con Ed, una empresa muy grande, perdió de un día para otro alrededor de $1/_3$ de su valor de mercado. Como demuestra este caso, los accionistas pueden reaccionar en forma muy negativa a las reducciones imprevistas de dividendos.

De forma similar, un incremento inesperado de dividendos indica buenas noticias. La administración sólo aumentará los dividendos cuando espere que las utilidades, el flujo de efectivo y las perspectivas futuras aumenten lo suficiente como para que no sea necesario reducirlos posteriormente. Un incremento de dividendos es una señal de la administración al mercado de que se espera que a la empresa le vaya bien en el futuro. El precio de las acciones reacciona favorablemente porque se han revisado, en forma ascendente, las expectativas de dividendos futuros, no porque la empresa haya aumentado el monto de sus pagos actuales.

En ambos casos, el precio de las acciones reacciona al cambio de dividendos. La reacción puede atribuirse a los cambios en el importe esperado de los dividendos futuros, no necesariamente a un cambio en la política de pagos de dividendos. A esta señal se la denomina **efecto del contenido informativo** de los dividendos. El hecho de que los cambios de dividendos transmiten al mercado información sobre la empresa, hace difícil interpretar el efecto de la política de dividendos de la empresa.

efecto del contenido informativo
Reacción del mercado a un cambio en los pagos de dividendos de la empresa.

El efecto de clientela

En el estudio anterior se observó que algunos grupos (p. ej., las personas ricas) tienen un incentivo para buscar acciones con pagos bajos (o sin pagos). Otros grupos (p. ej., las corporaciones) tienen un incentivo para buscar acciones con altos pagos. Por tanto, las empresas con pagos altos de dividendos atraerán a un grupo y las empresas con pagos bajos atraerán a otro.

A estos diferentes grupos se les denomina *clientelas* y lo que se ha descrito es un **efecto de clientela**. El argumento del efecto de clientela afirma que diferentes grupos de inversionistas desean diferentes niveles de dividendos. Cuando una empresa selecciona una política de dividendos específica, el único efecto es atraer a una clientela en particular. Si la empresa cambia su política de dividendos, simplemente atrae a otra clientela diferente.

efecto de clientela
Argumento de que la acción atrae a grupos en particular sobre la base del rendimiento de dividendos y los efectos fiscales resultantes.

Esto indica un sencillo argumento de oferta y demanda. Supongamos que el 40% de todos los inversionistas prefieren dividendos altos, pero sólo el 20% de las empresas pagan estos dividendos. En este caso, habrá una escasez de empresas con dividendos altos y por consiguiente el precio de sus acciones aumentará. Por tanto, a las empresas con dividendos bajos les resultará ventajoso cambiar políticas hasta que el 40% de todas las empresas tengan pagos altos. En este punto, el *mercado de dividendos* estará en equilibrio. No tendrá objeto efectuar cambios adicionales en la política de dividendos porque todas las clientelas estarán satisfechas. En ese momento, ya no tendrá relevancia la política de dividendos de cualquier empresa individual.

El efecto de clientela sobre la política de dividendos se muestra con los comentarios realizados por John Childs, de Kidder-Peabody (un banco de inversión), en la siguiente conversación:[6]

Joseph T. Willet: John, tú te has dedicado a las empresas de servicios públicos durante muchos años. ¿Por qué piensas que estas empresas tienen razones tan altas de pago de dividendos?

John Childs: Aumentan los dividendos para poder captar capital... Si hoy se eliminaran los dividendos de las empresas de servicios públicos, nunca se vendería una sola acción adicional. Así de importante son los dividendos. De hecho, si unas cuantas empresas de servicios públicos importantes (que no tengan problemas especiales) reducen sus dividendos, los pequeños inversionistas perderían su fe en la industria de los servicios públicos y con eso terminaría la venta de acciones de estas empresas.

John Childs (de nuevo):   Lo que se intenta hacer con la política de dividendos es aumentar y fortalecer el interés natural de los inversionistas en las empresas. El tipo de accionistas atraído dependerá del tipo de empresa en la que se esté. En el caso de Genentech, se atrae el tipo de accionistas que no tienen el menor interés en los dividendos. De hecho, se dañaría a la acción si se pagaran dividendos. Por otra parte, podemos ir al otro extremo, como son las acciones de empresas de servicios públicos. En este caso, los accionistas están muy interesados en los dividendos, que ejercen su efecto sobre el precio de mercado.

Para ver si se ha comprendido el efecto de clientela, examinemos la afirmación siguiente: «A pesar del argumento teórico de que la política de dividendos no tiene relevancia o que las empresas no deben pagar dividendos, a muchos inversionistas les agradan los dividendos altos. Debido a este hecho, una empresa puede aumentar el precio de sus acciones manteniendo una razón de pago de dividendos más alta». ¿Cierto o falso?

La respuesta es falso si existen clientelas. En tanto exista un número suficiente de empresas de altos dividendos que satisfagan a los inversionistas que les encantan los dividendos, la empresa no estará en posibilidad de aumentar el precio de sus acciones mediante el pago de dividendos altos. Para que esto ocurra, debe haber una clientela descontenta y no existe evidencia de que éste sea el caso.

---

[6]Willett, Joseph T., «A Discussion of Corporate Policy», moderador en *Six Roundtable Discussions of Corporate Finance with Joel Stern*, ed. D. H. Chew (Basel Blackwell, 1986). Entre los panelistas se encontraban Robert Litzenberger, Pat Hess, Bill Kealy, John Childs y Joel Stern.

Acción	Año en que comenzaron los pagos de dividendos	**Tabla 16.1**
		Pago de dividendos
Chemical New York Corp.	1827	
Connecticut Natural Gas Corp.	1851	
Bay State Gas Co.	1852	
Washington Gas Light Co.	1852	
Irving Bank Corp.	1865	

Información tomada del *Fact Book 1986*, publicado por la Bolsa de Valores de Nueva York.

PREGUNTAS SOBRE CONCEPTOS

16.5a ¿Cómo reacciona el mercado ante los cambios inesperados en dividendos? ¿Qué nos dice esto sobre los dividendos? ¿Qué nos dice la política de dividendos?

16.5b ¿Qué es una clientela de dividendos? Tomando todo en consideración, ¿se esperaría que una empresa con alto nivel de riesgo e importantes perspectivas de crecimiento, aunque muy inciertas, tenga un pago bajo o alto de dividendos?

CÓMO ESTABLECER UNA POLÍTICA DE DIVIDENDOS | 16.6

¿Cómo determinan las empresas el nivel de dividendos que pagarán en un momento en particular? Como ya hemos visto, existen buenas razones para que las empresas paguen dividendos altos y también las hay para que paguen dividendos bajos.

Se conocen algunos elementos sobre cómo se pagan en la práctica los dividendos. A las empresas no les agrada reducir los dividendos. Consideremos el caso de la compañía American Telephone and Telegraph (AT&T). Ha estado operando desde 1885 y durante este tiempo nunca ha reducido o cancelado un solo pago de dividendos. Esto es notable, pero no inusual. Como se muestra en la tabla 16.1, una empresa, Chemical New York Corporation, ha estado pagando dividendos desde 1827.

En la siguiente sección se estudia una estrategia específica de política de dividendos. Al hacerlo, se insiste en las características del mundo real de la política de dividendos. También se analiza una alternativa al pago de dividendos en efectivo que es cada vez más importante, la recompra de acciones.

Enfoque del dividendo residual

Se señaló anteriormente que las empresas con pagos de dividendos más altos tendrán que vender acciones con más frecuencia. Como ya hemos visto, estas ventas no son demasiado habituales y pueden resultar muy costosas. Es de suponer que la empresa desea minimizar la necesidad de vender nuevo capital en acciones y también que la empresa desea mantener su estructura de capital actual.

En sus propias palabras...

Sobre por qué las empresas pagan dividendos,
por Fischer Black

Creo que a los inversionistas les gustan los dividendos. Piensan que los dividendos mejoran el valor de las acciones (de acuerdo a las perspectivas de la empresa) y se sienten incómodos cuando gastan su capital.

Esta evidencia se observa en todas partes. Los asesores de los inversionistas y las instituciones consideran atractivas y seguras las acciones de alto rendimiento; para valorar una acción, los analistas financieros predicen y descuentan sus dividendos, los economistas financieros estudian la relación entre los precios de la acción y los dividendos reales y los inversionistas se quejan de la disminución de los dividendos.

¿Y si a los inversionistas no les preocuparan los dividendos? Los asesores de los inversionistas dirían a sus clientes que gastaran indiscriminadamente de las utilidades y del capital y que, si fueran gravables, evitaran las utilidades; los analistas financieros no tomarían en cuenta los dividendos al valorar las acciones; los economistas financieros considerarían igual el precio de la acción y el valor descontado de los dividendos, incluso cuando las acciones tengan un precio erróneo; y una empresa se disculparía con sus inversionistas cuando, debido a las utilidades acumuladas, se vieran obligados a pagar dividendos. Por supuesto que esto no es lo que ocurre en la realidad.

Más aún, los cambios en los dividendos parecen ser una forma deficiente de informar a los mercados financieros sobre las perspectivas de una empresa. Las declaraciones públicas pueden detallar mejor las perspectivas de la empresa y tener una mayor repercusión, tanto sobre la reputación del representante como de la empresa.

Yo pronostico que, de acuerdo a las reglas fiscales actuales, los dividendos desaparecerán gradualmente.

Fischer Black es socio de Goldman Sachs & Co., una empresa de banca de inversión. Antes de eso, fue profesor de finanzas en MIT. Es uno de los creadores de la teoría de fijación de precios a las opciones y está considerado como uno de los más destacados estudiosos de las finanzas. Es bien conocido por sus ideas creativas, muchas de las cuales fueron rechazadas inicialmente, convirtiéndose en parte reconocida de los conocimientos cuando los demás pudieron al fin comprenderlas.

Si una empresa desea evitar las ventas de nuevo capital, deberá apoyarse en el capital generado internamente para financiar nuevos proyectos con VPN positivo.[7] Sólo pueden pagarse dividendos de lo que sobra; a este sobrante se le denomina *residual* y esta política de dividendos recibe el nombre de **enfoque del dividendo residual**.

enfoque del dividendo residual
Política por la cual la empresa sólo paga dividendos tras cubrir sus necesidades de inversión, manteniendo al mismo tiempo la razón deuda/capital deseada.

Con una política de dividendo residual, el objetivo de la empresa es satisfacer sus necesidades de inversión y mantener la razón deuda/capital deseada antes de pagar dividendos. Como ejemplo, imaginemos que una empresa tiene utilidades de $1,000 y una razón deuda/capital de 0.50. Obsérvese que, puesto que la razón deuda/capital es de 0.50, la empresa tiene $0.50 de deuda por cada $1.50 en valor. Por tanto, la estructura de capital de la empresa es $1/3$ deuda y $2/3$ capital.

El primer paso para implementar una política de dividendo residual es determinar la cantidad de fondos que se pueden generar sin vender nuevo capital. Si la empresa reinvierte la totalidad de los $1,000 y no paga dividendos, el capital aumentará en $1,000. Para mantener en 0.50 la razón deuda/capital, la empresa tiene que obtener un préstamo por $500 adicionales. El importe total de fondos que se pueden generar sin vender nuevo capital es por tanto de $1,000 + 500 = $1,500.

---

[7]El estudio del crecimiento sostenible en el capítulo 4 es importante aquí. Hemos supuesto que una empresa tiene una estructura de capital fija, un margen de utilidad e intensidad de capital. Si la empresa no obtiene capital externo nuevo y desea crecer a una tasa preseleccionada, sólo existe una tasa de pagos que sea consistente con estas suposiciones.

Línea	(1) Utilidades después de impuestos	(2) Nueva inversión	(3) Deuda adicional	(4) Utilidades acumuladas	(5) Acciones adicionales	(6) Dividendos
1	**$1,000**	**$3,000**	**$1,000**	**$1,000**	**$1,000**	$ 0
2	1,000	2,000	667	1,000	333	0
3	1,000	1,500	500	1,000	0	0
4	1,000	1,000	333	667	0	333
5	1,000	500	167	333	0	667
6	1,000	0	0	0	0	1,000

Tabla 16.2

Ejemplo de políticas de dividendos con el enfoque residual

El segundo paso es decidir si se pagarán o no dividendos. Para hacerlo, se compara el importe total que se puede generar sin vender nuevo capital ($1,500 en este caso) con los gastos de capital planeados. Si los fondos requeridos exceden a los disponibles, no se pagan dividendos. Además, para captar el financiamiento requerido, la empresa deberá vender nuevo capital o de lo contrario (lo más probable) tendrá que diferir algunos gastos de capital planeados.

Si los fondos requeridos por la empresa son inferiores a los generados, se pagará un dividendo. El importe del dividendo es el residual, es decir, la parte de las utilidades que no se requieren para financiar nuevos proyectos. Por ejemplo, supongamos que se ha planeado efectuar gastos de capital por $900. Para mantener la estructura de capital de la empresa, estos $900 deben financiarse con $2/_3$ de capital y $1/_3$ de deuda. Por tanto, la empresa obtendrá un préstamo por $1/_3 \times \$900 = \$300$. La empresa gastará $2/_3 \times \$900 = \$600$ del capital disponible de $1,000. Existe un residual de $1,000 - 600 = $400, por lo que el dividendo será de $400.

En resumen, la empresa tiene utilidades después de impuestos de $1,000. Los dividendos pagados son de $400. Las utilidades retenidas son de $600 y los nuevos préstamos ascienden a un total de $300. La razón deuda/capital de la empresa permanece sin cambios en 0.50.

En la tabla 16.2 se presenta la relación entre la inversión física y el pago de dividendos en seis niveles diferentes de inversión, y esto mismo se muestra en forma gráfica en la figura 16.3. Los primeros tres renglones de la tabla pueden examinarse en conjunto porque en cada uno de esos casos no se pagan dividendos.

Por ejemplo, en el renglón 1 se observa que la nueva inversión es de **$3,000**. Se requiere captar deuda adicional por **$1,000** y capital por $2,000 para mantener constante la razón deuda/capital. Puesto que esta última cifra es mayor que los $1,000 de utilidades, se retienen todas las utilidades. También se requiere captar **$1,000** de acciones adicionales. En este ejemplo, dado que se emiten nuevas acciones, no se pagan dividendos en forma simultánea.

En los renglones 2 y 3 disminuye la inversión. La deuda adicional requerida también disminuye, puesto que es igual a $1/_3$ de la inversión. Dado que el importe requerido de nuevo capital continúa siendo igual o mayor que $1,000, se retienen todas las utilidades y no se pagan dividendos.

Por último, en el renglón 4 se encuentra una situación en la que se paga un dividendo. En este caso, la inversión total es de **$1,000**. Para mantener constante la razón deuda/capital, se financia $1/_3$ de esta inversión, es decir, **$333**, mediante deuda. Los restantes $2/_3$,

Figura 16.3

Relación entre los dividendos y la inversión en el ejemplo de la política de dividendos residuales

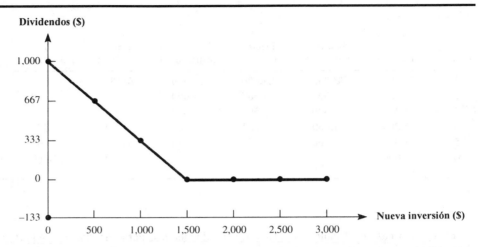

Esta figura muestra que una empresa con muchas oportunidades de inversión pagará dividendos pequeños y que una empresa con pocas oportunidades de inversión pagará dividendos relativamente grandes.

es decir, **$667**, provienen de fondos internos, lo que implica que el residual es $1,000 − 667 = $333. El dividendo es igual a este residual de **$333**.

En este caso, se observa que no se emiten acciones adicionales. Dado que la inversión requerida es incluso menor en los renglones 5 y 6, se reduce aún más la nueva deuda, disminuyen las utilidades retenidas y aumentan los dividendos. Tampoco se emiten acciones adicionales.

De acuerdo con este estudio, se espera que las empresas con muchas oportunidades de inversión paguen un porcentaje menor de sus utilidades como dividendos, y que otras empresas con menos oportunidades paguen un porcentaje mayor. Ésta es la situación que parece darse en el mundo real. Las empresas recientes, en rápido crecimiento, utilizan por lo general una razón de pago baja, en tanto que las empresas más antiguas, de más lento crecimiento, en industrias más maduras, utilizan una razón más alta.

En la tabla 16.3 se observa en cierta forma este comportamiento. Duke Power y Philadelphia Electric son empresas de crecimiento lento con pagos altos de dividendos, mientras que Capital Cities es una empresa de rápido crecimiento con un esquema de pagos bajos. Obsérvese que, por lo general, los dividendos son mucho más estables que las utilidades y las razones de pago. Por ejemplo, Delta tiene un pago relativamente bajo en la mayoría de los años, pero en una ocasión el pago excede el 100%. Esto demuestra que, en caso necesario, las empresas ajustarán sus pagos para evitar o suavizar las reducciones de dividendos. A continuación, estudiaremos este hecho.

Estabilidad de los dividendos

El punto fundamental del enfoque del dividendo residual es que sólo se pagan dividendos después de haber agotado todas las oportunidades de inversión rentables. Por supuesto que un enfoque residual rígido podría conducir a una política de dividendos muy inestable. Si las oportunidades de inversión en un período son bastante numerosas, los dividen-

Tabla 16.3

La estabilidad de los dividendos

	UPA ($)	DPA ($)	Pago (%)	Rendimiento (%)	UPA ($)	DPA ($)	Pago (%)	Rendimiento (%)
				Empresas con pagos altos				
			Duke Power				*Philadelphia Electric*	
1990	$ 2.75	$2.23	81%	7.4%	$ 2.16	$1.45	67%	8.4%
1989	2.76	2.15	78	7.4	2.49	2.20	88	10.2
1988	3.01	2.07	69	7.2	2.33	2.20	94	11.7
1987	3.03	1.99	66	6.9	2.33	2.20	94	10.3
1986	2.65	1.91	72	6.7	2.60	2.20	85	10.6
1985	2.40	1.83	76	8.9	2.56	2.20	86	14.3
1984	2.31	1.73	75	10.7	2.70	2.20	82	16.3
1983	2.11	1.63	77	10.9	2.40	2.12	88	12.6
1982	1.98	1.53	77	11.6	2.39	2.06	86	14.6
1981	1.77	1.43	81	12.4	2.25	1.90	84	13.2
				Empresas con pagos promedio				
			General Motors				*IBM*	
1990	$ 4.09	$3.00	73%	7.0%	$10.51	$4.84	46%	4.4%
1989	6.33	3.00	47	6.9	9.05	4.73	52	4.2
1988	6.82	2.50	37	6.6	9.83	4.40	45	3.8
1987	5.03	2.50	50	6.5	8.72	4.40	50	3.0
1986	8.21	5.00	61	6.6	7.81	4.40	56	3.1
1985	12.28	5.00	40	6.9	10.67	4.40	41	3.4
1984	14.22	4.75	34	6.7	10.77	4.10	38	3.5
1983	11.84	2.80	24	4.1	9.04	3.71	41	3.2
1982	3.98	2.40	60	5.2	7.39	3.44	47	5.0
1981	1.07	2.40	224	5.1	5.63	3.44	61	5.9
				Empresas con pagos bajos				
			Capital Cities				*Delta Air Lines*	
1990	$27.71	$0.20	1%	0.1%	$ 5.28	$1.70	32%	2.4%
1989	27.25	0.20	1	0.1	9.37	1.20	13	2.2
1988	22.31	0.20	1	0.1	6.30	1.20	19	2.5
1987	16.46	0.20	1	0.1	5.90	1.00	17	2.0
1986	11.20	0.20	2	0.1	1.18	1.00	85	2.3
1985	10.87	0.20	2	0.1	6.50	0.70	11	1.7
1984	10.40	0.20	2	0.1	4.42	0.60	14	1.7
1983	8.53	0.20	2	0.1	(2.18)	1.00	—	2.5
1982	7.25	0.20	3	0.1	0.52	0.95	182	3.2
1981	6.12	0.20	3	0.2	3.68	0.70	19	2.4

Nota: UPA ($) es el monto de las utilidades por acción; DPA es el monto de los dividendos por acción; pago (%) es DPA ($) dividido entre UPA ($); rendimiento (%) es el dividendo pagado durante el año, dividido entre el precio de la acción al finalizar el año.

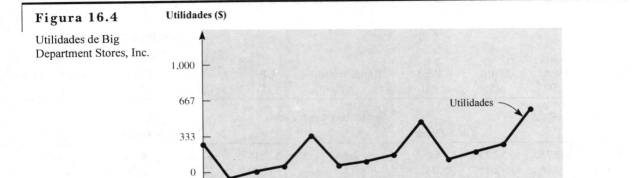

Figura 16.4

Utilidades de Big
Department Stores, Inc.

dos serían bajos o iguales a cero. Por el contrario, los dividendos podrían ser altos en el período siguiente si se considera que las oportunidades de inversión son menos prometedoras.

Examinemos el caso de Big Department Stores, Inc., un vendedor minorista al que se le ha pronosticado que sus utilidades anuales serán constantes de un año a otro, pero que sus utilidades trimestrales cambiarán a lo largo del año. Son bajas en el primer trimestre de cada año, debido a una disminución en ventas después de Navidad. A pesar de que las utilidades sólo aumentan mínimamente en el segundo y tercer trimestres, se incrementan mucho en el cuarto trimestre debido a la temporada de Navidad. En la figura 16.4 se presentan de forma gráfica las utilidades de esta empresa.

La empresa puede elegir entre al menos dos tipos de políticas de dividendos. En la primera, el dividendo de cada trimestre puede ser un porcentaje fijo de las utilidades de ese trimestre. En este caso, los dividendos variarán a través del año. Ésta es una política de dividendos cíclica. En la segunda, el dividendo de cada trimestre puede ser un porcentaje fijo de las utilidades anuales, lo que implica que todos los pagos de dividendos serán iguales. Ésta es una política de dividendos estable. En la figura 16.5 se muestran ambos tipos de políticas.

Por lo general, los directivos de empresas coinciden en que una política de dividendos estable beneficia a la empresa y a sus accionistas, por lo que sería la más habitual. Por ejemplo, observando de nuevo la tabla 16.3, los dividendos son mucho menos volátiles a través del tiempo que las utilidades.

Política de dividendos de compromiso

Muchas empresas parecen seguir en la práctica una política de dividendos de compromiso. Este tipo de política se basa en cinco objetivos principales:

1. Evitar reducir el número de proyectos con VPN positivo para pagar un dividendo.
2. Evitar reducciones de dividendos.

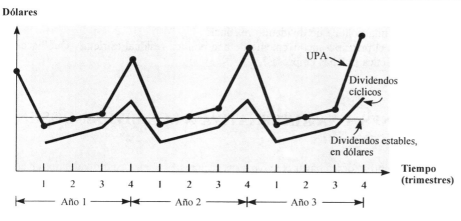

Dólares

Figura 16.5

Políticas de dividendos alternativas para Big Department Stores, Inc.

Política de dividendos cíclicos: los dividendos son una proporción constante de las utilidades en cada fecha de pagos.
Política de dividendos estables: los dividendos son una proporción constante de las utilidades durante un ciclo de utilidades.

3. Evitar la necesidad de vender capital.
4. Mantener una razón deuda/capital objetiva.
5. Mantener una razón de pago de dividendos objetiva.

Estas metas se clasifican más o menos en orden a su importancia. En el enfoque residual rígido, se supuso que la empresa mantenía una razón deuda/capital fija. Con el enfoque de compromiso, se considera esa razón deuda/capital como un objetivo a largo plazo. Si es necesario, se permite que la razón deuda/capital varíe en el corto plazo para evitar una reducción de dividendos o la necesidad de vender nuevo capital.

Además de una intensa renuencia a reducir dividendos, los administradores financieros tienen la tendencia a pensar en los pagos de dividendos en términos de una proporción de los ingresos y también tienden a pensar que los inversionistas tienen derecho a recibir una parte «justa» de los ingresos de la empresa. Esta parte es la **razón de pago de dividendos objetiva** a largo plazo y es el porcentaje de las utilidades que la empresa espera pagar como dividendos en circunstancias normales. Esto se considera como objetivo a largo plazo, por lo que puede variar a corto plazo en caso necesario. Como resultado, el crecimiento de las utilidades va seguido por aumentos en dividendos a largo plazo, pero sólo con una demora.

razón de pago de dividendos objetiva
Razón deseada a largo plazo entre dividendos y utilidades de una empresa.

Pueden minimizarse los problemas de inestabilidad de los dividendos creando dos tipos: ordinarios y extraordinarios. Para las empresas que utilizan este enfoque, es probable que los dividendos ordinarios sean un porcentaje relativamente pequeño de las utilidades permanentes, por lo que podrían mantenerse con facilidad. Se otorgarían dividendos extraordinarios cuando se estime que el aumento en las utilidades es temporal.

Dado que los inversionistas consideran a los dividendos extraordinarios como una prima, no suele producirse un descontento excesivo cuando no se repiten. Aunque el enfoque de los dividendos extraordinarios parece ser bastante razonable, en la práctica son pocas las empresas que lo utilizan. Una razón para ello es que la recompra de acciones, que se estudia a continuación, obtiene resultados muy parecidos y con algunas ventajas adicionales.

16.6a ¿Qué es una política de dividendo residual?

16.6b ¿Cuál es el principal inconveniente de una política residual estricta? ¿Qué hacen en la práctica muchas empresas?

16.7 | RECOMPRA DE ACCIONES: UNA ALTERNATIVA A LOS DIVIDENDOS EN EFECTIVO

recomprar
Método utilizado para pagar las utilidades de una empresa a sus propietarios que proporciona un mejor tratamiento fiscal que los dividendos.

Cuando una empresa desea pagar efectivo a sus accionistas, suele pagar dividendos en efectivo. Otra forma de hacerlo es **recomprar** sus propias acciones (cuando la legislación del país lo permite). Por ejemplo, IBM descubrió la recompra de acciones en 1974, cuando recompró $1.4 millones de sus propias acciones.

Como se estudió en el capítulo 13, las ventas netas de capital en Estados Unidos en años recientes han sido negativas. Esto se ha debido a que en realidad las empresas recompraron más acciones de las que vendieron. Por tanto, la recompra de acciones ha sido una actividad financiera importante y parece ser que continuará así. Por ejemplo, General Electric anunció en 1989 una recompra de $10 mil millones e IBM anunció una de $5 mil millones.

Dividendos en efectivo versus recompra

Imaginemos una empresa totalmente financiada con capital y con un excedente de efectivo de $300,000. La empresa no paga dividendos y su utilidad neta en el año que acaba de terminar es de $49,000. Se presenta a continuación el balance general, a valores de mercado, al finalizar el año.

Balance general a valores del mercado
(antes de distribuir el excedente de efectivo)

Excedente de efectivo	$ 300,000	$ 0	Deuda
Otros activos	700,000	1,000,000	Capital
Total	$1,000,000	$1,000,000	

Existen 100,000 acciones en circulación. El valor total de mercado del capital es de $1 millón, por lo que las acciones se venden en $10 cada una. La utilidad por acción (UPA) fue de $49,000/100,000 = $0.49 y la razón precio/utilidad (P/U) es de $10/$0.49 = 20.4.

Una opción que está considerando la empresa es pagar un dividendo extraordinario en efectivo de $300,000/100,000 = $3 por acción. De forma alternativa, la compañía está pensando en utilizar el dinero para recomprar $300,000/$10 = 30,000 acciones.

Si en el ejemplo no se consideran las comisiones, los impuestos y otras imperfecciones, los accionistas serían indiferentes respecto a cuál es la opción seleccionada. ¿Es sorprendente esto? En realidad no debería serlo. Lo que ocurre en este caso es que la empresa está pagando $300,000 en efectivo. A continuación, se presenta el nuevo balance general.

Balance general a valores del mercado
(antes de distribuir el excedente de efectivo)

Excedente de efectivo	$ 0	$ 0	Deuda
Otros activos	700,000	700,000	Capital
Total	$700,000	$700,000	

Si el efectivo se paga como dividendo, continúan existiendo 100,000 acciones en circulación, por lo que el valor de cada una de ellas es de $7.

El hecho de que el valor por acción haya disminuido de $10 a $7 no causa preocupación. Considere el caso del accionista que tienen 100 acciones. A un precio de $10 por acción antes del dividendo, el valor total es de $1,000.

Después del dividendo de $3, este mismo accionista tiene 100 acciones con valor de $7 cada una, para un total de $700 más 100 × $3 = $300 en efectivo, para un valor combinado total de $1,000. Esto sólo muestra lo que se observó previamente: un dividendo en efectivo no afecta la riqueza del accionista si no existen imperfecciones. En este caso, el precio de la acción simplemente disminuyó en $3 cuando inició el período ex-dividendo de la acción.

Además, dado que las utilidades totales y el número de acciones en circulación no han cambiado, la UPA continúa siendo de $0.49. Sin embargo, la razón precio/utilidad (P/U) disminuye a $7/$0.490 = 14.3. Se muestra a continuación por qué se están observando utilidades contables y razones P/U.

De forma alternativa, si la empresa recompra 30,000 acciones, quedarán en circulación 70,000. El balance general permanece igual.

Balance general a valor de mercado
(después de la compra de acciones)

Excedente de efectivo	$ 0	$ 0	Deuda
Otros activos	700,000	700,000	Capital
Total	$700,000	$700,000	

De nuevo la empresa tiene un valor de $700,000, por lo que cada acción restante tiene un valor de $700,000/70,000 = $10. Es obvio que el accionista con 100 acciones no resulta afectado. Por ejemplo, si se sintiera inclinado a hacerlo, podría vender 30 acciones y terminar con $300 en efectivo y $700 en acciones, exactamente igual a lo que tendría si la empresa paga el dividendo en efectivo. Éste es otro ejemplo de un dividendo casero.

En este segundo caso, la UPA asciende, dado que las utilidades totales son las mismas, mientras que el número de acciones disminuye. La nueva UPA será de $49,000/70,000 = $0.7 por acción. Sin embargo, lo importante que se debe observar es que la razón P/U es de $10/$0.7 = 14.3, justo igual que el resultado después del dividendo.

En este ejemplo se muestra un punto importante, que si no existen imperfecciones, un dividendo en efectivo y una recompra de acciones son fundamentalmente lo mismo. Éste es otro ejemplo más de la irrelevancia de la política de dividendos cuando no existen impuestos u otras imperfecciones.

Consideraciones prácticas en una recompra

El ejemplo que acabamos de presentar demuestra que la recompra y el dividendo en efectivo son lo mismo si no existen impuestos ni costos de transacción. En el mundo real, existen algunas diferencias contables entre una recompra de acciones y un dividendo en efectivo, pero la diferencia más importante es el tratamiento fiscal.

De acuerdo con la ley fiscal vigente en Estados Unidos, la recompra tiene una ventaja fiscal significativa sobre el dividendo en efectivo. El dividendo se grava totalmente como ingreso ordinario y el accionista no tiene elección en cuanto a si debe recibir o no el dividendo. En la recompra, el accionista sólo paga impuestos si 1) realmente decide vender y 2) obtiene una ganancia de capital en la venta.

Por ejemplo, un dividendo de $1 por acción se grava a tasas ordinarias. Los inversionistas en el rango de impuestos del 28% y con 100 acciones pagarían impuestos por $100 × 0.28 = $28. Los accionistas que vendieran pagarían muchos menos impuestos si la empresa recomprara acciones por valor de $100. Esto se debe a que sólo se pagan impuestos sobre las utilidades derivadas de la venta. Por tanto, si las acciones vendidas en $100 hubieran sido compradas originalmente en $60, la ganancia en la venta sería de sólo $40. El impuesto sobre las ganancias de capital sería 0.28 × $40 = $11.20.

Si este ejemplo le parece demasiado bueno para ser cierto, es probable que tenga razón. Las autoridades fiscales estadounidenses no permiten una recompra sólo con el fin de evitar el pago de impuestos. Para que lo permitan, deben existir otras razones relacionadas con el negocio. Lo probable es que la razón más habitual sea que «la acción es una buena inversión». La siguiente razón más frecuente es que «invertir en la acción es dar un buen uso al dinero» o que «la acción está subvaluada», etc.

Cualquiera que sea la justificación, recientemente algunas empresas han realizado recompras masivas de acciones. Debido al tratamiento fiscal, la recompra es una alternativa muy razonable al pago de dividendos extraordinarios, y el realizarla de vez en cuando es un medio útil para estabilizar los dividendos en efectivo.

Recompra de acciones y UPA

Tal vez leamos en la prensa financiera popular que la recompra de acciones es beneficiosa, debido a que aumentan las utilidades por acción. Como hemos observado, esto es verdad. La razón es simplemente que la recompra de acciones reduce el número de acciones, pero no tiene efecto sobre las utilidades totales. Como resultado de esto, aumenta la UPA.

Sin embargo, la prensa financiera especializada quizá enfatice indebidamente las cifras de UPA en un convenio de recompra. En el ejemplo anterior, se observó que el valor de las acciones no resultaba afectado por el cambio en la UPA. De hecho, la razón precio/utilidad era la misma cuando se comparó un dividendo en efectivo con una recompra.

Dado que el incremento en utilidades por acción va aparejado exactamente por el incremento en el precio de la acción, no existe un efecto neto. Dicho de otra forma, el incremento en la UPA sólo es un ajuste contable que refleja (correctamente) el cambio en el número de acciones.

En el mundo real, en la medida en que la recompra beneficie a la empresa, se argumentaría que se debe sobre todo a las consideraciones fiscales que acabamos de estudiar.

┌
PREGUNTAS SOBRE CONCEPTOS

16.7a ¿Por qué puede tener más sentido la recompra de acciones que el pago de un dividendo en efectivo extraordinario?

16.7b ¿Por qué no utilizan todas las empresas la recompra de acciones en vez de los dividendos en efectivo?

DIVIDENDOS EN ACCIONES Y SPLIT DE ACCIONES | 16.8

Otro tipo de dividendos se paga en acciones. Este tipo de dividendos se denomina **dividendo en acciones** y no constituye un verdadero dividendo porque no se paga en efectivo. El efecto de un dividendo en acciones es aumentar el número de acciones que tiene cada propietario. Dado que existen más acciones en circulación, cada una de ellas simplemente vale menos.

El dividendo en acciones se expresa por lo general como un porcentaje; por ejemplo, un dividendo en acciones del 20% significa que cada accionista recibe una nueva acción por cada cinco que posee (un aumento del 20%). Dado que cada accionista tiene un 20% más de acciones, el número total de acciones en circulación aumenta en ese 20%. Como veremos dentro de un momento, el resultado sería que cada acción vale alrededor de un 20% menos.

Split o **subdivisión de acciones** es esencialmente lo mismo que el dividendo en acciones, excepto que la subdivisión o split se expresa como una razón en vez de como un porcentaje. Cuando se declara una subdivisión, cada acción se subdivide para crear acciones adicionales. Por ejemplo, en una subdivisión de acciones al tres por uno, cada acción antigua se subdivide en tres acciones nuevas.

dividendo en acciones
Pago que hace una empresa a sus propietarios en acciones, con lo que se diluye el valor de cada acción en circulación.

split o subdivisión de acciones
Incremento del número de acciones en circulación de una empresa sin originar cambio alguno en el capital de los propietarios.

Algunos detalles sobre el split de acciones y los dividendos en acciones

Las subdivisiones o splits de acciones y los dividendos en acciones tienen fundamentalmente el mismo efecto sobre la empresa y sobre el accionista: aumentan el número de acciones en circulación y reducen el valor por acción. Sin embargo, el tratamiento contable no es el mismo y éste depende de dos factores: 1) si la distribución es una subdivisión de acciones o un dividendo en acciones y 2) la magnitud del dividendo en acciones, si éste se denomina dividendo.

Por convención, a los dividendos en acciones menores del 20-25% se les denomina *dividendo menor en acciones*. Posteriormente, se presenta el procedimiento contable para este tipo de dividendo. Un dividendo en acciones mayor de este porcentaje se denomina *dividendo mayor en acciones.* Los dividendos mayores en acciones no son inusuales. Por ejemplo, Walt Disney declaró en 1973 un dividendo en acciones del 100%, con lo que duplicó el número de acciones en circulación. Con la excepción de algunas diferencias contables relativamente menores, este dividendo tiene el mismo efecto que una subdivisión al dos por uno.

Ejemplo de un dividendo menor en acciones   Peterson Co., una empresa de consultoría que se especializa en problemas contables difíciles, tiene en circulación 10,000 acciones que se venden cada una de ellas en $66. El valor de mercado total del capital es de $66 × 10,000 = $660,000.

Con un dividendo en acciones del 10%, cada accionista recibe una acción adicional por cada 10 que tenga, y el número total de acciones en circulación después del dividendo es de 11,000.

Antes del dividendo en acciones, la sección de capital contable en el balance general de Peterson puede ser ésta:

Capital social ($1 valor nominal, 10,000 acciones en circulación)	$ 10,000
Superávit de capital	200,000
Utilidades retenidas	290,000
Capital contable total	$500,000

Se utiliza un procedimiento contable, aparentemente arbitrario, para ajustar el balance general después de un dividendo menor en acciones. Dado que se emiten 1,000 nuevas acciones, la cuenta de capital social aumenta en $1,000 (1,000 acciones a $1 valor nominal cada una) para un total de **$11,000**. El precio de mercado de $66 es mayor en $65 que el valor nominal, por lo que el «exceso» de $65 × 1,000 acciones = $65,000 se suma a la cuenta de superávit de capital (capital en exceso del valor nominal), obteniéndose un total de **$265,000**.

El capital contable total no resulta afectado por el dividendo en acciones porque no ha entrado ni salido efectivo, por lo que las utilidades retenidas se reducen por la totalidad de $66,000, quedando en **$224,000**. El efecto neto de estas acciones es que las cuentas de capital de Peterson se ven ahora como sigue:

Capital social ($1 valor nominal, 11,000 acciones en circulación)	**$ 11,000**
Superávit de capital	**265,000**
Utilidades retenidas	**224,000**
Capital contable total	$500,000

Ejemplo de una subdivisión de acciones Conceptualmente, la subdivisión o split de acciones es similar al dividendo en acciones, aunque se suele expresar como una razón. Por ejemplo, en una subdivisión al tres por dos, cada accionista recibe una acción adicional por cada dos que tenía en su poder, por lo que una subdivisión o split al tres por dos equivale a un dividendo en acciones del 50%. De nuevo, no se paga efectivo alguno y no resulta afectada la participación proporcional de propiedad de accionista de la empresa.

El tratamiento contable de una subdivisión de acciones es un poco diferente (y más sencillo) que el del dividendo en acciones. Supongamos que Peterson decide declarar un split de acciones al dos por uno. El número de acciones en circulación se duplicaría a **20,000** y el valor nominal se reduciría a la mitad, a **$0.50** por acción. El capital contable después de la subdivisión queda así:

Capital social (**$0,50** valor nominal, **20,000** acciones en circulación)	$ 10,000
Superávit de capital	200,000
Utilidades retenidas	290,000
Capital contable total	$500,000

Obsérvese que las cifras a la derecha para las tres categorías no resultan afectadas de forma alguna por el split. El único cambio se da en el valor nominal. Puesto que el número de acciones se ha duplicado, el valor nominal de cada una se reduce a la mitad.

Ejemplo de un dividendo mayor en acciones   En el ejemplo anterior, si se declarara un dividendo en acciones de 100%, se distribuirían 10,000 acciones nuevas, por lo que habrían **20,000** acciones en circulación. A un valor nominal de **$1** por acción, la cuenta de capital social aumentaría en $10,000 para un total de **$20,000**. La cuenta de superávit de capital o, más habitualmente, la cuenta de utilidades retenidas se reduciría en este importe. En este caso, la cuenta de utilidades retenidas se redujo $10,000, quedando en **$280,000**. El resultado es el siguiente:

Capital social (**$1.00** valor nominal, **20,000** acciones en circulación)	**$ 20,000**
Superávit de capital	200,000
Utilidades retenidas	**280,000**
Capital contable total	$500,000

Valor de los splits de acciones y de los dividendos en acciones

Las leyes de la lógica afirman que las subdivisiones o splits de acciones y los dividendos en acciones pueden 1) dejar sin modificación alguna el valor de la empresa, 2) aumentar su valor o 3) disminuir su valor. Por desgracia, los aspectos son lo bastante complejos como para que no sea posible determinar con facilidad cuál de estas tres relaciones se aplica.

El caso que sirve de parámetro   Se puede argumentar que los dividendos en acciones y las subdivisiones de acciones no cambian la riqueza de los accionistas ni la riqueza de la empresa en su conjunto. En el ejemplo anterior, el capital tenía un valor de mercado total de $660,000. Con el dividendo en acciones, el número de éstas aumentó a 11,000, por lo que parece que cada una tendría un valor de $660,000/11,000 = $60.

Por ejemplo, un accionista que antes del dividendo tenía 100 acciones con un valor de $66 cada una, tendría después del dividendo 110 acciones con un valor de $60 cada una. El valor total de las acciones en ambos casos es de $6,600, con lo que el dividendo en acciones en realidad no tiene efecto económico alguno.

Después del split de acciones, había 20,000 acciones en circulación, por lo que cada una de ellas tendría un valor de $660,000/20,000 = $33. En otras palabras, el número de acciones se duplica y el precio se reduce a la mitad. Con base a estos cálculos, parece ser que los dividendos en acciones y las subdivisiones de acciones son tan sólo transacciones en papel.

A pesar de que estos resultados son relativamente obvios, suelen presentarse razones que sugieren que estas actividades pueden producir beneficios. El administrador financiero típico es consciente de muchas complejidades del mundo real, de modo que en la práctica no trata a la ligera las decisiones relativas al split de acciones o al pago de dividendos en acciones.

Rango de negociación típico   Los partidarios de los dividendos en acciones y de las subdivisiones o split de acciones afirman con frecuencia que un instrumento financiero tiene un **rango de negociación** apropiado. Cuando al instrumento financiero se le fija un precio por arriba de este nivel, muchos accionistas no tienen los fondos necesarios para comprar la unidad o lote de intercambio típico, que consiste en 100 acciones y se llama *lote completo*. Aunque es posible comprar instrumentos financieros en forma de *lotes incom-*

rango de negociación
Rango de precios entre los más altos y los más bajos a los que se negocia una acción.

pletos* (menos de 100 acciones), las comisiones son mayores. Por tanto, las empresas subdividirán las acciones para mantener el precio en este rango de negociación.

Aunque este argumento se ha utilizado mucho, su validez es dudosa por varias razones. Las sociedades de inversión, los fondos de pensiones y otras instituciones han aumentado consistentemente sus operaciones en los mercados financieros a partir de la Segunda Guerra Mundial, y controlan ahora un porcentaje importante del volumen total de operaciones financieras (p. ej., en el caso de la NYSE es del orden del 80%). Debido a que estas instituciones compran y venden en cantidades enormes, el precio de la acción individual tiene poca relevancia.

Más aún, se observan en ocasiones precios de acciones que son bastante elevadas sin que parezcan ocasionar problemas. Para observar un caso extremo, la mayor empresa del mundo (en términos de valor total de mercado del capital en circulación) es el gigante japonés de las telecomunicaciones NTT. A principios de 1989, las acciones de NTT se vendían a un precio aproximado de $12,000 *cada una*, por lo que un lote completo tenía un costo impresionante de $1.2 millones. Esto es bastante caro, pero la acción se ha vendido en más de $20,000 cada una. En Estados Unidos, cada acción de Berkshire-Hathaway, una empresa en extremo respetada, se vendía en ese instante en alrededor de $5,000.

Por último, existe evidencia de que los splits o subdivisiones de acciones pueden disminuir la liquidez de las acciones de la empresa. Tras una subdivisión al dos por uno, el número de acciones negociadas debe ir más allá de la duplicación si la subdivisión aumenta la liquidez. Esto no parece producirse y en ocasiones se observa lo contrario.

Split inverso

split inverso o subdivisión inversa de acciones
Subdivisión de acciones en la que se reduce el número de acciones de una empresa en circulación.

Una maniobra financiera que es menos habitual es el **split inverso** o **subdivisión inversa de acciones**. En una subdivisión inversa de acciones al uno por tres, cada inversionista intercambia tres acciones antiguas por una nueva. En el proceso, el valor nominal se triplica. Como mencionamos anteriormente en relación a las subdivisiones de las acciones y a los dividendos en acciones, se puede argumentar que el split inverso o subdivisión inversa de acciones no produce cambios sustanciales en la empresa.

Conociendo las imperfecciones del mundo real, se citan tres razones relacionadas entre sí para la realización de las subdivisiones inversas de acciones. Primero, los costos de transacción quizá sean menores para los accionistas después de un split inverso de acciones. Segundo, la liquidez y negociabilidad de las acciones de una empresa quizá mejoren cuando se aumenta su precio hasta el rango de negociación típica. Tercero, las acciones que se venden a un precio por debajo de un cierto nivel no se consideran como respetables, lo que quiere decir que los inversionistas subestiman las utilidades, el flujo de efectivo, el crecimiento y la estabilidad de estas empresas. Algunos analistas financieros afirman que con una subdivisión inversa de acciones se puede lograr respetabilidad instantánea. Al igual que con las subdivisiones o splits de acciones, ninguna de estas razones es particularmente convincente, en especial la tercera.

Existen otras dos razones para intentar justificar los splits inversos de acciones. Primero, las bolsas de valores tienen requisitos con respecto al precio mínimo por acción. Una subdivisión inversa de acciones puede hacer subir el precio de la acción hasta ese mínimo. Segundo, las empresas efectúan en ocasiones subdivisiones inversas de acciones y, al mismo tiempo, le compran sus acciones a los que terminan con menos de una cantidad

---

**Nota de los Revs. Técs.:* En algunas bolsas de valores, al lote incompleto se le denomina «pico», mientras que al lote completo se le denomina simplemente «lote».

<u>mínima de acciones</u>. Esta segunda táctica puede ser abusiva si se utiliza para obligar a salir de la empresa a los accionistas minoritarios.

PREGUNTAS SOBRE CONCEPTOS

16.8a ¿Cuál es el efecto de una subdivisión o split de acciones sobre la riqueza del accionista?

16.8b ¿En qué difiere el tratamiento contable de una subdivisión de acciones del que se utiliza para un dividendo menor en acciones?

RESUMEN Y CONCLUSIONES | 16.9

En este capítulo hemos estudiado los tipos de dividendos y cómo se pagan. También se definió la política de dividendos y se examinó si esa política tiene o no relevancia. A continuación, se mostró cómo una empresa puede establecer una política de dividendos y se describió una alternativa importante para los dividendos en efectivo: la recompra de acciones.

Al estudiar estos temas, se observó que:

1. La política de dividendos es irrelevante cuando no existen impuestos u otras imperfecciones porque los accionistas pueden efectivamente modificar la estrategia de dividendos de la empresa. Si un accionista recibe un dividendo mayor del deseado, puede reinvertir el excedente. Por el contrario, si recibe un dividendo menor, puede vender sus acciones.

2. Los impuestos sobre la renta del accionista individual y los costos de emisión de nuevas acciones son consideraciones del mundo real que favorecen el pago de dividendos bajos. Cuando existen impuestos y costos de emisión de nuevas acciones, la empresa sólo debe pagar dividendos después de haber financiado por completo todos los proyectos con VPN positivo.

3. En la economía existen grupos que quizá estén a favor de pagos altos de dividendos. Entre ellos se incluyen muchas grandes instituciones, como es el caso de los fondos de pensiones. Reconociendo que algunos grupos prefieren pagos altos y que otros los prefieren bajos, el efecto de clientela respalda la idea de que la política de dividendos responde a las necesidades de los accionistas. Por ejemplo, si el 40% de los accionistas prefieren dividendos bajos y el 60% los prefieren altos, aproximadamente el 40% de las empresas tendrán pagos de dividendos bajos, en tanto que el 60% los tendrá altos. Esto reduce significativamente el efecto de la política de dividendos de cualquier empresa individual sobre su precio de mercado.

4. La empresa que desee establecer un pago de dividendos residual rígido tendrá un dividendo inestable. Por lo general, se considera muy deseable la estabilidad en los dividendos. Por consiguiente, se estudió una estrategia de compromiso que proporciona un dividendo estable y que parece ser bastante similar a las políticas de dividendos que muchas empresas siguen en la práctica.

5. La recompra de acciones actúa de forma similar a un dividendo en efectivo, pero tiene una ventaja fiscal importante. Por tanto, las recompras de acciones son una parte muy útil de la política global de dividendos.

Para terminar el estudio de los dividendos, se enfatiza por última vez en la diferencia entre los dividendos y la política de dividendos. Los dividendos son importantes porque en última instancia el valor de una acción viene determinado por los dividendos que se pagarán. Lo que resulta menos claro es si el esquema de los pagos de dividendos a lo largo del tiempo (ahora contra después) tiene o no relevancia. Ésta es la pregunta de la política de dividendos y no resulta fácil dar una respuesta definitiva a la misma.

Términos fundamentales

dividendo **570**
distribución **570**
dividendos en efectivo ordinarios **570**
fecha de declaración **571**
fecha ex-dividendo **571**
fecha de registro **571**
fecha de pago **572**
dividendos caseros **575**
efecto del contenido informativo **583**
efecto de clientela **583**

enfoque del dividendo residual **586**
razón de pago de dividendos
  objetiva **591**
recomprar **592**
dividendo en acciones **595**
split o subdivisión de acciones **595**
rango de negociación **597**
split inverso o subdivisión inversa de
  acciones **598**

Problemas de revisión y autoevaluación del capítulo

16.1 **Política de dividendo residual**   Rapscallion Corporation mantiene una política de dividendo residual estricta y mantiene una estructura de capital de 40% deuda y 60% capital. Las utilidades del año son de $2,500. ¿Cuál es el monto máximo de gastos de capital posible sin tener que vender nuevo capital? Suponga que los desembolsos por inversión planeados para el año próximo son de $3,000. ¿Pagará un dividendo Rapscallion? Si es así, ¿de cuánto?

16.2 **Recompra versus dividendo en efectivo**   Trantor Corporation está decidiendo si pagar un excedente en efectivo de $300 en forma de un dividendo extraordinario o realizar una recompra de acciones. Las utilidades actuales son de $1.50 por acción y la acción se vende en $15. El balance general a valores de mercado antes de pagar los $300 es el siguiente:

Balance general a valores de mercado
(antes de pagar el excedente de efectivo)

Excedente de efectivo	$ 300	$ 400	Deuda
Otros activos	1,600	1,500	Capital
Total	$1,900	$1,900	

Evalúe las dos alternativas en términos del efecto sobre el precio por acción, la UPA y la razón de P/U.

Respuestas a los problemas de autoevaluación

16.1 Rapscallion tiene una razón de deuda/capital de $0.40/0.60 = {}^2/_3$. Si reinvirtiera la totalidad de los $2,500 de utilidades, se necesitarían $2,500 \times {}^2/_3 = $**$1,667** en nuevos préstamos para mantener sin cambio la razón deuda/capital. Por tanto, el nuevo financiamiento total posible sin capital externo es de $2,500 + 1,667 = **$4,167**.

Si los desembolsos planeados son de $3,000, este importe se financiará con un 60% de capital. Por consiguiente, el capital necesario es de $3,000 × 0.60 = **$1,800**. Esto es inferior a las utilidades de $2,500, por lo que se pagaría un dividendo de $2,500 − 1,800 = **$700**.

16.2 El valor de mercado del capital es de $1,500. El precio por acción es de $15, por lo que hay 100 acciones en circulación. El dividendo en efectivo ascendería a $300/100 = **$3 por acción**. En el momento en que se extingue el dividendo de la acción, el precio disminuirá en $3 por acción hasta $12. Dicho de otra forma, los activos totales disminuyen en $300, por lo que el valor del capital disminuye en ese importe hasta $1,200. Con 100 acciones, el nuevo precio de la acción es de **$12 cada una**. Después del dividendo la UPA será la misma, **$1.50**, pero la razón P/U será de $12/1.50 = **8 veces**.

Con la recompra, se comprarán $300/15 = 20 acciones, quedando 80. De nuevo el capital tendrá un valor total de $1,200. Con 80 acciones esto es $1,200/80 = **$15 por acción**, por lo que el precio no cambia. Las utilidades totales de Trantor tienen que ser de $1.50 × 100 = $150. Después de la recompra la UPA será más alta en $150/80 = **1.875**. Sin embargo, la razón P/U seguirá siendo de $15/1.875 = **8 veces**.

Preguntas y problemas

1. **Contabilización de las divisiones**   Se presentan a continuación las cuentas de capital de los propietarios de Polyanna Co. (en millones).

Acciones comunes ($1 valor par)	$ 50
Superávit de capital	500
Utilidades acumuladas	5,000
	$5,550

   a. Si cada acción de Polyanna se vende actualmente en el mercado de valores en $50 y se declara un dividendo en acciones del 10%, ¿cómo cambiarían estas cuentas?

   b. Si Polyanna declarara una división de acciones de 10 por 1, ¿cómo cambiarían estas cuentas?

2. **Dividendos e impuestos**   La Universidad de Pennsylvania no paga impuestos sobre sus ganancias de capital ni sobre sus ingresos por dividendos e ingresos por intereses. ¿Sería poco razonable encontrar en su cartera acciones de bajos dividendos y alto crecimiento? ¿Sería irracional encontrar bonos municipales (libres de impuestos) en su cartera? Explíquelo.

3. **Determinación de la fecha de extinción del dividendo**   El jueves 22 de junio, el Consejo de dirección de Duke Power declara un dividendo de $0.45 por acción, pagadero el jueves 20 de julio, a los accionistas registrados el jueves 6 de julio. ¿Cuál es la fecha de extinción del dividendo? Si un accionista compra acciones antes de esa fecha, ¿qué acontecimientos sucederán?

4. **Dividendos normales**   Se presenta a continuación el balance general de Peelout Corp. en términos de valor de mercado. Hay 100 acciones en circulación.

Activos		*Pasivo y capital*	
Efectivo	$100	Capital	$1,000
Activos fijos	900		

Peelout ha declarado un dividendo de $0.50 por acción. Mañana es la fecha de extinción de dividendos. ¿A cuánto se vende hoy? ¿A cómo se venderá mañana? En la respuesta no tome en cuenta los impuestos.

5. **Recompra de acciones**   En la pregunta anterior suponga que Peelout ha anunciado que piensa recomprar acciones por un valor de $50. ¿Cuál será el efecto de ello? Sin tomar en cuenta los impuestos, muestre cómo esto es efectivamente lo mismo que el dividendo en efectivo.

6. **Dividendos e impuestos**   Alphaxenics Co. ha declarado un dividendo en acciones de $2. Suponga que las ganancias de capital no son gravables, pero que los dividendos están gravados al 28%. Las nuevas regulaciones de la IRS exigen que se retengan los impuestos en el momento en que se paga el dividendo. La acción de Alphaxenics se vende en $20 y está próxima la fecha de extinción del dividendo. ¿Cuál cree que será el precio con extinción del dividendo?

7. **Dividendos en acciones**   Se presenta a continuación el balance general, a valor de mercado, de Poohbah, Inc. Poohbah ha declarado un dividendo en acciones del 20%. Mañana es la fecha de extinción del dividendo (la cronología para un dividendo en acciones es similar a un dividendo en efectivo). Hay 500 acciones en circulación. ¿Cuál será el precio con extinción del dividendo?

Activos		*Pasivo y capital*	
Efectivo	$800	Deuda	$650
Activos fijos	800	Capital	950

8. **Dividendos versus ganancias de capital**   Piker Shoes tiene un rendimiento en dividendo esperado del 8%, mientras que Rinky Shoes no paga dividendos. El capital de las dos empresas tiene el mismo riesgo. El rendimiento requerido de Rinky es del 15%. Las ganancias de capital no están gravadas, pero los dividendos sí lo están al 28%. ¿Cuál es el rendimiento antes de impuestos requerido de Piker Shoes?

9. **Dividendos caseros**   Se poseen 100 acciones de Srinivas Submersibles. Dentro de un año, se recibirá un dividendo de $0.35 por acción. En dos años, Srinivas pagará un dividendo de liquidación de $15. El rendimiento requerido es del 18%. ¿Cuánto vale cada acción (sin tomar en cuenta los impuestos)? Si se deseara tener dividendos iguales en cada uno de los próximos dos años, demuestre cómo es posible lograrlo mediante los dividendos caseros (sugerencia: los dividendos tendrán forma de anualidad).

10. **Dividendos caseros**   En la pregunta anterior, suponga que sólo se quiere recibir un total de $20 en dividendos el primer año. ¿Cuál será el dividendo casero en dos años?

11. **Política de dividendos residuales**   Okefenokee Ferns pronostica que las utilidades del próximo año serán de $10 millones. Hay un millón de acciones en circulación y Okefenokee Ferns mantiene una razón total de deuda de 0.50.

   a. Calcule los fondos totales que se pueden generar en forma directa de las utilidades y el aumento resultante en los préstamos contratados.

   b. Suponga que Okefenokee Ferns utiliza una política de dividendos residuales. Los gastos de capital planeados ascienden a un total de $12 millones. En base a esta información, ¿cuál será el importe del dividendo por acción?

   c. En la parte *b,* ¿cuál será el importe de los préstamos contratados? ¿Cuál es el aumento a las utilidades acumuladas?

   d. Suponga que Okefenokee no planea desembolsos de capital para el año próximo. ¿Cuál será el dividendo con la política residual? ¿Cuáles serán los nuevos préstamos?

12. **Dividendos alternativos**   Algunas corporaciones, como es el caso de una compañía inglesa que ofrece a sus grandes accionistas el uso gratis de un crematorio, pagan dividendos en especie (es decir, ofrecen sus servicios a los accionistas a un costo inferior que los del mercado). ¿Deben invertir los fondos mutualistas en acciones que paguen estos dividendos en especie? (Los tenedores de los fondos no reciben estos servicios.)

13. **Políticas de dividendos**   Si existe la tendencia de que los aumentos en dividendos vayan seguidos por aumentos (inmediatos) en los precios de las acciones, ¿cómo se puede afirmar que la política de dividendos no tiene importancia?

14. **Cambios en dividendos**   El mes anterior, Central Virginia Power Company, que ha tenido problemas de costos excesivos en una planta de energía nuclear en construcción, anunció que iba a «suspender temporalmente los pagos por una disminución en el flujo de efectivo relacionado con su programa de inversiones». El precio de la acción de la compañía disminuyó de $28.50 a $25 cuando se hizo este anuncio. ¿Cómo interpretaría este cambio en el precio de la acción (es decir, qué lo ocasionó)?

15. **Contabilización de los dividendos en acciones**   Una compañía, cuyas cuentas de capital común se presentan a continuación, ha declarado un dividendo en acciones del 5% en un momento en que el valor de mercado de su acción es de $6. ¿Qué efectos tendrá sobre las cuentas de capital la distribución del dividendo en acciones?

Acciones comunes ($1 par)	$1,000,000
Exceso sobre par (superávit pagado)	2,000,000
Utilidades acumuladas	5,000,000
Capital común total	$8,000,000

16. **Contabilización de la división de acciones**   En la pregunta anterior, suponga que en lugar de ello la compañía decide una división de acciones de cuatro por una. El dividendo en efectivo de $0.20 de la empresa sobre las nuevas acciones (divididas) representa un aumento del 5% en relación con el dividendo del año anterior sobre las acciones antes de la división. ¿Qué efecto tiene esto sobre las cuentas de capital? ¿Cuál fue el dividendo por acción el año anterior?

17. **PRD**   RWW Corporation ha desarrollado recientemente un plan de reinversión de dividendos (PRD). El plan permite a los inversionistas reinvertir de forma automática los dividendos en efectivo en intercambio por nuevas acciones de

RWW. Con el transcurso del tiempo los inversionistas de RWW estarán en posibilidad de crear sus tenencias de acciones al reinvertir los dividendos para comprar acciones adicionales de la compañía.

Alrededor de 1,000 compañías ofrecen planes de reinversión de dividendos. La mayor parte de las empresas con planes de reinversión de dividendos no cobran honorarios de corretaje o de servicios. De hecho, las acciones de RWW serán compradas con un «descuento» del 10% sobre el precio de mercado.

Un consultor de RWW estima que alrededor del 75% de los accionistas de la empresa tomarán parte en este plan. Esto es algo más alto que el promedio.

Evalúe el plan de reinversión de dividendos de RWW. ¿Aumentará la riqueza del accionista? Cite los puntos a favor y en contra.

18. **Política de dividendos**   Para las ofertas públicas iniciales de acciones comunes 1983 fue un año muy importante, con 888 empresas ofreciendo sus acciones al público y obteniendo más de $10 billones. Excepto en el caso de las acciones de los bancos, casi ninguna de éstas pagaron dividendos en efectivo. ¿Por qué piensa que la mayor parte de ellas decidió no pagar dividendos en efectivo?

19. **Política de dividendos**   Examine el artículo siguiente tomado del *Philadelphia Bulletin*, del 16 de abril de 1976:

EL PROBLEMA DE LOS DIVIDENDOS EN CLARK EQUIPMENT

Si es usted uno de los 13,000 accionistas de Clark Equipment Co., puede esperar un aumento en el dividendo anual de $1.60, pero no gaste aún el dinero.

Según afirma Leonard M. Savoie, vicepresidente y contralor: «Tendremos que aumentarlo algún día. Hay mucha presión para el aumento».

La tasa de $1.60 ha estado en vigor desde 1973, a pesar de que con la inflación el poder adquisitivo de $1.60 es bastante menor que en 1973.

No obstante, según insistió con vehemencia Bert E. Phillips, presidente y director general, no es probable un aumento inmediato. Los dos funcionarios del fabricante de equipos para manejo de materiales y construcción en Buchanan, Michigan, estaban ayer en la ciudad para una reunión en el Racquet Club con los analistas financieros de Filadelfia.

Dos motivos

Las utilidades del primer trimestre de Clark no fueron «muy buenas», según Phillips, quien dijo que la primera mitad del año también «estará algo deprimida, probablemente». No es momento para aumentar el dividendo.

Además de eso, Phillips piensa que Clark puede reinvertir el dinero en el negocio con un rendimiento más alto de lo que obtendrían los accionistas por sí mismos.

Es poco probable que esto agrade mucho a los accionistas que dependen de los dividendos. Sin embargo, Phillips piensa que es una tontería que una compañía abone un dividendo más alto y tenga después que contratar préstamos para obtener el dinero que precisa para la expansión y modernización de sus plantas.

Según dijo a los analistas, esto es tomar préstamos para pagar dividendos.

Tradicionalmente, Clark ha estado pagando como dividendos el 45-50% de las utilidades. Phillips confía en poder persuadir a los directores de que permitan disminuir la razón de pagos mientras las utilidades aumentan este año y el próximo, como él espera.

Algunos directores quizá se opongan, preocupándose por la «pequeña anciana en zapatos de tenis en Iowa» que desea un aumento del dividendo de $1.60, según Phillips.

«Pienso que murió, pero aún no lo saben», dijo Phillips.

El funcionario de Clark señaló que el próximo año será diferente.

«Pensamos que la tendencia descendente ha llegado a su punto más bajo y que en el segundo semestre (de 1976) se verán mejorías cuando todo el sector de bienes de capital vuelva a una situación más sólida», declaró Phillips. Por lo general, las ventas y las utilidades de los productores de bienes de capital, como es el caso de Clark, tienen un retraso con relación a la economía de seis a nueve meses.

Presagio

Los embarques de elevadores de carga y otros camiones industriales de Clark disminuyeron durante 1975. Sin embargo, según Phillips, en los últimos meses los embarques han mostrado «una tendencia ascendente, y esperamos que continúe durante el resto del año». Sin embargo, la maquinaria para la construcción continúa a un bajo nivel.

   Clark obtuvo en 1975 utilidades por $46.6 millones, es decir, $3.43 por acción sobre ventas de $1.4 billones. Algunos analistas de Wall Street pronostican que las utilidades de 1976 se encontrarán entre $3.60 y $4 por acción.

Evalúe «El problema de los dividendos en Clark Equipment» de acuerdo a lo que ha estudiado sobre la política de dividendos. En particular:

a. ¿Qué piensa de las dos razones para no aumentar este año el dividendo de $1.60?

b. ¿Qué opina de «tomar préstamos para pagar dividendos»?

c. ¿Debe basar Clark su política de dividendos en la razón de pagos? ¿En los dividendos por acción?

d. Suponiendo que aún siga viva, ¿debe preocuparse la compañía por la pequeña anciana de Iowa?

20. Política de dividendos residuales   Zappit utiliza una política de dividendos residuales. Se considera óptima la razón de deuda/capital de 1. Las utilidades del período que acaba de terminar fueron de $100 y se declaró un dividendo de $60. ¿Cuáles fueron los desembolsos de capital? ¿Los nuevos préstamos?

21. Política residual   Heavy Water, Inc., ha declarado un dividendo anual de $0.50 por acción. En el año que acaba de terminar, las utilidades fueron de $1.40 por acción.

a. ¿Cuál es la razón de pagos de Heavy Water?

b. Suponga que Heavy Water tiene 5 millones de acciones en circulación. Se ha planeado que los préstamos a contratar en el próximo año sean de $14 millones. ¿Cuáles son los desembolsos de inversión planeados, suponiendo una política de dividendos residuales? ¿Qué estructura de capital preseleccionada va implícita en estos cálculos?

22. Política residual   Grendel Corporation sigue una política de dividendos residuales estricta. Su razón deuda/capital es de 1.

a. Si las utilidades del año son de $600,000, ¿cuál es la cantidad máxima de gastos de capital posibles sin nuevo capital?

b. Si los desembolsos de inversión planeados para el próximo año son de $1.5 millones, ¿pagará Grendel un dividendo? Si es así, ¿de cuánto?

c. ¿Mantiene Grendel Corporation un pago de dividendos constante? ¿Por qué sí o por qué no?

23. Recompra de acciones   Izberg-Kooperman Corporation está evaluando un dividendo extraordinario contra una recompra de acciones. En cualquiera de los casos, se gastarían $1,000. Las utilidades actuales son de $5 por acción y cada acción se vende en la actualidad a $100. Hay 20 acciones en circulación. Al contestar las primeras dos preguntas no tome en cuenta los impuestos y otras imperfecciones.

a. Evalúe las dos alternativas en términos del efecto sobre el precio de la acción y la riqueza del accionista.

b. ¿Cuál será el efecto sobre la UPA y la razón P/U de Izberg-Kooperman?

c. En el mundo real, ¿cuáles de estas razones recomendaría? ¿Por qué?

24. Política residual versus un compromiso   ¿Cuál es el principal inconveniente de la política de dividendos residuales estricta? ¿Por qué es esto un problema? ¿Cómo opera una política de compromiso? ¿En qué difiere de una política residual estricta?

Lecturas sugeridas

Nuestro argumento de la falta de importancia del dividendo se basa en un artículo clásico:

Miller, M. H. y F. Modigliani, «Dividend Policy, Growth and the Valuation of Shares», *Journal of Business* 34, octubre de 1961.

Higgins describe el enfoque del dividendo residual en:

Higgins, R. C., «The Corporate Dividend-Saving Decision», *Journal of Financial and Quantitative Analysis* 7, marzo de 1972.

Parte ocho

Planeación y administración de las finanzas a corto plazo

CAPÍTULO 17
Finanzas y planeación a corto plazo

Hasta ahora, hemos descrito las decisiones del financiamiento a largo plazo, incluyendo la elaboración de presupuestos de capital, la estructura del capital y la política de dividendos. En este capítulo presentamos algunos aspectos del financiamiento a corto plazo. El financiamiento a corto plazo es el análisis de decisiones tomadas cuando todos los flujos de efectivo importantes ocurren en el futuro cercano. La atención de las finanzas a corto plazo se centra en los activos y pasivos circulantes.

CAPÍTULO 18
Administración de efectivo y de liquidez

¿Por qué mantienen efectivo las empresas? Ésta es la pregunta que se intenta contestar en el capítulo 18 y se discuten algunas buenas razones para que las empresas lo hagan. En este capítulo se muestra cómo las empresas pueden mantener las inversiones bajas en efectivo al tiempo que siguen operando con efectividad.

CAPÍTULO 19
Administración de crédito y de inventarios

En este capítulo se estudia la decisión de una empresa de conceder crédito. La concesión de crédito puede dar lugar a mayores ventas para la empresa, aunque este beneficio debe equilibrarse frente a los costos adicionales de una venta a crédito. También se estudian algunos aspectos financieros importantes de la administración de los inventarios.

Capítulo 17

Finanzas y planeación a corto plazo

Hasta este momento, hemos comentado muchas de las decisiones de las finanzas a largo plazo; por ejemplo, el presupuesto de capital, la política de dividendos y la estructura financiera. En este capítulo se inicia el estudio de las finanzas a corto plazo. Estas finanzas están enfocadas principalmente al análisis de las decisiones que afectan a los activos y a los pasivos circulantes.

El término *capital de trabajo neto* suele asociarse con la toma de decisiones financieras a corto plazo. Como indicamos en el capítulo 2 y en otras partes del texto, el capital de trabajo neto es la diferencia entre los activos y los pasivos circulantes. A la administración financiera a corto plazo se le denomina a menudo *administración del capital de trabajo*. Ambas denominaciones tienen el mismo significado.

No existe una definición universalmente aceptada para las finanzas a corto plazo. La diferencia más importante entre las finanzas a corto y a largo plazo es el posicionamiento en el tiempo de los flujos de efectivo. Normalmente, las decisiones financieras a corto plazo involucran a las entradas y salidas de efectivo que se producen en el transcurso de un año o menos. Por ejemplo, se presentan decisiones financieras a corto plazo cuando una empresa ordena materias primas, paga en efectivo y planea vender los productos terminados en el transcurso de un año a cambio de efectivo. En contraste, se presentan decisiones financieras a largo plazo cuando una empresa compra una máquina especial que reducirá los costos operativos durante, por ejemplo, los próximos cinco años.

¿Qué tipos de preguntas se clasifican bajo el concepto general de finanzas a corto plazo? A continuación, mencionamos algunas de ellas:

1. ¿Cuál es un nivel razonable de efectivo disponible (en un banco) para liquidar cuentas por pagar?
2. ¿Cuánto debe obtener la empresa en préstamos a corto plazo?
3. ¿Cuánto crédito se debe conceder a los clientes?

En este capítulo se presentan los elementos básicos de las decisiones financieras a corto plazo. En primer lugar, se estudian las actividades operativas a corto plazo de la empresa. A continuación, se identifican algunas políticas financieras alternativas a corto plazo. Por último, se bosquejan los elementos básicos de un plan financiero a corto plazo y se describen los instrumentos de financiamiento a corto plazo.

17.1 SEGUIMIENTO DEL EFECTIVO Y DEL CAPITAL DE TRABAJO NETO

En esta sección se examinan los componentes del efectivo y del capital de trabajo neto según cambian de un año a otro. Ya se han estudiado algunos aspectos de este tema en los capítulos 2, 3 y 4. Se revisa brevemente parte de ese estudio y cómo se relaciona con las decisiones de financiamiento a corto plazo. El objetivo es describir las actividades operativas a corto plazo de la empresa y su efecto sobre el efectivo y el capital de trabajo.

Para comenzar, recordemos que los *activos circulantes* están integrados por el efectivo y otros activos que se esperan convertir en efectivo en el transcurso de un año. En el balance general, los activos circulantes se presentan de acuerdo al orden de su liquidez contable, es decir, la facilidad con la que se pueden convertir en efectivo y el tiempo necesario para hacerlo. Cuatro de las partidas más importantes de la sección de activo circulante de un balance general son el efectivo, las inversiones a corto plazo en instrumentos financieros (o equivalentes de efectivo), las cuentas por cobrar y los inventarios.

En forma análoga a su inversión en activos circulantes, las empresas usan varias clases de deuda a corto plazo, denominadas *pasivos circulantes*. Los pasivos circulantes son obligaciones que se espera liquidar con efectivo en el transcurso de un año (o dentro de un período operativo, si éste es diferente a un año). Tres partidas importantes que figuran como pasivos circulantes son las cuentas por pagar, los gastos por pagar (incluyendo salarios e impuestos por pagar acumulados) y los documentos por pagar.

Dado que deseamos centrar la atención en los cambios en el efectivo, iniciamos esta parte definiendo el concepto de efectivo en términos de los restantes elementos del balance general. Ello permite aislar la cuenta de efectivo e investigar la repercusión sobre el efectivo de las decisiones operativas y de financiamiento de la empresa. La ecuación básica del balance general puede expresarse como:

$$\boxed{\text{Capital de trabajo neto + Activos fijos = Deuda a largo plazo} \atop \text{+ Capital contable}} \qquad (17.1)$$

El capital de trabajo neto es igual al efectivo, más otros activos circulantes, menos los pasivos circulantes; es decir,

$$\underline{\text{Capital de trabajo neto = (Efectivo + Otros activos circulantes)} \atop \text{− Pasivos circulantes}} \qquad (17.2)$$

Si se sustituye esta expresión por el término de capital de trabajo neto en la ecuación básica del balance general y se reubican un poco los términos, el efectivo es:

$$\underline{\text{Efectivo = Deuda a largo plazo + Capital contable + Pasivos circulantes} \atop \text{− Activos circulantes (con excepción del efectivo) − Activos fijos}} \qquad (17.3)$$

Esto nos indica en términos generales que algunas actividades incrementan el efectivo y otras lo reducen. Se señalan a continuación estas actividades, junto con un ejemplo de cada una:

Actividades que incrementan el efectivo:

Aumentar la deuda a largo plazo (obtener préstamos a largo plazo).

Aumentar el capital contable (vender acciones).

Aumentar los pasivos circulantes (obtener un préstamo a 90 días).

Disminuir los activos circulantes, con excepción del efectivo (vender inventarios a cambio de efectivo).

Disminuir los activos fijos (vender propiedades).

Actividades que reducen el efectivo:

Disminuir la deuda a largo plazo (liquidar la deuda a largo plazo).

Disminuir el capital contable (recomprar algunas acciones).

Disminuir los pasivos circulantes (liquidar un préstamo a 90 días).

Aumentar los activos circulantes, con excepción del efectivo (comprar materia prima para inventarios a cambio de efectivo).

Aumentar los activos fijos (comprar propiedades).

Obsérvese que las dos secciones relacionadas son conceptos exactamente opuestos. Por ejemplo, la colocación de una emisión de bonos a largo plazo incrementa el efectivo (al menos hasta que se gasta el dinero). Liquidar una emisión de bonos a largo plazo reduce el efectivo.

Como vimos en el capítulo 3, las actividades que incrementan el efectivo se denominan *fuentes de efectivo* u *orígenes de efectivo*. Las actividades que lo reducen se denominan *usos de efectivo* o *aplicaciones de efectivo*.

Revisando la relación de las actividades previamente descritas, las fuentes de efectivo siempre involucran un aumento en una cuenta de pasivo (o de capital contable) o disminuyen una cuenta de activo.

Esto tiene sentido, ya que aumentar un pasivo significa que se ha obtenido dinero a través de un préstamo o mediante la venta de una participación de propiedad en la empresa. La disminución de un activo significa que se ha vendido o se ha liquidado un activo. En cualquiera de ambos casos, existe una entrada de efectivo.

Los usos de efectivo son exactamente lo contrario. Un uso de efectivo podría representar la disminución de un pasivo por medio de su liquidación o bien aumentando los activos al comprar algo. Ambas actividades requieren, pues, que la empresa gaste algún efectivo.

Ejemplo 17.1   Fuentes y usos

Se presenta a continuación una forma rápida de verificar si se han comprendido las fuentes y los usos: si las cuentas por pagar aumentan en $100, ¿es esto una fuente o un uso? Si las cuentas por cobrar aumentan en $100, ¿es esto una fuente o un uso?

Las cuentas por pagar representan lo que se debe a los proveedores. Ésta es una deuda a corto plazo. Si aumenta en $100, se ha tomado efectivamente un préstamo de dinero, por lo que esto es una *fuente* de efectivo. Las cuentas por cobrar representan lo que deben los clientes, por lo que un aumento de $100 significa que se ha prestado dinero; éste es un *uso* de efectivo. ∎

17.1a ¿Cuál es la diferencia entre el capital de trabajo neto y el efectivo?

17.1b ¿Aumentará siempre el capital de trabajo neto cuando se produce aumento del efectivo?

17.1c ¿Cuáles podrían ser cinco posibles usos del efectivo?

17.1d ¿Cuáles podrían ser cinco posibles fuentes del efectivo?

17.2 | EL CICLO OPERATIVO Y EL CICLO DE EFECTIVO

En las finanzas a corto plazo, la principal preocupación son las actividades operativas y de financiamiento de la empresa a corto plazo. Para una empresa industrial típica, estas actividades a corto plazo pueden estar compuestas por la siguiente secuencia de eventos y decisiones:

Eventos	Decisiones
1. Comprar materias primas	1. ¿Cuánto inventario ordenar?
2. Pagar efectivo	2. ¿Obtener préstamos o reducir los saldos de efectivo?
3. Fabricar el producto	3. ¿Qué opción tomar sobre la tecnología de producción?
4. Vender el producto	4. ¿Se debe conceder algún crédito a un determinado cliente?
5. Cobrar efectivo	5. ¿Cómo cobrar?

Estas actividades crean patrones de entradas y salidas de efectivo. Estos flujos de efectivo están desfasados y son inciertos. Están desfasados porque, por ejemplo, el pago de efectivo para comprar materias primas no se realiza al mismo tiempo que se recibe efectivo por la venta del producto. Son inciertos porque las ventas y los costos futuros no pueden predecirse con exactitud.

Definición de los ciclos operativo y de efectivo

Se puede comenzar con un caso sencillo. Un día, denominado día 0, se compran a crédito ciertos inventarios con un valor de $1,000. Se paga la cuenta a los 30 días y después de otros 30 días más alguien compra los $1,000 en inventarios por $1,400. El comprador no realiza el pago durante otros 45 días. Estos eventos se pueden resumir de forma cronológica como sigue:

Día	Evento	Efecto sobre el efectivo
0	Adquirir inventarios	Ninguno
30	Pagar por los inventarios	− $1,000
60	Vender inventarios a crédito	Ninguno
105	Cobrar la venta	+ $1,400

El ciclo operativo   Son varias las cosas que se deben observar en este ejemplo. Primero, todo el ciclo transcurre en 105 días, desde el momento en que se adquieren algunos inventarios hasta el momento en que se cobra el efectivo, y se le denomina **ciclo operativo**.

El ciclo operativo es el período requerido para adquirir inventarios, venderlos y cobrarlos. Este ciclo tiene dos partes o componentes identificables. La primera parte es el período para adquirir y vender los inventarios. Este período de 60 días en el ejemplo se denomina **período de inventarios**. La segunda parte es el período que se requiere para cobrar la venta, 45 días en el ejemplo. A este período se le denomina **período de cuentas por cobrar** o **período de cobranza**.

De acuerdo a estas definiciones, es obvio que el ciclo operativo es simplemente la suma de los períodos de inventarios y de cuentas por cobrar.

> Ciclo operativo = Período de inventarios (17.4)
> + Período de cuentas por cobrar
>
> **105 días = 60 días + 45 días**

El ciclo operativo describe cómo se desplaza un producto a través de las cuentas de activos circulantes. Inicia su vida como inventario, se convierte en una cuenta por cobrar cuando se vende y se convierte por último en efectivo cuando se cobra la venta. Obsérvese que con cada paso el activo se va acercando más al efectivo.

El ciclo de efectivo   Lo segundo que hay que observar es que los flujos de efectivo y los eventos que ocurren no están sincronizados. Por ejemplo, en realidad no se pagó el inventario sino hasta 30 días después de adquirirlo. A este período de 30 días se le denomina **período de cuentas por pagar**. Así, se gasta efectivo en el día 30, pero no se cobra sino hasta el día 105. De una u otra forma, deben hacerse arreglos para financiar los $1,000 para 105 − 30 = 75 días. A este período se le llama **ciclo de efectivo**.

Por consiguiente, el ciclo de efectivo es el número de días que transcurren hasta que se cobra el efectivo de una venta, medido desde el momento en que se pagó efectivamente el inventario. Obsérvese que, de acuerdo con las definiciones, el ciclo de efectivo es la diferencia entre el ciclo operativo y el período de cuentas por pagar:

> Ciclo de efectivo = Ciclo operativo − Período de cuentas por pagar (17.5)
>
> 75 días = 105 días − 30 días

En la figura 17.1 se muestran las actividades operativas a corto plazo y los flujos de efectivo para una empresa industrial típica al observar la línea de tiempo del flujo de efectivo. Como se muestra, la **línea de tiempo del flujo de efectivo** está compuesta por el ciclo operativo y el ciclo de efectivo. En la figura 17.1 se sugiere la necesidad de una administración financiera a corto plazo, debido al desfasamiento entre las entradas de efectivo y las salidas de efectivo. Esto se relaciona con la duración del ciclo operativo y del período de cuentas por pagar.

→ El desfasamiento entre las entradas y las salidas de efectivo a corto plazo puede compensarse mediante la obtención de préstamos, manteniendo una reserva de liquidez en forma de efectivo o mediante inversiones a corto plazo en instrumentos financieros. Alternativamente, el tamaño del desfasamiento se puede reducir cambiando el período de inventarios, el período de cuentas por cobrar y el período de cuentas por pagar. Todas éstas son opciones administrativas que se estudian más adelante en este mismo capítulo y en los posteriores.

ciclo operativo
Período entre la adquisición de inventarios y la cobranza en efectivo derivada de las cuentas por cobrar.

período de inventarios
Período que se requiere para adquirir y vender los inventarios.

período de cuentas por cobrar
Período entre la venta de los inventarios y la cobranza de las cuentas por cobrar.

período de cuentas por pagar
Período entre la recepción de los inventarios y su pago.

ciclo de efectivo
Período entre el desembolso del efectivo y la cobranza de efectivo.

línea de tiempo del flujo de efectivo
Representación gráfica del ciclo operativo y del ciclo de efectivo.

Figura 17.1

Línea de tiempo del flujo de efectivo y las actividades operativas a corto plazo de una empresa industrial típica

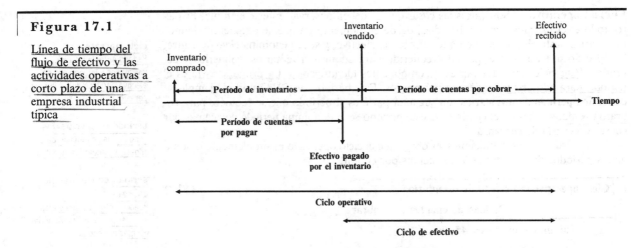

El ciclo operativo es el período desde la compra de inventarios hasta la recepción del efectivo. (En ocasiones el ciclo operativo no incluye el tiempo desde la colocación del pedido hasta la llegada de las mercancías.) El ciclo de efectivo es el período desde el momento en que se paga efectivo hasta la recepción del mismo.

El ciclo operativo y el organigrama de la empresa

Antes de examinar con mayor detalle los ciclos operativo y de efectivo, es útil observar a las personas que participan en la administración de los activos y pasivos circulantes de una empresa. Como se muestra en la tabla 17.1, la administración financiera a corto plazo en una gran empresa involucra a varios administradores financieros y no financieros diferentes.[1] Al examinar la tabla 17.1 se observa que la venta a crédito involucra por lo menos a tres entidades diferentes: al gerente de crédito, al gerente de comercialización y al contralor. De estas tres entidades, sólo dos son responsables ante el vicepresidente o director de finanzas (por lo general la función de comercialización está vinculada con el vicepresidente de marketing o director de comercialización). Por tanto, existe la posibilidad de un conflicto, sobre todo si los diferentes administradores se concentran sólo en una parte de la imagen global. Por ejemplo, si el área de comercialización está tratando de conseguir un nuevo cliente, quizá busque condiciones de crédito más flexibles como incentivo. Sin embargo, esto puede incrementar la inversión de la empresa en cuentas por cobrar o su exposición al riesgo de crédito, y como consecuencia de ello pueden producirse problemas.

Cálculo de los ciclos operativos y de efectivo

En el ejemplo, era obvio el lapso de tiempo de cada uno de los diferentes períodos. Si con lo único que se cuenta es con la información que se ofrece en los estados financieros, habrá que trabajar algo más. A continuación, se muestran estos cálculos.

---

[1]El estudio se basa en Hill, N. C. y W. L. Sartoris, *Short-Term Financial Management* (Nueva York: Macmillan, 1988), capítulo 1.

Tabla 17.1

Administradores que hacen frente a problemas financieros a corto plazo

Puesto del administrador	Tareas relacionadas con la administración financiera a corto plazo	Activos/pasivos sobre los que se influye
Gerente de administración de efectivo	Cobranza, concentración, desembolsos; inversiones a corto plazo; préstamos a corto plazo; relaciones con los bancos	Efectivo, instrumentos financieros negociables, préstamos a corto plazo
Gerente de crédito	Supervisión y control de cuentas por cobrar; decisiones sobre política de crédito	Cuentas por cobrar
Gerente de comercialización	Decisiones sobre política de crédito	Cuentas por cobrar
Gerente de compras	Decisiones sobre compras, proveedores; puede negociar las condiciones de pago	Inventarios, cuentas por pagar
Gerente de producción	Determinación de programas de producción y requerimientos de materiales	Inventarios, cuentas por pagar
Gerente de cuentas por pagar	Decisiones sobre políticas de pago y si se deben aprovechar descuentos	Cuentas por pagar
Contralor	Información contable sobre flujos de efectivo; conciliación de cuentas por pagar; aplicación de pagos a las cuentas por cobrar	Cuentas por cobrar, cuentas por pagar

Fuente: Hill, Ned C. y William L. Sartoris, *Short-Term Financial Management* (Nueva York: Macmillan, 1988), pág. 17.

Para comenzar, se requiere determinar varios factores, como el tiempo que se necesita, en promedio, para vender los inventarios y para cobrarlos. Se comienza recopilando alguna información del balance general, por ejemplo, la siguiente (en miles):

Partida	Inicial	Final	Promedio
Inventario	$2,000	$3,000	$2,500
Cuentas por cobrar	1,600	2,000	1,800
Cuentas por pagar	750	1,000	875

Asimismo, tal vez se cuente con las siguientes cifras (en miles) tomadas del estado de resultados más reciente:

Ventas netas	$11,500
Costo de ventas	8,200

Ahora es necesario calcular algunas razones financieras. En el capítulo 3 se estudiaron con cierto detalle y en esta sección tan sólo se definen y se usan en caso de resultar necesario.

El ciclo operativo   En primer lugar, se requiere el período de inventarios. Se gastaron **$8.2 millones** en inventarios (el costo de ventas). El inventario promedio fue de **$2.5 millones**. Por tanto, hubo una rotación de inventarios de **$8.2/$2.5** veces durante el año:[2]

$$\text{Rotación de inventarios} = \frac{\textbf{Costo de ventas}}{\textbf{Inventario promedio}}$$

$$= \frac{\textbf{\$8.2 millones}}{\textbf{\$2.5}} = 3.28 \text{ veces}$$

En términos generales, esto indica que se compraron y vendieron los inventarios 3.28 veces durante el año, lo que significa que, en promedio, se mantuvieron los inventarios durante:

$$\text{Período de inventarios} = \frac{365 \text{ días}}{\text{Rotación de inventarios}}$$

$$= \frac{365}{3.28} = 111.3 \text{ días}$$

Por tanto, el período de inventarios es de aproximadamente 111 días. En otras palabras, el inventario permaneció inmóvil durante un promedio de 111 días antes de ser vendido.[3]

De forma similar, las cuentas por cobrar promediaron **$1.8 millones** y las ventas fueron de **$11.5 millones**. Suponiendo que todas las ventas fueran a crédito, la rotación de cuentas por cobrar es de:[4]

$$\text{Rotación de cuentas por cobrar} = \frac{\textbf{Ventas a crédito}}{\textbf{Cuentas por cobrar promedio}}$$

$$= \frac{\textbf{\$11.5 millones}}{\textbf{\$1.8 millones}} = 6.4 \text{ veces}$$

Si las cuentas por cobrar tienen una rotación de 6.4 veces, el período de cuentas por cobrar es de:

$$\text{Período de cuentas por cobrar} = \frac{365 \text{ días}}{\text{Rotación de cuentas por cobrar}}$$

$$= \frac{365}{6.4} = 57 \text{ días}$$

---

[2]Obsérvese que al calcular la rotación de inventarios se ha utilizado el costo de ventas. En ocasiones, en lugar de este parámetro se utilizan las ventas. También es frecuente utilizar el inventario final en vez del inventario promedio. Para algunos ejemplos véase el capítulo 3.

[3]Esta medida es conceptualmente idéntica a los días de venta en inventarios, que se estudió en el capítulo 3.

[4]Si menos del 100% de las ventas son ventas a crédito, se necesitaría un poco más de información, es decir, las ventas a crédito del año. Para mayor detalle sobre esta medida, véase el capítulo 3.

Al período de las cuentas por cobrar también se le denomina *días de venta en cuentas por cobrar* o *período promedio de cobranza*. Como quiera que se le llame, indica que los clientes tardaron un promedio de 57 días en pagar.

El ciclo operativo es la suma de los períodos de inventarios y de cuentas que están por cobrar.

Ciclo operativo = Período de inventarios + Período de cuentas por cobrar

= 111 días + 57 días = 168 días

Ello indica que transcurrieron un promedio de 168 días desde el momento en que se adquirieron los inventarios, hasta que se vendieron y se cobraron.

El ciclo de efectivo   Se requiere ahora conocer el período de cuentas por pagar. De acuerdo a la información previamente presentada, las cuentas por pagar consideradas en promedio fueron de **$875,000**, y de nuevo el costo de ventas fue de $8.2 millones. Por tanto, la rotación de cuentas por pagar es de:

$$\text{Rotación de cuentas por pagar} = \frac{\textbf{Costo de ventas}}{\textbf{Cuentas por pagar promedio}}$$

$$= \frac{\textbf{\$8.2 millones}}{\textbf{\$.875 millones}} = 9.4 \text{ veces}$$

El período de cuentas por pagar es de:

$$\text{Período de cuentas por pagar} = \frac{365 \text{ días}}{\text{Rotación de días por pagar}}$$

$$= \frac{365}{9.4} = 39 \text{ días}$$

Por tanto, transcurre un promedio de 39 días antes de que se paguen las cuentas.

Por último, el ciclo de efectivo es la diferencia entre el ciclo operativo y el período de cuentas por pagar:

Ciclo de efectivo = Ciclo operativo − Período de cuentas por pagar

= 168 días − 39 días = 129 días

Por tanto, existe una demora en promedio de 129 días desde el momento en que se pagan las mercancías hasta que se cobra la venta.

Ejemplo 17.2   Los ciclos operativos y de efectivo
Se ha recopilado la siguiente información de Slowpay Company.

Partida	Inicial	Final
Inventarios	$5,000	$7,000
Cuentas por cobrar	1,600	2,400
Cuentas por pagar	2,700	4,800

Las ventas del año que acaba de terminar fueron de $50,000 y el costo de las mismas fue de $30,000. ¿Cuánto tiempo necesita Slowpay para cobrar sus cuentas por cobrar? ¿Cuánto tiempo permanece inmovilizada la mercancía antes de venderla? ¿Cuánto tiempo se toma Slowpay para pagar sus cuentas?

Primero se pueden calcular las tres razones de rotación:

Rotación de inventarios = $30,000/$6,000 = 5 veces

Rotación de cuentas por cobrar = $50,000/$2,000 = 25 veces

Rotación de cuentas por pagar = $30,000/$3,750 = 8 veces

Se utiliza esta información para obtener los diversos períodos:

Período de inventarios = 365/5 = 73 días

Período de cuentas por cobrar = 365/25 = 14.6 días

Período de cuentas por pagar = 365/8 = 45.6 días

En conjunto, Slowpay cobra una venta en 14.6 días, el inventario permanece inmovilizado durante 73 días y se pagan las cuentas después de aproximadamente 46 días. En este caso, el ciclo operativo es la suma de los períodos de inventarios y de cuentas por cobrar: 73 + 14.6 = 87.6 días. El ciclo de efectivo es la diferencia entre el ciclo operativo y el período de cuentas por pagar: 87.6 − 45.6 = 42 días. ∎

Interpretación del ciclo de efectivo

Los ejemplos muestran que el ciclo de efectivo depende de los períodos de inventarios, de cuentas por cobrar y de cuentas por pagar. Considerando cada uno a la vez, el ciclo de efectivo aumenta según se extienden los períodos de inventarios y de cuentas por cobrar. Este ciclo disminuye si la empresa puede diferir el pago de sus cuentas por pagar y por consiguiente extender el período de dichas cuentas.

La mayoría de las empresas tienen un ciclo de efectivo positivo, por lo que requieren financiamiento para los inventarios y para las cuentas por cobrar. Cuanto mayor sea el ciclo de efectivo, más financiamiento se requerirá. También es habitual supervisar los cambios en el ciclo de efectivo de la empresa como medida de prevención anticipada. Un ciclo que se extiende puede señalar que la empresa está teniendo problemas en desplazar sus inventarios o en cobrar sus cuentas. Este tipo de problemas pueden estar ocultos, al menos en forma parcial, por un ciclo creciente de cuentas por pagar, por lo que ambos deben controlarse.

El vínculo entre el ciclo de efectivo de la empresa y su rentabilidad puede observarse fácilmente si se recuerda que uno de los elementos básicos determinantes de la rentabilidad y del crecimiento de una empresa es su rotación del total de activos, que se define como ventas/total de activos. En el capítulo 3 se estudió que cuanto más alta es esta razón, mayor es el rendimiento contable sobre los activos de la empresa (RSA) y el rendimiento sobre el capital (RSC). Por tanto, si todos los demás factores permanecen constantes, cuanto más corto sea el ciclo de efectivo, menor será la inversión de la empresa en inventarios y en cuentas por cobrar. En este caso, los activos totales de la empresa son inferiores y como consecuencia su rotación total será mayor.

PREGUNTAS SOBRE CONCEPTOS

17.2a ¿Qué se quiere decir cuando se afirma que una empresa tiene una razón de rotación de inventarios de 4?

17.2b Describa el ciclo operativo y el ciclo de efectivo. ¿Cuáles son las diferencias?

17.2c Explique la conexión entre la rentabilidad basada en la contabilidad de una empresa y su ciclo de efectivo.

ALGUNOS ASPECTOS DE LA POLÍTICA FINANCIERA A CORTO PLAZO | 17.3

La política financiera a corto plazo que adopte una empresa se reflejará al menos de dos formas:

1. *La magnitud de la inversión de la empresa en activos circulantes.* Por lo general, ésta se mide en relación con el nivel de ingresos operativos totales de la empresa. Una política financiera a corto plazo *flexible* o ajustable mantendría una razón relativamente alta de activos circulantes a ventas. Una política financiera a corto plazo *restrictiva*, implicaría una razón baja de activos circulantes a ventas.[5]

2. *El financiamiento de activos circulantes.* Esto se mide como la proporción de deuda a corto plazo (es decir, pasivos circulantes) y deuda a largo plazo utilizada para financiar los activos circulantes. Una política financiera a corto plazo restrictiva significa una alta proporción de deuda a corto plazo en relación con el financiamiento a largo plazo; una política flexible significa menos deuda a corto plazo y más a largo plazo.

Si se integran estas dos áreas, una empresa con una política flexible tendría una inversión relativamente grande en activos circulantes. La empresa financiaría esta inversión con menos deuda a corto plazo. Por tanto, el efecto neto de una política flexible es un nivel relativamente alto de capital de trabajo neto. Dicho de otra forma, con una política flexible, la empresa mantiene un mayor nivel de liquidez global.

Magnitud de la inversión de la empresa en activos circulantes

Las políticas financieras a corto plazo que son flexibles con respecto a los activos circulantes incluyen acciones como:

1. Mantener grandes saldos de efectivo y de inversiones a corto plazo en instrumentos financieros negociables.
2. Realizar cuantiosas inversiones en inventarios.
3. Conceder condiciones de crédito más flexibles, lo que da lugar a un alto nivel de cuentas por cobrar.

Las políticas financieras a corto plazo que son restrictivas se manifestarían exactamente opuestas a las anteriores:

1. Mantener bajos saldos de efectivo y poca inversión en instrumentos financieros negociables a corto plazo.

---

[5] Algunas personas utilizan los términos «conservador» en lugar de flexible y «agresivo» en vez de restrictivo.

2. Realizar pequeñas inversiones en inventarios.
3. Permitir pocas ventas a crédito, o incluso ninguna, para minimizar las cuentas por cobrar.

La determinación del nivel de inversión óptimo en activos a corto plazo requiere la identificación de los diferentes costos asociados con las políticas alternativas de financiamiento a corto plazo. El objetivo es comparar el costo de una política restrictiva frente al costo de una política flexible para llegar al mejor compromiso.

Con una política financiera a corto plazo que sea flexible, el nivel de activos circulantes es mayor, mientras que con una política restrictiva dicho nivel es menor. Por tanto, las políticas financieras a corto plazo flexibles son costosas en el sentido de que requieren mayor inversión en efectivo, así como instrumentos financieros negociables a corto plazo, inventarios y cuentas por cobrar. Sin embargo, se espera que las futuras entradas de efectivo serán mayores con una política flexible. Por ejemplo, las ventas se estimulan con el uso de una política de crédito que proporcione financiamiento más flexible a los clientes. Una gran cantidad de inventarios de producto terminado disponible (en los almacenes) facilita una entrega rápida a los clientes y puede aumentar las ventas. De forma similar, una gran cantidad de inventarios de materia prima puede dar como resultado menos interrupciones en el proceso debidas a escasez de inventarios.

Es probable que una política financiera más restrictiva a corto plazo reduzca los futuros niveles de ventas por debajo de los que se pudieran obtener con políticas flexibles. También es posible que con políticas de capital de trabajo flexibles puedan establecerse precios más altos a los clientes. Éstos podrían estar dispuestos a pagar precios más altos por un servicio de entrega rápida y por condiciones de crédito más liberales implícitas en las políticas flexibles.

Se puede pensar en la administración de los activos circulantes como una relación de intercambio entre costos que aumentan y costos que disminuyen en función del nivel de inversión. Los costos que aumentan con el nivel de inversión en activos circulantes se denominan **costos por mantener activos circulantes**. Cuanto mayor sea la inversión que haga la empresa en activos circulantes, más altos serán sus costos por mantener activos circulantes. Los costos que disminuyen con los aumentos en el nivel de inversión en activos circulantes se denominan **costos por faltantes de activos circulantes**.

En un sentido general, los costos por mantener activos circulantes representan costos de oportunidad asociados con éstos. La tasa de rendimiento de activos circulantes es muy baja cuando se compara con otros activos. Por ejemplo, la tasa de rendimiento de los Certificados de la Tesorería de Estados Unidos suele ser inferior al 10%. Esto es muy bajo en comparación con la tasa de rendimiento que quisieran obtener en forma global las empresas. (Estos certificados son un elemento importante del efectivo y de las inversiones a corto plazo en instrumentos financieros negociables.)

Se incurre en costos por faltantes de activos circulantes cuando la inversión en estos activos es baja. Si una empresa se queda sin efectivo, deberá vender instrumentos financieros negociables. Por supuesto, si no tiene efectivo y no puede vender fácilmente estos instrumentos, tendrá que obtener préstamos o dejar de pagar una obligación. A esta situación se la conoce con la denominación de *falta de efectivo*. La empresa perderá clientes si se queda sin inventarios (*agotamiento de existencias*) o si no puede conceder crédito a sus clientes.

Casi siempre existen dos clases de costos por faltantes de activos circulantes:

1. *Costos de transacción o de reorden.* Son los costos por colocar un pedido con más efectivo (p. ej., costos por intermediación financiera) o con más inventarios (p. ej., costos por preparar la producción).

---

costos por mantener activos circulantes
Costos que se originan por los aumentos en el nivel de inversión en activos circulantes.

costos por faltantes de activos circulantes
Costos que disminuyen con los aumentos en el nivel de inversión en activos circulantes.

Política financiera a corto plazo: la inversión óptima en activos circulantes

Figura 17.2

Costos por mantener
activos circulantes y
costos por faltantes
de activos circulantes

Unidades monetarias

Costo total
de activos circulantes

Punto mínimo

Costos de mantener activos
circulantes

Costos de faltantes de activos
circulantes

**Monto de activos
circulantes (AC)**

AC*
Monto óptimo de activos circulantes.
Este punto minimiza los costos.

Los costos de mantener activos circulantes aumentan con el nivel de inversión en dichos activos. Éstos incluyen los costos de mantener el valor económico y los costos de oportunidad. Los costos de faltantes de activos circulantes disminuyen con el aumento en el nivel de inversión en activos circulantes. Estos costos incluyen los de transacción y los costos relacionados con el déficit de algún activo circulante (p. ej., déficit de efectivo). La política de la empresa se puede caracterizar como flexible o restrictiva.

A. Política flexible

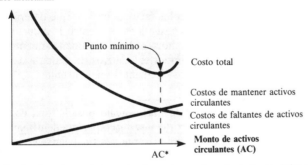

Unidades monetarias

Punto mínimo

Costo total

Costos de mantener activos
circulantes

Costos de faltantes de activos
circulantes

**Monto de activos
circulantes (AC)**

AC*

Una política flexible es la más adecuada cuando los costos de mantener activos circulantes son bajos en relación con los costos de faltantes de activos circulantes.

B. Política restrictiva

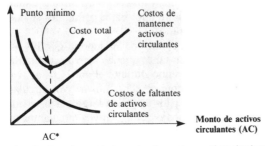

Unidades monetarias

Punto mínimo

Costo total

Costos de
mantener
activos
circulantes

Costos de faltantes
de activos
circulantes

**Monto de activos
circulantes (AC)**

AC*

Una política restrictiva es la más adecuada cuando los costos de mantener activos circulantes son altos en relación con los costos de faltantes de activos circulantes.

2. *Costos relacionados con la falta de reservas mínimas de seguridad*. Son los costos derivados de las ventas perdidas, de la falta de buena disposición de los clientes y de la interrupción de los programas de producción.

En la parte superior de la figura 17.2 se muestra la relación básica de intercambio entre los costos por mantener activos circulantes y los costos por faltantes de activos circulantes. Sobre el eje vertical, se presentan los costos medidos en unidades monetarias y sobre el eje horizontal el nivel de activos circulantes. Los costos por mantener activos circulantes comienzan desde cero, cuando los activos circulantes son cero y ascienden de forma continua. Los costos por faltantes de activos circulantes se inician muy alto y van disminuyendo conforme aumentan los activos circulantes. Los costos totales por mantener activos circulantes están integrados por la suma de los dos. Obsérvese cómo los costos combinados alcanzan un mínimo en AC*. Éste es el nivel óptimo de activos circulantes.

Con una política flexible, se producen los niveles más altos de activos circulantes. Bajo esta política, se percibe que los costos por mantener activos circulantes son bajos en relación con los costos faltantes de activos circulantes. Éste es el caso A, en la figura 17.2. Al comprar, se puede decir que con políticas de activos circulantes restrictivas los costos por mantener estos activos circulantes son altos, en relación con los costos por faltantes de activos circulantes. Éste es el caso B en la figura 17.2.

Políticas alternativas de financiamiento para activos circulantes

En secciones anteriores, se estudiaron los factores básicos que determinan el nivel de inversión en activos circulantes y por consiguiente se centró la atención en el lado de los activos del balance general. Veamos ahora el lado del financiamiento del problema. En este caso, el interés se centra en los importes relativos de deuda a corto y a largo plazo, suponiendo que la inversión en activos circulantes sea constante.

Un caso ideal   Se inicia con el caso más sencillo posible: una economía «ideal». En este tipo de economía, los activos a corto plazo siempre pueden financiarse con deuda a corto plazo; los activos a largo plazo también pueden financiarse con deuda a largo plazo y con capital. En esta economía, el capital de trabajo neto siempre es igual a cero.

Examinemos el caso simplificado de una empresa propietaria de un silo de granos con elevador mecánico. Los dueños compran las cosechas después de su recolección, las almacenan y las venden durante el año. Tras la recolección, tienen altos inventarios de granos, pero terminan con inventarios bajos, justo antes de la siguiente cosecha.

Para financiar la compra de los granos y los costos de almacenamiento, se utilizan préstamos bancarios con plazos menores a un año. Estos préstamos se liquidan con los ingresos provenientes de la venta de los granos.

En la figura 17.3 se muestra esta situación. Se supone que los activos a largo plazo crecen con el transcurso del tiempo, en tanto que los activos circulantes aumentan al final de la cosecha y después van disminuyendo durante el año. Los activos a corto plazo terminan en cero justo antes de la siguiente cosecha. Los activos circulantes (a corto plazo) se financian con deuda a corto plazo y los activos a largo plazo se financian con deuda a largo plazo y capital. El capital de trabajo neto —activos circulantes menos pasivos circulantes— siempre es igual a cero. En la figura 17.3 se muestra un patrón de «dientes de sierra», que se estudiará en el siguiente capítulo cuando se llegue a la administración de efectivo. Por ahora es necesario estudiar algunas políticas alternativas para financiar activos circulantes en condiciones menos ideales.

Figura 17.3

Política de financiamiento
para una economía «ideal»

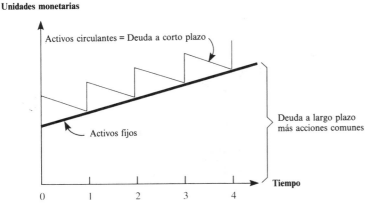

En un mundo ideal, el capital de trabajo neto siempre es igual a cero porque los activos a
corto plazo se financian con una deuda a corto plazo.

Diferentes políticas para financiar activos circulantes   En el mundo real no es probable que los activos circulantes lleguen nunca a cero. Por ejemplo, un nivel de ventas en ascenso a largo plazo dará como resultado algunas inversiones permanentes en activos circulantes. Más aún, las inversiones de la empresa en activos a largo plazo pueden mostrar gran variación.

Se puede conceptualizar a una empresa como en crecimiento cuando tiene requerimientos totales de activos, que consisten en activos circulantes y activos a largo plazo, necesarios para administrar con eficiencia el negocio. Los requerimientos totales de activos pueden mostrar cambios en el transcurso del tiempo por muchas razones, incluyendo: 1) tendencia de crecimiento general, 2) variaciones estacionales alrededor de la tendencia y 3) fluctuaciones diarias y mensuales impredecibles. En la figura 17.4 se muestra esta situación. (No se ha intentado mostrar las variaciones diarias y mensuales en los requerimientos totales de activos.)

Cuando el financiamiento a largo plazo cubre más que los requerimientos totales de activos, la empresa tiene un excedente de efectivo disponible para invertir en instrumentos financieros negociables. La política F, la política flexible de la figura 17.5, siempre implica un superávit de efectivo a corto plazo y una gran inversión en capital de trabajo neto.

Cuando el financiamiento a largo plazo no cubre por completo los requerimientos totales de activos, la empresa tiene que utilizar deuda a corto plazo para compensar el déficit. La política R, la política restrictiva de la figura 17.5, implica una necesidad permanente de deuda a corto plazo. Siempre que aumenten los activos circulantes debido a variaciones estacionales, la empresa obtiene deuda a corto plazo para financiar el crecimiento. En la medida en que se utilizan productivamente estos activos, la empresa liquida la deuda a corto plazo con los ingresos que recibe.

¿Cuál es mejor?

¿Cuál es la cantidad más apropiada de deuda a corto plazo? No existe una respuesta definitiva. Un análisis adecuado debe tomar en cuenta varios factores:

Figura 17.4

Requerimientos totales de activos con el transcurso del tiempo

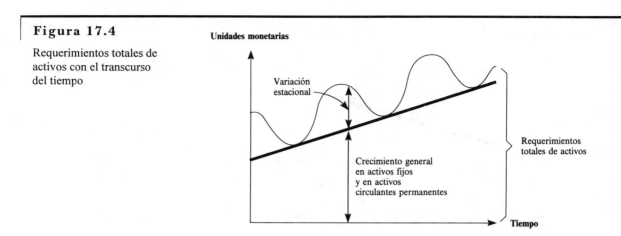

Figura 17.5

Políticas alternativas de financiamiento de activos

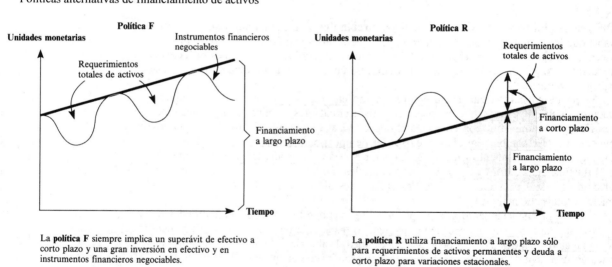

La **política F** siempre implica un superávit de efectivo a corto plazo y una gran inversión en efectivo y en instrumentos financieros negociables.

La **política R** utiliza financiamiento a largo plazo sólo para requerimientos de activos permanentes y deuda a corto plazo para variaciones estacionales.

1. *Reservas de efectivo.* La política de financiamiento flexible implica un superávit de efectivo y poca deuda a corto plazo. Esta política reduce la probabilidad de que la empresa llegue a experimentar problemas financieros. Las empresas quizá no tengan que preocuparse tanto por liquidar obligaciones recurrentes a corto plazo. Sin embargo, en el mejor de los casos, las inversiones en efectivo y en instrumentos financieros negociables son inversiones con valor presente neto igual a cero.
2. *Cobertura de vencimientos.* Casi todas las empresas intentan igualar los vencimientos de los activos y de los pasivos. Éstas financian los inventarios con préstamos

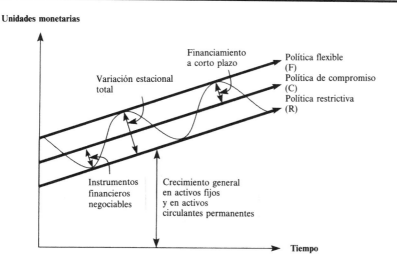

Figura 17.6

Una política de
financiamiento
de compromiso

Con una política de compromiso, la empresa mantiene una reserva de liquidez que
utiliza para financiar inicialmente las variaciones estacionales de los requerimientos
de activos circulantes. Se utiliza deuda a corto plazo cuando se agota la reserva.

bancarios a corto plazo y los activos fijos con financiamiento a largo plazo. Las
empresas tratan de evitar financiar activos de larga duración con préstamos a corto
plazo. Este tipo de desfasamiento en los vencimientos obligaría a frecuentes
refinanciamientos y ello es inherentemente arriesgado porque las tasas de interés a
corto plazo son más volátiles que las tasas a más largo plazo.

3. *Tasas de interés relativas*. Las tasas de interés a corto plazo suelen ser inferiores a las
tasas a largo plazo. Ello implica que, en promedio, es más costoso utilizar deuda a
largo plazo que deuda a corto plazo.

Por supuesto que las dos políticas que se acaban de estudiar, F y R, son casos extremos. Con F, la empresa nunca obtiene deuda a corto plazo y con R nunca tiene una reserva de efectivo (una inversión en instrumentos financieros negociables). En la figura 17.6
se muestran estas dos políticas junto con un compromiso, la política C.

En el caso de este enfoque de compromiso, la empresa obtiene deuda a corto plazo
para cubrir los requerimientos máximos («picos») de financiamiento, pero mantiene una
reserva de efectivo en forma de instrumentos financieros negociables durante períodos de
lento movimiento. Conforme se incrementan los activos circulantes, la empresa utiliza esta
reserva antes de obtener alguna deuda a corto plazo. Ello permite alguna acumulación de
activos circulantes antes de que la empresa deba recurrir a la deuda a corto plazo.

Activos y pasivos circulantes en la práctica

Los activos a corto plazo representan una parte importante de los activos globales de una
empresa típica. En la década de los sesenta, en las empresas industriales, mineras y comerciales de Estados Unidos, los activos circulantes representaban alrededor del 50% de

Tabla 17.2

Activos circulantes y pasivos circulantes como porcentaje del total de activos en las industrias seleccionadas, 1985

	Impresión y publicaciones (%)	Productos químicos industriales (%)	Hierro y acero (%)	Aeronaves y misiles (%)
Activos circulantes				
Efectivo	5.2	1.1	1.3	2.2
Instrumentos financieros negociables	4.8	0.8	2.4	2.6
Cuentas por cobrar	16.4	14.5	16.9	13.8
Inventarios	8.4	13.0	19.8	46.8
Otros activos circulantes	4.3	3.2	1.3	1.3
Total de activos circulantes	39.1	32.6	41.7	66.7
Pasivos circulantes				
Documentos por pagar	2.9	4.3	5.6	4.0
Cuentas por pagar	7.9	6.6	9.5	8.4
Otros pasivos por pagar y otros pasivos circulantes	10.3	11.8	13.6	44.1
Total de pasivos circulantes	21.1	22.7	28.7	56.5

Fuente: Hill, Ned C. y William L. Sartoris, *Short-Term Financial Management* (Nueva York: Macmillan, 1988), pág. 15.

los activos totales. En la actualidad, esta cifra está más cerca del 40%. La mayor parte de esta disminución se debe a la mejor administración del efectivo y de los inventarios. Durante este mismo período, los pasivos circulantes aumentaron alrededor del 20% de los pasivos totales y el capital a casi el 30%. El resultado es que ha disminuido la liquidez (medida por la razón capital de trabajo neto a activos totales), lo que indica un desplazamiento hacia políticas a corto plazo más restrictivas.

El ciclo de efectivo es mayor en algunas industrias que en otras debido a las diferencias en los productos y en las prácticas de la industria.[6] En la tabla 17.2 se muestra este punto al comparar los porcentajes de activos y pasivos circulantes de cuatro industrias diferentes. De las cuatro, la industria aeronáutica y de misiles tiene más del dóble de inversión en inventarios. ¿Significa esto que los productores de aeronaves y misiles son menos eficientes? Es probable que no; en lugar de ello, es posible que los niveles relativamente altos de inventarios consistan en su mayor parte en aeronaves y misiles en construcción. Es natural que los inventarios sean altos porque se trata de productos caros cuya fabricación requiere mucho tiempo.

PREGUNTAS SOBRE CONCEPTOS

17.3a ¿Qué evita que el mundo real sea ideal, es decir, un mundo en el que el capital de trabajo neto siempre pudiera ser igual a cero?

---

[6]Este ejemplo se ha tomado del capítulo 1 de Hill, N. C. y W. L. Sartoris, *Short-Term Financial Management* (Nueva York: Macmillan, 1988).

17.3b ¿Qué factores determinan el tamaño óptimo de la inversión en activos circulantes de la empresa?

17.3c ¿Qué factores determinan el compromiso óptimo entre las políticas de capital de trabajo neto flexibles y restrictivas?

EL PRESUPUESTO DE FLUJOS DE EFECTIVO   17.4

El **presupuesto de flujos de efectivo** es una herramienta fundamental en la planeación financiera a corto plazo. Permite al administrador financiero identificar los requerimientos y las oportunidades financieras a corto plazo. Algo importante es que el presupuesto de flujos de efectivo ayudará al administrador a examinar los requerimientos de deuda a corto plazo. La idea del presupuesto de flujos de efectivo es sencilla: registra las proyecciones de cobranza en efectivo (entradas de efectivo) y los desembolsos (salidas de efectivo). El resultado es un estimado del superávit o déficit de flujos de efectivo.

presupuesto de flujos de efectivo
La proyección de los ingresos y de los desembolsos de efectivo para el siguiente período de planeación.

Ventas y cobranza en efectivo

Se inicia con un ejemplo para Fun Toys Corporation. Se preparará un presupuesto de flujos de efectivo trimestral. También puede utilizarse una base mensual semanal, o incluso diaria. Se seleccionan los trimestres por comodidad y también porque el trimestre es un período de planeación a corto plazo habitual en las empresas.

Todas las entradas de efectivo de Fun Toys provienen de la venta de juguetes. Por tanto, la elaboración del presupuesto de flujos de efectivo para Fun Toys debe iniciarse con un pronóstico de ventas para el próximo año, por trimestres:

	T1	T2	T3	T4
Ventas (en millones)	$200	$300	$250	$400

Obsérvese que éstas son ventas proyectadas, por lo que existe un riesgo de pronóstico debido a que las ventas reales pueden ser mayores o menores. Fun Toys inició el año con cuentas por cobrar por un total de $120.

Fun Toys tiene un período de cuentas por cobrar o período promedio de cobranza de 45 días. Ello significa que la mitad de las ventas en cualquier trimestre se cobrarán en el siguiente. Esto ocurre porque las ventas que se realizan durante los primeros 45 días de un trimestre se cobrarán en ese mismo trimestre, pero las ventas que se realizan en los siguientes 45 días se cobrarán en el trimestre siguiente. Obsérvese que se está suponiendo que cada trimestre tiene 90 días, por lo que el período de cobranza de 45 días es lo mismo que un período de cobranza de medio trimestre.

Sobre la base de los pronósticos de ventas, debemos ahora estimar la cobranza en efectivo proyectada de Fun Toys. Primero, todas las cuentas por cobrar que se tengan al inicio de un trimestre serán cobradas dentro de 45 días, por lo que todas se cobrarán en algún momento durante el trimestre. Segundo, cualquier venta que se realice en la primera mitad del trimestre se cobrará en ese mismo trimestre, por lo que la cobranza total en efectivo es:

Cobranza en efectivo = Saldo inicial de cuentas por cobrar + 1/2 × Ventas   (17.6)

Tabla 17.3		T1	T2	T3	T4
Cobranza en efectivo de Fun Toys (en millones)	Saldo inicial de cuentas por cobrar	$120	$100	$150	$125
	Ventas	200	300	250	400
	Cobranza en efectivo	**220**	**250**	**275**	**325**
	Saldo final de cuentas por cobrar	100	150	125	200

Notas:

Cobranza = Saldo inicial de cuentas por cobrar + 1/2 × Ventas

Saldo final de cuentas por cobrar = Saldo inicial de cuentas por cobrar + Ventas − Cobranza

= 1/2 × Ventas

Por ejemplo, en el primer trimestre la cobranza en efectivo sería: las cuentas por cobrar iniciales de $120 más la mitad de las ventas, $1/2 \times \$200 = \$100$, para un total de **$220**.

Dado que todas las cuentas por cobrar iniciales se cobran junto con la mitad de las ventas, las cuentas por cobrar finales de un trimestre serían la otra mitad de las ventas. Se ha proyectado que las ventas del primer trimestre serán de $200, por lo que las cuentas por cobrar finales serán de $100. Éstas serán las cuentas por cobrar iniciales del segundo trimestre. Por tanto, la cobranza en efectivo del segundo trimestre será de $100 más la mitad de las ventas proyectadas de $300, es decir, **$250** en total.

Continuando este proceso, la cobranza en efectivo proyectada de Fun Toys puede resumirse como se muestra en la tabla 17.3.

En la tabla 17.3 la cobranza se muestra como la única fuente de efectivo. Por supuesto que éste no tiene que ser necesariamente el caso. Otras fuentes de efectivo podrían incluir ventas de activo, ingresos por inversiones e ingresos provenientes de financiamientos planeados a largo plazo.

Salidas de efectivo

Se examinan a continuación los desembolsos o pagos de efectivo, que se presentan en cuatro categorías básicas:

1. *Pagos de cuentas por pagar.* Son pagos por bienes o servicios prestados por proveedores, como es el caso de las materias primas. Estos pagos se efectuarán por lo general en algún momento posterior a las compras del cliente.
2. *Salarios, impuestos y otros gastos.* En esta categoría se incluyen los restantes costos ordinarios derivados de hacer negocios que requieren gastos efectivos, es decir, que se producen realmente. Por ejemplo, se suele pensar en la depreciación como en un costo ordinario del negocio, pero no requiere salidas de efectivo, por lo que no se incluye.
3. *Gastos de capital.* Son pagos de efectivo por activos de larga vida.
4. *Gastos de financiamiento a largo plazo.* Se incluyen en esta categoría, por ejemplo, los pagos de intereses sobre deuda a largo plazo en circulación y los pagos de dividendos a los accionistas.

Las compras que realiza Fun Toys a los proveedores (en unidades monetarias) en un trimestre equivalen al 60% de las ventas proyectadas para el trimestre siguiente. Los pagos que realiza Fun Toys a los proveedores equivalen a las compras del trimestre anterior, por lo que el período de cuentas por pagar es de 90 días. Por ejemplo, en el trimestre que

	T1	T2	T3	T4	**Tabla 17.4**
Pago de cuentas (60% de las ventas)	$120	$180	$150	$240	Desembolsos en
Salarios, impuestos, otros gastos	40	60	50	80	efectivo de Fun Toys
Gastos de capital	0	100	0	0	(en millones)
Gastos financieros a largo plazo (intereses y dividendos)	20	20	20	20	
Total de desembolsos en efectivo	**$180**	**$360**	**$220**	**$340**	

	T1	T2	T3	T4	**Tabla 17.5**
Total de cobranza en efectivo	**$220**	**$250**	**$275**	**$325**	Entradas de efectivo
Total de desembolsos en efectivo	**180**	**360**	**220**	**340**	netas de Fun Toys (en
Entradas de efectivo netas	**$ 40**	**– $110**	**$ 55**	**–$ 15**	millones)

acaba de terminar, Fun Toys compró suministros por 0.60 × $200 = $120, que se pagarán en el primer trimestre (T1) del año próximo.

Los salarios, impuestos y otros gastos constituyen por lo general el 20% de las ventas; en la actualidad, los intereses y los dividendos son de $20 por trimestre. Además, Fun Toys planea realizar una importante expansión de su planta (un gasto de capital) de $100 en el segundo trimestre. Si se reúne toda esta información, las salidas de efectivo son las que se muestran en la tabla 17.4.

El saldo de efectivo

El *flujo de efectivo neto* previsto es la diferencia entre la cobranza en efectivo y los desembolsos en efectivo. En la tabla 17.5 se muestra el flujo de efectivo neto de Fun Toys. Lo que se observa de inmediato es que existe un superávit de efectivo en el primer y tercer trimestres y un déficit de efectivo en el segundo y el cuarto.

Supongamos que Fun Toys inicia el año con un saldo de efectivo de $20. Además, Fun Toys mantiene un saldo de efectivo mínimo de $10 como protección frente a contingencias imprevistas y errores en los pronósticos. Por tanto, el primer trimestre se inicia con $20 en efectivo. Éste aumenta en $40 durante el trimestre y el saldo final es de $60. De éstos, se reservan $10 como un nivel mínimo, por lo que se deducen y se determina que el superávit en el primer trimestre es de $60 − 10 = $50.

Fun Toys inicia el segundo trimestre con $60 en efectivo (el saldo final del trimestre anterior). Existe un flujo de efectivo neto de − $110, por lo que el saldo final es de $60 − 110 = − $50. Se requieren otros $10 como nivel mínimo, por lo que el déficit total es de − $60. En la tabla 17.6 se resumen estos cálculos y los de los últimos dos trimestres.

A partir del segundo trimestre, Fun Toys tiene un déficit de efectivo de $60. Esto ocurre debido al patrón estacional de las ventas (más altas hacia el final del segundo trimestre), a la demora en la cobranza y al gasto de capital planeado.

Se pronostica que la situación de efectivo de Fun Toys mejorará hasta un déficit de $5 en el tercer trimestre, pero al finalizar el año Fun Toys aún tiene un déficit de $20. Si

Tabla 17.6		T1	T2	T3	T4
Saldo de efectivo de Fun Toys (en millones)	Saldo inicial de efectivo	$20	$ 60	– $ 50	$ 5
	Entradas de efectivo netas	**40**	– **110**	**55**	– **15**
	Saldo final de efectivo	$60	– $ 50	$ 5	– $ 10
	Saldo mínimo de efectivo	– 10	– 10	– 10	– 10
	Superávit acumulado (déficit)	$50	– $60	– $ 5	– $20

la empresa no cuenta con algún tipo de financiamiento, este déficit pasará al año siguiente. En la sección siguiente se examina este tema.

Por ahora, podemos hacer los siguientes comentarios generales sobre los requerimientos de efectivo de Fun Toys:

1. La considerable salida de efectivo de Fun Toys en el segundo trimestre no es necesariamente una señal negativa. Es el resultado de la demora en la cobranza de las ventas y de un gasto de capital planeado (supuestamente uno que vale la pena).
2. Las cifras en este ejemplo se basan en un pronóstico. Las ventas reales podrían ser mucho peores (o mejores) que las proyectadas.

┌ **PREGUNTAS SOBRE CONCEPTOS**

17.4a ¿Cómo se realizaría un análisis de sensibilidad (que se estudió en el capítulo 9) para el saldo de efectivo neto de Fun Toys?
17.4b ¿Qué se puede aprender de este tipo de análisis?

17.5 | DEUDA A CORTO PLAZO

Fun Toys presenta un problema de financiamiento a corto plazo. No puede hacer frente a las salidas de efectivo pronosticadas para el segundo trimestre sólo con sus fuentes internas. El modo de financiar ese déficit depende de su política financiera. Con una política muy flexible, Fun Toys podría obtener hasta $60 millones en financiamiento mediante deuda a largo plazo.

Además, gran parte del déficit de efectivo se deriva del fuerte gasto de capital. Es discutible que este gasto sea un candidato para el financiamiento a largo plazo. No obstante, dado que en otras partes del texto ya se ha estudiado el financiamiento a largo plazo, nos centraremos ahora en dos opciones de deuda a corto plazo: 1) préstamos sin garantía y 2) préstamos con garantía.

✳ *Préstamos sin garantía*

La forma más habitual de financiar un déficit temporal de efectivo es a través de un préstamo bancario a corto plazo, sin garantía. Las empresas que utilizan préstamos bancarios a corto plazo suelen obtener una línea de crédito o crédito en cuenta corriente simple.

Una **línea de crédito** o crédito en cuenta corriente es un convenio según el cual se autoriza a la empresa a tomar préstamos hasta una cantidad especificada. Para asegurarse de que la línea de crédito se utiliza para fines a corto plazo, se requiere en ocasiones que el acreditado liquide por completo el importe de la línea y la mantenga así por un cierto período durante el año, por lo general 60 días (conocido como *período de inactividad*).

línea de crédito
Préstamo bancario formal (confirmado) o informal (no confirmado) preestablecido y a corto plazo.

Las líneas de crédito a corto plazo se clasifican como *confirmadas* o como *no confirmadas*. Esta última es un convenio informal que permite a las empresas tomar préstamos hasta un límite previamente especificado sin tener que pasar por el papeleo normal (en forma muy parecida a una tarjeta de crédito). El *convenio de crédito revolvente* (o *crédito en cuenta corriente revolvente*) es similar a una línea de crédito, pero se establece por lo general por dos años o más, en tanto que la línea de crédito simple se evalúa normalmente cada año.

Las líneas de crédito confirmadas son convenios jurídicos más formales e incluyen por lo general una comisión por apertura que la empresa paga al banco (esta comisión suele ser del orden de 0.25% de los fondos totales comprometidos durante el año). La tasa de interés sobre la línea de crédito se establece por lo general igual a la tasa preferencial de créditos del banco, más un porcentaje adicional, y suele ser variable. La empresa que paga una comisión por apertura por una línea de crédito confirmada, está comprando esencialmente un seguro que le garantiza que el banco no se arrepienta del convenio (a no ser que se produzca algún cambio importante en la situación del deudor).

Saldos compensatorios   Como parte de una línea de crédito o de cualquier otro convenio de crédito, los bancos exigen en ocasiones que la empresa mantenga en depósito una cierta cantidad de dinero. A este depósito se le denomina saldo compensatorio. El saldo compensatorio es parte del dinero de la empresa que se mantiene en el banco en cuentas que pagan bajos o ningún interés. Al depositar estos fondos en el banco sin recibir intereses, la empresa aumenta aún más la tasa de interés efectiva que gana el banco sobre la línea de crédito, con lo que «compensa» a éste. Un saldo compensatorio puede ser del 2-5% del importe del crédito.

saldo compensatorio
Dinero que mantiene la empresa en un banco en cuentas que pagan bajos intereses o ningún interés como parte de un convenio de préstamo.

Las empresas también utilizan saldos compensatorios para pagar otros servicios bancarios diferentes al crédito, por ejemplo, los servicios de administración de efectivo. Un tema tradicionalmente controvertido es si la empresa debe pagar por el crédito bancario y por los servicios no relacionados con el crédito mediante comisiones o promedios de saldos compensatorios.

Casi todas las empresas importantes han logrado negociar que los bancos utilicen los fondos cobrados por la empresa como compensación y que utilicen comisiones para cubrir cualquier déficit. Los convenios como éste y otros enfoques similares, que se estudian en el capítulo siguiente, hacen que el tema de los saldos mínimos tenga actualmente menos importancia de la que tuvo en el pasado.

Costo de un saldo compensatorio   Es obvio que la exigencia de un saldo compensatorio tiene un costo de oportunidad porque es habitual que el dinero se deba depositar en una cuenta con tasa de interés nula o muy baja. Supongamos, por ejemplo, que se tiene una línea de crédito de $100,000 con un requisito de saldo compensatorio del 10%. Ello significa que el 10% del importe realmente utilizado debe dejarse en depósito en una cuenta que no genere intereses.

La tasa de interés cotizada sobre la línea de crédito es del 16%. Supongamos que se requieren $54,000 para comprar inventarios. ¿Cuánto se requiere de deuda? ¿Qué tasa de interés se está pagando efectivamente?

Si se requieren $54,000, hay que contratar un préstamo suficiente para que queden disponibles $54,000 después de deducir el saldo compensatorio del 10%:

$$\$54,000 = (1 - 0.10) \times \text{Importe del préstamo}$$

$$\$60,000 = 54,000/0.90 = \text{Importe del préstamo}$$

El interés sobre los $60,000 durante un año al 16% es de $60,000 × 0.16 = $9,600. En realidad, sólo se están recibiendo $54,000 para utilizarlos, por lo que la tasa de interés efectiva es de:

$$\boxed{\text{Tasa de interés efectiva} = \text{Interés pagado/Importe disponible}}$$

$$= \$9,600/\$54,000$$

$$= 17.78\%$$

Obsérvese que lo que en realidad ocurre es que se pagan $0.16 en intereses por cada $0.90 que se obtienen en préstamo, debido a que no se llegan a utilizar los $0.10 que quedan inmovilizados en el saldo compensatorio. Por tanto, la tasa de interés es de 0.16/0.90 = 17.78%, como se calculó.

Vale la pena mencionar varios puntos. Primero, los saldos compensatorios se calculan por lo general como un *promedio* mensual de los saldos diarios. Esto quizá signifique que la tasa de interés efectiva será inferior a la que señala el ejemplo que se acaba de presentar. Segundo, se ha hecho habitual que los saldos compensatorios se basen en el importe *no utilizado* de la línea de crédito. Ello equivale a una comisión implícita por el compromiso. Tercero, y lo más importante, los detalles de cualquier convenio de préstamo comercial a corto plazo son negociables. Por lo general, los bancos trabajarán con las empresas para crear un paquete de comisiones e intereses.

Cartas de crédito   Una *carta de crédito* es un convenio habitual en finanzas internacionales. Con una carta de crédito, el banco que la emite promete otorgar un préstamo si se cumplen ciertas condiciones. Normalmente, la carta garantiza el pago de un embarque de mercancías siempre y cuando éstas lleguen como se prometió. La carta de crédito puede ser revocable (sujeta a cancelación) o irrevocable (no sujeta a cancelación si se cumplen las condiciones especificadas).

Préstamos con garantía

Los bancos y otras instituciones de financiamiento suelen exigir garantías para otorgar un préstamo a corto plazo, de la misma forma que lo hacen para uno a largo plazo. Por lo general, la garantía para préstamos a corto plazo consiste en cuentas por cobrar, inventarios o ambos.

financiamiento mediante cuentas por cobrar
Préstamo a corto plazo con garantía que incluye la cesión o el factoraje de cuentas por cobrar.

Financiamiento mediante cuentas por cobrar   El **financiamiento mediante cuentas por cobrar** involucra la *cesión* o depósito en prenda de las cuentas por cobrar o el *factoraje* de las mismas. En la cesión, el acreedor conserva las cuentas por cobrar como garantía, pero el deudor continúa siendo responsable si alguna de las cuentas no puede cobrarse. Con el *factoraje convencional*, se descuenta la cuenta por cobrar y se vende al acreedor (el factor). Una vez vendida, el cobro es problema del factor y éste asume todo el riesgo por el impago de las cuentas incobrables. Con el *factoraje al vencimiento*, el factor entrega el dinero en una fecha convenida.

Ejemplo 17.3   Costo de factoraje

En el año que acaba de terminar, LuLu's Pies tuvo un promedio de $50,000 en cuentas por cobrar. Las ventas a crédito fueron de $500,000. LuLu's entrega en factoraje sus cuentas por cobrar, descontándolas al 3%; en otras palabras, las vende por $0.97 por unidad monetaria. ¿Cuál es la tasa de interés efectiva de esta fuente de financiamiento a corto plazo?

Para determinar la tasa de interés, primero es necesario conocer el período de cuentas por cobrar promedio o el período promedio de cobranza. Durante el año, LuLu's tuvo una rotación de cuentas por cobrar de $500,000/$50,000 = 10 veces. Por tanto, el período promedio de cobranza es de $365/10 = 36.5 días.

El interés que se ha pagado en este caso es una forma de interés de descuento (que se estudió en el capítulo 5). LuLu's está pagando $0.03 de intereses por cada $0.97 de financiamiento. Por consiguiente, la tasa de interés para 36.5 días es de 0.03/0.97 = 3.09%. La TPA es de 10 × 3.09% = 30.9%, pero la tasa efectiva anual es:

$$\text{TEA} = (1.0309)^{10} - 1 = 35.6\%$$

En este caso, el factoraje es una fuente de fondos relativamente cara.

Se debe observar que si el factor asume el riesgo por la falta de pago de un comprador, en cuyo caso el factor está proporcionando un seguro, así como el efectivo inmediato. Por lo general, el factor se hace cargo de las operaciones de crédito de la empresa, lo que puede dar lugar a un ahorro importante. Por consiguiente, quizá esté sobrevaluada la tasa de interés que se calculó, sobre todo si la falta de pago es una posibilidad significativa. ∎

Créditos de habilitación o avío   Los **créditos de habilitación** o **avío** son préstamos a corto plazo para comprar mercancías y tienen tres formas básicas: garantía general sobre inventarios, depósito en prenda y financiamiento a través de almacenadoras:

créditos de habilitación o **avío**
Préstamos a corto plazo con garantía para comprar inventarios.

1. *Garantía general sobre inventarios.* La garantía general da al acreedor un derecho sobre todos los inventarios del deudor (el término «general» comprende todo).
2. *Depósito en prenda.* Un depósito en prenda es un dispositivo con el que el deudor conserva un inventario específico en «custodia» para el acreedor. Por ejemplo, el financiamiento de automóviles a los distribuidores se realiza mediante depósitos en prenda. A este tipo de financiamiento con garantía se le denomina también *financiamiento del inventario en el piso de exhibición,* en referencia a los inventarios en las salas de exhibición. Sin embargo, es algo complicado utilizar los depósitos en prenda para, por ejemplo, granos de trigo.
3. *Préstamo prendario a través de almacenes generales de depósito.* En el financiamiento mediante depósitos de mercancías en almacenes generales, una institución almacenadora pública (una institución independiente que se especializa en la administración de inventarios) actúa como agente de control para supervisar el inventario por cuenta del acreedor.

Otras fuentes

Existen una serie de fuentes de fondos a corto plazo que utilizan las empresas. Dos de las más importantes son *el papel comercial* y *el crédito mercantil.*

El papel comercial consiste en documentos a corto plazo emitidos por empresas de gran tamaño y con alta calificación crediticia. Estos documentos tienen por lo general una vigencia a corto plazo que llega hasta los 270 días (más allá de este límite, la empresa debe presentar una solicitud de registro ante la Comisión de Valores e Intercambio de Estados Unidos). Debido a que la empresa emite directamente y por lo general respalda la emisión con una línea de crédito bancaria especial, la tasa de interés que obtiene la empresa suele ser considerablemente inferior a la que cobraría el banco por un préstamo directo.

Otra opción al alcance de una empresa es incrementar el período de cuentas por pagar; en otras palabras, puede tomarse más tiempo para pagar sus cuentas. Esto representa tomar préstamos de los proveedores bajo la forma de crédito mercantil. Ésta es una forma de financiamiento muy importante, sobre todo para los negocios más pequeños. Como se estudia en el capítulo 19, una empresa que utiliza el crédito mercantil quizá termine pagando un precio mucho más alto por lo que compra, de modo que puede resultar una forma de financiamiento muy cara.

PREGUNTAS SOBRE CONCEPTOS

17.5a ¿Cuáles son las dos formas básicas de financiamiento a corto plazo?
17.5b Describa dos tipos de préstamos con garantía.

17.6 | PLAN FINANCIERO A CORTO PLAZO

Como ejemplo de un plan financiero a corto plazo terminado, supongamos que Fun Toys contrata préstamos a corto plazo para cubrir sus requerimientos de fondos. La tasa de interés es del 20% TPA y se calcula sobre una base trimestral. Por lo estudiado en el capítulo 5, sabemos que la tasa es 20%/4 = 5% trimestral. Supongamos que Fun Toys inicia el año sin ninguna deuda a corto plazo.

De acuerdo a la tabla 17.6, Fun Toys tiene un déficit de $60 millones en el segundo trimestre y deberá obtener préstamos por este importe. El flujo neto de efectivo en el trimestre siguiente es de $55 millones; de estos ingresos, tienen que pagarse ahora $60 × 0.05 = $3 millones de intereses, lo que deja $52 millones para reducir el préstamo.

Al finalizar el tercer trimestre, se deben aún $60 − 52 = $8 millones. Por tanto, los intereses en el último trimestre serán de $8 × 0.05 = $0.4 millones. Además, los flujos de efectivo netos en el último trimestre son de − $15 millones, por lo que deberán obtenerse préstamos por un total de $15.4 millones, lo que eleva el total de la deuda a $15.4 + 8 = $23.4 millones. En la tabla 17.7 se amplía el contenido de la tabla 17.6 para incluir estos cálculos.

Obsérvese que la deuda final a corto plazo es exactamente igual al déficit acumulado de todo el año, $20, más los intereses pagados durante el año, $3 + 0.4 = $3.4, con un total de $23.4.

El plan es muy sencillo. Por ejemplo, no se tomó en cuenta el hecho de que los intereses pagados sobre la deuda a corto plazo son deducibles de impuestos. También se pasó por alto que el excedente de efectivo del primer trimestre generaría algunos intereses (que serían gravables). Así se podrían agregar varios refinamientos. Sin embargo, el plan hace resaltar el hecho de que en alrededor de 90 días Fun Toys necesitará obtener deuda a corto plazo por cerca de $60 millones. Es el momento de comenzar a determinar las fuentes de los fondos.

El plan también muestra que financiar las necesidades de la empresa a corto plazo costará aproximadamente $3.4 millones en intereses (antes de impuestos) en el año. Éste es un punto de partida para que Fun Toys comience a evaluar alternativas para reducir este

	T1	T2	T3	T4	
Saldo de efectivo inicial	$20	$ 60	$ 10	$10.0	**Tabla 17.7**
Entradas de efectivo netas	40	– 110	55	– 15.0	Plan financiero a corto
Nueva deuda a corto plazo	—	60	—	15.4	plazo de Fun Toys
Intereses sobre deuda a corto plazo	—	—	– 3	– 0.4	(en millones)
Deuda a corto plazo liquidada	—	—	– 52	—	
Saldo final de efectivo	$60	$ 10	$ 10	$10.0	
Saldo mínimo de efectivo	– 10	– 10	– 10	– 10.0	
Superávit acumulado (déficit)	$50	$ 0	$ 0	$ 0.0	
Saldo inicial de deuda a corto plazo	0	0	60	8.0	
Cambios en la deuda a corto plazo	0	60	– 52	15.4	
Saldo final de deuda a corto plazo	$ 0	$ 60	$ 8	$23.4	

gasto. Por ejemplo, ¿se puede diferir el gasto planeado de $100 millones o distribuirlo en varias etapas? Al 5% trimestral, el crédito a corto plazo es caro.

Por otro lado, si se espera que el nivel de ventas de Fun Toys siga creciendo, es probable que el déficit de más de $20 millones también continúe creciendo y que los requerimientos de financiamiento adicional sean permanentes. Tal vez Fun Toys prefiera pensar en cómo obtener dinero a largo plazo para cubrir esta necesidad.

RESUMEN Y CONCLUSIONES | 17.7

1. En este capítulo se presenta la administración financiera a corto plazo. Las finanzas a corto plazo involucran los activos y pasivos de corta duración. Se determinan y examinan las fuentes y usos de efectivo a corto plazo según aparecen en los estados financieros de la empresa. Se observa cómo se originan los activos y pasivos a corto plazo durante las actividades operativas y en el ciclo de efectivo de la empresa.

2. La administración de los flujos de efectivo a corto plazo comprende la reducción de los costos. Los dos costos más importantes son los activos circulantes, es decir, el rendimiento que se pierde al mantener demasiada inversión en activos a corto plazo, como es el caso del efectivo, y también los costos por falta de activos circulantes, es decir, el costo de quedarse sin activos a corto plazo. El objetivo de administrar las finanzas a corto plazo y de realizar una planeación financiera a corto plazo es determinar el nivel óptimo entre estos dos costos.

3. En una economía «ideal», la empresa podría predecir perfectamente sus usos y fuentes de efectivo a corto plazo y el capital de trabajo neto se podría mantener en cero. En el mundo real, el efectivo y el capital de trabajo neto proporcionan una protección que permite a la empresa hacer frente a las obligaciones que se van presentando. El administrador financiero busca alcanzar el nivel óptimo de cada uno de los activos circulantes.

4. El administrador financiero puede utilizar el presupuesto de flujos de efectivo para identificar los requerimientos financieros de corto plazo. El presupuesto de efectivo indica al administrador qué cantidad de deuda se requiere o cuánto se podrá invertir a corto plazo. La empresa cuenta con varias formas posibles de adquirir fondos para hacer frente a déficits de corto plazo, incluyendo los préstamos sin garantía y con garantía.

Términos fundamentales

ciclo operativo **615**

período de inventarios **615**

período de cuentas por cobrar **615**

período de cuentas por pagar **615**

ciclo de efectivo **615**

línea de tiempo del flujo de efectivo **615**

costos por mantener activos
    circulantes **622**

costos por faltantes de activos
    circulantes **622**

presupuesto de flujos de efectivo **629**

línea de crédito **633**

saldo compensatorio **633**

financiamiento mediante cuentas por
    cobrar **634**

créditos de habilitación o avío **635**

Problemas de revisión y autoevaluación del capítulo

17.1 Los ciclos operativo y de efectivo   Examine la siguiente información tomada de los estados financieros de Glory Road Company:

Partida	Inicial	Final
Inventarios	$1,543	$1,669
Cuentas por cobrar	4,418	3,952
Cuentas por pagar	2,551	2,673
Ventas netas		$11,500
Costo de ventas		8,200

Calcule los ciclos operativo y de efectivo.

17.2 Saldo de efectivo para Masson Corporation   El período de cobranza promedio de Masson Corporation es de 60 días y se desea mantener un saldo mínimo de efectivo de $5 millones. De acuerdo a esta información y a la que se presenta a continuación, complete el siguiente presupuesto de flujos de efectivo. ¿Qué conclusiones se obtienen?

MASSON CORPORATION

Presupuesto de flujos de efectivo

(en millones)

	T1	T2	T3	T4
Saldo inicial de cuentas por cobrar	$120			
Ventas	90	120	150	120
Cobranza en efectivo				
Saldo final de cuentas por cobrar				
Total de cobranzas en efectivo				
Total de desembolsos en efectivo	80	160	180	160
Entradas de efectivo netas				
Saldo inicial de efectivo	$ 5			
Entradas de efectivo netas				
Saldo final de efectivo				
Saldo mínimo de efectivo				
Superávit (déficit) acumulado				

Respuestas a los problemas de autoevaluación

17.1 En primer lugar es necesario conocer las razones de rotación. Observe que se utilizan los valores promedio para todas las cuentas del balance general y que las medidas de rotación de inventarios y de cuentas por pagar se basan en el costo de ventas.

$$\text{Rotación de inventarios} = \$8{,}200/[(1{,}543 + 1{,}669)/2] = \textbf{5.11 veces}$$

$$\text{Rotación de cuentas por cobrar} = \$11{,}500/[(4{,}418 + 3{,}952)/2] = \textbf{2.75 veces}$$

$$\text{Rotación de cuentas por pagar} = \$8{,}200/[(2{,}551 + 2{,}673)/2] = \textbf{3.14 veces}$$

Ahora se pueden calcular los diversos períodos:

$$\text{Período de inventarios} = 365 \text{ días}/5.11 \text{ veces} = \textbf{71.43 días}$$

$$\text{Período de cuentas por cobrar} = 365 \text{ días}/2.75 \text{ veces} = \textbf{132.73 días}$$

$$\text{Período de cuentas por pagar} = 365 \text{ días}/3.14 \text{ veces} = \textbf{116.24 días}$$

Por tanto, el tiempo que se requiere para adquirir inventarios y venderlos es de aproximadamente 71 días. La cobranza requiere otros 133 días, por lo que el ciclo operativo es de 71 + 133 = **204 días**. El ciclo de efectivo son estos 204 días menos el período de cuentas por pagar, 204 − 116 = **88 días**.

17.2 Dado que Masson tiene un período de cobranza de 60 días, sólo las ventas que se efectúan en los primeros 30 días del trimestre se cobrarán en el mismo trimestre. Por tanto, la cobranza total en efectivo el primer trimestre será igual a 30/90 = $^1/_3$ de las ventas más el saldo inicial de cuentas por cobrar, es decir, $120 + $^1/_3$ × $90 = **$150**. El saldo final de las cuentas por cobrar del primer trimestre (y que es el saldo inicial de las cuentas por cobrar en el segundo trimestre) son los otros $^2/_3$ de las ventas, es decir, $^2/_3$ × $90 = **$60**. Los cálculos restantes son directos y a continuación se presenta el presupuesto ya terminado.

MASSON CORPORATION
Presupuesto de flujos de efectivo
(en millones)

	T1	T2	T3	T4
Saldo inicial de cuentas por cobrar	$120	$ 60	$ 80	$100
Ventas	90	120	150	120
Cobranza en efectivo	**150**	**100**	**130**	**140**
Saldo final de cuentas por cobrar	**$ 60**	**$ 80**	**$100**	**$ 80**
Total de cobranzas en efectivo	**$150**	**$100**	**$130**	**$140**
Total de desembolsos en efectivo	80	160	180	160
Entradas de efectivo netas	**$ 70**	**− $ 60**	**− $ 50**	**− $ 20**
Saldo inicial de efectivo	$ 5	$ 75	$ 15	− $ 35
Entradas de efectivo netas	**70**	− 60	− 50	− 20
Saldo final de efectivo	**$ 75**	**$ 15**	**− $ 35**	**− $ 55**
Saldo mínimo de efectivo	− $ 5	− $ 5	− $ 5	− $ 5
Superávit (déficit) acumulado	**$ 70**	**$ 10**	**− $ 40**	**− $ 60**

La principal conclusión que se obtiene de este cuadro es que, comenzando en el tercer trimestre, el excedente de efectivo de Masson se convierte en un déficit de efectivo. Al finalizar el año, Masson necesitará obtener efectivo por $60 millones adicionales a lo que tenga disponible.

Preguntas y problemas

1. **Ecuación de efectivo**   Lake Heartwell Company tiene un valor en libros neto de $1,500. La deuda a largo plazo es de $400. El capital de trabajo neto, con la excepción de efectivo, es de $650. Los activos fijos son de $1,000. ¿Cuánto efectivo tiene la empresa? Si los pasivos circulantes son de $600, ¿cuáles son los activos circulantes?

2. **Fuentes y usos**   Se ha recopilado la información siguiente de Senior Corporation para el año que acaba de terminar:
   a. Las cuentas por pagar disminuyeron en $210.
   b. Se pagó un dividendo de $90.
   c. Los inventarios disminuyeron en $430.
   d. La deuda a largo plazo aumentó en $800.
   e. Las compras de activos fijos fueron de $600.
   Clasifique cada partida como una fuente o como un uso de efectivo y describa su efecto sobre el saldo de efectivo de la empresa.

3. **Cambios en la cuenta de efectivo**   Señale el impacto de las siguientes actividades de la empresa sobre el efectivo, utilizando la letra A para un aumento, D para una disminución o N cuando no se producen cambios.
   a. Las materias primas compradas para inventarios se pagan en efectivo.
   b. Se paga un dividendo.
   c. Se venden mercancías a crédito.
   d. Se emiten acciones comunes.
   e. Se compran, a crédito, materias primas para inventarios.
   f. Se compra maquinaria y se paga con deuda a largo plazo.
   g. Se cobran ventas anteriores.
   h. Se venden mercancías de contado.
   i. Se paga una compra anterior.
   j. Se recibe un préstamo bancario a corto plazo.
   k. Se paga un dividendo con fondos recibidos de la venta de acciones comunes.
   l. Se compra un equipo de oficina y se paga con un documento a corto plazo.
   m. Se compran instrumentos financieros negociables.
   n. Se pagan impuestos del año anterior.
   o. Se pagan intereses sobre la deuda a largo plazo.

4. **Cambios en el ciclo operativo**   Señale el efecto que tendrán las siguientes actividades de la empresa sobre el ciclo operativo. Utilice la letra A para mostrar un aumento, la letra D para una disminución y la letra N si no se producen cambios.
   a. La rotación de inventarios de 10 veces pasa a ser de 5.
   b. La rotación de cuentas por cobrar de 10 veces pasa a ser de 5.
   c. La rotación de cuentas por pagar de 10 veces pasa a ser de 5.
   d. Las cuentas por cobrar promedio disminuyen.
   e. Los pagos a los proveedores se aceleran.
   f. Se eliminan las ventas a crédito.

5. Costo de activos circulantes   Avid Imitator Corporation ha instalado recientemente un sistema de inventarios justo a tiempo (JAT). Describa el probable efecto de este sistema sobre los costos por mantener activos circulantes, los costos por faltantes de activos circulantes y el ciclo operativo de Avid.

6. Cambios en los ciclos   Señale el impacto de las siguientes actividades de la empresa sobre los ciclos operativo y de efectivo. Utilice la letra A para mostrar un aumento, la letra D para una disminución y la letra N si no se producen cambios.

a. Se disminuye el uso de descuentos por pronto pago que ofrecen los proveedores; por tanto, los pagos se efectúan más tarde.

b. Se producen más productos terminados para pedidos que para inventarios.

c. Un mayor porcentaje de las compras de materias primas se pagan de contado.

d. Se hacen más flexibles las condiciones de descuentos por pronto pago que se ofrecen a los clientes.

e. Como resultado de una disminución en los precios, se compran materias primas en una cantidad mayor a la usual.

f. Un mayor número de clientes pagan de contado en vez de comprar a crédito.

7. Cálculo de los ciclos   Examine la siguiente información tomada de los estados financieros de Flying Carpet Company:

Partida	Inicial	Final
Inventarios	$2,331	$2,567
Cuentas por cobrar	1,108	1,426
Cuentas por pagar	4,927	5,300
Ventas netas	$23,750	
Costo de ventas	13,776	

Calcule los ciclos operativo y de efectivo. ¿Cómo se puede interpretar la respuesta?

8. Cálculo de la cobranza en efectivo   Twaddle Company ha proyectado los siguientes importes de ventas trimestrales para el año próximo:

	T1	T2	T3	T4
Ventas	$120	$160	$200	$140

Al inicio del año las cuentas por cobrar son de $100. Twaddle tiene un período de cobranza de 60 días. Calcule la cobranza en efectivo para cada uno de los cuatro trimestres completando lo siguiente:

	T1	T2	T3	T4
Saldo inicial de cuentas por cobrar	$	$	$	$
Ventas				
Cobranza en efectivo				
Saldo final de cuentas por cobrar				

¿Cuál sería el efecto de acortar el período de cobranza a 30 días?

9. **Cálculo de pagos**   Raven, Inc., ha proyectado las ventas siguientes para el próximo año:

	T1	T2	T3	T4
Ventas proyectadas	$345	$330	$263	$290

Las ventas para el año siguiente han sido proyectadas en un 20% mayores para cada trimestre.

a. Calcule los pagos a proveedores suponiendo que Raven tenga pedidos en cada trimestre que equivalgan al 60% de las ventas proyectadas para el trimestre siguiente. Suponga que Raven paga de inmediato. ¿Cuál es el período de cuentas por pagar en este caso?

	T1	T2	T3	T4
Pago de cuentas	$	$	$	$

b. Calcule de nuevo el inciso a suponiendo un período de cuentas por pagar de 90 días:

	T1	T2	T3	T4
Pago de cuentas	$	$	$	$

c. Calcule de nuevo el inciso a suponiendo un período de cuentas por pagar de 60 días:

	T1	T2	T3	T4
Pago de cuentas	$	$	$	$

10. **Cálculo de pagos**   Las compras de Lenore Corporation a sus proveedores en un trimestre son iguales al 80% de las ventas proyectadas para el trimestre siguiente. El período de demora de las cuentas por pagar es de 45 días. Los salarios, impuestos y otros gastos equivalen al 10% de las ventas, mientras que los intereses y los dividendos son de $50 por trimestre. No existen planes para gastos de capital.
Las ventas trimestrales proyectadas son:

	T1	T2	T3	T4
Ventas	$500	$700	$460	$420

Se han proyectado ventas de $550 para el primer trimestre del año siguiente. Calcule los desembolsos de efectivo de Lenore completando lo siguiente:

	T1	T2	T3	T4
Pago de cuentas	$	$	$	$
Salarios, impuestos, otros gastos				
Gastos financieros a largo plazo (intereses y dividendos)				
Total	$	$	$	$

11. **Costos de deuda**   Se ha contratado un convenio de línea de crédito que permite tomar préstamos hasta de $100 millones en cualquier momento. La tasa de interés es del 3% trimestral. Además, el 5% del importe que se tome como préstamo debe depositarse en una cuenta que no genera intereses.

    a. ¿Cuál es la tasa de interés efectiva anual sobre este convenio de préstamo?

    b. Suponga que se requieren hoy $50 millones y que se liquidan en seis meses. ¿Cuánto interés se pagará?

12. **Factoraje de cuentas por cobrar**   La empresa tiene un período promedio de cobranza de 60 días. La práctica actual es entregar de inmediato en factoraje todas las cuentas por cobrar con un descuento del 4%. ¿Cuál es el costo efectivo de la deuda en este caso? Suponga que la posibilidad de incumplimiento de pagos es casi nula.

13. **Ciclos**   ¿Es posible que el ciclo de efectivo de una empresa sea más largo que su ciclo operativo? Explique por qué sí o por qué no.

14. **Cálculo del presupuesto de flujos de efectivo**   Randy's Candy, Inc., ha estimado las ventas (en millones) para los siguientes cuatro trimestres en:

	T1	T2	T3	T4
Ventas	$340	$443	$574	$522

Las ventas en el primer trimestre del año siguiente se han previsto en $410. El saldo de cuentas por cobrar al inicio del año era de $108. Randy's tiene un período de cobranza de 30 días.

   Las compras de Randy's a los proveedores en un trimestre son iguales al 60% de las ventas pronosticadas para el trimestre siguiente, y se suele pagar a los proveedores en 30 días. Los salarios, impuestos y otros gastos ascienden aproximadamente al 20% de las ventas. Los intereses y los dividendos son de $40 trimestrales.

   Randy's tiene planes para realizar en el tercer trimestre un importante desembolso de capital por un importe de $200. Por último, Randy's comenzó el año con un saldo de efectivo de $35 y desea mantener un saldo mínimo de $25.

a. Complete un presupuesto de flujos de efectivo para Randy's llenando lo siguiente:

RANDY'S CANDY
Saldo de flujos de efectivo
(en millones)

	T1	T2	T3	T4
Saldo inicial de efectivo	$35	$	$	$
Entradas de efectivo netas				
Saldo final de efectivo				
Saldo mínimo de efectivo	25			
Superávit acumulado (déficit)				

b. Suponga que Randy's puede obtener deuda por cualquier cantidad de fondos que requiera sobre una base de corto plazo, a una tasa del 3% trimestral.

Prepare un plan financiero a corto plazo llenando el siguiente cuadro. ¿Cuál es el interés total pagado en el año?

RANDY'S CANDY
Intereses sobre la deuda a corto plazo
(en millones)

	T1	T2	T3	T4
Saldo inicial de efectivo	$35	$	$	$
Entradas de efectivo netas				
Nueva deuda a corto plazo				
Intereses sobrela deuda a corto plazo				
Deuda a corto plazo liquidada				
Saldo final de efectivo				
Saldo mínimo de efectivo	25			
Superávit acumulado (déficit)				
Deuda inicial a corto plazo				
Cambios en la deuda a corto plazo				
Deuda final a corto plazo				

15. **Política a corto plazo** Cleveland Compressor y Pnew York Pneumatic son empresas industriales competidoras. Utilice la información que aparece en sus estados financieros para contestar las preguntas siguientes:

a. ¿Cómo se financian los activos circulantes en cada empresa?

b. ¿Cuál de las empresas tiene la mayor inversión en activos circulantes sobre una base absoluta? ¿Sobre una base relativa? ¿Cuál de éstas tiene mayor significado para determinar la política de capital de trabajo? ¿Por qué?

c. ¿Cuál de las empresas es más probable que incurra en costos por mantener activos circulantes y cuál es más probable que incurra en costos por faltantes de estos activos? ¿Por qué?

CLEVELAND COMPRESSOR
Balances generales
31 de diciembre, 19X2 y 19X1

	19X2	19X1
Activos		
Efectivo	$ 13,862	$ 17,339
Cuentas por cobrar (neto)	23,887	25,778
Inventarios	54,867	42,287
Total de activos circulantes	$ 92,616	$ 85,404
Plantas, propiedades y equipos	101,543	99,715
Menos: depreciación acumulada	34,331	32,057
Activo fijo neto	$ 67,212	$ 67,658
Gastos pagados por anticipado	1,914	1,791
Otros activos	13,052	13,138
Total de activos	$174,794	$167,991

Pasivos y capital		
Cuentas por pagar	$ 6,494	$ 4,893
Documentos por pagar	10,483	11,617
Impuestos sobre nóminas y gastos acumulados	7,422	7,227
Otros impuestos por pagar	9,924	8,460
Total de pasivos circulantes	$ 34,323	$ 32,197
Deuda a largo plazo	22,036	22,036
Total de pasivos	$ 56,359	$ 54,233
Capital social	38,000	38,000
Superávit pagado	12,000	12,000
Utilidades retenidas	68,435	63,758
Total de capital	$118,435	$113,758
Total de pasivo y capital	$174,794	$167,991

CLEVELAND COMPRESSOR
Estado de resultados
19X2

Ventas	$162,749
Otros ingresos	1,002
Ingreso total	$163,751
Costo de ventas	103,571
Gastos de ventas y administración	26,395
Depreciación	2,274
Total de gastos de operación	$132,239
Intereses pagados	2,100
Utilidad antes de impuestos	$ 29,412
Impuestos	14,890
Utilidad neta	$ 14,522
Dividendos	9,845
Utilidades retenidas	4,677

PNEW YORK PNEUMATIC
Balance general
31 de diciembre, 19X2 y 19X1

	19X2	19X1
Activos		
Efectivo	$ 5,794	$ 3,307
Cuentas por cobrar (neto)	26,177	22,133
Inventarios	46,463	44,661
Total de activos circulantes	$78,434	$70,101
Plantas, propiedades y equipos	31,842	31,116
Menos: Depreciación acumulada	19,297	18,143
Activo fijo neto	$12,545	$12,973
Gastos pagados por anticipado	763	688
Otros activos	1,601	1,385
Total de activos	$93,343	$85,147

Pasivos y capital

Cuentas por pagar	$ 6,008	$ 5,019
Préstamos bancarios	3,722	645
Impuestos sobre nóminas y gastos acumulados	4,254	3,295
Otros impuestos por pagar	5,688	4,951
Total de pasivos circulantes	$19,672	$13,910
Capital social	20,576	20,576
Superávit pagado	5,624	5,624
Utilidades retenidas	48,598	46,164
	$74,798	$72,364
Menos: acciones en Tesorería	1,127	1,127
Total del capital	$73,671	$71,237
Total de pasivos y capital	$93,343	$85,147

PNEW YORK PNEUMATIC
Estado de resultados
19X2

Ventas	$91,374
Otros ingresos	1,067
Ingreso total	$92,441
Costo de ventas	59,042
Gastos de venta y administración	18,068
Depreciación	1,154
Total de gastos de operación	$78,264
Utilidad antes de impuestos	$14,177
Impuestos	6,838
Utilidad neta	$ 7,339
Dividendos	4,905
Utilidades retenidas	2,434

16. **Cálculo de la cobranza en efectivo**   Se presenta a continuación el presupuesto de ventas de Smith and Weston Company para el primer trimestre de 19X1:

	Enero	Febrero	Marzo
Presupuesto de ventas	$90,000	$100,000	$120,000

Las ventas a crédito se cobran de la forma siguiente:

30% en el mes de la venta

40% en el mes siguiente a la venta

30% en el segundo mes después de la venta

El saldo de cuentas por cobrar al finalizar el trimestre anterior es de $36,000 (de los cuales $30,000 corresponden a las ventas sin cobrar de diciembre).

a. Calcule las ventas de diciembre.

b. Calcule la cobranza en efectivo de las ventas para cada mes; de enero a marzo.

17. **Cálculo del presupuesto de flujos de efectivo**   Se presentan a continuación algunas cifras importantes tomadas del presupuesto de Fine Mulch Company para el segundo trimestre de 19X5:

	Abril	Mayo	Junio
Ventas a crédito	$160,000	$140,000	$192,000
Compras a crédito	68,000	64,000	80,000
Desembolsos de efectivo			
Salarios, impuestos y gastos	8,000	7,000	8,400
Intereses	3,000	3,000	3,000
Compras de equipo	50,000	0	4,000

La empresa pronostica que el 10% de sus ventas nunca se cobrarán, el 50% se cobrarán en el mes de la venta y el 40% restante se cobrará al mes siguiente. Las compras a crédito se pagarán en el mes siguiente a la adquisición.

En marzo de 19X5 las ventas a crédito fueron de $180,000. Utilizando esta información complete el siguiente presupuesto de efectivo:

	Abril	Mayo	Junio
Saldo inicial de efectivo	$200,000		
Ingresos de efectivo			
Cobranza en efectivo de ventas de crédito			
Total de efectivo disponible			
Desembolsos de efectivo			
Compras	65,000		
Salarios, impuestos y gastos			
Intereses			
Compras de equipo			
Total de desembolsos de equipo			
Saldo final de efectivo			

18. **Costos de deuda**   A cambio de una línea de crédito confirmada por $500 millones, la empresa ha aceptado realizar lo siguiente.   **Problema de reto**

   1. Pagar el 4% trimestral sobre cualquier cantidad tomada en préstamo efectivamente.
   2. Mantener un saldo compensatorio del 3% sobre cualquier cantidad de fondos tomada en préstamo efectivamente.
   3. Pagar de inmediato una comisión por confirmación del 0.20% sobre el importe de la línea.

Con base en esta información, conteste lo siguiente:

a. Sin tomar en cuenta la comisión por confirmación, ¿cuál es la tasa de interés anual efectiva de esta línea de crédito?

b. Suponga que la empresa utiliza de inmediato $40 millones de la línea y los liquida en un año. ¿Cuál es la tasa de interés anual efectiva de este préstamo de $40 millones?

Lecturas sugeridas

Fabozzi, F. y L. N. Masonson, *Corporate Cash Management Techniques and Analysis*, Homewood, Ill.: Dow Jones-Irwin, 1985.

Gallinger, G. W. y P. B. Healey, *Liquidity Analysis and Management*, Reading, Mass.: Addison-Wesley Publishing Co., 1987.

Hill, N. C. y W. L. Sartoris, *Short-Term Financial Management*, Nueva York: Macmillan, 1988.

Vander Weide, J. y S. F. Maier, *Managing Corporate Liquidity: An Introduction to Working Capital Management*, Nueva York: John Wiley & Sons, 1985.

Capítulo 18

Administración de efectivo y de liquidez

El balance general de Exxon mostró un total de activos de 87.7 miles de millones de dólares al finalizar 1990. Sobre esta base, Exxon era la mayor empresa industrial del mundo. Además, Exxon mantenía 1.3 miles de millones de dólares en «efectivo», lo que representaba alrededor del 1.5% de sus activos. Este monto de efectivo incluía dinero, depósitos a la vista en bancos comerciales y cheques sin depositar.[1]

Si el efectivo no genera intereses, ¿por qué decidiría Exxon mantener efectivo? Parecería más sensato que colocara todo su efectivo en inversiones a corto plazo a través de instrumentos financieros negociables, por ejemplo, Certificados de la Tesorería, y obtener de esta forma un rendimiento sobre el dinero. Por supuesto que una razón por la que Exxon mantiene efectivo es para pagar bienes y servicios. Aunque Exxon quizá prefiriera pagar a sus empleados con Certificados de la Tesorería, la denominación mínima de estos certificados es de $10,000. En este caso, se tiene que utilizar efectivo porque es más divisible que los Certificados de la Tesorería.[2]

Este capítulo se refiere a cómo las empresas administran el efectivo. El objetivo básico de la administración del efectivo es mantener la inversión en efectivo lo más baja posible, mientras las actividades operativas de la empresa se mantengan con eficiencia y efectividad. Por lo general, esta meta se reduce a la máxima: «Cobrar temprano y pagar tarde». De acuerdo con esta máxima, se estudian diversas formas de acelerar la cobranza y de administrar los desembolsos.

---

[1]Los autores están agradecidos a Jarl Kallberg, de la Universidad de Nueva York, y a David Wright, de la Universidad de Notre Dame, por sus útiles comentarios y sugerencias para este capítulo.

[2]El efectivo es líquido. Una propiedad de la liquidez es la divisibilidad, es decir, la facilidad con que puede dividirse un activo en partes.

Además, las empresas deben invertir el efectivo que se encuentra temporalmente ocioso en instrumentos financieros negociables a corto plazo. Como se estudia en varios lugares de este texto, estos instrumentos financieros se pueden comprar y vender en los mercados financieros, y como grupo tienen muy poco riesgo de incumplimiento de pagos, además de que casi todos son altamente negociables. Existen diferentes tipos de estos instrumentos, denominados instrumentos del mercado de dinero, y estudiaremos algunos de los más importantes.

18.1 │ RAZONES PARA MANTENER EFECTIVO

John Maynard Keynes, en su gran obra *The General Theory of Employment, Interest, and Money*, identificó tres razones por las que es importante la liquidez: el motivo especulativo, el motivo precautorio y el motivo transaccional, que se estudian a continuación.

Motivos especulativo y precautorio

motivo especulativo
Necesidad de mantener efectivo para aprovechar las oportunidades de inversión adicionales, como es el caso de las compras de gangas.

El **motivo especulativo** se refiere a la necesidad de mantener efectivo con el fin de aprovechar, por ejemplo, compras de gangas que pudieran presentarse, tasas de interés atractivas y (en el caso de empresas internacionales) las fluctuaciones favorables en el tipo de cambio.

La mayor parte de las empresas pueden utilizar su capacidad de obtener deudas y su reserva de instrumentos financieros negociables para satisfacer los motivos especulativos. Por tanto, en el caso de una empresa moderna, puede haber un motivo especulativo para mantener liquidez, pero no necesariamente para mantener efectivo por sí mismo. Consideremos esto en la siguiente forma: si se posee una tarjeta de crédito con un límite de crédito muy grande, es probable que se puedan aprovechar algunas gangas poco frecuentes que se presenten sin necesidad de llevar efectivo alguno.

motivo precautorio
Necesidad de mantener efectivo como un margen de seguridad que actúe como reserva financiera.

Esto también es cierto, aunque en grado menor, para los motivos precautorios. El **motivo precautorio** es la necesidad de disponer de un nivel mínimo de seguridad que actúe como reserva financiera. De nuevo, es probable que exista un motivo precautorio para mantener liquidez. Sin embargo, conociendo que el valor de los instrumentos del mercado de dinero tiene relativa certidumbre y que los instrumentos, como es el caso de los Certificados de la Tesorería, son en extremo líquidos, no hay necesidad real de mantener cantidades importantes de efectivo con fines precautorios.

El motivo transaccional

motivo transaccional
Necesidad de mantener efectivo para satisfacer los desembolsos y la cobranza normales asociados con las operaciones cotidianas de una empresa.

Se necesita efectivo para satisfacer el **motivo transaccional**, es decir, la necesidad de tener efectivo disponible para pagar las cuentas. Las necesidades relacionadas con las transacciones provienen de las actividades normales de desembolsos y cobros de la empresa. El desembolso de efectivo incluye el pago de salarios y sueldos, las deudas mercantiles, los impuestos y los dividendos.

Se cobra efectivo de las ventas, de la venta de activos y de nuevos financiamientos. Las entradas de efectivo (cobranza) y las salidas (desembolsos) no están perfectamente sincronizadas, por lo que es necesario mantener algún nivel de efectivo que sirva como reserva. La liquidez perfecta es la característica del efectivo que permite satisfacer el motivo transaccional.

Si continúan desarrollándose las transferencias electrónicas de fondos y otros mecanismos rápidos de pago que no requieren utilizar «papel», incluso la demanda de efectivo para transacciones puede desaparecer. Sin embargo, aunque esto suceda, seguirá existiendo una demanda por liquidez y la necesidad de administrarla con eficiencia.

Saldos compensatorios

Los saldos compensatorios son otra razón para mantener efectivo. Como estudiamos en el capítulo anterior, se mantienen saldos de efectivo en los bancos comerciales como compensación por los servicios bancarios que recibe la empresa. Un requisito de saldo compensatorio mínimo por parte de los bancos que brindan servicios de crédito a la empresa puede imponer un límite inferior al nivel de efectivo que mantiene la empresa.

Costos de mantener efectivo

Cuando una empresa mantiene un efectivo por encima de un mínimo necesario, incurre en un costo de oportunidad. El costo de oportunidad del excedente de efectivo (en dinero o en depósitos bancarios) es el ingreso por intereses que se pueden generar en el mejor uso alterno, por ejemplo, si se invirtiera dicho excedente en instrumentos financieros negociables.

Dado el costo de oportunidad de mantener efectivo, ¿por qué una empresa mantendría efectivo por encima de sus requerimientos por saldos compensatorios? La respuesta es que se tiene que mantener un saldo de efectivo para proporcionar la liquidez necesaria con el fin de cubrir los requerimientos transaccionales, es decir, pagar cuentas. Si la empresa mantiene un saldo de efectivo demasiado pequeño, puede quedarse sin dinero. Si esto ocurre, quizá se vea obligada a obtener efectivo sobre una base de corto plazo. Esto puede representar, por ejemplo, la venta de instrumentos financieros negociables o la obtención de deuda.

Las actividades como la venta de instrumentos financieros negociables y la obtención de deuda comprenden diversos costos. Como ya hemos estudiado, mantener efectivo tiene un costo de oportunidad. Para determinar el saldo de efectivo adecuado, la empresa debe ponderar los beneficios de mantener efectivo frente a estos costos. En las secciones siguientes se estudia este tema con más detalle.

| **PREGUNTAS SOBRE CONCEPTOS**

18.1a ¿Cuál es el motivo transaccional y cómo conduce a las empresas a mantener efectivo?

18.1b ¿Cuál es el costo para la empresa de mantener un excedente de efectivo?

COMPRENSIÓN DEL FLOTANTE | **18.2**

Como ya sabemos, la cantidad de dinero que se tiene de acuerdo con la chequera puede ser muy diferente de la cantidad de dinero que el banco piensa que dicho cuentahabiente tiene. La razón es que algunos de los cheques que se han extendido aún no han sido presentados al banco para su pago. Lo mismo sucede en el caso de un negocio. El saldo de efectivo que una empresa muestra en sus libros se conoce como *saldo en libros* o *saldo en el libro de mayor*. Al saldo que aparece en la cuenta de banco como disponible para gastar se le denomina *saldo disponible* o *saldo en cuenta*.

A la diferencia entre el saldo disponible y el saldo en el libro de mayor se le conoce como **flotante**, que representa el efecto neto de los cheques en proceso de *compensación* (desplazamiento a través del sistema bancario).

Flotante de desembolsos

Los cheques extendidos por una empresa generan un *flotante de desembolsos*, ocasionando una disminución en el saldo en libros, pero sin modificar el saldo disponible. Por ejemplo, supongamos que General Mechanics, Inc. (GMI) tiene en la actualidad un depósito de $100,000 en su banco. El 8 de junio compra algunas materias primas y las paga con un cheque por $100,000. Como resultado de ello, el saldo en libros de la empresa disminuye de inmediato en $100,000.

Sin embargo, el banco de GMI no sabrá la existencia de este cheque hasta que le sea presentado para su pago, por ejemplo, el 14 de junio. Hasta que se presente el cheque, el saldo disponible de la empresa es mayor que su saldo en libros en $100,000. En otras palabras, antes del 8 de junio, GMI tiene un flotante igual a cero:

Flotante = Saldo disponible de la empresa − Saldo en libros de la empresa

$$= \$100,000 \qquad\qquad - 100,000$$

$$= \$0$$

La posición de GMI desde el 8 hasta el 14 de junio es de:

Flotante de desembolsos = Saldo disponible de la empresa − Saldo en libros de la empresa

$$= \$100,000 \qquad\qquad - 0$$

$$= \$100,000$$

Durante el período en el que el cheque está siendo compensado, GMI tiene un saldo en el banco de $100,000. GMI puede obtener el beneficio de este efectivo mientras el cheque está siendo compensado. Por ejemplo, el saldo disponible puede invertirse temporalmente en instrumentos financieros negociables y generar así algunos intereses. Más adelante se tratará de nuevo este tema.

Flotante de cobranza y flotante neto

Los cheques recibidos por la empresa crean un *flotante de cobranza*. El flotante de cobranza aumenta los saldos en libros, pero no afecta de inmediato los saldos disponibles. Por ejemplo, supongamos que GMI recibe un cheque de un cliente por $100,000 el 8 de octubre. Como en el caso anterior, supongamos que la empresa tiene un depósito de $100,000 en su banco y un flotante de cero. Deposita el cheque y aumenta su saldo en libros en $100,000 hasta llegar a la cifra de $200,000. Sin embargo, GMI no puede disponer del efectivo adicional hasta que su banco haya presentado el cheque al banco del cliente y haya recibido los $100,000. Esto ocurrirá, por ejemplo, el 14 de octubre. Mientras tanto, la posición de efectivo de GMI reflejará un flotante de cobranza de $100,000.

Se pueden resumir estos eventos. Antes de la fecha del 8 de octubre la posición de GMI es la siguiente:

Flotante = Saldo disponible de la empresa − Saldo en libros de la empresa

$$= \$100,000 \qquad\qquad - 100,000$$

$$= \$0$$

La posición de GMI desde el 8 hasta el 14 de octubre es de:

Flotante de cobranza = Saldo disponible de la empresa − Saldo en libros de la empresa

$$= \$100,000 \qquad\qquad - 200,000$$

$$= - \$100,000$$

Por lo general, las actividades de pagos (desembolsos) de una empresa ocasionan un flotante de desembolsos y sus actividades de cobranza generan un flotante de cobranza. El efecto neto, es decir, la suma de tales flotantes, constituye el flotante neto. Este flotante, en un momento determinado, es simplemente la diferencia global entre el saldo disponible de la empresa y su saldo en libros. Si el flotante neto es positivo, el flotante de desembolsos de la empresa excede al flotante de cobranza y su saldo disponible excede a su saldo en libros. Si el saldo disponible es inferior al saldo en libros, la empresa tiene un flotante de cobranza neto.

La empresa debe preocuparse más por su flotante neto y su saldo disponible que por su saldo en libros. Si el administrador financiero sabe que un cheque emitido por su empresa no será compensado durante varios días, estará en posibilidad de mantener un saldo de efectivo menor en el banco de lo que mantendría en caso contrario. Esto puede generar mucho dinero.

Por ejemplo, véase el caso de Exxon. Las ventas diarias promedio de Exxon son de alrededor de 248 millones de dólares. Si fuera posible acelerar la cobranza de Exxon en tan sólo un día, podrían liberarse $248 millones para inversión. A una tasa diaria relativamente modesta del 0.02%, el interés generado sería cercano a $50,000 *diarios*.

Ejemplo 18.1   Permanecer a flote

Supongamos que se tienen en depósito $5,000. Se extiende un cheque por $1,000 para pagar libros y se depositan $2,000. ¿Cuáles son los flotantes de desembolsos, de cobranza y neto?

Después de extender el cheque por $1,000, los libros muestran un saldo de $4,000, pero el banco muestra un saldo de $5,000 mientras está siendo compensado el cheque. Esto es un flotante de desembolsos de $1,000.

Después de depositar el cheque de $2,000, se muestra un saldo de $6,000. El saldo disponible no aumenta hasta que se compensa el cheque. Éste es un flotante de cobranza de − $2,000. El flotante neto es la suma de los flotantes de cobranza y de desembolsos, es decir, − $1,000.

Por lo general, en los libros se muestra un saldo de $6,000. El banco muestra un saldo de $7,000, pero sólo están disponibles $5,000 porque el depósito aún no ha sido compensado. La discrepancia entre el saldo disponible y el saldo en libros es el flotante neto (− $1,000) y es malo para la empresa. Si se extiende otro cheque por $5,500, quizá no existan fondos disponibles suficientes para cubrirlo y podría rebotar. Ésta es la razón por la que el administrador financiero debe preocuparse más por los saldos disponibles que por los saldos en libros. ■

Administración del flotante

La administración del flotante comprende controlar la cobranza y los desembolsos de efectivo. El objetivo en la cobranza de efectivo es acelerar la cobranza y reducir la demora entre el momento en que los clientes pagan sus cuentas y el momento en que está disponible el efectivo. El objetivo en el desembolso de efectivo es controlar los pagos y minimizar los costos para la empresa asociados con realizar los pagos.

Los tiempos totales de cobranza o de desembolsos pueden dividirse en tres partes: tiempo de tránsito, demora en procesamiento y demora en disponibilidad. Sus características son:

1. El *tiempo* o *período en tránsito* es la parte del proceso de cobranza y de desembolsos en la que los cheques están atrapados en el sistema de transferencias.
2. La *demora* o *período en procesamiento* es el tiempo que el receptor de un cheque necesita para procesar el pago y depositarlo en el banco para su cobro.
3. La *demora* o *período en disponibilidad* se refiere al tiempo necesario para compensar un cheque a través del sistema bancario.

La aceleración de la cobranza consiste en reducir uno o más de estos elementos. Realizar con mayor lentitud los pagos consiste en aumentar uno o más de ellos.

Se describirán a continuación algunos procedimientos para administrar los períodos de cobranza y de desembolsos. En primer lugar, es necesario estudiar cómo se mide el flotante.

Medición del flotante   La magnitud del flotante depende de los montos monetarios y de la demora. Por ejemplo, supongamos que cada mes se envía un cheque de $500 a otro Estado. Se necesitan cinco días de correo para que éste llegue a su destino (el tiempo o período en tránsito) y un día para que el receptor lo lleve al banco (la demora o período en procesamiento). El banco del receptor retiene los cheques de otros Estados durante tres días (demora o período en disponibilidad). La demora o período total es de $5 + 1 + 3 = 9$ días.

En este caso, ¿cuál es el flotante promedio diario de desembolsos? Existen dos formas equivalentes de obtener la respuesta. Primero, se tiene un flotante de $500 durante nueve días, por lo que se dice que el flotante total es de $9 \times \$500 = \$4,500$. Suponiendo que el mes tiene 30 días, el flotante promedio diario es de $\$4,500/30 = \$150$.

De forma alternativa, el flotante de desembolsos es de $500 por 9 días en el mes y de cero los otros 21 días (suponiendo de nuevo un mes de 30 días). Por tanto, el flotante promedio diario es de:

$$\text{Flotante promedio diario} = (9 \times \$500 + 21 \times 0)/30$$
$$= 9/30 \times \$500 + 21/30 \times 0$$
$$= \$4,500/30$$
$$= \$150$$

Ello significa que, en un día promedio, el saldo en libros es inferior en $150 al saldo disponible, es decir, existe un flotante promedio de desembolsos de $150.

Cuando existen múltiples desembolsos o cobranzas, las cosas se complican un poco más. Como ejemplo, supongamos que Concepts, Inc. recibe dos partidas cada mes en la forma siguiente:

	Monto	Demora en procesamiento y en disponibilidad	Flotante total
Partida 1:	$5,000,000	× 9	= $45,000,000
Partida 2:	$3,000,000	× 5	= $15,000,000
Total	**$8,000,000**		**$60,000,000**

El flotante promedio diario es igual a:

$$\text{Flotante promedio diario} = \frac{\textbf{Flotante total}}{\textbf{Días totales}} \qquad (18.1)$$

$$= \frac{\textbf{\$60,000,000}}{30} = \$2,000,000$$

Por tanto, en un día promedio, existen $2,000,000 que no han sido ni procesados ni compensados y que no están disponibles.

Otra forma de visualizar esto es calcular la cobranza promedio diaria y multiplicarla por la demora promedio ponderada. La cobranza promedio diaria es:

$$\text{Cobranza promedio diaria} = \frac{\text{Cobranza total}}{\text{Días totales}} = \frac{\textbf{\$8,000,000}}{30} = \$266,666.67$$

De los $8,000,000 de cobranza total, $5,000,000, es decir, $5/_8$ del total, se demoran durante nueve días. Los $3/_8$ restantes demoran cinco días. Por tanto, la demora promedio ponderada es de:

$$\text{Demora promedio ponderada} = (5/8) \times 9 \text{ días} + (3/8) \times 5 \text{ días}$$

$$= 5.625 + 1.875 = 7.50 \text{ días}$$

Por consiguiente, el flotante promedio diario es de:

$$\textbf{Flotante promedio diario} = \textbf{Cobranza promedio diarios} \qquad (18.2)$$

$$\times \textbf{Demora promedio ponderada}$$

$$= \$266,666.67 \times 7.50 \text{ días} = \$2,000,000$$

Esto es exactamente lo que se obtuvo antes.

Consideraciones adicionales   Al medir el flotante, se aprecia una diferencia importante entre el flotante de cobranza y el de desembolsos. Se definió el flotante como la diferencia entre el saldo de efectivo disponible de la empresa y su saldo de efectivo en libros. En el caso de un desembolso, el saldo en libros de la empresa disminuye cuando se *envía* el cheque, por lo que el tiempo o período en tránsito es un elemento importante del flotante de desembolsos. Sin embargo, en el caso de un cobro, el saldo en libros de la empresa sólo se incrementa cuando se *recibe* el cheque, por lo que el tiempo o período en tránsito no es un elemento del flotante de cobranza.

Ello no significa que el período en tránsito no sea importante para la cobranza. El tema es que cuando se calcula el *flotante* de cobranza, no se debe tomar en cuenta el período en tránsito. Como se estudiará, al considerar el *período* de cobranza total, el período en tránsito es un elemento crucial.

Cuando se habla de la demora o período en disponibilidad, se observa que el tiempo que realmente necesita el cheque para su compensación no es en realidad crucial. Lo que importa es el tiempo que hay que esperar antes de que el banco conceda la disponibilidad, es decir, el uso de los fondos. En la práctica, los bancos tienen programas de disponibilidad que utilizan para determinar cuánto tiempo se retiene un cheque tomando como base el momento del depósito y otros factores. Más allá de esto, la demora en disponibilidad puede ser un asunto de negociación entre el banco y el cliente. De forma similar, en el caso de cheques que se envían, lo que importa es la fecha en que se efectúa el cargo a la cuenta, no cuándo se le concede la disponibilidad al receptor.

Costo del flotante   El costo básico para la empresa con respecto al flotante de cobranza es simplemente el costo de oportunidad de no poder utilizar el efectivo. Como mínimo, la empresa podría ganar intereses sobre el efectivo si lo tuviera disponible para invertirlo.

Supongamos que Lambo Corporation tiene ingresos promedio diarios de $1,000 y una demora promedio ponderada de tres días. Por tanto, el flotante promedio diario es de $3 \times \$1,000 = \$3,000$. Ello significa que en un día típico se tienen $3,000 que no generan intereses. Supongamos que Lambo elimina el flotante por completo. ¿Cuál sería el beneficio? Si cuesta $2,000 eliminar el flotante, ¿cuál es el VPN por hacerlo?

En la figura 18.1 se muestra la situación de Lambo. Supongamos que Lambo inicia con un flotante igual a cero. En un día determinado, el día 1, Lambo recibe y deposita un cheque de **$1,000**. El efectivo está disponible tres días después, en el día 4. Al final del día, el saldo en libros es de $1,000 más que el saldo disponible, por lo que el flotante es de **$1,000**. El día 2, Lambo recibe y deposita otro cheque; lo cobran tres días después, en el día 5. Se tienen ahora dos cheques sin cobrar y los libros muestran un saldo de $2,000. Sin embargo, el banco aún muestra un saldo disponible de cero, por lo que el flotante es de **$2,000**. Lo mismo sucede en el día 3 y el flotante aumenta a un total de **$3,000**.

El día 4, Lambo recibe y deposita otro cheque de **$1,000**; sin embargo, ya tiene disponibles **$1,000** del cheque del día 1. Los cambios en el saldo en libros y en el saldo disponible son idénticos, + $1,000; por tanto, el flotante permanece en **$3,000**. Lo mismo ocurre cada día después del día 4; por consiguiente, el flotante permanece en **$3,000** para siempre.[3]

En la figura 18.2 se muestra lo que ocurriría si se eliminara por completo el flotante en algún día *t* en el futuro. Después de eliminar el flotante, la cobranza diaria continúa siendo de **$1,000**. Se cobra el mismo día, puesto que se elimina el flotante, así que la cobranza diaria también continúa siendo de **$1,000**. Como se muestra en la figura 18.2, el único cambio se produce en el primer día. En ese día, como de costumbre, se cobran $1,000 de la venta realizada tres días antes. Dado que ha desaparecido el flotante, también se cobran las ventas realizadas dos días antes, un día antes y el día de hoy, para un importe adicional de $3,000. Por tanto, el total de cobranza hoy es de **$4,000** en lugar de $1,000.

Lo que se observa es que Lambo genera hoy $3,000 adicionales al eliminar el flotante. Cada día siguiente Lambo recibe efectivo por $1,000 exactamente igual que antes de eliminar el flotante. Si se recuerda la definición de flujos de efectivo relevantes, el único cambio en los flujos de efectivo de la empresa derivado de eliminar el flotante es el de los

---

[3]En ocasiones, a este flotante permanente que existe a perpetuidad se le denomina el *flotante del estado estabilizado.*

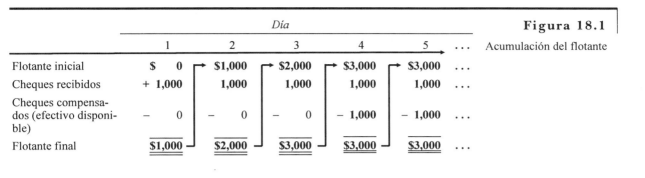

Figura 18.1

Acumulación del flotante

			Día			
	1	2	3	4	5	...
Flotante inicial	$ 0	$1,000	$2,000	$3,000	$3,000	...
Cheques recibidos	+ 1,000	1,000	1,000	1,000	1,000	...
Cheques compensados (efectivo disponible)	− 0	− 0	− 0	− 1,000	− 1,000	...
Flotante final	$1,000	$2,000	$3,000	$3,000	$3,000	...

Figura 18.2

Efecto de eliminar el flotante

	Día			
	t	t + 1	t + 2	...
Flotante inicial	$3,000	$ 0	$ 0	...
Cheques compensados	1,000	1,000	1,000	...
Cheques autorizados (efectivo disponible)	− 4,000	− 1,000	− 1,000	...
Flotante final	$ 0	$ 0	$ 0	...

$3,000 adicionales que se reciben de inmediato. Ninguno de los otros flujos de efectivo resulta afectado, por lo que Lambo incrementa su riqueza en $3,000.

En otras palabras, el VP de eliminar el flotante es simplemente igual al flotante total. Lambo puede pagar este importe como un dividendo, invertirlo en activos que generen intereses o hacer otra cosa con el mismo. Si cuesta $2,000 eliminar el flotante, el VPN es de $3,000 − 2,000 = $1,000; por tanto, Lambo debe eliminar el flotante.

Ejemplo 18.2 Reducción del flotante: parte I
Supongamos que en lugar de eliminar el flotante, Lambo puede reducirlo a un día. ¿Cuánto es lo máximo que debe estar dispuesto a pagar Lambo por esta reducción?

Si Lambo puede reducir el flotante de tres días a un día, el importe del flotante disminuirá de $3,000 a $1,000. Y por lo que se acaba de estudiar, se observa de inmediato que el VP de efectuar esta reducción es exactamente igual a los $2,000 de la reducción del flotante. Por consiguiente, Lambo debe estar dispuesto a pagar hasta $2,000. ∎

Ejemplo 18.3 Reducción del flotante: parte II
Consideremos de nuevo el ejemplo 18.2. Supongamos que un gran banco está dispuesto a proporcionar el servicio de reducción del flotante por un costo de $175 anuales, liquidables al final de cada año. La tasa de descuento relevante es del 8%. ¿Debe contratar Lambo al banco? ¿Cuál es el VPN de la inversión? ¿Cómo se interpreta esta tasa de descuento? ¿Cuál es la cantidad máxima anual que debe estar dispuesto a pagar Lambo?

Para Lambo el VP continúa siendo de $2,000. Para mantener la reducción del flotante, se tendrían que pagar los $175 cada año para siempre; por tanto, el costo es perpetuo y su VP es de $175/0.08 = $2,187.50. El VPN es de $2,000 − $2,187.50 = − $187.50; así pues, no es una buena opción.

Sin tomar en cuenta la posibilidad de cheques rebotados, la tasa de descuento en este caso se acerca más al costo de la deuda a corto plazo. La razón es que Lambo podría contratar un préstamo con el banco por $1,000 cada vez que se depositara un cheque y liquidarlo tres días después. El costo es el interés que Lambo tendría que pagar.

Lo más que debería estar dispuesto a pagar Lambo es cualquier cargo que dé como resultado un VPN igual a cero. Esto ocurre cuando el beneficio de $2,000 es exactamente igual al VP de los costos, es decir, cuando $2,000 = C/0.08$, donde C es el costo anual. Resolviendo para C, se encuentra que $C = 0.08 \times \$2,000 = \$160$ anuales. ∎

Problemas éticos y jurídicos   El administrador del efectivo tiene que trabajar con saldos de efectivo disponibles en el banco y no con el saldo en libros de la empresa (el cual refleja cheques que han sido depositados, pero no abonados). Si no lo hace, el administrador del efectivo podría estar girando cheques sobre efectivo no abonado, como una fuente de fondos para inversión a corto plazo. La mayor parte de los bancos cobran una tasa de castigo por el uso de fondos no disponibles. Sin embargo, los bancos quizá no tengan procedimientos contables y de control lo suficientemente buenos como para darse cuenta de la utilización de fondos no disponibles. Ello presenta algunos problemas éticos y jurídicos para la empresa.

Por ejemplo, en mayo de 1985, Robert Fomon, presidente de E.F. Hutton (un gran banco de inversión), se reconoció culpable de 2,000 acusaciones de fraude por correo y telégrafo en relación con un sistema que había operado en la empresa de 1980 a 1982. Los empleados de E.F. Hutton extendieron cheques por un total de cientos de millones de dólares contra efectivo no disponible. Estos ingresos se invirtieron en activos a corto plazo del mercado de dinero. Este tipo de sobregiro sistemático de las cuentas (o como se le denomina a veces: *manipulación* de cheques) no es legal ni ético y, según parece, tampoco es una práctica muy extendida entre las empresas. Las ineficiencias en el sistema bancario de las que se aprovechó Hutton han sido eliminadas en gran parte.

E.F. Hutton pagó una multa de $2 millones, le reembolsó al gobierno (al Departamento de Justicia de los Estados Unidos) $750,000 y reservó $8 millones adicionales para devolver a los bancos defraudados. Se debe observar que el argumento principal en el caso contra Hutton no fue su administración del flotante en sí, sino, más bien, su práctica de extender cheques sin otra razón económica más que la de aprovecharse del flotante.

> **PREGUNTAS SOBRE CONCEPTOS**

18.2a ¿Cuáles de estos aspectos estaría más interesada la empresa en reducir: el flotante de cobranza o el de desembolsos? ¿Por qué?

18.2b ¿Cómo se calcula el flotante promedio diario?

18.2c ¿Cuál es el beneficio que se obtiene de reducir o eliminar el flotante?

18.3 | COBRANZA EN EFECTIVO Y CONCENTRACIÓN DE FONDOS

Por lo estudiado anteriormente, la demora en la cobranza opera en contra de la empresa. Si los demás factores permanecen constantes, la empresa adoptará procedimientos para acelerar la cobranza y disminuirá con ello el período de cobranza. Además, incluso después de cobrar el efectivo, las empresas necesitan procedimientos para transferir o concentrar ese efectivo hacia donde puedan utilizarlo mejor. Se estudian a continuación algunos procedimientos habituales de cobranza y de concentración.

Componentes del período de cobranza

De acuerdo con lo que acabamos de estudiar, las partes básicas del proceso de cobranza de efectivo pueden describirse de la forma siguiente: el tiempo total de este proceso está compuesto por el tiempo o período de tránsito, por la demora o período en procesamiento de los cheques y por la demora o período en disponibilidad del banco.

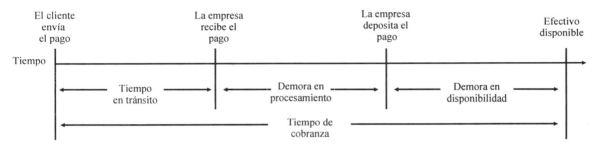

El tiempo que demore el efectivo en cada parte del proceso de cobranza depende de dónde estén localizados los clientes y los bancos de la empresa y lo eficiente que sea la empresa para efectuar la cobranza en efectivo.

Cobranza en efectivo

La manera como la empresa cobre a sus clientes depende en gran parte de la naturaleza del negocio. El caso más sencillo sería una cadena de restaurantes. La mayoría de sus clientes pagarán con efectivo, cheque o tarjeta de crédito en el punto de venta (a esto se le conoce como *cobro inmediato*), por lo que no existen problemas de demora en tránsito. Normalmente, los fondos se depositarían en un banco local y la empresa dispondría de algunos medios (que se estudian a continuación) para tener acceso a los fondos.

Cuando algunos o todos los pagos que recibe una empresa son cheques que llegan por correo, los tres componentes del tiempo de cobranza cobran importancia. La empresa puede elegir que le envíen por correo todos los cheques a un lugar determinado o, lo más habitual, puede tener varios puntos de cobranza por correo con el fin de reducir el período en tránsito. La empresa puede también manejar por sí misma su operación de cobranza o puede contratar a una firma externa que se especialice en la cobranza en efectivo. A continuación, se estudiarán estos temas con más detalle.

Existen otros sistemas de cobranza en efectivo. Uno de ellos, cada vez más habitual, es el pago preautorizado. Con este convenio, los importes y las fechas de los pagos se establecen por anticipado. Cuando llega la fecha convenida, el importe se transfiere automáticamente de la cuenta bancaria del cliente a la cuenta bancaria de la empresa, con lo que se reducen notablemente, o incluso se eliminan, las demoras en la cobranza. Este mismo enfoque lo utilizan las empresas que tienen terminales «en línea», lo que significa que cuando se realiza la venta por línea telefónica, se transfiere de inmediato el dinero a las cuentas bancarias de la empresa.

Figura 18.3

Panorama general del
sistema de apartados
postales de seguridad

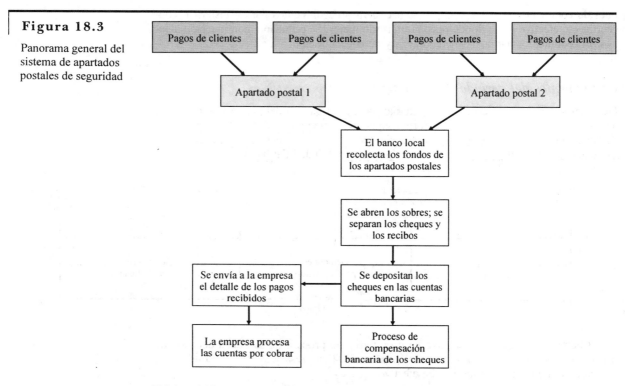

El flujo se inicia cuando un cliente de la empresa envía sus pagos por correo a un apartado postal en vez de enviarlos a la empresa. Varias veces durante el día, el banco recoge los pagos del apartado en la oficina de correos. Después, los cheques se depositan en las cuentas bancarias de la empresa.

Apartados postales de seguridad

Cuando la empresa recibe sus pagos por correo, debe decidir a dónde se enviarán los cheques y cómo se recogerán y depositarán. La cuidadosa selección del número de los puntos de cobranza y de sus ubicaciones puede reducir considerablemente los períodos de cobranza. Muchas empresas utilizan apartados postales especiales, denominados **apartados postales de seguridad,** para interceptar los pagos y acelerar la cobranza en efectivo.

**apartados postales de
seguridad**
Apartados postales especiales
que se establecen para
interceptar y acelerar los pagos
de cuentas por cobrar.

En la figura 18.3 se muestra un sistema de apartados postales de seguridad. El proceso de cobranza se inicia cuando los clientes envían por correo sus cheques a un apartado postal en vez de hacerlo a la empresa. El apartado postal está a cargo de un banco local. En la práctica, una gran empresa puede llegar a mantener más de veinte apartados postales de seguridad en todo el país.

En el sistema típico de apartados postales de seguridad, el banco local recoge los cheques del apartado postal en la oficina de correos varias veces al día y los deposita directamente en la cuenta de la empresa. Se registran los detalles de la operación (en una forma que sea utilizable por computadora) y se envían a la empresa.

El sistema de apartados postales de seguridad reduce el período en tránsito porque los cheques se reciben en una oficina de correos cercana, en lugar de llegar a las oficinas centrales de la empresa. Los apartados postales de seguridad también reducen el período en procesamiento porque la empresa no tiene que abrir los sobres y depositar los cheques para su cobro. En conjunto, el apartado postal de seguridad controlado por el banco debe permitir a la empresa lograr que su cobranza sea procesada, depositada y compensada con mayor rapidez que si recibieran los cheques en sus oficinas centrales y los llevaran al banco para su depósito y compensación.

Concentración de fondos*

Como estudiamos previamente, es habitual que una empresa tenga varios puntos de recepción de efectivo y, como resultado de ello, la cobranza en efectivo pueda terminar en muchos bancos y cuentas bancarias diferentes. Como consecuencia, la empresa necesita establecer procedimientos para transferir el efectivo a sus cuentas principales, a lo que se denomina **concentración de fondos**. Al reunir el efectivo de la empresa, la administración del efectivo se simplifica mucho porque sólo es necesario controlar un número pequeño de cuentas. También, al tener un monto mayor de fondos disponibles, la empresa puede estar en posibilidad de negociar, u obtener de alguna otra forma, una tasa más favorable en cualquier inversión a corto plazo.

concentración de fondos
Prácticas y procedimientos para transferir el efectivo de múltiples bancos a las cuentas principales de la empresa.

Al establecer un sistema de concentración, las empresas utilizarán por lo general uno o más *bancos concentradores*. El banco concentrador acumula los fondos obtenidos de los bancos locales dentro de cierta región geográfica. Los sistemas de concentración se utilizan con frecuencia en forma conjunta con sistemas de apartados postales de seguridad. En la figura 18.4 se muestra cómo se puede establecer un sistema integrado para la cobranza en efectivo y su concentración. Como se observa en la figura 18.4, una parte fundamental del proceso de cobranza y concentración de efectivo es la transferencia de los fondos al banco concentrador. Para efectuar esta transferencia, existen varias opciones posibles. La más barata es un *cheque de transferencia de depósito (CTD)*, que es un cheque preimpreso que no suele requerir firma y que sólo es válido para transferir fondos entre cuentas específicas dentro de la *misma* empresa. El dinero está disponible uno o dos días después. Las *transferencias automatizadas de cámara de compensación (TACC)* son básicamente versiones electrónicas de los cheques. Éstas tal vez sean más caras dependiendo de las circunstancias, pero los fondos están disponibles al día siguiente. La forma más cara de transferencia en Estados Unidos es la *transferencia telegráfica*, que proporciona disponibilidad en el mismo día. El enfoque que elija una empresa dependerá del número y la magnitud de los pagos. Por ejemplo, una transferencia TACC típica podría ser de $200, mientras que una transferencia telegráfica típica sería de varios millones de dólares. Las empresas que tienen un gran número de puntos de cobranza y pagos con montos relativamente pequeños elegirán la ruta más barata, en tanto que las empresas que reciben un menor número de pagos con montos relativamente grandes tal vez elijan procedimientos más caros.

Aceleración de la cobranza: un ejemplo

La decisión de utilizar un servicio bancario de administración de efectivo en el que se incluyan apartados postales de seguridad y bancos de concentración depende de dónde estén ubicados los clientes de la empresa y de la rapidez del servicio postal. Supongamos que Atlantic Corporation, ubicada en la ciudad de Filadelfia, está considerando establecer

---

*Nota de Revs. Técs.: En algunos países existe lo que se conoce como banca nacional, con lo que estos procedimientos no serían necesarios.

Figura 18.4

Apartados postales de seguridad y bancos de concentración en un sistema de administración del efectivo

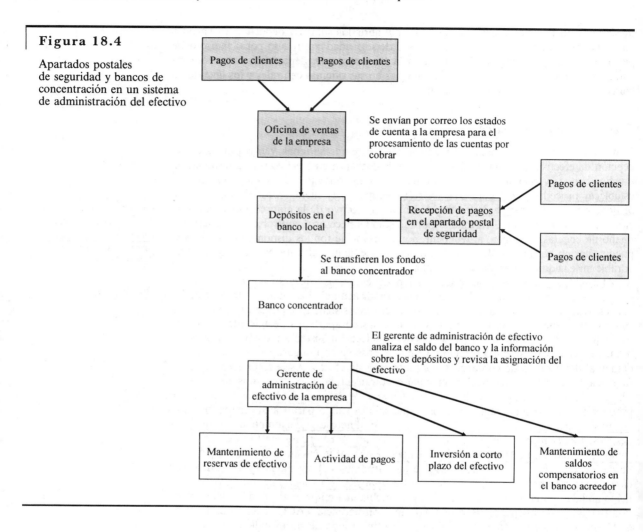

un sistema de apartados postales de seguridad. En la actualidad, su demora en la cobranza es de ocho días.

Atlantic realiza sus operaciones en la parte suroeste del país (en los Estados de Nuevo México, Arizona y California). El sistema de apartados postales de seguridad propuesto estaría ubicado en la ciudad de Los Ángeles y lo operaría el Pacific Bank. Este banco ha analizado el sistema de concentración de efectivo de Atlantic y ha llegado a la conclusión de que puede disminuir en dos días el período de cobranza. De forma específica, el banco ha presentado la siguiente información sobre el sistema de apartados postales de seguridad propuesto:

Reducción en el período en tránsito por correo	= 1.0 días
Reducción en el período en compensación	= 0.5 días
Reducción en el período de procesamiento de la empresa	= <u>0.5 días</u>
TOTAL	= 2.0 días

En sus propias palabras...

Sobre la creciente automatización en la administración del efectivo, por Jarl Kallberg

La creciente computarización en el ámbito corporativo de Estados Unidos ha afectado a todas las áreas de la administración de capital de trabajo. Ha tenido efectos trascendentales en la forma en que las empresas administran los inventarios, en muchos casos, apoyándolas para acercarse más a los enfoques japoneses (justo a tiempo). Por ejemplo, en el área de cuentas por cobrar, los otorgantes de crédito han establecido vínculos en línea a través de computadoras con los proveedores de información de crédito tanto sobre consumidores como sobre empresas, lo que les permite tomar decisiones de crédito en un ambiente totalmente automatizado, con frecuencia en menos de un minuto.

La mayor automatización también ha modernizado el área de administración de efectivo y de tesorería, aunque en ocasiones los beneficios no los aprovechan todos los interesados. Un ejemplo notable involucró la automatización del sistema de administración de efectivo de una importante empresa. El tesorero trabajó durante dos años para desarrollar una operación en extremo automatizada. Con respecto a la cobranza, la empresa tenía más de 100 bancos recolectando depósitos de las oficinas locales. El tesorero desarrolló un sistema para computadoras personales con objeto de concentrar estos depósitos de un día para otro utilizando TACC. El sistema utilizaba dos bancos que atendían apartados postales de seguridad y que diariamente concentraban automáticamente los saldos disponibles, utilizando transferencias telegráficas. Todos estos fondos se transferían a un solo banco concentrador. Todos los pagos se efectuaban de una sola cuenta de saldo cero, que recibía los fondos necesarios, de un día para otro, también usando TACC.

Este sistema llegó a funcionar en forma tal que el tesorero prácticamente no tenía que tomar decisiones. Esto estuvo bien hasta que un día su jefe, el vicepresidente de finanzas, comprendió al fin cómo operaba el sistema (y el poco trabajo que tenía que realizar el tesorero) y de inmediato lo despidió. Su justificación fue que en realidad ya no existía la necesidad de un tesorero.

Jarl Kallberg es profesor asociado de finanzas en la Escuela Stern de Administración de Empresas de la Universidad de Nueva York. De 1984 a 1991 fue editor de *The Journal of Cash Management*. En 1989 y 1990 fue vicepresidente asociado en Dun & Bradstreet's, donde dirigió un grupo que desarrollaba modelos financieros para D&B y sus principales clientes.

Intereses diarios de los Certificados de la Tesorería = 0.025%
Número promedio de pagos diarios a los apartados postales de seguridad = 2,000
Importe promedio por pago = $600

Los flujos de efectivo para la operación de cobranza actual aparecen en la siguiente gráfica del tiempo de flujo de efectivo:

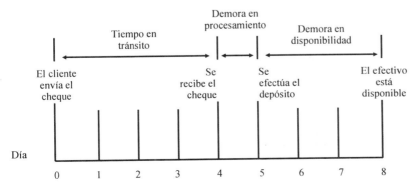

Los flujos de efectivo para la operación de cobranza mediante los apartados postales de seguridad serán los siguientes:

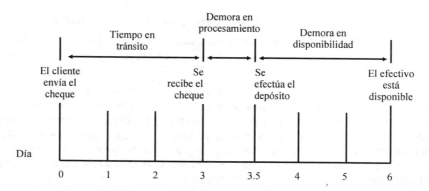

Pacific Bank ha aceptado operar este sistema de apartados postales de seguridad por una comisión de $0.25 por cheque procesado. ¿Debe aceptarlo Atlantic?

En primer lugar, es necesario determinar el beneficio del sistema. La cobranza promedio diaria para la región del suroeste es de $1.2 millones (2,000 × $600). El período de cobranza disminuirá en dos días, por lo que los apartados postales de seguridad aumentarían el saldo disponible en el banco a $1.2 millones × 2 = $2.4 millones. En otras palabras, el apartado postal de seguridad libera para la empresa $2.4 millones al reducir en dos días los períodos en procesamiento, tránsito por correo y compensación. Por lo que acabamos de ver, estos $2.4 millones constituyen el VP de la propuesta.

Para calcular el VPN, es necesario determinar el VP de los costos. Existen varias formas para hacerlo. Primero, con 2,000 cheques diarios y $0.25 por cheque, el costo diario es de $500. Se incurrirá en este costo cada día, para siempre. A una tasa de interés del 0.025% diario, el VP es por consiguiente de $500/0.00025 = $2 millones. Por tanto, el VPN es de $2.4 millones − 2 millones = $400,000 y el sistema parece ser conveniente.

De forma alternativa, Atlantic podría invertir los $2.4 millones al 0.025% diario. El interés generado sería de $2.4 millones × 0.00025 = $600 diarios. El costo del sistema es de $500 por día; por tanto, es obvio que utilizarlo por el importe de $100 diarios es rentable. El VP de $100 diarios, para siempre, es de $100/0.00025 = $400,000, exactamente lo obtenido anteriormente.

Por último, y lo más sencillo, cada cheque es por $600 y está disponible dos días antes si se utiliza el sistema. El interés sobre los $600 durante dos días es de 2 × $600 × 0.00025 = $0.30. El costo es de $0.25 por cheque, por lo que por cada cheque Atlantic genera $0.05 ($0.30 − $0.25). Con 2,000 cheques diarios, la utilidad es de $0.05 × 2,000 cheques = $100 diarios, tal como se calculó previamente.

Ejemplo 18.4   Aceleración de la cobranza

En el ejemplo relacionado con el sistema de apartados postales de seguridad propuesto para Atlantic Corporation, supongamos que Pacific Bank pidiera una comisión fija de $20,000 (que se pagan anualmente), además de los $0.25 por cheque. ¿Continúa siendo una buena idea el sistema?

Para contestar, es necesario calcular el VP de la comisión fija. La tasa diaria de interés es de 0.025%. Por tanto, la tasa anual de interés es de $(1.00025)^{365} - 1 = 9.553\%$. El VP de la comisión fija (que se paga cada año para siempre) es $20,000/0.09553 = $209,358. Puesto que el VPN sin la comisión es de $400,000, el VPN con la comisión es de

$400,000 - 209,358 = \$190,642$. El sistema propuesto continúa considerándose como una buena idea. ■

18.3a ¿Qué es un apartado postal de seguridad? ¿Cuáles son sus propósitos?
18.3b ¿Qué es un banco concentrador? ¿Cuáles son sus propósitos?

ADMINISTRACIÓN DE DESEMBOLSOS DE EFECTIVO 18.4

Desde el punto de vista de la empresa, el flotante de desembolsos es deseable, por lo que el objetivo de administrar el flotante de desembolsos es permitir que los pagos se realicen de la forma más lenta posible. Para lograrlo, la empresa puede desarrollar estrategias para aumentar el período en tránsito, el período en procesamiento y el período en disponibilidad de los cheques que extiende. Además de ello, las empresas han desarrollado procedimientos para minimizar el efectivo que mantienen para realizar pagos. A continuación, se estudiarán los más habituales.

Incremento del flotante de desembolsos

Como ya hemos visto, el flotante en términos de hacer más lentos los pagos se deriva del período en tránsito, del período en procesamiento de los cheques y de la cobranza de los fondos. El flotante de desembolsos puede aumentarse extendiendo un cheque de un banco geográficamente lejano. Por ejemplo, se puede pagar a un proveedor de Nueva York con cheques girados de un banco de Los Ángeles. Esto aumentará el tiempo requerido para la compensación de los cheques a través del sistema bancario. Enviar por correo los cheques desde oficinas de correos lejanas es otra forma de que las empresas hagan más lento el desembolso. En la figura 18.5 se muestran algunas de estas prácticas.

Las tácticas para maximizar el flotante de desembolsos son discutibles, tanto en términos éticos como económicos. Primero, como se estudiará con más detalle en el próximo capítulo, es muy frecuente que las condiciones de pago incluyan un descuento considerable por el pago anticipado. Por lo general, este descuento es mucho mayor que cualquier posible ahorro derivado de «jugar el juego del flotante». En estos casos, aumentar el período en tránsito no será de beneficio alguno si el receptor establece como fecha de pago la fecha de recepción (que es lo habitual) en vez de la fecha de envío.

Además de esto, no es probable que los proveedores se dejen engañar por los intentos de ralentizar los pagos. Las consecuencias negativas de estas relaciones deficientes con los proveedores pueden ser costosas. En términos más amplios, demorar los pagos de forma intencional, aprovechándose de los períodos en tránsito o de los proveedores con sistemas de cobranza deficientes, puede ser equivalente a evitar pagar las cuentas a su vencimiento, un procedimiento de negocios que no es ético.

Control de desembolsos

Hemos visto que es probable que el hecho de maximizar el flotante de desembolsos sea una práctica de negocios relativa. Sin embargo, a pesar de ello, lo cierto es que la empresa desea tener inmovilizada la menor cantidad posible de efectivo para los desembolsos.

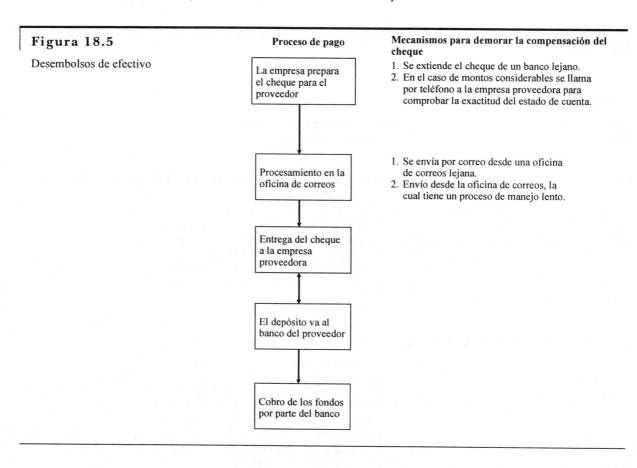

Figura 18.5

Desembolsos de efectivo

Proceso de pago

La empresa prepara el cheque para el proveedor

Procesamiento en la oficina de correos

Entrega del cheque a la empresa proveedora

El depósito va al banco del proveedor

Cobro de los fondos por parte del banco

Mecanismos para demorar la compensación del cheque

1. Se extiende el cheque de un banco lejano.
2. En el caso de montos considerables se llama por teléfono a la empresa proveedora para comprobar la exactitud del estado de cuenta.

1. Se envía por correo desde una oficina de correos lejana.
2. Envío desde la oficina de correos, la cual tiene un proceso de manejo lento.

De ahí que las empresas hayan desarrollado sistemas para administrar eficazmente el proceso de pagos. La idea general en estos sistemas es no mantener en depósito en los bancos más que la cantidad mínima necesaria para pagar las cuentas. Se estudian a continuación algunos enfoques para lograr este objetivo.

cuenta de saldo cero

Cuenta de desembolsos en la que la empresa mantiene un saldo igual a cero; en ésta se transfieren fondos desde una cuenta maestra sólo cuando se requieren para cubrir cheques presentados para el pago.

Cuentas de saldo cero   Con una **cuenta de saldo cero**, la empresa, con cooperación de su banco, mantiene una cuenta maestra y un grupo de subcuentas. Cuando se tiene que pagar un cheque extendido de una de las subcuentas, se transfieren los fondos necesarios desde la cuenta maestra. En la figura 18.6 se muestra cómo puede operar este tipo de sistema. En este caso, la empresa mantiene dos cuentas para pagos o cuentas pagadoras, una para proveedores y otra para nóminas. Como vemos, si la empresa no utiliza cuentas de saldo cero, cada una de estas cuentas debe mantener un nivel mínimo de reservas de protección en efectivo para hacer frente a demandas no previstas. Si la empresa utiliza cuentas de saldo cero, puede mantener un nivel mínimo de reservas de protección en una cuenta maestra y transferir los fondos a las dos cuentas pagadoras conforme se vaya requiriendo. La clave de esto es que el importe total de efectivo que se mantiene como reserva es menor con el sistema de saldo cero, con lo que se libera efectivo para utilizarlo en algún otro lugar.

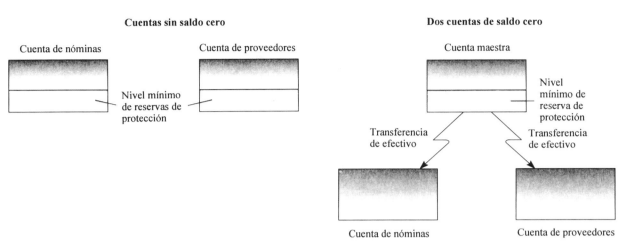

Figura 18.6

Cuentas de saldo cero

Con las cuentas de saldo cero la empresa mantiene un nivel mínimo único de protección en efectivo en una cuenta maestra. Los fondos se transfieren a las cuentas pagadoras conforme se requieren. Con cuentas sin saldo cero se tienen que mantener varios niveles mínimos de reserva de protección en efectivo por separado, con lo que se mantiene efectivo inactivo sin necesidad.

Cuentas controladoras de desembolsos   Con una **cuenta controladora de desembolsos**, en la mañana ya se conocen casi todos los pagos que se tienen que realizar en un día determinado. El banco comunica a la empresa el total y ésta transfiere (por lo general a través de algún medio de transmisión vía cable) la cantidad requerida.

cuenta controladora de desembolsos
Una práctica para efectuar pagos en la que la empresa transfiere a una cuenta pagadora la cantidad suficiente para cubrir los pagos necesarios.

PREGUNTAS SOBRE CONCEPTOS

18.4a ¿Es una buena práctica de negocios maximizar el flotante de desembolsos?
18.4b ¿Qué es una cuenta de saldo cero? ¿Cuál es la ventaja de este tipo de cuenta?

INVERSIÓN DEL EFECTIVO INACTIVO   18.5

Si una empresa tiene un excedente temporal de efectivo, puede invertir en instrumentos financieros a corto plazo. Como ya hemos mencionado, al mercado de activos financieros a corto plazo se le conoce como *mercado de dinero*. El plazo de vigencia de los activos financieros a corto plazo que se negocian en el mercado de dinero es de un año o inferior.

La mayor parte de las grandes empresas administran sus propios activos financieros a corto plazo, negociándolos a través de los bancos y de otros intermediarios financieros. Algunas grandes empresas y muchas pequeñas invierten en sociedades de inversión del mercado de dinero. Éstas son sociedades que invierten en activos financieros a corto

Figura 18.7

Requerimientos
estacionales
de efectivo

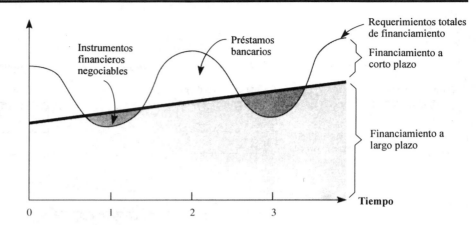

Tiempo 1: existe un superávit de flujo de efectivo. La demanda estacional de activos es baja. El superávit
de flujo de efectivo se invierte en instrumentos financieros negociables a corto plazo.

Tiempo 2: existe un déficit de flujo de efectivo. La demanda estacional de activos es alta. El déficit se
financia con la venta de instrumentos financieros negociables y con préstamos bancarios.

plazo y cobran comisiones por administración. Estas comisiones son la remuneración por
los conocimientos profesionales y por la diversificación que proporciona la administración
de la sociedad.

Entre la amplia variedad de sociedades de inversión del mercado de dinero, algunas
se especializan en clientes corporativos. Además, los bancos ofrecen planes en los que el
banco toma todos los fondos disponibles excedentes al final de cada día hábil y los invierte por cuenta de la empresa.

Excedentes temporales

Las empresas tienen excedentes temporales de efectivo por varias razones; dos de las más
importantes son el financiamiento de actividades estacionales o cíclicas de la empresa y el
financiamiento de gastos planeados o posibles.

Actividades estacionales o cíclicas   Algunas empresas tienen flujos de efectivo con un
comportamiento predecible. Durante una parte del año, tienen flujos de efectivo excedentes y durante el resto del año tienen flujos de efectivo deficitarios. Por ejemplo, Toys «R»
Us, una empresa de juguetes con venta al menudeo, tiene un comportamiento de flujos
de efectivo estacional afectado por la Navidad.

Una empresa como Toys «R» Us puede comprar instrumentos financieros negociables cuando se presentan flujos de efectivo excedentes y venderlos cuando se presentan
déficits. Por supuesto que los préstamos bancarios son otro dispositivo de financiamiento
a corto plazo. En la figura 18.7 se muestra el uso de los préstamos bancarios y de los instrumentos financieros negociables para hacer frente a las necesidades de financiamiento
temporales. En este caso, la empresa está siguiendo una política de capital de trabajo de
compromiso en el sentido que se estudió en el capítulo anterior.

Gastos planeados o posibles   Las empresas suelen acumular inversiones temporales en instrumentos financieros negociables con el fin de obtener el efectivo requerido para un programa de construcción de plantas, para efectuar pagos de dividendos o para cubrir otros gastos importantes. Por tanto, las empresas pueden emitir bonos y acciones antes de que se necesite el efectivo, invirtiendo los ingresos obtenidos en instrumentos financieros negociables a corto plazo y vendiéndolos después para financiar las erogaciones. Las empresas también pueden enfrentarse a la posibilidad de tener que efectuar un gran desembolso de efectivo. Un ejemplo obvio sería la posibilidad de perder una importante demanda judicial. Para protegerse contra este tipo de contingencias, las empresas pueden acumular excedentes de efectivo.

Por ejemplo, el 31 de diciembre de 1981, U.S. Steel (ahora USX Corporation) tenía invertidos \$1.5 miles de millones en instrumentos financieros negociables, lo que suponía más del 11% del total de activos de U.S. Steel. Este saldo se había acumulado para financiar una fusión con Marathon Oil, que se concluyó en marzo de 1982.

Características de los instrumentos financieros a corto plazo

Dada la necesidad temporal de una empresa de tener algún efectivo inactivo, existen diversos instrumentos financieros a corto plazo para invertir. Las características más importantes de estos instrumentos financieros negociables a corto plazo son su vigencia, su riesgo de incumplimiento de pago, su negociabilidad y su tratamiento fiscal.

Plazo de vigencia   El plazo de vigencia se refiere al período durante el que se efectúan pagos de intereses y de principal.

Después de haber estudiado el capítulo 6, sabemos que, para un determinado cambio en el nivel de las tasas de interés, los precios de los instrumentos financieros con plazos de vigencia más largos cambiarán en mayor medida que los instrumentos financieros con plazos de vigencia más cortos. Como consecuencia de ello, las empresas que invierten en instrumentos financieros a largo plazo están aceptando un riesgo mayor que las que invierten en instrumentos financieros con períodos de vigencia a corto plazo.

A este tipo de riesgo se le denomina *riesgo de tasas de interés*. Las empresas suelen limitar sus inversiones a instrumentos financieros negociables que vencen en menos de 90 días para evitar el riesgo de pérdidas de valor derivado de los cambios en las tasas de interés. Por supuesto, el rendimiento esperado de los instrumentos con vigencia a corto plazo es inferior al de los que vencen a largo plazo.

Riesgo de incumplimiento de pago   El riesgo de incumplimiento de pago se refiere a la probabilidad de que no se paguen los intereses y el principal prometidos en las fechas de vencimiento. En el capítulo 12 vimos que varias agencias de servicios financieros, como es el caso de Moody's Investors Service y de Standard & Poor's, recopilan y publican calificaciones de los diferentes instrumentos financieros corporativos. Estas calificaciones están relacionadas con el riesgo de incumplimiento de pago. Por supuesto que algunos instrumentos financieros tienen un riesgo de incumplimiento de pago insignificante, como el caso de los Certificados de la Tesorería de Estados Unidos. Teniendo en cuenta los propósitos de invertir el efectivo inactivo de la empresa, las empresas evitan por lo general invertir en instrumentos financieros negociables con un riesgo de incumplimiento de pago considerable.

Negociabilidad   La negociabilidad se refiere a la facilidad de convertir un activo en efectivo; así, la negociabilidad y la liquidez tienen un significado muy parecido. Algunos instrumentos del mercado de dinero son mucho más negociables que otros. En primer lugar de la lista de negociabilidad se encuentran los Certificados de la Tesorería de Estados Unidos, que se pueden comprar y vender muy baratos y con gran rapidez.

Impuestos   Los intereses generados por los instrumentos del mercado de dinero, que no sean algún tipo de obligación del gobierno (federal o estatal), son gravables a niveles municipal, estatal y federal. Las obligaciones de la Tesorería de Estados Unidos, como los Certificados, están exentas del gravamen estatal, pero otras deudas respaldadas por el gobierno no lo están. Los instrumentos financieros que emiten los gobiernos municipales están exentos de los impuestos federales, pero pueden estar gravados a nivel estatal.

Algunos tipos diferentes de instrumentos del mercado de dinero

Los instrumentos del mercado de dinero suelen ser altamente negociables y a corto plazo y tienen por lo general un bajo riesgo de incumplimiento de pago. Estos instrumentos los emiten el gobierno de Estados Unidos (Certificados de la Tesorería), los bancos nacionales y extranjeros (certificados de depósito) y las empresas (papel comercial). Son muchos los tipos y aquí sólo daremos algunos ejemplos de los más habituales.

Los Certificados de la Tesorería de Estados Unidos son obligaciones del gobierno que vencen en 90, 180, 270 o 360 días. Los certificados a 90 y 180 días se venden en forma de subasta cada semana y los certificados a 270 y 360 días se venden cada mes.

Los instrumentos financieros a corto plazo exentos de impuestos los emiten estados, municipios o agencias locales para la construcción de viviendas y agencias para la renovación urbana. Al considerarse todos como valores municipales, están exentos de los impuestos federales. Por ejemplo, los RAN, BAN y TAN son documentos de anticipación de ingresos, de bonos y de impuestos, respectivamente. En otras palabras, representan una deuda a corto plazo que emiten los municipios como anticipo al ingreso en efectivo.

Los instrumentos financieros a corto plazo exentos de impuestos tienen un mayor nivel de riesgo de incumplimiento de pago que las emisiones de instrumentos financieros de Estados Unidos y son menos negociables. Dado que los intereses están exentos del impuesto federal sobre la renta, el rendimiento antes de impuestos de los instrumentos financieros exentos es inferior al de instrumentos comparables, como los Certificados de la Tesorería de Estados Unidos. Asimismo, las empresas se enfrentan a ciertas restricciones para mantener como inversiones los instrumentos financieros exentos de impuestos.

El papel comercial se refiere a instrumentos financieros a corto plazo emitidos por instituciones financieras, bancos y empresas. Por lo general, el papel comercial no tiene garantía y los plazos de vigencia oscilan desde unas pocas semanas hasta 270 días.

No existe un mercado secundario activo para el papel comercial y por ello su negociabilidad es baja; sin embargo, las empresas que emiten papel comercial suelen recomprarlo directamente antes de su vencimiento. El riesgo de incumplimiento de pago del papel comercial depende de la solidez financiera del emisor. Moody's y S&P publican calificaciones de la calidad del papel comercial. Estas calificaciones son similares a las de los bonos, que se estudiaron en el capítulo 12.

Los certificados de depósito (CD) son préstamos a corto plazo a bancos comerciales. Por lo general, son CD gigantes los que exceden de $100,000. Existen mercados activos para los CD con plazos de vigencia de 3, 6, 9 y 12 meses.

Los convenios de recompra (reportos) son ventas de instrumentos financieros gubernamentales (Certificados de la Tesorería) efectuadas por un banco o algún intermediario financiero con un acuerdo para recomprarlos. Normalmente, un inversionista compra algunos instrumentos de la Tesorería a un intermediario financiero y, de forma simultánea, acepta volver a vendérselos a un precio mayor especificado. Los convenios de recompra son a muy corto plazo, desde un día para otro hasta unos pocos días.

Dado que el 70-80% de los dividendos que recibe una empresa de otra están exentos de impuestos, los rendimientos de dividendos relativamente altos de las acciones preferentes proporcionan un fuerte incentivo para la inversión. El único problema es que, en el caso de las acciones preferentes típicas, el dividendo es fijo, por lo que el precio del instrumento puede fluctuar más de lo deseable en una inversión a corto plazo. Sin embargo, como vimos en el capítulo 12, las acciones preferentes del mercado de dinero son una innovación que presenta un dividendo flotante o variable. El dividendo se ajusta con bastante frecuencia (por lo general cada 49 días), de modo que este tipo de acciones preferentes tiene mucha menos volatilidad que las acciones preferentes típicas y se han convertido en una inversión a corto plazo popular.

PREGUNTAS SOBRE CONCEPTOS

18.5a ¿Cuáles son algunas razones para que las empresas se mantengan con efectivo inactivo?
18.5b ¿Cuáles son algunos tipos de instrumentos del mercado de dinero?
18.5c ¿Por qué las acciones preferentes del mercado de dinero son una inversión a corto plazo atractiva?

RESUMEN Y CONCLUSIONES | 18.6

1. Una empresa mantiene efectivo para realizar transacciones y para compensar a los bancos por los diversos servicios que proporcionan.
2. La diferencia entre el saldo disponible de una empresa y su saldo en libros es el flotante neto de la empresa. El flotante refleja el hecho de que algunos cheques no han sido compensados y por ello no se han abonado. El administrador financiero siempre tiene que trabajar con los saldos de efectivo disponibles y no con los saldos en libros de la empresa. Hacer lo contrario equivale a utilizar el efectivo del banco sin que éste lo sepa, ocasionando problemas éticos y jurídicos.
3. La empresa puede utilizar diversos procedimientos para administrar la cobranza y los desembolsos de efectivo de forma que se pueda acelerar la cobranza en efectivo y hacer más lentos los pagos. Algunos métodos para acelerar la cobranza son los apartados postales de seguridad, la banca de concentración y las transferencias a través de algún medio de transmisión vía cable.
4. Debido a las actividades estacionales y cíclicas, las empresas se encuentran temporalmente con un excedente de efectivo con el fin de apoyar el financiamiento de los gastos planeados o como una reserva de contingencia. El mercado de dinero ofrece diversos vehículos para «estacionar» este efectivo inactivo.

Términos fundamentales

motivo especulativo **650**
motivo precautorio **650**
motivo transaccional **650**
flotante **652**

apartados postales de seguridad **660**
concentración de fondos **661**
cuenta de saldo cero **666**
cuenta controladora de desembolsos **667**

Problema de revisión y autoevaluación del capítulo

18.1 Medición del flotante   En un día de operaciones típico, una empresa extiende cheques por un total de $1,000. En promedio, estos cheques son compensados en 10 días. De forma simultánea, la empresa recibe $1,300. En promedio, el efectivo está disponible en cinco días. Calcule el flotante de desembolsos, el flotante de cobranza y el flotante neto. ¿Cómo se interpreta la respuesta?

Respuesta al problema de autoevaluación

18.1 El flotante de desembolsos es de 10 días × $1,000 = **$10,000**. El flotante de cobranza es de 5 días × − $1,300 = − **$6,500**. El flotante neto es de $10,000 + (− 6,500) = **$3,500**. En otras palabras, en un momento determinado, la empresa puede tener cheques expedidos no cobrados en circulación por $10,000. Al mismo tiempo, tiene ingresos no cobrados por $6,500. Por tanto, normalmente el saldo en libros de la empresa es menor en $3,500 que su saldo disponible, es decir, tiene un flotante neto positivo de $3,500.

Preguntas y problemas

1. **Flotante**   ¿Cuál preferiría la empresa: un flotante de cobranza neto o un flotante de desembolsos neto? ¿Por qué?

2. **Flotante de desembolsos**   Suponga que una empresa tiene un saldo en libros de $1.4 millones. En el cajero automático, el administrador del efectivo encuentra que el saldo en el banco es de $1.8 millones. ¿Cuál es la situación en este caso? Si ésta es una situación que se repite, ¿qué dilema ético se produce?

3. **Cálculo del flotante**   En un mes típico, Roenfeldt Company recibe 20 cheques por un total de $35,000. Como promedio, se demoran cuatro días. ¿Cuál es el flotante promedio diario?

4. **Cálculo del flotante neto**   En promedio una compañía extiende cada día hábil cheques por un total de $12,000 para pagar a sus proveedores. El tiempo normal de compensación para estos cheques es de cinco días. Mientras tanto, cada día hábil la empresa recibe pagos de sus clientes mediante cheques por un total de $15,000. El efectivo proveniente de los pagos está disponible para la empresa después de tres días.

   a. Calcule el flotante de desembolsos de la empresa, el flotante de cobranza y el flotante neto.

   b. ¿Cómo cambiaría la respuesta del inciso a, si los fondos cobrados estuvieran disponibles en cuatro días en lugar de tres?

5. **Flotante y demora promedio ponderada**   Una ancianita en la ciudad de Pasadena conduce su automóvil hasta la oficina de correos una vez por mes y recoge dos cheques, uno por $5,000 y otro por $2,000. El cheque mayor necesita cuatro días a partir de la fecha de depósito para que se autorice su pago; el más pequeño necesita ocho días.

   a. ¿Cuál es el flotante total del mes?

   b. ¿Cuál es el flotante promedio diario?

   c. ¿Cuáles son los ingresos promedio diarios y la demora promedio ponderada? ponderada?

6. **Costos del flotante**   Kau Audio Salon recibe un promedio diario de $5,000 en cheques. Normalmente, la demora en ser aprobados por la cámara de compensación es de cuatro días. La tasa de interés actual es del 0.02% diaria.
   a. ¿Cuál es el flotante de Kau?
   b. ¿Cuál es el costo de oportunidad total del flotante?
   c. ¿Cuál es el costo de oportunidad diario del flotante?

7. **Utilización de la demora promedio ponderada**   Una empresa de pedidos por correo procesa 10,000 cheques mensuales. De ellos, el 20% son por $30 y el 80% por $60. En promedio los cheques por $30 demoran dos días y los cheques por $60 cuatro días.
   a. ¿Cuál es el flotante de cobranza promedio diario? ¿Cómo se interpreta la respuesta?
   b. ¿Cuál es la demora promedio ponderada? Utilice el resultado para calcular el flotante promedio diario.
   c. ¿Cuánto debe estar dispuesta a pagar la empresa para eliminar el flotante?
   d. Si la tasa de interés es del 8% anual, calcule el costo diario del flotante.
   e. ¿Cuánto pagaría la empresa para reducir en dos días el flotante promedio ponderado?

8. **VPN de reducir el período de cobranza**   El monto promedio de cobranza de una empresa es de $10. Un banco ha ofrecido un servicio de apartado postal de seguridad que disminuiría en tres días el tiempo total de cobranza. Normalmente, se reciben 25,000 cheques diarios. La tasa de interés diaria es del 0.02%. ¿Cuáles serían los ahorros anuales si se adopta el servicio?

9. **Valor de los apartados postales de seguridad**   Rao Radiator Company está investigando un sistema de apartados postales de seguridad para reducir su período de cobranza. Ha determinado lo siguiente:

Número promedio de pagos diarios	100
Valor promedio del pago	$1,000
Comisión variable por el apartado postal de seguridad (por cada transacción)	$0.75
Tasa de interés diaria de instrumentos del mercado de dinero	0.03%

   Si se adopta el sistema, el período de cobranza total se reduciría en tres días.
   a. ¿Cuál es el VA de adoptar el sistema?
   b. ¿Cuál es el VPN de adoptar el sistema?
   c. ¿Cuál es el flujo de efectivo neto diario si se adopta? ¿Por cada cheque?

10. **Apartados postales de seguridad y período de cobranza**   Garden Groves, Inc., una empresa con oficina central en el Estado de Florida, ha determinado que la mayoría de sus clientes están ubicados en el área de la ciudad de Nueva York. Por ello, está considerando un sistema de apartado postal de seguridad que le ha ofrecido un banco de esa ciudad. El banco ha estimado que el uso del sistema reduciría el período de cobranza en tres días. Con base en la información que se presenta a continuación, ¿debe adoptarse el sistema de apartado postal de seguridad?

Número promedio de pagos diarios	200
Valor promedio del pago	$10,000
Comisión variable por el apartado postal de seguridad (por cada transacción)	$0.50
Tasa de interés diaria de instrumentos del mercado de dinero	7.5%

¿Cómo cambiaría la respuesta si existiera un cargo fijo de $50,000 anuales, además del cargo variable?

11. **Cálculo de las transacciones requeridas**   Salisbury Stakes, Inc., un gran productor de madera del Estado de Nueva Inglaterra, está planeando utilizar un sistema de apartados postales de seguridad para acelerar la cobranza a sus clientes ubicados en la zona centro-occidental de Estados Unidos. Un banco del área de Chicago proporcionará este servicio por una comisión anual de $15,000, más $0.25 por transacción. Se estima que la reducción en el período de cobranza y procesamiento es de dos días. Si el pago promedio de los clientes en esta región es de $4,500, ¿cuántos clientes se necesitarían cada día, en promedio, para que el sistema sea rentable? En la actualidad, los Certificados de la Tesorería ofrecen un rendimiento del 6% anual.

12. **Apartados postales de seguridad y cobranzas**   Herman Company requiere aproximadamente siete días para recibir y depositar los cheques de sus clientes. La dirección de Herman Company está estudiando un sistema de apartados postales de seguridad. Se espera que este sistema reduzca a cuatro días el tiempo de recepción y depósito. La cobranza promedio diaria es de $100,000. La tasa de rendimiento es del 12%.

    a. ¿Cuál es la reducción en saldos de efectivo pendientes por cobrar como resultado del sistema de apartados postales de seguridad?

    b. ¿Cuál es el rendimiento en unidades monetarias que se podría obtener de estos ahorros?

    c. ¿Cuál es el cargo mensual máximo que debe pagar Herman Company por este sistema de apartados postales de seguridad?

13. **Valor de la demora**   Walter Company extiende cheques cada dos semanas por un promedio de $200,000 y se requieren tres días para su compensación. ¿Cuántos intereses puede ganar anualmente Walter Company si demora por estos tres días la transferencia de fondos de una cuenta que genera intereses y que paga el 0.04% diario?

14. **VPN de reducir el flotante**   Miller Company tiene un convenio con el First National Bank por el cual el banco le maneja $4 millones de cobranza diaria, y a cambio de ello exige un saldo compensatorio de $500,000. Miller está considerando cancelar el convenio y dividir su región oriental de forma que otros dos bancos manejen sus negocios. Los bancos 1 y 2 procesarán cada uno $2 millones diarios de cobranza y cada uno exige un saldo compensatorio de $300,000. El director financiero de Miller espera que, si se divide la región oriental, la cobranza se aceleraría en un día. ¿Debe implementar Miller Company el nuevo sistema? ¿Cuáles serían los ahorros anuales netos? La tasa de interés de los Certificados de la Tesorería es de 7%.

Lecturas sugeridas

Se han utilizado los siguientes libros sobre finanzas a corto plazo:

Hill, Ned C. y William L. Sartoris, *Short-Term Financial Management*, Nueva York: Macmillan, 1988.

Scherr, Frederick C., *Modern Working Capital Management*, Englewood Cliffs, N.J.: Prentice-Hall, 1989.

DETERMINACIÓN DEL SALDO DE EFECTIVO OBJETIVO

Apéndice 18A

De acuerdo al estudio general de los activos circulantes presentado en el capítulo anterior, el **saldo de efectivo objetivo** involucra una relación de intercambio entre los costos de oportunidad de mantener efectivo (los costos de mantener activos circulantes) y los costos de mantener poco efectivo (los costos por faltantes de activos circulantes, también denominados **costos de ajuste**). La naturaleza de estos costos depende de la política de capital de trabajo de la empresa.

Si la empresa tiene una política de capital de trabajo flexible, es probable que mantenga una cartera de instrumentos financieros negociables. Si es así, los costos de ajuste o por faltantes serán los costos de transacciones asociados con comprar y vender instrumentos financieros.

Si la empresa tiene una política de capital de trabajo restrictiva, es probable que obtenga deuda a corto plazo para hacer frente a la escasez de efectivo y los costos, en este caso, serán los intereses y otros gastos relacionados con el préstamo.

En el estudio que se presenta a continuación, se supondrá que la empresa tiene una política flexible. Su administración de efectivo consiste en invertir y retirar dinero de los instrumentos financieros negociables. Éste es un enfoque muy tradicional del tema y es una buena forma de mostrar los costos y los beneficios de mantener efectivo. Sin embargo, hay que recordar que la distinción entre el efectivo y las inversiones en el mercado de dinero es cada vez menor.

Por ejemplo, ¿cómo se clasifica un fondo de inversión en el mercado de dinero que otorga el privilegio de extender cheques? Estos mecanismos que son «casi efectivo» son cada vez más habituales. Quizá la principal razón para que no se utilicen más sea que hay leyes que limitan su operación. Más adelante volveremos a tratar este tema.

saldo de efectivo objetivo
Nivel de efectivo deseado por la empresa, determinado por la relación de intercambio entre los costos de mantener efectivo y los costos por falta de efectivo.

costos de ajuste
Costos asociados con mantener demasiado poco efectivo. También *costos por falta de efectivo*.

La idea básica

En la figura 18A.1 se presenta el problema de la administración de efectivo en una empresa flexible. Si una empresa intenta mantener saldos de efectivo demasiado bajos, sucederá que, con más frecuencia de la deseada, se quedará sin efectivo y tendrá que vender instrumentos financieros negociables (y quizá después deberá comprar dichos instrumentos para reemplazar los vendidos) con mayor frecuencia que si los saldos de efectivo fueran más altos. Por tanto, cuando se mantiene bajo el saldo de efectivo, los costos de transacción serán más altos. Estos costos disminuirán conforme aumentan los saldos de efectivo.

En contraste con lo anterior, los costos de oportunidad de mantener efectivo son muy bajos si la empresa mantiene poco efectivo. Estos costos aumentan conforme crecen los saldos de efectivo porque la empresa renuncia cada vez más a los intereses que pudo haber ganado.

En el punto C^* de la figura 18A.1, la suma de los costos se muestra en la curva del costo total. Podemos observar que el costo total mínimo se produce cuando se intersectan las dos curvas individuales de costos. En este punto, los costos de oportunidad y los costos de transacción son iguales. Éste es el saldo de efectivo objetivo y es el punto al que debe tratar de llegar la empresa.

La figura 18A.1 es prácticamente igual a la figura 17.2 del capítulo anterior. Sin embargo, como vemos a continuación, podemos ahora conocer más acerca de la inversión óptima en efectivo y de los factores que influyen en ella.

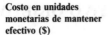

Figura 18A.1

Costo de mantener efectivo

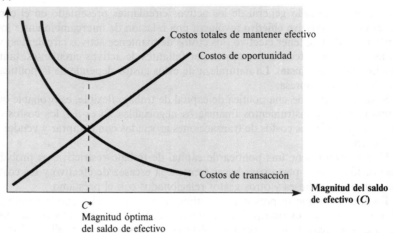

Los costos de transacción aumentan cuando la empresa debe vender instrumentos financieros para establecer un saldo de efectivo.
Los costos de oportunidad aumentan cuando existe un saldo de efectivo, ya que el efectivo no genera un rendimiento.

El modelo BAT

El modelo de Baumol-Allais-Tobin (BAT) es un medio clásico para analizar el problema de la administración de efectivo. Veremos cómo utilizar este modelo para establecer realmente el saldo de efectivo objetivo. Es un modelo muy directo y útil para mostrar las variables de la administración de efectivo y, de una forma más general, las variables de la administración de activos circulantes.

Para desarrollar el modelo BAT, suponga que Golden Socks Corporation inicia sus operaciones en el tiempo 0, con saldo de efectivo de C = $1.2 millones. Cada semana, las salidas de efectivo exceden a las entradas en $600,000. Como resultado de esto, el saldo de efectivo disminuirá hasta cero al finalizar la semana 2. El saldo de efectivo promedio será el saldo inicial ($1.2 millones) más el saldo final ($0) dividido entre 2, es decir, ($1.2 millones + 0)/2 = $600,000 para el período de dos semanas. Al finalizar la semana 2, Golden Socks repone su efectivo al depositar otros $1.2 millones.

Como se ha descrito, la estrategia de administración de efectivo de Golden Socks es muy sencilla y representa el depósito de $1.2 millones cada dos semanas. En la figura 18A.2 se muestra esta política. Observe cómo el saldo de efectivo disminuye en $600,000 cada semana. Como el saldo de la cuenta se incrementa hasta $1.2 millones, el saldo llega a cero cada dos semanas. Esto da lugar al patrón de «dientes de sierra» que se muestra en la figura 18A.2.

De manera implícita, se supone que el flujo de salidas de efectivo es el mismo cada día y que se conoce con certeza. Ambos supuestos permiten que el modelo sea fácil de manejar. En la siguiente sección se mostrará lo que sucede cuando estos supuestos no son válidos.

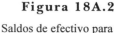

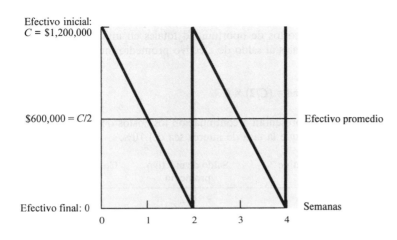

Golden Socks Corporation inicia en el tiempo 0, con $1,200,000 de efectivo. El
saldo disminuye hasta cero en la segunda semana. El saldo promedio de efectivo
es $C/2 = \$1,200,000/2 = \$600,000$ durante el período.

Si se estableciera C en un punto más alto, por ejemplo, en $2.4 millones, el efectivo
duraría cuatro semanas antes de que la empresa tuviera que vender instrumentos financieros negociables, pero el saldo de efectivo promedio de la empresa aumentaría hasta
$1.2 millones (de $600,000). Si se estableciera C en $600,000, el efectivo se agotaría en
una semana y la empresa debería reponer este efectivo con más frecuencia, pero su saldo
de efectivo promedio disminuiría de $600,000 a $300,000.

Dado que cada vez que se repone el efectivo se incurre en costos de transacción (p. ej.,
los costos de intermediación financiera por vender instrumentos financieros negociables),
estableciendo saldos iniciales grandes se disminuirán los costos de transacción relacionados con la administración de efectivo. Sin embargo, cuanto mayor sea el saldo de efectivo
promedio, mayor será el costo de oportunidad (el rendimiento que se hubiera podido generar por invertir en instrumentos financieros negociables).

Para determinar la estrategia óptima, Golden Socks debe conocer las siguientes tres
variables:

$F =$ El costo fijo al realizar una operación de venta de instrumentos financieros para
reponer el efectivo.

$T =$ El importe total del nuevo efectivo requerido para fines transaccionales durante
el período de planeación relevante, por ejemplo, un año.

$R =$ El costo de oportunidad de mantener efectivo. La tasa de interés de los instrumentos financieros negociables.

Con esta información, Golden Socks puede determinar el costo total de cualquier política
de saldos de efectivo. Puede así establecer la política óptima de saldos de efectivo.

Los costos de oportunidad   Para determinar los costos de oportunidad para mantener efectivo, es necesario estimar cuántos intereses pueden perderse. En promedio, Golden Socks mantiene en efectivo $\$C/2$. Este importe puede estar generando intereses a la tasa R. Por tanto, los costos de oportunidad totales en unidades monetarias de los saldos de efectivo son iguales al saldo de efectivo promedio multiplicado por la tasa de interés:

Costos de oportunidad = $(C/2) \times R$ (18A.1)

Como ejemplo, se presentan a continuación los costos de oportunidad de diversas alternativas, suponiendo que la tasa de interés sea del 10%:

Saldo de efectivo inicial	Saldo de efectivo promedio	Costo de oportunidad $(R = 0.10)$
C	$C/2$	$(C/2) \times R$
$4,800,000	$2,400,000	$240,000
2,400,000	1,200,000	120,000
1,200,000	**600,000**	**60,000**
600,000	300,000	30,000
300,000	150,000	15,000

En el caso original, en el que el saldo inicial de efectivo es de **$1.2 millones**, el saldo promedio es de **$600,000**. El interés que se pudo haber generado sobre este monto (al 10%) es de **$60,000**; cantidad a la que se ha renunciado con esta estrategia. Observe que los costos de oportunidad aumentan conforme se incrementa el saldo de efectivo inicial (y el promedio).

Los costos de transacción   Para determinar los costos totales de transacción en el año, es necesario conocer cuántas veces Golden Socks tendrá que vender instrumentos financieros negociables durante el mismo. En primer lugar, el importe total de efectivo desembolsado durante el año es de $600,000 semanales, es decir, $T = \$600,000 \times 52$ semanas $= \$31.2$ **millones**. Si el saldo de efectivo inicial se establece en $C = $**$1.2 millones**, Golden Socks venderá $1.2 millones de instrumentos financieros negociables $T/C = \$31.2$ millones/$1.2 millones $= $**26** veces al año. Cada transacción le cuesta F dólares, por lo que los costos de transacción se determinan mediante:

$$\frac{\$31.2 \text{ millones}}{\$1.2 \text{ millones}} \times F = 26 \times F$$

Por lo general, los costos de transacción totales se determinarán mediante:

Costos de transacción = $(T/C) \times F$ (18A.2)

Si en este ejemplo F fuera de $1,000 (un importe excesivamente grande), los costos de transacción serían de $26,000.

Los costos de transacción asociados con algunas estrategias diferentes pueden calcularse de la forma siguiente:

Importe total de los desembolsos durante el período relevante	Saldo de efectivo inicial	Costo de transacción (F = $1,000)
T	C	(T/C) × F
$31,200,000	$4,800,000	$ 6,500
31,200,000	2,400,000	13,000
31,200,000	**1,200,000**	**26,000**
31,200,000	600,000	52,000
31,200,000	300,000	104,000

El costo total   Ahora que se conocen los costos de oportunidad y los costos de transacción, se puede calcular el costo total sumándolos simplemente:

Costo total = Costos de oportunidad + Costos de transacción   (18A.3)

$$= (C/2) \times R + (T/C) \times F$$

Utilizando las cifras anteriores se tiene:

Saldo de efectivo	Costo de oportunidad	+	Costos de transacción	=	Costo total
$4,800,000	$240,000		$ 6,500		**$246,500**
2,400,000	120,000		13,000		133,000
1,200,000	60,000		26,000		86,000
600,000	30,000		52,000		**82,000**
300,000	15,000		104,000		119,000

Observe cómo el costo total comienza casi en **$250,000** y disminuye hasta aproximadamente **$80,000** antes de comenzar a aumentar de nuevo.

La solución   Por el cuadro anterior vemos que un saldo de efectivo de $600,000 da como resultado el menor costo total de todas las posibilidades que se han presentado: $82,000. Pero, ¿y qué decir de $700,000 o $500,000, o de otras posibilidades? Parece ser que el saldo óptimo se encuentra en algún punto intermedio entre $300,000 y $1.2 millones.

Teniendo esto en mente, se puede proceder con toda facilidad mediante el método de prueba y error a encontrar el saldo óptimo. Sin embargo, no es difícil encontrarlo en forma directa, que es lo que haremos a continuación.

Observe de nuevo la figura 18A.1. Tal como ha sido graficada, la magnitud óptima del saldo de efectivo, C^*, se produce justo donde se intersectan las dos curvas. En este punto, los costos de oportunidad y los costos de transacción son exactamente iguales. Por tanto, se tiene en C^*:

Costos de oportunidad = Costos de transacción

$$C^*/2 \times R = (T/C^*) \times F$$

Con un poco de álgebra se puede expresar la relación anterior como:

$$C^{*2} = (2T \times F)/R$$

Al resolver para C^*, se obtiene la raíz cuadrada en ambos lados de la ecuación para llegar a:

$$C^* = \sqrt{(2T \times F)/R} \tag{18A.4}$$

Éste es el saldo inicial de efectivo óptimo.

En el caso de Golden Socks, se tiene $T = \$31.2$ millones, $F = \$1,000$ y $R = 10\%$. Ahora se puede determinar el saldo de efectivo óptimo como:

$$C^* = \sqrt{(2 \times \$31,200,000 \times \$1,000)/0.10}$$
$$= \sqrt{\$624} \text{ mil millones}$$
$$= \$789,937$$

Esta respuesta puede comprobarse calculando los diversos costos para este saldo, así como para balances un poco por arriba y un poco por abajo del mismo:

Saldo de efectivo	Costo de oportunidad	+	Costos de transacción	=	Costo total
$850,000	$42,500		$36,706		$79,206
800,000	40,000		39,000		79,000
789,937	**39,497**		**39,497**		**78,994**
750,000	37,500		41,600		79,100
700,000	35,000		44,571		79,571

El costo total en el punto óptimo es de **$78,994** y parece aumentar según se desplaza en cualquiera de las dos direcciones.

Ejemplo 18A.1   El modelo BAT

Vulcan Corporation tiene salidas diarias de efectivo por $100 los siete días de la semana. La tasa de interés es del 5% y el costo fijo para reponer los saldos de efectivo es de $10 por transacción. ¿Cuál es el saldo inicial de efectivo óptimo? ¿Cuál es el costo total?

El total de efectivo que se requiere para el año es de 365 días × $100 = $36,500. De acuerdo al modelo BAT, el saldo inicial óptimo es de:

$$C^* = \sqrt{(2T \times F)/R}$$
$$= \sqrt{(2 \times \$36,500 \times \$10)/0.05}$$
$$= \sqrt{14.6} \text{ millones}$$
$$= \$3,821$$

El saldo de efectivo promedio es de $3,821/2 = $1,911, por lo que el costo de oportunidades de $1,911 × 0.05 = $96. Dado que se necesitan $100 diarios, el saldo de $3,821 du-

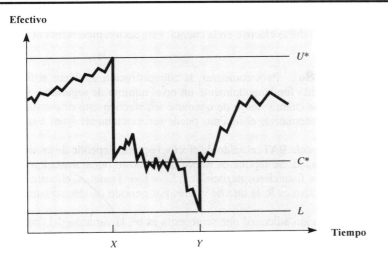

Efectivo

U*

C*

L

Tiempo

X   Y

Figura 18A.3

El modelo Miller-Orr

U^* es el límite superior de control. L es el límite inferior de control. El saldo de efectivo objetivo es C^*. Mientras que el efectivo se encuentre entre L y U^*, no se efectúa transacción alguna.

---

rará $3,821/$100 = 38.21 días. Es necesario reabastecer la cuenta 365/38.21 = 9.6 veces al año, por lo que el costo de transacción (de ordenar) es de $96. El costo total es de $192. ∎

Es posible que el modelo BAT sea el más sencillo y básico para determinar la posición de efectivo óptima. Su principal limitación es que supone salidas de efectivo constantes y ciertas. Se estudia a continuación un modelo más complejo desarrollado para hacer frente a esta limitación.

El modelo de Miller-Orr: un enfoque más general

Describimos ahora un sistema de administración de efectivo desarrollado para hacer frente a entradas y salidas de efectivo que fluctúan aleatoriamente de un día a otro. Este modelo también se enfoca en el saldo de efectivo, pero, en contraste con el modelo BAT, supone que este saldo fluctúa aleatoriamente en forma ascendente y descendente y que el cambio promedio es igual a cero.

La idea básica   En la figura 18A.3 se muestra cómo funciona el sistema. Opera en términos de un límite superior al monto de efectivo (U^*) y de un límite inferior (L), así como de un saldo de efectivo objetivo (C^*). La empresa permite que su saldo de efectivo varíe entre los límites superior e inferior. En tanto que el saldo de efectivo se encuentre en algún punto entre U^* y L, nada ocurre.

Cuando el saldo de efectivo alcanza el límite superior (U^*), como sucede en el punto X, la empresa transferirá un monto $U^* - C^*$ de unidades monetarias de la cuenta y lo invertirá en instrumentos financieros negociables. Esta transferencia reduce el saldo de efectivo a C^*. De la misma forma, si el saldo de efectivo disminuye hasta el límite inferior (L), como sucede en el punto Y, la empresa venderá instrumentos financieros por un monto $C^* - L$ y depositará dicho efectivo en la cuenta. Esta acción incrementa el saldo de efectivo a C^*.

Aplicación del modelo   Para comenzar, la administración establece el límite inferior (L). Este límite presenta fundamentalmente un nivel mínimo de seguridad; por tanto, dicho límite depende de cuánto riesgo de quedarse sin efectivo está dispuesta a aceptar la empresa. De forma alternativa, el mínimo puede ser exactamente igual a un saldo compensatorio requerido.

Al igual que el modelo BAT, el saldo de efectivo óptimo depende de los costos de transacción y de oportunidad. Se supone de nuevo que el costo por transacción de compra y venta de instrumentos financieros negociables, F, es fijo. También, el costo de oportunidad de mantener efectivo es R, la tasa de interés por período de instrumentos financieros negociables.

La única información adicional que se necesita es σ^2, la varianza del flujo de efectivo neto por período. Para nuestros propósitos, el período puede ser cualquier lapso de tiempo, por ejemplo, un día o una semana, siempre y cuando la tasa de interés y la varianza se basen en el mismo período.

Conociendo L, que es establecido por la empresa, Miller y Orr muestran que el saldo de efectivo objetivo, C^*, y el límite superior, U^*, que minimizan el costo total de mantener efectivo, son:[4]

$$C^* = L + (3/4 \times F \times \sigma^2/R)^{1/3} \tag{18A.5}$$

$$U^* = 3 \times C^* - 2 \times L \tag{18A.6}$$

También, el saldo de efectivo promedio en el modelo Miller-Orr es:

$$\text{Saldo de efectivo promedio} = (4 \times C^* - L)/3 \tag{18A.7}$$

La derivación de estas expresiones es relativamente compleja, de modo que no la presentaremos. Por fortuna, como se muestra a continuación, los resultados no son difíciles de utilizar.

Por ejemplo, suponga que $F = \$10$, la tasa de interés es del 1% mensual y la desviación estándar de los flujos de efectivo netos mensuales es de \$200. La varianza de los flujos de efectivo netos mensuales es de:

$$\sigma^2 = (\$200)^2 = \$40{,}000$$

Se supone un saldo de efectivo mínimo de $L = \$100$. El saldo de efectivo objetivo puede calcularse, C^*, como:

$$C^* = L + (3/4 \times F \times \sigma^2/R)^{1/3}$$
$$= \$100 + (3/4 \times \$10 \times \$40{,}000/0.1)^{1/3}$$
$$= \$100 + (30{,}000{,}000)^{1/3}$$
$$= \$100 + 311 = \$411$$

---

[4]Miller, M. H. y D. Orr, «A Model of the Demand for Money by Firms», *Quarterly Journal of Economics*, agosto de 1966.

Por tanto, el límite superior, U^*, es:

$$U^* = 3 \times C^* - 2 \times L$$
$$= 3 \times \$411 - 2 \times \$100$$
$$= \$1{,}033$$

Por último, el saldo de efectivo promedio será de:

$$\text{Saldo de efectivo promedio} = (4 \times C^* - L)/3$$
$$= (4 \times \$411 - \$100)/3$$
$$= \$515$$

Implicaciones de los modelos BAT y Miller-Orr

Ambos modelos de administración de efectivo difieren en su complejidad, pero tienen algunas implicaciones similares. Si se mantienen constantes todos los demás factores, en ambos casos se observa que:

1. Cuanto mayor sea la tasa de interés, menor será el saldo de efectivo objetivo.
2. Cuanto mayor sea el costo por transacción, mayor será el saldo objetivo.

Ambas conclusiones son bastante obvias. La ventaja del modelo Miller-Orr es que mejora la comprensión del problema de la administración de efectivo al tomar en cuenta el efecto de la incertidumbre, medido por la variación en los flujos de efectivo netos.

El modelo Miller-Orr muestra que cuanto mayor sea la incertidumbre (cuanto más alta sea σ^2), mayor será la diferencia entre el saldo objetivo y el saldo mínimo. De forma similar, cuanto mayor sea la incertidumbre, mayor será el límite superior y mayor será el saldo de efectivo promedio. Todo ello tiene sentido. Por ejemplo, cuanto mayor sea la variabilidad, mayor será la posibilidad de que el saldo descienda por debajo del mínimo. Por tanto, se mantiene un saldo mayor como prevención de que esto ocurra.

Otros factores que influyen sobre el saldo de efectivo objetivo

Antes de seguir adelante, se estudiarán brevemente dos aspectos adicionales que afectan el saldo de efectivo establecido como objetivo.

En primer lugar, en el estudio de la administración de efectivo se considera el supuesto de que el efectivo se invierte en instrumentos financieros negociables, como es el caso de los Certificados de la Tesorería. La empresa obtiene efectivo por medio de la venta de estos instrumentos financieros. Otra alternativa es obtener efectivo vía deuda. La deuda introduce consideraciones adicionales en la administración de efectivo:

1. Es probable que la contratación de deuda sea más cara que la venta de instrumentos financieros negociables porque es posible que la tasa de interés sea más alta.
2. La necesidad de contratar deuda dependerá del deseo de la administración de mantener saldos de efectivo bajos. Es más probable que la empresa tenga que contratar deuda para hacer frente a una salida de efectivo inesperada cuanto mayor sea la variabilidad de su flujo de efectivo y menor sea su inversión en instrumentos financieros negociables.

En segundo lugar, en el caso de las grandes empresas, los costos de transacción de compra y de venta de instrumentos financieros son muy pequeños si se les compara con los costos de oportunidad de mantener efectivo. Por ejemplo, suponga que una empresa tiene efectivo por $1 millón que no necesitará durante 24 horas. ¿Debe la empresa invertir el dinero o dejarlo inactivo?

Suponga que la empresa puede invertir el dinero a una tasa anualizada del 7.57% anual. La tasa diaria en este caso es de aproximadamente dos puntos base (0.02% o 0.0002).[5] Por tanto, el rendimiento diario generado por $1 millón es de 0.0002 × $1 millón = $200. En muchos casos, el costo de transacción sería mucho menor que esto; por tanto, una gran empresa comprará y venderá instrumentos financieros con mucha frecuencia en vez de mantener importantes cantidades de efectivo inactivas.

Las grandes empresas mantienen cantidades considerables de efectivo por las siguientes razones:

1. Sabemos por el capítulo anterior que las empresas pueden mantener efectivo en el banco como un saldo compensatorio en pago por servicios bancarios.
2. Las grandes empresas quizá tengan miles de cuentas en varias docenas de bancos. En ocasiones, tiene más sentido dejar el efectivo tranquilo que administrar cada cuenta diariamente y efectuar transferencias diarias entre ellas.

PREGUNTAS SOBRE CONCEPTOS

18A.1a ¿Qué es un saldo de efectivo objetivo?
18A.1b ¿Cuál es la relación de intercambio básica en el modelo BAT?
18A.1c Describa cómo opera el modelo Miller-Orr.

Términos fundamentales

saldo de efectivo objetivo **675**
costos de ajuste **675**

Problema de revisión y autoevaluación del apéndice

18A.1 El modelo BAT   Conociendo la información siguiente, calcule el saldo de efectivo objetivo utilizando el modelo BAT:

Tasa de interés anual	12%
Costo fijo por transacción	$100
Total de efectivo requerido	$240.000

¿Cuál es el costo de oportunidad de mantener efectivo, el costo de transacción y el costo total? ¿Cuáles serían éstos si se mantuvieran $15,000 de efectivo? ¿Si se mantuvieran $25,000 de efectivo?

---

[5]Un punto base es el 1% del 1%. También, la tasa de interés anual se calcula como $(1 + R)^{365} = 1.0757$, lo que implica una tasa diaria del 0.02%.

Respuesta al problema de autoevaluación del apéndice

18A.1 De acuerdo al modelo BAT, el saldo de efectivo objetivo es de:

$$C^* = \sqrt{2F \times T/R}$$
$$= \sqrt{(2 \times \$100 \times \$240,000)/0.12}$$
$$= \sqrt{\$400,000,000}$$
$$= \mathbf{\$20,000}$$

El saldo de efectivo promedio será de $C^*/2 = \$20,000/2 = \$10,000$. El costo de oportunidad de mantener \$10,000 cuando la tasa de interés vigente es del 12% es de $\$10,000 \times 0.12 = \mathbf{\$1,200}$. Habrán $\$240,000/20,000 = 12$ transacciones durante el año, por lo que el costo de transacción, o costo de ordenar, es también de $12 \times \$100 = \mathbf{\$1,200}$. Por tanto, el costo total es de **\$2,400**.

Si se mantienen \$15,000, el saldo promedio es de **\$7,500**. Verifique en este caso que el costo de oportunidad, el de transacción y el total sean de **\$900**, **\$1,600** y **\$2,500**, respectivamente. Con \$25,000, estas cifras son **\$1,500**, **\$960** y **\$2,460**, respectivamente.

Preguntas y problemas del apéndice

1. **Cambios en los saldos de efectivo objetivo** Señale el efecto probable de cada uno de los siguientes casos sobre el saldo de efectivo objetivo de una empresa. Utilice la letra A para señalar un aumento y D para una disminución. Explique brevemente en cada caso el razonamiento.
    a. Las tasas de interés que se pagan sobre instrumentos del mercado de dinero aumentan.
    b. Las comisiones que cobran los intermediarios financieros aumentan.
    c. El saldo compensatorio que exige un banco disminuye.
    d. El costo de deuda disminuye.
    e. La calificación de crédito de la empresa disminuye.
    f. Se establecen comisiones directas por los servicios de los bancos.

2. **Utilización del modelo BAT** Conociendo la información siguiente, calcule el saldo de efectivo objetivo utilizando el modelo BAT:

Tasa de interés anual	9%
Costo fijo por transacción	\$5
Total de efectivo requerido	\$2,250

    ¿Cómo se interpreta la respuesta?

3. **Costo de oportunidad frente a costo de transacción** Big Gene Company tiene un saldo de efectivo diario promedio de \$100. El total del efectivo que se requiere para el año es de \$10,000. La tasa de interés es del 8% y cada vez que se repone el efectivo éste tiene un costo de \$4. ¿Cuál es el costo de oportunidad de mantener el efectivo, el costo de transacción y el costo total? ¿Qué opina de la estrategia de Big Gene?

4. **Costos y el modelo BAT** Perestroika Free Press Company necesita efectivo por un total de \$5,000 durante el año para conducir sus operaciones y otros propósitos.

Cada vez que el efectivo baja demasiado, se venden instrumentos financieros por $1,000 y se transfiere el efectivo a la cuenta. La tasa de interés es del 16% anual y cada vez que se venden instrumentos financieros esta venta tiene un costo de $100.

    a. ¿Cuál es el costo de oportunidad bajo la política actual? ¿Cuál es el costo de transacción? Sin efectuar más cálculos, ¿mantiene Perestroika un saldo de efectivo demasiado alto o demasiado bajo? Explique el razonamiento.

    b. ¿Cuál es el saldo de efectivo objetivo utilizando el modelo BAT?

  5. Determinación de saldos de efectivo óptimos Casablanca Piano Company mantiene en la actualidad efectivo por $800,000. Según sus proyecciones, el año próximo sus salidas de efectivo excederán a las entradas en $345,000 mensuales. ¿Qué parte del efectivo que mantiene en la actualidad debe conservarse y qué parte debe utilizarse para aumentar los instrumentos financieros negociables en poder de la empresa? Cada vez que se compran o se venden estos instrumentos financieros mediante un intermediario, la empresa paga una comisión de $500. La tasa de interés anual de instrumentos del mercado de dinero es del 7%. Después de la inversión inicial del excedente de efectivo, ¿cuántas veces se venderán instrumentos financieros durante los próximos 12 meses?

  6. Interpretación de Miller-Orr Puck Corporation utiliza el enfoque de administración del efectivo de Miller-Orr con un límite inferior de $10,000, un límite superior de $100,000 y un saldo objetivo de $30,000. Explique qué representa cada uno de estos puntos y exponga después como operará el sistema.

  7. Aplicación de Miller-Orr Silverlock Corporation tiene un costo fijo por comprar y vender instrumentos financieros negociables equivalente a $100. En la actualidad, la tasa de interés es del 0.02% diario y Silverlock ha estimado que la desviación estándar de sus flujos de efectivo netos diarios es de $90. La administración ha establecido un límite inferior de $1,000 para sus existencias de efectivo. Calcule el saldo de efectivo objetivo y el límite superior utilizando el modelo Miller-Orr. Describa cómo operará el sistema.

  8. Interpretación de Miller-Orr Con base al modelo Miller-Orr, describa lo que les ocurrirá al límite superior, al límite inferior y al diferencial (la distancia entre los dos) si crece la variación en el flujo de efectivo neto. Ofrezca una explicación intuitiva de por qué sucede esto. ¿Qué ocurre si la varianza desciende hasta cero?

  9. Aplicación de Miller-Orr La varianza de los flujos de efectivo netos diarios de Tseneg Asian Import Company es de $1.44 millones. El costo de oportunidad de la empresa por mantener efectivo es del 8% anual. ¿Cuáles deben ser el nivel de efectivo objetivo y el límite superior, si el límite inferior admisible se ha establecido en $20,000? El costo fijo por comprar y vender instrumentos financieros es de $600 por transacción.

  10. Aplicación de BAT Glasnost Vodka Company ha determinado que su saldo de efectivo objetivo, utilizando el modelo BAT, es de $707. Los requerimientos totales de efectivo para el año son de $10,000 y el costo por transacción es de $2. ¿Qué tasa de interés está utilizando Glasnost?

Capítulo 19

Administración de crédito y de inventarios

CRÉDITO Y CUENTAS POR COBRAR | 19.1

Cuando una empresa vende bienes y servicios, puede exigir efectivo en la fecha de la entrega o antes de la misma o bien puede conceder crédito a los clientes y permitir alguna demora en el pago. En las siguientes secciones daremos una idea de lo que supone la decisión de la empresa de otorgar crédito a sus clientes. La concesión de crédito representa invertir en un cliente; se trata de una inversión vinculada a la venta de un producto o servicio.

¿Por qué conceden crédito las empresas? Aunque no todas lo hacen, es algo muy habitual. La razón obvia es que ofrecer crédito es una forma de estimular las ventas. Los costos asociados con la concesión de crédito no son insignificantes. En primer lugar, existe la posibilidad de que el cliente no pague. En segundo lugar, la empresa debe absorber los costos de mantener las cuentas por cobrar. Por tanto, la decisión para la política de crédito involucra una relación de intercambio entre los beneficios derivados de realizar mayores ventas y los costos derivados de otorgar crédito.

Desde una perspectiva contable, cuando se concede crédito se crea una cuenta por cobrar. Estas cuentas incluyen el crédito a otras empresas, denominado *comercial* o *crédito mercantil*, y el crédito otorgado a los clientes, denominado *crédito al consumidor*. Alrededor de una sexta parte de todos los activos de las empresas industriales estadounidenses están bajo la forma de cuentas por cobrar, de modo que estas cuentas representan una importante inversión de recursos financieros por parte de las empresas estadounidenses.

Más aún, el crédito mercantil es una fuente de financiamiento muy importante para las empresas. Si se observa de nuevo la tabla 12.2, en el capítulo 12, las empresas no financieras en Estados Unidos obtuvieron en 1983, en términos agregados, $37 mil millones a través de cuentas por pagar, más que cualquiera otra fuente individual de financiamiento externo en ese año.

Como quiera que se mire, las cuentas por cobrar y la administración de dichas cuentas son aspectos muy importantes de la política financiera a corto plazo de una empresa.

Elementos de la política de crédito

Si una empresa decide conceder crédito a sus clientes, debe establecer procedimientos para la concesión y para el cobro. Concretamente deberá enfrentarse a los siguientes elementos de la política de crédito:

condiciones de venta
Condiciones bajo las cuales una empresa vende sus bienes y servicios al contado o a crédito.

análisis de crédito
Proceso para determinar la probabilidad de que los clientes paguen o no.

política de cobranza
Procedimientos que sigue una empresa para cobrar las cuentas por cobrar.

1. **Condiciones o términos de venta.** Las condiciones o términos de venta establecen cómo se propone la empresa vender sus bienes y servicios. Una distinción fundamental es si la empresa exigirá efectivo o concederá crédito. Si otorga crédito a un cliente, las condiciones de venta especificarán (quizá en forma implícita) el período del mismo, el descuento por pronto pago y el plazo de descuento, así como el tipo de instrumento de crédito.
2. **Análisis de crédito.** Al otorgar crédito, la empresa determina cuánto esfuerzo dedicará a distinguir los clientes que pagarán de los que no lo harán. Las empresas utilizan varios mecanismos y procedimientos para determinar la probabilidad de pago por parte de los clientes; a estos procedimientos se les denomina conjuntamente *análisis de crédito.*
3. **Política de cobranza.** Una vez otorgado el crédito, la empresa se enfrenta al problema de cobrar el efectivo en la fecha de vencimiento, para lo cual debe establecer una política de cobranza.

En las siguientes secciones se estudiarán estos elementos de la política de crédito que, conjuntamente, integran la decisión de conceder crédito.

Flujos de efectivo que se derivan de la concesión del crédito

En un capítulo anterior se describió al período de cuentas por cobrar como el intervalo de tiempo que se requiere para cobrar una venta. Durante este período, se producen varios eventos; éstos son los flujos de efectivo que se asocian con la concesión del crédito y pueden mostrarse con un diagrama de flujo de efectivo:

Los flujos de efectivo al conceder crédito

Como señala la línea de tiempo, el orden típico de eventos que se presentan cuando una empresa otorga crédito es 1) se realiza la venta a crédito, 2) el cliente le envía un cheque a la empresa, 3) la empresa deposita el cheque y 4) el banco acredita la cuenta de la empresa por el importe del cheque.

Según estudiamos en el capítulo anterior, es evidente que uno de los factores que influyen sobre el período de cuentas por cobrar es el flotante. Por tanto, una forma de reducir el período de cuentas por cobrar es acelerar el envío del cheque, su procesamiento y la compensación del mismo. Dado que en otra parte del texto ya se trató este tema, no se tomará en cuenta el flotante en el siguiente estudio y centraremos la atención en lo que probablemente sea el principal factor determinante del período de cuentas por cobrar, es decir, la política de crédito.

La inversión en cuentas por cobrar

Para cualquier empresa la inversión en cuentas por cobrar depende del importe de las ventas a crédito y del período promedio de cobranza. Por ejemplo, si el período promedio de cobranza (PPC) es de 30 días, en cualquier momento existirán ventas por cobrar por un monto equivalente a 30 días de ventas. Si las ventas ascienden a $1,000 por día, las cuentas por cobrar de la empresa serán igual a 30 días × $1,000 diarios = $30,000.

Como se muestra en el ejemplo, las cuentas por cobrar de una empresa serán igual por lo general a sus ventas diarias promedio multiplicadas por su período promedio de cobranza (PPC):

Cuentas por cobrar = Ventas diarias promedio × PPC   (19.1)

Por tanto, la inversión en cuentas por cobrar de una empresa depende de los factores que influyen sobre las ventas a crédito y la cobranza.

En varias partes del libro se ha estudiado el período promedio de cobranza, incluyendo los capítulos 3 y 17. Recuérdese que se utilizaron los términos *días de venta en cuentas por cobrar*, *período de cuentas por cobrar* y *período promedio de cobranza* de forma intercambiable para hacer referencia al tiempo que requiere la empresa para cobrar una venta.

┌ **PREGUNTAS SOBRE CONCEPTOS**

19.1a ¿Cuáles son los elementos básicos de la política de crédito?
19.1b ¿Cuáles son los elementos básicos de las condiciones de venta si la empresa
         decide vender a crédito?

TÉRMINOS DE VENTA | 19.2

Como acabamos de indicar, las condiciones o términos de venta están integrados por tres elementos específicos:

1. El período por el que se otorga el crédito (el período de crédito).
2. El descuento por pronto pago y el período de descuento.
3. El tipo de instrumento de crédito.

Por lo general, dentro de una determinada industria las condiciones de venta son bastante estándar, pero varían considerablemente entre las industrias. En muchos casos, las condiciones de venta son notablemente anticuadas y corresponden literalmente a siglos anteriores. Los sistemas organizados de crédito mercantil similares a la práctica actual pueden rastrearse fácilmente hasta las grandes ferias de la Europa medieval y es casi seguro que ya existieran mucho antes.

La forma básica

La forma más sencilla de comprender las condiciones o términos de venta es a través de un ejemplo. En el caso del caramelo a granel, son habituales las condiciones 2/10, neto 60.[1] Esto significa que los clientes tienen 60 días a partir de la fecha de la factura (lo que se estudiará a continuación) para pagar el importe total. Sin embargo, si se realiza el pago en los 10 días posteriores a dicha fecha, se puede obtener un descuento del 2%.

Examinemos el caso de un comprador que coloca un pedido por $1,000 y supongamos que las condiciones de venta son 2/10, neto 60. El comprador tiene la opción de pagar $1,000 × (1 − 0.02) = $980 en 10 días o pagar los $1,000 en 60 días. Si las condiciones de venta fueran establecidas únicamente como neto 30, el cliente tiene 30 días a partir de la fecha de la factura para pagar los $1,000 y no se ofrece descuento alguno por pago anticipado.

Por lo general, las condiciones de crédito se indican en la forma siguiente:

‹deduzca este descuento del precio de la factura›/‹si se paga en este número de días›,
‹de lo contrario pague el importe total de la factura en este número de días›

Por tanto, 5/10, neto 45, significa que se obtiene un descuento del 5% del precio total si se paga dentro de 10 días, o de lo contrario debe pagarse el importe total en 45 días.

El período de crédito

período de crédito
Intervalo de tiempo por el que se concede el crédito.

El **período de crédito** es el intervalo de tiempo básico por el que se concede el crédito. El período de crédito varía mucho de una industria a otra, pero casi siempre está entre 30 y 120 días. Si se ofrece un descuento por pronto pago, el período de crédito tiene dos elementos: el período de crédito neto y el período de descuento por pronto pago.

El período de crédito neto es el intervalo de tiempo en el que el cliente tiene que pagar. Como su nombre indica, el período de descuento por pronto pago es el intervalo de tiempo durante el cual se puede aprovechar el descuento. Por ejemplo, en el caso de 2/10, neto 30, el período de crédito neto es de 30 días y el período de descuento por pronto pago es de 10 días.

factura
La cuenta por bienes o servicios que facilita el vendedor al comprador.

La fecha de la factura   La fecha de la factura o fecha-factura señala el inicio del período de crédito. Una **factura** es una cuenta por escrito de la mercancía enviada al comprador. En el caso de artículos individuales, la fecha de la factura suele ser la de envío o la de facturación, *no* la fecha en la que el comprador recibe las mercancías o recibe la cuenta.

Existen otros muchos convenios. Por ejemplo, las condiciones de venta podrían ser RDM, por «recibo de mercancías». En este caso, el crédito se inicia cuando el cliente recibe el pedido. Este convenio puede utilizarse cuando el cliente se encuentra en un lugar distante.

Las condiciones «fin de mes» (FDM) son bastante habituales. En el caso de la fecha FDM, se supone que todas las ventas realizadas durante un determinado mes se hicieron al final de dicho mes. Esto es útil cuando el comprador realiza varias compras durante el mes, pero el vendedor sólo las factura una vez al mes.

---

[1]Los términos de venta de industrias específicas que se citan en esta sección y en otras partes del texto se han tomado de *Credits and Collections: Management and Theory*, de Theodore N. Beckman (Nueva York: McGraw-Hill, 1962).

Por ejemplo, las condiciones 2/10 FDM indican al comprador que puede aprovechar un descuento del 2% si realiza el pago en el décimo día del mes; de lo contrario, después de esa fecha debe pagar la cantidad total. Se considera en ocasiones que fin de mes es el vigésimo quinto día del mes, lo que ocasiona cierta confusión. Otra variación es MDM, «mediados de mes».

Se utilizan a veces fechas estacionales para estimular las ventas de productos estacionales durante el período fuera de temporada. Un producto que se vende sobre todo en el verano (¿aceite para broncear?) se puede embarcar en enero con condiciones de crédito 2/10, neto 30. Sin embargo, se le puede poner como fecha a la factura el 1º de mayo, por lo que en realidad el período de crédito se inicia en ese momento. Esta práctica estimula a los compradores a efectuar sus pedidos con anticipación.

Duración del período de crédito   Son varios los factores que influyen en la duración del período de crédito. Uno de los más importantes es el período de inventarios, junto con el ciclo operativo *del comprador*. Si las demás variables permanecen constantes, cuanto más cortos sean éstos, más corto será por lo general el período de crédito.

Según estudiamos en el capítulo 17, el ciclo operativo tiene dos elementos: el período de inventarios y el período de cuentas por cobrar. El primero es el período que requiere el comprador para adquirir inventarios (de sus proveedores), procesarlos y venderlos. El segundo es el tiempo que requiere el comprador para cobrar la venta. Obsérvese que el período de crédito es en realidad el período de cuentas por pagar del comprador.

Al conceder crédito, se está financiando una parte del ciclo operativo del comprador y con ello se está reduciendo su ciclo de efectivo. Si el período de crédito del vendedor excede al período de inventarios del comprador, no sólo se están financiando las compras de inventarios del comprador, sino también parte de sus cuentas por cobrar.

Más aún, si el período de crédito del vendedor excede el ciclo operativo del comprador, en realidad se está proporcionando financiamiento por los aspectos del negocio del cliente que van más allá de la compra y la venta inmediata de la mercancía. La razón es que el comprador recibe un préstamo del vendedor, incluso después de revender la mercancía, pudiendo utilizar el crédito para otros propósitos. Así, se considera la duración del ciclo operativo del comprador como el límite superior adecuado del período de crédito.

Existen otros factores que influyen en el período de crédito. Muchos influyen también en los ciclos operativos de los clientes; por tanto, estos temas están una vez más relacionados. Entre los más importantes se encuentran:

1. *Productos perecederos y valor colateral.* Los artículos perecederos tienen una rotación relativamente rápida y un valor colateral relativamente bajo. Por tanto, los períodos de crédito para estas mercancías son más cortos. Por ejemplo, un mayorista de alimentos que vende frutas y productos agrícolas frescos puede utilizar condiciones de pago de siete días neto. De forma alternativa, la joyería se puede vender con condiciones de 5/30, neto cuatro meses.

2. *Demanda del consumidor.* Los productos muy reconocidos suelen tener una rotación más rápida. Los productos más recientes, o los de lento movimiento, tendrán con frecuencia períodos de crédito más largos con el fin de estimular a los compradores. También, como ya hemos visto, los vendedores quizá elijan conceder períodos de crédito mucho más largos para las ventas fuera de temporada (cuando la demanda del cliente es baja).

3. *Costo, rentabilidad y estandarización.* Los productos que son relativamente baratos tienen la tendencia a conseguir períodos de crédito más cortos. Lo mismo es cierto para los productos relativamente estandarizados y para las materias primas. Todos éstos tienden a tener márgenes brutos menores y tasas de rotación mayores; ambos

factores conducen a períodos de crédito más cortos. Existen algunas excepciones, por ejemplo, los distribuidores de automóviles suelen pagar los vehículos cuando los reciben.

4. *Riesgo de crédito.* Cuanto mayor sea el riesgo de crédito asociado con el comprador, más probable es que el período de crédito sea más corto (suponiendo que se le conceda crédito).

5. *El tamaño de la cuenta.* Si la cuenta es pequeña, el período de crédito puede ser más corto, ya que resulta más costoso manejar las cuentas pequeñas y los clientes son menos importantes.

6. *Competencia.* Cuando el vendedor se encuentra en un mercado muy competitivo, quizá ofrezca períodos de crédito más largos para atraer clientes.

7. *Tipo de cliente.* Un mismo vendedor puede ofrecer condiciones de crédito diferentes a distintos compradores. Por ejemplo, un mayorista de alimentos puede abastecer a tiendas de abarrotes, panaderías y restaurantes. Es probable que cada uno de estos grupos tenga condiciones de crédito distintas. De una forma más general, los vendedores suelen tener clientes mayoristas y minoristas y ofrecen condiciones diferentes a cada uno de ellos.

Descuentos por pronto pago

descuentos por pronto pago
Descuentos concedidos por una compra de contado.

Como ya hemos visto, los **descuentos por pronto pago** suelen formar parte de las condiciones de venta. En Estados Unidos, la costumbre de otorgar descuentos por compras de contado se remonta a la Guerra Civil y es muy utilizada en la actualidad. Una razón por la que se ofrecen descuentos es para acelerar la cobranza de las cuentas por cobrar. Esto tendrá el efecto de reducir la cantidad de crédito que se ofrece y la empresa deberá comparar esta costumbre con el costo del descuento.

Obsérvese que cuando se ofrece un descuento por pronto pago, el crédito es esencialmente gratuito durante el período de descuento. El comprador sólo paga por el crédito después de que vence el descuento. En el caso de 2/10, neto 30, un comprador inteligente paga en 10 días para hacer el mayor uso posible del crédito gratuito o bien en 30 días para obtener el mayor uso posible del dinero a cambio de renunciar al descuento. Por tanto, al renunciar al descuento el comprador en realidad obtiene un crédito por 30 − 10 = 20 días.

Otra razón para utilizar descuentos por pronto pago es que éstos constituyen una forma de cobrar precios más altos a los clientes a quienes se les ha venido concediendo crédito. En este sentido, los descuentos por pronto pago son una forma conveniente de cobrar por el crédito otorgado a los clientes.

Costo del crédito   En los ejemplos presentados, puede parecer que los descuentos son más bien pequeños. Por ejemplo, en el caso de 2/10, neto 30, los pagos anticipados sólo le otorgan al comprador un descuento del 2%. ¿Es éste un incentivo significativo para pagar de forma anticipada? La respuesta es sí porque la tasa de interés implícita es en extremo alta.

Para ver por qué el descuento es importante, se calculará el costo para el comprador por no pagar en forma anticipada. Para hacer esto, se obtendrá la tasa de interés que está pagando efectivamente el comprador por el crédito mercantil. Supongamos que el pedido es por $1,000. El comprador puede pagar $980 en 10 días o esperar otros 20 días y pagar $1,000. Es obvio que en realidad el comprador está obteniendo un préstamo de $980 durante 20 días y que paga intereses de $20 sobre el «préstamo». ¿Cuál es la tasa de interés?

Este interés es un simple interés de descuento anticipado, que se estudió en el capítulo 5. Con un interés de $20 sobre un préstamo de $980, la tasa es de $20/$980 = 2.0408%. Esto es relativamente bajo, pero debe recordarse que ésta es la tasa para un período de 20 días. En un año hay 365/20 = 18.25 de estos períodos, por lo que al no aprovechar el descuento el comprador está pagando una tasa efectiva anual (TEA) de:

$$\text{TEA} = (1.020408)^{18.25} - 1 = 44.6\%$$

Desde el punto de vista del comprador, ¡ésta es una fuente de financiamiento cara!

Sabiendo que la tasa de interés es tan alta en este caso, es poco probable que el vendedor se beneficie por un pago anticipado. Sin tomar en cuenta la posibilidad de incumplimiento de pago por el comprador, la decisión del cliente de renunciar a este descuento es casi seguro que suponga una ventaja para el vendedor.

Ejemplo 19.1   ¿Cuál es la tasa?

Los típicos azulejos suelen venderse 3/30, neto 60. ¿Qué tasa efectiva anual paga un comprador al no aprovechar el descuento? ¿Cuál sería la tasa porcentual anual (TAP) si ésta se cotizara?

En este caso, se tiene un descuento porcentual del 3% sobre 60 − 30 = 30 días de crédito. La tasa por 30 días es de 0.03/0.97 = 3.093%. En un año hay 365/30 = 12.17 períodos de 30 días, por lo que la tasa efectiva anual es de:

$$\text{TEA} = (1.03093)^{12.17} - 1 = 44.9\%$$

Como siempre, la TPA se calcularía multiplicando la tasa por período por el número de períodos:

$$\text{TPA} = 0.03093 \times 12.17 = 37.6\%$$

Una tasa de interés calculada de esta manera se señala con frecuencia como el costo del crédito mercantil y, como se muestra en este ejemplo, puede subvaluar considerablemente el verdadero costo de dicho crédito. ■

Descuentos mercantiles   En algunas circunstancias, el descuento por pronto pago no constituye en realidad un incentivo para el pago anticipado, y en lugar de ello representa un *descuento mercantil*, es decir, un descuento que se otorga de forma rutinaria a algunos tipos de compradores. Por ejemplo, en el caso de las condiciones 2/10, FDM, el comprador aprovecha un descuento del 2% si paga la factura en el décimo día, pero se considera que la cuenta vence en dicho día y después de esta fecha estará retrasada. Por tanto, el período de crédito y el período de descuento son en realidad lo mismo y no existe beneficio alguno por pagar antes de la fecha de vencimiento.

El descuento por pronto pago y el PPC   En la medida en que un descuento por pronto pago estimule a los clientes a pagar de forma anticipada, acortará el período de cuentas por cobrar y, si todos los demás factores permanecen constantes, reducirá la inversión de la empresa en cuentas por cobrar.

Por ejemplo, supongamos que en la actualidad una empresa tiene condiciones de neto 30 y un período promedio de cobranza (PPC) de 30 días. Si ofrece condiciones de 2/10, neto 30, tal vez el 50% de sus clientes (en términos del volumen de compras) pagará en 10 días. Los clientes restantes tardarán un promedio de 30 días para pagar. ¿Cuál será el nuevo PPC? Si las ventas anuales de la empresa son de $15 millones (antes de descuentos), ¿qué le ocurrirá a la inversión en cuentas por cobrar?

Si la mitad de los clientes se toman 10 días para pagar y la otra mitad 30 días, el nuevo período promedio de cobranza será de:

$$\text{Nuevo PPC} = 0.50 \times 10 \text{ días} + 0.50 \times 30 \text{ días} = 20 \text{ días}$$

Por tanto, el PPC disminuye de 30 a 20 días. Las ventas diarias promedio son de $15 millones/365 = $41,096 por día. Por consiguiente, las cuentas por cobrar disminuirán $41,096 × 10 = $410,960.

Instrumentos de crédito

instrumento de crédito
Evidencia de la obligación de pagar una deuda.

El **instrumento de crédito** es la evidencia básica del adeudo. La mayor parte del crédito mercantil se ofrece bajo la forma de *cuenta corriente*. Ello significa que el único instrumento formal del crédito es la factura, que se envía con el embarque de los productos y que el cliente firma como evidencia de haber recibido las mercancías. Posteriormente, tanto la empresa como sus clientes registran el intercambio en sus libros de contabilidad.

En ocasiones, la empresa exigirá al cliente que le firme un *pagaré* o una *letra de cambio*. Esto es un reconocimiento básico de la existencia de la deuda y puede utilizarse cuando el pedido es grande, cuando no existe un descuento por pronto pago o cuando la empresa prevé que pueda existir un problema en la cobranza. Los pagarés no son habituales, pero pueden eliminar controversias posteriores sobre la existencia de la deuda.

Un problema con los pagarés es que la firma es posterior a la entrega de las mercancías. Una forma de obtener un compromiso de crédito del cliente antes de entregar las mercancías es convenir un *giro comercial*. Normalmente, la empresa extiende un giro en el que se estipula que el cliente pagará una cantidad específica en una fecha determinada. Después se envía este giro al banco del cliente con los comprobantes de embarque.

Si se exige el pago inmediato del giro se le denomina *giro a la vista*; si no se requiere, se trata de un *giro a plazo*. Cuando se presenta el giro y el comprador lo «acepta», significa que el comprador promete pagarlo en el futuro, en cuyo caso se le conoce como una *aceptación mercantil* y se devuelve a la empresa vendedora. El vendedor puede conservar la aceptación o venderla a alguien. Si un banco acepta el giro, significa que el banco garantiza el pago, en cuyo caso el giro se convierte en una *aceptación bancaria*. Esta mecánica es habitual en el comercio internacional y las aceptaciones bancarias se negocian activamente en el mercado de dinero.

Una empresa también puede usar un contrato de ventas condicional como un instrumento de crédito. Éste es un convenio en el que la empresa conserva la propiedad jurídica de las mercancías hasta que el cliente haya completado el pago. Por lo general, los contratos de ventas condicionales se pagan a plazos y tienen incorporado un costo por intereses.

PREGUNTAS SOBRE CONCEPTOS

19.2a ¿Qué consideraciones se toman en cuenta para determinar las condiciones de venta?

19.2b Explique lo que significan las condiciones de «3/45, neto 90». ¿Cuál es la tasa de interés implícita?

ANÁLISIS DE LA POLÍTICA DE CRÉDITO | 19.3

En esta sección se observan con mayor detalle los factores que influyen en la decisión de conceder crédito. El otorgamiento de crédito sólo tiene sentido si el VPN al concederlo es positivo. Por tanto, es necesario observar el VPN en la decisión de conceder un crédito.

Efectos de la política de crédito

Al evaluar la política de crédito, existen cinco factores básicos a considerar. Son los siguientes:

1. *Efectos sobre ingresos.* Si la empresa concede crédito, se producirá una demora en la recepción de ingresos porque algunos clientes aprovechan el crédito ofrecido y pagan más tarde. Sin embargo, la empresa estará en posibilidad de cobrar un precio más alto si otorga crédito con la intención de producir un aumento en la cantidad vendida. Por consiguiente, el total de ingresos quizá aumente.
2. *Efectos sobre costos.* A pesar de que los ingresos de la empresa pueden demorarse si ésta otorga crédito, se deberá incurrir de inmediato en costos de venta. Ya sea que la empresa venda de contado o a crédito, continuará adquiriendo o produciendo los productos (y pagando por ellos).
3. *El costo de deuda.* Cuando la empresa otorga crédito, tiene que hacer los arreglos para financiar las cuentas por cobrar que se producen como consecuencia de ello. Como resultado, el costo de la deuda a corto plazo para la empresa es un factor para la decisión de otorgar crédito.[2]
4. *La probabilidad de falta de pago.* Si la empresa otorga crédito es común que cierto porcentaje de los compradores no pague. Por supuesto que esto no puede ocurrir si la empresa vende de contado.
5. *El descuento por pronto pago.* Cuando la empresa ofrece un descuento por pronto pago como parte de sus condiciones de crédito, algunos clientes elegirán pagar por anticipado con objeto de aprovechar el descuento.

Evaluación de una política de crédito propuesta

Para ejemplificar cómo se puede analizar una política de crédito, se expone un caso relativamente sencillo.

Locust Software ha estado operando durante dos años y es una de las empresas exitosas en el desarrollo de programas para computadoras. En la actualidad, Locust sólo vende de contado.

---

[2] El costo de la deuda a corto plazo no es necesariamente el rendimiento requerido de las cuentas por cobrar, aunque se acostumbra suponer que es así. Como siempre, el rendimiento requerido de una inversión depende del riesgo de la inversión, no de la fuente de financiamiento. Para el *comprador*, el costo de la deuda a corto plazo se acerca más, en espíritu, a la tasa correcta. Se mantendrá el supuesto implícito de que el vendedor y el comprador tienen el mismo costo de deuda a corto plazo. De todas maneras, los períodos en las decisiones de crédito son relativamente cortos, por lo que un pequeño error en la tasa de descuento no tendrá un efecto significativo sobre el VPN estimado.

Locust está evaluando la solicitud que le han hecho varios clientes importantes para que modifique su política actual a «neto un mes» (30 días). Para analizar esta propuesta, se define lo siguiente:

P = Precio unitario

v = Costo variable por unidad

Q = Cantidad actual vendida por mes

Q' = Cantidad vendida de acuerdo a la nueva política

R = Rendimiento mensual requerido

Por ahora, no se tomarán en cuenta los descuentos ni la posibilidad de que se produzca incumplimiento de pago. Tampoco se considerarán los impuestos porque no afectan las conclusiones.

VPN de cambiar políticas   Para mostrar el VPN de cambiar las políticas de crédito, supongamos que se tiene la siguiente información en el caso de Locust:

P = $49

v = $20

Q = 100

Q' = 110

Si el rendimiento requerido, R, alcanza el 2% mensual, ¿debe hacer el cambio Locust?

En la actualidad, Locust tiene ventas mensuales de $P \times Q$ = $4,900. Los costos variables mensuales son de $v \times Q$ = $2,000, por lo que el flujo de efectivo mensual derivado de esta actividad es de:

$$\text{Flujo de efectivo (antigua política)} = (P - v)Q \qquad (19.2)$$
$$= (\$49 - 20) \times 100$$
$$= \$2,900$$

Por supuesto que éste no es el flujo de efectivo total de Locust, pero es todo lo que se debe conocer dado que los costos fijos y otros elementos del flujo de efectivo son los mismos, se efectúe o no el cambio propuesto.

Si Locust realiza el cambio a neto 30 días sobre las ventas, la cantidad vendida aumentará hasta Q' = 110. Los ingresos mensuales aumentarán a $P \times Q'$ y los costos serán de $v \times Q'$. Por consiguiente, el flujo de efectivo mensual con la nueva política será el siguiente:

$$\text{Flujo de efectivo (nueva política)} = (P - v)Q' \qquad (19.3)$$
$$= (\$49 - 20) \times 110$$
$$= \$3,190$$

Examinando de nuevo el capítulo 8, el flujo de efectivo incremental relevante es la diferencia entre los flujos de efectivo nuevo y antiguo:

$$\text{Flujo de efectivo incremental} = (P - v)\ (Q' - Q)$$
$$= (\$49 - 20) \times (110 - 100)$$
$$= \$290$$

Ello significa que el beneficio mensual de cambiar políticas es igual a la utilidad bruta por unidad vendida, $(P - v) = \$29$, multiplicada por el incremento en ventas, $(Q' - Q) = 10$. Por tanto, el valor actual de los flujos de efectivo incrementales futuros es de:

$$\textbf{VP} = [(P - v)\ (Q' - Q)]/R \qquad\qquad\qquad\qquad \textbf{(19.4)}$$

En el caso de Locust, este valor actual resulta ser de:

$$\text{VP} = (\$29 \times 10)/0.02 = \$14{,}500$$

Obsérvese que el flujo de efectivo mensual se ha considerado como una perpetuidad, ya que se obtendrá el mismo beneficio cada mes a perpetuidad.

Ahora que conocemos el beneficio del cambio de política, ¿cuál es el costo? Existen dos elementos que deben considerarse. Primero, dado que la cantidad vendida se incrementará de Q a Q', Locust deberá producir $Q' - Q$ unidades adicionales hoy a un costo de $v(Q' - Q) = \$20 \times (110 - 100) = \$200$. Segundo, las ventas que se deberían cobrar este mes de acuerdo a la política actual $(P \times Q = \$4{,}900)$ no se cobrarán hasta después de 30 días. El costo del cambio es la suma de estos dos elementos:

$$\textbf{Costo del cambio} = PQ + v(Q' - Q) \qquad\qquad\qquad\qquad \textbf{(19.5)}$$

En el caso de Locust, este costo sería de $\$4{,}900 + 200 = \$5{,}100$.

Integrando toda esta información, el VPN de efectuar el cambio es de:

$$\textbf{VPN del cambio} = -[PQ + v(Q' - Q)] + (P - v)\ (Q' - Q)/R \qquad\qquad \textbf{(19.6)}$$

En el caso de Locust, el costo del cambio es de $\$5{,}100$. Como acabamos de ver, el beneficio es de $\$290$ mensuales a perpetuidad. Al 2% mensual, el VPN es de:

$$\text{VPN} = -\$5{,}100 + \$290/0.02$$
$$= -\$5{,}100 + 14{,}500$$
$$= \$9{,}400$$

Se deduce, por consiguiente, que el cambio de política de crédito resulta ser muy rentable.

Ejemplo 19.2   Es preferible realizar un esfuerzo y «luchar» en vez de cambiar

Supongamos que una empresa está considerando un cambio que va de todo de contado a neto 30, pero no espera cambios en la cantidad vendida. ¿Cuál es el VPN del cambio? Explique.

En este caso, $Q' - Q$ es igual a cero, por lo que el VPN es tan sólo de $- P \times Q$. Lo que señala esto es que el efecto del cambio consiste sencillamente en diferir a perpetuidad la cobranza de un mes, sin obtener beneficio alguno por hacerlo. ■

Una aplicación del punto de equilibrio   De acuerdo con lo que se ha estudiado hasta ahora, la variable básica para Locust es $Q' - Q$, el incremento en las ventas en unidades. El incremento proyectado de 10 unidades es sólo un estimado, por lo que existe cierto riesgo de pronóstico. De acuerdo con las circunstancias, es natural preguntarse qué incremento de ventas en unidades se requiere para alcanzar el punto de equilibrio.

Previamente, el VPN de efectuar el cambio se definió como:

$$VPN = - [PQ + v(Q' - Q)] + (P - v) (Q' - Q)/R$$

Puede calcularse en forma explícita el punto de equilibrio igualando el VPN igual a cero y resolviendo para $(Q' - Q)$:

$$VPN = 0 = - [PQ + v(Q' - Q)] + (P - v) (Q' - Q)/R$$
$$Q' - Q = (PQ)/[(P - v)/R - v] \tag{19.7}$$

En el caso de Locust, el punto de equilibrio del incremento de ventas es por consiguiente:

$$Q' - Q = \$4,900/[\$29/0.02 - \$20]$$
$$= 3.43 \text{ unidades}$$

Este resultado indica que el cambio es una buena idea, siempre y cuando se tenga la seguridad de que se pueden vender al menos 3.43 unidades más por mes.

PREGUNTAS SOBRE CONCEPTOS

19.3a ¿Cuáles son los efectos importantes que deben considerarse en una decisión para ofrecer crédito?

19.3b Explique cómo estimar el VPN de un cambio en política de crédito.

19.4 | POLÍTICA DE CRÉDITO ÓPTIMA

Hasta ahora hemos estudiado cómo calcular los valores actuales netos para un cambio en política de crédito. No se ha considerado el monto óptimo de crédito o la política de crédito óptima. En principio, el importe óptimo de crédito se determina en el punto en el que los flujos de efectivo incrementales derivados del incremento en ventas son iguales a los costos incrementales por mantener el incremento en inversión en cuentas por cobrar.

La curva del costo total del crédito

La relación de intercambio entre otorgar crédito y no hacerlo no es difícil de identificar, pero es difícil de cuantificar con exactitud. Como consecuencia, sólo nos es posible describir una política de crédito óptima.

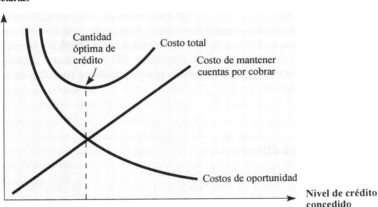

Figura 19.1

El costo de conceder crédito

Los *costos de mantener cuentas por cobrar* son los flujos de efectivo en los que se tiene que incurrir cuando se concede crédito. Están relacionados en forma directamente proporcional con el monto de crédito concedido.

Los *costos de oportunidad* son las ventas perdidas al negar crédito. Estos costos disminuyen cuando se concede crédito.

Para comenzar, los costos de mantener los activos circulantes asociados con el otorgamiento de crédito tienen tres formas:

1. El rendimiento requerido de las cuentas por cobrar.
2. Las pérdidas derivadas de cuentas incobrables.
3. Los costos por administrar el crédito y la cobranza.

El primero y el segundo de estos costos ya se han estudiado. El tercer costo, el costo por administrar el crédito, representa los gastos asociados con las operaciones del departamento de crédito. Las empresas que no otorgan crédito no tienen este tipo de departamento ni estos gastos. Estos tres costos aumentarán conforme se haga más flexible la política de crédito.

Si una empresa tiene una política de crédito muy restrictiva, todos los costos anteriores serán bajos. En este caso, la empresa tendrá una «escasez» de crédito, por lo que se presentará un costo de oportunidad. Este costo de oportunidad representa la posible ganancia adicional derivada de las ventas a crédito que se pierden al rechazar un crédito. Este beneficio perdido proviene de dos fuentes, el incremento en la cantidad vendida, Q' contra Q, y, potencialmente, de un precio más alto. Estos costos disminuyen conforme la política de crédito se hace más flexible.

A la suma de los costos de mantener el crédito y los costos de oportunidad de una política de crédito en particular se le denomina **curva del costo total de crédito**. En la figura 19.1 se ha graficado esta curva. Como se muestra en la figura 19.1, existe un punto donde se minimiza el costo total de crédito. Este punto corresponde al monto óptimo de crédito o, de forma equivalente, a la inversión óptima en cuentas por cobrar.

Si la empresa otorga más crédito que este mínimo, el flujo de efectivo neto adicional derivado de los nuevos clientes no cubrirá los costos de mantener la inversión en las cuen-

curva del costo total de crédito
Representación gráfica de la suma de los costos de mantener cuentas por cobrar y de los costos de oportunidad de una política de crédito.

tas por cobrar. Si el nivel de cuentas por cobrar es inferior a este monto, la empresa está renunciando a valiosas oportunidades de ganancias.

Por lo general, los costos y los beneficios derivados de conceder crédito dependerán de las características de cada empresa y de cada industria en particular. Por ejemplo, si todas las demás variables permanecen constantes, es probable que las empresas con 1) capacidad de producción excedente, 2) costos de operación variables y bajos, y 3) clientes repetitivos, extiendan crédito de forma más liberal que en el caso contrario. Veamos si nos es posible explicar por qué cada uno de estos tres factores contribuyen a una política de crédito más liberal.

⌐ **PREGUNTAS SOBRE CONCEPTOS**

19.4a ¿Cuáles son los costos de mantener crédito?
19.4b ¿Cuáles son los costos de oportunidad de no conceder crédito?

19.5 ⌐ ANÁLISIS DE CRÉDITO

Hasta ahora, la atención se ha fijado en establecer las condiciones de crédito. Una vez que la empresa decide otorgar crédito a sus clientes, debe establecer los criterios para determinar a quién se le permitirá comprar a crédito y a quién no. El *análisis de crédito* se refiere al proceso de decidir si se debe o no conceder crédito a un determinado cliente. Por lo general, este proceso requiere dos pasos: recopilar la información relevante y determinar el nivel de solvencia del cliente.

¿Cuándo se debe conceder crédito?

Imaginemos que una empresa está tratando de decidir si debe conceder o no crédito a un cliente. Esta decisión puede resultar complicada. Por ejemplo, la respuesta depende de lo que ocurrirá si se rechaza el crédito. ¿El cliente pagará simplemente al contado o definitivamente no comprará? Para evitar ésta y otras dificultades, se utilizarán algunos casos especiales para mostrar los aspectos básicos.

Venta única Se inicia considerando el caso más sencillo. Un nuevo cliente desea comprar una unidad a crédito al precio unitario de P. Si se rechaza el crédito, el cliente no realizará la compra.

Se supone además que si se concede el crédito, el cliente liquidará la deuda dentro de un mes o no incurrirá en incumplimiento. La probabilidad del segundo de estos eventos es π. En este caso, la probabilidad (π) puede interpretarse como el porcentaje de *nuevos* clientes que no pagarán. La empresa no tiene clientes repetitivos, por lo que se trata estrictamente de una venta única o por una sola vez. Por último, el rendimiento requerido sobre las cuentas por cobrar es de R mensual y el costo variable es de v por unidad.

En este caso, el análisis es directo. Si la empresa niega el crédito, el flujo de efectivo incremental es igual a cero. Si otorga el crédito, gasta v (el costo variable) este mes y espera cobrar $(1 - \pi)P$ el próximo. El VPN de conceder crédito es de:

$$\text{VPN} = -v + (1 - \pi)P/(1 + R) \tag{19.8}$$

Por ejemplo, en el caso de Locust Software, este VPN es de:

VPN = − $20 + (1 − π) × $49/(1.02)

Por ejemplo, produciéndose una tasa de incumplimiento de pago del 20%, esto resulta ser:

VPN = − $20 + 0.80 × $49/1.02 = $18.43

Por consiguiente, se debe conceder el crédito.

Este ejemplo muestra un punto importante. Al otorgar crédito a un nuevo cliente, la empresa arriesga su costo variable (v) y espera ganar el precio total (P). Por tanto, en el caso de un nuevo cliente, se puede conceder el crédito, incluso si la probabilidad de incumplimiento de pago es alta. Por ejemplo, la probabilidad del punto de equilibrio en este caso se puede determinar estableciendo el VPN igual a cero y resolviendo para π:

VPN = 0 = − $20 + (1 − π) × $49/(1.02)

(1 − π) = $20/$49 × 1.02

π = 58.4%

Locust debe conceder crédito siempre y cuando exista al menos una probabilidad de cobranza igual a 1 − 0.584 = 41.6%, o superior. Esto explica por qué las empresas con altos márgenes de venta tenderán a ofrecer condiciones de crédito más flexibles.

Este porcentaje (58.4%) es la probabilidad de incumplimiento de pago máxima aceptable para un *nuevo* cliente. Si un antiguo cliente que paga de contado quiere cambiar a una base de crédito, el análisis sería diferente y la probabilidad de incumplimiento de pago máxima aceptable sería mucho menor.

La diferencia importante es que si se otorga crédito a un antiguo cliente, se arriesga el precio de venta total (P), puesto que esto es lo que se cobra si no se concede el crédito. Si se otorga crédito a un nuevo cliente, sólo se arriesga el costo variable.

Ventas repetitivas   Un segundo factor muy importante a tener en cuenta es la posibilidad de ventas repetitivas. Se puede mostrar esto ampliando el ejemplo previo de venta en una sola ocasión o de venta única. Se establece un supuesto importante: un nuevo cliente que cumple con su pago en la primera ocasión continuará siendo un buen cliente para siempre y nunca incumplirá sus pagos.

Si la empresa concede el crédito, gastará v este mes. El próximo mes, no obtiene nada si el cliente no paga, o bien, obtiene P si éste paga. Si el cliente paga, comprará otra unidad a crédito y la empresa gastará v de nuevo. Por tanto, el flujo de efectivo neto del mes es $P − v$. En cada mes subsecuente ocurrirá este mismo $P − v$ cuando el cliente pague el pedido del mes anterior y coloque uno nuevo.

De esto se desprende que, en un mes, la empresa recibirá $0 con probabilidad π. Sin embargo, con probabilidad (1 − π), la empresa tendrá un nuevo cliente permanente. El valor de un nuevo cliente es igual al valor presente de ($P − v$) cada mes a perpetuidad:

VP = ($P − v$)/R

Por tanto, el VPN de otorgar crédito es:

VPN = − v + (1 − π) ($P − v$)/R   **(19.9)**

En el caso de Locust, esto es:

$$VPN = -\$20 + (1 - \pi) \times (\$49 - \$20)/0.02$$
$$= -\$20 + (1 - \pi) \times \$1{,}450$$

Aunque la probabilidad de incumplimiento de pago sea del 90%, el VPN es de:

$$VPN = -\mathbf{\$20} + 0.10 \times \mathbf{\$1{,}450} = \$125$$

Locust debe conceder el crédito, a no ser que el incumplimiento de pago sea completamente cierto. La razón es que sólo le cuesta **$20** determinar quién es un buen cliente y quién no lo es. Sin embargo, un buen cliente tiene un valor de **$1,450**, por lo que Locust puede permitirse un considerable número de incumplimientos de pago.

El ejemplo de ventas repetitivas que se acaba de presentar exagera probablemente la probabilidad aceptable de incumplimiento de pago, pero sí muestra que la mejor forma de efectuar un análisis de crédito suele ser simplemente otorgar crédito a casi todos los clientes. También indica que la posibilidad de ventas repetitivas es un factor crucial. En estos casos, lo importante es controlar el monto de crédito que se ofrece inicialmente a cualquier cliente individual, de modo que se limite la posible pérdida. Con el tiempo, se puede incrementar este monto. Muchas veces, el mejor indicador para predecir si alguien pagará o no en el futuro es establecer si éste ha pagado o no en el pasado.

Información de crédito

Si una empresa desea información de crédito sobre clientes, existen varias fuentes. Entre la información que se suele utilizar para evaluar el nivel de solvencia de un cliente se incluye la siguiente:

1. *Estados financieros.* La empresa puede pedir al cliente que proporcione información sobre sus estados financieros, como balances generales y estados de resultados. En ese caso, se pueden utilizar estándares mínimos y reglas prácticas basadas en razones financieras, como las que se estudiaron en el capítulo 3, como base para conceder o negar el crédito.
2. *Informes de crédito sobre el historial de pagos del cliente con otras empresas.* Son varias las organizaciones que venden información sobre la calidad del crédito y el historial de crédito de las empresas. La empresa más grande y conocida de este tipo es Dun & Bradstreet, que proporciona a sus suscriptores un libro de referencias e informes de crédito sobre empresas individuales. TRW es otra conocida empresa que elabora informes de crédito. Las calificaciones de crédito y la información están disponibles para una gran cantidad de empresas, incluyendo algunas muy pequeñas. Equifax, Transunion y TRW son los proveedores más importantes de información de crédito sobre consumidores individuales.
3. *Bancos.* Por lo general, los bancos proporcionan alguna ayuda a sus clientes empresarios para que éstos adquieran información sobre el nivel de solvencia de otras empresas.
4. *El historial de pagos del cliente con la empresa.* La forma más obvia de obtener información sobre la posibilidad de que un cliente no pague es examinar si éste ha cumplido con sus obligaciones en el pasado y con qué rapidez lo ha hecho.

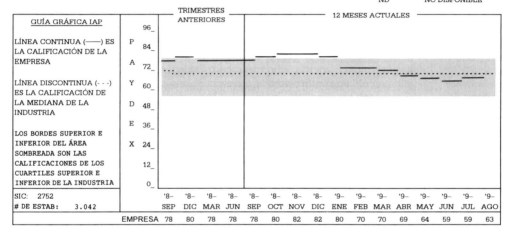

Informe de análisis de pagos

Informe de análisis de pagos IAP

Preparado por

Dun & Bradstreet

DB es una compañía de The Dun & Bradstreet Corporation

ESTE INFORME NO SE PUEDE REPRODUCIR EN FORMA TOTAL O PARCIAL POR NINGÚN MEDIO

DUNS: 00-007-7743

FECHA DE IMPRESIÓN
23 DE AGOSTO DE 199-

PAYDEX 63
** CLAVE **

GORMAN MANUFACTURING CO. INC.
SUBSIDIARIA DE
  GORMAN HOLDING COMPANIES, INC.

492 KOLLER ST
SAN FRANCISCO CA 94110-0012
  TEL: (415) 555-9664

LESLIE SMITH, PRES

IMPRESIÓN COMERCIAL

SIC NOS.
27 52

INICIO EN 1965
VENTAS $18,931,956

PAYDEX	PAGO
100	ANTICIPADO
90	CON DESCUENTO
80	PRONTO PAGO
70	LENTO HASTA 15
50	LENTO HASTA 30
40	LENTO HASTA 60
30	LENTO HASTA 90
20	LENTO HASTA 120
ND	NO DISPONIBLE

GUÍA GRÁFICA IAP

LÍNEA CONTINUA (——) ES LA CALIFICACIÓN DE LA EMPRESA

LÍNEA DISCONTINUA (- - -) ES LA CALIFICACIÓN DE LA MEDIANA DE LA INDUSTRIA

LOS BORDES SUPERIOR E INFERIOR DEL ÁREA SOMBREADA SON LAS CALIFICACIONES DE LOS CUARTILES SUPERIOR E INFERIOR DE LA INDUSTRIA

SIC: 2752
DE ESTAB: 3.042

P A Y D E X

96 84 72 60 48 36 24 12 0

TRIMESTRES ANTERIORES — 12 MESES ACTUALES

	'8– SEP	'8– DIC	'8– MAR	'8– JUN	'8– SEP	'8– OCT	'8– NOV	'8– DIC	'9– ENE	'9– FEB	'9– MAR	'9– ABR	'9– MAY	'9– JUN	'9– JUL	'9– AGO
EMPRESA	78	80	78	78	78	80	82	82	80	70	70	69	64	59	59	63

RESUMEN DETALLADO DE LOS HÁBITOS DE PAGO DE LA EMPRESA

% DEL IMPORTE

	# de Exp.	IMPORTE $	ANTICIP. PRONTO PAGO %	LENTO 1-30 %	LENTO 31-60 %	LENTO 61-90 %	LENTO 91+ %
EN ARCHIVO							
12 MESES TERMINADOS EL 9-IX	61	864,700	29	31	10	14	16
3 MESES TERMINADOS EL 9-IX	27	458,000	28	25	6	24	17
CRÉDITO CONCEDIDO POR $100,000+	3	300,000	33	33	17	17	–
50-99,999	3	190,000	21	47	–	–	32
15-49,999	9	280,000	28	20	5	20	27
5-14,999	10	67,500	33	30	22	15	–
1- 4,999	15	22,500	33	18	18	19	12
MENOS DE 1,000	21	4,700	26	49	19	6	–
CRÉDITOS CON CONDICIONES NETAS	32	423,300	30	7	3	27	33
CRÉDITOS CON CONDICIONES DE DESCUENTO	8	248,700	30	44	26	–	–
EXPERIENCIA DEL EFECTIVO	–	–					
ENTREGADO PARA SU COBRO	2	12,500					
COMENTARIOS DESFAVORABLES	–	–					

LAS SEÑALES DE RETRASOS PUEDEN SER RESULTADO DE CONTROVERSIAS SOBRE MERCANCÍAS, FACTURAS FALTANTES, ETC.

ESTE INFORME, ENTREGADO DE ACUERDO AL CONTRATO PARA USO EXCLUSIVO DEL SUSCRIPTOR COMO UN FACTOR A TOMAR EN CUENTA EN RELACIÓN CON LAS DECISIONES DE CRÉDITO, SEGUROS, COMERCIALIZACIÓN U OTRAS DECISIONES DE NEGOCIOS, CONTIENE INFORMACIÓN RECOPILADA DE FUENTES QUE DUN & BRADSTREET NO CONTROLA Y CUYOS DATOS NO HAN SIDO VERIFICADOS, A MENOS QUE SE SEÑALE LA VERIFICACIÓN EN EL INFORME. AL PROPORCIONAR ESTE INFORME DUN & BRADSTREET NO ASUME EN FORMA ALGUNA CUALQUIER PARTE DEL RIESGO OPERATIVO DEL USUARIO, NI GARANTIZA LA EXACTITUD, INTEGRIDAD U OPORTUNIDAD DE LA INFORMACIÓN PROPORCIONADA; TAMPOCO SERÁ JURÍDICAMENTE RESPONSABLE POR CUALQUIER PÉRDIDA O PERJUICIO QUE RESULTE DE CONTINGENCIAS FUERA DE SU CONTROL O CAUSADAS POR NEGLIGENCIA.

18A-115D

En la figura 19.2 se muestra parte de un informe de crédito de Dun & Bradstreet, denominado informe de análisis de pagos (IAP). Como puede verse, es posible obtener información de pagos bastante detallada de la empresa y de la industria, si es que la información básica y resumida no es adecuada.

Evaluación y calificación del crédito

No existen fórmulas mágicas para evaluar la probabilidad de que un cliente no pague. En términos muy generales, las clásicas **cinco C del crédito** son los factores básicos que deben evaluarse:

las cinco C del crédito
Los cinco factores básicos del crédito que se debe evaluar: carácter, capacidad, capital, colateral y condiciones.

1. *Carácter.* La disposición del cliente para cumplir con sus obligaciones de crédito.
2. *Capacidad.* La capacidad del cliente para cumplir con sus obligaciones de crédito con base a sus flujos de efectivo operativo.
3. *Capital.* Las reservas financieras del cliente.
4. *Colateral.* Un activo otorgado en garantía en caso de incumplimiento de pago.
5. *Condiciones.* Las condiciones económicas generales en el segmento de negocios del cliente.

calificación de crédito
Proceso para cuantificar la probabilidad de incumplimiento de pago al otorgar crédito al cliente.

La **calificación de crédito** se refiere al proceso de calcular una calificación numérica para un cliente con base en la información recopilada y así conceder o rechazar el crédito de acuerdo al resultado de dicha calificación. Por ejemplo, una empresa puede calificar a un cliente de acuerdo a una escala de 1 (muy malo) a 10 (muy bueno) para cada una de las cinco C del crédito, utilizando toda la información disponible sobre el cliente. Se podría entonces calcular una calificación de crédito con base en el total. De acuerdo a su experiencia, la empresa puede decidir si debe otorgar crédito sólo a clientes con una calificación, por ejemplo, superior a 30.

Las empresas que emiten tarjetas de crédito han desarrollado modelos estadísticos complejos para calificar el crédito. Por lo general, se estudian todas las características legalmente relevantes y observables de un gran grupo de clientes con el propósito de establecer su relación histórica con las tasas de incumplimiento de pago. Con base a estos resultados, es posible determinar las variables que mejor predicen si un cliente pagará o no, y calcular entonces una calificación de crédito de acuerdo a esas variables.

Dado que los modelos y procedimientos de calificación de crédito determinan quién es candidato a obtenerlo y quien no, no es de sorprender que éstos hayan sido objeto de reglamentación por parte del gobierno. En particular, existen límites sobre la clase de información histórica y demográfica que se puede utilizar en la decisión de crédito.

PREGUNTAS SOBRE CONCEPTOS

19.5a ¿Qué es el análisis de crédito?
19.5b ¿Cuáles son las cinco C del crédito?

19.6 | POLÍTICA DE COBRANZA

La política de cobranza es el elemento final de la política de crédito. La política de cobranza comprende controlar las cuentas por cobrar para detectar problemas y obtener el pago de cuentas ya vencidas.

Seguimiento de las cuentas por cobrar

Para dar seguimiento a los pagos de clientes, la mayor parte de las empresas controlan las cuentas pendientes de cobro. En primer lugar, una empresa llevará normalmente un control de su período promedio de cobranza (PPC) a lo largo del tiempo. Si una empresa se encuentra en un segmento de negocios estacional, el PPC fluctuará durante el año, pero los aumentos inesperados en el PPC son causa de preocupación; los clientes en general se demoran más en pagar o bien un porcentaje de las cuentas por cobrar está considerablemente vencido.

El **estado de antigüedad de los saldos** es una segunda herramienta básica para controlar las cuentas por cobrar. Para prepararlo, el departamento de crédito clasifica las cuentas por su antigüedad.[3] Supongamos que una empresa tiene cuentas por cobrar de $100,000. Algunas de estas cuentas sólo tienen unos pocos días, pero otras han estado pendientes de cobro durante bastante tiempo. Se presenta a continuación un ejemplo de un estado de antigüedad de saldos.

estado de antigüedad de los saldos
Integración de las cuentas por cobrar de acuerdo a la antigüedad de cada una.

Estado de antigüedad de saldos

Antigüedad de la cuenta	Monto	Porcentaje del valor total de las cuentas por cobrar
0-10 días	$ 50,000	50
11-60 días	25,000	25
61-80 días	20,000	20
Más de 80 días	5,000	5
	$100,000	100

Si esta empresa tiene un período de crédito de 60 días, el 25% de sus cuentas están atrasadas. El que esta situación sea o no grave depende de la naturaleza de la cobranza de la empresa y de sus clientes. Suele suceder que las cuentas con más de una cierta antigüedad casi nunca se cobran. En esos casos, la supervisión de la antigüedad de las cuentas resulta ser muy importante.

Las empresas con ventas estacionales observarán que los porcentajes en el estado de antigüedad de saldos cambian durante el año. Por ejemplo, si las ventas del mes actual son muy altas, el total de las cuentas por cobrar también aumentará en forma relevante. Ello significa que las cuentas antiguas, como porcentaje del total de cuentas por cobrar, se reducen y pueden parecer menos importantes. Algunas empresas han perfeccionado el estado de antigüedad de saldos de forma tal que pueden tener una idea de cómo debe cambiar con los niveles máximos y mínimos de sus ventas.

Procedimiento de cobranza

Por lo general, las empresas aplican los procedimientos que se presentan a continuación en los casos de clientes cuyos pagos están vencidos:

---

[3]El estado de antigüedad de los saldos tiene múltiples aplicaciones en los negocios. Por ejemplo, es frecuente preparar este estado para los artículos en inventarios.

1. Enviar una carta en la que se le informe al cliente de la situación de atraso que tiene su cuenta.
2. Realizar una llamada telefónica al cliente.
3. Utilizar una agencia de cobranzas.
4. Iniciar acción jurídica contra el cliente.

Una empresa puede negarse a conceder crédito adicional a algún cliente hasta que liquide los atrasos. Esto puede disgustar a un cliente normalmente «bueno» y señalar un probable conflicto de intereses entre el departamento de cobranzas y el de ventas.

PREGUNTAS SOBRE CONCEPTOS

19.6a ¿Qué herramientas puede utilizar un administrador para controlar las cuentas por cobrar?
19.6b ¿Qué es un estado de antigüedad de saldos?

19.7 | ADMINISTRACIÓN DE INVENTARIOS

Al igual que las cuentas por cobrar, los inventarios representan una inversión significativa para muchas empresas. En el caso de una operación industrial típica, los inventarios suelen exceder el 15% de los activos. En el caso de un vendedor minorista, los inventarios pueden representar más del 25% de los activos. Como vimos en el capítulo 17, sabemos que el ciclo operativo de una empresa está integrado por su período de inventarios y su período de cuentas por cobrar. Ésta es una razón por la que se estudia en un mismo capítulo la política de crédito y la política de inventarios. Además, la política de crédito y la de inventarios se utilizan para impulsar las ventas y ambas deben coordinarse para asegurar que el proceso de adquirir inventarios, venderlos y cobrar la venta se lleve a cabo de una forma eficiente. Por ejemplo, los cambios en la política de crédito diseñados para estimular las ventas deben ir acompañados de forma simultánea por la planeación del nivel adecuado de inventarios.

El administrador financiero y la política de inventarios

A pesar de la magnitud de la inversión en los inventarios de una empresa típica, es frecuente que el administrador financiero de la empresa no tenga un control directo sobre la administración de inventarios. En lugar de ello, otras áreas funcionales, como es el caso de compras, producción y comercialización, serán las que normalmente compartan la autoridad para tomar decisiones. La administración de inventarios se ha convertido en una especialidad en sí misma cada vez más importante y es habitual que la administración financiera sólo proporcione información para la toma de decisiones. Por esta razón, en las próximas secciones sólo se revisarán algunos aspectos básicos de los inventarios y de la política de inventarios.

Tipos de inventarios

En el caso de una empresa industrial, los inventarios suelen estar clasificados en tres categorías. La primera categoría es la de *materias primas*, es decir, cualquier producto que la empresa utilice como un punto inicial en su proceso de producción. Las materias primas pueden ser algo tan básico como el mineral de hierro para un fabricante de acero o algo tan sofisticado como las unidades de discos para un productor de computadoras.

El segundo tipo de inventarios es la *producción en proceso*, que es justo lo que sugiere su nombre, es decir, productos sin terminar. La dimensión de esta parte de los inventarios depende en gran medida de la duración del proceso de producción. Por ejemplo, para un fabricante de fuselajes, la producción en proceso puede ser importante. El tercer y último tipo de inventarios consiste en *productos terminados*, es decir, productos listos para ser enviados al cliente o para ser vendidos.

En relación con los tipos de inventarios, existen tres cosas que deben tenerse en cuenta. Primero, los nombres de los diferentes tipos pueden ocasionar alguna confusión, ya que las materias primas de una empresa pueden ser los productos terminados de otra. Por ejemplo, volviendo de nuevo al productor de acero, el mineral de hierro sería una materia prima y el acero sería el producto final. Una operación de fabricación de carrocerías de automóviles consideraría al acero como su materia prima y a las carrocerías de automóvil como su producto terminado; una empresa dedicada al ensamble de automóviles consideraría a las carrocerías como su materia prima y a los automóviles como su producto terminado.

Lo segundo que se debe considerar es que los diversos tipos de inventarios pueden ser considerablemente diferentes en términos de su liquidez. Las materias primas que son consideradas como mercancías básicas o que están relativamente estandarizadas, pueden convertirse con facilidad en efectivo. Por otra parte, la producción en proceso puede ser muy poco líquida y tener sólo un valor un poco mayor que el de los residuos. Como siempre, la liquidez de los productos terminados depende de la naturaleza del producto.

Por último, una distinción muy importante entre los productos terminados y otros tipos de inventarios es que la demanda de un artículo de inventario, que se convierte en parte de otro artículo, suele denominarse *demanda derivada* o *demanda dependiente*, debido a que los requerimientos de la empresa para estos tipos de inventarios dependen de su necesidad de artículos terminados. En contraste, la demanda por parte de la empresa de productos terminados no se deriva de la demanda de otros artículos de inventarios, por lo que en ocasiones se dice que es una demanda *independiente*.

Costos de inventarios

Como vimos en el capítulo 17, existen dos tipos básicos de costos asociados con los activos circulantes en general y con los inventarios en particular. El primero de ellos son los *costos de mantener activos circulantes*. En este caso, los costos de mantener inventarios representan todos los costos directos y de oportunidad de mantener disponible un cierto nivel de inventarios; entre ellos se incluyen:

1. Costos de almacenamiento y de seguimiento.
2. Seguros e impuestos.
3. Pérdidas debidas a obsolescencia, deterioro o robo.
4. El costo de oportunidad del capital sobre el monto invertido.

La suma de estos costos puede ser importante; suele oscilar entre el 20 y el 40% del valor del inventario por año.

Los otros tipos de costos asociados con los inventarios son los *costos por faltantes de activos circulantes*. En este caso, los costos por faltantes de inventarios representan los costos asociados con un nivel de inventarios disponible inadecuado. Los dos elementos de los costos por faltantes de inventario son los costos de resurtir o reordenar y los costos relacionados con mantener reservas mínimas de seguridad. De acuerdo al tipo de negocios de la empresa, los costos de resurtir o de reordenar son los costos de colocar un pedido con los proveedores o, alternativamente, el costo de preparar una corrida de producción. Los costos relacionados con las reservas mínimas de seguridad representan dejar pasar oportunidades, por ejemplo, las ventas perdidas y el hecho de no interesarse en la buena voluntad del cliente, que resultan de mantener un nivel de inventarios inadecuado.

Existe una relación de intercambio básica en la administración de inventarios, que se debe a que los costos de mantener inventarios se incrementan en función de los niveles de inventarios, mientras que los costos por faltantes de inventarios, así como los costos por resurtir o reordenar, disminuyen en función de dichos niveles. Por tanto, el objetivo básico de la administración de inventarios es minimizar la suma de estos dos costos. En la siguiente sección se estudian formas para lograr este objetivo.

PREGUNTAS SOBRE CONCEPTOS

19.7a ¿Cuáles son los diferentes tipos de inventarios?
19.7b ¿Cuáles son los tres factores que deben recordarse al examinar los tipos de inventarios?
19.7c ¿Cuál es el objetivo básico de la administración de inventarios?

19.8 TÉCNICAS DE ADMINISTRACIÓN DE INVENTARIOS

Como indicábamos anteriormente, el objetivo de la administración de inventarios suele expresarse como la minimización de costos. En esta sección se estudian tres técnicas, que van desde la relativamente sencilla hasta la muy compleja.

El modelo ABC

El modelo ABC es un enfoque sencillo de la administración de inventarios, en la que la idea básica es dividir el inventario en tres grupos (o más). La lógica en la que se basa este enfoque es que una pequeña parte de los inventarios, en términos de cantidad, puede representar una parte grande en términos del valor del inventario. Por ejemplo, existiría una situación de este tipo en el caso de un fabricante que utilice en la elaboración de sus productos algunos componentes relativamente caros y de alta tecnología, así como algunos materiales básicos un tanto baratos.

En la figura 19.3 se muestra una comparación ABC de artículos en términos del porcentaje del valor de los inventarios representado por cada grupo con respecto al porcentaje de la cantidad de artículos representados. Como se muestra en la figura 19.3, el grupo A constituye sólo el 10% de los inventarios en cuanto a la cantidad de artículos, pero representa más de la mitad del valor de los inventarios. Por tanto, los artículos del grupo A se vigilan estrechamente y sus niveles de inventario se mantienen relativamente bajos. Por otra parte, también existirán artículos básicos en los inventarios, como es el caso de los tornillos y las tuercas, que por ser importantes y baratos se solicitan y se mantienen en inventario en grandes cantidades. Éstos pueden ser artículos del grupo C. El grupo B está compuesto por artículos que pueden clasificarse entre ambos grupos.

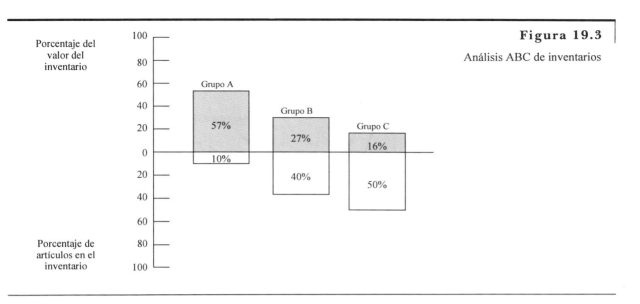

Figura 19.3

Análisis ABC de inventarios

El modelo de la cantidad económica de reorden (CER)

El modelo de la cantidad económica de reorden (CER) es el enfoque más conocido para establecer explícitamente un nivel de inventarios óptimo. En la figura 19.4 se muestra la idea básica, al graficar los diversos costos asociados con mantener inventarios (en el eje vertical) en comparación con los niveles de inventarios (en el eje horizontal). Como se muestra, los costos de mantener inventarios aumentan y los costos por resurtir o reordenar disminuyen conforme se incrementan los niveles de inventarios. Con base al estudio general del capítulo 17 y de la curva del costo total de crédito en este capítulo, la forma general de la curva del costo total de inventarios es familiar. Con el modelo CER, se intentará posicionar en forma específica el punto del costo total mínimo, Q^*.

En el estudio que se presenta a continuación, un punto importante que se debe tener en cuenta es que no se incluye el costo verdadero del propio inventario. La razón es que las ventas determinan la cantidad *total* de inventarios que requiere la empresa en un determinado año. Lo que se analiza aquí es el nivel de inventarios que debe tener disponible la empresa en un momento en particular. De forma más precisa, se intenta determinar cuál es el tamaño del pedido que debe hacer la empresa en el momento en que resurte su inventario.

Agotamiento del inventario   Para desarrollar la CER, se supondrá que los inventarios de la empresa se venden a una velocidad constante hasta que llegan a cero. En ese punto, la empresa vuelve a surtir su inventario hasta su nivel óptimo. Por ejemplo, supongamos que Eyssell Corporation inicia operaciones el día de hoy con 3,600 unidades de un artículo en particular en inventario. Las ventas anuales de este artículo son de 46,800 unidades, lo que representa aproximadamente 900 unidades semanales. Si cada semana Eyssell vende 900 unidades de inventarios, a las cuatro semanas se habrá vendido todo el inventario disponible y Eyssell lo resurtirá solicitando (o fabricando) otras 3,600 unidades y comenzará todo de nuevo. Este proceso de venta y resurtido produce un comportamiento en for-

Figura 19.4

Costos de mantener
inventarios

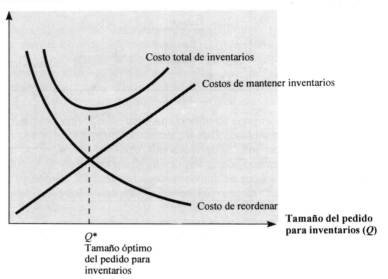

**Costo en unidades
monetarias de
mantener inventarios**

Costo total de inventarios

Costos de mantener inventarios

Costo de reordenar

**Tamaño del pedido
para inventarios (Q)**

$Q*$
Tamaño óptimo
del pedido para
inventarios

Los costos por reordenar aumentan cuando la empresa mantiene un nivel bajo de inventarios. Los costos de mantener inventarios aumentan cuando existe un nivel elevado de inventarios. Los costos totales son la suma de los costos de mantener inventarios y por reordenar.

ma de «dientes de sierra» para el nivel de inventarios que se mantiene; en la figura 19.5 se muestra este comportamiento. Como se observa en la figura, Eyssell siempre inicia con 3,600 unidades en inventarios y termina con cero. Por tanto, el inventario en promedio es la mitad de 3,600, es decir, 1,800 unidades.

Los costos de mantener inventarios   Como se muestra en la figura 19.4, se suele suponer que los costos de mantener inventarios son directamente proporcionales a los niveles de inventarios. Supongamos que Q es la cantidad en inventarios que solicita Eyssell en cada ocasión (3,600 unidades); a ésta se le denominará la cantidad de resurtido o cantidad de reorden. Por tanto, el inventario promedio sería precisamente $Q/2$, es decir, 1,800 unidades. Si se denomina CC al costo por unidad de mantener inventarios, los costos totales anuales de mantener inventarios de Eyssell serán de:

Costo total de mantener inventarios = Inventario promedio

× Costo unitario de mantener inventarios

$$= (Q/2) \times \text{CC} \qquad (19.10)$$

En el caso de Eyssell, si los costos anuales de mantener inventarios fueran de $0.75 por unidad, los costos totales de mantener inventarios serían iguales al inventario promedio de 1,800 multiplicado por $0.75, es decir, $1,350 anuales.

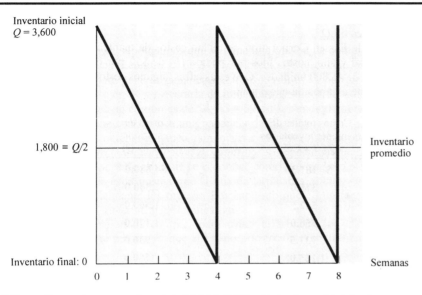

Figura 19.5

Nivel de inventario para
Eyssell Corporation

Eyssell Corporation comienza con un inventario inicial de 3,600 unidades. La cantidad disminuye a cero
en la cuarta semana.
El inventario promedio es $Q/2 = 3,600/2 = 1,800$ durante el período.

Los costos por faltantes de inventarios   Por ahora, sólo centraremos la atención en
los costos de resurtir o reordenar. Se supone que en realidad la empresa nunca llega a
tener faltantes de inventarios, por lo que los costos relacionados con las reservas mínimas
de seguridad no son importantes. Más adelante se volverá sobre este tema.

Por lo general, se supone que los costos por resurtir son fijos. En otras palabras, cada
vez que se coloca un pedido se presentan costos fijos asociados con ese pedido (recuérdese que no se toma en cuenta el costo mismo del inventario). Supongamos que T representa las ventas totales en unidades de la empresa por año. Si la empresa ordena cada vez
Q unidades, necesitará colocar un total de T/Q pedidos. En el caso de Eyssell, las ventas
anuales fueron de 46,800 unidades y el tamaño del pedido fue de 3,600. Por tanto, Eyssell
coloca un total de $46,800/3,600 = 13$ pedidos por año. Si el costo fijo por pedido es de F,
el costo total anual de resurtir o reordenar sería:

Costo total de resurtir = Costo fijo por pedido × Número de pedidos

$$= F \times (T/Q) \tag{19.11}$$

En el caso de Eyssell, los costos de reordenar pueden ser de $50 por pedido, con lo que
el costo total para resurtir 13 pedidos sería de $50 \times 13 = \$650$ anuales.

Los costos totales   Los costos totales asociados con los inventarios son la suma de los
costos de mantener inventarios y los costos de resurtir o reordenar:

Costos totales = Costos de mantener inventarios + Costos de resurtir

$$= (Q/2) \times CC + F \times (T/Q) \tag{19.12}$$

El objetivo es determinar el valor de Q, la cantidad de reorden, que minimiza este costo. Para observar cómo llevar a cabo esto, se pueden calcular los costos totales para algunos valores diferentes de Q.

En el caso de Eyssell Corporation, se tenían costos de mantener inventarios (CC) de $0.75 por unidad y año; costos fijos por pedido (F) de $50 por pedido, y ventas totales en unidades (T) de 46,800 unidades. Con estas cifras, algunos costos totales posibles (como práctica verifique algunos de ellos) son:

Cantidad de reorden (Q)	Costos totales de mantener inventarios ($Q / 2 \times$ CC)	+	Costos de resustituir ($F \times T / Q$)	=	Costos totales
500	$ 187.5		$4,680.0		$4,867.5
1,000	375.0		2,340.0		2,715.0
1,500	562.5		1,560.0		2,122.5
2,000	750.0		1,170.0		1,920.0
2,500	937.5		936.0		1,837.5
3,000	1,125.0		780.0		1,905.0
3,500	1,312.5		668.6		1,981.1

Al revisar las cifras, se observa que los costos totales comienzan casi en **$5,000** y disminuyen justo por debajo de **$1,900**. La cantidad que minimiza el costo parece ser alrededor de **2,500**.

Para determinar la cantidad exacta que minimiza el costo, se puede regresar a la figura 19.4. Lo que se observa es que el punto mínimo se presenta justo donde se intersectan las dos curvas. En este punto, los costos de mantener inventarios y los costos de resurtir o reordenar son iguales.

Para el caso de los tipos de costos que se han supuesto aquí, esto siempre será cierto, por lo que se puede determinar el punto mínimo simplemente igualando estos costos y resolviendo para Q^*:

Costos de mantener inventarios = Costos de reordenar

$$(Q^*/2) \times CC = F \times (T/Q^*) \tag{19.13}$$

Con un poco de álgebra se obtiene:

$$Q^{*2} = \frac{2T \times F}{CC} \tag{19.14}$$

Al resolver para Q^*, se obtiene la raíz cuadrada de ambos lados para poder así determinar:

$$Q^* = \sqrt{\frac{2T \times F}{CC}} \tag{19.15}$$

La cantidad de reorden, que minimiza el costo total de inventarios, se denomina **cantidad económica de reorden (CER)**. En el caso de Eyssell Corporation, la CER es de:

cantidad económica de reorden (CER)
Magnitud del período que minimiza los costos totales de inventarios.

$$Q^* = \sqrt{\frac{2T \times F}{CC}} \qquad\qquad (19.16)$$

$$= \sqrt{\frac{(2 \times 46{,}800) \times \$50}{\$0.75}}$$

$$= \sqrt{6{,}240{,}00}$$

$$= 2{,}498 \text{ unidades}$$

Por tanto, en el caso de Eyssell la cantidad económica de reorden es en realidad de 2,498 unidades. A este nivel, verifique que los costos de resurtir y los costos de mantener inventarios sean idénticos (ambos son de $936.75).

Ejemplo 19.3   Costos de mantener inventarios

Thiewes Shoes inicia cada período con inventarios de 100 pares de botas para excursionismo. Estas existencias se agotan cada período y se vuelven a solicitar. Si el costo anual de mantener inventarios por cada par de botas es de $3, ¿cuáles son los costos totales de mantener inventarios de botas?

Los inventarios siempre inician con 100 artículos y terminan con 0, por lo que el inventario promedio es de 50 artículos. Con un costo anual de $3 por artículo, los costos totales de mantener inventarios son de $150. ∎

Ejemplo 19.4   Costos de reordenar

En el ejemplo anterior (ejemplo 19.3), supongamos que Thiewes vende un total de 600 pares de botas al año. ¿Cuántas veces resurte al año? Supongamos que el costo de resurtir o reordenar es de $20 por pedido. ¿Cuáles son los costos totales de resurtir?

Thiewes ordena 100 artículos cada vez. Las ventas totales son de 600 artículos anuales, por lo que Thiewes reordena seis veces al año, es decir, aproximadamente cada dos meses. Los costos de resurtir serían de: 6 pedidos × $20 por pedido = $120. ∎

Ejemplo 19.5   La CER

Con base a los dos ejemplos anteriores, ¿cuál debe ser el volumen de los pedidos que coloque Thiewes para minimizar los costos? ¿Con qué frecuencia resurtirá Thiewes? ¿Cuáles son los costos totales de mantener inventarios y de reordenar? ¿Cuáles son los costos totales?

Se sabe que el número total de pares de botas pedidas durante el año (*T*) es de 600. El costo por resurtir (*F*) es de $20 por pedido y el costo de mantener inventarios (CC) es de $3. La CER de Thiewes puede calcularse en la forma siguiente:

$$\text{CER} = \sqrt{\frac{2T \times F}{CC}}$$

$$= \sqrt{\frac{(2 \times 600) \times \$20}{\$3}}$$

$$= \sqrt{8{,}000}$$

$$= 89.44 \text{ unidades}$$

Dado que Thiewes vende 600 pares cada año, reordenará 600/89.44 = 6.71 veces. Los costos totales de resurtir serán de $20 × 6.71 = $134.16. El inventario promedio será de 89.44/2 = 44.72. Los costos de mantener inventarios serán de $3 × 44.72 = $134.16, los mismos que los costos de resurtir. Por tanto, los costos totales son de $268.33. ∎

Ampliaciones al modelo CER

Hasta ahora, hemos supuesto que la empresa permitirá que sus inventarios se reduzcan hasta cero y entonces reordenará. En la realidad, la empresa deseará resurtir antes de que sus inventarios lleguen a cero por dos motivos. Primero, al tener siempre por lo menos algún inventario disponible, la empresa minimiza el riesgo de quedarse sin inventarios y las resultantes pérdidas de ventas y de clientes. Segundo, cuando la empresa reordena, transcurre un tiempo antes de que lleguen las mercancías. Por tanto, para terminar el estudio de la CER, se consideran dos ampliaciones al modelo, los niveles mínimos de seguridad y los puntos de reorden.

Niveles mínimos de seguridad   Los *niveles mínimos de seguridad* se refieren al nivel mínimo de inventarios que mantiene la empresa. Los inventarios se reordenan siempre que el nivel del inventario disminuye hasta el nivel mínimo de seguridad. En la parte superior de la figura 19.6 se muestra cómo se puede incorporar un inventario mínimo de seguridad al modelo CER. Obsérvese que el agregar un nivel mínimo de seguridad simplemente significa que la empresa no permite que sus inventarios desciendan hasta cero. Aparte de esta particularidad, la situación es idéntica al estudio anterior de la CER.

Puntos de reorden   Para tomar en cuenta el tiempo de entrega, la empresa colocará sus pedidos antes de que los inventarios lleguen a un nivel crítico. Los *puntos de reorden* son los momentos en los que la empresa colocará efectivamente sus pedidos de inventarios. Estos puntos aparecen en la gráfica central de la figura 19.6. Como se muestra, los puntos de reorden simplemente se presentan en un cierto número fijo de días (o semanas o meses) antes de que los inventarios proyectados lleguen a cero.

Una de las razones para que la empresa mantenga niveles mínimos de seguridad, es la de compensar los tiempos de entrega inciertos. Por consiguiente, se puede combinar el material presentado sobre los puntos de reorden y sobre los niveles mínimos de seguridad en la parte inferior de la figura 19.6. El resultado representa una CER generalizada, en la que la empresa reordena con anticipación los requerimientos previstos y mantiene también un nivel mínimo de seguridad en inventarios, todo ello para prevenir las fluctuaciones imprevistas de la demanda y de los tiempos de entrega.

Administración de inventarios por demanda derivada

El tercer tipo de técnica de administración de inventarios se utiliza para administrar los inventarios por demanda derivada. Como indicamos, la demanda de algunos tipos de inventarios se deriva, o depende, de otros requerimientos de inventarios. Un buen ejemplo es un fabricante de automóviles para quien la demanda de productos terminados depende de la demanda del consumidor, de los programas de comercialización y de otros factores relacionados con las ventas proyectadas en unidades. La demanda de artículos de inventarios, como llantas, acumuladores, faros delanteros y otras piezas, queda determinada por el número de automóviles que se piensa fabricar. La planeación de requerimientos de materiales y la administración de inventarios justo a tiempo son dos métodos para administrar inventarios dependientes de la demanda.

Figura 19.6

Nivel mínimo de seguridad
y puntos de reorden

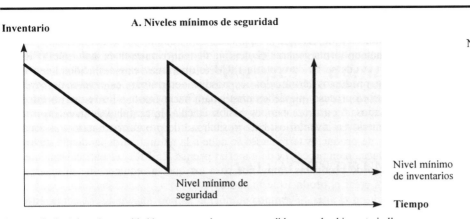

A. Niveles mínimos de seguridad

Con un nivel mínimo de seguridad la empresa coloca nuevos pedidos cuando el inventario llega a
dicho nivel.

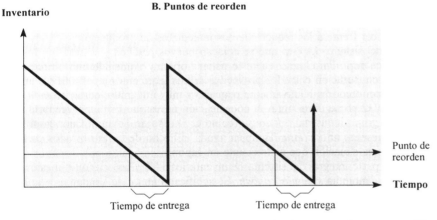

B. Puntos de reorden

Cuando existen demoras en los tiempos de entrega o de producción, la empresa coloca nuevos pedidos
cuando el nivel de los inventarios llega al punto de reorden.

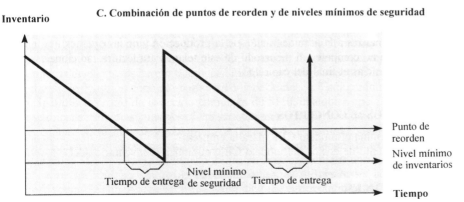

C. Combinación de puntos de reorden y de niveles mínimos de seguridad

Al combinar los niveles mínimos de seguridad y los puntos de reorden, la empresa mantiene una reserva
para los acontecimientos imprevistos.

planeación de requerimientos de materiales (PRM)
Conjunto de procedimientos utilizados para determinar los niveles de inventarios y conocer los tipos de inventarios que dependen de la demanda, por ejemplo, los productos en proceso y las materias primas.

Planeación de requerimientos de materiales (PRM) Los especialistas en producción e inventarios han desarrollado sistemas basados en computadoras para resurtir y/o programar la producción de inventarios que sean dependientes de la demanda. Estos sistemas se denominan en forma general: **planeación de requerimientos de materiales (PRM)**. La idea básica en la que se fundamenta la PRM es que, una vez establecidos los niveles de inventarios de productos terminados, es posible determinar los niveles de inventarios de producción en proceso que deben existir para hacer frente a los requerimientos de productos terminados. A partir de esto, es posible calcular la cantidad de materias primas que deben mantenerse en inventarios. Esta posibilidad de programar hacia atrás a partir de los inventarios de productos terminados se debe a la naturaleza dependiente de los inventarios de producción en proceso y de materias primas. La PRM es particularmente importante en el caso de productos complejos para los que se requiere una diversidad de componentes para crear el producto terminado.

inventarios justo a tiempo (JAT)
Sistema para administrar inventarios que dependen de la demanda; dicho sistema minimiza el nivel de inventarios.

Inventarios justo a tiempo Los **inventarios justo a tiempo** (JAT) representan un enfoque moderno para administrar inventarios dependientes. El objetivo de JAT consiste esencialmente en minimizar tales inventarios, con lo que se maximiza la rotación. El enfoque se inició en Japón y es el tema básico de gran parte de la filosofía industrial japonesa. Como su nombre sugiere, el objetivo básico de JAT es tener sólo el nivel de inventarios suficiente para hacer frente a los requerimientos inmediatos de producción.

El resultado del sistema JAT es que se colocan nuevos pedidos y se resurten los inventarios con frecuencia. Para lograr que este sistema opere y evitar faltantes, se requiere un alto grado de cooperación entre los proveedores. Los fabricantes japoneses suelen tener un grupo de proveedores relativamente pequeño y muy integrado, con quienes trabajan de forma muy estrecha para lograr la coordinación necesaria. Estos proveedores son parte de un gran grupo industrial o *keiretsu* (como es el caso de Toyota). Cada gran grupo industrial representa un *keiretsu*. También ayuda el hecho de tener ubicados cerca a los proveedores; una situación que es frecuente en Japón.

El *kanban* es parte integral del sistema de inventarios JAT y en ocasiones a estos sistemas JAT se les denomina *sistemas kanban*. El significado literal de kanban es «tarjeta» o «señal», pero hablando en sentido general, un kanban es la señal que se le da al proveedor para enviar más de sus productos para inventario. Por ejemplo, un kanban puede ser literalmente una tarjeta atada a un contenedor de piezas. Cuando un trabajador saca ese contenedor, se retira la tarjeta y se envía al proveedor, que proporciona entonces un contenedor de repuesto.

El sistema de inventarios JAT es parte importante de un proceso mayor de planeación de la producción. El estudio completo del mismo desplazaría necesariamente el centro de atención de las finanzas a la administración de la producción y de las operaciones, temas estos últimos que no competen al desarrollo de este texto. Para lecturas adicionales, consúltense las referencias al final del capítulo.

⌐ **PREGUNTAS SOBRE CONCEPTOS**

19.8a ¿Qué determina el modelo CER para la empresa?
19.8b ¿Qué elemento de costos del modelo CER minimiza el inventario JAT?

19.9 │ RESUMEN Y CONCLUSIONES

En este capítulo se consideraron los elementos básicos de la política de crédito y de la política de inventarios. Los principales temas estudiados son:

1. Los elementos de la política de crédito. Se estudiaron los términos de venta, el análisis de crédito y la política de cobranza. Bajo el tema general de «los términos de venta», se describieron el período de crédito, el descuento por pronto pago y el período de descuento, así como el instrumento de crédito.

2. Análisis de la política de crédito. Se desarrollaron los flujos de efectivo derivados de la decisión de conceder crédito y se mostró cómo analizar la decisión de crédito con una metodología de VPN. El VPN de otorgar crédito depende de cinco factores: efectos de ingresos, efectos de costos, el costo de la deuda, la probabilidad de incumplimiento de pago y el descuento por pronto pago.

3. Política de crédito óptima. El nivel óptimo de crédito que la empresa ofrece depende de las condiciones competitivas en las que opera. Estas condiciones determinarán los costos de mantener cuentas por cobrar asociadas con otorgar crédito y los costos de oportunidad de las ventas no realizadas debido a la negativa de conceder crédito. La política de crédito óptima minimiza la suma de estos dos costos.

4. Análisis de crédito. Se observó la decisión de otorgar crédito a un cliente en particular. Se vio que hay dos aspectos muy importantes: el costo en relación con el precio de venta y la posibilidad de ventas repetitivas.

5. Política de cobranza. La política de cobranza es el método para controlar la antigüedad de las cuentas por cobrar y manejar las cuentas vencidas. Se describió cómo preparar un estado de antigüedad de saldos y los procedimientos que puede utilizar la empresa para cobrar las cuentas vencidas.

6. Tipos de inventarios. Se describieron los diferentes tipos de inventarios y cómo difieren en términos de liquidez y demanda.

7. Costos de inventarios. Los dos costos básicos de inventarios son los costos de mantener inventarios y los costos de resurtir, y se estudió cómo la administración de inventarios involucra una relación de intercambio entre estos dos costos.

8. Técnicas de administración de inventarios. Se describieron el modelo ABC y el modelo CER para la administración de inventarios. También se presentó brevemente la planeación de requerimientos de materiales (PRM) y la administración de inventarios justo a tiempo (JAT).

Términos fundamentales

condiciones de venta **688**
análisis de crédito **688**
política de cobranza **688**
período de crédito **690**
factura **690**
descuentos por pronto pago **692**
instrumento de crédito **694**
curva del costo total de crédito **699**

las cinco C del crédito **704**
calificación de crédito **704**
estado de antigüedad de los saldos **705**
cantidad económica de reorden (CER) **713**
planeación de requerimientos de materiales (PRM) **716**
inventarios justo a tiempo (JAT) **716**

Problemas de revisión y autoevaluación del capítulo

19.1 Política de crédito   Cold Fusion Corp. (fabricante de las plantas eléctricas Mr. Fusion para el hogar) está considerando una nueva política de crédito. La política actual es de contado. La nueva política involucraría conceder crédito por un período. Con base a la información que se presenta a continuación, determine si es aconsejable el cambio. La tasa de interés es del 1.5% por período.

	Política actual	Política nueva
Precio unitario	$150	$150
Costo unitario	$120	$120
Ventas por periodo en unidades	2,000	2,200

19.2 Ofrecer crédito cuando sea adecuado   Se está intentando decidir si otorgar o no crédito a un determinado cliente. El costo variable es de $10 por unidad; el precio de venta es de $14. Este cliente quiere comprar 100 unidades hoy y pagarlas en 60 días. Se piensa que existe una probabilidad de incumplimiento de pago del 10%. El rendimiento requerido es de 3% por 60 días. ¿Se debe conceder el crédito? Suponga que es una venta de una sola vez y que el cliente no comprará si no se le concede el crédito.

19.3 La CER   Heusen Computer Manufacturing inicia cada período con 4,000 CPU en inventarios. Cada mes se agotan estos inventarios y se vuelven a reordenar. Si el costo de mantener inventarios por CPU es de $1 y el costo fijo por reorden es de $10, ¿está siguiendo Heusen una estrategia aconsejable desde un punto de vista económico?

Respuestas a los problemas de autoevaluación

19.1 Si se realiza el cambio, se venderán 200 unidades adicionales por período con una utilidad bruta de $150 − 120 = **$30 cada una**. El beneficio total es, por tanto, de $30 × 200 = **$6,000** por período. Al 1.5% por período a perpetuidad, el V es de $6,000/0.015 = **$400,000**.

El costo del cambio es igual al ingreso de este período de $150 × 2,000 unidades = **$300,000**, más el costo por producir las 200 unidades adicionales, 200 × $120 = **$24,000**. Por consiguiente, el costo total es de **$324,000** y el VPN es de $400,000 − 324,000 = **$76,000**. Se debe realizar el cambio.

19.2 Si el cliente paga en 60 días, se cobrarán $14 × 100 = **$1,400**. Sólo existe una probabilidad del 90% de cobrarlo, por lo que se espera obtener $1,400 × 0.90 = **$1,260** en 60 días. El valor presente de este monto es de $1,260/1.03 = **$1,223.3**. El costo es de $10 × 100 = **$1,000**; por tanto, el VPN es de **$223.3**. Se debe otorgar el crédito.

19.3 Se puede contestar calculando primero los costos para Heusen de mantener inventarios y de reordenar. El inventario promedio es de 2,000 CPU y, dado que los costos de mantener inventarios son de $1 por CPU, los costos totales de mantener inventarios son de **$2,000**. Heusen reordena cada mes, con un costo fijo de $10 por pedido, por lo que los costos totales de reordenar son de **$120**. Lo que se observa es que los costos de mantener inventarios son considerables en relación con los costos de reordenar, por lo que Heusen está manteniendo demasiado inventario.

Para determinar la política de inventarios óptima, se utiliza el modelo CER. Dado que Heusen solicita 4,000 unidades de CPU 12 veces al año, los requerimientos totales (*T*) son 48,000 CPU. El costo fijo de reordenar es $10 y el costo de mantener inventarios por unidad (CC) es de $1. Así pues, la CER es la siguiente:

$$\text{CER} = \sqrt{\frac{2T \times F}{CC}}$$

$$= \sqrt{\frac{(2 \times 48,000) \times \$10}{\$1}}$$

$$= \sqrt{960,000}$$

$$= \textbf{979,80 unidades}$$

Se puede verificar esto observando que el inventario promedio es de alrededor de 490 unidades de CPU, por lo que el costo de mantener inventarios es de **$490**. Heusen deberá reordenar 48,000/979.8 = **49 veces**. El costo fijo por pedido es de $10, por lo que el costo total de reordenar también es de **$490**.

Preguntas y problemas

1. **Elementos de la política de crédito**   ¿Cuáles son los tres elementos de la política de crédito?

2. **Condiciones de venta**   Las condiciones en las que la empresa se propone conceder crédito se denominan *términos de venta*. ¿Cuáles son los elementos que componen los términos de venta?

3. **Descuentos por pronto pago**   Se coloca un pedido de 100 unidades de la mercancía X a un precio unitario de $20. El proveedor ofrece condiciones de 2/30, neto 120.
   a. ¿En qué tiempo se tiene que pagar antes de que la cuenta entre en atraso? Si se aprovecha el período completo, ¿cuánto se debe pagar?
   b. ¿Cuál es el descuento que se ofrece? ¿Con qué rapidez se debe pagar para obtener el descuento? Si se aprovecha el descuento, ¿cuánto se debe pagar?
   c. Si no se aprovecha el descuento, ¿cuántos intereses se están pagando implícitamente? ¿Cuántos días de crédito se están recibiendo?

4. **Duración del período de crédito**   ¿Cuáles son algunos de los factores que determinan la duración del período de crédito? ¿Por qué se suele considerar la duración del ciclo operativo del comprador como el límite máximo de la duración del período de crédito?

5. **Duración del período de crédito**   En cada uno de los siguientes casos, señale qué empresa es probable que tenga un período de crédito mayor y explique el razonamiento para determinarlo.
   a. La empresa A vende frutas frescas; la empresa B vende frutas enlatadas.
   b. La empresa A vende una cura milagrosa para la calvicie; la empresa B vende pelucas.
   c. La empresa A se especializa en productos para propietarios de casas en renta; la empresa B se especializa en productos para inquilinos.
   d. La empresa A vende y coloca alfombras; la empresa B vende tapetes.
   e. La empresa A le vende a clientes que tienen una rotación de inventarios de 10 veces; la empresa B le vende a clientes que tienen una rotación de inventarios de 20 veces.

6. **Instrumentos de crédito**   Describa cada uno de los siguientes instrumentos:
   a. Giro a plazo.
   b. Pagaré.

    c. Giro a la vista.
    d. Aceptación mercantil.
    e. Aceptación bancaria.

7. **Formas de crédito mercantil** ¿Cuál es la forma en la que el crédito mercantil se ofrece con más frecuencia? ¿Cuál es el instrumento de crédito en este caso?

8. **Costos de crédito** ¿Cuáles son los costos asociados con mantener cuentas por cobrar? ¿Cuáles son los costos asociados con no conceder crédito? ¿Cómo se denomina a la suma de los costos para diferentes niveles de cuentas por cobrar?

9. **Las cinco C del crédito** ¿Cuáles son las cinco C del crédito? Explique la importancia de cada una.

10. **Magnitud de las cuentas por cobrar** Las ventas anuales a crédito de International Furthburner son de $45 millones. El período promedio de cobranza es de 60 días. ¿Cuál es la inversión promedio de Furthburner en cuentas por cobrar, como se muestra en el balance general?

11. **PPC y la magnitud de las cuentas por cobrar** Macrothink, Inc., vende modelos económicos basados en el revolucionario enfoque de mínimos cuadrados libre. Sus condiciones de crédito son 5/10, neto 60. De acuerdo a la experiencia, el 60% de todos los clientes aprovecharán el descuento.
    a. ¿Cuál es el período promedio de cobranza de Macrothink?
    b. Si Macrothink vende 200 modelos cada mes a un precio de $1,400 cada uno, ¿cuál es el monto promedio de cuentas por cobrar en su balance general?

12. **Magnitud de las cuentas por cobrar** Allen Company tiene ventas mensuales a crédito de $600,000 y el período promedio de cobranza es de 90 días. El costo de producción es el 70% del precio de venta. ¿Cuál es el promedio de cuentas por cobrar de Allen Company?

13. **Condiciones de venta** Una empresa ofrece condiciones de 2/10, neto 30. ¿Cuál es la tasa de interés efectiva anual que gana la empresa cuando un cliente no aprovecha el descuento? Sin realizar cálculo alguno, explique qué le ocurriría a esta tasa efectiva si:
    a. Se cambiara el descuento al 3%.
    b. Se ampliara el período de crédito a 60 días.
    c. Se ampliara el período de descuento a 15 días.

14. **PPC y la rotación de cuentas por cobrar** Last Mohican Corp. tiene un período de cobranza promedio de 50 días. Su inversión diaria promedio en cuentas por cobrar es de $3 millones. ¿Cuáles son las ventas anuales a crédito? ¿Cuál es la rotación de cuentas por cobrar?

15. **Tipos de inventarios** ¿Cuáles son los diferentes tipos de inventarios? ¿En qué difieren estos tipos? ¿Por qué se señala que algunos tipos tienen demanda dependiente en tanto que otros tienen demanda independiente?

16. **Evaluación de la política de crédito** Macrohard Hardware suministra componentes para computadoras que están listos para ser usados por los «racionalizadores» de sistemas. Un nuevo cliente ha colocado un pedido de 100 nanocitos electrónicos. El costo variable es de $2 por unidad y el precio a crédito es de $3 cada uno. Se concede crédito por un solo período y, con base a la experiencia estadística, aproximadamente 1 de cada 10 de estos pedidos nunca se cobra. El rendimiento requerido es de 2.5% por período.
    a. Suponiendo que éste sea un pedido por una sola vez, ¿se debe aceptar? Hay que tener en cuenta que el cliente no comprará si no se le otorga crédito.

b. ¿Cuál es la probabilidad del punto de equilibrio de incumplimiento de pago en la parte *a*?

c. Suponga que los clientes que no cumplen con sus pagos se convierten en clientes repetitivos y que en cada período colocan un pedido igual a perpetuidad. Suponga además que los clientes repetitivos nunca incumplen sus pagos. ¿Se debe aceptar el pedido? ¿Cuál es la probabilidad del punto de equilibrio de incumplimiento de pago?

d. Describa en términos generales por qué las condiciones de crédito deben ser más flexibles cuando existe la posibilidad de que se repitan pedidos.

17. **Inventarios justo a tiempo**   Si una empresa cambia a un sistema de administración de inventarios JAT, ¿qué le ocurrirá a la rotación de inventarios? ¿Qué le ocurrirá a la rotación total de activos? ¿Qué le ocurrirá al rendimiento sobre el capital (RSC)? (Sugerencia: recuerde la identidad Du Pont del capítulo 3.)

18. **Magnitud de las cuentas por cobrar**   Major Electronics vende 85,000 estéreos personales cada año a un precio unitario de $55. Todas las ventas son a crédito con condiciones 3/15, neto 40. El 40% de los clientes aprovecha el descuento. ¿Cuáles son las cuentas por cobrar de Major?

Como reacción ante un competidor, Major Electronics está considerado cambiar sus condiciones de crédito a 5/15, neto 40, para conservar su nivel de ventas. ¿Cómo afectará esto a sus cuentas por cobrar?

19. **Magnitud de las cuentas por cobrar**   Webster Company vende a crédito con condiciones neto 45. En promedio, sus cuentas tienen 45 días de vencidas. Si las ventas anuales a crédito son de $5 millones, ¿cuál es el monto de las cuentas por cobrar en el balance general de la empresa?

20. **Evaluación de la política de crédito**   Tin Ear Stereo Corporation está considerando cambiar su política de efectuar sus ventas sólo de contado. Las nuevas condiciones serían neto dos meses. Con base en la información que se presenta a continuación, determine si Tin Ear debe efectuar o no este cambio. Describa la acumulación de cuentas por cobrar en caso de aceptarse el cambio. El rendimiento requerido es de 1% por período.

	Política actual	Política nueva
Precio unitario	$840	$840
Costo unitario	690	690
Ventas mensuales en unidades	345	390

21. **Costos de inventarios**   Si los costos de mantener inventarios de una empresa fueran de $12 millones anuales y sus costos fijos de reordenar fueran de $20 millones anuales, ¿mantiene la empresa demasiados inventarios o, por el contrario, casi no mantiene? ¿Por qué?

22. **CER**   Hall Manufacturing utiliza 12,000 subestructuras semanales y después hace un nuevo pedido por otras 12,000. Si el costo relevante de mantener inventarios por subestructura es de $20 y el costo fijo de reordenar es de $2,000, ¿es óptima la política de inventarios de Hall? ¿Por qué sí o por qué no?

23. **CER**   Brooks Pottery Store inicia cada semana con un inventario de 100 vasijas. Cada semana se agotan estos inventarios y se vuelven a reordenar. Si el costo de mantener inventarios por cada vasija es de $10 y el costo fijo de reordenar es

de $1,200, ¿cuál es el costo total de mantener inventarios? ¿Cuál es el costo de reordenar? ¿Debe aumentar o disminuir Brooks el tamaño de cada pedido? Describa una política de inventarios óptima para Brooks en términos de volumen y frecuencia de los pedidos.

Problema de reto

24. **Evaluación de la política de crédito**   Trion Clothing Co. tiene en la actualidad una política de crédito de «En Dios confiamos, todos los demás pagan de contado». Trion está considerando modificar esta política al conceder condiciones 30 días neto. Con base en la información siguiente, ¿qué se debe recomendar? El rendimiento requerido es del 1% mensual.

	Política actual	Política nueva
Precio unitario	$10	$12
Costo unitario	$ 6	$ 7
Ventas mensuales en unidades	40,000	40,000

Problema de reto

25. **Evaluación de la política de crédito**   Heavy Metal Corp. está considerando cambiar su política de ventas a «sólo de contado». Las nuevas condiciones serían neto a un mes. Con base en la información que se presenta a continuación, determine si Heavy Metal debe efectuar o no el cambio. El rendimiento requerido es del 2% por período.

	Política actual	Política nueva
Precio unitario	$20	$22
Costo unitario	$12	$12
Ventas en unidades por período	2,000	2,150

Problema de reto

26. **Derivación de CER**   Compruebe que cuando los costos de mantener inventarios y de reordenar son tal como se describen en el capítulo, la CER también se tiene que presentar cuando dichos costos son iguales.

Lecturas sugeridas

Nos ha ayudado la lectura de los siguientes artículos sobre decisiones financieras a corto plazo:

Sartoris, W. L. y N. C. Hill, «Evaluating Credit Policy Alternatives: A Present Value Framework», *Journal of Financial Research* 4, primavera de 1981.
_____. «A Generalized Cash Flow Approach to Short-Term Financial Decisions», *Journal of Finance* 38, mayo de 1983.

Para más información sobre PRM, JAT y otras siglas relacionadas, véase:

Chase, Richard B. y Nicholas, J. Aquilano, *Production and Operations Management*, 6ª ed., Home-wood, Ill.: Richard D. Irwin, 1992.

OTRAS CONSIDERACIONES SOBRE EL ANÁLISIS DE LA POLÍTICA DE CRÉDITO	**Apéndice 19A**

Se estudia en este apéndice en forma más detallada el análisis de la política de crédito al investigar algunos enfoques alternativos y examinar el efecto de los descuentos por pronto pago, así como la posibilidad de falta de pago.

Dos enfoques alternativos

Según lo que se estudió en el capítulo, se sabe cómo analizar el VPN de un cambio propuesto en la política de crédito. Se estudian ahora dos enfoques alternativos: el enfoque «de una sola vez» y el enfoque de cuentas por cobrar. Éstos son métodos de análisis muy habituales; el objetivo es mostrar que estos dos y el enfoque del VPN son lo mismo. Después se utilizará cualquiera de los tres, es decir, el que sea más conveniente.

El enfoque de una sola vez   Examinando de nuevo el ejemplo de Locust Software (en la sección 19.3), si no se realiza el cambio, Locust tendrá este mes un flujo de efectivo neto de $(P - v)Q = \$29 \times 100 = \$2,900$. Si se hace el cambio este mes, Locust invertirá $vQ' = \$20 \times 110 = \$2,200$ y recibirá $PQ' = \$49 \times 110 = \$5,390$ el próximo mes. Suponga que no se consideran los otros meses y los otros flujos de efectivo y que se debe contemplar esto como una inversión por una sola vez. ¿Se encuentra en mejor situación Locust con $2,900 en efectivo este mes o debe invertir los $2,200 para obtener $5,390 el próximo mes?

El valor presente de los $5,390 que se van a recibir el próximo mes es de $5,390/1.02 = $5,284.31; el costo es de $2,200, por lo que el beneficio neto es de $5,284.31 − 2,200 = $3,084.31. Si se compara esta cifra con el flujo de efectivo neto de $2,900 de la política actual, Locust debe realizar el cambio. El valor presente neto es de $3,084.31 − 2,900 = $184.31.

De hecho, Locust puede repetir esta inversión una sola vez cada mes y de esta forma generar un VPN de $184.31 cada mes (incluyendo el actual). El V de esta serie de VPN es el siguiente:

Valor presente = $184.31 + $184.31/0.02 = $9,400

Este VP es igual a la respuesta en la sección 19.3.

El enfoque de cuentas por cobrar   El segundo enfoque es el que se estudia con más frecuencia y es muy útil. Al conceder crédito, la empresa aumenta su flujo de efectivo al incrementar su utilidad bruta. Sin embargo, la empresa debe aumentar su inversión en cuentas por cobrar y soportar el costo de mantener así dichas cuentas. El enfoque de las cuentas por cobrar se centra en el gasto que presenta la inversión incremental en éstas en comparación con la mayor utilidad bruta.

Como ya hemos visto, el beneficio mensual por conceder crédito se determina mediante la utilidad bruta por unidad $(P - v)$ multiplicada por el incremento en la cantidad vendida $(Q' - Q)$. En el caso de Locust, este beneficio fue de $(\$49 - 20) \times (110 - 100) = \$290$ mensuales.

Si Locust realiza el cambio, las cuentas por cobrar aumentarán desde cero (puesto que no existen ventas a crédito) hasta PQ', por lo que Locust tiene que invertir en dichas cuentas. La inversión requerida tiene dos partes. La primera parte es lo que hubiera cobrado Locust con la política antigua (PQ). Cada mes, Locust tiene que mantener este monto en cuentas por cobrar debido a que la cobranza se demora 30 días.

La segunda parte se relaciona con el incremento en cuentas por cobrar que resulta del incremento en ventas. Dado que las ventas en unidades se incrementan de Q a Q', Locust debe producir esta cantidad hoy, aunque no la pueda cobrar durante 30 días. El costo real para Locust por producir la cantidad adicional es igual a v por unidad, por lo que la inversión requerida para proporcionar la cantidad adicional vendida es de $v(Q' - Q)$.

En resumen, si Locust efectúa el cambio, su inversión en cuentas por cobrar es igual a $P \times Q$ en ingresos, más $v(Q' - Q)$ adicional en costos de producción:

Inversión incremental en cuentas por cobrar $= PQ + v(Q' - Q)$

El rendimiento requerido de esta inversión (el costo de mantener cuentas por cobrar) es R mensual; por tanto, el costo de mantener cuentas por cobrar en el caso de Locust es de:

Costo de mantener las cuentas por cobrar $= [PQ + v (Q' - Q)] \times R$

$$= [\$4{,}900 + 200] \times 0.02$$

$$= \$102 \text{ mensuales}$$

Dado que el beneficio mensual es de $290 y el costo mensual sólo es de $102, el beneficio neto es de $290 - 102 = $188 mensuales. Cada mes Locust gana estos $188, por lo que el V de realizar el cambio es de:

Valor presente $= \$188/0.02$

$$= \$9{,}400$$

De nuevo, ésta es la misma cifra que se calculó previamente.

Una de las ventajas de utilizar el enfoque de cuentas por cobrar es que ayuda a interpretar el cálculo del VPN obtenido anteriormente. Como ya hemos visto, la inversión en cuentas por cobrar requerida para realizar el cambio es $PQ + v(Q' - Q)$. Si se vuelve a observar el cálculo original del VPN, esto es exactamente lo que se tenía como costo para Locust de efectuar el cambio. Por tanto, el cálculo anterior de VPN representa una comparación de la inversión incremental en cuentas por cobrar con respecto al V de los mayores flujos de efectivo futuros.

Hay un último detalle a observar. El incremento en cuentas por cobrar es PQ', cantidad que corresponde al monto de cuentas por cobrar que aparece en el balance general. Sin embargo, la inversión incremental en cuentas por cobrar es $PQ + v(Q' - Q)$. En forma directa, se puede verificar que esta segunda cantidad es menor en $(P - v)(Q' - Q)$. Esta diferencia es la utilidad bruta sobre las nuevas ventas, que en realidad Locust no tiene que absorber al modificar la política de crédito.

Dicho de otra forma, siempre que se extienda crédito a un nuevo cliente que de lo contrario no pagaría de contado, todo lo que se arriesga es el costo, no el precio de venta completo. Éste es el mismo tema que se estudió en la sección 19.5.

Ejemplo 19A.1   Crédito adicional
Volviendo de nuevo a Locust Software, determine el VPN del cambio si se proyecta que la cantidad vendida sólo aumentará en 5 unidades en lugar de 10. ¿Cuál será la inversión

en cuentas por cobrar? ¿Cuál será el costo de mantener cuentas por cobrar? ¿Cuál es el beneficio neto mensual por realizar el cambio?

Si se efectúa el cambio, Locust renuncia hoy a $P \times Q = \$4,900$. Se tienen que producir cinco unidades adicionales a un costo de $20 cada una, con lo que el costo del cambio es de $\$4,900 + 5 \times \$20 = \$5,000$. El beneficio por vender las cinco unidades adicionales cada mes es de $5 \times (\$49 - 20) = \$145$. El VPN de efectuarse el cambio es de $-\$5,000 + \$145/0.02 = \$2,250$, por lo que continúa siendo rentable.

El costo de $5,000 del cambio se puede interpretar como la inversión en cuentas por cobrar. Al 2% mensual, el costo de mantener cuentas por cobrar es de $0.02 \times \$5,000 = \$100$. Dado que el beneficio mensual es de $145, el beneficio neto por cambiar la política es de $45 mensuales ($145 - 100$). Observe que el VP de $45 mensuales al 2% a perpetuidad es de $\$45/0.02 = \$2,250$, como ya se había calculado. ∎

Descuentos y riesgo de incumplimiento

Se examinan ahora los descuentos por pronto pago, el riesgo de incumplimiento de pago y la relación entre ambos. Para comenzar, se define lo siguiente:

$\pi =$ Porcentaje de ventas a crédito que no se cobran.

$d =$ Descuento porcentual que se concede a los clientes por pago de contado.

$P' =$ Precio si se aprovecha el crédito (el precio sin descuento).

Observe que el precio de contado (P) es igual al precio si se aprovecha el crédito (P') multiplicado por $(1 - d)$: $P = P'(1 - d)$ o, en forma equivalente, $P' = P/(1 - d)$.

La situación actual de Locust es un poco más complicada. Si se realiza un cambio en la política actual de no conceder crédito, el beneficio del cambio provendrá tanto del precio más alto (P') como, posiblemente, de la mayor cantidad vendida (Q').

Más aún, en el caso anterior era razonable suponer que todos los clientes aprovechaban el crédito, dado que era gratuito. Ahora, no todos los clientes lo harán, ya que existe un descuento. Además, de los clientes que sí aprovechan el crédito ofrecido, un cierto porcentaje (π) no pagará.

Para simplificar el estudio que se presenta a continuación, se supondrá que la cantidad vendida (Q) no resulta afectada por el cambio. Este supuesto no es crucial, pero sí reduce el trabajo de cálculo (v. el problema 5 al final del apéndice). También se supondrá que todos los clientes aprovechan las condiciones de crédito. Este supuesto tampoco es crucial. En realidad, no importa cuál sea el porcentaje de los clientes que aprovechen el crédito ofrecido.[4]

VPN de la decisión de crédito   En la actualidad, Locust vende Q unidades a un precio de $P = \$49$. Locust está considerando una nueva política que involucra un crédito a 30 días y un incremento en el precio a $P' = \$50$ en las ventas a crédito. El precio de contado permanecerá en $49, por lo que en realidad Locust está concediendo un descuento de $(\$50 - 49)/\$50 = 2\%$ por pago de contado.

---

[4]La razón es que a todos los clientes se les ofrecen las mismas condiciones. Si el VPN de conceder crédito es de $100, suponiendo que todos los clientes cambien si sólo el 50% de los clientes cambia, el VPN será de $50. El supuesto oculto es que la tasa de incumplimiento de pago es un porcentaje constante de las ventas a crédito.

¿Cuál es el VPN para Locust de conceder crédito? Para responder, observe que Locust ya está recibiendo cada mes $(P - v)Q$. Con el nuevo precio más alto, esto aumentará hasta $(P' - v)Q$, suponiendo que todos paguen. Sin embargo, dado que un porcentaje π de las ventas no se cobrará, Locust sólo recibirá $(1 - \pi) \times P'Q$, por lo que los ingresos netos serán de $[(1 - \pi)P' - v] \times Q$.

Por tanto, el efecto neto del cambio para Locust es la diferencia entre los flujos de efectivo con la nueva política y los de la política antigua:

Flujo de efectivo incremental neto $= [(1 - \pi)P' - v] \times Q - (P - v) \times Q$

Dado que $P = P' \times (1 - d)$, esto se simplifica a:[5]

Flujo de efectivo incremental neto $= P'Q \times (d - \pi)$ (19A.1)

Si Locust realiza el cambio, el costo en términos de la inversión en cuentas por cobrar es precisamente $P \times Q$, ya que $Q = Q'$. Por tanto, el VPN del cambio es de:

$VPN = -PQ + P'Q \times (d - \pi)/R$ (19A.2)

Suponga, por ejemplo, que, de acuerdo a la experiencia en la industria, el porcentaje de «gorrones» (π) sea del 1%. ¿Cuál es el VPN de cambiar las condiciones de crédito para Locust? Se pueden incorporar las cifras pertinentes en la forma siguiente:

$$VPN = -PQ + P'Q \times (d - \pi)/R$$
$$= -\$49 \times 100 + \$50 \times 100 \times (0.02 - 0.01)/0.02$$
$$= -\$2,400$$

Dado que el VPN del cambio es negativo, Locust no debe modificar su política.

En la ecuación del VPN, los elementos básicos son el porcentaje de descuento por pronto pago (d) y la tasa de incumplimiento de pago (π). Una cosa que se observa de inmediato es que si el porcentaje de ventas que no se cobra excede al porcentaje de descuento, $d - \pi$ es negativo. Es obvio que siendo así el VPN del cambio también sería negativo. De forma más general, este resultado muestra que la decisión de conceder crédito en este caso es una relación de intercambio entre obtener un precio más alto, con lo que se aumentan los ingresos por ventas, y el hecho de no cobrar una parte de esas ventas.

Teniendo esto en mente, $P'Q \times (d - \pi)$ es el incremento en ventas menos la parte de dicho incremento que no se cobrará. Este incremento es la entrada de efectivo incremental derivada del cambio en la política de crédito. Si, por ejemplo, d es 5% y π es 2%, hablando en términos generales, los ingresos están aumentando en el 5% debido al precio más alto, pero la cobranza sólo aumenta el 3%, puesto que la tasa de incumplimiento de

---

[5]Para ver esto, suponga que el flujo de efectivo incremental neto es de:

Flujo de efectivo $= [(1 - \pi) \times P' - v] \times Q - (P - v) \times Q$
$$= [(1 - \pi) \times P' - P] \times Q$$

Dado que $P = P' \times (1 - d)$, esto se puede expresar como:

Flujo de efectivo incremental neto $= [(1 - \pi) \times P' - (1 - d) \times P'] \times Q$
$$= P' \times Q \times (d - \pi)$$

pago es del 2%. A menos de que $d > \pi$, se tendrá en realidad una disminución en las entradas de efectivo derivadas del cambio.

Una aplicación del punto de equilibrio   Dado que la empresa controla el porcentaje de descuento (d), la incógnita fundamental en este caso es la tasa de incumplimiento de pago (π). ¿Cuál es la tasa de incumplimiento de pago en el punto de equilibrio para Locust Software?

Se puede contestar determinando la tasa de incumplimiento de pago que hace que el VPN sea igual a cero.

$$VPN = 0 = -PQ + P'Q \times (d - \pi)/R$$

Reacomodando un poco las cosas:

$$PR = P'(d - \pi)$$
$$\pi = d - R \times (1 - d)$$

En el caso de Locust, la tasa de incumplimiento de pago en el punto de equilibrio resulta ser:

$$\pi = 0.02 - 0.02 \times (0.98)$$
$$= 0.0004$$
$$= 0.04\%$$

Esta cifra es considerablemente pequeña, ya que la tasa de interés implícita que estará cargando Locust a sus clientes a crédito (interés del 2% mensual con base en el descuento, o aproximadamente $0.02/0.98 = 2.0408\%$) sólo es ligeramente mayor que el rendimiento requerido del 2% mensual. Como consecuencia de ello, no habrá mucho espacio para incumplimientos de pago si es que el cambio va a tener sentido.

PREGUNTAS SOBRE CONCEPTOS

19A.1a ¿Cuál es la inversión incremental que debe realizar una empresa en cuentas por cobrar si concede crédito?

19A.1b Describa la relación de intercambio entre la tasa de incumplimiento de pago y el descuento por pronto pago.

Problemas de revisión y autoevaluación del apéndice

19A.1 **Política de crédito** Resuelva de nuevo el problema de autoevaluación 19.1 utilizando los enfoques de una sola vez y de cuentas por cobrar. Al igual que antes, el rendimiento requerido es del 1.5% por período y no se presentarán incumplimientos de pago. La información básica es:

	Política actual	Política nueva
Precio unitario	$150	$150
Costo unitario	$120	$120
Ventas en unidades por período	2,000	2,200

19A.2 Descuentos y riesgo de incumplimiento de pago   ICU Binocular Corporation está considerando un cambio en la política de crédito. La política actual es vender sólo de contado y las ventas por período son de 5,000 unidades a un precio de $95. Si se otorga crédito, el nuevo precio será de $100 por unidad y se concederá crédito por un solo período. No se esperan cambios en las ventas en unidades y todos los clientes aprovecharán el crédito. ICU prevé que el 2% de sus clientes incumplirán en sus pagos. Si el rendimiento requerido es del 3% por período, ¿es una buena idea el cambio? ¿Y si sólo la mitad de los clientes aprovechan el crédito ofrecido?

Respuestas a los problemas de autoevaluación del apéndice

19A.1 Como se observó previamente, si se realiza el cambio, se venderán 200 unidades adicionales por período con una utilidad bruta de $150 − 120 = **$30 cada una**. Por tanto, el beneficio total es de $30 × 200 = **$6,000** por período. Al 1.5% por período a perpetuidad, el V es de $6,000/0.015 = **$400,000**.

El costo del cambio es igual al ingreso de este período de $150 × 2,000 unidades = **$300,000** más el costo por producir las 200 unidades adicionales, 200 × $120 = **$24,000**. Por tanto, el costo total es de **$324,000** y el VPN es de $400,000 − 324,000 = **$76,000**. Así pues, se debe efectuar el cambio.

Para el enfoque de cuentas por cobrar, se interpreta el costo de $324,000 como la inversión en cuentas por cobrar. Al 1.5% por período, el costo de mantener estas cuentas por cobrar es de $324,000 × 1.5% = **$4,860** por período. Se calculó el beneficio por período como **$6,000**, por lo que la ganancia neta por período es de $6,000 − 4,860 = **$1,140**. Al 1.5% por período, el V de esta ganancia neta es $1,140/0.015 = **$76,000**.

Por último, para el enfoque de una sola vez, si no se otorga crédito la empresa producirá ($150 − 120) × 2,000 = **$60,000** en este período. Si se otorga crédito, la empresa invertirá $120 × 2,200 = **$264,000** hoy y recibirá $150 × 2,200 = **$330,000** en un período. El VPN de esta segunda opción es de $330,000/1.015 − $264,000 = **$61,123.15**. Al otorgar crédito la empresa estará en mejor posición hoy y en cada período futuro con $61,123.15 − 60,000 = **$1,123.15**. El V de esta serie es de $1,123.15 + $1,123.15/0.015 = **$76,000** (tomando en cuenta un error de redondeo).

19A.2 Los costos por período son los mismos, tanto si se concede el crédito como si no se concede; por tanto, se pueden ignorar los costos de producción. En la actualidad, la empresa vende y cobra $95 × 5,000 = **$475,000** por período. Si se otorga el crédito, las ventas aumentarán a $100 × 5,000 = **$500,000**.

Las faltas de pago serán el 2% de las ventas, por lo que la entrada de efectivo en la nueva política será de 0.98 × $500,000 = **$490,000**. Ello representa **$15,000** adicionales cada período. Al 3% por período, el V es de $15,000/0.03 = **$500,000**. Si se efectúa el cambio, ICU renunciará a los ingresos de este mes de $475,000, por lo que el VPN del cambio es de **$25,000**. Si sólo la mitad de los clientes cambia, el VPN es la mitad de dicha cifra: **$12,500**.

Preguntas y problemas del apéndice

1. **Evaluación de la política de crédito**   Megaflops Computer Corporation está estudiando un cambio en sus condiciones de venta. La política actual es pagar sólo

de contado; la nueva política incluiría crédito por un solo período. Las ventas son de 1,000 unidades por período a un precio unitario de $15,000. Si se otorga crédito, el nuevo precio será de $16,000. No se esperan cambios en las ventas en unidades y todos los clientes aprovecharán el crédito. Megaflops estima que el 5% de las ventas a crédito serán incobrables. Si el rendimiento requerido es del 2% por período, ¿es una buena idea el cambio?

2. **Evaluación de la política de crédito**   Running Dog Corporation vende cada mes 10,000 pares de zapatos especiales para correr a un precio de contado de $78 por par. Running Dog está considerando una nueva política que involucra crédito a 30 días y un incremento en el precio a $80 por par en las ventas a crédito. El precio de contado continuará siendo de $78 y no se espera que la nueva política afecte a la cantidad vendida. El período de descuento será de 10 días. El rendimiento requerido es del 1% mensual.

   a. ¿Cómo deben expresarse las nuevas condiciones de crédito?
   b. ¿Cuál es la inversión en cuentas por cobrar que se requiere con la nueva política?
   c. Explique por qué el costo variable de producción de los zapatos no es relevante en este caso.
   d. Si se prevé que la tasa de incumplimiento de pagos es del 3%, ¿se debe realizar el cambio? ¿Cuál es el precio a crédito en el punto de equilibrio? ¿Cuál es el descuento por pronto pago en el punto de equilibrio?

3. **Análisis de crédito**   Psychic Psionics Corp. (PPC) no sabe si otorgar crédito o no a un cliente en particular. El producto de PPC, un amplificador psiónico, se vende en $1,400 por unidad. El costo variable por unidad es de $600. El pedido que se está considerando es de cinco unidades hoy. Se ha prometido el pago en 90 días.

   a. Si existe una probabilidad de incumplimiento de pago del 20%, ¿debe PPC aceptar el pedido? El rendimiento requerido es del 4% trimestral. Ésta es una venta por una sola vez y el cliente no comprará si no se le otorga el crédito.
   b. ¿Cuál es la probabilidad en el punto de equilibrio en la parte *a*?
   c. Esta parte es un poco más difícil. En términos generales, ¿cómo piensa que resultaría afectada la respuesta a la parte *a* si el cliente comprara la mercancía de contado y se le negara el crédito? El precio de contado es de $1,300 por unidad.

4. **Análisis de crédito**   Estudie la siguiente información relacionada con dos estrategias de crédito:

Problema de reto

	Negar crédito	Otorgar crédito
Precio unitario	$25	$27
Costo unitario	$15	$16
Cantidad vendida por trimestre	3,000	3,300
Probabilidad de pago	1.0	0.90

El costo unitario más alto refleja el gasto asociado con los pedidos a crédito y el precio unitario más alto refleja la existencia de un descuento por pronto pago. El período de crédito será de 90 días y el costo de deuda es del 1% mensual.

   a. Con base a esta información, ¿se debe conceder crédito?
   b. En la parte *a*, ¿cuál debe ser el precio de venta para alcanzar el punto de equilibrio?
   c. En la parte *a*, suponga que se puede obtener un informe de crédito por $0.25 por cliente. Suponiendo que cada cliente compre una unidad y que el informe de

crédito identifique a todos los clientes que no pagarían, ¿se debe conceder crédito?

Problema de reto

5. **VPN del cambio en la política de crédito**   Suponga que en la actualidad una empresa vende Q unidades mensuales a un precio sólo de contado de P. Con una nueva política de crédito que otorga crédito por un mes, la cantidad vendida será de Q' y el precio unitario será de P'. Los incumplimientos de pago serán $\pi\%$ de las ventas a crédito. El costo variable es de v por unidad y no se espera que cambie. El porcentaje de clientes que aprovecharán el crédito es de α y el rendimiento requerido es de R mensual. ¿Cuál es el VPN de la decisión de cambiar? Interprete las diversas partes de la expresión.

Parte nueve

Temas especiales de finanzas corporativas

CAPÍTULO 20
Opciones e instrumentos financieros corporativos

Las opciones son convenios contractuales especiales que otorgan a su propietario el derecho a comprar o a vender un activo (por lo general acciones) a un precio fijo en una determinada fecha o con anterioridad a la misma. Se estudian en este capítulo las opciones y se comentan dos instrumentos de financiamiento:los certificados de garantía de compra de acciones (*warrants*) y los bonos convertibles, que son instrumentos financieros corporativos con características explícitas de opciones.

CAPÍTULO 21
Fusiones y adquisiciones

Se describen en este capítulo las finanzas corporativas de las fusiones y adquisiciones. Se muestra que la adquisición de una empresa por otra es esencialmente una decisión del presupuesto de capital y que el marco conceptual del VPN continúa aplicándose. En este capítulo también se estudian los aspectos fiscales, contables y jurídicos de las fusiones y adquisiciones, junto con los recientes desarrollos en áreas como las defensas en comparación con las adquisiciones no deseadas.

CAPÍTULO 22
Finanzas corporativas internacionales

Se estudia en este capítulo la administración financiera internacional. Se describen los factores especiales que afectan a las empresas con operaciones importantes en el extranjero. El nuevo factor fundamental que presentan las operaciones en el extranjero son los tipos de cambio de divisas. En este capítulo también se estudia cómo incorporar al análisis los tipos de cambio de divisas en la administración financiera.

CAPÍTULO 23
Arrendamiento

Una gran parte de los equipos o maquinaria en Estados Unidos se arriendan en vez de comprarse. En este capítulo se describen diferentes tipos de arrendamiento, su contabilidad, sus implicaciones de impuestos y cómo hacer la evaluación financiera.

CAPÍTULO 24
Administración de riesgos: introducción a la ingeniería financiera

Las empresas suelen estar expuestas a algún tipo de riesgo no deseable. En este capítulo se describen algunos perfiles de riesgo específicos y cómo manejarlos.

Capítulo 20

Opciones e instrumentos financieros corporativos

Las opciones forman parte de la vida cotidiana. «Mantengan abiertas sus opciones» es un consejo de negocios sensato y «Estamos sin opciones» es una señal que indica problemas. Es obvio que las opciones son valiosas, pero, en realidad, asignar un valor en unidades monetarias a una opción no resulta fácil. Cómo valuar opciones es un tema importante de investigación y la valuación de opciones es una de las grandes historias de éxito de las finanzas modernas.

En finanzas, una **opción** es un convenio que le otorga a su propietario el derecho de comprar o vender un activo a un precio fijo, en cualquier momento previo a una fecha determinada o, alternativamente, sólo en una fecha determinada. Las opciones más utilizadas son para las acciones comunes. Éstas son opciones para comprar y vender acciones comunes y se estudiarán a continuación con cierto detalle.

Casi todos los instrumentos financieros corporativos tienen características, implícitas o explícitas, de opciones. Es más, la utilización de estas características está aumentando. Como consecuencia de ello, la comprensión de los instrumentos financieros que poseen características de opciones requiere contar con un conocimiento general de los factores que determinan el valor de una opción.

Este capítulo se inicia con la descripción de los diferentes tipos de opciones. Se identifican y estudian los factores generales que determinan los valores de las opciones y se muestra cómo la deuda ordinaria y el capital tienen características similares a las opciones. Posteriormente, se muestra cómo se incorporan las características de las opciones a los instrumentos financieros corporativos al estudiar los certificados de garantía de compra (*warrants*), los bonos convertibles y otros instrumentos financieros similares a las opciones.

opción
Contrato que le otorga a su tenedor el derecho de comprar o vender algún activo a un precio fijo, en una fecha determinada o antes.

20.1 | OPCIONES: FUNDAMENTOS

Una opción es un contrato que otorga a su propietario el derecho de comprar o vender algún activo a un precio fijo, en una fecha determinada o antes. Por ejemplo, una opción sobre un edificio podría otorgar al propietario de la opción el derecho de comprar el edificio en $1 millón, en cualquier momento antes del sábado previo al tercer miércoles de enero del año 2010 o, alternativamente, sólo en ese día.

Las opciones son un tipo único de contrato financiero, porque otorgan o confieren al comprador el derecho, pero no la obligación, de realizar algo. El comprador sólo utiliza la opción si le es rentable hacerlo, de lo contrario, puede desecharla.

Existe un vocabulario especial relacionado con las opciones. A continuación, se presentan algunas definiciones importantes:

ejecutar o ejercer la opción
Acto de comprar o de vender el activo implícito mediante el contrato de opción.

1. **Ejecutar o ejercer la opción.** El acto de comprar o de vender el activo implícito mediante el contrato de opción se conoce como *ejecutar* o *ejercer la opción*.
2. **Precio de ejercicio o precio de ejecución.** El precio fijo especificado en el contrato de la opción al que el tenedor puede comprar o vender el activo implícito o subyacente, se denomina *precio de ejercicio* o *precio de ejecución*. Con frecuencia, al precio de ejercicio de la opción se le conoce sólo como *precio fijo*.
3. **Fecha de vencimiento.** Normalmente, la opción tiene una vida limitada. Se dice que la opción vence al final de su vida. El último día en que se puede ejecutar o ejercer la opción se conoce como *fecha de vencimiento* o *fecha de expiración*.
4. **Opciones estadounidenses** y **opciones europeas.** Una opción estadounidense se puede ejecutar o ejercer en cualquier momento hasta la fecha de vencimiento. Una opción europea sólo se puede ejecutar o ejercer en la fecha de vencimiento.

precio de ejecución
Precio fijado en el contrato de la opción al que el tenedor puede comprar o vender el activo implícito. También denominado *precio de ejercicio* o *precio fijo*.

fecha de vencimiento
Último día en que se puede ejecutar una opción.

opción estadounidense
Opción que se puede ejecutar en cualquier momento hasta su fecha de vencimiento.

opción europea
Opción que sólo se puede ejecutar en su fecha de vencimiento.

opción de compra
Derecho de comprar un activo a un precio fijo y durante un período de tiempo específico.

opción de venta
Derecho de vender un activo a un precio fijo durante un período de tiempo específico. Lo opuesto a una opción de compra.

Opciones de venta y de compra sobre activos financieros

Las opciones se presentan en dos tipos básicos: opciones de venta *(puts)* y de compra *(calls)*. Las opciones de compra son las más habituales. La **opción de compra** otorga a su propietario el derecho de *comprar* un activo, a un precio fijo, durante un período de tiempo específico. El hecho de que la opción de compra otorga el derecho a «reclamar» un activo puede ayudar a recordar la diferencia entre ambas.

La **opción de venta** es, en lo esencial, lo opuesto a la de compra. En lugar de otorgar a su tenedor el derecho de comprar algún activo, le otorga el derecho de *vender* ese activo a un precio fijo de ejecución o ejercicio. Si se adquiere una opción de venta, se puede obligar al vendedor a comprar el activo a un precio fijo y de esta forma «devolvérselo».

¿Qué sucede con el inversionista que *vende* una opción de compra? El vendedor recibe dinero de inmediato y tiene la *obligación* de vender el activo al precio de ejecución o de ejercicio, si el tenedor de la opción así lo desea. De forma similar, un inversionista que *vende* una opción de venta recibe dinero inmediatamente y queda obligado a adquirir el activo al precio de ejecución o de ejercicio, si el tenedor de la opción así lo exige.[1]

El activo al que se refiere la opción (activo implícito o subyacente) podría ser cualquier cosa. Sin embargo, las opciones que se compran y venden con más frecuencia son las que se establecen sobre acciones comunes. Son opciones para comprar y vender acciones comunes. Dado que éstas son el tipo de opción más conocido, las estudiaremos en primer lugar. Al estudiar las opciones sobre acciones comunes, hay que tener en cuenta

---

[1]Se suele decir que un inversionista que vende una opción la ha «suscrito».

que los principios generales se aplican a las opciones sobre cualquier activo, no sólo a las opciones sobre acciones comunes.

Cotizaciones de opciones sobre acciones comunes

El 26 de abril de 1973, inició operaciones el «Chicago Board Options Exchange» (CBOE) y comenzó así la compraventa organizada de opciones sobre acciones comunes. En el CBOE se negocian las opciones de venta y de compra sobre acciones comunes de algunas de las empresas más conocidas de Estados Unidos. CBOE continúa siendo el mayor mercado organizado de opciones en el mundo, pero en la actualidad se negocian opciones en varios otros lugares, incluyendo las bolsas de valores de Nueva York, la Americana y la de Filadelfia.* Casi todas estas opciones son estadounidenses (en contraste con las europeas).

La cotización simplificada que aparece en el periódico *The Wall Street Journal* para una opción de la CBOE podría ser algo como esto:

Opción y cierre en NY	Precio de ejecución	De compra-Última			De venta-Última		
		jun	jul	ago	jun	jul	ago
RWJ							
100	95	**6**	**6⅞**	**8**	**2**	**2⅞**	**4**

Lo primero que hay que observar aquí es la identificación de la empresa **RWJ**. Esto nos indica que estas opciones se refieren al derecho de comprar o vender acciones comunes de RWJ Corporation. Justo debajo de la identificación de la empresa, está el precio de cierre de estas acciones comunes. Al cierre de las operaciones de ayer (en Nueva York), RWJ se vendía a $100 por acción.

A la derecha del precio de cierre del NYSE, se encuentra el precio de ejercicio o de ejecución. Las opciones sobre las acciones comunes de RWJ señaladas aquí tienen un precio de ejecución de $95. A continuación, aparecen los precios de cada opción. Los primeros tres son precios de opciones de compra (*call options*) y los últimos tres son los precios de opciones de venta (*put options*). Los encabezados de las columnas (junio, julio y agosto) son los meses de vencimiento. Todas las opciones del CBOE vencen el tercer viernes del mes de vencimiento.

La primera opción se describiría como «RWJ a junio 95 opción de compra». El precio de esta opción es **$6**. Si se pagan los $6, se tiene el derecho en cualquier momento entre hoy y el tercer viernes de junio de comprar una acción común de RWJ por $95. En realidad, la compraventa se realiza en lotes completos (múltiplos de 100 acciones), por lo que cada *contrato* de opciones cuesta $6 × 100 = $600.

Las otras cotizaciones son similares. Por ejemplo, la «RWJ julio 95 opción de venta», cuesta **2⅞**. Si se pagan $2.875 × 100 = $287.50, se tiene el derecho a vender 100 acciones comunes de RWJ en cualquier momento entre hoy y el tercer viernes de julio y a un precio de $95 por acción.

La tabla 20.1 contiene una cotización más detallada del CBOE reproducida de *The Wall Street Journal*. De acuerdo a lo que se acaba de estudiar, se sabe que éstas son opciones sobre acciones comunes de IBM y que IBM cerró en la NYSE a $92\frac{1}{8}$ por acción común. Obsérvese que se presentan múltiples precios de ejecución o de ejercicio en vez de sólo uno. Como se muestra, están disponibles opciones de venta y de compra con pre-

Tabla 20.1

Una muestra de las cotizaciones de opciones en *The Wall Street Journal*

CHICAGO BOARD

Opción y cierre en NY	Precio de ejecución	De compra-Última			De venta-Última		
		feb	mar	abr	feb	mar	abr
IBM	80	r	s	r	1/16	s	1/2
92 1/8	85	7 1/4	8 1/8	8 3/4	1/8	1 1/16	1 5/16
92 1/8	90	2 7/8	4 3/8	**5 1/2**	1 1/16	2	2 13/16
92 1/8	95	3/4	2 1/16	3 1/8	3 1/2	4 3/4	5 3/8
92 1/8	100	1/8	3/4	1 9/16	r	r	**8 1/2**
92 1/8	105	r	1/4	3/4	r	r	r
92 1/8	110	s	s	3/8	s	s	r
92 1/8	115	s	s	3/16	s	s	r

miércoles, 12 de febrero, 1992

Precios de las opciones al cierre de operaciones. Comúnmente, la unidad de venta representa 100 acciones comunes

Precio final de las acciones comunes al cierre de las operaciones de las bolsas de Nueva York (NYSE) o Americana (AMEX).

cios de ejecución que van desde 80 hasta 115. El símbolo *r* en la cotización significa que ese contrato en particular no se negoció ese día; el símbolo *s* significa que el contrato no está disponible en la actualidad.

Para verificar la comprensión de las cotizaciones de opciones, supongamos que se quisiera tener el derecho de vender 100 acciones comunes de IBM por $100 en cualquier momento entre hoy y el tercer viernes de abril. ¿Qué se debe indicar al agente bursátil y cuánto costará?

Dado que se desea tener el derecho a vender cada acción común en $100, se requiere comprar una opción de venta (*put option*) con un precio de ejecución de $100. Por tanto, se contacta con el agente bursátil y se coloca un pedido por una «IBM abril 100 opción de venta». Puesto que la opción de venta por $100 a abril se cotiza en $8^1/_2$, deberemos pagar $8.50 por acción común, es decir, $850 en total (más comisiones).

Rendimientos de las operaciones con opciones

Observando de nuevo la tabla 20.1, supongamos que pensamos comprar 50 contratos «IBM abril 90 opción de compra». Cada opción se cotiza en **$5.50**, por lo que los contratos cuestan $550 cada uno; por tanto, gastaríamos un total de 50 × $550 = $27,500. Se espera cierto período y la fecha de vencimiento se aproxima.

¿Y ahora qué? Se tiene el derecho de comprar acciones comunes de IBM por $90 cada una. Si IBM se está vendiendo a menos de $90 por acción, estas opciones no tienen valor alguno y se desechan. En este caso se dice que la opción ha terminado «fuera del dinero», ya que el precio de la acción común es menor que el precio de ejecución o de ejercicio. Los $27,500 constituyen una pérdida completa.

Si IBM se vende en más de $90 por acción, hay que ejercer o ejecutar la opción. En este caso, la opción está «dentro del dinero», dado que el precio de la acción excede al precio de ejecución. Supongamos que IBM aumenta a $100 por acción común, por ejemplo. Puesto que se tiene el derecho de comprar acciones de IBM en $90, se obtiene una ganancia de $10 por cada acción al momento del ejercicio. Cada contrato involucra 100 acciones comunes, por lo que se obtienen $10 por acción × 100 acciones por contrato = $1,000 por contrato. Por último, hay 50 contratos, por lo que el valor de las opciones es un considerable importe de $50,000. Obsérvese que, dado que se invirtieron $27,500, la ganancia neta es de $22,500.

Como se señala en este ejemplo, las ganancias y pérdidas derivadas de comprar opciones de compra pueden ser considerables. Para mostrar esto con mayor detalle, supongamos que simplemente se hubieran comprado las acciones comunes con los $27,500, en vez de adquirir las opciones de compra. En este caso, se tendrían alrededor de $27,500/$92.125 = 298.5 acciones comunes. Podemos ahora comparar lo que se tendría en la fecha de vencimiento de las opciones para diferentes precios de la acción común:

Precio final por acción	Valor de las opciones (50 contratos)	Ganancia neta (pérdida)	Valor de las acciones (298.5 acciones)	Ganancia neta (pérdida)
$ 80	$ 0	– $27,500	$23,880.0	– $3,620.0
85	0	– 27,500	25,372.5	– 2,127.5
90	0	– 27,500	26,865.0	– 635.0
95	25,000	– 2,500	28,357.5	857.5
100	50,000	22,500	29,850.0	2,350.0
105	75,000	47,500	31,342.5	3,842.5

La posición tomada en las opciones aumenta, con toda claridad, las ganancias y las pérdidas derivadas de estas acciones comunes y en una cantidad importante. La razón es que el rendimiento de los 50 contratos de opciones se basa en 50 × 100 = 5,000 acciones comunes en vez de sólo 298.5 acciones comunes.

En el ejemplo, obsérvese que si el precio de las acciones comunes cambia sólo en una cantidad pequeña, con las opciones se pierde entonces la totalidad de los **$27,500**. Con las acciones comunes, se continúa teniendo el importe con el que se inició. Obsérvese también que las opciones nunca pueden tener un valor inferior a cero porque siempre es posible deshacerse de ellas. Como resultado de esto, nunca se puede perder más allá de la inversión original ($27,500 en el ejemplo).

Es importante identificar que las opciones sobre acciones comunes son un juego «suma-cero». Se quiere decir con ello que cualquier ganancia del comprador de una opción sobre acciones comunes será igual a la pérdida del vendedor y viceversa. Como ejemplo, supongamos que en el ejemplo que se acaba de presentar se hubieran *vendido* 50 contratos de opciones. Se recibirían de inmediato **$27,500** y se estaría obligado a vender cada acción común en **$90**, si el comprador de las opciones quisiera ejecutarlas o ejercerlas. En esta situación, si el precio por acción común permanece por debajo de $90, se tendrían $27,500 adicionales. Si el precio por acción resulta ser superior a $90, se tendría que vender algo por menos de su valor, con lo que se perdería la diferencia. Por ejemplo, si el precio por acción común fuera de **$100**, se tendrían que vender 50 × 100 = 5,000 acciones comunes en $90 cada una, por lo que se perderían $100 − 90 = $10 por acción, es decir, $50,000 en total. Dado que ya se habían recibido de inmediato $27,500, la pérdida neta es de **$22,500**. A continuación, se pueden resumir algunas otras posibilidades:

Precio final por acción común	Ganancia neta para el vendedor de opciones
$ 80	+ $27,500
85	+ 27,500
90	+ 27,500
95	+ 2,500
100	− 22,500
105	− 47,500

Obsérvese que las ganancias netas para el comprador de opciones (las que se acaban de calcular) son exactamente estos mismos montos, pero con signo contrario.

Ejemplo 20.1   Rendimientos de las opciones de venta
Observando la tabla 20.1, supongamos que se compran 10 contratos «IBM febrero 95 opciones de venta». ¿Cuánto cuesta esta operación (sin tomar en cuenta las comisiones)? Justo antes del vencimiento de las opciones, IBM está vendiendo en $90 por acción. ¿Es ésta una noticia buena o mala? ¿Cuál es la ganancia neta?

Cada opción se cotiza en $3^1/_2$, por lo que un contrato cuesta 100 × $3^1/_2$ = $350. Los 10 contratos tienen un valor total de $3,500. Se tiene ahora el derecho de vender 1,000 acciones comunes de IBM a $95 cada una. Si en la actualidad cada acción común se vende en $90, desde luego que esto es una buena noticia. Pueden comprarse 1,000 acciones en $90 y venderlas en $95. Por tanto, las opciones de venta tienen un valor de $5 × 1,000 = $5,000. Dado que se pagó por ellas $3,500, la ganancia neta es de $5,000 − 3,500 = $1,500. ∎

PREGUNTAS SOBRE CONCEPTOS

20.1a ¿Qué es una opción de compra? ¿Una opción de venta?
20.1b Si se estimó que el valor de una acción común iba a disminuir de forma pronunciada, ¿cómo podrían utilizarse las opciones sobre acciones comunes para obtener una ganancia neta con la disminución en precios?

20.2 PRINCIPIOS BÁSICOS DE LA VALUACIÓN DE OPCIONES

Ahora que conocemos los principios básicos de las opciones de venta (*puts*) y de compra (*calls*), podemos estudiar lo que determina su valor. Centraremos a continuación la atención en las opciones de compra, pero se puede aplicar el mismo tipo de análisis a las opciones de venta.

Figura 20.1

Valor de una opción de
compra al vencimiento,
para diferentes precios
de la acción común

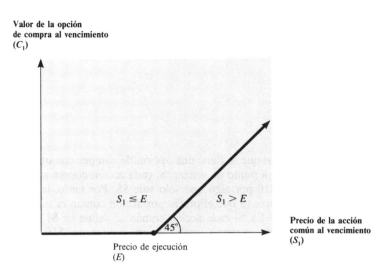

Como se muestra, el valor de una opción de compra al vencimiento es igual a cero si el precio de la acción común es menor, o igual, al precio de ejecución. El valor de la opción de compra es igual al precio de la acción común menos el precio de ejecución ($S_1 - E$) si el precio de la acción común es mayor que el precio de ejecución. Se resalta la forma resultante, parecida a un bastón de «hockey».

Valor de una opción de compra al vencimiento

Ya se han descrito los rendimientos de las opciones de compra *(call option)* para los diferentes precios de las acciones comunes subyacentes. Para continuar con este estudio, será útil la siguiente notación:

S_1 = Precio por acción común al vencimiento (en un período)

S_0 = Precio por acción común actualmente

C_1 = Valor de la opción de compra en la fecha de vencimiento (en un período)

C_0 = Valor de la opción de compra actualmente

E = Precio de ejecución o de ejercicio de la opción

Como ya hemos observado, si el precio por acción común (S_1) es inferior al precio de ejecución o de ejercicio (E) en la fecha de vencimiento, el valor de la opción de compra (C_1) es igual a cero. En otras palabras:

$C_1 = 0$ si $S_1 \leq E$

O, de forma equivalente:

$$C_1 = 0 \ \text{si} \ (S_1 - E) \leq 0 \tag{20.1}$$

Éste es el caso en el que la opción se encuentra «fuera del dinero» en el momento en que vence.

Si la opción termina «dentro del dinero», $S_1 > E$, y el valor de la opción al vencimiento es igual a la diferencia:*

$$C_1 = S_1 - E \text{ si } S_1 > E$$

O, en forma equivalente:

$$C_1 = S_1 - E \text{ si } (S_1 - E) > 0 \qquad (20.2)$$

Por ejemplo, supongamos que se tiene una opción de compra con un precio de ejecución de $10. La opción está a punto de vencer. Si cada acción común se vende en $8, se tiene el derecho de pagar $10 por algo que sólo vale $8. Por tanto, la opción tiene un valor exactamente igual a cero, ya que el precio por acción común es menor al precio de ejecución de la opción ($S_1 \le E$). Si cada acción común se vende en $12, la opción tiene valor. Puesto que se puede comprar cada acción común en $10, la opción vale $(S_1 - E) = \$12 - 10 = \$2$.

En la figura 20.1 se grafica el valor de una opción de compra al vencimiento contra el precio por acción común. El resultado se parece en cierta forma a un bastón para jugar «hockey». Obsérvese que para todo precio de las acciones comunes menor que E, el valor de la opción es igual a cero.

Para todo precio de las acciones comunes mayor que E, el valor de la opción de compra es de $(S_1 - E)$. Una vez que el precio de las acciones comunes excede al precio de ejecución, el valor de la opción asciende uno a uno, en términos monetarios, con el precio por acción común.

Los límites superior e inferior del valor de una opción de compra

Ahora que sabemos cómo determinar C_1, el valor de la opción de compra al vencimiento, pasamos a una pregunta algo más retadora: ¿Cómo se puede determinar C_0, el valor *antes* del vencimiento?

En las próximas secciones se estudiará este tema. Por ahora, se establecerán los límites superior e inferior para el valor de una opción de compra.

El límite superior   ¿Cuál es el precio máximo al que podría venderse una opción de compra? Si se piensa en ello, la respuesta es obvia. La opción de compra otorga el derecho a comprar una acción común, por lo que nunca puede valer más que la propia acción. Esto señala el límite superior del valor de una opción de compra: La opción de compra siempre se venderá a un precio no mayor al del activo implícito o subyacente. Por tanto, en términos de notación, el límite superior es:

$$C_0 \le S_0 \qquad (20.3)$$

El límite inferior   ¿Cuál es el precio mínimo al que podría venderse una opción de compra? En este caso, la respuesta es un poco menos obvia. En primer lugar, la opción no se

---

Nota de los Revs. Técs.: Si la opción termina «en el dinero», entonces $S_1 = E$ y el valor de la operación de compra al vencimiento es igual a cero, como también se aprecia en la expresión [20.1].

puede vender por menos de cero, por lo que $C_0 \geq 0$. Además, si el precio de la acción común es superior al precio de ejecución, la opción de compra tiene al menos un valor de $S_0 - E$.

Para entender por qué, supongamos que se tiene una opción de compra que se vendía en $4. El precio por acción común es de $10 y el precio de ejecución es de $5. ¿Existe aquí una oportunidad para generar ganancias? La respuesta es sí, porque se podría comprar la opción de compra en $4 y ejecutarla de inmediato gastando $5 adicionales. El costo total de adquirir la acción común es de $4 + 5 = $9. Si se vende de inmediato la acción común en $10, se obtiene con certeza una ganancia de $1.

A la oportunidad de obtener ganancias sin incurrir en riesgo alguno, como es este caso, se le conoce como *arbitraje* u *oportunidad de arbitraje*. A la persona que busca identificar y aprovechar oportunidades de arbitraje se la conoce como *arbitrador* o *arbitrante*. La raíz para el término *arbitraje* es la misma que la raíz de la palabra *arbitrar*, y el arbitrador o arbitrante arbitra esencialmente los precios. Por supuesto que en un mercado bien organizado será raro encontrar arbitrajes significativos.

En el caso de la opción de compra, para evitar el arbitraje, el valor de la opción de compra hoy tiene que ser mayor que el precio por acción común, menos el precio de ejecución:

$$C_0 \geq S_0 - E$$

Si se integran las dos condiciones anteriores, se tiene:

$$C_0 \geq 0 \ \text{ si } \ S_0 - E < 0 \tag{20.4}$$
$$C_0 \geq S_0 - E \ \text{ si } \ S_0 - E \geq 0$$

Estas condiciones señalan simplemente que el límite inferior del valor de la opción de compra es igual a cero o igual a $S_0 - E$, el mayor.

Al límite inferior se le denomina **valor intrínseco** de la opción y es simplemente lo que valdría la opción si estuviera a punto de vencer. Con esta definición, lo que se ha estudiado hasta ahora se puede volver a expresar de la forma siguiente: Al vencimiento, el valor de una opción es igual a su valor intrínseco; por lo general, valdrá más que éste en cualquier momento previo a su vencimiento.

En la figura 20.2 se muestran los límites superior e inferior del valor de una opción de compra. También se grafica una curva que representa los valores típicos de la opción de compra para diferentes precios por acción común y antes del vencimiento. La forma y el posicionamiento exactos de esta curva dependen de varios factores. En la sección siguiente se inicia el estudio de estos factores.

valor intrínseco
Límite inferior del valor de una opción, es decir, lo que valdría la opción si estuviera a punto de vencer.

Modelo básico: Parte I

La fijación de precios de las opciones puede ser un tema complejo. Por fortuna, como sucede con frecuencia, muchos de los conocimientos fundamentales se pueden mostrar con un ejemplo sencillo.

Supongamos que se está analizando una opción de compra con plazo de vigencia de un año y precio de ejecución de $105. En la actualidad, la acción común se vende en $100 y la tasa libre de riesgo, R_f, es de 20%.

Figura 20.2

Valor de una opción
de compra antes del
vencimiento, para
diferentes precios
de la acción común

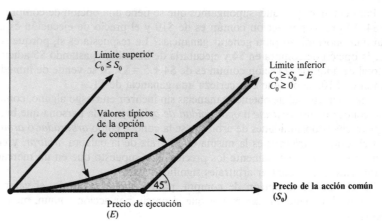

Precio de la opción de compra
(C_0)

Límite superior
$C_0 \leq S_0$

Valores típicos
de la opción
de compra

Límite inferior
$C_0 \geq S_0 - E$
$C_0 \geq 0$

45°

Precio de la acción común
(S_0)

Precio de ejecución
(E)

Como se muestra, el límite superior del valor de una opción de compra se determina por el valor de la acción común
($C_0 \leq S_0$). El límite inferior es igual a $S_0 - E$ o igual a 0, el que sea mayor. La curva resaltada muestra el valor de una
opción de compra antes del vencimiento, para los diferentes precios de la acción común.

Por supuesto que el valor de la acción común dentro de un año es incierto. Para mantener el ejemplo sencillo, supongamos que se sabe que el precio de la acción común sólo
podrá ser de **$110** o de **$130**. Un elemento importante es que *no* se conocen las probabilidades asociadas con estos dos posibles precios. En otras palabras, se conocen los posibles valores de la acción común, pero no así las probabilidades asociadas con estos valores.

Dado que el precio de ejecución de la opción es de $105, se sabe que la opción tendrá
un valor de $110 − 105 = **$5** o de $130 − 105 = **$25**, pero tampoco se sabe cuál de ellos.
Sin embargo, hay algo que sí se conoce: es seguro que la opción de compra terminará «dentro del dinero».

El enfoque básico   Se presenta a continuación la observación crucial: Es posible duplicar exactamente los rendimientos de la acción común utilizando una combinación de
la opción y el activo libre de riesgo. ¿Cómo? Efectuando lo siguiente: Se compra una opción de compra y se invierten $87.50 en un activo libre de riesgo (p. ej., un Certificado
de la Tesorería).

¿Qué se tendrá en un año? El activo libre de riesgo ganará 20%, por lo que tendrá un
valor de $87.50 × 1.20 = $105. La opción tiene un valor de **$5** o de **$25**, por lo que el valor total es de **$110** o de **$130**, exactamente igual al del valor de la acción común:

Valor de la acción		Valor del activo libre de riesgo	+	Valor de la opción de compra	=	Valor total
$110	vs.	**$105**	+	**$ 5**	=	**$110**
130	vs.	105	+	25	=	130

Como se ha mostrado, estas dos estrategias —comprar una acción común contra comprar una opción de compra e invertir en el activo libre de riesgo— tienen exactamente los mismos rendimientos en el futuro.

Dado que estas dos estrategias tienen los mismos rendimientos futuros, hoy también deben tener el mismo valor, de lo contrario se presentaría una oportunidad de arbitraje. La acción común se vende hoy en $100, por lo que el valor actual de la opción de compra, C_0, es de:

$$\$100 = \$87.50 + C_0$$
$$C_0 = \$12.50$$

¿De dónde se obtuvieron los $87.50? Es precisamente el valor actual del precio de ejecución de la opción, calculado al utilizar la tasa libre de riesgo:

$$E/(1 + R_f) = \$105/1.20 = \$87.5$$

Conociendo esto, el ejemplo muestra que el valor de una opción de compra en este sencillo caso, se determina mediante:

$$S_0 = C_0 + E/(1 + R_f)$$
$$C_0 = S_0 - E/(1 + R_f) \tag{20.5}$$

Expresado en palabras, el valor de la opción de compra es igual al precio de la acción común, menos el valor actual del precio de ejecución.

Un caso más complicado   Es obvio que el supuesto de que el precio de la acción común sea de $110 o de $130 supone una excesiva simplificación. Podemos ahora desarrollar un modelo más realista, suponiendo que el precio de la acción común pueda ser *cualquier monto* mayor que, o igual, al precio de ejecución. De nuevo, no se conoce qué probables sean las diferentes posibilidades, pero se está seguro de que la opción terminará en algún lugar «dentro del dinero».

De nuevo, S_1 representa el precio de la acción común en un año. A continuación, examinemos la estrategia de invertir $87.50 en un activo libre de riesgo y comprar una opción de compra. El activo libre de riesgo tendrá de nuevo un valor de $105 en un año y la opción valdrá $S_1 - \$105$, dependiendo de cuál sea el precio de la acción común.

Al investigar el valor combinado de la opción y el activo libre de riesgo, se observa algo muy interesante:

Valor combinado = Valor del activo libre de riesgo + Valor de la opción

$$= \$105 + (S_1 - \$105)$$
$$= S_1$$

Al igual que teníamos previamente, comprar una acción común tiene exactamente el mismo rendimiento que comprar una opción de compra e invertir el valor del precio de ejecución en el activo libre de riesgo.

De nuevo, estas dos estrategias deben tener el mismo costo para evitar el arbitraje, por lo que el valor de la opción de compra es igual al precio de la acción común menos el valor presente del precio de ejecución:[2]

$$C_0 = S_0 - E/(1 + R_f)$$

La conclusión que se obtiene de este estudio es que no es difícil determinar el valor de una opción de compra, siempre y cuando se tenga la seguridad de que la opción terminará «dentro del dinero».

Cuatro factores que determinan el valor de las opciones

Si se continúa con el supuesto de que la opción terminará con certeza «dentro del dinero», pueden identificarse con facilidad cuatro factores que determinan el valor de una opción. Existe un quinto factor que entra en juego si la opción puede terminar «fuera del dinero». En la sección siguiente, se estudiará este último factor.

Por ahora, si se supone que la opción vence en t períodos, el valor actual del precio de ejecución es $E/(1 + R_f)^t$ y el valor de la opción de compra es:

Valor de la opción de compra = Valor de la acción común

− Valor actual del precio de ejecución

$$C_0 = S_0 - E/(1 = R_f)^t \qquad\qquad (20.6)$$

Si se observa esta ecuación, es obvio que el valor de la opción de compra depende de cuatro factores:

1. *El precio de la acción común.* Cuanto más alto sea el precio de la acción común (S_0), mayor será el valor de la opción de compra. Esto no es de sorprender, ya que la opción otorga el derecho a comprar la acción común a un precio fijo.
2. *El precio de ejecución.* Cuanto más alto sea el precio de ejecución (E), menor será el valor de la opción de compra. Esto tampoco debe sorprender, dado que el precio de ejecución es lo que se tiene que pagar para obtener la acción común.
3. *El período hasta el vencimiento.* Cuanto mayor sea el período hasta el vencimiento (mientras mayor sea t), mayor será el valor de la opción. También esto es obvio. Dado que la opción otorga el derecho a comprar durante un período fijo, su valor asciende conforme aumenta este período.
4. *La tasa libre de riesgo.* Cuanto más alta sea la tasa libre de riesgo (R_f), mayor será el valor de la opción de compra. Este resultado es menos obvio. Se suele pensar que los valores de los activos disminuyen conforme aumentan las tasas de descuento. En este caso, el precio de ejecución es una *salida* de efectivo; un pasivo. El valor actual de este pasivo disminuye conforme aumenta la tasa de descuento.

---

[2]Es probable que se esté preguntando qué ocurriría si el precio de la acción común fuera inferior al valor presente del precio de ejecución, dando como resultado un valor negativo para la opción de compra. Esto no puede ocurrir, porque se tiene la certeza de que el precio de la acción común será, al menos, igual a E en un año, ya que se sabe que la opción terminará «en el dinero». Si el precio actual de la acción común es inferior a $E/(1 + R_f)$, es seguro que el rendimiento de la acción común será mayor que la tasa libre de riesgo, con lo que se crea una oportunidad de arbitraje. Por ejemplo, si en la actualidad la acción común se vende en $80, el rendimiento *mínimo* sería de ($105 − 80)/$80 = 31.25%. Dado que se puede obtener deuda al 20%, se puede ganar con certeza un rendimiento mínimo del 11.25% por cada unidad monetaria de deuda. Por supuesto que esto es arbitraje.

PREGUNTAS SOBRE CONCEPTOS

20.2a ¿Cuál es el valor de una opción de compra al vencimiento?

20.2b ¿Cuáles son los límites superior e inferior del valor de una opción de compra en cualquier momento antes de su vencimiento?

20.2c Suponiendo que existe la certeza de que el precio de la acción común será mayor que el precio de ejecución de una opción de compra, ¿cuál es el valor de la opción de compra? ¿Por qué?

VALUACIÓN DE UNA OPCIÓN DE COMPRA | 20.3

Investiguemos ahora el valor de una opción de compra si existe la posibilidad de que termine «fuera del dinero». Veremos de nuevo el caso sencillo de sólo dos posibles precios futuros de la acción común. Este caso permitirá identificar el otro factor que determina el valor de una opción.

Modelo básico: Parte II

De acuerdo con el ejemplo anterior, tenemos una acción común que en la actualidad se vende a $100. En un año, ésta tendrá un valor de $110 o de $130, no se sabe cuál. La tasa libre de riesgo es del 20%. Sin embargo, ahora se está analizando una opción de compra diferente. Ésta tiene un precio de ejecución de $120 en lugar de $105. ¿Cuál es el valor de esta opción de compra?

Este caso es un poco más difícil. Si la acción común resulta tener un valor de $110, la opción está «fuera del dinero» y no tiene valor alguno. Si la acción común resulta tener un valor de $130, la opción tendrá un valor de $130 − 120 = $10.

El enfoque básico para determinar el valor de la opción de compra será el mismo. Vemos de nuevo que es posible combinar la opción de compra y una inversión libre de riesgo de tal forma que duplique exactamente el rendimiento que se obtendría al conservar la acción común. La única complicación es que resulta un poco más difícil determinar cómo hacerlo.

Supongamos, por ejemplo, que se compró una opción de compra y se invirtió el valor actual del precio de ejecución en un activo libre de riesgo. En un año, se tendrían $120 derivados de la inversión libre de riesgo, más una opción con un valor, ya sea igual a cero o igual a $10. El valor total es de $120 o de $130. Éste no es el mismo que el valor de la acción común ($110 o $130), por lo que las dos estrategias no son comparables.

En lugar de ello, consideremos la posibilidad de invertir el valor actual de $110 (el precio inferior de la acción común) en un activo libre de riesgo. Esto garantiza un rendimiento de $110. Si el precio de la acción común es de $110, cualquier opción de compra que se posea no tiene valor alguno y se tienen exactamente $110.

Cuando la acción común tiene un valor de $130, la opción de compra tiene un valor de $10. La inversión libre de riesgo tiene un valor de $110, por lo que existe un déficit de $130 − 110 = $20. Dado que cada opción de compra tiene un valor de $10, se requiere comprar dos para replicar exactamente a la acción común.

Por tanto, invertir en este caso el valor actual del precio inferior de la acción común en un activo libre de riesgo y adquirir dos opciones de compra, duplica exactamente el poseer la acción común. Cuando la acción común tiene un valor de $110, se tienen $110 derivados de la inversión libre de riesgo. Cuando la acción común tiene un valor de $130, se tienen $110 derivados de la inversión libre de riesgo, más dos opciones de compra con un valor de $10 cada una.

Dado que ambas estrategias tienen exactamente el mismo valor en el futuro, deben también tener el mismo valor actual, o de lo contrario sería posible el arbitraje:

$$S_0 = \$100 = 2 \times C_0 + \$110/(1 + R_f)$$
$$2 \times C_0 = \$100 - \$110/1.20$$
$$C_0 = \$4.17$$

Por consiguiente, cada opción de compra tiene un valor de $4.17.

Ejemplo 20.2   No nos compre, nosotros le compramos

Se están examinando dos opciones de compra sobre la misma acción común; una con un precio de ejecución de $20 y otra con un precio de ejecución de $30. En la actualidad, la acción común se vende a $35. Su precio futuro será de $25 o de $50. Si la tasa libre de riesgo es del 10%, ¿cuáles son los valores de estas opciones de compra?

El primer caso (el precio de ejecución de $20) no es difícil, puesto que es seguro que la opción terminará «dentro del dinero». Se conoce que el valor es igual al precio de la acción común menos el valor actual del precio de ejecución:

$$C_0 = S_0 - E/(1 + R_f)$$
$$= \$35 - \$20/1.1$$
$$= \$16.82$$

En el segundo caso, el precio de ejecución es de $30, por lo que la opción puede terminar «fuera del dinero». Al vencimiento, la opción tiene un valor de $0 si la acción común tiene un valor de $25; la opción tiene un valor de $50 − 30 = $20 si termina «dentro del dinero».

Como hicimos anteriormente, se comienza invirtiendo el valor presente del precio inferior de la acción común en un activo libre de riesgo. Esto cuesta $25/1.1 = $22.73. Al vencimiento, se tienen $25 derivados de esta inversión.

Si el precio de la acción común es de $50, se requieren $25 adicionales para replicar exactamente el rendimiento de la acción común. Puesto que en este caso cada opción tiene un valor de $20, se requieren $25/$20 = 1.25 opciones. Por consiguiente, para evitar el arbitraje, invertir el valor presente de $25 en un activo libre de riesgo y el adquirir 1.25 opciones de compra tiene el mismo valor que la acción común:

$$S_0 = 1.25 \times C_0 + \$25/(1 + R_f)$$
$$\$35 = 1.25 \times C_0 + \$25/(1 + 0.10)$$
$$C_0 = \$9.82$$

Obsérvese que esta segunda opción debía valer menos, ya que tiene un precio de ejecución más alto. ∎

El quinto factor

Mostraremos ahora el quinto (y último) factor que determina el valor de una opción. Supongamos que toda la información del ejemplo anterior continúa igual, excepto que el precio de la acción común puede ser $105 o $135, en lugar de $110 o $130. Obsérvese que el objetivo de este cambio es permitir que el futuro precio de la acción común sea más volátil que antes.

Se examina la misma estrategia que se utilizó anteriormente: invertir el valor actual del precio inferior de la acción común ($105 en este caso) en el activo libre de riesgo y adquirir dos opciones de compra. Si el precio de la acción común es de $105, las opciones de compra, al igual que antes, no tienen valor y se tienen en total $105.

Si el precio de la acción común es de $135, cada opción tiene un valor de $S_1 - E = \$135 - 120 = \$15$. Se tienen dos opciones de compra, así que la cartera de inversión tiene un valor de $105 + 2 × $15 = $135. De nuevo, se ha replicado exactamente el valor de la acción común.

¿Qué le ha ocurrido al valor de la opción? Para ser más precisos, se ha incrementado la varianza del rendimiento de la acción. ¿Aumenta o disminuye el valor de la opción? Para determinar esto, se requiere resolver para el valor de la opción de compra en la misma forma en que se realizó antes:

$$S_0 = \$100 = 2 \times C_0 + \$105/(1 + R_f)$$
$$2 \times C_0 = \$100 - \$105/1.20$$
$$C_0 = \$6.25$$

El valor de la opción de compra ha aumentado de $4.17 a $6.25.

De acuerdo al ejemplo, el quinto y último factor que determina el valor de una opción es la varianza del rendimiento del activo implícito. Más aún, cuanto *mayor* sea la varianza, *mayor* será el valor de la opción. Al principio, este resultado parece un poco extraño y quizá sea algo sorprendente saber que, al aumentar el riesgo del activo implícito (medido por la varianza del rendimiento), aumenta el valor de la opción.

La razón por la que al aumentar la varianza del activo implícito aumenta también el valor de la opción no es difícil de visualizar en el ejemplo. Al cambiar el precio inferior de la acción común a $105, a partir de $110 no causa daño alguno, ya que en cualquiera de ambos casos el valor de la opción es igual a cero. Sin embargo, el desplazar el precio superior posible a $135, a partir de $130 hace que la acción común tenga mayor valor cuando está «dentro del dinero».

De una forma más general, el incremento de la varianza de los posibles precios futuros del activo implícito no afecta el valor de la opción cuando ésta resulta «fuera del dinero». En este caso, el valor siempre es igual a cero. Por otra parte, el incrementar la varianza cuando la opción está «dentro del dinero» sólo aumenta los posibles rendimientos, por lo que el efecto neto es incrementar el valor de la opción. Dicho de otra forma, dado que el riesgo a la baja siempre es limitado, el único efecto consiste en incrementar el potencial a la alza.

En una sección posterior se utilizará el símbolo tradicional, σ^2, para representar la varianza del rendimiento del activo implícito o subyacente.

Un análisis más detallado

Antes de seguir adelante, sería útil examinar un último ejemplo. Supongamos que el precio de la acción común es de $100 y que aumentará o disminuirá en un 20%. La tasa libre de riesgo es del 5%. ¿Cuál es el valor de una opción de compra con un precio de ejecución de $90?

El precio de la acción común será de $80 o de $120. La opción tiene un valor de cero cuando la acción común tiene un valor de $80; alternativamente, la opción vale

$120 − 90 = $30 cuando la acción común tiene un valor de $120. Entonces, se invertirá el valor presente de los $80 en el activo libre de riesgo y se adquirirán algunas opciones de compra.

Cuando la acción termina en $120, el activo libre de riesgo paga $80, quedando un déficit de $40. En este caso, cada opción tiene un valor de $30, por lo que se requieren $40/$30 = 4/3 opciones para igualar el rendimiento de la acción común. Por tanto, el valor de la opción debe determinarse mediante:

$$S_0 = \$100 = 4/3 \times C_0 + \$80/1.05$$

$$C_0 = (3/4) \times (\$100 - \$76.19)$$

$$= \$17.86$$

Para hacer el resultado un poco más general, obsérvese que el número de opciones que se requieren comprar para replicar la acción común siempre es igual a $\Delta S/\Delta C$, donde ΔS es la diferencia en los precios posibles de la acción y AC es la diferencia en los valores posibles de la opción. Por ejemplo, en el caso actual, ΔS sería $120 − 80 = $40 y ΔC sería $30 − 0 = $30, por lo que $\Delta S/\Delta C$ es $40/$30 = 4/3, como se calculó.

Obsérvese también que, cuando existe la certeza de que la acción común termine «dentro del dinero», $\Delta S/\Delta C$ siempre es exactamente igual a uno, por lo que siempre es precisa una opción de compra. De lo contrario, $\Delta S/\Delta C$ es mayor a uno, con lo que se requiere más de una opción de compra.

Concluimos así el estudio de la valuación de opciones. Lo más importante es recordar que el valor de una opción depende de cinco factores. En la tabla 20.2 se resumen estos factores y la dirección de su influencia, tanto para las opciones de venta (*puts*) como para las de compra (*calls*). En la tabla 20.2, el signo entre paréntesis señala la dirección de la influencia.[3] En otras palabras, el signo muestra si el valor de la opción aumenta o disminuye cuando aumenta el valor de alguno de los factores. Por ejemplo, obsérvese que, al aumentar el precio de ejecución o de ejercicio, disminuye el valor de una opción de compra. Al aumentar cualquiera de los otros cuatro factores, aumenta el valor de la opción de compra. Obsérvese también que el período al vencimiento y la varianza actúan en la misma forma para las opciones de venta y las de compra. Los otros tres factores tienen signos opuestos.

No hemos estudiado cómo valuar una opción de compra cuando la opción puede resultar «fuera del dinero» y el precio de la acción común puede tomar más de dos valores. En este caso, hay que utilizar un modelo financiero muy famoso, el modelo Black-Scholes de valuación de opciones. Este tema se cubre en el apéndice de este capítulo.

PREGUNTAS SOBRE CONCEPTOS

20.3a ¿Cuáles son los cinco factores que determinan el valor de una opción?

20.3b ¿Cuál es el efecto de un incremento en cada uno de esos cinco factores sobre el valor de una opción de compra? Proporcione una explicación intuitiva de la respuesta.

---

[3]Los signos en la tabla 20.2 son para opciones estadounidenses. Para una opción de venta europea, el efecto de incrementar el tiempo hasta el vencimiento es ambiguo y la dirección de la influencia puede ser positiva o negativa.

Factor	Opciones de compra	Opciones de venta	
Valor presente del activo implícito	(+)	(−)	**Tabla 20.2**
Precio de ejecución de la opción	(−)	(+)	Cinco factores que
Tiempo al vencimiento de la opción	(+)	(+)	determinan el valor
Tasa libre de riesgo	(+)	(−)	de las opciones
Varianza del rendimiento del activo implícito	(+)	(+)	

20.3c ¿Cuál es el efecto de un incremento en cada uno de los cinco factores sobre el valor de una opción de venta? Proporcione una explicación intuitiva de la respuesta.

EL CAPITAL CONTABLE COMO UNA OPCIÓN DE COMPRA SOBRE LOS ACTIVOS DE LA EMPRESA | 20.4

Ahora que ya hemos comprendido los factores básicos que determinan el valor de una opción, examinemos algunas de las formas en las que aparecen las opciones en las finanzas corporativas.

Uno de los conocimientos más importantes que se obtienen al estudiar opciones es que las acciones comunes en una empresa apalancada (la que ha emitido una deuda) son en realidad una opción de compra sobre los activos de la empresa. Ésta es una observación notable y se examina a continuación.

La forma más fácil de iniciar este tema es con un ejemplo. Supongamos que una empresa tiene en circulación una sola emisión de deuda. El valor nominal es de $1,000 y la deuda vence en un año. Desde ahora hasta esa fecha, no habrá pagos de cupones, por lo que la deuda es en realidad un bono de descuento puro. Además, el valor actual de mercado de los activos de la empresa alcanza la cantidad de $950 y la tasa libre de riesgo es del 12.5%.

En un año, los accionistas deberán tomar una decisión. Pueden liquidar la deuda por $1,000 y adquirir así los activos de la empresa libres de todo gravamen o bien pueden incumplir con la deuda. Si incumplen, los tenedores de bonos serán los propietarios de los activos de la empresa.

En esta situación, los accionistas tienen una opción de compra sobre los activos de la empresa con un precio de ejecución de $1,000. Pueden ejecutar la opción mediante el pago de los $1,000 o pueden no ejecutarla, incumpliendo con la deuda. Es obvio que la decisión de ejecutarla o no depende del valor de los activos de la empresa al vencimiento de la deuda.

Si el valor de los activos de la empresa es superior a $1,000, la opción está «dentro del dinero» y los accionistas la ejecutarán liquidando la deuda. Si el valor de los activos de la empresa es inferior a $1,000, la opción está «fuera del dinero» y los accionistas optimizarán su decisión mediante el incumplimiento. Lo que se muestra a continuación es que es posible determinar los valores de la deuda y del capital utilizando los procedimientos de valuación de opciones.

Caso I: Deuda libre de riesgo

Supongamos que los activos de la empresa tendrán dentro de un año un valor de $1,100 o de $1,200. ¿Cuál es el valor actual del capital de la empresa? ¿El valor de la deuda? ¿Cuál es la tasa de interés de la deuda?

Para contestar a estas preguntas, primero se reconoce que la opción (el capital de la empresa) terminará con certeza «dentro del dinero», dado que el valor de los activos de la empresa ($1,100 o $1,200) siempre será superior al valor nominal de la deuda. En este caso, de acuerdo a lo que vimos en las secciones anteriores, se sabe que el valor de la opción es simplemente la diferencia entre el valor del activo implícito o subyacente y el valor actual del precio de ejecución o de ejercicio (calculado a la tasa libre de riesgo). El valor actual de $1,000, en un año, al 12.5%, es de $888.89. El valor actual de la empresa es de $950, por lo que la opción (el capital de la empresa) tiene un valor de $950 − 888.89 = $61.11.

Lo que se observa es que el capital, que es en realidad una opción para adquirir los activos de la empresa, debe valer $61.11. Por consiguiente, la deuda tiene que tener un valor actual de $888.89. De hecho, no era necesario conocer sobre opciones para manejar este ejemplo porque la deuda es libre de riesgo. La razón es que los tenedores de bonos están seguros de recibir $1,000. Dado que la deuda es libre de riesgo, la tasa de descuento apropiada (y la tasa de interés de la deuda) es la tasa libre de riesgo y, por consiguiente, se conoce de inmediato que el valor actual de la deuda es $1,000/1.125 = $888.89. Por tanto, el capital tiene un valor de $950 − 888.89 = $61.11, como se había calculado previamente.

Caso II: Deuda con riesgo

Supongamos ahora que el valor de los activos de la empresa dentro de un año será de $800 o de $1,200. Este caso es un poco más difícil porque la deuda ya no es libre de riesgo. Si el valor de los activos resulta ser de $800, los accionistas no ejecutarán su opción y, por consiguiente, incumplirán. En este caso, la acción común no tiene valor alguno. Si los activos tienen un valor de $1,200, los accionistas ejecutarán su opción para liquidar la deuda y tendrán una utilidad de $1,200 − 1,000 = $200.

Lo que se observa es que la opción (el capital de la empresa) tendrá un valor igual a cero o igual a $200. Los activos tendrán un valor de $1,200 o de $800. De acuerdo al material presentado en secciones anteriores, una cartera de inversión que tiene el valor actual de $800 invertidos en un activo libre de riesgo y ($1,200 − 800)/(200 − $0) = 2 opciones de compra, reproduce en forma exacta los activos de la empresa.

El valor presente de $800, a la tasa libre de riesgo del 12.5%, es $800/1.125 = $711.11. Este importe, más el valor de las dos opciones de compra, es igual a $950, el valor de la empresa en la actualidad:

$$\$950 = 2 \times C_0 + \$711.11$$

$$C_0 = \$119.44$$

Dado que la opción de compra es en realidad el capital de la empresa, el valor del capital es de $119.44. Por tanto, el valor de la deuda es de $950 − 119.44 = $830.56.

Por último, puesto que la deuda tiene un valor nominal de $1,000 y un valor de $830.55 en la actualidad, la tasa de interés es de ($1,000/$830.55) − 1 = 20.4%. Por supuesto que esto excede a la tasa libre de riesgo, dado que ahora la deuda es con riesgo.

En sus propias palabras...

Sobre las aplicaciones del análisis de opciones,
por Robert C. Merton

Entre las innovaciones financieras más exitosas de las últimas dos décadas, se encuentran los mercados organizados para negociar opciones sobre acciones comunes, instrumentos financieros de renta fija, divisas, futuros financieros y una serie de mercancías básicas. Sin embargo, el éxito comercial no es la razón por la que el análisis de valuación de opciones se ha convertido en una de las piedras angulares de la teoría financiera. En lugar de, ello, su papel central se deriva del hecho de que estructuras similares a las opciones participan en la casi totalidad de las diferentes áreas que conforman el campo financiero.

Desde la primera observación, hecha hace casi 20 años, de que el capital con apalancamiento tiene la misma estructura de rendimientos que una opción de compra, la teoría de valuación de opciones ha proporcionado un enfoque integrado a la valuación de pasivos corporativos, incluyendo todo tipo de deuda, acciones preferentes, certificados de garantía de compra de acciones comunes y derechos preferentes de compra. Se ha aplicado la misma metodología a la valuación de seguros de fondos de pensiones, de seguros de depósitos y otras garantías gubernamentales sobre préstamos. También se ha utilizado para evaluar diversas cláusulas de contratos laborales, por ejemplo, salarios mínimos y empleo garantizado, incluyendo empleo de por vida.

Una ampliación importante y reciente del análisis de opciones ha sido la evaluación de opciones operativas u opciones «reales» en las decisiones de presupuesto de capital. Por ejemplo, una instalación que puede utilizar varios insumos para producir diversos productos proporciona a la empresa opciones operativas de las que no dispone en una instalación especializada que utiliza un grupo fijo de insumos para producir un solo tipo de producto. De forma similar, al seleccionar entre tecnologías con diferentes proporciones de costos fijos y costos variables, se puede considerar como una evaluación de opciones alternativas para cambiar los niveles de producción, incluyendo la opción de abandono del proyecto. Los proyectos de investigación y desarrollo son esencialmente opciones, ya sean para establecer nuevos mercados, para incrementar la participación de mercado o para reducir los costos de producción. Como indican estos ejemplos, el análisis de opciones es especialmente adecuado para la tarea de evaluar los elementos de «flexibilidad» de los proyectos. Éstos son los elementos cuyos valores son especialmente difíciles de estimar mediante el uso de técnicas tradicionales de presupuesto de capital.

Robert C. Merton ocupa la cátedra George F. Baker de finanzas en la Universidad de Harvard. En el pasado, tuvo a su cargo la cátedra J.C. Penney de finanzas en el MIT. Ha hecho importantes contribuciones a la teoría y a la práctica de las finanzas mediante sus trabajos sobre valuación de opciones y otros derechos contingentes, así como sobre riesgo e incertidumbre.

Ejemplo 20.3   El capital contable como una opción de compra

Swenson Software tiene una emisión de deuda de descuento puro con valor nominal de $100. La emisión vence en un año. En ese momento, los activos de la empresa tendrán un valor de $55 o de $160, dependiendo del éxito de las ventas del más reciente producto de Swenson. Los activos de la empresa tienen un valor en la actualidad de $110. Si la tasa libre de riesgo es del 10%, ¿cuál es el valor del capital de Swenson? ¿El valor de la deuda? ¿La tasa de interés de la deuda?

Para replicar los activos de la empresa, primero se requiere invertir el valor actual de $55 en el activo libre de riesgo. Esto cuesta $55/1.10 = $50. Si los activos resultan tener un valor de $160, la opción tiene un valor de $160 − 100 = $60. El activo libre de riesgo tendrá un valor de $55, por lo que se requieren ($160 − 55)/$60 = 1.75 opciones de compra; ya que la empresa tiene en la actualidad un valor de $110, se tiene:

$$\$110 = 1.75 \times C_0 + \$50$$

$$C_0 = \$34.29$$

Así, el capital tiene un valor de \$34.29; la deuda tiene un valor de \$110 − 34.29 = \$75.71. La tasa de interés de la deuda es aproximadamente de (\$100/\$75.71) − 1 = 32.1%. ∎

PREGUNTAS SOBRE CONCEPTOS

20.4a ¿Por qué se dice que el capital en una empresa apalancada es en realidad una opción de compra sobre los activos de la empresa?

20.4b Si las demás variables permanecen constantes, ¿preferirían los accionistas de una empresa aumentar o disminuir la volatilidad del rendimiento sobre los activos de la empresa? ¿Por qué? ¿Y los tenedores de bonos? Proporcione una explicación intuitiva.

20.5 | CERTIFICADOS DE GARANTÍA DE COMPRA DE ACCIONES COMUNES

certificado de garantía de compra de acciones comunes
Instrumento financiero que otorga a su tenedor el derecho de comprar acciones comunes a un precio fijo durante un período determinado.

Un **certificado de garantía de compra de acciones comunes** (*warrant*) es un instrumento financiero corporativo que se parece mucho a una opción de compra. Otorga al tenedor el derecho, pero no la obligación, de comprar acciones comunes directamente a una empresa a un precio fijo durante un determinado período de tiempo. Cada certificado de garantía de compra especifica el número de acciones comunes que puede adquirir el tenedor, el precio de ejecución o de ejercicio y la fecha de vencimiento.

Las diferencias en las características contractuales entre las opciones de compra que se negocian en el «Chicago Board Options Exchange» (CBOE) y los certificados de garantía de compra son relativamente pequeñas. Sin embargo, estos últimos tienen períodos de vigencia mucho mayores. De hecho, algunos certificados de garantía de compra (*warrants perpetuos*) son en realidad perpetuos y no especifican una fecha fija de vencimiento.

A los certificados de garantía de compra se les suele denominar «*endulzantes*» o «*estimulantes de capital*» dado que se emiten por lo general en combinación con préstamos o bonos que se colocan en forma privada.[4] Incluir algunos certificados de garantía de compra de acciones es una forma de hacer que la operación sea algo más atractiva para el acreedor y es una práctica muy común. Desde el 13 de abril de 1970, estos certificados se cotizan y se negocian en la Bolsa de Valores de Nueva York (*NYSE*). A fines de 1990, existían 17 emisiones de este tipo que cotizaban en la NYSE, con un valor total de mercado de \$2.192 miles de millones.[5]

En la mayoría de los casos, los certificados de garantía de compra se adhieren a los bonos cuando éstos se emiten. El contrato de préstamo especificará si estos certificados se pueden desprender del bono.* Por lo general, el tenedor del bono puede separar de inmediato el certificado y venderlo como un instrumento financiero por separado.

Por ejemplo, Navistar International es uno de los mayores fabricantes y comercializadores del mundo de camiones diesel y refacciones.[6] El 14 de abril de 1985, Navistar captó

---

[4]Los certificados de garantía de compra de acciones comunes (*warrants*) se emiten también con bonos distribuidos al público en general y con nuevas emisiones de acciones comunes.

[5]Bolsa de Valores de Nueva York, *Fact Book*, 1991.

Nota de los Revs. Técs.: A dicho bono se le conoce como bono «anfitrión», que es el instrumento al que está adherido el *warrant*.

[6]Antes del 1° de febrero de 1986, el nombre de la empresa era International Harvester.

$200 millones mediante la emisión pública de una combinación de bonos y certificados de garantía de compra de acciones comunes. Cada uno de los bonos preferentes, con vencimiento en 1995 y tasa de interés del 13.25%, tenía adheridos cuarenta certificados. El tenedor recibía el derecho de usar cada certificado para adquirir una acción común por $9, en cualquier fecha hasta el 31 de diciembre de 1990, inclusive. Cada unidad, «el bono más 40 certificados», se vendió en $1,000 cuando se emitieron.

Como es lógico, los certificados de garantía de compra de Navistar eran desprendibles, lo que significa que se podían negociar por separado poco tiempo después de que se concluyó la emisión. Los certificados se negociaron por primera vez el 8 de julio de 1985, fecha en la que más de 1,000 cambiaron de manos. El precio de cierre para estos certificados fue de $3.50 y el precio de la acción común de Navistar estaba en $8.50.

Como sucedió con las opciones de compra, el límite inferior del valor de un certificado de garantía de compra de acciones comunes es igual a cero cuando el precio de cada acción común de Navistar es inferior a $9. Si este precio asciende a más de $9 por acción, el límite inferior es el precio por acción común menos $9. El límite superior es el precio por acción. Un certificado de garantía de compra para adquirir una acción común no puede venderse a un precio superior al de la acción común implícita o subyacente.

Diferencia entre los certificados de garantía de compra de acciones comunes y las opciones de compra sobre acciones comunes

Como ya hemos explicado, desde el punto de vista del tenedor, los certificados de garantía de compra de acciones comunes son muy similares a las opciones de compra. El certificado, al igual que la opción, otorga a su propietario el derecho de comprar acciones comunes a un precio determinado. Sin embargo, desde el punto de vista de la empresa, el certificado de garantía de compra es muy diferente de una opción de compra vendida sobre las acciones comunes de la misma.

La diferencia más importante entre las opciones de compra y los certificados de garantía es que las opciones de compra son emitidas por personas individuales y los certificados lo son por empresas. Cuando se ejerce una opción de compra, un inversionista compra acciones comunes de otro inversionista y la empresa no participa. Cuando se ejerce un certificado de garantía de compra de acciones comunes, la empresa debe emitir nuevas acciones comunes. Cada vez que se ejecuta un certificado de garantía de compra, la empresa recibe algún efectivo y el número de acciones en circulación aumenta.

Como ejemplo, supongamos que Endrun Company emite un certificado de garantía que otorga a sus tenedores el derecho a comprar una acción común a $25. Supongamos además que se ejecuta el certificado de garantía de compra. Endrun debe imprimir un nuevo certificado de acciones comunes. A cambio de éste, recibe $25 del tenedor.

En contraste, cuando se ejecuta una opción de compra, no se produce un cambio en el número de acciones en circulación. Supongamos que la señora Enger compra al señor Swift una opción de compra sobre las acciones comunes de Endrun Company. La opción otorga a la señora Enger el derecho de comprar una acción común de Endrun Company por $25.

Si la señora Enger decide ejecutar la opción de compra, el señor Swift está obligado a entregarle una acción común de Endrun a cambio de $25. Si el señor Swift no posee esa acción, debe acudir al mercado de valores y comprar una.

La opción de compra equivale a una apuesta personal entre la señora Enger y el señor Swift sobre el valor de las acciones comunes de Endrun Company. Cuando se ejecuta una opción de compra, un inversionista gana y el otro pierde. El número total de acciones en circulación permanece constante y la empresa no recibe nuevos fondos.

Los certificados de garantía de compra y el valor de la empresa

Dado que la empresa no participa en la compra o en la venta de opciones, las opciones de venta (*puts*) y de compra (*calls*) no tienen efecto alguno sobre el valor de la misma. Sin embargo, en el caso de los certificados de garantía de compra de acciones comunes, la empresa es el vendedor original y los certificados de garantía de compra sí afectan el valor de la empresa.

En esta sección se compara el efecto de las opciones de compra y de los certificados de garantía de compra de acciones comunes.

Imaginemos que el señor Gould y la señora Rockefeller son dos inversionistas que compran conjuntamente seis onzas de platino a un precio de $500 la onza. La inversión total es de 6 × $500 = $3,000 y cada uno de los inversionistas aporta la mitad de dicho monto. Ellos constituyen una empresa, imprimen dos certificados de acciones y nombran a la empresa GR Company.

Cada certificado representa una participación de propiedad sobre la mitad del platino y el señor Gould y la señora Rockefeller poseen un certificado cada uno. El efecto neto de todo ello es que el señor Gould y la señora Rockefeller han constituido una empresa cuyo único activo es el platino.

El efecto de una opción de compra sobre acciones   Supongamos que más adelante el señor Gould decide vender una opción de compra a la señora Fiske. La opción de compra otorga a la señora Fiske el derecho de comprar la acción común del señor Gould por $1,800 dentro de un año.

Al finalizar el año, el precio del platino es de $700 la onza, por lo que el valor de GR Company es de 6 × $700 = **$4,200**. Cada acción común tiene un valor de $4,200/2 = **$2,100**. La señora Fiske ejecutará su opción, por lo que el señor Gould tendrá que entregarle su certificado de acciones y recibir $1,800.

¿Cómo resultaría afectada la empresa por dicha ejecución? El número de acciones no se ve afectado; seguirán existiendo dos de ellas, ahora propiedad de la señora Rockefeller y de la señora Fiske. Las acciones continúan teniendo un valor de $2,100. Lo único que ocurre es que, cuando la señora Fiske ejecuta su opción, obtendrá una ganancia de $2,100 − 1,800 = $300. El señor Gould pierde el mismo monto.

El efecto de un certificado de garantía de compra de acciones   Esta historia cambia si se emite un certificado de garantía de compra de acciones. Supongamos que el señor Gould no le vende una opción de compra a la señora Fiske. En lugar de ello, el señor Gould y la señora Rockefeller se reúnen y deciden emitir un certificado de garantía de compra de acciones y vendérselo a la señora Fiske. Esto significa que, de hecho, GR Company decide emitir un certificado de garantía de compra de acciones.

El certificado de garantía de compra le otorga a la señora Fiske el derecho de recibir una acción de la empresa a un precio de ejecución de $1,800. Si la señora Fiske decide ejecutar el certificado de garantía de compra, la empresa emitirá otro certificado de acciones y se lo entregará a la señora Fiske a cambio de $1,800.

Supongamos de nuevo que el precio del platino aumenta a $700 la onza. La empresa tendrá un valor de $4,200. Supongamos además que la señora Fiske ejecuta su certificado de garantía de compra. Ocurrirán dos eventos:

1. La señora Fiske pagará a la empresa $1,800.
2. La empresa imprimirá un certificado de acciones y se lo entregará a la señora Fiske. El certificado representará una participación de propiedad equivalente a un tercio de los activos de la empresa.

	Valor de la empresa si el precio por onza de platino es igual a		**Tabla 20.3**
	$700	$600	Efecto de una opción de compra sobre acciones comunes contra un certificado de garantía de compra de acciones comunes *(warrants)* de GR Company
Sin certificado de garantía de compra de acciones ni opción de compra sobre acciones			
Acción común del Sr. Gould	$2,100	$1,800	
Acción común de la Sra. Rockefeller	2,100	1,800	
Valor de la empresa	$4,200	$3,600	
Opción de compra sobre acciones			
Participación del Sr. Gould	$ 0	**$1,800**	
Participación de la Sra. Rockefeller	**2,100**	**1,800**	
Participación de la Sra. Fiske	**2,100**	**0**	
Valor de la empresa	**$4,200**	**$3,600**	
*Certificado de garantía de compra de acciones**			
Acción común del Sr. Gould	**$2,000**	**$1,800**	
Acción común de la Sra. Rockefeller	**2,000**	**1,800**	
Acción común de la Sra. Fiske	**2,000**	**0**	
Empresa	**$6,000**	**$3,600**	

*Si el precio del platino es de $700, el valor de la empresa es igual al valor de seis onzas de platino más el exceso de dinero pagado a la empresa por la Sra. Fiske. Este importe es de $4,200 + 1,800 = $6,000.

La participación de la acción de la señora Fiske con un tercio parece tener un valor de sólo $4,200/3 = $1,400. Esto no es correcto, ya que es necesario sumar los $1,800 que aportó la señora Fiske a la empresa. El valor de la empresa aumenta por este importe, por lo que:

Nuevo valor de la empresa = Valor de la acción común
+ Aportación a la empresa por la Sra. Fiske

= $4,200 + 1,800

= **$6,000**

Debido a que la señora Fiske tiene una participación de propiedad equivalente a un tercio del valor de la empresa, su acción común tiene un valor de $6,000/3 = **$2,000**. Al ejecutar el certificado de garantía de compra de acciones, la señora Fiske gana $2,000 − 1,800 = $200. En la tabla 20.3 se muestra todo esto.

Cuando se ejecuta el certificado de garantía de compra de acciones comunes la empresa recibe el dinero de la ejecución. Dado que la señora Fiske termina siendo dueña de una tercera parte de la empresa, de hecho ella recupera un tercio de lo que paga. Como en realidad ella sólo renuncia a dos terceras partes de $1,800 para comprar la acción común, el precio de ejecución es de 2/3 × $1,800 = $1,200.

En realidad, la señora Fiske paga $1,200 para obtener una participación equivalente a un tercio sobre los activos de la empresa (el platino). Esto tiene un valor de

$4,200/3 = \$1,400$. Desde esta perspectiva, la señora Fiske gana $\$1,400 - 1,200 = \$200$ (exactamente lo que se calculó anteriormente).

Valor del certificado de garantía de compra de acciones y valor de la acción común   ¿Cuál es el valor de las acciones comunes de una empresa que ha emitido certificados de garantía de compra de acciones? Obsérvese el valor de *mercado* de GR Company justo antes y después de la ejecución del certificado de garantía de compra de la señora Fiske. Exactamente después de la ejecución, el balance general es el siguiente:

Efectivo	$1,800	Acciones comunes	$6,000
Platino	4,200	(3 acciones)	
Total	$6,000	Total	$6,000

Como acabamos de ver, cada acción común tiene un valor de $6,000/3 = \$2,000$.

Dado que la persona que posea el certificado de garantía de compra obtendrá una ganancia de $200 cuando éste se ejecute, el certificado de garantía de compra de acciones tiene un valor de $200 justo antes de su vencimiento. Por tanto, el balance general de GR Company justo antes del vencimiento es:

Platino	$4,200	Certificado de garantía de compra	$ 200
		Acciones comunes	4,000
		(2 acciones)	
Total	$4,200	Total	$4,200

El valor de las acciones comunes se calcula como el valor de los activos ($4,200) menos el valor del certificado de garantía de compra ($200).

Obsérvese que el valor de cada acción común, justo antes del vencimiento, es de $4,000/2 = \$2,000$, exactamente igual a después del vencimiento. Por consiguiente, el valor de cada acción común no cambia con la ejecución del certificado de garantía de compra. No se produce dilución del valor de las acciones comunes causadas por la ejecución.

Dilución de utilidades   Los certificados de garantía de compra de acciones comunes y (como se verá) los bonos convertibles suelen aumentar el número de las acciones. Esto ocurre 1) cuando se ejecutan los certificados de garantía de compra de acciones comunes y 2) cuando se convierten los bonos. Como hemos visto, este aumento no disminuye el valor de cada acción común. Sin embargo, sí hace que la utilidad neta de la empresa se distribuya entre un número mayor de acciones y, por consiguiente, disminuyan las utilidades por acción.

Normalmente, las empresas con cantidades importantes de emisiones en circulación de certificados de garantía de compra de acciones y de instrumentos financieros convertibles calcularán y presentarán en sus estados financieros las utilidades por acción sobre una *base de dilución completa*. Ello significa que el cálculo se basa en el número de acciones que estarían en circulación si se ejecutaran todos los certificados de garantía de compra y se convirtieran todos los instrumentos financieros convertibles. Dado que ello aumenta el número de acciones comunes, la UPA totalmente diluida será menor que la UPA calculada sólo sobre la base de las acciones que están realmente en circulación.

PREGUNTAS SOBRE CONCEPTOS

20.5a ¿Qué es un certificado de garantía de compra de acciones comunes?

20.5b ¿Por qué son diferentes los certificados de garantía de compra de acciones comunes de las opciones de compra sobre acciones comunes?

BONOS CONVERTIBLES 20.6

Un **bono convertible** es similar a un bono con certificado de garantía de compra de acciones comunes. La diferencia más importante es que el bono con certificado de garantía de compra se puede separar en instrumentos financieros diferentes (un bono y algunos certificados de garantía de compra), mientras que el bono convertible no se puede separar. El bono convertible otorga a su tenedor el derecho de intercambiarlo por un número fijo de acciones comunes en cualquier momento hasta la fecha de vencimiento del bono, incluyendo esta fecha.

> **bono convertible**
> Bono que puede intercambiarse por un número fijo de acciones comunes durante un período de tiempo determinado.

Es frecuente que las acciones preferentes puedan convertirse en acciones comunes. Una acción común preferente convertible es lo mismo que un bono convertible, excepto que tiene una fecha de vencimiento infinita.[7]

Características de un bono convertible

Las características básicas de un bono convertible pueden mostrarse examinando una emisión en particular. El 24 de junio de 1986, Crazy Eddie, un comerciante minorista de productos electrónicos y de entretenimiento para el hogar de la ciudad de Nueva York, emitió $72 millones de bonos convertibles subordinados sin garantía, con interés del 6% y vencimiento en el año 2011. Se planeaba utilizar los ingresos derivados de la emisión para agregar nuevas tiendas a su cadena. En algunos aspectos, los bonos eran similares a los bonos sin garantía tradicionales. Por ejemplo, tenían un fondo de amortización y eran redimibles anticipadamente después de dos años de emitidos.

La característica que hizo que los bonos de Crazy Eddie fueran interesantes es que eran convertibles en acciones comunes de Crazy Eddie en cualquier momento antes de su vencimiento y a un **precio de conversión** de $46.25 por acción común. Dado que cada bono tenía un valor nominal de $1,000, esto significa que el tenedor de un bono convertible de Crazy Eddie podía cambiar ese bono por $1,000/$46.25 = 21.62 acciones comunes de Crazy Eddie. Al número de acciones que se reciben por cada bono sin garantía, 21.62 en este ejemplo, se le conoce como **razón de conversión**.

> **precio de conversión**
> Importe monetario del valor par de un bono que es intercambiable por una acción común.

> **razón de conversión**
> Número de acciones comunes recibidas por cada bono de $1,000 convertible en acciones comunes.

Cuando Crazy Eddie emitió sus bonos convertibles, sus acciones comunes se negociaban en $38 cada una. Por tanto, el precio de conversión de $46.25 era un ($46.25 − 38)/$38 = 22% mayor que el precio en ese momento por acción común. A este

---

[7]Por supuesto que los dividendos pagados no son deducibles de impuestos para la empresa. Los intereses pagados por un bono convertible sí son deducibles a efectos de impuestos.

prima de conversión
Diferencia entre el precio de conversión y el precio actual de la acción común, dividido entre el precio actual de la acción común.

22% se le denomina **prima de conversión**. Esta prima refleja el hecho de que la opción de conversión en los bonos convertibles de Crazy Eddie está «fuera del dinero». La prima de conversión es típica.

Valor de un bono convertible

Aunque la característica de conversión del bono convertible no se puede desprender como en el caso del certificado de garantía de compra de acciones, el valor del bono aún se puede descomponer en el valor del bono y el valor de la característica de conversión. A continuación, se estudia cómo se realiza esto.[8]

valor directo del bono
Valor de un bono convertible si éste no se pudiera convertir en acciones comunes.

Valor directo del bono   El **valor directo del bono** es en lo que se vendería el bono convertible, si no se pudiera convertir en acciones comunes. Este valor dependerá del nivel general de las tasas de interés de los bonos sin garantía y del nivel de riesgo de incumplimiento de pago del emisor.

Supongamos que los bonos tradicionales sin garantía emitidos por Crazy Eddie no tienen característica de conversión y están calificados como A y que a los bonos con calificación A se les fija un precio tal que ofrezcan un rendimiento del 10% el 24 de junio de 1986. El valor directo del bono, de los bonos convertibles de Crazy Eddie, puede determinarse descontando el monto del pago por cupón anual de $60 y el valor del bono al vencimiento al 10%, como se realizó en el capítulo 6:

$$\text{Valor directo del bono} = \$60 \times (1 - 1/1.10^{25})/0.10 + \$1{,}000/1.10^{25}$$
$$= \$544.62 + 92.30$$
$$= \$636.92$$

El valor directo del bono de un bono convertible es un valor mínimo, en el sentido de que el bono siempre vale, por lo menos, este monto. Como vemos a continuación, lo habitual es que valga más.

valor de conversión
Valor de un bono convertible si éste se convirtiera de inmediato en acciones comunes.

Valor de conversión   El **valor de conversión** de un bono convertible es lo que valdría el bono si se convirtiera de inmediato en acciones comunes. Este valor se calcula multiplicando el precio actual de la acción común por el número de acciones que se recibirán al convertir el bono.

Por ejemplo, el 24 de junio de 1986, cada bono convertible de Crazy Eddie podía convertirse en 21.62 acciones comunes de Crazy Eddie. Las acciones comunes de Crazy Eddie se vendían en $38. Por tanto, el valor de conversión era 21.62 × $38 = $821.56.

El bono convertible no puede venderse por menos de su valor de conversión, ya que de lo contrario existiría arbitraje. Si el bono convertible de Crazy Eddie se vendiera por menos de $821.56, los inversionistas adquirirían los bonos y los convertirían en acciones comunes y venderían las acciones. La ganancia por arbitraje sería la diferencia entre el valor de la acción común y el valor de conversión del bono.

---

[8]La cobertura que se hace de este tema es necesariamente breve. Para un planteamiento en profundidad, véase *Financial Market Rates and Flows*, de J. C. Van Horne, 2ª edición (Englewood Cliffs, N.J.: Prentice Hall, 1987), capítulo 11. Véase también *Principles of Corporate Finance*, de R. A. Brealey y S. C. Myers, 3ª edición (Nueva York: McGraw-Hill, 1988), capítulo 22.

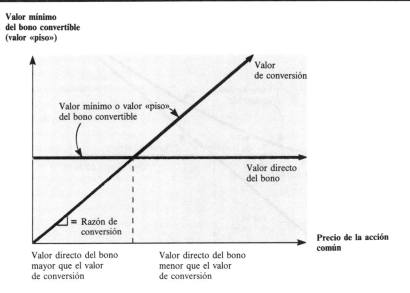

Figura 20.3

Valor mínimo de un bono convertible contra el valor de la acción común, para una tasa de interés determinada

Como se muestra, el valor mínimo o valor «piso» de un bono convertible es el valor directo del bono o bien su valor de conversión, el mayor de ambos.

Valor mínimo de un bono convertible   Como ya hemos visto, los bonos convertibles tienen dos posibles *valores mínimos* o *valores «piso»*: el valor directo del bono y el valor de conversión. El valor mínimo de un bono convertible se determina por el mayor de estos dos valores posibles. En la emisión de Crazy Eddie, el valor de conversión es $821.56, en tanto que el valor directo del bono es de $636.92. Por tanto, este bono tiene al menos un valor de $821.56.

En la figura 20.3 se grafica el valor mínimo o valor «piso» de un bono convertible comparado con el valor de la acción común. El valor de conversión se determina por el valor de la acción común implícita de la empresa. Conforme el valor de las acciones comunes aumenta o disminuye, también lo hace el valor de conversión. Por ejemplo, si el valor de las acciones comunes de Crazy Eddie aumenta $1, el valor de conversión de sus bonos convertibles aumentará $21.62.

En la figura 20.3 se ha supuesto, de forma implícita, que el bono convertible está libre de riesgo de incumplimiento de pago. En este caso, el valor directo del bono no depende del precio de la acción común, por lo que se grafica como una línea recta horizontal. Conociendo el valor directo del bono, el valor mínimo del bono convertible depende del valor de la acción común. Cuando el valor de la acción común es bajo, el valor mínimo del bono convertible recibe la influencia más significativa por parte del valor implícito como deuda tradicional (sin características de inversión). Sin embargo, cuando el valor de la empresa es muy alto, el valor del bono convertible está determinado sobre todo por el valor de conversión implícito. También se muestra esto en la figura 20.3.

Valor de opción   El valor de un bono convertible siempre excederá al valor directo del bono y al valor de conversión, a no ser que la empresa esté en suspensión de pagos o que

Figura 20.4

Valor de un bono convertible
contra el valor de la acción
común, para una tasa de
interés determinada

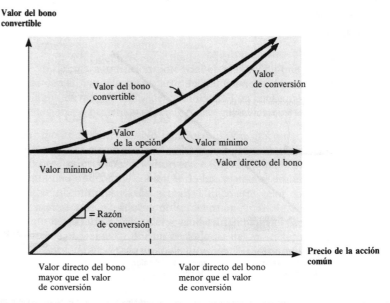

Como se muestra, el valor de un bono convertible es la suma de su valor mínimo y el valor de su opción (zona resaltada).

los tenedores de bonos estén obligados a realizar la conversión. La razón es que los tenedores de bonos convertibles no tienen que realizar la conversión de inmediato. En lugar de ello, al esperar, pueden aprovechar el valor directo del bono o el valor de conversión, lo que sea mayor en el futuro.

Esta opción de esperar es útil y aumenta el valor del bono convertible sobre su valor mínimo. Por consiguiente, el valor total del bono convertible es igual a la suma del valor mínimo y el valor de la opción. En la figura 20.4 se muestra esto. Obsérvese la similitud entre esta gráfica y la ofrecida para el valor de una opción de compra en la figura 20.2, que se mostró anteriormente.

PREGUNTAS SOBRE CONCEPTOS

20.6a ¿Qué son la razón de conversión, el precio de conversión y la prima de conversión?

20.6b ¿Cuáles son los tres elementos que integran el valor de un bono convertible?

20.7 | RAZONES PARA EMITIR CERTIFICADOS DE GARANTÍA DE COMPRA DE ACCIONES COMUNES Y BONOS CONVERTIBLES

Hasta fechas recientes, aún no se comprendían adecuadamente los bonos con certificados de garantía de compra de acciones comunes y los bonos convertibles. Las encuestas entre los ejecutivos financieros han proporcionado las razones de «libro de texto» más populares para la utilización de los certificados de garantía de compra de acciones y de los bonos convertibles. A continuación, se presentan dos de ellas:

1. Permiten a las empresas emitir bonos «baratos» al adherir «endulzantes» a los mismos. Los «endulzantes» permiten establecer la tasa nominal de los bonos convertibles y de los bonos con certificados de garantía de compra por debajo de las tasas de mercado de los bonos tradicionales.
2. Ofrecen a las empresas la oportunidad de emitir acciones comunes con una futura prima sobre los precios actuales. De esta forma, los bonos convertibles y los bonos con certificados de garantía de compra de acciones representan ventas diferidas de acciones comunes a precios relativamente altos.

Estas justificaciones para la utilización de ambos tipos de bonos se mezclan con frecuencia dentro de las explicaciones conocidas como la «comida gratuita».

El relato de la «comida gratuita»

Supongamos que RWJ Company puede emitir bonos subordinados sin garantía al 10%. También puede emitir bonos convertibles al 6%, con un valor de conversión de $800. El valor de conversión significa que los tenedores de bonos pueden convertir un bono convertible en 40 acciones comunes, que se negocian en la actualidad en $20 por acción.

El tesorero de una empresa que cree en las «comidas gratuitas» podría afirmar que deben emitirse bonos convertibles porque representan una fuente de financiamiento más barata que los bonos subordinados *y que* las acciones comunes. El tesorero señalará que, si la empresa obtiene malos resultados y el precio de sus acciones comunes no sobrepasa los $20, los tenedores de bonos convertibles no los convertirán en acciones comunes. En este caso, la empresa habrá obtenido financiamiento vía deuda a tasas inferiores a las del mercado al adherir «estimulantes» de capital sin valor alguno.

Por otra parte, si la empresa obtiene buenos resultados, los tenedores de bonos los convertirán. La empresa emitirá 40 acciones comunes. Dado que la empresa recibirá un bono con valor nominal de $1,000 a cambio de emitir 40 acciones comunes, el precio de conversión será $25.

Efectivamente, si los tenedores de bonos los convierten, la empresa habrá emitido acciones comunes a $25 cada una. Esto es un 25% por encima del precio actual por acción común de $20, por lo que la empresa recibe más dinero por cada acción común. Por tanto, según señala el feliz tesorero, los bonos convertibles son la forma de financiamiento más barata, sin importar si a la empresa le va bien o le va mal. RWJ no puede perder.

El problema con este relato es que se le puede dar la vuelta y crear un argumento que muestre que la emisión de certificados de garantía de compra de acciones y de bonos convertibles siempre es un desastre. A este relato se le denomina el de la «comida cara».

El relato de la «comida cara»

Supongamos que se observa con más detalle a RWJ Company y su propuesta de vender bonos convertibles. Si la empresa obtiene malos resultados y el precio de la acción común disminuye, los tenedores de bonos no ejecutarán su opción de conversión. Esto sugiere que RWJ Company debería haber emitido acciones comunes cuando los precios eran altos. Al emitir bonos convertibles, la empresa perdió una valiosa oportunidad.

Si a la empresa le va bien y el precio de las acciones aumenta, los tenedores de bonos los convertirán. Supongamos que el precio por acción común aumenta hasta $40. En este

Tabla 20.4		Si el desempeño de la empresa es malo	Si la empresa prospera
El caso a favor y en contra de los bonos convertibles		Precio bajo de la acción común y sin conversión	Precio alto de la acción común y con conversión
	Bonos convertibles emitidos en lugar de bonos tradicionales	Financiamiento barato porque la tasa nominal o tasa del cupón es menor (buen resultado)	Financiamiento caro porque se convierten los bonos, lo que diluye el capital existente (mal resultado)
	Bonos convertibles emitidos en lugar de acciones comunes	Financiamiento caro porque la empresa pudo haber emitido acciones comunes a precios altos (mal resultado)	Financiamiento barato porque la empresa emite acciones a precios altos cuando se convierten los bonos (buen resultado)

caso, los tenedores de bonos los convierten y la empresa se ve obligada a vender acciones comunes con un valor de $40 a un precio efectivo de sólo $25. Los nuevos accionistas se benefician. Dicho de otra forma, si la empresa prospera, hubiera sido mejor haber emitido deuda tradicional para no haber tenido que compartir las ganancias.

Ya sea que los bonos convertibles sean convertidos o no, la empresa estaría en peores condiciones que si hubiera emitido bonos tradicionales o nuevas acciones comunes. La emisión de bonos convertibles es una idea terrible.

¿Cuál es el correcto: el relato de la «comida gratuita» o el de la «comida cara»?

Una conciliación

Para conciliar los dos relatos, sólo se debe recordar el objetivo fundamental: incrementar la riqueza de los accionistas actuales. Por tanto, con una visión perfecta de 20-20, la emisión de bonos convertibles resultará ser menos conveniente que la emisión de bonos tradicionales y mejor que emitir acciones comunes, si la empresa prospera. La razón es que la prosperidad se tiene que compartir con los tenedores de bonos después de que estos últimos realizan la conversión.

En contraste, si a la empresa le va mal, la emisión de bonos convertibles resultará ser mejor que la emisión de bonos tradicionales y peor que emitir acciones comunes. La razón es que la empresa se habrá beneficiado de los pagos de cupones inferiores de los bonos convertibles.

Ambos relatos tienen algo de verdad y simplemente es necesario combinarlos; esto se efectúa en la tabla 20.4. Se utilizarán exactamente los mismos argumentos al comparar una emisión de deuda tradicional contra un paquete de bonos/certificados de garantía de compra de acciones comunes.

PREGUNTAS SOBRE CONCEPTOS

20.7a ¿Por que está mal decir que es más barato emitir un bono con un certificado de garantía de compra de acciones comunes o con una característica de convertibilidad, cuando el pago de cupones requerido es más bajo?

20.7b ¿Cuál es el error de la teoría que señala que un bono convertible puede ser un instrumento financiero conveniente para emitir, ya que puede ser una forma de vender acciones comunes a un precio mayor que el precio actual de las acciones comunes?

OTRAS OPCIONES | 20.8

Se han estudiado dos de los instrumentos financieros similares a las opciones más comunes: los certificados de garantía de compra de acciones comunes (*warrants*) y los bonos convertibles (*convertibles*). Las opciones aparecen en otros lugares. En esta sección se describen de forma breve algunos de estos casos.

La cláusula de redención anticipada de un bono

Como vimos en el capítulo 12, la mayor parte de los bonos corporativos son redimibles antes de su vencimiento. La cláusula de redención anticipada permite a la empresa comprar los bonos a un precio fijo y durante un período fijo. Es decir, la empresa tiene una opción de compra sobre los bonos. Para ésta, el costo de la característica de redención anticipada es el costo de la opción.

Los bonos convertibles casi siempre son redimibles antes de su vencimiento. Ello significa que un bono convertible es en realidad un paquete con tres instrumentos financieros: un bono tradicional, una opción de compra que tiene el tenedor del bono (la característica de conversión) y una opción de compra que tiene la empresa (la cláusula de redención anticipada).

Bonos con opción de venta

Los bonos con opción de venta (*put bonds*) son una innovación. El tenedor de un bono con opción de venta tiene el derecho de obligar al emisor a recomprarlo a un precio fijo y durante un período de tiempo también fijo. Este tipo de bono es una combinación del bono tradicional y de una opción de venta, por eso se le denomina así.

Por ejemplo, vimos brevemente en el capítulo 12 un LYON (un certificado con opción de rendimiento líquido). Se trata de un bono de descuento puro convertible y redimible antes de su vencimiento por el tenedor o por el emisor. Por tanto, es un paquete integrado por un bono de descuento puro, dos opciones de compra y una opción de venta.

La cláusula de sobresuscripción

En el capítulo 13 indicábamos que a los agentes colocadores se les suele conceder el derecho de comprar acciones comunes adicionales de una empresa en una oferta pública inicial (OPI). A esto se le denominó la *cláusula de sobresuscripción* (*green shoe provision*). Vemos ahora que esta cláusula es simplemente una opción de compra (o, con mayor precisión, un certificado de garantía de compra de acciones) otorgada al agente colocador. El valor de la opción es una forma indirecta de remunerar al agente colocador.

Seguros y garantías sobre préstamos

Los seguros, de un tipo u otro, son una característica financiera de la vida diaria. Tener un seguro es casi siempre como tener una opción de venta. Por ejemplo, supongamos que se tiene un seguro contra incendios por $1 millón para un edificio de oficinas. Una noche, el edificio se incendia por completo, reduciéndose su valor a cero. En este caso, se ejecutaría efectivamente la opción de venta y se obligaría al asegurador a pagar $1 millón por algo que tiene muy poco valor.

Las garantías sobre préstamos son una forma de seguro. Si se le presta dinero a alguien y éste incumple, si el préstamo está garantizado se le puede cobrar a alguien más, por lo general al gobierno. Por ejemplo, cuando se le presta dinero a un banco comercial (al realizar un depósito), el préstamo está garantizado (hasta $100,000) por el gobierno.

En dos casos muy conocidos de garantías sobre préstamos, Lockheed Corporation, en 1971, y Chrysler Corporation, en 1980, se salvaron de un inminente desastre financiero cuando el gobierno de Estados Unidos vino a su rescate al aceptar garantizar nuevos préstamos. De acuerdo con estas garantías, si Lockheed o Chrysler hubieran dejado de pagar, los acreedores hubieran obtenido del gobierno estadounidense el valor total de sus préstamos. Desde el punto de vista del acreedor, estos préstamos eran tan libres de riesgo como los bonos de la Tesorería. Estas garantías permitieron a Lockheed y Chrysler contratar deuda por grandes cantidades de efectivo y superar de esta manera los tiempos difíciles.

Las garantías sobre préstamos no están libres de costos. Al garantizar los préstamos, el gobierno estadounidense ha proporcionado una opción de venta a los tenedores de bonos con riesgo. El valor de la opción de venta es el costo de la garantía sobre el préstamo. Este punto ha quedado plenamente ejemplificado con el desplome de la industria de ahorros y préstamos. En el momento de escribir este libro, se desconoce aún cuál ha sido el costo final para los contribuyentes estadounidenses de cumplir con los depósitos garantizados en estas instituciones, pero es un importe asombroso que, con toda seguridad, excederá con mucho los $200 mil millones.

┌ **PREGUNTAS SOBRE CONCEPTOS**

20.8a Explique cómo el seguro de automóviles actúa como una opción de venta.
20.8b Explique por qué las garantías sobre préstamos otorgadas por el gobierno estadounidense no son gratuitas.

20.9 | RESUMEN Y CONCLUSIONES

En este capítulo se han descrito los aspectos básicos de la valuación de opciones y se han estudiado otros instrumentos financieros corporativos similares a las opciones. Se observó que:

1. Las opciones son contratos que otorgan el derecho, pero no la obligación, de comprar y vender los activos implícitos o subyacentes en el contrato a un precio fijo y durante un período de tiempo especificado.

   Las opciones más conocidas son las opciones de venta y de compra, que involucran acciones comunes. Estas opciones otorgan a su tenedor el derecho, pero no la obligación, de vender (la opción de venta) o de comprar (la opción de compra) acciones comunes a un precio determinado.

   Como vimos, el valor de cualquier opción depende sólo de cinco factores. Éstos son los siguientes:

a. El precio del activo implícito o subyacente.
b. El precio de ejecución o de ejercicio.
c. La fecha de vencimiento.
d. La tasa de interés de los bonos libres de riesgo.
e. La volatilidad del valor del activo implícito o subyacente.

2. El certificado de garantía de compra de acciones comunes otorga a su tenedor el derecho de comprar acciones comunes directamente a la empresa a un precio de ejecución fijo y durante un período determinado. Normalmente, los certificados de garantía de compra de acciones se emiten en un paquete con bonos colocados en forma privada. Después de la colocación, pueden desprenderse y negociarse por separado.

3. El bono convertible es una combinación de un bono tradicional y una opción de compra. Su tenedor puede entregar el bono a cambio de un número fijo de acciones comunes. El valor mínimo del bono convertible está determinado por el valor directo del bono o por su valor de conversión, el mayor de ambos.

4. Los bonos convertibles, los certificados de garantía de compra y las opciones de compra, aunque son similares, presentan diferencias importantes:

a. Las empresas emiten los certificados de garantía de compra de acciones y los instrumentos financieros convertibles. Las opciones de compra se emiten y negocian entre inversionistas individuales.

b. Los certificados de garantía de compra de acciones se emiten típicamente en forma privada y se combinan con un bono. En la mayoría de los casos, los certificados de garantía de compra de acciones se pueden desprender inmediatamente después de la colocación. En algunos casos, se emiten certificados de garantía de compra, con acciones preferentes, con acciones comunes o en emisiones públicas de bonos.

c. Los certificados de garantía de compra de acciones y las opciones de compra se ejecutan a cambio de efectivo. El tenedor de un certificado de garantía de compra de acciones entrega efectivo a la empresa y recibe nuevas acciones comunes de la misma. El tenedor de una opción de compra entrega efectivo a otra persona a cambio de acciones comunes. Los bonos convertibles se ejecutan mediante un intercambio; la persona devuelve el bono a la empresa a cambio de acciones comunes.

5. Muchos otros instrumentos financieros corporativos tienen características de opciones. Algunos ejemplos son los bonos con cláusulas de redención anticipada, los bonos con opción de venta anticipada y los bonos respaldados por una garantía sobre préstamos.

Términos fundamentales

opción **735**
ejecutar o ejercer la opción **736**
precio de ejercicio o precio de ejecución **736**
fecha de vencimiento **736**
opciones estadounidenses **736**
opciones europeas **736**
opción de compra **736**
opción de venta **736**

valor intrínseco **743**
certificado de garantía de compra de acciones comunes **754**
bono convertible **759**
precio de conversión **759**
razón de conversión **759**
prima de conversión **760**
valor directo del bono **760**
valor de conversión **760**

Problemas de revisión y autoevaluación del capítulo

20.1 Valor de una opción de compra   Las acciones comunes de Barsoom Corporation
se venden en la actualidad en $20 cada una. En un año, su precio será de $20 o
de $30. Los Certificados de la Tesorería con vencimiento a un año están pagando
el 10%. ¿Cuál es el valor de una opción de compra con un precio de ejecución de
$20? ¿Con un precio de ejecución de $24?

20.2 Bonos convertibles   Kau Corporation, editora de la revista *Gourmand*, tiene
una emisión de bonos convertibles que se venden en el mercado por $900.
Cada bono puede cambiarse por 100 acciones comunes, a opción de su
tenedor.

El bono tiene una tasa del cupón del 6%, pagadero en forma anual, y vencerá
en 12 años. La deuda de Kau tiene una calificación de crédito BBB. A la deuda
con esta calificación se le han fijado precios para que genere un rendimiento del
12%. Las acciones comunes de Kau se negocian a $6 cada una.

¿Cuál es la razón de conversión de este bono? ¿El precio de conversión? ¿La
prima de conversión? ¿Cuál es el valor mínimo del bono? ¿Cuál es el valor de su
opción?

Respuestas a los problemas de autoevaluación

20.1 Con un precio de ejecución de $20, la opción no puede terminar «fuera del
dinero» (si el precio de la acción común es de $20, puede terminar «en el
dinero»). Se puede replicar la acción común invirtiendo el valor presente de $20
en Certificados de la Tesorería y comprando una opción de compra. La compra
del Certificado de la Tesorería costará $20/1.1 = **$18.18**.

Si la acción común termina en $20, la opción de compra tendrá un valor igual
a cero y el Certificado de la Tesorería pagará **$20**. Si la acción común termina en
$30, el Certificado de la Tesorería pagará de nuevo **$20** y la opción tendrá un
valor de $30 − 20 = **$10**, por lo que el paquete tiene un valor de **$30**. Dado que la
combinación del Certificado de la Tesorería/Opción de compra reproduce de
forma exacta el rendimiento de la acción común, tiene que tener un valor de $20,
o de lo contrario es posible que se presente el arbitraje. Utilizando la notación del
capítulo, se puede calcular el valor de la opción de compra:

$$S_0 = C_0 + E/(1 + R_f)$$
$$\$20 = C_0 + \$18.18$$
$$C_0 = \mathbf{\$1.82}$$

Con el precio de ejecución de $24, se inicia invirtiendo el valor presente del
precio interior de la acción común en el Certificado de la Tesorería. Esto garantiza
$20 cuando el precio de la acción común es $20. Si el precio de la acción común
es $30, la opción tiene un valor de $30 − 24 = **$6**. Se tienen $20 del Certificado de
la Tesorería, así que se requieren $10 de las opciones para poder igualar la acción
común.

Puesto que cada opción tiene en este caso un valor de $6, hay que adquirir
$10/$6 = **1.67** opciones de compra. Observe que la diferencia en los precios posibles
de la acción común es de $10 ($\Delta S$) y la diferencia en los precios posibles de la op-
ción es de $6 ($\Delta C$), por lo que $\Delta S/\Delta C = \mathbf{1.67}$.

Para concluir el cálculo, el valor presente de los $20 más 1.67 opciones de compra tiene que ser $20 para evitar el arbitraje; por tanto:

$$\$20 = 1.67 \times C_0 + \$20/1.1$$
$$C_0 = \$1.82/1.67$$
$$= \mathbf{\$1.09}$$

20.2 Dado que cada bono puede cambiarse por 100 acciones comunes, la razón de conversión es **100**. El precio de conversión es el valor nominal del bono ($1,000) dividido entre la razón de conversión, $1,000/100 = **$10**. La prima de conversión es la diferencia porcentual entre el precio actual y el precio de conversión, ($10 − 6)/$6 = **67%**.

El valor mínimo del bono es el valor mayor del valor directo del bono y su valor de conversión. El valor de conversión es lo que vale el bono si se convierte de inmediato: 100 × $6 = **$600**. El valor directo del bono es lo que valdría el bono si no fuera convertible. El cupón anual es de $60 y el bono vence en 12 años. Con un rendimiento requerido del 12%, el valor directo del bono es:

$$\text{Valor directo del bono} = \$60 \times (1 - 1/1.12^{12})/0.12 + \$1,000/1.12^{12}$$
$$= \$371.66 + 256.68$$
$$= \mathbf{\$628.34}$$

Este monto excede el valor de conversión, por lo que el valor mínimo del bono es **$628.34**. Por último, el valor de la opción es el valor del bono convertible en exceso de su valor mínimo. Puesto que el bono se vende en $900, el valor de la opción es:

$$\text{Valor de la opción} = \$900 - 628.34$$
$$= \mathbf{\$271.66}$$

Preguntas y problemas

1. **Propiedades básicas de las opciones**   ¿Qué es una opción de compra? ¿Una opción de venta? ? ¿Bajo qué circunstancias se podría desear comprar cada una de ellas? ¿Cuál tiene el mayor *potencial* de generar ganancias?

2. **Opciones de compra versus opciones de venta**   Complete la frase siguiente, para cada uno de estos inversionistas:
   a. Un comprador de opciones de compra
   b. Un comprador de opciones de venta
   c. Un vendedor de opciones de compra
   d. Un vendedor de opciones de venta
   «El (comprador/vendedor) de una opción (de venta/de compra) (paga/recibe) dinero por el(la) (derecho/obligación) de (comprar/vender) un activo específico a un precio fijo, durante un período fijo.»

3. **Arbitraje y opciones**   Se observa que las acciones comunes de Masson Corp. se están vendiendo en $80 por acción. Las opciones de compra con un precio de ejecución de $60 por acción común se venden en $15. ¿Qué está mal en este planteamiento?

4. **Definición de valor intrínseco**   ¿Cuál es el valor intrínseco de una opción de compra? ¿Cómo se interpreta este valor?

5. **Definición de valor intrínseco**   ¿Cuál es el valor de una opción de venta al vencimiento? De acuerdo a esta respuesta, ¿cuál es el valor intrínseco de una opción de venta?

6. **Comprensión de las cotizaciones de opciones**   Utilice la siguiente cotización de opciones para contestar las preguntas que aparecen más adelante.

Opción y cierre en NY	Precio de ejecución	De compra-Última			De venta-Última		
		jun	jul	ago	jun	jul	ago
Dune							
50	40	8	11½	14	4	5½	8

a. ¿Se encuentran las opciones de compra «dentro del dinero»? ¿Cuál es el valor intrínseco de una opción de compra de Dune Co.?

b. Está claro que el precio de una de las opciones es incorrecto. ¿Cuál? Como mínimo, ¿en cuánto se debería vender? Explique cómo se podría beneficiar debido al precio erróneo.

c. Ésta es un poco más difícil: ¿En cuánto es lo máximo que se debe vender la opción con el precio incorrecto? Explique la respuesta.

7. **Cálculo de rendimientos**   Utilice la siguiente cotización de opciones para contestar a las preguntas que aparecen más adelante.

Opción y cierre en NY	Precio de ejecución	De compra-Última			De venta-Última		
		jun	jul	ago	jun	jul	ago
Besley							
80	90	2	2⅞	4	12	13⅞	16

a. Suponga que se compran 50 contratos «julio 90 opción de compra». ¿Cuánto se pagará, sin considerar comisiones?

b. En la parte a, suponga que cada acción común de Besley se vende a $100 en la fecha de vencimiento. ¿Cuál es el valor de las opciones?

c. Suponga que se compran 10 contratos «agosto opción de venta». ¿Cuál es la ganancia máxima? Cada acción común de Besley se vende en $75 en la fecha de vencimiento. ¿Cuál es el valor de las opciones?

d. En la parte c, suponga que se *vendieron* 10 contratos «agosto opción de venta». ¿Cuál es la ganancia o la pérdida neta, si cada acción común de Besley se vende en $75? ¿En $100? ¿Cuál es el precio en el punto de equilibrio, es decir, el precio de la acción común que genera como resultado una ganancia igual a cero?

8. **Valor de las opciones y riesgo de la empresa**   Verdadero o falso: «El riesgo no sistemático de una acción común es irrelevante en la valuación de la acción común, ya que puede eliminarse mediante la diversificación. Tampoco tiene relevancia para valuar una opción de compra sobre la acción común». Explíquelo.

9. Opciones de compra versus opciones de venta   En la actualidad, cada acción común de Zinfidel Co. se vende a $20. Si se encuentran disponibles una opción de venta y una opción de compra con precios de ejecución de $20, ¿cuál piensa que se venderá a un precio mayor, la opción de venta o la de compra? Explíquelo.

10. Valor de las opciones y riesgo de la empresa   Si aumenta el riesgo de una acción común, ¿qué es probable que le ocurra al precio de las opciones de compra sobre esas acciones comunes? ¿Al precio de las opciones de venta? ¿Por qué?

11. Cálculo del valor intrínseco   En la actualidad, los Certificados de la Tesorería tienen un rendimiento del 8%, y cada acción común de Nostradamus Corporation se vende en $28. No existe posibilidad alguna de que la acción común tenga en un año un valor inferior a $20.
   a. ¿Cuál es el valor de una opción de compra con un precio de ejecución de $20?
   b. ¿Cuál es el valor de una opción de compra con un precio de ejecución de $10?
   c. ¿Cuál es el valor de una opción de venta con un precio de ejecución de $20?

12. Valor de las opciones y tasas de interés   Suponga que la tasa de interés de los Certificados de la Tesorería aumenta en forma repentina e inesperada. Si todas las demás variables permanecen constantes, ¿cuál es el impacto sobre los valores de las opciones de compra? ¿Sobre los valores de las opciones de venta?

13. Cálculo de los valores de las opciones   El precio de una acción común de Schome Corp. será de $60 o de $80 al finalizar el año. Se dispone de opciones de compra con vencimientos dentro de un año. En la actualidad, los Certificados de la Tesorería generan un rendimiento del 7%.
   a. Suponga que el precio actual de cada acción común de Schome es de $65. ¿Cuál es el valor de la opción de compra si el precio de ejecución es de $55 por acción común?
   b. Suponga que el precio de ejecución es de $65 en la parte a; ¿cuál sería el valor de la opción de compra?

14. Utilización de la ecuación de valuación   Un *contrato* de opciones de compra por un año sobre las acciones comunes de Dilleep Co. se vende en $1,000. En un año, cada acción común tendrá un valor de $20 o de $40. El precio de ejecución de las opciones de compra es de $25. ¿Cuál es el valor de la acción en la actualidad si la tasa libre de riesgo es 10%?

15. El capital como una opción   En la actualidad, los activos de Su-Jane Company tienen un valor de $800. En un año, valdrán $600 o $1,000. La tasa libre de riesgo es 8%. Suponga que Su-Jane tiene una emisión de deuda en circulación con un valor nominal de $500.
   a. ¿Cuál es el valor del capital?
   b. ¿Cuál es el valor de la deuda? ¿La tasa de interés de la deuda?
   c. ¿Aumentaría o disminuiría el valor del capital si la tasa libre de riesgo fuera 20%? ¿Por qué? ¿Qué muestra la respuesta?

16. El capital como una opción   Wansley Corporation tiene una emisión de bonos con valor nominal de $1,000 que vence en un año. El valor de los activos de Wansley es en la actualidad de $1,200. Jimbo Wansley, el director general, cree que los activos de la empresa tendrán un valor de $800 o de $1,800 en un año. La tasa actual de los Certificados de la Tesorería a un año es del 6%.
   a. ¿Cuál es el valor del capital? ¿El valor de la deuda?
   b. Suponga que Wansley puede reestructurar sus activos en forma tal que el valor dentro de un año será de $500 o de $2,000. Si no ha cambiado el valor presente de los activos, ¿estarían a favor de esta operación los accionistas? ¿Por qué?

17. **Intuición y valor de las opciones** Suponga que una acción común se vende en $50. La tasa libre de riesgo es 8%. El precio de la acción común dentro de un año será de $55 o de $60.

    a. ¿Cuál es el valor de una opción de compra con un precio de ejecución de $55?

    b. ¿Qué está mal aquí? ¿Qué debe hacerse?

18. **Cálculo del valor de conversión** Un bono sin garantía, convertible, con valor par de $1,000, tiene un precio de conversión por acciones comunes de $180 por acción común. Si la acción común se vende en $60, ¿cuál es el valor de conversión del bono?

19. **Bonos convertibles** La siguiente información se refiere a un bono convertible:

Precio de conversión	$50/acción común
Tasa nominal	9%
Valor nominal	$1,000
Rendimiento de bonos sin garantía no convertibles de la misma calidad	10%
Período de vigencia	10 años
Precio de mercado de las acciones comunes	$52/acción común

    a. ¿Cuál es el precio mínimo al que se debe vender el bono convertible?

    b. ¿Qué explica la prima del precio de mercado de un bono convertible sobre el valor total de mercado de las acciones comunes en las que se puede convertir?

20. **Cálculo de valores para bonos convertibles** Se le ha contratado a usted para valuar un nuevo bono convertible a 30 años y con redención anticipada. El bono tiene un cupón del 6%, pagadero anualmente, y su valor nominal es de $1,000. El precio de conversión es de $100 y cada acción común se vende en la actualidad en $50.12.

    a. ¿Cuál es el valor mínimo del bono? Los bonos no convertibles comparables ofrecen un rendimiento de 7%.

    b. ¿Cuál es el valor de conversión? ¿La prima de conversión?

21. **Cálculos de bonos convertibles** Better Beta, Inc., tiene una emisión de bonos convertibles que se vende actualmente en el mercado en $840. Cada bono puede cambiarse en cualquier momento por 50 acciones comunes de Better Beta.

    El bono convertible tiene una tasa nominal del 8%, pagadero semestralmente. Los bonos no convertibles similares ofrecen un rendimiento del 12%. El bono vence en ocho años. Cada acción común de Better Beta se vende en $16.

    a. ¿Cuál es la razón de conversión, el precio de conversión y la prima de conversión?

    b. ¿Cuál es el valor directo del bono? ¿El valor de conversión?

    c. En la parte b, ¿cuál tendría que ser el precio por acción común para que el valor de conversión y el valor directo del bono sean iguales?

    d. ¿Cuál es el valor de la opción del bono?

22. **Intuición y bonos convertibles** ¿Cuál de los dos grupos siguientes de relaciones es más típico? ¿Por qué? Al momento de emisión de bonos convertibles:

	A	B
Precio de colocación del bono	$ 900	$1,000
Valor del bono (deuda tradicional)	900	950
Valor de conversión	1,000	900

23. Cálculo de los valores de los certificado de garantía de compra de acciones (*warrants*) Se acaba de ofrecer a la venta un bono con 20 certificados de garantía de compra de acciones comunes desprendibles a $1,000. El bono vence en 10 años y tiene un monto por cupón anual de $80. Cada certificado de garantía de compra otorga al propietario el derecho de comprar cuatro acciones comunes en $10 cada una. Los bonos ordinarios (sin certificados de garantía de compra de acciones) de calidad similar ofrecen un rendimiento del 11%. ¿Cuál es el valor de un certificado de garantía de compra de acciones?

24. Certificados de garantía de compra de acciones y valor de la acción común En la pregunta anterior, ¿cuál es el valor mínimo de la acción común? ¿Cuál es el valor máximo?

25. Certificados de garantía de compra de acciones y el balance general Ringworld Co. tiene en circulación 5,000 acciones comunes. El valor de mercado de los activos de Ringworld es de $700,000. El valor de mercado de la deuda en circulación es de $200,000. Hace algún tiempo, Ringworld emitió 100 certificados de garantía de compra de acciones comunes que estuvieron a punto de vencer. Cada certificado de garantía de compra otorgaba a su propietario el derecho de comprar 10 acciones comunes a un precio de $80 cada una.

    a. ¿Cuál es el precio de cada acción común de Ringworld? ¿Cuál es el valor de un certificado de garantía de compra de acciones comunes?

    b. Elabore un balance general expresado en valores de mercado para justo antes y justo después del vencimiento de los certificados de garantía de compra de acciones.

    c. ¿Cuál es el precio de ejecución efectivo de los certificados de garantía de compra de acciones?

26. Valuación de bonos convertibles Ésta es una pregunta de reto. Se le ha contratado para valuar un nuevo bono convertible a 30 años y redimible antes de su vencimiento. El bono tiene una tasa nominal del 6% y el cupón se paga anualmente. El precio de conversión es de $100 y cada acción común se vende en la actualidad en $50.12. Se espera que el precio de las acciones comunes aumente al 10% anual. El bono es redimible antes de su vencimiento en $1,100, pero, con base en experiencia anterior, no será redimido, a no ser que su valor de conversión sea igual a $1,300. El rendimiento requerido de este bono es del 8%. ¿Qué valor le asignaría?

Lecturas sugeridas

Para un estudio detallado de las opciones, véase:

Cox, J. S. y M. Rubinstein, *Option Markets*, Englewood Cliffs, N.J.: Prentice Hall, 1985. En la sección 7.3 analiza los instrumentos financieros corporativos.

Los relatos sobre la «comida gratuita» y la «comida cara» se han adaptado de la obra de Michael Brennan, quien examina los argumentos convencionales para la emisión de bonos convertibles y ofrece una nueva lógica de «sinergia del riesgo» en:

Brennan, M., «The Case for Convertibles», *The Revolution in Corporate Finance*, eds. J. M. Stern y D. H. Chew. Nueva York: Basil Blackwell, 1986.

Apéndice 20A   **EL MODELO DE VALUACIÓN DE OPCIONES BLACK-SCHOLES**

En el estudio de las opciones de compra en este capítulo, no se presentó el caso general en el que las acciones comunes pueden tomar cualquier valor *y* la opción puede terminar «fuera del dinero». El enfoque general para valuar una opción de compra se denomina *modelo de valuación de opciones (MVO) Black-Scholes*, una metodología muy famosa en finanzas. En este apéndice se estudia brevemente este modelo. Dado que el desarrollo teórico fundamental es relativamente complejo, sólo se presentará el resultado final y se centrará la atención en cómo utilizarlo.

De acuerdo a lo que ya se ha estudiado, cuando existe la certeza de que una opción de compra con un período de vigencia *t* termine en algún lugar «dentro del dinero», su valor actual, C_0, es igual al valor de la acción común hoy, S_0, menos el valor presente del precio de ejecución, $E/(1 + R_f)^t$:

$$C_0 = S_0 - E/(1 + R_f)^t$$

Si la opción puede terminar «fuera del dinero», es necesario modificar este resultado. Black y Scholes muestran que, en este caso, el valor de una opción de compra se determina mediante:

$$\mathbf{C_0 = S_0 \times N(d_1) - E/(1 + R_f)^t \times N(d_2)} \tag{20A.1}$$

donde $N(d_1)$ y $N(d_2)$ son probabilidades que deben calcularse. Éste es el MVO de Black-Scholes.[9]

En el modelo Black-Scholes, $N(d_1)$ es la probabilidad de que una variable aleatoria con distribución normal estandarizada (ampliamente conocida como variable «*z*») sea menor que o igual a d_1; $N(d_2)$ es la probabilidad de que un valor sea menor o igual a d_2. Para determinar estas probabilidades, se requiere una tabla como la 20A.1.

Como ejemplo, suponga que se cuenta con la información siguiente:

$S_0 = \$100$

$E = \$80$

$R_f = 1\%$ mensual

$d_1 = \mathbf{1.20}$

$d_2 = \mathbf{0.90}$

$t = 9$ meses

Con base a esta información, ¿cuál es el valor de opción de compra, C_0?

Para contestar, hay que determinar $N(d_1)$ y $N(d_2)$. En la tabla 20A.1 se encuentra primero el renglón correspondiente a *d* igual a 1.20. La probabilidad correspondiente $N(d)$

---

[9]Hablando en un sentido estricto, la tasa libre de riesgo en el modelo Black-Scholes es la tasa libre de riesgo compuesta en forma continua. En el capítulo 5 se estudia la composición continua.

Tabla 20A.1

Distribución normal acumulada

d	N(d)	d	N(d)	d	N(d)	d	N(d)	d	N(d)	d	N(d)
−3.00	0.0013	−1.58	0.0571	**−0.76**	**0.2236**	0.06	0.5239	0.86	0.8051	1.66	0.9515
−2.95	0.0016	−1.56	0.0594	−0.74	0.2297	0.08	0.5319	0.88	0.8106	1.68	0.9535
−2.90	0.0019	−1.54	0.0618	−0.72	0.2358	0.10	0.5398	**0.90**	**0.8159**	1.70	0.9554
−2.85	0.0022	−1.52	0.0643	**−0.70**	**0.2420**	0.12	0.5478	0.92	0.8212	1.72	0.9573
−2.80	0.0026	−1.50	0.0668	−0.68	0.2483	0.14	0.5557	0.94	0.8264	1.74	0.9591
−2.75	0.0030	−1.48	0.0694	−0.66	0.2546	0.16	0.5636	0.96	0.8315	1.76	0.9608
−2.70	0.0035	−1.46	0.0721	−0.64	0.2611	0.18	0.5714	0.98	0.8365	1.78	0.9625
−2.65	0.0040	−1.44	0.0749	−0.62	0.2676	0.20	0.5793	1.00	0.8414	1.80	0.9641
−2.60	0.0047	−1.42	0.0778	−0.60	0.2743	0.22	0.5871	1.02	0.8461	1.82	0.9656
−2.55	0.0054	−1.40	0.0808	−0.58	0.2810	0.24	0.5948	1.04	0.8508	1.84	0.9671
−2.50	0.0062	−1.38	0.0838	−0.56	0.2877	0.26	0.6026	1.06	0.8554	1.86	0.9686
−2.45	0.0071	−1.36	0.0869	−0.54	0.2946	0.28	0.6103	1.08	0.8599	1.88	0.9699
−2.40	0.0082	−1.34	0.0901	−0.52	0.3015	0.30	0.6179	1.10	0.8643	1.90	0.9713
−2.35	0.0094	−1.32	0.0934	−0.50	0.3085	0.32	0.6255	1.12	0.8686	1.92	0.9726
−2.30	0.0107	−1.30	0.0968	−0.48	0.3156	0.34	0.6331	1.14	0.8729	1.94	0.9738
−2.25	0.0122	−1.28	0.1003	−0.46	0.3228	0.36	0.6406	1.16	0.8770	1.96	0.9750
−2.20	0.0139	−1.26	0.1038	−0.44	0.3300	0.38	0.6480	1.18	0.8810	1.98	0.9761
−2.15	0.0158	−1.24	0.1075	−0.42	0.3373	0.40	0.6554	**1.20**	**0.8849**	2.00	0.9772
−2.10	0.0179	−1.22	0.1112	−0.40	0.3446	0.42	0.6628	1.22	0.8888	2.05	0.9798
−2.05	0.0202	−1.20	0.1151	−0.38	0.3520	0.44	0.6700	1.24	0.8925	2.10	0.9821
−2.00	0.0228	−1.18	0.1190	−0.36	0.3594	0.46	0.6773	1.26	0.8962	2.15	0.9842
−1.98	0.0239	−1.16	0.1230	−0.34	0.3669	0.48	0.6844	1.28	0.8997	2.20	0.9861
−1.96	0.0250	−1.14	0.1271	−0.32	0.3745	0.50	0.6915	1.30	0.9032	2.25	0.9878
−1.94	0.0262	−1.12	0.1314	−0.30	0.3821	0.52	0.6985	1.32	0.9066	2.30	0.9893
−1.92	0.0274	−1.10	0.1357	−0.28	0.3897	0.54	0.7054	1.34	0.9099	2.35	0.9906
−1.90	0.0287	−1.08	0.1401	−0.26	0.3974	0.56	0.7123	1.36	0.9131	2.40	0.9918
−1.88	0.0301	−1.06	0.1446	**−0.24**	**0.4052**	0.58	0.7191	1.38	0.9162	2.45	0.9929
−1.86	0.0314	−1.04	0.1492	−0.22	0.4129	0.60	0.7258	1.40	0.9192	2.50	0.9938
−1.84	0.0329	−1.02	0.1539	−0.20	0.4207	0.62	0.7324	1.42	0.9222	2.55	0.9946
−1.82	0.0344	−1.00	0.1587	−0.18	0.4286	0.64	0.7389	1.44	0.9251	2.60	0.9953
−1.80	0.0359	−0.98	0.1635	−0.16	0.4365	0.66	0.7454	1.46	0.9279	2.65	0.9960
−1.78	0.0375	−0.96	0.1685	−0.14	0.4443	0.68	0.7518	1.48	0.9306	2.70	0.9965
−1.76	0.0392	−0.94	0.1736	−0.12	0.4523	0.70	0.7580	1.50	0.9332	2.75	0.9970
−1.74	0.0409	−0.92	0.1788	−0.10	0.4602	0.72	0.7642	1.52	0.9357	2.80	0.9974
−1.72	0.0427	−0.90	0.1841	−0.08	0.4681	0.74	0.7704	1.54	0.9382	2.85	0.9978
−1.70	0.0446	−0.88	0.1894	−0.06	0.4761	0.76	0.7764	1.56	0.9406	2.90	0.9981
−1.68	0.0465	−0.86	0.1949	−0.04	0.4841	0.78	0.7823	1.58	0.9429	2.95	0.9984
−1.66	0.0485	−0.84	0.2005	−0.02	0.4920	0.80	0.7882	1.60	0.9452	3.00	0.9986
−1.64	0.0505	−0.82	0.2061	0.00	0.5000	0.82	0.7939	1.62	0.9474	3.05	0.9989
−1.62	0.0526	−0.80	0.2119	0.02	0.5080	0.84	0.7996	1.64	0.9495		
−1.60	0.0548	−0.78	0.2177	0.04	0.5160						

Esta tabla muestra la probabilidad [N(d)] de observar un valor inferior o igual a d. Por ejemplo, como se muestra, si d es igual a **−0.24**, N(d) es igual a **0.4052**.

es **0.8849**, así que éste es $N(d_1)$. Para d_2, la probabilidad asociada $N(d_2)$ es **0.8159**. Utilizando el MVO de Black-Scholes, el valor de la opción de compra es, por consiguiente:

$$C_0 = S_0 \times N(d_1) - E/(1 + R_f)^t \times N(d_2)$$
$$= \$100 \times \textbf{0.8849} - \$80/1.01^9 \times \textbf{0.8159}$$
$$= \$88.49 - 59.68$$
$$= \$28.81$$

Como muestra este ejemplo, si se cuenta con los valores de d_1 y d_2 (y con la tabla), utilizar el modelo Black-Scholes no es difícil. Sin embargo, no se contará por lo general con los valores de d_1 y d_2, de modo que deberán calcularse. Ello requiere algún esfuerzo adicional. Los valores para d_1 y d_2, en el MVO Black-Scholes se determinan mediante:

$$d_1 = [\textbf{In}(S_0/E) + (R_f + ^1/_2 \times \sigma^2) \times t]/(\sigma \times \sqrt{t}) \qquad \text{(20A.2)}$$
$$d_2 = d_1 - \sigma \times \sqrt{t}$$

En estas ecuaciones, σ es la desviación estándar de la tasa de rendimiento del activo implícito. También, $\ln(S_0/E)$ es el logaritmo natural del precio actual de las acciones comunes dividido entre el precio de ejecución (la mayoría de las calculadoras tienen una tecla marcada «ln» para realizar este cálculo).

La fórmula para d_1 tiene una apariencia intimidadora, pero su uso es un asunto fácil con una calculadora. Como ejemplo, suponga que se tiene lo siguiente:

$$S_0 = \$70$$
$$E = \$80$$
$$R_f = 1\% \text{ mensual}$$
$$\sigma = 2\% \text{ mensual}$$
$$t = 9 \text{ meses}$$

Con estas cifras, d_1 es:

$$d_1 = [\text{In}(S_0/E) + (R_f + ^1/_2 \times \sigma^2) \times t]/(\sigma \times \sqrt{t})$$
$$= [\text{In}(0.875) + (0.01 + ^1/_2 \times 0.02^2) \times 9]/(0.02 \times 3)$$
$$= [-0.1335 + 0.0918]/0.06$$
$$\approx -\textbf{0.70}$$

Dado este resultado, d_2 es:

$$d_2 = d_1 - \sigma \times \sqrt{t}$$
$$= -0.70 - 0.02 \times 3$$
$$= -\textbf{0.76}$$

Utilizando la tabla 20A.1, los valores de $N(d_1)$ y $N(d_2)$ son **0.2420** y **0.2236**, respectivamente. Por tanto, el valor de la opción es:

$$C_0 = S_0 \times N(d_1) - E/(1 + R_f)^t \times N(d_2)$$
$$= \$70 \times \mathbf{0.2420} - \$80/1.01^9 \times \mathbf{0.2236}$$
$$= \$0.58$$

Este monto quizá parezca un poco pequeño, pero el precio de las acciones comunes tendría que aumentar en $10 antes de que la opción estuviera siquiera «en el dinero».

Observe que, en este ejemplo, se utilizaron la tasa libre de riesgo, la desviación estándar y el plazo al vencimiento en términos mensuales. Se podrían haber usado días, semanas o años, siempre y cuando exista consistencia al utilizar estas tres variables expresadas en las mismas unidades de tiempo.

Problemas de revisión y autoevaluación del apéndice

20A.1 MVO Black-Scholes: Parte I
Calcule el precio Black-Scholes para una opción a seis meses, conociendo lo siguiente:

$S_0 = \$80$

$E = \$70$

$R_f = 10\%$ (anual)

$d_1 = 0.82$

$d_2 = 0.74$

20A.2 MFPO de Black-Scholes: Parte II
Calcule el precio Black-Scholes para una opción a nueve meses, conociendo lo siguiente:

$S_0 = \$80$

$E = \$70$

$\sigma = 0.30$ (anual)

$R_f = 10\%$ (anual)

Respuestas a los problemas de autoevaluación del apéndice

20A.1 Se requiere evaluar lo siguiente:

$$C_0 = 80 \times N(0.82) - 70/(1.10)^{0.5} \times N(0.74)$$

Según la tabla 20A.1, los valores de $N(0.82)$ y $N(0.74)$ son 0.7939 y 0.7704, respectivamente. El valor de la opción es alrededor de **$12.09**. Observe que, dado que la tasa de interés se presenta sobre una base anual, se utilizó un valor t de 0.50, que representa medio año, al calcular el valor actual del precio de ejecución.

20A.2 Primero se calculan d_1 y d_2:

$$d_1 = [\ln(S_0/E) + (R_f + \tfrac{1}{2} \times \sigma^2) \times t]/(\sigma \times \sqrt{t})$$
$$= [\ln(80/70) + (0.10 + \tfrac{1}{2} \times 0.30^2) \times (0.75)]/(0.30 \times \sqrt{0.75})$$
$$= \mathbf{0.9325}$$
$$d_2 = d_1 - \sigma \times \sqrt{t}$$
$$= 0.9325 - 0.30 \times \sqrt{0.75}$$
$$= \mathbf{0.6727}$$

Según la tabla 20A.1, $N(d_1)$ parece ser aproximadamente 0.825 y $N(d_2)$ es alrededor de 0.75. Incorporando estas cantidades, se determina que el valor de la opción es de **$17.12**. Observe de nuevo que, en este caso, se utilizó un valor anual t de $9/12 = 0.75$.

Preguntas y problemas del apéndice

1. **Utilización del MVO** Calcule los precios de las opciones según Black-Scholes, en cada uno de los casos que se presentan a continuación. La tasa libre de riesgo y la varianza se presentan en términos anuales. Observe que se proporciona la varianza, no la desviación estándar. Los tres últimos casos pueden requerir un poco de análisis.

Precio de la acción	Precio de la ejecución	Tasa libre de riesgo	Vencimiento	Varianza de la opción	Precio
$50	$60	8%	6 meses	0.20	
25	15	6	9 meses	0.30	
50	60	8	6 meses	0.40	
0	10	9	12 meses	0.65	
90	30	7	perpetuidad	0.22	
50	0	8	6 meses	0.44	

2. **El capital como una opción y el MVO** Anondezi Co. tiene un préstamo bancario con descuento que vence en un año y requiere que la empresa pague $1,000. El valor actual de mercado de los activos de la empresa es de $1,200. La varianza anual del rendimiento sobre los activos de la empresa es de 0.30 y la tasa de interés libre de riesgo anual del 6%. Con base en el modelo Black-Scholes, ¿cuál es el valor de mercado de la deuda y del capital de la empresa?

Problema de reto

3. **Cambios en la varianza y el valor del capital** Con base al problema anterior, Anondezi está considerando dos inversiones mutuamente excluyentes. El proyecto A tiene un VPN de $100 y el proyecto B tiene un VPN de $150. Como resultado de aceptar el proyecto A, la varianza del rendimiento sobre los activos de la empresa aumentará a 0.40. Si se acepta el proyecto B, la varianza disminuirá a 0.25.
   a. ¿Cuál es el valor de la deuda y del capital de la empresa si se lleva a cabo el proyecto A? ¿Si se lleva a cabo el proyecto B?
   b. ¿Cuál proyecto prefieren los accionistas? ¿Puede conciliarse la respuesta con la regla del VPN?
   c. Suponga que los accionistas y los tenedores de bonos son de hecho el mismo grupo de inversionistas. ¿Afectaría esto la respuesta a la parte b?
   d. ¿Qué indica este problema con relación a los incentivos de los accionistas?

Capítulo 21

Fusiones y adquisiciones

No existe una actividad más drástica o controvertida en las finanzas corporativas que la adquisición de una empresa por otra o la fusión de dos empresas. Esta actividad aparece en los titulares de la prensa financiera y constituye en ocasiones una fuente embarazosa de escándalo.

Por supuesto que la adquisición de una empresa por otra es una inversión que se realiza en condiciones de incertidumbre y son aplicables los principios básicos de valuación. Sólo se debe adquirir otra empresa si esa adquisición genera un valor presente neto positivo para los accionistas de la empresa adquirente. Sin embargo, debido a que puede ser difícil determinar el VPN de la adquisición de una empresa, las fusiones y las adquisiciones son por sí mismas temas interesantes.

Algunos de los problemas especiales que se presentan en esta área de las finanzas incluyen:

1. Los beneficios de las adquisiciones pueden depender de elementos como la compatibilidad estratégica. Las compatibilidades estratégicas son difíciles de definir con exactitud y no es fácil estimar su valor utilizando las técnicas del flujo de efectivo descontado.
2. Pueden existir efectos contables, fiscales y jurídicos complejos que deben tomarse en cuenta cuando una empresa es adquirida por otra.
3. Las adquisiciones son importantes dispositivos de control para los accionistas. Algunas adquisiciones son consecuencia de un conflicto implícito entre los intereses de los administradores actuales y los de los accionistas. Aceptar ser adquiridos por otra empresa es una fórmula para que los accionistas puedan destituir a los administradores actuales.
4. En ocasiones, las fusiones y adquisiciones involucran transacciones «hostiles». En dichos casos, cuando una empresa intenta adquirir otra, no siempre se lleva a cabo

En sus propias palabras...

Sobre fusiones y adquisiciones,
por Michael C. Jensen

El análisis económico y la evidencia empírica señalan que las adquisiciones, las compras apalancadas y las reestructuraciones corporativas están desempeñando un importante papel para apoyar a la economía a ajustarse a los importantes cambios competitivos de las últimas dos décadas. La competencia entre equipos administrativos alternativos y estructuras organizacionales por el control de los activos corporativos ha permitido transferir vastos recursos económicos con mayor rapidez hacia los usos que generan el mayor valor. En el proceso se han creado beneficios considerables para la economía en general y para los accionistas. Las ganancias globales obtenidas por los accionistas de las empresas que se han vendido, generadas por fusiones, adquisiciones, compras apalancadas y otras reestructuraciones corporativas, totalizaron entre 1977 y 1988 más de $500 mil millones de 1988. Yo estimo que las ganancias para los accionistas de las empresas compradoras son de al menos $50 mil millones en ese mismo período. Estas ganancias equivalen al 53% de los dividendos en efectivo totales (valuados en dólares de 1988) pagados a los inversionistas por todo el sector corporativo durante el mismo período.

Las fusiones y las adquisiciones son una respuesta a las nuevas tecnologías o a las condiciones de mercado que requieren un cambio estratégico en la dirección de la empresa o en el uso de sus recursos. En comparación con la administración actual, con frecuencia el nuevo propietario está en mejor posibilidad de llevar a cabo un cambio importante en la estructura organizacional actual. De forma alternativa, las compras apalancadas producen el cambio organizacional al crear incentivos empresariales para la administración y eliminar los obstáculos burocráticos centralizados que impiden la flexibilidad y que son inherentes a las grandes corporaciones propiedad del público inversionista en general.

Cuando los administradores tienen una participación sustancial en la propiedad de la organización, se reducen los conflictos de intereses entre los accionistas y los administradores sobre la distribución del flujo de efectivo libre de la empresa. Los incentivos de la administración están centrados en maximizar el valor de la empresa, en lugar de construir imperios —con frecuencia mediante adquisiciones para lograr una diversificación deficientemente concebida sin tomar en cuenta el valor para el accionista—. Por último, el pago requerido de deuda reemplaza la flexibilidad de la administración para pagar dividendos y la tendencia a retener exageradamente el efectivo. Con ello se crean mejoras importantes en la eficiencia.

Michael C. Jensen es profesor Edsel Bryant Ford de Administración de Empresas en la Universidad de Harvard. Es un notable estudioso e investigador; famoso por su análisis innovador de la corporación moderna y sus relaciones con los accionistas.

mediante negociaciones tranquilas y amables. La empresa que se desea adquirir suele resistirse a la compra y puede recurrir a tácticas defensivas con nombres exóticos, como «cápsulas de cianuro», «correo verde» o «caballeros blancos».

En la siguiente sección se estudian estos y otros temas relacionados con las fusiones. Se inicia presentando los aspectos jurídicos, contables y fiscales básicos de las adquisiciones.

21.1 | LAS FORMAS JURÍDICAS DE ADQUISICIONES

Existen tres procedimientos jurídicos básicos que una empresa puede utilizar para adquirir otra:

1. Fusión o consolidación.
2. Adquisición de acciones comunes.
3. Adquisición de activos.

Aunque estas formas son diferentes entre sí desde el punto de vista jurídico, la prensa financiera no suele establecer distinción entre ellas. Es frecuente utilizar el término *fusión*, con independencia de la forma real de adquisición.

En este estudio, haremos referencia a la empresa adquirente como *postor*. Ésta es la empresa que efectuará una oferta para distribuir efectivo o instrumentos financieros con el fin de obtener las acciones comunes o los activos de otra empresa. A la empresa que se desea adquirir (y que quizá se adquiera), se le denomina *empresa objetivo*. El efectivo o los instrumentos financieros que se ofrecen a la empresa objetivo son la «*consideración*» o *remuneración* en la adquisición.

Fusión o consolidación

Una **fusión** se refiere a la completa absorción de una empresa por otra. La empresa adquirente conserva su nombre y su identidad y adquiere todos los activos y pasivos de la adquirida. Después de la fusión, la empresa adquirida deja de existir como entidad individual de negocios.

Una **consolidación** es lo mismo que una fusión, excepto que se constituye una empresa completamente nueva. En una consolidación, la empresa adquirente y la adquirida terminan su existencia jurídica previa y se convierten en partes de una nueva empresa. De ahí que la distinción entre empresa adquirente y empresa adquirida no sea tan importante en una consolidación como lo es en una fusión.

Las reglas para las fusiones y las consolidaciones son básicamente las mismas. La adquisición mediante la fusión o mediante la consolidación resulta de una combinación de los activos y pasivos de las empresas adquirida y adquirente; la única diferencia es si se constituye o no una nueva empresa. A partir de este momento, utilizaremos el término *fusión* para hacer referencia de forma genérica a las fusiones y a las consolidaciones.

Existen algunas ventajas y desventajas en utilizar la fusión para adquirir una empresa:

1. La principal ventaja es que, desde el punto de vista jurídico, la fusión es sencilla y no cuesta tanto como otras formas de adquisición. La razón es que las empresas acuerdan simplemente combinar la totalidad de sus operaciones. Por tanto, no hay necesidad, por ejemplo, de transferir a la empresa adquirente la propiedad de los activos individuales de la adquirida.
2. La principal desventaja es que la fusión debe ser aprobada por votación de los accionistas de cada empresa.[1] Normalmente, para la aprobación se requieren los votos a favor de las dos terceras partes (o más) del total de acciones con derecho a voto. Obtener los votos necesarios puede resultar lento y difícil. Más aún, como vemos con mayor detalle a continuación, la cooperación de la administración actual de la empresa objetivo es casi una necesidad para una fusión, cooperación que tal vez no sea fácil ni barato conseguir.

Adquisición de acciones comunes

Una segunda forma de adquirir una empresa es comprar simplemente las acciones con derecho a voto de la empresa a cambio de efectivo, de acciones comunes o de otros instrumentos financieros. Este proceso se suele iniciar como una oferta privada de la administración de una empresa a la administración de otra.

fusión
Completa absorción de una empresa por otra, en la que la empresa adquirente conserva su identidad y la empresa adquirida deja de existir como entidad independiente.

consolidación
Fusión en la que se crea una empresa completamente nueva y dejan de existir la empresa adquirida y la adquirente.

---

[1]Las fusiones entre empresas requieren cumplir con la legislación estatal. En casi todos los estados, los accionistas de cada una de las empresas tienen que otorgar su consentimiento.

oferta pública de adquisición directa
Oferta pública que efectúa una empresa para comprar directamente las acciones de otra.

Independientemente de cómo se inicie, en algún punto se comunica la oferta directamente a los accionistas de la empresa objetivo. Esto se puede lograr con una oferta pública de adquisición directa. La **oferta pública de adquisición directa** (*tender offer*) es una oferta pública para comprar acciones comunes. La presenta directamente una empresa a los accionistas de la otra.

Si un accionista elige aceptar la oferta, entrega sus acciones, intercambiándolas por efectivo o por instrumentos financieros (o ambos), dependiendo de la oferta. Con frecuencia una oferta pública de adquisición directa es contingente a que el postor obtenga algún porcentaje específico del total de las acciones con derecho a voto. Si no se obtienen las suficientes acciones comunes, quizá se retire la oferta o se formule de nuevo.

La oferta pública de adquisición directa se comunica a los accionistas de la empresa objetivo mediante avisos públicos, por ejemplo, anuncios en los periódicos. En ocasiones, esta oferta se envía por correo. Sin embargo, esto no es habitual, ya que para enviar la oferta por correo se necesita conocer los nombres y domicilios de los accionistas registrados. No es fácil obtener este tipo de información sin la cooperación de la empresa objetivo.

Se presentan a continuación algunos factores involucrados en la elección entre una adquisición mediante compra de acciones comunes y mediante una fusión.

1. En la adquisición mediante compra de acciones comunes, no es necesario llevar a cabo reuniones con los accionistas y no se requiere votación. Si a los accionistas de la empresa objetivo no les agrada la oferta, no están obligados a aceptarla y tampoco necesitan entregar sus acciones.
2. En una adquisición mediante compra de acciones comunes, la empresa que realiza la oferta puede tratar directamente con los accionistas de la empresa objetivo, utilizando una oferta pública de adquisición directa. Es posible pasar por alto a la administración y al consejo de administración de la empresa objetivo.
3. En ocasiones, la adquisición mediante compra de acciones comunes es hostil. En estos casos, se utiliza esta adquisición para no tratar con la administración de la empresa objetivo, que suele resistirse activamente a la adquisición. La resistencia presentada hace con frecuencia que el costo de la adquisición con la compra de acciones sea mayor que mediante una fusión.
4. Es frecuente que una minoría significativa de accionistas no acepte la oferta pública de adquisición directa. Si es así, no se puede absorber por completo a la empresa objetivo, lo que acaso demore la realización de los beneficios de la fusión o puede resultar costoso. Por ejemplo, si el postor termina con menos del 80% de las acciones comunes de la empresa objetivo, debe pagar impuestos del 20-30% sobre cualquier dividendo que pague al postor la empresa objetivo.
5. La completa absorción de una empresa por otra requiere una fusión. Muchas adquisiciones mediante compra de acciones se vuelven después una fusión formal.

Adquisición de activos

Una empresa puede adquirir otra comprando la mayor parte o todos sus activos. Esto tiene el mismo efecto que comprar la empresa. Sin embargo, en este caso la empresa objetivo no necesariamente terminará de existir, sólo habrá vendido sus activos. Aún existirá el «caparazón», a no ser que sus accionistas decidan disolverla.

Este tipo de adquisición requiere un voto formal de los accionistas de la empresa vendedora. Una ventaja de este enfoque es que no existen accionistas minoritarios que se opongan. Sin embargo, la adquisición de los activos quizá implique transferir los títulos de propiedad de los activos individuales. El proceso jurídico de transferir activos puede resultar costoso.

Clasificaciones de las adquisiciones

Por lo general, los analistas financieros clasifican las adquisiciones en tres tipos:

1. *Adquisición horizontal.* Es la adquisición de una empresa en la misma industria que opera el postor. Las empresas compiten entre sí en sus mercados de productos.
2. *Adquisición vertical.* La adquisición vertical involucra empresas en diferentes etapas del proceso de producción. La adquisición de una aerolínea por parte de una agencia de viajes sería una adquisición vertical.
3. *Adquisición conglomerada.* Cuando el postor y la empresa objetivo no están relacionadas entre sí, a la fusión se le denomina *adquisición conglomerada*. La adquisición de una empresa de productos alimenticios por parte de una empresa de computación se consideraría como una adquisición conglomerada.

Nota sobre las transferencias de control

Transferencia de control (*takeover*) es un término general e impreciso que se refiere a la transferencia del control de una empresa por parte de un grupo de accionistas a otro. Por tanto, se produce una transferencia de control cada vez que un grupo toma el control de otro.[2] Esto puede suceder de tres formas: adquisiciones, contiendas por obtener el mandato de voto (*proxy contests*) y transacciones de privatización. Por tanto, estas transferencias abarcan un grupo de actividades más amplio que las adquisiciones. Estas actividades se pueden representar en la forma siguiente:

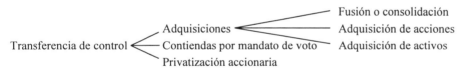

Como mencionamos con anterioridad, la transferencia de control obtenida mediante adquisición se producirá por fusión, por oferta directa de adquisición de acciones o por adquisición de activos. En las fusiones y en las ofertas públicas de adquisición directa de acciones, el postor compra las acciones comunes con derecho a voto de la empresa objetivo.

También se puede producir transferencia de control mediante **contiendas por mandato de voto**. Tienen lugar cuando un grupo intenta obtener puestos de decisión en el consejo de administración eligiendo por votación a nuevos consejeros. El mandato otorga el derecho de votar a nombre de otro. En una contienda por mandato de voto, un grupo de accionistas descontentos solicita al resto de los accionistas el mandato de voto.

En las **transacciones de privatización accionaria**, un pequeño grupo de inversionistas compra todas las acciones comunes del capital de una empresa en poder del público inversionista. Por lo general, el grupo comprador incluye miembros de la administración actual y algunos inversionistas externos. A este tipo de operaciones se le conoce de forma genérica como **compras apalancadas (CA)**, dado que un porcentaje considerable del dinero necesario para comprar las acciones comunes se suele obtener mediante deuda. A estas transacciones también se les conoce como *CDA* (compras de la administración) cuando la

contiendas por mandato de voto
Intento por obtener el control de una empresa mediante el procedimiento de solicitar un número suficiente de votos de los accionistas para reemplazar a la administración actual.

transacciones de privatización accionaria
Se reemplazan todas las acciones en poder del público inversionista por la propiedad total del capital por un grupo privado.

compras apalancadas (CA)
Operaciones de privatización accionaria en las que un gran porcentaje del dinero utilizado para comprar las acciones comunes proviene de deuda. Suele participar la administración actual.

---

[2]Se puede definir el *control* como la mayoría de votos en el Consejo de Administración.

administración participa de forma importante. Las acciones comunes de la empresa se retiran de las listas de cotización pública de la bolsa de valores y ya no se pueden comprar en el mercado abierto.

Las CA se han vuelto cada vez más habituales y algunas recientes han sido bastante grandes. En el momento de escribir esto, la mayor adquisición en la historia (y quizá la mayor operación privada individual de cualquier tipo) fue la CA de RJR Nabisco, el gran productor de tabaco y productos alimenticios, en 1989. El precio de adquisición en esa compra apalancada fue por el sorprendente importe de $30.6 miles de millones. En esa CA, al igual que sucede con la mayoría de las CA grandes, una parte muy importante del financiamiento provino de las ventas de bonos «basura» (v. cap. 12 para un estudio de los bonos «basura»).

La década de los 80 presenció un gran número de fusiones, adquisiciones y compras apalancadas, muchas de ellas involucraron empresas de compañías muy conocidas. De hecho, al 31 de diciembre de 1989, las 10 mayores operaciones de ese tipo históricamente habían ocurrido en la década de los 80.[3]

Las diez mayores fusiones, adquisiciones y compras apalancadas
(al 31 de diciembre, 1989)

Empresas o grupos	Costo (miles de millones de dólares)	Años
Kohlberg Kravis Roberts/RJR Nabisco	$30.6	1989
Philip Morris/Kraft	13.4	1988
Chevron/Gulf	13.3	1984
Bristol-Myers/Squibb	12.1	1989
Texaco/Getty	10.1	1984
DuPont/Conoco	8.0	1981
Beecham/SmithKline Beckman	7.9	1989
British Petroleum/Standard Oil	7.8	1987
Time/Warner	7.0	1989
U.S. Steel/Marathon Oil	6.6	1982

Continuaron realizándose fusiones muy grandes. Por ejemplo, en 1991 AT&T adquirió NCR por $7.89 miles de millones y GTE se fusionó con Contel por $6.24 miles de millones.

PREGUNTAS SOBRE CONCEPTOS

21.1a ¿Qué es una fusión? ¿En qué se diferencia una fusión de otras formas de adquisición?
21.1b ¿Qué es una transferencia de control?

21.2 | IMPUESTOS Y ADQUISICIONES

Si una empresa compra otra, la operación puede ser gravable o exenta de impuestos. En una *adquisición gravable*, se considera que los accionistas de la empresa objetivo han vendido sus acciones y obtendrán ganancias o pérdidas de capital que serán gravadas. En una

---

[3]*The Wall Street Journal*, 2 de enero, 1990.

adquisición exenta de impuestos, se considera la adquisición como un intercambio en lugar de una venta, por lo que en ese momento no existen ni ganancias ni pérdidas de capital.

Factores determinantes de la situación fiscal

Los requisitos generales para considerar una situación exenta de impuestos son que la adquisición sea con fines económicos y no para evitar pagar impuestos y que exista una continuidad en la participación de capital. En otras palabras, los accionistas de la empresa objetivo deben mantener una participación de capital con el postor.

Los requisitos específicos para una adquisición exenta de impuestos dependen de la forma jurídica de adquisición, pero, por lo general, si la empresa adquirente ofrece a la empresa vendedora efectivo a cambio de su capital, será una adquisición gravable. Si se ofrecen acciones comunes, será una adquisición exenta de impuestos.

En una adquisición exenta de impuestos, se considera que los accionistas vendedores han intercambiado sus acciones antiguas por otras acciones nuevas, de igual valor y sin que se experimenten ganancias o pérdidas de capital.

Adquisiciones gravables versus adquisiciones exentas de impuestos

Existen dos factores a tener en cuenta al comparar una adquisición exenta de impuestos y una adquisición gravable: el efecto de ganancias de capital y el efecto de revaluación al valor en libros.

El *efecto de ganancias de capital* se refiere al hecho de que los accionistas de la empresa objetivo pueden tener que pagar impuestos por ganancias de capital en una adquisición gravable. Como compensación por ello, quizá exijan un precio mayor, con lo que aumenta el costo de la fusión. Éste es un costo de una adquisición gravable.

La situación fiscal de una adquisición también afecta al valor estimado de los activos de la empresa vendedora. En una adquisición gravable, los activos de la empresa vendedora se revalúan o «aumentan su valor en libros», del valor en libros histórico a su valor de mercado actual estimado. Éste es el *efecto de revaluación al valor en libros* y es importante porque el gasto por depreciación sobre los activos de la empresa adquirida puede incrementarse en las adquisiciones gravables. Recuérdese que un incremento en la depreciación es un gasto que no representa efectivo, pero tiene el efecto deseable de reducir los impuestos.

El beneficio obtenido por la revaluación del valor en libros quedó muy limitado por la legislación fiscal de 1986; la razón es que ahora se considera a esta revaluación como una ganancia gravable. Con anterioridad a este cambio, las fusiones gravables eran mucho más atractivas porque la revaluación al valor en libros no se gravaba.

PREGUNTAS SOBRE CONCEPTOS

21.2a ¿Qué factores influyen en la elección entre una adquisición gravable y una exenta de impuestos?

21.2b De acuerdo con la legislación fiscal vigente en Estados Unidos, ¿por qué las adquisiciones gravables son ahora menos atractivas que antes?

Tabla 21.1

Registro contable de las adquisiciones: compra (en millones)

Empresa A					Empresa B				
Capital de trabajo	$ 4		Capital	$20	Capital de trabajo	$ 2		Capital	$10
Activos fijos	16				Activos fijos	8			
Total	$20			$20	Total	$10			$10

Empresa AB			
Capital de trabajo	$ 6	Deuda	$18
Activos fijos	30	Capital	20
Plusvalía mercantil	2		
Total	$38		$38

El valor de mercado de los activos fijos de la empresa *B* es de $14 millones. La empresa *A* paga $18 millones por la empresa *B* mediante la emisión de deuda.

21.3 | CONTABILIZACIÓN DE LAS ADQUISICIONES

Cuando una empresa adquiere otra, el postor tiene que decidir si la adquisición debe tratarse contablemente como una *compra* o como una *agregación de intereses*. En el estudio que se presenta a continuación, un punto importante a recordar es que el método contable no tiene consecuencias sobre los flujos de efectivo.

El método de compra

El *método contable de compra* para registrar contablemente adquisiciones requiere que los activos de la empresa objetivo se presenten en los libros del postor a su valor apropiado de mercado. Con este método, se crea un activo denominado *plusvalía* mercantil con fines contables. La plusvalía mercantil es la diferencia entre el precio de compra y el valor apropiado de mercado estimado de los activos adquiridos.

Como ejemplo, supongamos que la empresa A adquiere a la empresa B, con lo que se crea una nueva empresa, AB. En la tabla 21.1 se presentan los balances generales de las dos empresas en la fecha de la adquisición. Supongamos que la empresa A paga **$18 millones** en efectivo por la empresa B. El dinero se obtiene contratando deuda por el monto total.

Los activos fijos de la empresa B, que aparecen en libros con un valor de **$8 millones**, son valuados en términos de precios de mercado en $14 millones. Dado que el capital de trabajo es de **$2 millones**, los activos del balance general tienen un valor de $16 millones. Por tanto, la empresa A paga **$2 millones** en exceso del valor de mercado estimado de estos activos. Este monto es la plusvalía mercantil.[4]

---

[4]Recuérdese que existen activos, como el talento de los empleados, los buenos clientes, las oportunidades de crecimiento y otros intangibles, que no aparecen en el balance general. El excedente de $2 millones paga por todos estos activos.

Empresa A				Empresa B				**Tabla 21.2**
Capital de trabajo	$ 4	Capital	$20	Capital de trabajo	$ 2	Capital	$10	Registro contable
Activos fijos	16			Activos fijos	8			de las adquisiciones:
Total	$20		$20	Total	$10		$10	agregación de intereses (en millones)

	Empresa AB			
Capital de trabajo		$ 6	Capital	$30
Activos fijos		24		
Total		$30		$30

El último balance general en la tabla 21.1 muestra cómo aparece la nueva empresa con el método contable de compra. Obsérvese que:

1. El total de activos de la empresa AB se incrementa a **$38 millones**. Los activos fijos aumentan a **$30 millones**. Ésta es la suma de los activos fijos de la empresa A y los activos fijos revaluados de la empresa B (**$16 millones +** 14 millones **= $30 millones**). Obsérvese que, en este ejemplo, no se toma en cuenta el efecto fiscal de la revaluación al valor en libros.
2. El excedente por **$2 millones** del precio de compra sobre el valor apropiado de mercado se presenta como plusvalía mercantil en el balance general.[5]

Agregación de intereses

En una agregación de intereses, los activos de las empresas adquirente y adquirida se agregan, lo que significa que simplemente se suman los balances generales. Utilizando el ejemplo anterior, supongamos que la empresa A compra a la empresa B, pagándole a los accionistas de B acciones comunes por un valor de $18 millones. En la tabla 21.2 se muestra el resultado.

La nueva empresa es propiedad conjunta de todos los accionistas de las empresas que antes estaban separadas. En este caso, la contabilidad es mucho más sencilla; sólo se suman los dos balances generales antiguos. El total de activos no se modifica por la adquisición y no se crea plusvalía mercantil.

¿Qué método es mejor: el método de compra o la agregación de intereses?

Una diferencia importante entre los métodos contables de compra y de agregación de intereses es la plusvalía mercantil. Una empresa quizá prefiera la agregación porque no involucra plusvalía mercantil. A algunas empresas no les agrada la plusvalía mercantil porque el importe original debe amortizarse durante un período de años (sin exceder los 40 años).

---

[5]Se podría preguntar qué ocurriría si el precio de adquisición fuera inferior al valor apropiado de mercado estimado. Es sorprendente, pero para ser consistentes, parece ser que los contadores necesitan crear un pasivo denominado ¡*minusvalía*! En lugar de ello, se disminuye el precio de mercado apropiado para igualarlo al precio de adquisición.

El gasto por amortización de la plusvalía mercantil debe deducirse de la utilidad presentada. Por supuesto que ésta es una deducción que no representa efectivo, pero a diferencia de la depreciación, no es deducible de impuestos. Como consecuencia de este gasto, el método contable de compra dará como resultado, por lo general, una utilidad inferior a la que presenta el método contable de agregación de intereses. También el método contable de compra puede dar como resultado un valor en libros mayor para el total de activos (debido a la revaluación en libros del valor de los activos). La combinación de una menor utilidad presentada y un mayor valor en libros resultantes del método contable de compra tiene un impacto desfavorable sobre las medidas contables de desempeño, como es el caso del rendimiento sobre activos (RSA) y del rendimiento sobre capital (RSC).

El método contable de compra no afecta por sí mismo a los impuestos. La situación fiscal de una fusión la determinan las autoridades fiscales. Sin embargo, en las adquisiciones gravables se suele utilizar el método contable de compra porque las reglas fiscales, que determinan si una adquisición es gravable o está exenta de impuestos, son similares a las reglas contables que determinan si una adquisición debe registrarse como una compra o como una agregación de intereses.

Dado que el importe del gasto deducible de impuestos no resulta directamente afectado por el método contable para registrar la adquisición, los flujos de efectivo no son afectados y el VPN de la adquisición debe ser el mismo, se utilice el método contable de agregación o el método de compra. No es sorprendente que no parezca existir evidencia alguna que señale que el hecho de adquirir empresas crea más valor con un método que con el otro.

PREGUNTAS SOBRE CONCEPTOS

21.3a ¿Cuál es la diferencia entre el método de compra y el método de agregación de intereses?

21.3b ¿Por qué la administración se interesa por la elección del método contable si éste no tiene efecto sobre los flujos de efectivo?

21.4 | BENEFICIOS DERIVADOS DE ADQUISICIONES

Para determinar los beneficios que se derivan de una adquisición, es necesario identificar primero los flujos de efectivo incrementales relevantes o, de forma más general, la fuente del valor. En el sentido más amplio, adquirir otra empresa sólo tiene sentido si existe alguna razón concreta para creer que la empresa objetivo valdrá más en alguna forma en las manos del adquirente de lo que vale ahora. Como veremos, existen varias razones que suscitan esto.

Sinergia

Supongamos que la empresa A está considerando adquirir a la empresa B. La adquisición será benéfica si la empresa combinada tiene un valor mayor que la suma de los valores de las empresas por separado. Si V_{AB} representa el valor de la empresa fusionada, la fusión sólo tiene sentido si:

$$V_{AB} > V_A + V_B$$

donde V_A y V_B son los valores de cada empresa por separado. Por tanto, una fusión exitosa requiere que el valor del todo exceda el valor de la suma de las partes.

La diferencia entre el valor de la empresa combinada y la suma de los valores de las empresas consideradas como entidades separadas es la ganancia neta incremental derivada de la adquisición:

$$\Delta V = V_{AB} - (V_A + V_B)$$

Cuando ΔV es positivo, se dice que la adquisición genera **sinergia**.

Si la empresa A adquiere a la empresa B, obtiene una empresa que vale V_B, más la ganancia incremental, ΔV. Por tanto, el valor de la empresa B para la empresa A (V_B^*) es:

Valor de la empresa B para la empresa A = $V_B^* = \Delta V + V_B$

> **sinergia**
> Ganancia incremental neta positiva asociada con la combinación de dos empresas mediante una fusión o una adquisición.

Se coloca un * sobre V_B^* para enfatizar que se está haciendo referencia al valor de la empresa B para la empresa A, no al valor de la empresa B como entidad separada.

Se puede determinar V_B^* en dos pasos: 1) estimando V_B y 2) estimando ΔV. Si B es una empresa cuyas acciones están entre el público inversionista en general, se puede establecer de forma directa su valor de mercado, como una empresa independiente con la administración existente (V_B). Si la empresa B no es una empresa que cotice en Bolsa, su valor deberá estimarse sobre la base de otras empresas similares que existan. De todas formas, el problema de determinar un valor para V_B^* requiere determinar un valor para ΔV.

Para determinar el valor incremental de una adquisición, hay que conocer los flujos de efectivo incrementales. Éstos son los flujos de efectivo para la empresa combinada menos los flujos que A y B podrían generar por separado. En otras palabras, el flujo de efectivo incremental para evaluar una fusión es la diferencia entre el flujo de efectivo de la empresa combinada y la suma de los flujos de efectivo de las dos empresas consideradas por separado. A este flujo de efectivo incremental se le denominará ΔCF.

Ejemplo 21.1 Sinergia

Las empresas A y B son competidoras con activos y riesgos de operativos muy similares. Ambas son empresas financiadas exclusivamente con capital, con flujos de efectivo después de impuestos de $10 anuales a perpetuidad, y ambas tienen un costo global de capital del 10%. La empresa A está planeando comprar a la empresa B. El flujo de efectivo después de impuestos de la empresa fusionada sería de $21 anuales. ¿Genera sinergia la fusión? ¿Cuál es V_B^*? ¿Cual es ΔV?

La fusión sí genera sinergia porque el flujo de efectivo de la empresa fusionada es $\Delta CF = \$1$ mayor que la suma de los flujos de efectivo individuales ($21 contra $20). Supongamos que el nivel de riesgo permanece constante, el valor de la empresa fusionada es de $21/0.10 = $210. Las empresas A y B tienen un valor, cada una de ellas, de $10/0.10 = $100, para un total de $200. Por tanto, la ganancia incremental derivada de la fusión ΔV, es de $210 - 200 = $10. El valor total de la empresa B para la empresa A, V_B^*, es de $100 (el valor de B como una empresa por separado) + $10 (la ganancia incremental) = $110. ∎

Por lo que hemos estudiado en capítulos anteriores, sabemos que el flujo de efectivo incremental ΔCF se puede dividir en cuatro partes:

$$\Delta CF = \Delta UAII + \Delta Depreciación - \Delta Impuestos - \Delta Necesidades\ de\ capital$$

$$= \Delta Ingresos - \Delta Costo - \Delta Impuestos - \Delta Necesidades\ de\ capital$$

donde ΔIngresos es la diferencia en ingresos, ΔCosto es la diferencia en costos, ΔImpuestos es la diferencia en impuestos y ΔNecesidades de capital es el cambio en activos fijos nuevos y en capital de trabajo neto.

Con base a esta división, la fusión sólo tendrá sentido si uno o más de estos elementos del flujo de efectivo resultan afectados de forma beneficiosa por la fusión. Así pues, los posibles beneficios en términos de flujo de efectivo de las fusiones y adquisiciones pueden clasificarse en cuatro categorías básicas: incremento en ingresos, reducciones en costos, beneficios fiscales y reducciones en requerimientos de capital.

Incremento de ingresos

Una razón importante para efectuar una adquisición es que la empresa combinada quizá genere mayores ingresos que las dos empresas por separado. Los incrementos en ingresos pueden derivarse de beneficios comerciales, beneficios estratégicos e incrementos en el nivel de poder de mercado.

Beneficios comerciales   Se suele afirmar que las fusiones y adquisiciones pueden producir mayores ingresos de operación debido a una mejor comercialización. Por ejemplo, se podrían lograr mejorías en las siguientes áreas:

1. Esfuerzos anteriores poco efectivos de programación en los medios publicitarios.
2. Una red de distribución actual débil.
3. Una mezcla de productos desequilibrada.

Beneficios estratégicos   Algunas adquisiciones prometen una ventaja estratégica, que consiste en la oportunidad de aprovechar el entorno competitivo si se producen ciertos eventos o, de forma más general, en mejorar la flexibilidad administrativa en relación a las futuras operaciones de la empresa. En este aspecto, un beneficio estratégico es más parecido a una opción que a una oportunidad de inversión estándar.

Por ejemplo, supongamos que un fabricante de máquinas de coser puede emplear su tecnología para entrar en otros segmentos del negocio. La tecnología de pequeños motores del negocio original puede proporcionar oportunidades para iniciar la fabricación de pequeños aparatos electrodomésticos y máquinas de escribir eléctricas. De igual forma, la experiencia en electrónica obtenida de la producción de máquinas de escribir puede aplicarse a fabricar impresoras electrónicas.

Se ha utilizado el término «cabeza de playa» para describir el proceso de penetrar a un nuevo sector industrial para aprovechar las oportunidades percibidas en éste. La «cabeza de playa» se utiliza para fortalecer nuevas oportunidades basadas en relaciones «intangibles». Un ejemplo es la adquisición inicial realizada por Procter & Gamble de Charmin Paper Company como una «cabeza de playa», la misma que le permitió a Procter & Gamble desarrollar un grupo de productos de papel altamente integrados: pañales desechables, toallas de papel, productos para la higiene femenina y papel sanitario.[6]

Poder de mercado   Una empresa quizá adquiera otra para incrementar su participación en el mercado y su poder de mercado. En esas fusiones, se pueden mejorar las ganancias mediante mayores precios y menor competencia por los clientes. Por supuesto que la Secretaría de Justicia de los Estados Unidos o la Comisión Federal de Comercio pue-

---

[6]Este ejemplo se tomó de *Competitive Advantage*, de Michael Porter (Nueva York: Free Press, 1985).

den oponerse, con base en la legislación antimonopolios, a fusiones que reduzcan considerablemente el nivel de competencia en el mercado.

Reducciones de costos

Una de las principales razones para efectuar una fusión es que una empresa combinada puede operar de forma más eficiente que dos empresas por separado. Una empresa puede obtener mayor eficacia operativa en varias formas diferentes a través de una fusión o de una adquisición.

Economías de escala   Las economías de escala se refieren al costo unitario promedio de producir bienes y servicios. Si el costo unitario de producción disminuye conforme aumenta el nivel de producción, existe una economía de escala.

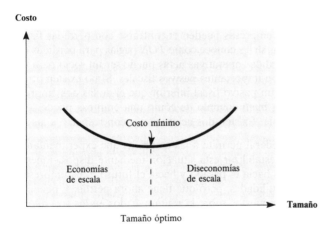

La frase *distribución de gastos indirectos* suele utilizarse en relación a las economías de escala. Esta expresión se refiere a compartir las instalaciones principales, por ejemplo, las oficinas corporativas, la alta dirección y los servicios de computación.

Economías de integración vertical   Pueden obtenerse economías operativas mediante combinaciones verticales y mediante combinaciones horizontales. El principal objetivo de las adquisiciones verticales es facilitar la coordinación de actividades operativas estrechamente relacionadas entre sí.

Es probable que los beneficios derivados de la integración vertical sean la razón por la que la mayor parte de las empresas de productos forestales que talan madera poseen también aserraderos y equipos de transporte.

Estas economías quizá explican por qué algunas aerolíneas han comprado hoteles y empresas de arrendamiento de automóviles.

Las transferencias de tecnología son otra razón para la integración vertical. Consideremos el caso de la fusión de General Motors y Hughes Aircraft en 1985. Parece natural que un productor de automóviles adquiera una empresa electrónica de tecnología avanzada, si esa tecnología especial de la empresa electrónica se pudiera utilizar para mejorar la calidad del automóvil.

Recursos complementarios   Algunas empresas adquieren otras para utilizar mejor los recursos existentes o para obtener el ingrediente que falta para lograr el éxito. Consideremos el caso de una tienda de equipos para esquiar que pudiera fusionarse con una tienda de equipos para tenis con objeto de obtener ventas más estables, tanto en el invierno como en el verano, y, de esta forma, utilizar mejor la capacidad de la tienda.

Beneficios fiscales

Los beneficios fiscales suelen ser un poderoso incentivo para algunas adquisiciones. Entre los posibles beneficios fiscales derivados de una adquisición se incluyen los siguientes:

1. El uso de pérdidas fiscales.
2. El uso de la capacidad para contratar deuda no utilizada.
3. El uso de un superávit de efectivo.
4. La capacidad para revaluar en libros los activos depreciables.

Pérdidas operativas netas   Las empresas que pierden dinero antes de presentar impuestos no pagan. Estas empresas pueden encontrarse con pérdidas fiscales que no pueden usar. A estas pérdidas se les conoce como *PON* (siglas para pérdidas operativas netas).

Una empresa con pérdidas operativas netas puede ser un socio para fusión muy atractivo para una empresa con importantes pasivos fiscales. Si no existen otros efectos, la empresa combinada tendrá un pasivo fiscal inferior que el de las dos empresas consideradas por separado. Éste es un buen ejemplo de cómo una empresa puede ser más valiosa fusionada que operando sola. Existen dos aclaraciones con respecto a las PON:

1. La legislación fiscal federal permite a las empresas que experimentan períodos de ganancias y pérdidas estabilizar esta situación mediante disposiciones que autorizan transferir las pérdidas hacia el pasado y hacia el futuro. Una empresa que en el pasado ha generado utilidades, pero que tiene ahora pérdidas, puede obtener devoluciones de los impuestos sobre la renta pagados en los tres años anteriores. Después de realizar esto, se pueden transferir las pérdidas hacia el futuro, hasta por 15 años. Por tanto, una fusión para aprovechar protecciones fiscales no utilizadas tiene que ofrecer ahorros de impuestos que excedan los que pueden lograr las empresas mediante la posibilidad de transferir pérdidas a períodos posteriores.[7]
2. Las autoridades fiscales pueden rechazar una adquisición si el principal objetivo de la misma es evitar el impuesto federal al adquirir una deducción o un crédito del cual no se dispondría en caso contrario.

Capacidad de deuda no utilizada   Algunas empresas no utilizan toda la deuda disponible. Esto las convierte en candidatas a ser adquiridas por otras. Incrementar la deuda puede proporcionar importantes ahorros fiscales y muchas adquisiciones son financiadas con deuda. La empresa adquirente puede deducir los pagos de intereses con la deuda recién creada y con ello reducir impuestos.[8]

---

[7]De acuerdo a la Tax Reform Act (Ley de reforma fiscal) de 1986, la capacidad de la empresa para llevar hacia el futuro las pérdidas operativas netas (y otros créditos fiscales) está limitada, para el caso en el que más del 50% de las acciones comunes cambien de dueño, por un período de tres años.

[8]Se suele citar la capacidad de deuda no utilizada como un beneficio en muchas fusiones. Un ejemplo fue la fusión propuesta de Hospital Corporation of America y American Hospital Supply Corporation en 1985. Se citó a los ejecutivos de estas empresas señalando que las empresas combinadas podrían captar deuda adicional de hasta 1,000 millones de dólares, 10 veces la capacidad usual que tenía de captar deuda, por sí mismo, el Hospital Corporation of America (*The Wall Street Journal*, 1° de abril, 1985). Incluso con este beneficio, esta fusión no se llevó a cabo.

Superávit de efectivo   Otra peculiaridad de la legislación fiscal se relaciona con los excedentes de efectivo. Considérese el caso de una empresa que tiene un flujo de efectivo libre; flujo de efectivo disponible después de haber pagado todos los impuestos y después de haber financiado todos los proyectos con valores presentes netos positivos. En esta situación, además de comprar instrumentos financieros de renta fija, la empresa tiene varias formas de utilizar el flujo de efectivo libre, incluyendo:

1. Pagar dividendos.
2. Recomprar sus propias acciones comunes.
3. Adquirir acciones de otra empresa.

En el capítulo 16 se estudiaron las primeras dos opciones. Se observó que un dividendo extraordinario aumentará el impuesto sobre la renta que pagan algunos inversionistas. La recompra de acciones comunes reducirá los impuestos que pagan los accionistas cuando se compara con el pago de dividendos, pero ésta no es una opción legal si su único objetivo es evitar unos impuestos que, de lo contrario, deberían pagar los accionistas.

Para evitar estos problemas, la empresa puede comprar otra empresa. Al efectuarlo, se evita el problema fiscal asociado con el pago de dividendos. En el caso de una fusión, los dividendos que se reciben de la empresa adquirida tampoco son gravables.

Revaluación en libros de los activos   Ya observamos que en una adquisición gravable pueden revaluarse los activos de la empresa adquirida. Si se incrementa el valor de los activos, las deducciones de impuestos por depreciación representarán un beneficio.

Cambios en los requerimientos de capital

Todas las empresas tienen que efectuar inversiones en capital de trabajo y en activos fijos para mantener un nivel eficiente de actividad operativa. Una fusión puede reducir la inversión combinada que requieren las dos empresas. Por ejemplo, la empresa A quizá requiera ampliar sus instalaciones industriales, en tanto que la empresa B tiene una considerable capacidad no utilizada. Puede ser mucho más barato para la empresa A comprar la empresa B que empezar desde cero.

Además, las empresas adquirentes quizá identifiquen formas de administrar de modo más efectivo los activos existentes. Esto puede ocurrir mediante la reducción del capital de trabajo, debido a un manejo más eficiente del efectivo, de las cuentas por cobrar y de los inventarios. Por último, la empresa adquirente quizá liquide algunos activos innecesarios en la empresa combinada.

Las empresas señalan con frecuencia un gran número de razones para efectuar una fusión. Normalmente, cuando las empresas acuerdan fusionarse, firman un *convenio de fusión*, que contiene, entre otras disposiciones, una relación de los beneficios económicos que cabe esperar de la fusión. Por ejemplo, el convenio de U.S. Steel y Marathon Oil exponía (las cursivas las añadieron los autores):

U.S. Steel cree que la adquisición de Marathon proporcionará a U.S. Steel una oportunidad atractiva para *diversificarse* en el negocio de la energía. Entre las razones para la fusión se incluyen, aunque no quedan limitadas a éstas, los hechos de que la consumación de la fusión permitirá a U.S. Steel consolidar a Marathon en la *declaración del impuesto sobre la renta federal* de U.S. Steel, también contribuirá a una *mayor eficiencia* y mejorará la *capacidad de administrar el capital* al permitir transferencias de efectivo entre U.S. Steel y Marathon. Adicionalmente, la fusión *eliminará la posibilidad de conflictos de intereses* entre los intereses de los accionistas minoritarios y mayoritarios y *mejorará la flexibilidad de la administración*. La adquisición proporcionará a los accionistas de Marathon una prima considerable sobre los precios de mercado históricos de sus acciones. Sin embargo, los accionistas (de Marathon) no continuarán participando en los futuros prospectos de la empresa.

Prevención de errores

Evaluar el beneficio de una adquisición potencial es más difícil que un análisis estándar de presupuesto de capital, ya que gran parte del valor puede derivarse de beneficios intangibles o, de alguna forma, es difícil de cuantificar. Por consiguiente, es fácil cometer errores. A continuación, se presentan algunas reglas generales que se deben recordar:

1. *No ignorar los valores de mercado.* No tiene objeto, y es poco lo que se gana, estimar el valor de una empresa cuyas acciones se negocian entre el público inversionista en general, cuando ese valor se puede observar de forma directa. El valor de mercado actual representa una opinión de consenso de los inversionistas en relación al valor de la empresa (con la administración actual). Utilice este valor como punto de partida. Si las acciones de la empresa no se negocian entre el público inversionista en general, el punto de partida es considerar empresas similares cuyas acciones sí se negocien públicamente.
2. *Proyectar únicamente flujos de efectivo incrementales.* Es importante estimar los flujos de efectivo que sean incrementales por la adquisición. Sólo los flujos de efectivo incrementales derivados de la adquisición aportarán valor a la empresa adquirente. Por tanto, el análisis de la adquisición sólo debe enfocarse en los flujos de efectivo incrementales, recién creados, derivados de la adquisición propuesta.
3. *Utilizar la tasa de descuento correcta.* La tasa de descuento debe ser la tasa del rendimiento requerida para los flujos de efectivo incrementales asociados con la adquisición. Debe reflejar el riesgo asociado con el uso de los fondos, no con la fuente de los mismos. Si la empresa A está adquiriendo a la empresa B, el costo de capital de la empresa A no tiene relevancia particular. El costo de capital de la empresa B es una tasa de descuento mucho más apropiada porque refleja el nivel de riesgo de los flujos de efectivo de la empresa B.
4. *Ser conscientes de los costos de transacción.* Una adquisición puede involucrar costos de transacción considerables (y en ocasiones sorprendentes). Estos costos incluirán los honorarios a los banqueros de inversión, los honorarios legales y los requisitos de avisos y notificaciones públicas.

Nota sobre la administración ineficiente

Existen empresas cuyo valor podría incrementarse con un cambio en la administración. Son empresas que están manejadas de forma deficiente o que no utilizan con eficacia sus activos para crear valor para los accionistas. Las fusiones son un medio para reemplazar a la administración en estos casos.

Es más, el hecho de que una empresa pueda beneficiarse con un cambio en la administración no significa necesariamente que la administración actual sea deshonesta, incompetente o negligente. En lugar de ello, del mismo modo que algunos atletas son mejores que otros, algunos equipos administrativos pueden ser mejores para manejar un negocio. Esto puede ser cierto durante períodos de cambio tecnológico u otros períodos, cuando se están llevando a cabo innovaciones en la práctica de los negocios. De todas formas, sea cual sea el grado en que los «piratas» corporativos puedan identificar a las empresas administradas de forma deficiente o a las empresas que de alguna forma se beneficiarían con un cambio en la administración, estos «piratas» ofrecen un valioso servicio a los accionistas de las empresas objetivos y a la sociedad en general.

	Global Resources antes de la fusión	Regional Enterprises antes de la fusión	Global Resources después de la fusión		Tabla 21.3
			El mercado es «inteligente»	El mercado es «engañoso»	Posiciones financieras de Global Resources y de Regional Enterprises
Utilidad por acción	**$1.00**	**$1.00**	**$1.43**	**$1.43**	
Precio por acción	**$25.00**	**$10.00**	**$25.00**	**$35.71**	
Razón precio/utilidad	**25**	**10**	**17.5**	**25**	
Número de acciones	**100**	**100**	**140**	**140**	
Utilidad total	**$100**	**$100**	**$200**	**$200**	
Valor total	**$2,500**	**$1,000**	**$3,500**	**$5,000**	

Tasa de intercambio: 1 acción de Global Resources por 2.5 acciones de Regional.

PREGUNTAS SOBRE CONCEPTOS

21.4a ¿Cuáles son los flujos de efectivo incrementales relevantes para evaluar una fusión?

21.4b ¿Cuáles son algunas formas diferentes de beneficios que se derivan de una adquisición?

ALGUNOS EFECTOS FINANCIEROS COLATERALES DE LAS ADQUISICIONES | 21.5

Además de las diversas posibilidades que acabamos de estudiar, las fusiones pueden tener algunos efectos colaterales puramente financieros, es decir, efectos que se producen con independencia de que la fusión tenga o no sentido económico.

Vale la pena mencionar en particular dos de esos efectos: el crecimiento en UPA y la diversificación.

Crecimiento de la UPA

Una adquisición puede crear la apariencia de crecimiento en las utilidades por acción (UPA). Esto puede engañar a los inversionistas haciéndoles pensar que la empresa está operando mejor de lo que lo hace en realidad. Lo podemos ver mejor con el siguiente ejemplo.

Supongamos que Global Resources, Ltd. adquiere Regional Enterprises. En la tabla 21.3 se muestra la situación financiera de Global y de Regional antes de la adquisición. Dado que la fusión no crea valor incremental, la empresa combinada (Global Resources después de adquirir a Regional) tiene un valor que es igual a la suma de los valores de las dos empresas antes de la fusión.

Previamente a la fusión, Global y Regional tienen 100 acciones en circulación. Sin embargo, cada acción de Global se vende en **$25**, en contraste con los **$10 por acción** de Regional. Por tanto, Global adquiere a Regional intercambiando 1 de sus acciones por cada 2.5 acciones de Regional. Puesto que Regional tiene 100 acciones, se requerirán 100/2.5 = 40 acciones en total.

Después de la fusión, Global tendrá 140 acciones en circulación y se producirán varios eventos (v. la columna 3 de la tabla 21.3):

1. El valor de mercado de la empresa combinada es de **$3,500**. Esto es igual a la suma de los valores de las empresas antes de la fusión. Si el mercado es «inteligente», comprenderá que la empresa combinada vale la suma de los valores de las empresas por separado.
2. Las utilidades por acción de la empresa fusionada son de **$1.43**. La adquisición permite a Global incrementar sus utilidades por acción de $1 a $1.43; un incremento del 43%.
3. Debido a que el precio de las acciones de Global después de la fusión es el mismo que antes de la fusión, la razón precio/utilidad debe disminuir. Esto es cierto siempre y cuando el mercado sea inteligente y reconozca que el valor total de mercado no se ha modificado con la fusión.

Si el mercado se «engaña», creerá erróneamente que el incremento del 43% en las utilidades por acción corresponde a un crecimiento verdadero. En este caso, la razón precio/utilidad de Global quizá no disminuya después de la fusión. Supongamos que la razón precio/utilidad de Global permanece constante en **25**. Dado que la empresa combinada tiene utilidades de $200, el valor total de la misma aumentará a **$5,000 (25 × $200)**. El valor por acción de Global aumentará a **$35.71 ($5,000/140)**.

Esto es la magia del crecimiento en utilidades. Al igual que toda la buena magia, sólo es una ilusión. Para que funcione, los accionistas de Global y Regional tendrán que recibir algo a cambio de nada. Por supuesto que esto es poco probable con un truco tan sencillo.

Diversificación

La diversificación suele considerarse como un beneficio derivado de la fusión. Ya con anterioridad se observó que U.S. Steel señaló la diversificación como un beneficio al adquirir Marathon Oil. El problema es que la diversificación por sí misma es probable que no genere valor.

Examinando de nuevo el capítulo 11, la diversificación reduce el riesgo no sistemático. También vimos que el valor de un activo depende de su nivel de riesgo sistemático y que la diversificación no afecta directamente al riesgo sistemático. Dado que el riesgo no sistemático no tiene una importancia especial, no existe un beneficio en particular que se derive de reducirlo.

Una forma fácil de visualizar por qué la diversificación no es un beneficio importante en una fusión, es considerar el caso de un inversionista que poseía acciones de U.S. Steel y de Marathon Oil. Este accionista ya se ha diversificado entre estas dos inversiones. La fusión no consigue nada que no puedan hacer los accionistas por sí mismos.

De forma más general, los accionistas pueden obtener toda la diversificación que deseen comprando acciones en empresas diferentes. Como resultado de ello, los inversionistas no pagarán una prima por una empresa fusionada tan sólo por el beneficio derivado de la diversificación.

Por cierto, no se está señalando que U.S. Steel (ahora USX) cometió un error. En 1982, U.S. Steel era una empresa rica en efectivo (más del 20% de sus activos estaban integrados por efectivo e instrumentos financieros negociables). No es raro encontrar empresas con excedentes de efectivo que expresen la «necesidad» de diversificar.

┌ **PREGUNTAS SOBRE CONCEPTOS**

21.5a ¿Por qué una fusión puede crear la apariencia de un crecimiento en utilidades?
21.5b ¿Por qué la diversificación no es por sí misma una buena razón para efectuar una fusión?

EL COSTO DE UNA ADQUISICIÓN │ 21.6

Se han estudiado algunos de los beneficios al efectuar una adquisición. Ahora es necesario estudiar el costo de una fusión.[9] Con anterioridad, se aprendió que la ganancia incremental neta de una fusión es:

$$\Delta V = V_{AB} - (V_A + V_B)$$

También, el valor total de la empresa B para la empresa A, V_B^*, es:

$$V_B^* = V_B + \Delta V$$

Por consiguiente, el VPN de la fusión es:

VPN = V_B^* − Costo de la adquisición para la empresa A   (21.1)

Para mostrar esto, supongamos que tenemos la siguiente información, previa a la fusión, de las empresas A y B:

	Empresa A	Empresa B
Precio por acción	$20	$10
Número de acciones	25	10
Valor total de mercado	$500	$100

Ambas empresas están financiadas al 100% con capital. Se estima que el valor incremental de la adquisición, ΔV, es igual a $100.

El consejo de administración de la empresa B ha señalado que estará de acuerdo con la venta si el precio es de $150, pagable en efectivo o en acciones. Este precio por la empresa B tiene dos partes. La empresa B tiene un valor de $100 por separado, por lo que éste es el valor mínimo que se le pudiera asignar a la empresa B. La segunda parte, $50, se denomina *prima por fusión* y representa el monto que se paga por arriba del valor de la empresa por sí misma.

¿Debe la empresa A adquirir a la empresa B? ¿Debe pagarla con efectivo o con acciones? Para contestar, se debe determinar el VPN de la adquisición para ambas alternativas. Se puede iniciar observando que el valor de la empresa B para la empresa A es de:

$$V_B^* = \Delta V + V_B$$
$$= \$100 + 100 = \$200$$

---

[9]Para un estudio más detallado de los costos de una fusión y del enfoque de VPN, véase *Modern Developments in Financial Management* de S. C. Myers, ed. S.C. Myers (Nueva York: Praeger Publishers, 1976).

Por tanto, el valor total que recibe la empresa A por adquirir la empresa B alcanza la cantidad de $200. Por consiguiente, la pregunta es: ¿Cuánto tiene que entregar la empresa A? La respuesta depende si se utiliza el efectivo o las acciones como medio de pago.

Caso I: Adquisición en efectivo

Cuando se utiliza efectivo, el costo de una adquisición es simplemente el propio efectivo. Por tanto, si la empresa A paga $150 en efectivo para comprar todas las acciones de la empresa B, el costo de adquirir la empresa B es de $150. El VPN de una adquisición en efectivo es:

$$VPN = V_B^* - \text{Costo}$$
$$= \$200 - 150 = \$50$$

Por tanto, la adquisición es rentable.

Después de la fusión, la empresa AB continuará teniendo 25 acciones en circulación. Después de la fusión, el valor de la empresa A es de:

$$V_{AB} = V_A + (V_B^* - \text{Costo})$$
$$= \$500 + 200 - 150$$
$$= \$550$$

Esta cifra es simplemente el valor con anterioridad de la fusión de $500, más el VPN de $50. Después de la fusión, el precio por acción es de $550/25 = $22, lo que representa una ganancia de $2 por acción.

Caso II: Adquisición en acciones

Las cosas son un poco más complicadas cuando la forma de pago es mediante acciones. En una fusión en efectivo, los accionistas de B reciben efectivo por sus acciones y, al igual que en el ejemplo que se presentó de U.S. Steel/Marathon Oil, ya no participan más en la empresa. Por tanto, como ya se ha visto, el costo de la adquisición en este caso es el monto de efectivo requerido para liquidar a los accionistas de B.

En una fusión con acciones, el efectivo no cambia de manos. En lugar de ello, los accionistas de la empresa B participan como nuevos accionistas en la empresa fusionada. El valor de la empresa fusionada, en este caso, será igual a los valores antes de la fusión de las empresas A y B más la ganancia incremental derivada de la fusión, ΔV:

$$V_{AB} = V_A + V_B + \Delta V$$
$$= \$500 + 100 + 100$$
$$= \$700$$

Para pagar $150 en acciones por la empresa B, la empresa A deberá entregar $150/$20 = 7.5 acciones. Después de la fusión, existirán 25 + 7.5 = 32.5 acciones en circulación y el valor por acción será de $700/32.5 = $21.54.

Obsérvese que el precio por acción después de la fusión es inferior en el caso de la alternativa de compra en acciones. La razón se relaciona con el hecho de que los accionistas de B poseen acciones en la nueva empresa.

Parece ser que la empresa A pagó $150 por la empresa B, aunque lo cierto es que pagó más. Una vez que se concluya todo el proceso, los accionistas de B tendrán 7.5 acciones comunes de la empresa fusionada. Después de la fusión, cada una de estas acciones valdrá $21.54. Por consiguiente, el valor total de la remuneración recibida por los accionistas de B es de 7.5 × $21.54 = $161.55.

Estos $161.55 son el verdadero costo de la adquisición, ya que es lo que terminaron recibiendo los vendedores. Para la empresa A, el VPN de la fusión es de:

$$VPN = V_B^* - Costo$$
$$= \$200 - 165.55 = \$38.45$$

Esta cifra puede verificarse observando que A inició con 25 acciones con un valor de $20 cada una. La ganancia de $38.45 para A representa $38.45/25 = $1.54 por acción. El valor de la acción se incrementa a $21.54, como se había calculado.

Cuando se compara la adquisición en efectivo con la adquisición en acciones se observa que, en este caso, es mejor la adquisición en efectivo, ya que la empresa A conserva todo el VPN si paga en efectivo. Si paga en acciones, los accionistas de la empresa B comparten el VPN al convertirse en nuevos accionistas de A.

Efectivo versus acciones comunes

La distinción entre el financiamiento mediante efectivo y mediante acciones comunes en una fusión es importante. Si se utiliza efectivo, el costo de la adquisición no dependerá de las ganancias de la adquisición. Si todos los demás factores permanecen constantes, y se utilizan acciones comunes, el costo será más alto porque los accionistas de la empresa A tendrán que compartir las ganancias de la adquisición con los accionistas de la empresa B. No obstante, si el VPN de la adquisición es negativo, ambas empresas compartirán la pérdida.

La decisión de si se debe financiar la adquisición mediante efectivo o mediante acciones depende de varios factores, entre los que se incluyen:[10]

1. *Compartir ganancias.* Si se utiliza efectivo para financiar una adquisición, los accionistas de la empresa vendedora no participarán en las posibles ganancias de la fusión. Por supuesto que si la adquisición no es un éxito, no se compartirán las pérdidas y los accionistas de la empresa adquirente estarán en peor situación que si se hubieran utilizado acciones comunes.
2. *Impuestos.* Por lo general, la adquisición en efectivo da como resultado una operación gravable. Normalmente, la adquisición mediante el intercambio de acciones está exenta de impuestos.
3. *Control.* La adquisición en efectivo no afecta el control de la empresa adquirente. La adquisición en acciones con derecho a voto puede tener implicaciones con respecto al control de la empresa fusionada.

---

[10]Las transacciones con pago total en efectivo son mucho más habituales que las transacciones en las que la totalidad del pago se efectúa en acciones. Por ejemplo, en 1985 sólo alrededor del 10% de las adquisiciones fueron financiadas exclusivamente con acciones (v. *Mergers and Acquisitions*, «Almanac and Review: 1985»).

> **PREGUNTAS SOBRE CONCEPTOS**
>
> 21.6a ¿Por qué el verdadero costo de una adquisición en acciones depende de la ganancia derivada de la fusión?
> 21.6b ¿Cuáles son algunos factores importantes al decidir si se utilizan acciones o efectivo en una adquisición?

21.7 | TÁCTICAS DEFENSIVAS

Los administradores de la empresa objetivo suelen resistirse a los intentos de adquisición. Normalmente, la resistencia se inicia con boletines de prensa y comunicaciones enviadas a los accionistas que presentan el punto de vista de la administración. Con el tiempo, esto puede llevar a acciones jurídicas y a solicitar ofertas de otros competidores o interesados en la adquisición. Las actividades administrativas para derrotar un intento de adquisición pueden beneficiar a los accionistas de la empresa si se obtiene una oferta con una prima más alta de la empresa que originalmente desea hacer la adquisición o de alguna otra empresa interesada.

Por supuesto que la resistencia de la administración quizá refleje simplemente la búsqueda por satisfacer su interés propio a expensas de los accionistas. Éste es un tema controvertido. En ocasiones, la resistencia de la administración ha incrementado considerablemente el monto que en definitiva reciben los accionistas. En otras ocasiones, esa resistencia parece haber derrotado todos los intentos de adquisición en perjuicio de sus accionistas.

En esta sección se describen varias tácticas defensivas que ha utilizado la administración de la empresa objetivo para resistirse a los intentos hostiles de adquisición. La legislación relacionada con estas defensas aún no esta definida, y algunas de estas maniobras quizá se consideren posteriormente ilícitas o inapropiadas.

El acta constitutiva y los estatutos de las empresas

Los *estatutos constitutivos de la empresa* se refieren a la escritura constitutiva y a los estatutos corporativos que establecen las reglas que rigen la empresa. Estos estatutos establecen las condiciones que permiten una adquisición. Las empresas modifican con frecuencia los estatutos para dificultar su adquisición. Por ejemplo, lo habitual es que dos terceras partes (el 67%) de los accionistas registrados deban aprobar una fusión. Las empresas pueden dificultar ser adquiridas cambiando esta disposición al 80% u otro porcentaje similar. A esto se le denomina *enmienda de supermayoría*.

Otro dispositivo consiste en escalonar la elección de los miembros del consejo de administración. Esto dificulta elegir con rapidez un nuevo consejo de administración. En el capítulo 12 se estudiaron las elecciones escalonadas.

Convenios de recompra/paralización

Los administradores de las empresas objetivo pueden intentar negociar *convenios de paralización* (*standstill agreements*). Estos convenios son contratos a través de los cuales la empresa que efectúa la oferta acepta limitar su participación de propiedad en la empresa objetivo. Por lo general estos convenios conducen a la cancelación del intento de adquisición.

Los convenios de paralización ocurren, con frecuencia, al mismo tiempo que se conviene una *recompra planeada* (*targeted repurchase*). En una recompra planeada la empresa compra una cierta cantidad de sus propias acciones a un inversionista individual, pagando una prima considerable. Estas primas se pueden definir como remuneraciones a posibles postores para eliminar los intentos hostiles de adquisición. Quienes critican estos pagos los consideran como sobornos y los denominan «**correo verde**» (*greenmail*).

«correo verde»
Readquisición planeada de acciones comunes en la que los pagos se realizan a posibles postores para eliminar intentos hostiles de adquisición.

Por ejemplo, el 2 de abril de 1986 Ashland Oil, Inc., el mayor refinador independiente de petróleo de Estados Unidos, tenía en circulación 28 millones de acciones. El precio de las acciones el día anterior fue de $48 por acción, en la Bolsa de Valores de Nueva York. El 2 de abril el consejo de administración de Ashland tomó dos decisiones:

1. El consejo aprobó un convenio de administración con la familia Belzberg de Canadá para comprar 2.6 millones de acciones que tenían los Belzberg en Ashland, a un precio de 51 dólares por acción. Éste fue un convenio de paralización que terminó una escaramuza de intentos de adquisición; finalmente la familia Belzberg ofreció 60 dólares por acción, para adquirir la totalidad de las acciones comunes de Ashland.
2. El consejo autorizó a la empresa recomprar 7.5 millones de sus propias acciones (27% del total de acciones en circulación). Simultáneamente, éste aprobó una propuesta para establecer un plan mediante el cual se les cedieran acciones a los empleados, el cual sería iniciado con 5.3 millones de acciones de Ashland.

El resultado de estas actividades fue eliminar una amenaza de adquisición y lograr que Ashland quedara invulnerable a intentos futuros y hostiles de adquisición. Con anterioridad, Ashland había aprobado una cláusula que señalaba que el 80% de los accionistas tenían que aprobar su adquisición (cláusula de supermayoría). Las acciones comunes colocadas en el plan de venta de acciones a los empleados están controladas en realidad por la administración y en total representan más del 20% del total de acciones, por lo que nadie puede obtener la aprobación del 80% sin el apoyo de la administración.

Autoofertas de adquisición pública excluyentes

Una *autooferta de adquisición pública excluyente* (*exclusionary self-tenders*) es lo opuesto a la recompra planeada. En este caso, la empresa efectúa una oferta pública de compra directa con una determinada cantidad de sus propias acciones comunes, al tiempo que *excluye* a determinados accionistas.

En uno de los casos más conocidos de la historia de las fusiones, Unocal, una gran empresa petrolera integrada, efectuó una oferta pública de adquisición del 29% de sus propias acciones al tiempo que excluía de la oferta a su mayor accionista, Mesa Partners II (dirigida por T. Boone Pickens). La autooferta de Unocal fue de $72 por acción, lo que excedía en $26 al precio de mercado prevaleciente. Esto fue ideado para derrotar el intento de adquirir Unocal por parte de Mesa, al transferir de hecho la riqueza de Mesa a otros accionistas de Unocal.

En la actualidad, parece existir la tendencia a considerar una autooferta pública excluyente como una forma ilícita de discriminación contra un grupo específico de accionistas.

«Cápsulas de cianuro» y planes de emisión de derechos preferentes de compra de acciones comunes

«cápsula de cianuro»
Dispositivo financiero diseñado para lograr que los intentos de adquisición hostiles sean poco atractivos, si no imposibles.

Una «**cápsula de cianuro**» es una táctica diseñada para desanimar a los posibles compradores. El término proviene del mundo del espionaje. Se supone que antes de permitir su captura, los agentes muerden una cápsula de cianuro. La idea es que esto evite que los interrogadores enemigos conozcan secretos importantes.

En el igualmente pintoresco mundo de las finanzas corporativas, una «cápsula de cianuro» es un dispositivo financiero diseñado para hacer imposible la adquisición de una empresa sin el consentimiento de la administración, a menos que el comprador esté dispuesto a cometer un suicidio financiero.

En años recientes, muchas de las principales empresas en Estados Unidos han adoptado cláusulas con «cápsulas de cianuro», denominándolas **planes de derechos preferentes de compra de acciones comunes** (PSP) o de forma similar. En la figura 21.1 se presenta el contenido de una carta enviada por correo por Contel Corporation (una gran empresa de telecomunicaciones) a sus accionistas a finales de 1988 para anunciarles la adopción de un plan de este tipo y en la que se bosquejan algunas de sus características.[11]

planes de derechos preferentes de compra de acciones comunes
Cláusulas que permiten a los accionistas actuales comprar acciones a un precio fijo si se produce una oferta de adquisición externa, con lo que se desalientan los intentos hostiles por adquirir la empresa.

Los PSP difieren de una empresa a otra; aquí se describirá un enfoque genérico. Cuando una empresa adopta un PSP, distribuye derechos preferentes a sus accionistas actuales.[12] Esto les permite comprar acciones a algún precio establecido.

Los derechos preferentes de compra emitidos a través de PSP tienen varias características inusuales. Primero, el precio de ejercicio o suscripción del derecho preferente suele establecerse lo suficientemente alto como para que estos derechos estén muy «fuera del dinero», lo que significa que el precio de adquisición es mucho más alto que el precio actual de las acciones comunes. Los derechos preferentes de compra suelen tener validez durante 10 años, y normalmente el precio de adquisición de la ejecución es un estimado razonable de lo que valdrán las acciones comunes en ese momento.

Además, a diferencia de los derechos preferentes de compra tradicionales, estos derechos no pueden ejercerse de inmediato, ni se pueden comprar y vender por separado de las acciones. La administración puede también cancelarlos en cualquier momento o redimirlos (recomprar) a centavo por unidad o cualquier importe igualmente insignificante.

Las cosas se vuelven interesantes cuando, bajo ciertas circunstancias, se «activan» los derechos preferentes de compra. Esto significa que son ejecutables, que se pueden comprar y vender por separado de las acciones y que no se pueden cancelar o redimir con facilidad. Normalmente, estos derechos se activarán cuando alguien adquiere el 20% de las acciones comunes o anuncia una oferta pública de adquisición directa.

Cuando se activan estos derechos, pueden ejecutarse. Dado que se encuentran «fuera del dinero», este hecho no tiene una importancia particular. Sin embargo, otras características específicas entran en juego. La más importante es la *cláusula flip-over*.

La cláusula *flip-over* es el «cianuro» en la cápsula. En caso de una fusión, el tenedor de un derecho puede pagar el precio de ejecución y recibir acciones en la empresa fusionada, con un valor al doble del precio de ejecución. Es decir, los tenedores de los derechos pueden comprar acciones en la empresa fusionada a mitad de precio.[13]

Los derechos preferentes de compra emitidos mediante un PSP constituyen cápsulas de cianuro porque cualquiera que intente forzar una fusión activaría los derechos preferentes de compra. Cuando así sucede, todos los accionistas de la empresa objetivo pueden

---

[11]El PSP de Contel parece haber logrado su propósito. En el verano de 1990, la administración de Contel aceptó una fusión amistosa con GTE Corporation.

[12]En el capítulo 13 se estudian los derechos preferentes de compra de acciones tradicionales.

[13]Algunos planes también contienen cláusulas *flip-in*. Éstas permiten al tenedor comprar acciones de la empresa objetivo a mitad de precio cuando ésta es la sobreviviente en una fusión. Simultáneamente, se cancelan los derechos preferentes de compra de acciones en poder del «pirata» (el adquirente). La legalidad de esta táctica es dudosa. A la fusión en la que la empresa sobreviviente es el objetivo, se le conoce como *fusión inversa* (*reverse merger*).

CONTEL

Estimado accionista:

En el ambiente corporativo actual de transferencia de control de empresas, Contel está preocupada por ciertas técnicas abusivas que se emplean en ocasiones durante los intentos de adquisición. El uso de esas tácticas está aumentando y amenaza con frecuencia la posición de inversión de los accionistas de la empresa. En relación al uso creciente de estas tácticas abusivas, su Consejo de Administración ha adoptado un plan de derechos preferentes de compra de acciones diseñado para asegurar que los accionistas reciban un trato justo por parte de cualquiera que intente obtener el control de la empresa. El plan consiste en un convenio de emisión de derechos preferentes de compra de acciones sin voto y la distribución, como dividendos, de un derecho preferente de compra de una acción preferente, por cada acción común de Contel en circulación.

El plan de derechos preferentes de compra de acciones no fue adoptado porque exista en la actualidad algún intento por parte de alguna otra empresa para adquirir ésta. En realidad, no conocemos ningún intento de ese tipo. Más bien se trata de una medida precautoria que mejorará la capacidad del Consejo para representar con efectividad los intereses de los accionistas de la empresa ante un intento de adquisición no solicitado. Aunque el plan de derechos preferentes de compra de acciones no evitará una transferencia de control, sí alentará a cualquiera que desee adquirir Contel a negociar primero con el Consejo de Dirección. Al adoptar el plan de derechos preferentes de compra de acciones, el Consejo también tuvo en cuenta el hecho de que más de 650 empresas de cotización pública, incluyendo muchas empresas telefónicas independientes importantes, han adoptado planes de derechos preferentes de compra de acciones.

Con el plan de derechos preferentes de compra de acciones, usted recibirá un derecho preferente de compra por cada acción común que posea. Cada derecho preferente de compra le permitirá comprar una centésima parte de una acción de una nueva serie de acciones preferentes a un precio de ejecución de $120. Los derechos preferentes de compra sólo pueden ejecutarse si una persona o grupo adquiere el 20% o más de las acciones comunes de Contel o si anuncia una oferta para adquirir el 30% o más de las mismas acciones.

Si se producen ciertos acontecimientos activadores, cada derecho preferente de compra le permitirá recibir acciones comunes de Contel o, en ciertas circunstancias, efectivo, propiedades u otros instrumentos financieros de Contel con un valor igual al doble del precio de ejecución. Los acontecimientos activadores incluyen que una persona o grupo adquiera el 20% o más de las acciones comunes de Contel, o la fusión con una empresa que posea el 20% o más de las mismas acciones, y en las que Contel sea la empresa sobreviviente.

Si Contel fuera adquirida en ciertas otras fusiones o combinaciones de negocios o si se vende o traspasa el 50% de los activos o de la capacidad de generar utilidades de la empresa, cada derecho preferente de compra le permitirá recibir acciones comunes de la empresa adquirente con un valor igual al doble del precio de ejecución. Contel puede redimir los derechos preferentes de compra por $0.01 en cualquier momento, con anterioridad a los diez días siguientes a la fecha en que una persona o grupo adquiera el 20% o más de las acciones comunes de Contel. En el anexo que se incluye con esta carta se explican los detalles del plan de derechos preferentes de compra. Le insistimos en que lo lea con cuidado.

La distribución de dividendos se pagará a los accionistas registrados el 7 de diciembre de 1988 y se adjuntará un derecho preferente de compra a cada nueva acción común emitida después de la fecha de registro, y antes del momento en que alguien adquiera el 20% o más de las acciones comunes de Contel o anuncie una oferta pública de adquisición directa del 30% o más de las mismas acciones. Los derechos preferentes de compra se convertirán en parte de sus certificados de acciones existentes y, en este momento, no se emitirán certificados de derechos preferentes de compra por separado.

* * * * *

Atentamente,

Charles Wohlstetter
Charles Wohlstetter
Presidente del Consejo

Donald W. Weber
Donald W. Weber
Presidente y director general

Figura 21.1

Adopción de un plan de derechos preferentes de compra de acciones (PSP)

comprar efectivamente acciones comunes en la empresa fusionada a mitad de precio. Esto aumenta considerablemente el costo de la fusión para el postor porque los accionistas de la empresa objetivo terminan con un porcentaje mucho mayor de la empresa fusionada.

Obsérvese que la cláusula *flip-over* no evita que alguien adquiera el control de una empresa comprando una participación de propiedad mayoritaria. Sólo actúa para evitar una fusión completa de las dos empresas. Aun así, esta imposibilidad de combinarse puede tener graves implicaciones fiscales y de otro tipo para el comprador. Por ejemplo, si el comprador no puede obtener el 80% de las acciones comunes, cualquier dividendo que reciba será gravable.

La intención de la cápsula de cianuro es obligar al postor a negociar con la administración. Es frecuente que se efectúen ofertas de fusión con la contingencia de que la empresa objetivo cancele los derechos preferentes de compra.

Reprivatización accionaria y compras apalancadas

Como ya se ha estudiado, la privatización se refiere a lo que ocurre cuando las acciones de una empresa propiedad del público inversionista se reemplazan con la propiedad total del capital en manos de un grupo privado, que puede incluir elementos de la administración actual. Como consecuencia, las acciones se retiran del mercado (si es una acción negociada en bolsa de valores, se elimina su cotización pública) y no se negocia más.

Un resultado de la privatización es que ya no pueden producirse adquisiciones mediante ofertas públicas de adquisición directa, dado que no existen acciones en manos del público en general. En este sentido, una adquisición apalancada (o, más específicamente, una adquisición efectuada por la administración) puede ser una defensa frente a una posible adquisición. Sin embargo, sólo es una defensa para la administración. Desde el punto de vista del accionista, la adquisición apalancada es una transferencia de control, ya que se le retira participación de propiedad en la empresa.

Otros dispositivos y terminología de las transferencias de control corporativo

Según ha ido aumentando la frecuencia de las adquisiciones corporativas, se ha desarrollado un nuevo vocabulario. Los términos son pintorescos y presentamos a continuación algunos de ellos, sin ningún orden en particular:

1. *Paracaídas dorados (golden parachutes).* Algunas empresas objetivo proporcionan una remuneración especial a la dirección general si se realiza una adquisición. Por ejemplo, cuando el consejo de Scoville apoyó la oferta pública de adquisición directa por $523 millones efectuada por First City Properties, tomó medidas para que los 13 ejecutivos principales recibieran pagos de liquidación por aproximadamente $5 millones. De acuerdo a la perspectiva y a los importes involucrados, esto se puede considerar como un pago efectuado a la administración para que se preocupe menos por su propio bienestar y se interese más por el de los accionistas al considerar una oferta de adquisición.
2. *Veneno en venta (poison puts).* El veneno en venta es un variación de la cápsula de cianuro descrita con anterioridad. Obliga a la empresa a recomprar instrumentos financieros a un precio específico.
3. *Joyas de la corona (crown jewels).* Con frecuencia las empresas venden o amenazan vender los activos principales —las joyas de la corona— cuando se enfrentan a una amenaza de adquisición. En ocasiones, esto se conoce como estrategia de «tierra

arrasada». Esta táctica a menudo incluye un «cerrojo», que estudiaremos más adelante.

4. *Caballeros blancos (white knights).* Una empresa que se enfrenta a una oferta hostil de fusión podría hacer arreglos para que la adquiriera una empresa amistosa diferente. De esta forma, a la empresa la rescata un caballero blanco. Alternativamente, la empresa puede realizar arreglos para que una entidad amistosa adquiera una cantidad considerable de sus acciones. Los llamados «escuderos blancos» o «hermanos mayores» son personas, empresas, o incluso sociedades de inversión que participan en transacciones amistosas de este tipo. En ocasiones, a los caballeros blancos o a las otras partes amistosas se les otorgan condiciones excepcionales o se les remunera de alguna forma. Según parece, a esta situación se le ha denominado «correo blanco» (*whitemail*).

5. *Cerrojos (lockups).* Un cerrojo es una opción que se le concede a un pretendiente amistoso (quizá un caballero blanco) por la que se le otorga el derecho de comprar acciones comunes o algunos de los activos (quizá las joyas de la corona) de una empresa objetivo a un precio fijo, en el caso de una adquisición hostil.

6. *Repelente contra tiburones.* Un repelente contra tiburones es cualquier táctica (p. ej., una cápsula de cianuro) diseñada para desanimar las ofertas de fusión no deseadas.

PREGUNTAS SOBRE CONCEPTOS

21.7a ¿Qué medidas puede tomar una empresa para hacer menos probable su adquisición?

21.7b ¿Qué es un plan de derechos preferentes de compra de acciones comunes? Explique cómo operan estos derechos.

ALGUNAS EVIDENCIAS SOBRE LAS ADQUISICIONES | 21.8

Uno de los aspectos más controvertidos con relación a este tema es determinar si las fusiones y las adquisiciones benefician a los accionistas. Varios estudios han intentado estimar el efecto de las fusiones y las adquisiciones sobre los precios de las acciones comunes de las empresas que efectúan la oferta y las empresas objetivo. Estos estudios han examinado las ganancias y pérdidas en el valor de las acciones comunes en el momento en que se anuncia la fusión. En la tabla 21.4 se resumen los resultados de numerosos estudios que buscan determinar los efectos de las fusiones y los efectos públicos de adquisición directa sobre los precios de las acciones comunes.

En la tabla 21.4 se muestra que los accionistas de las empresas objetivo en adquisiciones exitosas reciben considerables beneficios. Cuando ésta se realiza mediante fusión, las ganancias son del 20% y cuando se realiza mediante la oferta pública de adquisición, las ganancias son del 30%. Estas ganancias son un reflejo de la prima por fusión que normalmente paga la empresa adquirente. Estas ganancias constituyen rendimientos extraordinarios, es decir, en exceso de lo que hubieran ganado normalmente los accionistas.

Los accionistas de las empresas que efectúan las ofertas no tienen resultados tan buenos. De acuerdo a los estudios resumidos en la tabla 21.4, los postores experimentan ganancias del 4% en las ofertas públicas de adquisición directa, pero en las fusiones esta ganancia es de alrededor de cero. Estos números son lo suficientemente pequeños como para dejar dudas sobre el efecto exacto sobre los postores.

Tabla 21.4	Técnica de transferencia de control	Empresa objetivo	Postores
Cambios en el precio de las acciones de adquisiciones corporativas exitosas	Oferta pública de adquisición directa	30%	4%
	Fusión	20	0
	Contienda por mandato de voto	8	n/d

n/d = no disponible
Modificado de «The Market for Corporate Control: The Scientific Evidence», de Michael C. Jensen y Richard S. Ruback, en *Journal of Financial Economics* 11 (abril de 1983), págs. 7, 8. © Elsevier Science Publishers B.V. (North-Holland).

¿Qué conclusiones se pueden extraer de la tabla 21.4? En primer lugar, la evidencia sugiere fuertemente que los accionistas de las empresas objetivo exitosas obtienen, como consecuencia de las adquisiciones, ganancias considerables, que parecen ser mayores en las ofertas públicas que en las fusiones. Esto puede reflejar el hecho de que las adquisiciones se inician en ocasiones con una propuesta amistosa de fusión por parte del postor a la administración de la empresa objetivo. Si la administración rechaza la oferta, la empresa postora puede llevarla a los accionistas mediante una oferta pública de adquisición directa. Como consecuencia de ello, es frecuente que estas ofertas públicas sean hostiles.

La administración de la empresa objetivo quizá se oponga de un modo activo a la oferta mediante tácticas defensivas. Esto suele aumentar el monto de la oferta pública de adquisición directa que efectúa la empresa postora y, en promedio, se pueden convenir fusiones amistosas con primas menores en vez de ofertas públicas de adquisición directa hostiles.

La segunda conclusión es que los accionistas de las empresas postoras ganan poco con las adquisiciones. En el caso de las ofertas públicas de adquisición directa, los accionistas ganan un promedio de sólo el 4%; en las fusiones, parecen situarse en el punto de equilibrio. De hecho, los estudios han demostrado que, en muchas fusiones, las empresas adquirentes en realidad pierden valor. Estos hallazgos son un enigma y existen varias explicaciones para ello:

1. Quizá no se hayan logrado por completo las ganancias que se preveían de la fusión, y por tanto los accionistas experimentaron pérdidas. Esto puede ocurrir si los administradores de las empresas postoras tienden a sobreestimar las posibles ganancias derivadas de la adquisición.

2. Por lo general, las empresas postoras son mucho mayores que las empresas objetivo. Por tanto, aunque las ganancias monetarias para el postor quizá sean similares a las ganancias en unidades monetarias obtenidas por los accionistas de la empresa objetivo, las ganancias en términos porcentuales serán bastante menores.

3. Otra posible explicación de los bajos rendimientos para los accionistas de las empresas postoras en las adquisiciones es que tal vez la administración no esté actuando en beneficio de los accionistas al intentar adquirir otras empresas. Quizá esté intentando aumentar el tamaño de la empresa, aunque ello reduzca su valor por acción.

4. El mercado de adquisiciones tal vez sea lo bastante competitivo para que el VPN de adquirir sea igual a cero, debido a que los precios pagados en las adquisiciones reflejan por completo el valor de las empresas adquiridas. En otras palabras, los vendedores se quedan con toda la ganancia.

5. Por último, puede ser que el anuncio público de una adquisición no transmita al mercado información suficiente sobre la empresa postora. Esto puede ocurrir porque

las empresas suelen anunciar la intención de dedicarse a «programas» de fusiones mucho antes de que anuncien adquisiciones específicas. En este caso, el precio de las acciones de la empresa postora quizá refleje ya las ganancias que se pronostican de las fusiones.

21.8a ¿Qué muestra la evidencia sobre los beneficios de las fusiones y adquisiciones para los accionistas de las empresas objetivo?

21.8b ¿Qué muestra la evidencia sobre los beneficios de las fusiones y adquisiciones para los accionistas de las empresas adquirentes?

RESUMEN Y CONCLUSIONES | 21.9

Se ha presentado en este capítulo a nivel introductorio la amplia literatura sobre fusiones y adquisiciones. Se presentaron varios aspectos, incluyendo:

1. Formas de las fusiones. Una empresa puede adquirir otra de diferentes maneras. Las tres formas jurídicas de adquisición son la fusión y la consolidación, la adquisición de acciones comunes y la adquisición de activos.

2. Aspectos fiscales. Las fusiones y adquisiciones pueden ser transacciones gravables o exentas de impuestos. El aspecto principal es si los accionistas de la empresa objetivo venden o intercambian sus acciones. Por lo general, una adquisición en efectivo será una fusión gravable, en tanto que un intercambio de acciones no será gravable. En una fusión gravable, existen efectos derivados de las ganancias de capital y efectos por revaluación en libros de los activos que deberán ser considerados. En un intercambio de acciones, los accionistas de la empresa objetivo se convierten en accionistas de la empresa fusionada.

3. Aspectos contables. El registro contable de las fusiones y adquisiciones involucra la elección entre el método contable de compra y el de agregación de intereses. La elección entre ambos métodos no afecta los flujos de efectivo después de impuestos de la empresa combinada. Sin embargo, los administradores financieros quizá prefieran el método de la agregación de intereses porque la utilidad neta de la empresa combinada es más alta que en el caso del método de adquisición.

4. Valuación de fusiones. Si la empresa A ha adquirido a la empresa B, los beneficios ΔV derivados de la adquisición se definen como el valor de la empresa combinada (V_{AB}) menos el valor de las empresas consideradas como entidades separadas (V_A y V_B), o:

$$\Delta V = V_{AB} - (V_A + V_B)$$

La ganancia para la empresa A al adquirir a la empresa B consiste en el mayor valor de la empresa adquirida (ΔV) más el valor de B, como una empresa considerada por separado. Por tanto, el valor total de la empresa B para la empresa A, V_B^*, es:

$$V_B^* = \Delta V + V_B$$

Una adquisición beneficiará a los accionistas de la empresa adquirente, si este valor es mayor al costo de la adquisición.

El costo de una adquisición se puede definir, en términos generales, como el precio que se paga a los accionistas de la empresa adquirida. El costo suele incluir una prima por fusión pagada a los accionistas de la empresa adquirida. Más aún, el costo depende de la forma de pago, es decir, de la elección entre pagar en efectivo o en acciones comunes.

5. Los posibles beneficios de una adquisición provienen de varias fuentes posibles, entre las que se incluyen las siguientes:
   a. Incremento de ingresos.
   b. Reducciones de costos.
   c. Beneficios fiscales.
   d. Cambios en los requerimientos de capital.

6. Parte del lenguaje más pintoresco de las finanzas proviene de las tácticas defensivas en las batallas por las adquisiciones. *Cápsulas de cianuro*, *paracaídas dorados*, *joyas de la corona* y *correo verde*, son términos que describen distintas tácticas que practican las empresas para evitar ser adquiridas.

7. Las fusiones y las adquisiciones se han estudiado ampliamente. Las conclusiones básicas obtenidas son que, en promedio, a los accionistas de las empresas objetivo les va muy bien, en tanto que los de las empresas postoras no parecen ganar mucho.

Términos fundamentales

fusión **781**
consolidación **781**
oferta pública de adquisición directa (*tender offer*) **782**
contiendas por mandato de voto **783**
transacciones de privatización accionaria **783**

compras apalancadas (CA) **783**
sinergia **789**
«correo verde» (*greenmail*) **801**
«cápsula de cianuro» **801**
planes de derechos preferentes de compra de acciones comunes **802**

Problemas de revisión y autoevaluación del capítulo

21.1 Valor y costo de fusiones   Examine la siguiente información para dos empresas, A y B, financiadas por completo con capital:

	Empresa A	Empresa B
Acciones en circulación	100	50
Precio por acción	$50	$30

La empresa A estima que el valor del beneficio sinergístico de adquirir la empresa B es de $200. La empresa B ha señalado que aceptaría una oferta de adquisición en efectivo de $35 por acción. ¿Debe presentar la oferta la empresa A?

21.2 Fusión de acciones y UPA   Examine la información siguiente para dos empresas, A y B, financiadas por completo con capital:

	Empresa A	Empresa B
Utilidades totales	$1,000	$400
Acciones en circulación	100	80
Precio por acción	$80	$25

La empresa A está adquiriendo a la empresa B al intercambiar 25 de sus acciones por todas las acciones de B. ¿Cuál es el costo de la fusión si la empresa fusionada tiene un valor de $11,000? ¿Qué le ocurrirá a la UPA de la empresa A? ¿A su razón P/U?

Respuestas a los problemas de autoevaluación

21.1 El valor total de la empresa B para la empresa A es el valor de B antes de la fusión, más la ganancia de $200 derivada de la fusión. El valor antes de la fusión de B es de $30 × 50 = **$1,500**, por lo que el valor total es de **$1,700**. A $35 por acción, A está pagando $35 × 50 = **$1,750**; por tanto, la fusión tiene un VPN negativo de − $50. A $35 por acción, B no es un socio atractivo para una fusión.

21.2 Después de la fusión, la empresa tendrá 125 acciones en circulación. Puesto que el valor total es de $11,000, el precio por acción es de $11,000/125 = **$88**, un aumento en comparación con los $80 que se tenían con anterioridad. Dado que los accionistas de la empresa B terminan con 25 acciones de la empresa fusionada, el costo de la fusión es de 25 × $88 = **$2,200**, y no de 25 × 80 = $2,000.

Adicionalmente, la empresa combinada tendrá utilidades de $1,000 + 400 = **$1,400**, por lo que la UPA será de $1,400/125 = **$11.2**, un aumento en comparación con la UPA anterior de $1,000/100 = $10. La antigua razón P/U era de $80/$10 = 8. La nueva es de $88/11.2 = **7.86**.

Preguntas y problemas

1. **Cálculo de sinergia**   Ingulf and Devourer Realty ha ofrecido $10 millones en efectivo por todas las acciones comunes de Faulty Tower Realty. Según la reciente información de mercado, Faulty Tower tiene un valor de $8 millones como una operación independiente. Si la fusión tiene sentido económico para Ingulf, ¿cuál es el valor mínimo estimado de los beneficios sinergéticos de la fusión?

2. **Pago en efectivo contra pago en acciones**   Examine la información siguiente sobre una empresa postora (empresa A) y una empresa objetivo (empresa B). Suponga que ambas empresas no tienen deuda en circulación.

	Empresa A	Empresa B
Acciones en circulación	50	20
Precio por acción	$10	$5

La empresa A estima en $40 el valor de los beneficios sinergéticos de adquirir a la empresa B.

a. Si la empresa B está dispuesta a ser adquirida en $6 por acción en efectivo, ¿cuál es el VPN de la fusión?

    b. ¿Cuál será el precio por acción común después de la fusión?

    c. En la parte *a*, ¿cuál es la prima por fusión?

    d. Suponga que la empresa B está de acuerdo con una fusión mediante intercambio de acciones. Si A cambia una de sus acciones por cada dos acciones de B, ¿cuál es el VPN de la fusión?

    e. ¿Cuál será el precio por acción después de la fusión en la parte *d*?

    f. En la parte *d*, explique por qué el costo que paga A para adquirir B es mayor que $5 por acción.

3. Fusiones e impuestos   Describa las ventajas y desventajas de una fusión gravable en contraste con un intercambio exento de impuestos. ¿Cuál es la determinante básica de la situación fiscal en una fusión? ¿Una compra apalancada será gravable o no? Explique las razones.

4. Contabilidad de fusiones   Explique la diferencia entre el registro contable de fusiones mediante el método de compra y mediante el método de acumulación de intereses. ¿Cuál es el efecto de la elección del método contable sobre los flujos de efectivo? ¿El efecto sobre la UPA?

5. Efectos de un intercambio de acciones   Examine la siguiente información antes de la fusión de las empresas A y B:

	Empresa A	Empresa B
Utilidad total	$800	$200
Acciones en circulación	100	40
Precio por acción	$160	$30

Suponga que la empresa A adquiere a la empresa B mediante un intercambio de acciones a un precio por acción de $40 de la empresa B. Ambas empresas están financiadas por completo con capital.

    a. ¿Qué le ocurrirá a las utilidades por acción de la empresa A?

    b. ¿Cuál será el precio por acción de la nueva empresa si el mercado se engaña por este crecimiento de utilidades (lo que significa que la razón precio/utilidad no cambia)?

    c. ¿Cuál será la razón precio/utilidad si el mercado no se deja engañar?

6. Elaboración de balances generales   Examine la información siguiente antes de la fusión de las empresas A y B:

	Empresa A	Empresa B
Utilidad total	$6,000	$2,000
Acciones en circulación	500	500
Valores por acción		
Mercado	$100	$20
Libros	$22	$10

Suponga que la empresa A adquiere a la empresa B pagando efectivo por un monto de $25 por acción. Suponiendo que ninguna de las empresas tenga deuda alguna, antes o después de la fusión, elabore los balances generales para la empresa A, suponiendo 1) una contabilidad mediante agregación de intereses y 2) contabilidad mediante compra.

7. **Elaboración de balances generales**   Suponga que los siguientes balances generales están expresados a valor en libros. Elabore el balance general de Kau Co. suponiendo que Kau adquiere a Hilliard y que se utiliza el método contable de agregación de intereses.

Kau Vineyards (en miles)

Activos circulantes	$ 100	Pasivos circulantes	$ 60
Activos fijos	900	Deuda a largo plazo	200
		Capital	740
Total	$1,000		$1,000

Hilliard Vineyards (en miles)

Activos circulantes	$ 200	Pasivos circulantes	$ 140
Activos fijos	600	Deuda a largo plazo	100
		Capital	560
Total	$ 800		$ 800

8. **Incorporación de la plusvalía mercantil**   En la pregunta anterior suponga que el valor de mercado apropiado de los activos fijos de Hilliard es de $900, en comparación con el valor que aparece en libros de $600. Kau Co. paga $1,200 por Hilliard y obtiene los fondos requeridos mediante una emisión de deuda a largo plazo. Elabore el balance general suponiendo que se usa el método contable de compra.

9. **Economías de escala y fusiones**   ¿Qué son las economías de escala? Suponga que Eastern Power and Western Power están ubicadas en diferentes zonas horarias. Ambas operan al 60% de su capacidad, excepto en los períodos de máxima demanda, en los que operan al 100%. Los períodos de máxima demanda comienzan a las 9 a.m. y a las 5 p.m., hora local, y duran alrededor de 45 minutos. Explique por qué podría tener sentido una fusión.

10. **Elaboración de balances generales**   Lager Brewing Corporation adquirió en una fusión a Philadelphia Pretzel Company. Elabore el balance general para la nueva empresa si la fusión se registra como una agregación de intereses para fines contables. Los balances generales que se muestran aquí representan los activos de ambas empresas expresados a valores en libros actuales.

Lager Brewing (en miles)

Activos circulantes	$ 400	Pasivos circulantes	$ 200
Otros activos	100	Deuda a largo plazo	100
Activos fijos netos	500	Capital	700
Total	$1,000	Total	$1,000

Philadelphia Pretzel (en miles)

Activos circulantes	$ 80	Pasivos circulantes	$ 80
Otros activos	40	Capital	120
Activos fijos netos	80		
Total	$ 200	Total	$ 200

11. **Inclusión de la plusvalía**   Para el problema 10, elabore el nuevo balance general para la nueva empresa, suponiendo que la operación se registra contablemente como compra. El valor de mercado de los activos fijos de Philadelphia Pretzel es de $120; los valores en libros del activo circulante y de otros activos son los mismos que los valores de mercado. El balance general de Lager se muestra expresado aún en términos de valores en libros. Lager emitió nueva deuda a largo plazo por $300,000 para pagar la compra.

12. **Pago en efectivo contra pago en acciones**   Fly-by-Night Couriers está analizando la posible adquisición de Flash-in-the-Pan Restaurants. Ambas empresas no tienen deuda. El pronóstico de Fly-by-Night muestra que la adquisición incrementaría su flujo de efectivo anual total, después de impuestos, en $1,600,000 a perpetuidad. El valor de mercado actual de Flash-in-the-Pan es de $20 millones y el de Fly-by-Night de $35 millones. La tasa de descuento apropiada para los flujos de efectivo incrementales es del 7%.

    Fly-by-Night está tratando de decidir si debe ofrecer el 35% de sus acciones u ofrecer efectivo por $25 millones a los accionistas de Flash-in-the-Pan.
    a. ¿Cuál es el costo de cada alternativa?
    b. ¿Cuál es el VPN de cada alternativa?
    c. ¿Qué alternativa debe utilizar Fly-by-Night?

13. **UPA, P/U y fusiones**   Colorado Aviation ha votado a favor de ser comprada por Academy Financial Corporation. A continuación se presenta información sobre cada una de estas empresas:

	Academy Financial	Colorado Aviation
Razón precio/utilidad	16	10.8
Número de acciones	100,000	50,000
Utilidades	$225,000	$100,000

    Los accionistas de Colorado Aviation recibirán seis décimos de acción de Academy por cada acción que tengan de su empresa.
    a. ¿Cómo cambiará la UPA para estos dos grupos de accionistas?
    b. ¿Cuál será el efecto de los cambios en la UPA sobre los accionistas originales de Academy?

Problema de reto

14. **Cálculo del VPN**   Freeport Manufacturing está considerando efectuar una oferta para comprar Portland Industries. El vicepresidente de finanzas ha recopilado la información siguiente:

	Freeport	Portland
Razón precio/utilidad	15	12
Número de acciones	1,000,000	250,000
Utilidades	$1,000,000	$750,000

    También sabe que los analistas bursátiles esperan que las utilidades y los dividendos de Portland (en la actualidad de $1.80 por acción) crezcan a una tasa constante del 5% anual. Sin embargo, conoce por su investigación que la compra proporcionaría a Portland algunas economías de escala, que incrementarían su tasa de crecimiento al 7% anual.

a. ¿Cuál es el valor de Portland para Freeport?

b. ¿Cuál sería la ganancia para Freeport de esta adquisición?

c. Si Freeport ofrece $40 en efectivo por cada acción en circulación de Portland, ¿cuál sería el VPN de la adquisición?

d. Si en lugar de efectivo Freeport ofreciera 600,000 de sus acciones a cambio de las acciones en circulación de Portland, ¿cuál sería el VPN?

e. ¿Se debe intentar la adquisición y, en caso afirmativo, debe presentarse una oferta en efectivo o en acciones?

f. La administración de Freeport piensa que una tasa de crecimiento del 7% es demasiado optimista y que una tasa del 6% es más realista. ¿Cómo cambia esto las respuestas anteriores?

15. VPN de la fusión   Muestre que el VPN de una fusión se puede expresar como el valor de los beneficios sinergéticos, ΔV, menos la prima por fusión.

Problema de reto

Lecturas sugeridas

Un libro interesante sobre cómo cuantificar el valor de las fusiones y adquisiciones es:

Rappaport, A., *Creating Shareholder Value: The New Standard for Business Performance*, Nueva York: Free Press, 1986, capítulo 9.

Existen excelentes artículos sobre fusiones y adquisiciones en:

Stern, J. M. y D. H. Chew, *The Revolution in Corporate Finance*, ed. Nueva York: Basil Blackwell, 1986.

Capítulo 22

Finanzas corporativas internacionales

A las corporaciones con importantes operaciones en el extranjero se les suele denominar *corporaciones internacionales* o *multinacionales*. Estas corporaciones deben considerar numerosos factores financieros que no afectan directamente a las empresas sólo nacionales. Entre estos factores se incluyen los tipos de cambio de divisas, las diferentes tasas de interés de un país a otro, los complejos métodos contables para registrar las operaciones en el extranjero, las tasas de impuestos extranjeras y la intervención de los gobiernos extranjeros.

Los principios básicos de las finanzas corporativas también son aplicables a las empresas internacionales; al igual que las empresas nacionales, aquéllas buscan invertir en proyectos cuyo crecimiento para los accionistas sea mayor que el costo, así como contratar financiamiento que capte efectivo al menor costo posible. En otras palabras, el principio de valor presente neto se aplica tanto para las operaciones en el extranjero como para las exclusivamente nacionales, aunque suele ser más complicado aplicar la regla de VPN a las inversiones internacionales.

Una de las complicaciones más importantes de las finanzas internacionales es la existencia de divisas extranjeras. Los mercados de divisas extranjeras proporcionan información y oportunidades importantes para una empresa internacional cuando ponen en práctica decisiones de presupuesto de capital y decisiones de financiamiento. Como estudiaremos, los tipos de cambio internacionales, las tasas de interés y las tasas de inflación están estrechamente relacionadas entre sí. Gran parte de este capítulo se dedicará a investigar la relación entre estas variables financieras.

El capítulo no profundizará demasiado sobre el papel de las diferencias culturales y sociales en los negocios internacionales. Tampoco se estudiarán las implicaciones de los diferentes sistemas políticos y económicos. Estos factores tienen gran importancia para los negocios internacionales, pero se necesitaría otro libro para hacerlo con la profundidad necesaria. Por consiguiente, sólo centraremos la atención en algunas consideraciones puramente financieras de las finanzas internacionales, así como en algunos aspectos básicos de los mercados de divisas extranjeras.

TERMINOLOGÍA | 22.1

Un término técnico habitual para el estudiante de finanzas corporativas es *globalización*. El primer paso en el aprendizaje relativo a la globalización de los mercados financieros es comprender el nuevo vocabulario. Al igual que sucede con cualquier especialidad, las finanzas internacionales están llenas de terminología técnica. Por consiguiente, iniciamos el tema con un ejercicio de vocabulario en extremo ecléctico.

Los términos que aparecen a continuación no tienen la misma importancia. Se han elegido estos términos porque aparecen con frecuencia en la prensa financiera o porque muestran parte del pintoresco lenguaje de las finanzas internacionales.

1. El **certificado americano de depósito** o *American Depository Receipt*, *ADR*, es un instrumento financiero emitido en Estados Unidos que representa acciones comunes extranjeras especificadas, permitiendo que esas acciones se negocien en este país. Las empresas extranjeras utilizan los ADR, denominados en términos de dólares estadounidenses, para ampliar el grupo de posibles inversionistas estadounidenses. Los ADR de alrededor de 700 empresas extranjeras están disponibles en 2 formas: los patrocinados por empresas, que están registradas en una bolsa de valores, y los no patrocinados, que suelen estar en poder de los bancos de inversión que establecen un mercado para el ADR. Ambas formas están disponibles para los inversionistas individuales, pero sólo las emisiones patrocinadas por empresas se cotizan diariamente en los periódicos.

2. Un «**dentista belga**» es un estereotipo del inversionista tradicional en eurobonos (v. este término más adelante). Este profesional independiente, por ejemplo, un dentista, tiene que declarar sus ingresos, desprecia a las autoridades fiscales y le agrada invertir en divisas extranjeras. A este tipo de inversionista le agradan en particular los eurobonos al portador porque al ser anónimos no se registran y por ello no se puede detectar a sus tenedores. A estos inversionistas individuales no les importa pagar una prima por los eurobonos, ya que estos bonos están emitidos efectivamente sobre una base exenta de impuestos. Sin embargo, el dentista belga quizá sea una especie en extinción, destinada a ser reemplazada por el «carnicero japonés».

3. El **tipo de cambio cruzado** (*cross-rate*) es el tipo de cambio implícito entre dos divisas (por lo general diferentes del dólar norteamericano) cuando ambas se cotizan en términos de una tercera divisa, habitualmente el dólar.

4. La **unidad monetaria europea** (UME) es una canasta integrada por 10 divisas europeas establecida en 1979 con la intención de servir como unidad monetaria para el Sistema Monetario Europeo (SME).

5. El **eurobono** es un bono emitido en varios países, pero denominado en términos de una sola divisa, por lo general la del país emisor. Estos bonos se han convertido en una forma importante de captar capital para muchas empresas internacionales y para los gobiernos. Los eurobonos se emiten sin las restricciones que se aplican a las emisiones nacionales, son emisiones sindicadas y se negocian fundamentalmente desde Londres. La negociación se puede llevar a cabo, y así se hace, en cualquier lugar del mundo donde exista un comprador y un vendedor.

certificado americano de depósito
Instrumento financiero emitido en Estados Unidos que representa un determinado número de acciones comunes extranjeras y que permite que esas acciones se negocien en Estados Unidos.

«dentista belga»
Estereotipo del inversionista tradicional en eurobonos: un profesional que tiene que declarar sus ingresos, desprecia a las autoridades fiscales y le agrada invertir en divisas extranjeras.

tipo de cambio cruzado
Tipo de cambio implícito entre dos divisas (por lo general no estadounidenses) cotizado en términos de una tercera divisa (por lo general el dólar estadounidense).

unidad monetaria europea (UME)
Índice compuesto por 10 divisas europeas con la intención de que opere como unidad monetaria para el sistema monetario europeo (SME).

eurobono
Bono internacional emitido en diversos países, pero denominado en una sola divisa (por lo general la divisa nacional del emisor).

eurodivisa
Dinero depositado en un centro financiero fuera del país emisor de la divisa de que se trate.

bonos internacionales
Bonos internacionales emitidos en un solo país, por lo general denominados en la divisa de ese país.

gilts
Instrumentos financieros de los gobiernos británico e irlandés, incluyendo emisiones de autoridades locales británicas y algunas ofertas del sector público en el extranjero.

tasa activa interbancaria de Londres (LIBOR)
Tasa que se cobran entre sí la mayor parte de los bancos internacionales para préstamos en eurodólares con período de vigencia de un día.

swaps
Convenios para intercambiar dos instrumentos financieros o bien dos divisas.

6. **Eurodivisa** es dinero depositado en un centro financiero fuera del país emisor de la divisa. Por ejemplo, los eurodólares —la eurodivisa más utilizada— son dólares estadounidenses depositados en bancos fuera del sistema bancario estadounidense.

7. Los **bonos internacionales**, a diferencia de los Eurobonos, se emiten en un solo país y suelen denominarse en términos de la divisa del país emisor. Ese mismo país establecerá distinciones entre ellos y los bonos emitidos por emisores nacionales, incluyendo la diferente legislación fiscal, las restricciones sobre el monto susceptible de emitirse o las reglas de presentación de información al público inversionista más estrictas.

   Con frecuencia, los bonos internacionales tienen apodos relativos al país donde se emiten: bonos Yankees (Estados Unidos), bonos Samurai (Japón), bonos Rembrandt (Holanda) y bonos Bulldog (Gran Bretaña). Debido a reglamentaciones y a necesidades de presentación de información más estrictas, el mercado de bonos internacionales no ha crecido con el mismo vigor que el mercado de Eurobonos. Gran parte de los bonos internacionales se emiten en Suiza.

8. **Gilts** son instrumentos financieros emitidos por los gobiernos británico e irlandés, aunque el término también incluye emisiones de autoridades inglesas locales y algunas emisiones del sector público en el extranjero.

9. La **tasa activa interbancaria de Londres** (*London Interbank Offer Rate-LIBOR*) es la tasa que casi todos los bancos internacionales cobran entre sí por préstamos denominados en eurodólares con período de vigencia de un día en el mercado interbancario de Londres. LIBOR es una piedra angular en la valuación de emisiones del mercado de dinero y de otras emisiones de deuda a corto plazo, realizadas por gobiernos y por deudores corporativos. Las tasas de interés suelen cotizarse como algún diferencial o margen sobre LIBOR, fluctuando entonces de acuerdo con la tasa LIBOR.

10. Existen dos categorías básicas de **swaps**: de tasas de interés y de divisas. Se produce un swap de tasas de interés cuando dos partes intercambian flujos de pagos a tasa flotante por un flujo de pagos a tasa fija, o viceversa. Los swaps de divisas son convenios para entregar una divisa a cambio de otra. Con frecuencia se usan ambos tipos de swaps en la misma operación cuando se intercambia deuda denominada en divisas diferentes. En el capítulo 24 se realiza un estudio más detallado de los swaps.

PREGUNTAS SOBRE CONCEPTOS

22.1a ¿Cuáles son las diferencias entre un Eurobono y un bono internacional?
22.1b ¿Qué son los eurodólares?

22.2 │ MERCADOS DE DIVISAS Y TIPOS DE CAMBIO

mercado de divisas o mercado cambiario
Mercado en el que se intercambia la moneda de un país por la divisa de otro.

El **mercado de divisas** o **mercado cambiario** es indudablemente el mayor mercado financiero del mundo. Es el mercado en el que se intercambia la divisa de un país por la de otro. La mayor parte de la compra-venta se realiza en unas pocas divisas: el dólar estadounidense ($), el marco alemán* (DM), la libra esterlina británica (£), el yen japonés (¥),

---

**Nota de los Rev. Técs.:* Se respeta la nomenclatura y simbología utilizada por los autores en inglés por ser la más usual en el mundo de las finanzas internacionales.

País	Divisa	Símbolo	
África del Sur	Rand	R	**Tabla 22.1**
Alemania	Marco alemán	DM	Símbolos internacionales de las divisas
Arabia Saudita	Riyal	SR	
Australia	Dólar	A$	
Austria	Schilling	Sch	
Bélgica	Franco	BF	
Canadá	Dólar	Can$	
Dinamarca	Corona	DKr	
España	Peseta	Pta	
Estados Unidos	Dólar	$	
Finlandia	Markka	FM	
Francia	Franco	FF	
Grecia	Dracma	Dr	
Holanda	Florín	FL	
India	Rupia	Rs	
Irán	Rial	RI	
Italia	Lira	Lit	
Japón	Yen	¥	
Kuwait	Dinar	KD	
México	Peso	Ps	
Noruega	Corona	NKr	
Reino Unido	Libra	£	
Singapur	Dólar	S$	
Suecia	Corona	Skr	
Suiza	Franco	SF	

el franco suizo (SF) y el franco francés (FF). En la tabla 22.1 se presentan algunas de las divisas más habituales y sus símbolos.

El mercado de divisas es un mercado extrabursátil, por lo que no existe una ubicación única donde se reúnan los comerciantes de divisas. En lugar de ello, los participantes en el mercado están ubicados en los principales bancos comerciales y de inversión de todo el mundo. Se comunican utilizando terminales de computadoras, teléfonos y otros dispositivos de telecomunicaciones. Por ejemplo, una red de comunicaciones para operaciones internacionales es la Society for Worldwide Interbank Financial Telecommunications (SWIFT), una cooperativa belga no lucrativa. Utilizando líneas de transmisión de información, un banco en Nueva York puede enviar mensajes a un banco en Londres a través de los centros regionales de procesamiento SWIFT.

Entre los diferentes tipos de participantes en el mercado de divisa o mercado cambiario se incluyen los siguientes:

1. Importadores que pagan productos con divisas internacionales.
2. Exportadores que reciben divisas extranjeras y quizá deseen convertirlas a divisas nacionales.
3. Administradores de carteras de inversión que compran o venden acciones y bonos internacionales.

Tabla 22.2	INTERCAMBIO DE DIVISAS

Cotizaciones de tipos de cambio

TIPOS DE CAMBIO

Martes 11 de febrero de 1992

Los tipos de cambio a la venta de divisas extranjeras en Nueva York se aplican a negociaciones entre bancos en montos de $1 millón y mayores cotizadas a las 3:00 p.m., tiempo del este, por Bankers Trust Co., Telerate Systems, Inc. y otras fuentes. Las operaciones al menudeo proporcionan menos unidades de divisa extranjera por cada dólar.

País	Equivalentes en dólares de Estados Unidos, martes	Divisas por dólar de Estados Unidos, martes
África del Sur (rand)		
Tipo comercial	0.3595	2.7818
Tipo financiero	0.2847	3.5120
Alemania (marco)	0.6268	1.5955
30 días, adelantada	0.6240	1.6026
90 días, adelantada	0.6182	1.6175
180 días, adelantada	0.6102	1.6389
Arabia Saudita (riyal)	0.26667	3.7500
Argentina (peso)	1.02	0.98
Australia (dólar)	**0.7517**	**1.3303**
Austria (schilling)	0.08913	11.22
Bahrain (dinar)	2.6525	0.3770
Bélgica (franco)	0.03046	32.83
Brasil (cruzeiro)	0.00073	1363.88
Canadá (dólar)	0.8462	1.1817
30 días, adelantada	0.8440	1.1848
90 días, adelantada	0.8398	1.1907
180 días, adelantada	0.8339	1.1992
Checoslovaquia (corona)		
Tasa comercial	0.0362450	27.5900
Chile (peso)	0.002943	339.83
China (renminbi)	0.183486	5.4500
Colombia (peso)	0.001745	573.00
Corea del Sur (won)	0.0013072	765.00
Dinamarca (corona)................	0.1617	6.1830
Ecuador (sucre)		
Tasa flotante	0.000763	1310.02
España (peseta)...................	0.009953	100.47
Filipinas (peso)	0.03883	25.75
Finlandia (markka).................	0.22989	4.3500
Francia (franco)	0.18415	5.4305
30 días, adelantada	0.18324	5.4572
90 días, adelantada	0.18142	5.5121
180 días, adelantada	0.17890	5.5897
Gran Bretaña (libra)	1.7995	0.5557
30 días, adelantada	1.7903	0.5586
90 días, adelantada	1.7719	0.5644
180 días, adelantada	1.7468	0.5725
Grecia (dracma)	0.005417	184.60

País	Equivalentes en dólares de Estados Unidos, martes	Divisas por dólar de Estados Unidos, martes	Tabla 22.2 *(conclusión)*
Holanda (florín)	0.5563	1.7975	
Hong Kong (dólar).................	0.12907	7.7480	
Hungría (forint)	0.0132468	75.4900	
India (rupia)	0.03874	25.81	
Indonesia (rupia)	0.0004995	2002.00	
Irlanda (libra)	1.6720	0.5981	
Israel (shekel)	0.4470	2.2373	
Italia (lira)	0.0008333	1200.00	
Japón (yen)	0.007843	127.50	
30 días, adelantada	0.007834	127.65	
90 días, adelantada	0.007819	127.90	
180 días, adelantada	0.007805	128.13	
Jordania (dinar)	1.4738	0.6785	
Kuwait (dinar)	3.4358	0.2911	
Líbano (libra)......................	0.001138	879.00	
Malasia (dólar malayo)	0.3835	2.6075	
Malta (lira)	3.1949	0.3130	
México (peso)			
Tipo flotante	0.0003267	3061.01	
Noruega (corona)	0.1597	6.2607	
Nueva Zelanda (dólar)	0.5405	1.8501	
Pakistán (rupia)	0.0408	24.52	
Perú (nuevo sol)	1.0466	0.96	
Polonia (zloty)	0.00009634	10380.01	
Portugal (escudo)	0.007346	136.12	
República Árabe Unida (dirham)	0.2723	3.6725	
Singapur (dólar)	0.6146	1.6270	
Suecia (corona)	0.1724	5.7996	
Suiza (franco suizo)................	**0.7003**	1.4280	
30 días, adelantada	0.6984	1.4318	
90 días, adelantada	0.6945	1.4398	
180 días, adelantada	**0.6893**	1.4507	
Tailandia (baht)....................	0.03951	25.31	
Taiwán (dólar)	0.040404	24.75	
Turquía (lira)	0.0001833	5455.00	
Uruguay (nuevo peso)			
Financiera	0.000395	2530.01	
Venezuela (bolívar)			
Tipo flotante	0.01586	63.04	
DEG («SAR»)......................	1.40108	0.71374	
UME («ECU»)	1.28100	. . .	

Los derechos especiales de giro (DEG) se basan en los tipos de cambio para las divisas estadounidenses, alemana, británica, francesa y japonesa. Fuente: Fondo Monetario Internacional.

La unidad monetaria europea (UME) se basa en una canasta de divisas de la Comunidad Económica Europea.

4. Intermediarios de divisas que igualan órdenes de compra y venta.

5. Comerciantes que «hacen un mercado» en divisas extranjeras.

6. Especuladores que intentan beneficiarse de las modificaciones producidas en los tipos de cambio.

Tipos de cambio

tipo de cambio
Precio de la divisa de un país expresada en términos de la divisa de otro.

Un **tipo de cambio** es simplemente el precio de la divisa de un país expresado en términos de la divisa de otro. En la práctica, casi todas las transacciones de divisas se realizan en términos del dólar estadounidense. Por ejemplo, el franco francés y el marco alemán se negocian con sus precios cotizados en dólares estadounidenses.

Cotizaciones de tipos de cambio   En la tabla 22.2 se reproducen las cotizaciones de tipos de cambio tal como aparecen en el periódico *The Wall Street Journal*. La primera columna (titulada «equivalente en US$») indica la cantidad de dólares estadounidenses que se requieren para comprar una unidad de divisa extranjera. Puesto que éste es el precio expresado en dólares estadounidenses de una divisa extranjera, se denomina *cotización directa* o *estadounidense* (recuérdese que los «estadounidenses son directos»). Por ejemplo, el dólar australiano se cotiza en **0.7517**, lo que significa que se puede comprar un dólar australiano con US $0.7517 dólares estadounidenses.

La segunda columna muestra el tipo de *cambio indirecto* o *europeo* (a pesar de que la divisa quizá no sea europea). Ésta es la cantidad de divisas extranjeras por un dólar estadounidense. En este caso, el dólar australiano se cotiza en **1.3303**, por lo que se pueden obtener 1.3303 dólares australianos por un dólar estadounidense. Como es natural, este segundo tipo de cambio es exactamente el recíproco del primero, $1/0.7517 = 1.3303$.

Ejemplo 22.1   Sobre el marco

Supongamos que se tienen $1,000.* De acuerdo con los tipos de cambio presentados en la tabla 22.2, ¿cuántos yenes japoneses se pueden obtener? De forma alternativa, si un Porsche cuesta DM 200,000, ¿cuántos dólares estadounidenses se requerirán para comprarlo? (DM es la abreviación de marcos alemanes)?

El tipo de cambio en términos de yenes por dólar (segunda columna) es 127.50. Por tanto, los $1,000 obtendrán:

$1,000 × 127.50 yenes por $1 = 127,500 yenes

Dado que el tipo de cambio en términos de dólares por DM (primera columna) es 0.6268, se requerirán:

DM 200,000 × 0.6268 $ por DM = $125,360 ∎

Tipos de cambio cruzados y arbitraje triangular   La utilización del dólar estadounidense como el común denominador al cotizar tipos de cambio reduce en gran medida el número de posibles cotizaciones cruzadas de divisas. Por ejemplo, si se tienen cinco divi-

---

Nota de los Revs. Técs.: El símbolo $ en el contexto de finanzas internacionales significa dólares estadounidenses, que también se expresan como US$.

sas relevantes, existirían potencialmente 10 tipos de cambio en vez de sólo 4.[1] Además, el hecho de que se utilice el dólar en todos los casos disminuye las inconsistencias en las cotizaciones.

Se definió con anterioridad el tipo de cambio cruzado como el tipo de cambio de una divisa no estadounidense expresado en términos de otra divisa no estadounidense. Por ejemplo, supongamos lo siguiente:

FF por $1 = 10.00

DM por $1 = 2.00

Supongamos que el tipo de cambio cruzado se cotiza como:

FF por DM = 4.00

¿Qué piensa de esto?

En este caso, el tipo de cambio cruzado es inconsistente con estos tipos de cambio. Para comprobarlo, supongamos que se tienen $100. Si se convierten a marcos alemanes, se recibirá:

$100 × DM 2 por $1 = DM 200

Si se convierte este importe a francos al tipo de cambio cruzado, se tendrá:

DM 200 × FF 4 por DM 1 = FF 800

Sin embargo, si sólo se convierten los dólares a francos, sin pasar por los marcos alemanes, se tendrá:

$100 × FF 10 por $1 = FF 1,000

Lo que se observa es que el franco tiene dos precios, FF 10 por $1 y FF 8 por $1, dependiendo de cómo se obtengan.

Para ganar dinero, se requiere comprar barato y vender caro. Lo importante es observar que los francos son más baratos si se compran con dólares porque se reciben 10 francos en lugar de sólo 8. Se debe proceder en la forma siguiente:

1. Comprar 1,000 francos por $100.
2. Utilizar los 1,000 francos para comprar marcos alemanes al tipo de cambio cruzado. Puesto que se requieren cuatro francos para comprar un marco alemán, se recibirán FF 1,000/4 = DM 250.
3. Utilizar los DM 250 para comprar dólares. Puesto que el tipo de cambio es de DM 2 por dólar, se reciben DM 250/2 = $125, para una ganancia final de $25.
4. Repetir los pasos 1 al 3.

---

[1]Existen cuatro tipos de cambio en lugar de cinco, ya que un tipo de cambio representaría el tipo de cambio para una divisa consigo misma. De un modo más general, podría parecer que para cinco diferentes divisas deberían existir 25 tipos de cambio. Existen 25 combinaciones, pero 5 de ellas involucran el tipo de cambio de una divisa consigo misma. De las 20 restantes, la mitad no se necesitan porque sólo son los recíprocos de otro tipo de cambio. De los 10 restantes, pueden eliminarse 6 al utilizar un denominador común.

A esta actividad en particular se le denomina *arbitraje triangular* porque el arbitraje involucra operar a través de tres tipos de cambio diferentes:

$$\text{DM 2/\$1} = \$0.50/\text{DM 1} \longleftarrow \text{FF 4/DM 1} = \text{DM 0.25/FF1}$$

Para prevenir estas oportunidades, no es difícil observar que, dado que un dólar comprará 10 francos o bien 2 marcos alemanes, el tipo de cambio cruzado tiene que ser:

$$(\text{FF 10/\$1})/(\text{DM 2/\$1}) = \text{FF 5/DM 1}$$

Es decir, cinco francos por un marco alemán. Si el tipo de cambio cruzado fuera diferente a éste, existiría una oportunidad de arbitraje triangular.

Ejemplo 22.2   **Reducción de algunas libras**
Supongamos que los tipos de cambio para la libra esterlina y el marco alemán son:

Libras por $1 = 0.60

DM por $1 = 2.00

El tipo de cambio cruzado es igual a tres marcos por libra. ¿Es consistente esto? Explique cómo se procedería para obtener una ganancia.

El tipo de cambio cruzado debe ser DM 2.00/£0.60 = DM 3.33 por libra. Se puede comprar una libra por DM 3 en un mercado, y se puede vender una libra por DM 3.33 en otro. Por tanto, primero hay que obtener algunos marcos y después utilizarlos para comprar algunas libras, vendiéndolas después. Suponiendo que se tienen $100 se podría:

1. Cambiar dólares por marcos: $100 × 2 = DM 200
2. Cambiar marcos por libras: DM 200/3 = £66.67
3. Cambiar libras por dólares: £66.67/0.60 = $111.12

Esto daría como resultado una ganancia final de $11.12. ∎

Clases de transacciones

Existen dos clases básicas de transacciones en el mercado de divisas: transacciones de contado (*spot*) y transacciones adelantadas (*forward*). Una **transacción** *spot* es un convenio para intercambiar divisas «en el momento», lo que significa en realidad que la operación se completará o concluirá en un plazo de dos días hábiles. El tipo de cambio en una transacción al contado se denomina **tipo de cambio de contado** o **tipo de cambio** *spot*. Implícitamente, todos los tipos de cambio y las transacciones cambiarias que se han estudiado hasta ahora se han referido al mercado al contado o mercado *spot*.

Tipos de cambio adelantados   Una **transacción adelantada** es un convenio para intercambiar divisas en algún momento en el futuro. El tipo de cambio que se usará se fija en el momento de establecer el convenio y se le denomina **tipo de cambio adelantado** (*forward exchange rate*). Por lo general, una transacción adelantada se completará en algún momento dentro de los próximos 12 meses.

transacción *spot*
Convenio para intercambiar divisas con base al tipo de cambio del día de la negociación para realizarlas dentro de dos días hábiles.

tipo de cambio de contado
Tipo de cambio para un intercambio de contado o *spot*.

transacción adelantada
Convenio para intercambiar divisas en algún momento en el futuro.

tipo de cambio adelantado
Tipo de cambio pactado que se usará en un intercambio adelantado.

Si se observa de nuevo la tabla 22.2 se verán tipos de cambio adelantados cotizados para algunas de las principales divisas. Por ejemplo, el tipo de cambio al contado o *spot* para el franco suizo es de SF 1 = **$0.7003**. El tipo de cambio adelantado a 180 días es SF 1 = **$0.6893**. Ello significa que se puede comprar hoy un franco suizo por $0.7003, o bien se puede llegar al acuerdo de recibir un franco suizo dentro de 180 días y pagar en ese momento $0.6893.

Obsérvese que el franco suizo es menos caro en el mercado adelantado ($0.7003 versus $0.6893). Puesto que el franco suizo es menos caro en el futuro de lo que es hoy, se dice que se está vendiendo con *descuento* en relación al dólar. Por la misma razón se dice que el dólar se está vendiendo con *premio* o *prima* en relación al franco suizo.

¿Por qué existe el mercado adelantado? Una respuesta es que permite a las empresas y a los individuos establecer en forma definitiva un tipo de cambio futuro el día de hoy, con lo que se elimina cualquier riesgo ocasionado por riesgos por movimientos desfavorables en el tipo de cambio.

Ejemplo 22.3   Mirando hacia delante

Supongamos que se espera recibir un millón de libras esterlinas en seis meses y que se acuerda una transacción adelantada para cambiar las libras por dólares. De acuerdo a la tabla 22.2, ¿cuántos dólares se recibirán en seis meses?, ¿se vende la libra con descuento o con premio en relación al dólar?

En la tabla 22.2, el tipo de cambio de contado y el tipo de cambio adelantado a 180 días en términos de dólares por libra son $1.7995 = £1 y $1.7468 = £1, respectivamente. Si se esperan £1,000,000 en 180 días, se obtendrán £1 millón × $1.7468 por £ = $1.7468 millones. Puesto que es más barato comprar una libra en el mercado adelantado que en el mercado *spot* ($1.7468 contra $1.7995), la libra se vende con descuento en relación al dólar. ∎

Como mencionamos con anterioridad, es una práctica estándar en todo el mundo (con pocas excepciones) cotizar los tipos de cambio en términos de dólares estadounidenses. Ello significa que los tipos de cambio se cotizan como la cantidad de divisas por dólar estadounidense. Para el resto de este capítulo se mantendrá esta forma de cotización. Las cosas pueden volverse en extremo confusas si se olvida esto. Por tanto, cuando se dicen cosas como «se espera que aumente el tipo de cambio», es importante recordar que se hace referencia al tipo de cambio cotizado como unidades de divisas extranjeras por un dólar.

PREGUNTAS SOBRE CONCEPTOS

22.2a ¿Qué es el arbitraje triangular?
22.2b ¿Qué significa el tipo de cambio adelantado a 90 días?
22.2c Si se indica que el tipo de cambio es DM 1.90, ¿qué se quiere decir con esto?

PARIDAD DEL PODER ADQUISITIVO | 22.3

Ahora que hemos estudiado el significado de las cotizaciones de los tipos de cambio, es posible contestar la pregunta obvia: ¿qué determina el nivel del tipo de cambio al contado? Además, se sabe que los tipos de cambio varían con el tiempo. Por tanto, una pregunta relacionada es: ¿qué determina la tasa de cambio en los tipos de cambio? Al menos

paridad del poder adquisitivo (PPA)

Idea de ajustar el tipo de cambio para mantener constante el poder adquisitivo entre divisas.

parte de la respuesta en ambos casos se refiere a la **paridad del poder adquisitivo (PPA)**, que es la idea de ajustar el tipo de cambio para mantener constante el poder adquisitivo entre divisas. Como veremos a continuación, existen dos versiones de la PPA, *absoluta* y *relativa*.

Paridad absoluta del poder adquisitivo

La idea básica en la que se apoya la *paridad absoluta del poder adquisitivo* es que un producto cuesta lo mismo independientemente de cuál sea la divisa que se utiliza para comprarlo o dónde se vende. Éste es un concepto muy directo. Si una cerveza cuesta £2 en Londres y el tipo de cambio es de £0.60 por dólar, entonces una cerveza costaría £2/0.60 = $3.33 en Nueva York. En otras palabras, la paridad absoluta del poder adquisitivo señala que $1 comprará, por ejemplo, el mismo número de hamburguesas con queso en cualquier lugar del mundo.

De un modo más formal, consideremos a S_0 como el tipo de cambio al contado entre la libra esterlina y el dólar estadounidense al día de hoy (tiempo 0) y recordemos que se están cotizando los tipos de cambio como la cantidad de divisas extranjeras por un dólar. Supongamos que P_{US} y P_{UK} son los precios actuales en Estados Unidos y en el Reino Unido, respectivamente, de un determinado producto, por ejemplo, manzanas. La PPA absoluta indica simplemente que:

$$P_{UK} = S_0 \times P_{US}$$

Esta ecuación muestra que el precio británico de cualquier producto es igual al precio estadounidense del mismo producto, multiplicado por el tipo de cambio.

La lógica que respalda la PPA es similar a la que respalda al arbitraje triangular. Si no ocurre lo que la PPA señala, sería posible el arbitraje (en principio) al transferir manzanas de un país a otro. Por ejemplo, supongamos que las manzanas en Nueva York se venden en $4 por *bushel*,* en tanto que en Londres el precio es de £2.40. La PPA absoluta implica que:

$$P_{UK} = S_0 \times P_{US}$$

$$£2.40 = S_0 \times \$4$$

$$S_0 = £2.40/\$4 = £0.60$$

Es decir, el tipo de cambio al contado implícito es de £0.60 por dólar. De forma equivalente, una libra vale $1/£0.60 = $1.67.

En lugar de esto, supongamos que el tipo de cambio en la actualidad es de £0.50. Iniciando con $4, un comerciante podría comprar un *bushel* de manzanas en Nueva York, embarcarlas para Londres y venderlas allí en £2.40. De ese modo, el comerciante ha convertido las £2.40 en dólares al tipo de cambio prevaleciente, $S_0 = £0.50$, obteniendo un total de £2.40/0.50 = $4.80. La ganancia final es de $0.80.

Debido a este potencial para generar ganancias, se ponen en movimiento fuerzas para modificar el tipo de cambio y/o el precio de las manzanas. En el ejemplo, las manzanas comenzarían a transferirse de Nueva York hacia Londres. El suministro reducido de man-

---

*Medida anglosajona equivalente a 35.23 l.

zanas en Nueva York aumentaría el precio de las manzanas allí y el mayor suministro en Gran Bretaña disminuiría el precio de las manzanas en Londres.

Además de transferir las manzanas, los comerciantes de manzanas estarían atareados en convertir las libras de nuevo a dólares para comprar más manzanas. Esta actividad incrementa la oferta de libras e incrementa simultáneamente la demanda de dólares. Es de esperar que disminuyera el valor de la libra. Esto significa que el dólar se estaría volviendo más valioso, por lo que se requerirán más libras para comprar un dólar. Dado que el tipo de cambio se cotiza como libras por dólar, es de esperar que el tipo de cambio se incrementara a partir de £0.50.

Para que sea válida en su totalidad la PPA absoluta, hay varias condiciones que deben ser ciertas:

1. Los costos de transacción para comercializar las manzanas —transporte, seguros, mermas del producto, etc.— deben ser igual a cero.
2. No existen barreras para el comercio de manzanas, como aranceles, impuestos u otras barreras políticas, por ejemplo, los convenios de limitación voluntaria (CLV).
3. Por último, una manzana en Nueva York ha de ser idéntica a una manzana en Londres. No tendría objeto que se enviaran manzanas rojas a Londres si los ingleses sólo comen manzanas verdes.

Sabiendo que los costos de transacción no son iguales a cero y que es raro que se cumplan con exactitud las restantes condiciones, no es de sorprender que la PPA absoluta en realidad sólo sea aplicable a mercancías básicas, e incluso en ese caso, sólo a algunas muy uniformes o sustituibles.

Por esta razón, la PPA absoluta no implica que un Mercedes cueste lo mismo que un Ford o que una planta nuclear en Francia cueste lo mismo que otra en Nueva York. En el caso de los automóviles, éstos no son idénticos. En el caso de las plantas nucleares, aunque fueran idénticas, son caras y muy difíciles de transportar. Por otra parte, sorprendería mucho ver una violación significativa de la PPA absoluta para el caso del oro.

Paridad relativa del poder adquisitivo

Como un aspecto práctico, ha surgido una versión relativa de la paridad del poder adquisitivo. La *paridad relativa del poder adquisitivo* no indica qué es lo que determina el nivel absoluto del tipo de cambio, sino que señala lo que determina la variación del tipo de cambio a través del tiempo.

La idea básica   Supongamos de nuevo que el tipo de cambio actual libra británica/dólar estadounidense es $S_0 = £0.50$. Supongamos además que se predice que el año próximo la tasa de inflación en Gran Bretaña será del 10% y que (por el momento) se prevé que la tasa de inflación en Estados Unidos será igual a cero. ¿Cuál piensa que será el tipo de cambio en un año?

Si se analiza esto, el dólar en la actualidad cuesta 0.50 libras en Gran Bretaña. Con una inflación del 10%, se espera que los precios en Gran Bretaña aumenten un 10%. Por tanto, se espera que el precio de un dólar aumente el 10% y que el tipo de cambio sea de £0.50 × 1.1 = £0.55.

Si la tasa de inflación en Estados Unidos no es igual a cero, hay que observar las tasas de inflación *relativas* en ambos países. Por ejemplo, supongamos que se prevé que la tasa de inflación en Estados Unidos sea del 4%. En relación con los precios en Estados Unidos, los precios en Gran Bretaña están aumentando a una tasa de 10% − 4% = 6%

anual. Por tanto, se espera que el precio del dólar aumente un 6% y el tipo de cambio estimado sea de £0.50 × 1.06 = £0.53.

El resultado   Por lo general, la PPA relativa señala que la variación en el tipo de cambio se determina por la diferencia en las tasas de inflación entre ambos países. Para ser más específicos, se utilizará la siguiente notación:

S_0 = Tipo de cambio al contado actual (tiempo 0) (divisas extranjeras por dólar)

$E[S_t]$ = Tipo de cambio esperado en t períodos

h_{US} = Tasa de inflación en Estados Unidos

h_{FC} = Tasa de inflación en un país extranjero

De acuerdo con lo que se acaba de estudiar, la PPA relativa señala que el cambio porcentual que se espera en el tipo de cambio durante el próximo año, $(E[S_1] - S_0)/S_0$, es:

$$(E[S_1] - S_0)/S_0 = h_{FC} - h_{US} \tag{22.1}$$

Expresado en palabras, la PPA relativa indica simplemente que el cambio porcentual esperado en el tipo de cambio es igual a la diferencia en las tasas de inflación. Si se despeja la ecuación, se obtiene:

$$E[S_1] = S_0 \times [1 + (h_{FC} - h_{US})] \tag{22.2}$$

Este resultado tiene cierto sentido, pero se debe tener cuidado al cotizar el tipo de cambio.

En el ejemplo relacionado con Gran Bretaña y Estados Unidos, la PPA relativa señala que el tipo de cambio aumentará en $h_{FC} - h_{US} = 10\% - 4\% = 6\%$ anual. Suponiendo que no cambie la diferencia en las tasas de inflación, el tipo de cambio esperado en dos años, $E[S_2]$, será por consiguiente:

$$
\begin{aligned}
E[S_2] &= E[S_1] \times (1 + 0.06) \\
&= 0.53 \times 1.06 \\
&= 0.562
\end{aligned}
$$

Obsérvese que esto se podría haber expresado como:

$$
\begin{aligned}
E[S_2] &= 0.53 \times 1.06 \\
&= (0.50 \times 1.06) \times 1.06 \\
&= 0.50 \times 1.06^2
\end{aligned}
$$

Por lo general, la PPA relativa indica que el tipo de cambio esperado en algún momento en el adelantado, $E[S_t]$, es:

$$E[S_t] = S_0 \times [1 + (h_{FC} - h_{US})]^t \tag{22.3}$$

Como veremos, ésta es una relación muy útil.

Dado que no se espera en realidad que la PPA absoluta sea válida para la mayoría de las mercancías, en adelante se centrará la atención en la PPA relativa. Por consiguiente, cuando se hace referencia a la PPA sin un objetivo adicional, se hace referencia a la PPA relativa.

Ejemplo 22.4   Todo es relativo

Supongamos que el tipo actual de cambio en Japón es de 130 yenes por dólar. La tasa de inflación en Japón durante los próximos tres años será, por ejemplo, del 2% anual, en tanto que la tasa de inflación en Estados Unidos será del 6%. De acuerdo con la PPA relativa, ¿cuál será el tipo de cambio en tres años?

Dado que la tasa de inflación en Estados Unidos es mayor, se espera que el dólar valga menos. La variación en el tipo de cambio será de 2% − 6% = − 4% anual. En tres años, el tipo de cambio disminuirá a:

$$E[S_3] = S_0 \times [1 + (h_{FC} - h_{US})]^3$$
$$= 130 \times [1 + (-0.04)]^3$$
$$= 115.02 \quad \blacksquare$$

Apreciación y depreciación de divisas   Es habitual escuchar frases como «hoy el dólar se fortaleció (o debilitó) en los mercados financieros» o «se espera que el dólar se aprecie (o se deprecie) con relación a la libra». Cuando se señala que el dólar se fortalece o aprecia, significa que el valor de un dólar aumenta, por lo que se requiere una mayor cantidad de divisas extranjeras para comprarlo.

Lo que le ocurre a los tipos de cambio cuando el valor de las divisas fluctúa depende de cómo se coticen los tipos de cambio. Dado que se están cotizando como unidades de divisa extranjera por dólar, el tipo de cambio se mueve en la misma dirección que el valor del dólar: aumenta según se fortalece el dólar y disminuye cuando éste se debilita.

La PPA relativa indica que el tipo de cambio aumentará si la tasa de inflación en Estados Unidos es inferior a la del país extranjero. Esto ocurre porque el valor de la divisa extranjera se deprecia y por consiguiente se debilita en relación al dólar.

PREGUNTAS SOBRE CONCEPTOS

22.3a ¿Qué señala la PPA absoluta? ¿Por qué no se cumple esto en muchos tipos de mercancías?

22.3b Según la PPA relativa, ¿qué determina la variación en los tipos de cambio?

PARIDAD DE TASAS DE INTERÉS, TIPOS DE CAMBIO | 22.4
ADELANTADOS IMPARCIALES Y EFECTO DE FISHER INTERNACIONAL

El siguiente tema que es necesario estudiar es la relación entre los tipos de cambio al contado, los tipos de cambio adelantados y las tasas de interés. Para comenzar, se requiere contar con alguna notación adicional:

F_t = Tipo de cambio adelantado para pago en el momento t

R_{US} = Tipo de interés nominal libre de riesgo en Estados Unidos

R_{FC} = Tipo de interés nominal libre de riesgo en un país extranjero

Como antes, se utilizará S_0 para representar el tipo de cambio al contado. Se puede considerar que la tasa nominal libre de riesgo en Estados Unidos, R_{US}, es la tasa de los Certificados de la Tesorería.

Arbitraje cubierto de tasas de interés

Supongamos que tenemos la siguiente información en el mercado sobre las divisas de Estados Unidos y Alemania:

$$S_0 = \text{DM } 2.00 \qquad R_{US} = 10\%$$
$$F_1 = \text{DM } 1.90 \qquad R_G = 5\%$$

donde R_G es la tasa nominal libre de riesgo en Alemania. El período es de un año, por lo que F_1 representa el tipo de cambio adelantado a 360 días.

¿Se observa aquí una oportunidad de arbitraje? Existe una. Supongamos que se dispone de \$1 para invertir y que se desea una inversión libre de riesgo. Una opción es invertir \$1 en una inversión libre de riesgo en Estados Unidos, por ejemplo, en un Certificado de la Tesorería a 360 días. Si se hace esto, en un período el \$1 valdrá:

$$\$ \text{ valor en 1 período} = \$1 \times (1 + R_{US})$$
$$= \$1.100$$

De forma alternativa, se puede invertir en una inversión alemana libre de riesgo. Para hacerlo, es necesario convertir \$1 a marcos alemanes y concertar simultáneamente un intercambio adelantado para convertir de nuevo los marcos en dólares dentro de un año. Los pasos necesarios serían los siguientes:

1. Convertir \$1 a \$1 $\times S_0 = $ DM 2.00.
2. Al mismo tiempo, concertar un contrato adelantado para convertir de nuevo los marcos a dólares dentro de un año. Puesto que el tipo de cambio adelantado es de DM 1.90, se obtendrá \$1 por cada DM 1.90 que se tenga en un año.
3. Invertir los DM 2.00 en Alemania a R_G. En un año se tendrá:

$$\text{Valor en DM en 1 año} = \text{DM } 2.00 \times (1 + R_G)$$
$$= \text{DM } 2.00 \times 1.05$$
$$= \text{DM } 2.10$$

4. Convertir los DM 2.10 de nuevo a dólares al tipo de cambio pactado de DM 1.90 = \$1. Se termina con:

$$\text{Valor en \$ en 1 año} = \text{DM } 2.10/1.90$$
$$= \$1.1053$$

Obsérvese que el valor en un año con esta estrategia se puede expresar como:

$$\text{Valor en \$ en 1 año} = \$1 \times S_0 \times (1 + R_G)/F_1$$
$$= \$1 \times 2 \times (1.05)/1.90$$
$$= \$1.1053$$

Aparentemente, el rendimiento de esta inversión es del 10.53%. Este porcentaje es mayor que el 10% que se obtiene al invertir en Estados Unidos. Dado que ambas inversiones son libres de riesgo, existe una oportunidad de arbitraje.

Para aprovechar la diferencia en las tasas de interés, se requiere, por ejemplo, captar una deuda por $5 millones a la tasa estadounidense inferior e invertirlos a la tasa alemana mayor. ¿Cuál es la ganancia final? Para determinarla, pueden analizarse los pasos que acabamos de señalar:

1. Convertir los $5 millones en DM 2 = $1 para obtener DM 10 millones.
2. Acordar cambiar marcos por dólares dentro de un año a DM 1.90 por dólar.
3. Invertir los DM 10 millones por un año a $R_G = 5\%$. Al final, se tienen DM 10.5 millones.
4. Convertir los DM 10.5 millones de nuevo a dólares para cumplir con el contrato adelantado. Se reciben DM 10.5 millones/1.90 = $5,526,316.
5. Liquidar el préstamo y los intereses. Se deben $5 millones más el 10% de interés para un total de $5.5 millones. Se tienen $5,526,316, por lo que la ganancia final es de $26,316, libres de riesgo.

Este procedimiento recibe el nombre de *arbitraje cubierto de tasas de interés*. El término *cubierto* se refiere al hecho de estar protegidos en caso de una nueva variación en el tipo de cambio, ya que hoy se contrata en firme el tipo de cambio adelantado.

Paridad de la tasa de interés (PTI)

Si se supone que no existen oportunidades significativas de arbitraje cubierto de tasas de interés, tiene que haber alguna relación entre los tipos de cambio al contado, los tipos de cambio adelantados y los tipos de interés relativos. Para establecer esta relación, obsérvese que la estrategia 1 que se vio con anterioridad —invertir en una inversión en Estados Unidos libre de riesgo— suele proporcionar $(1 + R_{US})$ por cada dólar que se invierte. La estrategia 2 —invertir en una inversión en el extranjero libre de riesgo— proporciona $S_0 \times (1 + R_{FC})/F_1$ por cada dólar invertido. Dado que ambas inversiones han de ser iguales para evitar el arbitraje, tiene que ocurrir:

$$(1 + R_{US}) = S_0 \times (1 + R_{FC})/F_1$$

Reacomodando ligeramente los términos, se obtiene la conocida condición de **paridad de tasas de interés** (**PTI**):

$$F_1/S_0 = (1 + R_{FC})/(1 + R_{US}) \tag{22.4}$$

Existe una aproximación muy útil para la PTI que muestra con mucha claridad lo que este resultado señala y que no es difícil de recordar. Si se define la prima adelantada o el descuento adelantado en términos porcentuales como $(F_1 - S_0)/S_0$, la PTI indica que esta prima o descuento porcentual es *aproximadamente* igual a la diferencia entre las tasas de interés:

$$(F_1 - S_0)/S_0 = R_{FC} - R_{US} \tag{22.5}$$

De una forma muy general, lo que señala la PTI es que cualquier diferencia entre las tasas de interés de dos países por algún período se compensa exactamente por el cambio

paridad de tasas de interés (PTI)
Situación que señala que el diferencial de tasas de interés entre dos países es igual a la diferencia porcentual entre el tipo de cambio adelantado y el tipo de cambio de contado.

en el valor relativo de las divisas, con lo que se elimina cualquier posibilidad de arbitraje. Obsérvese que también se puede expresar como:

$$F_1 = S_0 \times [1 + (R_{FC} - R_{US})] \tag{22.6}$$

Por lo general, si se tienen t períodos en lugar de uno, la aproximación de la PTI se expresaría como:

$$F_t = S_0 \times [1 + (R_{FC} - R_{US})]^t \tag{22.7}$$

Ejemplo 22.5   Verificación de paridad

Supongamos que el tipo actual de cambio para el yen japonés, S_0, es 120 = \$1. Si la tasa de interés en Estados Unidos es R_{US} = 10% y la tasa de interés en Japón es R_J = 5%, ¿cuál tiene que ser el tipo de cambio adelantado para evitar el arbitraje cubierto de tasas de interés?

A partir de la PTI, se tiene:

$$
\begin{aligned}
F_1 &= S_0 \times [1 + (R_J - R_{US})] \\
&= ¥120 \times [1 + (0.05 - 0.10)] \\
&= ¥120 \times 0.95 \\
&= ¥114
\end{aligned}
$$

Obsérvese que el yen se venderá con prima en relación al dólar (¿por qué?). ∎

Tipos de cambio adelantados y tipos de cambio de contado futuros

Además de la PPA y la PTI, existe una relación básica que es necesario estudiar. ¿Cuál es la relación entre el tipo de cambio adelantado y el tipo de cambio *spot* futuro esperado? La premisa de los **tipos de cambio adelantados imparciales (TAI)** indica que el tipo de cambio adelantado, F_1, es igual al tipo de cambio *spot* futuro *esperado*, $E[S_1]$:

tipos de cambio adelantados imparciales (TAI)
Premisa que afirma que el tipo de cambio adelantado actual es un parámetro estadístico imparcial del tipo de cambio futuro.

$$F_1 = E[S_1]$$

Para t períodos, la premisa TAI se expresaría como:

$$F_t = E[S_t]$$

De una forma general, el TAI señala que, en promedio, el tipo de cambio adelantado es igual al tipo de cambio *spot* futuro.

Si se ignora el riesgo, es válida la premisa TAI. Supongamos que el tipo de cambio adelantado para el yen japonés es consistentemente inferior al tipo de cambio de contado futuro en, por ejemplo, 10 yenes. Esto significa que cualquiera que desee convertir dólares a yenes en el adelantado obtendría más yenes al no concertar un contrato adelantado. Para que alguien se interesara, el tipo de cambio adelantado debería aumentar.

De forma similar, si el tipo de cambio adelantado fuera consistentemente mayor al tipo de cambio de contado futuro, cualquiera que deseara convertir yenes a dólares obtendría más dólares por yen al no convenir un intercambio adelantado. Para atraer a estos participantes, el tipo de cambio adelantado debería disminuir.

Es por todo ello que el tipo de cambio adelantado y el tipo de cambio *spot* futuro real deben, en promedio, ser iguales entre sí. Por supuesto que el valor real del tipo de cambio de contado futuro será incierto. La premisa TAI quizá no sea válida si los participantes están dispuestos a pagar una prima para evitar esta incertidumbre. Si el TAI es válido, el tipo de cambio adelantado a 180 días que se observa hoy sería un parámetro estadístico imparcial de lo que será en realidad el tipo de cambio a los 180 días.

Integración de los conceptos

Se han desarrollado tres relaciones, PPA, PTI y TAI, que describen las interacciones entre las variables financieras fundamentales, como las tasas de interés, los tipos de cambio y las tasas de inflación. Se estudian ahora las implicaciones de estas relaciones en conjunto.

Paridad descubierta de tasas de interés   Para comenzar, es útil reunir en un solo lugar las relaciones del mercado financiero internacional:

PPA: $E[S_1] = S_0 \times [1 + (h_{FC} - h_{US})]$

PTI: $F_1 = S_0 \times [1 + (R_{FC} - R_{US})]$

TAI: $F_1 = E[S_1]$

Se inicia combinando TAI y PTI. Como $F_1 = E[S_1]$ de la premisa TAI, se puede sustituir $E[S_1]$ por F_1 en PTI. El resultado es:

$$E[S_1] = S_0 \times [1 + (R_{FC} - R_{US})] \tag{22.8}$$

Esta importante relación se denomina **paridad descubierta de tasas de interés (PDTI)** y desempeñará un papel fundamental en el estudio de los presupuestos de capital internacionales que se ofrecerá a continuación. Con t períodos, PDTI se convierte en:

$$E[S_t] = S_0 \times [1 + R_{FC} - R_{US}]^t \tag{22.9}$$

El efecto de Fisher internacional   A continuación se comparan PPA y PDTI. Ambas muestran $E[S_1]$ en el lado izquierdo, por lo que sus lados derechos deben ser iguales. Por tanto, se tiene que:

$$S_0 \times [1 + h_{FC} - h_{US})] = S_0 \times [1 + R_{FC} - R_{US})]$$
$$h_{FC} - h_{US} = R_{FC} - R_{US}$$

Ello indica que la diferencia en los rendimientos entre Estados Unidos y un país extranjero es exactamente igual a la diferencia en las tasas de inflación. Despejando la ecuación, se obtiene el **efecto de Fisher internacional (EFI)**:

$$R_{US} - h_{US} = R_{FC} - h_{FC} \tag{22.10}$$

El EFI expresa que los tipos *reales* son iguales entre países.[2]

paridad descubierta de tasas de interés (PDTI)
Premisa que afirma que el cambio porcentual esperado en el tipo de cambio es igual a la diferencia en tipos de interés.

efecto de Fisher internacional (EFI)
Teoría de que los tipos de interés reales son iguales ente los diferentes países.

---

[2]Obsérvese que el resultado en este caso se expresa en términos de la tasa real aproximada, $R - h$ (v. cap. 10) porque se utilizaron aproximaciones para PPA y para PTI. Para el resultado exacto, véase el problema 19 al final del capítulo.

La conclusión de que los rendimientos reales son iguales entre los países es realmente economía básica. Si los rendimientos reales fueran más altos en Francia que en Estados Unidos, por ejemplo, el dinero fluiría de los mercados financieros estadounidenses a los franceses. Los precios de los activos en Francia aumentarían y sus rendimientos disminuirían. Al mismo tiempo, los precios de los activos en Estados Unidos disminuirían y sus rendimientos aumentarían. Este proceso actúa para equilibrar los rendimientos reales.

Después de presentar todo esto, es necesario observar varias cosas. En primer lugar, en este estudio no se ha considerado el riesgo en forma explícita. Se podría llegar a una conclusión diferente sobre los rendimientos reales si se incorporara el riesgo, sobre todo si las personas en los diferentes países tienen inclinaciones y actitudes distintas hacia el riesgo. Segundo, existen muchas barreras al movimiento de dinero y capital en el mundo. Los rendimientos reales podrían ser diferentes entre dos países durante períodos prolongados si el dinero no se pudiera mover con libertad entre ellos.

A pesar de estos problemas, se espera que los mercados de capital sean cada vez más internacionales. En la medida en que esto suceda, es probable que disminuyan las diferencias actuales en los tipos reales. Las leyes económicas tienen muy poco respeto por las fronteras nacionales.

PREGUNTAS SOBRE CONCEPTOS

22.4a ¿Qué es el arbitraje cubierto de tasa de interés?

22.4b ¿Cuál es el efecto de Fisher internacional?

22.5 | PRESUPUESTO DE CAPITAL INTERNACIONAL

Kihlstrom Equipment, una empresa internacional con oficinas centrales en Estados Unidos, está evaluando una inversión en el extranjero. Las exportaciones de Kihlstrom de brocas para perforación han aumentado hasta un grado tal que se está pensando construir una planta en Francia. La implantación del proyecto tendrá un costo de 20 millones de francos franceses. Se espera que los flujos de efectivo sean de FF 9 millones anuales durante los próximos tres años.

El tipo de cambio de contado actual para los francos franceses es FF 5. Recuérdese que esto representa francos por dólar, por lo que un franco tiene un valor de $1/5 = $0.20. La tasa libre de riesgo en Estados Unidos es del 5% y la tasa libre de riesgo en Francia es del 7%. Obsérvese que el tipo de cambio y las dos tasas de interés son datos de los mercados financieros, no estimaciones.[3] El rendimiento requerido por Kihlstrom para las inversiones en dólares de este tipo es del 10%.

¿Debe Kihlstrom realizar esta inversión? Como siempre, la respuesta depende del VPN, pero ¿cómo se calcula el valor presente neto de este proyecto en dólares estadounidenses? Existen dos formas básicas:

1. *Enfoque de divisa nacional.* Convierta todos los flujos de efectivo denominados en francos a dólares y descuente entonces al 10% para hallar el VPN en dólares. Para

---

[3]Por ejemplo, las tasas de interés pueden ser las tasas de depósito para eurodólares y eurofrancos a corto plazo que ofrecen los grandes bancos en los principales centros financieros.

este enfoque, se deben estimar los tipos de cambio futuros para convertir los flujos de efectivo adelantados proyectados en francos a dólares.

2. *Enfoque de divisa extranjera.* Determine el rendimiento requerido para las inversiones en francos y descuente entonces los flujos de efectivo denominados en francos para encontrar el VPN en francos. Luego convierta este VPN en francos a un VPN en dólares. Este enfoque requiere que, de alguna forma, se convierta el rendimiento requerido para dólares del 10% al rendimiento requerido equivalente para francos.

La diferencia entre estos dos enfoques es cuestión sobre todo del momento en que se realiza la conversión de francos a dólares. En el primer caso, la conversión se efectúa antes de estimar el VPN. En el segundo caso, se efectúa después de estimar el VPN.

Podría parecer que el segundo enfoque es preferible porque sólo es necesario obtener una cifra, la tasa de descuento para francos. Más aún, dado que el primer enfoque requiere pronosticar tipos de cambio futuros, tal vez parezca que existe una mayor posibilidad de cometer errores. Sin embargo, como se muestra a continuación, en función de los resultados anteriores, ambos enfoques son en realidad iguales.

Método I: Enfoque de divisa nacional

Para convertir a dólares los flujos de efectivo futuros del proyecto, se utilizará la relación de paridad descubierta de tasas de interés (PDTI) para obtener los tipos de cambio proyectados. De acuerdo con lo que hemos visto, el tipo de cambio esperado en el momento t, $E[S_t]$, es:

$$E[S_t] = S_0 \times [1 + (R_{FR} - R_{US})]^t$$

donde R_{FR} representa la tasa nominal libre de riesgo en Francia. Dado que R_{FR} es 7%, R_{US} es 5% y el tipo de cambio actual (S_0) es FF 5:

$$E[S_t] = 5 \times [1 + (0.07 - 0.05)]^t$$
$$= 5 \times 1.02^t$$

Por tanto, los tipos de cambio proyectados para el proyecto de las brocas de perforación son:

Año	Tipo de cambio esperado	
1	FF 5×1.02^1 =	**FF 5.100**
2	FF 5×1.02^2 =	**FF 5.202**
3	FF 5×1.02^3 =	**FF 5.306**

Utilizando estos tipos de cambio, así como el tipo de cambio actual, se pueden convertir todos los flujos de efectivo de francos a dólares:

Año	(1) Flujo de efectivo en FF	(2) Tipo de cambio esperado	(3) Flujo de efectivo en $ (1)/(2)
0	− FF 20	**FF 5.000**	− **$4.00**
1	9	5.100	1.76
2	9	5.202	1.73
3	9	5.306	1.70

En sus propias palabras...
Sobre los tipos de cambio adelantados,
por Richard M. Levich

¿Cuál es la relación entre el tipo de cambio adelantado a tres meses, el día de hoy, que se puede observar en el mercado y el tipo de cambio de contado vigente tres meses a partir de hoy, que sólo se puede observar en el futuro? Una respuesta habitual es que no existe tal relación. Como conoce cualquier funcionario bancario, la posibilidad de arbitraje cubierto de tasas de interés entre instrumentos financieros nacionales y extranjeros establece un estrecho vínculo entre la prima adelantada y el diferencial de tasas de interés. En cualquier momento un operador puede mirar su pantalla y observar que la prima adelantada y los diferenciales de tasas de interés son casi idénticos, en particular cuando se usan tipos de interés para eurodivisas. Por tanto, el operador podría decir: «El tipo de cambio adelantado refleja el diferencial del interés al día de hoy y no tiene relación alguna con las expectativas».

La verificación de la segunda creencia popular, que el tipo de cambio adelantado refleja las expectativas sobre los tipos de cambio, requiere un poco más de trabajo. Consideremos el tipo de cambio adelantado a tres meses el día de hoy, 15 de enero, y comparémosle con el tipo de cambio de contado que exista tres meses después, el 15 de abril. Esto produce una observación sobre el tipo de cambio adelantado como pronóstico, que no es suficiente para aceptar o rechazar una teoría. La idea de que el tipo de cambio adelantado pudiera ser un estadístico imparcial sobre el tipo de cambio de contado futuro indica que, en promedio y considerando muchas observaciones, el error de predicción es pequeño. Por tanto, se recopila más información utilizando el tipo de cambio adelantado del 15 de abril y se compara con la tasa de contado del 15 de julio y se compara entonces el tipo de cambio adelantado al 15 de julio con el tipo de cambio de contado al 15 de octubre, y así sucesivamente. Para tener una gran muestra de observaciones, estudie la información de 8 a 10 años.

La información indica [Levich (1989); para la cita completa vea lecturas sugeridas] que a principios de la década de 1980, cuando el dólar estaba muy fuerte, el tipo de cambio adelantado *sub*estimó significativamente la fortaleza del dólar y el tipo de cambio adelantado fue un estadístico parcial. Sin embargo, desde 1985 a 1987, cuando se produjo una pronunciada depreciación del dólar, el tipo de cambio adelantado tendió a *sobre*estimar la fortaleza del dólar y fue, de nuevo, un estadístico parcial, pero con el signo opuesto al del período anterior. Si se observa toda la década de 1980, la tasa adelantada fue, en promedio, muy cercana al tipo de cambio futuro de contado.

De esto se obtienen dos mensajes. Primero, aunque «no existiera una relación» entre el tipo de cambio adelantado y el tipo de cambio de contado, el tesorero de General Motors desearía conocer con exactitud cuál fue la «no relación». La razón es que si el tipo de cambio adelantado fuera *consistentemente* un 3% más alto que el tipo de cambio de contado, o *consistentemente* un 5% menor, el tesorero se enfrentaría a una tentadora oportunidad para obtener ganancias. Un reloj que se adelanta tres minutos o que se atrasa cinco minutos es un reloj útil, siempre y cuando se conozca el sesgo y que sea consistente. Por último, la información de la década de los 80 ha revalidado la interpretación de Michael Mussa de la década de 1970 [Mussa (1979); para la cita completa vea las lecturas sugeridas]. Mussa observó que «el tipo de cambio adelantado es un estadístico imparcial del tipo de cambio adelantado de contado futuro, se encuentra cerca al mejor parámetro estadístico disponible... pero es probable que no sea un estadístico muy bueno...».

Richard M. Levich es profesor de finanzas y negocios internacionales en la Universidad de Nueva York. Ha escrito sobre tipos de cambio y otros aspectos de economía y finanzas internacionales.

Finalmente, para concluir la operación se calcula el VPN de la forma tradicional habitual:

$$VPN_\$ = -\$4.00 + \$1.76/1.10 + \$1.73/1.10^2 + \$1.70/1.10^3$$

$$= \$0.3 \text{ millones}$$

Con lo que el proyecto parece ser rentable.

Método II: Enfoque de divisa extranjera

Kihlstrom requiere un rendimiento nominal del 10% sobre los flujos de efectivo denominados en dólares. Hay que convertir esta tasa a una tasa apropiada para flujos de efectivo denominados en francos. Con base en el efecto de Fisher internacional, se sabe que la diferencia en los tipos nominales es de:

$$R_{FR} - R_{US} = h_{FR} - h_{US}$$
$$= 7\% - 5\% = 2\%$$

La tasa de descuento apropiada para estimar los flujos de efectivo denominados en francos para el proyecto de brocas de perforación es de alrededor del 10%, más un 2% adicional para compensar la mayor tasa de inflación del franco.

Si se calcula a esta tasa el VPN de los flujos de efectivo denominados en francos, se obtiene:

$$VPN_{FF} = - FF\ 20 + FF\ 9/1.12 + FF\ 9/1.12^2 + FF\ 9/1.12^3$$
$$= FF\ 1.6\ \text{millones}$$

El VPN de este proyecto es FF 1.6 millones. Aceptar este proyecto crea riqueza hoy por FF 1.6 millones. ¿Cuánto es esto en dólares? Dado que el tipo de cambio actual es de FF 5, el VPN del proyecto en dólares es de:

$$VPN_{\$} = VPN_{FF}/S_0 = FF\ 1.6/5 = \$0.3\ \text{millones}$$

Éste es el mismo VPN en dólares que se calculó antes.

Lo más importante es señalar en el ejemplo que los dos procedimientos de presupuesto de capital son en realidad idénticos y siempre darán la misma respuesta.[4] En este segundo enfoque, el hecho de que se pronostiquen en forma implícita los tipos de cambio está oculto. A pesar de ello, el enfoque de divisas extranjeras es un poco más fácil de calcular.

Flujos de efectivo no remitidos

En el ejemplo anterior se supuso que todos los flujos de efectivo después de impuestos derivados de la inversión en el extranjero se podrían remitir (pagar) a la empresa matriz. En realidad, pueden existir diferencias considerables entre los flujos de efectivo generados por un proyecto en el extranjero y el monto de los mismos, que en realidad se puede remitir o «repatriar» a la empresa matriz.

Una subsidiaria extranjera puede remitir fondos a la matriz de muchas formas, incluyendo las siguientes:

1. Dividendos.
2. Honorarios de administración por servicios centrales.
3. Regalías sobre el uso de nombres comerciales y patentes.

---

[4]En realidad, habría una ligera diferencia, porque se están usando relaciones aproximadas. Si se calcula el rendimiento requerido como $(1.10) \times (1 + 0.02) - 1 = 12.2\%$, se obtiene exactamente el mismo VPN. Para mayor detalle, véase el problema 19.

Cualquiera que sea la forma de repatriar flujos de efectivo, las empresas internacionales deben prestar especial atención a la remisión por dos razones. Primero, pueden existir controles actuales y adelantados sobre las remisiones. Muchos gobiernos son sensibles al argumento de ser explotados por las empresas extranjeras que operan en el país. En estos casos, los gobiernos se sienten tentados a limitar la capacidad de las empresas internacionales para remitir flujos de efectivo. En ocasiones, se dice que los fondos que no se pueden remitir en la actualidad están *congelados*.

PREGUNTAS SOBRE CONCEPTOS

22.5a ¿Qué complicaciones financieras se presentan en los presupuestos de capital internacionales? Describa dos procedimientos para estimar el VPN en este caso.

22.5b ¿Qué son los fondos congelados?

22.6 | RIESGO CAMBIARIO

riesgo cambiario
Riesgo relacionado con las operaciones internacionales en un mundo donde varían los valores relativos de las divisas.

El **riesgo cambiario** es la consecuencia natural de realizar operaciones internacionales en un mundo en el que los valores relativos de las divisas ascienden y descienden. La administración del riesgo cambiario es una parte importante de las finanzas internacionales.

Como vemos a continuación, existen tres tipos diferentes de riesgo cambiario o de exposición al riesgo cambiario: exposición a corto plazo, exposición a largo plazo y exposición contable. En el capítulo 24 se presenta un estudio más detallado de los temas que se estudian en esta sección.

Exposición cambiaria a corto plazo

Las fluctuaciones cotidianas en los tipos de cambio suponen riesgos a corto plazo para las empresas internacionales. La mayoría de estas empresas establecen contratos para comprar y vender productos a corto plazo a precios convenidos. Cuando se utilizan diferentes divisas, estas operaciones tienen un elemento de riesgo adicional.

Por ejemplo, imaginemos que se está importando pasta de imitación de Italia y que ésta se revende en Estados Unidos bajo la marca Impasta. El principal cliente ha ordenado 10,000 cajas de Impasta. Se coloca el pedido con el proveedor hoy, pero no se le pagará hasta que llegue la mercancía dentro de 60 días. El precio de venta es de $6 por caja. El costo es de 8,400 liras italianas por caja y el tipo de cambio actual es de Lit 1,500; por lo que se requieren 1,500 liras para comprar $1.

Al tipo de cambio actual, el costo en dólares de surtir el pedido es de Lit 8,400/1,500 = $5.6 por caja, por lo que la ganancia antes de impuestos para este pedido es de 10,000 × ($6 − $5.6) = $4,000. Sin embargo, es probable que el tipo de cambio dentro de 60 días sea diferente, por lo que la ganancia dependerá de cuál sea el tipo de cambio futuro.

Por ejemplo, si el tipo de cambio sube hasta Lit 1,600, el costo es Lit 8,400/1,600 = $5.25 por caja. La ganancia aumenta a $7,500. Si el tipo de cambio pasa a ser de, por ejemplo, Lit 1,400, el costo es Lit 8,400/1,400 = $6 y la ganancia resultante es igual a cero.

La exposición a corto plazo en este ejemplo se puede reducir o eliminar de varias formas. El medio más obvio de cobertura consiste en hacer un contrato de intercambio adelantado para fijar un tipo de cambio. Por ejemplo, supongamos que el tipo de cambio adelantado a 60 días es de Lit 1,580, ¿cuál será la ganancia si se realiza la cobertura? ¿Qué ganancia se debe esperar si no se realiza?

Si se realiza la cobertura, se fija un tipo de cambio de Lit 1,580. Por tanto, el costo en dólares será de Lit 8,400/1,580 = $5.32 por caja, con lo que la ganancia será de 10,000 × ($6 − $5.32) = $6,800. Si no se realiza la cobertura y suponiendo que el tipo de cambio adelantado sea un estadístico imparcial (en otras palabras, suponiendo que se mantenga la premisa TAI) habría que esperar que el tipo de cambio fuera en realidad Lit 1,580 en 60 días. Debe esperarse una ganancia de $6,800.

Si esto no es factible, se podría simplemente contratar deuda hoy en dólares, convertirlos a liras e invertir las liras por 60 días para ganar algunos intereses. Desde el punto de vista de PTI, esto representa celebrar un contrato adelantado.

Exposición cambiaria a largo plazo

A largo plazo, el valor de una operación extranjera puede fluctuar debido a cambios no previstos en las condiciones económicas relativas. Por ejemplo, imaginemos que se posee una planta de ensamble que utiliza gran cantidad de mano de obra ubicada en otro país para aprovechar los salarios más bajos. A través del tiempo, cambios inesperados en las condiciones económicas pueden aumentar los niveles de salarios en el extranjero hasta el punto de que la ventaja en costos quede eliminada o se vuelva incluso negativa.

Cubrir la exposición cambiaria a largo plazo es más difícil de lograr que cubrir riesgos cambiarios a corto plazo. Por una parte, no existen mercados adelantados organizados para ese tipo de requerimientos a largo plazo. En vez de ello, la opción principal que tienen las empresas es intentar igualar los flujos de entrada y salida de divisas extranjeras. También pueden intentar igualar activos y pasivos denominados en divisas extranjeras. Por ejemplo, una empresa que vende en otro país podría intentar concentrar en ese país sus compras de materias primas y gastos de mano de obra. De esa forma, el valor en dólares de sus ingresos y de sus costos ascenderá y descenderá de forma paralela.

De un modo similar, una empresa puede reducir su nivel de riesgo cambiario a largo plazo contratando deuda en el país extranjero. De esta manera, las fluctuaciones en el valor de los activos de la subsidiaria en el extranjero quedarán compensados, al menos parcialmente, por los cambios en el valor de los pasivos.

Exposición cambiaria contable

Cuando una empresa estadounidense determina su utilidad neta contable y la UPA para algún período, debe reexpresar todas las cifras en dólares. Esto puede crear algunos problemas para los contadores cuando existen operaciones significativas en el extranjero. Se presentan en particular dos aspectos:

1. ¿Cuál es el tipo de cambio apropiado para efectuar la reexpresión de cada cuenta del balance general?
2. ¿Cómo deben registrarse contablemente las ganancias y pérdidas derivadas de la reexpresión de las cuentas del balance general en otra divisa?

Para mostrar el problema contable, supongamos que se inició una pequeña subsidiaria extranjera en Lilliput hace un año. La divisa local es el gulliver, abreviada GL. Al inicio del año, el tipo de cambio era GL 2 = $1 y el balance general denominado en gullivers era así:

Activos	GL 1,000	Pasivos	GL 500
		Capital	500

A 2 gullivers por dólar, el balance general inicial en dólares era:

Activos	$500	Pasivos	$250
		Capital	250

Lilliput es un lugar tranquilo y en realidad no ocurrió nada durante el año. Como resultado de ello, la utilidad neta fue igual a cero (antes de tomar en cuenta las variaciones en el tipo de cambio). Sin embargo, el tipo de cambio sí fluctuó a 4 gullivers = $1, debido simplemente a que la tasa de inflación en Lilliput es mucho mayor que la de Estados Unidos.

Dado que no sucedió nada desde una perspectiva contable, el balance general final denominado en gullivers es el mismo que el inicial. Sin embargo, si se reexpresa en dólares utilizando el nuevo tipo de cambio, se tiene:

Activos	$250	Pasivos	$125
		Capital	125

Obsérvese que el valor del capital ha descendido en $125, a pesar de que la utilidad neta fue exactamente igual a cero. Aunque en realidad no ocurrió absolutamente nada, existe una pérdida contable de $125. La forma de registrar esta pérdida de $125 ha sido un controvertido problema contable.

Una forma obvia y consistente de registrar esta pérdida es presentar simplemente la pérdida en el estado de resultados de la empresa matriz. Durante períodos de tipos de cambio volátiles, este tipo de tratamiento puede repercutir de forma contundente sobre la UPA presentada por una empresa internacional. Esto es un fenómeno puramente contable, pero incluso así, a muchos administradores financieros les desagradan estas fluctuaciones.

El enfoque actual para registrar las ganancias y pérdidas cambiarias derivadas de la reexpresión por conversión se basa en las reglas establecidas por el Financial Accounting Standards Boards (FASB) Statement Number 52 (Comisión de Principios de Contabilidad Financiera; declaración número 52), emitida en diciembre de 1981. En su mayor parte, FASB 52 requiere que todos los activos y pasivos se reexpresen de la divisa de la subsidiaria a la divisa de la empresa matriz, utilizando el tipo de cambio vigente en el momento de efectuar la reexpresión.

Cualquier ganancia y pérdida derivada de la reexpresión cambiaria que ocurra se acumula en una cuenta especial presentada dentro de la sección de capital contable del balance general. A esta cuenta se le puede llamar «ganancias (pérdidas) cambiarias no realizadas». Estas ganancias y pérdidas no se presentan en el estado de resultados. Como resultado de ello, el efecto de las ganancias y pérdidas derivadas de la reexpresión cambiaria contable no se reconocerá explícitamente en la utilidad neta hasta que los activos y pasivos implícitos o subyacentes se vendan o se liquiden de alguna otra forma.

Administración del riesgo cambiario

Para una gran empresa multinacional, la administración del riesgo cambiario se complica por el hecho de que pueden existir múltiples divisas en muchas subsidiarias diferentes. Es muy probable que una modificación en algún tipo de cambio beneficie a algunas subsidiarias y perjudique a otras. El efecto neto sobre la empresa en su conjunto depende de su nivel neto de exposición al riesgo cambiario.

Por ejemplo, supongamos que una empresa tiene dos divisiones. La división A compra mercancías en Estados Unidos en dólares y las vende en Gran Bretaña en libras. La división B compra mercancías en Gran Bretaña en libras y las vende en Estados Unidos en dólares. Si estas dos divisiones tienen aproximadamente el mismo tamaño en términos de entradas y salidas de efectivo, es obvio que la empresa en su conjunto tiene un nivel bajo de riesgo cambiario.

En el ejemplo, la posición cambiaria neta en libras de la empresa (el monto que entra menos el monto que sale) es pequeña, por lo que el nivel de riesgo cambiario también es pequeño. Sin embargo, si una de las divisiones actuando por su cuenta comenzara a cubrir su nivel de riesgo cambiario, el riesgo cambiario de la empresa en su conjunto ascendería. La moraleja de esta historia es que las empresas multinacionales deben ser conscientes de la posición cambiaria global que mantiene la empresa en cada divisa extranjera. Por esta razón, es probable que la mejor forma de administrar el riesgo cambiario sea con base a una estructura centralizada.

PREGUNTAS SOBRE CONCEPTOS

22.6a ¿Cuáles son los diferentes tipos de riesgo cambiario?
22.6b ¿Cómo puede una empresa cubrir el riesgo cambiario a corto plazo? ¿y el riesgo cambiario a largo plazo?

RIESGO POLÍTICO | 22.7

Un elemento final de riesgo en las inversiones internacionales se relaciona con el **riesgo político**. El riesgo político se refiere a los cambios de valor que se producen como consecuencia de acciones políticas. Éste no es un problema al que se enfrentan exclusivamente las empresas internacionales. Por ejemplo, los cambios en la legislación y en los procedimientos fiscales en Estados Unidos pueden beneficiar a algunas empresas estadounidenses y perjudicar a otras, por lo que el riesgo político existe a nivel nacional y también a nivel internacional.

Sin embargo, algunos países tienen un mayor nivel de riesgo político que otros. En estos casos, el riesgo político adicional puede conducir a las empresas a requerir rendimientos mayores sobre las inversiones en el extranjero para compensar el riesgo que corren esos fondos de ser congelados, de que se interrumpan operaciones importantes y se can-

riesgo político
Riesgo relacionado con los cambios de valor que se producen por acciones políticas.

celen contratos. En el caso más extremo, la posibilidad de una confiscación directa quizá sea una preocupación en países con entornos políticos relativamente inestables.

El riesgo político depende también de la naturaleza del negocio; algunos negocios tienen menos probabilidad de ser confiscados porque no son especialmente valiosos en manos de otro propietario. Por ejemplo, una operación de ensamble que suministra subcomponentes que sólo utiliza la empresa matriz no sería un objetivo atractivo para una «adquisición». De forma similar, una operación industrial que requiere el uso de componentes especializados de la empresa matriz tiene poco valor sin la cooperación de esta última.

El desarrollo de los recursos naturales, como es el caso de la extracción de cobre o la perforación de pozos de petróleo, representa exactamente lo opuesto. Una vez que se establece la operación, gran parte del valor es inherente al producto mismo. Debido a ello, el riesgo político de este tipo de inversiones es mucho mayor. También en el caso de estas inversiones es más marcado el aspecto de la explotación, lo que de nuevo incrementa el nivel de riesgo político.

Es posible cubrir el riesgo político de varias formas, sobre todo si existe la preocupación por una confiscación o nacionalización. La utilización de financiamiento local, quizá del gobierno del país extranjero de que se trate, reduce la posible pérdida porque la empresa puede negarse a pagar la deuda en el caso de actividades políticas desfavorables. De acuerdo a lo que se acaba de estudiar, estructurar la operación de forma tal que requiera la participación significativa de la empresa matriz para que pueda funcionar, es otra forma de reducir el riesgo político.

> **PREGUNTAS SOBRE CONCEPTOS**
>
> 22.7a ¿Qué es el riesgo político?
> 22.7b ¿Cuáles son algunas formas de cubrir los riesgos políticos?

22.8 | RESUMEN Y CONCLUSIONES

La empresa internacional tiene una vida más complicada que la puramente nacional. La administración tiene que comprender la vinculación entre los tipos de interés, los tipos de cambio de divisas extranjeras y la inflación, y debe tener presente un gran número de diferentes reglamentaciones de mercados financieros y sistemas fiscales. La intención de este capítulo es presentar una introducción concisa a algunos de los aspectos financieros que aparecen en las inversiones internacionales.

El tratamiento de estos temas ha sido necesariamente breve. Entre los principales temas estudiados se incluyen:

1. Terminología básica. Se definieron de forma breve algunos términos exóticos como es el caso de LIBOR, Eurodólar y «dentista belga».
2. La mecánica básica de las cotizaciones de los tipos de cambio. Se estudiaron los mercados al contado o *spot* y adelantado (*forward*) y cómo se interpretan los tipos de cambio.
3. Las relaciones fundamentales entre las variables financieras internacionales:
   a. Paridad del poder adquisitivo, tanto absoluta como relativa (PPA).
   b. Paridad de tasas de interés (PTI).
   c. Tipos de cambios adelantados imparciales (TAI).

La paridad absoluta del poder adquisitivo señala que $1 debería tener el mismo poder adquisitivo en los diferentes países. Esto significa que una naranja costaría lo mismo si se compra en Nueva York o en Tokio.

La paridad relativa del poder adquisitivo significa que el cambio porcentual esperado en los tipos de cambio entre las divisas de dos países es igual a la diferencia entre sus respectivas tasas de inflación.

La paridad de la tasa de interés implica que la diferencia porcentual entre el tipo de cambio adelantado y el tipo de cambio al contado es igual al diferencial de las tasas de interés. Se mostró cómo el arbitraje cubierto de tasas de interés obliga a que esta relación sea válida.

La premisa de los tipos de cambio adelantados imparciales señala que el tipo de cambio adelantado es un buen estadístico del tipo de cambio al contado futuro.

4. Presupuestos de capital internacionales. Se mostró que las relaciones básicas de intercambio de divisas implican otras dos condiciones:

   a. Paridad descubierta de tasas de interés.

   b. Efecto de Fisher internacional.

   Al invocar estas dos condiciones, se aprendió a estimar el VPN denominado en divisas extranjeras y cómo convertir las divisas extranjeras a divisas nacionales para estimar el VPN de la forma habitual.

5. Tipo de cambio y riesgo político. Se describieron los diversos tipos de riesgos cambiarios y se estudiaron algunos enfoques frecuentemente utilizados para administrar el efecto de las fluctuaciones de los tipos de cambio sobre los flujos de efectivo y el valor de la empresa internacional. También se estudió el riesgo político y algunas formas de administrar el nivel de exposición al mismo.

Términos fundamentales

certificado americano de depósito (American Depository Receipt) (ADR) **815**

«dentista belga» **815**

tipo de cambio cruzado (*cross-rate*) **815**

unidad monetaria europea (UME) **815**

eurobono **815**

eurodivisa **816**

bonos internacionales **816**

gilts **816**

tasa activa interbancaria de Londres (LIBOR) **816**

swaps **816**

mercado de divisas o mercado cambiario **816**

tipo de cambio **820**

transacción *spot* **822**

tipo de cambio de contado **822**

transacción adelantada **822**

tipo de cambio adelantado **822**

paridad del poder adquisitivo (PPA) **824**

paridad de tasas de interés (PTI) **829**

tipos de cambio adelantados imparciales (TAI) **830**

paridad descubierta de tasas de interés (PDTI) **831**

efecto de Fisher internacional (EFI) **831**

riesgo cambiario **836**

riesgo político **839**

Problemas de revisión y autoevaluación del capítulo

22.1 Paridad relativa del poder adquisitivo   Se ha proyectado que la tasa de inflación en Estados Unidos sea del 6% anual durante los próximos años. Se ha proyectado que la tasa de inflación alemana para el mismo período sea del 2%. El tipo de cambio actual es de DM 2.2. De acuerdo a la paridad relativa del poder adquisitivo, ¿cuál es el tipo de cambio esperado en dos años?

22.2 Arbitraje cubierto de tasa de interés   Los tipos de cambio al contado y adelantado a 360 días para el franco suizo son de SF 1.8 y SF 1.7, respectivamente. La tasa de interés libre de riesgo en Estados Unidos es del 8% y la tasa libre de riesgo en Suiza es del 5%. ¿Existe aquí alguna oportunidad de arbitraje? ¿Cómo se podría aprovechar?

Respuestas a los problemas de autoevaluación

22.1 Con base en la relativa paridad del poder adquisitivo, el tipo de cambio esperado en dos años, $E[S_2]$, es de:

$$E[S_2] = S_0 \times [1 + h_G - h_{US}]^2$$

donde h_G es la tasa de inflación alemana. El tipo de cambio actual es de DM 2.2, con lo que el tipo de cambio esperado es:

$$E[S_2] = DM\ 2.2 \times [1 + (0.02 - 0.06)]^2$$

$$= DM\ 2.2 \times 0.96^2$$

$$= \mathbf{DM\ 2.03}$$

22.2 Con base en la paridad de tasas de interés, el tipo de cambio adelantado debería ser (aproximadamente):

$$F_1 = S_0 \times [1 + R_{FC} - R_{US}]$$

$$= 1.8 \times [1 + 0.05 - 0.08]$$

$$= \mathbf{1.75}$$

Dado que en realidad el tipo de cambio adelantado es de SF 1.7, existe arbitraje.

Para aprovechar el arbitraje, se observa primero que los dólares se vendan cada uno a SF 1.7 en el mercado adelantado. De acuerdo a la PTI, esto es demasiado barato porque se deberían vender a SF 1.75. Por consiguiente, se desea comprar dólares con francos suizos en el mercado adelantado. Para realizarlo, se puede:

1. Hoy: contratar deuda, por ejemplo, por $10 millones a 360 días. Convertirla a SF 18 millones en el mercado de contado y concertar un contrato adelantado a SF 1.7 para convertirlo de nuevo a dólares en 360 días. Invertir los SF 18 millones al 5%.
2. En un año: la inversión habrá crecido a SF 18 × 1.05 = **SF 18.9 millones**. Convertir este monto a dólares al tipo de cambio de SF 1.7 = $1. Se tendrán SF 18.9 millones/1.7 = **$11,117,647**. Se liquida el préstamo con un interés del 8% a un costo de $10 millones × 1.08 = **$10,800,000**, quedando una ganancia de **$317,647**.

Preguntas y problemas

1. **Utilización de tipos de cambio**   Observe de nuevo la tabla 22.2 para contestar las siguientes preguntas:

    a. Si se tienen $100, ¿cuántos pesos mexicanos se pueden obtener?

    b. ¿Cuánto vale un peso?

    c. Si se tiene Ps 1 millón (Ps = al peso mexicano), ¿cuántos dólares se tienen?

    d. ¿Qué vale más: una lira italiana o una lira turca?

    e. ¿Cuál vale más: un dólar de Taiwán o un dólar de Singapur?

    f. ¿Cuántos francos franceses se pueden obtener por un franco belga? ¿Cómo se denomina a este tipo de cambio?

    g. Por unidad, ¿cuál es la divisa más valiosa de las que aparecen en la lista? ¿La menos valiosa?

    h. ¿Puede pensar en una potencia mundial importante que no esté incluida en la tabla 22.2? ¿Por qué piensa que no se ha incluido?

2. **Utilización del tipo de cambio cruzado**   Utilice la información en la tabla 22.2 para contestar las preguntas siguientes:

    a. ¿Qué se preferiría tener $100 o £100? ¿Por qué?

    b. ¿Qué se preferiría tener DM 100 o £100? ¿Por qué?

    c. ¿Cuál es el tipo de cambio cruzado para los marcos alemanes en términos de libras? ¿Para las libras en términos de marcos alemanes?

3. **Tipos de cambio adelantados**   Consulte de nuevo la tabla 22.2:

    a. ¿Cuál es el tipo de cambio adelantado a 180 días para el yen japonés en términos del yen por dólar? ¿Se está vendiendo el yen con prima o con descuento? Explique la respuesta.

    b. ¿Cuál es el tipo de cambio adelantado a 90 días para el franco suizo en términos de dólares por franco? ¿Se vende el dólar con prima o con descuento? Explique la respuesta.

    c. ¿Qué piensa que le ocurrirá al valor del dólar con relación al yen y al franco suizo? Explique la respuesta.

4. **Utilización de tipos de cambio al contado y adelantados**   Suponga que el tipo de cambio de contado para el dólar canadiense es Can$ 1.2 y que el tipo de cambio adelantado a 180 días es de Can$ 1.25.

    a. ¿Cuál vale más, un dólar estadounidense o un dólar canadiense?

    b. Suponiendo la PPA absoluta, ¿cuál es el costo en Estados Unidos de una cerveza Elkhead si el precio en Canadá es de Can$ 1.50? ¿Por qué se podría vender a un precio diferente en Estados Unidos?

    c. ¿Se vende el dólar canadiense con prima o con descuento en relación al dólar estadounidense?

    d. ¿Qué moneda se espera que aumente en valor?

    e. ¿Qué piensa usted que ocurra con respecto a los tipos de interés en Estados Unidos y Canadá?

5. **Tipo de cambio de contado versus adelantado**   Suponga que el tipo de cambio para el franco francés se cotiza como FF 5 en el mercado de contado y como FF 5.02 en el mercado adelantado a 90 días.

    a. ¿Se vende el dólar con prima o con descuento en relación al franco?

    b. ¿Espera el mercado financiero que se fortalezca el franco en relación con el dólar? Explique la respuesta.

    c. ¿Qué es lo que cree usted acerca de las condiciones económicas relativas en Estados Unidos y en Francia?

6. **Tipos de cambio cruzados y arbitraje**   Suponga que el tipo de cambio del dólar canadiense es de Can$ 1 = US $0.80 y que el tipo de cambio del franco francés es de $1 = FF 5.

    a. ¿Cuál es el tipo de cambio cruzado en términos de FF por Can$?

    b. Suponga que el tipo de cambio cruzado es de FF 4.5 = Can$ 1. ¿Existe arbitraje? Explique cómo aprovecharlo.

7. **Inflación y tipos de cambio**   La tasa de inflación en el Reino Unido probablemente sea alrededor de un 2% mayor que la de Estados Unidos durante los próximos años. Si todas las demás variables permanecen constantes, ¿qué le ocurrirá al tipo de cambio? ¿En qué relación se apoya la respuesta?

8. **Cambios en tipos de interés y en la inflación**   El actual tipo de cambio para el yen japonés es de 120. Se espera que aumente un 10% en el próximo año.

    a. ¿Se espera que el yen se fortalezca o se debilite?

    b. ¿Qué se puede pensar sobre las tasas de inflación relativas en Estados Unidos y en Japón?

    c. ¿Qué se puede pensar sobre las tasas de interés nominales relativas en Estados Unidos y en Japón? ¿Sobre las tasas reales relativas?

9. **Bonos internacionales**   De lo que se presenta a continuación, ¿qué describe con más exactitud a un bono «Samurai»?

    a. Un bono emitido por Toyota en Estados Unidos con el interés pagable en yenes.

    b. Un bono emitido por Toyota en todo el mundo con el interés pagable en yenes.

    c. Un bono emitido por IBM en Japón con el interés pagable en yenes.

    d. Un bono emitido por IBM en Japón con el interés pagable en dólares.

    e. Un ritual sagrado de la hermandad secreta de los guerreros ninja.

10. **Tipos de interés y arbitraje**   El tesorero de una importante empresa estadounidense dispone de $5 millones para invertir a tres meses. La tasa de interés anual en Estados unidos es del 1% mensual. La tasa de interés en el Reino Unido es del 0.75%. El tipo de cambio al contado es de £0.50 y el tipo de cambio adelantado a tres meses es de £0.49. Si no se consideran los costos de transacción, ¿en qué país desearía invertir el tesorero los fondos de la empresa? ¿Por qué?

11. **Riesgo cambiario**   Suponga que se están importando cafeteras de España. El tipo de cambio aparece en la tabla 22.2. Se acaba de colocar un pedido de 50,000 aparatos a un costo de 2,000 pesetas cada uno. Se pagarán después de que lleguen en 90 días. Las cafeteras pueden venderse en $25 cada una. Calcule las ganancias si el tipo de cambio asciende o desciende en un 10% durante los próximos 90 días. ¿Cuál es el tipo de cambio en el punto de equilibrio?

12. **Inflación y tipos de cambio**   Suponga que el tipo de cambio vigente para el marco alemán es de DM 3. El tipo de cambio esperado en cuatro años es de DM 2.5. ¿Cuál es la diferencia en las tasas de inflación anuales entre Estados Unidos y Alemania durante este período? Suponga que la tasa anticipada es constante para ambos países. ¿En qué relación se apoya la respuesta?

13. **Tipos de cambio y arbitraje**   Los tipos de cambio de contado y adelantado a 180 días para el dólar canadiense son Can$ 1.1 y Can$ 1.15, respectivamente. La tasa de interés anual libre de riesgo en Estados Unidos es 8% y en Canadá 9%.

    a. ¿Existe aquí arbitraje? ¿Cómo se aprovecharía?

    b. ¿Cuál debe ser el tipo de cambio adelantado para evitar el arbitraje?

14. **Tipo de cambio de contado versus adelantado**   Los tipos de cambio de contado y adelantado a 90 días para el franco francés son FF 6 y FF 6.02, respectivamente. En Estados Unidos, los Certificados de la Tesorería ofrecen un rendimiento del 9% anual.

    a. ¿Se espera que el franco se fortalezca o se debilite?

    b. ¿Cuál sería la diferencia entre las tasas de inflación de Estados Unidos y Francia?

15. **Tipos de cambio de contado esperados**   El tipo de cambio de contado para el dracma griego es Dr 200. Los tipos de interés en Estados Unidos son del 12% anual, el doble que en Grecia. ¿Qué predicción se puede efectuar sobre el tipo de cambio en un año? ¿En dos años? ¿Qué relación se está utilizando?

16. **Condiciones económicas y tipos de cambio**   ¿Son verdaderas o falsas las siguientes afirmaciones? Explique por qué.
    a. Si el índice general de precios en Japón aumenta con mayor rapidez que el de Estados Unidos, se esperaría que el valor del yen aumentara en relación al dólar.
    b. Suponga que un exportador de vinos franceses recibe todos los pagos en divisas extranjeras y que el gobierno francés comienza a llevar a cabo una política monetaria expansionista. Si es seguro que el resultado será una inflación más elevada en Francia en comparación con otros países, sería sensato utilizar los mercados adelantados para protegerse contra pérdidas futuras resultantes del deterioro en valor del franco francés.
    c. Si se pudieran estimar con exactitud las diferencias entre las inflaciones relativas de dos países durante un largo período (y que los demás participantes en los mercados no pudieran hacerlo), se podría especular con éxito en los mercados al contado de divisas.

17. **Relaciones internacionales**   Se estudiaron cinco relaciones del mercado de capital internacional: PPA relativa, PTI, TAI, PDTI y el efecto de Fisher internacional. ¿Cuál de éstas espera que sea válida con mayor frecuencia? ¿Cuál es probable que sea violada?

18. **Presupuestos de capital**   Se está evaluando la expansión propuesta de una subsidiaria ya existente ubicada en Alemania. El costo sería DM 9 millones. Los flujos de efectivo serían de DM 4 millones durante los próximos tres años. El rendimiento requerido en dólares es del 12% anual y el tipo de cambio actual es DM 2. La tasa actual de los eurodólares es del 6% anual. La tasa de los euromarcos es del 4% anual.
    a. ¿Qué supone que ocurrirá con los tipos de cambio en los próximos tres años?
    b. Con base en la respuesta a la parte a, convierta los flujos proyectados en marcos alemanes a flujos en dólares y calcule el VPN.
    c. ¿Cuál es el rendimiento requerido de los flujos denominados en marcos alemanes? Con base a esta respuesta, calcule el VPN en marcos alemanes y reexprese a dólares.

19. **Uso del efecto Fisher internacional exacto**   Ésta es una pregunta de reto. De acuerdo a lo que se estudió sobre el efecto de Fisher en el capítulo 10, se sabe que la relación real entre un tipo nominal, R, un tipo real, r, y un tipo de inflación, h, se puede expresar como:

$$1 + r = (1 + R)/(1 + h)$$

Éste es el efecto de Fisher *nacional*.
    a. ¿Cuál es la forma no aproximada del efecto de Fisher internacional?
    b. De acuerdo a la respuesta a la parte a, ¿cuál es la forma exacta para la PDTI? (Sugerencia: recuerde la forma exacta de PTI y utilice TFI.)
    c. ¿Cuál es la forma exacta para la PPA relativa? (Sugerencia: cambie las dos respuestas anteriores.)
    d. Calcule de nuevo el VPN para el proyecto de las brocas de perforación de Kihlstrom (que se estudió en la sección 22.5) usando las formas exactas para

PDTI y el efecto de Fisher internacional. Compruebe que se obtiene exactamente la misma respuesta de cualquier forma.

Lecturas sugeridas

El siguiente libro sobre el tema de la teoría moderna de los mercados internacionales es muy apropiado:

Grabbe, J. O., *International Financial Markets*. Nueva York: Elsevier-North Holland Publishing, 1986.

Estos dos artículos describen los presupuestos para proyectos internacionales:

Lessard, D. R., «Evaluating Foreign Projects: An Adjusted Present Value Approach», *International Financial Management*, ed. D. R. Lessard. Nueva York: Warren, Gorham & Lamont, 1979.

Shapiro, A. S., «Capital Budgeting for the Multinational Corporation», en *Financial Management* 7, primavera de 1978.

Para más información sobre la relación entre la tasa adelantada y la tasa al contado, véase:

Levich, Richard M., «Is the Foreign Exchange Market Efficient?», *Oxford Review of Economic Policy* 5, núm. 3, 1989, págs. 40-60.

Mussa, Michael., «Empirical Regularities in the Behavior of Exchange Rates and Theories of the Foreign Exchange Market», *Policies for Employment, Prices and Exchange Rates*, ed. K. Bruner y A. Metzer. Carnegie-Rochester Conference 11. Amsterdam: North-Holland, 1979.

Capítulo 23

Arrendamiento

El arrendamiento es una fórmula para que las empresas financien instalaciones productivas, propiedades y equipo.[1] Casi todos los activos que pueden comprarse se pueden arrendar, y en la actualidad la cantidad de equipos que se financian mediante arrendamiento es igual a la que se financia con cualquier otro sistema de financiamiento.[2] Existen muchas razones para arrendar. Por ejemplo, cuando se toman vacaciones o se realizan viajes de negocios, arrendar un automóvil durante unos pocos días es conveniente. Después de todo, comprar un automóvil para venderlo una semana después supondría un inconveniente. En las secciones que se presentan a continuación se estudian otras razones para el arrendamiento.

A pesar de que las empresas utilizan tanto el arrendamiento a corto plazo como a largo plazo, este capítulo se concreta sobre todo en el arrendamiento a largo plazo, que significa normalmente más de cinco años. Como veremos con más detalle, el arrendamiento de un activo sobre una base a largo plazo es muy similar a contratar deuda por el monto de los fondos requeridos y comprar el activo. Por tanto, el arrendamiento a largo plazo es una forma de financiamiento muy similar a la deuda a largo plazo. ¿Cuándo es preferible utilizar el arrendamiento en vez de la deuda a largo plazo? Ésta es la pregunta que intentaremos contestar en este capítulo.[3]

---

[1]Agradecemos a James Johnson, de Northern Illinois University, sus útiles comentarios y sugerencias sobre este capítulo.

[2]Nevitt, P. K. y F. J. Fabozzi, *Equipment Leasing*, 2ª ed. (Homewood, Ill.: Dow-Jones Irwin, 1985).

[3]Este estudio sobre la valuación del arrendamiento se ha basado en parte en el capítulo 23 de *Corporate Finance*, de S. A. Ross, R. W. Westerfield y J. F. Jaffe, 2ª ed. (Homewood, Ill, Richard D. Irwin, 1990), que contiene un tratamiento más amplio y que estudia algunos aspectos sutiles, pero importantes, que no se tratan aquí.

23.1 | ARRENDAMIENTO Y TIPOS DE ARRENDAMIENTO

arrendatario
El usuario de un activo en un contrato de arrendamiento. El arrendatario efectúa pagos al arrendador.

arrendador
El propietario de un activo en un contrato de arrendamiento. El arrendador recibe pagos del arrendatario.

Un *arrendamiento* es un acuerdo contractual entre dos partes: el arrendatario y el arrendador. El **arrendatario** es el usuario del equipo, el **arrendador** el propietario. Lo normal es que la empresa decida primero cuál es el activo que requiere. Después, negocia un contrato de arrendamiento con un arrendador para utilizar ese activo. El contrato de arrendamiento establece que el arrendatario tiene el derecho de usar el activo y que, a cambio, debe efectuar pagos periódicos al arrendador, el propietario del activo. Normalmente, el arrendador es el productor del activo o una institución arrendadora independiente. Si el arrendador es una institución arrendadora independiente, tiene que adquirir el activo de su productor. A continuación, el arrendador entrega el activo al arrendatario y el arrendamiento inicia su período de vigencia.

En Estados Unidos existen algunos arrendadores gigantescos. Por ejemplo, AT&T Capital, General Electric Capital e IBM Credit arriendan cada uno de ellos más de $3 mil millones en equipos cada año. Los grandes bancos, como Chase Manhattan, Citicorp y Bankers Trust, también tienen operaciones de arrendamiento en gran escala.

Arrendamiento versus adquisición

Por lo que se refiere al arrendatario, lo importante es el uso del activo, no necesariamente quién tiene la propiedad. Una forma de obtener el uso de un activo es arrendarlo. Otra forma es obtener financiamiento externo y comprarlo. Por tanto, la decisión de arrendar o bien comprar equivale a la comparación de oportunidades alternativas de financiamiento para obtener el uso de un activo.

En la figura 23.1 se comparan el arrendamiento y la compra. El arrendatario, Sass Company, podría ser un hospital, un despacho de abogados o alguna otra empresa que utilice computadoras. El arrendador es una institución arrendadora independiente que compró las computadoras a un fabricante, como puede ser Hewlett-Packard (HP). A los arrendamientos de este tipo, en los que la institución arrendadora compra el activo al fabricante, se les denomina *arrendamientos directos*. Por supuesto que HP podría decidir arrendar sus propias computadoras y muchas empresas, incluyendo HP y algunas de las otras empresas que acabamos de mencionar, han establecido subsidiarias propias, denominadas *empresas financieras cautivas*, para arrendar sus productos.[4]

Como se muestra en la figura 23.1, Sass Company termina utilizando el activo en cualquiera de las formas. La diferencia fundamental es que en un caso (compra), Sass obtiene financiamiento, compra el activo y recibe la propiedad del mismo. En el otro caso (arrendamiento), la institución arrendadora es la que obtiene el financiamiento, compra el activo y conserva la propiedad del mismo.

Arrendamiento operativo

arrendamiento operativo
Por lo general, es un arrendamiento a más corto plazo, en el que el arrendador tiene la responsabilidad de efectuar los pagos de seguros, impuestos y mantenimiento. Se puede cancelar con un pronto aviso.

Hace años, al arrendamiento a través del cual el arrendatario recibía un operador junto con el equipo, se le denominaba **arrendamiento operativo.** En la actualidad, resulta difícil definir con exactitud el arrendamiento operativo (o *arrendamiento de servicio*), si bien esta forma de arrendamiento tiene algunas características importantes.

---

[4]Además de contratar financiamiento para los usuarios de activos, las empresas financieras cautivas (o subsidiarias) pueden comprar las cuentas por cobrar de sus empresas matrices. General Motors Acceptance Corporation (GMAC) y GE Capital son ejemplos de empresas financieras cautivas.

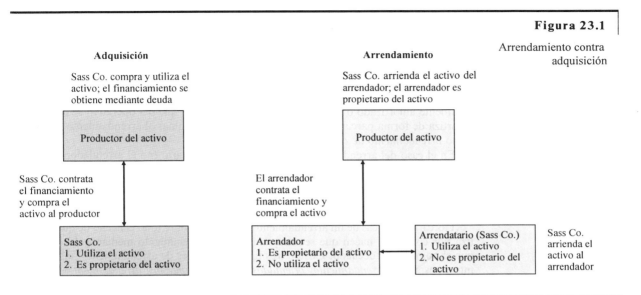

Figura 23.1

Arrendamiento contra adquisición

Si Sass Co. compra el activo, será la propietaria y lo utilizará. Si arrienda el activo, el arrendador es el propietario, pero Sass Co. continuará utilizándolo como arrendatario.

En primer lugar, en el caso de un arrendamiento operativo, los pagos que recibe el arrendador no suelen ser suficientes para recuperar por completo el costo del activo. Una razón fundamental para ello es que los arrendamientos operativos suelen ser a un plazo relativamente corto. En estos casos, la duración del arrendamiento quizá sea mucho menor que la vida económica del activo. Por ejemplo, si se arrienda un automóvil por dos años, éste tendrá un valor residual importante al finalizar el arrendamiento y los pagos por arrendamiento que se realicen sólo cubrirían una parte del costo original del automóvil. En un arrendamiento operativo, el arrendador espera arrendar el activo de nuevo o bien venderlo una vez que termine el arrendamiento.

Una segunda característica es que el arrendamiento operativo requiere con frecuencia que el arrendador conserve el activo. El arrendador quizá tenga también la responsabilidad por el pago de impuestos y seguros. Por supuesto que estos costos habrá de traspasarlos, al menos en parte, al arrendatario en la forma de pagos mayores por arrendamiento.

La tercera característica, y quizá la más interesante de un arrendamiento operativo, es la opción de cancelación. Esta opción puede otorgar al arrendatario el derecho a cancelar el arrendamiento antes de la fecha de vencimiento. Si se ejerce la opción de cancelación, el arrendatario devuelve el equipo al arrendador y deja de efectuar los pagos. El valor de la cláusula de cancelación depende de si es probable que ciertas condiciones tecnológicas y/o económicas hagan que el valor del activo para el arrendatario sea menor que el valor presente de los pagos futuros por arrendamiento de acuerdo al contrato.

Para los profesionales del arrendamiento, estas tres características constituyen un arrendamiento operativo. Sin embargo, como veremos en breve, los contadores utilizan el término de una forma algo diferente.

Arrendamiento financiero

arrendamiento financiero
Suele ser un arrendamiento a más largo plazo amortizado por completo, bajo el cual el arrendatario tiene la responsabilidad de pagar mantenimiento, impuestos y seguros. Por lo general, tiene un castigo si se cancela.

El **arrendamiento financiero** es el otro tipo importante de arrendamiento. En contraste con el operativo, los pagos que se realizan en un arrendamiento financiero (más el valor residual o de rescate previsto) suelen ser suficientes para cubrir por completo el costo para el arrendador de comprar el activo, así como para pagarle un rendimiento sobre su inversión. Por esta razón, se dice a veces que el arrendamiento financiero es un arrendamiento totalmente amortizado o pagado por completo, en tanto que del operativo se dice que se amortiza de forma parcial. Los contadores suelen denominar al arrendamiento financiero como *arrendamiento de capital*.

En el caso del arrendamiento financiero, el arrendatario (no el arrendador) tiene por lo general la responsabilidad de pagar seguros, mantenimiento e impuestos. Algo importante es que el arrendamiento financiero no se puede cancelar, al menos no sin una sanción monetaria importante. En otras palabras, el arrendatario debe realizar los pagos del arrendamiento o enfrentarse a una posible acción jurídica.

Las características de un arrendamiento financiero, sobre todo el hecho de que se amortiza por completo, hacen que sea muy similar al financiamiento mediante deuda, por lo que el nombre es adecuado. Existen tres tipos adicionales de arrendamiento financiero de interés especial: *arrendamientos orientados hacia los impuestos*, *arrendamientos apalancados* y *convenios de venta-arrendamiento simultáneo*. A continuación, se estudian estos tres tipos.

arrendamiento orientado a impuestos
Arrendamiento financiero en el cual el arrendador es el propietario a efectos fiscales. También se le denomina arrendamiento verdadero o arrendamiento fiscal.

Arrendamientos orientados a impuestos   Al arrendamiento en el que el arrendador es el propietario del activo arrendado por motivos fiscales se le denomina **arrendamiento orientado a impuestos**. A estos arrendamientos también se les denomina arrendamientos fiscales o arrendamientos verdaderos. En contraste, un *convenio de arrendamiento condicional de venta* no es un arrendamiento verdadero. En este caso, el «arrendatario» es el propietario a efectos fiscales. Los convenios de arrendamiento condicional de venta sólo son préstamos con garantía. Todos los arrendamientos financieros que se estudian en este capítulo son arrendamientos fiscales.

Los arrendamientos orientados a impuestos tienen mayor sentido cuando el arrendatario no está en posición de utilizar los créditos fiscales o las deducciones por depreciación que se derivan de la propiedad del activo. Al convenir que alguien más sea el propietario, el arrendamiento fiscal transfiere estos beneficios. El arrendatario se puede beneficiar porque el arrendador quizá le devuelva una parte de los beneficios fiscales, en forma de costos de arrendamiento más bajos.

arrendamiento apalancado
Arrendamiento financiero en el cual el arrendador obtiene deuda por una parte considerable del costo del activo arrendado sobre una base sin recurso.

Arrendamientos apalancados   Un **arrendamiento apalancado** es un arrendamiento orientado a impuestos en el que el arrendador contrata una deuda para cubrir una parte importante del precio de compra del activo arrendado sobre una base *sin recurso*. Esto significa que, si el arrendatario suspende los pagos de arrendamiento, el arrendador no tiene que continuar efectuando los pagos del préstamo. En lugar de ello, el acreedor debe proceder contra el arrendatario para recuperar su inversión. En contraste con el *arrendamiento de un solo inversionista*, si el arrendador contrata deuda para comprar el activo, éste continúa siendo responsable de los pagos del préstamo, independientemente de si el arrendatario efectúa o no los pagos de arrendamiento.

venta-arrendamiento simultáneo
Arrendamiento financiero en el cual el arrendatario vende un activo al arrendador y después lo arrienda de nuevo.

Convenios de venta-arrendamiento simultáneo   Se produce una **venta-arrendamiento simultáneo** cuando una empresa vende un activo a un tercero, quien de inmediato se lo arrienda. En una venta-arrendamiento simultáneo, ocurren dos cosas:

1. El arrendatario recibe efectivo por la venta del activo.
2. El arrendatario continúa utilizando el activo.

En julio de 1985, se produjo un ejemplo de una venta-arrendamiento simultáneo cuando la ciudad de Oakland, California, utilizó los ingresos derivados de la venta de su edificio del ayuntamiento y de otros 23 edificios para ayudar a cumplir con los pasivos de sus sistemas de policía y jubilación de $150 millones, por lo que precisaba fondos adicionales por alrededor de $60 millones. Como parte de la operación, Oakland arrendó de nuevo los edificios para seguir utilizándolos. Con una venta-arrendamiento simultáneo, el arrendatario tiene la opción de recomprar los activos arrendados al término del arrendamiento.

PREGUNTAS SOBRE CONCEPTOS

23.1a ¿Qué diferencias hay entre un arrendamiento operativo y un arrendamiento financiero?
23.1b ¿Qué es un arrendamiento orientado a impuestos?
23.1c ¿Qué es un convenio de venta-arrendamiento simultáneos?

CONTABILIDAD Y ARRENDAMIENTO | 23.2

Con anterioridad a noviembre de 1976, se solía denominar al arrendamiento *financiamiento fuera del balance general*. Como su nombre implica, una empresa podía utilizar un activo mediante arrendamiento y no mostrar necesariamente la existencia del contrato de arrendamiento en el balance general. Los arrendatarios sólo tenían que presentar información sobre los convenios de arrendamiento en las notas adicionales de los estados financieros.

En noviembre de 1976, el Cambio de Estándares de Contabilidad Financiera («Financial Accounting Standards Board. FASB») emitió su Declaración de Estándares de Contabilidad Financiera N.° 13 (FASB 13), «Contabilización de los arrendamientos». La idea básica es que ciertos arrendamientos financieros tienen que «capitalizarse». En lo fundamental, este requisito significa que se tiene que calcular el valor presente de los pagos por arrendamiento y presentarlos junto con la deuda y otros pasivos en el lado derecho del balance general del arrendatario. El mismo monto debe mostrarse como el valor capitalizado de activos arrendados en el lado izquierdo del balance general. Los arrendamientos operativos no se muestran en el balance general. A continuación, se estudia lo que constituye exactamente un arrendamiento financiero o un arrendamiento operativo desde la perspectiva contable.

En la tabla 23.1 se muestran las implicaciones contables de FASB 13. Imaginemos una empresa que tiene activos con un valor de $100,000 y ninguna deuda, lo que implica que el capital también es de $100,000. La empresa requiere un camión que tiene un costo de $100,000 (es un gran camión) que puede arrendar o comprar. La parte superior de la tabla muestra el balance general suponiendo que la empresa contrata deuda por el monto requerido y compra el camión.

Si la empresa arrienda el camión, se producirá una de estas dos cosas. Si el arrendamiento es operativo, el balance general será como el que aparece en la parte B de la tabla. En este caso, no aparecen el activo (el camión) ni el pasivo (el valor presente de los pagos

Tabla 23.1

Arrendamiento y el balance general

A. Balance general con compra

(la empresa compra, con deuda, un camión de $100,000)

Camión	$100,000	Deuda	$100,000
Otros activos	100,000	Capital	100,000
Total de activos	$200,000	Total de deuda y capital	$200,000

B. Balance general con arrendamiento operativo

(la empresa financia el camión con un arrendamiento operativo)

Camión	$ 0	Deuda	$ 0
Otros activos	100,000	Capital	100,000
Total de activos	$100,000	Total de deuda y capital	$100,000

C. Balance general con arrendamiento de capital

(la empresa financia el camión con un arrendamiento de capital)

Activos bajo arrendamiento de capital	$100,000	Obligaciones bajo arrendamiento de capital	$100,000
Otros activos	100,000	Capital	100,000
Total de activos	$200,000	Total de deuda y capital	$200,000

En el primer caso se compra con deuda un camión de $100,000. En el segundo caso se utiliza arrendamiento operativo; no se realizan asientos contables al balance general. En el tercer caso se utiliza un arrendamiento de capital (financiero); los pagos por arrendamiento se capitalizan como un pasivo y el camión arrendado aparece como un activo.

por arrendamiento). Si el arrendamiento es un arrendamiento de capital, el balance general se parecería más al que aparece en la parte C de la tabla, donde se muestra el camión como un activo y el valor presente de los pagos por arrendamiento como un pasivo.[5]

Como vimos con anterioridad, es difícil, si no imposible, presentar una definición exacta de lo que constituye un arrendamiento financiero o un arrendamiento operativo. Si se cumple al menos uno de los siguientes criterios, el arrendamiento con fines contables se declara como un arrendamiento de capital y por consiguiente debe mostrarse en el balance general:

1. El arrendamiento transfiere la propiedad del activo al arrendatario al finalizar el período de arrendamiento.
2. El arrendatario puede comprar el activo a un precio inferior al valor apropiado de mercado (la opción del precio bajo de compra) al vencer el arrendamiento.
3. El período del arrendamiento representa el 75% o más de la vida económica estimada del activo.
4. El valor actual de los pagos por arrendamiento es al menos igual al 90% del valor apropiado de mercado del activo al inicio del arrendamiento.

---

[5]En la parte C se hizo la suposición de que el valor actual de los pagos por arrendamiento en el caso del arrendamiento de capital es igual al costo del camión. En general, lo que se debe presentar es el valor presente de los pagos, no el costo del activo.

Si se cumplen uno o más de estos cuatro criterios, el arrendamiento es de capital; de lo contrario, es un arrendamiento operativo a efectos contables.

Una empresa quizá se sienta tentada a «manipular los libros» aprovechando la ventaja de la distinción, en cierta forma arbitraria, entre arrendamiento operativo y arrendamiento de capital. Supongamos que una empresa camionera desea arrendar un camión de $100,000. Se espera que el camión dure 15 años. Un administrador financiero (quizá poco ético) podría intentar negociar un contrato de arrendamiento por 10 años con pagos por arrendamiento con valor presente de $89,000. Estas condiciones de arrendamiento evitarían los criterios 3 y 4. Si se evitan de forma similar los criterios 1 y 2, el convenio sería un arrendamiento operativo y no se mostraría en el balance general.

Son varios los beneficios que se obtienen de «ocultar» los arrendamientos financieros. Una de las ventajas de mantener los arrendamientos fuera del balance general se relaciona con la posibilidad de engañar a los analistas financieros, a los acreedores y a los inversionistas. La idea es que, si los arrendamientos no aparecen en el balance general, nadie se dará cuenta de su existencia.

Es probable que los administradores financieros que realizan un gran esfuerzo por mantener los arrendamientos fuera del balance general estén desperdiciando su tiempo. Por supuesto que si los arrendamientos no aparecen en el balance general, los indicadores tradicionales de apalancamiento financiero, como es el caso de la razón deuda total a total de activos, subestimarán el verdadero grado de apalancamiento financiero. Como consecuencia de ello, el balance general parecerá más «sólido» de lo que es en realidad, pero parece poco probable que este tipo de manipulación pueda engañar a muchas personas.

PREGUNTAS SOBRE CONCEPTOS

23.2a Con fines contables, ¿qué es un arrendamiento de capital?

23.2b ¿Cómo se presentan contablemente los arrendamientos de capital?

IMPUESTOS, AUTORIDADES FISCALES Y ARRENDAMIENTO | 23.3

El arrendatario puede deducir los pagos por arrendamiento a efectos del impuesto sobre la renta si las autoridades fiscales (Internal Revenue Service: IRS) consideran que el arrendamiento es verdadero. Los ahorros fiscales asociados con los pagos por arrendamiento son críticos para la factibilidad económica de un arrendamiento, por lo que las normas de las autoridades fiscales son una consideración importante. En lo esencial, las autoridades fiscales requieren que el arrendamiento sea sobre todo para fines de negocios y no sólo para evitar pagar impuestos.

En términos generales, un arrendamiento válido desde la perspectiva de las autoridades fiscales cumplirá con los estándares siguientes:

1. La vigencia del arrendamiento tiene que ser inferior al 80% de la vida económica del activo. Si el período de vigencia es mayor de este porcentaje, la operación se considerará como una venta condicional.

2. El arrendamiento no debe tener la opción de adquirir el activo al final del período de arrendamiento a un precio inferior a su valor apropiado de mercado. Este tipo de opción de precio «bajo» otorgaría al arrendatario el valor residual de desperdicio del activo, lo que implica una participación de propiedad.

3. El arrendamiento no debe tener un esquema de pagos que sea muy elevado al inicio del período de arrendamiento y que disminuya considerablemente después. Si el activo requiere pagos «globales» iniciales, esto sería una evidencia de que se está utilizando el arrendamiento para evitar pagar impuestos y no para un fin de negocios legítimo. En estos casos, las autoridades fiscales quizá exijan un ajuste en los pagos con fines fiscales.

4. Los pagos por arrendamiento deben proporcionar al arrendador una tasa de rendimiento de mercado apropiado. El potencial para generar utilidades para el arrendador derivado del arrendamiento debe considerarse por separado de los beneficios fiscales de la operación.

5. Las opciones de renovación del contrato de arrendamiento deben ser razonables y reflejar el valor de mercado apropiado del activo en el momento de la renovación. Se puede cumplir con este requisito otorgándole al arrendatario la opción preferencial para igualar una oferta externa competidora.

A las autoridades fiscales le preocupan los contratos de arrendamiento porque en ocasiones éstos parecen concertarse con el único fin de diferir el pago de impuestos. Para ver cómo podría ocurrir esto, supongamos que una empresa piensa comprar un autobús con un costo de $1 millón y vida de cinco años con fines de depreciación. Supongamos que se usa la depreciación en línea recta hasta un valor de rescate igual a cero. El monto de la depreciación sería de $200,000 anuales. Supongamos ahora que la empresa puede arrendar el autobús por $500,000 anuales durante dos años y comprarlo en $1 al final del período de dos años. El valor presente de los beneficios fiscales para adquirir el autobús es evidentemente menor que si se arrienda el mismo. El aceleramiento de los pagos por arrendamiento beneficia mucho a la empresa y básicamente le concede una forma de depreciación acelerada. En este caso, las autoridades fiscales podrían decidir que el principal propósito del arrendamiento es diferir el pago de impuestos.

PREGUNTAS SOBRE CONCEPTOS

23.3a ¿Por qué preocupa el arrendamiento a las autoridades fiscales?
23.3b ¿Cuáles son algunos de los estándares que utilizan las autoridades fiscales para evaluar un arrendamiento?

23.4 | LOS FLUJOS DE EFECTIVO DERIVADOS DEL ARRENDAMIENTO

Para iniciar el análisis de la decisión de arrendamiento, es necesario identificar los flujos de efectivo relevantes. En la primera parte de esta sección se muestra cómo se realiza esto. Un aspecto fundamental que se debe observar es que los impuestos son una consideración muy importante en el análisis de un arrendamiento.

Los flujos de efectivo incrementales

Examinemos la decisión a la que se enfrenta Tasha Corporation, que produce tuberías. Los negocios han estado creciendo y en la actualidad Tasha tiene una acumulación de pedidos atrasados de cinco años de tubería para el oleoducto Trans-Missouri.

International Boring Machine Corporation (IBMC) produce una máquina perforadora de tuberías que se puede comprar por $10,000. Tasha ha decidido que requiere una nueva máquina y que el modelo de IBMC le ahorrará $6,000 anuales en cuentas más bajas de electricidad durante los próximos cinco años.

Tasha tiene una tasa de impuestos corporativos del 34%. Para mayor sencillez, se supone que se utiliza una depreciación en línea recta a cinco años para la máquina perforadora de tuberías y que, después de los cinco años, la máquina no tendrá valor alguno. Johnson Leasing Corporation le ha ofrecido a Tasha arrendarle la misma máquina perforadora de tubos mediante pagos por arrendamiento de $2,500 pagaderos al finalizar cada uno de los próximos cinco años. Con el arrendamiento, Tasha tendría la responsabilidad de pagar el mantenimiento, los seguros y los gastos de operación.[6]

A Susan Smart se le ha solicitado que compare los flujos de efectivo incrementales directos derivados de arrendar la máquina de IBMC con los flujos de efectivo al comprarla. Lo primero que ella observa es que, debido a que de ambas formas Tasha obtendrá el uso de la máquina, se logrará el ahorro de $6,000 tanto si arrienda la máquina como si la compra. Por consiguiente, no se requieren estos ahorros en costos, así como cualquier otro costo o ingreso operativo en el análisis.

Después de examinar la situación, la señora Smart llega a la conclusión de que sólo existen tres diferencias importantes en el flujo de efectivo entre arrendar y comprar:[7]

1. Si se arrienda la máquina, Tasha debe efectuar pagos por arrendamiento de $2,500 anuales. Sin embargo, los pagos por arrendamiento son totalmente deducibles de impuestos, por lo que el pago por arrendamiento, después de impuestos, sería de $2,500 × (1 − 0.34) = **$1,650**. Éste es el costo de arrendar en lugar de comprar.
2. Si se arrienda la máquina, Tasha no es el propietario y no puede depreciarla para fines fiscales. La depreciación sería de $10,000/5 = $2,000 anuales. Una deducción por depreciación de $2,000 produce una protección fiscal de $2,000 × 0.34 = **$680** anuales. Si Tasha arrienda la maquinaria, pierde esta valiosa protección fiscal, por lo que esto es un costo del arrendamiento.
3. Si se arrienda la máquina, Tasha no tiene que gastar **$10,000** hoy para comprarla. Éste es un beneficio del arrendamiento.

En la tabla 23.2 se resumen los flujos de efectivo derivados de arrendar en lugar de comprar. Obsérvese que el costo de la máquina aparece con signo positivo en el año 0. Esto es un reflejo del hecho de que Tasha *ahorra* $10,000 al arrendar en lugar de comprar.

Nota sobre impuestos

Susan Smart ha supuesto que Tasha puede usar los beneficios fiscales derivados de la depreciación y de los pagos por arrendamiento. Quizá no siempre sea éste el caso. Si Tasha estuviera perdiendo dinero, no pagaría impuestos y los ahorros fiscales no tendrían valor alguno (a no ser que pudieran transferirse a alguien más). Como acabamos de mencionar, ésta es una circunstancia en la que el arrendamiento quizá tenga mucho sentido. Si éste fuera el caso, se tendrían que cambiar las líneas pertinentes en la tabla 23.2 para reflejar una tasa de impuestos igual a cero. Más adelante se vuelve a tratar este punto.

---

[6]Se ha supuesto que todos los pagos por arrendamiento que se efectúan son acumulados al final del año. En realidad, muchos arrendamientos exigen que los pagos se efectúen al inicio del año.

[7]Existe una cuarta consecuencia que no se estudia aquí. Si el valor residual de la máquina no es insignificante, cuando se arrienda se renuncia a ese valor residual. Éste es otro costo de arrendar en lugar de comprar.

Tabla 23.2	Arrendamiento contra compra	Año 0	Año 1	Año 2	Año 3	Año 4	Año 5
Flujos de efectivo incrementales para Tasha Corp. derivados de arrendar en lugar de comprar	Pago por arrendamiento, después de impuestos		– $1,650	– $1,650	– $1,650	– $1,650	– $1,650
	Protección fiscal por depreciación no aprovechada		– 680	– 680	– 680	– 680	– 680
	Costo de la máquina	+$10,000					
	Flujo de efectivo total	+$10,000	– $2,330	– $2,330	– $2,330	– $2,330	– $2,330

⌐ **PREGUNTAS SOBRE CONCEPTOS**

23.4a ¿Cuáles son las consecuencias en términos de flujo de efectivo de arrendar en lugar de comprar?

23.4b Explique por qué los $10,000 en la tabla 23.2 tienen un signo positivo.

23.5 ¿ARRENDAR O COMPRAR?

Por lo que hemos estudiado hasta ahora, el análisis de la señora Smart se reduce a esto: Si Tasha Corp. arrienda en lugar de comprar, ahorrará **$10,000** hoy porque evita tener que pagar por la máquina, pero a cambio de ello debe renunciar a **$2,330** anuales durante los próximos cinco años. Debe ahora decidir si el obtener $10,000 hoy y pagar $2,330 anuales es una buena idea.

Análisis preliminar

Supongamos que Tasha fuera a contratar deuda por $10,000 hoy y que prometiera efectuar pagos, después de impuestos, de $2,330 anuales durante los próximos cinco años. Esto es esencialmente lo que hará Tasha si arrienda en lugar de comprar. ¿Qué tasa de interés estaría pagando Tasha sobre este «préstamo»? Si se observa de nuevo el capítulo 5, se verá que es necesario encontrar la tasa desconocida para una anualidad a cinco años con pagos de $2,330 anuales y valor presente de $10,000. Es fácil comprobar que la respuesta es 5.317%.

Los flujos de efectivo del préstamo hipotético son idénticos a los flujos de efectivo derivados del arrendamiento en lugar de la compra, y lo que se ha mostrado es que, cuando Tasha arrienda la máquina, en realidad obtiene financiamiento a una tasa del 5.317% después de impuestos. Si ésta es una buena operación o no depende de la tasa que pagaría Tasha si obtuviera simplemente deuda por el monto requerido. Por ejemplo, supongamos que Tasha concierta un préstamo a cinco años con su banco a una tasa del 7.57575%. ¿Debe firmar el arrendamiento Tasha o debe cerrar la operación con el banco?

Debido a que Tasha se encuentra en el intervalo de impuestos del 34%, la tasa de interés después de impuestos sería de $7.57575 \times (1 - 0.34) = 5\%$. Esta tasa es menor que la tasa implícita de 5.317% del arrendamiento después de impuestos. En este caso en particular, Tasha se encontraría en mejor situación si contratara deuda por el monto requerido porque obtendría una mejor tasa.

Ya hemos visto que Tasha debe comprar en vez de arrendar. Los pasos en el análisis pueden resumirse de la forma siguiente:

1. Calcular los flujos de efectivo incrementales, después de impuestos, derivados del arrendamiento en lugar de la compra.
2. Utilizar estos flujos de efectivo para calcular la tasa de interés implícita del arrendamiento después de impuestos.
3. Comparar esta tasa con el costo de deuda para la empresa después de impuestos y seleccionar la fuente de financiamiento más barata.

Lo más importante hasta ahora es que, al evaluar un arrendamiento, la tasa relevante para la comparación es la tasa de deuda de la empresa *después de impuestos*. La razón fundamental es que la alternativa para arrendar es la deuda a largo plazo, por lo que la tasa de interés después de impuestos para este tipo de deuda es el parámetro de referencia relevante.

Tres problemas potenciales

Existen tres problemas potenciales con la tasa implícita del arrendamiento que se calculó. En primer lugar, esta tasa se puede interpretar como la tasa interna de rendimiento (TIR) de la decisión de arrendar en lugar de comprar, pero esta interpretación puede causar confusión. Para visualizar por qué, obsérvese que la TIR del arrendamiento es del 5.317%, lo que es mayor que el 5% de costo de deuda después de impuestos de Tasha. Normalmente, cuanto más alta sea la TIR será mejor, pero se decidió que en este caso el arrendamiento era una mala idea. La razón es que los flujos de efectivo no son convencionales; el primer flujo de efectivo es positivo y los demás negativos, lo que es exactamente lo opuesto al caso convencional (para un estudio de esta situación, v. cap. 7). Dado este esquema de flujos de efectivo, la TIR representa la tasa que se paga, no la tasa que se obtiene, de modo que cuanto *menor* sea la TIR será mejor.

Un segundo problema potencial relacionado con esto es que se calculó la ventaja de arrendar en lugar de comprar. Se pudo haber realizado exactamente lo opuesto y obtener como resultado la ventaja de comprar en vez de arrendar. Si se realizara así, el análisis de los flujos de efectivo serían los mismos, pero los signos estarían invertidos. La TIR sería la misma. Sin embargo, ahora los flujos de efectivo son convencionales, por lo que se interpreta que la TIR del 5.317% por contratar deuda y comprar la máquina es preferible.

El tercer problema potencial es que la tasa implícita se basa en los flujos de efectivo netos de arrendar en lugar de comprar. Existe otra tasa que se calcula en ocasiones y que se basa únicamente en los pagos por arrendamiento. Si se deseara, se podría observar que el arrendamiento proporciona $10,000 en financiamiento y que requiere cinco pagos de $2,500 cada uno. Es tentador determinar entonces una tasa implícita basada en estas cifras, pero la tasa resultante no es significativa para tomar decisiones de arrendar o de adquirir ni se debe confundir con el rendimiento implícito del arrendamiento de obtener una deuda y comprar.

Quizá debido a estas posibles confusiones, el enfoque de la TIR que se ha bosquejado hasta ahora no se utiliza tanto como el enfoque basado en el VPN que se describe a continuación.

Análisis de VPN

Ahora que sabemos que la tasa relevante para evaluar una decisión de arrendar o de adquirir es el costo de la deuda para la empresa, después de impuestos, el análisis de VPN es directo. Simplemente se descuentan los flujos de efectivo hacia el presente a la tasa de deuda de Tasha de 5%, después de impuestos, en la forma siguiente:

$$\text{VPN} = \$10,000 - 2,330 \times (1 - 1/1.05^5)/0.05$$
$$= -\$87.68$$

ventaja neta del arrendamiento (VNA)
El VPN de la decisión de arrendar un activo en lugar de comprarlo.

El VPN de arrendar en vez de adquirir es de − $87.68, lo que corrobora la conclusión de que el arrendamiento es una mala idea. Obsérvense de nuevo los signos de los flujos de efectivo; el primero es positivo y los demás negativos. Al VPN que se ha calculado aquí se le suele denominar **ventaja neta del arrendamiento** (VNA). Las encuestas señalan que el enfoque VNA es el método más popular de análisis de arrendamientos en el mundo real.

Una interpretación errónea

En el análisis de arrendamiento frente a adquisición, parece haberse ignorado el hecho de que, si Tasha contrata deuda por $10,000 para comprar la máquina, tendrá que liquidar este dinero junto con sus intereses. De hecho, se razonó que si Tasha arrendaba la máquina estaría en mejor situación por $10,000 hoy porque no tendría que pagar por la máquina. Es tentador afirmar que si Tasha obtuviera deuda por el monto requerido, no tendría que pagar los $10,000. En lugar de ello, Tasha efectuaría una serie de pagos del principal e intereses durante los próximos cinco años. Esta observación es verdadera, pero no particularmente relevante. La razón es que si Tasha contrata deuda por $10,000 a un costo del 5% después de impuestos, el valor presente de los pagos de deuda, después de impuestos, es simplemente $10,000, sin importar cuál sea el esquema de pagos (suponiendo que la deuda se amortiza por completo). Por tanto, se podrían tomar los pagos de deuda, después de impuestos, y trabajar con ellos, pero sólo sería un trabajo adicional sin beneficio alguno (como ejemplo, vea el problema 15 al final del capítulo).

Ejemplo 23.1   Evaluación de arrendamiento
En el ejemplo de Tasha Corp., suponga que Tasha está en posibilidad de negociar un pago por arrendamiento de $2,000 anuales. ¿Cuál sería el VPN del arrendamiento en este caso?

Con este nuevo pago, el pago a realizar por el arrendamiento, después de impuestos, sería de $2,000 × (1 − 0.34) = $1,320, lo que representa $1,650 − 1,320 = $330 menos que con anterioridad. Observando de nuevo la tabla 23.2, los flujos de efectivo después de impuestos serían de − $2,000, en lugar de − $2,330. Al 5% el VPN sería de:

$$\text{VPN} = \$10,000 - 2,000 \times (1 - 1/1.05^5)/0.05$$
$$= \$1,341.05$$

Así pues, el arrendamiento es muy atractivo. ■

	Año 0	Año 1	Año 2	Año 3	Año 4	Año 5
Pago por arrendamiento, después de impuestos		+ $1,650	+ $1,650	+ $1,650	+ $1,650	+ $1,650
Protección fiscal por depreciación		+ 680	+ 680	+ 680	+ 680	+ 680
Costo de la máquina	– $10,000					
Flujo de efectivo total	– $10,000	+ $2,330	+ $2,330	+ $2,330	+ $2,330	+ $2,330

Tabla 23.3

Flujos de efectivo incrementales para Johnson Leasing

PREGUNTAS SOBRE CONCEPTOS

23.5a ¿Cuál es la tasa de descuento relevante para evaluar si se debe arrendar o no un activo? ¿Por qué?

23.5b Explique cómo realizar un análisis de arrendamiento contra adquisición.

PARADOJA DEL ARRENDAMIENTO | 23.6

Observamos con anterioridad la decisión de arrendar o adquirir desde la perspectiva del arrendatario porcentual, Tasha. Consideraremos ahora el arrendamiento desde la perspectiva del arrendador, Johnson Leasing. En la tabla 23.3 se muestran los flujos de efectivo asociados con el arrendamiento desde la perspectiva de Johnson. Primero, Johnson compra la máquina a $10,000, por lo que hoy existe una salida de efectivo por **$10,000**. A continuación, Johnson deprecia la máquina a una tasa de $10,000/5 = $2,000 anuales, por lo que la protección fiscal por la depreciación es de $2,000 × 0.34 = **$680** anuales. Por último, Johnson recibe un pago por arrendamiento de $2,500 anuales, sobre los que paga impuestos. El pago que recibe por arrendamiento después de impuestos es de **$1,650** y el flujo de efectivo total para Johnson es de **$2,330** anuales.

Lo que se observa es que los flujos de efectivo de Johnson son exactamente lo opuesto de los de Tasha. Esto tiene sentido porque Johnson y Tasha son los únicos participantes en la transacción y el arrendamiento es un juego suma-cero. En otras palabras, si el arrendamiento muestra un VPN positivo para una de las partes, debe mostrar un VPN negativo para la otra. En este caso, Johnson confía que Tasha concertará la operación porque el VPN para Johnson sería de + $87.68, el monto que perdería Tasha.

Parece existir en este caso una paradoja. En todo contrato de arrendamiento, una de las partes tiene que perder inevitablemente (o ambas partes alcanzan exactamente el punto de equilibrio). ¿Por qué entonces se realizaría el arrendamiento? Conocemos que el arrendamiento es muy importante en el mundo real, por lo que en la sección siguiente se describen algunos factores que se han omitido hasta ahora en el análisis. Estos factores pueden hacer que el arrendamiento resulte atractivo para ambas partes.

Ejemplo 23.2   Es el arrendamiento que se puede hacer

En el ejemplo de Tasha, el pago por arrendamiento de $2,500 hace que el arrendamiento sea poco atractivo para Tasha, y un pago por arrendamiento de $2,000 lo hace muy atractivo. ¿Qué importe haría que Tasha considerara irrelevante arrendar o no arrendar?

Será indiferente para Tasha cuando el VPN del arrendamiento sea igual a cero. Para que esto ocurra, el valor presente de los flujos de efectivo derivados del arrendamiento en lugar de la adquisición tendría que ser − $10,000. Sabemos por los cálculos anteriores que el pago por arrendamiento debe estar entre $2,500 y $2,000. Para encontrar el pago exacto, vemos que son cinco pagos y que la tasa relevante es del 5% anual, por lo que el flujo de efectivo derivado del arrendamiento en lugar de contratar deuda debe ser de − $2,309.75 anuales.

Ahora que se tiene el flujo de efectivo derivado del arrendamiento en vez de contratar deuda, es necesario mirar hacia atrás para encontrar el pago por arrendamiento que genere este flujo de efectivo. Supongamos que se determina que PA representa el pago por arrendamiento. Consultando de nuevo la tabla 23.2, tenemos que − PA × (1 − 0.34) − $680 = − $2,309.75. Con un poco de álgebra, se observa que el pago por arrendamiento con un VPN igual a cero es $2,469.32. ∎

┌ **PREGUNTAS SOBRE CONCEPTOS**

23.6a ¿Por qué se indica que el arrendamiento es un juego suma-cero?
23.6b ¿Qué paradoja crea la pregunta anterior?

23.7 │ RAZONES PARA ARRENDAR

Los partidarios del arrendamiento aducen muchos motivos por los que las empresas deberían arrendar activos en lugar de comprarlos. Algunas de las que ofrecen para respaldar el arrendamiento son correctas y otras no lo son. Estudiaremos las razones por las que se piensa que el arrendamiento es correcto y algunas que indican que no es tan correcto.

Razones correctas para arrendar

Si el arrendamiento es correcto, puede ser porque uno o más de los siguientes factores es cierto:

1. Con el arrendamiento se pueden reducir los impuestos.
2. El contrato de arrendamiento puede reducir ciertas incertidumbres que, de lo contrario, podrían disminuir el valor de la empresa.
3. Los costos de transacción pueden ser menores para un contrato de arrendamiento que para la compra del activo.
4. El arrendamiento puede requerir menos cláusulas restrictivas (si es que requiere alguna) que los préstamos con garantía.
5. El arrendamiento puede comprometer menos activos que los préstamos con garantía.

Ventajas fiscales   Como se ha sugerido en otras partes, la razón más importante para un arrendamiento a largo plazo es diferir el pago de impuestos. Si se derogara el impuesto corporativo sobre la renta, el arrendamiento a largo plazo sería mucho menos importante. Existen ventajas fiscales de arrendamiento debido a que las empresas se encuentran en diferentes posiciones fiscales. Una posible protección fiscal que una empresa no puede utilizar, puede transferirse a otra mediante el arrendamiento.

Cualquier beneficio fiscal derivado del arrendamiento se puede dividir entre las dos empresas, estableciendo los pagos por arrendamiento al nivel apropiado, con lo que los accionistas de ambas empresas se beneficiarán de este convenio de transferencia de impuestos. El perdedor será la autoridad fiscal. Una empresa en un tramo de impuestos alto deseará actuar como arrendador. Las empresas en tramos de impuestos bajos serán arrendatarias, ya que no estarán en posibilidad de utilizar de forma tan eficiente las ventajas fiscales de la propiedad, como la depreciación y el financiamiento mediante deuda.

Recuérdese el ejemplo de la sección 23.6 y la situación de Johnson Leasing. El valor del arrendamiento que se le propuso a Tasha fue de $87.68. Sin embargo, el valor del arrendamiento para Tasha fue exactamente lo opuesto (− $87.68). Puesto que las ganancias del arrendador se generan a expensas del arrendatario, no fue posible establecer un acuerdo mutuamente beneficioso. Sin embargo, si Tasha no paga impuestos y si los pagos por arrendamiento se reducen a $2,475, en vez de $2,500, tanto Johnson como Tasha encontrarán que existe un VPN positivo en el arrendamiento.

Para ver esto, podemos reformular la tabla 23.2, con una tasa de impuestos igual a cero y un pago por arrendamiento de $2,475. En este caso, se observa que los flujos de efectivo derivados del arrendamiento son simplemente los pagos por arrendamiento de $2,475, ya que no se pierde ninguna protección fiscal por depreciación y el pago por arrendamiento no es deducible de impuestos. Por consiguiente, los flujos de efectivo derivados del arrendamiento son:

Arrendamiento contra compra	Año 0	Año 1	Año 2	Año 3	Año 4	Año 5
Pago por arrendamiento		− $2,475	− $2,475	− $2,475	− $2,475	− $2,475
Costo de la máquina	$10,000					
Flujo de efectivo total	+$10,000	− $2,475	− $2,475	− $2,475	− $2,475	− $2,475

Para Tasha, el valor del arrendamiento es de :

$$VPN = \$10,000 - 2,475 \times (1 - 1/1.0757575^5)/0.0757575$$
$$= \$6.55$$

que es positivo. Obsérvese que la tasa de descuento en este caso es de 7.5757% porque Tasha no paga impuestos; en otras palabras, esta tasa es al mismo tiempo la tasa antes y después de impuestos.

El valor del arrendamiento para Johnson puede determinarse a partir de la tabla 23.3. Con un pago por arrendamiento de $2,475 verifique que los flujos de efectivo para Johnson sean de $2,313.50. Por tanto, el valor del arrendamiento para Johnson es de:

$$VPN = - \$10,000 + 2,313.50 \times (1 - 1/1.05^5)/0.05$$
$$= \$16.24$$

que también es positivo.

Como consecuencia de las diferentes tasas de impuestos, el arrendatario (Tasha) gana $6.55 y el arrendador (Johnson) $16.24. Las autoridades fiscales pierden. Lo que muestra este ejemplo es que el arrendador y el arrendatario pueden ganar si sus tasas de impuestos son diferentes. El contrato de arrendamiento permite al arrendador aprovechar la depreciación y las protecciones fiscales por intereses que no puede utilizar el arrendatario.

Las autoridades fiscales experimentarán una pérdida neta de ingresos por impuestos, y algunas de las ganancias fiscales para el arrendador se traspasan al arrendatario bajo la forma de menores pagos por arrendamiento.

Reducción de la incertidumbre   Ya hemos visto que el arrendatario no tiene la propiedad cuando expira el arrendamiento. El valor de la propiedad en ese momento se denomina *valor residual* (o *valor de rescate*). En el momento de la firma del contrato de arrendamiento, quizá exista una incertidumbre importante sobre cuál será el valor residual del activo. El contrato de arrendamiento es un método para que esa incertidumbre pase del arrendatario al arrendador.

Transferir al arrendador la incertidumbre sobre el valor residual de un activo tiene sentido cuando éste tiene una mayor posibilidad de incurrir en riesgo. Por ejemplo, si el arrendador es el fabricante del bien, el arrendador quizá tenga una mejor posibilidad de evaluar y administrar el riesgo asociado con el valor residual. La transferencia de la incertidumbre al arrendador representa una forma de seguro para el arrendatario. Por tanto, el arrendamiento proporciona algo más que financiamiento a largo plazo. Por supuesto que el arrendatario paga por este seguro implícitamente, pero tal vez considere que este seguro tiene un relativo bajo coste.

La reducción de la incertidumbre es el motivo para arrendar que más mencionan las empresas. Por ejemplo, las computadoras se convierten en obsoletas desde el punto de vista tecnológico con mucha rapidez, lo que hace que el arrendamiento de estos bienes sea más frecuente que su compra. En una encuesta reciente, el 82% de las empresas que fueron entrevistadas citaron el riesgo de obsolescencia como una razón importante para el arrendamiento, mientras que sólo el 57% citó la posibilidad de obtener un financiamiento más barato.

Costos de transacción   Los costos de transferir la propiedad de un activo repetidamente durante el transcurso de su vida útil suelen ser mayores que los de firmar un contrato de arrendamiento. Examinemos la elección a la que se tiene que enfrentar una persona que vive en Los Ángeles, pero que tiene que realizar negocios en Nueva York durante dos días.

Parece obvio que será más barato rentar una habitación en un hotel por dos noches de lo que sería comprar un condominio por dos días y después venderlo. Por tanto, los costos de transacción quizá sean la razón fundamental para el arrendamiento a corto plazo (arrendamiento operativo). Sin embargo, es probable que no sean la razón fundamental para el arrendamiento a largo plazo.

Restricciones y garantías   Como vimos en el capítulo 12, en el caso de un préstamo con garantía el deudor suele aceptar un conjunto de cláusulas restrictivas que se especifican en el contrato o convenio de préstamo. Por lo general, en los contratos de arrendamiento no figuran este tipo de restricciones. También, en el caso de un préstamo con garantía, el corredor tal vez deba otorgar en prenda o depósito otros activos como garantía. En el caso del arrendamiento, sólo se compromete el activo arrendado.

Razones erróneas para arrendar

Arrendamiento y utilidad contable   El arrendamiento puede tener un efecto significativo sobre la apariencia de los estados financieros de la empresa. Si la empresa logra mantener sus contratos de arrendamiento fuera de los libros contables, se puede lograr que el balance general y el estado de resultados aparezcan mejor. Como consecuencia de ello, los indicadores del desempeño basados en la contabilidad, como es el caso del rendimiento sobre activos (RSA), quizá parezcan ser mayores.

Por ejemplo, debido a que el arrendamiento operativo no aparece en el balance general, el total de activos (y el total de pasivos) serían menores si la empresa obtuviera el dinero mediante deuda y comprara el activo. De acuerdo con el capítulo 3, el RSA se calcula como utilidad neta dividida entre el total de activos. Por lo general, con el arrendamiento operativo la utilidad neta es mayor y el total de activos es menor, por lo que el RSA será mayor.

Sin embargo, como ya vimos, no es probable que el efecto que tiene el arrendamiento sobre los estados contables de una empresa engañe a alguien. Como siempre, lo que importa son las consecuencias sobre el flujo de efectivo y el hecho de que el arrendamiento muestre o no un VPN positivo tiene poca relación con su efecto sobre los estados financieros de la empresa. Sin embargo, la remuneración de los administradores se basa a veces en las cifras contables, lo que crea un incentivo para arrendar activos. Esto quizá sea un problema de agencia (v. cap. 1) si de alguna forma el arrendamiento fuera indeseable.

100% financiamiento   Se suele afirmar que una ventaja del arrendamiento es que proporciona financiamiento al 100%, en tanto que los préstamos para equipos con garantía requieren un pago inicial. Por supuesto que la empresa puede simplemente contratar deuda por el monto del pago inicial de otra fuente que proporcione créditos sin garantía. Más aún, los arrendamientos involucran por lo general un pago inicial bajo la forma de un pago por arrendamiento anticipado (o depósito en garantía). Aunque no sea así, los arrendamientos quizá estén garantizados implícitamente por activos de la empresa distintos a los arrendados (el arrendamiento puede dar la apariencia de un financiamiento al 100%, pero no serlo en realidad).

Una vez señalado esto, puede suceder que una empresa (sobre todo una pequeña) no pueda obtener financiamiento mediante deuda porque la deuda adicional violaría un contrato de préstamo existente. Es frecuente que los arrendamientos operativos no se consideren como deuda, por lo que quizá sean la única fuente de financiamiento disponible. En estos casos, no se trata de arrendar o comprar, ¡se trata de arrendar o morir!

Bajo costo   Los arrendadores poco escrupulosos pueden animar a los arrendatarios a que basen sus decisiones de arrendamiento en la «tasa de interés» implícita en los pagos por arrendamiento. Como vimos con anterioridad en los problemas potenciales, esta tasa no es significativa para las decisiones de arrendamiento.

Razones adicionales para arrendar

Por supuesto que para algunas empresas existen muchas razones que hacen que les resulte ventajoso el arrendamiento. En un caso muy conocido, la marina de guerra de Estados Unidos arrendó una flota de buques cisterna en vez de solicitar al Congreso las asignaciones para adquirirlos. Como vemos, el arrendamiento puede utilizarse para evadir los sistemas de control de gastos de capital establecidos por las empresas burocráticas. Por ejemplo, se afirma que esto es relativamente frecuente en los hospitales.

⌐ **PREGUNTAS SOBRE CONCEPTOS**

23.7a Explique por qué las tasas diferenciales de impuestos pueden ser una buena razón para arrendar.

23.7b Si el motivo del arrendamiento es fiscal, ¿quién estará en el intervalo mayor de impuestos, el arrendatario o el arrendador?

23.8 ⌐ RESUMEN Y CONCLUSIONES

En Estados Unidos, una gran parte de los equipos se arriendan en vez de adquirirlos. En este capítulo se describen diferentes tipos de arrendamiento, las implicaciones contables y fiscales del arrendamiento y cómo evaluar el arrendamiento financiero.

1. Los arrendamientos pueden clasificarse en dos clases, financiero y operativo. Por lo general los arrendamientos financieros son a más largo plazo, se amortizan por completo y no son cancelables sin efectuar un considerable pago por la terminación anticipada del contrato. Los arrendamiento operativos suelen ser a más corto plazo, se amortizan de forma parcial y son cancelables.

2. La distinción entre el arrendamiento financiero y el operativo es importante para la contabilidad financiera. El financiero (de capital) debe presentarse en el balance general de la empresa, no así el operativo. Se han estudiado los criterios contables específicos para clasificar los arrendamientos como de capital u operativos.

3. Los impuestos son una importante consideración en el arrendamiento y las autoridades fiscales tienen algunas reglas específicas sobre lo que es un arrendamiento válido a efectos fiscales.

4. El arrendamiento financiero a largo plazo es una fuente de financiamiento muy similar a la deuda a largo plazo. Se mostró cómo realizar un análisis de VPN del arrendamiento para decidir si arrendar resulta más barato que obtener deuda. Un aspecto fundamental fue que la tasa de descuento adecuada es la tasa de deuda de la empresa después de impuestos.

5. Se observó que las tasas diferenciales de impuestos pueden ocasionar que el arrendamiento resulte una propuesta atractiva para todas las partes. También se mencionó que el arrendamiento disminuye la incertidumbre que rodea al valor residual del activo arrendado. Ésta es la principal razón que mencionan las empresas para arrendar.

Términos fundamentales

arrendatario **848**	arrendamiento orientado a impuestos **850**
arrendador **848**	arrendamiento apalancado **850**
arrendamiento operativo **848**	venta-arrendamiento simultáneo **850**
arrendamiento financiero **850**	ventaja neta del arrendamiento (VNA) **858**

Problemas de revisión y autoevaluación del capítulo

23.1 Arrendar o comprar   Una empresa desea comprar un nuevo procesador para la red interna de cómputo. El procesador cuesta $24,000. Este equipo será completamente obsoleto en tres años. Las opciones son contratar deuda por el monto requerido al 10% o arrendar la máquina. Si se arrienda, los pagos serán de $9,000 anuales, abonables al final de cada uno de los próximos tres años. Si se compra el procesador, se puede depreciar en línea recta hasta un valor igual a cero durante tres años. La tasa de impuestos es del 34%. ¿Se debe arrendar o comprar?

23.2 VPN del arrendamiento   En la pregunta anterior, ¿cuál es el VPN del arrendamiento para el arrendador? ¿A qué pago por arrendamiento alcanzarán el punto de equilibrio el arrendatario y el arrendador?

Respuestas a los problemas de autoevaluación

23.1 Si se compra la máquina, la depreciación será de **$8,000** anuales. Ello genera una protección fiscal de $8,000 × 0.34 = **$2,720** anuales, que se pierden si se arrienda la máquina. El pago por arrendamiento después de impuestos sería de $9,000 × (1 − 0.34) = **$5,940**. Observando de nuevo la tabla 23.2, los flujos de efectivo derivados del arrendamiento son por consiguiente:

Flujos de efectivo incrementales derivados de arrendar en lugar de comprar

Arrendamiento contra compra	Año 0	Año 1	Año 2	Año 3
Pago por arrendamiento después de impuestos		− $5,940	− $5,940	− $5,940
Protección fiscal por depreciación no aprovechada		− 2,720	− 2,720	− 2,720
Costo de la máquina	+ $24,000			
Flujo de efectivo total	**+ $24,000**	**− $8,660**	**− $8,660**	**− $8,660**

La tasa de descuento apropiada es la tasa de deuda después de impuestos de $0.10 × (1 − 0.34) = $**6.6%**. El VPN de arrendar en vez de obtener deuda y comprar es de:

$$VPN = \$24,000 − 8,660 × (1 − 1/1.066^3)/0.066$$
$$= \textbf{\$1,106.31}$$

por lo que arrendar resulta más barato.

23.2 Suponiendo que el arrendador esté en la misma situación fiscal que el arrendatario, el VPN para el arrendador es de − **$1,106.31**. En otras palabras, el arrendador pierde exactamente lo que gana el arrendatario.

Para que ambos alcancen el punto de equilibrio, el VPN del arrendamiento debe ser igual a **cero**. Con una tasa del 6.6% por tres años, un flujo de efectivo de − **$9,078.48** anuales tiene un valor presente de − **$24,000**. La protección fiscal por depreciación no aprovechada continúa siendo de − **$2,720,** con lo que el pago por arrendamiento después de impuestos debe ser de **$6,358.48**. Por consiguiente, el pago por arrendamiento que genera un VPN igual a cero es de **$6,358.48**/0.66 = **$9,634.06** anuales.

Preguntas y problemas

1. **Efectos del arrendamiento**   Opine sobre las siguientes afirmaciones:

   a. El arrendamiento reduce el riesgo y puede reducir el costo de capital de una empresa.

   b. El arrendamiento proporciona un financiamiento al 100%.

   c. Si se eliminaran las ventajas fiscales del arrendamiento, éste desaparecería.

2. **Contabilidad y arrendamiento**   Discuta los criterios contables para determinar si un arrendamiento debe presentarse o no en el balance general. En cada uno de los casos, señale la lógica en que se basa el criterio.

3. **Impuestos y arrendamiento**   Comente los criterios de las autoridades fiscales para determinar si un arrendamiento es o no válido. En cada uno de los casos, proporcione la lógica en que se basa el criterio.

4. **Financiamiento fuera del balance general**   ¿Qué significa el término *financiamiento fuera del balance general*? ¿Cuándo proporcionan este tipo de financiamiento los arrendamientos y cuáles son las consecuencias contables y económicas de esa actividad?

5. **Venta-arrendamiento simultáneo**   ¿Por qué una empresa puede llevar a cabo una operación de venta-arrendamiento simultáneo? Proporcione dos razones para ello.

6. **Arrendamiento y tasa de descuento**   Explique por qué la tasa de deuda después de impuestos es la tasa de descuento apropiada para utilizar en la evaluación de un arrendamiento.

Utilice la información siguiente para resolver los problemas 7-12.

Un laboratorio de investigación nuclear está considerando arrendar un equipo digital de exploración para diagnóstico (el arrendamiento es una práctica muy común para los equipos caros y de alta tecnología). El equipo cuesta $540,000 y se depreciaría en línea recta hasta cero durante cuatro años. Debido a la contaminación por radiación, en realidad quedará sin valor alguno en cuatro años. Se puede arrendar por $160,000 anuales por cuatro años.

7. **Arrendamiento o adquisición**   Suponga que la tasa de impuestos es del 34%. Se puede obtener deuda al 8%, antes de impuestos. ¿Se debe arrendar o comprar?

8. **Flujo de efectivo del arrendamiento**   ¿Cuáles son los flujos de efectivo derivados del arrendamiento desde el punto de vista del arrendador? Suponga un intervalo de impuestos del 34%.

9. **Determinación del pago en el punto de equilibrio**   ¿Cuál deberá ser el pago por arrendamiento para que al arrendador y al arrendatario les sea indiferente el arrendamiento?

10. **Impuestos y flujos de efectivo del arrendamiento**   Suponga que el laboratorio no espera pagar impuestos durante los próximos años. En este caso, ¿cuáles son los flujos de efectivo derivados del arrendamiento?

11. **Determinación del pago por arrendamiento**   En la pregunta anterior, ¿en qué rango de pagos por arrendamiento será rentable dicho arrendamiento para ambas partes?

12. **Depreciación SRAC y arrendamiento**   Solucione de nuevo el problema 7, suponiendo que el equipo se deprecia como una propiedad a tres años de acuerdo al SRAC (para la reserva de depreciación, v. cap. 8).

13. **Arrendamiento o compra**   Solucione de nuevo la primera pregunta de autoevaluación, suponiendo que deban cubrirse cuatro pagos por arrendamiento de $6,961 cada uno para efectuarse el primer pago hoy en vez de realizarlo dentro de un año. ¿Cómo se interpreta el flujo de efectivo del año 0?

14. **Arrendamiento y valor de rescate**   En la primera pregunta de autoevaluación, suponga que el procesador tenía un valor de rescate estimado de $2,000. ¿Cómo se realizaría el análisis de arrendamiento frente a compra?

Pregunta de reto

15. **Arrendamiento versus deuda y compra**   En la primera pregunta de autoevaluación, suponga que los $20,000 se obtuvieron mediante deuda. La tasa del préstamo es del 10% y se liquidará en pagos parciales iguales. Elabore un análisis de arrendamiento frente a compra que incorpore explícitamente los pagos del préstamo. Muestre que el VPN de arrendar en lugar de comprar no ha cambiado. ¿Por qué ocurre esto?

Pregunta de reto

Lecturas sugeridas

Un artículo clásico sobre valuación del arrendamiento es:

> Myers, S., D. A. Dill y A. J. Bautista, «Valuation of Financial Lease Contracts», *Journal of Finance*, junio de 1976.

Se encuentra una buena revisión y estudio del arrendamiento en:

> Smith, C. W. Jr. y L. M. Wakeman, «Determinants of Corporate Leasing Policy», *Journal of Finance*, julio de 1985.

La evidencia de encuestas mencionada en el capítulo se ha tomado de:

> Mukherjee, Tarun K., «A Survey of Corporate Leasing Analysis», *Financial Management*, otoño de 1991.

Para una explicación de cómo los impuestos pueden influir sobre el análisis del arrendamiento, véase:

> Johnson, J. M., «Alternative Minimun Tax Implications for Lease/Buy Analysis», *Journal of Equipment Lease Financing*, verano de 1988.

Capítulo 24

Administración de riesgos:
introducción a la ingeniería financiera

Desde principios de la década de 1970, los precios para todos los tipos de bienes y servicios son cada vez más volátiles. Esto es causa de preocupación, ya que los repentinos e inesperados cambios en los precios pueden crear dificultades costosas en las actividades operativas, incluso para empresas muy bien dirigidas. Como resultado de ello, cada vez es más frecuente que las empresas tomen medidas para protegerse frente a la volatilidad de precios mediante el uso de mecanismos financieros nuevos e innovadores.

El propósito de este último capítulo es presentar algunos de los elementos básicos de la administración del riesgo financiero. Es adecuado concluir el estudio de los fundamentos de las finanzas corporativas con una introducción a la administración de riesgos, ya que los temas que se estudian están en la frontera de la administración financiera moderna en el mundo real. Al describir una de las áreas de rápido desarrollo en las finanzas corporativas, esperamos inculcar en el lector la idea de cómo evolucionan el arte y la práctica de la administración financiera en respuesta a los cambios en el entorno financiero.

24.1 | COBERTURA Y VOLATILIDAD DE LOS PRECIOS

cobertura
Reducción del nivel de exposición de una empresa a las fluctuaciones en los precios o tasas. También se denomina inmunización.

En términos generales, reducir el nivel de exposición de una empresa a las fluctuaciones en precios o en tasas se denomina **cobertura**. También se utiliza a veces el término *inmunización*. Como veremos, existen muchos tipos diferentes de coberturas y muchas técnicas distintas para establecerla. Con frecuencia, cuando una empresa desea cubrir un riesgo en particular, no existe una forma directa para lograrlo. En estos casos, el trabajo del administrador financiero es crear una forma para cubrir el riesgo a través de la utilización de instrumentos financieros disponibles para crear otros nuevos. A este proceso se le ha denominado *ingeniería financiera*.

La administración corporativa de riesgos involucra por lo general comprar y vender **instrumentos financieros derivados**. Un instrumento financiero derivado es un activo que representa un derecho sobre otro activo financiero. Por ejemplo, una opción sobre acciones otorga a su propietario el derecho de comprar o vender acciones, un activo financiero, por lo que las opciones sobre acciones son instrumentos financieros derivados.

La ingeniería financiera involucra frecuentemente la creación de nuevos instrumentos financieros derivados, o en su lugar, combinar los derivados existentes para lograr objetivos de cobertura específicos. En un mundo en el que los precios fueran muy estables y sólo cambiaran con lentitud, habría muy poca demanda de ingeniería financiera. Sin embargo, mientras se escribe este libro, la ingeniería financiera es una industria en gran crecimiento. Como veremos a continuación, la razón es que el mundo financiero se ha vuelto más arriesgado.[1]

instrumentos financieros derivados
Activos financieros que representan un derecho sobre otro activo financiero

Volatilidad de los precios: perspectiva histórica

Para comprender por qué se afirma que el mundo financiero se ha vuelto más arriesgado, es útil examinar la historia de los precios. En la figura 24.1 se proporciona una visión a muy largo plazo de los niveles de precios en Inglaterra. La serie de niveles de precios que se muestran se inicia en 1666 y continúa hasta mediados de la década de 1980. El hecho más significativo que revelan estas series es que en los primeros 250 años los precios cambiaron muy poco (excepto en tiempos de guerra). En contraste, en los últimos 30 o 40 años los precios han aumentado drásticamente. En la figura 24.2, se muestra el mismo punto con una serie de menor duración para Estados Unidos.

Un hecho que resulta confuso en las series de muy largo plazo que se han examinado hasta ahora es que los incrementos en precios no han sido graduales y predecibles. Para recalcar este aspecto, se muestra en la figura 24.3 la tasa anual de inflación en Estados Unidos desde principios de la década de 1960 hasta hace poco. Se observa con claridad que no sólo se han incrementado los precios, sino que la tasa de incremento ha sido muy volátil de un año a otro.

En la figura 24.3 se observa también que la tasa de cambio en precios ha disminuido en los años recientes. Sin embargo, la lectura importante es que, a pesar de que la tasa de inflación ahora es baja, la incertidumbre sobre la tasa de inflación futura se mantiene. Más allá de los cambios inesperados en los niveles generales de precios, hay tres áreas específicas de especial importancia para los negocios en las que la volatilidad también se ha incrementado espectacularmente: tasas de interés, tipos de cambio y precios de mercancías.

Volatilidad de las tasas de interés

Sabemos que la deuda es una fuente vital para el financiamiento de las empresas y que las tasas de interés son un elemento clave del costo de capital de una empresa. Hasta 1979, las tasas de interés en Estados Unidos eran relativamente estables porque la Reserva Federal manejaba de forma activa las tasas para mantenerlas así. Desde entonces, se ha abandonado este objetivo y la volatilidad de las tasas de interés se ha incrementado notablemente. En la figura 24.4 se muestra este incremento al graficar los cambios, mes

---

[1]Este estudio se basa en *Managing Financial Risk*, de C. W. Smith, C. W. Smithson y D. S. Wilford, en Institutional Investor Series in Finance (Nueva York: Harper & Row, 1990).

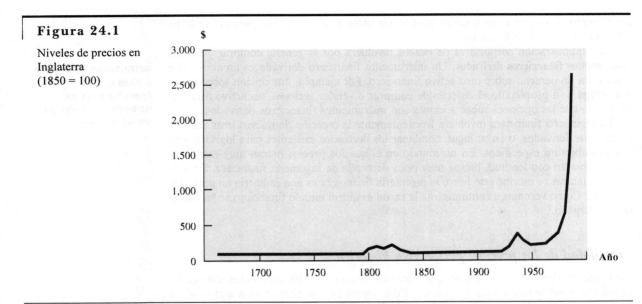

Figura 24.1

Niveles de precios en Inglaterra (1850 = 100)

Fuente: Smith, C. W., C. W. Smithson y D. S. Wilford, *Managing Financial Risk*, Institutional Investor Series in Finance (Nueva York: Harper & Row, 1990).

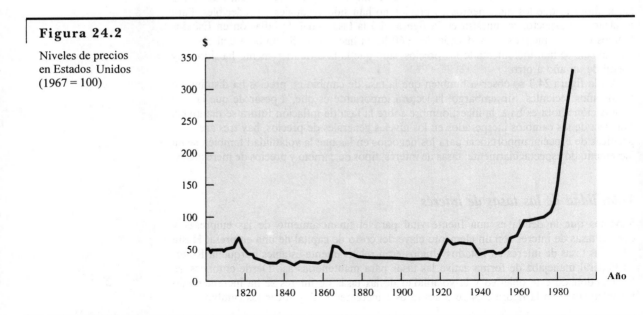

Figura 24.2

Niveles de precios en Estados Unidos (1967 = 100)

Fuente: Smith, C. W., C. W. Smithson y D. S. Wilford, *Managing Financial Risk*, Institutional Investor Series in Finance (Nueva York: Harper & Row, 1990).

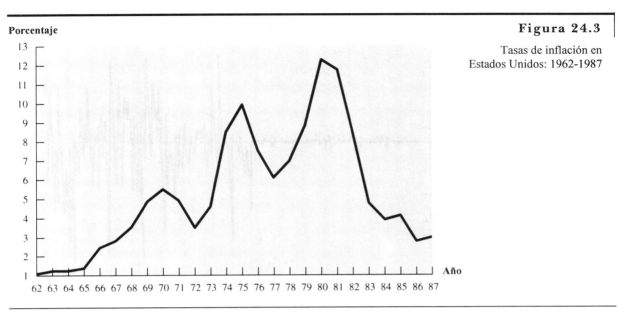

Porcentaje

Figura 24.3

Tasas de inflación en
Estados Unidos: 1962-1987

Fuente: Smith, C. W., C. W. Smithson y D. S. Wilford, *Managing Financial Risk*, Institutional Investor Series in Finance (Nueva York: Harper & Row, 1990).

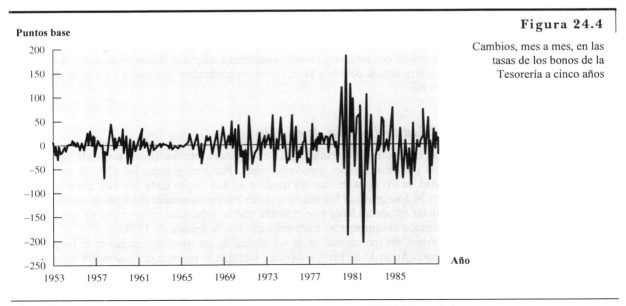

Puntos base

Figura 24.4

Cambios, mes a mes, en las
tasas de los bonos de la
Tesorería a cinco años

Los cambios en las tasas en esta figura se miden en puntos base, siendo 1 punto base el 1% del 1%, es decir, 0.0001. Fuente: Smith, C. W., C. W. Smithson y D. S. Wilford, *Managing Financial Risk*, Institutional Investor Series in Finance (Nueva York: Harper & Row, 1990).

Figura 24.5

Cambios porcentuales
mensuales en el tipo de
cambio dólar
estadounidense/
y en japonés

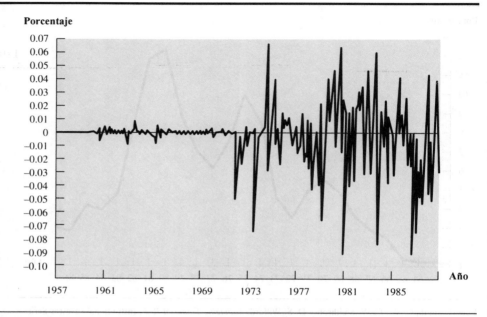

Fuente: Smith, C. W., C. W. Smithson y D. S. Wilford, *Managing Financial Risk*, Institutional Investor Series in Finance (Nueva York: Harper & Row, 1990).

a mes, en las tasas de los bonos de la Tesorería a cinco años. Es fácil apreciar la mayor volatilidad que se ha experimentado a partir de 1979.

Con anterioridad a 1979, las empresas estadounidenses tenían la posibilidad de planear y predecir con un cierto nivel de confianza los futuros costos de su deuda. En el mundo financiero actual, debido a la creciente incertidumbre que rodea a las tasas de interés, ya no es así.

Volatilidad de los tipos de cambio

Como se estudió en el capítulo 22, las operaciones internacionales son cada vez más importantes para los negocios estadounidenses. Por consiguiente, los tipos de cambio y la volatilidad de los tipos de cambio también se han vuelto cada vez más importantes. En la figura 24.5 se grafican los cambios porcentuales mensuales del tipo de cambio yen japonés/dólar estadounidense y se muestra que la volatilidad en los tipos de cambio se ha incrementado enormemente desde principios de la década de 1970.

La razón del incremento en la volatilidad de los tipos de cambio es el rompimiento del llamado Acuerdo de Bretton Woods. Durante la vigencia del sistema Bretton Woods, los tipos de cambio eran fijos en su mayor parte y era raro que ocurrieran cambios significativos. Como resultado de esto, los importadores y exportadores podían predecir con relativa certidumbre como serían los tipos de cambio en el futuro. En la era actual, posterior a Bretton Woods, los tipos de cambio son determinados por las fuerzas de mercado y es muy difícil predecir con precisión los tipos de cambio futuros.

En sus propias palabras...
Sobre la administración del riesgo financiero, por Charles W. Smithson

Antes de contar con las técnicas y los instrumentos para la administración de riesgos, era posible «disculpar» el desempeño deficiente aludiendo a los «movimientos adversos del tipo de cambio...». Después de todo, la administración de la empresa no tenía control sobre el tipo de cambio yen/dólar estadounidense. Sin embargo, esa explicación ya no convence. La administración de la empresa aún no tiene control sobre el tipo de cambio yen/dólar estadounidense, pero el equipo administrativo puede proteger a la empresa frente a los movimientos en el tipo de cambio.

La mayor parte de los ejemplos que se citan se refieren a empresas del grupo de las 500 empresas de *Fortune*. Por ejemplo, Merck, el enorme fabricante de productos farmacéuticos, muestra un significativo nivel de exposición al riesgo cambiario, dado que su cobranza se realiza en casi todas las divisas del mundo. Con tantas divisas fluyendo a través de la empresa en el curso operativo cotidiano, era lógico que Merck llevara a cabo un examen cuidadoso de su riesgo cambiario.

De igual forma, es fácil comprender la importancia de los tipos de cambio para una empresa que enfrenta a competidores cuya divisa nacional es distinta al dólar; Kodak es el ejemplo mejor conocido de esta situación. De no contar con una administración de riesgos, la capacidad de Kodak para competir quedaría sujeta a la influencia del tipo de cambio yen/dólar estadounidense, es decir, las ventas de Kodak y por consiguiente su utilidad neta aumentarían (disminuirían) conforme se debilitara (fortaleciera) el dólar en relación al yen. Por consiguiente, existiría un fuerte incentivo de negocios para establecer coberturas.

Sin embargo, el riesgo cambiario es algo a lo que ahora deben enfrentarse empresas mucho más pequeñas. Un ejemplo con el que me encontré fue una empresa de servicios a la que le había ido bien en el mercado estadounidense y que se había expandido a Inglaterra. Nunca antes se había tenido que preocupar por los tipos de cambio... y según resultó, esta experiencia no fue muy agradable.

• Lo cierto es que el tipo de cambio libra esterlina/dólar estadounidense afectó su balance general a través de las cuentas por cobrar. Hubo casos en los que la empresa realizó servicios por valor de £100. De acuerdo con el tipo de cambio al momento de realizar el servicio, esperaban recibir $175 y registraron contablemente la cuenta por cobrar de acuerdo a esta cifra. Sin embargo, en los 90 días que transcurrieron hasta que se realizó el pago y éste se convirtió a dólares estadounidenses, el valor de los dólares aumentó a $1.50 por libra esterlina y el valor de la cuenta por cobrar disminuyó $150.

• Observaron que el tipo de cambio libra esterlina/dólar estadounidense tuvo un efecto sobre su estado de resultados a través del margen que recibieron de las operaciones en el extranjero. Un dólar fuerte reduce el margen de la empresa. Como se muestra en el ejemplo simplificado que se presenta a continuación, si el dólar se fortaleciera de $1.75 por libra a $1.50, el valor en dólares del margen de la empresa disminuiría.

	Libra esterlina	Valores en dólares de EE. UU.	
		£1 = $1.75	£1 = $1.50
Ingresos	£100	$175.0	$150
Gastos	50	87.5	75
Margen	£ 50	$ 87.5	$ 75

Más aún, si la operación en GB tiene costos en Estados Unidos, podría darse el caso de que la viabilidad de la subsidiaria extranjera dependiera del tipo de cambio.

El resultado neto fue que esta empresa no tuvo otra alternativa que establecer una administración del riesgo cambiario. Sin la administración de riesgos, se hubiera convertido en algo demasiado difícil.

Charles W. Smithson es director administrativo para investigación en el sector de administración global de riesgos del Chase Manhattan Bank. Ha participado activamente en el desarrollo de la administración del riesgo financiero. Además de sus artículos en publicaciones académicas y profesionales, es coautor (con C. W. Smith y D. S. Wilford) de *Managing Financial Risk* y coeditor de *The Handbook of Financial Engineering* (con C. W. Smith). También es coautor de *Managerial Economics* (con S. C. Maurice y C. R. Thomas) y de *The Doomsday Myth* (con S. C. Maurice), una perspectiva económica sobre la «crisis» de las mercancías básicas.

Figura 24.6

Cambios porcentuales
mensuales
en los precios
del petróleo

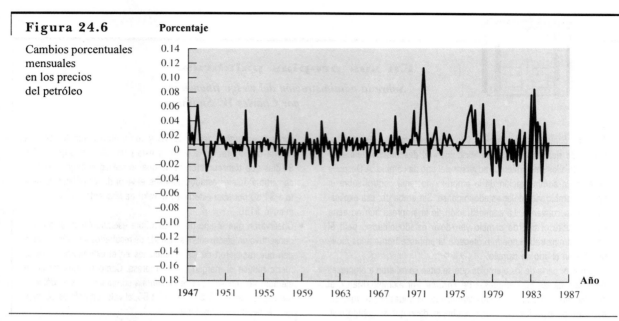

Fuente: Smith, C. W., C. W. Smithson y D. S. Wilford, *Managing Financial Risk*, Institutional Investor Series in Finance (Nueva York: Harper & Row, 1990).

Volatilidad de los precios de mercancías básicas

Los precios de las mercancías básicas (bienes y materiales básicos) son la tercera área importante en la que se ha incrementado la volatilidad. El petróleo es una de las mercancías básicas más importantes y, como se muestra en la figura 24.6, sus precios son cada vez más inciertos a partir de la década de 1970.

El comportamiento de los precios del petróleo no es único; muchas otras mercancías básicas clave han experimentado una gran volatilidad durante las últimas dos décadas.

El impacto del riesgo financiero: la industria estadounidense de ahorros y préstamos

El ejemplo más conocido de los efectos del riesgo financiero es el desplome de la industria, antes floreciente, de ahorros y préstamos (A&P) en Estados Unidos. Durante una época, la industria de A&P fue relativamente sencilla. Las A&P aceptaban depósitos a corto plazo y realizaban préstamos hipotecarios sobre casas a largo plazo y con tasa fija. Antes de que se produjera el incremento en la volatilidad de las tasas de interés, las tasas a corto plazo casi siempre eran inferiores a las tasas a largo plazo, por lo que las A&P obtenían su ganancia simplemente del diferencial o margen.

Cuando las tasas de interés a corto plazo se hicieron en extremo volátiles, excedieron en varias ocasiones a las tasas a largo plazo, en ocasiones por montos considerables. De improviso, el negocio de las A&P se volvió muy complicado. Los depositantes retiraron sus fondos porque podían obtener tasas mayores en otras opciones, pero los propietarios de las casas mantuvieron sus hipotecas con bajas tasas de interés. Las A&P se vieron obligadas a obtener deuda a corto plazo a tasas muy elevadas. Comenzaron a incurrir en riesgos mayores al otorgar préstamos en un intento por obtener mayores rendimientos, pero esto se tradujo con frecuencia en incumplimientos de pagos mucho mayores, otro problema al que las A&P no estaban acostumbradas.

Hubo otros factores económicos y políticos que contribuyeron a la sorprendente magnitud del desastre de las A&P, pero lo fundamental fue la mayor volatilidad de las tasas de interés. En la actualidad, las A&P que han sobrevivido, así como otras instituciones financieras, toman medidas específicas para protegerse frente a la volatilidad de las tasas de interés.

PREGUNTAS SOBRE CONCEPTOS

24.1a ¿Qué es cobertura?

24.1b ¿Por qué las empresas ponen ahora mayor énfasis en la cobertura que en el pasado?

ADMINISTRACIÓN DEL RIESGO FINANCIERO | 24.2

Hemos observado que la volatilidad de los precios y de las tasas se ha incrementado en décadas recientes. Que esto sea o no causa de preocupación para una empresa en particular depende de la naturaleza de las operaciones de la empresa y de su financiamiento. Por ejemplo, una empresa financiada por completo con capital no estaría tan preocupada por las fluctuaciones en las tasas de interés como una apalancada. De forma similar, una empresa con muy poca o ninguna actividad internacional no estaría extremadamente preocupada por las fluctuaciones en los tipos de cambios.

Para administrar eficazmente el riesgo financiero, los administradores financieros deben identificar los tipos de fluctuaciones en los precios que ocasionan mayor impacto sobre el valor de la empresa. En ocasiones esto será obvio, pero otras veces no será así. Por ejemplo, consideremos una empresa de productos forestales. Si las tasas de interés aumentan, es evidente que aumentarán sus costos al obtener una deuda. Sin embargo, además de esto, la demanda de casas suele declinar conforme aumentan las tasas de interés. Al disminuir la demanda de casas, también lo hace la demanda de madera. Por tanto, un incremento en las tasas de interés conduce a costos de financiamiento mayores y también a menores ingresos.

El perfil de riesgo

La herramienta básica para identificar y medir el nivel de exposición de una empresa al riesgo financiero es el **perfil de riesgo**. El perfil de riesgo es una gráfica que muestra la relación entre los cambios en el precio de algún bien o servicio y los cambios en el valor de la empresa. La elaboración de un perfil de riesgo es, en lo conceptual, muy similar a realizar un análisis de sensibilidad (que se estudió en el capítulo 9).

Como ejemplo, consideremos el caso de una empresa de productos agrícolas que tiene una operación de cultivo de trigo a gran escala. Debido a que los precios del trigo pueden ser muy volátiles, se desea investigar el nivel de exposición de la empresa a las fluctuaciones en el precio del trigo, es decir, su perfil de riesgo con relación a los precios del trigo.

perfil de riesgo
Gráfica que muestra cómo resulta afectado el valor de la empresa por los cambios en los precios o tasas.

Figura 24.7

Perfil de riesgo para un productor de trigo

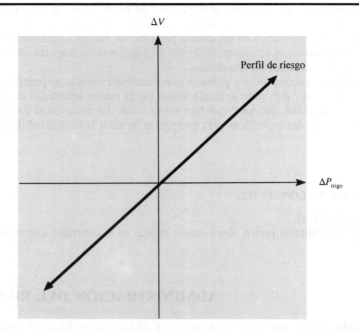

En el caso de un productor, los incrementos inesperados en los precios del trigo aumentan el valor de la empresa.

Para realizarlo, se grafican los cambios en el valor de la empresa (ΔV) frente a los cambios inesperados en los precios del trigo (ΔP_{trigo}). El resultado se muestra en la figura 24.7.

El perfil de riesgo de la figura 24.7 muestra dos cosas. Primero, dado que la recta tiene una pendiente ascendente, los incrementos en los precios del trigo incrementarán el valor de la empresa. Al ser el trigo su producto, esto no constituye sorpresa alguna. Segundo, debido a que la línea recta tiene una pendiente muy pronunciada, esta empresa tiene un nivel de exposición significativo a las fluctuaciones en el precio del trigo y tal vez deba tomar medidas para reducirlo.

Reducción de la exposición al riesgo

Las fluctuaciones en el precio de un bien o servicio determinado pueden tener efectos muy diferentes sobre distintos tipos de empresas. Volviendo a los precios del trigo, consideremos ahora el caso de una operación de procesamiento de alimentos. El procesador de alimentos compra grandes cantidades de trigo y tiene un perfil de riesgo como el que se muestra en la figura 24.8. Al igual que en la empresa de productos agrícolas, el valor de la empresa es sensible a los precios del trigo, pero, debido a que el trigo para esta empresa es un insumo, los incrementos en su precio llevan a que disminuya el valor de la empresa.

La empresa de productos agrícolas y la de procesamiento de alimentos están expuestas a las fluctuaciones en el precio del trigo, pero estas fluctuaciones tienen de hecho efectos opuestos. Si estas empresas se reúnen, se puede eliminar gran parte del riesgo. El pro-

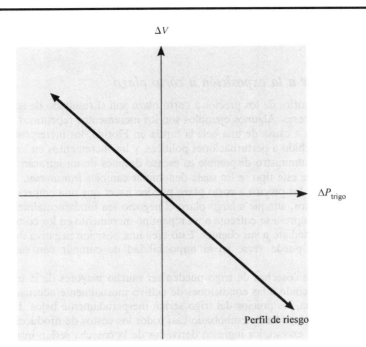

Figura 24.8

Perfil de riesgo para
un comprador de trigo

En el caso de un comprador, los incrementos inesperados en los precios del trigo disminuyen el valor de
la empresa.

ductor y el procesador pueden simplemente acordar que, en fechas específicas del futuro, el productor entregará una cierta cantidad de trigo y el procesador pagará un precio ya establecido. Una vez firmado el convenio, ambas empresas han establecido en firme el precio del trigo durante todo el período en el que el contrato esté vigente, de modo que los perfiles de riesgo de ambas en relación a los precios del trigo serían completamente horizontales durante ese período.

Debemos señalar que una empresa que cubre sus riesgos financieros no podrá por lo general crear un perfil de riesgo completamente horizontal. Por ejemplo, el productor de trigo no conoce anticipadamente cuál será la magnitud de la cosecha. Si la cosecha es mayor de lo esperado, parte de la misma quedará sin cobertura. Si la cosecha es pequeña, el productor deberá comprar trigo para cumplir el contrato, por lo que quedará expuesto al riesgo del cambio en los precios. De cualquier forma, siempre existe algún nivel de exposición a las fluctuaciones en el precio del trigo, pero la cobertura permite reducir notablemente ese nivel.

Existen otras razones por las que suele ser imposible lograr una cobertura perfecta, pero esto en realidad no es un problema. El objetivo de la administración del riesgo financiero es llevar el riesgo a niveles más tolerables y reducir así la pendiente del perfil del mismo, no necesariamente eliminarlo por completo.

Al pensar en el riesgo financiero, hay que hacer una distinción importante. Las fluctuaciones en los precios tienen dos elementos. Los cambios a corto plazo, esencialmente temporales, son el primer elemento. El segundo se relaciona con los cambios a más largo plazo, esencialmente permanentes. Como vemos a continuación, ambos tipos de cambios tienen implicaciones muy diferentes para la empresa.

Cobertura frente a la exposición a corto plazo

Los cambios transitorios de los precios a corto plazo son el resultado de acontecimientos inesperados o sorpresas. Algunos ejemplos son los incrementos repentinos en los precios del jugo de naranja a causa de una helada tardía en Florida, los incrementos en los precios del petróleo debido a perturbaciones políticas, y los incrementos en los precios de la madera porque el suministro disponible es escaso después de un huracán. A las fluctuaciones de precios de este tipo se les suele denominar cambios *transitorios*.

Los cambios en los precios a corto plazo pueden hacer que una empresa tenga graves problemas financieros, aunque a largo plazo el negocio sea fundamentalmente sólido. Así sucede cuando la empresa se enfrenta a un repentino incremento en los costos que no puede transferir de inmediato a sus clientes. Esto crea una posición negativa de flujo de efectivo y la empresa puede verse en la imposibilidad de cumplir con sus obligaciones financieras.

Por ejemplo, las cosechas de trigo pueden ser mucho mayores de lo esperado en un determinado año debido a las condiciones de cultivo inusualmente adecuadas. En el momento de la cosecha, los precios del trigo serían inesperadamente bajos. En ese tiempo, el productor de trigo ya ha desembolsado casi todos los costos de producción. Si los precios disminuyen en exceso, los ingresos derivados de la cosecha serían insuficientes para cubrir los costos y el resultado podrían ser graves problemas financieros.

riesgo de transacción
Exposición financiera a corto plazo que se origina por la necesidad de comprar o vender a precios o tasas inciertas en el futuro cercano.

A la exposición financiera a corto plazo se le suele denominar **riesgo de transacción**. Este nombre se debe al hecho de que el riesgo financiero a corto plazo se origina por lo general porque una empresa debe efectuar transacciones en el futuro próximo a precios o tasas inciertas. Por ejemplo, en el caso del productor de trigo, la cosecha debe venderse al finalizar la época de cultivo, pero el precio del trigo es incierto. De forma alternativa, una empresa quizá tenga una emisión de bonos que vencerá el próximo año y que debe reemplazar, pero se desconoce la tasa de interés que la empresa deberá pagar.

Como veremos, el riesgo financiero a corto plazo puede administrarse de diversas formas. Las oportunidades para lograr una cobertura a corto plazo han crecido enormemente en los últimos años y las empresas en Estados Unidos cubren cada vez más los cambios en precios transitorios.

Cobertura del flujo de efectivo: nota precautoria

Algo que debemos señalar es que, en lo que hemos estudiado hasta ahora, se ha hablado de forma conceptual sobre la cobertura del valor de la empresa. Sin embargo, en el ejemplo relacionado con los precios del trigo, lo que en realidad se cubre es el flujo de efectivo a corto plazo de la empresa. De hecho, a riesgo de pasar por alto algunas sutilezas, la cobertura del nivel de exposición al riesgo financiero a corto plazo, la cobertura del nivel de exposición al riesgo de transacción y la cobertura de los flujos de efectivo a corto plazo representan lo mismo.

Por lo general, se da el caso de que en realidad no resulta factible cubrir de un modo directo el valor de la empresa y, en lugar de ello, la empresa tratará de reducir la incertidumbre de sus flujos de efectivo a corto plazo. Si la empresa es capaz de evitar así problemas costosos, la cobertura del flujo de efectivo protegerá el valor de la empresa, pero la vinculación es indirecta. En tales casos, se debe tener cuidado de que la cobertura del flujo del efectivo tenga el efecto deseado.

Por ejemplo, imaginemos una empresa integrada en forma vertical con una división productora de petróleo y una división de venta de gasolina. Ambas divisiones se ven afectadas por las fluctuaciones en el precio del petróleo. Sin embargo, puede suceder que la empresa en su conjunto tenga un nivel bajo de riesgo de transacción porque cualquier cambio transitorio en los precios del petróleo simplemente beneficie a una división y perjudique a la otra. El perfil de riesgo global de la empresa con relación a los precios del petróleo es esencialmente horizontal. Dicho de otra forma, el nivel *neto* de exposición al riesgo es pequeño. Si una de las divisiones, actuando por su propia cuenta, comenzara a cubrir sus flujos de efectivo, de improviso la empresa en su conjunto quedaría expuesta al riesgo financiero.

El punto a subrayar es que la cobertura del flujo de efectivo no se debe realizar de forma aislada. En vez de ello, la empresa debe preocuparse por su exposición neta. El resultado de ello es que cualquier actividad de cobertura tal vez deba realizarse sobre una base centralizada o al menos cooperativa.

Cobertura de la exposición a largo plazo

Las fluctuaciones en los precios también presentan cambios a más largo plazo, más permanentes. Éstos son resultado de cambios fundamentales en la economía básica de un negocio. Por ejemplo, si se producen innovaciones en la tecnología agrícola, los precios del trigo disminuirán de forma permanente (¡si no se subsidian los precios agrícolas!). Si una empresa no puede adaptarse a la nueva tecnología, no será económicamente viable a largo plazo.

Al nivel de exposición de la empresa a los riesgos financieros a largo plazo se le suele denominar **exposición económica**. Dado que la exposición a largo plazo está basada en fuerzas económicas fundamentales, es mucho más difícil, y quizá imposible, establecer una cobertura sobre una base permanente. Por ejemplo, ¿es posible que un productor de trigo y un procesador de alimentos puedan eliminar permanentemente el nivel de riesgo de las fluctuaciones en el precio del trigo al acordar entre ellos establecer un precio fijo para siempre?

exposición económica
Riesgo financiero a largo plazo que se origina por cambios permanentes en los precios o en otros factores económicos fundamentales.

La respuesta es que no, y de hecho este tipo de convenio quizá tenga el efecto opuesto al deseado. La razón es que si a largo plazo los precios del trigo cambian sobre una base permanente, uno de los participantes en este convenio no podría cumplirlo. El comprador estaría pagando demasiado o bien el vendedor estaría recibiendo muy poco. De cualquier forma, el perdedor dejaría de ser competitivo y fracasaría. Algo parecido ocurrió en la década de 1970, cuando las empresas de servicios públicos y otros consumidores de energía realizaron contratos a largo plazo con los productores de gas natural. En años posteriores, los precios del gas natural se desplomaron y se produjo, por tanto, una gran confusión.

Un negocio debe ser económicamente viable a largo plazo o fracasará y ningún nivel de cobertura puede cambiar este hecho. A pesar de ello, al establecer una cobertura para el corto plazo, la empresa obtiene tiempo para ajustar sus operaciones y adaptarse así a las nuevas condiciones sin incurrir en problemas costosos. Por consiguiente, resumiendo lo que hemos estudiado en esta sección, la administración de los riesgos financieros puede lograr dos cosas importantes. La primera es que la empresa se proteja frente a las fluctuaciones transitorias en los precios, que de lo contrario le ocasionarían un problema. La segunda es que la empresa obtenga algún tiempo para adaptarse a los cambios fundamentales en las condiciones de mercado.

24.2a ¿Qué es un perfil de riesgo? Describa los perfiles de riesgo en relación a los precios del petróleo para un productor de petróleo y para un vendedor de gasolina.

24.2b ¿Qué obtendrá una empresa si establece coberturas contra el riesgo financiero?

24.3 | COBERTURA CON CONTRATOS ADELANTADOS

Los contratos adelantados se encuentran entre las herramientas más antiguas y básicas para la administración del riesgo financiero. El objetivo en esta sección es describir los contratos adelantados y estudiar como se utilizan para cubrir el riesgo financiero.

Contratos adelantados: fundamentos

contrato adelantado
Convenio con obligatoriedad legal entre dos partes que requiere la venta de un activo o producto en el futuro a un precio convenido hoy.

Un **contrato adelantado** es un convenio con obligatoriedad jurídica entre dos partes que establece la venta de un activo o producto en el futuro a un precio convenido hoy. Las condiciones del contrato establecen que una de las partes entregue los bienes a la otra en una fecha determinada, llamada *fecha de liquidación*. La otra parte paga el *precio adelantado* previamente convenido y recibe los bienes. El convenio que se estudió entre el productor de trigo y el procesador de alimentos era de hecho un contrato adelantado.

Los contratos adelantados se pueden comprar y vender. El *comprador* de un contrato adelantado tiene la obligación de recibir los bienes y pagarlos; el *vendedor* tiene la obligación de entregarlos y aceptar el pago. El comprador de un contrato adelantado se beneficia si los precios se incrementan porque habrá concertado en firme un precio inferior. De forma similar, el vendedor gana si los precios disminuyen porque ha convenido en firme un precio de venta mayor. Obsérvese que en un contrato adelantado una de las partes sólo puede ganar a expensas de la otra, de forma que es un juego suma-cero.

El perfil de resultados

perfil de resultados
Gráfica que muestra las ganancias y pérdidas que ocurrirán en un contrato como resultado de cambios inesperados en los precios.

El **perfil de resultados** es la clave para comprender cómo se utilizan los contratos adelantados, y otros que se estudian más adelante, para cubrir los riesgos financieros. Por lo general, el perfil de resultados es una gráfica que muestra las ganancias y pérdidas en un contrato como consecuencia de los cambios inesperados en los precios. Por ejemplo, supongamos que se está examinando un contrato adelantado para petróleo. De acuerdo a lo estudiado, el comprador del contrato adelantado está obligado a aceptar la entrega de una cantidad específica de petróleo en una fecha futura y pagar un precio convenido. La parte A de la figura 24.9 muestra el perfil de resultados que se obtienen del contrato adelantado desde la perspectiva del comprador.

Lo que se aprecia en la figura 24.9 es que, en la medida en que se incrementan los precios del petróleo, el comprador del contrato adelantado se beneficia al haber establecido en firme un precio fijo inferior al de mercado. Si los precios del petróleo disminuyen, el comprador pierde porque termina pagando un precio mayor del de mercado. En el caso del vendedor del contrato adelantado, la situación es la opuesta. En la parte B de la figura 24.9 se muestra el perfil de resultados del vendedor.

Figura 24.9

Perfil de resultados para un contrato adelantado

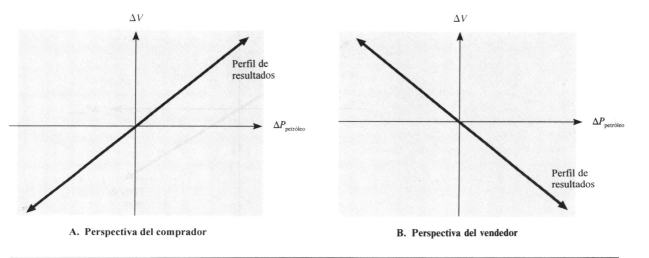

A. Perspectiva del comprador

B. Perspectiva del vendedor

Cobertura con contratos adelantados

Para mostrar cómo se pueden utilizar los contratos adelantados de cara a establecer coberturas, se examina el caso de una empresa de servicios públicos que utiliza petróleo para producir electricidad. Los precios que puede cobrar esta empresa están controlados y no pueden modificarse con rapidez. Como consecuencia, los incrementos repentinos en los precios del petróleo son una fuente de riesgo financiero.[2] En la figura 24.10 se muestra el perfil de riesgo de esta empresa de servicios públicos.

Si se compara el perfil de riesgo en la figura 24.10 con el perfil de resultados del comprador en un contrato adelantado en la figura 24.9, se observa lo que debe hacer la empresa de servicios públicos. El perfil de resultados del comprador de un contrato adelantado de petróleo es exactamente lo opuesto al perfil de riesgo de la empresa de servicios públicos con respecto al petróleo. Si la empresa de servicios públicos compra un contrato adelantado, se eliminará su nivel de exposición a cambios inesperados en los precios del petróleo. En la figura 24.11 se muestra este resultado.

El ejemplo de la empresa de servicios públicos muestra el enfoque fundamental en la administración del riesgo financiero. Primero, se identifica el nivel de exposición de la empresa al riesgo financiero utilizando un perfil de riesgo. Se intenta después encontrar un mecanismo financiero, por ejemplo, un contrato adelantado, que tenga un perfil de resultados compensador.

---

[2]En realidad, a muchas empresas de servicios públicos se les permite transferir automáticamente los incrementos en el precio del petróleo.

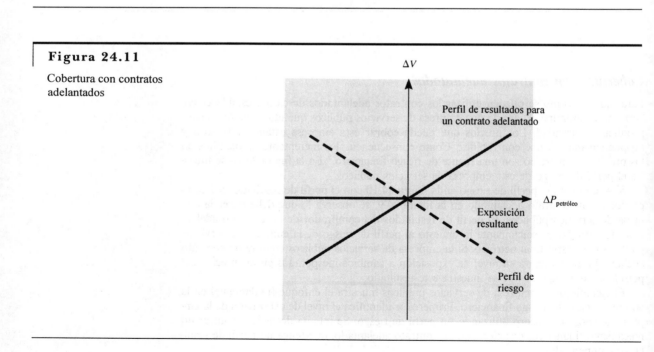

Figura 24.10

Perfil de riesgo para un comprador de petróleo

Figura 24.11

Cobertura con contratos adelantados

Un señalamiento En la figura 24.11 se muestra que la exposición neta de la empresa de servicios públicos a las fluctuaciones en el precio del petróleo es igual a cero. Si aumentan los precios del petróleo, las ganancias en el contrato adelantado compensarán el daño que originan los mayores costos. Sin embargo, si los precios del petróleo disminuyen, el beneficio derivado de los menores costos quedará compensado por las pérdidas en el contrato adelantado.

Esto muestra un aspecto importante que se debe recordar sobre la cobertura con contratos adelantados. Las fluctuaciones en los precios pueden ser buenas o malas, dependiendo de la dirección que tomen. Si se establecen coberturas con contratos adelantados, se elimina el riesgo de un cambio adverso en el precio, pero también se elimina la posible ganancia que produciría un movimiento favorable. Quizá se pregunte si no sería posible cubrirse de alguna forma sólo contra los movimientos desfavorables. Se puede y en una sección posterior se describe cómo realizarlo.

Riesgo de crédito   Otro aspecto importante que se debe recordar es que ningún dinero cambia de manos al establecer un contrato adelantado. El contrato es simplemente un convenio para efectuar una operación en el futuro, por lo que no existe un costo inmediato del contrato. No obstante, existe un riesgo de crédito porque el contrato adelantado representa una obligación financiera. Cuando llega la fecha de liquidación, la parte que experimenta una pérdida con el contrato tiene un importante incentivo para incumplir el convenio. Como vemos en la sección siguiente, existe una variante del contrato adelantado que disminuye en gran medida este riesgo.

Contratos adelantados en la práctica   ¿Dónde se utilizan normalmente los contratos adelantados para establecer coberturas? Dado que las fluctuaciones en los tipos de cambio pueden tener consecuencias desastrosas para las empresas con operaciones de importación o exportación importantes, éstas utilizan los contratos adelantados de forma rutinaria para cubrir el riesgo cambiario. Por ejemplo, Jaguar, el fabricante de automóviles del Reino Unido (y subsidiaria de Ford Motor Company), estableció coberturas para el tipo de cambio dólar estadounidense/libra esterlina con seis meses de anticipación. (En el capítulo 22 se estudia con mayor detalle el tema de las coberturas cambiarias con contratos adelantados.)

PREGUNTAS SOBRE CONCEPTOS

24.3a ¿Qué es un contrato adelantado? Describa los perfiles de resultados para el comprador y el vendedor de un contrato adelantado.

24.3b Explique cómo puede una empresa modificar su perfil de riesgo utilizando contratos adelantados.

COBERTURA CON CONTRATOS DE FUTUROS   24.4

Un **contrato futuro** o **contrato a futuro** es exactamente igual a un contrato adelantado, con una excepción. En el caso del contrato adelantado, el comprador y el vendedor realizan sus ganancias o pérdidas sólo en la fecha de liquidación. En el caso de un contrato de adelantados, las ganancias y pérdidas se realizan sobre bases diarias. Si se compra un contrato a futuro de petróleo y los precios del mismo suben hoy, se obtiene una ganancia y el vendedor del contrato tiene una pérdida. El vendedor paga su deuda y se inicia de nuevo al día siguiente sin que ninguna de las partes deba algo a la otra.

La característica de la liquidación diaria en los contratos de adelantados se conoce como *revalorización* (*marking-to-market*). Como mencionamos con anterioridad, en los con-

contrato futuro
Contrato adelantado con la característica de que cada día se realizan ganancias y pérdidas en vez de hacerlo sólo en la fecha de vencimiento.

tratos adelantados existe un considerable riesgo de incumplimiento de pago, en tanto que con la revalorización diaria este riesgo se reduce significativamente. Es probable que sea por ello que la comercialización organizada es mucho más habitual en los contratos de futuros que en los adelantados (con la excepción del comercio internacional).

Operaciones con futuros

En Estados Unidos y en otras partes del mundo se compran y venden de forma rutinaria contratos de futuros para una gran variedad de artículos. Los tipos de contratos disponibles se dividen tradicionalmente en dos grupos, futuros de mercancías básicas y futuros financieros. En el caso de un futuro financiero, los bienes implícitos o subyacentes son activos financieros, como acciones, bonos o divisas. Para los futuros de mercancías básicas, los bienes implícitos pueden ser cualquier cosa que no sea un activo financiero.

Existen contratos de futuros de mercancías básicas para una gran variedad de productos agrícolas, como el maíz, el jugo de naranja y también el tocino. Existe incluso un contrato para fertilizantes. Hay contratos de mercancías básicas para metales preciosos, como el oro y la plata, y también para productos como el cobre y la madera. Existen contratos para diversos productos derivados del petróleo, como el petróleo crudo, el petróleo para calefacción y la gasolina.

Donde quiera que exista volatilidad en los precios puede existir una demanda de contratos de futuros, y cada día se crean nuevos contratos de este tipo. Por ejemplo, se ha propuesto recientemente un nuevo contrato para «microcircuitos» o procesadores «DRAN» para computadoras. Gran cantidad de nuevos contratos no dan resultado porque no existe el volumen suficiente; estos contratos simplemente se retiran del mercado.

Bolsas de futuros

En Estados Unidos y en otras partes existen diversas bolsas de futuros y se están estableciendo más. Una de las mayores es el Chicago Board of Trade (CBT). Entre otras bolsas importantes se incluyen el CME (Chicago Mercantile Exchange), LIFFE (London International Financial Futures Exchange) y NYFE (New York Futures Exchange, que forma parte de la Bolsa de Valores de Nueva York, NYSE).

En la tabla 24.1 se ofrece una relación parcial de las cotizaciones que aparecen en el periódico *The Wall Street Journal* para contratos de futuros seleccionados. Si se observa el contrato de maíz en la parte superior izquierda de la tabla, el contrato se negocia en el CBT, un contrato establece la entrega de 5,000 *bushels* de maíz y los precios se cotizan en centavos de dólar por *bushel*. En la primera columna aparecen los meses en los que vencen los contratos.

Para el contrato de maíz con vencimiento en mayo de 1992, el primer número en cada renglón es el precio de apertura (256 centavos por *bushel*), el número siguiente es el precio más alto del día ($256^1/_2$) y el número siguiente es el precio más bajo del día ($252^3/_4$). El *precio de liquidación* es el cuarto número (253) y es en esencia el precio de cierre del día. A efectos de revalorización, ésta es la cifra que se utiliza. Se presenta a continuación el cambio ($-4^1/_4$), que inicia el movimiento en el precio de liquidación con respecto a la sesión de operaciones previa. A continuación, se muestran el precio máximo ($279^3/_4$) y el mínimo ($234^3/_4$) durante la vida del contrato. Por último, se muestra el *interés abierto* «open interest» (76,690), que señala el número de contratos en circulación al final del día. Al final de una sección, se presenta el volumen de operaciones en ese día para los diferentes vencimientos (53,000) y del día anterior (49,220), junto con el interés abierto total para todos los vencimientos (272,428) y el cambio en el interés abierto total (+ 1,173).

Tabla 24.1

Muestra de una publicación en *The Wall Street Journal* de precios futuros

PRECIOS FUTUROS

Miércoles 8 de abril, 1992

El interés abierto refleja las operaciones del día anterior

CEREALES Y SEMILLAS OLEAGINOSAS

MAÍZ (CBT): 5,000 bushels; centavos por bu.

	Apertura	Mayor	Menor	Liquidac.	Cambio	Máximo	Mínimo	Interés abierto
May	256	256½	252¾	253	− 4¼	279¾	234⅜	76,690
Jul	260½	261¼	257¾	258	− 4¼	285	239½	106,285
Sep	256¼	256½	253½	253¾	− 3¼	279½	236½	16,458
Dic	253¾	254½	251¼	251½	− 3½	275¾	236½	65,675
Mar 93	261½	261¾	258½	258¾	− 3¼	281¼	258	5,993
May	265½	266½	263	263	− 3	284¾	263	1,226

Vol. est. 53,000; vol. martes 49,220; interés abierto 272,428 + 1,173.

GANADO Y CARNE

GANADO VACUNO (CME): 44,000 libras; centavos por libra

	Apertura	Mayor	Menor	Liquidac.	Cambio	Máximo	Mínimo	Interés abierto
Abr	79.50	79.70	79.20	79.50	− 0.05	87.00	73.25	1,845
May	77.70	77.95	77.35	77.72	...	86.50	72.65	3,731
Ago	75.87	76.05	75.55	75.77	− 0.10	83.00	72.65	3,630
Sep	75.05	75.15	74.85	75.05	...	82.40	72.15	490
Oct	74.55	74.70	74.40	74.60	+ 0.07	79.50	72.10	837
Nov	75.00	75.17	74.95	75.05	...	77.50	72.30	191

Vol. est. 1,567; vol. martes 1,450; interés abierto 10,724 + 159.

TOCINO (CME): 40,000 libras; centavos por libra

	Apertura	Mayor	Menor	Liquidac.	Cambio	Máximo	Mínimo	Interés abierto
May	34.60	35.25	34.20	35.07	+ 0.17	59.00	33.40	4,696
Jul	35.15	35.55	34.60	35.27	− 0.07	59.00	34.52	4,551
Ago	33.65	34.15	33.15	33.67	− 0.20	51.00	33.05	2,467
Feb	44.00	44.10	43.20	43.60	− 0.30	49.30	41.30	191

Vol. est. 2,907; vol. martes 2,055; interés abierto 11,933 + 86.

ALIMENTOS Y FIBRAS

CACAO (CSCE): 10 toneladas métricas; $ por tonelada

	Apertura	Mayor	Menor	Liquidac.	Cambio	Máximo	Mínimo	Interés abierto
May	845	952	937	943	− 7	1,388	937	12,445
Jul	988	990	983	986	− 7	1,410	983	17,374
Sep	1,028	1,030	1,021	1,024	− 10	1,427	1,021	8,141
Dic	1,080	1,082	1,075	1,076	− 6	1,460	1,075	6,678
Mar 93	1,114	1,114	1,112	1,112	− 14	1,495	1,112	4,363
May	1,145	1,148	1,145	1,146	− 7	1,518	1,145	1,499
Jul		...	...	1,176	− 6	1,540	1,180	936
Sep	1,202	1,202	1,198	1,202	− 6	1,560	1,198	2,217
Dic		...	...	1,234	− 6	1,506	1,245	315

Vol. est. 6,342; vol. martes 6,033; interés abierto 53,968 + 209.

ABREVIATURAS DE LAS BOLSAS DE VALORES
(para adelantados de mercancías básicas y opciones sobre futuros)

CBT, Chicago Board of Trade; CME, Chicago Mercantile Exchange; CMX, Commodity Exchange, New York; CRCE, Chicago Rice & Cotton Exchange; CTN, New York Cotton Exchange; CSCE, Coffee, Sugar & Cocoa Exchange, New York; FOX, London Futures and Options Exchange; IPE, International Petroleum Exchange; KC, Kansas City Board of Trade; MCE, Mid America Commodity Exchange; MPLS, Minneapolis Grain Exchange; NYM, New York Mercantile Exchange; PBOT, Philadelphia Board of Trade; WPG, Winnipeg Commodity Exchange.

DIVISAS

YEN JAPONÉS (IMM): 12.5 millones de yenes; $ por yen (0.00)

	Apertura	Mayor	Menor	Liquidac.	Cambio	Máximo	Mínimo	Interés abierto
Jun		0.7586	0.7516	0.7527	+ 0.0015	0.8125	0.7015	58,986
Sep	0.7564	0.7582	0.7510	0.7523	+ 0.0014	0.8080	0.7265	2,323
Dic	0.7562	0.7568	0.7525	0.7525	+ 0.0013	0.8045	0.7410	1,631
Mar 93	0.7565	...	...	0.7531	+ 0.0012	0.8005	0.7490	1,862

Vol. est. 27,967; vol. martes 22,335; interés abierto 64,802 + 301.

TASAS DE INTERÉS

BONOS DE LA TESORERA (CBT): $100,000; pts. 32 vos. 100%

	Apertura	Mayor	Menor	Liquidac.	Cambio	Resultados Liquidac.	Resultados Cambio	Interés abierto
Jun	99-25	100-01	99-05	99-07	− 16	8.079	+ 0.051	283,445
Sep	98-25	98-30	98-03	98-05	− 16	8.189	+ 0.052	19,021
Dic	97-23	97-28	97-04	97-04	− 16	8.297	+ 0.053	5,774
Mar 93	96-22	96-30	96-06	96-06	− 16	8.397	+ 0.054	1,943
Jun	96-02	96-02	95-11	95-11	− 16	8.488	+ 0.054	722
Sep 94	92-26	92-26	92-05	92.05	− 21	8.843	+ 0.075	100

Vol. est. 335,000; vol. martes 205,259; interés abierto 311,186 − 200.

METALES Y PETRÓLEO

COBRE-ALTO (CMX): 25,000 libras; centavos por libra

	Apertura	Mayor	Menor	Liquidac.	Cambio	Máximo	Mínimo	Interés abierto
Abr	101.60	101.70	100.10	100.10	− 2.05	103.70	93.50	1,025
May	101.90	102.00	100.20	100.35	− 2.05	106.20	93.30	24,959
Jun	100.70	100.70	100.40	100.40	− 1.85	103.10	94.80	876
Jul	101.65	101.75	100.20	100.40	− 1.75	103.80	92.80	11,469
Ago		...	...	100.45	− 1.60	102.00	95.70	671
Sep	101.70	101.70	100.30	100.50	− 1.40	103.45	92.80	4,299
Oct		...	...	100.50	− 1.35	102.20	95.90	415
Nov		...	...	100.50	− 1.25	102.00	96.00	306
Dic	101.40	101.40	100.00	100.50	− 1.15	102.15	91.60	3,980
Ene 93		...	...	100.40	− 1.15	101.00	93.30	110
Mar	101.25	101.25	100.35	100.20	− 1.20	101.70	92.80	1,248
May	100.40	100.40	100.20	100.05	− 1.15	101.25	93.70	377
Jul		...	...	99.90	− 1.15	101.15	95.80	267
Sep		...	...	99.75	− 1.15	101.25	95.80	239
Dic		...	...	99.65	− 1.20	101.05	97.00	140

Vol. est. 15,000; vol. martes 3,017; interés abierto 50,383 + 251.

PETRÓLEO CRUDO, ligero dulce (NYM): 1,000 barriles; $ por barril

	Apertura	Mayor	Menor	Liquidac.	Cambio	Máximo	Mínimo	Interés abierto
May	20.40	20.67	20.40	20.62	+ 0.39	24.60	17.30	65,492
Jun	20.49	20.69	20.47	20.62	+ 0.31	24.50	17.70	72,092
Jul	20.45	20.63	20.43	20.57	+ 0.29	22.11	17.90	47,124
Ago	20.37	20.55	20.36	20.50	+ 0.28	21.80	17.75	23,841
Sep	20.31	20.47	20.29	20.42	+ 0.28	24.00	17.78	23,713
Oct	20.23	20.42	20.23	20.35	+ 0.27	21.56	18.42	15,562
Nov	20.18	20.35	20.18	20.29	+ 0.26	21.48	18.50	9,667
Dic	20.12	20.28	20.12	20.24	+ 0.25	24.00	18.25	19,508
Ene 93	20.05	20.21	20.05	20.15	+ 0.24	21.35	18.62	9,394
Feb	20.05	20.14	20.04	20.07	+ 0.31	21.29	18.67	4,344
Mar	20.02	20.02	20.02	20.01	+ 0.22	21.26	18.51	4,202
Abr	20.00	20.00	19.94	19.98	+ 0.22	21.14	18.75	2,003
May		...	...	19.95	+ 0.21	21.10	18.93	2,243
Jun		...	...	19.93	+ 0.19	23.00	18.63	11,494
Jul		...	...	19.92	+ 0.18	19.65	18.97	5,519
Ago		...	...	19.92	+ 0.17	19.70	18.99	382
Sep		...	...	19.92	+ 0.16	21.13	18.90	4,624
Dic	19.99	19.99	19.99	19.95	+ 0.13	23.00	18.70	9,736
Mar 94	19.98	19.98	19.98	19.97	+ 0.10	19.68	19.14	736
Jun	20.05	20.06	20.02	20.00	+ 0.07	21.35	19.25	9,683
Dic		...	...	20.10	+ 0.06	21.08	19.40	6,451

Vol. est. 111,319; vol. martes 61,186; interés abierto 347,875 + 932

Para ver lo cuantiosas que pueden ser las operaciones de futuros, obsérvese el contrato de Bonos de la Tesorería en el CBT (bajo el título de tasas de interés). Uno de los contratos es para Bonos de la Tesorería a largo plazo, con un valor nominal o valor a la par de $100,000. El interés abierto total para todos los meses es de aproximadamente 300,000 contratos. ¡El valor nominal total de los contratos en circulación es de $30 mil millones en el caso de este contrato específico!

Coberturas con futuros

En lo conceptual, la cobertura con contratos de futuros es idéntica a la cobertura con contratos adelantados, y el perfil de resultados para un contrato de futuros se grafica de la misma forma que el de uno adelantado. La única diferencia en la cobertura con futuros es que la empresa deberá mantener una cuenta con un agente bursátil con el fin de que las ganancias y las pérdidas se puedan abonar o cargar cada día como parte del proceso de revalorización.

A pesar de que existe una gran variedad de contratos de futuros, es poco probable que una empresa en particular logre encontrar el instrumento preciso de cobertura que requiere. Por ejemplo, quizá se produzca un grado o variedad de petróleo en particular y no existan contratos para ese grado exacto. Sin embargo, todos los precios del petróleo muestran una tendencia a moverse en conjunto, por lo que se podría cubrir la producción utilizando contratos de futuros para otros grados de petróleo. Utilizar como cobertura un contrato sobre un activo relacionado, pero no idéntico, se denomina **cobertura cruzada** (*cross-hedging*).

cobertura cruzada
Cobertura de un activo con contratos concertados sobre un activo estrechamente relacionado, pero no idéntico.

Cuando una empresa lleva a cabo una cobertura cruzada, no pretende en realidad comprar o vender el activo implícito. Esto no representa un problema porque la empresa puede invertir su posición en futuros en algún momento antes del vencimiento. Esto significa simplemente que si la empresa vende un contrato de futuros para cubrir un riesgo, comprará el mismo contrato en una fecha posterior, con lo que se elimina su posición en futuros. De hecho, es muy raro que alguien conserve hasta el vencimiento los contratos de futuros (a pesar de los relatos de horror sobre personas que se despiertan para encontrarse en su jardín montañas de semillas de soya) y como consecuencia es muy raro que se lleve a cabo la entrega física real.

PREGUNTAS SOBRE CONCEPTOS

24.4a ¿Qué es un contrato de futuros? ¿En qué se diferencia de un contrato adelantado?

24.4b ¿Qué es la cobertura cruzada? ¿Por qué es importante?

24.5 | COBERTURA CON CONTRATOS DE INTERCAMBIO

contrato de intercambio
Convenio entre dos partes de intercambiar (*swap*) flujos para efectivo especificados a intervalos de tiempo en el futuro.

Como su nombre sugiere, un **contrato de intercambio** (*swap*) es un convenio entre dos partes para intercambiar flujos de efectivo específicos a intervalos de tiempo establecidos. Los *swaps* son una innovación reciente; se presentaron al público por primera vez en 1981, cuando IBM y el Banco Mundial concertaron un convenio *swap*. Desde entonces, el mercado de *swaps* ha crecido considerablemente.

En realidad, un contrato *swap* es sólo una cartera o una serie de contratos adelantados. Recuérdese que en el caso del contrato adelantado una de las partes promete intercambiar un activo (p. ej., *bushels* de trigo) por otro (efectivo) en una fecha futura específica. En el caso del *swap*, la única diferencia es que en lugar de un intercambio único, existen múltiples intercambios. En principio, el contrato *swap* se podría establecer exactamente a la medida, es decir, para intercambiar cualquier cosa. En la práctica, la mayoría de los contratos *swap* pertenecen a una de estas tres categorías básicas: *swaps* de divisas, *swaps* de tasas de interés y *swaps* de mercancías básicas. Con toda seguridad se crearán otros tipos de *swaps*, pero nos concentraremos sólo en estos tres.

Swaps de divisas

En el caso de un *swap de divisas*, dos empresas acuerdan intercambiar una determinada cantidad de una divisa por otra de otra divisa en una fecha específica. Supongamos, por ejemplo, que una empresa estadounidense tiene una subsidiaria alemana y desea obtener financiamiento mediante deuda para una expansión de las operaciones de la subsidiaria. Dado que casi todos los flujos de efectivo de la subsidiaria están denominados en marcos alemanes, la empresa desearía que la subsidiaria contratara deuda y efectuara los pagos en marcos alemanes, cubriéndose así contra posibles variaciones en el tipo de cambio marco alemán/dólar. Desafortunadamente, la empresa tiene un buen acceso a los mercados de deuda en Estados Unidos, pero no a los alemanes.

Al mismo tiempo, una empresa alemana desea obtener financiamiento denominado en dólares estadounidenses. Puede obtener deuda en marcos alemanes a tasas bajas, pero no en dólares. Ambas empresas se enfrentan a un problema similar. Pueden obtener deuda a tasas favorables, pero no en la divisa que desean. La solución es un *swap* de divisas. Ambas empresas acuerdan simplemente intercambiar dólares por marcos alemanes a un tipo de cambio fijo y en fechas específicas (las fechas de pago de los préstamos). De esta forma, cada empresa obtiene la mejor tasa posible y toman medidas para eliminar el nivel de exposición a variaciones en el tipo de cambio al convenir el intercambio de divisas; una solución clara.

Swaps de tasas de interés

Imaginemos el caso de una empresa que desee obtener un préstamo a tasa fija, pero sólo pueda conseguir una buena operación con un préstamo de tasa flotante o tasa variable, es decir, un préstamo en el que los pagos se ajustan periódicamente para reflejar los cambios en las tasas de interés. Otra empresa puede obtener un préstamo a tasa fija, pero desea obtener la tasa de interés más baja posible y por ello está dispuesta a aceptar un préstamo con tasa flotante. (Por lo general, las tasas de los préstamos de tasa variable son menores que las para los préstamos de tasa fija; ¿por qué?) Ambas empresas podrían lograr sus objetivos si convinieran intercambiar la serie de pagos de los préstamos; en otras palabras, las dos empresas se hacen entre sí pagos por los préstamos. Éste es un ejemplo de un *swap de tasas de interés*; lo que se intercambia en realidad es una tasa de interés flotante por una tasa de interés fija.

Los *swaps* de tasas de interés y los *swaps* de divisas suelen combinarse. Una empresa obtiene financiamiento con una tasa flotante denominada en una divisa en particular y lo intercambia por financiamiento a una tasa fija denominada en otra divisa. Los pagos por préstamos con tasa variable siempre se basan en algún índice, como puede ser la tasa de la Tesorería a un año. Un *swap* de tasas de interés podría involucrar el intercambio de un préstamo de tasa flotante por otro de tasa variable como una forma de cambiar el índice implícito.

Swaps de mercancías básicas

Como su nombre sugiere, un *swap de mercancías básicas* es un contrato para intercambiar una cantidad fija de una mercancía básica en períodos fijos en el futuro. Los *swaps* de mercancías básicas son el tipo más reciente de *swaps* y el mercado para ellos es pequeño, si se le compara con otros tipos. Sin embargo, su potencial de crecimiento es enorme.

Se han estructurado contratos *swap* para petróleo. Por ejemplo, un usuario de petróleo requiere 20,000 barriles por trimestre. El usuario podría concertar un contrato *swap* con un productor para que le suministre el petróleo que requiere. ¿Qué precio acordarían? Como vimos con anterioridad, no pueden fijar un precio externo. En lugar de ello, podrían convenir que el precio fuera igual al precio *promedio* diario del petróleo en los 90 días anteriores. Al utilizar un precio promedio, se reducirá el efecto de las fluctuaciones relativamente grandes de los precios diarios en el mercado del petróleo, y ambas empresas se beneficiarán de una reducción del riesgo de transacción.

El operador de swaps

A diferencia de los contratos de futuros, los contratos de intercambio o contratos *swaps* no se negocian en bolsas organizadas. La principal razón es que no están lo bastante estandarizados. En lugar de ello, el *operador de swaps* desempeña un papel fundamental en el mercado de intercambios. Si no existiera el comerciante en *swaps*, una empresa que quisiera concertar un contrato de este tipo debería identificar a otra empresa que deseara el lado opuesto de la operación. Lo probable es que esta búsqueda fuera cara y requiriera mucho tiempo.

En vez de ello, una empresa que desee establecer un contrato *swap* se pone en contacto con un comerciante en *swaps* y éste asume la contraparte del contrato. El comerciante en *swaps* intentará entonces identificar una operación compensadora o inversa con alguna parte o con varias partes (quizá otra empresa u otro comerciante). Si esto fracasa, el comerciante en *swaps* cubre su exposición al riesgo utilizando contratos de futuros.

Los principales comerciantes en *swaps* en Estados Unidos son los bancos comerciales. Como un gran comerciante en *swaps*, un banco participaría en diversos contratos. Estaría intercambiando préstamos de tasa fija por préstamos de tasa flotante con algunas partes y realizando exactamente lo contrario con otros participantes. El grupo total de contratos en el que participa el comerciante se denomina *libro de swaps*. El comerciante tratará de mantener un libro equilibrado para limitar su nivel de exposición neta.

Swaps de tasas de interés: un ejemplo

Para comprender mejor los contratos *swap* y el papel del operador o comerciante en *swaps*, veremos un *swap* de tasas de interés flotantes por fijas. Supongamos que la empresa A puede obtener deuda a una tasa flotante igual a la tasa preferencial más 1% o bien una tasa fija del 10%. La empresa B puede obtener deuda a una tasa flotante igual a la tasa preferencial más 2% o bien con una tasa fija del 9.5%. La empresa A desea un préstamo con una tasa fija, en tanto que la empresa B desea un préstamo con tasa flotante. Es evidente que se requiere un intercambio.

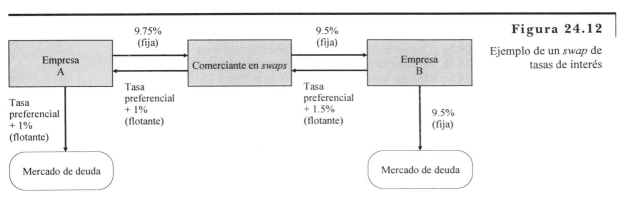

Figura 24.12

Ejemplo de un *swap* de tasas de interés

La empresa A contrata una deuda a la tasa preferencial más el 1% y realiza un intercambio *(swap)* por una tasa fija de 9.75%. La empresa B contrata una deuda al 9.5% fijo y realiza un intercambio *(swap)* por una tasa flotante igual a la tasa preferencial más 1.5%.

La empresa A se pone en contacto con un comerciante en *swaps* y se realiza la operación. La empresa A contrata un préstamo a la tasa preferencial más el 1%. El comerciante en *swaps* acepta cubrir los pagos del préstamo y la empresa acepta a cambio efectuar pagos a una tasa fija al comerciante en *swaps*, por ejemplo, del 9.75%. Obsérvese que el comerciante en *swaps* está realizando pagos a una tasa flotante y recibiéndolos a una tasa fija. La empresa está realizando pagos a una tasa fija, por lo que ha intercambiado un pago variable por otro fijo.

La empresa B también establece contacto con un comerciante en *swaps*. En este caso, la operación consiste en que la empresa B contrate un préstamo a una tasa fija del 9.5%. El comerciante en *swaps* acepta cubrir los pagos fijos del préstamo y la empresa acepta efectuar los pagos al comerciante en *swaps* a una tasa variable preferencial más el 1.5%. En este segundo convenio, el comerciante en *swaps* está realizando pagos a una tasa fija y recibiendo pagos a otra tasa variable.

¿Cuál es el efecto neto de estos mecanismos? Primero, la empresa A obtiene un préstamo a una tasa fija del 9.75%, lo que es más barato que la tasa del 10% que puede obtener por sí misma. Segundo, la empresa B obtiene un préstamo a tasa flotante a la tasa preferencial más el 1.5%, en lugar de la preferencial más el 2%. El intercambio beneficia a ambas empresas.

El comerciante en *swaps* también gana. Cuando todo el revuelo se tranquiliza, el comerciante en *swaps* recibe (de la empresa A) pagos a tasa fija al 9.75% y efectúa pagos a tasa fija (para la empresa B) al 9.5%. Al mismo tiempo, efectúa pagos a tasa flotante (para la empresa A) a la tasa preferencial más el 1%, y recibe pagos a tasa flotante a la tasa preferencial más el 1.5% (de la empresa B). Obsérvese que el libro de *swaps* del operador está perfectamente equilibrado y que no tiene exposición alguna frente a la volatilidad de las tasas de interés.

En la figura 24.12 se muestran las transacciones para el ejemplo de intercambio de las tasas de interés. Obsérvese que la esencia de las transacciones *swap* es que una empresa intercambia un pago fijo por un pago variable, en tanto que la otra empresa intercambia un pago variable por uno fijo. El comerciante en *swaps* actúa como un intermediario y se beneficia del diferencial o margen entre las tasas que carga y las que recibe.

⌐ **PREGUNTAS SOBRE CONCEPTOS**

24.5a ¿Qué es un contrato *swap*? Describa tres tipos.
24.5b Describa el papel del comerciante en *swaps*.
24.5c Explique los flujos de efectivo de la figura 24.12.

24.6 ⌐ COBERTURA CON CONTRATOS DE OPCIONES

contrato de opciones
Convenio que otorga al propietario el derecho, pero no la obligación, de comprar o vender un activo específico a un precio específico y por un período de tiempo determinado.

Los contratos que se han estudiado hasta ahora —contratos adelantados, de futuros y *swaps*— son conceptualmente similares. En cada caso, dos partes convienen realizar ciertas operaciones en una fecha o fechas futuras. La clave es que ambas partes están *obligadas* a realizar la transacción presentada.

En contraste, el **contrato de opciones** es un convenio que otorga a su propietario el derecho, pero no la obligación, de comprar o vender (dependiendo del tipo de opción) algún activo a un precio específico y por un período de tiempo determinado. En el capítulo 20 se estudió el tipo de opción más habitual, las opciones sobre acciones. En esta sección se revisarán brevemente algunos aspectos básicos de las opciones y después centraremos la atención en la utilización de opciones para cubrir la volatilidad en los precios de las mercancías básicas, en las tasas de interés y en los tipos de cambio. Al hacerlo, no se señalarán una gran variedad de detalles relacionados con la terminología de las opciones, las estrategias de comercialización de opciones y la valuación de opciones.

Terminología de las opciones

opción de compra
Opción que otorga al propietario el derecho, pero no la obligación, de comprar un activo.

opción de venta
Opción que otorga al propietario el derecho, pero no la obligación, de vender un activo.

Existen dos tipos de opciones, de venta y de compra. El propietario de una **opción de compra** tiene el derecho, pero no la obligación, de *comprar* un activo implícito o subyacente a un precio fijo, denominado *precio de ejercicio* o *precio de ejecución*, por un período de tiempo específico. El propietario de una **opción de venta** tiene el derecho, pero no la obligación, de *vender* un activo implícito o subyacente a un precio fijo, por un período específico.

El acto de comprar o vender el activo implícito utilizando el contrato de opciones se denomina *ejecutar* la opción. Algunas opciones (las opciones «estadounidenses») pueden ejecutarse en cualquier momento previo y hasta la *fecha de vencimiento* (el último día), incluyendo esta última; otras opciones (las opciones «europeas») sólo pueden ejecutarse en la fecha de vencimiento. La mayor parte de las opciones son estadounidenses.

Dado que el comprador de una opción de compra tiene el derecho de comprar el activo implícito pagando el precio de ejecución, el vendedor de una opción de compra está obligado a entregar el activo y a aceptar el precio de ejecución si se ejercita la opción. De forma similar, el comprador de la opción de venta tiene el derecho de vender el activo implícito y de recibir el precio de ejecución. En este caso, el vendedor de la opción de venta debe aceptar el activo y pagar el precio de ejecución.

Opciones versus contratos adelantados

Existen dos diferencias fundamentales entre un contrato de opciones y un contrato adelantado. La primera es obvia. En el caso de un contrato adelantado, ambas partes están obligadas a realizar la operación; una de las partes entrega el activo y la otra lo paga. Con

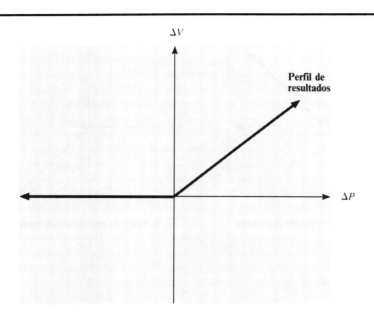

Figura 24.13

Perfil de resultados de la opción de compra para un comprador de opciones

una opción, la transacción sólo ocurre así cuando el propietario de la opción decide ejecutarla.

La segunda diferencia entre una opción y un contrato adelantado es que con un contrato adelantado ningún monto de dinero cambia de manos. Sin embargo, el comprador de un contrato de opciones obtiene un derecho con valor y debe pagar al vendedor por ese derecho. Al precio de la opción se le suele denominar *prima de la opción*.

Perfiles de resultados de las opciones

En la figura 24.13 se muestra el perfil general de resultados para una opción de compra desde el punto de vista de su propietario. El eje horizontal muestra la diferencia entre el valor del activo y el precio de ejecución de la opción. Como se muestra, si el precio del activo implícito aumenta por arriba del precio de ejecución, el propietario de la opción la ejecutará y obtendrá una ganancia. Si el valor del activo disminuye por debajo del precio de ejecución, el propietario de la opción no la ejecutará. Obsérvese que este perfil de resultados no toma en cuenta la prima que pagó el comprador por la opción.

El perfil de resultados que se obtiene de la adquisición de una opción de compra se repite en la parte A de la figura 24.14. La parte B muestra el perfil de resultados de una opción de compra desde el punto de vista del vendedor. Una opción de compra es un juego suma-cero, por lo que el perfil de resultados del vendedor es exactamente lo opuesto al del comprador.

En la parte C de la figura 24.14 se muestra el perfil de resultados para el comprador de una opción de venta. En este caso, si el valor del activo disminuye por debajo del precio de ejecución, el comprador se beneficia porque el vendedor de la opción de venta debe

Figura 24.14

Perfiles de resultados
de opciones

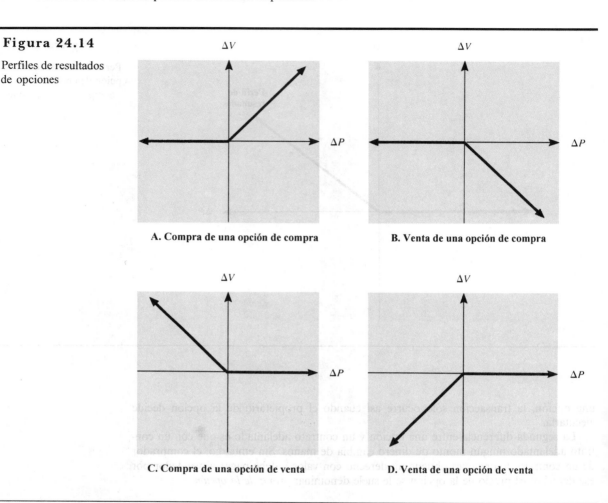

A. Compra de una opción de compra

B. Venta de una opción de compra

C. Compra de una opción de venta

D. Venta de una opción de venta

pagar el precio de ejecución. En la parte D se muestra que el vendedor de la opción de venta pierde cuando el precio disminuye por debajo del precio de ejecución.

Cobertura con opciones

Supongamos que una empresa tiene un perfil de riesgo similar al que aparece en la parte A de la figura 24.15. Si la empresa desea cubrirse contra movimientos adversos en precios utilizando opciones, ¿qué debe hacer? Al examinar los diferentes perfiles de resultados en la figura 24.14, el que tiene la forma deseada es el C, comprar una opción de venta. Si la empresa compra una opción de venta, su nivel de exposición neta al riesgo tiene la forma que se muestra en la parte B de la figura 24.15.

En este caso, al comprar una opción de venta, la empresa ha eliminado el riesgo «descendente», es decir, el riesgo de un movimiento adverso en precios. Sin embargo, la em-

Figura 24.15

Coberturas con opciones

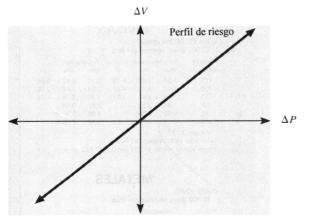

A. El perfil de riesgo no cubierto

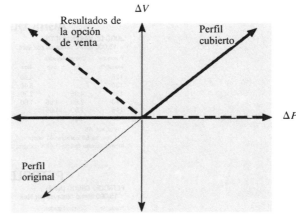

B. El perfil de riesgo protegido

El perfil de riesgo cubierto se crea comprando una opción de venta, con lo que se elimina el riesgo «descendente».

presa ha conservado el potencial «ascendente». En otras palabras, la opción de venta actúa como una especie de póliza de seguros. Recuérdese que esta atractiva póliza de seguros no es gratuita; la empresa paga por ella al comprar la opción de venta.

Cobertura del riesgo del precio de las mercancías básicas con opciones

Vimos anteriormente que existen contratos de futuros disponibles para diversas mercancías básicas. Existe además un creciente número de opciones disponibles para estas mismas mercancías básicas. De hecho, las opciones que suelen negociarse por las mercancías básicas son en realidad opciones sobre contratos de futuros y por ello se les denomina *opciones sobre futuros.*

La forma en que éstas operan es que, cuando se ejecuta una opción de compra sobre futuros para, por ejemplo, trigo, el propietario de la opción recibe dos cosas. La primera es un contrato de futuros para trigo al precio actual del contrato de futuros. Este contrato se puede cerrar de inmediato sin costo alguno. La segunda cosa que recibe el propietario de la opción es la diferencia entre el precio de ejecución de la opción y el precio actual del contrato de futuros. La diferencia se paga en efectivo.

En la tabla 24.2 se proporcionan algunas cotizaciones de opciones sobre futuros tomadas del periódico *The Wall Street Journal.* Éstas se cotizan casi exactamente como las opciones sobre acciones (el capítulo 20 contiene más detalles sobre las cotizaciones de opciones). De forma breve, si se observa la opción sobre el jugo de naranja, la primera

Tabla 24.2

Muestra de cotizaciones de opciones del *Wall Street Journal*

PRECIOS DE OPCIONES SOBRE FUTUROS

Miércoles 15 de abril, 1992

AGRÍCOLAS

JUGO DE NARANJA (CTN)
15,000 libras; centavos por libra

Precio de ejecución	Compra-liquidac. Jul	Sep	Nov	Venta-liquidac. Jul	Sep	Nov
125	...	...	4.90	1.85	5.10	...
130	...	...	3.40	3.25	8.25	...
135	4.05	...	2.30	5.45	...	...
140	2.60	1.65	1.80	8.80	...	...
145	1.60	1.05	...	12.65	...	...
150	0.95	...	...	17.30	...	...

Vol. est. 45;
Vol. martes 56 compra; 41 venta
Interés abierto martes 1,426 compra; 2,521 venta

DIVISAS

LIBRA ESTERLINA (IMM)
62,500 libras; centavos por libra

Precio de ejecución	Compra-liquidac. May	Jun	Jul	Venta-liquidac. May	Jun	Jul
1675	6.50	7.06	5.78	0.24	0.82	1.98
1700	4.40	5.18	4.28	0.64	1.44	2.96
1725	2.68	3.62	3.06	1.40	2.34	4.22
1750	1.40	2.38	...	2.62	3.60	...
1775	0.66	1.50	...	4.36	5.20	...
1800	0.28	0.90	...	6.46	7.06	...

Vol. est. 2,112;
Vol. martes 869 compra; 584 venta
Interés abierto martes 11,732 compra; 11,822 venta

PETRÓLEO

PETRÓLEO CRUDO (NYM)
15,000 libras; centavos por libra

Precio de ejecución	Compra-liquidac. Jun	Jul	Ago	Venta-liquidac. Jun	Jul	Ago
18	2.01	2.13	...	0.03	0.11	0.12
19	1.11	1.27	1.34	0.13	0.25	0.32
20	0.43	0.64	0.75	0.45	0.61	0.72
21	0.12	0.28	0.38	1.14	1.25	1.34
22	0.04	0.10	0.18	2.06	2.06	...
23	0.02	0.05	0.08	...	3.00	3.03

Vol. est. 31,712;
Vol. martes 16,754 compra; 13,698 venta
Interés abierto martes 131,561 compra; 98,772 venta

METALES

COBRE (CMX)
25,000 libras; centavos por libra

Precio de ejecución	Compra-liquidac. Jul	Sep	Dic	Venta-liquidac. Jul	Sep	Dic
96	4.50	5.35	6.25	0.55	1.25	1.95
98	3.00	4.00	5.00	1.05	1.85	2.75
100	1.80	2.85	3.80	1.85	2.70	3.45
102	1.10	1.95	3.00	3.00	3.80	4.70
104	0.60	1.40	2.20	4.65	5.15	5.90
105	0.45	...	...	5.50	...	...

Vol. est. 100;
Vol. martes 230 compra; 312 venta
Interés abierto martes 4,096 compra; 2,451 venta

columna de cifras muestra los diferentes precios de ejecución disponible. Las siguientes tres columnas son los precios de la opción de compra (o las primas) para tres meses diferentes de vencimiento. Las últimas tres columnas son los precios de la opción de venta para esos mismos tres meses.

Supongamos que se compra la opción de compra de futuros de jugo de naranja *noviembre 125*. Se pagarían $0.049 por libra por la opción (en la realidad se venden en múltiplos de 15,000, pero por el momento no se tomará en cuenta esto). Si se ejecuta la opción, se recibirá un contrato de futuros para jugo de naranja y además la diferencia entre el precio actual de los futuros y el precio de ejecución de 125 en efectivo.

Cobertura del riesgo cambiario con opciones

En la tabla 24.2 se muestra que existen opciones sobre futuros para divisas lo mismo que para mercancías básicas. Éstas operan exactamente de la misma forma que las opciones sobre futuros de mercancías básicas. Existen además otras opciones disponibles en las que el activo implícito es la divisa por sí misma, en vez de un contrato de futuros para una divisa. Las empresas con un nivel de exposición considerable al riesgo cambiario suelen comprar opciones de venta para protegerse frente a los cambios adversos en los tipos de cambio.

Cobertura del riesgo de tasas de interés con opciones

El uso de opciones para establecer coberturas contra el riesgo de tasas de interés es una práctica muy común, y existen diversas opciones disponibles. Algunas son opciones sobre futuros como las que se han estudiado y se negocian en bolsas organizadas. Por ejemplo, en el estudio de los futuros se mencionó el contrato para Bonos de la Tesorería. Existen opciones disponibles sobre este contrato, así como sobre otros contratos de futuros financieros. Además de esto, existe un floreciente mercado extrabursátil en opciones sobre tasas de interés. En esta sección se describirán algunas de ellas.

Nota preliminar   Algunas opciones sobre tasas de interés son en realidad opciones sobre activos que generan intereses, como es el caso de los bonos (o sobre contratos de futuros para bonos). La mayor parte de las opciones que se negocian en bolsas pertenecen a esta categoría. Como veremos a continuación, algunas son en realidad opciones sobre tasas de interés. La distinción es importante si se piensa utilizar un tipo u otro para establecer una cobertura. Supongamos, por ejemplo, que se desea establecer una cobertura contra un aumento en las tasas de interés utilizando opciones, ¿qué debe hacerse?

Se desea comprar una opción que se incremente en valor conforme aumenten las tasas de interés. Algo que podría hacerse es comprar una opción de *venta* sobre un bono. ¿Por qué una opción de venta? Recuerde que cuando las tasas de interés aumentan, los valores de los bonos disminuyen, por lo que una forma de cobertura contra los incrementos en tasas de interés es comprar opciones de venta sobre bonos. La otra forma es adquirir una opción de *compra* sobre tasas de interés. A continuación, estudiamos esta alternativa con más detalle.

En el capítulo 12 se vieron las opciones sobre tasas de interés cuando se analizó la característica de redención anticipada de un bono. Recuérdese que la cláusula de redención anticipada otorga al emisor el derecho de recomprar el bono a un precio establecido, conocido como *precio de redención anticipada*. Lo que sucede es que si las tasas de interés disminuyen, el precio del bono aumentará. Si aumenta por arriba del precio de redención anticipada, el comprador ejecutará su opción y adquirirá los bonos a un precio muy bajo. Por tanto, la cláusula de redención anticipada puede considerarse como una opción de compra sobre un bono o como una opción de venta sobre las tasas de interés.

Techos de tasas de interés   Un *techo (cap) de tasa de interés* es una opción de compra sobre una tasa de interés. Supongamos que una empresa tiene un préstamo con tasa flotante. Está preocupada porque las tasas de interés aumenten de forma pronunciada y la empresa experimente graves problemas financieros por los mayores pagos del préstamo. Para protegerse de ello, la empresa puede comprar un *techo* de tasas de interés a un banco (existen bancos que se especializan en este tipo de producto). Lo que sucederá es que, si el pago del préstamo llega en algún momento a exceder un límite convenido (el *techo*), el banco pagará en efectivo la diferencia entre el pago real y el *techo*.

Un *piso (floor)* es una opción de venta sobre una tasa de interés. Si una empresa compra un *techo* y vende un *piso*, el resultado es un *collar*. La empresa se protege contra incrementos en las tasas de interés en exceso del *techo*. Sin embargo, si las tasas de interés disminuyen por debajo del *piso*, se ejecutará la opción de venta contra la empresa. El resultado es que la tasa que paga la empresa no disminuirá por debajo de la tasa *piso*. En otras palabras, la tasa que pague la empresa siempre se encontrará entre el *piso* y el *techo*.

Otras opciones sobre tasas de interés   Concluiremos este capítulo mencionando brevemente dos tipos relativamente nuevos de opciones sobre tasas de interés. Supongamos que una empresa tiene un préstamo con tasa flotante. La empresa se siente cómoda con su préstamo, pero le gustaría tener el derecho de convertirlo en el futuro en un préstamo de tasa fija.

¿Qué puede hacer la empresa? Lo que desea es el derecho, pero no la obligación, de intercambiar su préstamo de tasa flotante por otro de tasa fija. En otras palabras, requiere comprar una opción sobre un *swap*. Existen opciones sobre *swaps* y tienen el encantador nombre de *swaptions*.

Hemos visto que existen opciones sobre contratos de futuros y opciones sobre contratos *swap*, ¿y qué decir de las opciones sobre opciones? A estas opciones se les denominan opciones *compuestas* (*compound options*). Como acabamos de estudiar, un *techo* (*cap*) es una opción de compra sobre tasas de interés. Supongamos que una empresa piensa, dependiendo de las tasas de interés, comprar un *techo* en el futuro. En este caso, lo que la empresa puede hacer hoy es comprar una opción sobre un *techo*. Parece inevitable que una opción sobre un *techo* (*cap*) se denomine *caption* y existe un creciente mercado para estos instrumentos.

Existen muchos otros tipos de opciones disponibles y cada día se crean más. Un aspecto muy importante de la administración del riesgo financiero que no se ha estudiado es que las opciones, los contratos adelantados, los futuros y los *swaps* pueden combinarse de muchas formas para crear nuevos instrumentos. Estos tipos básicos de contratos sólo son en realidad los ladrillos con los que los ingenieros financieros crean productos nuevos e innovadores para la administración corporativa del riesgo.

⌐ **PREGUNTAS SOBRE CONCEPTOS**

24.6a Supongamos que el perfil de riesgo no cubierto en la figura 24.5 tuviera pendiente descendente en vez de ascendente. ¿Qué estrategia de cobertura basada en opciones sería la apropiada en este caso?

24.6b ¿Qué es una opción sobre futuros?

24.6c ¿Qué es un *caption*? ¿Quién podría desear comprar uno?

24.7 ⌐ RESUMEN Y CONCLUSIONES

En este capítulo se presentan algunos de los principios básicos de la administración del riesgo financiero y de la ingeniería financiera. La motivación para la administración de riesgos y para la ingeniería financiera es que las empresas suelen tener un nivel de exposición no deseable a algún tipo de riesgo. Esto es particularmente cierto en la actualidad, debido a la mayor volatilidad en las variables financieras fundamentales, como tasas de interés, tipos de cambio y precios de las mercancías básicas.

La exposición a un determinado riesgo por parte de la empresa se describe con perfil de riesgo. El objetivo de la administración del riesgo financiero es modificar ese perfil comprando y vendiendo activos derivados, como contratos de futuros, contratos *swap* y contratos de opciones. Al identificar los instrumentos con perfiles de resultados apropiados, la empresa puede reducir, o incluso eliminar, su nivel de exposición a muchos tipos de riesgo.

La cobertura no puede modificar la realidad económica fundamental de un negocio. Lo que sí puede hacer es permitir a la empresa evitar problemas costosos y molestos como consecuencia de las fluctuaciones temporales o a corto plazo en los precios. La cobertura también proporciona a la empresa tiempo para reaccionar y adaptarse a las cambiantes condiciones de mercado. Debido a la volatilidad de precios y al rápido cambio económico que caracteriza a los negocios actuales, el enfrentarse con inteligencia a la volatilidad se ha convertido en una tarea cada vez más importante para los administradores financieros.

Términos fundamentales

cobertura **868**
instrumentos financieros derivados **869**
perfil de riesgo **875**
riesgo de transacción **878**
exposición económica **879**
contrato adelantado **880**
perfil de resultados **880**

contrato futuro **883**
cobertura cruzada **886**
contrato de intercambio (*swap*) **886**
contrato de opciones **890**
opción de compra **890**
opción de venta **890**

Problemas de revisión y autoevaluación del capítulo

24.1 Contratos de futuros   Suponga que Farmer Bob espera cosechar 100,000 *bushels* de maíz en septiembre. Hay preocupación por la posibilidad de que fluctúen los precios entre este momento y septiembre. El precio futuro a septiembre para el maíz es de $2.50 por *bushel* y los contratos requieren 5,000 *bushels*. ¿Qué acción debe llevar a cabo Farmer Bob para establecer en firme el precio de $2.50? Suponga que el precio real del maíz resulta ser de $3.00. Evalúe las ganancias y pérdidas de Farmer Bob. Determine esto mismo para un precio de $2.00. No debe tomar en cuenta la revalorización.

24.2 Contratos de opciones   En la pregunta anterior, las opciones de venta sobre adelantados a septiembre con un precio de ejecución de $2.50 por *bushel*, cuestan $0.20 por *bushel*. Suponiendo que Farmer Bob establezca una cobertura utilizando opciones de venta, evalúe sus ganancias y pérdidas para precios del maíz de $2.00, $2.50 y $3.00.

Respuestas a las preguntas de autoevaluación

24.1 Farmer Bob desea entregar maíz y recibir un precio fijo, por lo que necesita *vender* contratos de futuros. Cada contrato requiere la entrega de 5,000 *bushels*, por lo que Bob debe vender **20 contratos**. El día de hoy ningún monto de dinero cambia de manos.

   Si en realidad los precios del maíz resultan ser de $3.00, Bob recibirá **$300,000** por su cosecha, pero tendrá una pérdida de **$50,000** en su posición de futuros cuando la cierre, ya que los contratos le exigen vender 100,000 *bushels* de maíz a $2.50, cuando el precio en ese momento es de $3.00. Por tanto, recibe en total **$250,000**.

   Si los precios del maíz resultan ser de $2.00 por *bushel*, el valor de la cosecha es de sólo **$200,000**. Sin embargo, Bob tendrá una utilidad de **$50,000** de su posición de adelantados, por lo que de nuevo recibe **$250,000**.

24.2 Si Farmer Bob sólo desea asegurarse contra una disminución en precios, puede comprar **20 contratos** de opción de venta. Cada contrato es por 5,000 *bushels*, por lo que el costo por contrato es de 5,000 × \$0.20 = **\$1,000**. El costo de los 20 contratos sería de **\$20,000**.

Si los precios del maíz resultan ser de \$3.00, Bob no ejecutará las opciones de venta (¿por qué no?). El valor de su cosecha es de **\$300,000**, pero pierde los **\$20,000** del costo de las opciones, por lo que recibe neto **\$280,000**.

Si el precio del maíz disminuye a \$2.00, el valor de la cosecha es de **\$200,000**. Sin embargo, Bob ejecutará sus opciones de venta y obliga así al vendedor de las opciones de venta a pagar \$2.50 por *bushel*. Recibe un total de **\$250,000**. Si a esto se le resta el costo de las opciones de venta, su ingreso neto es de **\$230,000**. De hecho, verifique que su ingreso neto para cualquier precio, desde \$2.50 o menos, sea de **\$230,000**.

Preguntas y problemas

1. **Cobertura con futuros**   Si una empresa está vendiendo contratos de futuros para madera como estrategia de cobertura, ¿qué tiene que ser cierto con respecto al nivel de exposición de la empresa a las variaciones en los precios de la madera?

2. **Cobertura con opciones**   Si una empresa está comprando opciones de compra sobre futuros para tocino como estrategia de protección, ¿qué tiene que ser cierto con respecto al nivel de exposición de la empresa a las variaciones en los precios del tocino?

3. **Contratos de futuros**   Observe de nuevo los contratos de futuros para cacao en la tabla 24.1. Suponga que se había comprado un contrato a diciembre 1992. ¿Cuánto se habría ganado o perdido si los precios del cacao fueran de \$1,000 por tonelada al vencimiento?

4. **Opciones sobre futuros**   Observe de nuevo las opciones sobre futuros para el cobre en la tabla 24.2. Suponga que se habían comprado opciones de venta a septiembre 100. ¿Cuánto se pagó por libra de cobre? ¿Cuál hubiera sido la ganancia o la pérdida si los precios del cobre fueran de \$0.80 por libra al vencimiento?

5. **Contratos adelantados versus de futuros**   ¿Cuál es la diferencia entre un contrato adelantado y un contrato de futuros? ¿Por qué piensa que son mucho más frecuentes los contratos de futuros?

6. **Cobertura de tasas de interés**   Una empresa tiene una gran emisión de bonos que vence dentro de un año. Al vencimiento, la empresa emitirá una nueva emisión. Las tasas de interés actuales son atractivas y la empresa está preocupada porque las tasas del próximo año serán más altas. ¿Cuáles son algunas estrategias que podría utilizar la empresa en este caso?

7. **Cobertura con futuros**   Un productor de petróleo desea proteger su producción utilizando contratos de futuros. ¿Qué debe hacer? Explique por qué es probable que no logre un perfil de riesgo completamente horizontal con respecto a los precios del petróleo. Proporcione al menos dos razones para ello.

8. **Análisis de riesgos**   Una empresa elabora un producto que requiere mucha energía y que requiere como fuente gas natural. La competencia utiliza principalmente petróleo. Explique por qué esta empresa está expuesta a las fluctuaciones de los precios, tanto del petróleo como del gas natural.

9. **Cobertura con futuros**   Observe de nuevo la tabla 24.1. Una empresa de servicios públicos sabe que sus requerimientos de petróleo aumentarán drásticamente cuando se inicie la temporada de frío y desea establecer en firme el precio del mismo para

entrega en noviembre de 1992. ¿Qué precio puede lograr? Si estima que requerirá 20,000 barriles en noviembre, ¿qué debe hacer la empresa de servicios públicos? ¿Cuánto costará la estrategia de cobertura?

10. **Opciones versus futuros**   Si un fabricante de productos textiles desea cubrirse contra movimientos adversos en el precio del algodón, podría comprar opciones de compra sobre algodón o comprar futuros para algodón. ¿Cuáles son las ventajas y desventajas de los dos enfoques?

11. **Resultados de opciones de venta y de compra**   Suponga que un administrador financiero compra opciones de compra sobre 40,000 barriles de petróleo con un precio de ejecución de $20 por barril. De forma simultánea, vende una opción de venta sobre 40,000 barriles de petróleo con el mismo precio de ejecución. Determine sus ganancias y pérdidas si los precios del petróleo son de $10, $15, $20, $25 y $30. ¿Qué sucede con relación al perfil de resultados?

12. **Opciones de venta y opciones de compra**   Explique por qué una opción de venta sobre un bono es conceptualmente lo mismo que una opción de compra sobre tasas de interés.

13. **Exposición de transacción versus exposición económica**   ¿Cuál es la diferencia entre la exposición de transacción y la económica? ¿Cuál se puede cubrir con mayor facilidad? ¿Por qué?

14. **Cobertura de riesgos en el precio de las mercancías básicas**   En el caso de las siguientes empresas, describa algunas estrategias de cobertura del precio de las mercancías básicas que podrían tomarse en cuenta.
    a. Una empresa de servicios públicos (p. ej., Boston Edison).
    b. Un fabricante de dulces (p. ej., Hershey).
    c. Una aerolínea (p. ej., Delta).
    d. Un fabricante de películas fotográficas (p. ej., Kodak).

15. **Cobertura del riesgo cambiario**   En la tabla 24.1 se presenta un contrato de futuros para yenes japoneses. Si una empresa estadounidense exporta a Japón, ¿cómo utilizaría este contrato para establecer una cobertura? ¿Lo compraría o lo vendería? Al contestar tenga en cuenta el tipo de cambio.

16. **Intercambios (*swaps*)**   Suponga que una empresa establece un *swap* de tasa de interés fija por flotante con un comerciante en *swaps*. Describa los flujos de efectivo que se producirán como resultado del *swap*.

17. **Intercambios (*swaps*)**   Explique por qué un *swap* es efectivamente una serie de contratos adelantados. Suponga que una empresa concerta un *swap* con un comerciante en *swaps*. Describa la naturaleza del riesgo de incumplimiento de pago al que se enfrentan ambas partes.

18. **Ingeniería financiera**   Suponga que existían opciones de compra y contratos adelantados para carbón, pero que no existían opciones de venta. Muestre cómo un ingeniero financiero podría armar una opción de venta utilizando los contratos disponibles. ¿Qué indica la respuesta sobre la relación general entre opciones de venta, opciones de compra y contratos adelantados?

Pregunta de reto

Lecturas sugeridas

Para un excelente tratamiento de los temas que se han estudiado, véase:

Smith, C. W., C. W. Smithson y D. S. Wildford, *Managing Financial Risk*, Institutional Investor Series in Finance (Nueva York: Harper & Row, 1990).

Para más detalle sobre la ingeniería financiera, véase:

Marshall, J. F. y V. K. Bansal, *Financial Engineering* (Boston: Allyn & Bacon, 1992).

Para más detalle sobre opciones, futuros e instrumentos financieros derivados, véase:

Hull, John, *Options, Futures, and Other Derivative Securities* (Englewood Cliffs, N.J.: Prentice-Hall, 1989).

Tablas matemáticas

Tabla A.1

Valor futuro de $1 al final de t períodos = $(1 + r)^t$

					Tasa de interés				
Período	1%	2%	3%	4%	5%	6%	7%	8%	9%
1	1.0100	1.0200	1.0300	1.0400	1.0500	1.0600	1.0700	1.0800	1.0900
2	1.0201	1.0404	1.0609	1.0816	1.1025	1.1236	1.1449	1.1664	1.1881
3	1.0303	1.0612	1.0927	1.1249	1.1576	1.1910	1.2250	1.2597	1.2950
4	1.0406	1.0824	1.1255	1.1699	1.2155	1.2625	1.3108	1.3605	1.4116
5	1.0510	1.1041	1.1593	1.2167	1.2763	1.3382	1.4026	1.4693	1.5386
6	1.0615	1.1262	1.1941	1.2653	1.3401	1.4185	1.5007	1.5869	1.6771
7	1.0721	1.1487	1.2299	1.3159	1.4071	1.5036	1.6058	1.7138	1.8280
8	1.0829	1.1717	1.2668	1.3686	1.4775	1.5938	1.7182	1.8509	1.9926
9	1.0937	1.1951	1.3048	1.4233	1.5513	1.6895	1.8385	1.9990	2.1719
10	1.1046	1.2190	1.3439	1.4802	1.6289	1.7908	1.9672	2.1589	2.3674
11	1.1157	1.2434	1.3842	1.5395	1.7103	1.8983	2.1049	2.3316	2.5804
12	1.1268	1.2682	1.4258	1.6010	1.7959	2.0122	2.2522	2.5182	2.8127
13	1.1381	1.2936	1.4685	1.6651	1.8856	2.1329	2.4098	2.7196	3.0658
14	1.1495	1.3195	1.5126	1.7317	1.9799	2.2609	2.5785	2.9372	3.3417
15	1.1610	1.3459	1.5580	1.8009	2.0789	2.3966	2.7590	3.1722	3.6425
16	1.1726	1.3728	1.6047	1.8730	2.1829	2.5404	2.9522	3.4259	3.9703
17	1.1843	1.4002	1.6528	1.9479	2.2920	2.6928	3.1588	3.7000	4.3276
18	1.1961	1.4282	1.7024	2.0258	2.4066	2.8543	3.3799	3.9960	4.7171
19	1.2081	1.4568	1.7535	2.1068	2.5270	3.0256	3.6165	4.3157	5.1417
20	1.2202	1.4859	1.8061	2.1911	2.6533	3.2071	3.8697	4.6610	5.6044
21	1.2324	1.5157	1.8603	2.2788	2.7860	3.3996	4.1406	5.0338	6.1088
22	1.2447	1.5460	1.9161	2.3699	2.9253	3.6035	4.4304	5.4365	6.6586
23	1.2572	1.5769	1.9736	2.4647	3.0715	3.8197	4.7405	5.8715	7.2579
24	1.2697	1.6084	2.0328	2.5633	3.2251	4.0489	5.0724	6.3412	7.9111
25	1.2824	1.6406	2.0938	2.6658	3.3864	4.2919	5.4274	6.8485	8.6231
30	1.3478	1.8114	2.4273	3.2434	4.3219	5.7435	7.6123	10.063	13.268
40	1.4889	2.2080	3.2620	4.8010	7.0400	10.286	14.974	21.725	31.409
50	1.6446	2.6916	4.3839	7.1067	11.467	18.420	29.457	46.902	74.358
60	1.8167	3.2810	5.8916	10.520	18.679	32.988	57.946	101.26	176.03

Tasa de interés

10%	12%	14%	15%	16%	18%	20%	24%	28%	32%	36%
1.1000	1.1200	1.1400	1.1500	1.1600	1.1800	1.2000	1.2400	1.2800	1.3200	1.3600
1.2100	1.2544	1.2996	1.3225	1.3456	1.3924	1.4400	1.5376	1.6384	1.7424	1.8496
1.3310	1.4049	1.4815	1.5209	1.5609	1.6430	1.7280	1.9066	2.0972	2.3000	2.5155
1.4641	1.5735	1.6890	1.7490	1.8106	1.9388	2.0736	2.3642	2.6844	3.0360	3.4210
1.6105	1.7623	1.9254	2.0114	2.1003	2.2878	2.4883	2.9316	3.4360	4.0075	4.6526
1.7716	1.9738	2.1950	2.3131	2.4364	2.6996	2.9860	3.6352	4.3980	5.2899	6.3275
1.9487	2.2107	2.5023	2.6600	2.8262	3.1855	3.5832	4.5077	5.6295	6.9826	8.6054
2.1436	2.4760	2.8526	3.0590	3.2784	3.7589	4.2998	5.5895	7.2058	9.2170	11.703
2.3579	2.7731	3.2519	3.5179	3.8030	4.4355	5.1598	6.9310	9.2234	12.166	15.917
2.5937	3.1058	3.7072	4.0456	4.4114	5.2338	6.1917	8.5944	11.806	16.060	21.647
2.8531	3.4785	4.2262	4.6524	5.1173	6.1759	7.4301	10.657	15.112	21.199	29.439
3.1384	3.8960	4.8179	5.3503	5.9360	7.2876	8.9161	13.215	19.343	27.983	40.037
3.4523	4.3635	5.4924	6.1528	6.8858	8.5994	10.699	16.386	24.759	36.937	54.451
3.7975	4.8871	6.2613	7.0757	7.9875	10.147	12.839	20.319	31.691	48.757	74.053
4.1772	5.4736	7.1379	8.1371	9.2655	11.974	15.407	25.196	40.565	64.359	100.71
4.5950	6.1304	8.1372	9.3576	10.748	14.129	18.488	31.243	51.923	84.954	136.97
5.0545	6.8660	9.2765	10.761	12.468	16.672	22.186	38.741	66.461	112.14	186.28
5.5599	7.6900	10.575	12.375	14.463	19.673	26.623	48.039	85.071	148.02	253.34
6.1159	8.6128	12.056	14.232	16.777	23.214	31.948	59.568	108.89	195.39	344.54
6.7275	9.6463	13.743	16.367	19.461	27.393	38.338	73.864	139.38	257.92	468.57
7.4002	10.804	15.668	18.822	22.574	32.324	46.005	91.592	178.41	340.45	637.26
8.1403	12.100	17.861	21.645	26.186	38.142	55.206	113.57	228.36	449.39	866.67
8.9543	13.552	20.362	24.891	30.376	45.008	66.247	140.83	292.30	593.20	1178.7
9.8497	15.179	23.212	28.625	35.236	53.109	79.497	174.63	374.14	783.02	1603.0
10.835	17.000	26.462	32.919	40.874	62.669	95.396	216.54	478.90	1033.6	2180.1
17.449	29.960	50.950	66.212	85.850	143.37	237.38	634.82	1645.5	4142.1	10143.0
45.259	93.051	188.88	267.86	378.72	750.38	1469.8	5455.9	19427.0	66521.0	*
117.39	289.00	700.23	1083.7	1670.7	3927.4	9100.4	46890.0	*	*	*
304.48	897.60	2595.9	4384.0	7370.2	20555.0	56348.0	*	*	*	*

*El factor es mayor que 99,999.

Tabla A.2

Valor presente de $1 a recibir después de t períodos $= 1/(1 + r)^t$

					Tasa de interés				
Período	1%	2%	3%	4%	5%	6%	7%	8%	9%
1	0.9901	0.9804	0.9709	0.9615	0.9524	0.9434	0.9346	0.9259	0.9174
2	0.9803	0.9612	0.9426	0.9246	0.9070	0.8900	0.8734	0.8573	0.8417
3	0.9706	0.9423	0.9151	0.8890	0.8638	0.8396	0.8163	0.7938	0.7722
4	0.9610	0.9238	0.8885	0.8548	0.8227	0.7921	0.7629	0.7350	0.7084
5	0.9515	0.9057	0.8626	0.8219	0.7835	0.7473	0.7130	0.6806	0.6499
6	0.9420	0.8880	0.8375	0.7903	0.7462	0.7050	0.6663	0.6302	0.5963
7	0.9327	0.8706	0.8131	0.7599	0.7107	0.6651	0.6227	0.5835	0.5470
8	0.9235	0.8535	0.7894	0.7307	0.6768	0.6274	0.5820	0.5403	0.5019
9	0.9143	0.8368	0.7664	0.7026	0.6446	0.5919	0.5439	0.5002	0.4604
10	0.9053	0.8203	0.7441	0.6756	0.6139	0.5584	0.5083	0.4632	0.4224
11	0.8963	0.8043	0.7224	0.6496	0.5847	0.5268	0.4751	0.4289	0.3875
12	0.8874	0.7885	0.7014	0.6246	0.5568	0.4970	0.4440	0.3971	0.3555
13	0.8787	0.7730	0.6810	0.6006	0.5303	0.4688	0.4150	0.3677	0.3262
14	0.8700	0.7579	0.6611	0.5775	0.5051	0.4423	0.3878	0.3405	0.2992
15	0.8613	0.7430	0.6419	0.5553	0.4810	0.4173	0.3624	0.3152	0.2745
16	0.8528	0.7284	0.6232	0.5339	0.4581	0.3936	0.3387	0.2919	0.2519
17	0.8444	0.7142	0.6050	0.5134	0.4363	0.3714	0.3166	0.2703	0.2311
18	0.8360	0.7002	0.5874	0.4936	0.4155	0.3503	0.2959	0.2502	0.2120
19	0.8277	0.6864	0.5703	0.4746	0.3957	0.3305	0.2765	0.2317	0.1945
20	0.8195	0.6730	0.5537	0.4564	0.3769	0.3118	0.2584	0.2145	0.1784
21	0.8114	0.6598	0.5375	0.4388	0.3589	0.2942	0.2415	0.1987	0.1637
22	0.8034	0.6468	0.5219	0.4220	0.3418	0.2775	0.2257	0.1839	0.1502
23	0.7954	0.6342	0.5067	0.4057	0.3256	0.2618	0.2109	0.1703	0.1378
24	0.7876	0.6217	0.4919	0.3901	0.3101	0.2470	0.1971	0.1577	0.1264
25	0.7798	0.6095	0.4776	0.3751	0.2953	0.2330	0.1842	0.1460	0.1160
30	0.7419	0.5521	0.4120	0.3083	0.2314	0.1741	0.1314	0.0994	0.0754
40	0.6717	0.4529	0.3066	0.2083	0.1420	0.0972	0.0668	0.0460	0.0318
50	0.6080	0.3715	0.2281	0.1407	0.0872	0.0543	0.0339	0.0213	0.0134

Tabla A.2

(conclusión)

					Tasa de interés					
10%	12%	14%	15%	16%	18%	20%	24%	28%	32%	36%
0.9091	0.8929	0.8772	0.8696	0.8621	0.8475	0.8333	0.8065	0.7813	0.7576	0.7353
0.8264	0.7972	0.7695	0.7561	0.7432	0.7182	0.6944	0.6504	0.6104	0.5739	0.5407
0.7513	0.7118	0.6750	0.6575	0.6407	0.6086	0.5787	0.5245	0.4768	0.4348	0.3975
0.6830	0.6355	0.5921	0.5718	0.5523	0.5158	0.4823	0.4230	0.3725	0.3294	0.2923
0.6209	0.5674	0.5194	0.4972	0.4761	0.4371	0.4019	0.3411	0.2910	0.2495	0.2149
0.5645	0.5066	0.4556	0.4323	0.4104	0.3704	0.3349	0.2751	0.2274	0.1890	0.1580
0.5132	0.4523	0.3996	0.3759	0.3538	0.3139	0.2791	0.2218	0.1776	0.1432	0.1162
0.4665	0.4039	0.3506	0.3269	0.3050	0.2660	0.2326	0.1789	0.1388	0.1085	0.0854
0.4241	0.3606	0.3075	0.2843	0.2630	0.2255	0.1938	0.1443	0.1084	0.0822	0.0628
0.3855	0.3220	0.2697	0.2472	0.2267	0.1911	0.1615	0.1164	0.0847	0.0623	0.0462
0.3505	0.2875	0.2366	0.2149	0.1954	0.1619	0.1346	0.0938	0.0662	0.0472	0.0340
0.3186	0.2567	0.2076	0.1869	0.1685	0.1372	0.1122	0.0757	0.0517	0.0357	0.0250
0.2897	0.2292	0.1821	0.1625	0.1452	0.1163	0.0935	0.0610	0.0404	0.0271	0.0184
0.2633	0.2046	0.1597	0.1413	0.1252	0.0985	0.0779	0.0492	0.0316	0.0205	0.0135
0.2394	0.1827	0.1401	0.1229	0.1079	0.0835	0.0649	0.0397	0.0247	0.0155	0.0099
0.2176	0.1631	0.1229	0.1069	0.0930	0.0708	0.0541	0.0320	0.0193	0.0118	0.0073
0.1978	0.1456	0.1078	0.0929	0.0802	0.0600	0.0451	0.0258	0.0150	0.0089	0.0054
0.1799	0.1300	0.0946	0.0808	0.0691	0.0508	0.0376	0.0208	0.0118	0.0068	0.0039
0.1635	0.1161	0.0829	0.0703	0.0596	0.0431	0.0313	0.0168	0.0092	0.0051	0.0029
0.1486	0.1037	0.0728	0.0611	0.0514	0.0365	0.0261	0.0135	0.0072	0.0039	0.0021
0.1351	0.0926	0.0638	0.0531	0.0443	0.0309	0.0217	0.0109	0.0056	0.0029	0.0016
0.1228	0.0826	0.0560	0.0462	0.0382	0.0262	0.0181	0.0088	0.0044	0.0022	0.0012
0.1117	0.0738	0.0491	0.0402	0.0329	0.0222	0.0151	0.0071	0.0034	0.0017	0.0008
0.1015	0.0659	0.0431	0.0349	0.0284	0.0188	0.0126	0.0057	0.0027	0.0013	0.0006
0.0923	0.0588	0.0378	0.0304	0.0245	0.0160	0.0105	0.0046	0.0021	0.0010	0.0005
0.0573	0.0334	0.0196	0.0151	0.0116	0.0070	0.0042	0.0016	0.0006	0.0002	0.0001
0.0221	0.0107	0.0053	0.0037	0.0026	0.0013	0.0007	0.0002	0.0001	*	*
0.0085	0.0035	0.0014	0.0009	0.0006	0.0003	0.0001	*	*	*	*

*El factor es cero a cuatro decimales.

Tabla A.3

Valor presente de una anualidad de \$1 por período por t períodos $= [1 - 1/(1 + r)^t]/r$

Tasa de interés

Período	1%	2%	3%	4%	5%	6%	7%	8%	9%
1	0.9901	0.9804	0.9709	0.9615	0.9524	0.9434	0.9346	0.9259	0.9174
2	1.9704	1.9416	1.9135	1.8861	1.8594	1.8334	1.8080	1.7833	1.7591
3	2.9410	2.8839	2.8286	2.7751	2.7232	2.6730	2.6243	2.5771	2.5313
4	3.9020	3.8077	3.7171	3.6299	3.5460	3.4651	3.3872	3.3121	3.2397
5	4.8534	4.7135	4.5797	4.4518	4.3295	4.2124	4.1002	3.9927	3.8897
6	5.7955	5.6014	5.4172	5.2421	5.0757	4.9173	4.7665	4.6229	4.4859
7	6.7282	6.4720	6.2303	6.0021	5.7864	5.5824	5.3893	5.2064	5.0330
8	7.6517	7.3255	7.0197	6.7327	6.4632	6.2098	5.9713	5.7466	5.5348
9	8.5660	8.1622	7.7861	7.4353	7.1078	6.8017	6.5152	6.2469	5.9952
10	9.4713	8.9826	8.5302	8.1109	7.7217	7.3601	7.0236	6.7101	6.4177
11	10.3676	9.7868	9.2526	8.7605	8.3064	7.8869	7.4987	7.1390	6.8052
12	11.2551	10.5753	9.9540	9.3851	8.8633	8.3838	7.9427	7.5361	7.1607
13	12.1337	11.3484	10.6350	9.9856	9.3936	8.8527	8.3577	7.9038	7.4869
14	13.0037	12.1062	11.2961	10.5631	9.8986	9.2950	8.7455	8.2442	7.7862
15	13.8651	12.8493	11.9379	11.1184	10.3797	9.7122	9.1079	8.5595	8.0607
16	14.7179	13.5777	12.5611	11.6523	10.8378	10.1059	9.4466	8.8514	8.3126
17	15.5623	14.2919	13.1661	12.1657	11.2741	10.4773	9.7632	9.1216	8.5436
18	16.3983	14.9920	13.7535	12.6593	11.6896	10.8276	10.0591	9.3719	8.7556
19	17.2260	15.6785	14.3238	13.1339	12.0853	11.1581	10.3356	9.6036	8.9501
20	18.0456	16.3514	14.8775	13.5903	12.4622	11.4699	10.5940	9.8181	9.1285
21	18.8570	17.0112	15.4150	14.0292	12.8212	11.7641	10.8355	10.0168	9.2922
22	19.6604	17.6580	15.9369	14.4511	13.1630	12.0416	11.0612	10.2007	9.4424
23	20.4558	18.2922	16.4436	14.8568	13.4886	12.3034	11.2722	10.3741	9.5802
24	21.2434	18.9139	16.9355	15.2470	13.7986	12.5504	11.4593	10.5288	9.7066
25	22.0232	19.5235	17.4131	15.6221	14.0939	12.7834	11.6536	10.6748	9.8226
30	25.8077	22.3965	19.6004	17.2920	15.3725	13.7648	12.4090	11.2578	10.2737
40	32.8347	27.3555	23.1148	19.7928	17.1591	15.0463	13.3317	11.9246	10.7574
50	39.1961	31.4236	25.7298	21.4822	18.2559	15.7619	13.8007	12.2335	10.9617

Tabla A.3

(*conclusión*)

Tasa de interés

10%	12%	14%	15%	16%	18%	20%	24%	28%	32%
0.9091	0.8929	0.8772	0.8696	0.8621	0.8475	0.8333	0.8065	0.7813	0.7576
1.7355	1.6901	1.6467	1.6257	1.6052	1.5656	1.5278	1.4568	1.3916	1.3315
2.4869	2.4018	2.3216	2.2832	2.2459	2.1743	2.1065	1.9813	1.8684	1.7663
3.1669	3.0373	2.9137	2.8550	2.7982	2.6901	2.5887	2.4043	2.2410	2.0957
3.7908	3.6048	3.4331	3.3522	3.2743	3.1272	2.9906	2.7454	2.5320	2.3452
4.3553	4.1114	3.8887	3.7845	3.6847	3.4976	3.3255	3.0205	2.7594	2.5342
4.8684	4.5638	4.2883	4.1604	4.0386	3.8115	3.6046	3.2423	2.9370	2.6775
5.3349	4.9676	4.6389	4.4873	4.3436	4.0776	3.8372	3.4212	3.0758	2.7860
5.7590	5.3282	4.9464	4.7716	4.6065	4.3030	4.0310	3.5655	3.1842	2.8681
6.1446	5.6502	5.2161	5.0188	4.8332	4.4941	4.1925	3.6819	3.2689	2.9304
6.4951	5.9377	5.4527	5.2337	5.0286	4.6560	4.3271	3.7757	3.3351	2.9776
6.8137	6.1944	5.6603	5.4206	5.1971	4.7932	4.4392	3.8514	3.3868	3.0133
7.1034	6.4235	5.8424	5.5831	5.3423	4.9095	4.5327	3.9124	3.4272	3.0404
7.3667	6.6282	6.0021	5.7245	5.4675	5.0081	4.6106	3.9616	3.4587	3.0609
7.6061	6.8109	6.1422	5.8474	5.5755	5.0916	4.6755	4.0013	3.4834	3.0764
7.8237	6.9740	6.2651	5.9542	5.6685	5.1624	4.7296	4.0333	3.5026	3.0882
8.0216	7.1196	6.3729	6.0472	5.7487	5.2223	4.7746	4.0591	3.5177	3.0971
8.2014	7.2497	6.4674	6.1280	5.8178	5.2732	4.8122	4.0799	3.5294	3.1039
8.3649	7.3658	6.5504	6.1982	5.8775	5.3162	4.8435	4.0967	3.5386	3.1090
8.5136	7.4694	6.6231	6.2593	5.9288	5.3527	4.8696	4.1103	3.5458	3.1129
8.6487	7.5620	6.6870	6.3125	5.9731	5.3837	4.8913	4.1212	3.5514	3.1158
8.7715	7.6446	6.7429	6.3587	6.0113	5.4099	4.9094	4.1300	3.5558	3.1180
8.8832	7.7184	6.7921	6.3988	6.0442	5.4321	4.9245	4.1371	3.5592	3.1197
8.9847	7.7843	6.8351	6.4338	6.0726	5.4509	4.9371	4.1428	3.5619	3.1210
9.0770	7.8431	6.8729	6.4641	6.0971	5.4669	4.9476	4.1474	3.5640	3.1220
9.4269	8.0552	7.0027	6.5660	6.1772	5.5168	4.9789	4.1601	3.5693	3.1242
9.7791	8.2438	7.1050	6.6418	6.2335	5.5482	4.9966	4.1659	3.5712	3.1250
9.9148	8.3045	7.1327	6.6605	6.2463	5.5541	4.9995	4.1666	3.5714	3.1250

Tabla A.4

Valor futuro de una anualidad de $1 por período por t períodos = $[(1 + r)^t - 1]/r$

					Tasa de interés				
Período	1%	2%	3%	4%	5%	6%	7%	8%	9%
1	1.0000	1.0000	1.0000	1.0000	1.0000	1.0000	1.0000	1.0000	1.0000
2	2.0100	2.0200	2.0300	2.0400	2.0500	2.0600	2.0700	2.0800	2.0900
3	3.0301	3.0604	3.0909	3.1216	3.1525	3.1836	3.2149	3.2464	3.2781
4	4.0604	4.1216	4.1836	4.2465	4.3101	4.3746	4.4399	4.5061	4.5731
5	5.1010	5.2040	5.3091	5.4163	5.5256	5.6371	5.7507	5.8666	5.9847
6	6.1520	6.3081	6.4684	6.6330	6.8019	6.9753	7.1533	7.3359	7.5233
7	7.2135	7.4343	7.6625	7.8983	8.1420	8.3938	8.6540	8.9228	9.2004
8	8.2857	8.5830	8.8932	9.2142	9.5491	9.8975	10.260	10.637	11.028
9	9.3685	9.7546	10.159	10.583	11.027	11.491	11.978	12.488	13.021
10	10.462	10.950	11.464	12.006	12.578	13.181	13.816	14.487	15.193
11	11.567	12.169	12.808	13.486	14.207	14.972	15.784	16.645	17.560
12	12.683	13.412	14.192	15.026	15.917	16.870	17.888	18.977	20.141
13	13.809	14.680	15.618	16.627	17.713	18.882	20.141	21.495	22.953
14	14.947	15.974	17.086	18.292	19.599	21.015	22.550	24.215	26.019
15	16.097	17.293	18.599	20.024	21.579	23.276	25.129	27.152	29.361
16	17.258	18.639	20.157	21.825	23.657	25.673	27.888	30.324	33.003
17	18.430	20.012	21.762	23.698	25.840	28.213	30.840	33.750	36.974
18	19.615	21.412	23.414	25.645	28.132	30.906	33.999	37.450	41.301
19	20.811	22.814	25.117	27.671	30.539	33.760	37.379	41.446	46.018
20	22.019	24.297	26.870	29.778	33.066	36.786	40.995	45.762	51.160
21	23.239	25.783	28.676	31.969	35.719	39.993	44.865	50.423	56.765
22	24.472	27.299	30.537	34.248	38.505	43.392	49.006	55.457	62.873
23	25.716	28.845	32.453	36.618	41.430	46.996	53.436	60.893	69.532
24	26.973	30.422	34.426	39.083	44.502	50.816	58.177	66.765	76.790
25	28.243	32.030	36.459	41.646	47.727	54.865	63.249	73.106	84.701
30	34.785	40.568	47.575	56.085	66.439	79.058	94.461	113.28	136.31
40	48.886	60.402	75.401	95.026	120.80	154.76	199.64	259.06	337.88
50	64.463	84.579	112.80	152.67	209.35	290.34	406.53	573.77	815.08
60	81.670	114.05	163.05	237.99	353.58	533.13	813.52	1253.2	1944.8

Tabla A.4

(*conclusión*)

Tasa de interés

10%	12%	14%	15%	16%	18%	20%	24%	28%	32%	36%
1.0000	1.0000	1.0000	1.0000	1.0000	1.0000	1.0000	1.0000	1.0000	1.0000	1.0000
2.1000	2.1200	2.1400	2.1500	2.1600	2.1800	2.2000	2.2400	2.2800	2.3200	2.3600
3.3100	3.3744	3.4396	3.4725	3.5056	3.5724	3.6400	3.7776	3.9184	4.0624	4.2096
4.6410	4.7793	4.9211	4.9934	5.0665	5.2154	5.3680	5.6842	6.0156	6.3624	6.7251
6.1051	6.3528	6.6101	6.7424	6.8771	7.1542	7.4416	8.0484	8.6999	9.3983	10.146
7.7156	8.1152	8.5355	8.7537	8.9775	9.4420	9.9299	10.980	12.136	13.406	14.799
9.4872	10.089	10.730	11.067	11.414	12.142	12.916	14.615	16.534	18.696	21.126
11.436	12.300	13.233	13.727	14.240	15.327	16.499	19.123	22.163	25.678	29.732
13.579	14.776	16.085	16.786	17.519	19.086	20.799	24.712	29.369	34.895	41.435
15.937	17.549	19.337	20.304	21.321	23.521	25.959	31.643	38.593	47.062	57.352
18.531	20.655	23.045	24.349	25.733	28.755	32.150	40.238	50.398	63.122	78.998
21.384	24.133	27.271	29.002	30.850	34.931	39.581	50.895	65.510	84.320	108.44
24.523	28.029	32.089	34.352	36.786	42.219	48.497	64.110	84.853	112.30	148.47
27.975	32.393	37.581	40.505	43.672	50.818	59.196	80.496	109.61	149.24	202.93
31.772	37.280	43.842	47.580	51.660	60.965	72.035	100.82	141.30	198.00	276.98
35.950	42.753	50.980	55.717	60.925	72.939	87.442	126.01	181.87	262.36	377.69
40.545	48.884	59.118	65.075	71.673	87.068	105.93	157.25	233.79	347.31	514.66
45.599	55.750	68.394	75.836	84.141	103.74	128.12	195.99	300.25	459.45	700.94
51.159	63.440	78.969	88.212	98.603	123.41	154.74	244.03	385.32	607.47	954.28
57.275	72.052	91.025	102.44	115.38	146.63	186.69	303.60	494.21	802.86	1298.8
64.002	81.699	104.77	118.81	134.84	174.02	225.03	377.46	633.59	1060.8	1767.4
71.403	92.503	120.44	137.63	157.41	206.34	271.03	469.06	812.00	1401.2	2404.7
79.543	104.60	138.30	159.28	183.60	244.49	326.24	582.63	1040.4	1850.6	3271.3
88.497	118.16	158.66	184.17	213.98	289.49	392.48	723.46	1332.7	2443.8	4450.0
98.347	133.33	181.87	212.79	249.21	342.60	471.98	898.09	1706.8	3226.8	6053.0
164.49	241.33	356.79	434.75	530.31	790.95	1181.9	2640.9	5873.2	12941.0	28172.3
442.59	767.09	1342.0	1779.1	2360.8	4163.2	7343.9	227290	69377.0	*	*
1163.9	2400.0	4994.5	7217.7	10436.0	21813.0	45497.0	*	*	*	*
3034.8	7471.6	18535.0	29220.0	46058.0	*	*	*	*	*	*

*El factor es mayor que 99,999.

Tabla A.5

Distribución normal acumulada

d	N(d)	d	N(d)	d	N(d)	d	N(d)	d	N(d)	d	N(d)
−3.00	0.0013	−1.58	0.0571	−0.76	0.2236	0.06	0.5239	0.86	0.8051	1.66	0.9515
−2.95	0.0016	−1.56	0.0594	−0.74	0.2297	0.08	0.5319	0.88	0.8106	1.68	0.9535
−2.90	0.0019	−1.54	0.0618	−0.72	0.2358	0.10	0.5398	0.90	0.8159	1.70	0.9554
−2.85	0.0022	−1.52	0.0643	−0.70	0.2420	0.12	0.5478	0.92	0.8212	1.72	0.9573
−2.80	0.0026	−1.50	0.0668	−0.68	0.2483	0.14	0.5557	0.94	0.8264	1.74	0.9591
−2.75	0.0030	−1.48	0.0694	−0.66	0.2546	0.16	0.5636	0.96	0.8315	1.76	0.9608
−2.70	0.0035	−1.46	0.0721	−0.64	0.2611	0.18	0.5714	0.98	0.8365	1.78	0.9625
−2.65	0.0040	−1.44	0.0749	−0.62	0.2676	0.20	0.5793	1.00	0.8414	1.80	0.9641
−2.60	0.0047	−1.42	0.0778	−0.60	0.2743	0.22	0.5871	1.02	0.8461	1.82	0.9656
−2.55	0.0054	−1.40	0.0808	−0.58	0.2810	0.24	0.5948	1.04	0.8508	1.84	0.9671
−2.50	0.0062	−1.38	0.0838	−0.56	0.2877	0.26	0.6026	1.06	0.8554	1.86	0.9686
−2.45	0.0071	−1.36	0.0869	−0.54	0.2946	0.28	0.6103	1.08	0.8599	1.88	0.9699
−2.40	0.0082	−1.34	0.0901	−0.52	0.3015	0.30	0.6179	1.10	0.8643	1.90	0.9713
−2.35	0.0094	−1.32	0.0934	−0.50	0.3085	0.32	0.6255	1.12	0.8686	1.92	0.9726
−2.30	0.0107	−1.30	0.0968	−0.48	0.3156	0.34	0.6331	1.14	0.8729	1.94	0.9738
−2.25	0.0122	−1.28	0.1003	−0.46	0.3228	0.36	0.6406	1.16	0.8770	1.96	0.9750
−2.20	0.0139	−1.26	0.1038	−0.44	0.3300	0.38	0.6480	1.18	0.8810	1.98	0.9761
−2.15	0.0158	−1.24	0.1075	−0.42	0.3373	0.40	0.6554	1.20	0.8849	2.00	0.9772
−2.10	0.0179	−1.22	0.1112	−0.40	0.3446	0.42	0.6628	1.22	0.8888	2.05	0.9798
−2.05	0.0202	−1.20	0.1151	−0.38	0.3520	0.44	0.6700	1.24	0.8925	2.10	0.9821
−2.00	0.0228	−1.18	0.1190	−0.36	0.3594	0.46	0.6773	1.26	0.8962	2.15	0.9842
−1.98	0.0239	−1.16	0.1230	−0.34	0.3669	0.48	0.6844	1.28	0.8997	2.20	0.9861
−1.96	0.0250	−1.14	0.1271	−0.32	0.3745	0.50	0.6915	1.30	0.9032	2.25	0.9878
−1.94	0.0262	−1.12	0.1314	−0.30	0.3821	0.52	0.6985	1.32	0.9066	2.30	0.9893
−1.92	0.0274	−1.10	0.1357	−0.28	0.3897	0.54	0.7054	1.34	0.9099	2.35	0.9906
−1.90	0.0287	−1.08	0.1401	−0.26	0.3974	0.56	0.7123	1.36	0.9131	2.40	0.9918
−1.88	0.0301	−1.06	0.1446	**−0.24**	**0.4052**	0.58	0.7191	1.38	0.9162	2.45	0.9929
−1.86	0.0314	−1.04	0.1492	−0.22	0.4129	0.60	0.7258	1.40	0.9192	2.50	0.9938
−1.84	0.0329	−1.02	0.1539	−0.20	0.4207	0.62	0.7324	1.42	0.9222	2.55	0.9946
−1.82	0.0344	−1.00	0.1587	−0.18	0.4286	0.64	0.7389	1.44	0.9251	2.60	0.9953
−1.80	0.0359	−0.98	0.1635	−0.16	0.4365	0.66	0.7454	1.46	0.9279	2.65	0.9960
−1.78	0.0375	−0.96	0.1685	−0.14	0.4443	0.68	0.7518	1.48	0.9306	2.70	0.9965
−1.76	0.0392	−0.94	0.1736	−0.12	0.4523	0.70	0.7580	1.50	0.9332	2.75	0.9970
−1.74	0.0409	−0.92	0.1788	−0.10	0.4602	0.72	0.7642	1.52	0.9357	2.80	0.9974
−1.72	0.0427	−0.90	0.1841	−0.08	0.4681	0.74	0.7704	1.54	0.9382	2.85	0.9978
−1.70	0.0446	−0.88	0.1894	−0.06	0.4761	0.76	0.7764	1.56	0.9406	2.90	0.9981
−1.68	0.0465	−0.86	0.1949	−0.04	0.4841	0.78	0.7823	1.58	0.9429	2.95	0.9984
−1.66	0.0485	−0.84	0.2005	−0.02	0.4920	0.80	0.7882	1.60	0.9452	3.00	0.9986
−1.64	0.0505	−0.82	0.2061	0.00	0.5000	0.82	0.7939	1.62	0.9474	3.05	0.9989
−1.62	0.0526	−0.80	0.2119	0.02	0.5080	0.84	0.7996	1.64	0.9495		
−1.60	0.0548	−0.78	0.2177	0.04	0.5160						

Esta tabla muestra la probabilidad [N(d)] de observar un valor inferior o igual a d. Por ejemplo, como se ha mostrado, si d es − **0.24,** N(d) es **0.4052.**

Ecuaciones fundamentales

Capítulo 2

1. Identidad o ecuación del balance general:
    Activos = Pasivos + Capital contable   (2.1)

2. Ecuación del estado de resultados:
    Ingresos − gastos = utilidad   (2.2)

3. Ecuación del flujo de efectivo:
    Flujo de efectivo derivado de activos =
    Flujo de efectivo a los acreedores
    + Flujo de efectivo a los accionistas   (2.3)
    donde

    a. Flujo de efectivo derivado de activos
        = Flujo de efectivo operativo (FEO)
        − Gastos netos de capital − aumentos al
        capital de trabajo neto (CTN)
        1) Flujo de efectivo operativo = utilidades
            antes de intereses e impuestos (UAII) +
            depreciación − impuestos
        2) Gastos netos de capital = activos fijos
            finales netos − activos fijos iniciales
            netos + depreciación
        3) Aumentos al capital de trabajo neto =
            CTN final − CTN inicial
    b. Flujo de efectivo a los acreedores = intereses
        pagados − nueva deuda neta
    c. Flujo de efectivo a los accionistas =
        dividendos pagados − nuevo capital neto

Capítulo 3

1. La razón circulante:

    $$\text{Activo Circulante} = \frac{\text{Activo circulante}}{\text{Pasivo circulante}} \quad (3.1)$$

2. La razón rápida o prueba del ácido
    Razón rápida

    $$= \frac{\text{Activo circulante} - \text{inventarios}}{\text{Pasivo circulante}} \quad (3.2)$$

3. La razón de efectivo:

    $$\text{Razón de efectivo} = \frac{\text{Efectivo}}{\text{Pasivo circulante}} \quad (3.3)$$

4. La razón del capital de trabajo neto al total de
    activos:

    Capital de trabajo neto al total de activos

    $$= \frac{\text{Capital de trabajo neto}}{\text{Total de activos}} \quad (3.4)$$

5. Medición del intervalo de tiempo:

    Medición del intervalo de tiempo

    $$= \frac{\text{Activos circulantes}}{\text{Costo de operación promedio diario}} \quad (3.5)$$

6. Razón de la deuda total:
    Razón de la deuda total

    $$= \frac{\text{Total de activos} - \text{Capital total}}{\text{Total de activos}} \quad (3.6)$$

7. La razón deuda/capital:

    Razón deuda/capital = Deuda total/
    capital total   (3.7)

8. El multiplicador del capital:

    Multiplicador del capital = Total de activos/
    capital total   (3.8)

9. La razón de deuda a largo plazo:

Razón de deuda a largo plazo

$$= \frac{\text{Deuda a largo plazo}}{\text{Deuda a largo plazo} + \text{Capital total}} \qquad (3.9)$$

10. La razón de las veces que se devengó el interés (VDI):

$$\text{Razón de veces que se devengó el interés} = \frac{\text{UAII}}{\text{Intereses}} \qquad (3.10)$$

11. La razón de cobertura de efectivo:

Razón de cobertura de efectivo

$$= \frac{\text{UAII} + \text{Depreciación}}{\text{Intereses}} \qquad (3.11)$$

12. La razón de rotación de inventarios:

Razón de rotación de inventarios

$$= \frac{\text{Costo de ventas}}{\text{Inventarios}} \qquad (3.12)$$

13. El número de días promedio de ventas en inventarios:

Días de ventas en inventarios

$$= \frac{365 \text{ días}}{\text{Rotación de inventarios}} \qquad (3.13)$$

14. La razón de rotación de las cuentas por cobrar:

Rotación de la cuentas por cobrar

$$= \frac{\text{Ventas}}{\text{Cuentas por cobrar}} \qquad (3.14)$$

15. Los días de ventas en cuentas por cobrar:

Días de ventas en cuentas por cobrar

$$= \frac{365 \text{ días}}{\text{Rotación de cuentas por cobrar}} \qquad (3.15)$$

16. La razón de rotación del capital de trabajo neto:

$$\text{Rotación del CTN} = \frac{\text{Ventas}}{\text{CTN}} \qquad (3.16)$$

17. La razón de rotación de los activos fijos:

$$\text{Rotación de los activos fijos} = \frac{\text{Ventas}}{\text{Activos fijos netos}} \qquad (3.17)$$

18. La razón de rotación del Total de activos:

$$\text{Rotación del total de activos} = \frac{\text{Ventas}}{\text{Total de activos}} \qquad (3.18)$$

19. Margen de utilidad:

$$\text{Margen de utilidad} = \frac{\text{Utilidad neta}}{\text{Ventas}} \qquad (3.19)$$

20. Rendimiento sobre los activos (RSA):

$$\text{Rendimiento sobre los activos} = \frac{\text{Utilidad neta}}{\text{Total de activos}} \qquad (3.20)$$

21. Rendimiento sobre el capital (RSC):

$$\text{Rendimiento sobre el capital} = \frac{\text{Utilidad neta}}{\text{Capital total}} \qquad (3.21)$$

22. La razón precio/utilidad (P/U):

$$\text{Razón P/U} = \frac{\text{Precio por acción}}{\text{Utilidad por acción}} \qquad (3.22)$$

23. La razón mercado a libros:

Razón mercado a libros

$$= \frac{\text{Valor de mercado por acción}}{\text{Valor en libros por acción}} \qquad (3.23)$$

24. La identidad Du Pont:

$$\text{RSC} = \underbrace{\frac{\text{Utilidad neta}}{\text{Ventas}} \times \frac{\text{Ventas}}{\text{Activos}}}_{\text{Rendimiento sobre los activos}} \times \frac{\text{Activos}}{\text{Capital}} \qquad (3.24)$$

RSC = Margen de utilidad
  × Rotación del total de activos
  × Multiplicador del capital

Capítulo 4

1. La razón de pago de dividendos:

Razón de pago de dividendos = Dividendos en efectivo/utilidad neta (4.1)

2. La tasa interna de crecimiento:

$$\text{Tasa interna de crecimiento} = \frac{\text{RSA} \times b}{1 - \text{RSA} \times b} \qquad (4.2)$$

3. La tasa de crecimiento sostenible

$$\text{Tasa de crecimiento sostenible} = \frac{\text{RSC} \times b}{1 - \text{RSC} \times b} \qquad (4.3)$$

4. La razón de intensidad de capital:

Razón de intensidad de capital

$$= \frac{\text{Total de activos}}{\text{Ventas}}$$

$$= \frac{1}{\text{Rotación del total de activos}} \qquad (4.4)$$

Capítulo 5

1. El valor futuro de $1 invertido por t períodos, a una tasa r por período:

Valor futuro $= \$1 \times (1 + r)^t$ (5.1)

2. El valor presente de \$1 a recibir en t períodos en el futuro, a una tasa de descuento de r:

$$VP = \$1 \times [1/(1+r)^t] = \$1/(1+r)^t \qquad (5.2)$$

3. La relación entre valor futuro y valor presente (la ecuación básica de valor presente):

$$VP \times (1+r)^t = VF_t \qquad (5.3)$$
$$VP = VF_t/(1+r)^t = VF_t \times [1/(1+r)^t]$$

4. El valor presente de una anualidad de C dólares por período, por t períodos, cuando la tasa de rendimiento o tasa deinterés es r:

Valor presente de la anualidad

$$= C \times \left[\frac{1 - \text{Factor de valor presente}}{r} \right] \qquad (5.4)$$

$$= C \times \left[\frac{1 - \{1/(1+r)^t\}}{r} \right]$$

5. El factor de valor futuro de la anualidad:

Factor de VF de la anualidad
$$= (\text{Factor de valor futuro} - 1)/r \qquad (5.5)$$
$$= [\{(1+r)^t\} - 1]/r$$

6. Valor presente de una perpetuidad:

$$VP \text{ de una perpetuidad} = C/r = C \times (1/r) \qquad (5.6)$$

7. Tasa efectiva anual (TEA), donde m es el número de veces que se compone el interés:

$$TEA = [1 + (\text{tasa cotizada})/m]^m - 1 \qquad (5.7)$$

8. Tasa efectiva anual (TEA), donde q representa la tasa cotizada, compuesta en forma continua:

$$TEA = e^q - 1 \qquad (5.8)$$

Capítulo 6

1. Valor del bono si éste tiene 1) un valor nominal de F, liquidable al vencimiento, 2) un cupón de C que se paga cada período, 3) t períodos hasta el vencimiento y 4) un rendimiento de r por período:

Valor del bono
$$= C \times [1 - 1/(1+r)^t/r + F/(1+r)^t \qquad (6.1)$$

Valor del bono

$$= \begin{array}{c} \text{Valor presente} \\ \text{de los cupones} \end{array} + \begin{array}{c} \text{Valor presente} \\ \text{del valor nominal} \end{array}$$

2. El modelo del crecimiento de dividendos:

$$P_0 = \frac{D_0 \times (1+g)}{r-g} = \frac{D_1}{r-g} \qquad (6.4)$$

3. Rendimiento requerido:

$$r = D_1/P_0 + g \qquad (6.6)$$

Capítulo 7

1. Valor presente neto (VPN):

VPN = Valor presente de los flujos de efectivo − Costo de inversión

2. Período de recuperación de la inversión:

Período de recuperación de la inversión = Número de años que transcurren antes de que la suma de los flujos de efectivo generados por una inversión sea igual al costo de la inversión

3. Período de recuperación descontado de la inversión:

Período de recuperación descontado de la inversión = Número de años que transcurren antes de que la suma de los flujos de efectivo descontados generados por una inversión sea igual al costo de la inversión

4. El rendimiento contable promedio (RCP):

$$RCP = \frac{\text{Utilidad neta promedio}}{\text{Valor en libros promedio}}$$

5. Tasa interna de rendimiento (TIR):

TIR = Tasa de descuento del rendimiento requerido, tal que el valor presente neto de una inversión sea igual a cero

6. Índice de rentabilidad:

Índice de rentabilidad

$$= \frac{\text{VP de los flujos de efectivo}}{\text{Costo de la inversion}}$$

Capítulo 8

1. Enfoque ascendente del flujo de efectivo operativo (FEO):

$$FEO = \text{Utilidad neta} + \text{depreciación} \qquad (8.1)$$

2. Enfoque descendente del flujo de efectivo operativo (FEO):

$$FEO = \text{Ventas} - \text{Costos} - \text{Impuestos} \qquad (8.2)$$

3. Enfoque del subsidio fiscal del flujo de efectivo operativo (FEO)

$$FEO = (\text{Ventas} - \text{Costos}) \times (1 - Tc) + \text{Depreciación} \times Tc \qquad (8.3)$$

Capítulo 9

1. Punto de equilibrio contable:
$$Q = (CF + D)/(P - v) \qquad (9.1)$$

2. Relación entre el flujo de efectivo operativo y el volumen de ventas:
$$Q = (CF + FEO)/(P - v) \qquad (9.3)$$

3. Nivel de punto de equilibrio del flujo de efectivo:
$$Q = CF/(P - v)$$

4. Nivel de punto de equilibrio financiero:
$$Q = (CF + FEO^*)/(P - v)$$
donde
$FEO^* = $ Flujo de efectivo de VPN cero

5. Nivel de apalancamiento operativo (NAO):
$$NAO = 1 + CF/FEO \qquad (9.4)$$

Capítulo 10

1. Efecto de Fisher
$$(1 + R) = (1 + r) \times (1 + h) \qquad (10.3)$$

2. Varianza de los rendimientos, VAR(R), o σ^2:
$$Var(R) = \frac{1}{T-1}[R_1 - \overline{R})^2 + \dots$$
$$+ (R_T - \overline{R})^2] \qquad (10.6)$$

3. Desviación estándar de los rendimientos, DE(R) o σ:
$$DE(R) = \sqrt{Var(R)}$$

Capítulo 11

1. Prima por riesgo:
$$\text{Prima por riesgo} = \text{Rendimiento esperado} - \text{Tasa libre de riesgo} \qquad (11.1)$$

2. Rendimiento esperado:
$$E(R_p) = x_1 \times E(R_1) + x_2 \times E(R_2) + \dots$$
$$+ x_n \times E(R_n) \qquad (11.2)$$

3. La razón de ganancia-riesgo:
$$\text{Razón de ganancia-riesgo} = \frac{E(R_i) - R_f}{\beta_i}$$

4. El modelo valuación de activos financieros (CAMP):
$$E(R_i) = R_f + [E(R_M) - R_f] \times \beta_i \qquad (11.7)$$

Capítulo 12

1. VPN de reembolso anticipado de bonos:
$$VPN = (c_0 - c_N)/c_N \times \$1,000 - CP \qquad (12A.1)$$

Capítulo 13

1. Emisión de derechos preferentes de compra:
   a. Número de nuevas acciones:
$$\frac{\text{Número de}}{\text{nuevas acciones}} = \frac{\text{Fondos a obtener}}{\text{Precio de suscripción}} \qquad (13.1)$$

   b. Número de derechos preferentes requeridos para comprar una acción:

   Número de derechos preferentes requeridos para comprar una acción
$$= \frac{\text{Acciones existentes}}{\text{Nuevas acciones}} \qquad (13.2)$$

   c. Valor de un derecho preferente de compra

   Valor de un derecho preferente de compra
$$= \text{Precio con válidez de derechos preferentes de compra}$$
$$- \text{Precio ex-derechos preferentes de compra}$$

Capítulo 14

1. Rendimiento requerido del capital, R_E (modelo del crecimiento de dividendos):
$$R_E = D_1/P_0 + g \qquad (14.1)$$

2. Rendimiento requerido del capital, R_E (CAPM):
$$R_E = R_f + \beta_E \times (R_M - R_f) \qquad (14.2)$$

3. Rendimiento requerido de acciones preferentes, R_p:
$$R_p = D/P_0 \qquad (14.3)$$

4. El costo promedio ponderado de capital, sin ajustar (CPPC):
$$CPPC \text{ (sin ajustar)} = (E/V) \times R_E + (D/V) \times R_D \qquad (14.6)$$

5. El costo promedio ponderado de capital (CPPC)
$$CPPC = (E/V) \times R_E + (D/V) \times R_D \times (1 - T_C) \qquad (14.7)$$

6. Costo promedio ponderado de emisión (f_A)
$$f_A = \frac{E}{V} \times f_E + \frac{D}{V} \times f_D \qquad (14.8)$$

Capítulo 15

1. Proposiciones Modigliani-Miller (sin impuestos):
   a. Proposición I:
$$V_L = V_U$$

b. Proposición II:

$$R_E = R_A + (R_A - R_D) \times (D/E) \qquad (15.1)$$

2. Proposición Modigliani-Miller (con impuestos):

a. Valor del subsidio fiscal por interéses:
Valor del subsidio fiscal por interéses

$$= (T_C \times R_D \times D)/R_D \qquad (15.2)$$
$$= T_C \times D$$

b. Proposición I:

$$V_L = V_U + T_C \times D \qquad (15.3)$$

c. Proposición II:

$$R_E = R_U + (R_U - R_D) \times (D/E)$$
$$\times (1 - T_C) \qquad (15.4)$$

Capítulo 17

1. El ciclo operativo:

Ciclo operativo = Período de inventarios
+ Periodo de cuentas por cobrar   (17.4)

2. El ciclo de efectivo:

Ciclo de efectivo = Ciclo operativo
– Periodo de cuentas por pagar   (17.5)

Capítulo 18

1. Medición de flotante:

a. Foltante promedio diario:

$$\text{Flotante pro-} \atop \text{medio diario} = \frac{\text{Flotante total}}{\text{Total de días}} \qquad (18.1)$$

b. Flotante promedio diario:

Flotante promedio diario
= Cobranza promedio diaria   (18.2)
× promedio ponderado de demora

2. El modelo Baumol-Allais-Tobin (BAT):

a. Costos de oportunidad:

Costos de oportunidad = $(C/2) \times R$ (18A.1)

b. Costos de transacción:

Costos de transacción = $(T/C) \times F$ (18A.2)

c. Costo total

Costo total = Costos de oportunidad
+ costos de transacción   (18A.3)
$= (C/2) \times R + (T/C) \times F$

d. El saldo de efectivo inicial óptimo:

$$C^* = \sqrt{(2T \times F)/R} \qquad (18A.4)$$

3. El modelo Miller-Orr:

a. El saldo de efectivo óptimo

$$C^* = L + (\tfrac{3}{4} \times F \times \sigma^2/R)^{\frac{1}{3}} \qquad (18A.5)$$

b. El límite superior:

$$U^* = 3 \times C^* - 2 \times L \qquad (18A.6)$$

Capítulo 19

1. El monto de las cuentas por cobrar:

Cuentas por cobrar = Ventas diarias promedio
× PPC   (19.1)

2. VPN de cambiar las condiciones de crédito:

a. Valor presente del cambio:

$$VP = [(P - v)(Q' - Q)]/R \qquad (19.4)$$

b. Costo del cambio:

Costo del cambio = PQ
$+ v(Q' - Q)$ (19.5)

c. VPN del cambio:

VPN del cambio $= - [PQ + v(Q' - Q)]$
$+ (P - v)$
$\times (Q' - Q)/R$ (19.6)

3. VPN de otorgar crédito:

a. Sin negocios repetitivos:

$$VPN = - v + (1 - \pi)P/(1 + R) \qquad (19.8)$$

b. Con negocios repetitivos:

$$VPN = - v + (1 - \pi)(P - v)/R \qquad (19.9)$$

4. El modelo de la cantidad económica de reorden (MCER):

a. Costo total de mantener existencias:
Costo total de mantener existencias
= Inventario promedio
× costo unitario de
mantener existencias
$= (Q/2) \times CC$ (19.10)

b. Costo total de reorden:

Costo total de reorden
= Costo fijo por pedido
× número de pedidos = $F \times (T/Q)$ (19.11)

c. Costo total:

Costo total = costo de mantener existencias
  + costo de reorden
  $= (Q/2) \times CC + F$
  $\times (T/Q)$ (19.12)

d. El tamaño óptimo del pedido Q^*:

$$Q^* = \sqrt{\frac{2T \times F}{CC}} \qquad (19.16)$$

Capítulo 20

1. Valor de una opción de compra al vencimiento

  a. $C_1 = 0$ si $(S_1 - E) \leq 0$ (20.1)

  b. $C_1 = S_1 - E$ si $(S_1 - E) > 0$ (20.2)

2. Límites al valor de una opción de compra

  a. Límite superior
  $C_0 \leq S_0$ (20.3)

  b. Límite inferior

  $C_0 \geq 0$ si $S_0 - E < 0$ (20.4)

  $C_0 \geq S_0 - E$ si $S_0 - E \geq 0$

3. Valor de una opción de compra:
  Valor de la opción de compra
  = valor de la acción
    − valor presente del precio de
    ejecución
  $C_0 = S_0 - E/(1 + R_f)^t$ (20.6)

4. La fórmula Black-Scholes para opciones de compra:

  $C_0 = S_0 \times N(d_1) - E/(1 + R_f)^t$ (20A.1)
  $\times N(d_2)$

  donde

  $d_1 = [\ln(S_0/E) + (R_f + \tfrac{1}{2} \times \sigma^2) \times t]/$
    $(\sigma \times \sqrt{t})$ (20A.2)

  $d_2 = d_1 - \sigma \times \sqrt{t}$

Capítulo 21

1. El VPN de una fusión:

  VPN $= V_B^*$ − Costo de la adquisición para la
    empresa A   (21.1)

Capítulo 22

1. Paridad del poder adquisitivo (PPA):

  $E(S_t) = S_0 \times [1 + (h_{FC} - h_{US})]^t$ (22.3)

2. Paridad de tasas de interés (PTI):

  a. Exacta:

  $F_1/S_0 = (1 + R_{FC})/(1 + R_{US})$ (22.4)

  b. Aproximada:

  $F_t = S_0 \times [1 + (R_{FC} - R_{US})]^t$ (22.7)

3. Paridad descubierta de tasas de interés (PDTI):

  $E(S_t) = S_0 \times [1 + (R_{FC} - R_{US})]^t$ (22.9)

4. Efecto de Fisher internacional (EFI):

  $R_{US} - h_{US} = R_{FC} - h_{FC}$ (22.10)

Respuestas a problemas seleccionados de final del capítulo

Capítulo 2

2.1 Utilidad neta = $99,000

2.3 Flujo de efectivo operativo = $1,464

2.5 *a.* Utilidad neta (19× 3) = $147.84
   b. Flujo de efectivo operativo (19× 2) = $342.9

2.9 Total = $182,000,000

2.11 Tasa promedio de
   impuestos= $217,600/640,000 = 34%

2.13 Aumento al CTN = – $35

2.17 Utilidad neta (1992) = $225
   Capital (1992) = $5,400

Capítulo 3

3.1 *a.* Sin cambio (suponiendo una compra
   de contado)
   c. Incremento
   e. Sin cambio

3.3 Razón deuda/capital = 2/3
   Multiplicador del capital = 1 2/3

3.5 Prueba del ácido = 2.6

3.7 Razón de deuda a largo plazo (1992) = 0.08

3.9 *a.* Razón circulante (1991) = 0.81
   c. CTN/activo total (1992) = – 0.045
   e. Razón de deuda a largo plazo (1991)
   = 0.135

3.11 Días de venta en inventarios = 53.52 días

3.13 Rotación de inventarios = 6.08
   Costo de ventas = $30,417

3.15 *Disminución* neta en efectivo = $900

3.17 RSC = 20%
   Multiplicador del capital = 2

3.20 $0.165 \times 0.39 \times 2.93 = 0.19$

3.22 Medición del intervalo de tiempo = $\dfrac{1891}{1.92}$
   = 984.9 días

3.24 Utilidad neta = $50

3.26 RSC = 19.6%

Capítulo 4

4.1 Utilidad neta proforma = $125
   Capital neto proforma = $312.50
   Dividendos (diferencia) = $62.50

4.3 FER = – $200 (un *superávit*)

4.5 FER = $268.48

4.9 Aumento a las utilidades retenidas
   (proyectado) = $605

4.11 FER = – $255 (un *superávit*)

4.15 FER = $445

4.17 $g^* = 2.04\%$

4.21 $g^* = 3.09\%$

4.23 $p = 15.87\%$

4.25 $936

4.27 $g^* = 1.52\%$
   Nuevos préstamos = $76
   Sin financiamiento externo la tasa de
   crecimiento máxima sería de 1.01%

Capítulo 5

5.1	VP = $211.68
	VP = $484.31
	VP = $5,998.26
	VP = $304,976.65
5.3	5.95%
5.5	VF = $16,357.45
5.7	$40,000 anuales: el VP es de $67,327.44 (suponiendo que los $40,000 anuales se paguen a una tasa de $10,000 trimestrales)
5.9	TPA = 5.91%
	TPA = 7.77%
	TPA = 11.33%
	TPA = 13.10%
5.11	Al 10% B tiene el VP mayor ($253.59 vs. $248.69)
	Al 25% A tiene el VP mayor ($195.20 vs. $188.93)
5.13	VP = $43,264.53
5.15	$r = 9.596\%$
5.17	$t = 11.05$ años
	$t = 7.48$ años
	$t = 15$ años
	$t = 16$ años
5.19	VP = $3,072.28
	VP = $4,713.46
	VP = $4,957.41
	VP = $5,000.00
5.21	$r = 24.99\%$
	$r = 10.01\%$
	$r = 11.02\%$
	$r = 6\%$
5.23	Existe una relación inversa
	VP = $772.17
	VP = $614.46
	VP = $501.88
5.25	TPA = 9.58%
	TEA = 10.01%
5.27	En ocho años, VF = $23,718.87
	En diez años, VF = $29,224.02
5.29	78,588,423% (¡!)
5.31	TPA = 16.64%
	TPA = 17.23%
5.33	VP = $246,978.55
5.35	*a.* La alternativa 2 es mejor ($20,000 versus $10,000)

b. La alternativa 2 es mejor ($12,418.43 versus $9.090.91)

c. La alternativa 1 es mejor ($8,333.33 versus $8,037.55)

5.37	VP = $16,834.96
5.39	*a.* VP = $1,201,180.55
	b. VP = $1,260,000.00
5.41	La TEA es $1,500/8,500 = 17.65%
5.43	TEA = 12.24%
5.45	TPA = 23.56%
	TEA = 26.27%
5.47	*a.* $592.33
	b. $7,201.76
5.49	El valor futuro de los pagos es $297,310.25, que excede considerablemente el valor de la póliza.
5.51	VP = $335.65
	VP = $289.35

Capítulo 6

6.1	Precio del bono = $814.45
6.3	Precio del bono = $931.18
6.5	*a.* 12%
	b. $779.20
	c. $918.89
6.7	*a.* El bono se vende a valor par.
	b. El bono se vende con prima.
	c. El bono se vende con descuento.
6.9	7.435%
6.11	Rendimiento actual = 11.76%
	Rendimiento al vencimiento = 12.475%
	(con cupones anuales)
6.13	$P_0 = \$19.80$
	$P_4 = \$26.94$
6.15	6%; 8%
6.17	$r = 14\%$
6.19	$P_0 = \$15.75$
6.21	$g = 5\%$
6.23	$P_0 = \$26.95$
6.25	$r = 17.1\%$
6.27	$r = 16.17\%$
6.29	$1 millón

Capítulo 7

7.1   5 años; 7.5 años; nunca

7.3 $VPN_A = \$73.18$; $VPN_B = \$83.96$

      La inversión B es mejor.

7.5   6 años; 7.31 años; sin recuperación al 20%.

7.7   El VPN es positivo.

7.9   TIR = 10%

7.11 $TIR_A = 80.19\%$ (y -55.50%)

      $TIR_B = 52.14\%$

7.13 $TIR_A = 0\%$ (y 100%)

      $TIR_B = 27.08\%$

7.15   RCP = – 5.16%

7.17   *a.*   3 años; 2.16 años

      b.   3 años

      c. $15.l4

7.19   *c.* $TIR_A = 34.4\%$.; $TIR_B = 36.3\%$

      d.   22.5% es la tasa intersección

7.21   Se prefiere el proyecto A (como mínimo) para todas las tasas de descuento entre 0% y 20%.

7.23   Recuperación = $1/TIR$

7.25   El caso pesimista de VPN = – $717.75

Capítulo 8

8.1   Utilidad neta = $18,150

8.3   FEO = $3,436.38

8.5   Ingresos netos = $18,393.60

8.7   VPN = $25,589.63

8.11 $440

8.13   TIR = 49.91

8.15 $CAE_{jazz} = \$14,979.80$

      $CAE_{disco} = -\$15,212.73$

8.17   Sin reposicion: $VPN_1 = -\$949.74$;

      $VPN_2 = -\$1,053.59$

      Con reposición: $CAE_1 = -\$381.90$;

      $CAE_2 = -\$332.38$

8.19   VPN = – $1,222,446

8.21   *a.*   Ahorro $17,023.86

      b.   Ahorro $15,222.09

Capítulo 9

9.1   *a.* $3.75

      b. $1,370,000

      c.   Punto de equilibrio contable = 290,323 pintas

9.3   *a.*   NAO = 3.5

      c.   Caso optimista VPN = $78,036

         Caso pesimista VPN = – $19,355

9.5   NAO = 2.67

9.11 $30.50

9.15   En 2,500 unidades, FEO = $6,750

      En 1,500 unidades, FEO = $2,250

9.17   *a.*   Caso optimista VPN = $42,476

         Caso optimista VPN = $525,625

         Caso pesimista VPN = – $391,958

      c.   38 unidades/año

9.19   *a.*   VPN = – $13,075

      b.   Abandonar si Q ≤ 496 unidades

9.21   Valor de la opción = $25,194

Capítulo 10

10.1   – 20.48%

10.3   48.57%; 5.71%; 42.86%

10.5   15.36%

10.7   *a.*   12.1%

      b.   8.62%

10.9   La probabilidad de un rendimiento inferior a – 4% es aproximadamente $1/6$. Los rendimientos se encontrarán en el rango de – 12.1 a 21.9 alrededor del 95% del tiempo. Los rendimientos se encontrarán en el rango de – 20.6 a 30.4 alrededor del 99% del tiempo

10.11   En el rango 0.5% – 2.5%

10.13   Rendimiento promedio sobre x = 5.4%

       Desviación estándar de x = 8.96%

Capítulo 11

11.1   15%

11.3   62.5% y 37.5%

11.5 $E(R_A) = 29.2\%$
$\sigma_A = 13.12\%$

11.7 *a.* $E(R_A) = 8.8\%$
$\sigma_A = 0.98\%$
b. 8.4%

11.9 Sí, la desviación estándar pudiera ser menor, pero la beta *no puede* serlo.

11.17 8.8%, 10.4%

11.19 Si la tasa libre de riesgo es de 6%, no se les ha fijado el precio correcto (Chen está subvaluado). Si la tasa libre de riesgo es de 2%,el precio fijado es correcto.

11.21 5%; 5%

11.23 17%; 9%

Capítulo 12

12.1 Total = $151,500

12.3 Total = $146,500

12.9 $VP_{muerto} = \$50$ millones
$VP_{vivo} = \$40$ millones
La liquidación es mejor.

12.11 *a.* Aumento
b. Disminución
c. Disminución
d. Es probable que disminuya, pero depende de a qué esté vinculado el cupón.

Capítulo 13

13.3 A $40: no hay efecto
A $20: el nuevo precio será de $33.33
A $10: el nuevo precio será de $30

13.7 800,000

13.9 VL/acción = $125
VM/acción = $31.25
UPA = $6.25
VPN = – $37,500

13.11 46.93%

13.13 *a.* Máximo = $25;
mínimo = cualquier cosa 0.
b. 3 ⅓ millones de acciones; se necesitan 6.6 derechos preferentes de compra
c. $23.684; $1.316

Capítulo 14

14.1 14.38% (CAPM); 15.2% (Modelo del crecimiento de dividendos)

14.3 12.573%

14.5 CPPC = 14.573%

14.9 Ambos deben hacerse. La tasa de descuento apropiada *no* depende de cuál empresa esté involucrada; depende del riesgo de la inversión. Superior está en el negocio, por lo que está más cerca de una "actividad única". Por lo tanto, el VPN parece ser de $1 millón, con independencia de quien lo tome.

14.11 *a.* 6.56%
b. 20.65%

14.13 CPPC = 18.69%

14.17 CPPC = 15.56%

Capítulo 15

15.1 *a.* UPA = $12; UPA = $10; UPA = $6
b. UPA = $15; UPA = $11; UPA = $3

15.3 $50 (en este caso la estructura del capital es irrelevante

15.9 *a.* 25.5%
b. 31%
c. 20%

15.11 $4,714.29; $5,394.29

15.13 $625,000

Capítulo 16

16.1 *a.*

Capital Social	$	55
Superávit de capital		745
Utilidades retenidas		4,750
		$5,550

16.3 La fecha ex-dividendos es el jueves 29 de junio (¡porque el 4 de julio es día festivo!)

16.7 $1.58 por acción

16.9 Precio por acción = $11.07
Para crear un dividendo igual cada año, se venden 52.87 acciones en un año.

16.11 *a.* $20 millones
b. $4 por acción
c. $6 millones
d. $10 por acción, no hay nuevos préstamos

16.21   *a.*   35.7%

       b. $18.5 millones

       c.   3.11

16.23   *a.*   Precio por acción = $50 con dividendo

                         = $100 con recompra

           La riqueza del accionista no se afecta.

       b.   Con dividendo = UPA = 5; P/U = 10

           Con recompra = UPA = 10; P/U = 10

Capítulo 17

17.1   Efectivo = $250; Activo circulante = $1,500

17.7   Ciclo operativo: 84 días

        Ciclo de efectivo: − 51 días

17.9   *a.*

T1	T2	T3	T4
$198.00	$157.80	$174.00	$248.40

17.11   *a.*   13.21%

       b. $3.21 millones

17.17   Saldo de efectivo final (junio): $354,600

Capítulo 18

18.3   Flotante promedio diario = $4,666.67

18.4   *a.*   Flotante pagos: $ 60,000

           Flotante de cobranza: − 45,000

           Flotante neto: $ 15,000

18.5   *a.*   Flotante total = $36,000

       b.   Flotante promedio diario = $1,200

       c.   Cobranza promedio diaria = $233.33

           Flotante promedio ponderado = 5.14 días

18.7   *a.* $68,000

       b.   3.78 días; $68,000 ≈ 3.78 × $18,000

       c. $68,000

       d. $14.34

       e.   Hasta $36,000

18.9   *a.* $300,000

       b. $50,000

       c. $15/día; $0.15/cheque

18.11   34/día

18.13 $6, 240 (sin tomar en cuenta la composición)

Capítulo 19

19.3   *a.*   120 días; $2,000

       b.   2%; 30 días; $1,960

       c. $40; 90 días

19.10 $7,397,260

19.11   *a.*   PPC = 30 días

       b.   Saldo promedio = $280,000

19.13   TEA = 44.59%

19.16   *a.*   VPN = $63.41

       b.   Probabilidad en el punto de equilibrio

           = 31.67%

       c.   VPN = $34 por unidad

           Probabilidad en el punto de equilibrio = 95%

19.19 $1,232,877

19.23   Costo de mantener existencias = $500

        Costo de reorden = $62,400

        CER = 1,117.14 unidades

        Pedidos por año = 4.65

19.24   VPN = $3.56 millones

Capítulo 20

20.7   *a.* $14,375

       b. $50,000

       c. $74,000; $15,000

       d. $1,000; $16,000; $74

20.   *a.* $9.48

       b. $18.74

       c. $0

20.13   *a.* $13.60

       b. $6.69

20.15   *a.* $337.04

       b. $462.96; 8%

20.17   *a.* $0

       b.   Con relación a los precios posibles, el

           precio actual de la acción es demasiado

           bajo; el rendimiento mínimo posible es

           de 10%. Este excede la tasa libre de riesgo.

20.19   *a.* $1,040

20.21   *a.*   50; $20; 25%

       b. $797.88; $800

       c. $15.96

       d.   Mercado − nivel mínimo = $40

           Mercado − bono directo = $42.12

20.23 $8.83

20.25   *a.* $96.67; $166.67

       c. $66.67

Capítulo 21

21.1 $2 millones

21.5   *a.* $9.09
        b. $181.82
        c.   P/U = 17.6

21.13   *a.*   Nueva UPA = $2.50 versus $2.25 y $2.00.
        b.   Probablemente no tenga efecto.

Capítulo 22

22.1   *a.*   306,101
        b. $0.0003267
        c. $326.69
        d.   Lira italiana
        e.   Dólar de Singapur
        f.   0.1654; tipo de cambio cruzado

22.3   *a.*   ¥128.13; descuento
        b.   SF 0.6945; descuento
        c.   Probablemente disminuirá

22.11   Tipo de cambio en el punto de equilibrio;
        80 pesetas = $1

22.13   *b.*   CAN$ 1.105

22.15   Dr 224 en un año
        Dr 250.88 en dos años
        PDTI es la relación.

Capítulo 23

23.7   VNA = $6,264.28

23.9 $162,694.10

23.11 $162,694.10 a $163,037.23

23.13   VNA = $69.66; el flujo de efectivo del año 0 es
        $24,000 – $6,961 × (1 – 0.34), que son los ahorros
        netos en términos de los flujos de efectivo iniciales.

Capítulo 24

24.3   Pérdida = $760

24.4   Paga $2.70 centavos por libra
        Gana $5,000 por contrato
        Ganancia neta = $4,325 por contrato

24.9   Precio $20.29 por barril
        Comprar 20 contratos. Inversión inicial
        igual a cero.

24.11   Por barril:

Precio	Ganancia	
	Opción de compra	Opción de venta
$10	$ 0	– $10
$15	$ 0	– $ 5
$20	$ 0	$ 0
$25	$ 5	$ 0
$30	$10	$ 0

Índice de autores

Índice de ecuaciones

Índice de términos fundamentales

Índice temático